Jakob Schwalm

Die Chronica Novella des Hermann Korner

Jakob Schwalm

Die Chronica Novella des Hermann Korner

ISBN/EAN: 9783741192661

Hergestellt in Europa, USA, Kanada, Australien, Japan

Cover: Foto ©Andreas Hilbeck / pixelio.de

Manufactured and distributed by brebook publishing software
(www.brebook.com)

Jakob Schwalm

Die Chronica Novella des Hermann Korner

DIE

CHRONICA NOVELLA

DES

HERMANN KORNER.

IM AUFTRAGE DER WEDEKINDSCHEN PREISSTIFTUNG
FÜR DEUTSCHE GESCHICHTE

HERAUSGEGEBEN

VON

JAKOB SCHWALM.

GÖTTINGEN
VANDENHOECK & RUPRECHT
1895.

DEM ANDENKEN

AN

LUDWIG WEILAND

UND

ERNST STEINDORFF.

INHALT.

Seite

Einleitung . . . . I—XXXVI

1. Korners leben und werke III

2. Cronica novella. Die handschriften X

I. Lateinische bearbeitung s. X — II. Deutsche bearbeitung s. XV

3. Die verschiedenen fassungen. Allgemeine charakteristik XVI

4. Allgemeingeschichtliche und sonstige quellen XVIII

5. Die Lübischen localquellen XXV

I. Detmar s. XXV — II. Sogenannte Rufus-Chronik s. XXXI

6. Plan und äussere einrichtung der ausgabe XXXV

I. Cronica novella bis 1420 und Entwurf der chronik bis 1416 . . . . . 1—134

II. Cronica novella de quarto opere bis 1435 und Cronica novella de secundo opere bis 1423 . . . . 135—532

Anhang I. Deutsche bearbeitung bis 1438 . . . . 533—572

Anhang II. Auszüge aus den lateinischen fassungen vor 1200 . . . . . 573—599

Nachträge und berichtigungen . . . . 599—600

Register . . . . 601—647

Glossar . . . . 648—650

EINLEITUNG.

Nachdem Georg Waitz zuerst im jahre 1851 in den Nachrichten der Göttinger Gesellschaft der Wissenschaften (s. 25 ff. und s. 113 ff.) und in ihren Abhandlungen (bd. V, s. 69 ff.; auch besonders erschienen) kritische untersuchungen über Hermann Korner und die Lübecker chroniken hatte erscheinen lassen, wurde auf seine veranlassung durch die Wedekindsche preisstiftung für Deutsche geschichte für den zweiten verwaltungszeitraum (1856—66) als preisaufgabe gestellt 'eine ausgabe der verschiedenen texte und bearbeitungen der chronik des Hermann Korner'. Damals waren von den lateinischen fassungen der Kornerchronik nur die Wolfenbütteler und die bei Eccard gedruckte Lüneburger hs. bekannt; hierzu sollte aus den deutschen bearbeitungen alles sachlich abweichende kommen; als solche bezeichnete Waitz neben der Hannoverschen Kornerhs. die sogen. chronik des Rufus und die fortsetzung des Detmar von 1400—1435. Bei der im jahre 1859 in den Nachrichten s. 57 ff. abgedruckten wiederholung dieser preisaufgabe machte eine nachträgliche anmerkung auf die inzwischen zur kenntnis gekommenen Kornerhss. in Danzig und Linköping aufmerksam, von deren erster Waitz schon gleichzeitig eine beschreibung gab, während er über die zweite erst 1867 genauer berichten konnte. Inzwischen waren aus den mitteln der stiftung von der Wolfenbütteler und der Danziger hs. genaue abschriften angefertigt worden; eine abschrift der Linköpinger hs. wurde in angriff genommen. Als nunmehr 1867 (Nachrichten s. 137 ff.) für den dritten verwaltungszeitraum (1866—76) die nicht zur lösung gelangte aufgabe von neuem gestellt wurde, übte der zuwachs an fassungen auf den umfang der preisaufgabe einen wesentlichen einfluss. Es wurde nicht mehr eine vollständige ausgabe aller von Korner herrührenden oder mit ihm zusammenhängenden lateinischen und deutschen chroniken gewünscht, sondern vielmehr unter teilung der aufgabe 'zunächst eine kritische edition der verschiedenen texte der lateinischen chronik'. Am 14. märz 1876 konnte der damalige director der stiftung berichten, dass eine bearbeitung eingegangen sei, der jedoch, da sie in der vorgelegten gestalt nicht druckreif sei und wesentliche forderungen der aufgabe nicht erfüllt habe, der preis nicht ohne weiteres zuerkannt werden könne (Nachrichten 1876 s. 177 ff.). Vielmehr wurde dem ungenannten bewerber die arbeit zurückgegeben und ihm gestattet, sie in einer frist von zwei jahren zu vervollständigen und zu verbessern. Schon vor ablauf eines jahres lief das manuscript wieder ein, lag von neuem den preisrichtern vor und wurde folgendermassen beurteilt: 'Zwar ist auch jetzt noch genauigkeit in der vergleichung der handschriften, namentlich der Lüneburger D, nicht vollständig erreicht; ferner sind noch jetzt unter den quellen Korners auch einzelne schriften angegeben, die er nicht gebraucht haben kann, dagegen andere, die er ohne zweifel benutzt hat, nicht erwähnt und verglichen; endlich fehlen anmerkungen, welche den inhalt der Korner eigenthümlichen nachrichten erläuterten, auch jetzt noch fast gänzlich. Aber der verfasser hat doch jetzt die vergleichung der einzelnen texte untereinander sehr vervollständigt, den nachweis der quellen bedeutend erweitert, auch in der vergleichung der handschriften weit grössere sorgfalt gezeigt. Demnach beschliesst der verwaltungsrath jetzt dem verfasser in ehrender anerkennung des geleisteten den preis von 3300 reichsmark auszuzahlen, den schwierigen druck aber des in den besitz der stiftung übergehenden manuscripts (§ 30 der ordnungen) von sich aus unter steter leitung und überwachung eines jungen gelehrten zu veranstalten, der zugleich die handschriften nochmals vergleichen und so eine genauigkeit der wiedergabe erreichen soll, wie sie dem verfasser des eingereichten manuscripts nach so langer und oft wiederholter beschäftigung mit denselben dingen herzustellen kaum mehr gelingen würde' (Nachrichten 1877 s. 237 ff.). Als verfasser ergab sich der seitdem (1891) verstorbene dr. **Hermann Oesterley.**

Ende august 1889 habe ich im auftrage des verwaltungsrates der Wedekindschen preisstiftung die damals geplante durcharbeitung begonnen und das neue manuscript, zum teil an dienstliche arbeiten gebunden, erst ende september 1892 vollendet. Hiernach begann die drucklegung. Inzwischen habe ich über den verlauf meiner arbeit und die bei der durcharbeitung gewonnenen gesichtspunkte und resultate in den Nachrichten der Göttinger Gesellschaft der Wissenschaften 1893 s. 753 ff. ausführlich berichtet. Die durcharbeitung musste eine völlige neuarbeit werden, schon deshalb weil das manuscript **Oesterleys** *sich für ein druckmanuscript als völlig unbrauchbar erwies. Höchstens die Oesterleyschen quellencitate boten einigen anhalt, nicht ohne dass jederzeit genaue nachprüfung erforderlich gewesen wäre. Für die wichtigsten der quellen, die Lübischen chroniken in niederdeutscher sprache, kam ich überhaupt zu völlig abweichenden resultaten. Wo sonst sachliche anmerkungen herübergenommen werden konnten, sind sie von mir ausdrücklich als eigentum* **Oesterleys** *gekennzeichnet. Endlich bot noch die abschrift, die* **Oesterley** *von den jahren 1435—1438 der Hannoverschen deutschen Kornerhs. gemacht hat (anhang I s. 553—572), ein brauchbares druckmanuscript. Ich habe sie nochmals collationirt. Das übrige genannte Oesterleysche manuscript ist nach wie vor auf der Göttinger universitätsbibliothek deponirt. Was den umfang der ausgabe anbetrifft, so empfahl sich von der ursprünglichen absicht der aufgabestellung abzugehen und den text nicht von Karl dem Grossen, sondern erst von 1198 bezw. 1200 an fortlaufend zu geben, nachdem sich herausgestellt hatte, dass der allergrösste teil jener früheren partie originales nicht enthalte. Im zweiten anhang sind die wenigen nachrichten aus diesem teile zusammengestellt, die eigentümliches bieten oder auf keine bestimmte quelle zurückzuführen waren. Es bedarf kaum des hinweises, dass die einleitung durchaus eigene arbeit des gegenwärtigen herausgebers ist und keinen zusammenhang mit der Oesterleyschen hat. Ueber plan und äussere einrichtung der ausgabe ist am schlusse auskunft gegeben.*

Der langwierige druck von text und einleitung wurde im juni 1894 beendet. Dienstliche arbeiten sowie zwei wissenschaftliche reisen hinderten mich dann an der herstellung und drucklegung des registers. Inzwischen ist derjenige aus dem leben geschieden, dem hier an erster stelle der dank gebührte: Ludwig Weiland, der mich seinerzeit zur übernahme der herausgabe bewog und zuletzt auch direktor der Wedekindschen preisstiftung war. Er hat nicht nur der ganzen anlage der arbeit mit seinem rat zur seite gestanden, sondern sowol die einrichtung des druckes mit mir besprochen, wie auch während der drucklegung in freundlichst gewährter hülfe die arbeit durch mannichfache winke gefördert. Es ist mir bedürfnis, zum ausdruck bleibender dankbarkeit den namen des unvergesslichen mannes diesem werke voranzusetzen und damit zugleich die erinnerung an Ernst Steindorff zu verknüpfen, welcher so bald nach dem freunde der deutschen geschichtswissenschaft entrissen wurde, der er so treue und wertvolle dienste sein lebenlang erwiesen hat.

Göttingen *im october 1895.*

JAKOB SCHWALM.

I. Korners leben und werke.

Für Hermann Korners[1] *geburtsjahr haben wir leider keinerlei bestimmten anhalt; es lässt sich nur aus dem, was wir sonst erfahren, wahrscheinlich machen, dass er bald nach 1365 geboren ist, jedenfalls zu Lübeck. Darauf weist sein ganzes leben hin und das sagt er uns auch selbst in der fassung B bei dem bericht über die geisselwerkzeuge des Lübecker Dominikaners Bruno von Warendorp, die er voller ehrfurcht berührt habe* in conventu meo nativo; *die fassung D hat statt dessen* in conventu Lubicensi *gesetzt*[2]. *Die früheste nachricht über Korners leben bietet sich in der interessanten erzählung von dem zuge, den Lübische söldner 1386 im april gegen den raubritter Detlev Godendorp und seine genossen unternahmen und der einen für die stadt ungünstigen verlauf hatte. An diesem zug hat Korner teilgenommen; er selbst und nicht irgend ein verwandter ist der im berichte der spätesten fassungen genannte Hermann Korner, damals stipendiarius in Lübischen diensten. Hierüber kann kein zweifel bestehen. Er berichtet nämlich in den spätern fassungen der chronik*[3] *jedesmal mit grösserer ausführlichkeit und erzählt zuletzt in der fassung D, sowie in der deutschen chronik die genauesten einzelheiten des zuges. Verfolgt man dies, so gewinnt man deutlich den eindruck der schilderung von selbst erlebtem. Ganz das gleiche gilt von der zu 1384 erzählten verbrennung des hermaphroditen, die sich ebenfalls in den spätern fassungen zusehends erweitert und in der letzten deutschen chronik durch einzelangaben vermehrt ist, die sichtlich nicht auf phantasie, sondern auf augenzeugenschaft beruhen. Beide vorfälle muss Korner erlebt und als immerhin absonderlich im gedächtnis gut bewahrt haben, wenn er sich nach verlauf von 50 jahren noch so genauer einzelheiten entsinnen kann.*

Es ist nun vielmehr nötig zu erklären, weshalb Korner nicht von vornherein und mit grösserer deutlichkeit seine erlebnisse auf jenem zuge hervorhebt, und vor allem, was den wechsel in seinem beruf herbeigeführt haben mag. Die erklärung beider umstände wird sich in derselben richtung bewegen. Die unternehmung gegen den raubritter nahm einen unglücklichen verlauf; durch wessen schuld, wissen wir nicht. Wenn also Korner erst mit fortschreitender zeit allmählich sich entschliesst, die genaueren einzelheiten zu schildern und seine eigene teilnahme zu berühren, so ist das höchst charakteristisch; er wollte einmal die gefühle seiner Lübischen landsleute schonen, andrerseits nahm er rücksicht auf die eigene person und vermied eine verfehlte unternehmung seiner jugend allzu offen zu berichten, zumal der geistliche stand ihm rücksichten auferlegen mochte, wenigstens solange er nicht in höherer angesehener stellung war. Irgend ein persönliches missgeschick Korners während seiner söldnerzeit anzunehmen nötigt mich auch jene eigentümliche stelle, die ganz beiläufig, wol absichtlich etwas

1) *Ueber die verbreitung des namens gibt sehr sorgfältige zusammenstellungen H. Herre, Deutsche Zs. für Geschichtswissenschaft IX 295 in einer untersuchung 'Ueber Hermann Korners Herkunft und Universitätsjahre'. Hierin sind auch die vermutungen von O. Lorenz, Deutschlands Geschichtsquellen II*³ *172 f., der sich auf G. Voigt bezogen hat, endgültig widerlegt. Ich kann mir um so eher versagen, darauf einzugehen.* 2) *Siehe s. 340 § 639.* 3) *Siehe s. 332 f. und 344 f. die §§ 968. 969.*

dunkel ausgedrückt, mir doch eine ironische bemerkung über ihn selbst zu enthalten scheint und wenn schon durch die vorlage angeregt, ohne ähnliche annahme wenig verständlich bleiben würde. In der fassung D nämlich zum jahre 975, bei gelegenheit der auf Widukind zurückgehenden besprechung der Irminsul, schreibt er[1]: Hermyn enim vel Hermis Grece Mars dicitur et ideo vocabulo illo insigniti usque hodie famantur filii esse Martis, id est bellicosi, licet de pluribus minime verificetur vulgare illud. Als er später etwa 1434 die fassung D schrieb, brauchte er, innerhalb seines klosters längst zu angesehener stellung gelangt, die erwähnung der fernliegenden ereignisse nicht mehr zu scheuen. Im gegenteil wird der leser der hs. durch den auffallenden eintritt grösserer schriftzüge auf die erzählung noch besonders aufmerksam gemacht[2]. Der sehr einschneidende wechsel des berufs deutet auch auf ein unbefriedigtsein durch das ursprünglich gewählte hin, und wahrscheinlich mag die umkehr zum geistlichen stande bald nach jenen unglücklichen erfahrungen erfolgt sein. Andrerseits können wir gerade auf diese eigenartige jugendzeit das erhöhte interesse des mannes an den bella famosa inter diversa regna et regiones commissa zurückführen, das ihn später seinen lesern das getriebe des seculum mit so unermüdlichem fleiss immer und immer wieder darzustellen bewog.

Auf jenem zug des jahres 1386 wird Korner zum führer eines der haufen bestimmt; er war also nicht ganz junger anfänger, sondern hatte schon länger dienste geleistet und genoss ein gewisses vertrauen. Das spricht für ein alter von etwa zwanzig jahren und mithin für die oben genannte geburtszeit. Zu derselben festsetzung kommt man durch den ersten urkundlichen anhalt, den wir für Korners leben haben. Es handelt sich um ein kleines actenbruchstück, den rest des protocolls über beschlüsse eines capitels der Dominikaner der Sächsischen ordensprovinz, das sich auf der kgl. Paulinischen bibliothek zu Münster befindet und über das H. Finke mitteilung gemacht hat[3]. Von dem protocoll sind erhalten ausser dem schluss des allgemeinen teils noch abschnitte aus der rubrik De studiis et studentibus, sowie die gewöhnlichen schlussabschnitte Suffragia pro vivis und Suffragia pro mortuis. Letztere ergeben für das capitel mit ziemlicher sicherheit die zeit um 1397, jedenfalls vor 1400. In der rubrik De studiis et studentibus findet sich nun nach aufzählung anderer convente: In Halberstad legat et disputet frater Ludemannus qui prius, sententias ibidem faciat magister studencium frater Herman Corner, studentes fiant Nycolaus Swigelde u. s. w.[4] Finke setzt hiernach Korners geburt um 1370 an, während wir dem obigen entsprechend den übergang aus einem weltlichen in den geistlichen stand in rücksicht ziehen und demgemäss noch ein paar jahre zurückgehen, um zu der im anfang gegebenen bestimmung zu kommen. Jedenfalls ist Hermann Korner gegen ende des 14. jahrhunderts im predigerkloster zu Halberstadt tätig als lehrer an dem studium des convents, an der klosterschule, und zwar als magister studencium, der ausserdem, wenn anders an der stelle nicht eine lücke vorliegt, das amt eines sententiarius vertretungsweise verwaltet.

Das allmähliche aufsteigen[5] in das amt eines lesemeisters veranschaulichen uns einige weitere den vorhergenannten ähnliche bruchstücke aus den protocollen zweier capitel derselben

---

1) Siehe s. 576. 2) Siehe seite 323 anm. 2. 3) Mittheilungen des Instituts für Oesterreichische Geschichtsforschung XI 449. 4) Was über die angaben in den Mittheilungen hinausgeht, entnehme ich freundlicher zuschrift des professors H. Finke. Nur löse ich analog den gleich zu nennenden Leipziger protocollfragmenten die starken abkürzungen zum teil anders auf. Prof. Finke gedenkt die bruchstücke demnächst in der Römischen Quartalschrift herauszugeben. 5) Die Leipziger bruchstücke machen es ganz klar, dass in der damaligen zeit die reihenfolge der lehrämter an einer vollen schule von oben nach unten zu war: lector ('legat et disputet' ist der offizielle ausdruck), sententiarius (sententias facere), magister studentium. Die lesemeisterstelle ist stets mit besonders würdigen personen besetzt.

ordensprovinz, die die universitätsbibliothek zu Leipzig besitzt[1]. *Das erste der capitel fand* apud Luckowe *statt, nach der bestimmung des herrn oberbibliothekar E. Förstemann zwischen 1397 und 1401 (wahrscheinlicher als 1411). Der abschnitt* De studiis et studentibus *beginnt:* In Magdeburg legat et disputat *(sic)* frater Egbertus Dimmerden, sententias ibidem.... *Hiernach fehlen etwa sechs zeilen und in diesen gegen den schluss der name eines weiteren ortes, der der sonstigen anordnung entsprechend und aller wahrscheinlichkeit nach nur Halberstadt sein kann. Dann heisst es weiter im namen eines lesemeisters:* ...Waltrinchusen, sententias ibidem frater Hermannus Korner, studentes fiant Wilhelmus Nicolai, Iohannes Neo... *Korner ist nunmehr in das amt eines sententiarius eingerückt, das er in Halberstadt verwaltete. Ueberhaupt wird er hier immerhin längere jahre gewesen sein. Das zeigt auch wiederholt die genaue kenntnis von Halberstädter ereignissen, z.b. von dem intimen und unerquicklichen vorgang, über den nur der entwurf*[2] *berichtet, während die spätern fassungen ihn unterdrückt haben. Das amt des sententiarius hat Korner später auch im Magdeburger Predigerkloster bekleidet, wie er selbst in der fassung D, jedoch ohne hinweis auf die zeit, berichtet*[3]: Hoc inquam factum stupendum et ego cursor sentenciarius constitutus in conventu ordinis nostri eiusdem civitatis Magdeburgensis recitari audivi. *Und ebendort zeigt ihn uns, nunmehr als lesemeister, das zweite bei weitem umfangreichste der Leipziger protocollbruchstücke. Es stammt von einem capitel zu Soest und nach Förstemann etwa aus den jahren 1410—1414; es enthält unter der üblichen rubrik gleich an erster stelle die bestimmung:* In Magdeborg legat et disputet reverend. pater frater Hermannus Korner qui prius. *Korner nimmt mithin schon seit einiger zeit die angesehenste dieser stellungen in seiner ordensprovinz ein, er ist in Magdeburg vom sententiarius zum lesemeister aufgerückt; auch die bezeichnung* reverend. pater *zeigt uns, dass seine pädagogischen verdienste gewürdigt wurden und ihm längst höheres ansehen innerhalb des ordens eingetragen hatten. Darauf deutet auch eine weitere nachricht, die wir seiner chronik entnehmen können*[4]: *er nahm im auftrag des ordens 1406 teil an einem provinzialcapitel zu Hamburg, das unter glanzvoller beteiligung in der zweiten hälfte des jahres stattfand und auf dem ein scharfes urteil über die ketzerei der Franziskaner erging. Ehe wir uns den weiteren zeugnissen zuwenden, die uns in eine neue epoche seines lebens, charakterisirt durch die rückkehr zu seinem conventus nativus, in das Lübecker Predigerkloster zur Burg führen, müssen wir des beginns seiner historiographischen tätigkeit gedenken, die, wenn nicht schon zu Halberstadt, was immerhin möglich ist, so doch sicher in Magdeburg, einsetzte. Im jahre 1416 nämlich hat er den ersten entwurf einer chronik (a) abgeschlossen, den uns die Wolfenbütteler hs. erhalten hat. Wie gleich die vorrede vorsichtige bescheidenheit verrät, mit der er zu arbeiten begann, so hat er auch selbst offenbar dieser fassung den wert einer selbständigen bearbeitung nicht beigemessen. Die Linköpinger hs. (B) trägt bekanntlich im titel den vermerk* de secundo opere *und die Lüneburger hs. (D) ihrerseits* de quarto opere, *während eine solche bezeichnung der Danziger hs. (A) fehlt: denn diese fassung sah er als das eigentliche erstlingswerk seiner feder, als die erste auflage der Cronica novella an. Ob der entwurf schon in Magdeburg oder erst in Lübeck abgeschlossen wurde, dafür lassen sich anhaltspunkte aus dem text nicht gewinnen. Jedoch ist die fülle von nachrichten aus dem mittleren Deutschland und zunächst ein mangel an besonders für*

---

1) *Sie sind unveröffentlicht und ich verdanke ihre kenntnis der gütigen mitteilung des herrn hofrats E. Förstemann, der mich auf sie hinwies, als ich die Leipziger universitätsmatrikel nach dem namen Korners durchsah. Er hat mir gestattet, soweit ich dessen bedarf, schon jetzt das nötige zu verwerten; er selbst wird die ganzen bruchstücke in den Berichten der Sächsischen Gesellschaft veröffentlichen. Die bruchstücke sind noch umfangreicher als die Münsterschen und zum teil losgelöst aus einbänden von büchern, die aus dem Leipziger Predigerkloster zu St. Pauli stammen.* 2) *In a § 634a. Siehe s. 113 anm.* (3). 3) *Siehe s. 380 in § 637 der fassung D.* 4) *Siehe fassungen D und B s. 373 in § 616.*

Lübeck charakteristischen bemerkungen und nachrichten, wie sie später ganz auffällig in A sich zeigen [1], *für a leicht erkennbar. Und die benutzung von Magdeburger quellen wol noch am orte selbst wird auch wahrscheinlich gemacht durch den wortlaut des § 694 in den beiden ersten fassungen* [2], *in dem a blosses* archiepiscopus *für den Magdeburger erzbischof gilt, was A dann entsprechend geändert hat. Doch findet sich ebenso in § 734 der fassung a blosses* in urbe *für Lübeck* [3].

In einer urkunde vom 22. märz 1417 [4] *finden wir im copiarius des Predigerklosters zu Lübeck zum ersten mal einen* Hermannus lezemester *genannt. Es ist sicher unser chronist, der von da ab 20 jahre hindurch in urkunden desselben copiars wiederkehrt, seit 1426 unter den senioren und mit ganz deutlicher bezeichnung seines namens. Wir betrachten zunächst die zeit bis 1431 und finden ihn in urkunden von 1420* [5] *märz 17 und sept. 1, 1421* [6] *apr. 22 und juni 20, 1422* [7] *febr. 5, 1426* [8] *jan. 18, febr. 24 und apr. 3, 1429* [9] *oct. 27, endlich 1431* [10] *apr. 3. In diese zeit fällt die fertigstellung verschiedener neuer chronistischer arbeiten, so in den anfang des jahres 1420 vermutlich in den märz die der Danziger hs., in das jahr 1423 etwa ende juni der abschluss der Linköpinger hs., die die* Cronica novella de secundo opere *enthält; jedenfalls in das jahr 1430 auch die beendigung des* tertium opus, *das uns direct nicht erhalten ist, dessen existenz aber als durchaus sicher gelten muss. In denselben zeitraum fallen auch einige jedenfalls im auftrag des ordens unternommene reisen. Nach der fassung A zu 1163* [11] *ist er in Köln gewesen, einige zeit vor 1420, da dieses jahr den abschluss der fassung bezeichnet. Weiter versichert er uns selbst* [12], *zu pfingsten 1421, das auf den 11. mai fiel, also in der frist zwischen dem 22. april und dem 20. juni (s. oben), in Metz dem grossen generalcapitel des ordens beigewohnt zu haben, über das er namentlich in § 1356a der fassung B höchst interessant berichtet; er hat auf der reise die Mosel und Trier berührt. 1425 muss er nach der bemerkung von H zu § 1420 der fassung D* [13] *wiederum in Hamburg gewesen sein; und wenn wir im hinblick auf den genauen bericht der §§ 1485 und 1486 der fassung D annehmen, dass ein abermaliger aufenthalt in Köln im jahre 1428 — vielleicht war er sendbote des Lübecker bischofs — ihn diese ereignisse miterleben liess, so setzen wir uns jedenfalls nicht in widerspruch mit den urkundlichen zeugnissen des genannten copialbuchs, das zwischen 1426 und 1429 ihn nicht erwähnt.*

In der zweiten hälfte des jahres 1431 hat dann Korner Lübeck für einige jahre verlassen und die universität Erfurt bezogen, mit der das studium generale der Dominikaner der sächsischen ordensprovinz verknüpft war. Die matrikel der universität [14] *bringt zu 1431 Michaelis den immatriculationsvermerk:* frater Hermannus Korner de Lubeck ordinis Predicatorum dt. tm. *Was der nun in höherem alter stehende Korner auf der universität sollte, darauf hat schon H. Herre in der eingangs genannten untersuchung unter heranziehung der statuten* [15] *der Erfurter theologischen facultät von 1412 treffend hingewiesen. Nicht als student der theologie bezog er die universität; sein orden bedurfte vielmehr der lehrkraft des verdienten gelehrten für das studium generale, und Korner war es so gleichzeitig möglich, zu der höchsten akademischen würde zu promoviren, die an sich, zufolge einer nachricht seiner chronik zum jahre 1398* [16], *nach damaligem gebrauch auch innerhalb des ordens zu erlangen war. Herre* [17] *nimmt an, 'dass er von seinen oberen der theologischen*

---

1) *Die §§ 801 und 887 sind in A am rand nachgetragen. Siehe auch s. 504 zum jahre 1306.* 2) *Siehe s. 89 anm.* (f). 3) *Siehe s. 94 anm.* (4). 4) *Urkundenbuch der stadt Lübeck V 694.* 5) *Ebenda VI 222 und 301.* 6) *Ebenda 348 und 357.* 7) *Ebenda 415.* 8) *Ebenda 691, 702 und 714.* 9) *Ebenda VII 340.* 10) *Ebenda 434.* 11) *Siehe s. 590 und anm. 2.* 12) *Siehe s. 439 § 1356 der fassung B.* 13) *Siehe s. 463 anm. 1.* 14) *Acten der Erfurter Universität, Geschichtsquellen der Provinz Sachsen VIII, 1 153.* 15) *Ebenda II 46 ff.* 16) *Siehe s. 332 § 1105a der fassung B. Es ist ausdrücklich hervorgehoben:* cum omni solempnitate fuit conventa in universitatibus. 17) *A. a. o. 202, immer gestützt auf die betreffenden §§ der statuten.*

facultät ad legendum cursum biblie präsentirt wurde. Die dauer dieses cursus, der darin bestand, dass Korner über zwei ihm von der facultät zugewiesene bücher der heil. schrift las, war durch § 52 der statuten auf zwei jahre festgesetzt. Doch waren ausnahmen hiervon insofern zulässig, als dieser termin nicht genau innegehalten zu werden brauchte, wenn es sich um religiosi handelte, welche für den dem cursus biblie sich anschliessenden cursus sententiarum wiederum von ihren oberen promovirt[1] und der facultät präsentirt wurden. Diese promotion in das baccalaureat hat Korner innerhalb seines ordens wol zu Lübeck schon nach ablauf der ersten zwei universitätssemester im sommer 1432 erlangt. Entsprechend finden wir ihn im copiarius seines klosters in einer urkunde[2] von 1432 aug. 29 als Hermannus Korner baccalarius unter den ältesten. Michaelis desselben jahres begab er sich nochmals nach Erfurt zurück, um die vorgeschriebenen zwei jahre über die sentenzen des Lombardus zu lesen. Da er in derselben zeit, wie wir sogleich sehen werden, schriftstellerisch hervorragend tätig ist, wird ihm die in den statuten[3] vorgesehene dispensation in grösserem oder geringerem masse zu gute gekommen sein. Seinen aufenthalt in Erfurt im jahre 1433 erwähnt er übrigens auch in seiner deutschen chronik bei gelegenheit der grossen teuerung dieses jahres[4], wente dat dede ik sulven dikke to Erforde. Am 10. januar 1435 erfolgte dann der abschluss dieser universitätsjahre durch promotion zum grade eines doctors der theologie. Vorher gingen jedenfalls die in § 78 der statuten vorgesehenen prüfungen. Das verzeichnis der promoti im statutenbuch der theologischen facultät[5] zeigt unter no. 44 die eintragung: Hermannus Körner, ord. Praed. a. 1435. d. 10. Jan. Hierauf ist er in seine vaterstadt zurückgekehrt, wo er in den jahren 1436 und 1437 noch zehnmal[6] urkundlich erwähnt wird, stets mit genauer hervorhebung seines akademischen titels her Hermen Korner, meister in der hilghen scrift (zweimal in den statuten von 1436 der Antoniusbrüderschaft zur Burg). Es ist sicher bemerkenswert und zeugt von ausserordentlichem fleiss, dass Korner in derselben zeit, wo er dieser lehrtätigkeit an der Erfurter universität sich widmete, gleichzeitig an der Cronica de quarto opere arbeitete, die im april 1435 abgeschlossen wurde. Diese fassung ist sehr umfangreich und durch viel neues material vermehrt. Sie beginnt mit der schöpfung. Deutlich erkennen wir sowol ganze complexe[7], als einzelnachrichten[8], die direct auf Thüringischen ursprung hinweisen. Der erste band lag sicher 1434 abgeschlossen vor. In den überschriften der vorrede[9], sowie in den explicit[10] hatte fratris Hermanni gestanden; nun ist überall nach dem 10. jan. 1435 das fratris ausradirt und durch magistri ersetzt worden, nur im letzten explicit des ersten bandes blieb versehentlich fratris stehen.

Ob man nach der beendigung des Erfurter aufenthalts und nach dem abschluss der vierten lateinischen fassung abermals einen aufenthalt Korners in Köln annehmen darf in rücksicht auf die ganz besonders genaue schilderung des einsturzes eines pfeilers am Kölner domchor in § 1601 der deutschen chronik[11], wird sich schwer entscheiden lassen. Urkundliche zeugnisse, die für 1435 ihn nach Lübeck wiesen, fehlen uns; gegen solche würde also die annahme nicht verstossen. Jedoch das zunehmende alter und die ununterbrochene litterarische tätigkeit machen sie unwahrscheinlich.

Die letzten jahre seines arbeitsamen[12] lebens beschäftigte ihn die deutsche ausgabe

---

1) So deutlich in § 63 der gemeinsamen statuten. Siehe Acten II 55. 2) Urkundenbuch der Stadt Lübeck VII 578. 3) § 64, Acten II 66. 4) Siehe s. 551 in § 1579. 5) J. C. Motschmann, Erfordia literata II 21. 6) 1436 juli 1 und aug. 18, juli 31, aug. 9, aug. 20; Urkundenbuch VII 677, 682, 683, 688. 1437 aug. 1 und ohne monats- und tagesdaten; a. a. o. VII 735 und 761. 7) So die berichte über die heil. Elisabeth fassung D §§ 158—174. 8) Siehe in der fassung D die §§ 845, 853, 859, 861 und die zusätze der fassung D zu den §§ 836 und 862. 9) Siehe s. 139. 10) Siehe s. XLII oben. 11) Siehe s. 553. 12) Auch der unbekannte schreiber der gleich zu nennenden auszüge spricht von seiner menichvalden unledichheyd. Siehe s. VIII anm. 6.

seiner chronik von Karl dem Grossen an, die vor allem den leyen to tiidvordrive und kortewyle *bestimmt war und über die jahre 1435—1438 in besonders breiter darstellung berichtet. Sie reicht bis in den februar des letzten jahres; von der wal könig Albrechts II. am 18. märz d. j. hat Korner noch keine kenntnis*[1]. *Er wird vermutlich anfang märz 1438 gestorben sein; das copialbuch seines klosters führt ihn schon 1438 nov. 8 nicht mehr auf.*

Ob Korner, den wir somit erst spät in den geistlichen stand treten und erst in höherem alter die akademischen würden erlangen sehen, ausser den vorliegenden fassungen seiner Cronica novella[2] *noch irgendwelche anderen schriften verfasst hat, dafür gibt es nur geringe spuren*[3]. *In dem auf dem Lübeckischen staatsarchive aufbewahrten testament des arztes Petrus Soest von 1464 findet sich folgende bestimmung:* Item geve ik tor Borch den swarten monnicken disputatio fratris Hermanni Korners in der hilgen scrift unde wil dat et up erere liberye schal blyven to ewigen tyden. *Wir haben es vermutlich mit der niederschrift einer zu Korners promotionen gehörenden disputation zu tun. Ueber den anteil, den Korner möglicherweise an der sog. Rufus-chronik hat, wird weiter unten genauer die rede sein. Hier sei nur erwähnt, dass es nicht völlig unmöglich ist, dass diese weiterführung der Detmarchronik von ihm herrührt. Gewiss werden öfters aufträge an ihn ergangen sein und vor allem hinsichtlich der volkstümlicheren seiner darstellungen, der deutschen chronik aus den späteren jahren seines lebens. Es gibt hinweise darauf, dass von ihm noch eine solche deutsche chronik existirt haben muss, die die ganze weltgeschichte umfasste, also ausführlicher war als die fassung der Hannoverschen hs. (H), die erst mit Karl dem Grossen beginnt*[4]. *Wenigstens hat im jahre 1459*[5] *nach Korners tod aus dieser* groten croneken ... yn dudesch *ein unbekannter schreiber, vermutlich ein Lüneburger mönch, auszüge gemacht, die den Trojanischen krieg, die erbauung Roms, die zerstörungen Akkons und Jerusalems betreffen*[6]. *Eben darauf führt uns auch die erwähnung einer deutschen chronik Korners in*

1) *Siehe s. 571 § 1636.* 2) *Von der verlorenen, aber sicher zu erschliessenden fassung C ist hier abgesehen.* 3) *Die mitteilung der ersten verdanke ich der freundlichkeit des herrn senators dr. W. Brehmer zu Lübeck.* 4) *Ob auch sie auf der letzten lateinischen fassung beruhte, ist nicht zu entscheiden. Der bericht über die zerstörung Akkons ist ganz unabhängig von der form, die sich in H zu 1291 findet; er kennt die charakteristischen zusätze von D nicht, scheint also auf B oder dem verlorenen C zu beruhen und gibt, wie bei Korner stets, das ganze in freier behandlung.* 5) *Aus demselben jahre stammt die Lübecker Kornerhs. Siehe unten s. XIV. Ob etwa der schreiber derselbe ist, habe ich nicht festgestellt.* 6) *Hs. Lüneburg stadtbibliothek, folio 11 (C. 7) von 1459. Sie enthält zuerst* De vita et variis dictis Allexandri Magni *und an deren schluss vom rubricator vermerkt:* Illuminatus est tractatus iste in Horborg completus anno 1459. mercurii 20. mensis Iunii hora fere 5. post meridiem in callio. M. M. pro favore Luneburgensium[a] existente excommunicato cum eisdem etc. *Hiernach sind einige lagen ausgeschnitten und dann folgt auf zwei blättern eine einleitung zu den auszügen aus Korner, deren anfang und schluss ich hier abdrucke:* [I]N godes namen amen. Nach deme dat mer gotliik ys wanne mynschliik, aller dinghe dechtnisse to hebbende unde allend yn erren dyngen to mysende, alse beschreven ys yn Keyserrechte C. de veteri iure e. l. l., so hebben de landesheren myd eren wisesten ene wise vorghenomen, dat see van allen markliken vorlopyngen unde geschichten van oldere unde noch denkeboke unde schriffte hebben maken laten vormyddelst eren lerden luden unde rätgheveren, de men nu nomed cronikens efte croneken; unde wol dat sodaner boke nutticheyd unmeteliik ys, doch synd de aldermest nutte to veer stucken. Dat erste ys dorch trost unde rät yn wedderwalde unde gude ghebilde van vördaden der guden unde olden gheschichten to nemende unde sych dar na to richtende. Dat ander stucke ys van quaden vordaden unde myssghengen warnynghe to nemende, sodanne liik ock to mydende. Dat dredde stucke ys, dat men alle olde gheschichte enkede ane yntoghe edder vorkortynghe alle tiid ath sodanen denkeboken weten moghen unde lesen dorch der oeghelder willen, de mechtighen

a) Luneburgēn̄ estiuo hs.

zwei bänden, deren erster bis zu Karl dem Grossen reichte. Sie findet sich in einer der fortsetzungen zu den Lüneburg betreffenden auszügen aus dem deutschen Korner, die Leibniz 'Scriptores rerum Brunsvicensium' III 199—202 abgedruckt hat. Dort heisst es s. 201, die beiden söhne des 1436 gestorbenen Lüneburger bürgermeisters Heinrich Viscule, Wilhelm und Nicolaus, hätten zusammen mit ihrer mutter Beata geb. Apenborg abschreiben lassen doctor Herman Korners chronecken ... van anbegin der werlt wente an keiser

---

laden to behaghe, edder so lieghene wene to reyzende, eddar syk sulven to vrotzen ene gheschichte dar na boghen unde anders segghen, wen de warheyd ys, landen unde luden dicke to schaden efte to schanden. De verde nutticheyd der denckeboke ys de declaniee van ydykes landes unde ydermannes ard, ere, werdicheyd, rechticheyd, ambegynne, myddele unde eende, dar hil heren, lande unde lude yn natuerliker leve yn Godes ere unde yn vreden bestân, alse de hilghe lerer sunte Gregorius[a] scryfft yn deme boke Moralium. Alse denne dat gheschichte des krygrs unde orloges twisschen den vorsten van Greken unde den van Troyen yn deme lande Frygya beleghen vul ys eloker unde seltsener eventure unde doghentsamer lere, sunderliiken yn riterliiken daden, manheyd unde trawen, unde ok van wrake der vormetenheyd[b] unde vorachtinge anderer lude, ok van deme love unde eende dogentliker bilde: dar umme ys dat gheschichte unde vorlop des sulven orleges van ambegynne bet to eende van velen meysteren unde poeten de sulves unde sulder yn denkeboke ghescreven, der meyster doch eyn dêl so loffgyrich synd ghewesen, dat se vormyddelst kunstigeme Latine unde syringe veler ynloghe, de myd orlave unwar synd, dat gheschichte so swâr unde vordratsam maket hadden, dat dat selden eerbaren ungheleerden leyen to lesende edder to horende deenen mochte, alse notopelliken Homerus de grote Grekesche meyster unde na em Ovidius Sulmonensis yn velen synen boken myd spilleden worden de warheyd myd fabulen undermengeden, unde des ghelik Virgilius yn synem boke ghebeten Encydos de warheyd lchteswile myd anderen belustygen tsyrod hefft. Aver de truwesten warheyd des geschichtes hebben vormeldet unde to hope schreven de eddelen Dytes uppe der Greken halve unde Dares uppe der Troyanere halve van Frigien, de yn den striden sulven mede weren *u. s. w. entsprechend der vorrede des Guido de Columpna und danach über diesen.* Unde wo wol dat de beschrivynge des vorbenomden meysters Gwidonis van deme vorschreven orlighe van Troya lustliker unde vullenkamender ys, wen der anderen alle vôrbenomed, jo doch so hefft de hochgelerde doctor mester Harmen Korner, broder des closters to der Borch to Lubeke[c] Predekerordens, umme heren unde frunde bede willen, na by unsen tiden yn synen groten cronechen de arbeydliiken mede yn Dudesch ghesat, nicht na des sulven Gwidonis, sunder na Daris des Greken beschrivinge, villichte umme korte unde syner egenen menslichen unledichheyd willen; des em hoge to dankende ys unde God syner sele gnade, amen. Also is na des sulven doctoris beschrivinge van der vorstoringe der stad Troya van worde to worden yn dyt boek vordan truweliiken ghescreven laten under den jaren unses heren dusent vêrhundert yn deme negheden unde veftigesten, under deme pawesdome Pii des anderen unde keyserdome Frederici hertogen to Osterrike etc. *Es reihen sich an der Trojanische krieg (81 bl.), erbauung Roms (1½ bl.), zerstörung Akkons (5 bl.), zerstörung Jerusalems (4½ bl.). Für eine ausgabe des deutschen Korner müssen diese auszüge jedenfalls verwertet werden. — Inwieweit Korner durch die aufnahme mannichfacher fabulöser stoffe (siehe namentlich unten am schluss von cap. 4 der einleitung) in seine deutsche bearbeitung von einfluss gewesen ist auf die älteren niederdeutschen volksbücher des 15. jahrhunderts, z. b. Griseldis, Historia Trojana. Van der verstorynge der stat Troye, Van den seven wisen meisteren (vgl. Goedeke, Grundriß I² 467), wäre genauer zu untersuchen; Korners chronik ist für die erforschung des mnd. im 15. jahrhundert eines der wichtigsten denkmäler und sein einfluss reicht sicher weiter, als man bisher beachtet hat. Z. b. werden jüngst in H. Paul, Grundriss II, 1. 451 jene volksbücher als übersetzungen aus dem hd. bezeichnet, was mir ausgeschlossen erscheint.*

---

a) Greg̃ hs. b) vormetenheyd hs. c) Lub̃ hs.

Carol den groten, wente anno XLV[1]. Und Tylemannus Rother hoff de beiden böcker an anno 1445 des ersten fridages in der vasten *(febr. 12)* und in demsulven jare gevndet des sonnavendes vor S. Lucien dage der junckfrowen *(dec. 11)*.

Im übrigen gilt unsere weitere darstellung dem lebenswerke des mannes, der Cronica novella, wie er selbst voll bewusstsein sie genannt hat[2].

2. Cronica novella. Die handschriften.

1. Lateinische bearbeitung.

a. *Wolfenbüttel herzogl. bibliothek Helmst. 406, papier 29 × 21 cm, 196 blätter, 15. jahrh. (nach Waitz eher aus der zweiten hälfte). Mit den gewöhnlichen rubricaturen. Neuerer pappband*[3]. *Die hs. ist von einer und derselben hand nachlässig und unschön geschrieben, auf den letzten blättern mit verschiedener tinte. Sie ist sehr schwierig zu lesen. Der text beginnt ohne überschrift mit der vorrede:* Qoniam infima, *und schliesst auf bl. 196'; der grössere teil dieses blattes blieb leer; fol. 197 war wol auch nicht beschrieben; unbeschrieben ist die vorderseite von bl. 198, rückwärts stehen einige verweisungen auf den inhalt des bandes von späterer doch alter hand. Der jetzige einband vertritt die stelle eines älteren, der jedenfalls die von Seelen und Eccard mitgeteilte aufschrift:* Cronica fratris Koerners a constitucione Romane civitatis *getragen hat, was durch die hs. XIII 756 der kgl. bibliothek zu Hannover*[4], *eine vielfach fehlerhafte abschrift der Wolfenbütteler hs. aus dem 17. jahrhundert von 768 ab, bestätigt wird; diese trägt die überschrift: 'Chronicon hoc manuscriptum, quod a Pipini temporibus ad finem usque codicis describi fecimus, in inscriptione veteri dicitur:* Cronica fratris Koerners a constitucione Romane civitatis'. *Die hs. trägt gleich den folgenden als rubren über den seiten die reihen der kaiser und päpste (zuletzt* Concilium Constantiense) *und am rand die jahreszahlen mit arabischen ziffern, zumeist in kleinen viereckigen kästchen, von denen leider ein grosser teil durch das beschneiden der blätter in wegfall gekommen ist. Die nachrichten reichen bis zum jahre 1416. In § 581 gilt offenbar herzog Heinrich von Lüneburg, der oct. 14 starb, noch als lebend; in den letzten §§ finden sich jedoch hinweise auf ereignisse von 1417 jan. Unmittelbar darnach muss die fassung abgeschlossen sein. Ob in der Wolfenbütteler hs. ein original Korners vorliegt, wie bei den übrigen lateinischen bearbeitungen, etwa das eigenhändige concept ist schwer zu entscheiden. Dafür spricht vielleicht das wechseln der tinte gegen den schluss, die flüchtige, wenig geübte hand des schreibers, eine randbemerkung zu § 834a, die genauere kenntnis der nachricht verrät*[5]; *dagegen jedoch sprechen die schriftzüge, die Waitz eher der zweiten hälfte des jahrhunderts zuweisen wollte, die zahlreichen versehen und flüchtigkeiten im text*[6], *z. b. die wiederholung*[7] *der §§ 778. 778a. 777 dicht nach § 779, und nicht zuletzt der umstand, dass dieser hs. nachträge am rand ganz fehlen, während gerade die beiden folgenden originalen hs. durch zum teil sehr umfangreiche nachträge von der hand des schreibers besonders charakterisiert sind.*

Was ich aus a zum abdruck bringe, gebe ich nach der im auftrage der Wedekindstiftung für die herausgabe des Korner 1865 gefertigten abschrift vom jahr 768 ab, die sich auf der Göttinger universitätsbibliothek als cod. hist. 64 band I befindet. Die abschrift rührt von dem verstorbenen dr. Köhler her und ist damals teilweise von den doctoren Mantels und

---

1) *Entweder ein versehen des schreibers oder schon mit fortsetzungen.* 2) *Siehe die vorreden von A, B und D.* 3) *O. v. Heinemann, Die Helmstedter Handschriften I 321. Vgl. G. Waitz, Ueber Hermann Korner 6 und vorher 'Nachrichten von der Göttinger Gesellschaft der Wissenschaften' 1851 s. 35 f.* 4) *E. Bodemann, Die Handschriften der k. öff. Bibliothek zu Hannover 142.* 5) *Siehe s. 69 anm.* (?). 6) *Härten in der wortstellung oder im stil scheinen nicht immer auf blosse nachlässigkeit des schreibers hinzuweisen; so s. 11 in A § 83 anm.* (?), *s. 33 in A § 281 anm.* (1). 7) *Siehe unsere tabelle auf s. 134.*

Weiland revidirt worden. Nur die vorrede, die in der Göttinger abschrift fehlt, hat 1893 nochmals stud. hist. O. Heinemann aus Göttingen nach dem original collationirt.

A. *Danzig bibliothek der oberpfarrkirche zu St. Marien 243, papier folio, 218 unpaginirte blätter, dann 5 leere, dann 13 blätter mit dem register*[1]. *März 1420 abgeschlossen. Die hs. scheint von einer hand geschrieben, welche freilich öfter, besonders häufig gegen den schluss, die feder und die grösse der buchstaben gewechselt hat, sodass die anzahl der zeilen auf einer seite zwischen 40 und 50 schwankt; doch ist der charakter der sehr regelmässigen, verhältnismässig schönen schrift durchgängig derselbe. Bl. 1:* Cronica novella fratris Hermanni Korners[2] ordinis fratrum Predicatorum, *die letzten vier worte auf rasur und nur sehr schwach zu erkennen. Darnach sogleich die vorrede und der text der chronik, im jahre 1420 abbrechend mit den worten* In cuius sedem successit. *Am schlusse des registers steht in roter schrift:* Explicit cronica nova cum sua tabula per fratrem Hermannum Korner collecta ordinis Predicatorum domus Lubicensis. *Die hs. ist noch in ihrem alten ledereinband mit metallbeschlägen. Auf dem vorderen deckel ist ein pergamentstreifen eingelassen, welcher in verblasster minuskel des 15. jahrhunderts die aufschrift trägt:* Cronica novella. *Jede seite ist mit einer aufschrift versehen, welche die jeweiligen kaiser- und papstnamen enthält. Die überschriften bei beginn neuer kaiser oder päpste, sowie die initialen ihrer namen sind rubricirt, ebenso die anfänge der einzelnen §§ des textes; anderes, citate, verse, sind rot unterstrichen. Die jahreszahlen stehen am rande in einem rubricirten viereck in correspondenz mit dem abteilungszeichen. Oefter sind zwei jahreszahlen untereinander eingeschlossen in correspondenz mit zweien in zwei zeilen stehenden zeichen. Es scheint hierdurch aber eher ein ausfall der ersten jahrzahl angedeutet werden zu sollen. Doch kommt für das wegfallen eines jahres auch ein nebeneinanderschliessen der jahrzahlen vor. Gänzlich übersprungene jahreszahlen sind: 1011. 1176. 1244. 1245. 1252. 1256. 1258. 1326. Eigentümlich sind der hs. die zusätze am rande von derselben hand wie der text. Sie nehmen öfters den ganzen noch leeren raum der ränder in anspruch. Die ersten erscheinen schon auf f. 1' und 2 über Julius Caesar, Cicero u. s. w.* secundum Commentorem, Ekardum. *Hierauf fehlen sie bis zum jahre 856, mit welchem sie unter benutzung des Helmold häufiger werden, besonders im 12. jahrhundert bis 1174. Später erscheinen sie nur noch vereinzelt. Diese zusätze, das abbrechen des codex mitten im satze, der häufige wechsel der feder in den letzten jahren, die regelmässigkeit der schrift, welche auf den anfang des 15. jahrhunderts hinweist, machen es mehr als wahrscheinlich, dass wir eine originalhs. vor uns haben, sei es dass dieselbe Korner dictirt oder, was weniger wahrscheinlich, selber geschrieben habe. Das auffallend seltene vorkommen von correcturen kann nicht gegen diese annahme sprechen, da bei der hohen correctheit des schreibers solche eben nur äusserst selten notwendig waren. Der ursprüngliche text der chronik ging wol bis zum wechsel der schrift auf f. 212' (s. 129 anm. a), dem anfange des jahres 1418, wo der schlusssatz der erzählung über den versificator (s. 128 § 916) recht zeigt, dass diese vom verfasser dem vorläufigen ende des werkes angeflickt wurde. Aehnliches zeigen die im verlauf der fortsetzung erscheinende wundergeschichte in Speier f. 213' (s. 130 § 927) und die auf das jahr 318 zurückgehende legende von Zosimus und der Maria Egipciaca f. 214—216' (s. 130 § 927bis), nach deren ende wieder die schrift wechselt (s. 131 anm. a). Dies alles nach der der abschrift vorgehefteten beschreibung.*

Auch von dieser hs. habe ich eine abschrift von 768 ab dem abdruck zu grunde gelegt, die durch die Wedekindstiftung besorgt, nun auf der Göttinger universitätsbibliothek als cod. hist. 64 band II sich befindet. Die abschrift wurde 1866 von dr. Weiland hergestellt und gibt im auszug einige wichtigere stellen aus der zeit vor 768.

---

1) *Vgl. O. Waitz, Nachrichten 1867 s. 113 f.* 2) *So von Weiland nachträglich berichtigt.*

B. *Linköping gymnasial- und stiftsbibliothek, papier mit regelmässig zwischengebundenen pergamentblättern kleinfolio. 371 blätter nach neuerer zälung (eine alte etwas abweichende zälung geht bis CCCIX), nebenher vorsatz- und schlussblatt*[1]. *Regelmässige lagen von 14 blättern, nur die 16. hat blos 12, die letzte des textes 8 blätter, eine mit dem register 16 blätter; das äussere und innere doppelblatt jeder lage ist von pergament. Blatt CCCVI der alten zälung ist ausgeschnitten und fehlt. Juni 1423 abgeschlossen. Noch im 15. jahrhundert im besitz des conventus Stockholmensis ordinis fratrum Predicatorum*[2]. *Die schrift ist im ganzen bande gleichartig; nur die tinte wechselt manchmal, namentlich gegen den schluss. Zu anfang steht das rubrum:* Cronica novella fratris Hermanni de secundo opere fratris Predicatorum; *dann folgt nochmals* Prologus in cronicam novellam fratris Hermanni ordinis Predicatorum *und hiernach die vorrede* Quamquam copiosa *und der text bis 1423. Folgendes ist nach der beschreibung von Waitz im genaueren zu erwähnen: 'Nicht selten sind am rande, namentlich in den späteren teilen, zusätze beigefügt, aber von derselben hand. Dasselbe ist nur in noch ungleich höherem masse in der Danziger hs. der fall'. 'Auch die schrift des Linköpinger codex hat mit der des Danziger, soviel ich erinnere, grosse ähnlichkeit. Dieser umstand verbunden mit der beschaffenheit des textes — im Link. finden sich auch manchmal, namentlich in den letzten jahren correcturen von der gleichen hand, namentlich ist 1428 eine längere stelle über den polenkönig Boleslaus teils auf radiertem grunde, teils, da der platz hier nicht ausreichte, am rande geschrieben — lassen nicht zweifeln, dass beide codices, wenn nicht von der hand, so doch unter den augen des Hermann Korner selbst geschrieben sind und so den wert von originalhandschriften in anspruch nehmen'.*

Auch hier benutzte ich für die herausgabe die auf der Göttinger universitätsbibliothek als cod. hist. 64 band III befindliche abschrift, die entsprechend den übrigen 1867 von dr. Koppmann besorgt wurde. Sie beginnt mit blatt 168 der hs. unter Otto II. Vorgeheftet ist eine von dem Linköpinger bibliothekar dr. Wibe herrührende vergleichung der teile zwischen dem beginn des Eccarddrucks und dem anfang der abschrift.

C de tercio opere *ist verloren.*

D. *Lüneburg stadtbibliothek hist. fol. 3. 4 (C. 2) zwei bände, pergament 42/43 × 27½/28½ cm in regelmässigen lagen zu 10 blättern; ungleiche, jedoch ursprüngliche ledereinbände mit metallbeschlag. Abgeschlossen april 1435. Nach dem vermerk auf blatt 1 des ersten bandes:* Iste liber pertinet domino Conrado Langen et fratribus suis *früher im besitz des Conrad Lange, der ende des 15. jahrhunderts im Lüneburger rat sass.*

Band 1 enthält 272 bl. nach originaler zälung, ferner 10 bl. register, vorsatz- und schlussblatt. Nur die letzte lage zält 18 bl. Die vorletzte lage des textes muss in früherer zeit einmal beschädigt gewesen sein, sie ist durch eine neue lage von pergamentblättern von einer hand des 16. oder 17. jahrhunderts ziemlich fehlerhaft ersetzt worden. Zu anfang rot: Cronica novella magistri *(auf rasur)* Hermanni de quarto opere. Prohemium eiusdem *und weiter:* Prohemium in cronicam novellam magistri *(auf rasur)* Hermanni. *Danach die vorrede in grösseren buchstaben, dann der text zweispaltig in schöner, klarer, ganz gleichmässiger minuskel. Am schluss des textes bl. 272 rot:* Explicit prima pars cronici novelle magistri *(auf rasur)* Hermanni ordinis Predicatorum. *Es folgt eine anweisung für die benutzung des registers, die ich in der anmerkung*[3] *gebe, und das register selbst, an dessen*

---

1) *Vgl. G. Waitz, Nachrichten 1859 s. 87 f. und genauer 1867 s. 113 f.* 2) *Nicht aus Wadstena stammend, wie Dudik angibt, der in seinen 'Forschungen aus Schweden' s. 357 auf die hs. zuerst hinwies.* 3) Ad facilius inveniendam quamlibet historiam in presenti volumine contentam, hanc tabulam precedentibus annectere decrevi. In qua reperire volens quod cupit, numerum articulis subscriptis iunctum diligenter observet et litteram eidem sociatam attente consideret ac iuxta sic

schluss rot: Explicit tabula cronice novelle prime partis fratris *(so)* Hermanni ordinis Predicatorum.

Band 2 enthält vorsatzblatt und 11 bl. register, danach 224 bl. in originaler zälung und ein leeres blatt am schluss. Einige unregelmässigkeiten in den lagen sind zu bemerken: die 16. lage hat blos 6 bl. (zur ausgleichung springt die zälung von 164 auf 166 und 167), die 19. lage nur 9 bl. (die zälung springt von 193 auf 191, bl. 192/193 ist eingeflickt). Man vergleiche dazu unsere anmerkungen im text. Die letzte lage besteht aus 5 bl. Hand und schrift sind dieselben wie im ersten band. Auch die kurze vorrede ist wieder in schönen grösseren zügen geschrieben. Vorher rot: Prohemium sive prologus in partem secundam cronice. *Nur gegen den schluss etwa von bl. 203 ab nimmt die regelmässigkeit und ruhe der schrift ab*[1]*; zeit und lust mögen dem schreiber ausgegangen sein. Die rasuren und verschreibungen mehren sich und die zeilenzal der spalten wird kleiner; statt 47 bis 49 einmal sogar nur 44. Besonders eigentümlich und für uns nachher noch von wichtigkeit ist das dem 2. bande vorgeheftete register. Es ist nicht für das ganze werk zusammen ausgearbeitet, sondern zunächst nur für die ersten 15 lagen (bis bl. 150; bl. 151 hat eine besondere bewandnis, vgl. den text), offenbar um nach vollendung des bandes rascher mit dem rest fertig zu werden. Für diesen umfangreichen rest sind dann die verweisungen über und unter die durch liniirung gleichmässig abgegrenzten spalten und ebenso am ende der einzelnen buchstaben nachgetragen, wobei natürlich die alphabetische reihenfolge nicht durchzuführen war; sie ist immer an diesen stellen völlig durchbrochen.*

Beiden bänden gemeinsam ist die sorgfältige rubricirung. Die anfänge der kaiser und päpste, der buchstaben des registers wechseln in blauen und roten initialen. Die einzelnen §§ sind gewissenhaft rubricirt, in gleicher weise die zalreichen quellenvermerke, verse u. a. Die hs. ist ohne jeden zweifel originalhs. und dicht unter Korners aufsicht entstanden. Dafür sprechen die häufigen bedeutsamen sachlichen verbesserungen, die zudem in der fassung B fast immer ihre erklärung finden und bei denen man öfter Korners eigene hand vermuten möchte, namentlich in späteren teilen des werkes; der hier öfter auftretende wechsel im ductus, weil eine vorlage nicht mehr vorhanden war und mehr an dictat gewisser gruppen von nachrichten zu denken ist; der unvermittelte schluss des 2. bandes auf der mitte der seite und auch jene verbesserung von fratris *in* magistri *in den überschriften des ersten bandes*[2]*; nur dass im gegensatz zu A und B in D uns vielmehr eine sorgfältige reinschrift, offenbar für einen hervorragenden besteller, vorliegt, ohne irgendwelche randnachträge*[3]*, wie sie dort so zalreich sind.*

Diese zweibändige Lüneburger hs. vom jahre 800 ab hat 1723 schon J. G. Eccard in seinem 'Corpus historicum medii aevi' II 431—1344 abgedruckt, im ganzen sorgfältig und ohne weitere auslassungen, jedoch in der orthographie willkürlich und mit vielen versehen und flüchtigkeiten. Unser abdruck ist von neuem genau nach dem original collationirt und auch

considerans se in requirendo dirigat, ut tandem sic quod querit inveniat. Numerus enim in tabula subscripta notatus ipsum eundem numerum in aliquo huius libri folio fore requirendum denotat et littera a superiori margini inserta columpnam folii cuiuslibet primam, littera vero b secundam, c terciam et d quartam columpnam prospiciendam designat. Littera *(so)* autem p, si cui predictarum quatuor litterarum iungatur, principium lateris designare lector sciat, m vero medium lateris et f finem. Et si interdum illud quod queritur non statim obtutibus investigantis se obtulerit, non debet hoc inquisitorem segnem attonitum reddere aut segnem efficere, sed potius sollerciorem ad diligencius indagandum, cum scriptum sit: 'Omnis qui petit, accipit et qui querit, scilicet perseveranter, invenit'. Sequitur tabula. 1) *Vgl. s. 507 anm. 3 und namentlich s. 527 anm. 1.* 2) *Siehe oben s. VII über die promotion.* 3) *Erst viel spätere hände haben hie und da grössere randnachträge eingeschrieben, die für uns nicht weiter in betracht kommen.*

die correctur durchgehends an der hand des codex vorgenommen. Dies ermöglichte allein die ausserordentliche liberalität der verwaltung der Lüneburger stadtbibliothek, welche mir jahrelang die benutzung beider wertvollen bände bereitwilligst gestattete und so die ausgabe in einer weise förderte, für die ich ihr zu besonderem dank verpflichtet bin. Ebendeshalb konnte ich um so leichter die orthographie dieser originalhs. mit ihren allerhand eigentümlichkeiten im druck durchführen, nachdem sorgfältige beobachtung der einzelnen ausgeschriebenen worte und silben mir für die abkürzungen die handhabe bot.

Es erübrigt noch eine anzal von abschriften des lateinischen Korner aufzuzälen, die sämtlich auf die Lüneburger originalhs. D zurückgehen und für unsere ausgabe ohne belang waren. Nur die erste derselben, die sich in Lübeck selbst befindet und vielleicht zu irrtümern anlass geben könnte[1], soll genauer besprochen werden.

Lübeck stadtbibliothek, zwei bände pergament folio, 286 und 254 blätter. Ungleiche jedoch alte einbände, auf den deckeln schildchen, darin unter hornstreifen die aufschrift Prima bzw. Secunda pars cronice novelle magistri Hermanni Korners. Band 1 bl. 1 rot: Incipit prohemium in cronicam novellam magistri Hermanni conventus Leb. ordinis Predicatorum. Bl. 272: Explicit (so) prima pars cronice novelle magistri Hermanni Korner ordinis Predicatorum. Sequitur tabula in eamdem et directorium eiusdem. Am ende des registers rubricirt: Explicit (so) tabula cronice novelle prime partis fratris Hermanni conventus Lubicensis ordinis Predicatorum sequenti die visitacionis virginis gloriose anno dñi MCCCCLIX. Die abschrift ist ganz eigentümlicher art, namentlich der erste band. Der schreiber hat infolge der bei Korner nicht seltenen rückweisungen auf frühere abschnitte der erzälung und zur leichteren übertragung des registers das bedürfnis gehabt, die blattzälung der vorlage genau beizubehalten. Das ist ihm aber bei seiner etwas grösseren und stärkeren schrift auf kleinerem papierformat ohne weiteres nicht möglich gewesen. Er hilft sich nun dadurch, dass er auf jedem blatt soviel kürzt, als ausfallen muss, um auf dem folgenden blatt wenigstens ungefähr mit demselben satze fortzufahren. Die kürzungen sind gegen das ende eines blattes hin am häufigsten, finden sich aber auch schon in den vorderen teilen der blätter. Er lässt unwichtig scheinendes weg, kürzt völlig eigenmächtig die construction, indem er relativsätze in kurze hauptsätze verwandelt, mehrere relativsätze zusammenzieht und kürzeren ausdruck wält. Anders nun im zweiten band: dieser entspricht genau und wörtlich dem zweiten bande von D. Der schreiber hat hier den ausweg ergriffen, die blattzälung der vorlage in kleinen arabischen ziffern am rand der abschrift einzutragen, wodurch verweisungen und register bequem umzurechnen waren. Was das verhältnis des textes angeht, so beweisen gleiche auslassungen, wiederkehr von versehen der hs. D, glatte übernahme der correcturen und ursprünglichen randnachträge die ableitung aus D. Entscheidend ist, dass an drei stellen magistri glatt übernommen ist und nur an der einen stelle am schluss des registers genau wie in D fratris stehen blieb. Ebenso verhält es sich mit jenen eigentümlichen stellen in den §§ 1462 und 1463, wo in D bei beginn eines neuen quinio die übliche zeilenzal der vorangehenden spalten nicht erreicht war und daher zur ausfüllung des raumes zweimal zwei zeilen von Korner hineinstilisirt werden mussten: die Lübecker hs. gibt beidemal den wortlaut glatt im text. Völlig entscheidend ist zuletzt noch das register des zweiten bandes. Alle jene oben erwähnten eigentümlichen nachträge bringt die abschrift ununterbrochen und fortlaufend genau in der nicht alphabetischen reihenfolge von D.

---

1) Ueber sie vgl. schon J. H. von Seelen, Selecta litteraria ed. 2 (Lubecae 1726) s. 94 ff., wo auch lange collationen mit Eccards druck gegeben sind. Bereits Richey und Seelen erkannten, dass der Lüneburger codex der bessere sei, vermuteten jedoch sonst unzutreffendes.

Die folgenden für die ausgabe wertlosen handschriften mögen nur erwähnt sein:

Hamburg stadtbibliothek hist. univ. fol. 2, papier grossfolio, noch 15. jahrh. Ueberschrift: Magistri Hermanni Corneri chronice novelle pars altera ab Henrici IV. ad Sigismundi imperatoris etatem. *Enthält nur den zweiten teil der chronik*[1]. *Ich habe sie nicht eingesehen.*

Lüneburg stadtbibliothek hist. fol. 1. 2 (C. 1), zwei bände, papier folio, vom jahre 1474, mit allerlei interessanten sonstigen notizen und eintragungen vor und nach dem haupttext[2].

Lübeck stadtbibliothek, zwei bände, papier folio, jeder von einer besondern hand des 17. jahrhunderts. Auch diese hs. habe ich nicht eingesehen.

II. Deutsche bearbeitung.

H. *Hannover königl. bibliothek XIII 757, papier grossfolio, 241 blätter, mitte des 15. jahrhunderts, vermutlich vor 1447*[3] *geschrieben. Schöner lederband, 1619 im besitze des Jacobus Albinus, der sie für 2 rthlr. kaufte und einen längeren titel einschrieb*[4]. *(Die hs. war ursprünglich mit abbildungen von Dominicanern auf dem breiten rande verziert, die aber seit einiger zeit abgelöst sind und besonders aufbewahrt werden.* OESTERLEY.) *Zu anfang des textes fehlt ein blatt, wie der vergleich mit dem von H. Pfeiffer, Germania IX 238 veröffentlichten anfang der gleich zu erwähnenden Wiener hs. lehrt. Der text selbst ist in ungespaltenen zeilen geschrieben von zwei händen, deren zweite schönere mit blatt 148 einsetzte, nachdem sie schon blatt 94 geschrieben hatte. Defekte der hs. oder lücken finden sich nach blatt 30, 126 (2 blätter). 151, 161; unbeschrieben und nicht ersetzt sind blatt 101, 105, 118, 158. Die hs. ist jedenfalls nicht original; die jüngere schrift, immerhin häufige verschreibungen, manche versehen, auch der abschluss des textes weisen auf eine vorlage hin. Ich habe die hs. selbst in Göttingen benutzen können und aus ihr die meisten auszüge gemacht, jedoch verwandte ich später daneben eine vorzügliche abschrift aus dem besitze von W. Mantels und zum teil von seiner hand, die mir durch die güte des herrn stadtarchivars dr. Koppmann in Rostock zur verfügung stand. Aus dieser hs. hat die nachrichten der jahre 1435—1438 schon G. W. Leibniz 'Scriptores rerum Brunsvicensium' III 203—219 abgedruckt. Diese partie ist auch für uns von besonderem wert und daher in der ausgabe in anhang II von neuem aus der hs. mitgeteilt. Im übrigen ist nur sachlich wertvolles in den auszügen herangezogen, namentlich was zur ergänzung der nachrichten der späteren jahre etwa seit 1400 diente. Dagegen liess sich längst nicht alles nur charakteristische erschöpfen, von sprachlich wichtigem überhaupt abgesehen. Auch konnte somit die andere hs. des deutschen Korner unberücksichtigt bleiben.*

W. *Wien k. und k. hofbibliothek 3048 (hist. prof. 53), papier grossfolio, 253 blätter*[5] *geschrieben von mehreren händen des endenden 15. jahrhunderts, wol zu verschiedenen zeiten (in den vorderen teilen die jüngeren hände). Blatt 1:* (Olim) Ex libris Petri Lambecij Hamburgensis. *blatt 15' am schluss des registers:* Finit feliciter Anno MCCCCXXX. *Im text durch das abschreiben nach lagen viele lücken und wiederum andere abschnitte doppelt,*

---

1) *Lappenberg, Archiv der Gesellschaft für ältere deutsche Geschichtskunde VI 598 anm. 2.* 2) *Vgl. O. Jürgens, Geschichte der Stadt Lüneburg, Hannover 1891 s. 113 f.* 3) *Die regierungszeit des letzten papstes, Eugenius IV. ist nicht ausgefüllt, der 1447 febr. 23 stirbt.* 4) *Vgl. die nähere beschreibung bei E. Bodemann, a. a. O. 142 f. und vorher G. Waitz, Ueber Hermann Korner 14 f. und Nachrichten 1851 s. 113 f.* 5) *Vgl. J. Chmel, Die Handschriften der k. k. Hofbibliothek in Wien I 723 und Tabulae codicum Vindobonensium II 188. Diese hs. benutzte H. Pfeiffer und druckte aus ihr zwölf stücke Germania IX 261—269 ab. Doch sind die angaben, die Pfeiffer über die hs. macht, nur mit vorsicht zu benutzen.*

worauf wir jedoch nicht näher einzugehen haben. Viele der lagen sind später erneuert und offenbar hierbei sind aus randnachträgen der früheren lagen umfängliche interpolationen aus Detmar, Rufus u. a. mit in den text hineingekommen, sodass sich die hs. als ganz verderbt erweist. Sicher ging auch diese hs. wie H bis zum jahre 1438. Das register zeigt das deutlich. Höchstens für einige lücken von H gibt W die ergänzung. Sprachlich ist der text jedenfalls viel weniger bedeutend, als der von H. Ich habe die Wiener hs. selbst hier gehabt und nochmals auf das genauste untersucht; das endresultat bleibt, dass, von jenen kleinen ergänzungen abgesehen, W von H an wert weit übertroffen wird.

3. Die verschiedenen fassungen. Allgemeine charakteristik.

Dadurch dass wir von den drei hauptsächlichen lateinischen bearbeitungen der chronik die originalhandschriften besitzen, sind wir in der glücklichen lage, die buchstabenbezeichnung der handschriften einfach für die bezeichnung der fassungen zu übernehmen. a bezeichnet den entwurf, der im jahre 1416 entstanden bis auf die vorrede fast ganz in die erste gültige redaction A des jahres 1420 überging. Die nach oder während der niederschrift entstehenden nachträge, erweiterungen und verbesserungen von A sind dann sämtlich in den text von B, der 1423 abgeschlossen wurde, aufgenommen. Auch B erfährt während der dauer der niederschrift, namentlich als diese bis zur darstellung des jahres 1375 gekommen war, umfangreiche und sehr wichtige nachträge aus der Detmarchronik zu den jahren 1351 ff., die hier dem text einfach im zusammenhang eingefügt sind. Hier ist auch die stelle, wo Korner zum ersten mal den Detmar, wie er uns noch vorliegt, selbst benutzt hat. Diese nachträge finden wir dann in D, dem quartum opus, naturgemäss auf die entsprechenden jahre verteilt, von den gewohnten willkürlichkeiten Korners abgesehen, und diese verteilung war sicher schon in der verlorenen dritten lateinischen fassung C vollzogen. So ist jede der fassungen immer die grundlage der folgenden, und A und a stehen in besonders wörtlichem zusammenhang, was bei entwurf und erster reinschrift nicht wunder nimmt, während B auf A und D auf B in viel freierer weise fussen. Für unsere ausgabe ergab sich von selbst die zusammenfassung des ersten gültigen textes A mit dem entwurf a, und an zweiter stelle die des weitesten textes D mit dem dazwischen stehenden B. Auch die deutsche bearbeitung beruht ausschliesslich auf der vierten lateinischen D, wie der erste blick auf die ganze einteilung des werkes lehrt und die entstehungszeit als selbstverständlich erscheinen lässt. Wir sehen somit, 'dass Korner sich fortwährend mit seinem werke beschäftigte und dasselbe in immer neuer gestalt hinausgehen liess'. 'Es scheint selbst, dass, so oft ein exemplar der Chronica novella von Korner verlangt ward, er nicht einfach eine abschrift des einmal ausgearbeiteten buches, sondern vielmehr immer eine neue redaction lieferte'[1]. Dass übrigens Korner bei abfassung einer späteren bearbeitung ausser der vorhergehenden, von neuem zuwachs abgesehen, immer wieder seine materialiensammlung heranzog, dafür spricht ganz deutlich der umstand, dass mehrfach nachrichten des entwurfs, die A überging, in B wieder auftauchen[2], oder H stellen bringt[3], die D vernachlässigte, ohne dass an blosse rückerinnerung des dictirenden[4] verfassers zu denken wäre.

Ungleich fruchtbarer als Ekkehard von Aura, auch den zeitgenossen Dietrich Engelhus, der eben damals eine Cronica nova schrieb, weit hinter sich lassend, hat Korner[5] die Cronica

---

1) *G. Waitz, Nachrichten 1867 s. 124 f.* 2) *So a 129a (193), 388a (377), 403a (605), 787a (1175b) u. s. w.* 3) *So in § 1203 der fassung D, siehe s. 378 anm. 1, in den §§ 1264 (vgl. anhang I s. 547) und 1243 (B und H wie a s. 119 anm. 11).* 4) *Für dictat sprechen neben allerhand kleinigkeiten stellen, wie B:* Tyrus Helsem lingua sua dicta urbs, *D:* Tyrus urbs lingua Helsem Nordica appellata. 5) *Vgl im allgemeinen über seine stellung innerhalb der zeitgenössischen historiographie*

novella mindestens sechsmal neu bearbeitet. Aber nicht wechselnde politische anschauung bildet den antrieb zu immer neuer historiographischer betätigung; die gründe sind rein äusserlich: auf der einen seite der wunsch angesehener besteller, auf der andern die erschliessung neuer quellen lassen den autor mit unermüdlichem fleisse immer von neuem an diese riesenarbeiten herangehen. Nur die zeitpunkte ändern sich, von denen an der verfasser seine darstellung entrollt, nur die bestimmung der bearbeitungen wechselt: die lateinischen redactionen sind für die genossen des geistlichen standes und besonders gelehrte patricier, die deutsche am schluss der ganzen reihe, ausdrücklich volkstümlich gehalten, ist für die laien bestimmt.

Die allmälich erlangte virtuosität in compilation und abfassung geschichtlicher entwürfe macht sich in den späteren fassungen deutlich bemerkbar und zwar zum schaden des werkes. Ist zwar das streben nach einer gewissen pragmatischen behandlung des stoffes, die verarbeitung durch zusammenziehen kürzerer nachrichten, die zusammen gehören, anzuerkennen, ebenso wie die zalreichen verweisungen, die dem leser den zusammenhang vorführen sollen, so lässt andrerseits die enorme stilistische gewandheit den autor, ohne rücksicht auf wert und ansehn der quelle, ihrer überlieferung und ihrem wortlaut gegenüber oft so grosse willkür üben[1], dass darunter auch der sachliche zusammenhang leiden muss. Ursprünglich mag dazu die auch in den vorreden erwähnte dictaminum obscuritas den anstoss gegeben haben; scheinbar unverständliches sollte in bewusster absicht umschrieben und deutlicher gesagt werden. Das ist aber allmälich zur schlimmen gewohnheit geworden. Während noch die fassungen a und A sich eng an die vorlage halten, in angaben und daten genau sind, die chronologische anordnung wahren, wird später alles wol breiter und ausführlicher, aber wesentlich unzuverlässiger und salopper. Die nachrichten selbst werden mit stupender gewandtheit immer von neuem anders stilisirt; oft stimmt kaum ein wort mehr mit der quelle und doch ist sachlich absolut nichts neues berichtet, wie sich das durch die einzelnen fassungen hindurch vollkommen sicher verfolgen lässt; die chronologische anordnung wird rücksichtslos verwirrt, ganze complexe von nachrichten werden mit der naivsten gleichgültigkeit bald zu diesem, bald zu jenem jahre gesetzt[2]. Sobald Korner eine quelle zum ersten mal benutzt, sind die auszüge daraus noch einigermassen genau und zu den richtigen jahren gesetzt, aber jede neue umarbeitung entfernt sich immer mehr vom wortlaut der vorlage und lässt den ursprung schwerer erkennen. Daher kam es, wie sich im folgenden noch mehrfach zeigen wird, besonders darauf an, zu bestimmen, in welcher fassung die nachricht zuerst auftritt und welche gestalt sie bei diesem ihrem ersten auftreten hat. Immer hier, also meist bei den fassungen A und a, hat jede quellenuntersuchung einzusetzen. Alles andere ist erst in zweiter linie von wert. In D erreicht die chronologische verwirrung ihren höhepunkt, es braucht hier nur gesagt zu werden, dass die allergrösste willkür herrscht, die einzelnen beispiele sind fast auf jeder seite zu finden. Vielleicht ist das zum teil in der äusseren arbeitsweise begründet. Abgesehen von den zalreichen nachträgen am rand der fassung müssen offenbar collectaneen[3] gedient haben, die wol leicht in verwirrung gerieten und über die der autor selbst die übersicht verlor, denn es ist sogar die nachricht D § 648, die einmal richtig zu 1329 steht, in D § 527 ausserdem noch in ein falsches jahrzehnt zu 1319 geraten[4]. Am

---

das bei O. Lorenz, Deutschlands Geschichtsquellen II³ 371. 372. 376 und 379 gesagte, sowie auch die kurzen worte Dahlmanns, Geschichte von Dänemark III 87 anm. 1. 1) Trotz der wiederholt zur schau getragenen scheinbaren sorgfalt und mühe, hinter die wirklichkeit zu kommen, wie sie in folgenden wendungen erscheint: Quid autem horum duorum verius est ad presens non commendo. Istud factum supra positum est ... sub alia tamen forma et modo, et igitur dubium est, an sit bina vice facta talis controversia vel an semel. 2) §§ 1377—1389 in B zu 1422, D zu 1423, also sogar wo er gleichzeitiges berichtet. 3) Siehe schon s. XVI dieselbe annahme. 4) Vgl. auch D §§ 506 und 597, die schon einmal als §§ 508 und 509 auftreten; ebenso das zu D § 836 gesagte.

C

schlimmsten ist und durch die scheinbaren einzelheiten geradezu täuschend wirkt das verfahren, das er gegenüber den erzälungen aus dem 'Viaticum narracionum' eingeschlagen hat. Siehe darüber unten das nähere. Aber auch sonst ist die höchst sorglose willkür, mit der beliebig namen u. dergl. eingesetzt werden, verwirrend und für die behandlung des registers besonders erschwerend.

Ohne auf die politischen ansichten des verfassers im einzelnen einzugehen, wollen wir nur erwähnen, dass er für seine zeit immerhin in recht freier weise über alles sein urteil bildet und kaum nach einer richtung hin befangen erscheint. So wenig er den glanz und die bedeutung seiner vaterstadt zu betonen unterlässt, so wenig hält er zurück mit herbem tadel, wo dieser am platze ist. Dies alles zwar mehr in den früheren fassungen, wo recht energische sätze vorkommen, als in den späteren, in denen er ruhiger, milder, objectiver, abgeklärter erscheint. Hier bleiben schroffe urteile, namentlich über hochgestellte persönlichkeiten, unziemliche ausdrücke, geschichten, die den geistlichen stand beeinträchtigen könnten[1], weg. Am schlagendsten zeigt sich dies an dem einzigen wunden punkte, an dem er parteilichkeit sich nicht versagen konnte, bei seiner stellung zu den Franziskanern und der art und weise, über sie zu sprechen. Mochte immerhin die freundschaft der beiden stifter zwischen den zwei orden gesetzmässig und principiell festgehalten werden, tatsächlich war die rivalität beider auch in jener zeit die denkbar grösste. Sobald von Franziskanern die rede ist, hört bei Korner die objectivität auf. Man beachte nur in den früheren fassungen, wie bei jeder gelegenheit die dinge vorgebracht werden und mit jugendlichem feuer ganze suaden sich ergiessen[2]. Eine stelle aus Detmar wird unterdrückt[3], weil sie eine beziehung zum h. Franziskus enthält. Nur einmal wird mit zurückhaltung und voll verwunderung, dass von jener seite etwas gutes komme, in D § 1356a den Franziskanern lob gespendet. Die fassung D ist, abgesehen vom jahre 1317, wo s. 223. 224 die angebliche vergiftung Heinrichs VII. durchgesprochen wird, im ganzen milder, lässt bedenkliche erzälungen weg, oder vermeidet nicht ausdrücklich, dass das ein minderbruder gewesen sein müsse. Dafür ist dann auch die einzige lobende erwähnung, der § 1356a entsprechend unterdrückt worden.

Wie Korner schon rein äusserlich betrachtet aller historiographischen tradition ins gesicht schlägt, was weiter unten bei der einrichtung der ausgabe abermals gesagt werden muss, ist andrerseits auch seine zuverlässigkeit und glaubwürdigkeit nur gerade da anzuerkennen, wo die ereignisse so nah stattfanden und ihm so gut vermittelt wurden, dass die erste aufzeichnung, die er darüber macht, als einigermassen zuverlässig gelten kann. In solchen fällen vermag er recht schätzenswertes detail und in anschaulicher darstellung zu bieten. Dass er auf weitere ferne hin nicht genauer berichtet, werden wir ihm nicht verargen. Und immerhin ist die anzal der quellen, die er sich zu verschaffen gewusst hat, eine achtbare zu nennen, wie das im folgenden genauer gezeigt werden soll[4].

4. Allgemeingeschichtliche und sonstige quellen.

Bei betrachtung der quellen Korners ist von vornherein durchgreifend zu unterscheiden zwischen den quellen, die er als benutzt nennt, und denen, die er wirklich benutzt hat. Beide gruppen haben fast durchgehend nichts mit einander zu tun.

---

1) Recht bezeichnend sind die ergötzlichen wandlungen, die § 624 (1210) nach und nach erfährt. 2) §§ 77 (110b), 867 (642), 614 (777), 684 (893a), 820a (schon in A übergangen), 848 (1231a); §§ 391. 393 (nur in A und a) u. a. m. 3) Siehe s. 193 anm. 1. 4) Nur beiläufig soll hier erwähnt werden auf mehrfache, zeitlich naheliegende benutzung der letzten fassungen D und H in auszügen u. dergl., die Waitz, Ueber Hermann Korner 31 f. zusammengestellt und denen ich nur den codex C. 7 (4) der Strassburger Johanniterbibliothek nach 'Archiv der Gesellschaft für ältere deutsche Geschichtskunde' VIII 463 hinzuzufügen habe, der 'Chronologica et historica varia ex chronica Hermanni (Corneri)' enthält. Diese auszüge sind für unsere zwecke jedoch sämtlich belanglos.

Wenden wir uns zuerst zu den in den einzelnen fassungen genannten quellen. Während in a höchstens Vincenz von Beauvais und Heinrich von Herford citirt werden, mehren sich in A, B, D die angaben jedesmal, und nicht nur für die neu hinzukommenden nachrichten, sondern auch für die, die in den früheren fassungen keine angabe hatten, sodass zuletzt in D fast in jedem paragraphen eine quelle angegeben ist. Korner war mit diesen immer häufiger auftretenden angaben offenbar den wünschen seiner leser nachgekommen, die die quellen in jedem fall genau wissen wollten und sonst leicht die glaubwürdigkeit des chronisten verdächtigt hätten[1]; und ausserdem wollte er mit seiner gelehrsamkeit und belesenheit prunken. Er hat sich hierin übrigens durch Heinrich von Herford verleiten lassen, der ihm auch sonst zum vorbild dient. Heinrich von Herford schreibt ebenso und wiederholt alles mögliche dem 'Egkardus' zu, kennt und zält eine menge sogenannter chroniken auf, die Potthast in seiner ausgabe viel zu ernst genommen hat. Seiner manier ist Korner allerdings in stark erweitertem masse gefolgt und bei ihm hat zuletzt in der fassung D jede nachricht über Frankreich u. s. w. ihr secundum cronicam Francorum erhalten, und entsprechend steht es mit cronica Saxonum, Bohemorum, Anglorum, Danorum u. s. w. Ebensowenig ist bei 'Egghardus' und 'Wilhelmus' an concrete quellenschriftsteller zu denken. Das sind für Korner ganz vage begriffe, deren kenntnis zum teil auf Heinrich von Herfords vorrede zurückgeht, obwol 'Wilhelmus' meist für französische und englische nachrichten citirt wird, sodass allerdings citate von Heinrich von Herford und Vincenz von Beauvais aus dem wirklichen Wilhelm von Malmesbury den ursprünglichen anlass zu Korners kenntnis dieses namens gegeben haben mögen. Am deutlichsten zeigt sich das saloppe verfahren, wenn man bemerkt, dass dieselbe nachricht in den einzelnen fassungen bald hieraus, bald daraus entnommen sein soll, wie es dem verfasser beim dictat der betreffenden stelle gerade in den sinn kam. Dies lehrt schon ein flüchtiger blick auf die fassungen D und B. Für die beiden tatsächlichen hauptquellen Korners, für Heinrich von Herford und Detmar, mag allerdings häufiger die quellenangabe zutreffen; aber selbst hier wird dem nur zu trauen sein, sobald durch kritische prüfung die richtigkeit erhärtet ist. Auch sonst meist richtig citirte quellen wie Vincenz citirt Korner, wenn es passt, zu einer ganzen reihe von nachrichten, die sicher nicht aus Vincenz stammen. Wenige ausnahmen sind allerdings vorhanden, aber sie treten völlig zurück. Der in B zum jahre 1375 im laufenden text gegebene anhang, sowie die vorher an den rand gesetzten nachträge aus Detmar zeigen in dieser fassung alle richtig die angabe secundum cronicam Lubicensem. Aber sonst kam diese bezeichnung schon in B bei stellen vor, die gar nicht im Detmar stehen, sondern auf irgend welche Lübische nachrichten zurückgehen, und auch ist in D das ursprünglich richtige secundum cronicam Lubicensem in fast allen fällen gleich wieder in andere angaben verändert, wie die s. 257 in anm. (3) citirten paragraphen ohne weiteres ergeben.

Es muss daher wiederholt werden, dass solchen von Korner angeführten quellen fast ausnahmslos keine bedeutung beizulegen ist, sobald nicht etwa die richtigkeit der angabe durch genaue nachprüfung bewiesen ist.

Und erst recht kann davon keine rede sein, dass Korner all diesen fingirten quellen entsprechende codices vor sich gehabt habe. Einerseits nennt er jede geschichtliche aufzeichnung schlechthin cronica — secundum Suetonium in cronicis heisst es im anfang des werkes —, versteht also hierunter etwas ganz allgemeines, andrerseits hat er all die autoren, die er nennt, weder gekannt noch gelesen. Er kennt blos ihre namen aus Heinrich von Herford oder Vincenz, d. h. zumeist nur aus den anführungen seiner vorlagen[2]. Und gerade darum-

1) So verwahrt er sich auch s. 138 f. in der vorrede zur fassung D ausdrücklich: Si quoque in volumine presenti ..., aliqua inveniantur dicta que auctore suo videantur carere, illa sciat lector non per me fore excogitata, sed me ea reperisse in libris, quorum compositor michi ignotus protunc existebat, cum ipsum compilarem. 2) Er sagt an einer stelle anhang II s. 373 deutlich, dass er auch die angaben über die auctores der chroniken entnahm: singulis suos auctores in cronicis

dass alle diese quellen für Korner so wenig concrete begriffe waren, dass er richtige vorstellungen über sie nicht haben konnte, erklärt es sich auch, dass z. b. in D § 670 'Egghardus' noch zu 1369 angeführt wird, den Heinrich von Herford wenigstens noch 1242 nicht mehr citirt. Korner hat sicherlich eine hs. des wirklichen Ekkehard nie gesehen. So war denn auch die mühe vergeblich, mit der Leibniz alle bei Korner dem Helmold und Arnold zugeschriebenen nachrichten, die in den wirklichen handschriften sich begreiflicherweise nicht fanden, zusammenstellte und herausgab[1]. Ebenso will die schon bei Eccard in der praefatio gegebene reihe seiner quellen, die auch in der 3. auflage von O. Lorenz' Geschichtsquellen II 178 anm. 1 sich findet, wenig besagen. Manche verlorene sorgfalt steckt deshalb auch in der gründlichen und scharfsinnigen untersuchung 'Ueber Hermanni Corneri Chronicon' von M. Lappenberg im Archiv für ältere deutsche Geschichtskunde VI 585 ff. Wenn immerhin Lappenberg häufig zu dem schlusse kommt, dass jene quellenangabe erfindung, diese verdächtig sei, ist auch von ihm immer noch zu viel zurückhaltung geübt[2].

Was die wirklichen quellen anbetrifft, so bilden den eigentlichen grundstock der Cronica novella die chroniken der älteren ordensbrüder Korners, der 'Liber de rebus memorabilioribus' des Heinrich von Herford, das 'Speculum historiale' des Vincenz von Beauvais und das 'Chronicon pontificum et imperatorum' des Martin von Troppau. Korner nennt die ersteren wiederholt schon im text des entwurfs und von der fassung B ab sind alle drei in den vorreden ausdrücklich hervorgehoben; ihnen folgt die gesamte chronologische anlage des werks. Von den übrigen quellen ist nur im allgemeinen die rede; höchstens unterscheidet Korner in der vorrede zum zweiten band der fassung D noch zwischen solchen, deren verfasser er kannte und daher im einzelnen anführen kann, und solchen, deren verfasser ihm unbekannt blieben, als er sein werk abfasste.

Heinrich von Herford war ihm bei der abfassung stetig zur hand; er hat ihn allmählich fast ganz aufgenommen, da er ihn immer von neuem benutzte; in den späteren fassungen finden sich stücke, die in den früheren noch nicht oder kürzer und weniger ausführlich übernommen waren. Zuerst hatte ihm eine verweisung auf diese quelle unter genauer angabe von aetas und capitulum genügt; später wurde die ganze stelle abgeschrieben. Auch umgekehrt finden sich, jedoch seltener in den früheren fassungen, diese oder jene nachrichten aus Heinrich, die später fehlen. Ueber die benutzung dieser quelle haben sich früher Lappenberg[3] und Waitz[4] genauer verbreitet und bei seiner von der Wedekindstiftung gekrönten ausgabe des Heinrich von Herford hat 1859 A. Potthast alle stellen, die Korner ausschrieb, in besondern anmerkungen verzeichnet und zugleich angegeben, in welcher weise, namentlich mit welchen abweichungen die benutzung geschah. Potthast schloss aus gewissen lesarten, dass Korner den codex Berolinensis des Heinrich benutzte[5]. Die nachprüfung ergab, dass, von den bisher unveröffentlichten fassungen abgesehen, auch in D noch einzelne weitere stellen dem Heinrich entnommen waren.

Vincenz von Beauvais ist verhältnismässig geringer von Korner herangezogen. Zwar treten noch in der fassung D nachrichten aus ihm zum ersten male auf; aber demgegenüber sind einige berichte des Vincenz, z. b. über die Tartaren, erst aus Detmar in den Korner hinübergekommen.

Der bestand von nachrichten aus Martin von Troppau ist vom entwurf an unverändert derselbe geblieben, wie auch Martins chronologische ordnung der päpste und kaiser von vornherein die grundlage gebildet hat[6].

---

quibusvis repertos annotando. 1) Scriptores rerum Brunsvicensium II 742. 2) Ueber die täuschungen, denen Korner leicht ausgesetzt, siehe auch unten s. XXII das beispiel von W. Junghans. 3) Siehe diese seite oben. 4) Archiv VI 261. 5) S. XVII der einleitung. 6) Vgl. anhang II s. 576 zum jahre 345.

Von den weiteren nicht localen quellen heben wir, soweit sie erkennbar sind, die wichtigsten genauer hervor. Hierbei ist jedoch namentlich zu beachten, für welche fassung dem Korner eine quelle zum ersten mal gedient hat, da sich ihm für jede neue redaction ganz naturgemäss auch neues material erschloss.

Helmold ist dem Korner erst während oder bald nach der abfassung der hs. A zugänglich geworden. Umfangreiche excerpte hieraus treten in A, wie schon oben erwähnt¹, am rand auf. Für die späteren fassungen ist er von neuem nicht zugezogen. Arnold dagegen, der für A und B noch nicht in betracht kam, ist erst in D verwertet, und namentlich fanden eine reihe kürzerer nachrichten, die noch B aus Heinrich, der Sächsischen Weltchronik, Albert von Stade gab, in D ersatz durch umfangreiche stücke aus Arnold².

Adams Gesta sind wenig und wol nur indirect benutzt; dagegen hat die 'Descriptio insularum aquilonis' in D fast ganz aufnahme gefunden³.

Sehr wichtig ist, dass Korner jedenfalls einen vollständigeren Albert von Stade benutzt hat, als er uns vorliegt. Das ist für mehrere wenn schon ältere quellen in gleicher weise nachgewiesen worden⁴, darunter auch für die chronik des Detmar, der dem Korner nur um ein menschenalter vorangeht. Nun ist es immerhin von interesse, dieselbe tatsache bei unserm noch jüngeren chronisten zu beobachten. Und zwar ergibt sie sich auf den ersten blick ohne weiteres. Es bestand vorübergehend die absicht, den fortlaufenden text des Korner erst beim jahre 1250 beginnen zu lassen; doch lagen gerade zwischen den jahren 1200 und 1250 jene interessanten nachrichten aus Albert von Stade, alle nicht sehr umfangreich, die oft nur durch wenige worte jene beziehung zu tage treten lassen. Und solche paragraphen wie 17, 19, 81, 82, 141, 162, 165 u. a. der fassung A verraten das verhältnis auf den ersten blick durch interessante einzelheiten, die bald in den Hamburger oder Bremer Annalen, bald bei Detmar oder der Sächsischen Weltchronik gleichfalls vorkommen und von all diesen chronisten eben nur aus dem reichhaltigeren Albert von Stade genommen sein können. Da jedesmal bei den einzelnen paragraphen in unseren sachlichen anmerkungen darauf hingewiesen wurde, können wir ein näheres eingehn hier unterlassen. Nur das soll betont werden, dass, weil Korner einen andern als den erhaltenen Albert von Stade benutzt haben muss, die abschnitte daraus nicht durch kleindruck als entlehnt bezeichnet werden konnten. Vielmehr ist am rand durch ein v. auf die betreffende stelle des uns vorliegenden Albert von Stade nur hingewiesen.

Eine kleine reihe von nachrichten hat Korner aus der Sächsischen Weltchronik; aber weil es nur wenige sind, ist kaum anzunehmen, dass er sie unmittelbar aus ihr entnommen hat. Detmar, der die Weltchronik auch benutzte, hat sie ihm nicht übermittelt, da sie schon in der ersten fassung auftreten. Ob nun jene auch von Detmar benutzte Lübische quelle die vermittelung bot, wird sich schwer bestimmen lassen; wahrscheinlicher dünkt mir, dass jener bestand von nachrichten, der dem Korner schon in Magdeburg zu gebote stand und über den wir nachher noch sprechen werden, ihm die stücke aus der Weltchronik übermittelt hat. Auch sonst deuten stellen, wie die papstanfänge, auf directe oder indirecte benutzung einer mit Martin von Troppau verquickten Sächsischen Weltchronik (mit der Sächsischen fortsetzung), wie sie mehrfach vorkommt⁵.

Einige hauptstücke aus der chronik des Lüneburger Michaelisklosters bringt Korner zwischen den jahren 961 und 1011⁶; diese quelle wird er jedoch kaum direct benutzt haben.

Erst in der fassung D zum jahre 868 (Eccard 475—489) sind die Annales Ryenses im auszug aufgenommen⁷.

---

1) Siehe oben s. XI. 2) Siehe s. 595 ff. 3) Eccard 469 f. 4) Von L. Weiland, Forschungen zur Deutschen Geschichte XIII 163 ff. 5) Hierauf macht professor Weiland namentlich auf die hss. 18. 19. 21. 22 der Sächs. Weltchronik, Deutsche Chroniken II, 13—16 aufmerksam. Vgl. weiter unseren anhang II s. 582 anm. 2, 584 anm. 2, 587 anm. 3. 6) Siehe anhang II s. 579 und 580. 7) Ueber

Was man sich bei der chronik des **Schonevelt** *zu denken hat, aus der Korner erst in der fassung D einen längeren bericht mitteilt, wird sich nicht näher bestimmen lassen. Jedenfalls ist es höchst gewagt, das* secundum magistrum Eylardum Schonevelt in sua cronica *bezeichnete stück ohne weitere anhaltspunkte einfach herauszulösen und als teil der chronik des Eylardus abzudrucken, wie das 1864 Junghans getan hat*[1]. *Eine wörtliche wiedergabe der vorlage ist keinesfalls anzunehmen, zum mindesten ist der bericht umgearbeitet und in Korners art freier behandelt.*

Ueber vereinzelt benutztes, z. b. die quelle, der die schilderung vom falle Akkons entnommen ist u. ä., wird an den betreffenden stellen das mögliche gesagt.

Wie recht charakteristische einzelheiten, die in den verschiedenen fortsetzungen des Sigebert wiederkehren[2] *und von denen die wichtigste in anhang II aufnahme gefunden hat, bis zu Korner gelangt sind, entzieht sich der feststellung. Vielleicht hat der vollständigere Albert von Stade vermittelt. Den Sigebert selbst hat Korner weder gesehen noch benutzt trotz seiner versicherung (Eccard 657):* cuius scriptis frequenter in opere presenti usi sumus. *Er kennt ihn nur aus Heinrich von Herford und Vincenz.*

Für die geschichte der päpste wird Korner ein **papstverzeichnis** *gehabt haben, das unter anlehnung an Martin von Troppau mit dessen nachrichten noch allerlei andere verband, von denen wir ein teil, namentlich die charakteristischen nachrichten* Hic instituit *u. s. w., in der Cronica minor des Erfurter Minoriten wiederfinden*[3]; *sonstige anklänge finden sich an die stücke aus Bernardus Guidonis, die Muratori gibt, und ein paar mal an nachrichten des Amalricus Augerius. Von directer benutzung der letzteren kann jedoch nicht die rede sein. Hervorzuheben ist noch, dass bei den papstanfängen die bezeichnungen* ex patre *frühestens in der fassung B auftreten, viele erst in D.*

Für die geschichte seines **ordens** *hat Korner unzweifelhaft allerhand quellen gehabt, die wir nicht genauer bestimmen können; sicher benutzte er ein verzeichnis der ordensgenerale (etwa wie das bei Martene und Durand, Collectio amplissima VI 358 f.), vielleicht auch eine übersicht der generalcapitel; hie und wieder begegnen erzählungen, die ähnlich oder mit abweichungen in kleineren quellen, namentlich der Brevis historia ordinis fratrum Predicatorum (Martene a. a. o. VI 331 ff.) wiederkehren. Directe benutzung dieser ist jedoch unwahrscheinlich.*

Das **Directorium inquisitorum** *des Nicolaus Eymericus hat Korner gekannt; er citirt das werk mehrfach, jedoch auch zu stellen, die nicht in ihm enthalten sind.*

Die **Legenda aurea** *des Jacobus a Voragine hat Korner namentlich in den vorderen teilen der fassung D*[4] *benutzt und aus der in ihr enthaltenen Historia Lombardica mehrere stücke wörtlich übernommen.*

Von **Heiligenleben** *hat er u. a. benutzt die Vita Bernwardi des Tangmar (Eccard 562 f.), die Vita Ottonis ep. Bambergensis des Ebbo (z. b. Eccard 662 f.), das leben der heiligen Elisabeth des Dietrich von Apolda; dies letztere jedoch erst in D und in einer schon stärker interpolirten überlieferung, die noch über die von Mencken gegebenen reichhaltigen varianten hinausgeht. Siehe die anmerkungen zum text von D s. 150 ff.*

Einige quellen lassen sich vermuten, ohne näher nachweisbar zu sein. Wo auch immer Korner seine früheren arbeiten an der chronik begann, sei es in Magdeburg, sei es in Lübeck,

---

deren benutzung und Korners sonstige kenntnis dänischer nachrichten siehe auch D. Schäfer, Dänische Annalen und Chroniken 112 f. 1) *'Graf Heinrich der Eiserne' Stade 1861 s. 47 ff.: 'Der Bericht Magister Ekard Schonevelts' u. s. w. Vgl. zu § 833 der fassung D, namentlich s. 279 anm. 1.* 2) *Zum beispiel fassung A f. 133 zu 1136, f. 135' zu 1143 und f. 136' zu 1148. Abgedruckt ist fassung A zu 1124 im anhang II s. 585.* 3) *Diese kehren übrigens sehr ähnlich bei Konrad von Halberstadt wieder und stammen vielleicht aus einer mit Korner gemeinsamen quelle.* 4) *Unter anderm auch Eccard 677 f.*

jedenfalls benutzte er von vornherein neben Lübischen überlieferungen auch eine quelle oder mehrere[1], *deren berichte über das ganze südlichere* N i e d e r s a c h s e n *sich erstreckend sowol nachrichten aus dem Leinegau und den Harzgebieten als über Magdeburg und Halberstadt vereinte. Anzunehmen, dass alle diese nachrichten durch die älteren Lübischen quellen an Korner gelangten, ist nicht angängig, da bei Detmar nichts charakteristisches wiederkehrt. Aus jener quelle hat dann Korner namentlich die stellen geschöpft, für die man anklänge und parallelen findet in einer reihe verwandter localer quellen, so im Chronicon Sampetrinum, der Magdeburger Schöppenchronik, im Konrad von Halberstadt. Wir haben sie durchgehends angemerkt*[2]. *Für die ältere zeit übermittelte ihm die quelle einiges, was sich wörtlich oder ähnlich im Widukind und Annalista Saxo wiederfindet*[3]. *Diese quelle, selbst lateinisch, wird ihrerseits auf niederdeutsche vorlagen zurückgegangen (vgl. wiederholt A §§ 571, 750, 766) und wol in Magdeburg entstanden sein, wie ich aus a § 896 s. 89 anm.* (8) *schliessen möchte.*

Ganz auffällig ist es, dass erst in D eine reihe von nachrichten über M e c k l e n b u r g i s c h e *begebenheiten auftreten, die alle eine* cronica Obotritorum *nennen. Hinter diesem namen scheint, obwol dieselbe bezeichnung auch öfters stücken aus Detmar zugefügt wird, wirklich einmal eine quelle Korners zu stecken; es liess sich jedoch genaueres über sie nicht ermitteln. Die meisten nachrichten (D §§ 723, 724, 730, 759, 800) weisen auf die mitte des 14. jahrhunderts; doch entstammen offenbar auch die §§ 45 und 180, sowie im anhang II die nachrichten zu 807 und 1172 dieser selben quelle.*

Auf m ü n d l i c h e ü b e r l i e f e r u n g *ist naturgemäss ein grosser teil der späteren partieen zurückzuführen. Für die Lübischen nachrichten werden wir das weiter unten genauer besprechen; was er aus Thüringen für seine zwecke mitbrachte, haben wir oben gelegentlich erwähnt*[4]. Referendarios incertos ex animo devitans[5] *hat sich Korner bestrebt, von möglichst glaubwürdigen personen*[6] *seine nachrichten zu entnehmen, unter denen wir uns vor allem die reisenden brüder*[7] *seines ordens zu denken haben. Namentlich scheint ihm da ein böhmischer Dominikaner, den er pfingsten 1421 in Metz traf, allerhand übermittelt zu haben; er nennt ihn in D § 1357 ausdrücklich als berichterstatter; auf ihn wird manche der nachrichten*[8] *über Böhmen und keiser zurückzuführen und durch ihn vielleicht auch Korners kenntnis der artikel des Hus und Wiklif u. a. ermöglicht sein*[9].

Zuletzt müssen wir die herkunft jener moralischen und novellistischen erzählungen betrachten, die Korner namentlich im ersten teile seines werkes bringt[10]. *Dass er die meisten aus einer quelle entnommen hat, dafür sprach der umstand, dass sie allesamt sich schon im entwurf finden und von da gemeinsam den weg in die späteren fassungen nehmen. Sodann war auffällig, dass die sonst in quellenangaben so spärliche fassung A von einer solchen erzählung sagt:* narratur in quodam libello narracionum, *ein ausdruck, der ebenso oder als* liber

---

1) *An alle diese quellen denkt Korner sicher auch bei den worten:* ad illorum recurrere scripta cronographorum, quorum dicta licet inter viros scolasticos modici sint ponderis, apud optimates tamen pariter et civiles veritatis existunt lucida et clara fame, *wie sie das vorwort zum zweiten band von D gibt. Gemeint sind aufzeichnungen der sogen. bürgerlichen geschichtschreibung.* 2) *Für die verwandschaft mit Konrad sind a §§ 499a und 531a besonders bezeichnend.* 3) *Vgl. die anmerkungen des anhangs II.* 4) *Siehe s. VII anm. 7 und 8.* 5) *Siehe s. 139.* 6) *In D § 877* eine persona devota Katherina Rupizers in *Magdeburg. Sonst vgl. man die §§ 1209, 1212, 1233 am schluss und 1469.* 7) *So ein* Henricus Enghelberti *vom convent in* [illegible] *in B § 1243, s. 194 anm.* (1). 8) *D §§ 1323, 1329, 1343, 1351, 1373, 1386 u. a. m.* 9) *B §§ 1313a, 1331a-d.* 10) *Er hatte für dergleichen offenbar eine grosse vorliebe, wie sich aus den verschiedenartigen gegen den schluss der fassung A zusammengedrängten erzählungen (s. oben s. XI) ersieht.*

narracionum *in D mehrfach*[1] *vorkommt, an zwei*[2] *stellen wechselnd mit dem noch bezeichnenderen* viaticum narracionum. *Dieses von Korner benutzte Viaticum narracionum in einer bisher nicht beachteten Kopenhagener hs. aufzufinden, ist mir im December 1892 geglückt, als das manuscript der Korner-ausgabe schon abgeschlossen war*[3]. *Fast alle die anekdoten, die schon zur aufnahme in den anhang II bestimmt waren, fanden sich bei einander in dieser hs.*[4] *vor und konnten nun unserer ausgabe fern bleiben.*

Wie wir das schon oben erwähnten[5], *hat Korner gerade bei den dem Viaticum entnommenen abschnitten seiner willkür in der anfügung von einzelheiten, die scheinbar genauerer kenntnis entspringen, und in der freien erfindung der personen- und ortsnamen völlig die zügel schiessen lassen und in jeder fassung nach belieben anders. Selbstverständlich ist auch die stilistische verarbeitung häufig sehr stark. Die fassung* a *kommt dem wortlaut des Viaticum am nächsten. Dass diese erzählungen in den einzelnen fassungen zu den verschiedensten jahren gesetzt und mit erfundenen chronologischen beziehungen versehen sind, ist weniger auffällig, da die vorlage nie chronologische angaben bietet. Die erzählung Eccard 432 f. beginnt im Viaticum f. 44:* Inter montes Alpis castrum quoddam erat, cuius dominus comes potens fuit et dives. a *gibt dafür etwa zu 815:* Huius Lodowici tempore quidam fuit comes nomine Theobaldus castrum inhabitans nomine Bonomons in Alpibus situm. *Namen, auch den des Laringus hat das Viaticum nicht. Ohne dass das Viaticum irgend anhalt böte, gibt am schluss der erzählung Eccard 523—525, wo D:* coram prefecto civitatis *hat,* a: coram Lothario rege, *A:* coram Rodolfo rege Ytalie, *B:* coram Hugone rege Ytalie. *Die anekdote Eccard 559, 560 beginnt im Viaticum f. 51:* Fuit quoddam monasterium Cisterciense in partibus Reni, in quo solempnia fuerunt habitacula; *dafür* a: Est monasterium Cysterciensis ordinis constructum in honorem sancti Bernhardi in partibus Reni Moguntinensis dyocesis nomine Steynen, in quo sunt sollempnia habitacula. *A gibt denselben namen; B:* Monasterium quoddam ordinis sancti Benedicti in partibus Gallie; *D:* Monasterium Clarimontis in Gallia ordinis sancti Benedicti. *Die geschichte Eccard 773. 774 beginnt im Viaticum f. 10':* Rome quedam nobilis domina erat, que de filio suo unigenito durissimas temptaciones paciebatur. a *lautet:* Anno 3. Lucii pape contigit, quod Rome quedam nobilis mulier Theodora nomine permaxime

---

1) *D band I f. 7, 88', 189.* 2) *D I f. 161 und Eccard 572.* 3) *Daraus erklärt sich u. a. eine berichtigung in der fassung D s. 179 anm. 1 zur fassung A s. 22 anm. 4.* 4) *Hs. Kopenhagen, Königl. Bibliothek Gl. Kgl. Saml. No. 390 Fol.; vgl. J. Erichsen, Udsigt over den gamle Manuscript-Samling i det store Kongelige Bibliothek (Kiøbenhavn 1786) s. 57. Früher in der Gottorper Bibliothek, vgl. E. Steffenhagen und A. Wetzel, Die Klosterbibliothek zu Bordesholm und die Gottorper Bibliothek (Kiel 1884) s. 89 no. 18.* Viaticum narracionum a Henmanno (!) Bonon. collectum. *15. jahrhundert. Eine abschrift für die Wedekindstiftung wurde 1893 vom stud. hist. R. Schultze gemacht und von mir collationirt. Die wichtigsten teile sollen in absehbarer zeit gleichsam als anhang zum Korner veröffentlicht werden. Die hs. ist leider keine sehr gute abschrift, sondern bietet oft recht starke entstellungen, sodass sich sogar aus Korners ableitung verbesserungen für den text werden gewinnen lassen. Es sind ausser den §§ 167 (769), 201 (798), 248 (879), 927 (1460), die unserm text angehören, noch folgende erzählungen dem Viaticum entnommen: Eccard 432—435* Theobaldus comes: *Viaticum f. 44; Eccard 461—463* Sanctus Iulianus: *Viaticum f. 58'; Eccard 508* In urbe Lemovicensi: *Viaticum f. 43'; Eccard 516—517* Stephanus episcopus: *Viaticum f. 48'; Eccard 521—523* Sacerdos quidam: *Viaticum f. 72; Eccard 550* In Herthene villa: *Viaticum f. 51; Eccard 556, 557* Conversus Wilhelmi: *Viaticum f. 60'; Eccard 559, 560* Monasterium Clarimontis: *Viaticum f. 51; Eccard 596—598* In regno Sicilie: *Viaticum f. 72'; Eccard 623* Herkinbaldus comes: *Viaticum f. 84; Eccard 773, 774* Nobilis quedam: *Viaticum f. 10'. Ferner entstammen in den vorderen teilen der fassung D I f. 7, 19, 59, 88, 160, 189 die stücke aus dem* Liber de septem sapientibus *dem Viaticum f. 26, die* historia Troyana *D I f. 118' dem Viaticum f. 35' und die erzählung von Griseldis D I f. 175' dem Viaticum f. 55.* 5) *Siehe s. XVIII.*

templaretur pulchritudine filii sui; *ähnlich A. Ausserdem hat a wiederholt* imperator Fredericus et principes *für* iudex et senatores *des Viaticum. B gibt:* Nobilis quedam mulier Romana Priscilla nomine secundum Helynandum filii sui Theodori pulcritudine permaxime temptabatur; *entsprechend D bei Eccard a. a. o. Durchgehends sehen wir also dieser vorlage gegenüber die grösste willkür walten.*

Was fast alle vorreden betonen: Si que ergo narraciones presenti meo operi inserte cuiquam videbuntur aut dubie aut ficte vel fabulose, meis queso non ascribat figmentis aut excogitacionibus, sed illorum verius de quorum libris et scriptis eas excerpsi, *scheint sich namentlich auf die sagenhaften geschichten, die aus dem Viaticum genommen sind, zu beziehen*[1]. *Dafür spricht auch jene stelle der fassung D zum jahre 1027 (Eccard 572), wo nochmals die quelle citirt wird:* Hec de Viatico narracionum. Sed quia hec narracio quedam continet figmenta et minus clara, ideo relinquo eam iudicio lectorum aut sustinendam aut penitus refutandam[2]. *Statt dieser worte hat die fassung B:* Hec tamen narracio que plura in se videtur continere figmenta et veritati minus consona, reli[n]quo eam iudicio peritorum examinandam vel penitus refutandam, *erwähnt also das Viaticum nicht, während A und a überhaupt keinen derartigen zusatz zu der vorangehenden geschichte geben, die übrigens in einer für die art der quellenbehandlung in D sehr charakteristischen weise aus keiner andern quelle als aus Heinrich von Herford oder Martin stammt*[3].

Wir wenden uns nunmehr im besonderen zu Korners stellung innerhalb der städtischen geschichtschreibung Lübecks.

5. Die Lübischen localquellen.

1. Detmar.

Bei der betrachtung des verhältnisses, in dem Korner zu Lübecks mannichfachen localen quellen steht, ist vor allem jene ins auge zu fassen, die bei weitem den ersten platz unter ihnen einnimmt, die niederdeutsche chronik des Franziskanerlesemeisters Detmar. Sie ist zuletzt in bd. 19 der 'Chroniken der deutschen Städte' von K. Koppmann 1884 mustergültig herausgegeben worden.

Wir gehen dabei von der eigentümlichen beobachtung aus, die jedoch genau zweifellos zu machen ist, dass dem Korner erst damals, als er während der abfassung der im jahre 1423 abgeschlossenen recension B ungefähr beim jahre 1376 angelangt war, eine eigentliche Detmarchronik zugänglich geworden ist[4]. *Er nennt den namen des Franziskanermönchs nicht, aber an zahlreichen charakteristischen beschaffenheiten erkennen wir deutlich, dass unter der angeführten 'cronica Lubicensium' eben nur der Detmar verstanden werden kann. Korner schreibt an jener stelle s. 297 in B § 896 a:* In hoc loco signare decrevi aliqua superius neglecta non per incuriam, sed quia protunc ad manum ea non habebam, ut locis suis debitis ea inscriberem *und am schluss des gesamten nachtrags:* Omnia predicta de cronica

---

1) *Milder urteilt der autor in dem ersten teil von D f. 88' bei gelegenheit der aufnahme einer erzählung der sieben weisen meister:* Cuius itaque facti historia, quamvis appareat apocrifa, quia tamen lectoribus esse videtur proficua, ut pote moralibus historiis plena, ideirco eam michi placuit presentibus inserere. 2) *Merkwürdigerweise steht an der entsprechenden stelle des deutschen Korner (siehe auch Germania IX 274):* Desse historien wol dat ik se vand an eyme sekeren boke, doch efte id alle war sy, dat late ik ungerecht. 3) *Hierbei mag dem Korner wol in dunkler erinnerung gewesen sein, dass im Viaticum zwei ganz ähnliche erzählungen, wennschon mit andern namen, f. 27' und 51 tatsächlich sich finden.* 4) *Genauer hatte Korner, als er in der fassung B das jahr 1373 schrieb, zu 1364 den § 248 nach Detmar 334 schon am rand nachgetragen. Siehe s. 292 anm. (4) und s. 272 anm. g.*

Lubicensium[1]. Dass die uns verlorene quelle der Detmar war und zwar etwa in der gestalt, wie sie Koppmann an dritter stelle zum abdruck bringt, ist zweifellos. Denn nicht allein sind in der fassung H des Korner in den vorderen partien wiederholt abschnitte am rand nachgetragen, stücke aus Haython u. a., die nur in dieser dritten Detmarchronik stehen, es ist auch gerade an jener stelle des jahres 1378 in § 829 a nichts weiter eingefügt als eine fortlaufende übersetzung der meisten nachrichten Detmars zu den jahren 1351—1375. Dass diese nachträge gerade mit dem jahre 1351 beginnen, obwol Korner auch das übrige gehabt hat, ist nicht unwesentlich und führt von selbst zu einigen kurzen bemerkungen über die Detmarchronik, ihre innere structur und das verhältnis der einzelnen teile zu den Lübischen offiziellen aufzeichnungen. Diese bemerkungen können naturgemäss nur andeutend sein, da es hier nicht unsere aufgabe ist, eine einleitung in die Detmarchronik zu geben und dabei die schwierigen fragen, die der viel berufenere herausgeber zu lösen selbst noch nicht wagte, unsererseits zu erledigen.

Jene dritte Detmarchronik liegt in der neuen ausgabe zunächst bis zum jahre 1386 vor; sie soll seinerzeit bis 1395 weiter zum abdruck gelangen und von einer fortsetzung bis 1400 begleitet sein. Dass jener abschnitt am schlusse des jahres 1386 gemacht wurde, ist sicher nicht zufällig. Es hat seinen guten innern grund. Wie aus verschiedenen stellen der chronik selbst hervorgeht, ist sie im jahre 1386 geschrieben und bis zu diesem jahre ein innerlich zusammenhängendes ganze, verfasst von Detmar, der das werk im auftrage zweier Lübischer ratsherren unternahm[1]. Für alle die nachrichten bis 1386 ist mithin sowol die autorschaft wie auch die abfassungszeit vollkommen sicher verbürgt. Derselbe einschnitt, der wol der wichtigste innerhalb der ganzen Detmarchroniken ist, bildet zugleich den schluss der bei Koppmann an zweiter stelle abgedruckten bearbeitung, von wem diese im genaueren auch herrühren mag. Andere einschnitte von ähnlicher wichtigkeit werden wir gleich noch kennen lernen.

Nicht so einfach verhält es sich mit den übrigen teilen der Detmarchronik in der rufske. Alle die teile, die auf die zeit nach 1435 sich beziehen, kommen für uns hier nicht in frage. Gleichgeartet und für die quellenkritik verhältnismässig einfach zu erledigen sind die nachrichten der jahre 1400—1435, mit denen der zweite band der rufske beginnt. Wie Waitz in seiner abhandlung schon im jahre 1851 überzeugend nachgewiesen hat, beruhen diese durchaus auf dem werke Korners, sind nichts weiter als eine übersetzung der fassung D im auszug, jedoch, wie es ja nicht wunder nehmen kann, häufig in mehr selbständiger behandlung, hie und da mit zusätzen, wofür Waitz viele belehrende beispiele gibt[2]. Ganz selbständig und sehr eingehend sind die nachrichten des jahres 1435; sie sind von Korner unabhängig und beruhen offenbar auf gleichzeitigen niederschriften. Die jahre 1436 und 1437 fehlen in der Detmarchronik. Nach diesem gleichfalls wesentlichen einschnitt setzt mit 1438 eine neue fortsetzung ein.

Der erste band der Detmarchronik schliesst gleichfalls mit nachrichten aus dem jahre 1400. Es ist für uns nun hauptsächlich von wichtigkeit, soweit das überhaupt möglich ist, sicherheit zu gewinnen über den zusammenhang, die autorschaft und den wert der nachrichten für die jahre 1387—1400. Abgesehen von dem einschnitt, den naturgemäss im jahre 1400 der schluss des ersten bandes der chronik macht, ist in den eben bezeichneten vierzehn jahren ein weiterer einschnitt auf das deutlichste zu erkennen, nämlich mitten im jahre 1395 in dem abdruck von Grautoff I 369 unten bei den worten: unde den sone vorde men in to der

1) Siehe s. 297. 2) Siehe Detmars einleitung s. 193. 3) A. a. o. 31 ff. Ich kann Koppmann nicht beistimmen, wenn er Hans. Geschichtsblätter 1872 s. 158 die möglichkeit offen lässt, Korner selbst habe diese fortsetzung abgefasst. Die bearbeitung ist doch recht ungeschickt; auch müsste das in der zeit zwischen 1435 und 1438 geschehen sein, in der Korner mit der abfassung der wesentlich anders gearteten deutschen bearbeitungen schon hinreichend beschäftigt war.

Wismar. *Hier ist sogar in der 'originalhs.', eben jener des Lübischen rats, 'der raum für einige reihen unausgefüllt, auf der folgenden seite dann aber in* a n d e r e r *handschrift fortgefahren'*[1], *mithin ein wesentlicher einschnitt ganz äusserlich erkennbar. Aber bei ebendenselben worten verlässt auch der verfasser der Rufus-chronik den Detmar, dem er bis dahin ausschliesslich, wenn schon an einzelnen stellen mit grösserer selbständigkeit, und zumeist fast wörtlich gefolgt war und an den er sich zuletzt ganz besonders eng angeschlossen hatte, um dann von der weiteren fortsetzung der Detmarchronik unabhängig zwar vielfach über dieselben begebenheiten, aber nunmehr mit völlig anderem wortlaut zu berichten. Ihm lag also eine Detmarchronik bis 1386 und weiter bis 1395 vor, an die er einen weiteren umfangreichen teil bis 1430 anschloss, wie wir sehen werden unter zugrundelegung einer anderen quelle. Wie er seine vorlage bis 1395 benutzte, ist für uns weder hier noch im folgenden genauer zu untersuchen; es ist die aufgabe der Detmarausgabe. Nur soviel möge gesagt sein, dass er eine ganze reihe von charakteristischen nachrichten der uns vorliegenden dritten Detmarchronik nicht kennt, dafür seinerseits eine grössere menge selbständiger berichte einfügt. Auf diese letzteren wird uns die untersuchung im folgenden nochmals, wenn auch nur beiläufig, führen. Was nun die für uns wichtigere frage betrifft, ob die Detmarchronik von 1387—1400 auf Detmar selbst zurückgeht oder mit mehr wahrscheinlichkeit einem andern oder anderen verfassern zuzuweisen ist, so scheint Koppmann allerdings der meinung zu sein, dass das werk bis zum jahre 1395 wirklich von Detmar ist. Nur so verstehe ich die angabe des inhaltsverzeichnisses: 'Detmar-Chronik von 1101—1395 mit der Fortsetzung u. s. w.' und namentlich den satz der vorbemerkung s. XI: 'und schliesst ab mit dem jahre 1386, also mit demselben jahre, in welchem auch der verfasser der Detmarchronik von 1101—1395 seiner eigenen aussage nach (s. 527, 23) seine chronik geschrieben hat'. Nun möchte ich zunächst darauf hinweisen, dass jene angeführte stelle des verfassers:* unde stund noch in deme jare, also desse cronica wart bescreven; dat was an deme jare Cristi 1386 *sich ja ganz unmöglich auf die teile von 1387 ab beziehen kann, dass sie vielmehr dringend auf das vorhandensein eines wichtigen einschnittes hinweist. Bis zum jahre 1386 beweist die stelle die abfassung durch Detmar; was darüber hinaus ist, muss jedenfalls genauer auf die urheberschaft untersucht werden und kann nicht von vornherein dem Detmar zugewiesen werden*[2]. *Hier ist zu betonen, dass wir über das jahr 1387 hinaus kein zeugnis dafür haben, dass Detmar noch am leben war*[3]. *Trotzdem nehmen Grautoff*[4] *und Koppmann*[5] *an, dass er bis um 1395 gelebt und wol auch gearbeitet habe, eine ansicht, der ich nicht beistimmen kann, da sie mir auch aus inneren gründen unhaltbar scheint. Beide forscher liessen sich offenbar durch den umstand verleiten, dass in der wichtigsten hs., der des Lübischen rats, die ganze Detmarchronik bis zum jahre 1395 von einer hand gleichmässig schön und sorgfältig geschrieben ist. Dass hierin jedoch unmöglich die urschrift der redaction von 1386 vorliegen kann, ist einfach klar, denn dieser ganze complex muss nach 1395 geschrieben sein. Wir haben es unbedingt mit einer wenn schon offiziellen, doch späteren abschrift des Detmar von 1386 zu tun und können aus der beschaffenheit der handschrift keine schlüsse auf die einheitliche entstehung ziehen. Aber auch innere gründe sprechen gegen Detmar als verfasser. Schon Koppmann hat für die jahre 1395—1400 aus inhalt und wortlaut geschlossen, dass sie nicht von einem Franziskanermönch, sondern von einem Prediger von der Burg zu Lübeck herrühren müssen. Ich kann dieser annahme nur beistimmen, nehme aber aus denselben gründen das gleiche mit wahrscheinlichkeit schon für teile vor 1395 in anspruch, indem ich mich auf die genaue und fast begeisterte schilderung des provincial-*

---

1) *Grautoff I 369.* 2) *Als eigentümlich darf wol hier erwähnt werden, dass auch der Rufus jene Detmarstelle über die abfassungszeit einfach herübergenommen hat, ohne sie zu ändern.* 3) *Zu 1387 april 25 citirt ihn das testament des Hermann Lange bei J. a Melle, Notitia maiorum 87.* 4) *I s. XV und XXII.* 5) *Hans. Geschichtsblätter 1874 s. 81.*

capitels der Dominikaner im jahre 1394[1] berufe. Ich gebe zu, dass ich nicht genauer bestimmen kann, ob dieser unbekannte Dominikaner schon 1387 begann, oder wo er etwa sonst habe einsetzen können. Doch ein zweites ist mir sicher. Detmar, der nachrichten von der ausführlichkeit der jahre 1385 und 1386 aus seinem vollen wissen heraus und in gewandtester darstellung als gleichzeitiger berichterstatter gegeben hatte, konnte nicht plötzlich für das folgende jahr 1387 mit so dürftigen paragraphen sich begnügen, wie sie Grautoff I 340 stehen, von denen einer nur kürzere wiederholung einer ausführlicheren nachricht ist, die schon zu 1384 steht und dann nicht einmal zu einem richtigeren jahre wiederholt wird. Von 1387 an wechselt die art der aufzeichnungen auffällig. Mögen immerhin auch wertvollere nachrichten mit unterlaufen, der charakter der geschichtserzählung ist zweifellos ein anderer geworden; sie ist eine mehr zufällige, zerstückelt, oft ausnehmend dürftig. Und das gilt in ähnlicher weise von den übrigen jahren bis 1395. Doch diese schwierigen fragen zu lösen, ist nicht meine aufgabe; ich bezweifle auch, dass sie ohne zugrundelegung einer kritischen ausgabe der in betracht kommenden verwandten quellen, die vorläufig nicht existirt, zu beantworten ist. Wenn ich nochmals kurz zusammenfassen darf, so haben wir im ersten bande der hs. des Lübischen rats bis 1386 sicher ein werk Detmars vor uns, in einer weiteren form als sie der sog. Rufus übermittelt. Die jahre 1387—1400, deren teil bis 1395 auch schon dem Rufus vorlag, hat nicht mehr Detmar, sondern ein anderer chronist verfasst, den abschnitt bis 1395 sehr wahrscheinlich, den von 1395—1400 sicher ein Dominikaner. Die jahre 1400—1435 des zweiten bandes beruhen auf Korner, sind aber jedenfalls nicht von ihm verfasst.

Doch um endlich auf die frage zu kommen, in welcher weise Korner den uns vorliegenden Detmar benutzt hat, kehren wir zurück zu dem merkwürdigen einschnitt in der eigentlichen Detmarchronik, der sich hinter dem jahre 1350 zeigt, und der uns auf die soeben gegebene kurze skizze überhaupt erst geführt hat. Es ist allgemeine und wolbegründete ansicht, dass bei jenem jahre die älteren offiziellen aufzeichnungen des Lübischen rats abbrechen, die bis dahin gleichzeitig geführt waren[3]. Offenbar war dies eine wirkung des grossen sterbens in der stadt oder sonst irgendwie verursacht. Als daher 1385 Detmar den auftrag erhielt, jene ältern bis 1350 reichenden aufzeichnungen weiter fortzusetzen, hat er sie zunächst überarbeitet und ergänzt, zumal mit stücken aus Vincenz und Haython und dann von 1351 an fortgesetzt[2]. Für die abfassung der jahre von 1351 an lagen ihm jedoch keine offiziellen aufzeichnungen mehr vor. Er hat deshalb für die ersten jahre etwa bis 1360 nicht viel zusammenbringen können. Daher auch ein überraschender wechsel in der structur des Detmar beim jahre 1350, der auf den ersten blick hervortritt. Vorher die grosse fülle gleichzeitiger nachrichten, nachher ein dürftiges aneinanderreihen, bis von 1360 an allmählich immer genauere aufzeichnungen aus der erinnerung des verfassers entstehen.

Wenn nun Korner, als er B redigirte, gerade die gesamten stücke von 1351 an übernahm und weiterhin auch die stücke aus Vincenz und Haython der vorderen partieen, so hat er eben alles das übernommen, was wirklich dem Detmar selbst zugehörte, wodurch dieser die alten aufzeichnungen in charakteristischer weise ergänzt hatte. Und namentlich jene frühsten stücke waren Korner eine wichtige ergänzung, denn seine selbständigen nachrichten in den fassungen A und a für die jahre 1351—62 sind gering. Er konnte sich auf die übernahme dieser dem Detmar eigentümlichen nachrichten aber deshalb sehr wol beschränken, weil er von den dem Detmar übergebenen offiziellen Lübischen aufzeichnungen irgend eine abschrift oder ableitung, längst vor der abfassung von B, schon von vornherein zur fassung a hatte benutzen können, wie sich sogleich ergeben wird.

---

1) Grautoff I 364. 2) Man vgl. Detmars einleitung s. 195. 3) Vgl. dazu Dahlmann, Geschichte von Dänemark II 13 anm. 2 und W. Mantels, Hans. Geschichtsblätter 1871 s. 112 f.

Dass er zur fassung a nicht schon den Detmar von 1386 benutzte, ist sicher, da eben alle für diesen charakteristischen nachrichten erst in B bis zum jahre 1378 am rand und von da ab im text auftreten, und lässt sich auch im einzelnen leicht begründen. Warum hätte z.b. Korner nötig gehabt, die §§ A 435, 439, 464, 507 (der in D vergleich) durch die verwandten stücke aus Detmar, die ihm später besser zusagten, in den §§ D 668, 662, 700 und 701, 749 zu ersetzen, wenn ihm von vornherein der Detmar vorgelegen hätte? Wie erklärt es sich sonst, dass gewisse ergänzungen aus Detmar sich erst in B oder D zu den §§ B 252, 710, 848, D 203 finden? Wie wäre ferner zu erklären, dass der schon in A vorhandene und richtig zu 1257 gestellte § 189, der in B als 275a auftritt, vorher in B 259 am untern rand sichtlich nach Detmar 339 (zu 1257) wiederholt und zum falschen jahre 1254 gestellt ist, wenn Detmar nicht eine erst später zugänglich gewordene quelle wäre, die von vornherein der fassung a nicht vorlag? Ganz ähnlich verhält es sich mit B § 763a (A § 503) und D § 738. Einfach ersetzte paragraphen nannten wir soeben; sie sind durchgängig in der ausgabe vermerkt. Es kommt jedoch auch vor wie bei D § 990, dass eine mischung der schon in A gegebenen einzelheiten mit den erst aus Detmar genommenen in B entsteht, sodass in solchen paragraphen alles gesperrt gedruckte, weil als zusatz zu Detmar betrachtet, schon vorher in § 655 der fassung A auftritt.

Was hat nun Korner für die abfassung von a und A zu gebote gestanden, da, wie unsere ausgabe auf den ersten blick zeigt, gleichwol eine grosse menge Lübischer und auch anderer nachrichten dem wortlaut nach, soweit man bei dem vergleich deutscher stücke mit lateinischen hiervon reden darf, dem inhalt nach und namentlich auch in der anordnung mit Detmar parallel gehen? Die lösung ist einfach. Korner hat, zunächst unabhängig von Detmar, sich die älteren Lübischen aufzeichnungen zugänglich gemacht. Das wird namentlich klar, wenn wir bemerken, dass Korner gewisse missverständnisse, schreibfehler oder versehen Detmars nicht aufweist. Man vgl. A § 504 mit Detmar s. 506 anm. 1; A 515 mit Detmar 516 anm. 4; A 588 mit Detmar 551 anm. 4, wenn hier immerhin auch Korner nicht das völlig richtige trifft. Bei A 267 und Detmar 368 anm. 1, A 406 und Detmar 445 anm. 3 kann man zweifeln, ob Korners nachrichten aus der Lübischen quelle oder aus Bernardus Guidonis stammen[1]*. Diese nicht näher bekannten aufzeichnungen, deren sich Korner von vornherein als quelle bedient, reichten nun nicht nur bis 1350, sie sind weiter fortgeführt gewesen bis 1386 und darüber hinaus; sie haben jedoch jedenfalls viel spärlichere geboten, als jetzt die Detmarchronik für diese zeit aufweist. Möglicherweise haben diese anhänge der ursprünglichen officiellen aufzeichnungen auch dem Detmar ebenso oder in ähnlicher gestalt vorgelegen, ohne dass sie jetzt aus seinem werke heraus erkenntlich wären.*

Es war nach allem in unserer ausgabe geboten, für die fassungen A und a überhaupt keine ableitungen aus Detmar anzunehmen und für B und D nur insoweit, als sie sich deutlich ergeben. Das war in den meisten fällen leicht zu bestimmen; viele der erst in B oder D auftretenden nachrichten oder ergänzungen zum text der früheren fassungen liessen sich ohne weiteres aus Detmar herleiten, wie die ausgabe auf jeder seite zeigt. Natürlich was schon in A und a vorhanden war, keine erweiterung erfuhr noch ersetzt wurde, durfte trotz mancher ähnlichkeit nicht auf Detmar zurückgeführt werden. Hier sind dann immer die verwandten stellen durch v. gekennzeichnet. Es wird überhaupt künftig nötig sein, für alle rückschlüsse auf die älteren städtischen aufzeichnungen in Lübeck, die ebenso dem Detmar wie den übrigen vorlagen, auch die nachrichten Korners, namentlich im wortlaut der ersten beiden fassungen zu verwerten.

---

1) Anklänge an die Annales Lubicenses (M. G. SS. XVI 411 ff.) sind mehrmals angemerkt; so zu A §§ 281 und 378. Auch die fassung a zu A § 347, s. 38 anm. (?) ist den Annales Lubicenses zu 1310 verwandt. Sonst besteht jedoch kein näherer zusammenhang zwischen Korner und dieser quelle.

Das bisher gesagte galt jedoch nur von der benutzung des Detmar bis zum jahre 1386; schwieriger gestaltet sich die frage, wie Korner zu den fortsetzungen Detmars von 1387—1400 steht, zumal wir eben sahen, dass auch die älteren, von Korner gleich von anfang an benutzten Lübischen aufzeichnungen sich über 1386 hinaus erstreckten. Für die fassungen A und a gilt also entsprechend, dass sie die Detmarfortsetzungen der ratshs. natürlich nicht benutzt haben, obwol eine ganze anzal von nachrichten Korners denen der Detmarfortsetzungen parallel gehen. Zu untersuchen ist nur der zuwachs von nachrichten in B und D innerhalb der bezeichneten jahre, der immerhin sehr bedeutend ist[1]. *Wie verhält sich dieser zuwachs zu den Detmarfortsetzungen? Die untersuchung ist schwierig und muss mit grosser vorsicht geführt werden. Namentlich um das jahr 1390 stehen viele nachrichten, die in B neu auftreten, an einzelnen stellen sogar mehrere paragraphen nach einander, in parallelismus mit abschnitten oder complexen der Detmarfortsetzung. Untersucht man die einzelnen paragraphen, so scheint bald dies, bald wieder das umgekehrte abhängigkeitsverhältnis vorzuliegen. Paragraphen wie D 1070 und 1121*[2] *scheinen eher aus Korner (B oder D) in die Detmarfortsetzung gelangt zu sein, was im hinblick auf die volle selbständigkeit der partieen nach 1400 nicht auffällig wäre. Mehrfach mangelt jede nähere verwandtschaft oder neben aller ähnlichkeit im ganzen zeigen sich sehr starke verschiedenheiten im einzelnen. Ein durchgehendes resultat war nicht zu bestimmen. Nur das lässt sich beobachten, dass die ähnlichkeit der nachrichten zwischen den jahren 1387—1390 noch am grössten ist, von 1391 an sich langsam lockert und nach 1395*[3] *immer zufälliger erscheint. Hat hier dem Korner eine zusammenhängende quelle überhaupt vorgelegen, und das möchte man nach der art, wie die meisten nachrichten in B gemeinsam und gleichzeitig mit dem neu zugänglich gewordenen eigentlichen Detmar auftreten, für einen teil des zuwachses fast annehmen, so können es nicht die uns erhaltenen anhänge zum Detmar sein; vielleicht waren es andere. Ich neige jedoch viel eher dazu, hier aufzeichnungen anzunehmen, die ohne näheren zusammenhang mit den Detmarcomplexen teils auf dieselben älteren bestände zurückgehen, teils dieselbe mündliche überlieferung unabhängig von jenen verdichtet haben, wodurch sich gleichzeitige verwandtschaft und verschiedenheit am ehesten erklären*[4]. *Gewiss war schon vor Korners rückkehr nach Lübeck die historiographische betätigung auch unter den Dominikanern eine regere geworden, nachdem der Franziskaner Detmar ein treffliches vorbild gegeben und zur nacheiferung eigentlich herausgefordert hatte. Mancher der ordensbrüder Korners mag in engen grenzen und ohne höhere gesichtspunkte geschichtliche aufzeichnungen niedergeschrieben haben, die für weitere kreise erst fruchtbar gemacht wurden, als Korner die zerstreuten strahlen gleichsam in einen brennpunkt sammelte. Jedenfalls ist die wiederholte festlegung derselben überlieferungen unabhängig von einander an sich nicht auffällig.*

Zur ganzen frage muss übrigens noch daran erinnert werden, dass wir uns gerade in dem teil der Kornerschen chronik befinden, wo auf den übergang von geschriebenen quellen zu mündlicher überlieferung vom verfasser selbst hingewiesen wird. Die fassung B bringt zum jahre 1386, also gerade da, wo die benutzung des eigentlichen Detmar aufhört[5], *im § 924a die anweisung*[6]: Et advertendum est hic a lectoribus, quod infrascriptis narracionibus auctores non adhibebo alios quam me ipsum, eo quod eas in aliquibus codicibus non legerim, sed solum eas vel sic fieri viderim, vel sic facta a fidelibus narracionibus audierim investigando. *Nun ist ja merkwürdigerweise in D dieser vermerk*

---

1) *Anders nach 1400. Der bestand von D nach 1400 gleicht dem von A an umfang und art bedeutend mehr.* 2) *Die entsprechende nachricht der Detmarfortsetzung I 369 weist deutlich auf eine lateinische vorlage.* 3) *Siehe auch s. 346 anm. 2.* 4) *Siehe einigermassen ähnlich schon Grautoffs einleitung I s. XXX, nur in bezug auf zwei andere chronisten, und dann auch Waitz, Ueber Korner 46 nr. 6.* 5) *In § 922. Die §§ 923 und 924 standen zusammen mit 923a schon in A* ([illegible]); *die §§ 925 und 927 fehlen in B, 926 stand allerdings schon in A* [illegible] 6) *Siehe s. 324 anm.* (b).

ins jahr 1391 verschoben, wo er in § 1040 eine veränderte gestalt bekommen hat[1]. Mögen wir es hier nun mit berechtigter absicht zu tun haben oder mit einer blossen willkür Korners, wir haben ohnehin schon die beobachtung gemacht, dass sich von 1391 an der zusammenhang mit den Detmarfortsetzungen lockert und dürfen als einigermassen sicher aus dem bisher gesagten nochmals herausheben, dass höchstens für die zeit von 1387—1390 die benutzung irgend einer der Detmarfortsetzung parallelen aufzeichnung annehmbar, für die jahre 1391 bis 1400 jedoch die unabhängigkeit Korners das wahrscheinlichere ist, wobei man verwandte nachrichten als selbständige niederschläge derselben mündlichen überlieferung aufzusehen hat. Vielleicht verbreitet später die kritische ausgabe der Detmarfortsetzungen des ersten bandes der Lübischen ratshs., die wir schon oben anlässlich der frage nach ihren verfassern als erste vorbedingung hinstellten, mehr licht auch über die weitere frage, was Korner benutzt haben kann. Vorläufig wird sich hierüber ein bestimmteres resultat meines erachtens nicht erreichen lassen.

In unserer ausgabe haben wir daher von s. 325 ab am rande nur durch v. auf parallele stellen der Detmarfortsetzungen verwiesen und von s. 346 ab diese verweise in den sachlichen anmerkungen gegeben.

II. Sogenannte Rufus-Chronik.

War es in den bisherigen betrachtungen uns nicht möglich, zu einem vollständig klaren bilde über die Detmarnachrichten von 1387—1400 und über ihre benutzung durch Korner zu kommen, so hoffe ich im folgenden wenigstens die eine seite der Rufusfrage[2] zu endgültigem abschluss zu bringen. Mein resultat konnte zwar nur die schon von Waitz geäusserte ansicht bestätigen, aber die erneuerung und vertiefung ihrer begründung entschädigt im hinblick auf die mannichfachen beziehungen zu den vorangehenden untersuchungen einigermassen für die bei der schwierigen vergleichung aufgewandte mühe.

Bei der betrachtung der Rufus-chronik ergibt sich zunächst ohne weiteres, dass man es mit zwei verschiedenartigen teilen zu tun hat. Der erste bis 1395 lehnt sich ziemlich nahe an die Detmarchronik der III. fassung an und läuft ihr parallel, nimmt dann auch ihre weiteren fortsetzungen in der Lübischen ratshs. herüber, verlässt sie aber beim jahre 1395 an derselben stelle, wo in der ratshs. ein wechsel der hände eintritt. Ueber diesen ersten teil wollen wir uns zunächst nicht weiter verbreiten. Wir betrachten vielmehr genauer den zweiten teil von 1395—1430, der nach einer allerdings nicht recht verbürgten angabe[3] auch einzeln für sich in hss. vorkommen soll.

Dieser zweite hauptteil der Rufus-chronik schliesst sich nun genau von dem augenblicke, wo er die Detmarfortsetzung verlässt, bis zu seinem ende ganz eng an die Cronica novella Korners an, was für die zeit von 1400—1430, die Grautoff II 459—577 fast ganz abgedruckt hat, schon längst von Waitz erkannt und bewiesen worden ist und sich nun in gleicher weise für die jahre 1395—1399 ergab, als ich durch die güte des herrn stadtarchivars dr. Koppmann die abschriften von W. Mantels aus der Kopenhagener Rufushs. benutzen konnte[4]. Der erste selbständige paragraph des Rufus ist fast identisch mit § 1079 des Korner, jedenfalls nimmt er eine art mittelstellung ein zwischen den fassungen B und D, wie sich das auch bei zahlreichen sonstigen paragraphen ergibt; ihm folgen weitere

---

1) Siehe s. 282. 2) Den namen des 'Rufus' habe auch ich der einfachheit halber beibehalten, obwol er durch keinerlei handschriftliche überlieferung gestützt völlig in der luft schwebt. 3) Siehe Grautoff I s. XXV. 4) Nach diesen abschriften gebe ich sonst den wortlaut aller meiner Rufuscitate, obwol ich auf die seiten der Grautoffschen ausgabe verweise; nur s. 338 anm. 5 und 6, s. 362 anm. 2, s. 364 anm. 3, s. 383 anm. 2, s. 389 anm. 1 ist versehentlich uncollationierter Grautofftext stehen geblieben, da mir die abschriften von Mantels nicht von vornherein zu gebote standen. Die abweichungen sind alle nicht wichtig bis auf die s. 400 zu s. 383 anm. 2 gegebene berichtigung.

paragraphen die wörtlich mit Korner übereinstimmen[1], und so geht das weiter: Rufus enthält bis 1400 keinen paragraph, der nicht im Korner stände, die meisten stimmen genau überein, einzelne geben erweiterungen zu Korner B, die dann in Korner D wiederkehren, andere geben zusätze, die nur die fassung B hat und die in D nicht wieder aufgenommen sind. Schon in dieser partie sind anhaltspunkte, dass man es mit einer übersetzung aus dem lateinischen zu tun hat[2], sodass keine andre folgerung übrig bleibt als: Rufus hat von 1395 ab den Korner benutzt, in einer fassung jedoch, die uns nicht mehr vorliegt, die zwischen B und D steht, die ihrerseits bis zum jahre 1430 ging, während B bis 1423, D bis 1435 reichen. Das kann naturgemäss nichts anderes sein, als das uns nicht erhaltene tertium opus, die fassung C. Und durch diesen schluss wird ohne weiteres die Rufuschronik für uns von grösstem wert. Gewinnen wir aus ihr doch nicht allein wichtige zusätze zur fassung B, die D nicht kennt; wie sich im folgenden zeigen wird, erklärt sie uns auch ganz unmittelbar die verschiedensten eigentümlichkeiten der fassung D[3]; und endlich begleitet sie uns wünschenswert über jene lücke der hs. B hinweg, die im jahre 1420 störend eintritt[4].

Eine genaue vergleichung auch des gesamten Rufustextes von 1400—1430 mit Korner ergab nach jeder richtung die volle sicherheit unserer vermutung. Eine reihe von beispielen möge das gesagte, namentlich die mittelstellung zwischen B und D, erläutern: Zum § 1168 enthält noch die fassung D längere erörterungen über den rechtsbruch des herzogs Heinrich von Braunschweig, die bei Rufus II 466 schon eine kürzere form erhielten und in D dann ganz unterblieben sind. In § 1209 ist eine sonst nur in D auftretende verderbnis des ortsnamens schon im Rufus enthalten. In § 1133 enthält die fassung beim Rufus einen zusatz über die mitwirkung des grafen von Waldeck bei der ermordung des herzogs Friedrich von Braunschweig im jahre 1400, der sich sonst nur in B findet, allerdings ziemlich versteckt in § 1387. Im Rufus ist die trennung der §§ 1139 und 1141 noch nicht erfolgt, die auch in B noch ein zusammenhängendes stück bilden. Die §§ 1277—1279, von denen die beiden letzten in B noch nicht vorhanden sind, gibt schon Rufus in einem zuge als zusammengehöriges ganze.

Charakteristische stellen, die B hat, die aber in D weggeblieben sind, finden sich in den §§ 1164 und 1190. Umgekehrt hat schon Rufus stellen, die bei Korner erst in D auftreten, in den §§ 1186, 1190[5], 1208, 1311, 1322[5], 1352 und 1379; und aus dem noch ungedruckten teile des Rufus in den §§ 1663 und 1698. Vgl. jedesmal unsern text. In § 1257 s. 399 anm. 3 hat schon Rufus bei aller selbständigkeit in der behandlung der nachricht einen längeren zusatz an derselben stelle wie D, den B später als § 1256a bringt.

Auf einen gewissen innerlichen zusammenhang deutet auch gerade der eigentümliche umstand, dass einige paragraphen, die in B erst am rand nachgetragen waren, im Rufus eine etwas abweichende stellung zeigen gegen die spätere in D; jedenfalls doch, weil sie dem ursprünglichen bestande nicht angehörten, während der arbeit hinzukamen, und so zunächst keinen völlig festen platz gewannen, wie das ja auch sonst innerhalb der eigentlichen Kornerfassungen zu beobachten ist.

Weiterhin muss erwähnt werden, dass jene eigentümliche räubergeschichte aus Speier, die Korner erst knapp vor dem abschluss der fassung A einfügte[6] und die für ihn charakte-

---

1) Grautoff I 371 anm. * Van deme — wunderen ist gleich D §§ 1080 (nur in D) und 1081. 2) In D § 1092 Garmanien, Allemanien s. 349 anm. 1; in § 1110 de greve der Dogheide s. 353 anm. 3; in § 1138 palatinus greve van dem Ryne s. 358 anm. 6. Späterhin in § 1329 hurer der sake für auditor camerarum; in § 1393 Alemanien, dat is Dudesche lant s. 454 anm. 4. 3) Zum jahre 1427 scheint in D offenbar der inhalt zweier blätter mit ausführlicher darstellung wie bei Rufus auf eines reducirt. Siehe die anmerkungen auf s. 460. 4) Siehe s. 430 anm. 2 und 433 anm. 2. 5) In den §§ 1190 und 1322 sind es mehr persönliche vermerke. 6) Siehe oben s. XI.

ristisch ist, während sie in die traditionen der Lübischen annalen schlecht hineinpasst, deutlich auf Korner als quelle hinweist, zumal ihre stellung bei Rufus genau die der fassung B ist. Das einrücken eines aktenstückes, eines recesses von 1418, entspricht jenen traditionen ebensowenig; es ist derselbe recess an der gleichen stelle, den Korner in § 1289 gibt, und er wird von beiden umme der korte willen nur im auszug gegeben[1].

Von besonderer wichtigkeit für die begründung sind auch die zahlreichen rasuren von D, die gerade immer an solchen stellen auftreten, wo denen Rufus inhaltlich von D abweicht. Von diesen sind einzelne überhaupt nur im hinblick auf Rufus verständlich, so in den §§ 1169, 1202 und namentlich 1224; vor allem jedoch innerhalb der jahre 1423—1430, für die keine weitere lateinische fassung, sondern nur Rufus der fassung D parallel geht; man vgl. die §§ 1405, 1413, 1430 und besonders 1463, s. 478 anm. 1.

Den schlagendsten beweis endlich für unsere ansicht, falls es dessen noch bedürfte, bietet jene schon von Lappenberg, Archiv VI 622 bemerkte eigentümliche lücke im Rufus, innerhalb der namentlich der unentbehrliche anfang des jahres 1418 fehlt. Ein vergleich mit den Kornerhss. lehrt, dass hier genau zwei seiten Kornertext ausgefallen sind, was gerade an dieser stelle leicht geschehen konnte, weil sowol die fassung B als auch die fassung D, mithin auch die dazwischen liegende fassung C, an derselben stelle des endes zweier blätter je einen abschnitt mit den worten Erikus rex Danorum begonnen, der über dieselben mit einander im zusammenhang stehenden begebenheiten berichtete. Im Rufus ist daraus ein viel kürzerer, wenn schon in sich zusammenhängender paragraph entstanden. Vgl. s. 410 anm. 1 und Rufus II 496.

Bei allem darf nicht übersehen werden, dass in diesem zweiten teile der Rufus-chronik neben der anlehnung an Korner doch auch selbständiges gepräge sich zeigt. Nun ist ja gleich zu sagen, dass diese ausnahmen verschwinden gegenüber der sonstigen gleichartigkeit, und vor allem, dass wir über die zu grunde liegende Kornerfassung C nichts genaueres wissen. Wie B wird auch C der fassung D gegenüber selbständige partien gehabt haben. So zeigen z. b. die berichte des Rufus II 553—557 über die kämpfe mit Dänemark, 557—559 über die vorgänge in Böhmen sehr eigenartige erzählung. Aber gerade an der ersten stelle liegt in D eine merkwürdige unregelmässigkeit[2] vor. Auf die selbständige fassung einzelner nachrichten, so der §§ 1154, 1227, 1380 u. a., ist jedesmal im text hingewiesen. Umgekehrt sind eine ganze reihe von paragraphen der fassung D, die B schon hatte, weggeblieben, namentlich einige grösseren umfangs, wie die berichte über das Constanzer concil, Hus und Hieronymus (§§ 1235—1241, 1248) oder die judengeschichte aus dem Viaticum (§ 1266). Diese fielen offenbar aus dem eigentlichen rahmen der kürzeren chronikalischen aufzeichnungen heraus.

Hier ist noch einzufügen, dass die verwandtschaft zwischen Rufus und Korner in manchen einzelheiten sich überraschender weise auch erstreckt auf allerhand überschüsse der deutschen bearbeitung H über D hinaus. So kehren verschiedene überschüsse des Rufus über den text der fassung B, die D nicht hat, bei H wieder; in § 1133 der zusatz über die beteiligung des grafen von Waldeck bei der ermordung des herzogs Friedrich von Braunschweig im jahre 1400[3]; in § 1153 die angabe über die veränderung des zuges der heringe (s. 364 anm. 3 und s. 546). In § 1253 finden sich verwandte zusätze über die anhänger der streitigen bischöfe. Ein zusatz über das geschick der Lembeke in § 1164, den B hatte, der aber in D weggefallen ist, findet sich im Rufus, wie später in H. Dieselben zahlen finden sich im Rufus und in H gegen D und B in den §§ 1150 und 1441; derselbe name in § 1469. Mehrmals fehlen im Rufus und H die gleichen paragraphen, so 1426, 1436, 1474; einzelne sätze, wie die kurze motivirung in § 1463, oder ein längeres

1) Siehe Grautoff 487 anm. *. 2) Siehe s. 480 anm. 6. 3) Siehe schon s. XXXII.

stück, wie in § 1339; so ist in § 1424 die ordnung bei Rufus und H dieselbe gegenüber D. In § 1339 wird ein auffälliges beispiel dänischer treulosigkeit, das in B und D fehlt, im Rufus und in H, wenn auch an verschiedenen stellen desselben paragraphen, berichtet u. s. w. Und dieselbe beobachtung einer merkwürdigen übereinstimmung in kleinigkeiten machen wir, wenn wir den ersten teil der Rufus-chronik bis 1395, wo sie durchgehends dem Detmar und seinen fortsetzungen parallel läuft, speziell die allerhand kleinen abweichungen des Rufus gegen Detmar ins auge fassen. Sie finden sich nämlich alle in Korners früheren fassungen wieder[1]. Das tritt ja allerdings ganz zurück hinter der durchgehenden verwandtschaft mit Detmar, macht es aber doch höchst wahrscheinlich, dass auch dieser teil des Rufus im Lübischen Predigerkloster zur Burg entstanden ist[2], wie das ja für den zweiten teil, der ganz auf Korner beruht, augenfällig ist. Dass die entstehungszeit des Rufus nicht unmittelbar nach 1430 fiele, dagegen spricht nichts, und es ist das wahrscheinlichste. Und jene zusätze zum Detmar, die auch bei Korner sich finden, beruhen, wenn sie sich nicht als blosse interpolationen aus Korners früheren fassungen erklären, auf denselben klostertraditionen oder aufzeichnungen, die auch dem Korner zu gebote standen. Letzteres ist eigentlich wahrscheinlicher, da die parallelen immer gerade mit Korners fassungen a und A sich decken, nicht etwa mit B.

Welcher Lübische Predigermönch war nun verfasser der sogen. Rufus-chronik? War es Korner? Die vorrede zur deutschen bearbeitung, die 1439 beendet wurde, ist so gehalten, als ob der verfasser zum ersten male seine lateinischen aufzeichnungen in deutscher sprache einem grösseren publikum zugänglich mache. Das würde nun eine kleinere arbeit in deutscher sprache für einen einzelnen besteller, wie das der Rufus von 1395—1430 im vergleich zum umfang der Cronica novella ist, nicht ohne weiteres ausschliessen. Bedenklicher erscheint die annahme hinsichtlich der zeit. Im jahre 1431, wo man sich den Rufus entstehend denken muss, verliess Korner Lübeck, um an der Erfurter universität als lehrer zu wirken. Ob er da zur ausarbeitung des Rufus musse fand? Dies und der umstand, dass der ganze Rufus in den kreis der übrigen arbeiten Korners nicht so recht hineinpasst und innerhalb derselben nur zweiten ranges sein würde[3] — für uns ist er ja nur von wert wegen seines verhältnisses zur verlorenen fassung C de tercio opere — alles das führt mich dazu, die abfassung durch einen ordensbruder des Korner für das wahrscheinlichere zu halten. Tatsächlich weist ja kein moment unmittelbar auf Korner selbst hin. Dann wäre auch die tradition insofern im recht, als sie die abfassung weder dem Detmar, noch dem Korner, sondern einem dritten, den wir nicht näher kennen, zuschreibt. Dieser unbekannte verfasser hätte nun für irgend einen besteller erst eine abschrift des Detmarstoffes im zustand vor der überarbeitung, die nun in der Lübischen ratshs. vorliegt, angefertigt, nicht ohne seinerseits hie und da

---

1) Grautoff I 45*: Korner s. 588 anm. 7; 174**: A § 891; 203*: A § 541; 295*: A §§ 875. 876; 307*: A § 887; 317**: A § 920. Vgl. auch Hans. Geschichtsblätter 1873 s. 123 anm. 2. Die nachricht Grautoff I 300* kehrt wenigstens in a 588 a wieder. Grautoff I 132* schreibt mit Korner A 193 Dalen gegenüber Detmar. Wie bei Grautoff I 385** wird der komet auch von Korner A 544 in verbindung mit dem tod des papstes gebracht. Wie bei Grautoff I 306* steht dieselbe nachricht bei Korner A 596 unter 1377. 2) Die abweichung I 201* gegen Detmar, unsern brodere gegen Predekerbrodere, beim tode Heinrichs VII, sowie die neue nachricht I 226* über ein capitel der Predigermönche in Lübeck deuten auf einen Dominikaner, wenn immerhin I 280* zum jahre 1356 auch über ein capitel der Minderbrüder eingehender berichtet wird. Ich möchte hier anfügen, dass ich es für durch nichts erwiesen erachte, dass gerade Korner auf blatt 96' der ratshs. die namen angebracht hat, da es gar nicht erwiesen ist, dass Korner diese uns erhaltene Detmarhs. des Lübecker rats benutzt hat. 3) Geringeren wert legt der Rufus-chronik K. Koppmann bei, allerdings vom standpunkte der Detmarchroniken aus; siehe s. XLI f. seiner vorbemerkungen zur Detmarausgabe.

eine charakteristische färbung zu geben, und hiernach auf grund der fassung C unter einsicht in Korners materialien die darstellung für die jahre 1395—1430 angehängt.

6. Plan und äussere einrichtung der ausgabe.

In der nun folgenden ausgabe sind je zwei der lateinischen fassungen mit einander vereinigt und dazwischen der zusammenhang durch die doppelten paragraphenzahlen vermittelt, die sowol von den ersten fassungen auf die zweiten, als auch von den zweiten zurück auf die ersten verweisen. Die fassungen A und a sind tatsächlich in anordnung und wortlaut so eng mit einander verwandt, dass die vereinigung bequem möglich war; und auch für D und B liess sie sich durchführen. Umstellungen der nachrichten eines und desselben jahres sind nur dann verzeichnet, wenn sie von irgend welcher bedeutung waren[1]. Ganze paragraphen, die nur a bezw. B hat, stehen zwischen den strichen, worauf im text durch die exponenten (1) (2) (3) u. s. w. verwiesen ist. Solche paragraphen führen ausserdem die nummer desjenigen paragraphen von A bezw. D, nach welchem sie auftreten, unter anfügung der buchstaben a b c u. s. w. Grössere zusätze oder besonders wichtige einzelheiten der fassungen a und B sind zusammen mit den ganzen paragraphen zwischen die striche verwiesen, während kleinere abweichungen und unwichtige sachen zur rascheren übersicht davon getrennt und zur varia lectio gestellt, hier aber im bedarfsfall durch sperrdruck wieder hervorgehoben sind. Innerhalb der einzelnen paragraphen der haupttexte A und D bedeuten die () klammern, dass das eingeschlossene erst in diesen haupttexten auftritt, also zusatz zu den kürzeren fassungen a und B ist; sehr oft stehen in den () klammern grössere stücke, oder auch ein oder mehrere paragraphen. Diese häufig zur anwendung kommenden klammern habe ich eingeführt, um die anmerkungen im ganzen zu entlasten. Hiermit konnten für die fassungen A und a, die sich im wortlaut fast durchgängig gleichen, nicht allein die sachlichen, sondern auch nur stilistische änderungen leicht zur anschauung gebracht werden, während bei der vergleichung von D mit B, da in diesen letzteren fassungen Korners stilistische virtuosität schon in voller blüte ist, nur sachlich wichtige oder sonst interessante abweichungen berücksichtigt sind. Mit rein stilistischen variationen, wie predictus für prenotatus, civitas für opidum u. ä., hätte man allerdings bände füllen können. Auf diese weise ist das anwachsen der beiden weiteren texte A bezw. D im ganzen leicht zu überblicken, während allerdings das verhältnis, in dem B zu A steht, nur durch unmittelbare vergleichung gewonnen werden kann.

Der text der fassung A ist wiederholt unter hinweis auf D gekürzt. Hierzu muss bemerkt werden, dass die correspondenz der anfangs- und endworte keine absolute sein kann. Und im besonderen gilt durchgängig, dass die verweisung beim text A auf den text D selbstverständlich alle bei D vermerkten abweichungen der fassung B einschliesst, denn die form D ist erst durch die form B hindurch aus A entstanden. Einzige ausnahme hiervon bilden die quellencitate von D und B, die von der verweisung beim text A stets ausgeschlossen sind. Die wenigen quellencitate, die A wirklich hat, haben nämlich aufnahme in den text von A gefunden. Die begründung für diese nichtberücksichtigung der abweichungen in den quellencitaten liegt in den oben s. XIX gegebenen erörterungen.

Das entsprechende gilt für die behandlung des textes gegenüber den quellen. Höchstens a und A schreiben aus ihren quellen wörtlich ab. Später überarbeitet der verfasser immer mehr, ohne die leiseste spur einer sachlichen zutat. Kleiner druck und kürzung der abschnitte bedeutet daher hier nicht, wie sonst in editionen, wörtlich genaue, sondern nur

---

1) Die stellung der paragraphen in a, dann bezüglich ihres verhältnisses zu anderen Lübischen aufzeichnungen, veranschaulicht vom jahre 1350 ab die tabelle der seite 184.

sachlich nicht abweichende entlehnung aus den am rande verzeichneten quellen. Es darf daher nicht wunder nehmen, wenn die kleingedruckten stellen den worten der quelle nicht immer genau entsprechen. Weiter bedeutet innerhalb des kleinen drucks der **sperrdruck sachlich abweichenden text**, nicht, wie sonst in den editionen, abweichungen im stil; die zusätze mögen häufig wertlos sein, meist sind sie für den verfasser charakteristisch. Dasselbe gilt in gleichem masse auch für die übersetzungen aus deutschen quellen, bei denen ohnehin von wörtlicher übereinstimmung die rede nicht sein konnte. Hierbei habe ich im besonderen die freiheit walten lassen, jene grossen stücke, die erst Detmar aus Vincenz oder Haython übersetzte, und die dann Korner wieder aus Detmar übersetzt, unter verweisung auf Eccards ausgabe nicht wieder abzudrucken; sie haben nur den wert von stilübungen.

Ueberall wo im ganzen und in einzelnen fällen directe benutzung uns vorliegender quellen ausgeschlossen erschien, ist durch ein v. am rand wenigstens die verwandtschaft gekennzeichnet.

Die **einteilung in paragraphen** entspricht fast durchweg den sehr sorgfältig eingetragenen rubren der handschriften; nur aus gründen der übersichtlichkeit oder um die structur der texte zu veranschaulichen und das verhältnis zu den quellen deutlich zu machen, sind hie und da neue paragraphen gebildet.

Von den **marginalien** beziehen sich: Henr. auf Potthasts ausgabe des Heinrich von Herford, Göttingen 1859; W. Chr., A. Stad., Mart. auf die ausgaben der Sächsischen Weltchronik, des Albert von Stade, des Martin von Troppau in den Monumenta Germaniae; Vinc. auf das Speculum historiale, Duaci 1624; Detm. auf 'Chroniken der deutschen städte' bd. 19. Das übrige ist leicht ersichtlich oder im einzelfalle genannt.

Die **sachlichen anmerkungen** sind schon wegen des umfangs der ausgabe sparsam gehalten. Für alles aus Detmar entlehnte oder Detmar verwandte finden sie ihre ergänzung in dem trefflichen commentar Koppmanns zum Detmar.

Der inhalt der **anhänge** I und II erklärt sich von selbst. Die orthographie des niederdeutschen textes schliesst sich nach möglichkeit genau der hs. an, da einmal nur diese einzige hs. mit recht gleichmässiger orthographie vorhanden ist, sodann weil überhaupt die kenntnis des mnd. im 15. jahrhundert noch im argen liegt. Ueber personen- und ortsnamen, auf die sich Korners willkür und saloppe art leider auch erstreckt, sucht das **register** nach möglichkeit auskunft zu geben, soweit die begleitenden anmerkungen sie nicht schon enthalten. Ein **glossar** beschliesst das ganze.

Ich kann nicht umhin am schlusse nochmals zu betonen, dass man keine nachricht Korners benutzen möge, ohne vorher den verlauf, den sie durch die einzelnen fassungen nimmt, genau zu berücksichtigen und namentlich die erste form, in der sie auftritt, ins auge zu fassen. Sollten sich hie und da schwankungen bemerkbar machen oder mängel zeigen, von denen die arbeit nicht vollkommen frei sein kann, so bitte ich um die nachsicht der fachgenossen, die berücksichtigen mögen, dass bei der grossen fülle und verwirrenden art des schwer übersehbaren stoffes für mich selbst erst durch die äussere bewältigung eine menge von beziehungen bequem und klar wurden, und dass die gesamte technik der ausgabe nicht von vornherein feststand, vielmehr erst während der arbeit auch für einzelheiten ganz allmählich sich ergeben konnte. Zuletzt hat dann die schwierige drucklegung allein noch zwei jahre in anspruch genommen. Ich habe nach kräften keine mühe gescheut, um der wissenschaft eine nochmalige durcharbeitung dieses Proteus unter den historiographen des mittelalters zu ersparen, und alles an ihm wertvolle in der vorliegenden ausgabe zu erschöpfen gesucht.

I.

CRONICA NOVELLA

BIS 1420

DANZIGER HANDSCHRIFT

(FASSUNG A)

UND

ENTWURF DER CHRONIK

BIS 1416

WOLFENBÜTTELER HANDSCHRIFT

(FASSUNG α).

VORREDE DER FASSUNG α.

[CRONICA FRATRIS KOERNERS A CONSTITUCIONE ROMANE CIVITATIS[1].]

Quoniam[a] infima huius mundi diligenti animo intuenti satis lucide apparet, quod librorum copiosa diversitas, presentis vite exigua brevitas, memorie atque reminiscencie sedula labilitas non paciuntur omnia dicta et precepta pariter animo apprehendi, quare michi omnium fratrum meorum minimo visum est[2], ut pro modulo mei ingenii, divino iuvamine mediante, ex plurimorum librorum summa unum opusculum compingerem compendiose et summatim, in quo vita gestaque gentilium et philosophorum nec non bella regum tam eorundem quam Cristi fidelium una cum moribus et factis pontificum orthodoxorum aliquantulum legentibus et audientibus patefierent, ut non tantum ex philosophorum moribus ac prelucidis multorum Romanorum conversacionibus pontificum ad exstirpandum scelera sectandamque virtutes excitarentur[b], verum eciam ex bellis famosis circumquaque usque in presens per orbem inter diversa regna et regentes[c] commissis, vel antequam veniret rex noster pacificus, qui locutus est[d] pacem in plebem suam[3], quanto fervore contra hostes spirituales et pro gloria celesti pugnare debeant, informarentur. Illi quidem utpote infideles huius salutis et glorie ignari ac penitus exsortes tam acriter dimicaverunt pro salute temporali tantum et gloria momentanea vel adipiscenda vel tuenda. Ex cede[e] quoque hominum in eisdem preliis innumeraliter perpetrata licet advertere severitatem dei in reprobos, quos quasi pecora vilia inutiles et abiectos reputans, peccatis eorum exigentibus, tot eorum milia tamquam innumerabiles multitudines in singulis fere bellis per manus hostium interire simulque in corpore et anima passim perire permisit; econtra vero bonitatem eiusdem et clemenciam in electos, pro quibus veniet in fine rex Israel mutato habitu[4], ne agnosceretur ab hostibus, id est forma servi suscepta[5], nostre mortalitatis armis indutus, ut quod infirmum est dei, forcius esset hominibus[6], in campum certaminis huius mundi pugnantis[f], contra quos debellaturus advenit et, ut eos ab utraque morte misericorditer liberaret, usque ad proprii sanguinis effusionem multiplicem et copiosam insuper et usque ad mortem ignominiosissimam tam fortiter agonizavit et vicit.

Est igitur inicium huius opusculi ab constructione egregie civitatis Rome. Sicud enim legitur in speculo historiali, ab antiquo due fuerunt tantum civitates per totam Theutoniam *u. s. w.*

---

a) Quniam *α*. b) exitarentur *α*. c) regentibus *α*. d) *fehlt α*. e) cedis *α*. f) pugnantem *α*.

1) *So lautete die aufschrift des alten jetzt erneuerten einbandes der Wolfenbütteler hs.* 2) *Die ersten worte sind dem beginn des prologs zum 'Speculum naturale' des Vincenz von Beauvais nachgebildet:* Quoniam multitudo librorum et temporis brevitas memorie quoque labilitas non patiuntur cuncta que scripta sunt pariter animo comprehendi, mihi omnium fratrum minimo plurimorum libros assidue revolventi ac longo tempore studiose legenti visum est tandem *u. s. w.* 3) *Psalm. 84,9.* 4) *2 Paralip. 18,29.* 5) *Phil. 2,7.* 6) *1 Cor. 1,25.*

VORREDE DER FASSUNG A.

CRONICA NOVELLA FRATRIS HERMANNI KORNERS[a] ORDINIS FRATRUM PREDICATORUM.

Quamquam copiosa per varios honorabiles viros religiosos et seculares confecta sint volumina, que ecclesie prelatorum imperatorumque regum et principum gesta ceterarumque personarum nobilium et ignobilium utriusque sexus actus, temporum quoque et annorum contingencia referant sufficienter et enarrent, tamen quia materiarum prolixitas dictaminumque obscuritas multos a studio retrahere et tedium legendi afferre consueverunt: idcirco presens opus brevi levique stilo congestum aggressus sum, sub paucis verbis et sententia compendiosa tradere satagens eius lectoribus facta hominum memorabiliora memoriaque digna ac temporum decursus, que quidem ut studiosius potui ex diversis extraxi cronicis et historiis et in litteras has summatim redegi. Si que igitur narraciones dicto meo operi inserte[b] cuiquam videntur aut dubie aut fabulose, meis rogo non ascribat figmentis sed illorum, de quorum codicibus eas excarpsi. Ordinem autem annorum tam apostolicorum quam imperatorum seriosius quo potui observavi, cuncta eorum gesta et acta singulis et propriis applicando temporibus. Presenti quoque operi placuit michi nomen imponere, ut videlicet **Cronica novella** nuncupetur, pro eo quod inter ceteras cronicas notabiles novissimum teneat locum et plura ei nova sint inserta, que in aliis historiis minime reperiuntur. Incepi etenim volumen hoc a temporibus Iulii, quia ipse primus Romanorum cesar appellatus est et ab eo imperium Romanorum duravit usque ad Constantinum Magnum, a quo translatum est imperium Romanorum ad Grecos et perduravit apud eos usque ad Carolum Magnum, per quem translatum est de Grecia in Franciam et duravit apud eos usque ad Hinricum primum, cum quo pervenit ad Alemannos, apud quos viguit usque in presens et forte vigebit usque ad mundi terminum, quem nemo novit nisi dominus deus, cui honor et gloria in secula seculorum amen. **Explicit prologus.**

Ab antiquo iuxta Vincencium in speculo historiali due tantum fuerunt civitates per totam Ytaliam et Theutoniam *u. s. w.*

a) Korners — predicatorum *in A radirt und nur sehr schwach zu erkennen.* b) inserius *A; vgl. dieselbe stelle in der vorrede der fassung B.*

1198.

DE OTTONE IMPERATORE 92. c. 134.

1 (1). Otto (quartus) de Poytors Hinrici Leonis magni(1) filius imperat annis 21[a], electus tantummodo per Adolfum archiepiscopum Coloniensem[1]. Philippus autem dux Swevie ab omnibus aliis electoribus eligitur et coronatur[2] a Tharentino archiepiscopo Moguncie et ipse imperavit diebus suis, sed a papa excommunicatur propter fratrem suum. Hic Philippus ducatum Bohemie commutavit in regnum cum duce eorum Odoakero, quem cum suis successoribus regem esse censuit. v. W. Chr. 227.

2 (7). Civitas Northusensis (imperialis) ab Ottone obsidetur et capitur. v. W. Chr. 227.

3 (9). Apud Horstum — panis in carnem.(2) Sass. 174.

4 (23). Vermendosio miles — aliquo tempore vixit. Ibid.

1199.

5 (8). (Michael decanus — electus et confirmatus.) Vinc. 22,46.

1200.

6 (10). Civitas Constantinopolitana — constituerunt. Sass. 184.

1201.

7 (10a). Kanutus(3) rex Dacie obiit[3]. Cui successit Woldemarus secundus in regnum et veniens cum valida manu in terram Wagirorum cepit Hammenborg et comitem Holtzacie Adolfum. Et inde procedens venit Ratzeburg et cepit eam. Post hoc venit Lubeke, quos coegit ad hoc virtute armorum, ut se darent corone Dacie. Qui nullum percipientes subsidium aut presidium ab imperio, dedicioni regis se subiecerunt, a quo pristina libertate sunt dotati sigillo regio[4].

8 (19). Factus est terremotus magnus et horribilis in Brandeburgh et in aliis partibus Marchie et Saxonie.

9 (31a). Philippus et Otto circa Mosellam vires suas sunt experti per conflictum. v. A. Stad. 352.

10 (20). Rychardus rex Anglie — in suum usum transtulit(4). Vinc. 22,46.

11 (21). Albertus episcopus Lyvoniensis construxit civitatem Rigensem in Lyvonia. v. A. Stad. 352.

---

(1) quondam ducis Bavarie Saxonie et Westphalie setzt zu a.

(2) in a folgt: 3a. Brunswyk a Philippo obsidetur sed non capitur. v. A. Stad. 352.

(3) Kanutus — cepit eam gibt a als selbständigen § und fährt dann nach den §§ 8 und 9 weiter fort: Lubicenses coacti sunt a Woldemaro rege Dacie se dare regno et corone Dacie eo quod non haberent tuicionem vel auxilium ab imperio Romano, sed ab eo pristina libertate sunt dotati sigillo regio.

(4) in a folgt: 10a. Philippus rex Francie exercitum — in brevi salutem est. Vinc. 22,47.

---

a) annis [illegible] A.

1) Wal 1198 juni 9, krönung juli 12. 2) Wal 1198 märz 8, krönung april 6. 3) Gest. 1202 nov. 12. 4) Ob aus dem vollständigeren Albert von Stade? Vgl. Sächs. Weltchronik 338.

1202.

12. Rex Romanorum Otto recipitur a Bremensibus et Stadensibus civibus et comes Adolfus Holtzacie a captivitate liberatur.

13 (26). (Richardus rex Anglie iuxta Lemovicas — frater suus in regno.)

1203.

14. Tartarorum dominium — regiones procedunt.

15 (33). Lodowicus langravius Thuringorum sancte Elisabeth maritus nascitur[1].

16 (31a). Rex Philippus in Thuringia et rex Otto in Misna Bohemorum auxilio vires suas experti sunt.

1204.

17 (33a). Stedingi[2] ceperunt dominis suis comiti scilicet Mauricio et aliis dominis suis de Oldenborg rebellare.

18 (34). Eodem anno rex Dacie Woldemarus cepit (castrum et opidum) Ertneborgh et destruxit. Et[a] eodem anno accepit idem Woldemarus rex in uxorem Margaretam filiam regis Bohemorum.

19. Dux Hinricus sive[b] comes palatinus hora belli ante Brunswik a fratre suo Ottone ad Philippum se transtulit et sic bellum (pro illo tempore) quievit[a].

20 (35). Ganfredus cancellarius regis Anglorum (Iohannis) poeta — *w. s. w. wie fassung D* — stupor mundi.

21 (36). Clingbesor astronomus et dictator in Septem-castris Ungarie floruit.

22 (46). Philippus et Otto reges Romanorum circa Coloniam congrediuntur in bello et Otto graviter vulneratur. Adolfus vero archiepiscopus Coloniensis captivatur a Philippo, sed in brevi a captivitate liberatus est sub hoc pacto ut ab Ottone recederet. Civitas vero Coloniensis capitur.

1205.

23 (37). Octavianus cardinalis Hostiensis — veros heredes regni constituit.

1206.

24 (37a). Goslaria[(1)] obsidetur et capitur ab Ottone in die sancti Medardi episcopi. Quod audiens Philippus cum Ottone pro reconciliacione convenit, pro qua reconciliacione fienda papa duos misit cardinales, sed nichil profecerunt, quia unus non credidit alteri in promissis. Hec convencio facta fuit in Quelingborg.

25 (38). Regina Dacie Margareta liberavit Woldemarum episcopum Sleswicensem de captivitate, in qua iam fere 14 annis sederat.

26 (48a). Adolfus archiepiscopus Coloniensis deponitur (per Ottonem, quia ad Philippum se transtulerat de Ottone) et Bruno Bunnensis prepositus ei subrogatur.

27 (39). Beata Elizabeth nascitur[3], de qua magister Klingesor prenosticavit magnalia (et gloriosa).

1207.

28. Philippus rex doloso occiditur ab altigravo palatino de Wettelingesbach in Babenberga, ubi et sepelitur. Sed postea translatus est in Spiram ibique denuo sepelitur. Cuius uxor filia Carsach imperatoris Grecorum pre dolore moritur.

---

(1) *st. § 24 gibt a zwei getrennte §§:* Goslaria — Medardi episcopi *und* Philippus et Otto pro reconciliacione et concordia conveniunt, pro qua — hoc contigit in Quedelinborg.

---

a) *st.* Et eod. anno a: Eo tempore. b) *st.* sive com. pal. a: instante.

1) *Geb. 1200 oct. 28.* 2) *Wol aus dem vollständigeren Albert von Stade; vgl. Annales Bremenses, M. G. SS. XVII 857.* 3) *Tochter des königs Andreas II. von Ungarn 1207.*

29 (51). Conradus marchgravius de Landesberg percussit Polenos ante civitatem Lebus et civitatem ac castrum obtinuit. [illegible]

1208.

30. Legati domini pape cum 12 abbatibus — cremari fecit. [illegible]

31. Philippo interfecto Otto in Halberstad — cum multis diviciis in uxorem. [illegible]

1209.

32 (56). Otto ad coronacionem suam tendens de Augusta ad Alpes veniens et Longobardia cum pace transita, Viterbii ei papa occurrit et devotissime ipsum recepit. Et sic sexta feria post festum sancti Michaelis ad apostolorum limina veniens in sequenti dominica, qua cantatur Da pacem[1], solempnissime coronatur et post coronacionem pape strepam tenens ad propria est reversus. Otto vero coronatus ab Innocencio — magnatibus discordantibus tribus annis gloriosissime regnavit in pace ita ut vere dici potuit rex pacificus[a]. In ipsa autem coronacione — contra quoslibet defendendo. Cum autem esset corpore robustissimus et animo quietissimus, pro debito auctoritatis iusticiam dilexit et pro affectu pietatis pauperum miseriis condescendit. [illegible]

1210.

33. Ordo Predicatorum (qui est lumen ordinum ceterorum, cuius doctrina et predicacione deus multorum corda tenebris errorum et heresum obfuscata illuminavit, practicari et) fundari incepit a beatissimo patre fratre Dominico, regulari canonico ecclesie Oxoniensis ac suppriore eiusdem ecclesie[2].

34. Multitudo crucesignatorum — carceribus perpetuis mancipantur. [illegible]

35 (59). Almaricus etiam heresiarcha — de mandato regis cremati. [illegible]

1211.

36 (52). In territorio Belvacensi fuit Helynandus — studiose conscripsit[b]. [illegible]

37 (62). Rex quidam Sarracenorum — in loco eminenciori. [illegible]

1212.

38 (59b). Otto tercio[c] anno — ipsum deposuit. Hec correccionis virge tantum corpus tetigit et semper penitens — u. s. w. wie D — absolvuntur et papa prohibuit sub anathematis maledictione, ne quis ipsum imperatorem haberet aut nominaret. Sicque principibus ab eo recedentibus alius loco eius eligitur. [illegible]

39 (59c). Principes[(1)] ergo convenientes in Frankenford unanimiter elegerunt — prope Constanciam. [illegible]

40 (60). Wilhelmus dominus de Brunswik et Luneborg Hinrici Leonis magni filius obiit[(2)][a], post se relinquens Ottonem filium suum adhuc infantulum sepultusque est in Luneborg (in monasterio sancti Michaelis). [illegible]

1213.

41. Dux Brabancie Leodium destruxit et interfecti sunt de civibus circa duo milia et quingenti[(3)]. [illegible]

(1) et Princ. ergo conven. a; Ottone deposito principes

(2) in die sancte Lucie virginis a. zu a. [illegible]

(3) et plures captivati a. zu a. In a folgt: 41a. Woldemarus episcopus Bremensis obiit, cui successit Gerardus Osnabrugensis[4].

a) et parvi filii s. zu a. b) in maximo quodam volumine s. zu a. c) 4° a.

1) *Die krönung ist oct. 4, der introitus seines messe beginnt: 'Omnia quae fecisti'.* 2) *Gestiftet 1215.* 3) *Gest. 1213 dec. 13.* 4) *Waldemar prinz von Dänemark war gegenbischof Burchards von Stumpenhusen, beide seit 1207. Waldemar † 1217. 1210 oct. 30 wird neu gewählt Gerhard bischof von Osnabrück. Gleichzeitig resignirt Burchard.*

1214.

42. Otto imperator cum auxilio regis Anglie — (secundum Vincencium in speculo) — civitatem Parisiensem intraverunt.

43 (71). Iohannes rex Anglie — regalibus suis.

44. Philippus rex Francie — reversus est in Franciam.

1215.

45. Concilium Lateranense a domino papa Rome celebratur, ubi congregati sunt prope omnes episcopi et abbates ac prelati inferiores tam Gallie Ytalie quam Theutonie. Et fuerunt numero mille trecenti et 15 patres. Ibi decretum fuit quod in quinto gradu linee consanguinitatis matrimonium possit celebrari, sicud in septimo prius contrahebatur et multa alia utilia. Ad istud concilium ivit — Tholosano episcopo.

46 (71a). Lipzke civitas eversa fuit a Theoderico marchione Misnensi.

47. In die sancti Iacobi apostoli Fredericus Aquisgrani in regem coronatur.

48. Ordo fratrum Minorum (practicari et) fundari incepit a beato Francisco layco[a] devoto[1].

49. Dominus papa Innocencius Perusii est defunctus[2], qui in dicto suo Lateranensi concilio dampnavit — Almaricum Carnotensem episcopum in sua doctrina Parisius combustum (tamquam pertinax hereticus).

1216.

DE HONORIO PAPA 185.

50 (69). Honorius papa nacione Romanus Perusii electus[3] sedit annis 11 et mensibus tribus. Hic ecclesiam — in imperatorem Romanum(1).

51. Hoc anno Honorius papa confirmavit ordinem preclarissimum Predicatorum ad instancias devotas[b] beatissimi patris fratris Dominici fundatum[c] in salutem animarum Cristi fidelium super predicacione et confessionum audiencia et artatum sub regula beati Augustini episcopi in die sancti Thome apostoli 9. Kal. Ianuarii apud Sanctum Petrum.

52 (75). Castrum et civitatem Lubicensem cives muro cluserunt et fortiter munierunt (per circuitum).

53 (77). Woldemarus rex Dacie municionem quandam ante Hamborgh edificavit. Similiter Albertus comes Holtzacie fecit aliam et sic ab istis duabus municionibus compulit civitatem, ut traderent se in manus regis pro eo quod Ottonem imperatorem intromiserant. Et sic dedit civitatem comiti Alberto in perpetuum dominium.

54 (78). (Hic Albertus comes edificavit turrim fortem et magnam apud Travemunde.)

1217.

55 (79a). Ordo sancte Clare fundari cepit (non)[d] a beato Francisco (ut quidam putant, sed a beato Damiano, quia ipsa ordinem sancti Damiani professa est. Hic ordo igitur beate Clare originem sumpsit a sancto predicto, sed per sanctam Claram extitit preconceptus et prosecutus. Fratres tamen Minores eum postea receperunt in curam auctoritate apostolica)[d, 4].

---

(1) in a folgt: 50a. Peregrini montem Thabor recuperant Sarracenis eiectis.

---

a) [illegible] b) st. devotas — fratris a: beati. c) st. fundatum — artatum sub a: super. d) non und ut quidam — apostolica in A am rand; fehlt a.

1) Gestiftet 1209. Vgl. fassung D § 85. 2) Gest. 1216 Juli 16. 3) Honorius III. erwählt 1216 Juli 18. 4) Vgl. fassung D § 88 und fassung B § 79.

56 (81a). Mater sancte Elizabeth regina Ungarie (crudeliter) occiditur.

57 (79). Otto (depositus) imperator igne combussit Arnsleve (castrum et opidum). W. Chr. 941.

58 (82). Tante inundaciones aquarum fuerunt, quod suffocate fuerunt (in diversis partibus maris) triginta sex milia hominum[(1)]. 944.

59. Venerabilis archiepiscopi Petrus Senonensis — peregrinus perdidit. Vinc. 30, 9.

1218.

60 (81). Rex Fredericus Erphordie curia celebrata in imperio confirmatur, eo quod tunc Otto imperator mortuus esset[1] in castro Hartesborgh ineffabili contricione compunctus et absolutus a Sifrido Halberstadensi episcopo a sentencia excommunicacionis, sepultusque est in Brunswik. V. A. Stad. 217.

61 (87). Ordo fratrum Heremitarum sancti Augustini registratus est a domino papa, non tamen confirmatus (usque in presens). Hic ordo habuit institutorem non beatum Augustinum, ut quidam falso sibi imponunt, sed Wilhelmum scolarem Parisiensem et postmodum in Burgundia scolas regentem. Hic quidem Wilhelmus cum quibusdam scolaribus suis ad heremum convolavit et formam vivendi iuxta regulam beati Augustini elegit et quasdam constituciones approbatarum religionum assumpsit, quas Innocencius[2] approbavit. (Hec Vincencius in speculo. Dicit eciam magister Robertus Holkoti in libro suo sive postilla super librum sapiencie, quod beatus Augustinus non fuit de ordine Augustinensium sive Heremitarum, quia ipse numquam intravit heremum, prout per se dicit in fine confessionum suarum. Contritus inquit peccatis meis — pro ipsis mortuus est)[3]. Vinc. 30, 129. Henr. 196. Aug. Conf. 10, 70.

62 (86). Vasalli Bremensis ecclesie cum astucia obtinuerunt castrum Vorde[4], quod erat domini[a] Hinrici de Brunswik. Conduxerunt namque quendam rusticum — *u. s. w. wie D* — in Bokele iuxta aquam Ilevere — capta oportunitate ceperunt castrum et interfecerunt in castro inventos[5].

1219.

DE FREDERICO IMPERATORE 94.

63 (61). Fredericus rex Sicilie, Calabrie, Apulie et Ierusalem filius Hinrici 6. imperat annis 26[b], incipiens imperare cum esset annorum 23[(2)]. Huic Hinricus comes palatinus frater Ottonis 4. regalia imperii in Goslaria presentavit. Et filius eius Hinricus in Alemannia in regem coronatur ab Enghelberto archiepiscopo Coloniensi Aquisgrani[(3)]. Sicque ordinatis Teuthonie negociis Fredericus post festum sancti Iohannis Ytaliam ingreditur cum potencia magna et in die beate Cecilie in urbe Romana per Honorium papam coronatur[c, 6] et extunc leges optimas pro libertate ecclesie dedit et edidit. Hic super omnes imperatores diviciis et gloria habundavit, sed eis ad superbiam fuit usus, quia postea dei ecclesiam — squalore suffocavit[(4)]. W. Chr. 944. just 24. nov. 22. r. 114. Mart. 471.

---

(1) in α *folgt:* 58a. Magnum passagium — fugientes deleti sunt. Sent. 924.

(2) et ab Honorio papa consecratur *a. zu α.*

(3) ipsumque et totum regnum suum mancipit in tutelam *a. zu α.*

(4) anno domini 1244 *a. zu α.*

---

a) ducis α. b) 27 α. c) *f. A.*

1) *Gest. 1218 mai 19.* 2) *Honorius, wie B und D richtig geben.* 3) *D gibt den entsprechenden § erst nach Heinrich von Herford.* 4) *Bremervörde.* 5) *Wol aus dem vollständigeren Albert von Stade; vgl. Annales Hamburgenses, Quellensammlung der Gesellschaft für Schleswig-Holst.-Lauenb. Geschichte IV 420.* 6) *Krönung 1220 nov. 22.*

1220.

64. Ordo[a] fratrum Minorum fuit confirmatus per Honorium papam ad instancias beatorum fratrum Dominici et Francisci[b].

65 (89). Magnum[(1)] passagium factum est hoc anno. Nam venerabiles reges Ierusalem, Ungarie et Cypri, assumptis secum archiepiscopo Nycosiensi et pluribus aliis episcopis, ducibus Bawarie et Austrie ac magistris Hospitalis et Templariorum, et iter suum perficientes pervenerunt prope Damiatam civitatem fortissimam et ditissimam et eam obsidentes expugnaverunt ipsam et turrim in porta Nili fluminis constitutam obtinuerunt in die sancti Bartholomei non sine divino miraculo — *u. s. w. wie D* — domini archiepiscopi Mediolanensis, Trecensis, Favensis et Reginensis et episcopus Bricensis[1] — turrim David[2].

v. A. Stad. [illegible] 66 (96). Woldemarus rex Dacie construxit Revaliam civitatem in Estlande.

v. [illegible] 67 (97). Hoc anno obiit Gherardus episcopus Bremensis[3] et successit ei Gherardus prepositus Padelburnensis in sedem. Et ipse obtinuit castrum Ottersberg contra comitem Bernhardum de Welpe[4].

v. A. Stad. [illegible] 68 (92). Peregrini (passagii) Damiatam — *u. s. w. wie D* — beneficia peregrinis impendit.

1221.

W. Chr. [illegible] 69 (102). Hinricus[c] dominus Brunswicensis — Ravenna celebrata.

70 (103). Sancta Elizabeth tradita est matrimonio lantgravio[d] Thuringie (Lodowico).

W. Chr. [illegible] 71 (104). Ysleve civitas dominorum de Mansvelt inundacione aque periit cum populo multo.

1222.

[illegible] 72 (105). Beatissimus pater Dominicus institutor (fundatorque) ordinis Predicatorum obiit Bononie 8. Ydus Augusti (innumeris miraculis choruscans in vita pariter et in morte).

W. Chr. [illegible] 73 (100). Hoyerus comes de Valkenstein obtinuit civitatem Quedelingborg cum castro adiacente.

1223.

v. A. Stad. [illegible] 74 (106). Woldemarus rex Dacie[e] capitur cum filio suo a Hinrico comite de Swerin in nocte sancti Iohannis ante portam latinam in tentorio suo, dum Dani inebriati dormirent, et in Dannenberg gravi custodia coartatur. Dani vero cum evigilarent mane

---

v. A. Stad. [illegible] [illegible] (1) *§ 65 lautet in a zu 1219:* Peregrini Damiatam expugnaverunt et turrim in porta Nili fluminis constitutam obtinuerunt in die Bartholomei. Et castrum Thanis ceperunt fortissimum. In hac civitate Damiata fortissima et munitissima fuerunt mortui solum pestilencia et fame circa 80 milia hominum, quos cristiani, cum civitatem intrarent, invenerunt in plateis et domibus iacere et multi de cristianis mortui sunt ex fetore cadaverum. Durante autem obsidione Coradinus Turcorum soldanus Ierusalem funditus destruxit cristianis in confusionem preter templum domini et turrim David.

---

a) *§ 64 in a zu 1219.* b) *confessorum s. zu a.* c) *§ 69 in a zu 1220.* d) *lantgravio A.* e) *in propria terra s. zu a.*

1) *Henricus Septala von Mailand, Herveus von Troyes, Albertus von Faenza, Nicolaus Maltraversi von Reggio und Albertus Rezzato von Brescia.* 2) *Offenbar so nicht aus Vincenz von Beauvais. Wahrscheinlich aus dem vollständigeren Albert von Stade, vgl. die Fassung von a zu 1219; das übrige ist vielleicht aus Vincenz 30, 79 und 86 ff. zusammengearbeitet.* 3) *Gest. 1219 Aug. 13.* 4) *Wol aus dem vollständigeren Albert von Stade; vgl. Annales Bremenses, M. G. SS. XVII 858.*

facto, invenerunt naves suas destructas et dominos ablatos. Post hoc ductus fuit rex in turrim Swerin[1].

1224.

75. Philippus[a] rex Francorum obiit — de sanguine Karoli magni. Sen. 100.

76. (Fredericus imperator duxit — coram Honorio papa.) Ibid.

77 (110b). Regula tercia fratrum Minorum inicium sumpsit. Que[(1)] licet in se racionabilis sit et licita, tamen maligno spiritu instigante plures errores in ecclesia dei sub ea exorti sunt et plura illicita sub pretexto eiusdem committuntur per fratres et sorores sub regula illa convenientes, ut veridicis patuit multociens argumentis et probacionibus.

78 (114a). Hinricus rex Alemannie filius imperatoris habuit curiam in Bardewik cum Enghelberto archiepiscopo Coloniensi, quem adduxerat maxime pro liberacione regis Dacie, sed non profecit. v. A. Stad. 358.

79 (110). Adolfus comes de Marka — Orsam fluvios preterfluentes. Sen. 103.

1225.

80 (113). Sanctus[(2)] Thomas de Aquino comes Aquinensis tamquam sydus clarissimum in hoc aere tenebroso oriens in mundum nascitur, postea factus frater ordinis Predicatorum et doctor eximius.

81 (113a). Otto[b] dux Luneburgensis capitur prope Molne opidum a Hinrico comite de Swerin et cum avunculo suo rege Danorum (Woldemaro) carcerali custodie mancipatur[2].

82 (117). Enghelbertus archiepiscopus Coloniensis occiditur a comite Frederico de Altena consanguineo suo[(3)] in Ghevelsberg[3].

83 (114a). Rex Dacie Woldemarus se redemit (de captivitate comitis Swerinensis) pro 45 milibus marcarum Lubicensis monete, exceptis aliis clenodiis circa tria milia marcarum eiusdem monete estimatis. v. A. Stad. 358.

84 (119a). Honorius[c] papa regulam Heremitarum — regiones dispergi. Vinc. 30,128.

1226.

85 (120). Cives Lubicenses miserunt ad Fredericum imperatorem secundum, offerentes ei civitatem suam, eo quod per Fredericum primum suum predecessorem essent (victoriose imperio addicti) et recepti in tuicionem imperialis maiestatis et exempti ac privilegiati, ne subsint quorumcunque principum iurisdiccioni. Quos idem Fredericus secundus imperator in dedicionem imperii iterum recepit et eos a fidelitate contracta cum rege Danorum Woldemaro (exemit et) absolvit ac libertates suas antiquas bulla imperiali confirmavit[(4)] et novas condonavit.

(1) st. Que — probacionibus a: sub qua plures errores in ecclesia dei pullulaverunt et ipsa pallium exstitit multorum scandalorum et ex ea plures anime periclitaverunt, ipsa tamen bona existente et racionibus consona.

(2) § 80 lautet in a: Natus est sanctus Thomas comes Aquinensis postea factus frater ordinis Predicatorum doctor eximius.

(3) a: Ysemborch, dum ipsum capere vellet in die sancti Wylbrordi a. ro a. nov. 7.

(4) st. confirmavit — condonavit a: innovavit et ampliavit eciam.

a) § 75 in a hinter. b) Otto dux Luneburgensis in A auf rasur; statt dessen a richtiger: Albertus comes. c) § 84 in a zu 1228.

1) Wol aus dem vollständigeren Albert von Stade. 2) Wol aus dem vollständigeren Albert von Stade; vgl. Annales Hamburgenses a. a. O. 422. 3) Wol ebendaher; vgl. a. Gevelsberg in der grafschaft Mark.

86 (120a). Hamburgenses tradiderunt se et civitatem suam Adolfo comiti Holtzacie.

v. A. Stad. 320. 87 (123). Comes Fredericus de Ysenburg (cl. Altona) Colonie rotatur propter interfeccionem Enghelberti (archi)episcopi sui.

Sacr. 168. 88 (132). Quidam venit — ipsum suspendit.

89 (124). Beatus Franciscus (institutor ordinis fratrum Minorum) obiit in Assisio in Cristo (multis miraculis choruscans).

v. A. Stad. 310. 90 (129a). Domini terre Nordalbingorum puta Adolfus comes Holtzacie et Hinricus comes de Swerin ac cives Lubicenses ligam quandam invicem inierunt, ne aliquis alterum dimitteret in omnibus adversitatibus, sed semper pro posse iuvaret. Qui unanimi consensu miserunt pro Hinrico[1] duce Saxonie, ut quantocius veniret et in suam dedicionem reciperet Ratzeburg et Lovenborg cum ducatu, quem rex Dacie Woldemarus hucusque vi occupaverat.

91 (129b). Hinricus palatinus comes et dominus Brunswicensis obiit[2] sine herede et sic comitatus Stadensis cum civitate cessit archiepiscopo Bremensi (et successoribus ipsius).

1227.

DE GREGORIO PAPA 164.

Sart. 130. 92 (119). Gregorius papa, qui et Hughelinus, nacione Campanus[a] sedit annis 14 et diebus 8. Hic episcopus Osticensis erat et electus[3] ac consecratus excommunicavit imperatorem, eo quod pro tunc in magna parte patrimonium — Illo usi (in scolis et iudiciis universis)[(1)].

93 (121). Bellum[(2)] grande in Bornehovede terre Holtzacie factum est inter regem Dacie Woldemarum ex una parte et civitatem Lubicensem ex altera parte, pro eo quod civitas spreto eo se dedisset ad dedicionem imperatoris. Lubicenses autem in parte sua habuerant Gherardum archiepiscopum Bremensem, Hinricum ducem Saxonie, Adolfum comitem Holtzacie, Hinricum comitem de Swerin et dominos de Slavia[4]. Rex autem cum suis navibus terre applicuit Dithmarcie, cuius incolas ad hoc compulit, ut se eum velle iuvare contra Lubicenses sibi promitterent, quod inviti et coacti fecerunt. Convenientes igitur ad predictum locum Bornehovide rex cum Danis et Sweis ac Dytmarsis et Lubicenses cum suis, et videntes Dythmarsi, quod Lubicensium pars sanior et copiosior esset et eciam amici semper fuerant ad invicem Lubicenses et Dithmarsi nec racionabilem haberent causam contra eos, reliquerunt partem regis et ad Lubicenses se unanimiter transtulerunt, quod regi non modicum fecit excidium. Commissum est igitur prelium magnum in die illa, que fuit dies beate Marie Magdalene, et victus est rex cum suis non sine magno dei miraculo. Nam pars Lubicensium et illorum qui cum eis pugnabant radiis solaribus (obiectaliter) percuciebatur et multum impediebatur, ne

(1) in a folgt: 92a. Factum est grande passagium ad terram sanctam de mandato domini pape.

(2) st. Bellum — dei miraculo a: Bellum in Bornehovede factum est inter regem Dacie parte ex una et archiepiscopum Bremensem Gerardum, Hinricum ducem Saxonie, Adolphum comitem Holtzacie, Hinricum comitem de Swerin, dominos de Slavia et cives Lubicenses parte ex altera. Ubi commissum est magnum prelium in die beate Marie Magdalene et victus est rex cum suis ut dicitur miraculose.

a) Campanus A.

1) Albrecht I. 2) Gest. 1227 april 28. 3) Gregor IX. erwählt 1227 märz 19. 4) Vgl. Sächs. Weltchronik 247, zeile 22.

hostes videret; sed facta oracione et voto emisso, quod in honorem beate Marie Magdalene monasterium[a] construerent (in loco castri), si deus eis meritis suis victoriam concederet(1), visibiliter sancta mulier inter solem et Lubicenses se paruit (pro umbraculo) et solis radios in faciem inimicorum retorsit. Potiti igitur victoria et fugato rege captoque Hinrico(2) domino Brunswicensi et Luneburgensi ac multis aliis nobilibus nec non interfectis innumeris[b], Lubicenses (reversi) castrum suum (funditus) destruxerunt et pulcrum conventum[c] in honorem beate Marie Magdalene (ut voverant) construxerunt et ad ipsum fratres Predicatores locaverunt. Et sic tota Nordalbingorum terra(3) a iugo Danorum est liberata. In perpetuam vero huius victorie memoriam civitas Lubicensis in die sancte Marie Magdalene singulis(4) annis omnibus pauperibus in beate virginis Marie ecclesia congregatis largam dat elemosinam puta denarium Lubicensem, et fratres predicti Predicatores in suo refectorio pro eadem causa plenum dolium servisie pauperibus in eodem die largiuntur singulis annis(5) [1].

1228.

94 (129). Lodowicus lantgravius Thuringie maritus beate Elizabeth obiit in peregrinacione transmarina[2]. v. A. Stad.

95 (134). Sanctus Franciscus Assisius de tumba levatur et canonizatur (per papam Gregorium 9.)

96 (135). Fredericus imperator dudum crucesignatus — terre sancte reliquerat. Mart. 471.

97 (138). Hinricus comes de Swerin obiit[3]. Cui successit filius suus Guntzelinus. Cui consiliarii sui swaserunt, ut Ottonem dimitteret liberum, sed dux Saxonie Albertus obstitit.

1229.

98. Lodewicus[d] filius Lodowici — in ipsius loci episcopum consecratur. Vinc.

1230.

99 (146). Hugo comes Marchie — opere compleverunt. Vinc.

100. Ierusalem cristianis redditur a soldano voluntarie. v. A. Stad.

101. Parisius magna dissencio — docentes eos foveri mandavit.

102 (152). Albertus Lyvoniensis episcopus obiit et Bremensis ecclesia iure suo gavisa[e] Albertum Bremensem scolasticum eidem ecclesie in episcopum elegit (et prefecit), sed Rigenses Nycolaum elegerunt[4]. Post longum autem super eadem causa litigium papa Bremensibus perpetuum silencium imposuit determinans, ecclesiam Rigensem debere habere liberam et propriam eleccionem(6).

---

(1) mirum in modum A. zu a.

(2) st. Hinrico — Luneburgensi a: Ottone duce Luneburgensi[5].

(3) pariter et Slavorum A. zu a.

(4) st. singulis — singulis annis a: consuevit omnibus congregatis pauperibus largam dare elemosynam que vulgariter spende vocatur.

(5) in a folgt: 93a. Lodewicus rex Francie — in regem coronatur. Vinc.

(6) in a folgt: 102a. Dissencio gravis facta est — factum civitatis emendavit. Vinc.

a) cenobium a. b) populis A. zu a. c) monasterium a. d) § 98 in a zu 1228. e) polita a.

1) *Korners bericht weicht von dem Detmars vielfach ab.* 2) *Gest. 1227 sept. 11.* 3) *Wol aus dem vollständigeren Albert von Stade; vgl. Annales Hamburgenses a. a. o. 422 und Detmar 309. Heinrich I. graf von Schwerin gest. 1228.* 4) *Albert I. von Bekeshovede gest. 1229 jan. 17; ihm folgt Nicolaus domherr zu Magdeburg. Der scholasticus Albert ist der spätere erste erzbischof von Riga Albert II. Suerbeer. Wegen eines formfehlers liess der papst die ernennung durch den erzbischof Gerhard II. von Bremen 1229 für ungültig erklären.* 5) *Vgl. Sächs. Weltchronik 247.*

1231.

v. A. Stad. 1231. 103 (154). Dominus Bertoldus episcopus Lubicensis obiit[1]. Cui successit Iohannes decanus eiusdem ecclesie.

v. Detm. 116. 104 (156). Fredericus imperator reconciliatus est pape Gregorio et ipse eum a sentencia excommunicacionis absolvit[(1)].

105. Lodowicus rex Francorum — sextarius bladi centum solidos.

Herm. 177. 106. Sanctus Anthonius — obiit in Cristo in Padua.

1232.

107. Odaker primus rex Bohemorum obiit.

108 (158). Sancta[(2)] Elizabeth vidua regis Ungarie filia relicta Lodowici lantgravii Thuringie obiit[2] in domino plena virtutibus et meritis, mulier magne paciencie et est sepulta in Marthorg.

109. Multi heretici fuerunt Rome et in aliis mundi partibus, quorum quasi mille combusti[(3)] sunt per magistrum Conradum Marthurgensem inquisitorem[3].

1233.

Herm. 187. 110 (173). Dominus papa Gregorius Rome — ab obitu vero eius 12. (Cuius tumba cum aperiretur, locus ille flagrabat quasi apotheca nobilissimorum unguentorum et omnes infirmi odorem sencientes a quacunque detinebantur infirmitate sunt curati). Ibidem papa predicari — contra Stedingos.

v. Detm. 219. 111 (182). Adolfus comes Holtsacie, postquam contraxerat amiciciam cum rege Danorum immemor beneficiorum, que a Lubicensibus receperat, conspiracionem cum rege contra Lubicenses iniit, unde[a] rex magnam classem navium misit cum multitudine armatorum. Similiter et per terram magnum exercitum congregavit (cum adiutorio comitis Adolfi), cum quibus violenter munitus edificavit duo castra fortissima super Trabenam aquam, quibus obstruere nitebatur viam maris, ne naves civitatem (Lubicensem) attingerent. Et submersit magnam navim plenam lapidibus maximis in portum Trabene et cathenas ferreas ingentes duxit per latitudinem aque et sic repatriaverunt[(4)]. Cives vero cathenas illas vehemencia transitus magnarum navium frangentes (quasi restes) fossatum novum — u.s.w. wie D — ante Warnemunde[b] fluvium — sex[c] naves (maiores) combusserunt (regis), interficiendo et capiendo quos (in eis) invenerunt.

1234.

v. A. Stad. 1234 und 87. 112 (183, 177). Crucem a domino papa precedenti anno predicatam contra Stedingos receperunt Gherardus archiepiscopus Bremensis — u.s.w. wie *D* in *§ 183* — sabbato ante rogaciones — submersi sunt. Sicque exterminati sunt propter eorum detestabilem abu-

---

v. A. Stad. 1231. (1) in a *folgt*: 104a. Yso Verdensis episcopus obiit[4].

(2) *§ 108 lautet in a*: Sancta Elizabeth lantgravia Thuringie in Marthorg obiit et ibidem sepulta est.

(3) *a*. combusti — inquisitorem a: a fratre Conrado inquisitore de Marthorg ordinis fratrum Predicatorum iudicati sunt et combusti, qui postea ab hereticis occisus est.

(4) cum amplius non haberent quod facerent a. *zu* a.

---

a) et sic a. b) Warnowe a. c) quinque a.

1) *Gest. 1230 april 15.* 2) *Gest. 1231 nov. 19.* 3) *Korner verwechselt hier den Dominikaner Konrad Dorso, den die Sächs. Weltchronik nennt, mit dem Franziskaner Konrad von Marburg; Detmar versieht sich ähnlich, indem er die zwei zu einem minderbruder macht; vgl. Detmar 78.* 4) *Yso graf von Welpe gest. 1231 aug. 5.*

sionem. Nam vacabunt auguriis — *u. s. w. wie D in § 177* — Labicensem et Hathseburgensem.

113 (184). Raymundus ordinis fratrum Predicatorum magister generalis et summus penitenciarius pape floruit colligendo decretales modernas et summam(1) magnam iuris canonici.

114. Romani papam Gregorium expulerunt, sed adiutorio imperatoris Frederici restitutus est. W. Chr. 252.

1235.

115 (188). Fredericus imperator curiam celebrans Maguncie duxit sororem regis Anglie in uxorem. Ibique Otto Wilhelmi filius dominus de Brunswik et Luneborg omne ius et proprietatem — *u. s. w. wie D* — prout supra habitum est numero 1180(2) 1.

1236.

116 (189). Translacio sancte Elizabeth facta est Kal. Maii presente imperatore et multis principibus (Alemannie) in die sancte Walburgis. v. A. Stad. 362. und 1.

117 (155). Frater a Iordanus magister — de manibus non recuiderat(3). Baer. 193.

118 (193). In Burgundia imperiali — suffocata sunt. Baer. 193.

1237.

119. Papa et imperator ceperunt iterum discordare — in carceres ducti sunt(4). Vinc. 30, 153.

120 (199). Facta est strages magna peregrinorum contra paganos encicium et Tydericus b de Haseldorp occubuit ibidem in Lyvonia cum duobus milibus 2.

121 (200). Conradus filius imperatoris cum magno exercitu intravit Longobardiam et veniens obsedit Paduam et cepit eam et captivavit dominum civitatis et multos interfecit 3.

1238.

122. Imperator eduxit exercitum contra Mediolanenses et pugnantes simul victi sunt Mediolanenses et interfecti sunt ex utraque parte circa 15 milia virorum. Et cepit imperator potestates et c maiores civitatis. W. Chr. 253.

1239.

123. Gens Tartarorum — si quos invenire possent. (Illi eciam Tartari totam Turquiam — fortissima habet et optime munita). Baer. 196. 198. 'L. 148.

124 (202a). Hermannus filius beate Elizabeth duxit in uxorem filiam 4 Ottonis ducis de Brunswik et Luneborgh. v. A. Stad. 363.

125. Papa Gregorius imperatorem excommunicat in cena domini pro multis iniuriis ecclesie illatis et pro eo maxime, quod non recte de fide sentiret. v. A. Stad. 363. märz 24.

---

(1) *st.* summam — canonici a: decretales ecclesie universalis.

(2) Sed de iure habendo a feminino sexu in predicto ducatu privilegium non habet *s. m. u.*

(3) *in a folgt:* 117a. In terra Ferrandi — deberet liber inveniri. Baer. 193.

(4) *in a folgt:* 119a (195). Placentini namque 3 milites suspenderunt cum omnibus suis in dispendio 11. Kal. Marcii. v. A. Stad. 363. febr. 19.

119b. Dominus Fredericus Halberstadensis episcopus obiit 5, cui successit Ludolfus in sede. W. Chr. 253.

---

a) *§ 117 in a umfangreicher.* b) Theodericus a. c) *st.* et maiores a: maiores domini et.

1) *Wol aus dem vollständigeren Albert von Stade; vgl. Detmar 314.* 2) *Wol aus dem vollständigeren Albert von Stade; vgl. Sachs. Weltchronik 253.* 3) *Wol aus der Sachs. Weltchronik, doch gekürzt und missverstanden.* 4) *Helene.* 5) *Oct. 1236.*

126. Comes Adolfus de Schowenborg factus est frater ordinis Minorum in Hamborgh[1], relinquens post se parvulos Iohannem, Gherardum et Luderum. Qui postea in eodem ordine factus est sacerdos ex dispensacione.

127 (198). Lubicenses hoc anno tam vehementer timuerunt incursiones Turcorum et Tartarorum ac Lituanorum, quod aggerem altum intra(1) duas urbis valvas comportari facerent ab universo populo, et ut hoc cicius perficeretur, tunc episcopus Lubicensis cuilibet portanti terram pro illo vallo fiendo 40 dies indulgenciarum largiretur[a-2].

1240.

128 (207). Tartari tantum terrorem hominibus incusserant, ut papa ad instanciam regis Ungarie, ducis Austrie et domini Carinthie generalem Terre Sancte indulgenciam daret omnibus contra eos ire volentibus.

129 (208). Apud Cremonam — vidit clare.

130 (209). Duo milia mulierum — statim precepit interfici.

1241.

DE CELESTINO PAPA 187.

131 (201). Celestinus papa, qui et Gaufridus, nacione Mediolanensis sedit[3] mensibus 10 et diebus 17. Ille episcopus Sabinensis — sancti Petri sepultus.

132 (209a). In octava sancti Michaelis sol eclipsim passus est celo serenissimo existente[4].

133 (209c). Woldemarus rex Danorum obiit[5]. Cui successit Erikus filius eius in regno Danorum.

134 (209d). Otto marchio Misnensis captus est et ductus in castrum Langhensteyn ab episcopo Halberstadensi Ludero. Quem tam diu tenuit quo usque redderet episcopo castrum Alvensleve et cum hoc centum et 16[6] marcas argenti.

135 (210). Lodowico rege Francorum — cum rege Lodowico preparavit.

1242.

DE INNOCENCIO PAPA 188.

136 (205). Innocencius papa, qui et Senobaldus, nacione Ianuensis sedit[7] annis 11 et mensibus 6. Iste super presbiteros constituit vicesimam decimam et quintam, quod hactenus inconsuetum erat. In fine imposuit 6 denarios super marcam. Ipse eciam excommunicavit imperatorem. Hic sedes cardinalium — exornavit. Ipse eciam instituit in Lugduno octavam nativitatis beate Marie celebrandam ex tali causa. Gregorio papa 9. mortuo — *u. s. w. wie D* — ex tali ieiunio provenerunt. Iste eciam canonizavit Paruuli — Cracoviensem episcopum.

1243.

137. Hugo cardinalis sancte Sabine — libros sentenciarum pulcre scripsit.

138 (216). Adolfus comes Holtzacie frater ordinis Minorum — *u. s. w. wie D* — suam missam celebravit ordinatus a domino Iohanne episcopo Lubicensi.

---

(1) al. intra — valvas a: extra valvas urbis.

---

a) dedit a.

1) *1239 aug. 13.* 2) *Vgl. auch Detmar 331.* 3) *Coelestin IV. erwählt 1241 oct.* 4) *Die angabe stimmt mit Oppolzers 'Canon der Finsternisse' überein.* 5) *Gest. 1241 märz 28.* 6) *Sächs. Weltchronik: anderthalbhundert.* 7) *Innocenz IV. erwählt 1243 juni 25.*

139. Innocencius papa post magnum tractatum — imperio privavit in die sancti Iacobi apostoli. Postquam autem a papa — in regem Alemannie. Imperator vero post annum ab imperio destitucionem cum inter ceteras civitates Longobardie civitatem Parmam — Manfredum regno et vita privavit. Mart. 472. [illegible] Mart. 472. Mart. 472.

140. Romanum imperium — [1]multis annis duravit. Mart. 472.

1246 [a].

DE HINRICO REGE ROMANORUM.

141 (222). Hinricus Raspo lantgravius Thuringie regnat duobus annis electus [1] per episcopos Moguntinensem et Coloniensem. Raspe fuit dictus ⟨pro⟩ eo quod Raspenbergh castrum fundavit. Iste in sanguine proprio suffocatus est et caruit benediccione imperiali ⟨et⟩ ideo de numero Romanorum imperatorum non est [2].

142. Hugo magister ⟨generalis⟩ ordinis Predicatorum in cardinalem assumitur. ⟨Iste fuit alius a Hugone doctore et postillatore, quia ille a provincialatu Francie assumptus fuit in cardinalem⟩.

143 (218). Maximum prelium commissum est inter regem Ungarie et ducem Austrie. Rex autem obtinuit triumphum interfecto duce et omnibus nobilibus suis et ducatus devolutus est ad regem Ungarie. Versus: v. Detm. 222.

Anno milleno centeno terque triceno
Hiis quinquagena [b] si misces sex, bene disces
Austria quod tota sit principibus viduata
Terraque cornuto discet servire tributo.

144 (219). Iohannes et Gherardus comites Holtzatorum redeuntes de studio Parisiensi cum magistro eorum Hermanno magno philosopho fecerunt ipsum plebanum in ⟨Sancta Porta id est⟩ Hilghenhavene. v. Detm. 222.

145 (224). Innocencius [c] papa misit — ad papam Innocencium sunt reversi. Vinc. 31, 9. 40-42. 47. 51.

1247.

146. Sanctus Edmundus Cantuariensis archiepiscopus in concilio Lugdunensi canonizatur [3]. Mart. 448.

147 (241). Ad instanciam [d] Lodowici regis Francorum magna pars sancte crucis a Constantinopoli Parisius est translata.

148. ⟨Iohannes episcopus Lubicensis obiit [4].⟩ v. Detm. 227.

149 (241a). ⟨Monachi ordinis sancti Benedicti, apud Sanctum Iohannem morantes in Lubeke, civitatem exiverunt et novum monasterium in Cysmer [5] inceperunt edificare, qui locus antiquitus Wagira vocabatur, a quo Wagirorum terra est nominata. In locum vero monachorum introducte sunt sanctimoniales eiusdem ordinis.⟩ v. Detm. 227.

150. Abel dux Sleswicensis cum magno exercitu Saxonum, Holtsatorum, Sturmariorum et Dithmarsiorum venit in Vüne et destruxit igne et gladio pene totam illam insulam cum civitate Odensee. Rex vero Dacie Erikus vix manus eorum evadens fugit in castrum Swineborg [6]. v. Detm. 227.

---

a) *Die jahre 1244, 1245 fehlen in A; a gibt hier keine jahreszahlen.* b) quinquaginta a. c) *§ 145 in a zu 1245.* d) cristianissimi a, zu a.

1) *1246 mai 22.* 2) *Ob aus dem vollständigeren Albert von Stade? Vgl. M. G. SS. XVI 369, Detmar 227 und Sächs. Weltchronik 257.* 3) *In B und D durch § 217 aus Heinrich von Herford ersetzt.* 4) *Gest. 1247 märz 8.* 5) *Cismar.* 6) *§ 150 ist in B und D § 226 durch ein stück gleichen inhalts aus Detmar ersetzt worden.*

1248.

DE WILHELMO REGE ROMANORUM.

151 (231). Wilhelmus comes Hollandie regnat annis 10. Hic in Nussia electus feria 5. post Michaelis et per Wilhelmum — nominabatur et caruit imperiali benediccione(1).

152 (244). In Hallis Swevie perfidissimi pullulaverunt heretici, qui claves ecclesie parvipendentes contra ecclesiam in publicis stacionibus predicabant.

153. Crucesignati Aquisgranum longa obsidione vallaverunt et tandem eam obtinentes Wilhelmum in regem ibidem coronaverunt.

154 (245). Bernhardus episcopus Padelburnensis obiit. Cui successit dominus Symon de Lippia, cuius frater Hermannus electus fuit pari tempore in episcopum Monasteriensem. Pater vero eorum Bernhardus factus est monachus et deinde abbas Corbeyensis et demum factus est episcopus (Mindensis)[1].

1249.

155 (245a). Infra octavam assumpcionis pons in civitate Misna impetu tempestatis totus confractus corruit et multum populum, qui ibidem propter horrorem auro confugerat, oppressit.

156 (225a). (Lodowicus rex Francie · · sed valde pauci sunt reversi.)

1250.

157 (228). Erikus rex Danorum denuo contra civitatem Lubicensem se erigens dampna civitati intulit mercatores quosdam capiendo et spoliando in mari. Lubicenses autem quarundam civitatum de Hansa freti auxilio naves magnas multitudine armatorum onerantes cum eis usque Kopenhaven civitatem et castrum pervenerunt et expugnato opido tandem castrum ceperunt et funditus destruxerunt et cum copiosa preda victoriose Lubeke reversi sunt.

158 (243). Sundensis[a] civitas cum Lubicensibus litigare cepit. At cives Lubicenses eorum proterviam indigne ferentes classem navalem (educentes) Stralesundis applicuerunt et civitatem capientes eam spoliaverunt pluresque occiderunt, sed multo plures captivos usque Lubek (de civibus) deduxerunt. In hoc prelio et in aliis, in quibus contra regem Danorum prevaluerunt, capitaneus (civitatis) Lubicensis fuit strenuus ille et victoriosus vir Alexander de Soltwedele. Qui probitate sua hoc promeruit, ut ipse una cum fratre suo Arnoldo in consulatu[b] simul sederent, quod nec ante nec post ullis duobus fratribus concessum est nec concedetur in perpetuum.

159 (232). Erikus rex Dacie a fratre suo Abele duce Sleswicensi capitur in nocte sancti Laurencii et submergitur in aqua Sly vocata in Sleswik. Abel vero in die omnium sanctorum in regem Dacie coronatur et Mechtildis uxor sua in reginam.

160 (236). Huic regi Danorum Eriko anno illo, quo occisus fuit[2], quiescenti in lecto apparuit per visum sanctus Wenzeslaus dux Bohemie, et quod suo mortis genere mori deberet, revelavit et ut sibi monasterium construeret iniunxit. Qui iam perficiens cepit ad honorem sancti

(1) Hic est annus Romani imperii secundo millesimus. s. m. a.

a) Eodem anno Sundensis a. b) consulatu *A*.

1) *Vielleicht aus dem vollständigeren Albert von Stade; vgl. M.G.SS. XVI 371. Bernhard gest. 1247 april 14. Otto v. d. Lippe wird 1248 nov. 1 für Münster gewählt. Das übrige beruht auf verwechslung: der grossvater Bernhards, vater des 1247 gestorbenen bischofs Bernhard von Paderborn, legt 1196 die regierung nieder, wird mönch zu Marienfeld, 1210 abt zu Dünamünde, 1218 bischof von Semgallen, stirbt 1224 april 30.* 2) *Bei Martin zum jahre 920 erzählt.*

martiris in Revalia monasterium Cisterciensis ordinis magnarum possessionum extruere, sed antequam consummaret occiditur, prout sanctus Wenzeslaus sibi revelaverat.

161. Postea vero in brevi Abel rex occiditur a Frisonibus[1].

162 (243b). Woldemarus frater Abelis regis Dacie veniens de studio Parisiensi capitur prope Coloniam a vasallis (archi)episcopi Coloniensis. Quem redimens avunculus suus Johannes comes Holtsacie solvit pro eo sex milia marcarum puri argenti(1) [2].

163 (243c). Rex Francie Lodowicus conflictum habuit cum soldano super Nilum Nonas Aprilis, ubi occisa sunt ex parte regis centum et 60 milia cristianorum. Rex vero captus est et frater suus occisus et Damiatam civitatem reddidit et se centum milibus marcarum redemit. v. A. Stad. 372. opp. A.

164 (246). Fredericus imperator obiit[3] et in Panormitana ecclesia sepelitur, que est in Sycilia, absolutus a sentencia excommunicacionis[a] per eiusdem ecclesie episcopum[4]. Opinio tamen quorundam simplicium est, quod adhuc vivat et quod plures ei locuti sint in castro deserto Kufhusen sito in alto monte inter civitates Thuringie Sangershusen et Northusen[5]. Iste Fredericus imperator secundus fuit ultimus imperator de sanguine et progenie dominorum ducum de Brunswik et Luneborgh, quia post filios Brunswicensium dominorum Conradum 4. et Hinricum 6. Romanorum reges obiit. Iste v. A. Stad. 367. Fredericus imperator dicitur magis vocalis quam realis filius Hinrici 6. fuisse, quod sic patet. Nam idem Hinricus 6. Constanciam duxit sexagenariam scilicet anno domini 1184; peperit autem Fredericum istum, si (de possibili) peperit, 1195 anno scilicet etatis sue 71. Nolunt igitur quidam credere, Constanciam in tali etate peperisse, et ideo creditur false[b] introisse progeniem.

1251.

165 (253). Otto dux Brunswicensis et Luneburgensis filiam suam Helenam Wilhelmo v. A. Stad. 372. regi Romanorum desponsavit et copulavit et in ipsa nupciarum nocte palacium ducis situm in Brunswik iuxta lecmem crecens, in quo idem rex Romanorum cum sua sponsa quieverat, incenditur et consumitur igne. Et rex cum regina vix evadunt. Duo autem sartores in consuendis vestibus regis et regine occupati pereunt et corona regalis cum multis preciosis clenodiis igne exusta est.

166. Beatus Petrus Mediolanensis ordinis Predicatorum (prior Cumanus) vivens multis claruit miraculis.

---

(1) *in a folgt:* 162a. In vigilia nativitatis Cristi tonitrua, coruscaciones, ventus validus, inundaciones aquarum permaxime. W. Chr. 380. dec. 24.

---

a) *f. A.* b) sophistice a.

1) *S. unten § 172.* 2) *Wol aus dem vollständigeren Albert von Stade; vgl. Annales Hamburgenses a. a. o. 425.* 3) *Gest. 1250 dec. 13 zu Fiorentino.* 4) *Berardus de Castacca. Wol aus dem vollständigeren Albert von Stade; vgl. Annales Hamburgenses a. a. o. 425.* 5) *Vgl. G. Voigt, Die deutsche Kaisersage, Histor. Zeitschrift XXVI (1871) 131 ff. und den nachtrag von E. Dümmler, ebenda XXIX (1873) 491; R. Schröder, Die deutsche Kaisersage (Heidelberg 1891). Die nachricht Korners ist doch ungleich bestimmter als jene viel citierte stelle bei Dietrich Engelhus; sie ist schon in der fassung a enthalten, stammt somit aus der zeit vor 1416. Korner ist also der erste chronist, der in deutlichen worten das fortleben Friedrichs II. mit dem Kyffhäuser in verbindung bringt, wenn auch in kritischer weise nur als 'opinio quorundam simplicium'. Konrad von Halberstadt nennt den Kyffhäuser noch nicht; er berichtet nur:* Hiis eciam temporibus aliqui dicebant Fridericum imperatorem esse mortuum, aliqui vero dixerunt ipsum adhuc vivere. Hec dubitacio duravit per tempora. *(f. 218 der Hannövr. hs.; siehe unten zu § 532).*

167 (240). Cum[(1)] autem hic sanctus dei quendam hereticum in civitate Comana convertisset et ille per alios hereticos fuisset perversus, accidit — *u. s. w. wie D* — conversi sunt ad Cristum.

168 (247). Hucusque[(2)] frater Vincencius lector Ianuensis — *u. s. w. wie D* — qui ab Adam usque in presens fuerunt describit.

Mart. 178. 169 (255). Conradus rex Sicilie — a medicis intoxicatus interiit.

170 (256). Orta est nova secta hereticorum et primo visa est in villa Parisiensi. Hii de illa secta se Pastores nominaverunt, quorum non fuit numerus. Venerunt autem Parisius circa principium quasi viri sancti et a laycis sunt recepti et approbati in tantum, ut eciam cum ipsis contra fidem sentirent. Dicebant enim se habere auctoritatem benedicendi et consecrandi, baptizandi, ligandi et ⟨ab⟩solvendi et hanc auctoritatem a clericis tam maioribus quam minoribus esse ablatam. Et dum clerus eorum erroribus resisteret, irruerunt in eos et plures occiderunt de fratribus Predicatoribus et Minoribus et aliis clericis, amoventes[a] ipsos cum indignacione de loco predicacionis, ac eciam
* z. 125. in ipsum ⟨archi⟩episcopum (Parisiensem) insultum facientes ⟨exprobraverunt⟩. Unde inter clerum et populum maximum concitaverunt tumultum. Sed iuvante domino tota eorum depressa est presumpcio, quia primum ab episcopo sunt anathematizati et postmodum a rege et populo sunt interfecti[1].

171 (248). Otto dux de Brunswik et Luneborg, cum esset in procinctu eundi ad curiam in Frankenford, quam Wilhelmus Romanorum rex principibus indixerat, obiit in
Juni 9. festo sanctorum Primi et Feliciani anno vite sue 48., relinquens post se duces Albertum et Iohannem filios suos[2]. De hiis duobus fratribus et ab eis procreatis habebis infra 1328[3].

172 (243a, 250). Abel Danorum rex, qui fratrem suum Erikum occiderat, in die
Juni 29. apostolorum Petri et Pauli a turpissimis Strandfrisie rusticis fossorio turpiter occisus est in Ydersted. Cui Cristoforus frater eius successit in regno[c].

1253[b].

Mart. 194. Juli 4. 173. In die sancti Odalrici Flamingi — 60 milia hominum a Wilhelmo rege Romanorum.

Mart. 198. 174 (239). Petrus Veronensis — sublimato in albis.

175 (252). Albertus dux Brunswicensis reedificavit castrum Hartonis nomine Hartisburg ⟨bina vice destructum⟩[4].

176. Sanctus Petrus martir de ordine Predicatorum canonizatus est Perusius ⟨ab Innocencio papa⟩.

Vinc. 32, 98. 177. Apud Yconium — locum reciperet cristianus, quem[c] desideravit.

1254.

DE ALEXANDRO PAPA 189.

Mart. 440. 178 (251). Alexander papa, qui et Reynardus, nacione Campanus sedit[b] annis 6, mense uno et diebus 17. Ille canonizavit Anagnie — libellos pestiferos Wilhelmi de Sancto

(1) *Cum — ad Cristum gibt a kurz wechber als vollständigere §.*

(2) *§ 168 lautet in a:* Hucusque speculum historiale Vincencius frater ordinis Predicatorum deduxit. *Vgl. jedoch § 183a.*

a) amoventes *A.* b) *Das jahr 1253 fehlt in A.* c) quam *A.*

1) *Wol aus dem vollständigeren Albert von Stade; vgl. Annales Hamburgenses a. a. O. 425.* 2) *Wol ebendaher; vgl. Annales Hamburgenses a. a. O. 426.* 3) *In § 581 zum jahre 1373.* 4) *Wol aus dem vollständigeren Albert von Stade; vgl. Annales Hamburgenses a. a. O. 426.* 5) *Alexander IV. erwält 1254 dec. 25.*

Amore canonici Belvacensis, quorum nunc — salvari non possunt. (Contra quem librum sanctus Thomas de Aquino ordinis Predicatorum pulcre disputavit et multis racionibus evidentibus ipsum hereticalem probavit esse). Alter vero — evacuarentur.

179. Iste papa Alexander Viterbii obiit. Kart. 148.

180 (257). (Iste beatissimus papa religiosis precertim mendicantibus fuit multum graciosus. Unde licet Predicatorum et Minorum ordinum fratres sint licenciati in iure communi — u. s. w. wie D — declarativum iuris. In quo precipit — 'Ad audienciam'.)

1256.

181 (258). Dux Bawarie Lodowicus uxorem suam Sinwerten[a] decollari precepit falsum crimen ei imponendo, ut forte aliam ducere posset[1].

182 (258a). Frater Iohannes Dedest ordinis Minorum factus est episcopus Lubicensis per promocionem domini pape[2]. v. Detm. 223.

183 (259). Et eodem anno episcopatus Rigensis factus est archiepiscopatus (per procuracionem domini Alberti episcopi eiusdem ecclesie)[3]. v. Detm. 224.

184 (271). Conradus comes de Everstein suspensus est ab Alberto duce de Brunswik sculero pedetenus capite deorsum pendente, ex quo facto indignacionem multorum incurrit. Hoc ideo factum est quod predo erat et raptor strate communis. Kart. 147.

185. Wilhelmus rex Romanorum occiditur a Frisonibus in die conversionis sancti Pauli prope Hollandiam morantibus iuxta locum qui dicitur Medemlek et vi raptus a Frisonibus occultatur[4]. Jan. 25.

180 (273). Bonaventura cardinalis ordinis fratrum Minorum claruit plura bona scribens.

1257[b].

DE RYCHARDO REGE ROMANORUM.

187 (267). Richardus comes Cornubie et frater Hinrici regis Anglie[(1)] regnat 14 annis (et 10 mensibus). Iste solum electus est ab episcopo Moguntino et ideo nomen regis sine opere gessit. Alii vero electores — est coronatus. Audientes autem Richardus — u. s. w. wie D — eligerent et coronarent. Imperiali tamen benediccione caruit et ideo non est in numero imperatorum. Kart. 148, 149. v. Detm. 228.

188 (275). Woldemarus dux Sleswicensis filius Abelis[c] regis Danorum obiit. Cui successit frater eius Erikus, qui Iermari domini Rugianorum filiam accepit in uxorem. v. Detm. 229.

189 (275a). Fredericus episcopus Ratzeburgensis obiit[5]. Et habuit successorem dominum Ulricum de Bluchere[d (2)]. v. Detm. 230.

---

(1) anno a translacione imperii Romanorum per Karolum Magnum in Theutonicos 457. a. m. a.

(2) in a folgt: 189a. Frater Vincencius de ordine Predicatorum floruit. Hic fecit 3[e] pulchra specula, puta historiale, naturale et doctrinale et fecit librum de gracia et de laudibus beate virginis.

---

a) In Werden Ann. Hamb. b) Das jahr 1256 fehlt in A. c) Abele a. d) Bluchere A. e) a korr. 3 in 4 und setzt am rand nach historiale zu: et morale.

1) Wol aus dem vollständigeren Albert von Stade; vgl. Annales Hamburgenses a. a. o. 426. Ludwig II. der strenge liess 1256 seine gattin (seit 1254) Marie, tochter herzog Heinrichs von Brabant, zu Donauwörth enthaupten. 2) Johannes II. von Dyst (in Brabant) inthronisiert 1254 sept. 11. 3) Albert II. Suerbeer seit 1246 erzbischof von Preussen u. s. w. verlegt nach dem tode des bischofs Nicolaus von Riga 1253 seinen sitz dorthin und erhebt dieses dadurch zum erzbistum. 4) Wol aus dem vollständigeren Albert von Stade; vgl. Annales Hamburgenses a. a. o. 426. 5) Gest. 1257 juli 15.

v. Detm. 240. 190 (276). Gherardus archiepiscopus Bremensis obiit[1]. Suus autem successor fuit Hildeboldus prepositus in Brukhusen.

1259[a].

Hamb. [illegible] 191. Constantinopolitana civitas — recuperata est.

[illegible] 192 (276a). Richardus Aquisgrani — archiepiscopum Coloniensem[2].

[illegible] 193 (277). Florentini et Lucani — comitatui Senensium.

v. Detm. [illegible] 194 (278). Iermarus dominus Rugianorum in manu forti intravit Selandie et cepit Nestwede et occidit gladio et igne innumerum populum Danorum. Propter quod factum Dani in tanto odio ipsum habent, quod pauperes (et mendicantes) recipere recusant elemosinam pro animi ipsius salute.

1260.

v. Chr. [illegible] 195 (280). Rudolfus archiepiscopus Magdeburgensis extinctus est subitanea morte in mensa sedens[(1)].

Mart. [illegible] 196 (281). Bela[3] rex Ungarie pro terris quibusdam Odoskarem regem — 14 milia submersi sunt.

197 (286). Quidam Gherardus Sagarelli nomine de Parma — *u. s. w. wie D* — discipulos et magistros.

v. Detm. [illegible] 198 (286a). Iuxta Darsowe erat castrum forte, quod erat dominorum comitum de Holtzacia. Ad quod veniens Iohannes comes Holtzacie decollari precepit militem castri custodem de magnis amicis existentem, pro eo quod latrociniis vacabat.

1261.

199. Multa milia flagellatorum prodierunt in mundum.

v. Detm. [illegible] 200 (292). Comes Holtsatorum Iohannes venit — *u. s. w. wie D* — a capite platee visbergroven dicte — evasit manus eorum.

1262.

201 (293). In Swevia quoddam est monasterium Heynsberg[b] dictum ordinis Cisterciensis[c, 4], in quod intravit quedam nobilis domina cum unica filia sua, cui nomen erat Ghertrudis quondam uxor Petri militis. De hac inclita muliere talis ammiranda narratur historia. Nam domina ipsa speciosa erat valde et ob hoc ad ipsam videndam multi nobiles et potentes sepius convenerunt, licet hec eadem visitacio sibi molesta esset et multi doloris et tristicie causa. Cumque hec nobilium frequencia de die in diem — *u. s. w. wie D* — de oratorio, occurrit ei vir suus et vix eam per habitum cognoscens querit an ipsa sit. Et illa respondente: 'ego sum', mox ille totus inhorruit. Familia quoque eius videns eam ululabat ammirans, quid tam subito domine sue accidisset. Turbatis parentibus et amicis medicina — factum est. Quod ut audivit frater ordinis Predicatorum Iohannes, qui eius consueverat audire confessionem, venit — ruge vestigium maneret. Quo viso gaudet miles et uxorem reputat sibi divinitus redditam. Fama hec rei geste diffunditur, letantur amici, applaudit et tota patria et magna Cristi pietas ab omnibus collaudatur. Miles igitur vix per dimidium supervivens annum, mulier

(1) *in a folgt:* 195a. Rex Richardus cum uxore sua in Angliam redit et investituram episcoporum archiepiscopo Coloniensi commisit[5].

a) *Das jahr 1259 fehlt in A.* b) Heunsberch a. c) Predicatorum a.

1) *Gest. 1258 juli 27.* 2) *In wiederholung aus § 187.* 3) *Die beiden namen wol aus der Sächsischen fortsetzung der Sächs. Weltchronik 284.* 4) *Ein Cistercienser-nonnenkloster Heynsberg in Schwaben habe ich nicht bestimmen können; es dürfte kaum ein solches bestanden haben. Vielleicht liegt eine verwechselung mit dem nonnenkloster Heinsberg im Jülich'schen vor, das jedoch Praemonstratenser-ordens war.* 5) *Wol aus dem vollständigeren Albert von Stade; ebenso Annales Hamburgenses a. a. O. 429.*

illa una cum filia sua unica supradictum monasterium ingreditur et in eo deo religiosissime serviens vitam suam bono fine conclusit.

1263.

DE URBANO PAPA 190.

202 (294). Urbanus papa, qui et Iacobus, nacione Gallicus sedit[1] annis duobus et mensibus tribus. Hic prius fuit patriarcha Ierosolimitanus et instituit festum (gloriosissimi) corporis Iesu Cristi ad instanciam sancti doctoris fratris Thome (de Aquino) ordinis Predicatorum, cuius facti historia suo loco patebit. Ipse eciam exercitum Sarracenorum, quem Manfredus princeps[a] Tharentinus filius naturalis ex concubina Frederici secundi quondam imperatoris in patrimonium ecclesie miserat, per crucesignatos fugavit et Karolum comitem Provincie — vita et regno privavit. Mart. 444. Mart. 470.

203 (296). Comes Iohannes de Holtzacia et alii domini Holtzatorum venientes in adiutorium avunculo suo duci de Sleswik Eriko contra regem Dacie egerunt bellum in merica Lobeyde — u. s. w. wie D — gracias egerunt. v. Detm. I. 130.

1264.

204 (305). Albertus[1] Magnus magister Parisiensis in theologia ordinis fratrum Predicatorum et instructor — u. s. w. wie D — postillarum illarum consideranti. Factus autem episcopus Ratisponensis — est reductus. Qui inter ceteras — sublimatum. Scripsit autem predictus — respuit et abdicavit.

205 (307). (Venerabilis frater Humbertus ordinis Predicatorum magister generalis viguit. Hic — u. s. w. wie D — bona collegit.)

206 (313). Sanctus[2] Thomas de Aquino doctor gloriosus et merito lumen et gloria Predicatorum ordinis nuncupandus floruit. Hic sanctissimus doctor — u. s. w. wie D — communis appeletur, tamen merito — proprie communis doctor appellatur.

207 (314). Doctor iste sanctus Thomas ex iniunccione — u. s. w. wie D — et factum est. Ex quo planum est quod tam ex devota peticione dicti sancti doctoris, quam ex historie compilacione ipse causa institucionis huius solempnitatis existat.

208 (304a). Cometa ita notabilis — ibique sepultus est. Mart. 392.

209 (317a). Lubicenses cum adiutorio (ducis Brunswicensis et) dominorum de Mekelingborg expugnaverunt castrum iuxta Darsowe, quod erat comitum de Holtzacia. Invit[3] eciam Lubicenses Knese Ianeke dominus Slavorum. v. Detm. 833.

(1) § 204 lautet in a: Albertus Magnus magister Parisiensis in theologia, ordinis Predicatorum lector et instructor fratris Thome de Aquino eiusdem ordinis doctoris floruit. Qui quasi alter Aristoteles in naturalibus et dyalecticis artibus plura scripsit proprio ingenio et in theologia non modicum laboravit, ut notum est toti ecclesie dei. Factus autem episcopus Ratisponensis — est reductus.

(2) § 206 lautet in a: Sanctus Thomas natus de Aquino per fratres suos comites Aquinorum de ordine violenter raptus et turris custodie per biennium mancipatus, postea vero ex divina dispensacione ordini restitutus et doctor Parisiensis factus claruit. Hic multa tam in philosophia naturali et racionali ac morali, quam in theologia diserto scripsit stilo et levi, cuncta aliorum doctorum obscura dilucidans et plana faciens doctor meruit communis, id est ab omnibus intelligibilis appellari.

(3) st. Invit — Slavorum a: Domini vero, qui Lubicenses iuverunt, fuit Knese Janeke et filius suus Hinricus, qui postea ad Terram Sanctam vadens captivatur.

a) princeps A.

1) Urban IV. erwählt 1261 aug. 29.

210 (323). In Quedelingborg convenerunt principes et domini pro placitis habendis, puta Albertus dux Brunswicensis et marchiones de Misna et Brandenborg ac comites de Holtzacia; ubi presentati sunt captivi, puta rex Danorum et mater sua Margareta, sed nichil fuit ibidem conclusum de liberacione eorum. Propter quod reducti sunt in Hammenborg in captivitatem. Alia tamen dies posita fuit in Soltwedel et in illa die data fuit libertati mater regis et ipse rex fuit datus marchioni Brandeburgensi, qui ab eo summam (graciosam) pecunie recipiens liberum dimisit.

1265.

DE CLEMENTE PAPA 191.

211 (315). Clemens papa, qui et Gwido, nacione Provincialis sedit[1] annis sex et diebus 21. Hic uxorem — in papam. Iste canonizavit sanctam Hedwigam — Viterbii. Que monasterium nomine Trebenitz magnarum possessionum habet in Polonia. Ipse eciam spiritu prophetico ornatus fuit in factis domini Karoli regis Sicilie contra Conradum nepotem Frederici secundi imperatoris, quem cepit et decollavit prope Neapolim cum multis nobilibus. Ipse eciam (Clemens) existens adhuc legatus venit Lubeke et inde transfretavit in Daciam, ubi excommunicavit regem eo quod captivaverat archiepiscopum Lundensem.

1266.

212 (318). Birger dux Swecie obiit. Hic ideo noluit vocari rex, quia rusticus natus erat[(2)].

213 (319). Ayco[a] rex Armenie cum adiutorio Chaam[b] imperatoris Tartarorum obsedit magnam illam civitatem Baldach sitam in Caldea et expugnavit eam die 30. obsidionis sue et cepit eam et interfecit indifferenter omnes inhabitatores eius utriusque sexus, infinitum thesaurum ex ea auferendo. Captivavitque in ea Calipham successorem Machumeti, quem tamquam nobilem in quodam palacio concludens fame interire fecit et thesaurum suum innumerabilem abduxit[2].

1267.

214 (324). Albertus et Iohannes duces de Brunswik et Luneborg fratres, Ottonis ducis filii, de consilio Ottonis marchionis Brandeburgensis avunculi eorum ducatum de Brunswik et Luneborg inter se diviserunt ita scilicet, ut dux Albertus, qui erat maior natu, obtineret Brunswik et dux Iohannes Luneborg cum civitatibus, castris, opidis, villis et vasallis cuilibet ipsorum ad partem suam deputatis[3].

215. (Frater) Iohannes de Vercellis generalis magister ordinis Predicatorum 6. fecit transferri corpus sanctissimi patris Dominici secundo in archam nobilem, in qua nunc quiescit, quam et ipse fieri procuravit.

216 (322). Iohannes dux Luneburgensis fodit novam salinam in Luneborg.

217 (321). Conradus episcopus[4] Lubicensis subito defunctus est in nocte pasche, cum crucem cum canonicis levasset.

(2) in a folgt: 212a. Soldanus cepit Ierusalem.
212b. Sarraceni venientes de Affrica in Hispaniam vastaverunt igne et gladio totam provinciam.

a) § 213 steht in a nach 215a. b) Chan a.

1) Clemens IV. erwählt 1265 febr. 5. 2) Die nachricht gehört [illegible] zu 1258, [illegible] erst in D zu 1266 durch eine richtigere ersetzt [illegible]. 3) Teilung 1267 märz 31. 4) Er war [illegible].

1268.

218 (327). Erikus rex Danorum reedificavit castrum Coldinghem, quod causam scis- v. Dom. [illegible]
matis facit inter eum et Erikum ducem Sleswicensem[1].

219 (326). Soldanus Babilonis — interfectis. Mart. [illegible]

1269.

220 (328). Dominus Wichmannus — *u. s. w. wie D* — comes de Rapin natus (alias dictus de Lindow) — miraculis claruit in vita et in morte. Contigit — comitante.

1270.

221 (332). Lodowicus rex Francie non territus preteritis expensis et laboribus, quos fecerat Mart. [illegible]
olim ultra mare, iterato cum duobus filiis adiuncto sibi rege Navarre — est exhilaratus. Dominus Karolus rex Sicilie — defunctus.

1271.

DE GREGORIO PAPA 192.

222 (335). Gregorius papa, qui et Theobaldus, nacione Longobardus archidyaconus Lau- Mart. [illegible]
dunensis ecclesie sedit annis 4, mensibus tribus et diebus 10. Hic dum in Akaron esset
circa regem Anglie, qui iam de infirmitate convaluerat, in papam electus[1] 4. Idus [illegible]
Februarii consecratus est et reversus de ultra mare indixit sequens concilium. Hic mire experiencie in secularibus factis erat, non tamen intendebat pecuniarum lucris, sed pauperum elemosinis. Ipse misit fratrem Ieronimum ordinis Minorum in Greciam, quos ille deo invante ad unitatem ecclesie et obedienciam revocavit et eorum solempnes nuncios ad concilium secum duxit, ut infra patebit 1274.

223 (330). Iohannes Theutonicus dictus magister Seneca, prepositus Sancti Stephani
in Halberstad dicitur contra papam appellasse pro decima. Quapropter papa ipsum [illegible]
excommunicavit. Ex quo facto scisma in ecclesia ortum (est et gravius ortum) fuisset, nisi mors utrumque[2] de medio sustulisset in brevi.

1272.

224 (331). Mortuo Eriko duce Sleswicensi, rex Danorum Erikus ducatum Sleswicen- v. Dom. [illegible]
sem sibi usurpavit, filiis ducis mortui scilicet Woldemaro et Eriko adhuc ad regimen ineptis. Quod egre ferentes comites Holtzacie ducatum cum manu valida intraverunt usque Sleswik et igne vastaverunt ipsum spoliando et abducendo, quecunque capere poterant (nemini parcentes).

1273.

DE RODOLFO[a] REGE ROMANORUM.

225 (333). Rodolfus[b] comes de Havensprog Swevus, filius comitis Adalberti, regnat
annis 16[c]. Hic[2] archiepiscopo Moguntino electores principes convocante, in Frankenford ab [illegible]
omnibus concorditer est electus. Imperiali tamen benediccione caruit et ideo in numero imperatorum non ponitur. Huic per quindenam post suam eleccionem in Bohariam presen-

[1] *in a folgt:* 218a. Conradus nepos Frederici 2. imperatoris decollatur a rege Sycilie, de quo Mart. [illegible] v. Dom. [illegible]
facto consanguinei Frederici et Karoli sunt facti inimici, que inimicicia duravit usque in presens tempus. Nam ex eis duplex partis orta est scilicet Ghebelini et Ghelfini. Ghelfini fovent partem pape et ecclesie, Ghebelini vero partem imperatoris.

[2] *st.* utrumque — brevi *a:* qui utrumque de ecclesia sustulit, in brevi causam ipsam interrupisset.

a) Adolfo *A.* b) R *aus* A *der rubricator schwarz korrigirt; in der überschrift der seiten richtig* Rodolfus *A.* c) 17 *a.*

1) *Gregor X. erwählt 1271 sept. 1, geweiht 1272 märz 27.* 2) *Aus der Sächsischen fortsetzung der Weltchronik. Der vollständige wortlaut in D.*

tata fuit laurea domini et corona. Deinde veniens Aquisgrani — cum uxore sua Anna coronatus[1] — approbavit suam eleccionem. Hic Rodolfus filium suum primogenitum fecit ducem Austrie et habuit sex filias, quarum unam tradidit duci Bawarie, alteram fratri illius ducis, terciam duci Saxonie, 4. fratri Ottonis[a] marchionis (Brandeburgensis), quintam vero regi Boheme, cuius patrem nomine Odoaker interfecerat, et sextam principi Apulie[2].

2. Detm. 884. 226 (345). Caristia magna fuit a ieiunio usque ad messem, ita ut multi fame perirent, sed deo donante post messem tanta copia frugum facta fuit, ut modius (siliginis), qui tempore caristie 5 solvebatur solidis, 9 denariis emeretur in Lubeke. Et[b] sic de ceteris frumentis.

v. Detm. 884. 227 (334). Hildeboldus[c] archiepiscopus Bremensis obiit[3]. Cui successit dominus Ghiselbertus de Brunkhorst.

228 (346). Temporibus istis floruerunt egregia illa lumina de ordine Predicatorum, puta Robertus Anglicus magister in theologia, archiepiscopus Canthuariensis et cardinalis Portuensis, Iohannes Parisiensis magister in theologia, Wilhelmus archiepiscopus Lugdunensis, Iacobus de Voragine (archi)episcopus Ianuensis, Petrus de Tharentasia magister in theologia, cardinalis Ostiensis et postea Innocencius 5., (Iohannes lector Ianuensis, qui catholicon composuit), et plures alii valentes magistri (et lectores), qui multa bona in scriptis suis (et disputatis) ecclesie fecerunt.

1274.

Hart. 648 und L. 9. Detm. 886. Hart. 642. 229 (343). Dominus papa in festo Walburgis concilium — congregati fuerunt. Ubi ordinatum est — u. s. w. wie *D* — pluribus obedientibus. Multaque alia utilia statuta sunt ibidem. Ad illud concilium — baptizati sunt.

v. Detm. 886. 230 (344). Rex Swecie Woldemarus — u. s. w. wie *D* — de regno expulerunt.

Hart. 994. 997. 231 (340). Sanctus Thomas de Aquino — per papam Gregorium. In hoc concilio — vitantur vetati.

Hart. 996. 232 (342). Engelbertus comes — fuit reintegratum.

1275.

DE INNOCENCIO PAPA ROMANORUM 193.

Hart. 642. 233 (349). Innocencius papa, qui et Petrus, nacione Burgundus de Tharentasia, magister in theologia ordinis Predicatorum, cardinalis Ostiensis apud Arecium Thuscie creatus Jan. 21. in festo sancte Agnetis (in papam et consecratus[4]) vita, sciencia et moribus excellenter ornatus infra sex menses a sua consecracione obiit Rome.

234 (350). Hic cum esset magister — u. s. w. wie *D* — 'Magister reverende, peto Ps. 124, 7. licenciam loquendi'. Cui magister: 'Placet'. Ait magister Petrus: 'Laqueus contritus est et nos liberati sumus'(a). Et producens — recessit.

* L. 180. 235 (351). De isto eciam — u. s. w. wie *D* — elegerunt. (Sed forte illo Anglicus et sui similes, qui sibi de tanto honore non favebant, effecerunt more Ytallico, ne diu in papatu viveret.) Iste Innocencius — composuit.

(a) Adiutorium nostrum in nomine domini etc. *s. m. a.*

---

a) longi *s. m. a.* b) *st.* Et sic *A*: etc. c) Hildebordus *A.*

1) *Krönung 1273 oct. 24.* 2) *1. Mathilde 1273 an herzog Ludwig den strengen von Baiern; 2. Katharina 1276 an herzog Otto von Nieder-Baiern; 3. Hedwig 1278 an markgraf Otto VI. den kleinen von Brandenburg; 4. Clementia 1281 an Karl III. König von Neapel; 5. Agnes 1273 an herzog Albrecht II. von Sachsen; 6. Jutta 1287 an könig Wenzel von Böhmen.* 3) *Gest. 1273 oct. 11.* 4) *Innocenz V. geweiht 1276 febr. 22.*

DE ADRIANO PAPA 194.

236 (353). Adrianus papa [1], qui et Ottobonus, nacione Ianuensis (vix sedit duobus Mart. 423.
mensibus). Hic fuit nepos Innocencii — in suspenso reliquit[(1)].

237 (354). In Traiecto superiori — u. s. w. wie D — meroris (et lamentacionis).

1276.

DE IOHANNE PAPA ROMANORUM 195.

238 (356). Iohannes papa, qui et Petrus Hispanus, nacione Hispanus [a] sedit 8 mensi- Mart. 423.
bus et octo diebus. Iste in diversis scienciis — sacramentis ecclesiasticis perceptis exspiravit [2].

239 (356). In festo sancti Viti (martiris) civitas Lubicensis incendio periit, post v. Detm. 354. juni 15.
quod incendium reedificata est lapidea, que ante lutea erat et lignea, (propter quod salubre fuit ei tale incendium). Versus:

M. ducenteno sexto quoque septuageno
In Viti festo Lubek perit igne molesto (vel verius honesto).

240 (357). Illo anno obiit Iohannes episcopus Lubicensis [4]. Cui successit dominus v. Detm. 357.
Borchardus (in sedem).

DE NICOLAO PAPA 196.

241 (360). Nicolaus papa [5], qui et Iohannes Gaietanus, nacione Romanus de domo Mart. 423.
Ursinorum sedit annis [a] tribus et mensibus quinque. Iste fuit amator cleri — u. s. w. wie D — assumpsit in cardinales. Ipse palacium — decoravit. Parum autem post promocionem — amplius excrevit.

242 (361). Iohannes dux Luneburgensis, filius Ottonis ducis de Brunswik, obiit [b] post festum Lucie virginis [6]. dec. 13.

1277.

243 (366). Rodolfus rex Romanorum — u. s. w. wie D — (quiete) possedit [7].

244 (367). Aquisgrani miserabilis strages — u. s. w. wie D — a quodam ut dicitur traditus — est occisus (et sic dolositas dolositate est delusa).

1278.

245 (369). In die sancti Pauli primi heremite factum est bellum circa Vrose prope jan. 15.
Magdeborg — u. s. w. wie D — copioso. Ubi adiutores [8] beati Mauricii — devastati[(2)].

1279.

246 (371). Albertus dux Brunswicensis — u. s. w. wie D — Albertum pinguem. v. Detm. 358.

247 (369). Dominus et frater Albertus Magnus (episcopus Ratisponensis ordinis Predicatorum) obiit [9] in conventu fratrum Predicatorum et a domino Sifrido archiepiscopo Coloniensi honorifice sepelitur in choro fratrum[(3)].

---

(1) Qui cum ab electione sua vix duobus mensibus vixisset, ante consecracionem obiit. *a. am a.*

(2) *in a folgt unmittelbar § 248 mit folgendem wortlaut:* Est namque in illis partibus monasterium Gerwarode nomine, quod in tali gwerra ex toto erat depopulatum et rapinis funditus depauperatum — non salutando. Videns Gerthrudis cycatrices vulnerum dominum laudavit et sic ambo deo servierunt.

(3) Extunc lucerna cristianitatis sol clarissimus et generalis occubuit. *a. am a.*

---

a) annis 4 et mensem 1 a.   b) 8. die a. *am a.*

1) *Hadrian V. erwählt 1276 juli 12.*   2) *Johann XXI. erwählt 1276 sept. 13.*   3) *Gest. 1277 mai 20.*   4) *Gest. 1276 jan. 4.*   5) *Nicolaus III. erwählt 1277 nov. 25.*   6) *Gest. 1277 dec. 13.*   7) *Vgl. die Sächsische fortsetzung der Weltchronik 286.*   8) adiutorio a.; *vgl. aber Magdeburger Schöppenchronik, Chroniken der Deutschen Städte VII 167:* sunte Mauricius vanen.   9) *Gest. 1280, hatte resigniert 1262.*

248 (373). In partibus Saxonie prope Goslariam est quoddam monasterium monialium Gerenrode nomine, quod ab hostium incursibus ex toto fuerat desolatum et rapinis depauperatum — u. s. w. wie D — non salutando. Videns igitur Gbertrudis cicatrices vulnerum recitavit Agneti visionem, quam in hora interfeccionis sue ipsa viderat, propter quod pariter deum et beatam virginem laudantes simul ambe deo devote servierunt(1).

v. Detm. 358.

1280.

v. Detm. 359. 249 (374). Nicolaus papa — u. s. w. wie D — sepultus est (honorifice).

v. Detm. 360. 250 (376). Borchardus(2) episcopus — u. s. w. wie D — coram multis, quam[a] finita missa parrochie clerici Sancti Iacobi sepelire voluissent, nisi amici violenter eam rapuissent et fratribus detulissent. Et quia hoc interdictum — sunt reversi[1].

1281.

DE PAPA MARTINO.

Mart. 477. 251 (375). Martinus papa[2], qui et Symon, nacione Gallicus, presbiter cardinalis sancte Cecilie sedit annis[b] 4 et mensibus tribus. Hic per Urbanum — a Gregorio 10. Antequam(3) autem assumeretur in cardinalem erat senator Romanus. Teuthonicos[c] exosos habuit propter quoddam factum, quod sibi Parisius contigit.

Korn. 270. 252 (379). Piscis marinus — ceciderunt.

Korn. 269. 253 (372b). Secana fluvius — discurrebant.

1282.

Korn. 270. 254 (379a). Soldanus Babilonie — occidit.

255 (379b). Quidam Fredericus[c] cognomento Holtschuch finxit se esse Fredericum secundum imperatorem et a Colonia venit in Nussen, post in Wetslariam[4] civitatem, ubi cives ipsum propter metum Rodolfi regis Romanorum combusserunt extra civitatem; cuius vesania duraverat duobus annis et dimidio.

1283.

v. Detm. 362. 256 (379c). Erikus rex Danorum gwerram habuit cum Woldemaro duce Sleswicensi et privavit ipsum toto dominio suo preter castrum Gottorpe, quod solum retinuit. Ante

(1) in a folgt: 248a. Magister Humbertus ordinis Predicatorum 5. obdormivit in domino.

(2) § 250 lautet in a: Ante tres annos episcopus Lubicensis Borchardus interdictum posuerat in civitate Lubicensi propter quandam mulierem Highort nomine, sepultam apud fratres Minores, apud quos sepeliri elegerat coram pluribus. Et quia hoc interdictum episcopus revocare nolebat, expulsi sunt de civitate episcopus et omnes canonici, et causa perducta est ad curiam Romanam et mansit indiscussa usque ad obitum Nicolai pape. Quo defuncto dominus Iacobus de Columpnis cardinalis Sancte Marie causam determinavit, revocando et cassando interdicti sentenciam, et sic lite cessante episcopus et canonici ad domus suas redierunt.

Mart. 477. (3) st. Antequam — Romanus a: et per plures — tegere Cecilie.

a) quam — detulissent in A am rand. b) annis 3 et mensibus 10 a. c) Tydericus a.

1) *In engem zusammenhang stehen inhaltlich die §§ 250, 291, 300, 327 und 339; davon treten 291 und 327 erst in A auf. Zu vergleichen sind dazu namentlich die anhänge zum Detmar, Lübeckische Chroniken in niederdeutscher sprache herausgegeben von Grautoff I 407. Vgl. auch D § 360.* 2) *Martin IV. erwält 1281 febr. 22.* 3) *Aus den alten Lübischen quellen, da entsprechend auch bei Detmar 361 und in den Annales Lubicenses, M. G. SS. XVI 415.* 4) Wetslariam *richtiger a; vgl. Chronicon Sampetrinum, Geschichtsquellen der Provinz Sachsen I 119:* Wetslaria. *Siehe hierzu schon G. Voigt in der Histor. Zeitschrift XXVI (1871) 148 anm. 1.*

illud tamen castrum rex edificavit unum aliud, quod Holtzati Lassborgh appellabant. De castro autem Gottorpe dux Sleswicensis tam diu se defendit et tot dampna regi intulit, quod rex cum eo pacem faciens omnia alia sibi ablata restituit.

1284.

257 (378). Hamborgh civitas igne consumitur et multi de dicioribus et pocioribus bona sua salvare volentes concremati sunt in festo sancti Cyriaci martiris. v. Detm. 334. [illegible]

258 (389). Controversia magna orta est inter regem Norweye Olavum[a] — u. s. w. wie *D* — dampni sui. v. Detm. 334.

1285.

DE HONORIO PAPA 198.

259 (391). Honorius papa[1], qui et Iacobus Sabellensis, nacione Romanus sedit annis tribus, mensibus duobus et diebus 8. Prima die — officio misse. Hic fuit multum pacificus et temperate vivens et discretus in omnibus factis suis. [illegible]

1286.

260 (393). Erikus rex — u. s. w. wie *D* — et Woldemarum(1) et successit ei in regno Erikus. v. Detm. 334.

261 (396). Iudei (in Praga) quendam famulum nomine Wernherum(2) — u. s. w. wie *D* — servierat in die parasceves — Cristi in eo explentes, excepta crucifixione. Due vero ecclesie constructe sunt eidem a Cristi fidelibus. [illegible]

262 (399). In die sancti Bonifacii fuit illud famosum bellum actum in Woringh per Sifridum archiepiscopum Coloniensem et ducem Brabancie, et victoria cessit duci Brabancie et cepit archiepiscopum Coloniensem et comitem Gelrie. Comes vero de Lutzelenborgh interfectus fuit ibidem cum tribus fratribus suis[2]. [illegible]

1287.

263 (398). Everhardus comes de Marka — ducatum Lymburgensem. [illegible]

264 (398a). Tartari intraverant Ungariam et ibidem multa monasteria et ecclesias destruxerant et multos clericos et religiosos interfecerant[3]. [illegible]

265 (393). Regnum Polonorum — quieverant. [illegible]

266 (398b). Quidam trufator en altera vice se finxit Fredericum imperatorem et multos decepit, sed tandem et ipse circa Renum igne combustus est (per Rodolfum regem Romanorum).

1288.

DE NICOLAO PAPA ROMANORUM 199.

267 (400). Nicolaus papa[4], qui et Ieronimus, frater ordinis Minorum nacione Longobardus sedit annis duobus. Hic erat minister generalis — u. s. w. wie *D* — ad eos transtulit. Obiit[5] hic in die parasceves et sepelitur in vigilia pasche. Hic eciam ordinem — exterminari iussit. [illegible]

268. In festo sancti Nicolai — in cronica Flamingorum. [illegible]

1289.

269. In[b] die sancti Marci, dum letanie fierent[c], Tripolis civitas capitur a soldano [illegible]

---

(1) cognomento [illegible] s. m. a, vermutlich nach der ersten zeile des nächsten §.

(2) cognomento bonum a. m. a; vgl. Chronicon Sampetrinum 120: dictum bonum.

---

a) f. s. b) st. In — Marci a: In fine mensis Aprilis. c) in die sancti Marci s. m. a.

1) Honorius IV. erwählt 1285 apr. 2. 2) Nur auszug aus Heinrich von Herford.
3) Vgl. Chronicon Sampetrinum 121. 4) Nicolaus IV. erwählt 1288 febr. 15. 5) Gest. 1292 apr. 4.

Turcorum et innumerabilis populus ibidem occiditur a Sarracenis et nomen cristianitatis ex[a] toto ibidem deletur(1).

v. Detm. 270 270 (402). Comites de Holtzacia — u. s. w. wie D — vel capti. Cattus(2) ille — anteriores interficerentur a Dithmarsis.

1290.

DE ADOLFO REGE ROMANORUM.

271 (408). Adolfus comes de Nassowe regnavit in Alemannia 11[b] annis, sed quia imperiali benediccione caruit, ideo in numero imperatorum non ponitur. Ipse fuit electus[1] — Rodolfi. Ipse autem erat strenuus in armis, sed non in potencia. Hic congregavit exercitum contra Albertum ducem Austrie(3) pugnavitque cum eo in die Processi et Martiniani, in qua pugna Adolfus occiditur et sui in fugam convertuntur, et sic statim post principes electores eundem Albertum in regem Romanorum elegerunt(4).

v. Detm. 271 272 (410). Lubicenses gwerram — u. s. w. wie D — sunt demoliti. Ubi eciam forte castrum edificantes(5) ex eo maxima ducibus dampna intulerunt. Obsidentes eciam — destruxerunt. Videntes(6) ergo — tali pacto interiecto, ut omnia castra — et terrarum(7).

1291.

Detm. 272 273 (401). In villa Enghinehusen — prudentem.

Detm. 273 274 (407). Veneti corpus sancti Iacobi — dominus operabatur.

mai 18. 275 (412). In festo sancte Potenciane virginis Akaron civitas a Sarracenis capitur(8)[2]. Cuius(9) capcionis historia talis fuisse fertur. Fuit namque civitas — u. s. w. wie D — impugnaretur aut cremaretur. Sed illo cognito a civibus, tunc libenter mutuo se invasissent, sed non poterant ad invicem convenire nec se mutuo videre. Ignis quoque — in profundum trahebat. Nam circa quingente nobiles mulieres et puelle, principum uxores et filie nobilium se transferre nitebantur in Cyprum — circa trecenta milia[3].

v. Detm. 270 (1) in α folgt: 269a. Mole Lubicenses primo molere ceperunt.

(2) st. Cattus — a Dithmarsis α: et sic solutus est exercitus Holtzatorum et qui evaserunt, ad propria redierunt.

(3) filium quondam Rodolphi regis Romanorum z. zu α.

aug. 24. (4) et Aquisgrani coronaverunt in die sancti Bartolomei z. zu α.

(5) nomine Hertzborch z. zu α.

(6) st. Videntes — pacto interiecto ut α: Eodem tamen anno pacificati sunt Lubicenses cum ducibus Saxonie tali pacto ut.

(7) in α folgt: 272a. Eodem anno Herlinberch capitur.

(8) et occisis ibidem plusquam 300 millibus utriusque sexus civitas destruitur. Causa autem una destructionis dicitur fuisse multitudo dominorum et diversitas nacionum facientes contrarietatem voluntatum. Aliam dicunt causam fuisse transfretacionem [ali]quorum fatuorum, quia Nicolaus papa 3. crucem fecerat predicari, et euntes in Akaron trucidabantur Sarracenis, qui cum mercimoniis veniebant Akaron. Unde provocatus soldanus venit cum magno exercitu et violenter civitatem cepit et destruxit et exterminavit omnes cristianos de terra. z. zu α.

(9) st. Cuius — fertur α: Historia autem huius nominatissime civitatis Akaron a quodam autentico talis fuisse narratur. Im folgenden fügt α bei beschreibung der mauern hinzu: ut patet hodierna die, und leitet die erzählung von den geretteten frauen ein mit: Legitur enim in historia subversionis Akaron quod.

a) st. ex toto α: et cultus divinus quodammodo. b) 6 α.

1) 1292 mai 6. 2) Die einnahme erfolgte am 18. mai. 3) Auf wiedergabe der geringeren weitschweifigkeit des ausdrucks in A und α ist bei diesem langen berichte verzichtet worden. Ueber eine verwandte quelle siehe zu D § 412.

276 (413). Magister Henricus de Gandavo doctor sollempnis ordinis Predicatorum claruit [illegible]
Parisius, qui plura subtilia scripsit et docuit[1].

1292.

277 (416). Erikus rex Danorum — u. s. w. wie D — amici facti sunt. [illegible]

1293.

278 (416a). Ecclesia sancti Iohannis in Magdeburg combusta est in die apostolorum [illegible]
Petri et Pauli.

279 (417). Monasterium sororum ordinis fratrum Predicatorum in Blankenborg super Hun- [illegible]
tem fluvium constructum est a dominis de Oldenberg et fundatum.

280 (421). (Magistri ghildonum — peregrinabatur evasit.)¹ [illegible]

1294.

DE CELESTINO PAPA 200.

281 (422, 426). Celestinus papa, qui et Petrus de Marone[a], nacione de Terra Laboris, in Perusio, ubi se cardinales receperant post mortem Nicolai 4. pape, est electus² et coronatus[2]. (Vulgatur communiter quod defunctus papa Nicolaus 4., cum se moriturum — u. s. w. wie D in § 422 — nisi de eorum ordine papam eligerent et cardinales crearent. Et sic, ut volunt quidam dicere, fratres Minores semper habent proprium papam. Ego tamen non credo hoc esse verum, quia esset nimia insania.) Hic Celestinus, postquam in die sancti Iohannis baptiste esset electus et consecratus in papam, juni 24.
eodem anno in vigilia sancte Lucie cessit papatui honeri et oneri, et in profesto natalis dec. 13. dec. 24.
domini Benedictus cardinalis in papam eligitur et Bonifacius appellatur. Iste Celestinus condidit constitucionem, quod Romanus papa possit papatui cedere, et ideo ipse in Neapoli resignavit. Hic prius vocabatur Petrus de Marone ordinis sancti Damiani [illegible]
vivens — u. s. w. wie D in § 423 — multos habens discipulos. Unde a papa Nicolao 4. ex instigacione ordinum Mendicancium tamquam hereticus et inventor novi ordinis citatus, personaliter cum ordine suo et non sine magno periculo ad curiam Romanam venit, tamen bene expurgavit se, ita quod auctoritate sedis apostolice manserat in bona pace. Istius eleccio fuit tam ammiranda quam inopinata. Peretiterant enim cardinales duobus [illegible]
annis et amplius sic fixi atque divisi in voluntatibus et in votis, quod in unum non poterant convenire. Tandem in hunc Petrum de Marone, cuius famam sanctitatis et odorem bone opinionis aliqui ex ipsis audiverant, tamquam in lapidem angularem oculos suos dirigentes, ex improviso in papam elegerant. Fuit enim octogenarius electus, habens defectum auditus et debilis multum, equitans in asino, miserabilis in persona, sed magnus et honestus in sanctitate. Raro loquebatur. Multa miracula per eum dominus operatus est[3]. Hic post cessionem — mortuus est[b]. Cessionem vero suam Benedictus cardinalis, qui post eum factus est papa, dicitur ordinasse talis astucia. Ordinavit enim — [illegible]
seducturus papatum dimisit[4]. [illegible]

---

[1] [illegible] s. zu c.

In a folgt: 276a. Pro eodem eciam tempore fuerunt Iacobus de Viterbio ordinis Heremitarum [illegible]
et Gotfridus de Fontibus, qui primus[c] 8, secundus vero 13 scripsit quodlibeta.

[2] In Aquila civitate in festo decollacionis sancti Iohannis baptiste s. zu c. [illegible]

[3] Predicatores et Minores odio habuit. s. zu c.

[4] in a folgt: 281a. Magister Armengaudus — cum commento Averroys. [illegible]

---

a) Narone A. b) anno domini 1296 s. zu c. c) prima c.

1) Vgl. in a unten § 320a. 2) Coelestin V. erwählt 1294 juli 5.

282 (425). (Sifridus archiepiscopus — Vittoldus de Holte.)
283 (426). (Florencius comes Hollandie ab illis de Velsen occiditur)

1295.

DE BONIFACIO PAPA 201.

284 (427). Bonifacius papa, qui et Benedictus Gaytanus, Sancti Martini in montibus presbiter cardinalis, nacione Campanus sedit annis 8, mense uno et diebus sex. Hic electus est[1] in Neapoli in festo nativitatis — *u. s. w. wie D* — loco sancti Petri[(1)] usque ad Urbanum 6., qui Rome sedit, ut habebitur infra 1378. Ipse instituit — solempniter celebrari.

1296.

285 (431). Dominus papa fecit processus — *u. s. w. wie D* — 'Ad succidendos'[(2)].

1297.

286 (432). Dominus papa canonizavit sanctum Lodowicum regem Francie in Urbe Veteri tercio Ydus Augusti.
287 (435). Otto dux Luneburgensis[a] intravit — *u. s. w. wie D* — ducem excludendo.
288 (441). Lubicenses fidelem habuerunt capitaneum satellitum sive vasallorum civitatis nomine Nicolaum — *u. s. w. wie D* — subito irruerunt in capitaneum et suos et interfecto eo ac fratre suo carnali alios fugaverunt[(2)].

1298.

289 (442). Dominus papa 5. Nonas Marcii publicari fecit Sextum librum — *u. s. w.*
290 (444). Domino papa Reate — *u. s. w. wie D* — positus erat[(4)].
291 (446). (Gravis[b] controversia orta est inter Borchardum episcopum Lubicensem et capitulum ex una parte et dominos de concilio ex altera parte propter Antiquum Lubeke, apud Swartowe villam alias locatum, et propter prata, aquas, mansos et nemora illi loco coherencia. Dicta tamen dissencio sopiebatur et terminabatur per dominos consules et tres ecclesiasticas personas, puta abbatem de Reynevelde, priorem ordinis Predicatorum in urbe et custodem fratrum Minorum. Sed postea canonici et episcopus non contenti de conclusis per[c] dictos 5 viros, quibus tamen utraque pars ad manus dederat, promittentes stare contenti in arbitrio illorum, Gilbertum archiepiscopum Bremensem sinistre informaverunt. Qui revocans et annulans arbitratum et laudatum a prefactis arbitris, interdictum posuit in urbe Lubik. Cives vero appellacionem interposuerunt et super illa appellacione divina celebraverunt sacerdotes dicte civitatis appellacioni adherentes, qui fuerunt fratres utriusque conventus urbis antedicte[2]. Stante hac discordia cives curias canonicorum invaserunt et eas spoliaverunt expulsis canonicis. Propter adhesionem autem fratrum divina celebrancium idem archiepiscopus prohibuit in tota provincia sua, ne quisque dictis fratribus elemosinas daret[d] aut hospicio reciperet, sed eos tamquam prophanos et excommunicatos vitarent. Quod et factum est et fratres dicti graviter persecuti sunt ubique in dicta provincia Bremensi.)

---

(1) homo honorabilis et litteratus fuit *s. m. a.*

(2) predicti vero Petrus et Iohannes fugientes a facie pape usque ad obitum *s. m. a.*

(3) *in a folgt:* 298a. Cometa magnus visus est habens flammas immensas deorsum pendentes.

(4) ubi in claustri prato facto tentorio festinanter de subtilioribus avibus conqueritur *s. m. a.*

---

a) Brunswycensis *a.* b) *§ 291 in A am rand; f. a.* c) pro *A.* d) dare *A.*

1) *Bonifaz VIII. erwählt 1294 dec. 24.* 2) *Vgl. Rufus, Lübeckische Chroniken hrsg. von Grautoff I 174.*

1299.

292 (443). Rex Danorum Erikus — u. s. w. wie D — reusolum est interdictum(1).

293 (440). Augustinianus — comburitur.

294 (447). Albertus dux iunior — u. s. w. wie D — sancti Pancracii.

295 (450). Rodolfus comitis Zoncelende — per pontem Moyne aque — in aqua consumpsit.

296 (451). In Haga ubi curia — u. s. w. wie D — diligere cepit.

1300.

297. Dominus papa concessit plenam indulgenciam et remissionem omnium peccatorum cunctis visitantibus limina apostolorum Petri et Pauli Rome et persistentibus ibidem per quindenam infra ipsum annum. Statuitque eandem indulgenciam imposterum omni anno centenario ab omnibus visitantibus sacra limina sic promereri, factusque fuit magnus concursus populorum Rome de toto orbe, de omni condicione, sexu et ordine propter indulgenciam supradictam ⟨acquirendam⟩.

298 (445). Adolfus rex Romanorum occiditur ab Alberto duce Austrie.

299 (452). Dominus Hinricus de Mikelingborg, quem soldanus Babilonie captivum detinuerat circa 26 annos et qui diu — u. s. w. wie D — 'et dicentibus: Qui(2) mortuus fuerat revixit, qui perierat inventus est dominus.

300 (459a). Episcopus Lubicensis Conradus[1] propter silvas, terras et prata sibi forte et capitulo suo ablata, generale posuit interdictum in civitate. Quod valde egre ferentes consules et cives dissimulaverunt rancorem ad tempus. Feria igitur sexta post festum penthecostes venerunt vectores[a] sive portitores, qui vulgari nomine drogbere appellantur, ex instinctu forte civium ⟨et inductione⟩ ad curiam episcopi extra civitatem sitam, nomine Coldehof, ad medium miliare et ⟨quam⟩ plures alii de communitate Lubicensi et igne iniecto combusserunt eam ⟨primitus⟩ spoliatam omnibus bonis. Quo peracto reversi sunt in civitatem et violenter intrantes curias et domos canonicorum, effractis ostiis diripuerunt omnia ibidem inventa. Episcopus autem et canonici iam civitatem exierant, timentes sibi ob furiam communitatis. Predicatorum autem et Minorum ordinum fratres stantes cum civitate, quia ⟨pauperes et⟩ de elemosinis civium victitantes, divina celebraverant super appellacione per civitatem interposita. Propter quod marchio Brandeburg[en]sis et dux Louenburgensis inimici sunt facti civitatis eam infestantes. Sed ⟨talis dominorum inimicicia⟩ non diu ⟨durabat⟩, quia ⟨mox⟩ percepta civitatis innocencia ⟨et iusticia⟩ ab infestacionibus desistebant ⟨inimiciciam deponentes⟩.

1301.

DE ALBERTO REGE ROMANORUM.

301 (446). Albertus dux Austrie, filius Rodolfi regis Alemannie, electus[b] in regem Romanorum in die sancti Bartholomei apostoli Aquisgrani coronatur et regnat 9 annis. Sed quia benediccione imperiali caruit, ideo in numero imperatorum non ponitur. Iste misit — u. s. w. wie D — regem Francie, quem iniuste[c] excommunicaverat, eo quod non permittebat — curiam Romanam ⟨nec libere pecuniam asportari de regno suo⟩.

(1) in a folgt hier: 292a. Magistri gildarum in Brunswik occiduntur. Nam 10 suspenduntur et undecimus decapitatur, sed 12. evasit per absconsionem suam in die sancti Remigii[2].
(2) st. Qui — dominus a: Iustum deduxit etc.

a) st. vectores — appellantur a: portitores scilicet de dregere; st. portitores hat dann B: baiulatores verum. b) indirecte a. c) so quod non remisit A.

1) Burchard von Serkem; in § 291 richtig. Vgl. schon § 217. 2) Ermordet 1293 Juli 27. 3) Vgl. schon oben § 280.

Detm. 236. 302 (458). Quidam versificator — contulit.

303 (459b). Tempore auctumpnali apparuit cometa in occiduis plagis in signo scorpionis, aliquando ad orientem et aliquando versus meridiem radios suos spargens, et duravit per mensem.

304 (460). Corpus cuiusdam Armanni — *u. s. w. wie D* — destructa.

v. Detm. 254. 305 (465). Marchiones Brandeburgenses bellum habuerunt cum domino de Rostok — *u. s. w. wie D* — puero Rostoccensi fecit.

v. Detm. 259. 306 (471). Otto dux Luneburgensis trecentos misit armatos ante civitatem Lubicensem, ut quidquid ibi invenirent, igne et gladio consumerent. Quod cum facerent, capitaneus civitatis cum vasallis et civibus exiens et multos pedestres secum ducens inimicos invasit, sed ipse occisus est et cum eo circiter centum cum magno dampno. Ceteri reversi sunt in civitatem, in equis tamen inimicorum magnam stragem relinquentes et quosdam secum ducentes.

1302.

v. Bern.Guid. 307 (472a). Dominus papa multa machinatus est contra regem Francie Philippum,
col. 22. Rome congregans concilium tercio Kal. Novembris contra eum, sed nichil egit ad propositum, quia prelati sibi defecerunt, querentes que sua sunt.

308. (Flandrenses inopinato bello vicerunt Francigenas in mense Iulii prope Traiectum.)

Korn. 174. 309 (466). Hinricus comes — ex integro destruxit.

v. Detm. 262. 310 (474). Rex Francorum Philippus — *u. s. w. wie D* — in Kortrike. Contra quem — timuerunt.

1303.

Korn. 181. 311 (475). Everhardus comes — et sepultus est in maiori ecclesia.

v. Bern.Guid. col. 24. 312 (480). In vigilia nativitatis — *u. s. w. wie D* — traditus est, captus et detentus, et thesaurus suus et ecclesie deportatus est non sine ignominia ecclesie. Cardinales vero — Ostiensi episcopis.

v. Bern.Guid. 313. Huius capcionis et sceleris signifer fuit Wilhelmus de Vorageto de Sancto Felice dyaconus cum complicibus et consentaneis Columpniensibus, ex quibus duos olim decapellaverat[a] cardinales. Tunc super ipsum timor, tremor et dolor uno die irruerunt, qui prius reges et pontifices, religiosos, clerum et populum horrere, tremere et pavere fecerat. Aurumque nimis siciens aurum perdidit et thesaurum, ut exemplo eius prelati superiores discant non superdominari[b] in clero et populo, sed in forma sancti Gregorii ex animo curam gerere subditorum et plus amari appetere, quam timeri[1]. De Anagnia vero perductus Romam 35. die a capcione sua in lecto doloris et amaritudinis positus,
col. 11. inter angustias spiritus constitutus(1), animam efflavit 5. Ydus Octobris et[c] sepultus est(2) in ecclesia sancti Petri. De isto papa quidam dixit: 'Intravit ut vulpes, regnavit ut leo et exivit ut canis'.

1304.

DE BENEDICTO PAPA 202.

314 (482). Benedictus papa, qui et Nicolaus, frater ordinis Predicatorum, nacione[d]

---

(1) cum esset corde magnanimus *a. zu a.*
(2) in tumulo quem sibi vivens preparari fecerat *s. zu a.*

---

a) decapitaverat a; decapellaverat *Bern. Guid.* b) superbe dominari a und *Bern. Guid.* c) sequenti vero die a. d) de Tervisio a.

1) *D verarbeitet teile dieses § in § 481.*

Lumbardus[(1)] sedit mensibus 8 et diebus 31. Iste (de provincialatu Romano factus est episcopus Ostiensis, et postea in papam electus[1] est et consecratus) excommunicavit detentores predecessoris sui, scilicet Wilhelmum de Voragato, Swartam de Columpna cum eorum complicibus. Propter quod vivere diu non potuit, quia per imposicionem ut creditur talium, veneno in calice misso, in ablacione intoxicatus periit. Ipse eciam discidium subortum inter Philippum regem Francie et Bonifacium 8. sedavit in ebdomada penthecostes Perusii in consistorio.

315 (483). Dicitur autem fuisse filius pauperrime mulieris, lotricis conventus fratrum Tervisii[a]. Que cum audiret filium suum in papam esse electum et consecratum, Romam adiit et vestes solempnes et preciosas a matronis mutuans, ut faciem filii sui (inopia sua) non confunderet, cum honestis personis ipsam ob reverenciam pape associantibus ad presenciam perducta est filii[b]. Quam cum papa intueretur, sciscitabatur que illa esset mulier, sciens eam esse matrem suam. Cui cum diceretur quod genitrix sua esset, respondit: 'Nostra mater paupercula est et paupertatem professi sumus neque paupertate confundimur. Mutuata vero pompa deo et hominibus abhominabilis est. Si mater nostra est, veniat cum illa sorte, qua absque nobis gaudere solita est, et tunc eam recipiemus ea decencia qua tenemur'. Matrone autem pape intencionem intelligentes matrem suam educunt et indutam vestibus propriis denuo ad pape presenciam intromittunt. Quam videns in habitu proprio venientem, obviam ei vadens brachiis expansis ipsam amplectitur dicens: 'Bene veniat domina nostra, genitrix nostra et predilecta mater nostra'. Et ponens eam iuxta se vestimenta decencia sibi fieri fecit et decenter eam pertractans consolatam[(2)] ad propria remisit, necessaria vite sibi amministrans.

316 (485a). In die beati Sixti devastata est civitas Schonebeke prope Magdeburg per dominum Hinricum de Anehalt archiepiscopum Magdeburgensem[2]. aug. 6.

1305.

DE CLEMENTE PAPA 203.

317 (490). Clemens[3] papa, qui et Bertrandus, Vasco Burdegalensis sedit annis[c] 11 et mensibus tribus. Hic electus in vigilia penthecostes est coronatus in Lugduno in ecclesia sancti Iusti dominica infra octavas sancti Martini, presente Philippo rege Francie cum sua nobili comitiva. Cumque de loco — *u. s. w. wie D* — post mortui sint. Ipse vero Petrum et Iacobum, quos Bonifacius cardinalatu privaverat, primo anno suo restituit[d] et revocavit duas constituciones Bonifacii pape 8., unam regi Francie missam, in qua scribebat eidem, ipsum regem subiectum esse Romane ecclesie in spiritualibus et temporalibus, aliam vero que in Sexto libro decretalium inserta est, que incipit 'Clericos et laycos'. Revocavit eciam omnia, que erant ex ipsis consecuta. nov. 14.

1306.

318 (496). Erikus dux captivavit Birgerium regem Sweorum et reginam, et ex illa captivacione multa prelia sunt suborta.

319 (493). In festo beate Marie Magdalene de ordinacione et mandato Philippi regis juli 22.

---

(1) episcopus Hostiensis Rome electus s. *ru* a.

(2) st. consolatam — amministrans a: matronis illis eam commendavit.

---

a) de Ferrarie a. b) summi pontificis a. *zu* c. c) annis 8 et mensibus 9 a. d) 3. Kal. Februarii *ju.* m. *r.* *zu* a.

1) *Benedict XI. erwählt 1303 oct. 22.* 2) *Vgl. Magdeburger Schöppenchronik 179.* 3) *Clemens V. erwählt 1305 juni 5.*

Francie fuerunt omnes Iudei capti per totum regnum Francie in uno die et omnia eorum bona confiscata sunt.

s. Annal. Aug. 320 (494). Hospitalarii — u. s. w. wie D — eas obtinuerunt[a]. Suntque — in Cyprum.

v. Detm. [illegible] 321. Erikus rex Danorum cum magna virtute armatorum transivit in Swedam ad liberandum fratrem suum Birgerium, sed nichil ibidem fecit, revertens cum detrimento sui et suorum, quia Woldemarus et Erikus duces fratres magnum populum attulerant de Teuthonicis et Slavis, quibus castra et civitates muniebant[1].

[illegible] 322 (496). Sorores ordinis — monasterium edificaverunt.

[illegible] 323 (499). (Ulricus archiepiscopus — hoc anno construxit.)

[illegible] 324 (498). In opido Westphalie — formavit et complevit.

v. Detm. [illegible] 325 (500). Milites multi et nobiles — u. s. w. wie D — terram Slavorum. Turrim vero in Travenemunde in magna sui parte machinarum iacturis straverunt[(1)].

1307.

s. Annal. Aug. [illegible] 326 (504). Tercio Ydus Octobris — u. s. w. wie D — morabatur, quidam de Templariis producti sunt ad presenciam pape. A quibus veritatem facti evidenter cognovit.

1308.

327 (502). (Hoc[b] anno Borchardus episcopus Lubicensis et canonici reconciliati sunt consulatui urbis Lubicensis et ad invicem concordati una cum religiosis, qui in predicta discordia cum consulatu et civibus steterant et interim divina celebraverant, sub tali forma: quod dictus episcopus et sui canonici in nullo facto se vindicare deberent erga fratres antedictos, sed eos stare permittere deberent in antiquis suis libertatibus et graciis, quas hactenus habuissent in predicta civitate, dyocesi et provincia, et quod ordinare deberent cum archiepiscopo Bremensi, ut pro fratribus scriberet ita favorabiliter, sicud per antea hostiliter contra eos scripsisset. Que omnia facere promiserunt litteris suis, que usque in presenciarum habentur in scriniis civitatis. Sed qualiter hoc observabant, patuit clare postea, dum quartam ab eisdem fratribus postularent, quod predecessores sui numquam fecerant.)[2]

[illegible] 328 (492). Dulcinus heresiarcha cum suis sequacibus multis et uxore sua Margareta ab inquisitore ordinis fratrum Predicatorum et episcopo Vercellensi capitur et membratim ambo truncidantur. Capte autem sunt cum eo circa centum et quinquaginta persone utriusque sexus, et de interfectis et famo ac frigore mortuis in monte, ubi se receperant, quadringente invente sunt persone (omnes seducte per predictum nequam)[3].

s. Annal. Aug. 329 (505). Dominus papa in mense Augusti destinavit litteras ad universa regna et climata (orbis, mandans) ut ubicunque Templarii essent, caperentur et extirparentur. Qui omnes in brevibus[c] annis exterminati sunt[4].

[illegible] 330 (507). In festo sancti Iohannis ewangeliste ad[d] portam Latinam combusta est ecclesia sancti Iohannis in Laterano Rome, propter quam incineracionem lamentacio

---

[illegible] (1) in a folgt: 325a. In festo sancte Petronille filie sancti Petri apostoli Fredericus marchio occidit multos Suevos.

---

a) anno 1310 a. am r. b) § 327 in A am rand; f. a. c) B a. d) ad altissimam a. zu s. e) anno a.

1) In D am schluss von § 495. 2) Vgl. den selbständigen bericht in den anhängen zum Detmar zu 1308 bei Grautoff I 408. 3) Wol nur aus Heinrich von Herford zusammengearbeitet.

magna facta est in Urbe(1). Ad(2) cuius reparacionem omnes statim dederunt operam efficacem.

331 (518). Iohannes in regnum — in coningium. [illegible]

332 (506). (Opidum Hamme — fuit consumptum.) [illegible]

333 (509). Everhardus comes de Marka obiit — non fuit reversus. [illegible]

334 (515). Albertus rex — *u. s. w. wie D* — nichil curabat, quamvis esset filius primogeniti. [illegible]

335 (513). Iohannes marchio — *u. s. w. wie D* — perduxit ad finem. [illegible]

336 (511). Comitissa de Mansvelt — in Trivania. [illegible]

1309.

337. Crucesignati id est Crucebrodere[1] ibant versus Terram Sanctam. Hii mirabiliter se de diversis regionibus congregantes grandem habuerunt exercitum, sed non in profectum ecclesie nec in honorem dei, quia viri a mulieribus et mulieres a viris non[a] segregati nephandis et illicitis usibus vacabant per mundum discurrentes.

338 (512). In cena domini — *u. s. w. wie D* — perempti sunt. [illegible]

339 (503). In Zosato Westphalie pase — aperuit (in signum quia ex naturali constellacionis inclinacione fur esset. Quibus tamen condicionibus viciosis racio dominabatur)(3). [illegible]

340 (513a). Rex Danorum Erikus ivit in Sweciam contra regem et regnum cum duobus milibus et quadringentis armatis, inter quos erant dominus de Mekelingborg et domini de Slavia. Et vastantes regnum irrecuperabilem regi Sweorum intulerunt dampnum. [illegible]

341 (514). Ecclesia in Utine (id est Oytin terre Holtzacie) cum canonicis et prebendis hoc anno fundatur (et est iam castrum episcopi Lubicensis). [illegible]

1310.

DE HINRICO 7. IMPERATORE 95.

342 (516). Hinricus comes de Lutzelingborg electus[2] in Frankvordia in festo sancte Katherine et coronatus Aquisgrani in epiphania domini imperat 7 annis. Ipsius ambasiatores et nuncii — *u. s. w. wie D* — et factum est. [illegible]

343 (517). Iohannes filius Hinrici 7. regis Romanorum cepit in uxorem filiam regis Bohemie, que erat heres regni, unde et ipse factus est rex Bohemie cum eadem uxore, sed postea cecus effectus est; et erat pater factus Karoli 4. (imperatoris). [illegible]

344 (519). Rex Danorum Erikus et Woldemarus marchio Brandeburgensis convenerunt in Ribbenitz opidum et inter se concordaverunt de omnibus, que contra invicem habuerant. Ubi sic placitatum est a principibus ex parte utrimque, ut sequenti

(1) quasi hoc divinum iudicium super se ipsos dispensassent. Feceruntque clerus et populus processionem ad dei misericordiam implorandam. Hincque sedantur in Urbe discordie, paces fiunt, viri vero timorati ac mulieres devote Romanorum assumunt lamentum, signa penitencie ostendentes *a. zu a.*

(2) *st.* Ad — efficacem *a:* Ad reparacionem vero ecclesie solliciti dant operam et mutuo se hortabantur. Summus pontifex hoc audiens doluit et ad reparacionem manum porrexit adiutricem.

(3) *in a folgt:* 339a. Eclipsis solis fuit ultimo die Ianuarii circa meridiem non tamen tanta, quod diu ex ea notabiliter fuerit observata[a].

a) *f. A und a.*

1) *Vgl. Magdeburger Schöppenchronik 152.* 2) *1308 nov. 27.* 3) *Vgl. Chronicon Sampetrinum 155. Nach Oppolzers 'Canon der Finsternisse' 1309 febr. 11.*

anno ambo principes convenire deberent in Rostok civitatem cum principibus et militibus suis, et tunc ibidem Erikus rex Danorum Woldemarum marchionem militem facere deberet cum centum aliis, qui ab eodem eciam militari deberent. Et quod de illis centum viginti esse deberent principes vel terrarum domini. Et hoc totum fieri et disponi deberet sub expensis et sumptibus regis Dacie. Et sic factum est.

[illegible] 345. Nam similis conventus principum tam spiritualium quam secularium non est visus in multis annis. Quia preter equites nobilium et vulgi fuerunt ibi de mille militibus, baronibus, comi-
[illegible] tibus, marchionibus, ducibus episcopis ac regibus sex milia galeatorum et sexcenti; ubi inter omnes illos principes in factis militaribus Woldemarus marchio celebrius nomen obtinuit.

1311.

[illegible] 346. Hinricus rex Romanorum[a] in mense Septembri intravit Ytaliam, iura imperii percepturus, et primo venit Thaurinum, deinde apud Hastum receptus fuit ut rex et dominus, et inde Vercellas et Mediolanum perveniens coronam imperii a Mediolano
Jan. 6. recepit (archiepiscopo) in festo epiphanie domini[1].

347 (532). Antequam tamen hanc coronam Mediolanenses eum accipere permittebant,
[illegible] periculosam sustinuit iacturam. Nam cum Mediolanenses audirent, quod plures Ytalie civitates regem cum honore et gaudio recepissent, territi sunt valde. Et assumptis muneribus preciosis sibi usque Veronam obviam venerunt et salvo eorum conductu secum Mediolanum perduxerunt. Totum tamen in dolo fecerunt, ut rei postea probavit eventus. Eo igitur tempore Galeacius — coronam ferream Hinricus rex recepit ibidem[2].

v. Detm. [illegible] 348 (528). Erikus rex Dacie — u. s. w. wie *D* — et nobilium (qui eciam omnes in equis velatis sericis indumentis ibidem apparebant).

v. Detm. [illegible] 349 (529). Rex autem ordinaverat — u. s. w. wie *D* — vix exprimere sufficit. Tota igitur illa solempnitas — conspiraverunt.

v. Detm. [illegible] 350 (530). In eadem eciam estate dominus de Mekelingborgh duxit secundam suam uxorem, prima mortua, videlicet sororem Rudolfi — u. s. w. wie *D* — in malum Wismariensium.

v. Detm. [illegible] 351 (531). Unde sequenti anno dominus de Mekelingborg — u. s. w. wie *D* — aperuerunt (dominis omnibus invitis).

1312.

352 (540). Hinricus rex Rome a tribus cardinalibus a papa missis in imperatorem
[illegible] coronatur. Que quidem coronacio talem habuit processum. Postquam enim ipse Hinricus civitatem Brixiensem expugnaverat et rebellionis actores interfecerat, transivit inde usque Ianuam. Ubi cum hyemis ad finem deluxisset, profectus est inde Romam cum exercitu valido pertransiens Pysanam et Lucanam civitates — augustus appellatus est.

[illegible] 353 (543). Romam ergo egressus — capitis amputacione ibidem punivit.

v. Bern. Guid. (1) quam Mediolanus episcopus sibi dedit a. m. a.

(2) Quod Mondecia egre tulit, ubi olim predecessores imperatores coronam huiusmodi suscipere consueverunt. In festo eius coronacionis fecit milites 200 ex diversis nacionibus, deinde querit civitates alias Longobardie de homagio faciendo, scilicet Cremonensem, Parmensem et Laudensem, que in principio subesse noluerunt, sed postea resistere non valentes consenserunt. Brixienses vero diu et plurimum usque ad sanguinem et stragem hominum restiterunt, sed postea eius voluntati se submiserunt et civitatem reddiderunt, de quo tamen finaliter doluerunt. a. m. a.

a) Alamanie a.

354 (334). Rex Dacie Erikus veniens cum multo populo[a] ad os Warnowe, scilicet in Warnemunde — u. s. w. wie D — usque in presens sedata est. v. Detm. 417. 1. 171.

355 (336a). Comes Gherardus de Holtzacia obiit, relinquens post se Gherardum comitem. Qui subdyaconus existens et prepositus ecclesie Lubicensis dispensacionem obtinuit et relictam ducis Woldemari Sleswicensis, filiam ducis Saxonie, in uxorem recepit. v. Detm. 418

1313.

356 (344). Quinta die — u. s. w. wie D — annumeratus. v. Detm. 420.

357 (342). ⟨Apud Marsiliam — u. s. w. wie D — mentita est iniquitas sibi.⟩

1314.

358 (344a). Episcopus Lubicensis et canonici sui hoc anno reconciliati sunt civitati Lubicensi et reintraverunt suas curias et habitaciones, a quibus fuerant expulsi propter generale interdictum, quod posuerant in eadem civitate iniuste et irracionabiliter, puta propter hoc quod fratres Minores cum adiutorio civium rapuerant de ecclesia parrochiali ⟨sancti Iacobi⟩ unam mulierem ⟨defunctam⟩, que sepeliri apud eosdem fratres elegerat, ⟨et eam sepelierant in eorum cimiterio, quam clerici sepelire voluissent violenter⟩. v. Detm. 421.

359. Iudei permittuntur redire ad regnum Francie, mediante pecunia ⟨magna⟩ data ⟨regi⟩, a quo iam dudum expulsi fuerant ⟨et exulati⟩. v. Korn. Hold.

360 (345). In vigilia beati Gregorii pape[b] — u. s. w. wie D — desiit esse[(1)]. v. Detm. 422 unter 11.

1315.

361 (347). Rex Francorum — renunaverant. Korn. 180.

362 (348). Regina Anglie — u. s. w. wie D — in regnum successit. v. Detm. 423.

1316.

DE PAPA IOHANNE 204.

363 (349). Iohannes papa, qui et Iacobus de Catharco archidyaconus, electus[1] in Lugduno in conventu ordinis fratrum Predicatorum ⟨sedit annis 17⟩. Hic coronatus fuit in Avinione Nonas Septembris in ecclesia cathedrali. Fuit autem industrius — possibus fuit. Ipse constituciones — iudiciis et scolis. Iste papa Iohannes litteratos — u. s. w. wie D — instituit. Ipse eciam pluralitatem beneficiorum dampnavit, ita ut habentibus plura beneficia unicum dimisit et ceterorum beneficiorum suorum fructus ipse sustulit. Insuper et aliorum beneficiorum — cumulavit[(2)]. v. Korn. Hold. suppl. 5. Korn. 182.

364 (353). Hinricus[2] imperator Florenciam — febre ardentissima correptus[(3)]. Et quia corpus — veneno periisse. Korn. 186.

---

(1) in α folgt: 360a. Maxima fames fuit quasi ubique terrarum et duravit 7 annis. v. Detm. 416.

(2) Bella tamen a Lodowico duce Bawarie, qui se pro imperatore gerebat, sepe sustinuit et semper succumbebat etc. s. zu a.

(3) Imperator Hinricus a confessore suo ordinis Predicatorum in sacramenti ministracione, ut quidam scelestissimi nequam confingunt, veneno inficitur et interficitur. In hoc dictum duplex ponitur manifestum mendacium. Unum[3] est quod Hinricus imperator veneno sit interfectus. Nam Hinricus de Hervordia frater ordinis Predicatorum libro suo de temporibus et rebus memorabilioribus parte 2. 6. etatis capitulo 98. dicit sic, quod dum ipse Hinricus Florentinos rebelles obsideret, rebus excessit humanis, febre siquidem ardentissima correptus 6. die periit. s. zu a. Korn. 188.

---

a) populo A. b) feria 2. s. zu a.

1) Johann XXII. erwählt 1316 aug. 7. 2) Was α zum inhalt der §§ 361—370 bietet, steht hergesammelt zum jahre 1311 vor § 358. 3) Das secundum mendacium folgt in § 365 der fassung a.

365 (551). Insuper[(1)] et idem mendacium quidam sceleratissimi religiosi et perfidissimi nequam in preclarissimum ordinem Predicatorum moliuntur retorquere machinantes, quendam fratrem Bernhardum serenissimi defuncti imperatoris Hinrici confessorem, venenato salutaris sacramenti corporis Cristi viatico, dictum Hinricum intoxicasse. Quod quidem nephas horrendum auditu, horribilius dictu, sed horribilissimum actu, impossibile est a quocunque bono et pio homine, sive religioso sive seculari, imponi vel attribui viro religioso, de quo minimum malum culpe mortalis numquam quiscunque est expertus. Sed illi non est impossibile, ymmo sibi est quodammodo naturale, qui ex toto in peccatis natus est et qui in tali religione conversatur, in qua proch pudor plures, et utinam non ultra mille, infecti perfidissima heresi traditi sunt gehennali igni comburendi in perpetuum, et de qua plures in scandalum et confusionem omnium religiosorum convicti de heretica pravitate et in malicia eorum persistentes in iudicio seculari cremati sunt, de quibus inferius in pluribus locis dicetur. Supradicti autem fratris Bernhardi confessoris prelibati imperatoris defuncti innocencia et per consequens ordinis Predicatorum immaculata religiositas, que defedata et quodammodo infamata fuisset per opus nepharium ipsius fratris, si ipsum commisisset, per plurimorum fidedignorum et honorabilium hominum testimonium probata est et manifestata, quorum litteras excusatorias presentibus utiliter duxi interserendas.

366 (555). ⟨Primi igitur excusantis littere sunt serenissimi principis Iohannis regis Bohemorum filii Hinrici imperatoris defuncti, quarum tenor iste est⟩[1]: Iohannes dei
*S. 377 gracia — *u. s. w. wie D* — *17. die mensis Maii anno domini 1346.

367. Quamvis ⟨autem⟩ hee excusacionis littere ⟨tanti principis⟩ sufficienter predicte imposicionis falsissime maliciam deprimere[a] et in caput imponentis retorquere videantur, tamen ut innocencia dicti fratris Bernhardi[(2)] et per consequens ordinis sui clarius elucescat, cum in ore duorum vel trium omne verbum veritatis ⟨secundum salvatoris nostri sentenciam⟩ consistat[2], inferam presentibus et alias duas excusacionis ⟨sue⟩ litteras.

368 (559). Quarum prime littere sunt venerabilis patris et domini cardinalis Sancte

[(1)] *§ 365 lautet in a:* Sed dicis fortassis: 'Excusans auctoritatem excusandi non videtur habere ex eo quod frater Predicator confratrem Predicatorem excusat propter ordinis infamiam eliminandam, non autem propter confratris innocenciam ostendendam'. Sed audi, insidiose obtrectator, non fratris Predicatoris excusacionem, sed precium filii imperatoris et plurimorum principum protestacionem, qui ipsum dominum imperatorem non venenoso poculo, sed febre ardentissima vitam dicunt finivisse. Nam inclitus Iohannes rex Bohemorum filius imperatoris, Baldewinus Treverensis archiepiscopus, archiepiscopus Mediolanensis, archiepiscopus Ianuensis, episcopus Perusinus, episcopus Pysanus, episcopus Lucanus, episcopus Argentinensis et ceteri plures principes et prelati disquisicione diligentissima hoc invenerunt, quod non morte ab extrinseco violenter illata vel fraudulenter, sed ab intrinseco defectu causata vitam finierit. Secundum mendacium huius dicti manifestum est, scilicet quod a fratre Predicatore confessore suo infectus dicitur. Sceleratissimum quidem est hoc cogitare, non enim boni viri tantum facinus de illo ordine aut eius ordinis fratre faciliter presumere debet, qui propter enormia talia delicta evellanda principaliter fundatus est. Huius autem fratris, cui hoc malum imponitur licet nequiter, innocenciam manifeste et autentice satis ostendit illustris princeps Iohannes Bohemorum rex in sua littera, quam ordini Predicatorum tradidit sigillo regio sigillatam, que talis est in forma.

[(2)] *s.* Bernhardi — ordinis sui *a:* cui hoc horrendum flagicium imponitur.

a) reprimere *a.*

1) *Brief Johanns von 1346 mai 17, Böhmer Regesten 213, 245. Das nähere siehe in den anmerkungen zur fassung D.* 2) *Math. 18, 16.*

Cecilie, quarum[1] quidem litterarum tenor talis est[1]: 'Venerabili in Cristo patri amicoque karissimo et domino dei gracia archiepiscopo Mediolanensi[a] Wilhelmus miseracione divina tituli Sancte Cecilie presbiter cardinalis salutem et sinceram in domino caritatem. Status interpellat noster et sermone artamur prophetico, oppressis subvenire personis, cogitque nos innocentium fama, cum leditur, ad ipsos compassione moveri. Nec non et Cristi doctrina nos obligat, studioso conatu ipsam defendere veritatem. Hinc est, pater karissime, quod quorundam relacione dolentes didicimus, quosdam malignos homines, permittente deo ac maligno spiritu, qui viros sanctos perturbare nititur, instigante, in verba prorupisse tam execrabilis infamie[b] ordinem Predicatorum maculantis, quod preclare et digne memorie dominus Hinricus imperator veneno vitam finierit, quodam fratre prefati[c] ordinis venenum ipsum, cum idem imperator de eius manibus corpus Cristi[d] sumebat, ministrante, quodque gentes regionis vestre sunt ex rumore hoc nephando et incredibili sic contra dicti ordinis fratres vehementer accensi, quod ipsos feroci animo iniuriis contumeliosis afficiunt et persecuntur atrociter ac pericula mortis parant in tantum, quod inclusi stare vel ad remota loca fugere compellantur. Proch dolor hec constat esse serpentis antiqui studia venenosa et futuri opera anticristi, conancium mutum imponere divinis canibus predicantibus veritatem, ut ipsis tacentibus ad devorandas oves dominicas possint ingredi ad caulas[e]. Sed quis sane mentis estimare potest, aliquem in religione tam sancta professum pariter et nutritum facinus attemptasse tantum tamque immane sacrilegium, quod summe horrendum est cristianis auribus commisisse, et potissime in personam[f], in qua singularis gloria tocius ordinis predicti[c] erat, ac ipsius fratris, cui maliciose imponitur, cuique tocius generis salus et honor et fere vita ab ipsa quasi totaliter dependebat. Certe indiscretum esse apparet fidem adhibere talibus, inhumane[g] vero et flagiciosum persequi ex talibus innocentes. Quapropter vestram dileccionem, de qua plene confidimus, affectu quo possumus deprecamur, quatenus zelo dei moti ac commissi vobis gregis sic ad occurrendum huic morbo (gravi) et infundendum vinum et oleum vulneribus prefati[c] ordinis, tam graviter sauciati, vestram solertem diligenciam applicetis, quod plebs subiecta vobis a tam enormi[h] devio et malignandi studio totaliter revocetur, ut fratres (ipsi) possint securo servire deo in hiis, que ad officium suum spectant, ac pacifice ac quiete vivere inter ipsos. Revera, pater karissime, hec si feceritis, ad vestram gloriam magnam erit, nosque, qui vestri sumus, ad vestra persequenda beneplacita amplius astringetis. Consideret autem vestra prudencia, si ad hoc, ut expedire putamus, censura debeatis uti ecclesiastica in casu, si populus vobis subiectus a fratrum persecucione iniusta non possit commode aliter revocari. Valete semper in domino. Datum Carpentoratis pridie Ydus Aprilis'. apr. 12.

369. Secunde[2] littere excusacionis infamati fratris sunt civitatis Areticii sive Arecii, de qua dictus frater extitit oriundus, quarum tenor talis est[2]: 'Universis imperii

(1) a quarum quidem litterarum zu: Secunda vero civitatis Arecii, de qua originem dictus frater duxisse videtur nativitatis. Prime autem littere.

(2) a Secunde — quarum a: Alterius excusatorie littere.

a) fratres s. zu a. b) et nostrum s. zu a. c) nutri a. d) dominicum a. e) ovile a. f) persona A. g) inhumanum a. h) gravi a.

1) *Der brief ist wol sonst nicht überliefert und kommt daher hier in A, das dem original näher steht, ganz zum abdruck.* 2) *Der folgende brief ist in D § 357 ersetzt worden durch einen brief derselben aussteller an den cardinalbischof von Ostia mit anderm datum. Auch er ist sonst wol nicht überliefert. Siehe im übrigen die anmerkungen zur fassung D.*

Romani fidelibus presentes litteras inspecturis Fredericus de Monte-Farasa[a][1] potestas, viginti quatuor consilium[b] et commune[c] civitatis Arecii, fideles imperii, perfecte fidei
T. 178 constanciam cum salute. Instinctu naturalis consideracionis inducimur et religionis favor ac pie caritatis affeccio persuadent nec non et debitum humanitatis exequimur, si quos falsa fedaverat opinio, attestantes[d] que vidimus, ab erroribus veritate lucida revocamus. Sane, sicud firmiter arbitramur, cooperante humani generis inimico, providus et religiosus vir frater Bernhardus de Monte-Policiano Aretine dyocesis ordinis fratrum Predicatorum de morte felicis memorie domini Hinrici dei gracia imperatoris Romanorum semper augusti falsis[e] extitit populorum labiis diffamatus. Nos igitur fervore fidei pure commoti, impietam dicto fratri Bernhardo compatriote nostro, in fide et devocione Romani imperii comprobato, ac per consequens sancto et preclarissimo Predicatorum ordini notam infamie totis affeccionibus abolere a vestris cordibus intendentes, dicimus ac fide indubia attestamur, tamquam qui loco, ubi imperialis maiestas occubuit in civitate proxima, appropinquamus, dictum fratrem Bernhardum mortis huius[f] innocentem et inculpabilem extitisse. Nec vos ambigere volumus, quod si tanti fuisset patrator sceleris, tamquam fideles imperii et zelatores cesaree maiestatis eundem nostris ultricibus manibus, non aliis plectissemus. Quare vos, quos inter ceteros fervor imperialis clarificat, precamur attente solitam fidei vestre hortantes constanciam, quatinus errores vestros abicientes ab animis, veritati, quam loquimur, inherentes et devocionem abiectam per erroris devia devocius solito resumentes, ipsam in puritate fidei dicto sancto ordini et fratribus per effectum laudabilis operis ostendatis. In quorum omnium testimonium et fratris eiusdem excusacionem plenariam presentes litteras sigilli nostri communis iussimus appensione muniri. Datum Arecii anno domini 1318. die 5. mensis Maii imperio Romanorum vacante'(α).

370 (360). Hiis(β) testimoniis — *u. s. w. wie D* — fiat fiat.

Korn. [illegible] 371 (363). Frater Robertus — ad unum sepulcrum, quod vulgariter dicitur bûrkule. Pluvia igitur magna — instar rivulorum deflueret. Quod quidem magis miraculose quam naturaliter creditur fuisse factum, cum(γ) corpus exanime nullum habeat sanguinem fluere valentem.

Korn. [illegible] 372 (364). Woldemarus[g] marchio — propter infidelitatem suam.

Korn. [illegible] 373 (371). (Berengarius magister — legatum miserat.)

Dies 7. [illegible] 374. In Frankenfordia electoribus discordantibus in Lodowicum ducem Bawarie et in Fredericum filium Alberti ducem Austrie vota sua tulerant. Quorum uterque nomen regis Romano-

(α) indiccione prima *s. m.* a.

(β) *§ 370 lautet in a:* Hiis testimoniis veritatis inspectis, verecundentur iniqua loquentes supervacue et refrenet unusquisque lingwam suam, quia perdet deus omnes, qui loquuntur mendacium[2], et presertim mendacium tam periculosum, tam perniciosum tamque detestabile, quod universitatem religionis infamat, quod ordinem tam famosum tamque necessarium universali ecclesie maculat et denigrat. Hoc iniquum mendacium tanto scelerosius est et detestabilius, quanto a consimilibus religiosis percipitur processisse et maxime ab illis, qui maioribus criminibus involuti suplicium ob eorum perfidiam ignibus temporalibus tradi dinoscuntur et eternis.

(γ) *st.* cum — valentem a: Hec Hinricus de Hervordia.

a) Monte de Farasa a. b) concilium a; consilium *A.* c) consilium *s. m. A.* d) attestantes *A*
e) inpositione extitit falsis a. f) huiusmodi a. g) *§ 372 in a ausführlicher.*

1) *Falsch für* Monte-Feltri. *Siehe D § 357.* 2) *Psalm.* 5,7.

rum sibi ascribens suus alteri rebellavit, et ex hoc terras suas rapinis et incendiis mutuis vastantes nec religiosis locis nec ecclesiis pepercerunt. Tandem duce Austrie in prelio capto triumphus Lodowico cum regno fuit ascriptus. Inter hos electos durante divisione Iohannes papa nullum prefecit, sed utrique filio dilecto et Romanorum regi scripsisse dicitur, sed post regno[a] ad Lodowicum devoluto hostiliter et manifeste eidem se opposuisse fertur, duplicitatem(1) cordis in hoc ostendens[1].

375. Fames et pestilencia simul per orbem sevierunt et presertim in Lyvonia et Estlandia[2]. v. Detm. 455.

376 (573). Erikus rex — u. s. w. wie D — et civitates(2) Sundensem et[b] Rostoccensem. Wismarienses autem et Lubicenses nulli — volebant (quod utique — parti adheserunt). v. Detm. 456.

1317.

DE LODOWICO REGE ROMANORUM.

377 (563). Lodowicus dux Bawarie[a] regnat annis 30. Sed quia benediccione imperiali caruit, ideo non est in numero imperatorum. Iste electus est — viciare studentes. Herv. 330.
Lodowicus igitur — coronatur(3). Herv. 331.

378 (575). Dominus Borchardus episcopus Lubicensis obiit in Oytin[3]. Quo defuncto Lubicenses recuperaverunt profesto sanctorum Processi et Martiniani cantum et celebracionem divinorum, quibus caruerant iam per 19 annos. v. Detm. 458. juli 1.

1318.

379 (576). Dominus papa Tholosanum — u. s. w. wie D — annis 240. Et canonizavit Avinionis sanctum Lodowicum Tholosanum, filium quondam Karoli regis Sicilie(4). Et canonizavit ibidem sanctum Thomam episcopum Erdfordensem(5), qui fuit vir nobilis genere et nobilior vita et moribus, preditus sciencia et doctrina, magister in theologia et doctor in decretis. v. Detm. 459. Annal. Lub.

380 (564). Woldemarus marchio — defunctus est. Herv. 331.

381 (582). Lodowicus rex — defuncti. Qui Lodowicus per cives — intromisimus. Hamb. 327.

1319.

382 (578). In auctumpno huius anni comes Adolfus Holtzacie interfectus fuit in castro Segheberghe, in proprio lecto iacens iuxta comitissam, filiam domini de Mekelingborg. v. Detm. 460. f. 17a.

383 (579). Eodem anno captus fuit pater comitis Iohannes[c] in castro Bramhorste et in eadem hora aliud suum castrum, scilicet Grobenitz, captum fuit per tradicionem cuiusdam de hovalibus suis. Hic comes Iohannes postea ductus est in castrum Kyle, ubi diu captivus tenebatur, quousque evadens vincula perveniret in Lubeke civitatem. In qua per annum moratus, postea per cives Lubicenses reductus est in castrum suum v. Detm. 461.

(1) st. duplicitatem — ostendens a: et per hoc occulte et latenter de duplicitate redargutus est.
(2) st. civitates — et Lubicenses a: civitatem Sundensem. Rostoccenses autem et Wysmarienses nec non et Lubicenses[a].
(3) Sed Lodowicus in primo anno post coronacionem utriusque cepit Fredericum coelectum suum et ius suum, quod ad imperium habere videbatur, resignare coegit. a. zu a.
(4) 7. Ydus Aprilis a. zu a. apr. 7.
(5) a transitu eius 38. anno a. zu a.

a) regnum A. b) f. A. c) Iohannis A.

1) § 374 ist wol aus Heinrich von Herford 330 f. verarbeitet. 2) Wol mit a § 380a aus derselben nachricht der vorlage geschöpft. Vgl. Annales Lubicenses 1315, M.G. SS. XVI 424. 3) Erwält 1314 nov. 28. 4) Gest. 1317 märz 13. 5) Die stelle ist in A offenbar schon verderben und so auch B und D gekommen. Die fassung von a stimmt mit Detmars nachricht überein.

Kylense⁽¹⁾. Ubi una dierum in mensa sedens in magno solacio, fatuus suus Marquardus a quodam iuvene truphabatur. Quem cum fatuus percutere vellet quodam osse, non iuvenem, sed dominum comitem improvide tangens excussit ei oculum. Eodem eciam anno alter filius suus Cristoforus quodam mane vadens ad opus nature, a quibusdam de fenestra castri proicitur et occiditur (per precipicium). Tot mala et adversa domino illo (antiquo) in uno anno provenerunt.

v. Detm. 670. 384 (587). Dominus de Mekelingborg bellum — *u. s. w. wie D* — sopitum est.

v. Annal. Aug. 385 (589). Dominus papa Iohannes — *u. s. w. wie D* — in regno Portbugalie⁽²⁾ — Cysterciensis ordinis⁽³⁾.

v. Detm. 666. 386 (588). Erikus rex Dacie congregavit classem navalem maximam, in ea colligens innumerum populum, vocavitque in suum auxilium Saxones, Holtsatos et Slavos. Quos congregans Erikus dux de Lovenborg venit cum eis ad destinatum locum. Dux autem omnibus simul assumptis venit iuxta civitatem Sundensem, Stralesunt tunc vocatam. Et figens tentoria sua prope silvam, que Heyneholt dicitur, prestolabatur ibidem adventum exercitus regis. Cuius ducis adventum cum Sundenses percipereut, statim miserunt ad amicos suos, subsidium eorum implorantes. Et venit eis auxilium ante ortum solis. Facto igitur mane egressi sunt cives cum suis, qui eis in subsidium venerant, et bellum cum duce Saxonie committentes, ceperunt ipsum et omnes nobiles et maiores suos et cum ipsis civitatem ingressi sunt. Quod factum rex intelligens, mox navibus civitatem obsedit a parte maris. Dominus vero de Mekelingborg cum multis aliis nobilibus in alia parte eam vallans, impugnaverunt civitatem undique. Sed cum satis diu ibi laborassent sine fructu, eo quod cives viriliter se defenderent, soluta est classis illa et exercitus domini de Mekelingborg via, qua venit, reversus est. Cives autem Erikum ducem de Lovenborg Wertislao duci de Wolgast presentaverunt. Qui ultra ipsum tradens marchioni Brandeburgensi, mansit captivus usque in tercium annum. A quo tamen ad ultimum se redemit 16 milibus marcarum puri argenti.

Herm. 202. 387 (570). (Iohannes papa — in iudiciis moveatur)[1].

v. Detm. 689. 388 (591). Dominus de Mekelingborg — *u. s. w. wie D* — dominus de Mekelingborg obtinuit⁽⁴⁾.

1320.

Herm. 205. 389 (622). Dominus papa graves fecit processus contra Lodowicum Bawarum ipsumque excommunicavit et, quantum in eo fuit, a regno deposuit et ultimate tamquam hereticum et scismaticum ac ecclesie rebellem condempnavit[2].

Ibid. 390. Iohannes papa opinionem de altissima paupertate Petri Iohannis fratris ordinis Minorum tamquam hereticam, pestiferam et erroneam refutavit, faciens contra eam 4 decretales constituciones⁽⁵⁾ [2].

⁽¹⁾ liber et benevole receptus est *s. zu a.*

⁽²⁾ et Algarbii *s. zu a.*

⁽³⁾ Hoc autem factum est Avinionis. *s. zu a.*

Herm. 204. ⁽⁴⁾ *in a folgt:* 388a (577). Frater Erveus Brito — celebrato.

⁽⁵⁾ *in a folgt:* 390a. Frater Michael minister generalis ordinis fratrum Minorum scripsit omnibus provincialibus ministris, quatenus non obedirent mandatis Iohannis pape, quia esset validus persecutor persone sue et sui ordinis, et si in locis eorum poneretur interdictum, non deberent hoc servare, ymmo alios ne servarent prohiberent. Ultimoque idem Michael ab ecclesia recessit et cum Wylhelmo Ockam heretico et Bonagracia ac aliis sui ordinis fratribus perfidis Bawaro predicto se associavit.

---

1) *Wiederholt aus § 383.* 2) *Wol nur aus Heinrich von Herford 240 verarbeitet. Vgl. § 514.*

391. Frater(α) Michael minister generalis ordinis fratrum Minorum capitulum suum generale celebravit Perusius et in eo diversa ordinavit de consilio et assensu patrum illius capituli contra ecclesiam dei et contra caput ecclesie, puta Iohannem papam 22., mandans omnibus fratribus sui[a] ordinis, quatinus non obedirent mandatis ipsius pape, pro eo quod esset validus persecutor ordinis sui. Constituit eciam de consilio diffinitorum illius capituli, diversos errores pro veritate debere predicari a fratribus suis, et scismaticos pro posse suo defensare nitebatur, puta Lodowicum et suos complices. Que omnia intelligens dominus papa totum ipsum generale capitulum fratrum Minorum Perusius protunc congregatum de consilio cardinalium dampnavit, hereticavit et excommunicavit ac tamquam membrum putridum et infectivum aliorum sanorum ecclesie dei membrorum resecavit ab ecclesia et consorcio fidelium abiecit per quandam constitucionem super eadem dampnacione confectam, que incipit: 'Quoniam vir reprobus Michael'[1]. Audiens autem sepedictus frater Michael generalis contulit se una cum fratribus Wilhelmo Ockam heretico et Bonagracia ac aliis pluribus rebellibus ad Lodowicum regem scismaticum et hereticum, in omnibus se ecclesie dei opponens cum suis fratribus[2].

392. Tantum(β) autem malum tamque execrabilis et lugubris confusio, cunctis Cristi fidelibus expavenda, nulli ordinum Mendicancium de gracia dei umquam est facta preter isti, et forte non sine divina occulti iudicii providencia et ordinacione. Quia qui alios dei ministros et religiosos vita et sciencia probatos nititur infamare et confundere falsis et mendosis figmentis, ille iusto dei iudicio incidit in foveam, quam fratri suo paravit. Ex hac inquam pestifera congregacione capituli illius generalis tantum malum succrevit in ordine predicto fratrum Minorum, quod heretica pestis et semen dyabolicum in multorum fratrum illius ordinis suborta cordibus[b] vix aut numquam eradicabitur, prout lacius patet in libris inquisicionis per inquisitores diversos fratrum ordinis Predicatorum collectis.

(α) *§ 391 lautet in α zu 1321:* Supradictus Michael frater generalis Minorum capitulum suum generale celebravit Perusius, et quia in eodem capitulo tam dictus frater Michael quam ceteri magistri et fratres eiusdem ordinis diversa ordinaverunt et statuerunt contra ecclesiam dei et caput ipsius, videlicet Iohannem 22., foventes scisma scismaticosque defensantes iuxta posse ac non paucos errores pro veritate teneri et doceri precipientes: idcirco dictus Iohannes papa totum ipsum capitulum de consilio maturo suorum fratrum dampnavit, hereticavit et ab ecclesia dei tamquam membrum putridum et infectivum aliorum sanorum ecclesie dei membrorum resecavit et[c] abiecit per constitucionem quandam super eadem dampnacione confectam, que incipit: 'Quoniam vir reprobus Michael'.

(β) *§ 392 lautet in α zu 1321:* Tantum inquam malum tamque lamentabilis confusio omnibus Cristi fidelibus expavenda nulli ordini per dei graciam, presertim Mendicancium, dinoscitur esse facta preterquam isti, qui tamen fundatorem habuit sanctissimum et cristianissimum, videlicet beatum Franciscum. Qui licet dictum ordinem suum supra petram fidei fundaverat, multos tamen dicte fidei prevaricatores post se ordinis sui professores esse (?)[d], hoc clarius patet in libri inquisitoris diversis locis ac eciam inferius in presenti libro.

---

a) suis *A.* b) *am rand A.* c) *f. α.* d) ut *α?*

1) *Bulle 'Quia vir reprobus Michael'. Vgl. Nic. Eymericus, Directorium inquisitorum (Romae 1578) 184 und den commentar der ausgabe von Fr. Pegna (Venet. 1607) 290, wo sie als ungedruckt und unbekannt bezeichnet wird. Vgl. auch Wattenbach 'Ueber das handbuch eines inquisitors' s. 13 (Abhandlungen der Berliner akademie 1888).* 2) *Siehe α in § 390a.*

1321.

v. Detm. [illegible] 393 (592). Burgarius rex Sweorum — *u. s. w. wie D* — Norweye et Swecie rex.

[illegible] 394 (593). Reynoldus comes Gelrie — custoditus et detentus. Ille Reynaldus filius suum [illegible] Edwardum genuit.

v. Detm. [illegible] 395 (595). In vigilia nativitatis — *u. s. w. wie D* — invaserunt (et cum — cadere fecerunt). Posteriores — (a Dithmarsis) perierunt.

v. Detm. [illegible] 396. Tanta inundancia aquarum facta est hoc anno, quod aqua pontes valve, qua itur versus Holtsaciam, in Lubeke transcenderet. Ex qua inundacione plures perierunt homines et iumenta[1].

v. Detm. [illegible] 397. Pro eodem tempore[(1)] Lubicenses turrim et villam Travenemunde emerunt a comite Iohanne de Holtzacia pro 4 milibus marcarum Lubicensis monete.

v. Detm. [illegible] 398 (612). Duo Lombardi — *u. s. w. wie D* — edificavit et consecravit.

1322.

v. Detm. 641. 399 (613). Rex Dacie Cristoforus plures nobiles suspendit impacibilis[a], eo quod — *u. s. w. wie D* — non fuit.

v. Detm. 641. 400 (614). Dominus de Mekelingborg — *u. s. w. wie D* — monachi de Dobberan[b,2] et de Dargun — monasterio de Dobberan[c,2] molendinum in Godebusse opido consignaret.

v. Detm. 642. 401 (615). Hinricus comes — *u. s. w. wie D* — monete solveret.

v. Detm. 643. 402 (616). A festo sancti Andree — *u. s. w. wie D* — per glaciem.

1323.

Korn. [illegible] 403 (611). (In villa Meyenborg — deflere incepit, eo quod tam fidelem canem tam iniuste occidisset.)

Nov. 12. 404. Dominus papa Iohannes pridie Ydus Novembris edicto apostolico declaravit, quod affirmare, Cristum et eius discipulos nichil habuisse in proprio vel in communi, est hereticum censendum, et assercionem huiusmodi pertinacem deinceps esse erroneam ac hereticam diffinivit (de maturo consilio multorum doctorum), cum contradicat sacre scripture, que in pluribus locis ipsos aliqua habuisse in communi testatur. Eciam quod pertinaciter affirmare Cristum et eius discipulos in hiis, que ipsos habuisse sacra scriptura testatur, nequaquam ius ipsis utendi aut illa vendendi vel donandi vel ex ipsis alia acquirendi habuisse, hereticum esse determinavit, cum scriptura sacra testetur, ipsos premissa fecisse seu facere potuisse, et talis assercio usum ipsorum evidenter dicat esse iniustum. Quod utique de salvatore nostro sentire nephas est et sacre scripture contrarium[(2)]. Predictam autem declaracionem et diffinicionem apostolicam cum bulla[3] (sua) ad generalia studia destinavit.

v. [illegible] Juli 18. 405 (601). (Sanctus) Thomas de Aquino (doctor gloriosus) ordinis Predicatorum Avinionis in maiori ecclesia canonizatur 15. Kal. Augusti et sanctorum confessorum cathalogo ascribitur anno quinquagesimo[4] a felici eius transitu ex hoc mundo[(3)].

v. Detm. [illegible] 406 (606). Rostoccenses cives — *u. s. w. wie D* — in Warnemunde.

Korn. [illegible] 407 (630). Frater Ureno — martirizando fatigavit. (Quo omnis instrumenta ferrea in

[illegible] [(1)] post festum Thome apostoli *a. zu a.*

[(2)] et doctrine katholice inimicum *a. zu a.*

v. Detm. [illegible] [(3)] *in a folgt:* 405a (625). Cives Brugenses obsederunt opidum Sluse et ceperunt ipsum ac interfecerunt Iohannem fratrem comitis de Flandria opidumque devastaverunt.

a) in patibulis *a.* b) *auf rasur A:* Reyneveldo *a.* c) Reyneveldo *a.* d) decurrente *A, zu a.*

1) *§ 396 in D § 584 durch eine nachricht aus Detmar ersetzt.* 2) *Falsch für Reyneveldo, wie Detmar und a richtig geben.* 3) *Vgl. unten s. 57 anm. 1.*

conventu dicto Lubicensi pro magnis conservantur reliquiis). Fecit eciam prenominatus frater Bruno pavimentum (lapideum) diversis figuris (et karacteribus[a]) insignitum in[1] choro fratrum dicti conventus Lubicensis propriis manibus et requiescit in cimiterio eorundem fratrum. Ad cuius tumulum, cum noviter sepultus esset, pluries a pluribus fidedignis visa sunt luminaria ardencia in noctibus nullo humano studio, sed ut pie creditur angelico ministerio ibidem accensa et allata[2].

408 (609). Dominus Iohannes Andree — u. s. w. wie *D* — fratrum Predicatorum.

409. *Lodowicus* Bawarus rex Romanorum Fredericum ducem Austrie (diu iam in captivitate tentum) a vinculis absolvit (pro eo quod regno et corone Romanorum renunciaverat). v. Detm.

1325.

410 (633). Dominus Borchardus de Scrapelow archiepiscopus Magdeburgensis a civibus suis occiditur in novo cellario civitatis Magdeburgensis[3]. Korn. c. 19. Ad istud homicidium sacrilegum explendum interfectores in larvis — discerni posset[b] (nisi differencia corporis vel stature) ad pontificem — ad propria diverterunt. Tumuli quoque sui lapidem tali epigramate depinxerunt: 'Borchardus gratus — necatus'.

411 (624). Dominus de Mekelingborg pugnavit contra dominum de Slavia prope villam Frederikestorpe et triumphum de eo obtinuit. v. Detm.

412 (623). Pro eodem tempore obiit comes Nicolaus de Wittenborg et reliquid post se duos filios, Guntzelinum scilicet et Nicolaum. v. Detm.

413. Iohannes papa et Magnus[c] rex Apulie fortem[d] miserunt exercitum ad civitatem Mediolanensem, ut expugnarent Lodowicum, sed nichil proficientes redierunt cum magno dampno et perdicione multorum de exercitu. Lodowicus (autem de Mediolano descendens in Coloniam civitatem) accepit ibidem[e] in uxorem filiam comitis Hollandie, (magnificas) nupcias celebrando. v. Detm.

414 (626). Albertus episcopus Halberstadensis — u. s. w. wie *D* — castra et civitates. v. Detm.

415 (627). Episcopus Caminensis hoc anno obiit. Cuius ecclesie — u. s. w. wie *D* — magistrum in iure canonico. Sed papa — Nicolao Ketelhodes. v. Detm.

416. Castrum fortissimum in *Lyvonia* nomine Wolmersten expugnatum est et destructum. v. Detm.

417 (629). In illo tempore comes Gherardus de Hennenberghe venit Lubeke — u. s. w. wie *D* — et partem terre, quam hucusque de Marchia occupaverat, redderet marchioni. Quod et factum est. v. Detm.

418 (630). Wirtzislaus dominus Rugianorum — u. s. w. wie *D* — Sundensis. Rex autem Dacie obtinuit maiorem partem. v. Detm.

419 (631). Iohannes comes Holtzacie edificavit — u. s. w. wie *D* — et Woldehorne. v. Detm.

420 (635). Comites de Holtzacia Gherardus — u. s. w. wie *D* — per murum et obtinuerunt ipsum. v. Detm.

421 (642a). Frater Nicolaus de Lyra ordinis Minorum floruit. (Hic de Iudaismo conversus est ad cristianitatem et factus est magnus persecutor Iudeorum).

1327[f].

422 (641). Lodowicus victo Frederico — inviolabiliter observatum. Hic igitur Lodowicus — Romulum vocavit. Lodowico autem imperatore — eligi procuravit. Korn.

(1) st. in — Lubicensis a: quod est in choro fratrum Predicatorum in Lubeke.

(2) Huius sancti fratris circuli ferrei cum suis corrigiis adhuc habentur in conventu predicto Lubicensi in veneracione sollempni. a. zu n.

(3) ubi fame et siti cruciebatur a. zu n

a) karacteribus *A*. b) et agnosci a. zu a. c) Robertus a. d) magnum a. e) in Colonia a. f) *Das jahr 1326 fehlt in A.*

Kor. 244 423 (642). Erat enim quidam frater ordinis Minorum, Petrus de Korbario nomine, Reatine dyocesis. Hunc fratrem Petrum Rome antipapam fecit, legibus et ordine perversis, et exemplo oraculorum execrari pocius quam consecrari statuit. Cui Lodowicus reverenciam faciens tamquam summo pontifici, manum tenuit et deduxit in magnum scandalum ecclesie[1]. Qui mox cardinales —
* S. 117. igne combaritur.

424 (643). Hic Petrus pseudopapa, antequam — *u. s. w. wie D* — uxore invita et contradicente. Spreta insuper — in obprobrium[a] dicte urbis pro papa Romano et constas est — mensis Novembris (1).

1328[b].

Kor. 246. 425 (644). Benignissimus et cristianissimus rex Anglie — moritur. Nam ferrum ignitum per quoddam cornu ano intruditur, et sic interius accensus et combustus occubuit[c], nullo exterius vulnere aut signo interfeccionis in eo apparente.
v. Detm. 446, febr. 1. 426 (644a). Karolus rex Francie obiit circa festum purificacionis[2]. Cui successit in regnum Philippus filius patrui sui.

1329.

v. Detm. 450. 427 (645). Dominus de Mekelingborg — *u. s. w. wie D* — dominum Slavorum.
v. Detm. 449. 428 (651a). Philippus rex Francorum magnum exercitum duxit in Flandriam contra totam Flamingorum gentem (2), et rex victoriam obtinens innumerum peremit populum, habens in adiutorium comitem Hollandie et civitatem Andegavensem.
v. Detm. 452. 429 (652). Dani in auctumpno obsederunt castrum Gottorpe in manu valida, Gherardo comite extra patriam existente. Sed comes Iohannes cum exercitu Holtzatorum de obsidione eos repulit et castrum violenter liberavit.
v. Detm. 453. 430 (653). Dominus Hinricus — *u. s. w. wie D* — recipiens prudenter egit.
v. Detm. 455. 431 (654). Cristoforus rex Dacie — *u. s. w. wie D* — obtinuit victoriam de Danis.
v. Detm. 456. 432. In eodem auctumpno — *u. s. w. wie D* — multitudine popularis vulgi. Sed comes Iohannes iterum victoriam obtinuit et cum paucis ultra octingentos Danos occidit ac diciores Danorum captivavit.

1330.

433 (656a). Otto dux Luneburgensis obiit[3].
v. Detm. 464. 434 (657). Maiores Ytalie — *u. s. w. wie D* — erga inimicos imperii recesserunt — sibi ministrans usque ad obitum suum.

1331.

v. Detm. 466 435. Rex Kracovie intravit cum exercitu maximo terram Prucie et eam devastans occidit multos. Et spolia magna diripiens recessit cum victoria[4].
v. Detm. 467. 436 (658). Danorum rex Cristoforus — *u. s. w. wie D* — cum eo rediit.

1332.

v. Detm. 470. 437 (664). Iohannes (3) frater regis Danorum concordiam iniit — *u. s. w. wie D* — pacificati sunt. (Stante hac pace) Dani — et optinuerant ea.
v. Detm. 478. 438 (667). Rex Danorum Cristoforus — *u. s. w. wie D* — et Woldemarum.

(1) prout plenius in transsumptis continetur a. *in* a.
(2) terram pariter et Bruggensem civitatem a.
(3) st. Iohannes — Danorum a: Comes Iohannes.

a) obprobrio *A.* b) *ohne rubricatur, wol später beigeschrieben A.* c) occubuisse *A.*

1) *Nur aus Heinrich von Herford erweitert.* 2) *Gest. 1328 febr. 1.* 3) *Otto der strenge gest. 1330 apr. 10.* 4) *In D § 665 durch eine nachricht aus Detmar ersetzt.*

439. Comes de Swalenberghe Borchardus duello vicit dominum de Lippia in foro opidi Quernehamelen et victum duxit secum in captivitatem[1]. v. Detm. 471.

1333.

440 (668). Iohannes papa ex senio ut creditur desipuit in tantum, ut per se predicaret et alios predicare faceret, quod anime sanctorum non videant divinam essenciam clare ante diem iudicii et quod nec anime dampnatorum puniuntur ante dictum tempus; ne quod visio beatarum animarum, quam nunc habent, evacuabitur in die iudicii succedente alia[2]. Herm. 250. v. f. 179.

441 (669). Contra quem dominus Durandus[a] fecit tractatum de hac materia. Propter quod fuit ad curiam citatus a papa, sed non comparens fuit a rege Francie defensatus. Sed magister Thomas Walleys Anglicus de ordine Predicatorum in Avinionem veniens, publice sermonem coram papa fecit, in quo dictam opinionem reprobavit maledicens et condempnans papam (in faciem suam). Quem cum papa incarceraret, ammonitus est papa ab amicis suis, ut errorem suum revocaret et magistrum illum eriperet de vinculis et ipsum honoraret, alias oporteret, quod omnis curia contra ipsum insurgeret. Quod ut audivit papa, errorem suum in publico sermone revocavit et se correxit ac per bullam missam ad universitates errorem suum se revocasse insinuavit. Magistrum quoque Thomam honorifice eripiens promocionibus solempnibus ipsum exaltavit. Quo facto Iohannes papa obiit Avinionis[2]. Herm. 250.

1334.

DE BENEDICTO PAPA ROMANORUM 203.

442 (675). Benedictus papa, qui et Iacobus de Far, abbas Cysterciensis ordinis sedit annis 9, mensibus duobus et diebus 8. Hic prius fuit presbiter cardinalis tituli Sancte Prisce et concorditer est electus in vigilia sancti Thome apostoli. Ipse decretalem edidit — in diebus suis, in qua ostendit animas mox a corpore separatas et ante corporum resurreccionem et ante diem iudicii pro meritis recipere premium boni aut mali. Iste restituit ecclesiis kathedralibus eleccionem archiepiscoporum et episcoporum. Herm. 251.

443 (670). In die sancti Clementis — quinque milia hominum absorbuit. Herm. 250.

444 (676). Otto filius regis Dacie — u. s. w. wie D — in castrum Segheberghe(1). v. Detm. 472.

1335.

445 (678). Marquardus episcopus — u. s. w. wie D — dominus Volradus. v. Detm. 473.

446 (677). Tunc venerunt in Lubeke solempnes ambasiatores et nuncii regis Romanorum Lodowici puta (Iohannes) — u. s. w. wie D — circa comites(2) nichil profecerunt. v. Detm. 473.

447 (682). Tempore auctumpnali venerunt — u. s. w. wie D — numquam fuerat visum(3). v. Detm. 473.

1336.

448 (683). Magnus rex Swecie — u. s. w. wie D — et reginam coronavit. v. Detm. 476.

1337.

449 (684). Comes Gulincensis cum aliis — u. s. w. wie D — nichil profecerunt. v. Detm. 479.

---

(1) in α folgt: 444a. Maximus ventus fuit in die Symonis et Iude. vgl. 82.

(2) Gerardum et Iohannem a. in α.

(3) in α folgt: 447a. Pluvia sanguinis fuit in Erphordia in regione Thuringorum Moguntinensis dyocesis, cuius rubicundissimas[b] guttas in panno albo et lineo collectas illis temporibus multi viderunt. Herm. 252.

---

a) de ordine Predicatorum a. in a.   b) clare a. in a.

1) In D § 662 durch eine nachricht aus Detmar ersetzt.   2) Aus Heinrich von Herford hinzugearbeitet.

450. Lodowicus rex pugnavit contra regem Iohannem Bohemie cecum et Lodowicum Ungarie propter terram Karinthie et vicit eos in prelio.

451 (686). Edwardus rex Anglie — *u. s. w. wie D* — secum abduxit.

452 (686a). Comes Wilhelmus de Henegow, Hollandie et Selandie obiit et reliquid heredem Wilhelmum filium suum. Qui Wilhelmus postea cum patruo suo domino Iohanne de Beamond venit in Lubeke, ubi honorifice multum receptus a civibus et per 4 dies in magnis solaciis exhilaratus, perfecit reysam suam in Pruciam, vadens contra paganos ⟨et⟩ cum saluto revertens.

453. Lodowicus rex Romanorum magnam tenuit curiam in Nurenberg, ubi ex comite Guliacensi fecit marchionem et ex comite Gelrie fecit ducem. Et hoc multum placuit regi Anglie, quia idem rex ⟨Anglie⟩ et Lodowicus[a] ⟨rex Romanorum⟩ et ⟨marchio⟩ Guliacensis habuerunt tres sorores ⟨in uxores⟩, filias comitis Hollandie, sorores iunioris comitis ⟨Hollandie⟩[1].

1338.

454 (688). Lodowicus rex[a] Romanorum curiam suam celebrans in Frankenvord, non coactus, sed sponte in presencia archiepiscoporum, episcoporum[b], principum[c] et ⟨turbe⟩ vulgi, se esse verum cristicolam per vere fidei confessionem protestatus est, dicens oracionem dominicam, ave Maria et symbolum, pro eo quod papa heresim sibi imposuerat.

455 (690). Rex Tartarorum — *u. s. w. wie D* — gentis sue conversione.

456. Magna discordia facta est inter reges Anglie et Francie. Lodowicus namque rex Alemannie presidium regi Anglie tulit, Iohannes vero rex Bohemie regi Francie fuit auxilio. Qui multa prelia committentes in[(1)] invicem, plura dampna sibi invicem intulerunt.

457 (691). Multitudo locustarum — sperare non possit.

458 (693). Principes ⟨terrarum⟩ puta duces — *u. s. w. wie D* — terrarum suarum inviolabiliter ubique servandam, eam iuramentis suis confirmantes, sex annis continuis duraturam. Ibique eciam plures alias solempnitates exercebant ⟨et exercicia militaria habebant⟩ in torneamentis et hastiludiis[(2)].

1339.

459 (696a). Eclipsis solis facta est in die sancti Kyliani[2] post vesperas aura serena[(3)].

460. Translacio sancti Petri martiris ordinis Predicatorum facta est in Mediolano.

461 (698). Comes Gherardus de Holtzacia interfectus fuit in lecto suo et capellanus suus et duo familiares sui.

462 (694). Comes Bertoldus de Henneberghe obiit in die cene. Hic obtinuit Lubicensibus a Lodewico rege[d] Romanorum, ut perpetuis temporibus facere possint monetam auream.

463 (705). Lodewicus marchio Brandeburgensis — *u. s. w. wie D* — quod Woldemarum filium regis Cristofori introducere vellent in regnum patris sui in Daciam, de

(1) *st.* in — intulerunt *a*: tandem in uno illorum preliorum Iohannes rex Bohemie occiditur, capto rege Francie.

(2) *st.* aliis factis militaribus *s. zu a.*

(3) *in a folgt:* 459a. Rex Anglie cum multis principibus Theutonicis et exercitu magno intravit Franciam et devastavit magnam partem Pykardie et libenter pugnasset cum rege Francie, sed pretextu de consilio regis Bohemie non obtinuit.

a) imperator *v.* b) ac aliorum prelatorum nec non *s. zu a.* c) comitum, baronum *s. zu a.* d) imperatore *a.*

1) *In B und D § 683 ersetzt durch Stücke aus Heinrich von Herford.* 2) *Nach Oppolzers 'Canon der Finsternisse' 1339 juli 7.*

quo iam diu expulsus fuerat per comitem Gherardum defunctum, quod eciam ad effectum perduxerunt. Perductus autem Woldemarus — receptus est ibidem a populo.

1340.

464. Rex Francie (Philippus) magnam classem navium transmisit in portum Flamingorum nomine Swen[1], ut ipsos Flamingos sibi subiugaret. Quod cum (Edwardus) rex Anglie percepisset, congregavit et ipse navium multitudinem copiosam et inopinate veniens irruit in Francigenas et preliabatur cum eis per diem et noctem. Et potitus triumpho rex Anglie interfecit circa 22 milia de Francigenis, interfectis de suis circa 4 milibus[2]. v. Detm. [illegible]

465 (707). Gens(1) Danica Iuthen dicta obsiderunt — u. s. w. wie D — irruentes in populum, interfecerunt de ipsis bundis, id est rusticis, ultra duo milia et ducentos. Inter quos — cum aliis duobus. Quos captos(2) rotaverunt. v. Detm. 697.

1341.

466 (697). (In opido Ghezeke Westphalie — [illegible] partem lesit.) Korn. [illegible]

467 (709). Woldemarus dux Sleswicensis captus fuit — u. s. w. wie D — magna summa pecunie. v. Detm. [illegible]

468 (710). Hinricus episcopus Lubicensis obiit[3] in 40. et sepultus est in choro sanctimonii, quem ipse(3) exstruxerat sicud et aulam episcopi solempnem. Et successit ei in sedem dominus Iohannes scolasticus(4). v. Detm. [illegible]

469 (711). Woldemarus rex Dacie — u. s. w. wie D — repertos, exceptis interfectis et submersis. v. Detm. [illegible]

470 (712). Civitates Lubicensis et Hamburgensis — u. s. w. wie D — in hac gwerra stare voluit[a] cum civitatibus, sed contra fratres suos dedit Lubicensibus castrum Seghe[illegible] — multa incommoda pervenerunt. v. Detm. [illegible]

1342.

471. Lodowicus marchio Brandeburgensis, filius Lodowici Bawari[b] imperatoris, tulit uxorem filii Iohannis regis Bohemorum[c], que separabatur ab eo vivente propter impotenciam coeundi, et duxit eam, nomine Margaretam, in uxorem, cum qua obtinuit totam Karinthiam. Propter quod ipse marchio (Lodowicus et Iohannes rex Bohemorum) et Karolus 4. (frater suus) discordaverunt per multa tempora, diversa prelia movendo. Sed postea tamen sunt concordati. v. Detm. [illegible]

472 (720). Papa Benedictus obiit in Avinione 9. Kal. Maii et [illegible] pro eius epithafio scribebatur: 'Iste fuit Nero — mero'(5). v. Detm. [illegible] Korn. [illegible]

(1) a. Gens — dicta a: Gens quedam in Dacia est nomine Iuthen. Hii venientes.

(2) 3 iam sic interfectos a.

(3) propriis sumptibus suis s. zu a.

(4) in a folgt: 468a. Qui statim post pascha dominica Misericordias domini consecratus fuit per archiepiscopum Bremensem et episcopos Zwerinensem et Razeburgensem[4]. Hic novus episcopus eodem die sue consecracionis consecravit et ecclesiam in sanctimonio, et copulavit in matrimonio duas filias comitis Iohannis de Holtzacia duobus fratribus dominis Nicolao et Bernhardo de Slavia[5]. apr. 22.

(5) in a folgt: 472a. Albertus dominus de Mekelingborch, iturus ad imperatorem, est captus in via in Thuringia a comite de Swartzeborch et detentus in vinculis per medium annum. v. Detm. [illegible]

a) so in A und a. b) Bawarii A. c) fratris Karoli 4. de Bohemia a.

1) *Het Zwin bei Sluys.* 2) *Siehe § 700 in der fassung B. In D durch die nachricht aus Detmar ersetzt.* 3) *Gest. 1341 märz 1. Ihm folgt Johannes IV. von Mul.* 4) *Burchard II. von Bremen, Heinrich I. von Schwerin und Volrad von Ratzeburg.* 5) *In D § 710a aus Detmar.*

v. Detm. 676. 473 (718). Lubicenses querimoniam fecerunt imperatori et marchioni Brandeburgensi, tutori eorum, de comitibus Holtzacie, qualiter defensarent raptores eorum et iniuriatores. Quibus miserunt imperator et marchio ducentos — *u. s. w. wie D* — ideo pacem fecerunt inter illos.

1342.

DE CLEMENTE PAPA 20[2]).

Korn. 205. 474 (721). Clemens papa[1], qui et Petrus Rogerii, niger monachus ordinis sancti Benedicti
*S. 183. magister in theologia sedit annis[a] 12, mensibus tribus et diebus 17. Hic primo
v. Detm. 687. episcopus Rothomagensis factus est cardinalis. Hic papa in publico consistorio — *u. s. w. wie D* — sicud prius.

Korn. 206. 475 (722). Tanta inundacio aquarum — alia domorum menilla deflexere(1).

v. Detm. 688. 476 (728). Erikus iuvenis dux Saxonie de Lovenborg spoliavit currus strate Luneburgensis — *u. s. w. wie D* — peccatum suum luet. Quo audito tres iste civitates una cum adiutorio ducis Alberti terram suam intraverunt — suspenderunt. Sed statim in 40. dux ille nobilis Albertus ab hac luce subtractus est.

Korn. 208. 477 (732). In Karinthia fuerunt — in eternum.

v. Detm. 690. 478 (737). Gens(2) Lyvonie, que Esthen nuncupatur, recedens — *u. s. w. wie D* — principibus paciebatur, se ad invicem collegit et faciens exercitum irruit super Teuthonicos et omnes tam viros quam mulieres interfecit. Habitavit autem — ibidem inventos occiderunt.

v. Detm. 691. 479 (739). (Albertus[2] episcopus Sleswicensis obiit in Lubeke et sepultus est in choro fratrum Minorum.)

v. Detm. 697. 480. (Eodem anno rex Dacie Woldemarus cepit castrum Kalingborg per tradicionem cuiusdam viri de Holtzacia.)

1344.

v. Detm. 699. 481 (743). Lodowicus rex[b] Romanorum tres habuit filios, scilicet Lodowicum marchionem Brandeburgensem, Stephanum et Romulum, et filiam, quam marchio Misnensis duxit in uxorem. Cum hiis tribus filiis suis et maximo populo venit — *u. s. w. wie D* — Rodolfum ducem Saxonie, marchionem Misne, lantgravium Hassie et de Saxonia, Westphalia et Reno plures dominos. Hii omnes — sed retrocessit cum suis. Totum autem istud — in uxorem dederat, filio regis Iohannis repudiato (propter coeundi impotenciam, ut supra dictum fuit).

1345.

482. Coniunccio maxima fuit trium superiorum planetarum 20. die mensis Marcii in aquario prima hora post meridiem[3]. Que coniunccio secundum astronomos et[c] medicos apostemata perniciosa et mortifera causabat et figurabat[d] esse futura et magnas pestilencias inductura per universum orbem.

Korn. 348. 483. Ignis cecidit — omnes obierunt.

1346. 484. Wilhelmus comes Hollandie — Marie Magdalene et cum toto illo exercitu intravit Frisiam occidentalem et periit ibidem ipse cum omnibus quasi. Nam trecenti milites ibidem

Korn. 206. (1) Fuit autem hec inundacio aquarum in die Marie Magdalene et circa. a. *zu* a.

Marz 12. (2) In die sancti Gregorii gens a.

a) annis X, mensibus 9 et diebus 27 a. b) *st.* rex Romanorum a: Bavarus imperator. c) *f. A.* d) causabant et figurabant *A und* a.

1) *Clemens VI. erwählt 1342 mai 7.* 2) *Helmbert gest. 1342 (mai 31); der nachfolger Albert II. stirbt schon 1344.* 3) *Diese stelle wörtlich gleich dem gutachten der Pariser fakultät vom oct. 1348. Vgl. Detmar 513 und die dortige note 4.*

interfecti sunt et quadringenti nobiles preter commune vulgus. Tunc Iohannes tutor terre Hollandie statim misit pro filiis regis Romanorum Lodowici, puta Stephano et Romulo, qui iure hereditario putabantur debere succedere comiti defuncto. Propter quod adhuc Hollandia est in possessione ducum Bawarie.

485 (734, 732a). In comicia de Marka[a] — derisit. Sed revoluto termino viro dei revelato, comes obiit et mercedem laboris sui recepit, pro eo quod opidum Mendene predictum ceperat (quod erat archiepiscopi Coloniensis) et tanta mala in ecclesiis dei perpetraverat. Korn. 564. I. 281. 1344.

486 (726). Reges Ungarie[1] et Bohemie et quam plures alii principes exercitum magnum direxerunt in terram Sarracenorum et ibidem existentes magna dampna eisdem intulerunt. Scientes autem Sarraceni, quod resistere non possent cristianis, fugam capientes presidium cuiusdam castri fortissimi pecierunt. Quod castrum cristiani vallantes eos in eo obsiderunt. Sed ab hac obsidione dolo et fraude amoti[b] sunt. Nam magister dominorum Prutzie de domo Teuthonica, ad rogatum forte principum Sarracenorum vel quia ipse forte malus erat cristianus, litteras regibus misit in obsidione positis in hunc modum: 'Noveritis domini reges, quod pagani nostras intraverunt terras in maxima multitudine et devastantes terras occidunt quotquot inveniunt homines. Si igitur quantocius nobis in auxilium non veneritis, perdemus omnem terram pariter et vitam'. Quibus litteris lectis mox obsidionem solvunt et in terram Prutenorum quantocius vadunt et statim deceptos se inveniunt. Convocantes autem commendatores terre et precipuos ordinis, ostenderunt eis litteras magistri sui. Qui se excusantes de decepcione facta, in signum sue innocencie cum adiutorio regum magistrum suum ceperunt et ipsum deponentes de magisterio (rotando) occiderunt. v. Detm. 656.

487 (740). Wilhelmus comes Hollandie cum Traiectum inferius obsideret[c], (prout supra iam habitum est) cives videntes se non posse resistere potencie domini taliter ipsum placaverunt. Nam bini et bini — auxilium prestare. Que omnia comes acceptans veniam eis contulit. Korn. 581.

1346.

488 (715). Edwardus rex Anglorum Franciam potenter intravit, eam undique devastando, et stetit ante civitatem Parisiensem 11 diebus. Postea iuxta Ambianas prelium inter regem Anglie ex una parte et reges Francie et Bohemie, Iohannem scilicet cecum, Navarre et Maioricarum ex alia parte commissum est. In quo rex Anglie eos vicit cum 24 milibus (habens ducem exercitus sui comitem Hinricum Holtzacie). Rex vero Bohemie, dux Lotharingie, comes Flandrie et comes de Altona, frater regis Francie interempti sunt gladiis (et rex ipse Francie captus est per dictum Hinricum comitem[d] Holtzatorum. Propter quam virilitatem omnes comites Holtzatorum in perpetuum censum recipiunt a rege Anglie annuatim quadringenta nobilia, ut dicitur). v. Detm. 662.

489 (746). Edwardo iam existente in Francia et ibi pugnante, rex Scocie venit in Angliam — *u. s. w. wie D* — de Anglia afferri fecit. v. Detm. 663.

490. In Terra Sancta ignis de celo in modum pluvie cecidit, qui ignis consumpsit ligna et lapides et cetera omnia que tetigit, et omnes homines, qui odorem fumi senserunt, mortui sunt. Qui vero fumum viderunt, odorem non percipiendo, ubicunque illi applicuerunt, pestilenciam hominibus et bestiis induxerunt[e, 2]. v. Detm. 661.

491 (749e). Erikus dux de[f] Lovenborgh emit castrum nomine Lynowe de nobilibus clientibus Scharpenberghe[g], pro quo eis dedit terram sitam iuxta Albiam, nomine Derzink. Quam terram cum predicti hovales (nobiles) intrassent, rapinis vacare ceperunt, aliud v. Detm. 665.

---

a) *f. A.* b) amoti *A.* c) per tres menses cum 63 milibus armatorum *a. zu a.* d) comite *A.* e) et similiter *a. zu a.* f) st. de Lovenborgh *a:* Saxonie. g) Scharpenberghen *a.*

1) *Ludwig I.* 2) *In D § 748 nach Detmar.*

consueverant de Lynowe. Propter quod Rodolfus dux Saxonie et dominus de Mekelingborg cum manu valida illam terram Derzink invadentes, gladio et igne eam ex integro sunt demoliti, fugantes raptores predictos de terra.

492 (749b). In carnisprivio eiusdem anni dominus de Mekelingborg tenuit curiam suam in Lubeke cum uxore sua, sorore regis Swecie. Ad quam curiam et solempnitatem venerunt filius Rodolfi ducis Saxonie et Hinricus comes de Holtzacia et plures alii nobiles, et tunc concordia et amicicia plena facta est inter Hinricum comitem Holtzacie et Lubicenses per dictum dominum[a] de Mekelingborg.

1347.

493. Rex Bohemie Karolus factus est rex post Iohannem patrem suum, qui antequam imperator efficeretur, vocatus fuit Wenzeslaus. In ultima autem ebdomada ante pascha, id est in bona quinta feria, papa in consistorio publice pronunciavit, Lodewicum non esse imperatorem nec debere amplius teneri pro imperatore, nec episcopum Moguntinum pro episcopo haberi. Post pascha vero statim in consistorio predicto declaravit, Wenzeslaum regem Bohemie fore regem Romanorum et filium comitis de Nassowe archiepiscopum Moguntinum, adhuc iuvenem. Sed nec principes nec civitates curaverunt de deposicione papali nec de excommunicacione ipsius, quia civitates magne Reni erant ei[b] voluntarie, quia pacificus[(1)] erat Lodowicus et multum ditatus in illa pace[1].

DE KAROLO IMPERATORE 96.

494 (752). Karolus[c] ⟨dictus[c] primo Wenceslaus⟩ filius Iohannis ceci regis Bohemie et comitis de Lutzelingborg[d], vivente adhuc Lodewico rege ad 14 annos, per papam Clementem promotus imperat annis 32[e]. Hic Wenzeslaus rex Bohemie ab episcopis Coloniensi et Treverensi ac a duce Rodolfo de Saxonia ducitur in Bunnam civitatem et coronatur in regem Romanorum, sicud papa prius[f] decreverat contra Lodewicum. Contra hunc autem electus[2] fuit comes Guntherus de Swartzeborg, qui postea intoxicatus obiit. Iste Karolus studium in Pragam ordinavit, Slavonicos monachos Prage instituit et eandem civitatem diversis ⟨officiis⟩ mechanicis ornavit. Ipse eciam marchiam Luzaciam et dominium[g] Swidenense sibi acquisivit, habens tres filios, scilicet Wenzeslaum cui cessit Bohemia, Iohannem cui cessit Luzacia et Sigismundum, qui factus est rex Ungarie propter copulacionem filie Marie Lodowici regis Ungarie, predecessoris sui.

495. Post mortem Wilhelmi comitis de Hollandia terra homagium fecit seniori sorori imperatrici, eo quod comes nec pueros nec fratres haberet.

496 (757). Woldemarus rex Dacie obsedit castrum Werdingborg in Lalande, volens Holtzatos, qui ibi erant ex parte Iohannis comitis Holtzacie, propellere. Quod cum comiti Iohanni intimaretur, mox congregans exercitum venit in auxilium existentibus in castro. Rex autem Swecie audiens hanc controversiam intercepit causam et ambas partes componens ordinavit sic, ut rex Dacie daret comiti Iohanni 8 milia marcarum puri argenti et ipse comes redderet regi terram illam Lalande. Quod sic factum est.

1348.

497. Principes isti, scilicet archiepiscopus Moguntinus, dux Rubertus de Bawaria, dux Erikus senior cum Eriko iuniore duce de Lovenborg[h] et marchio Lodewicus

(1) al. pacificus erat Lodowicus a: pacifici erant et precipue Lodowicus valde erat pacificus.

a) Albertum c. m a. b) eis a. c) dictus primo Wenceslaus am rand A; f. a. d) Lutzelburch a. e) 86 a. f) post A. g) ducatum Swydenensem a. h) Saxonie hier und öfter a.

1) In D § 733 nach Detmar. 2) Wol 1346 juli 11. 3) 1349 jan. 1.

Brandeburgensis, elegerunt Guntherum comitem de Swartzeborg Thuringum in regem Romanorum et duxerunt ipsum cum magna potencia super Moganam aqua contra Karolum regem Bohemie, iudicantes eum non esse regem Romanorum, qui ab electoribus imperii non esset electus, nec papam posse dare de iure regem. Unde Frankenvordenses intromiserunt ipsum in civitatem et homagium sibi fecerunt, similiter et alie civitates circa Renum.

498 (758). Albertus et Iohannes domini de Mekelingborg visitaverunt Karolum regem Romanorum et Bobemie in Praga, ubi duces ab ipso effecti ad propria cum gaudio remearunt. v. Detm. 543.

499 (761). Civitates Marchie receperunt unum (trufatorem), qui se dixit esse Woldemarum marchionem (antiquum) Brandeburgensem. Cui archiepiscopus Magdeburgensis, Rodolfus dux Saxonie et principes plures astabant auxilio et favore et presertim ille de Anehalt. Multi igitur homines interfecti sunt propter eum et multa bella commissa terraque vastata est. Tandem dominus Lodewicus marchio Brandeburgensis terram[a] resignavit fratri suo Romulo[b] Romano, qui natus fuit Rome, quando pater suus ibidem coronatus fuit. Qui Marchiam obtinens, ad ultimum ille pretensus et simulatus marchio, quem molendinarium vocaverunt, in Dessowe super Albiam[c] comitis de Anehalt in miseria mortuus est[(1)]. v. Detm. 541.

500 (762). Edwardus rex Anglie obtinuit civitatem Kalis, cum eam obsedisset per unum annum minus tribus ebdomadis. v. Detm. 511.

501 (763). Magister Iohannes Dannekowe astronomus scripsit amicis suis in Lubeke de causis pestilencie future et de proximo instantis, que primo incepit in ultramarinis partibus in Terra Sancta et circumquaque. Deinde venit ad partes Ytalie, ad regnum Apulie, post in Ungariam, post in Siciliam, post in Marsiliam et in Franciam[d], post in Angliam et Flandriam, deinde in Norwegiam et Sweciam, post in Daciam, Iutlandiam et Pruciam[e]. v. Detm. 542. 545.

502 (763a). Woldemarus rex Dacie venit Lubeke cum Eriko duce de Lovenborg. De Lubeke autem navigio iverunt in Pruciam, volentes ire contra paganos in pugnam; sed tunc temporis nullum bellum factum est, et ideo de Prutzia navigaverunt in Terram Sanctam. Ubi rex Dacie factus est miles apud sepulcrum domini ab Erico duce de Lovenborgh. v. Detm. 548.

503 (764). In Tzirenbergh opido — quelibet opera faciens. Habitavit autem dictum fantasma in domo cuiusdam civis in Cyrenberg et multa ministeria ei ac aliis hominibus exhibuit[(2)]. Herr. 270.

504 (767). Quidam de hovalibus (nobilibus) terre Holtzacie conspiracionem clam fecerunt contra comites Holtzacie, dominos suos[f], cupientes eos expellere de terra[g]. Quod percipientes comites collegerunt exercitum de fidelibus suis et venientes primo obsederunt Rensborg castrum, quod stabat Marquardo Westensee pro quadam pecunie summa, qui erat unus de conspiratoribus, et ceperunt illud. (Deinde[h] comes Hinricus obsedit v. Detm. 555.

(1) in a folgt: 499a. Terremotus maximus fuit in diversis mundi partibus evertens castra, villas et civitates in die conversionis sancti Pauli, sicut in Vienna, Venecia, Aquilegia, et Villa[1] penitus absorpta est cum terra adiacente, et 50 castra in Karinthia corruerunt[1]. v. Detm. 544. Jan. 25.

(2) De hoc mirabili et inconsueto homine, si fas est credi falsum homo, plura scribit Hinricus de Hervordia in capitulo de Karolo 4. etatum suarum. a zu a.

a) Marchie *e. zu a.* b) *auf rasur A;* domino Lodewico a. c) Mildam aquam a. d) Faranciam *A.* e) *etc. e. zu e.* f) *naturales e. zu a.* g) *aut exterminare e. zu a.* h) Deinde — iterum cepit illud *f. v., erst nur verwischt.*

1) *Villach in Kärnthen.* 2) *Vgl. auch die ausführliche beschreibung bei Konrad von Halberstadt, Forschungen zur deutschen Geschichte XX (1880) 295 und Heinrich von Herford 268. Vgl. § 530.*

castrum Lakeborg et cepit illud, quod erat eiusdem Marquardi. Post hoc obsedit castrum Wollorpe et iterum cepit illud.) Comes vero Iohannes et cives Hamburgenses obsederunt castrum Steghe, sed non poterant illud expugnare.

v. Detm. [illegible] 505 (767a). Eodem tempore Hinricus Bruktorpe et Ludolfus Scharpenberg ceperunt castrum Lynowe, de quo multis diversa incommoda intulerunt.

v. Detm. [illegible] 506 (774). In Datagio civitate Persarum aqua quedam innumeris repleta serpentibus et vermibus horribilibus replevit totam terram venenosis animalibus. Que vorantes semina et fructus quidquid tangebant inficiebant. Aquam autem illam quicunque tangebat, mox moriturus corruebat. Infra Carthaginem vero civitatem et Persyam pluit ignis, qui consumpsit civitates et castra et villas, lapides et ligna ac[1] homines. Ignis ille magnum fumum de se emittebat, et si quis odorabat, mox moriturus cadebat. Inter Kathaloniam etiam et Arrogoniam tres ceciderunt lapides de aere, quorum quilibet habebat magnitudinem magni modii. Homines autem illius terre receperunt unum de lapidibus illis et imposuerunt illum mulo et portaverunt illum domino terre illius pro magno portento.

v. Detm. [illegible] 507. Rex quidam Albeceau[a] nomine Tartarorum[b] fecit novam facere viam, qua nuncii et mercatores per compendium et directum ire valerent de regno suo ad civitatem Iannensem per desertum. Quam viam una dierum experiri volens rex, si congrue fieret, exivit cum suis pro spaciosa deduccione. Cumque iter continuasset per quatuor horas vel citra, ecce nuncius multum festinans post regem cursitavit. Quem cum attigisset, dixit: 'Domine mi rex, postquam exivisti domum tuam, decesserunt de uxoribus tuis (2) et omnes in civitate existentes subito moriuntur'. Quod cum rex audiret, obstupuit et ait: 'Voluntas dei est, ut cristiani efficiamur. Ex vindicta namque eius procedit[c] hec calamitas'. Unde statim mittens pro nobilibus suis et consiliariis, quesivit ab eis quid esset facturus. Quibus stantibus et hesitantibus, quale domino suo dent consilium, ecce navis de partibus Francie veniens indicat, mortalitatem maximam esse inter cristianos. Quod audiens rex mutatur in proposito, dicens se non velle baptizari, ex quo cristiani pre aliis gentibus in hoc non essent privilegiati[1].

v. Detm. 541. 508. Lodowicus rex Romanorum obiit[2]. De cuius morte diverse sunt opiniones. Quidam enim dicunt, ipsum intoxico mortuum esse, quidam vero dicunt, quod in venacione de equo ceciderit et sic lesus exspiraverit (2).

v. Detm. 544. 509 (775). Magnus rex Swecie exivit cum magno exercitu contra Ruthenos et veniens obsedit castrum Pekesar et expugnans cepit illud in sex ebdomadis. Quod captum bene cibans et fortificans cum quadringentis armatis ibidem dimissis, reversus est in Sweciam. Rutheni autem, audito regis recessu, venerunt in magna multitudine et applicatis instrumentis bellicis obtinuerunt illud, et interfectis fere omnibus, pociores captivos secum abduxerunt.

1349.

v. Detm. [illegible] 510. Flagellatores id est (3) Gheyselbrodere circuibant mundum et in plateis et locis publicis se flagellantes et crucem ante se deferri facientes, alta voce cantabant illud carmen, uno incipiente:

---

(1) al. ac homines a: viros, mulieres et parvulos.
(2) 12. die mensis Octobris a. m a.
(3) Cruceebroedere alio nomine a. as a.

---

a) Albeceam c. b) barbarorum c. c) inondita a. m a.

1) *§ 507 fehlt in B, ist aber dann in D § 743 wieder ersetzt worden durch einen abschnitt aus Detmar.* 2) *Gest. 1347 oct. 11.*

Wer de sunde butsen wille,
Lucifer ist eyn boze geselle etc.[1]

In hac secta erant episcopi, clerici et layci diversorum statuum et sexuum. Et duravit usque ad prohibicionem Romane ecclesie[2].

511 (775a). Guntherus de Swartzeborg electus rex Romanorum in potu a suo medico intoxicatur. Qui medicus cum pocionem regi preberet, ut sumeret, compulsus est a rege, ut credenciam sibi faceret. Bibens autem ipse, bibit et Guntherus, et ambo mortui sunt. v. Detm. 503.

512 (775b). Tunc reconciliati sunt Karolus rex et Lodowicus marchio Brandeburgensis. Electores autem principes duxerunt Karolum Aquisgrani cum uxore sua et ibidem ambo coronaverunt in die sancti Iacobi apostoli. v. Detm. 512. Juli 25.

513 (776). In[a] opido Hamelen — lecto decubuit. Huius autem facti causam nullus scire potuit nec scitur usque in presens nisi coniecturaliter (quod scilicet vermis quidam ibidem fuerit nomine basiliscus). Sept. [illegible]

514 (777). (In provincia Narbonensi quidam frater ordinis Minorum nomine Petrus Iohannis surrexit heresiarcha pessimus, oriundus de villa Ceriacum vocata Bituricensis dyocesis[3]. Hic maledictus frater Minor 50 errores docuit, propter quorum quemlibet incendio perpetuo dignus fuisset. Errores hii plenius patent in tercia parte Libri inquisicionis questione 15. Sed hunc hereticum pariter et doctrinam suam condempnavit dominus Iohannes 22., ut patet in constitucione 'Cum inter nonnullos'[4]. Hic fuit combustus Viterbii in habitu fratrum Minorum.)

515 (778). Pax bona[b] et concordia facta est et firmata a dominis[c] principibus sequentibus, puta ab Eriko duce de Lovenborg, a comitibus Holtzacie scilicet Hinrico, Iohanne et Nicolao ac Gherardo, nec non a civitatibus Lubicensi[c], Hamburgensi (et Luneburgensi). Vigore autem huius pacis Lubicenses cum adiutorio Hartwici de Ritzerowe, advocati ducis de Lovenborg, expugnaverunt castrum Hernstorpe, quod erat illorum de Taules[d], in quo interfecti sunt 16 raptores. Post hoc circa festum Iohannis baptiste vigore eiusdem pacis Erikus dux de Lovenborg, Iohannes comes Holtzacie et Lubicenses destruxerunt infra 10 dies subsequencia castra, videlicet Zechere[e], Nyendorpe, Borgarderstorpe, Lanken, Nannendorpe, Steuhorst, Kulpin, Gudowe et Roberg. v. Detm. 513. Juni 24.

516 (779). Non longe post cum domini predicti et Lubicenses vellent destructorum castrorum aggeres et valla solo equare, ne iterum alia castra et municiones ibidem reedificarentur, vadit advocatus ducis de Lovenborg cum 20 armigeris et uno fistulatore v. Detm. 514.

a) § 513 in c zu 1350. b) st. bona et concordia c: generalis terrarum. c) [illegible] d) [illegible] e) Zetkere A.

1) Bei Closener, Chroniken der Deutschen Städte VIII 107 lautet der anfang des entsprechenden liedes:

'Nû tretent herzu die bussen wellen.
Flihen wir die heissen hellen.
Lucifer ist ein böse geselle,
Sin mût ist, wie er uns vervelle,
Wande er hette das bech ze lon.
Des süllen wir von den sunden gon'.

Vgl. auch Alte hoch- und niederdeutsche Volkslieder, hrsg. von Uhland I 824: 'Leise der geisler'. 2) Vgl. Konrad von Halberstadt, Forschungen XX 294: Illis eciam temporibus flagellatores discurrunt per diversas terras diversorum statuum et condicionum; flagellabant enim se magni episcopi et alii clerici et laici usque ad Romane ecclesie prohibicionem. 3) Eymericus, Directorium 265: de villa que dicitur Serinianum diocesis Biterrensis', also Sérignan bei Béziers. 4) Extravagant. Tit. XIV Cap. IV (1323 nov. 12).

versus municionem (Galline)[a] nomine in terram Wittenburgensem. Cui cum appropinquaret, dixit existentibus in castro, quod Lubicenses venirent et destruere vellent castrum. Quod illi audientes relicto castro omnes fugierunt ad nemora. Advocatus autem videns castrum vacuum, ascendit ipsum et incenso eo combussit usque ad solum.

1350.

517 (780). Annus iubileus erat, in quo turmatim homines utriusque sexus et cuiuslibet status[b] Romam visitaverunt[1].

518. Pestilencia maxima viguit et desevit per universum mundum in apostematibus, de qua opinio erat varia. Nam quidam dicebant, quod ex infeccione foncium et aquarum a Iudeis facta, ut a servitute in qua sunt liberarentur, homines sic morerentur. (Sed oppositum illius opinionis constat ex hoc, quod et ipsi moriebantur eadem peste). Alii dicebant eam causari ex parte astrorum. Alii vero attribuebant eam ulcioni divine, sicud quidam frater Robertus nomine ordinis Predicatorum conventus Avinionensis ante annos 30 prophetaverat (ut supra[2] patuit).

v. Detm. 857. 519 (783). Erikus dux de Lovenborg, comites Holtzacie Hinricus scilicet et Iohannes[(I)], Adolfus comes de Schowenborg, Lubicenses et Hamburgenses unanimiter exeuntes obsiderunt castrum Lynowe, quod erat illorum de Scharpenberghe, ducentes secum sept. 6. diversa instrumenta bellica. Obsidio autem primo facta est dominica die ante nativisept. 29. tatem virginis, et captum est castrum ipso die sancti Michaelis. Lubicenses vero habuerunt coram castro de suis civibus mille et quingentos armatos, quos omni die cibabant (de expensis civitatis). Destructum est autem hoc castrum a civitatibus usque ad fundamenta[c], que eciam eruta sunt evulsa[d] de terra.

520 (769a). Hoc anno mortui sunt de pestilencia in civitate Lubicensi 90[e] mille hominum.

521 (769b). (Eodem enim anno dispositum erat pro ampliacione civitatis, sed diminucio tanti populi eam frustravit.)

v. Detm. 817. dec. 6. 522 (775). Circa[f] idem tempus ipso die sancti Nicolai Hartwicus de Ritzerowe, vir strennuus, advocatus ducis Saxonie (de Lovenborg), Hinricus Latowe[g] et[h] advocatus civitatis Lubicensis cum comitiva satis magna venerunt in terram Wittenburgensium et primo vallaverunt castrum Nyenkerke, quod erat illorum de Tzule[i], et combusserunt illud, occidentes in eo sex raptores (inibi inventos) et liberantes captivos. Deinde venerunt prope Kemmyn castrum et ceperunt illud igne consumendo et captivos liberando. Post hoc transtulerunt se ad castrum Tessyn, quod similiter destruentes[k] venerunt ad (quartum castrum nomine) Kussin, quod erat illorum de Stüken et destruxerunt illud. Has quatuor municiones[m] (fortes) destruxerunt Lubicenses in uno die, non relinquentes de[(II)] eis quidquam usque mane.

Korn. 584. 523 (784). (Hinricus comes de Darbre — Padelborne. Ubi dum essent Iohannes de Padberghe, Hunoldus de Plettenberghe et[3] comes de Redberghe latronum principes et alii — cum tota Hinrici de Hervordo[4] militis hereditate — de aliis nequam capitaneis.)

(I) et Nicolaus s. zu a.

(II) st. de — mane a: in eis quodcunque inconsumptum.

a) name in a ausgefallen. b) st. utriusque — status a: de statu omni utriusque sexus mirabiliter. c) fundamenta A. d) et avulsa a; evulsa A. e) so A und a. f) st. Circa — die a: Eodem anno circa festum. g) Lubowe a. h) f. A. i) Zuele a. k) et erat illorum de Zuele; destruens a zu a. l) Hec A und a. m) castriola a.

1) Vgl. fast wörtlich bei Konrad von Halberstadt zum gleichen jahre: Fuit annus iubileus, in quo turmatim in Romam iverunt de statu omni mirabiliter. Forschungen XX 295. 2) Siehe oben § 371. 3) Die lücke bei Heinrich von Herford ist also hier auch nicht ausgefüllt. 4) st. Thyderici de Heenrade bei Heinrich von Herford; so in allen fassungen geblieben.

524 (786). Woldemarus rex Dacie congregavit exercitum magnum contra ducem de Mekelingborg et alios dominos, qui fictum marchionem contra Lodowicum verum marchionem produxerant (de quo supra habitum est). Et veniens obsedit opidum Stratzeborg, quod mox expugnans intravit cum exercitu suo. Dux vero de Mekelingborg hoc percipiens insecutus est regem cum suis usque Stratzeborg et obsedit ipsum in opido. Intelligens autem dux (de Mekelingborg), quod Romulus filius Lodowici regis[a] Romanorum (defuncti) congregaverat exercitum ad subveniendum regi et Lodowico marchioni, fratri suo, recessit a loco obsidionis et vadens in occursum Romulo invenerunt se mutuo prope Odersbergh iuxta aquam, que Odera vocatur. Ubi congressi sunt ambo exercitus et preliati prelio magno. Sed dux de Mekelingborg obtinens victoriam captivavit circa quadringentos de nobilioribus exercitus Romuli; plures vero fugam inientes aqua profocati sunt. Romulus autem met quartus evasit manus inimicorum. Hec cum regi Dacie nunciarentur, consternatus valde de Stratzeborg recessit. Et amplius fortificatus auxilio ducis Stetinensis, processit in Marchiam et veniens ad opidum Vredeborg statim cepit ipsum. De quo ultra progrediens obsedit Berlin civitatem, ubi existens et civitatem oppugnans fecit multos milites. Dux autem de Mekelingborg cum suo exercitu post regem accelerans, invenit ipsum apud Berlin. At ubi cum essent uterque exercitus et ad pugnandum se aptarent, consiliarii utriusque principis in hoc convenerunt, ut eos simul componerent. Videbatur namque eis consulcius actum, si pax et concordia ferocitatem principum sedarent, quos tot trucidatorum calamitas plurimum exasperaverat. Conceptum igitur suum quilibet proposuit domino suo, et annuentibus illis ordinatum fuit negocium sub tali articulo, ut quidquid in proximo penthecostes festo rex Swecie Magnus cuilibet principum horum duorum faciendum diceret, in hoc quilibet contentus esse deberet. Et sic obsidio soluta est.

1351.

525. Iudei per universum mundum in cristianorum locis diversis modis interficiuntur propter intoxicacionem et infeccionem aquarum, que imponebatur ipsis (propter generalem mortalitatem hominum).

526 (789). Balco dux Swidenicensis, potentissimus in regno[b] Polonie, Karolo regi Romanorum rebellavit manifeste. Quem rex cum magno exercitu aggreditur. Qui tandem victus ede et tedio, graciam regis humiliter requisivit, quam tali pacto[c] a rege consecutus est, ut post mortem ducis prefati civitas Swydenicensis[d] cum omnibus ad eam spectantibus ad[e] dictum Karolum cum omni iure pertineret et non ad suos heredes[1]. Quod et factum est[2].

1352.

527 (790). Lancea latus Cristi perforans, brachium dextrum sancte crucis cum uno clavo, mensale Cristi, quod habuit in cena, gladius Karoli Magni, qui Gaudiosa dicebatur et quem ab angelo acceperat, ac ossa eiusdem Karoli cum multis aliis reliquiis a Nurembergh in Bohemiam sunt translata ac in Karlsteyn castro sunt recondita[3].

v. Detm. 448 · v. Detm. 619. E. 184 · mai 15. · v. Detm. 446 · Sum. 198

a) imperatoris a. b) provincia a. c) pacto a. d) Swedenensis a. e) a A.

1) Die urkunde bei Sommersberg, Scriptores rerum Silesiacarum I 863. OESTERLEY. 2) Vgl. fast wörtlich bei Konrad von Halberstadt zum jahre 1350: Dux Swidenicensis Balco nomine, potentissimus in provincia Polonie, Karolo regi Romanorum rebellavit manifeste. Sed dominus Karolus congregato exercitu magno contra istum in Poloniam processit ac eidem tanta dampna intulit, quod tandem victus tedio graciam regiae humiliter requisivit, quam tali pacto invenit, quod ammodo uxorem non duceret nec heredes procrearet, sed post mortem prefati ducis civitas Swidenicensis cum omnibus attinenciis suis ad dictum Karolum cum omni iure pertineret. Forschungen XX 235. 3) Vgl. auch Konrad von Halberstadt a. a. O.

528 (793). Karolus 4. Romanorum et Bohemie rex barones et nobiles ipsius Bohemie necnon cives Pragenses sibi rebelles per monachi Kogbelwides industriam et astuciam penitus sibi subiugavit. Hic frater Tydericus Kogbelwid, sic dictus, quia monachus erat Cysterciensis ordinis de Lenyn monasterio(1), fuit astutissimus hominum et(2) fuit apud imperatorem Karolum et rexit curiam suam gloriose, propter quod Karolus ipsum promovit primo in episcopum Myndensem et postea in archiepiscopum Magdeburgensem(3) 1.

1353.

aug. 10. 529 (791). Otto dux Luneburgensis, frater Wilhelmi, obiit in die Magni martiris 2. Qui cum eodem fratre scolas cum centum marcis argenti contulit monasterio sancti Michaelis in Luneborg.

[illegible] 530. Terremotus horribilis — de vita(4).

1354.

DE INNOCENCIO PAPA 207.

[illegible] 531 (792). Innocencius 3 papa, qui et Stephanus, episcopus Claremontensis sedit annis a 8 et diebus 16. Ille post episcopatum Claremontensem factus est episcopus Ostiensis — dari decrevit(5).

532 (795). Frater Iohannes de Rupetissa ordinis fratrum Minorum pseudopropheta

---

(1) iuxta Brandeborch sito in Nova Marchia, oriundus de Stendal civitate Antique Marchie *a. m. a.*

(2) *et. et* — Magdeburgensem *a*: factusque fuit ex promocione imperatoris Karoli primo episcopus Myndensis et post archiepiscopus Magdeburgensis.

(3) *in a folgt:* 528a. Karolus 4 cives Pragenses per quindenam ab egressu suarum domorum suspendit, eo quod pro quodam malefico capto et occidendo intercesserant 4.

[illegible] (4) durastique 24 diebus, subvertens 36 castra cum interitu hominum ducenta milium *a. m. a.*

(5) *in a folgt:* 531a. Iste ante papatum habuit capellanum multum sibi dilectum et in 7 ecclesiis beneficiatum, qui duxit nepotem suum ad papam, ut sibi beneficium aliquod largiretur. Tunc dominus papa tanquam vir modestus et iustissimus respondit: 'Tu habes septem bona beneficia, melius inter ea puero huic resigna'. Cumque videret ipsum de hoc consternatum et turbatum ait: 'Adhuc habes 6 alia, que tibi sufficerent, immo pauciora. Sed quia video te non esse contentum in 6, elige tibi de istis 6 tria meliora et ea tibi reserva. Cetera vero 3 sine condicione resigna, et illa dabo aliis clericis pauperibus'. Quod et factum est 5.

---

a) annis 7 et mensibus XI *a.*

1) *Dietrich Kagelwit 1353 märz 1 bischof von Minden, 1361 juni 20 erzbischof von Magdeburg.* 2) *Gest. 1352 aug. 19.* 3) *Innocenz VI. erwält 1352 dec. 18.* 4) *Vgl. den schluss des ausführlicheren berichtes bei Konrad von Halberstadt zum jahre 1352:* sic tamen eos penitenciavit, quod a domorum suarum egressu per quindenam integram suspendat. *Forschungen XX 236.* 5) *Die erzählung geht jedenfalls auf Konrad von Halberstadt zurück, der sie in Avignon hörte. Er berichtet zu 1363:* Audivi namque, quod Innocentius papa dictus, dum adhuc esset summus penitenciarius, habuit unum capellanum pre ceteris dilectum et in 7 ecclesiis beneficiatum, et cum idem dominus in summum pontificem esset creatus, capellanus predictus adduxit sibi suum nepotulum ad aliquod beneficium pro eo impetrandum. Tunc dominus papa tanquam vir iustissimus respondit: 'Tu habes 7 bona beneficia, melius inter ea isti puero resigna', et quando vidit istum de hoc consternatum, ait: 'Adhuc habes sex alia et tibi sufficerent pro expensis pauciora, eligas ergo de his tria meliora et alia sine contradictione resigna, que dabo tribus clericis pauperibus propter deum, celi et terre conditorem et omnium beneficiorum largitorem'. *Forschungen XX 237.*

voratus in Avinione est incarceratus propter errores suos, quos de anticristo* prophetando tenuit(3) 1.

1355.

533 (793a). Lodowicus(2) marchio Brandeburgensis et dux Bawarie fratri suo Romulo maiorem [illegible]
partem Marchie donavit, Karolo rege — sibi prestitit.

534 (802). Hinricus de Brunswik — aculeatorum armorum. [illegible]

1356.

535 (805). Karolus rex Romanorum — concrevit. Karolus igitur — per cardinalem (Ostiensem) [illegible]
ad hoc directum — sunt insigniti(3).

536 (806). Princeps Wallie de regno Anglie bellum habuit cum rege Francie v. Detm. 857.
Iohanne, et princeps potitus victoria regem captivum duxit usque in Burdeum et ab hoc loco in Angliam transvexit cum filio suo.

1357.

537 (806a). Cantus et divinorum celebracio restituuntur Hamburgensi civitati, qui- v. Detm. 871.
bus caruerat iam circa 40 annos.

538 (807). Primas Anglie, episcopus Armicanus[2] impugnavit religiosos Mendicantes de paupertate, volens ostendere, eos debere necessario laborare manibus ad victum acquirendum et nullo modo licite posse mendicare. Sed in probacionibus deficiens fuit arrestatus in curia et obiit ibidem(4) (5).

(1) in α folgt: 532a. Filius ducis Magni Brunswycensis recessit de ordine domus Theutonice[3].

(2) § 533 lautet in α: Karolus de tota marchia Brandeburgensi Romulum germanum Lodowici ducis Bavarie sollempniter infeodavit, quem tota terra cum magno gaudio recepit et homagium fidelitatis sibi prestitit.

(3) In via autem — confirmavit. α zu a. [illegible]

(4) anno domini millesimo trecentesimo sexagesimo primo. α zu a.

(5) in α folgt: 538a. Magna pestilencia viguit in diversis partibus. v. Detm. [illegible]

a) et aliis a. zu α.

1) Wesentlich ausführlicher bei Konrad von Halberstadt (Hannover, Kgl. Bibliothek hs. XIII 783 fol. 237 f.) zum jahre 1353: Quidam pseudopropheta, Iohannes de Rupetissa vocatus, in carcere Avin. (sanctissimi?) est inventus, qui despectus vel de suspectis habebatur, et a nonnullis viris litteratis reputatur. Hic incepit prophetizare de anticristo et de propheciis scripsit cuidam cardinali sic: 'Reverendissime pater et domine Wilhelme sacrosancte Romane ecclesie cardinalis. Ego frater Iohannes de Rupetissa ordinis fratrum Minorum provincie Aquitanie, Ruthenensis custodie et conventus Aureliacensis professor, quod anno domini MCCCXL in carcere profundi (!) luci clare datum fuit michi intelligere, quod ego anticristum et genus ipsius ac terram suam, antequam appareret, seculo revelarem. Factum est ergo eodem anno in mense Iulii circa festum Iacobi apostoli, cum essem vigilans in oracionibus meis in medio carceris, quod subito et incontinenti et in ictu oculi apertus est michi intellectus meus sic, quod de futuris eventibus multa intellexi. Primo igitur intellexi quod de semine Frederici imperatoris et Petri regis Arrogonie nasceretur anticristus proximus u. s. w. bis fol. 239: In intellectu tam futurorum dictorum submitto me ipsum et omnia predicta et omnes libros meos per me fratrem Iohannem de Repetissa (!) editos et in futurum edendos correccioni et iudicio sancte Romane ecclesie, et si aliqua non evenient, ut scripsi, volo ab omnibus vilis et cadaver peccator reputari'. Vgl. Forschungen XX 317 und die dortige anmerkung. Jöcher gibt an, dass Johannes de Rupescissa (Jean de la Rochetaillade) Franziskaner von Aurillac, custos am domcapitel zu Rodez und adrocat zu Aurillac war. 1362 wurde er verbrannt. Vgl. von ihm eine prophetie und ein 'Vade mecum in tribulatione' bei Edw. Brown, Fasciculus rerum expetendarum et fugiendarum II 494 f. 2) Richard Fitz-Ralph erzbischof von Armagh gest. 1360 nov. 16. 3) Vgl. Konrad von Halberstadt zum jahre 1352: Dominus Otto, filius Magni ducis de Brunswig, recessit ab ordine domus Theutonie, quem ad preceptum patris invitus, ut asseruit, intraverat u. s. w. Forschungen XX 297.

[illegible] 539 (808). Rex Arrogonie Petrus regio honore deposito humilem habitum ordinis fratrum Minorum induit.

1358.

[illegible] 540 (809). In Confluencia — filiam pulcram pariens contra consuetum cursum nature crines in omnibus locis puer viro debitos habere videbatur. Eodem anno — [illegible].

[illegible] 541 (812). In die sancte Walburgis mercatores Alemannie[1] transtulerant se de Brugis in Dordracum, ubi permanentes mercancias suas exercebant per tres annos propter quandam discordiam inter Flamingos et mercatores exortam. Sed in Lubeke hec discordia fuit sedata partim, sed consummata et terminata in Brugis per venerabiles nuncios Bernhardum de Oldenborg proconsulem civitatis Lubicensis et Iohannem Cordelitz proconsulem civitatis Thoronensis.

1359.

542 (816). Rex Anglie cum maxima multitudine armatorum Franciam intravit et obsedit civitatem Remensem. Que cum esset bene munita viris bellicosis de Alemannia, solvit obsidionem post mensem et intravit Burgundiam. Rex autem Francie, data magna summa pecunie, fecit pacem cum rege Anglie duraturam ad tres annos(1).

543 (816a). (Albertus dux Mekelingburgensis fit rex Swecie[2].)

1360.

[illegible] 544 (821). Cometa in oriente apparuit, quo disparente obiit Innocencius papa[a][3].

1361.

545 (815). Quidam frater ordinis Minorum nomine Arnoldus, de villa Preodii Ceritani[4] Urgillensis dyocesis, in diversos errores est lapsus. Tenuit namque, quod nec Cristus nec apostoli eius quodcumque habuerint in proprio vel communi. (Quod reprobavit Iohannes 22. et dampnavit tamquam hereticum dictum, ut patuit supra[5].) Tenuit eciam, quod nullus possit dampnari deferens ordinem sancti Francisci. Asseruitque constanter, beatum Franciscum omni anno semel descendere de celo ad purgatorium et inde eripere animas omnium illorum, qui illo anno defuncti in habitu sui ordinis (sunt sepulti et) ad purgatorium sunt missi. Huius autem erroris non solum assertores, verum eciam promunciatores publici in eodem ordine subsistunt[b].

546 (817). Sed hunc fratrem Minorem hereticum frater Nicolaus Emerici inquisitor ordinis Predicatorum ex iussu domini Urbani 5. in presencia Berengarii episcopi Urgillensis[6] dampnavit tamquam hereticum pertinacem et ipsius dicta dampnavit, hereticavit et reprobavit et omnes assertores hereticos fore censuit ac ipsum iudicio seculari tradidit degradatum. Per quod ultimo fuit combustus (ut hereticus pertinax).

1362.

DE URBANO PAPA ROMANORUM 208.

[illegible] 547 (825). Urbanus papa, qui et Wilhelmus, nacione(2) Provincialis sedit annis 9

(1) in a folgt: 542a. Estas in principio nimis frigida fuit et sicca, ita quod circa festum [illegible] beate Marie Magdalene avena meteretur; sed in fine fuit pluviosa nimis, ita quod circa [illegible] festum Dyonisii primo esset tempus metendi ordeum et frumentum.

(2) st. nacione Provincialis a: natus de Monte-Pessulano.

a) [illegible]   b) et nunc [illegible]

1) Vgl. Rufus bei Grautoff I 281. 2) 1363 mar. 30. 3) Vgl. Rufus bei Grautoff I 283 anm. 2. 4) Puigcerda, Podium Ceritanum in der diöcese von Urgel. Podii richtig im Eymericus; Preodii a. 5) Siehe oben § 401. 6) Berengar de Erill, 1371—1387. Vgl. Eymericus, Directorium 200: 'consultato primitus d. papa Urbano V. et demum Gregorio XI.'

et diebus 8[1]. Hic prius existens abbas Marsiliensis ordinis sancti Benedicti[1], multa[a] passus est propter ecclesiam. Nam missus ante papatum ad dominum Mediolanensem tamquam legatus, compulsus est ab eo commedere bullas, quas portaverat ab Innocencio, et exire civitatem cum comitiva publicarum meretricum[2].

1363.

548 (821a). Rex Dacie Woldemarus bellum navale agens cum civitatibus stagnalibus, recepit eis sex magnas naves[b], et filius regis in hac pugna tam graviter fuit percussus lapide, quod statim post hoc moreretur. Et sic treuge facte sunt inter civitates et ipsum ad tres annos. v. Detm. 544

549 (828). Circa 40. rex Anglie appropinquavit Parisius et ponens se prope civitatem, obsedit eam per quindenam, neminem permittens exire (vel intrare). Post octavas vero pasche idem rex transtulit se in Normanniam cum exercitu suo. Ubi cum terras devastaret, facta sunt tonitrua et fulgura horribilia, et perierunt fulmine percussi circa quadringenti fortes homines. Cum autem rex videret, manum dei pugnare contra se, iniit placita cum Normannis et Francigenis. Et firmata pace et concordia, rex Francie adhuc[3] in captivitate Anglorum existens datus est libertati et Parisius presentatus[4]. febr. 12 apr. 8

550 (829). Ecclesia maior sanctimonii in Magdeborg dedicata est a domino Thiderico Coghelwid archiepiscopo[c] eiusdem ecclesie[2].

551 (830). Comes Enghelbertus de Marka[d][5] magno cinctus exercitu armigerorum terram Wilant[3] destruxit incendio propter quoddam carmen satyricum sive reprehensorium, quod incipit 'Audiat Westphalia', in ipsius vituperium in Broma compositum.

552 (834). Gazophilacium, id est trezol, (dominorum de domo Theutonica) fractum est in Prutzia in castro Marienborg per pistores castri, et ablata est magna pecunie summa. Fractores vero evaserunt preter unum, qui comprehensus est in Goslaria civitate Hartonis, et tormentatus, ut socios proderet, descripsit unum adiutorem suum (et socium in furto). Dum autem de Prutzia quidam mitterentur de fratribus cum aliquibus familiis[e], ut per terras diversas fures quererent, venerunt quidam ex eis Goslariam; et audito[6] eorum negocio, dixit hospes, cum quo pernoctabant: 'Nuper quidam malefactor captus in hac civitate rotatus fuit, qui dum tormentaretur, confessus est furtum illum se fecisse et unum alium prodidit facti illius conscium, cuius talis fuit condicio et talis generacio'. Quo audito compertum est, eundem esse in eorum societate malefactorem. Quem statim comprehendentes perduxerunt ipsum in Prutziam et secundum demerita ipsum interfecerunt[f]. v. Detm. 534

(1) extra muros Marsiliensis civitatis s. zu α.
(2) in α folgt: 547a. Ipso die beati Marcelli pape grandis impetus fuit venti, qui magna et fortia edificia confregit. Jan. 16.
(3) st. adhuc — presentatus α: captus de Anglia liber Parisius assignatur.
(4) in α folgt: 549a. Karolo regi Romanorum et Bohemie in estate factum est homagium de Marchia in Berlin.
(5) 5. die mensis Septembris s. zu α.
(6) st. audito — malefactorem α: dictum est eis, quod unus ibidem nuper rotatus fuisset, qui illius furti se reum confessus fuisset. Mittentes autem pro illis, qui in famione illius rotati presentes fuerant, inventum est, quod unus de societate et familia illorum dominorum Prutenorum esse eis perguns esset ille, quem interfectus prodiderat.

a) obprobria s. zu a. b) navis A. c) 29. s. zu a. d) Marchia a. e) so A und a; vgl. D. f) plectentes occiderunt a.

1) Urban V. erwählt 1362 oct. 28. 2) Vgl. Gesta archiep. Magdeburg. SS. XIV 439. 3) Vieland.

1364.

553 (835). Karolus imperator[a] visitavit Urbanum papam 5. in Avinione et faciem eius vidit. Quod non erat factum ab anno domini 1216., puta a tempore Frederici secundi imperatoris.

554 (837). Quidam frater ordinis Minorum, lector conventus Magdeburgensis, dyabolica deceptus fraude titulo cristianitatis renunciavit et in eadem civitate Iudeos adiens ritum Iudaizandi assumpsit et circumcidi se fecit. Quod detestabile malum cum ad aures fratrum suorum pervenisset, contristati sunt valde tam de perdicione anime fratris, quam de indelibili confusionis[b] nota. Unde accedentes episcopum civitatis, obtinuerunt licenciam talem fratrem in villa Iudeorum capiendi et abducendi. Parantes igitur currum et circa ipsum ordinantes quatuor vel sex robustiores[c] fratres, una cum dicti archiepiscopi familia processerunt in Sudenborg suburbium dicte civitatis. Et intrantes Iudeorum villam, apostatam predictum execrabilem vi ceperunt et ligantes ipsum currui imposuerunt et abierunt. Cumque ad medium novi fori pervenissent et populus ad lugubre hoc spectaculum concurreret[d], advenit et predicti fratris soror carnalis, clamoribus miserabilibus aerem replens et deprecans germanum, ut penitenciam de peccato suo ageret et ad cristianum cultum rediret. Cui miser ille ait: 'Bona soror, sis consolata, frater tuus morietur bonus Iudeus'. Quod cum dixisset, mox cultellum produxit et cordi suo fortiter imprimens exspiravit. Sororem autem hec videntem subito tam horribilis visus invasit, ut quamdiu viveret signum horrende mortis fratris sui apud se deferret.

1365.

v. Detm. 883. 555 (839). Wilhelmus dux Luneburgensis obiit[1] et, quia heredem non habuit, elegit dum viveret[2] (in successorem dominii sui) Ottonem[3] ducem de Brunswik, qui erat dominus de Sangerhusen. Qui Otto rexit post mortem Wilhelmi (utrumque ducatum) satis magnanimiter.

556 (840). Albertus frater ducis Magni iunioris de Sangerhusen factus est archiepiscopus Bremensis[4]. (Hic postea incidit magnam infamiam, ut patebit loco suo).

557 (841). In civitate Lubicensi quidam erat iuvenis scolaris, qui hospicio receptus fuit in platea molendinaria. Hic quadam die sompno mirabili gravatus dormire incepit et[e] sompnium illud usque in diem alterum continuans, ab incolis domus quasi perditus quesitus, tandem in loco ubi dormiebat inventus fuit, scilicet in laqueari eiusdem domus.
v. c. 888. Cumque nec clamando nec movendo ipsum excitare possent, timentes ipsum fore extinctum, circa pectus suum tandem palpantes, manifestis indiciis spiritum vite adhuc in eo consistere cognoverunt per cordis mocionem et anhelitus sensibilem attraccionem et exspiracionem. Quid plura[f]? Puer ille in tali dormitacione usque ad septennium perdurans, omnes ad ipsum accedentes vertit in stuporem. Sed tandem peryodo soporis sui expleta evigilavit et per longa tempora postea cum hominibus conversatus fuit.

1366.

v. Detm. 885. 558 (853). Lubicenses habuerunt gwerram cum nobilibus[g] Holtsacie nomine Bókwoldere, et eos quasi (funditus) destruxissent (et exstirpassent), nisi composicio intervenisset. Demoliti tamen sunt et everterunt plures eorum municiones et castra ad eos pertinencia, puta Wydöle, Hennigstorpe, Snitrode, Swynekule, Schonekamp et Rebberstorpe.

a) rex a. b) a. confusionis nota e: confusione, que ordini suo ad hoc imminebat. c) robustiores A. d) turmatim occurreret a. e) a. et sompnium illud e: quem sompnum. f) a. Quid plura? e: Mirum in modum. g) hovalibus a.

1) Gest. 1369 nov. 23. 2) 1355. 3) Der name ist irrtum der quelle. Auch Detmar hat Otto. Vgl. Detmar 535 anm. 8. In der genealogie § 581 (866) gibt Korner den richtigen namen Ludwig. 4) 1361 jan.

559. Woldemarus rex Danie exiens Daciam non audebat manere (in proprio regno) v. Detm. 836.
propter furiam civitatum stagnalium contra ipsum conceptam, et pertransiens Luneborgh devenit (per Marchiam vadens) usque in Prisslaviam et ibidem hyemavit (respirans)[1] [1].

560 (846). Quidam puer nomine Iohannes venditus fuit Iudeis in Goslaria a quadam vetula. Qui manibus et pedibus a Iudeis truncatus, tandem extinctus est et sepultus in Porta Celi, quod est monasterium Augustinensium fratrum iuxta Wernighrode in pede Hartonis.

561 (847). Civitas Bremensis circa mediam noctem ferie sexte in ebdomada penthe- v. Detm. 837 maii 22.
costes per quosdam cives illius civitatis fuit tradita Alberto[2] archiepiscopo eorum et a suis capta et spoliata. Fertur quod protunc, cum domos pannicidarum spoliarent et diversos preciosos pannos tollerent, dixerit archiepiscopus: 'Numquid (karissimi) et ego habebo partem meam in illo panno, quem tulistis'. Tunc unus inveniens partem[3] modicam panni, qui vulgariter eyn stüde dicitur, continentem forte tres vel quatuor ulnas, proiecit in sinum archiepiscopi dicens: 'Accipite eciam et vos partem huius spolii in sortem vestram'. Post mensem vero, id est sabbato ante festum apostolorum Petri et Pauli, iuni 27.
de consilio prudentum et auxilio dominorum comitum Conradi de Oldenborg et de Delmenhorst civitas fuit liberata et expulsi sunt inimici. Traditores vero morte crudeli sunt interempti.

1367.

562 (848). Gherardus episcopus Hildensemensis bellum durum gessit cum Tiderico[a] v. Detm. 838.
archiepiscopo Magdeburgensi feria sexta post nativitatem virginis gloriose et victoriam[4] sept. 10.
obtinuit dictus episcopus Hildensemensis et cepit episcopum Halberstadensem Albertum et plures alios dominos et nobiles.

563 (854). Otto marchio Brandeburgensis[b] vendidit Karolo imperatori[c] Marchiam pro vili et exili precio, scilicet pro civitatibus Laufe et Herspruck[2] cum adiacenti territorio[d] prope Nurenberg. Que terra respectu Marchie erat sicud[5] lenticula Iacob ad primogenituram Esau.

564 (849). Dominus papa (Urbanus) visitavit Romam cum cardinalibus post pascha, v. Detm. 839. apr. 16.
quod non erat factum a tempore Bonifacii pape 8., puta in 65[e] annis, et ibidem Karolum 4. (secundario) coronavit in imperatorem (quia prius per cardinalem Ostiensem coronatus fuerat), et tunc augustus magnifice est salutatus.

565 (850). Rex Cypri apprehendit Tripolim et alias duas civitates a paganis possessas, v. Detm. 838. 840.
sed reversus in patriam a fratre suo interfectus est.

1368.

566 (851). In profesto sancte Praxedis virginis domicellus Cristianus et[6] dominus iuli 20.
Mauricius comites de Oldenborg, qui Mauricius decanus erat Bremensis, cum septingentis armatis apud Blexen a Frisonibus orientalibus crudeliter interempti sunt[3].

---

(1) hic α folgt: 559a. Capta fuit Alexandria a rege Cypri. v. Detm. 837.
(2) st. Alberto — eorum α: archiepiscopo suo, domino scilicet Alberto duci de Brunswik.
(3) st. partem — ulnas α: terminum cuiusdam panni continentem duas vel tres ulnas ad minus.
(4) st. victoriam — nobiles α: fuerunt cum archiepiscopo Magdeburgensi plures principes et nobiles, qui tunc omnes in bello succubuerunt et captivati sunt ab episcopo Hyldensemensi.
(5) st. sicud — Esau α: favilla et cinis.
(6) st. et — comites α: comes ac Mauricius nobilis.

---

a) Fogelwit s. m. a b) et Lusacie a. m. a. c) regi a. d) territoriolo a. e) 64 a.

1) *Nur in B entsprechend beibehalten, in D § 843 dann verarbeitet.* 2) *Lauf und Hersbruck.* 3) *1368 juli 20. Vgl. Detmar 837.*

567 (853a). Quia Iohannes Wittenborg (proconsul civitatis Lubicensis) missus ex parte predicte[a] civitatis cum exercitu(1) una cum exercitibus aliarum civitatum stagnalium contra Woldemarum regem Dacie perperam egit in commisso (et infideliter), fuit capite truncatus et graciose(2) fuit permissus sepeliri apud fratres Predicatores in urbe.

1369.

v. Detm. [illegible] 568 (863). Karolus imperator congregavit 70 milia pugnatorum et dominus papa (Urbanus) 30 milia contra dominum Mediolanensem. Qui exercitus maximum gravamen paciebatur a fervore estus[b] et penuriam habuit de aquis recentibus et victualibus equorum et hominum, et ideo libenter pugnassent, ut cicius eorum penuria terminata fuisset, quia vix tot mortui fuissent in prelio, quot fame extincti sunt. Sed imperator pugnare noluit, recipiens aurum et argentum in copia magna et recedens cum suis. Quod multum displicuit domino pape cum suis, licet alius non curaret.

v. Detm. [illegible] 569 (862). Excommunicata fuit secta Bagardorum et Beginarum ab inquisitoribus hereticorum, qui ad hoc deputati fuerant in Teuthonia a papa, quia multitudo (maxima) talium succreverat et specialiter in Erphordia. Et erant numero plus quam quadringente persone, que contra fidem senciebant.

v. Detm. [illegible] 570 (864). Civitates de Hansa, quarum Lubicensis civitas capud est, expugnaverunt castrum Kopenhaven in Selandia. Capitanei autem civitatis[c] Lubicensis (ad expugnacionem predictam perficiendam) fuerunt venerabiles viri Everhardus Murman[d] et Goscalcus de Attendorn.

Anm. 1. 571 (855). Alveldia civitas Saxonie in die omnium sanctorum in aurora a duce Ottone de[e] Leyna capitur, que ad episcopum Hildensemensem spectabat.

1370.

v. Detm. [illegible] 572 (871). Dominus papa (Urbanus) reversus est de Roma Avinionis ibique obiit[1] intoxico et sanctus dei reputatur.

v. Detm. [illegible] 573 (873). Pruteni et plures alii cristiani (conflictum[f] habuerunt cum paganis in Rudowe iuxta Koningesberge, et cristiani) de celo victoriam obtinentes, interfecerunt innumerabilem populum paganorum. Marscallus vero dominorum de domo Teuthonica nomine Schumekop ibidem interfectus est.

1371.

DE GREGORIO PAPA ROMANO 209.

v. Detm. [illegible] 574 (872). Gregorius papa, qui et cognomento Bellifort, sedit annis 7 et diebus 21. Iste in Avinione est electus (et consecratus), sed Rome obiit[2].

575 (876). Cives[3] Luneburgenses conspiracionem fecerunt contra Magnum ducem eorum iuniorem propter quasdam oppressiones, quas ipse et sui civibus et uxoribus[g] civium intulerunt. Unde in vigilia purificacionis beate Marie sub vesperis tamquam(3)

(1) st. exercitu — stagnalium a: aliis civitatibus stagnalibus.

(2) st. graciose — sepeliri a: sepultus.

(3) st. tamquam — commoranti a: castrum cum monasterio sancti Michaelis in monte supra civitatem sito versus occidentem ausu temerario tamquam sacrilegi ceperunt, destruxerunt et combusserunt, occidentes portarium in porta et militem castri custodem Sighbandum nomine.

a) Lubicensis a. b) estis A. c) civitas A. d) Morman a. e) st. de Leyna a: circa aquam Leu. f) conflictum — et cristiani ist z verschentlich ausgefallen. g) st. uxoribus civium a: civitatis.

1) *Gest. 1370 dec. 19.* 2) *Gregor XI. erwählt 1370 dec. 30, geweiht 1371 jan. 5, gest. 1378 märz 27.* 3) *Detmars bericht ist hier und im folgenden kürzer und abweichend. Dafür zeigt Rufus bei Grautoff I 298 eine verwandtschaft mit Korner.*

oratori cives castrum intraverunt, sub mantellis arma ferentes, et ipsum castrum ceperunt situm in monte, occidentes primo portarium castri, deinde militem castri custodem nomine Sigibandum, et ipsum mox destruxerunt una cum monasterio sancti Michaelis, quod in eo erat, quod nunc est intra civitatem. Antequam tamen istud attemptarent, ipsa nocte precedenti domino suo per nuncium pacem interdixerunt in Celle castro commoranti.

576 (880). Adveniente(1) igitur nocte 11 milium virginum eiusdem anni nobiles terre Luneburgensis, milites puta et militares, conglobati numero septingenti murum civitatis Luneburgensis scalis clam scanderunt et ipsam civitatem ingressi sunt, civibus adhuc dormientibus. Horum autem qui intraverunt capitanei fuerunt dominus Iohannes de Homborg et Sifridus de Salderen. Sed civibus expergefactis et congregatis, prelium cum eis habitum est, et interfecti sunt pociores de sic ingressis nobilibus ceterique omnes in captivitatem sunt ducti, ex quibus plures postea capite sunt truncati. oct. 21.

577 (884). Albertus dux Magnopolensis conflictum habuit cum Bukalao(2) duce de Wolgast prope Dampgarden. Cuius prelii potitus victoria Albertus (dux Magnopolensis) cepit (predictum) ducem de Wolgast et Wedekinum (Bugghenhaghen) cum multis aliis militibus et nobilibus[a], interfectis pluribus ex utraque parte(3). v. Detm. 155.

578 (884a). Wenzeslaus dux Brabancie, frater Karoli imperatoris intravit terram ducis Guliacensis cum(4) exercitu copioso, sed conflictu inito captus est cum omnibus suis a duce Guliacensi, et interfectus est ibidem Edwardus dux Gelrie. v. Detm. 156. * p. 187.

1372.

579 (884b). Karolus imperator ab Ottone marchione Brandeburgensi socero suo plene obtinuit Marchiam deditque ei 16 civitates et castra in Bawaria in recompensam[1]. v. Detm. 158.

1373.

580. Magnus dux Luneburgensis de Zangberhusen, pater dominorum ducum de Brunswik, Frederici videlicet, Bernhardi, Hinrici et Ottonis, occisus est in prelio in die sancti Iacobi apostoli[2]. v. Detm. 160. juli 25.

581 (888). Ut(5) autem horum genealogia plene cognoscatur, est advertendum, quod post obitum Ottonis ducis de Brunswik et Luneborg, qui obiit[3], ut supra habetur numero 1252, filii sui scilicet Albertus et Iohannes diviserunt terram, ut habitum est supra numero 1267. Et post huiusmodi divisionem dux Iohannes genuit illustrem principem ducem Ottonem, cui Lodowicus Romanorum rex Bawarus Mechtildem sororem suam

(1) § 576 lautet in a: Eodem anno in nocte 11 milium virginum Luneborch scalis ascenditur per dominum de Homborch cum 8 centenariis virorum robustorum. Qui cum omnes intrassent, fertur unus dixisse in muro sedens: 'Introitus vester fuit facilis, sed exitus vester erit valde difficilis'. Capti igitur sunt omnes et interfecti quam plures. Qui vero scripti alias fuerant et in libro civitatis sunt inventi, omnes sunt capite truncati.

(2) st. Bukalao — Wolgast a: duce de Wolgast et Wedekino de Bugghehaghen.

(3) et submersis, eo quod bellum gestum sit in ponte confluentis aque et in contiguis locis illius z. fu. a.

(4) st. cum — Guliacensi a: qui omnes captivati sunt et occisi a duce Guliacensi et Gelrie.

(5) st. Ut — cognoscatur a: Ad sciendum horum dominorum genealogiam et qui sunt veros dominos ducatuum Luneburgensis et Brunswicensis.

a) clenoitus a.

1) S. schon oben § 563. 2) In D § 587 ist diese nachricht dann durch stücke aus Detmar ersetzt. 3) Gest. 1252 juni 8.

copulavit [1] in uxorem, de qua idem Otto genuit nobiles principes Lodewicum episcopum Mindensem [2] et Ottonem ac Wilhelmum fratres, qui heu sine heredibus obierunt [3]. Et sic ducatus Luneburgensis ad predicti Alberti ducis [a] filios tamquam ad veros heredes devenit et primo ad Lodewicum ducem, filium ducis Magni senioris de Brunswik [4], cui dictus dux Wilhelmus filiam suam [5] ex apostolice sedis dispensacione desponsavit et copulavit; deinde vero, ipso duce Lodewico sine herede defuncto [6], ad ducem Magnum iuniorem fratrem suum, dictum de Zangherhusen. Qui ex supradicto Alberto duce, fratre supradicti ducis Iohannis, processerunt et sunt procreati. Postea [b] vero predicto duce Magno iuniore, nominato de Sangherhusen, fratre predicti ducis Lodowici, adhuc vivente, ex procuracione ut dicitur civium Luneburgensium ad Albertum ducem Saxonie (de Wittenberg), predicti Wilhelmi nepotem, deinde ipso duce Alberto sine herede defuncto, ad ducem Wenzeslaum, patruum ipsius ducis Alberti devenit. Quibus Karolus imperator 4. et Bohemie rex ducatum Luneburgensem tamquam ad Romanum imperium legitime devolutum(1) concesserat et donaverat [7], qui ambo miserabili morte obierunt sine heredibus. Alberto enim pes et crus integrum per machinam avulsa fuerunt in obsidione castri Riglink [c] et mortuus est, prout habebitur infra numero 1385; Wenzeslaus vero intoxicatus obiit [8]; et sepulti sunt in Luneborg. Et sic iterum ducatus Luneburgensis ad filios prefati ducis Magni iunioris de Brunswik et Luneborg, dicti de Zangherhusen, videlicet duces Fredericum, Bernhardum, (Hinricum et) Ottonem fratres tamquam veros ipsius ducatus Luneburgensis heredes devenit ex ordinacione divina et per victoriam, quam deus in Winzen super Alriam fluvium miraculose eis concessit, ut infra patebit numero 1388. Qui fratres iterum istos ducatus de Brunswik et Luneborg inter se diviserunt, ita quod dux Fredericus, qui erat natu senior, obtineret ducatum Brunswicensem, et duces Bernhardus et Hinricus Luneborg obtinerent cum civitatibus, castris, opidis, villis et vasallis cuilibet ipsorum ad partem deputatis. Dux autem Otto frater eorum factus fuit primo episcopus Verdensis et postea archiepiscopus Bremensis [9]. Hic Fredericus dux Brunswicensis postea interfectus fuit, ut habetur infra numero 1400. Et ita ducatus Brunswicensis (iterum) cessit duobus fratribus, Bernhardo et Hinrico, quia Fredericus decesserat sine herede masculino. Post(2) hoc iterum isti duo fratres Bernhardus et Hinricus ducatus istos inter se diviserunt, et tunc Bernhardus obtinuit ducatum Brunswicensem et Hinricus Luneburgensem. Qui Hinricus postea decedens [10] reliquit heredem filium suum Wilhelmum, ut infra patebit 1410.

1374.

v. Botho 248. 382. Consules et proconsules in Brunswik a vulgo civitatis capiuntur et quidam

---

(1) prout idem Karolus imperator pretendebat s. m. c.

(2) st. Post — 1410 a: Ex quibus liquide patet, illos modernos principes Bernhardum et Hinricum veros et legitimos esse heredes ducatus Luneburgensis, licet cives Luneburgenses oppositum dicant ex ignorancia; ymmo hii duces essent verissimi heredes ducatuum Bawarie, Saxonie, Westphalie et Austrie, in casu si Hinricus dux Leo magnus, eorum progenitor, predictis ducatibus et singulis per Fredericum primum Romanorum imperatorem eorum consanguineum non esset privatus, ut patuit supra numero 1160.

---

a) de Brunswik a. m. c. b) st. Postea vero c: Item actualiter quod postea. c) Rickling c.

1) *Mathilde tochter herzog Ludwigs des strengen 1288.* 2) *Seit 1324.* 3) *1352 aug. 19 und 1369 nov. 22.* 4) *Gest. 1369 juli.* 5) *Mathilde vermählt mit Ludwig 1355.* 6) *Gest. 1367 herbst.* 7) *Albrecht belehnt 1376, gest. 1385 juni 28.* 8) *Gest. 1388.* 9) *1388 und 1395.* 10) *Gest. 1416 okt. 14.*

eorum capite truncantur, quidam (exulant sive) exiliantur in perpetuum feria secunda apr. 17.
post Misericordias domini[1] [1].

583 (893). Comites de Defholt[2] et plures alii nobiles et milites[a] numero fere quingenti Aldenborg civitatem prope Frisiam[b] intraverunt nocturnis temporibus, per murum ascendentes versus castrum dominorum comitum de Aldenborg. Cumque antiquam civitatem ingressi essent, quidam ludentes taxillis hostium strepitum perceperunt, quorum unus cito currens campanam pulsavit et hostes adesse signavit. Ad cuius sonum cives excitati utriusque civitatis, mox supra domorum tecta conscenderunt et tectorum lapidibus avulsis impetum hostium et eorum progressum tam diu impediverunt fortissimis et gravibus iacturis et ictibus, quousque utriusque civitatis cives conglobati hostes extra antique civitatis valvam per pontes diversos propulerunt. At ubi utriusque partis agmina in campo plano consisterent, congressum aciebus dispositis fecerunt, et victi sunt comites de Defholt et interfecti a civibus cum pluribus aliis. Decanus vero Bremensis captus est cum pluribus nobilibus et presentatus Conrado comiti de Aldenborg, qui ipsum (castigando) docuit ire ad matutinas.

1375.

584 (893a). Tradicio quedam imposita fuit per quosdam bovales et nobiles dyocesis Hildensemensis super opido Honnover, sito in mirica Luneburgensi, sub tali forma. Conductus enim erat quidam nequam pecunia, ut in quatuor angulis dicti opidi ignem imponeret et impositum accenderet nocturno tempore. Quod cum fieret et[c] ignis arderet, cives ad extinguendum ignem absque dubio concurrerent. Quibus accurrentibus et pro extinccione flammarum sollicitantibus, inimici civitatem ascendere vellent in ea parte, ubi fratrum Minorum conventus est positus, et sic eam capere. Cumque sicud impositum erat fieret, divina ordinacione actum est, ut traditor ille caperetur. Qui cum tormentis (gravibus) torqueretur, ut impositorem facti proderet, dixit se esse conductum ad hoc malum perficiendum per quendam fratrem Minorem lectorem dicti conventus. Eductus igitur miser ad mortem non cessavit alta voce clamare, dictum fratrem esse causam mortis sue.

585 (894). In die sancti Valentini[d] consules in Northusen a communi populo capiuntur et in crastino post medium noctis multi eorum decollantur. Qui vero evaserunt, exiliati sunt et proscripti cum eorum uxoribus et liberis. febr. 14.

586 (895). Dominus Albertus, frater Magni ducis de Luneborg, archiepiscopus Bremensis accusatus fuit in claro et vulgo, quod genitalibus viri careret et loco eorum haberet muliebria genitalia. Propter quam infamiam extirpandam venit idem archiepiscopus in Hammenborg, ubi coram principibus et nobilibus ac consulibus civitatum Lubicensis, Hammenburgensis et Bremensis examinatus, inventus est vir esse. v. Detm. 884.

587 (896). Sed quia ista examinacio iudicialiter non erat facta, ideo secundo compulsus est ostendere virilia sua et probatus iterum inventus est vir ut prius. v. Detm. 884.

588. Karolus imperator cum imperatrice venit Lubeke in die 11 milium virginum, in cuius comitiva erant archiepiscopus Coloniensis (Fredericus et) dux Saxonie, dux v. Detm. 883. oct. 21.

---

(1) in a folgt: 582a. Inundacio aquarum fuit tam magna in Lubeke, et cum navibus pergeretur ad domum alteram, et intra civitatem navi oportebat uti, ut unus vicinus ad alium transiret.

(2) fratres et decanus Bremensis a. m. a.

---

a) clientes a. b) f. A. c) st. et — sollicitantibus a: et cives ad extinguendum accurrentes sollicitarentur tunc. d) et erat feria 5. a. m. a.

1) Deutscher bericht ist ausführlicher; er ist dann aufgenommen worden in D § 883.

Magnopolensis (Albertus et Otto) marchio Brandeburgensis ac plures alii barones et milites(1). Omnes(2) hii honorifice sunt recepti a civibus, antiquioribus proconsulibus frena eqnorum imperatoris et imperatricis tenentibus et in civitatem introducentibus. Fuit autem magna solempnitas peracta in predicta civitate propter dominorum presenciam in exercitacionibus militariis tam per nobiles et milites, quam per domicellos civitatis. Imperator autem non ingratus beneficiis variis sibi per cives et civitatem impensis, predictam civitatem libertatibus et privilegiis solempnibus decoravit, concedens graciose consulatui iura militaria ac recipiens in consulatu predicto existentes et omnes eorum successores in consiliarios suos et familiares imperii. Instituitque dictam civitatem
*E. 182. esse et fore capud omnium civitatum ad sacrum Romanum imperium pertinencium[1].

v. Detm. 685. 589 (899). Woldemarus rex Dacie obiit (in Seborg)[2]. Cuius uxor Margareta (filia Magni regis Swecie, cognomento Hake) post obitum viri sui Woldemari multis annis tria illa regna (strenue et astute) gubernabat.

1376.

v. Detm. 685. 590 (896). (Iterum dominus Albertus archiepiscopus Bremensis coram episcopis Zwerinensi et Ozíliensi[3] in civitate Sundensi ostendit, se habere virilia, iudicialiter vocatis in testimonium notariis publicis, presentibus prelatis cleri et religiosorum dicte civitatis.)

v. Detm. 686. nov. 13. 591. In nocte sancti Bricii maximus erat ventus, qui excussit in civitate Lubicensi superiorem[a] partem turris beati Iacobi apostoli ecclesie et transvexit eam[b] usque ad cimiterium Spiritus sancti[4].

v. Detm. 686. 592 (905). Wenzeslaus filius (Karoli) imperatoris Aquisgrani coronatur in regem Romanorum (vivente adhuc patre et strenue ad plures annos imperium regente).

v. Detm. 686. 593 (904). Erphordia civitas Thuringie obsidetur a marchionibus Misne, in quorum exercitu erant Karolus imperator et regina, uxor eius, et filius suus Wezeslaus[c] ac plures alii principes et barones, Adolfo de Nassowe archiepiscopo Moguntino in civitate existente. (Causa autem huius dissencionis et litis fuit) quia marchiones (Misne) fratrem eorum Lodowicum in archiepiscopum Moguntinum subrogare nitebantur contra predictum Adolfum; sed non prevaluerunt(3).

594 (904a). (Albertus dux Saxonie, qui ducatum Louenburgensem vivente adhuc Magno

(1) nobilesque matrone et virgines a. zu a.

(2) st. Omnes — pertinencium a: Hii omnes honorifice et sollempniter fuerunt recepti. Antiquiores namque proconsules civitatis Lubicensis pedestres duxerunt equos imperatoris et imperatricis in manibus frena tenentes. Meliores et diciores iuvenes et mercatores civitatis, vestibus omnino similibus ad hoc factis induti, equestres obviam dominis processerunt. Mulieres quoque et virgines, festivalibus vestimentis amicte, in introitu portarum stantes letis[d] vultibus principes receperunt, totusque clerus, vexillis et crucibus obviantes, cum benediccionibus dulcedinis adventantes dominos excipientes conduxerunt. Imperator igitur tanti honoris non immemor nec ingratus beneficiis in hac urbe Lubicensi perceptis, proconsules et consules eius honoris vocabulo nominans dominosque appellans pluribus vicibus, ipsos et civitatem eiusdem privilegiis dotavit et decoravit, quibus sollempniores imperii civitates, puta Roma, Venecia, Pisa et Florencia dotate existunt, cum hoc eciam eorum antiqua privilegia et libertates in omnibus roborans et confirmans.

v. Detm. 684. (3) in a folgt: 593a. Magna dissencio fuit in Lubeke inter consules et cives, sed sedata fuit et sopita.

a) magnam a. b) turris peciam una cum lignis et plumbo a. c) Wenzslaus rex Romanorum a. d) letibus a.

1) In B und D § 897 wesentlich aus Detmar übernommen. 2) Gest. 1375 oct. 24 zu Gurre auf Seeland. 3) Marquard Beermann von Schwerin und Heinrich III. von Oesel. 4) In B und D § 908 unmittelbar aus Detmar entlehnt.

duce Luneburgensi et Brunswicensi sibi usurpaverat, obsedit non hoc anno, sed ante 4 annos immediate transactos castrum Horborg[1], in suo habens exercitu dominos episcopos Merseburgensem et Brandeburgensem[2], item Wenceslaum patruum dicti Alberti ducis Saxonie et Nicolaum comitem Holtzacie. In castro vero existentes viriliter se defensabant, quousque alimenta eis defecerent. Dominus vero Magnus dux Brunswicensis et Luneburgensis verus obsessos liberare volens, venit cum mille et quadringentis armatis prope obsidionem. Quod intelligens Albertus dux Saxonie cum suis ad arma cucurrit et ad pugnam se disposuit; sed Magnus dux animositatem pariter et multitudinem inimicorum formidans, exercitum suum movit et abcessit. Quod ut viderunt in castro obsessi, desperantes de sua liberacione placita inierunt cum hostibus et se ac sua salvantes, ipsum castrum duci Saxonie tradiderunt. Antequam tamen hoc fieret, fur quidam in exercitu ducis Saxonie deprehensus fuerat, quem machine imponentes in castrum ipsum proiecerunt clamantes yronice, quod si carnes recentes in castro non haberent, quod tunc de fure illo vescerentur.)

595 (903). Anklem civitas periit incendio et due civitates in Flandria, puta Casant et Osburg[3], submerse et destructe sunt per inundaciones aquarum. v. Detm. [illegible]

1377.

596 (907). Papa Gregorius transtulit se de Avinione in Ytaliam propter civitates plures, que se averterunt ab ipso. v. Detm. [illegible]

597. Lubicenses miserunt (Karolo) imperatori in obsidione Dannenberg occupato sexcentos[a] viros armatos et duas machinas cum omnibus requisitis, quibus (imperator) cepit (et expugnavit dictum castrum) Dannenberg et Lachowe et plura alia castra. Capitanei Lubicensis exercitus fuerunt (venerabiles viri) Symon Swertingh et Gherardus de Attendorn[4]. v. Detm. [illegible]

598 (911). Capitulum Lubicense, defuncto suo pastore[5], elegerunt decanum Lubicensem nomine Clenedenst in episcopum. Qui cum iret ad curiam pro sua confirmacione et veniret in Pragam, innotuit ei, quod papa iam de episcopo providisset ecclesie Lubicensi, qui esset frater ordinis Predicatorum nomine Nycolaus[6]. Quod cum perciperet, retrocessit. Nicolaus vero ille veniens receptus fuit per capitulum, sed non diu mansit in episcopatu illo, eo quod papa sibi providerat de ecclesia Misnensi, quia ipse Misnensis erat et fuerat[b] prior (conventus) Lipzensis ordinis fratrum Predicatorum. v. Detm. [illegible]

599 (913). Domini de Prutzia[c] de domo Teutonica intraverunt cum maximo exercitu terram Lithuanorum. Quod rex eorum Allegericus audiens processit eis obviam et industrius existens tali cautela contra eos usus est. Invitavit namque marscallum superiorem et alios commendatores cum pocioribus ad tentoria sua, ut commederent cum eis, pacem interim firmantes ad invicem. Cuius invitacioni cristiani annuentes et dolum non formidantes, paucos circa victualia et alimoniam relinquendo ad convivandum venerunt. Pagani vero interim se congregantes, cristianis nescientibus, cum impetu in custodes tentoriorum et victualium irruerunt et illis interfectis omnia, de quibus sustentari debebant, abduxerunt. Quod cum regi et cristianis convivantibus nunciaretur, indignatus rex, sed fraudulenter, peciit hoc sibi non imputari. Cristiani vero in proposito frustrati ad propria cum confusione reversi sunt. v. Detm. [illegible]

---

a) 60 a. b) alias a. m. a. c) sive a. m. a.

1) *Harburg 1371.* 2) *Friedrich II. von Hoym und Dieterich von der Schulenburg.* 3) *Kassand und Oostburg.* 4) *Vgl. Rufus bei Grautoff I 307. In B und D § 917 unmittelbar aus Detmar.* 5) *Bertram Cremon gest. 1377 jan. 6.* 6) *Nicolaus I. Ziegenbock wird 1379 wahrscheinlich Bischof von Meissen.*

600 (914). Rex vero Ungarie eodem anno terram Ruthenorum ingreditur (cum forti exercitu) et expugnavit 5 castra fortissima et inferens eis maximum dampnum cum victoria regreditur.

1378.

DE URBANO PAPA 210.

601 (918). Urbanus papa, qui et Bartholomeus, nacione Neapolitanus sedit annis[a] 11 et diebus 20. Iste prius fuit archiepiscopus Barensis et Rome electus est in papam[1]. De isto prophetatum est: 'De inferno natus es, ad infernum redibis et infernus te exspectat'. In sua eleccione erant Rome congregati 16 cardinales, qui venerant cum Gregorio[b] papa Romam. Alii vero cardinales remanserunt in Avinione.

602 (830). Woldemarus rex Dacie (qui iam mortuus est ante tres annos[2]) cum magna navium classe applicans insule Vemeren, ipsam obtinuit et expugnavit[3]. In huius quidem regis exercitu quidam erat Danus[c] armiger Petrus nomine, potens et dives. Hic cum suis regem apud Vemeren dimittens portum maris Wismariensium apprehendit, ubi quandam navem onustam preciosis mercimoniis de Lyvonia venientem repperiens, eam cepit et spoliare bonis suis totis viribus temptavit. Quod ut Wismariensibus innotuit, mox ipsi deo et sanctis martiribus Processo et Martiniano (quorum dies erat) votum fecerunt, quatinus si prosperitate eis favente inimicos suos devincerent, ipsum diem perhenniter solempnisare vellent in dei et predictorum sanctorum gloriam et honorem. Eo voto sic expresso[d], naves suas conscenderunt et applicantes inimicis ipsos cum dei adiutorio vicerunt et captivaverunt ac in civitatem suam secum duxerunt. Cumque omnes numero fere ducenti turribus et aliis custodibus essent commendati, dictus Petrus Dacus capitaneus cum uno milite, socio suo, in cellario, ubi iam vinum pro[e] quandoque solet trahi, vinculis fuit constrictus et satis humaniter tentus. Die igitur quadam, cum custodem carceris mero inebriasset in tantum eciam, ut apud se dormitare cepisset, ipse claves cippi circa latus ipsius pendentes secreto sibi abstulit et vincula sibi socioque suo solvens, sese liberos fecit. Solutis igitur pedibus eorum, cum miles ille Petri Dani socius surgeret et transire vellet, invenit ad transeundum se impotentem. Quod ut vidit supradictus Petrus, ipsum dorso suo imposuit et exiens cellarium ianuamque silenter claudens cum eo abcessit. Cumque custodibus civitatis, quia nox erat, obviaret, quesierunt quis ipse esset et quid portaret. Quibus Petrus ait: 'Bonus sum socius et virum porto ebrium, quem usque ad aquas ferre et in eas proicere, ut sobrius efficiatur, propono'. Dicentibus autem eis quod eum iuvare vellent, respondit ipse quod solus ad perficiendum hoc sufficiens esset, et sic dimissis eis pervenit ad portam civitatis. Ubi mox casu parvam navem inveniens, elapsus est de manibus eorum. Ex hac igitur victoria, quam Wismarienses de hoc Dano Petro habuerant, versum est in proverbium, quod festum sanctorum supradictorum nuncupatur festum Petri Dani in predicta civitate Wismariens.

603. (Dominus Conradus fit episcopus Lubicensis, domino et fratre Nicolao translato de episcopatu Lubicensi ad Misnensem episcopatum.)

604 (931). Karolus 4. imperator et rex Bohemorum obiit in vigilia sancti Andree in castro Pragensi. (Cui successit Wenzeslaus filius suus in regno).

1379.

DE WENZESLAO REGE ROMANORUM.

605 (932). Wenzeslaus[g] filius Karoli (4. imperatoris) rex Bohemie regnat[h] annis 21.

a) annis X et mensibus XI c. b) Xl. c. re c. c) Dacus c. d) expresso A. e) al. pro — trahi c: trahitur. f) al. ad — impotentem c: se tre nullo modo posse. g) § 605 in c nach § 633. h) imperat annis 20 c.

1) Urban VI. erwählt 1378 apr. 8. 2) Siehe oben § 589. § 602 ist in D zu 1364 eingerückt. 3) 1358.

(Sed quia imperiali benediccione caruit, ideo in numero imperatorum non ponitur). Hic patri suo in omnibus dissimilis fuit et fuit magnus mari potator et ut plurimum ebrius, vesanus et lascivus. Nec apposuit rempublicam augmentare, sed semper in deliciis existens pro imperiali[a] corona non laboravit. Studium Pragense non fovit neque dilexit, sicud pater ipsius fecerat. Multa homicidia in clericis[(2)] graduatis et non graduatis, in civibus, in nobilibus et laycis commisit. Lictorem nomine Hensel pro compatre habuit[(3)]. (Uxorem propriam ad lupanar publicum prostitutam[b] ire coegit). Hic multociens intoxicatus extitit, sed inde mortuus non fuit (dyabolo forte pro suo instrumento ipsum conservante).

606 (915). Dux Austrie[1] (Wilhelmus) cum multis aliis nobilibus, habens exercitum duorum milium armatorum, perrexit in Prusiam contra Lituanos. Et prosperum successum habens, plures interfecit inimicos Cristi et plura castra destruxit et civitates vastavit. v. Detm. [illegible]

607 (916). Pro eodem tempore domini de Lyvonia (de domo Teuthonica) contra eosdem Lituanos exeuntes, victoriam (solempnem) de eis habuerunt. v. Detm. [illegible]

608 (927). Robertus Gebonensis tituli Sanctorum Apostolorum cardinalis, Petrus tituli Sancti Laurencii in Lucina cardinalis, Geroldus tituli Sancti Clementis cardinalis, Petrus tituli Sancti Eustachii cardinalis horrendum scisma in ecclesia dei fecerunt et scandalosum cum eorum complicibus. Nam Urbano papa restringere et artare incipiente cardinales ad religiosam et regularem vitam, hii prenominati Anagnie se recipientes in terra Honorati Gaytani comitis Fundorum, Robertum Gebenensem in antipapam elegerunt, sumentes pro occasione, quod non libere sed coacti a Romanis Urbanum elegissent, et ipsum Clementem 7. nominaverunt. Qui Clemens antipapa Avinionis se locans, consencientibus regibus Francie et Castello, indissolubilem errorem in ecclesia dei seminavit. Quod quidem scisma ab illo tempore, quo incepit, duravit[c] usque ad annum domini 1417[d]. Clemens vero antipapa sedit annis 16, post quem elegerunt anticardinalem Petrum de Luna in antipapam et illum vocabant Benedictum 12[e]. (Qui usque ad unionem generalem vixit, indurato animo eidem resistens usque ad obitum suum). v. Detm. [illegible]

609 (933). Pilleus tituli Sancte Praxedis presbiter cardinalis[2] missus est ab Urbano papa[f] in Alemanniam. Qui postea apostatans ab Urbano papa[f] excommunicatus est. Urbano vero defuncto tempore Bonifacii 9. ad graciam receptus venit Romam.

610 (935). Flagellatores[(8)] ibant in Franconiam prope Nurenberg, sed Pilleus cardinalis eos destruxit et fugavit.

611 (937). Dominus Urbanus papa[f] tradidit regnum Neapolitanum Karolo de Pace, qui captivavit reginam eiusdem regni et captivam eam tenuit usque ad diem obitus sui. v. Detm. [illegible]

612 (922). Tidericus comes de Marka[g] congregans magnum exercitum obsedit civitatem Tremoniensem volens capere eam, sed civitas viriliter se defendens, exercitus comitis nichil profecit[(4)]. v. Detm. [illegible]

---

(2) *st.* clericis — commisit *a:* civibus Pragensibus et aliis commisit, doctorem iuris Hennigum nomine, nacione Bohemum, aquis Multavie de ponte Pragensi suffocari precepit.

(3) Sermones Theutonicales per totam civitatem Pragensem fieri prohibuit. Bentzler[3] castrum fundavit et aliud in Wissegrad. *a. m. a.*

(8) id est goyncIbrudere *a. m. a.*

(4) *in a folgt:* 612a. Maxima pestilencia viguit in Darbato, ita quod vix sexta pars civitatis superstes fuerit illius pestilencie. v. Detm. [illegible]

---

a) benediccione sua *a. m. a.* b) *so A und B.* c) iam *a. m. a.* d) 1416 *a.* e) undecimum *a.* f) 6. *a. m. a.* g) Marchia *a.*

1) *Albrecht III.* 2) *Pileus de Prata, erzbischof von Ravenna.* 3) *Bettlern.*

v. Detm. [illegible] 613 (937a). Magna plaga vermium erat inter Nurenberg et Babenberg. Nam aer plenus erat brucis et erucis, et cinifhes volabant in tanta multitudine, quod radii solares vix apparerent. Quam plagam magna secuta est pestilencia.

v. Detm. [illegible] 614. Flamingi graves persecuciones et iniurias mercatoribus irrogabant, propter quod 4 proconsules 4 civitatum mittebantur ex parte universitatis mercatorum in Flandriam ad civitatem Bruggensem, ut si quo modo possent, Flamingos et mercatores concordarent. Nuncii isti fuerunt venerabiles viri Iacobus[a] Plescowe ex parte Lubicensium, Everhardus Wistrate ex parte Tremoniensium, Iohannes Cordelitse ex parte Thoruniensium et Ludolfus Goldensted ex parte Hamburgensium. Sed Flamingi protunc comitem Flandrie dominum eorum expulerant de terra, ideo illis malis implicati Flamingi, nuncii mercatorum nichil agere poterant.

1380.

615 (939). Berlin civitas in Nova Marchia igne consumitur, ita ut vix sex domus incombuste remanerent. Quem ignem dicitur imposuisse quidam nomine Erikus Valke, quem postea quidam interfecerunt conducti ad hoc precio. Cuius caput ponebatur ad valvam, de qua itur versus Odersberg[(1)].

v. Detm. 637. 616 (940). Lodowicus rex Ungarie obsedit Venecias et in tantum eos angariavit, quod se sibi subdere voluissent ad tempus vite regis illius; sed rex illam subieccionem perpetuam esse volebat. Compulit tamen eos cum adiutorio ducis Austrie[1] et domini de Padua[2] ac Ianuensium[b], ut omni mense stipendiariis regis darent cencies mille ducatos et quod mutarent sigillum suum nec amplius se scriberent dominos maris et quod sibi traderent Torvis[3] et marchiam et omnes expensas suas et suorum solverent.

v. Detm. [illegible] 617 (941). Maxima pugna facta est iuxta Blowasser a Ruthenis et Tartharis et occisi sunt ex utraque parte 400 milia hominum. Rutheni vero victoriam obtinentes cum maxima preda sunt reversi. Sed cum iam securi esse viderentur, ecce subito Lithuani vocati in auxilium Tartarorum irruerunt in Ruthenos et percucientes spoliaverunt eos, predam eorum diripientes.

618 (943). Magna pestilencia viguit in Lubeke et obierunt circa 8 milia hominum (utriusque sexus).

v. Detm. [illegible] 619 (944). Clemens antipapa quendam dedit episcopum ecclesie Darbatensi nomine Heket[4]. Quem domini de domo Teuthonica Lyvonie foventes, auxiliabantur ei, ut 4 castra sibi subiugaret; sed ad illam intencionem hoc faciebant, ut per illum episcopum totam dyocesim acquirerent. Capitulum vero alium elegit[5] in episcopum nomine Tidericum de Damerowe. Qui confirmatus per Urbanum 6. fugavit alium de partibus, fretus auxilio archiepiscopi Rigensis[6], civitatis Darbatensis ac tocius terre.

1381.

620 (949). Fredericus dux Brunswicensis, cum adhuc iuvenis esset et solus esset in castro Vulfesbotele[c], absente duce Ottone, qui ipsum quasi pro nichilo reputavit et quasi scutiferum tenuit, et advocato castri in taberna[d] existente, arripuit claves porte de manibus custodis, viri antiqui, et pontem elevans ipsum sera firmavit. Vadensque ad carceres vinctos eripuit de clausuris et cum eis menia castri munivit. Misitque

---

v. Detm. [illegible] (1) in a folgt: 615a. Secunda discordia orta est in Lubeke inter cives et consules, sed terminata est cum pace.

---

a) Iohannes a. b) Ianuencium A. c) Wulfelbuttel a. d) ante castrum A. in a.

1) *Leopold.* 2) *Franz.* 3) *Treviso. Friede 1381 aug. 24.* 4) *Albert Hecht 1378 gegenbischof.* 5) *Dietrich II. Damerow erwählt 1378 dec. 21.* 6) *Johann IV. von Synten.*

statim pro Brunswicensibus et illis venientibus castrum aperuit et eos[a] intromisit. Sicque ipse cum fratribus suis ad paternam hereditatem pervenit, Ottone duce ultra silvam depulso[1].

621. Magister(1) de Prutzia[2] cum magno exercitu intravit terras Lithuanorum et veniens obsedit castrum magnum et forte Avenpil[3] nomine. Quod dum cepisset, invenit in eo circa 4 milia hominum utriusque sexus. Quos omnes interfecit a maximo usque ad minimum et castrum ipsum igne consumpsit. Quo destructo processit ad aliud nomine Dirsunenbus, quod vacuum inveniens ipsum combussit. Pro eodem tempore magister Lyvonie[4] exercitum eduxit contra Zametos, de quibus circa octingentos interficiens accepit spolio circa mille et quadringentos equos et plura alia clenodia[5]. v. Detm. 871.

622 (937). Papa (Urbanus) coronavit Karolum de Pace in die penthecostes in regem Neapolitanum, qui in die sancti Bartholomei vicit Ottonem ducem Brunswicensem(2) cum 7 principibus captis cum eo. v. Detm. 871. juni 2. aug. 24.

623 (952). Melchior episcopus Swerinensis, frater Ottonis ducis Brunswicensis et regis Neapolitani, obiit[b]. Hic[6] Melchior intoxicatus a suis clericis interiit. Nam clerici quidam invidentes ei, ipso in Rostok civitate existente et ad sundum versus Swerin se disponente, medonem(3) intoxico mixtum, quem libenter bibere consueverat, sibi propinaverunt. Qui medone gustato iter versus Swerin cum suis arripiens, inflammari multum incepit, eo quod venenum bibitum agere inciperet. Veniens ergo ad portas opidi Butzowe invenit mulierem cum fragis venalibus sedentem a premissis intoxicatoribus premissam et conductam. A qua cum(4) dictas fragas emeret et cum aviditate sumeret, venter eius intumescere cepit et tandem pre tumoris magnitudine crepuit, propter quod mox cadens spiritum efflavit. v. Detm. 872. c. 1381.

624 (952a). (Cui[c] successit in sedem dominus Iohannes Iunghe canonicus Swerinensis)[7].

1382.

625 (953). Clerus civitatis Breslaviensis eicitur de civitate a civibus, consenciente Wenzeslao rege Romanorum et Bohemie, et omnia bona ipsorum diripuerunt. v. Detm. 873.

626 (954). Papa pacificavit Adolfum de Nassowe, sibi archiepiscopatum Moguntinum dimittendo; Lodowico vero episcopo Babenbergensi providit de patriarchatu Ierosolimi- v. Detm. 873.

(1) § 621 lautet so a: Domini de Prucia cum magno exercitu intraverunt terras Litwanorum et venientes obsederunt castrum magnum et forte nomine Avenpil. Quod dum ceperunt, invenerunt in eo circa 4 millia hominum virorum et mulierum. Illud castrum igne ex toto consumpserunt, occidentes in eo quidquid vivebat. Castro illo destructo, ultra processerunt ad aliud Dirsunenbus, quod vacuum invenientes ipsum combusserunt. Eodem tempore domini de domo Theutonica de Lyvonia exercitum eduxerunt contra Zametos, de quibus circa 700 occidentes acceperunt in spolia circa quatuordecim centenaria equorum et plura alia clenodia.

(2) prout dicebatur per tradicionem a. ru a.

(3) potum puta medonem Rostoccensem a.

(4) st. cum — efflavit a: cum aviditate dictas fragas emeret, cum eas avidius devorasset, propter ventris tumorem nimium crepuit et exspiravit.

a) st. eos intromisit a: resignavit. b) übergeschrieben A. c) § 624 in A am rand; f. a.

1) Vgl. Rufus bei Grautoff I 317 anm. 3. 2) Winrich von Kniprode. 3) Novopole. 4) Wilhelm von Frimersheim. 5) § 621 fehlt in B und ist erst wieder in D § 836, jedoch aus Detmar, aufgenommen. 6) Die folgende nachricht fehlt bei Detmar. 7) Johannes Junge ist der electus des § 619; der papst ernannte Johannes Potho v. Pothenstein.

tano et de archiepiscopatu Magdeburgensi. Qui postea in Kalvis super consistorio, ubi chorizaverat, fracta cervice interiit.

v. Detm. 877. 627 (955). Lodowicus rex Ungarie, Polonie et Dalmacie in Cirnach civitate Ungarie sept. 11. obiit circa festum sancti Lamberti [1]. Et supra domo, in qua moriebatur, stella perlucida visa fuit. Hic adeo devotus erat, ut horas canonicas cottidie psalleret. Venecianos sibi subiugavit. Ipse habuit uxorem nomine Elizabeth, sororem regis de Bossen [2], ex qua genuit duas filias, scilicet Mariam, quam duxit Sigismundus, filius Karoli imperatoris, cum qua obtinuit regnum Ungarie, sed cum multo sanguine et gravibus expensis, ita ut Marchiam, quam pater suus sibi hereditaverat, Iodoco marchioni [a] Moravie avunculo suo obligaret; et Hedewigem, quam desponsaverat pater eius Wilhelmo, filio Lippoldi ducis Austrie postea a Sweytzer interfecti, sed ipsam non obtinuit propter avariciam Polonorum, quia Polonia fuit Hadewigi a patre assignata, sed tradiderunt eam cum regno Vergel [3] duci Lithuanorum, qui baptizatus est cum multis Lithuanis in castro Krakoviensi [(1)].

v. Detm. 873. 878. 628. Kinstut rex Lithuanorum cepit castrum de Vilna cum tradicione. Hic eodem anno venit latenter in Prutziam iuxta Velowe et interfecit plures ac captivavit [4].

v. Detm. 874. 629 (956). Urbanus papa dedit ecclesie Swerinensi episcopum nomine Poto, et capitulum elegit alium, sed electus episcopus obtinuit castra et municiones. Datus vero episcopus iacens in Sundis excommunicavit electum et capitulum, ut vel sic ipsum reciperent; sed nichil profecit [5].

v. Detm. 875. 630. Episcopus Oziliensis [6] captus fuit a suis [b] et incarceratus in quadam turri. Qui postea inventus est in cloaca submersus; sed an in ipsam fuerit violenter proiectus, vel an in ipsam ceciderit voluntarie, ut sic captivitatem evaderet, ambigitur [7].

v. Detm. 876. 631 (959). Kinstut rex Lithuanorum terram exiens, filio suo Wichando commisit castrum Vilna custodiendum. Cives vero de Vilna magis faventes Yagail [c], filio Algardi fratris Kinstut regis, cucurrerunt unus post alium, ac si furem quendam agitarent, ad castrum et sic tali astucia plures eorum, quos [(2)] in castro invenerunt [d], interfecerunt; et statim mittentes pro Yagil, castrum sibi assignaverunt. Quod cum Kinstut rex perciperet, mox cum Sametis castrum nomine Drakken obsedit, volens illud capere, si posset. Yagil vero cum adiutorio dominorum de Lyvonia et cum civibus de Vilna patruo suo regi obviam veniens, cepit regem cum filio suo et eos in castrum Vilna inclusit. Ubi ut dicitur rex captivus existens, se ipsum in captivitate interfecit.

v. Detm. 878. 632 (963a). Cometa magnus apparuit, spargens flammas suas versus occidentem, qui secundum interpretacionem astronomorum significabat bella et interfeccionem [e] occidentalium.

633 (964). In civitate Lubicensi quidam erat hermafrodita [f], gerens se pro sacerdote et celebrans missam. Hic succubum in noctibus omnibus se exhibuit cum eo coire volentibus, in diebus presbiteriali officio et habitu utebatur, et hunc usum execrabilem multo tempore tenuit et exercuit. Sed tandem dei iudicio facinus illud ulciscente, productum est ad lucem diu occultatum peccatum [g] per [h] quendam fabrum [i], qui actus venereos pluries cum eo exercuerat. Capitur igitur predictus [k] miser et incarceratur [l] et examini

(1) in sacramento ipsamque obtinuit cum regno Polonie a. m. a.

(2) st. quos — interfecerunt a: in castro existentes interfecerunt omnes castri custodes.

a) marchione A und a. b) subditis a, m. a. c) Yagil a. d) venerunt A. e) interfeccionem multorum a. f) hermofrodita a. g) maleficium suum a. h) f. A. i) fabri discipulum a. k) st. predictus miser a: per civitatis lictorem. l) incippatur a.

1) Gest. 1382 sept. 11 in Tyrnau. 2) Tochter des königs Stephan von Bosnien. 3) Wladislaw Jagello 1386. 4) B giebt in § 950a diese nachricht genau nach Detmar. 5) Vgl. § 634 und die anm. 6) Heinrich. 7) In B und D § 958 durch die nachricht aus Detmar ersetzt.

exponitur, in quo presbiterum se non existere, licet multas celebrasset missas, confessus est. Inventus est eciam in eodem examine habere genitalia utriusque sexus membra, sed membrum virile invalidum, licet satis grossum. Et quia non sacerdos celebraverat et pro viro se gerens femineo more viris se supposuerat, iuste dampnatus est ad ignem. Unde eductus in habitu illo femineo, quo uti consueverat in noctibus, alligatus est pale kathenis ferreis et appositis lignis combustus est[1].

1383.

634 (965). Corpus[2] domini nostri Iesu Cristi inventum est sanguinolentum Wilsnaco tempore domini Tiderici[a] episcopi Havelbergensis[1] et domini Iohannis Kabus[b] plebani ibidem. Cui episcopo successit dominus Iohannes Wôpe medicus[2]. Ex[c] predicta corporis Cristi invencione factus est concursus maximus ab omni plaga mundi, et signa ammiranda[3] innumera racione illius visitacionis dominus operatus est in multis hominibus. Timeo tamen, quod modernis temporibus decepciones satis enormes circa idem sacramentum contingant, prout plures presbiteri, qui ibidem capellani extiterunt[d], professi sunt et confessi[e]. v. Detm. 575.

635 (966). Papa (Urbanus) propter multa gravamina Rome sibi (et cardinalibus) illata transtulit se Neapolis cum cardinalibus. Ubi eciam multa incommoda perpessus est a Karolo rege Neapolitano, quem ipse exaltaverat. Sed tandem illa amplius non sustinere valens, clam de Neapoli recessit cum cardinalibus ad castrum Lucerien[3], ubi Karolus ipsum obsedit usque ad victualium inopiam. v. Detm. 577. 580.

636 (967). Monasterium de Antiquo Hilghendal[f] (ordinis Premonstratensis) translatum est in civitatem Luneburgensem.

637 (972). Karolus de Pace rex Apulie[4] a regina Elizabeth Ungarie et a baronibus invitatur contra Sigismundum regem[g], ut regnum accipiat et regnet. Qui cum venisset et 32 diebus regnasset in Ungaria, penitencia ducti regina et barones, quod ipsum vocassent, ordinaverunt, ut a quodam Ungaro occideretur. Quod et factum est. Nam quidam[h] Ungarus ad hoc precio ductus ipsum in capite gravissime vulneravit in castro civitatis Bude; et sic captus cum impetu et in curru ductus in castrum Burgbelz[4], per potum intoxicatur et moritur et inhumatus mansit, quia excommunicatus ab Urbano papa extiterat. Ytalici vero omnes, qui cum ipso venerant, sunt interfecti. v. Detm. 581.

638 (947). Hinricus dux Magnopolensis obiit[i] in Swerin. Hic magnus persecutor[k] furum et[l] raptorum fuit, plures propriis manibus suspendens. v. Detm. 573.

639 (973a). Ymago crucifixi extra valvam urbis civitatis Lubicensis posita super quodam pylari, versa facie (ad patibulum) incepit stare et erecta, que alias depressam faciem (et inixam brachio) solebat habere. Contigit autem hoc prodigium, ut dicitur, v. Detm. 578.

---

(1) ac in cineres redactus in loco, ubi rotari solent latrones et interfectores, extra valvam urbis sic dictam a. m. a.

(2) st. Corpus — Wilsnaco a: Invencio corporis et sanguinis domini facta est Wylnak.

(3) st. ammiranda — hominibus a: stupenda ibidem contigerunt, que conscripta ibidem inveniuntur.

(4) quem Urbanus 6. exaltaverat et postea rebellem sibi comperiens excommunicavit a. m. a.

---

a) Hell a. m. a. b) Calvis a. c) st. Ex — invencione a: Ibi. d) publice a. m. a. e) ibi fieri a. m. a. f) Heyligendal a. g) previsum Ungarie a. m. a. h) quidam A. i) pro festo pasche a. m. a. k) et destruxtor a. m. a. l) latronum atque a. m. a.

1) *Dietrich II. Man.* 2) *Johannes III. Wopelitz aus Wilsnack erwählt 1385 aug. 15.* 3) *Lucera, ursprünglich Nucera, dann Luceria Christianorum genannt.* 4) *Die ermordung fand in Wischegrad statt.*

tali casu. Nam quidam suspendendus et innocenter morti addictus flexis genibus orabat coram illa ymagine (sicud omnes plectendi solebant) rogans deum, ut mors illa iniusta sibi inferenda esset ad remissionem omnium peccatorum suorum. Facta igitur hac oracione et recedente eo, ymago illa fertur capud suum levasse et respexisse post interficiendum; et in signum sue innocencie deus per illam ymaginem plura et valde magna operatus est signa et miracula.

1384.

640 (1004). Sigismundus factus rex Ungarie ab uxore sua Maria, filia regis Polonie contemptni habebatur et parvipendebatur in omnibus factis suis, et ipsa quasi rex
*c. 1011. omnia regni facta disponere nisa est, regis mandata frustrando. Quod ut regni proceres viderent, regem super hoc arguebant asserentes, regio honori non esse convenientem, mulierem principari viro tam industrio. Rex autem exacerbatus huiusmodi increpacionibus, reginam ad locum secretum recepit et ipsam viriliter castignns et[1], ut dicitur, calcaribus perurgens corpus eius laceravit. Quam quidem castigacionem regina amplius sustinere non valens, veniam a rege peciit et emendam promisit. Erant autem tunc temporis quidam de regni proceribus, qui regi insidiabantur et invidebant. Hii percipientes reginam sic a rege tractatam et correptam, estimabant reginam ob hoc regi indignari[2], a regina sciscitati sunt, an nocte proxime ventura rex ei condormire vellet, promittentes se velle vindicare iniuriam domine sue. Quibus ipsa affirmativam dedit[a]. Quo[b] habito disposuerunt se, ut regem sequenti nocte apud reginam interficerent, captantes oportunitatem. Regina autem (ut nobilis domina faciens et) interitum viri sui precavens, regem seorsum alloquitur dicens: 'Quia sancti apostoli doctrina instruimur, malum pro malo non reddere, sed malum in bono vinci debere, moneo te, ne hac nocte michi condormias, quia si hoc feceris, ab emulis tuis interficieris. Quesita enim sum, an mecum eris sequenti nocte, et respondi sciscitantibus quod sit, ut[c] sic eorum propositum experiar, quod contra te conceperunt'. Rex igitur gratus uxori, simulavit se mansurum apud reginam per noctem, et sero facto se occultans dilapsus est. Cumque in noctis silencio inimici sui se armassent et cameram regis vi rumpentes cum impetu cubiculum regis intrassent, invenerunt solam reginam in lecto simulatorie dormitantem, sonitum per nasum faciendo. Quod ut viderunt, confusi facti dixerunt ad invicem: 'Hec[d] regem procul dubio factum prodidit et regem abire permisit et ideo merito a nobis pro rege interficienda est'. Ad quod verbum unus eorum misertus regine dixit: 'Non potest hoc esse verum, cum in brevi rex eam crudeliter[e] tractaverit'[3]. Talibus igitur verbis aversi a proposito cubiculum exiverunt, nichil contra reginam temptantes. Mane autem facto regina, quod sibi contigerat, regi retulit et personas sibi insidiantes prodidit. Quos rex capiens omnes decapitavit et post illum diem uxorem suam valde diligens reverenter pertractavit.

v. Detm. 510. 641. Lubicenses construxerunt molendinum in Swartowe, faciendo cum hoc ibidem municionem satis fortem contra insultus inopinatos Danorum vel Holtzatorum.

---

[1] st. et — corpus eius ex calcaribus tamquam equum perurgens equitavit ac horribiliter corpus ipsius nudum.

[2] nescientes quod post illam castigacionem more scortorum ipsa regem tenerrime diligere cepisset. a. m. a.

[3] cadendo et calcaribus enormiter ledendo. Scio enim pro vero, quod ipsam et nos levaret, ut ipsam perimeret. a. m. a.

---

a) respondens quod sic a. m. a. b) st. Quo habito a: Quod ut illi audiverunt. c) ut sic f. A.
d) Meretrix hec a. e) crudelissime a.

642 (974). Eodem anno cecidit turris media ecclesie beate virginis in civitate Sundensi et[a] destructe fractoque sunt campano; nullus[(1)] tamen hominum lesus est in hoc casu, licet turris super ecclesiam ceciderit et eam comminuerit. v. Detm. 658.

643 (961). Opidum Ribbenitz quasi ex toto consumptum est igne preter monasterium Clarissarum et ecclesiam parrochialem paucasque alias domos. v. Detm. 659.

644 (975). Civitas[1] Lubicensis hoc anno tradita fuisset ipso die sancti Lamberti martiris, qui[b] erat in sabbato, et capta ac totum concilium interfectum fuisset per quosdam nequam et falsos cives civitatis eiusdem, nisi dominus deus de sua magna pietate aliter ordinasset et tradicionem impositam occulte manifestasset. Huius autem tradicionis impositores et inventores fuerunt quatuor cives, quorum nomina sunt hec: Arnoldus Synninghe varifex (id est huntmaker), Iohannes Calevelt pistor, Hinricus paternosterfex et Hermannus de Mynda (pistor). Hii nequissimi homines sue prodicioni hanc adhibuerant cautelam, ut cuicunque dicerent suam conceptum et intencionem, illum prius oportebat eis iurare ad sancta dei ewangelia, quod nulli viventi (quam diu viveret) hoc dicere vellet, quod ipsi sidem dicturi essent; et sic de omnibus mechanicis sibi quosdam attraxerant, qui nephandum eorum propositum cum eis se completuros promiserant. Disposuerant eciam ad extra cum aliquibus Holtzatis, quorum[(2)] capitaneus erat Ditlevus Godendorp, qui hoc idem opus practicabat inter militares[c] Holtzatorum cum eadem cautela (qua cives ad intra fecerant, puta cum recepcione iuramenti de non revelando factum cuicunque viventi). Qui numero quasi quadringenti iam venerant prope[(3)] civitatem eadem nocte, qua de mane civitatem debuissent cepisse. Manifestacio autem huius prodicionis, divina miseracione procul dubio ordinata, talem fertur habuisse processum. Erat quidam inter Holtzatos militaris[(4)], cui conceptus iste perniciosus revelatus fuerat sub iuramento prestito, quod nulli hominum viventi diceret (cuius nomen adhuc certitudinaliter ignoratur). Hic dei timore inspecto motus super tanta calamitate tam honeste civitatis ex piis visceribus, equum suum ascendit et in vigilia sancti Lamberti, que erat sexta feria, circa horam vesperorum civitatem intrans domum venerabilis viri Iohannis Persevale proconsulis pecilt, forte sibi magis familiaris (existens). Ante cuius domum cum venisset, equo descendit et eam ingrediens sciscitabatur, an dominus Iohannes Perzevale presens esset. Cui cum diceretur quod non, sed quod filius eius Iohannes adesset, ait: 'Vocetur ille ut veniat'. Ligaverat enim nuncius ille faciem suam, ne a quoquam agnosceretur. Filio autem proconsulis venienti ait vir ille: 'Vidissem libenter patrem vestrum, sed quia ad manus statim haberi non potest, contentus sum de vestra presencia. Date rogo michi potum, ut bibam, quia accelerando veni festinus de via'. Allato igitur vitro cum cervisia, inquit ille: 'Dico tibi vitro cum servisia et nulli homini viventi, quod nisi cautum fuerit et circumspecte impeditum ac custoditum imminens periculum huius civitatis, cras hora quasi octava civitas hec Lubicensis interius et exterius erit tradita et capta, et interficientur in ea totum concilium et sui fautores'. Quo dicto vitrum cum servisia ad

(1) st. nullus — comminuerit a: sine lesione tamen cuiusdam hominis hora quasi 6. de mane ante meridiem.

(2) st. quorum — Godendorp a: hovelibus nomine Godendorper.

(3) st. prope — cepisse a: ad locum constitutum, ut hora sic assignata civitatem intrarent ad capiendam civitatem.

(4) hovalis et nobilis genere, nobilior vero moribus et virtute a.

a) st. et — campano a: cum destructione campanarum. b) que A und B. c) hovales a.

1) *Detmar berichtet stark abweichend.*

parietem elidens, equum suum ascendit et portam civitatis expeciit. Iohannes autem hiis auditis protinus consistorium adiens, patrem suum vocavit et omnia per ordinem sibi que audierat recitavit. Que cum proconsul ille concilio insinuasset et illi negocium masticassent, cum maturitate nocte illa cum magno exercitu civitatem circueuntes custodierunt observantes, si alicubi congregaciones aut conventicula essent. Quos cum audiret sic equitantes et tumultuantes traditor ille Iohannes Calevelt pistor, subito de lecto surrexit credens, iam intrasse Holtzatos. Sed cum videret, quod consules essent et domicelli civitatis, attonitus valde fertur dixisse: 'O sanguis Cristi, nimis dormivimus diu'. Facto igitur mane captus est idem Calevelt (eo quod vehemens suspicio de eo haberetur). Qui statim confidens se reum, prodidit omnes complices suos, quorum primus erat Hermannus[a] de Mynda pistor, secundus vero Hinricus paternosterfex[b]. Quem quidem Hinricum cum tanta furia ceperunt, ut ductum ad domum lictoris eum in cellarium furum impetuoso proicerent et sic preter intencionem occiderent. (Quartus vero nequam, qui principalis huius mali erat inventor, puta Arnoldus Zynnighe lapsus de manibus civitatis evasit.) Fassione[(1)] igitur horum trium iam captorum plures fuerunt proditi et per consequens ut traditores rotati, sed isti tres principales fuerunt pre ceteris in 4 partes divisi viventes et ad 4 plagas civitatis in rotis positi.

v. Detm. 978. 645 (977). Magister Prutsie captivaverat[c] regem Lithuanorum nomine Wichandum, qui promittebat se cristianum (velle) fieri et baptizari. Cui cum magister predictus traderet[(2)] tria castra proxima terre sue, ut de illis terram suam sibi subiugaret (cristianus factus) et ad titulum cristianitatis suos compelleret, habitis castris illis omnes cristianos in eis inventos interfecit et castra ipsa incendio usque ad fundamenta consumpsit.

1385.

v. Detm. 984. 646. Alberto duci[d] Saxonie et Luneborg fuit unum crus integrum avulsum per machinam in obsidione castri Riglink[e], quod erat Tiderici de Manslo, de quo vulnere mox mortuus fuit[1].

v. Detm. 980. *f. 192. Jan. 2. 647 (968). Urbanus[f] papa cepit 6 'notabiliores[g] cardinales in crastino circumcisionis domini in castro Lucerieu. Qui compulsi penis fassi sunt, se malam voluntatem erga papam habuisse. De castro vero illo cum 10 galeys[h] deductus est a Ianuensibus Ianuam, ubi istos sex cardinales captos et vinculatos omni populo exhibuit in confusionem ipsorum.

v. Detm. 985. Febr. 15. 648 (978). Comes Virtutum[2] sequenti die sancti Valentini cepit Barnabo dominum Mediolanensem (maximum tyrannum) et in turri inclusit et sic dominium obtinuit, quia ille multa mala ecclesie fecerat et religiosis et presertim fratribus Minoribus, quibus babata fecit affigi pedibus tamquam equis, quia nimium per civitatem Mediolanensem discurrebant. Providit enim eis per hoc, quod calciamentis parcere possent (in suis discursibus).

---

(1) st. Fassione — positi a.: Et sic per confusionem et fassionem horum primo captorum plures fuerunt capti et rotati ac decollati de traditoribus, quidam divisi in 4 partes et ad 4 angulos civitatis positi sive plagas.
(2) sub hoc pacto ut cristianus fieret a. ra a.

---

a) Iohannes a. b) paternostermeker a. c) quemdam a. ra a. d) duce A und a. e) Rinkling a. f) Dominus a. g) nobiles a. h) galeis a.

1) *In B und D § 969 durch den bericht des Detmar ersetzt.* 2) *Johann Galeazzo Visconti, graf von Vertus.*

649. (Magnus dux Magnopolensis obiit. De cuius decessu non multum turbabantur civitates sibi subiecte, quia in necessitatibus suis nec fidem nec presidium in eo invenlebant[1].) v. Detm. [illegible]

650 (980). Magnum prelium commissum est inter reges Hispanie et Porthugalie. Nam rex Porthugalie accepit crucem ab Urbano contra regem Hispanie, qui Clementem (antipapam) defendebat, et pugnavit cum eo et interfectis quasi omnibus de parte regis Hispanie, vix ipse cum paucissimis evasit[(1)]. v. Detm. [illegible]

651 (981). Magister Pruthenorum de domo Teuthonica ingressus est cum omni virtute sua in terram Lithuanorum. At ubi venirent ad fluvium Nergan, obiecit se cristianis dux Stirgal cum magno exercitu, volens impedire transitum eorum per fluvium. Sed cristiani dei auxilio adiuti pertransierunt vadum cum salute, fugantes exercitum Lithuanorum. Ingressi igitur terram opulentam frumento et pecudibus, devastaverunt omnem illam regionem interficiendo quidquid inveniebant de hominibus, et perseverantes in tali exterminacione per 22 dies asportaverunt maxima bona. Interim vero ut cristiani essent occupati in depopulacione terre, Stirgal dux collegit maximam multitudinem Lituanorum et preoccupans vada, per que cristianos oportebat exire, magnis stipitibus et fossatis, prestolabatur eorum exitum. Qui cum egredi vellent[a] de terra cum rapinis et predis, invenerunt vias preclusas. Sed in domino confidentes viriliter se excusserunt de iugo paganorum et cum victoria sunt reversi. v. Detm. [illegible]

652 (982). In opido Anklem carnifices et pistores communitatem concitaverunt contra concilium suum, moti ex hoc quod de villis vicinis rurales apportare permittebantur carnes et panes, quia propter hoc ipsi depauperabantur. Unde conspirantes in invicem observabant, consulatum in toto esse congregatum in consistorio. Quo habito venerunt armata manu et fores consistorii vi aperientes in consulatum irruerunt et gladiis suis omnes occiderunt dempto uno, qui eo quod pridie uxorem duxerat, presens non erat. Sed cum furibundi de consistorio currerent, ipsum obviam in platea habuerunt. Ad quem unus carnifex rabido cursu prosiliit et cum fuste ad caput percuciens mox prostravit et interfecit. Interfecto igitur sic toto consulatu, occisores una cum aliis principalioribus[c] communitatis aliud concilium elegerunt et sedibus suis installaverunt. Propter quod nephas, licet satis grave esset, dux de Wolgast[2] dominus eorum quandam pecunie summam recepit et sic ipsum impunitum dimisit.

653 (983). Iudei magnam habuerunt congregacionem in Witsenvelt[d] terre Misne, et ad illam congregacionem, ut dicitur, venerant Iudei de omnibus mundi partibus et presertim de Ierusalem et Roma; et obtinuerant a principibus terrarum salvum conductum, ut secure venire et redire possent. Sed propter quid convenerant, sciri non poterat. Erat autem quidam pauper[e] nobilis degens circa castrum Ghevekensteyn prope Hallensem civitatem, qui ad se accepit quosdam eciam indigentes (hovales et) observavit reditum illorum Iudeorum. Qui cum pertransirent locum, ubi insidias posuerat, irruit in eos et plures interficiens, quosdam vero capiens spoliavit illos et omnia bona eorum[f] diripuit; valuitque spolium illud circa quinque milia marcarum. Cumque illi, qui subterfugerant manus eius, causarentur de illo nobili apud dominos Misnenses, et iste citaretur ad respondendum, quare salvum conductum dominorum prevaricatus esset, comparens respondit: 'Ex iure divino inimicus ecclesie et iniuriator illius gaudere non v. Detm. [illegible]

(1) in a folgt: 650a. Woldemarus rex Danorum de corpore migravit[3].

a) vellm A. b) insidiis a. c) capitalibus a. d) Witzenvelts a. e) hovalis a. f) tam virorum quam mulierum s. [illegible] a.

1) In B und D § 870 nach Detmar. 2) Boguslaw VI. 3) Gen. 1378 ...

debet emunitatibus et libertatibus ecclesie ejusdem, sed nec dei inimicus securari potest ab homine. Et sicud inimicus domini mei terrestris et naturalis est inimicus meus, sic (multo magis) inimicus dei (mei), qui est celestis dominus meus et creator, est inimicus meus. Et quia Iudeus quilibet manifestus et publicus dei inimicus est, ideo est et publicus inimicus meus, et ergo bona, que ab eis abstuli, bona sunt inimici mei, unde iuste ea accepi et possidebo nec spero me deliquisse, sed fideliter egisse circa dominum meum'. (Has raciones cum audirent domini Misnenses, in pace ipsum abire fecerunt).

v. Detm. [illegible] 654 (986). Yagail[a] rex Lithuanorum cum multis Lithuanis baptizatur in ecclesia kathedrali sita in castro Kracoviensi et Bolezlaus vocatur, et Hedwigis filia regis Ungarie, ea invita, sibi copulatur (que[b] prius desponsata fuerat filio Lippoldi ducis Austrie), et[c] in regem Kracoviensem coronatur.

1386.

v. Detm. [illegible] 655. Tydericus comes de Werningherode circa silvam Hartonis sub pacifica[d] sponsione dolose occiditur ab Alberto de Quenford archiepiscopo Magdeburgensi, Ottone duce de Leyna[e], Hinrico comite de Honsten et Bussone comite de Reghensteen in die

juli 22. beate Marie Magdalene. Et Conradus de Werningherode armiger primus caput eius cum cultello perforavit[f] et sic (mortuum) eum suspenderunt[1].

v. Detm. [illegible] 656 (984). Margareta regina Dacie, filia[g] Woldemari defuncti regis, cepit regnare ita potenter, sicud vir eius umquam ante regnaverat, in tribus regnis et astucia sua plura disposuit et effecit, quam maritus suus gladio[h] ante perfecerat.

v. Detm. [illegible] febr. 2. 657 (991). Rome erant tenebre intentissime altera media die post purificacionem (virginis gloriose), ita ut vix in die homo hominem videre posset, et terremotus magni. Propter quod clerus et vulgus letanias fecerunt rogantes dominum, ut iram suam averteret ab eis.

v. Detm. [illegible] 658. Dux Austrie Lippoldus a Sweycer[i] occiditur cum sex milibus hominum et 18 baronibus[2].

v. Detm. [illegible] 659 (993). Prepositus Koslinensis electus in episcopum Caminensem cum esset in via transeundi versus Stetin, ut ibidem consecraretur, servitor suus, qui cibum sibi cultello apponebat, ipsum intoxicavit. Nam cornu quoddam plenum veneno habens infra brachium sinistrum, in eo tociens cultrum immisit[k], quociens domino illi de cibo apponere voluit. Mortuus est igitur statim in prandio illo.

v. Detm. [illegible] 660 (998a). Magister Lyvonie cum rege Ruthenorum de Plotzkowe[l] Lithuanorum fines ingressus peragravit magnam partem terre devastans igne et percuciens gladio, et ceciderunt de Lithuanis ducenta milia virorum et trecenti, de equis vero sustulit ultra ducenta milia et sexcentos.

661 (994). In Wismaria Albertus rex Swecie solempnem tenuit curiam. Ad quam multi principes convenerunt et nobiles, puta duces Stetinensis, Luneburgensis, de Wolgast et Saxonie, comites vero Holtzacie, de Schowenborg, de Hoya, de Rupin et dominus Slavie. Fuerunt eciam in dicta curia civitates stagnales, inter quas illi de Lubicensi civitate, induti rubeis armaturis per totum[(1)], multum gloriosi

---

[(1)] quorum et equi rubeis tecti erant coperturis de serico s. su a.

---

a) Yagail rex *auf rasur A*; Pergol dux a. b) que — Austrie *am rand A*; *f.* a. c) Post ei a. d) specifica a. e) Leyn a. f) penetravit a. g) *auf rasur A*; uxor a. h) st. gladio ante a: umquam. i) Swycenser a. k) immersit a. l) Ploczcowe a.

1) *In B und D § 990 aus Detmar.* 2) *In B und D § 992 aus Detmar.*

apparuerunt. Et[(1)] in hastiludiis et aliis militaribus exerciciis viriliter se habuerunt.

662. (Brigitta[a] sancta mulier ordinem novum instituit de penitencia pro peccatoribus et peccatricibus.)

663 (995). *Domicelli civitatis Lubicensis elegerunt in carnisprivio 12 robustos cecos, quos primo crapulis et poculis (fortibus) ingurgitaverunt, deinde duxerunt eos ad forum civitatis, ubi quadrangulum de asseribus fecerant et in illum eos armis antiquissimis (et rubiginosis) indutos introduxerunt, imponentes ad eos porcum fortem, quem clavis in manibus datis percutere debebant. Ad hoc spectaculum tam insolitum tamque ridiculosum congregabatur in foro predicto quasi media pars civitatis virorum et mulierum. Porcus igitur cognoscens se reclusum percucientibus, cessit (ubi potuit) et cum tangeretur ab uno, cucurrit per medium cecorum, prosternens quandoque duos vel tres eorum simul. Qui cum caderent, alii credentes porcum esse, percuciebant socios fortissime. Cumque diucius sic laborassent et plus se ipsos, quam porcum lesissent, tandem ut certius porcum ferirent, nolam collo eius appenderunt. Quod ut factum est, acrius se ipsos collidentes, ubi porcus nola sonabat, ibi quilibet ipsum percutere cupiens, clava fortiter in socios impegit. Tandem porcus agitacionibus et ictibus hic inde fatigatus, a cecis prosternitur et interficitur (et sic ludus ille finitur)[1]. *c. 160. mirt. a.

1387.

664 (998). Bernhardus dux Luneburgensis capitur a nobilibus de Homborgh et Stenberghe[b], de Swichelte[c] et aliis quam pluribus et in Rodenborg[d] castro exaccionatur, pro 7 milibus florenorum se redimens.

665. Quidam frater Minor ad presenciam (Urbani) pape veniens, supplicacionem quandam sibi porrexit, in qua tenebatur, ut[(2)] abbaciam unam sibi conferre dignaretur. Cuius peticioni papa annuens, factus est abbas. Evolutis autem forte tribus annis (vel duobus), idem frater abbas curiam Romanam visitans gracia impetrandi episcopatum, presenciam pape adiit. Quem dominus papa attente inspiciens et illum esse, quem[e] de fratre Minore abbatem fecerat, perpendens, eo quod papa latissime esset memorie, ait fratri: 'Ad quid venisti, amice?' Cui abbas: 'Beatissime pater, ecclesiam unam michi dari a vestra gracia desidero, ut valeam episcopari'. 'Or bene', inquit papa, 'revertere post tres dies et habebis responsum'. Interim papa misit pro gardiano fratrum Minorum, committens ei, ut constituta die ad se veniret secum portando habitum sui ordinis pro uno induendo, gardianus hilaris effectus, eo quod suspicaretur, vel papam vel cardinalem aut[f] saltem unum de consanguineis pape debere fieri fratrem ordinis Minorum. Die autem statuto venit abbas sperans, ecclesiam se recepturum; affuit et gardianus secum habitum ordinis sui portans. Hoc cum papa videret, dixit abbati: 'Dic michi, frater, quot annis steteras in ordine fratrum Minorum?' Cui ille: '30' (inquit) 'pater beatissime'. 'Et quot', inquit, 'in ordine sancti Benedicti fuisti?' Respondit, quod

(1) *st.* Et — habuerunt a: Acta fuit hec curia sollempniter et laudabiliter in hastiludiis et torneamentis ac ceteris militaribus exerciciis, in quibus dominus Henningus Koninghesmarke miles ultra ceteros nomen celebre et laudem curie sibi acquisivit.

(2) ipsum ad ordinem sancti Benedicti transferendo *a. ro a.*

a) *§ 662 in A am rand; f. a.* b) Sternberghe a. c) Swychelte a. d) Rodenbarch a. e) quod *A.* f) episcopum vel *a. ro a.*

1) *Ueber die beschreibung eines ganz ähnlichen spieles in einer Bologneser hs. um 1326 vgl. Gesta Romanorum ed. Oesterley 280 no. 69.* *OESTERLEY.*

duobus[a] solum. 'Quia (igitur)', inquit papa, 'non contentaris in gracia tibi facta, sed ex arrogancia cordis ad maiora aspiras, cum humilis esse deberes, volo quod habitum pristinum resumas et frater Minor maneas et penam carceris sustineas per mensem'. Quod totum factum est et frater ille confusus abiit[b].

666. Gotinghen civitas obsidione cingitur a proprio eorum domino duce Ottone et castrum ab eo edificatum per cives destruitur[1].

v. Detm. 995. 667. Heyno Scharpenberg advocatus Lubicensis et Wendelbernus advocatus opidi Molne interfecti sunt prope Kil civitatem a (Dethlevo) Godendorp et suis miserabiliter et traditorie cum 12 satellitibus eiusdem civitatis Lubicensis. (Sed postea idem Ditlevus[c] Godendorp a quibusdam precio conductis in partes minutas divisus est gladiis)[2].

v. Detm. 996. 668 (996). Conradus episcopus Lubicensis obiit[(1)][3]. Cui successit in sedem decanus eiusdem ecclesie (Johannes) Klenedenst, qui eciam alias electus fuerat, sed tunc cesserat fratri Nicolao ordinis Predicatorum dato per papam[4].

v. Detm. 998. juli 13. 669 (1003). Circa[b] festum (beate) Margarete facta est (magna) congregacio principum et nobilium ac civitatum in Lubeke. Erant namque ibi personaliter presentes Albertus rex Swecie, Margareta regina Dacie, comites Holtsacie et plures alii nobiles et milites[d]. Nuncii eciam diversorum principum ibidem convenerant et civitatum, puta ducis Burgundie, comitis Flandrie, Gandavensis, Brugensis, Ypirensis, Darbatensis, Rigensis, Thoronensis, Melvingensis et[e] Danscko ceterarumque civitatum stagnalium. Hii diversas causas et negocia tractabant regna, terras, civitates et precertim mercatores concernencia. Lubicenses vero singulares fecerunt querimonias contra comites Holtsatorum, eo quod traditores et publicos eorum inimicos foverent et defenderent. Ubi tandem post diversas altercaciones conclusum fuit, quod omnes Lubicensium inimici capi deberent, ad quamcunque terram declinarent vel regnum, et quod nullibi tuti esse deberent[f], et fautores eorum vel defensores aut hospitatores pari pena cum eis deberent puniri.

1388.

mai 28. 670 (999a). In die corporis Cristi factum est bellum inter duces Fredericum de Brunswik, Hinricum fratrem eius (ducem de Luneborg ex una parte) et cives Luneburgenses (cum[g] comitibus de Hoya et Schowenborg ex altera parte) prope villam Winsen[h] iuxta flumen Alre[i], Bernhardo duce de Luneborg (fratre prenominatorum ducum) in captivitate existente nobilis[k] de Manslo. Duces vero victores effecti plures comites[(2)] et milites ac militares ceperunt nec non et cives, comite de Reghensten suffocato in prelio. (Ex hac inquam pugna predicti duces Brunswicenses et Luneburgenses erecti sunt et facti domini, quia ad extremam paupertatem iam devenerant per rebellionem suarum terrarum et civitatum).

oct. 2. 671. Aken opidum iuxta Albiam (situm domini) ducis Saxonie[5] per Albertum archiepiscopum Magdeburgensem in aurora ipso die sancti Leodegarii[l] scalis apprehenditur.

(1) et sepultus est ad chorum in sanctuario a. m. a.

(2) st. comites — et cives a: dominos, comites et barones ceperunt ac milites et cives Luneburgenses cum suis succubuerunt.

a) tribus a. b) factus est a. c) Ditlevum A. d) et clientes a. m. a. e) de a. f) vel securi a. m. a. g) cum — Schowenborg am rand A. h) Winsen a. i) Alre a. k) domini a. l) episcopi a. m. a.

1) § 666 ist in D § 999 ersetzt durch einen längeren abschnitt aus anderer quelle; siehe dort. 2) In B und D § 998 wesentlich erweitert und durch die eigenen erlebnisse ausgeschmückt. 3) Conrad III. von Geismelsheim gest. 1386 mai 30. 4) § 668 ist in B weggeblieben, steht dann aber wieder in D. 5) Gehört wie schon die §§ 667 und 668 nach 1386. Vgl. Hanserecesse 1256—1430. II 293. 6) Rudolf III.

672. Conspiracio (vel pocius adhesio aut liga quedam inita est) facta est omnium civitatum superiorum (Alemannie) contra principes Bawarie, episcopos, comites et barones[a] alios[(1)] propter inusitata (et inconsueta) thelonia et alias exacciones (graves), quas (predicti) principes (et nobiles) civitatibus inferebant; et ob hoc perventum est ad prelium et civitates succubuerunt et bello[b] superate sunt.

673. Dominus Philippus de Alencio[c, 1] cardinalis episcopus Ostiensis, natus de domo regis Francie, missus fuit per Urbanum papam 6. in Alemanniam et in Erphordia moram traxit.

674. Fredericus[2] rex Francie maximum eduxit exercitum contra Gandavenses et committens cum eis prelium victoriam obtinuit. Fueruntque interfecti in illa die ex utraque parte, multo plures tamen ex parte Gandavensium, citra centum et 80 milia hominum. Hanc quidem victoriam rex propria non habuit virtute, sed infidelitate et tradicione Brugensium ei suffragante. Brugenses enim confederati (prius) Gandavensibus in dolo in processu belli regi adheserunt et Gandavensibus in medio constitutis, Brugenses a tergo[d] eis insidiati sunt. Ubi dux exercitus Gandavensium, nomine Philippus de Artus[3], plures viriliter prosternens occubuit.

675 (1006). (Dux Saxonie et Luneborg Wenzeslaus obiit[4].)

676 (1007). (Albertus dux Magnopolensis obiit, qui se pro rege Dacie gerebat[5].)

677. Wilhelmus dux Ghelrie litteras (insidiatorias et hostiles) misit Frederico regi Francorum, qui[(2)] sibi pacem interdixit. Quas[e] rex (legens et) egre ferens[(3)], collegit magnum exercitum et intrans ducatum Ghelrie gladio[(4)] et igne ipsum devastare incepit. Dux vero, quia magnanimus et bellicosus erat, regi ut potuit insidiabatur (et resistebat). *c. 101. Videntes autem principes regis[f] (et nobiles) exterminium ducis Ghelrie[g], swaserunt duci, ut regis graciam imploraret[h], se coram eo humiliando. Cumque ad hoc vix per principes predictos induci posset et inclinari, tandem ad archiepiscopi Coloniensis[6] instinctum et persuasionem veniam a rege deposcens[i], misericordiam est consecutus. Rege igitur ad Franciam reverso, Wilhelmus dux Coloniensi archiepiscopo inimicicias indixit (pro eo quod sibi suaserat, se debere humiliare coram rege); et tantas molestias ei intulit et dampna, quod archiepiscopus 20 plaustra vini annuatim sibi solvere promitteret[(5)].

678. Wilhelmus dux Ghelrie in via peregrinacionis versus Lithuanos capitur in Pomerania et ducitur in castrum Valkenborg[k, 7]. Sed anno sequenti domini[l] de domo Teuthonica castrum illud (obsidentes) expugnaverunt et ducem secum in Prutziam detulerunt.

---

(1) que liga vocatur a. an α.

(2) st. qui — interdixit α: quibus pacem et amiciciam interdixit.

(3) eo quod in comparacione ad se exilis esset dominus et parvi territorii princeps a. an α.

(4) st. gladio — incepit α: potenciam suam exercere cepit igne et gladio partem eius magnam feriens.

(5) promittens vix cum sic placavit, cum autem huius sediciosis inter ducem et archiepiscopum Coloniensem causa alia non fuit, nisi quod episcopus ducem ad hoc induxerat, quod coram rege Francorum se prosternendo humiliasset α.

---

a) terrarum dominos α. b) st. bello superate sunt α: bellum turpiter amiserunt. c) Alanconio α. d) tero A. e) Quod α. f) qui regem comitabantur α. g) imminere α. h) postularet α. i) petens α. k) Valkenberch α. l) cruciferi α.

1) *Alençon.* 2) *Karl VI.* 3) *Philipp von Artevelde gef. 1382 nov. 27 in der schlacht bei Roosebeke.* 4) *Gest. 1388 um ostern in Hannover.* 5) *Albrecht IV. thronerbe in Dänemark 1375 oct. 25, gest. 1388.* 6) *Friedrich III. graf von Saarwerden.* 7) *Falkenburg bei Dramburg.*

v. Detm. 594. 679 (1013). Congregacio principum magna facta est in Nuborg[1], ubi presentes fuerunt Margareta regina Dacie et filius eius[2], dux Sleswicensis[3] et comites de Holtsacia. Ibique contractus alias conceptus inter regnum Dacie et dominos Holtsatorum ac confederacio utriusque partis perficitur et terminatur in hunc modum, videlicet quod domini de Holtzacia ducatum Sleswicensem hereditarie possidere debent, sed infeodacionem recipere humiliter debent a regno Dacie et de ducatu illo regno famulari in suis necessitatibus; et quod senior dominus de Holtzacia debet succedere defuncto duci Sleswicensi, si(1) ipse liberos non reliquerit. Item (conclusum fuit ibidem) quod (amplius) nulla lis vel discordia suboriri debet inter regnum Dacie et dominos Holtzacie. Si qua vero controversia exurgeret (in futurum), tunc Dani debebunt eligere duos de Holtsatis et vice versa Holtzati duos de Danis eligent, et hii quatuor brigam illam deponere et submovere[a] debebunt iuxta posse. Quod si hii 4 pacem facere non poterunt, tunc hii 4 sic electi (ut prefertur) eligere concorditer habebunt unum, in quo stare debet totum, ut quidquid ipse dixerit, utrique parti placebit sine ulteriori contradiccione. Item (statutum fuit) quod una pars alteri debet esse presidio et in auxilium sibi venire in omni necessitate, ad quam[b] postulabitur. (Hec quidem sic conclusa et statuta ac arbitrata signata sunt sigillis utriusque partis in perpetuum valitura et duratura).

v. Detm. 595. 680 (1014). (Dux Lancastrie regni Anglorum fit rex Hispanie.)

681 (1016). Urbanus(2) papa obiit[4]. Cuius epithaphium tale est:

Urbanus calvus iacet hic sub marmore duro.
Utrum sit salvus, non curavi neque curo(3).

(Hoc tamen epitaphium ego non reputo prudenter scriptum).

1389.

DE BONIFACIO PAPA 211.

682 (1017). Bonifacius papa, qui et Petrus, nacione Neapolitanus sedit annis[c] 15
nov. 6. mensibus duobus et diebus 4. Hic Rome electus est et coronatus in die 4 coronatorum[5]. Hic bonus temporalis erat, potens et largus. Multos enim annos iubileos in diversis mundi partibus[d] pro pecuniis concessit et alia indulta insolita (ac dispensaciones inconsuetas et iuri contrarias) pro pecunia admisit. Abusivas(4) tamen indulgencias et alias gracias inconsuetas postea revocavit anno puta domini 1402. Ipse quoque validus fuit pecuniarum amator, quibus pro eo indiguit, quod (multos satellites tenens ecclesie bona tuebatur, castra et civitates ecclesie per vim tyrannorum ablatas reacquirebat) palacium (sciam pape), capitolium et castrum Sancti Angeli ex[e] integro reformabat(5).

febr. 23. 683. Margareta regina Dacie et Norweye in profesto sancti Mathie apostoli cepit in conflictu Albertum regem Swecie et ducem Magnopolensem et cum eo Albertum

(1) st. si — reliquerit a: in ducatu et solus unus, qui debet esse dux Sleswicensis.

(2) st. Urbanus — tale est a: Epytaphium Urbani pape tale est.

v. Detm. 597. (3) in a folgt: 681a. Feria 3. 3. dominice adventus domini tanta fulgura et chorusscaciones ac tonitrua fiebant, quod plura[f] edificia destruerentur et singulariter turris in Barkentin[6] ad duo miliaria de Lubeke percussa cecidit[g] fulgure.

(4) st. Abusivas — inconsuetas a: Quas abusiones pariter et gracias ac indulgencias.

(5) in a folgt: 682a. Clemens antipapa Avinionis residebat.

a) sopire a. b) requisitam a. so a. c) annis 14, mensibus 9 et diebus 17 a. d) salva gracia a. so a. e) st. ex integro a: perfectissime. f) plurima f a. g) et a. so a.

1) Nyborg auf Fünen, 1386 aug. 15. 2) Olaf. 3) Gerhard. 4) Gest. 1389 oct. 15. 5) Bonifaz IX. erwählt nov. 2, gekrönt nov. 9. 6) Barkenthin.

comitem Holtzacie et filium[1] Alberti regis predicti[a] nec non ⟨Guntherum⟩ comitem Rupinensem ac plures alios nobiles[(1)] ⟨et militares. Wedekinus vero Bugghenhaghen ibidem interfectus est. Albertus autem rex in captivitate regine tentus est cum filio septem annis⟩[2].

684 (1019a). Comes Virtutum vel pocius tyrannus Mediolanensis vi obtinuit Veronam et Paduam.

685 (1023a). Bonifacius papa Romanos multum gravavit et suppeditavit ultra ⟨omnes⟩ predecessores suos, ita quod contra eum mutire non auderent[b].

686 (1028). Iudei in sancto die pasche post cenam occiduntur in Praga a vulgo civitatis, pro eo quod per quorundam Iudeorum filios sacerdos corpus Cristi deferens[c] ⟨ad quendam egrotum⟩ dehonoraretur[(2)]. Sacerdos namque parrochialis infirmum cum sacramento ⟨eukaristie⟩ visitare volens, prope locum Iudeorum transiit. Quem Iudeorum filii videntes ex previis[d] forte parentum morum informacionibus vel iussionibus animati, in fidei detrimentum et ⟨confusionem cristianitatis ac⟩ sacramenti contumeliam lapides et feces de platea colligentes in ipsum presbiterum proiecerunt. Quod videntes cristiani ex more laudabili sacramentum sequentes, communitatem concitaverunt, ut iniuriam domini vindicarent[(3)]. Et quia cristiani populi devocio adhuc ex[e] peracta solempnitate recens[f] erat, factus est subitus concursus hominum, et irruentes super Iudeos interfecerunt quotquot invenire potuerunt ⟨nulli etati vel sexui parcentes⟩. Domos vero eorum bonis suis spoliaverunt et spoliatas incenderunt. Quod videntes ⟨plures⟩ Iudeorum uxores, parvulos suos[(4)] in ulnas rapientes, igni ⟨sponte⟩ se tradiderunt, ne cristianorum ludibriis exponerentur.

687 (1031). ⟨Apud civitatem Hamburgensem in villa quadam Nyendorp[3] nomine quidam rusticus quandam habebat uxorem satis lubricam et de adulterio infamatam. Contigit autem predictum villanum Hinricum nomine invitari a quodam cive Hamburgensi familiari suo cum uxore predicta ad convivium domus sue. At ubi cum discumberent inter alios convivas, quidam extitit, qui uxori dicti Hinrici considens in labiis ipsius lusit, ea digito percuciendo, ut sic ad invicem collisa sonum facerent. Quod ut vir eius vidit, uxorem cum palma ad genam percussit dicens, talem ludum non debere in presencia eius sustinere. Mulier autem rubore perfusa tacuit, sed non minus cogitavit. Cum eodem sero reversi de civitate, predictus Hinricus vino suffusus in sede[g] quadam sedens dormitaret et caput sibi a retro per sedis dorsum dependeret, ecce mulier illa dyabolico[h] ducta instinctu illate confusionis iniuriam recompensare cupiens, furibunda bipennem magnam arripuit et eam fortiter in guttur viri immergens mox ipsum iugulavit. Quo parricidio perpetrato, ad campanarium clericum, qui et eius amasius erat, cucurrit et facti seriem sibi exponens supplicavit, ut se iuvaret corpus occisi viri sui sepelire, quia sic eam amplius ad usum suum habere deberet. Miser ille adulterinis promissionibus illectus, peremptricis domum adiit, et quia nox obscura multum erat, fossorium secum sumpsit. Et cimiterium ville petens, fossatum fecit ac cadaver illud cum mulieris adiutorio ei imposuit. Et terra cooperiens abiit et mulieri

(1) Et detenti sunt in captivitate annis fere septem. a zu a.
(2) in ipsum lapides proicientes a. zu a.
(3) in parentes quam a filiis sibi illatam viderunt a. zu a.
(4) suos — rapientes a: et lactantes pueros brachiis complectentes.

a) et ducis Magnopolensis a. b) prevenerunt nec os aperire a. c) baiulans a. d) priscis a. e) immediate a. zu a. f) aliqualis existens a. g) sedem A. h) dyabolica A.

1) Erich. 2) § 693 ist in D in den umfangreicheren § 1018 hineingearbeitet. 3) Neuendorf.

illi condormivit. Cum autem actus venereos insimul explevissent, peccatum peccato addendo, incidit mulieri anxietas ex dyabolica suggestione et horror grandis talis: cogitavit enim nullo modo posse latere homicidium, si corpus in illo loco remaneret sepultum, cum quilibet sciscitaturus esset, quis tam noviter ibidem positus esset. Stimulante igitur illa fletibus et rogatibus amasium, ambo surrexerunt et ad cimiterium predictum properantes, corpus illud de tumulo iterum extraxerunt, et ad domum reducentes et furnum incendentes ipsum incendio tradiderunt. Cumque cadaver illud igniri cepisset, tantus fetor de eo exalavit, ut vicinos quosque expergefaciens surgere faceret et investigare de tanti fetoris origine. At cum vicini exalacionis tam horrende vestigium insequerentur, invenerunt tandem Hinrici interfecti domum fetoris illius esse principium.
*f. 105. *Pulsantes igitur ad ianuam, cum aperire nollent intus existentes, ruptis violenter ianuis ad ipsos intraverunt et mox scire volentes fetoris causam, invenerunt in furno corpus occisi hominis partim exustum. Quo viso stupore percussi, ambos illos captivaverunt et statim ad civitatem Hamburgensem eos destinaverunt, in cuius iurisdiccione villa predicta continetur. Examinati ergo et fassi maleficium eorum, mulier igni traditur et amasius rotacionis sentencia condempnatur.)

1390.

688 (1033). Bonifacius[a] papa festum visitacionis beate[b] virginis a suo predecessore
Jul. 2. preconceptum[c] celebrandum instituit ob scismatis extirpacionem[(1)] (in die sanctorum Processi et Martiniani martirum cum eisdem indulgenciis, que ab Urbano 4. concesse sunt cristifidelibus pro festo corporis Cristi).

689 (1034). Annus iubileus Rome a (Bonifacio) papa anticipatur et anno illo instituitur, ubi factus est magnus populorum concursus cuiuslibet[d] status et sexus.

690 (1035). Sancta Brigitta a (Bonifacio) papa canonizatur, que sepulta est in Wasten[e, 1] in monasterio virginum.

691 (1036). Margareta[f] ducissa Hollandie, filia comitis de Clivis[2], conventum novum fundat in Hagis[g] (ubi residencia est comitis Hollandie) ordinis fratrum Predicatorum et ipsum preciosis et pulcris clenodiis adornat[h].

692 (1037). Eodem[f] anno Wenemarus de Buren nobilis (et vasallus ducis Ghelrie) novum conventum eiusdem ordinis fabricavit prope Tyle[3] opidum Ghelrie, cuius quidem conventus frater conversus mox factus est (et professus).

693 (1038). Eodem[f] eciam anno dominus et frater Hupertus titularis episcopus, domini[(2)] Traiectensis episcopi vicarius in pontificalibus, novum instituit conventum sororum ordinis predicti (Predicatorum) in Wyk opido[i] Hollandie et ipsum bonis congruis dotavit[k]. Quem quidem conventum domina de Brero ingrediens, (in multis virtutibus) domino deo usque ad mortem (humiliter) famulabatur[(3)].

---

(1) et unitatis ecclesie fiendam concordiam s. m a.

(2) st. domini — pontificalibus a: ordinis Predicatorum.

(3) licet tribulata satis per virum suum, qui frater Carthusiensis factus et professus, postea ad seculum rediit et in bello Frisigenarum mox periit, ut et ipsa religionem relinqueret et sibi denuo adhereret s. m a.

---

a) Dominus a. b) beatissime virginis Marie a. c) prius conceptum a. d) st. cuiuslibet — sexus a: secularium et clericorum ac religiosorum. e) Wastis a. f) §§ 691—693 in a nach § 710. g) Hagiam a. h) in a zusatz am rand: Westroye conventus sororum ordinis Predicatorum. i) donatus a. k) in a zusatz am rand: Wych conventus sororum eiusdem ordinis.

1) *Wadstena in Schweden.* 2) *Tochter Adolfs von Cleve; ihr gemahl 1394 Albrecht I. von Baiern, graf von Holland.* 3) *Tiel.*

1391.

694 (1045). Discordia ⟨magna⟩ iterum facta est inter Ottonem ducem ⟨de Leyne⟩ et civitatem Gotingensem[a], qui ecclesiam prope civitatem incastellavit. Sed civitas ipsum castellum destruens circa 80 armigeros in eodem cepit. Cumque viderent litem ingravari et multi essent pauperes in civitate, preconisari fecerunt, omni pauperi elemosinam bonam[(1)] dari debere, ut deum pro pace exorarent. Ad quam elemosinam tollendam cum omnes pauperes ⟨et indigentes⟩ extra[b] muros convenissent, porta civitatis clauditur nec quisque de pauperibus egressis reintromittitur.

695 (1044). Fossatum novum ⟨et fructuosum⟩ Lubicenses fecerunt se protendens ab opido Molne usque ad aquam Delmenow[1] et ultra usque ad Albiam in maximis sumptibus civitatis. ⟨Cum autem Albertus rex Swecie de captivitate Danorum ereptus esset, Lubicenses de predicto fossato impetiit, quasi per terram suam fodissent et ei eam terre partem abstulissent. Cuius voluntatem et benevolenciam civitas Lubicensis captans, magnam pecunie summam obtulerunt⟩.

696 (1042). Clotze[2] castrum raptorum ⟨et refugium multorum nequam⟩ expugnatur et capitur per[(2)] ⟨Albertum⟩ archiepiscopum ⟨Magdeburgensem⟩ et dominos duces Bernhardum et Hinricum Luneburgenses.

697 (1046). Okke ⟨Friso⟩ filius Keen occiditur traditorie a suis, pro eo quod miles factus esset, estimantes ipsum Frisonicam nobilitatem[c] sprevisse et ab eis degenerasse. Sed uxor eius in vindictam viri sui ⟨adducens[d] secum comites de Oldenborg et de Delmenhorst, venit et obsedit ecclesiam incastellatam a Frisonibus et expugnans eam inventos in ea⟩ decapitari fecit circa ducentos Frisones.

1392.

698. ⟨Comes Engbelbertus de Marka obiit[3].⟩

699 (1048). Rostoccenses et Wismarienses civitates pro liberacione Alberti regis[(3)] Swecie et ducis Magnopolensis conduxerunt quosdam raptores ⟨et pyratas⟩, qui se Vitalianos nominabant, ut raperent de tribus regnis, Dacie scilicet et Swecie ac Norwegie, super propria sorte quecunque possent. Postea vero generalem[e] dabant licenciam omnibus rapere ⟨et predari⟩ volentibus in predictis tribus regnis, qui ⟨omnes⟩ liberum refugium et accessum ac recessum habere deberent ⟨in predictis duabus civitatibus⟩. Hii pirate in tantum succreverunt et augmentati[f] sunt in mari, quod non solum illis tribus regnis, sed tocius mundi mercatoribus dampna inferrent. Quecunque autem sic rapuerunt, ad predictas civitates perduxerunt ac civibus vendiderunt. De quo spolio prefate civitates ⟨licet ditarentur in bonis terrenis⟩ non[g] modicum tamen detrimentum honoris sue passe sunt.

700. Archiepiscopatus[h] Rigensis pervenit ad manus cruciferorum de Prutzia, cuius ecclesie canonici dispersi sunt per[(4)] orbem exulantes.

---

(1) st. bonam — exorarent a: extra civitatem se daturos.

(2) st. per — Luneburgenses a: per dominos archiepiscopum et Hinricum ac Bernhardum duces Luneburgenses.

(3) st. regis — Magnopolensis a: ducis Magnopolensis pro rege Swecie se garentia.

(4) st. per orbem exulantes a: et privati prebendis, quorum causa adhuc pendet in curia.

---

a) Gotinensem a. b) st. extra muros convenissent a: exissent. c) naturam a. d) addncens — in ea in A am rand; f. a. e) hee due civitates s. m. a. f) invaluerunt a. g) st. non — passe sunt a: in non modicum dispendium honoris sui pervenerunt. h) archiepiscopus a.

1) Delvenau. 2) Klötze. 3) Gest. 1391 dec. 21.

701 (1054). Cives[a] Sundenses[b] magnam multitudinem piratarum mare infestancium ex parte civitatum Rostok et Wismer comprehendentes, eos ad suam civitatem duxerunt et pre multitudine omnes turri[c] mancipare non valentes, plures intra tunnas concluserunt, colla eorum fundis tunnarum cingentes. Et sic unam tunnam[d] super aliam locantes, inclusos raptores iacere fecerunt per diem et noctem sine non modico ipsorum incommodo et cruciatu. Sequenti vero die omnes extra civitatem trahentes decollaverunt[1].

702 (1053). Erphordie est inchoatum studium privilegiatum in 4 facultatibus, scilicet theologie, medicine, iuris utriusque et liberalium arcium. (Et viget multis solempnibus viris doctoribus et magistris[2]).

703 (1055). Maxima[(1)] pestilencia vastavit Lubeke circa 16 milia hominum ex se tollendo.

1393.

704 (1056). Bellum prope Beynem[3] non longe a Goslaria actum est, in quo Fredericus dux Brunswicensis cepit Iohannem de Swichelde[e] et Hinricum de Stenberghe[f] milites cum sexcentis armatis, multos occidendo. Ipse vero tres perdidit milites noviter (tunc) factos de Hallis, qui sepeliebantur in conventu ordinis Predicatorum in Brunswik. (Hinricus autem de Steinberghe miles ex vulneribus receptis mox obiit in eodem bello).

705. (Vitaliani Rostoccenses et Wismarienses una cum civibus predictarum civitatum vallaverunt Danorum exercitum in quadam insula et totum illum exercitum obtinuissent, si Iohannes de A et Iohannes Tukkeswert proconsules civitatum earundem probi viri fuissent et non perperam egissent, donaria de inimicis suis pro honore eorum recipiendo, ut evaderent.)

706 (1056a). Annus iubileus positus est per papam in civitatem Pragensem et stetit per integrum annum.

1394.

707 (1067). Civitas de Stokholm terre Swecie Alberto regi Swecie (captivo) adherens contra Margaretam reginam Dacie[g] magna victualium penuria angariebatur. Cui subvenire volens magister[h] Hugo miles (et capud Vitalianorum), cum 8 navibus magnis onustis siligine ac ordeo et ceteris frumentis mare intravit. Cum autem Danicum pertingeret portum, ventus sibi contrarius ad manus inimicorum (invitum) perduxit. Aura vero intentissimo gelu stringere cepit mare et naves illas glacies cinxit, ne de loco moverentur. Quod videns miles, prudenti usus consilio suos ad nemora destinavit propinqua, ut ligna cederent. Quibus ad naves subductis et navibus conglobatis, omnes naves aggere ex lignis confecto circumdedit et aquas sine intermissione superfundens, quasi muro gelido totam illam classem conclusit. Dani autem videntes suos inimicos sic glacie constrictos et captivatos, instrumenta bellica puta machinas et cattos applicantes, expugnacioni navium insistere ceperunt. Miles vero cum suis cautulosus[1] fossato lato naves et aggerem suum
i s. m. munierat precedenti die, sed illa nocte [i]ex rigiditate aeris ipsum fossatum tenui glacie stratum erat et modica nive conspersum. Quod Dani non perpendentes, putaverunt

(1) § 703 lautet in a: Maxima pestilencia viguit in Lubeke, quia mortui sunt ibidem circa 16 milia hominum.

a) § 701 in a vor § 711. b) Sundenses A. c) turribus a. d) tunnam A. e) Swichelde a. f) Stenberghe a. g) et Norwegie s. m a. h) magister Hugo auf rasur A; statt dessen a: Abraham. i) existens s. m a.

1) Die Detmarfortsetzung bei Grautoff I 353 berichtet über einen ähnlichen fang der Stralsunder im jahre 1391, aber ohne nähere angaben. OESTERLEY. 2) Stiftung 1379 durch zwei privilegien Clemens' VII. vom sept. 16 und oct. 1. Weihe 1392 apr. 28. 3) Beinum oct. 21.

solidam esse glaciem et cattum instrumentum bellicum sic dictum, in quo multi viri armati erant[a], applicare aggeri nitentes, cum super fossatum venirent, soluta est glacies et totum hoc instrumentum cum omnibus in eo contentis mari est immersum. Quod ut viderunt existentes in navibus, clamaverunt insultantes inimicis 'cas cas cas'. Huiusmodi autem exerciciis bellicis cottidie fatigabantur ab inimicis, geliditate algoris ibidem detenti. Sed divina gracia semper protecti, ictus lapidum machine navibus in nullo nocuerunt. Tandem deo volente inopinata et subita resolucione glacies illa solvitur et classis illa libertate potita, flante vento prospero, vela sua levat et salvo itinere Stokholmensis civitatis portus festina apprehendit.

708 (1068). Bonifacius papa 9. misit litteras (Frederico) regi Francie, ut antipapam suum compelleret ad obedienciam ecclesie Romane et ad resiliendum ab erroribus; alias tam contra antipapam quam contra ipsum procedere vellet per censuram ecclesiasticam. Cui respondens rex suis litteris, solempnes remisit ambasiatores religiosos viros de ordine Carthusiensium, exhortans papam Romanum, ut pro unione fienda poneret generale concilium, ubi decerneretur, quis (illorum) duorum verus esset papa, et illi tunc ipse vellet adherere et alium deserere. Bonifacius vero sibi rescribens dixit, se verum esse papam nec dubium in hoc velle[b] ponere.

709. Magna controversia erat inter Iodocum marchionem Moravie et fratrem eius Procopium. Iodoco namque favebat Sigismundus rex Ungarie, Procopio vero adherebat Wenzeslaus rex Romanorum et Bohemie. Hii terras proprias mutuo destruxerant[1].

1395.

710. Wenzeslaus Romanorum et Bohemie rex a fratre suo Sigismundo, ex parte patris, sed non matris rege Ungarie, propter suam correccionem, quia innumera mala fecerat, capitur et turri includitur, consencientibus Iodoco marchione Moravie et baronibus Bohemie. Sed per Iohannem ducem de Gorlitz fratrem eius in manu valida est ereptus[2].

711 (1079a). Circa epiphaniam domini in ecclesia cathedrali civitatis Padelburnensis jan. 6. vestimenta hominum a quodam fulgure sunt tacta, que in tantum fetebant, quod vix sustineri poterant.

712 (1081). Eodem anno circa festum penthecostes obiit electus et confirmatus mai [illegible] eiusdem ecclesie[c] Robertus filius ducis de Monte[3], in Dringhenberg ductus (de obsidione castri Paperg[4]).

713 (1081a). Vitaliani[d] sive pyrate suprascripti Berghen opidum in Norwegia ceperunt et spoliaverunt, inestimabilem thezaurum inde ducentes. (Mercatoribus autem libenter pepercissent, si indifferentes permansissent, non iuvantes isti vel illi parti. Sed quia civibus Bergensibus omnino auxilium ferre volebant, ideo et eos victos spoliabant).

714 (1081b). In[e] Colonia Agrippina quidam heresiarcha nomine Martinus convictus fuit de heresi et tamquam pertinax hereticus traditus iudicio seculari per fratrem Adam magistrum in theologia, inquisitorem ordinis Predicatorum. Qui a[f] predicto iudicio est (igni condempnatus et) combustus.

715 (1081c). Annus iubileus positus est (per Bonifacium papam) in Misna (civitate et duravit per annum).

---

a) in alto positi c. zu a. b) vellet? a. c) episcopus dominus a. zu c. d) § 713 in a in [illegible] anarchium zu § 699 zu 1392. e) § 714 in a nach § 723; In eadem civitate a. f) st. a predicto iudicio a: ab [illegible].

1) Vgl. die Detmarfortsetzung am anfang des jahres 1393 bei Grautoff I 365. 2) Zu D § 1065 ersetzt durch eine ähnliche nachricht aus anderer quelle. 3) Gest. 1394 juli 23. 4) Padberg.

716 (1083). Rathenowe civitas Marchie Nove sita circa fluvium Obelam, id est Havele, per Albertum archiepiscopum Magdeburgensem per tradicionem capitur in dec. 3. aurora et depredatur in vigilia sancte Barbare virginis.

717. (Ellebughen[1] in Scania a pyratis capitur et per incendium destruitur et depopulatur.)

aug. 22. 718 (1084). Infra octavam beate virginis assumpcionis cecidit supra Lubeke in quantitate parvorum ovorum grando, habens formam humanam virorum et mulierum. Quedam illarum ymaginum erant barbate et quedam velate crispis velaminibus, que cruse döke vulgariter nuncupantur.

719 (1084a). (Eodem anno) quidam domicellus eiusdem civitatis in quodam festo induere volens novos calceos, longos nasos habentes, id est snevale, quedam vox de naso calcei insonuit dicens: 'Desine me induere, hoc erit pro te'. Quod audiens domicellus, territus predictos (calceos) ante ymaginem sancte crucis extra valvam urbis suspendit. Et ex illo facto divulgato consuetudo illorum calceorum abolita est.

720 (1071). In Hallis maxima viguit pestilencia, sub[a] quo eciam malo quasi media[2] pars civitatis igne consumpta est.

721. Defuncto (Roberto) Gebenensi (hoc anno) antipapa[3], quem quidam in hoc miserabili scismate Clementem 7. vocabant, substitutus est per pretensos cardinales Petrus de Luna anticardinalis, quem Benedictum 12. appellaverunt[4]. Seditque Avinionis usque[b] in presens[(1)].

722 (1073). (Albertus archiepiscopus Bremensis, frater ducis Magni iunioris de Sangherhusen obiit[5]. Cui successit Otto frater Bernhardi et Hinrici ducum Luneburgensium.)

723 (1108). In Colonia quidam erat scriptor Conradus[c] nomine familiaris multum cuidam prediviti civi nomine Iohannes Berswordt[6] in tantum, quod eciam clavem ad domum suam sibi traderet (ad ingrediendum et egrediendum ad libitum). Hic Conradus[c] quadam die 40. domum predicti civis intravit, ut solebat, et famulum civis (solum in domo reperiebat) stantem ad ignem et vertentem pisces in craticula (positos ad assandum. Quem sic se inclinantem) quodam ferreo instrumento ad hoc (ex proposito) facto super caput percussit et (mox cadentem) interfecit. Quo occiso (ipsum) in cellarium proiecit. Et[(2)] vadens retro ostium stetit, quousque dominus domus de ecclesia reverteretur. Qui cum veniret et ipsum interfectorem preteriret, mox retro ipsum stans eum eodem instrumento percussit ad caput et ad terram prostravit exspirantem. Quem eciam per pedes rapiens alteri occiso associavit. Hiis duobus expeditis, mansit homicida[d] ille (intrepidus) in domo illa per diem et[e] noctem, manducans et bibens de hiis, que

(1) in a folgt: 721a. Terremotus magnus fuit in Colonia, Aquisgrani et Westphalia, sed sine dampno.

(2) st. Et — associavit a: Simili modo et dominum civem de ecclesia venientem et dictum Illorum familiariter salutantem interemit et ad eundem locum celeriter misit.

a) st. sub — malo a: ut. b) st. usque in presens a: etc. c) Hinricus a. d) interfector a. e) st. et noctem a: naturalem.

1) *Malmö.* 2) tercia *hat a und auch die Detmarfortsetzung bei Grautoff I 364.* 3) *Gest. 1394 sept. 16.* 4) *Erwählt 1394 sept. 28, anerkannt 1403, abgesetzt 1409 zu Pisa und wieder 1417 zu Constanz, gest. 1423 mai 23. Vgl. oben § 609.* 5) *Gest. 1395 apr. 14.* 6) *Offenbar verwandt oder eins mit dem Johannes Berswordt aus Dortmund, dessen canonicus zu S. Kunibert, der in den registern der Kölner urkunden seit 1394 wiederholt, zuletzt 1405 nov. auftritt. Vgl. Mittheilungen aus dem Stadtarchiv von Köln Bd. 3—5. Die erzählung in B und D zu 1400.*

sibi erant, et interim spolians cistas et armaria civis interfecti. Cumque supedictus cives nullibi appareret multis[1] diebus, nec pulsantes ad curiam eius amici et noti intromissi essent, cogitaverunt male forte sibi accidisse. Unde rumpentes vi ostium curie, intraverunt domum eius et videntes statim pavimentum aspersum sanguine, sequebantur vestigia cruoris et ambos in cellario mortuos invenerunt; spoliatas quoque cistas et armaria fracta repierunt. Qui mox ad civitatis iudicem lugubrem illum casum perducentes et secundum legem civitatis factum discucientes, tandem ambos apud fratres Predicatores honorifice sepelierunt. Quis tamen illius impiissime interfeccionis patrator existeret, omnino ignorabatur. Cum vero quasi[a] mensis transisset, venit interfector[2] ille ad quendam aurifabrum, volens cambium recipere de florenis valde antiquis (et eciam vendere argentum comminutum et confractum). Aurifaber autem ille sciens[3] scriptorem illum indigentem semper fuisse et pauperem, mirabatur unde tam antiquum et nobile haberet aurum. Vidit eciam pecias illas argenti esse de confractis ciphis. Unde statim sibi incidit, quod forte civem illum predivitem occidisset, de quo flebilis fama vulgabatur, et ideo quesivit ab eo, an non haberet plures tales florenos, quia indigeret eis ad deaurandum et vellet sibi amplius pro eis dare, quam quicunque alius. Qui respondente quod sic, petivit eum ut iret et quibus carere posset[b], sibi afferret, et tunc pro omnibus simul satisfacere vellet. Cumque scriptor recederet et redire spondisset cum pluribus florenis, aurifaber iudicem civitatis adiit et seriem facti sibi c m.
revelavit. Qui veniens cum familia, scriptorem revertentem apprehendit et ad vincula civitatis ipsum posuit. Quem cum tormentis subicere vellet, statim fassus est, se esse reum illius interfeccionis. Et sic altera die tractus per civitatem rotacionis penam subiit.

724 (1076). Marchia[c] Brandeburgensis impignoratur Wilhelmo marchioni Misne pro 40 milibus sexagenarum Bohemicalium grossorum.

725. Albertus dictus rex Swecie redimitur de captivitate regine Dacie cum filio suo et aliis captivis a civitatibus Lubicensi, Sundensi, Gripeswaldensi, Thorunensi, Elbingensi, Revaliensi et Danseke.

1396.

726 (1084b). Annus iubileus fuit in Magdeborg per integrum annum positus.

727 (1085). In Traiecto inferiori id est Utrecht quidam frater ordinis Minorum gerens se pro episcopo et non existens, multos decepit clericos (et religiosos), eos ordinando (in presbiteros dyaconos et subdyaconos) et multos confirmando pueros multasque consecrando ecclesias. Cuius decepcionis malicia publicata est (et manifestata) per eius (pessimi fratris) concubinam, cui (dyabolo forte instigante vel deo ordinante) secretum hoc revelaverat, (qualiter scilicet episcopus pretensus factus esset, puta per rasuram

---

[1] st. multis — ignorabatur a: et amici ipsum quererent, fregerunt tandem hostia domus et ipsum cum famulo interfectum et in cellarium proiectum repererunt. Sepultis igitur eis apud fratres Predicatores, fama interfectionis eorum transivit super hunc et illum, nec sciri tamen potuit, quis rei huius effector fuisset.

[2] st. interfector ille a: Illarum huius malicie actor.

[3] st. sciens — subiit a: cognoscens quod scriptor ille indigens semper esse consueverat, quesivit ab eo, an illius moneta ampliorem haberet summam, quia eius indigeret ad deaurandum. Quo respondente quod sic, statim incidit sibi interfectio dicti civis predivitis. Unde mox mittens pro comite civitatis, apprehendi ipsum fecit. Qui mox captus totam gestam rei seriem confessus est, propter quod altera die tractus per civitatem rotatus fuit et crudeliter, ut meruit, interfectus.

---

a) st. quasi mensis transisset a: transissent 4 septimane. b) posset A. c) Marchio a.

nominis cuiusdam bulle titularis episcopi defuncti et per inscripcionem nominis sui). Unde (ad manifestacionem illius meretricis) littere sue examinate et false invente sunt ac abrase. Propter quod frater ille per episcopos degradatus (quorum unus degradancium erat dominus Hupertus episcopus ordinis fratrum Predicatorum) primo (a iudice civitatis) caldario vacuo graciose imponitur in signum, quod tamquam falsarius bulliri meruisset vivus. Postea vero in habitu ordinis sui eductus, capite plectitur et(1) apud fratres ordinis sui sepelitur.

sept. 14. 728. (In festo exaltacionis sancte crucis fratres Predicatores suum habuerunt provinciale capitulum in civitate Lubicensi in urbe. In quo quidam devotus homo veniens dedit cuilibet fratri sex solidos Lubicensis monete propter deum, ut expendere haberet in via redeundi ad propria [1].)

1397.

märz 10. 729. Sabbato post cineres duces Bernhardus et Hinricus de Luneborg obtinuerunt civitatem Ulzen, et unam ipsius civitatis valvam incastellantes, exercuerunt ex ea diversas expediciones contra civitatem Luneburgensem.

730. Quod(2) [a] videntes civitates Lubicensis et Hamburgensis facte sunt presidio civitati Luneburgensi. Civitates autem iste habuerunt pro capitaneo (sive duce exercitus eorum) strenuum armigerum et nobilem Stacium de Manslo [b] et invitis ducibus sal Luneburgense de (civitate predicta) Luneborg ad civitatem Lubicensem (sub salvo earum conductu) deduxerunt.

731. Cum [c] gwerra hec ultra annum durasset et plures expensas et labores utraque pars fecisset, duces videntes perseveranciam pariter et pertinaciam civitatum (antedictarum) et eciam ponderantes virtutem et potenciam earum, quod nec armis nec sumptibus eas vincere possent, placita inierunt cum eis [d]. Unde factum est, ut civitatibus predictis duces (Bernhardus et Hinricus) tria castra impignorarent et summam pecunie super eis reciperent; et sic cessit Lubeke castrum Ludershusen, Luneborg castrum Blekede et Hamburg castrum(3) Glindesmor. (Et amici facti sunt).

732. Sigismundus rex Ungarie et (Wilhelmus) dux Burgundie cum forti manu armatorum terram intraverunt paganorum (pro fide Cristi certantes), sed victi ab inimicis Cristi succubuerunt [2].

1398.

733 (1096). In Bremensi civitate magna fuit mortalitas, que incipiens circa festum
juni 24. nov. 11. Iohannis baptiste terminabatur circa festum sancti Martini; obieruntque infra illud tempus circiter duo milia hominum [e].

juli 22. 734 (1105a). Circa(4) festum Marie Magdalene frater Tidericus Kolle ordinis Predi-

---

(1) *st.* et — sepelitur a: sed eo ante decollacionem privatus.

(2) *st.* Quod — Luneburgensi a: Magna gwerra fuit inter duces Luneburgenses Bernhardum scilicet et Hinricum ex parte una et civitates Lubicensem, Hamburgensem et Luneburgensem parte ex altera. Briga autem hec erat ducum Luneburgensium et civitatis Luneburgensis, cui civitati alie due civitates prenominate in sui defensionem venerunt [e].

(3) *st.* castrum Glindesmor a: Horburch in sortem.

(4) *§ 734 lautet in a:* Circa festum Magdalene frater Tydericus Kolle ordinis Predicatorum, provincialis Saxonie, magistravit in theologia in conventu fratrum Predicatorum in urbe 6 fratres ordinis sui auctoritate domini pape, ipse magister in theologia existens.

---

a) *§§ 730 und 731 in a nach § 735.* b) Mamlow a. c) pariter et pacem *s. zu a.* d) utriusque sentencie *s. zu a.* e) *f. a.*

1) *§ 728 hat in D eine wesentlich andere fassung erhalten. Vgl. dort § 1059.* 2) *Schlacht bei Nicopolis 1396 sept. 28.*

catorum, magister in theologia et provincialis Saxonie, magistravit in conventu Lubicensi eiusdem ordinis sex fratres in sacra theologia de eodem ordine auctoritate domini pape Bonifacii 9.

735 (1105b). Quidam frater Tidericus magister in theologia ordinis Minorum subito[1] extinctus fuit in conventu Padelburnensi eiusdem ordinis, instante capitulo eorundem fratrum, per intoxicum ut vulgariter dicebatur.

1399.

736 (1127). Hinricus dux Lankastrie regni Anglorum crudeliter et traditorie (cepit et) captivavit Richardum regem Anglie et turri ipsum includens miserabiliter strangulavit[a]. Hic Hinricus factus rex multos principes (archiepiscopos) episcopos, abbates et religiosos[b] alios diversorum ordinum, fautores predicti regis Richardi (interfecti), peremit (alios capitibus plectendo, alios submergendo aliosque in patibulis suspendendo). Captivari[2] eciamque fecit simul pro eodem tempore duces, episcopos, milites et religiosos, quos omnes uno die suspendit, inter quos erant 9 fratres ordinis Minorum patibulis appensi propter tradicionem quandam, quam eis imposuit. Duo eciam fratres ordinis Predicatorum pro eodem tempore fuerant cum aliis vinculati, sed innocencia eorum in hoc fuit probata, quod induti inveniebantur ciliciis prope carnem, quia hoc percipiens rex dixit, non posse simul esse in eodem homine tantam sanctitatem cum vicio tradicionis; et sic eos abire fecit.

737. Everhardus[c] episcopus Lubicensis obiit[1]. Cui (in sedem) successit dominus[d] Iohannes Dülman (doctor utriusque iuris et auditor curie Romane).

738 (1130). Ulricus dux Magnopolensis et Stargardie conflictum habuit cum civibus opidi Prinslaviensis. Et exercitus ducis, licet minor quam civitatis, tamen forcior et expedicior prevalens obtinuit de civibus, captivando eos circa quadringentos. Quibus[3] devictis dux intravit opidum predictum et ab omnibus recepit homagium fidelitatis.

739 (1131). Fratres[4] Predicatores in Lubeke chorum ipsorum antiquum destruentes, reedificaverunt novum satis pulcrum. Ad cuius structuram eis contulit civis unus Lubi-

---

(1) st. subito — dicebatur a: fuit intoxicatus a propriis fratribus ordinis sui in Padelborn tempore capituli eorundem fratrum.

(2) st. Captivari — abire fecit gibt a weiter unten als selbständigen §: 736a. Hinricus rex Anglie quosdam fratres ordinum tam non mendicancium quam mendicancium suspectos habens de tradicione et presertim fratres Minores, de quibus Minoribus ad minus 9 suspendit in patibulum in dedecus et confusionem illius ordinis. Ceperat eciam prefatus idem rex quendam fratrem ordinis Predicatorum magistrum in theologia, delatum apud eum tamquam eiusdem criminis reum, sed false et ex invidia. Quem cum satellites regis interficere vellent ut ceteros, invenerunt ipsum cilicium habere circa carnem. Quo stupefacti retulerunt regi, quod viderant. Rex autem hoc in veritate comperiens, ipsum absolvit et dimisit, non audens suspicari tantum facinus in viro tante religionis vestigio insignito.

(3) st. Quibus — fidelitatis a: Unde dux habita victoria ingressus est civitatem et cepit eam, homagium ab ea recepit fidelitatis.

(4) § 739 lautet in a: Fratres Predicatores in Lubeke chorum ecclesie sue destruentes novum fundaverunt et construxerunt, perficientes ipsum infra duos annos. Ad cuius fabricam quidam bonus civis nomine Petrus[e] Hurk eiusdem civitatis dedit circa 1600 marcas.

---

a) occidit a. b) magistros a. c) Dominus Everhardus a. d) et magister a. m a. e) am Rand a.

1) Gest. 1399 März 21.

omnis nomine Petrus Hak mille et quadringentas marcas Lubicensis monete pro primo. Secundario vero[a] addidit adhuc ultra ducentas marcas; nec cessat is civis eisdem benefacere usque in presens[1].

1400.

DE RUPERTO REGE ROMANORUM.

740 (1132). Ropertus dictus Clem, dux Bawarie et palatinus comes Reni, propter desidiam et negligenciam (nec non inordinatam vitam) Wenzeslai regis Romanorum et Bohemie in regem Romanorum eligitur. Fuit namque dictus[b] Wenzeslaus sepe ammonitus a dominis pontificibus summis Urbano 6. scilicet et Bonifacio 9. et ab electoribus (imperii); sed quia se emendare et corrigere noluit, Ropertus in Frankenvord[c] est electus in regem Romanorum, alio adhuc vivente[(1)] (et regnavit 14 annis. Et quia benediccione imperiali caruit, ideo ad numerum imperatorum non ponitur)[2].

741 (1133). Fredericus (nobilissimus) dux Brunswicensis, visitato novo rege (Romanorum) Roperto[3], (ex tradicione et practicacione malivola Iohannis de Nassowe archiepiscopi Moguntini) prope Fritslariam gladio (perforatur et) interficitur a Frederico
iuni 4. filio Frederici de Hertegheshusen militis 5. die mensis Iunii et erat vigilia penthecostes.

742 (1134). (Cum autem predictus dominus Fredericus occisus introduceretur mortuus in civitatem Brunswicensem, facta est tanta commocio populi universalis tantaque lamentacio et tantus ploratus et ululatus, quod simile numquam auditum fuit. Ab omnibus enim diligebatur et ideo ab omnibus deplorabatur. Propter huius principis mortem tam maliciose intentam gwerre multe, devastaciones terrarum varie et homicidia plurima subsecuta sunt et commissa.)

743 (1134a). Rodolfus quoque[d] dux Saxonie in eadem reysa cum multis nobilibus captivatur per[(2)] eiusdem archiepiscopi Moguntinensis maliciosam ordinacionem.

1 2 m. 744 (1135). (Dominus Balthazar de Slavia cum exercitu satis modico et exili claustra Lubicensium intravit et prope civitatem usque Wislo[3] villam veniens, ipsam igne incendit et incineravit. Vaccas quoque eiusdem civitatis apprehendit et abduxit sine impedimento et molestacione cuiuscunque, nec insecutus est ipsum homo ex parte dicte civitatis. Gladius namque Lubicensium civium protunc proch dolor obtusus factus et rubiginosus de vagina extrahi non valuit, et animositas eorundem pro eo tempore in meticulositatem[e] versa fuit).

745 (1136). Gherardus[f] de Swartseborgh episcopus Herbipolensis cives eiusdem civitatis sibi rebelles et contradicentes in bello prostravit multos interficiens. Rotarique fecit ex eis plurimos, quorum capita particis imponendo per circuitum civitatis victor reversus est, et non per portam, sed muro in magna parte deiecto civitatem intravit.

746 (1137). Post hunc factus episcopus dominus Iohannes[g] studium privilegiatum in Herbipolim ordinavit. (Sed non duravit nisi ad vitam dicti domini Iohannis)[4].

(1) anno imperii Theutonicorum 600 a. zu a.

(2) st. per — ordinacionem a: ex fabricacione Iohannis de Nassow archiepiscopi Moguntini, prout dicebatur. Propter cuius mortem hostiles gwerre, devastaciones terrarum et homicidia plurima commissa sunt tam Saxonum quam Moguntinensium[5].

a) am rand A. b) dominus a. c) in Frankenfordia a. zu a. d) vero a. e) meticulositatem A. f) Dominus Gehardus a. g) de Egloffstein a. zu a.

1) Vgl. die urkunde der dominikaner zu Lübeck über die stiftungen des Peter Hook, 'de de ... ... cloister heft alrede ... ... noch to donde', 1418 märz 25. Urkundenbuch der stadt Lübeck VI 15. 2) Ruprecht erwählt 1400 aug. 20, gest. 1410 mai 18. 3) Wesloe. 4) Gerhard stirbt 1400 nov. 9; Johannes erwählt nov. 12, stirbt 1411 nov. 22. 5) §§ 742 und 743 hängen in a enger zusammen.

747 (1140). Fratres Predicatores conventus Hamburgensis quendam habuerunt prebendarium Hollandrinum nomine Tydericum. Hic (nequam) quandam interfecit latenter mulierem[a], prebendariam eorundem fratrum, in (quadam) turri orti eorum commorantem. Cumque[(1)] tempus 40. advenisset, dictus Tydericus interfector peccatum homicidii sui cuidam fratri eiusdem conventus et ordinis, nomine Mathias, confessus est, sed confessione facta ex dyaboli instigacione sibi incidit horror et timor, ut cogitaret predictum fratrem suum confessorem posse homicidium suum revelare, si superviveret. Unde nacta oportunitate (accessit) fratrem (Mathiam) predictum in ambitu fratrum (transeuntem et orantem et ipsum) cultro[b] transfodit tria vulnera letalia imprimendo et abcessit[c]. (Frater autem mortaliter sauciatus mox obiit et in loco sue interfeccionis sepultus est).

748 (1140a). Wilhelmus dux de Monte cum exercitu suo venit ante civitatem Cleven (et eam obsedit). Sed mox Adolfus comes de Clivis et Tidericus frater suus comes de Marka[(2)][d] (cum maxima multitudine armatorum venientes) ipsum vicerunt et captivaverunt.

749 (1142). Ropertus rex[e] Romanorum Romam pro corona (imperiali adipiscenda) ascendere nisus est. (Sed in sumptibus et expensis deficiens iter suum non profecit).

1401.

750 (1143). Marchiones Misnenses Pragensem civitatem obsederunt cum multis aliis nobilibus, excepto Georgio iuniore marchione. Protunc enim erant marchiones isti, scilicet Wilhelmus senior monoculus, qui primo duxerat sororem Iodoci et Procopii marchionum Moravie[1], qua mortua duxit filiam Ottonis[(3)] ducis de Leyna[2] et ab istis duabus uxoribus nullam sobolem habuit; et Balthazar frater dicti Wilhelmi, lantgravius Thuringie, qui filium habuit nomine Fredericum; iste Balthazar duxit relictam ducis Frederici de Brunswik[3] anno preterito interfecti, a qua nullam prolem habuit; et Fredericus iunior ac Wilhelmus et Georgius, filii quondam Frederici fratris Wilhelmi monoculi[f]. Hic Fredericus iunior duxit in uxorem filiam Hinrici ducis de Luneborg[4].

751 (1144). Clerus Halberstadensis propter quasdam discordias inter ipsum et cives eiusdem civitatis (exortas) exivit civitatem, dempto Hinrico Rintdorp plebano Sancti Pauli, qui in eadem civitate cum aliquibus sacerdotibus secularibus prophanavit tempore Rodolfi episcopi Halberstadensis, domini de Anahalt. Hic quidem (episcopus) magis civibus quam clero inclinatus, non studuit facere concordiam et unitatem, sed magis fovit discordiam predictam et scisma. Religiosi vero mendicantes (ordinum Predicatorum et Minorum) conventus suos deserentes et clero adherentes, exiverunt (civitatem)

(1) st. Cumque — superviveret a: Homicidium istud cum dictus Tydericus perpetrasset, confessus est eidem fratri eiusdem conventus nomine Mathias. Sed non post multum tempus cum occisio dicte mulieris vulgaretur, cecidit suspicio interfectionis supra predictum Tydericum. Quod sibi innotuit, putavit fratrem Mathiam prodidisse factum, eo quod sibi soli hoc constaret per confessionem.

(2) 5. feria ante penthecosten a. m e. juni 2.

(3) st. Ottonis ducis de Leyna a: quondam Ottonis de flumine Lene, cuius erat civitas Gotingensis.

a) etiam s. m e. b) st. cultro transfodit a: interfecit. c) exiens civitatem evasit a. d) Marchia a. e) st. rex Romanorum a: electus. f) et Balthasar s. m a.

1) Elisabeth tochter Johann Heinrichs von Mähren 1366, gest. 1400 nov. 20. 2) Anna tochter Otto des quaden von Braunschweig-Göttingen. 3) Anna tochter kurfürst Wenzels von Sachsen 1404 juli 24. 4) Katharina tochter herzog Heinrichs des milden von Braunschweig-Lüneburg 1402.

exceptis paucissimis, qui propter conservacionem[a] loci interdictum strictissimum observantes et manentes perpessi sunt multas tribulaciones et (persecuciones civium ac) penurias victualium propter[b] clerum. Sed tandem malas gratitudines et remuneraciones pessimas a (predicto) clero reportaverunt (fratres predicti. Et multo consulcius fecissent, quod deserentes clerum civibus adhesissent in eorum appellacione, quod absque peccato facere potuissent et sine periculo animarum suarum).

752 (1145). Barnhem dux de Wolgast et (Balthazar) dominus de Slavia[c] venerunt prope Lubicensem civitatem cum quadringentis equis. Et intrantes municiones civitatis iuxta Keratolers kroghe per ductorem quendam nomine Distelvink, exercitum suum duxerunt retro Sanctum Georgium. Cives autem eorum adventum prescientes, ad arma se ad invicem concitaverunt. Cumque copiosam multitudinem eduxissent et extra valvam molendinorum se congregassent, equestres, quorum capud erat (venerabilis vir) Iordanus Pleskowe proconsul eiusdem civitatis, inimicis obviam venerunt. Territi autem principes de multitudine civium, fertur dixisse dux de Wolgast ad dominum de Slavia: 'Avuncule gloriatus es, nos velle ducere in ortum rosarum, sed ecce sumus hic et det Deus, quod non carpamus rosas cruentis manibus nostris'. Cui dominus Balthazar[d] (respondit): 'Consolamini[e] (mi princeps et) avuncule et estote[f] boni animi. Scio hos cives tam generosos esse (et urbanos), quod non siciunt[g] sanguinem nostrum, sed nobis[h] captivatis bene facient'. Fugam igitur capientes inimici, freti adiutorio (Erici) ducis Saxonie de Lovenborg, claustra et manus[i] Lubicensium sine notabili dampno evaserunt, desidia et imperícia Lubicensium hoc causantibus[k].

1402.

753 (1147a). Ropertus rex[l] Romanorum a Longobardis revertitur non coronatus, quia Romam non pervenit, impeditus[m] per dominum Mediolanensem comitem Virtutum[1].

754 (1146). Wilhelmus marchio[n] monoculus Misnensis Donyn[2] castrum circa Dresden civitatem obsedit et expugnavit, dominis castri penitus exclusis.

Anm. 3 755 (1147). (Eodem anno obiit) Georgius marchio Misnensis[o] in Koborg in adventu domini[3] et in monasterio Porta iuxta civitatem Nuenborgh prope Salam fluvium est sepultus.

756 (1148). Cometa in ieiunio apparuit in occidente et duravit per mensem et amplius.

757 (1149). (Qui commeta tunc disparuit, cum) Wenzeslaus rex Bohemie[p] iterum a fratre suo Sigismundo caperetur[q] et in Ungariam duceretur[r]. Postea vero duci Austrie est[s] commissus (a Sigismundo). Qui a civitate Vienna[t] fuga elapsus in Bohemiam rediit[4].

758 (1149a). Pestilencia maxima viguit in Brunswik et Halberstad (et in opidis circumiacentibus).

759 (1150). Hamburgenses (cives) duplex navale bellum habuerunt cum pyratis[u] (Rostoccensibus et Wismariensibus, licet protunc essent ab eis licenciati). Horum capitanei et duces in primo conflictu fuerunt Wichmannus et Stortebeker. Et Hamburgenses

---

a) confirmacionem a. b) st. propter clerum und a: inclusi in conventibus. c) secundario s. zu a. d) de Slavia a. e) consolare a. f) esto a. g) siciunt A. h) st. nobis captivatis a: captivis receptis nobis. i) st. manus Lubicensium a: Lubicenses. k) causabatur a. l) st. rex Romanorum a: electus. m) impeditum A. n) senior s. zu a. o) obiit s. zu A und a. p) quondam rex Romanorum s. zu a. q) capitur a. r) ducitur a. s) committitur custodiendus a. t) Wene a. u) vel alio nomine Vitalianis s. zu a.

1) *Johann Galeazzo.* 2) *Dohna an der Müglitz.* 3) *Gest. dec. 9 in Koburg.* 4) *Zeit der zweiten gefangennahme und mai 1402, der abermaligen flucht nov. 1403.*

ex eis interfecerunt 80 prope Hilghelant, 70 vero secum ducentes in Hamborg decapitaverunt (et capita abscisa iuxta Albiam statuerunt). In secunda vero reysa capitanei pyratarum fuerunt Gotfridus Michaelis et Wigboldus magister in artibus. Et capti sunt a Hamburgensium mercatoribus circiter 80 et omnes capitibus sunt truncati (et appositi aliis).

760 (1151). Ulricus dux Magnopolensis et Stargardie intrans marchiam Brandeburgensem obsedit opidum Vredeborg[a], quod tandem muris transcensis cepit et omnibus bonis spolians igne ipsum pro maiori parte destruxit. De hoc opido recedens transtulit se versus Strutzeberg opidum (situm prope Strus fluvium), quod similiter capiens depredatus est et incineravit pro maiori parte[1].

761 (1152). Clerus Magdeburgensis a vulgo civitatis invaditur et eorum curiis et domibus intra civitatem spoliatis ac duabus curiis incineratis[b], *compulsi sunt canonici exire civitatem et vicarii, assumptis[c] secum nobilioribus clenodiis et reliquiis. Quod[d] totum malum a moneta inicium sumpsit. *E. 190.

762 (1153). Margareta regina[e] Dacie, Swede et Norweye cremari fecit quendam trufatorem tempore, quo allecia capi solent, in Scania in[f] Valsterbode. Qui se pro filio eius gerens ab ea non cognoscebatur, licet a plerisque filius eius putaretur (et adhuc putatur usque in presens).

763 (1154). Frater Eylardus Schonevelt, magister in theologia (et provincialis Saxonie) ordinis Predicatorum hereticeque pravitatis inquisitor, quendam (examinavit) in Lubeke heresiarcham nomine Wilhelmum, in albo habitu incedentem (et pro apostolo se gerentem, et ipsum) perpetuo carceri dampnavit mancipandum (propter horribiles errores suos et hereses). Quem recidivum inventum iudicio seculari tradidit, per quod combustus est. Hic infelix hereticus inter ceteras graves articulos numero fere 80 tenuit dominum nostrum Iesum Cristum amasium fuisse beate Marie Magdalene (et actum venereum cum ea exercuisse) et (similiter) Iohannem ewangelistam virginis gloriose (fuisse amasium).

1403.

764 (1154a). Rupertus[g] rex Romanorum solempnes nuncios versus Romam[h] misit, petens confirmacionem eleccionis[i] (facte in eo) sibi a papa dari. Qui eleccionem admisit et confirmavit, volens ipsum ulterius nominari regem Romanorum et Alemannie, et quod posset agere que regis sunt. Et coronacionem promisit tempore et loco oportuno, supplens in eo omnem defectum racione forme aut persone sue(1) (commissum)[2].

765 (1155). Clerus Magdeburgensis civibus reconciliatus bona quinta feria civitatem reintravit. Cui omnia spolia et dampna per[k] cives ei illata (que sub iuramento clerus dicebat sibi facta) civitas prompta pecunia persolvit. *S. 22.

766 (1156). Iebelhusen[3] castrum archiepiscopi Moguntini, per unum miliare distans a Duderstad, obsessum et expugnatum est a Hinrico duce de Brunswik et Luneborg, duce Ottone de(2) Leyna, Hermanno lantgravio Hassie et Hinrico comite de Housteyn(3).

(1) prout in bulla pronunciacionis plenius continetur a. m. a.
(2) st. de Leyna a: ultra silvam, dicto alias de Lere.
(3) nec non domino de Lare et Clettenberch[4] erga Hartcmum a. m. a.

a) Fredeberch a. b) circa novum forum a. m. a. c) st. assumptis — secum a: premissis. d) st. Quod — sumpsit a: et totum factum est propter monetam. e) regine A. f) loco qui dicitur a. m. a. g) electus a. m. a. h) Romanam curiam a. i) et confirmacionis imperii a. m. a. k) st. per cives a: preteritis annis.

1) *Friedeberg und Strausberg.* 2) *Anerkennung 1403 Okt. 1.* 3) *Gieboldehausen.* 4) *Lohra und Klettenberg.*

767 (1157). Wismarienses quendam militem domini[a] Magnopolensis[1], qui unius civis civitatis illius nomine Schelp uxorem seduxerat et abduxerat cum clenodiis[b] preciosis viro suo subtractis, captum in patibulum suspenderunt, precibus et minis ⟨dicti⟩ domini[a] ⟨Magnopolensis⟩ minime flexi.

768 (1158). (Frater Eylardus supradictus inquisitor degradavit et condempnavit quendam hereticum nomine Nicolaum de Ville presbiterum secularem in civitate Sundensi. Quem sic degradatum et depositum tradidit iudicio seculari propter suam contumaciam et pertinaciam, per quod ibidem fuit incineratus).

769 (1159). Circa[(1)] idem tempus prenominatus magister Eylardus inquisitor ordinis Predicatorum quandam mulierem examinavit in Rostok tamquam hereticam sibi delatam. Et eam inveniens pertinacem et impersuasibilem, tradidit iudicio seculari, a quo ad ignem indicata periit.

770 (1160). Similiter[(2)] et in Wismaria civitate eodem anno quendam Beggardum nomine Bernhardum pertinacem hereticum iudicio predicto seculari tradidit. Et crematus est ab eodem in civitate[c] prefata Wismariensi.

1404.

DE INNOCENCIO PAPA 212.

771 (1161). Innocencius papa, qui et Cosmacus cardinalis, sedit annis[d] tribus et diebus 15[e]. Hic Rome electus est et consecratus, Benedicto antipapa Avinionis residente.

772 (1161a). Rodolfus de Anhalt episcopus Halberstadensis cum comitibus Bernhardo, Alberto[e] ⟨et⟩ Sigismundo de Anhalt et Rodolfo duce Saxonie ex una parte, Guntherus archiepiscopus Magdeburgensis cum patre suo Gunthero de Swartzborg et filio eius Hinrico[f] et comitibus de Mansvelt ex altera parte terras utriusque episcopatus rapinis et incendiis devastaverunt.

773 (1163). Myndensis civitas pontem fortissimum per Wyseram de sectis lapidibus quadratis fecerat, qui resolutis glaciebus et[g] impetuosa glacierum compressione deiectus est et comminutus. Quod per se ⟨forte⟩ glacies illa perficere non valuisset, nisi divino iudicio casum futurum civitatis illius iactura pontis illius prenunciasset.

Aug. 4 774 (1164). In die beatissimi[h] patris Dominici ac Oswaldi regis et martiris, que erat tercia feria, Erikus dux Sleswicensis et Albertus[i] et Nicolaus comites Holtzacie cum quingentis militibus et militaribus[k] terram Dithmarcie intraverunt, eam igne et rapinis vastantes. Sed cum exire vellent per meatum artum Delbrugge ⟨nomine⟩, Dithmarsi hinc inde in nemore ⟨vicino⟩ latitantes, lanceis[(3)] suis longissimis equos omnium perforaverunt pariter et sagittis sauciaverunt; deinde viros illos equis disiectos omnes interfecerunt, paucissimis evadentibus. Dithmarsi vero ob hanc victoriam habitam diem hunc gloriosum habent et festivum in honorem beati Dominici[l] (ipsum celebrando ut diem pasche).

---

(1) § 769 lautet in a: Magister Eylardus inquisitor ordinis fratrum Predicatorum condempnavit ac iudicio seculari tradidit quandam mulierem hereticam pertinacem in civitate Rostoccensi, que ibidem extitit combusta.

(2) § 770 lautet in a: Similiter quendam Beggardum pertinacem hereticum nomine Bernhardum in Wysmaria.

(3) st. lanceis — interfecerunt a: interfecti sunt quasi omnes.

---

a) sui s. zu a. b) et [illegible] s. zu a. c) civitate A. d) annis duobus et mensibus 10 a. e) claudicante s. zu a. f) comite de Swartzeborch s. zu a. g) ex a. h) beati confessoris a. i) st. Albertus — comites a: comes. k) armigeris a. l) confessoris s. zu a.

1) Ulrich I. 2) Innocenz VII. erwählt 1404 Okt. 17.

775 (1167). Mortalitas magna viguit in Lubeke et obierunt ibidem circa sex milia hominum.

1405.

776 (1168). Hinricus dux Luneburgensis et Brunswicensis captus est a domino Bernhardo iuniore de Lippia (et inhumaniter tentus ac pertractatus crudeliter) et mansit in illa captivitate, quousque[a] promitteret iureiurando, se soluturum centum et 20 milia florenorum (Renensium). De qua summa partem solvens licet invitus, quia milites quidam fideiussores sui ipsam solverunt tempore et loco constitutis, ut promiserant, eo inscio, aliam partem[b] numquam (solvit neque) solvet. Nam usus prudencia (et astucia) huius mundi litteras apostolicas et regis Romanorum[c] obtinuit absolutorias[d] (et prohibitoriales, ne predictam pecuniam solveret). Sed an hoc (licite) fieri potuit[e], videbit ipse (et) presertim cum in littera sua, quam pro facienda certitudine et fide de persolvenda pecunia sigillavit proprio sigillo, sciencter et mature deliberatus, (cautum[f] fuerat) quod nec littere papales nec imperiales istam solucionem (in futurum) impedire possent nec deberent.

777 (1169). Communitas civitatis Mindensis se contra concilium suum erexit, pro capitaneo habens quendam eiusdem civitatis civem nomine Stramme, et pociores de concilio expulit de civitate, practicantibus hoc idem (malum) quibusdam de concilio intra[g] civitatem manentibus. Uxores quoque expulsorum consulum posite sunt ad currum ruralem[h] et simul educte sunt cum magna confusione (insultantibus eas[i] et blasphemantibus pueris et senibus) ac bona eorum confiscata sunt. Iohannes vero Swarte proconsul, unus de proscriptis, plura Myndensibus dampna interim (quod foris essent) intulit. Nam molendinum civitatis incineravit (plures cives captivavit) et presertim impositorem huius discordie Strammen (antedictum, quem) propria manu suspendit. Hic eciam Iohannes (Swarte) coram Ruperto Romanorum rege contra predictam civitatem querimonias deposuit et eo iustificato cum suis complicibus (cum altera pars citata non comparuisset) bannum imperiale contra ipsam obtinuit. Quod (quidem bannum) pro viribus prosequens, a principibus circumiacentibus impetravit prohibicionem adduccionis victualium, ne scilicet illi civitati quidquam adveniret. Quam prohibicionem cives sencientes eis (dampnosam et) nocivam valde, compulsi sunt predictos expulsos consules (contra proprium eciam iuramentum de non reintromittendo eosdem in perpetuum ab eis emissum) cum gloria magna (re)introducere[(1)] (et recipere cum processione solempni).

778 (1165). Otto episcopus Halberstadensis[k, 1] captus est in die sancti Bonifacii[(2)] juni 5.
a comite Wiperto de Barbi et Lodewico de Nendorp et ductus est in castrum Bloc[(3)]. i c. ss.

779 (1166). Lubicenses cum magno exercitu, cuius capitaneus erat (venerabilis vir)

(1) in civitatem, licet iuramentis suis horribilibus firmassent, in perpetuum eos fore non intraturos s. zu c.

(2) que erat 6. feria s. zu c.

(3) in c folgt: 778a. Dominus papa propter discordiam inter ipsum et Romanos habitam recessit cum cardinalibus Viterbii, propter quod Romani palacium domini pape et curias cardinalium omnibus inventis spoliaverunt.

a) pro sua redempcione s. zu c. b) forte s. zu c. c) Ruperti s. zu c. d) a predictis florenis s. zu c. e) posuit, videt c. f) cautum fuerat f. c wol nur versehentlich. g) st. intra civitatem manentibus c: existentibus. h) rusticalem c. i) sic A. k) 23. s. zu c.

1) *Bischof von Halberstadt ist Rudolf II. von Anhalt. Doch liegt offenbar eine verwechslung vor mit bischof Otto I. von Havelberg, der auch wirklich der 23. in der reihe ist, wie c angibt. B und D verwirren sich noch mehr.*

Iordanus Plessowe proconsul, intraverunt terram domini[a] de Slavia Balthasaris et iter suum dirigentes versus Parchem opidum, apprehenderunt vaccas civitatis et eas abducentes introduxerunt in opidum Sterneberg, quod eis ad manus concesserat[b] Ulricus dux Magnopolensis. Secundario (vero) exeuntes dictum opidum (Sterneberg) intraverunt quoddam territorium nomine Ortum Rosarum, propter villarum numerositatem, terre fertilitatem et loci securitatem sic[(1)] dictum. Quod quidem territorium (igne et preda) funditus destruxerunt. Cumque ultra procederent et castra sua firmare disponerent prope Gusterowe (opidum), tunc territus dominus Balthasar[c] placita iniit cum inimicis, pacem cum eis[d] ad tempus firmando. Et sic gwerra illa suspensa est[1].

1406.

jan. 11. 780 (1170). Tercio Ydus Ianuarii in civitate Viterbiensi in consistorio publico legati Romanorum 18[e] electissimi viri venerunt ad presenciam domini pape (Innocencii) et cardinalium, offerentes sibi plenissimum dominium urbis (Romane) in publico instrumento. Postea ore et manibus obtulerunt sibi claves urbis et sigillum ceteraque dominatus insignia, prout in bulla sua plenius continetur. Cuius tenor incipit: 'Quoniam[f] summus opifex'.

781 (1171). Hinricus dux (Brunswicensis et) Luneburgensis propter crudelem detencionem, quam in sua captivitate pertulerat a domino (Bernhardo) de Lippia, factus est inimicus eiusdem domini et colligens exercitum obsedit castrum Pol. Quod expugnans

apr. 11. tandem cepit in nocte pasche et fortiter munivit. Deinde progrediens in opidum Horne se locavit et de ipso totam terram dominorum de Lippia spoliis et incendiis vexavit[(2)].

782 (1171a). Ambasiatores studii Parisiensis[g] pro unitate ecclesie (ad papam) venerunt (Innocencium), quos audire (papa) renuit.

märz 25. 783 (1172). In crepusculo diei[h] annunciacionis beate virginis tectum turris cum campanis ecclesie parrochialis sancti Iohannis baptiste in Luneborg a fulgure est incensum et combustum sine alio quocunque dampno.

juni 16. 784 (1173). Eclipsis solis facta est sequenti die sancti Viti[2], que fuit feria quarta, hora quasi[(3)] sexta de mane cum[(4)] magnis tenebris, ita ut nox putaretur. Et duravit ad terciam partem unius hore (hominesque exterriti sunt nimis).

785 (1174). (Otto archiepiscopus Bremensis et dux Luneburgensis et Brunswicensis obiit[3]. In cuius locum successit dominus Iohannes de Ramesло[4] prepositus Hadelensis.)

nov. 25. 786. Eclipsis lune facta est in suo plenilunio in die sancte Katherine[i] inter unam et decimam horas, aura serena existente et stellis apparentibus, que circa mediam noctem suum resumpsit lumen.

787 (1175). Devastaciones terrarum igne et ferro (ac spoliis) facte sunt per domi-

---

(1) st. sic dictum a: habens 36 villas divites et opulentas.

(2) in a folgt: 781a. Omnes Colupnenses expulsi sunt de Roma.

(3) st. quasi — mane a: primarum.

(4) st. cum — putaretur a: cum magna tenebrositate, ita ut per universam terram dies in noctem versus videretur, ante et post claro die existente.

---

a) st. domini — Balthasaris a: Slavorum. b) st. concesserat — Magnopolensis a: tradiderat dux Olricus de Mekelingborch. c) de Slavia a. d) Lubicensibus a. e) 18 a. f) st. Quoniam summus opifex a: Innocencius episcopus servus servorum dei. Quoniam summus opifex rex omnium deus etc. g) Pragensis a. h) die A. i) post meridiem s. m. a.

1) *Hiernach wiederholt a die §§ 778, 778a und 777.* 2) *Die angabe stimmt mit Oppolzers 'Canon der Finsternisse' überein.* 3) *Gest. 1406 juni 30; es folgt Johannes II. Slamstorf.* 4) *D hat übrigens im § 816 ganz richtig* Slamestorp. *OESTERLEY.*

num Guntherum archiepiscopum et cives Magdeburgenses ex una parte, ex alia vero per comitem Albertum mancum[a] de Anahalt et dominos[b] de Dessowe et Köten[(1)].

788 (1175a). Fratres Minores conventus Hamburgensis quendam venerabilem fratrem nomine Iacobum, magistrum in theologia, de Frankenvorde vinctum (et cathenatum in ore stipitem habentem, ne vociraretur) usque in Hamborg duxerunt et cippo carceris crudeliter includentes, ipsum tandem strangulando iugulaverunt, pro eo quod minister provincialis eis datus esset a domino papa[c]. Cuius necem tam abhominabilem Wilhelmus marchio Misnensis (cuius confessor erat) in dicti ordinis fratres graviter vindicasset, si in vita perstitisset[d].

1407.

DE GREGORIO PAPA 213.

789 (1176). Gregorius papa, qui et Angelus de Corario nacione Venecianus, patriarcha Constantinopolitanus et presbiter cardinalis tituli Sancti Marci sedit duobus annis et 5 mensibus[1]. Hic Rome electus est in die sancti Andree apostoli, Benedicto antipapa nov. 30
Avinionis residente. Iste post coronacionem suam immediate iuravit ad sancta dei ewangelia, se velle laborare pro unione ecclesie et deposicione scismatis totis viribus, eciam si resignare et cedere eum oporteret papatui in casu, si alias unio fieri non posset. Et statuit fieri communes oraciones pro eadem causa per mundum, promisitque se non augmentaturum numerum cardinalium ante unionem factam propter eandem causam. Quod et cardinales ante suam eleccionem in conclavi secum iuraverant. Cuius iuramenti prevaricator effectus est nec tenuit aut implevit quod iuravit. Cum autem ista se observaturos iurarent tam papa quam cardinales, vocati fuerant notarii publici in testimonium. Quorum nomina sunt Baruncus Philippi de Pistorio, litterarum apostolicarum scriptor et abreviator, publicus apostolicus notarius, Stephanus Gern[e] de Prato, Gherlacus Hereberti de Esch[f] clericus Coloniensis dyocesis, Clemens de Bawaria et Franciscus Hoslegis Leodiensis dyocesis, Iovanellus Brunsricus camere basilice principis apostolorum de Urbe, publici notarii[2].

790 (1177). Wilhelmus marchio Misnensis senior monoculus obiit in civitate Grymme in vigilia Scolastice virginis[(2)][3]. Iste enim fuit dampnificus monetarius, quia prout febr. 9
dicitur falsificavit grossos sue monete. Nam sui grossi in bonitate vincebant Bohemicales (grossos); nunc autem de suis (grossis) dantur tres pro uno Bohemicali, et una sexagena facit 1 florenum Renensem[g], quem olim 15[h] grossi Misnenses faciebant. Et sic census et redditus collegiorum et monasteriorum[i] ac aliorum sunt diminuti et omnis habens redditus in sexagenis[k] grossorum Misnensium defraudatus est in tercia parte. Propter huius monete deterioracionem multa mala orta sunt in illis partibus.

791 (1178). Dominus Iohannes de Hanzo prepositus maioris ecclesie Hildensemensis captus fuit et turri inclusus per dominum Iohannem episcopum Hildensemensem (pro eo quod ut dicitur spoliari fecerat nuncios ecclesie Romane). Unde breviter expeditus ab hac vita migravit.

---

(1) in a folgt: 787a (1175b). Innocencius papa 7. obiit in die sancti Clementis[4]. nov. 23

(2) quod erat feria 4. cinerum *z. zu a.*

---

a) claudicantem *a.* b) dominum *a.* c) apostolico *a.* d) *in a folgt hiernach* § 790. e) Gren *a.* f) Ech *a.* g) Rynensem *a.* h) 16 *a.* i) religiosorumque *z. zu a.* k) *st.* sexagenis grossorum Misnensium *a*: illa moneta.

1) *Gregor XII. erwählt 1406 dec. 2.* 2) *Die namen der zeugen fehlen in der Vita des cod. Vaticam. bei Muratori Scr. III, 2 837.* OESTERLEY. 3) *Gest. 1407 febr. 10.* 4) *Gest. 1406 nov. 6.*

792 (1179). Dux Burgundie[1] quandam summam pecunie a concilio civitatis Brugensis postulavit (sibi dari) in subsidium expedicionis sue. Quam cum concilium predictum sibi dare denegaret, contulit se ad communitatem, conquerens ei super consulatu suo de negacione[a] auxilii prestandi. Cum quo quidam de communitate convenerunt (taliter), quod si privilegium tale conferre vellet communitati in perpetuum valiturum, quod scilicet mechanici ad consulatum (amplius eligi et) poni deberent et civitatem regere possent, et si presentem consulatum deponere vellet (et alios de mechanicis pariter et mercatoribus instituere), ipsi (qui ponerentur ad consulatum) sibi illam pecuniam solvere vellent. Quod totum factum est. Nam illi de concilio, qui diu bene prefuerant civitati, expellebantur et mechanici ad consulatum reponebantur. Sed regimen ipsorum per breve duravit tempus. Nam vix tribus annis evolutis, omnia privilegia illa, per que regnare ceperant, sunt per ducem revocata et concilium antiquum, quod per illud tempus exulaverat, manu potenti dominorum et circumiacencium civitatum fuit ad civitatem Brugensem reintroductum (cum honore magno) et omnes capitanei scismatis malo fine perierunt.

793 (1180). Albertus rex Swecie (nominatus) et dux Magnopolensis obiit[2], segregatus tamen a regno Swecie per renunciacionem spontaneam (quam ipse fecit Margarete regine Dacie pro se et successores pro modica pecunie summa).

794 (1181). Magister Conradus Soltowe episcopus Verdensis et doctor sacre theologie obiit[(1)] in castro Rodenborgh[b]. (Cui successerunt duo, puta unus electus per capitulum Verdensem, qui comes fuit de Hoya, et alius datus a papa. Hii diu litigabant ad invicem et adhuc litigant. Electus enim habuit castra dyocesis et datus protegebatur per dominum Hinricum ducem Luneburgensem)[3].

795 (1182). In Wismaria quidam carpentarius frenesi percussus lucida per vices habere solebat intervalla. Hic usa dictum huius anni infirmitate (sua) laborans, recepit ad manus bipennem noviter acuatam et arripiens pueros suos tres, quos habebat satis formosos, unum post alium crudeliter trucidavit. Mater autem puerorum gravida existens cum quarto hanc terribilem videns crudelitatem, mox a retro[c] occurrit et virum brachiis circumdans necem ultimi filii prohibere nisa fuit. Quod cum vir furibundus persensit, de brachiis uxoris vi se excussit et vertens se cum impetu, matrem cum fetu (concepto) pariter iugulavit. Hec cum perpetrasset horrenda homicidia, domum suam sic sanguine aspersus et cum cruenta bipenne exivit et ad socios, ubi quandam edificabant casam, venit. Quem cum viderent sic dispositum, sciscitabantur ab eo quid egisset. Interque verba mox ille ad se reversus, perpendit immanitatem sceleris et rei geste. (Quod cum plene cognovisset) cultellum, quem apud se habuit, subito extraxit et cordi suo, prout profundius potuit, infixit et sic mortuus cecidit.

[illegible] 17. 796 (1183). Stockholm civitas Suecie dyocesis[d] Upsalensis a fulmine cremata est

jan. 11. (1) XI. die mensis Ianuarii a. m a.

a) denegacionem v. b) ecclesie Verdensis a. m. u. c) tergo a. d) in dyocesi Upsalensis archiepiscopatus a.

1) *Johann Ohnefurcht.* 2) *Gest. erst 1412 märz 30.* 3) *Conrad von Soltau gest. 1407 jan. 11; das capitel wählt febr. 21 Heinrich von Hoya, der papst providiert am aug. 12 Ulrich von Albeck. 1409 wird durch Alexander V. jener bestätigt, dieser abgesetzt. Doch resigniert Ulrich wirklich erst 1417. Dass herzog Heinrich für den providierten bischof eingetreten sei, ist wol ein irrtum; er war vielmehr an der wal des andern beteiligt. Vgl. Pfannkuche, Die ältere Geschichte des vormaligen Bisthums Verden (1830) 217 und Fr. Kummer, Die Bischofswahlen in Deutschland 1378—1418 (1892) 135. Das adhuc litigant, das nur in A auftritt, zeigt, dass Korner bei der abfassung (zwischen 1417 und 1420, wol näher an 1420) von der erfolgten resignation Ulrichs keine kenntnis hatte.*

post pascha. In cuius combustione mille[a] (et sexcenti) homines incendio perierunt[b]. (Plures eciam mulieres, virgines et alii homines divites, volentes se et sua salvare, navem magnam clenodiis et aliis rebus preciosis oneraverunt, ut evaderent. Quos tot secuti sunt et navem illam intraverunt, ut eam in mare precipitarent et submergerent).

797 (1184). Septima die mensis Octobris, que fuit octava sancti Ieronimi, seniores de gildo[c] portitorum id est dregherghilde[d] civitatis Sundensis[e] (una cum suis complicibus) 16 presbiteros ceperunt manu violenta et traxerunt eos in domum Lubberti Thein consulis residentis in novo foro. Quorum tres, puta dominos Iohannem Colne officialem archidyaconatus Tribuses[1] plebanum Sancte Marie, Hinricum Gergenowe (plebanum) Sancti Iacobi et Wilhelmum capellanum Sancti Nicolai in contemptum domini Conradi Bonowen plebani in Voghedeshaghen[2] ecclesie extra civitatem Sundensem (site), que mater est (omnium) ecclesiarum Sundensium, ligatos in tribus scalis in ignem proiecerunt et usque ad pulveres concremaverunt, aliis 13 dimissis[(1)(2)]. (Quod factum cum Rodolfus episcopus Swerinensis percepisset, generale posuit in predicta civitate interdictum et interim causam illam destinavit ad curiam. Et terminata postea fuit per satis levem emendam, quam tamen hucusque Sundenses non compleverunt). Okt. 8

798 (1185). Hostilis devastacio terrarum ferro, igne et spoliis facta est inter civitatem Bremensem et comites[f] de Aldenborg[g], scilicet Tidericum et Cristianum fratres et Mauricium avunculum predictorum fratrum. In qua lite anno sequenti ultima die mensis Ianuarii Cristianus supradictus (comes) a Bremensibus captivatus est et detentus. Adiutores vero Bremensium erant comites Otto de Hoya et Otto de Delmenhorst. 1406 Jan. 31

799 (1186). Hyemps asperrima fuit cum gelu validissimo et duravit a die beati Martini, in qua incepit, usque ad medium[(3)] quadragesime. Nov. 11. März 8.

800 (1187). Gregorius papa[h] Romanus et Benedictus antipapa Avisionensis[i] cum eorum cetibus[k] cardinalium et anticardinalium ex instigacione[l] Karoli regis Francie et aliorum principum ac fidelium concordaverunt de loco, scilicet Saona civitate, ubi convenirent pro unione ecclesie fienda et ambo cederent papatui super proximo festo omnium sanctorum et concorditer ac unanimiter providerent sancte Romane ecclesie de uno capite, ut sic maledictum scisma, quod iam 30 annis pullulaverat, terminaretur. Sed proch pudor frustra totum factum est, quia Gregorius, ymmo verius Errorius, retrocessit et negavit cessionem, antipapa semper solido manente et parato ad ea que dixerat. Et sic protractum est negocium ecclesie et impeditum usque in annum sequentem, sed nec tunc concordare poterant de loco aut de tempore cessionis. Unde ambo collegia cardinalium considerantes ipsorum dolosa et perniciosa subterfugia, in castro Liburnil iuxta civitatem Pysanam se congregaverunt, ubi statuerunt (fieri) concilium generale[m] in eadem civitate (Pysana), ad quod ambo vocari deberent, celebrandum in festo proxime instanti annunciacionis beate virginis, ut sic uniti ibidem detestabile scisma finiretur; si (vero) ambo non venirent vel unus eorum et alter non, (quod) tunc eque bene dictum Nov. 1. 1409 März 25.

(1) tempore Rodolfi episcopi Swerinensis et ducis Magnopolensis a. zu a.

(2) in a folgt: 797a. Bremenses post festum Petri et Pauli construxerunt novum castrum in Frisia nomine Vredeborch contra incursus raptorum et piratarum. Juni 29.

(3) st. medium quadragesime a: festum in cathedra. Quod prius omnibus hominibus erat inauditum. Febr. 22.

a) 1000 a. b) utrimque sexus s. zu a. c) officio a. d) dregere a. e) Stralessundensis in partibus stagnalibus a. f) domicellos a. g) Oldenborch a. h) 12. s. zu a. i) Avinionensis A. k) collegiis a. l) mediantibus s. zu a. m) universale a.

1) Tribsees. 2) Voigdehagen.

concilium de summo pontifice ecclesie dei providerent, ambobus depositis. Et hoc ambo collegia scripserunt per mundum universum litteris patentibus.

801 (1188). Clerus Halberstadensis civibus reconciliatus ex industria novi episcopi eiusdem civitatis domini (Frederici) de Werberg[1] (alias prepositi ecclesie maioris Magdeburgensis) in civitatem rediit[(7)] (religiosis tamen, qui propter eis exierant et sua monasteria reliquerant, irreconciliatis. Que quidem ingratitudo cleri ad religiosos sit et maneat exemplum viris religiosis in perpetuum, ut videant quid amplius in talibus casibus consulte agant).

1408.

802 (1190). Discordia magna orta est inter communitatem et consulatum civitatis Lubicensis, pro eo quod consules (ut vulgo videbatur) multa gravamina indebita (et inconsueta) sibi imposuerant tam in annuali tributo, quod in materna lingua nuncupatur schot[a] vorschot[a] caiso[b], quam in aliis accidentalibus (exaccionibus, compulsi ad hoc faciendum propter eorum superfluas expensas, quibus civitatem) magnis debitis obligabant (ut vulgus putabat), ac propter eorum ditacionem personalem, ob quam civibus suspecti habebantur (quod iterum non fuit verum). Unde communitas propter hec et alia (sinistre excogitata) computacionem insolitam ab eis postulabat[(8)]. (Hanc quidem computacionem, licet inconsueto modo exactam, consulatus absque formidine reddidisset, si communitas importunitatem suam temperasset. Sed quia consulatus furiosum vidit populum et sanguinem ipsorum sicientem, dedit locum ire. Propter quod maior pars concilii clam civitatem exivit et quidam in Hamborg, quidam vero in Luneborgh apud amicos se receperunt, omnia, que ad eorum officia pertinebant custodienda, incustodita relinquentes, ut puta librum civitatis, sigillum et alia civitatis clenodia. Ceteri vero, qui civitatem non exiverunt, in suis domibus se continebant nec ad consistorium properabant per totum illud tempus, quo socii eorum exulabant. Hiis igitur per fugam sic elapsis, practicatores huius miserrimi scismatis, qui multi fuerunt, communitatem concitaverunt, ut novum instituerent consulatum. Unde mittentes pro domino Iohanne episcopo Lubicensi sibi ostenderunt, consistorium esse absque consulatu et civitatem stare absque capitibus et rectoribus et carere iudicibus, et super eisdem punctis ipsum in testem requisiverunt. Quo facto de unanimi eorum consensu novos proconsules et consules creaverunt, quos quidam presumptuosus sacerdos nomine Hinricus Punt installavit et
1. Mai. ad locum concilii tam in ecclesia beate virginis quam in consistorio introduxit. Concilium autem istud noviter et preteuse creatum fuit partim de mechanicis et partim de mercatoribus et reddituariis. Fuerunt autem primi pretensi proconsules Hermannus de Alen prebendarius fratrum Predicatorum in urbe, Iohannes Langhe, Eylerus Stanghe thorifex et Symon Oldeslo. Hii quatuor dominari absque auctoritate et iudicare inceperunt et pessimo fine tam ipsi, quam sui sequaces et consocii dominium eorum concluserunt).

Sept. 29. 803 (1194). Circa festum sancti Michaelis Erikus dux de Lovenborg cepit opidum Molne (quod est Lubicensium) per tradicionem Iohannis Moller proconsulis eiusdem

(7) qui exierunt anno domini MCCCCVII. (!) a. m. c.

(8) Propter quod consules timore pretensi consules exierunt, librum civitatis, sigillum et alia ad consulatum spectancia eis relinquendo. Hiis igitur abusivis populus civitatis novos proconsules et consules creaverunt ex mechanicis et mercatoribus, qui civitati preessent. Qui in omni modo, sicud antiqui consules fecerunt, sic se gerebant. c. m. a.

a) unde c. m. a. b) tryse a.

1) Heinrich von Werberg anfang 1407 erwählt.

opidi, ut dicebatur, et incastellavit parrochialem ecclesiam, ut se contra Lubicenses defenderet(1). Sed cum Lubicenses hoc perciperent, venerunt in magna multitudine cum machinis et petrariis[a] et impugnantes (opidum), ducem cum suis exire opidum compulerunt. Sed illi exeuntes ipsum opidum incenderunt et pro maiori parte incineraverunt. Quod tamen eodem anno reedificatum est in pulcriori (et solempniori) forma domorum, quam ante erat dispositum.

804 (1191). Obsessa est civitas Traiectensis superior id est Mastrecht a domino de Parwis barone[1] et a civibus Leodiensibus cum eorum auxiliariis per totam estatem. Numerus autem obsidencium erat circa mille milia hominum (ut dicitur). Causa autem obsidionis erat, quia pars cleri Leodiensis cum civibus eiusdem civitatis elegerant filium domini de Parwis in episcopum (Leodiensem) super domino Iohanne, filio Alberti ducis Bawarie et comitis Hollandie, Hannonie et Zelandie ac domini Frisie, nolente presbiterari ex dispensacione facta cum eo ad annos 12. Obsidione autem cessante, idem dominus Iohannes episcopus Leodiensis cum fratre suo Wilhelmo comite Hollandie et cum duce Burgundie[2] Leodienses pugna aggreditur et interficit ex eis circiter 35 milia hominum et quadringentos, peremptis eciam domino de Parwis et filio eius (quorum capita in perticis deferebant).

805 (1193). Omnes naciones studii Pragensis preter Bohemos se transtulerunt[b] in Lipzcke[3], ubi auctoritate pape fundaverunt novam universitatem, dominis marchionibus loca ydonea ad ipsam aptantibus et donantibus redditus magistris ibidem legentibus.

806 (1195). Comes de Solms[c,4] castrum suum Ottensteyn propter victualium inopiam dedit in manus domini Ottonis de Hoya episcopi Monasteriensis secundo anno obsidionis eius, ipso inde eiecto post festum Iacobi feria[d] tercia. juli 30.

1409.

DE ALEXANDRO PAPA 214.

807 (1192). Alexander (papa), qui et Petrus de Candia nacione Cyprus, Mediolanensis archiepiscopus sedit (uno) anno et mensibus duobus[e]. Hic fuit frater ordinis Minorum magister in theologia et in concilio Pysano ab ambobus collegiis cardinalium eligitur super Gregorio et Benedicto, antipapis ipsis (depositis et) condempnatis propter iusiurandum ab illis duobus factum et minime observatum[5]. Modus autem sue eleccionis fuit talis: Nam cardinales concilium celebrantes Pysanum intraverunt in die sancti Viti juni 15. sabbato post cenam in conclave ex utraque parte collegiorum et ibidem steterunt diebus 12. In die autem 12., que erat dies sanctorum Iohannis et Pauli, concorditer elegerunt do- juni 26. minum Petrum de Candia, qui 7. die mensis Iulii, que fuit dies dominica, est coronatus in Pysis in maxima solempnitate. Numerus autem cardinalium[f] erat 24. Erantque presentes in concilio 4 patriarche et[g] archiepiscopus Narbonensis[6] camerarius apostolicus. Ambasiatores quoque archiepiscoporum (horum) erant ibidem, puta Moguntinensis, Coloniensis, Magdeburgensis, Saltzeburgensis, Bisuntinensis, Rothomagensis, Turricensis[7] et Eboracensis; ambasiatores regum Francie, Anglie, Dacie, Ungarie, Polonie, Portugalie, Cipri, Sicilie et Bohemie; ambasiatores ducum Brabancie, Hollandie, Stetinensis,

(1) quibus erat ab olim pro magna pecunia impignoratum a suis progenitoribus a. m. c

a) piscidibus a. b) de Praga a. m. a. c) Solmis A. d) st. feria tercia a: die 3. feria 6. e) ut habes supra anno 1406 et 1407 a. m. a. f) eligencium a. m. a. g) dominus a. m. a.

1) *Heinrich von Horn, herr von Perwez; sein sohn Dietrich 1406 sept. 27 erwählt gegen Johann von Bayern, den Bonifaz IX. 1390 providirt hatte.* 2) *Johann Ohnefurcht.* 3) *Sommer 1409.* 4) *Otto.* 5) *Alexander V. erwählt 1409 juni 26.* 6) *Franciscus de Conzié, patriarch von Constantinopel.* 7) *Turritanus? Torres, seit 1448 Sassari auf Sardinien.*

Lotharingie, Bawarie, Austrie, Masowie et Brunswicensis; ambasiatores comitum et marchionum Ferrarie, Missnensis, Brandeburgensis, Moravie, Marchie, Clivensis, Flandrie, Selandie[a], Swartzeburg, Ertbenborg[1]; ambasiatores dominorum Ymolensis, Ianuensis, Florentinensis, domini de Malatesta et domini de Crema; ambasiatores universitatum Parisiensis, Montis-Pessulani, Tholosanensis, Andegavensis, Bononiensis, Oxoniensis, Canthabrige, Viennensis, Coloniensis, Pragensis (et Erphordensis); ambasiatores eciam plurimarum civitatum, collegiorum et monasteriorum circa centum et 82; magistri ordinum de Prutzia, Predicatorum, Minorum, Heremitarum, Carmelitarum et Servorum dei[b]. Fuerunt eciam in illo concilio presentes doctores sacre theologie centum et 40, doctores iuris utriusque centum et 60; et de aliis[c] inferioribus prelatis et militibus non erat (certus) numerus, ita quod numquam visa vel audita est similis congregacio.

808 (1196). (Communitates civitatum Rostocensis et Wismariensis suum consulatum deposuerunt secundum formam Lubicensium, quosdam in Rostok de proconsulibus et consulibus carceribus mancipando et quosdam fugando et omnia bona illorum confiscando. Et novum instituerunt consulatum de mechanicis et mercatoribus propria temeritate. Qui consulatus utriusque civitatis iudicia sua faciebant et omnia civitatum facta disponebant et agebant, sicud de antiquo et vero consulatu fieri viderant. Cumque Iohannes dux Magnopolensis et Albertus patruus eius cognovissent, in suis civitatibus hoc magnum presumpcionis malum factum esse, intraverunt civitatem Wismariensem et convocaverunt novum pretensum concilium absque consensu et scitu[d] eorum institutum, increpaverunt eos de iniuriosa deposicione illata suis consulibus. Quod ut communitas percepit, cum gladiis et fustibus dominos suos furibundo impetu querentes, curiam eorum violenter effregerunt et gladiis suis lectos, stramina et omnia que poterant perforantes, principes suos interficere satagerunt. Sed ipsi per portas civitatis elapsi manus impiorum vix evaserunt.)

809. Terremotus factus est in partibus stagnalibus orientalibus, (Dacia) et Saxonia
aug. 24. in nocte sancti Bartholomei, alias in illis partibus numquam perceptus.

810 (1196a). Dominus Iohannes episcopus Hildensemensis[e] fecit fratribus Predicatoribus capitulariter congregatis in eadem civitate solempne prandium in curia habitacionis sue. In quo quidem prandio ipse personaliter per(1) totam mensam cum militibus et militaribus suis eisdem fratribus humiliter ministravit et servivit.

1410.

DE IOHANNE PAPA 215.

811 (1198). Iohannes papa, qui et Balthasar cardinalis tituli Sancti Eustachii nacione Bononiensis, sedit annis[f] 5, mensibus duobus et diebus 14(2). Fuit autem electus[2] et coronatus in Bononia, Gregorio[g] adhuc vivente et in regno Neapolitano existente.

812 (1197). Cives[h] Lubicenses exacerbati contra Erikum ducem de Lovenborg propter incineracionem opidi Molne per ipsum factam, aggressi sunt in manu valida terram ipsius, plures municiones et villas in ea devastantes, et venerunt tandem prope opidum et castrum

(1) st. per — servivit a: et milites sui mulieres predictis fratribus ad mensam ministraverunt.
(2) et depositus est in Constancia a. zu a.

a) Sabaudie a. b) Marie a. c) magistris arcium a. zu a. d) alio A. e) atque comes de Hoya a. zu a. f) annis 4, mensibus 5 et diebus 23 a. g) quondam 12. a. zu a. h) § 813 in a zu 1408.

1) Artlenburg. 2) Johann XXIII. erwählt 1410 mai 17.

Ratzeborg. Quod percipientes vasalli[a] et clientes ducis in [1]dicto castro degentes, una cum incolis opidi per pontem (longum) Lubicensibus occurrere conati sunt. Per quem[b] cum transissent et innumerositatem vulgi conspexissent, mox retrocedentes ad pontem festinaverunt. Quos cum Lubicenses persequerentur et terribilibus vocibus posteriores[c] angariarent anteriores ad interficiendum quotquot[d] apprehenderent, Ratzeburgenses suos anteriores[e] stimulare ceperunt, ut festinarent ad fugam. Cumque iam magna pars (exercitus) Ratzeburgensium pontem transissent et ceteri in pontis medio essent[f], pons ipse mox fractus cecidit, citra 30 de Ratzeburgensibus aqua[g] absorbuit. (Et sic) Lubicenses victores[h] reversi sunt ad propria. 1. sm.

613 (1200). (Communitas civitatis Hamburgensis edocta exemplo Lubicensium 60 viros clamare et insanire valentes elegerunt, ut sue civitatis consulatui superintenderent. Hii quidem 60 clamatores plura sui concilii decreta mutaverunt et quendam Gherardum Quigborn nomine, assumptum ad consulatum per dominos de concilio, virum providum et honestum, deposuerunt ac Lubicensium consules expulsos et ibidem receptos et tutelatos per consulatum amoverunt[i], prohibentes eis ingressum civitatis ulteriorem. Concilium eciam civitatis eiusdem quendam Heynonem Brant propter sua forefacta incarceraverant[k] civem civitatis; sed mox communitas et 60 illi viri ostium proconsulis in mensa sedentis nomine Cristiani Miles[1] violenter apperuerunt et ut surgeret et predictum Heynonem eis liberum presentaret, mandaverunt. Quod nisi statim fecisset, ipsum incontinenti occidissent.)

1411.

614 (1202). Boleslaus rex Polonie cum valida manu armatorum tam Polonorum quam paganorum et Lithuanorum, Witoldi ducis eorum fretus auxilio, intravit terram Prutzie et interfectis ibidem pene (omnibus) cruciferis (de domo Theutonica), terram ipsorum devastavit, castra, opida, civitates (omnes) in dedicionem recepit. Marienborgh[l] quoque castrum obsidione cinxit(1). (Sed non expugnavit propter virilitatem et strenuitatem domini de Plawe[1], qui ipsum cum suis defensavit ad intra existens).

615 (1202a). (Quem postea superstites cruciferi, malum pro bono reddentes, magistrum eorum factum incarceraverunt et inhumanissime tractaverunt. Hoc autem eorum malum sola superbia eorum causavit. Rex enim libenter cum eis concordasset, sed ipsi cruciferi stomachando et infeliciter superbiendo cum eo preliari voluerunt et in signum animositatis eorum fatue sibi duos enses miserunt, ut unum, cum quo se defendere vellet, reciperet et alium eis remitteret. Rex autem videns presumpcionem eorum, gladium recepit et proprio eorum ense ipsos stravit et humiliavit.)

616 (1203). Erikus rex Dacie, filius adoptivus Margarete regine relicte Woldemari regis, litem gessit cum Hinrico duce Brunswicensi et Luneburgensi, tutore ducatus Sleswicensis, eo quod filii sororis sue ducisse Sleswicensis pueri essent et impuberes[2].

(1) fortissimam, ita ut ve et lamentum esset in omni terra illa, plus quam memoria hominum continet a. ·re c.

a) st. vasalli et clientes c: bovales et stipendiarii. b) quod c. c) st. posteriores angariarent anteriores c: anteriores hortabantur. d) quosque c. e) predecessores c. f) accelerantes c. se c. g) st. aqua absorbuit c: submersi perierunt c. h) vere videntes fortunam pro eis pugnare, leti c. i) amoverunt A. k) se A. l) Margreborch c.

1) *Heinrich von Plauen.* 2) *Katharina Elisabeth, tochter herzog Magnus II. von Braunschweig, 1395 vermählt mit Gerhard VI. graf von Holstein und seit 1386 herzog von Schleswig, der 1404 von den Dithmarschen erschlagen wurde. Siehe auch oben § 774. Ihre söhne waren Heinrich IV. geb. 1397, Adolf VIII. geb. 1401 und Gerhard VII. nachgeb. 1404.*

Qui dictus Hinricus dux veniens cum maximo[a] exercitu, auxiliantibus ei fratre suo Bernhardo duce ⟨Brunswicensi⟩ et ⟨Adolfo⟩ comite de Schowenborg, regi et Danis grande intulit excidium, plures occidendo et captivando. Cuius tamen victorie prosperitatem virtute et strennuitate comitis de Schowenborg magis quam propria habuisse notum[b] est. Videntes igitur rex ⟨Erikus⟩ et regina fortitudinem et audaciam principum adversariorum, placita cum dicto Hinrico ⟨duce⟩ seorsum habentes, versucia regine Hinricum ducem pecunie cupidum 4 milibus marcarum Lubicensium corrupit et ipsum redire ad propria cum suis, aliis inconsultis, fecit. Post cuius recessum ceteri eciam exercitum suum abducentes, controversia predicta in gravius periculum deducta est.

1412.

817 (1204). Civitas Egrensis exivit cum suis vasallis et destruxit duo castra prope civitatem ⟨incendiis⟩ rapinis ⟨et depredacionibus⟩ vacancia.

sept. 6. 818 (1205). In die ⟨sancti⟩ Magni media civitas de Wyda cum monasterio sororum ordinis Predicatorum igne periit.

819 (1206). ⟨Lubicenses citati per Rupertum regem Romanorum ad instanciam antiqui concilii, quorum capud et executor iniurie erat venerabilis vir Iordanus Plescowe, octo cives in Heydelsberg miserunt, ut causam civitatis falsam ut veram et iustam defenderent, que inter ipsam et predictum antiquum concilium expulsum vertebatur. Sed antiquum concilium in causa sua prevalens, contra civitatem et incolas eius sentenciam obtinuit diffinitivam. Octo tamen illi nuncii pessime fecerunt pro illa civitate Lubicensi, quia sentenciam sic latam pro antiquo concilio perverterunt et pro se latam ac causam esse lucratam populo mentiti fuerunt et sic communitatem illam in incepta pertinacia confirmaverunt. Nam si veritatem et rei eventum verum retulissent, absque dubio incepti mali collum fregissent et civitatem illam ab irrecuperabilibus dampnis preservassent et pericula multarum animarum submovissent.⟩

820 (1207). Margareta regina Dacie, Swecie et Norwegie obiit[1] die 4. ⟨mensis⟩ Novembris[c], que predicta tria regna viriliter et strenue gubernabat[(1)] [d].

nov. 22. 821 (1207a). Ventus maximus[e] fuit in vigilia ⟨sancte⟩ Cecilie virginis cum fulgure et tonitruis, incipiens hora quarta post meridiem et durans usque ad octavam horam sequentis diei cum eversione multorum edificiorum et extirpacione multarum arborum a terra evulsarum[f].

822 (1208). Quidam clericus Hinricus[g] Herbordi nomine de civitate Brunswicensi ⟨oriundus⟩ obtinuit in curia quandam[h] ecclesiam ⟨parrochialem⟩ eiusdem civitatis, sancti scilicet Odolrici, quam cum brachii secularis presidio intrans predecessorem[i] ⟨cum sua familia⟩ exclusit. De quo facto magna exorta est discordia ⟨et scisma⟩ inter clerum[(2)]

(1) in a folgt: 820a. Fratres Minores conventus Stadensis quendam fratrem Snydewint nomine crudeliter interfecerunt. Cuius occisio cum ad aures archiepiscopi Bremensis[2] devenisset, interdixit predictis fratribus divina. Fratres vero illi in negociis mundi triti quandam pecunie summam episcopo dicto dederunt et sic interdictum predictum pariter et confusionem submoverunt.

(2) a. clerum — celebraverunt a: canonicos, quorum erat ecclesia, et civitatem, que defendere nitebatur causam clerici illius. Canonicis autem adheserunt monachi Sancti Egidii et canonici de monte sancti Cyriaci extra muros eiusdem civitatis et parrochia Sancti

a) magno a. b) a. notum est a: es manifestum exhibit. c) sexta feria a. zu a. d) per multos annos a. zu a. e) magnus a. f) evulsarum a. g) Hinricus Herbordi auf rasur A. h) quendam A. i) predecessores suos a.

1) Gest. 1412 oct. 27/28. 2) Johann II. von Schlamstorf.

et laycos et inter clerum in se. Canonici namque, quorum erat ecclesia, divisi sunt a laycis et presertim a consulatu, qui causam illius clerici Hinrici[a] predicti nitebatur defendere ut sui procuratoris. Cui consulatui adheserunt parrochiales presbiteri et pociores vicarii tam maioris ecclesie quam ceterarum parrochialium ecclesiarum, demptis duobus plebanis, qui canonicis adheserant. Religiosi quoque mendicantes Predicatorum et Minorum ordinum super appellacione civitatis divina celebraverunt et consulatui adheserunt, non audentes confidere in clericis, edocti exemplo Halberstadensium fratrum, qui pro tribulacionibus, quas propter clerum sustinuerant, pessime remunerati fuerant ab eisdem. Hee autem ambe partes se invicem excommunicaverunt et tamen cottidie apertis ianuis et publice divina celebraverunt.

823 (1209). In quadam villa Saxonie nomine Alferde prope Poppenborgh[1] una mulier peperit puerum, cuius totum corpus habuit effigiem virilem[b] preter capud, quod speciem catti ⟨in omnibus⟩ pretendebat ⟨quoad faciem⟩, sed posterior pars capitis horribilem bufonis formam ostendebat. Hoc deforme monstrum ideo dicitur peperisse, quia frequenter matrem suam verbis pertractans[c] obprobriosis eam vocare solebat antiquum bufonem, quod *vulgariter sonabat olde krode. *f. 88a.

824 (1210). In[(1)] ecclesia cathedrali civitatis Lubicensis incineratum est dormitorium canonicorum cum scola puerorum ex negligencia cuiusdam choralis cum scorto dormientis.

1413.

825 (1211). Dominus Iohannes papa[d] metu regis Neapolitani[2] de Roma Bononie se transferens cum suis cardinalibus, maximum suorum bonorum sustinuit detrimentum. Nam rex post recessum pape Romam intravit et palacium pape spolians, omnes cortisanos et clericos ⟨Iohannis⟩ de Roma fugavit, quosdam occidens et ⟨quosdam⟩ vulnerans, et bona eorum diripuit ac Castrum Angeli traditorie cepit, interfectis ⟨omnibus⟩ qui in eo inveniebantur.

826 (1211a). Brandanus[e] de Swichelde et Conradus frater suus cum multis aliis (armatis) irruerunt improvise in quoddam monasterium monialium nomine Woltingrode iuxta Goslariam, ubi erant exequie solempnes, ut caperent congregatos ibidem de militibus et clientibus episcopatus Hildensemensis et ducatus Brunswicensis. Sed illi ammoniti ecclesiam ad intra ascenderunt testudinatam et de[f] ea se defenderunt. Uxor

Andree. Civitati vero ex parte cleri adheserunt omnes alie parrochie et monasteria omnium ordinum Mendicancium. Domini tandem terrarum, puta duces Hinricus et Bernhardus, ac episcopi circumiacentes, scilicet Magdeburgensis, Hildensemensis et Halberstadensis[3] ac eorum capitula eciam canonicis Sancti Blasii adheserunt. Civitati vero adheserunt clientes episcopatus Hildensemensis et Ericus dux Brunswicensis, alias dictus dux de Salina, cum pluribus civitatibus, puta Hildensemensi, Gotingensi et Magdeburgensi. In hac itaque civitate canonici Sancti Blasii cessabant a divinis coram alia parte, ipsam excommunicans publice de ambonibus. Similiter et parrochie cetere civitati adherentes et monasteria aliam partem sibi contrariam excommunicatam tenebant et promulgabant.

[(1)] § 824 lautet in a: In civitate Lubicensi prope ecclesiam cathedralem incinerata est scola et dormitorium canonicorum per negligenciam cuiusdam coralis clerici.

a) auf rasur A. b) viriles a. c) per abbreviaturam A. d) 23. a. ra a. e) Bram a. f) st. de — defenderunt a: sic manus sororum evaserunt.

1) Alferde im hannov. Amt Calenberg und Poppenburg im hannov. Amt Gronau. 2) Ladislaus. 3) Günther II. von Schwarzburg (Magdeburg), Johann III. von Hoya (Hildesheim) und Heinrich von Warberg (Halberstadt).

vero domini de Dorstad[1] baronis videns hostes velle rapere equos domini sui, ipsa una cum pedisequis suis eos festinanter ascendit et fugiens cum eis evasit.

827 (1213). Sigismundus rex Ungarie[a] Venecianos obsidione cinxit et incendiis, rapinis, interfeccionibus et devastacionibus terrarum ac plurimis aliis incommodis graviter plus quam per annum vexavit.

828 (1214). Quidam fratres ordinis (sancte) Brigitte de Swecia venientes ab Eriko duce de Lovenborg campum quendam cum adiacenti silva prope Molne opidum emerunt et ibidem de consensu episcopi Ratzeburgensis monasterium edificare ceperunt, fratres et sorores simul in ipsum recipientes. Et ut favorabiliorem prestarent occasionem civitatibus et villis circumiacentibus ad subveniendum eis cum elemosinis et oblacionibus, receperunt (publicas) meretrices converti volentes ad suas confraternitates. Quas tamen post paucos dies reiecerunt, (pro) eo[b] quod societas eorum vitari incipiebatur ab honestis personis propter earundem (mulierum peccatricum) recepcionem. Ausi autem sunt antedicti fratres temerarie pronunciare indulgenciam (plenam) pene et culpe, litteris autenticis apostolicis minime muniti, sed asserentes dictas indulgencias fore datas immediate a domino[c] Cristo beate Brigitte. Quod ficticium manifestum[d] est in auribus sensatorum.

829 (1215). Rupertus rex Romanorum obiit[1] (in Heydelberg)[2].

1414.

DE SIGISMUNDO REGE ROMANORUM.

830 (1216). Sigismundus rex Ungarie (filius Karoli 4. imperatoris) in die sancti
nov. 11. Martini[a] coronatur[e] in regem Romanorum ab archiepiscopo Coloniensi[(2)] (prius electus in Frankenvord ab electoribus imperii et regnavit annis ....)[4].

831 (1217). Provisor Erphordensis bastardus de Nassow[5], dyocesis Moguntinensis, fratribus Predicatoribus magnas intulit iniurias perperam et iniuste, occasione cuiusdam ymaginis[f] salvatoris, ad quam vulgus graciam conceperat. Quam ut a loco et facie hominum amoverent[g], precepit (dictis fratribus), ut sic frequencia et visitacio populi cessaret ab eisdem. Quod cum fratres facere[h] recusarent, in ipsos iuris ordine minime servato excommunicacionis sentenciam promulgavit, eorum excepciones et libertates parvipendens; et ut conventum suum (Erphordensem) desererent, coegit per interdicti posicionem et alias tyrannicas ac iniuriosas execuciones, quibus populum a visitacione fratrum cohercuit. Provincialis autem Saxonie, sub cuius regimine conventus ille et alii, quibus dictus provisor iniuriabatur, extiterant, nomine Robertus magister in theologia, videns

(1) In cuius locum Sigismundus rex Ungarie, filius Karoli 4 et frater Wenceslai regis Bohemie, est electus. s. zu a.

(2) in a folgt: 830a. Sigismundus rex Ungarie post obitum Ruperti eligitur unanimiter ab electoribus in regem Romanorum. Ipse idem Sigismundus rex Romanorum et Ungarie una cum Iohanne papa 23. et multis aliis archiepiscopis et episcopis, principibus et pre-
nov. 1. latis concilium celebrare incepit in Constancia in festo omnium sanctorum pro unione ecclesie dei facienda.

mai 17. 830b. In festo penthecostes fratres Minores suum habuerunt capitulum in Lubeke.

a) Romanorum electus a, das den § nach § 831 stellt. b) eo A. c) Iesu a. zu a. d) st. manifestum est a: videtur. e) Aquisgrani a. zu a. f) domini a. zu a. g) amoverent A. h) st. facere lücke in A; aus a ergänzt.

1) Dorstadt im hannov. amt Wöltingerode. 2) Gest. 1410 mai 18. 3) Sigmund erwählt 1410 sept. 20, gekrönt 1414 nov. 8 durch Dietrich von Moers, der noch nicht zum bischof geweiht war. 4) Gest. 1437 dec. 9. 5) Johannes. Vgl. die fassungen B und D.

antedicti provisoris tyrannidem contra fratres suos sevire, manum apposuit et citacionem illius ad curiam, mediante (venerabili) fratre Thoma magistro generali ordinis predicti, fieri practicavit. Quod cum sepedicto provisori innotesceret, ipse cautulose cum priore conventus Erphordensis composicionem iniit et fratres ea qua excommunicaverat pretensa auctoritate[a] absolvens ad conventum revocavit. Et sic furor rabidus provisoris illius cessavit.

832 (1220). Guntherus[b] archiepiscopus Magdeburgensis, Hinricus[c] episcopus Halberstadensis[1], Bernhardus dux Brunswicensis (qui iam cum fratre suo Hinrico ducatus diviserat Brunswicensem et Luneburgensem, et sibi Brunswik cesserat, alteri vero Luneborg in sortem) ac civitates Magdeburgensis, Brunswicensis, Halberstadensis, Goslariensis, Osterwicensis et Helmenstadensis pluresque nobiles, milites et militares[d] episcopatuum et ducatuum[e] prenominatorum obsederunt castrum fortissimum Hartesborg in Hartone fundatum. Et magnis petrariis[f] (et aliis instrumentis) bellicis ipsum quasi destruentes, expugnaverunt in tantum, ut inhabitatores sui, puta Brandanus de Swichelden et Conradus frater eius, cum omnibus suis gracia dominorum se recommendantes, castrum eis resignarent (et salvis rebus suis abcederent).

833 (1221). Guntherus archiepiscopus Magdeburgensis et Fredericus borgravius Norembergensis castrum Plawe[g, 2], a civitate Brandeburgensi Nove Marchie distans per unum miliare, obsiderunt et ceperunt, eo in magna parte destructo cum[h] instrumentis eisdem, quibus supra castrum Hartesborg captum est. Ubi captus fuit Iohannes Quitzowe et turri diu[(1)] tentus in Aken super Albiam.

834 (1222). Hic[(2)] Fredericus predictus borgravius eodem anno sex castra in Marchia (Nova simul) obsedit et cepit (ea) infra breve tempus castrorumque (illorum) inhabitatores expulit, (pro) eo quod rapinis et latrociniis vacarent. Quorum capud erat Tydericus Quitzowe et Guns de Putlist, qui pro tunc captivatus ab episcopo Brandenburgensi[3] in[i] turri Cayceer peccata sua luxit[(3)].

835 (1223). Una pars concilii et communitatis civitatis Groningensis in partibus Frisie, Trajectensis dyocesis, aliam partem de civitate expulit, 5 consules in consistorio interficiendo. Sed expulsi proximo anno, Groningensibus (civibus) quoddam castrum suum per Frisonem nobilem Keen obsessum liberare volentibus, civitatem reintraverunt et suis inimicis exclusis eam occupaverunt.

---

(1) st. diu — Albiam a: mancipatus in Calvis.

(2) st. Hic — anno a: Fredericus borgravius Nurnbergensis tutor Marchie

(3) in a folgt: 834a. Fredericus Hake et Tydericus Robil canonici ecclesie Halberstadensis lites in Romana curia super prepositura dicte ecclesie habuerunt inter se. Tandem Fredericus eandem preposituram summaliter et diffinitive obtinuit. Hic vero sic pendente dominus Nicolaus de Walhusen eiusdem ecclesie cellerarius[k] a quodam familiare predicti Theoderici, eo presente et consenciente, propter sequestrum sibi a iudice directum fuerat letaliter vulneratus et in crastinum obiit et propter huiusmodi homicidium idem Thedericus Constancie in concilio fuit incarceratus et una cum complice suo Iohanne Netting per dominum Albertum episcopum de dyocesi et terra perpetuo exulatus[4].

a) ab excommunicacione s. ra a. b) Dominus Guntherus p. c) Albertus a. d) clientes a. e) st. ducatuum prenominatorum a: ducatus Brunswicensis. f) pixidibus a. g) Planense a. h) st. cum — captum est a: per pixidem iacturas. i) st. in — luxit a: et impositus turri Cayczer. k) bei diesem satz in a am rand: MCCCCXVIII (für 1418) sancti Mathei (sept. 21).

1) Albrecht IV. graf von Wernigerode. 2) Plaue a. d. Havel. 3) Johann II. von Waldow. 4) Vgl. Urkundenbuch des hochstifts Halberstadt IV 890 nr. 3577 eine urkunde von 1420 jan. 26 in derselben angelegenheit; die namen sind richtig Rabil und Neteling.

836 (1224). Fredericus archiepiscopus Coloniensis obiit[1]. In cuius sedem electus est a maiori parte capituli prepositus Bunnensis, avunculus defuncti archiepiscopi.

837 (1224a). Contra hunc electus est a tribus canonicis eiusdem capituli Otto episcopus Padelburnensis[a], filius ducis de Monte. Sed prepositus de Bunna, comes (existens) de Morse prevalens in vocibus confirmatus est per papam Iohannem, intercedentibus pro eo ut dicebatur 60 milibus florenorum. Otto vero episcopus Padelburnensis[a] frustratus in suo proposito, clericatum postposuit et nubens filie de Tekelingborg factus est comes de Ravensberg[2].

[illegible] 838 (1226). Lubicenses quatuor de (suo pretenso) concilio Constanciam miserunt ad defendendam causam suam (iniquam) contra antiquos de concilio exulantes. Ubi magnam summam pecunie consumentes et (pariter) causam perdentes, iniustificati tandem redierunt. Fuerunt namque ibidem iuridice convicti et in penam banno imperiali legitime subiecti. Quod ad modicum tempus ut suspenderetur, promiserunt Romanorum regi Sigismundo 25 milia florenorum se soluturos, que et solverunt. Rex enim, quia pecunia indiguit, pro tanta summa pecunie Lubicensibus gracias aliquas litteratorie dedit, (que) licet contra iam datam sentenciam essent (et latam, tamen per eas preiudicari nolebat nec iniuriari antiquis, pro eo quod tales gracias dedit eis sub condicione tali, que Lubicensibus parum prodesse poterant. Gracie autem Lubicensibus date quasi contra antiquum concilium fuerunt tales: primo) ut[b] concilium antiquum[c] in eternum extra civitatem Lubicensem manere deberet; secundo[d] quod mechanici consulatum in perpetuum tenere deberent; tercio[e] quod bannum imperiale iam promulgatum contra civitatem vigorem habere non deberet. Hee tamen (gracie) sub hac condicione a rege dabantur, ut si
[illegible] predictam summam rex Lubicensibus non restitueret ante instans festum sancti Georgii, extunc gracie ille suum sortiri deberent effectum. Si vero ante dictum festum restitueret, virtute carere deberent (et vigore). Proposuit[f] (enim) se soluturum omnino[(1)] (illam pecuniam ante illud festum. Et ideo nec gracie tales obfuerunt antiquis, nec profuerunt novis, nisi quod bannum illud imperiale interim non prosequebatur, nec antiqui interim intrabant civitatem. Fuit tamen regi dacio illa graciarum quodammodo invertibilis et imputabilis).

839 (1233). Johannes, Albertus et Ulricus duces Magnopolenses simul et civitates Rostocensis et Wismariensis guerram habentes cum Balthazar domino Slavie et fratribus suis, sibi invicem et suis magna intulerunt dampna, villas et municiones vastando ac igne et gladio plures homines perimendo nec non captivando multos. Dominus namque Slavie inter alios plures cepit militem prepotentem nomine Hinricum Moltike, quem exaccionare ad ultimum volens in tormentis occidit. Magnopolenses vero duces patruum ipsius Balthazar, dominum scilicet de Waren, ceperunt et diu captivum tenuerunt, sed tandem interveniente marchione Brandeburgensi controversia illa sopita est.

840 (1234). In territoriis dominorum marchionum (et comitum) Misne[a], Thoringie (Swartzeborg et Quenford) multi inventi sunt heretici[b] plurimorum errorum assertores.

---

(1) Quod tamen preiudiciale fuit antiquo concilio, qui causam lucrati fuerunt, non decuit regiam [illegible]. a. m. a.

---

a) Padelborgensis a. b) sicud a. m. a. c) expulsum a. m. a. d) item a. e) et a. f) propterea a. g) et a. m. a. h) supra a. m. a.

1) Gest. 1414 apr. 9. Am 10. apr. wird erwählt Wilhelm von Berg, bischof von Paderborn, der 1416 febr. 18 resignirt. Am 24. apr. 1414 wird dagegen erwählt Dietrich von Mörs, den am 30. aug. papst Johann XXIII. bestätigt. 2) Resignirte für Paderborn gleichfalls 1416 febr. 19; heiratete um dieselbe zeit Adelheid, tochter Nikolaus II. grafen von Teklenburg; übernahm schon 1413 Ravensberg.

Cuius secte caput dicitur fuisse quidam faber nomine Conradus[a]. Ad predictas (igitur) terras veniens[b] frater Hinricus Schonevelt magister in theologia et inquisitor (hereticorum) ordinis fratrum Predicatorum, plures ex (iam) dicta secta examinavit et eos diversis heresibus infectos inveniens, penitentibus satisfaccionem iniunxit et absolvit ab excommunicacione in penitencia perseverantes; pertinaces vero et impenitentes iudicio commisit seculari. De quibus per predictos dominos[c] simul et quasi uno die circa trecenti sunt concremati.

1415.

841 (1227a). Iohannes[d] papa (23. Constancie) existens in concilio (quod ingressus fuit in vigilia sanctorum Symonis et Iude apostolorum) et intelligens, se non posse in okt. 27. papatu persistere, subterfugia latenter quesivit, licet iuramento se obligasset ad manendum ibidem usque ad concilii finem. Unde dux Austrie Fredericus accepta pecunia (eius) ipsum abduxit[(1)], et factus est et ipse dux iuramenti sui prevaricator. Sigismundus autem rex Romanorum (hoc) percipiens, papam elapsum de manibus[e] concilii per terras circumcirca perquiri faciens, tandem eum invenit. Quem captum usque (in) Viennam transtulit et diligenti custodie ducis Bawarie[1] commisit. (Ipse quoque dux papam ad forte castrum[2] posuit et sui curam diligentem habuit.) Ducem vero Austrie (rex) in manu valida persequens, plures civitates et castra (ipsius) obsedit et cepit et postremo ipsum capiens toto dominio suo privavit ad tempus et, ne non exiturum Constanciam, eum[(2)] compulit iuramento confirmare et fideiussoribus dignis corroborare, donec rex de negociis ecclesie rediens expeditus cogitaret, quid de eo esset facturus.

842 (1227b). Circa festum sancti Iacobi quatuor proconsules (pretensi) civitatis juli 25. Lubicensis, puta Eylardus Staughe, Hinricus Schovenborg, Marquardus Schutte[f] et Iohannes Grove, missi ad Constanciam pro defensione civitatis supradicte (et eius causa pendentis inter antiquum concilium et se) ac pro impetracione quorundam privilegiorum novorum, reversi sunt secum ducentes quendam baronem[g] (dictum) de Sydowe, regis Romanorum ambasiatorem, ut ille communitatem informaret de actitatis circa regem ex parte civitatis predicte. Huic[(3)] militi Sigismundus rex commiserat sub obtencione gracie regie litteram illam, quam pro dicta pecunie summa superius expressa rex civitati Lubicensi sigillaverat, continentem tres articulos contra antiquum concilium militantes, et ei preceperat, ne civitati illam traderet, sed apud se teneret, quousque terminus in ea prefixus expirasset et rex pecuniam pro ea mutuatam solvisset. Sed miles ille perperam agens civitati dictam litteram tradidit, receptis ab ea 4 milibus florenorum. Et sic tam regem quam militem pecunia sinistre et iniuste agere fecit. Miles eciam iste de Sydowe communitatem de peractis negociis civitatis Lubicensis improbe et male informans ad instinctum predictorum 4 proconsulum et asserens se magna privilegia obtinuisse et omnem suam voluntatem expedivisse, plura mala in predicta civitate cum

(1) st. abduxit — prevaricator a: abducens facti sunt ambo iuramentorum suorum prevaricatores.
(2) st. eum — facturus a: ut se iuramento constringeret compulit, donec rex Romanorum eciam in negociis ecclesie reverteretur cogitaturus, quid de eo disponeret et faceret.
(3) st. Huic — excitavit a: Quod[h] ipse corruptus promissione pecuniarum per supradictos 4 sinistram fecit informacionem in populo, quasi illi 4 maxima obtinuissent privilegia et omnia ad voluntatem expedivissent. Que quidem delusio plura mala fecit in civitate predicta.

a) Smeyt s. zu a. b) gracia inquirendi s. zu a. c) puta marchionem Misne, comitem de Swartzborch et comitem de Querford s. zu a. d) Dominus Iohannes a. e) suis et s. zu a f) Schucke a. g) militem dominum militem a h) so a.

1) *Ludwig III.* 2) *Radolfzell.*

4 illis prenominatis fabricavit et insaniam communitatis in ampliorem vesaniam animavit et excitavit.

843 (1227c). Concilium Constanciense de(1) die in diem multis et magnis prelatis et principibus augebatur, ex omni parte mundi confluentes, et cottidie tractabatur inter eos de negociis ecclesie. Ad quod concilium quidam magister universitatis Pragensis venit heresiarcha pessimus et inceptor destruccionis universitatis illius ac seminator errorum diversorum, quibus infecta est nedum civitas Pragensis, sed et tota illa patria, nomine Hûs. Hunc nequam cum concilium adventasse perciperet, ipsum mox captivavit et carceribus includens eum examinari fecit ac ipsum tandem convictum hereticum et in pertinacia persistentem combussit et concremavit; nec non omnia dicta sua et libros reprobavit, hereticavit et condempnavit de maturo[a] omnium doctorum et prelatorum consilio. Hunc (eciam nequam et) combustum hereticum Pragenses cum aliquibus regni proceribus tamquam virum sanctum et iniuste condempnatum ut martirem dei glorificant et venerantur, ymaginem ipsius altaribus imponendo et diem combustionis[b] sue celeberrimum instituendo.

844 (1227d). Nowen[c] opidum in Nova Marchia per Tidericum Quitzowen incineratur[d] ex toto nocturnis temporibus insidiose[e,1].

845 (1227e). Archiepiscopus Coloniensis, qui et comes de Morse, conflictum habuit *1. ms. cum duce de Monte[2] et ex utraque parte multi interfecti sunt et captivati. Sed "tamen archiepiscopus victoriam obtinens iuniorem ducem de Monte captivavit cum multis nobilibus (et secum abduxit).

846 (1229). Erikus dux Brunswicensis, aliter vocatus dux de Salina, prelium gessit cum Hinrico comite de Honsteyn et cepit ipsum cum multis nobilibus (et militaribus), licet et ipse multos perderet; quos superstites (ex parte) comitis captivos introduxerunt in opidum Elrik ultra Hartonem.

847 (1231). Erikus rex Dacie mercatores (et cives) civitatis Lubicensis (pro saliendis allecibus secundum consuetudinem ibidem existentes) cepit in Scania (et captivavit) numero fere quadringentos, quorum omnia bona arrestavit vi ipsos (ad hoc) compellens, ut sub iuramento quilibet conscriberet omnia bona sua ibidem habita. Horum quosdam secundum favorem (et informacionem illorum, qui ex parte antiqui concilii Lubicensis secum erant) turribus iniecit et incippavit compedibusque atrociter constrinxit; quosdam vero liberos ire permisit, locum eis assignans, quem non egrederentur sub iuramento fidelitatis ab eisdem prestito. Hec(2) quidem captivacio etsi, ut quidam dicere volunt, non quoad omnia iuste acta sit per regem, pro eo quod super fide et pace antiqua et consueta Lubicenses mercatores terram illam ingressi essent nec rex eis illam pacem consueto modo interdixisset, fuit tamen et est salutaris et felix salvacio civitatis illius Lubicensis et tocius communitatis, quia nisi illa captivacio facta fuisset, gloriosa illa

(1) st. de die — prelatorum consilio α: magistrum Hûs Bohemum heresiarcham convictum tamquam hereticum pertinacem cremavit et omnia dicta sua hereticavit et dampnavit. Ieronimum vero discipulum suum vinculis mancipavit simili iudicio condempnandum et cremandum in fine concilii, si ad gremium ecclesie erroribus renunciando non rediret.

(2) st. Hec — et suncius α: Hoc autem ab eo factum est, ut de civitatem Lubicensem compelleret ad recipiendum antiquum concilium eius et illi satisfaceret de iniuriis et dampnis iniuste illatis, non autem ut regi quodcunque emolimentum inde proveniret. Et ad pariendum illius promisit captivis, quos ad tempus licenciavit, et consulibus.

a) maturo A. b) mortis a. c) Nowen — Nova in a ausgerissen. d) combustum et in cineres redactum a. e) igne iniecto insidiose et latenter a.

1) 1414 aug. 21. Vgl. Magdeburger Schöppenchronik 339. 2) Adolf; der jüngere Wilhelm.

civitas, que corona est omnium civitatum, per brigosos et insanientes inhabitatores iam destructa et perdita fuisset. Propter quod merito rex ille pacificus Erikus pater et recreator perdite illius civitatis excusandus est, si aliquo modo iniuste egerit in sepedicta civium captura, quia per minus malum vitavit et preservavit maximum malum, quod semper licitum est. Non enim in hoc facto rex Erikus suum intendebat commodum aut querebat, sed civitatis prefate bonum et salutem. In cuius experimentum et argumentum manifestum misit et licenciavit quosdam de captivis cum consulibus et nunciis missis ad ipsum per civitatem predictam (promittens eis): quod si cum concilio suo antiquo se componere vellent et amicabilem composicionem (et unionem) facerent inter se[a], quod extunc ipse rex omnia bona captivorum usque ad ultimum quadrantem restituere eis vellet et refundere dampnum cuicunque racione illius captivacionis illatum, et cum hoc ipsos[b] captivos libertati pristine dare. Si vero hoc non facerent aut facere vellent, extunc captivi pro die eis statuto redire deberent in captivitatem nec inde recedere cum vita et omnia eorum bona esse deberent regis. (Quod et sic factum est. Ex quo patet, quod captivacio illa causa est salutis et reformacionis illius civitatis, quia si tot honorabiles viri non fuissent capti, ipsi tam fideliter et seriose non laborassent pro antiqui concilii introduccione et per consequens pro civitatis reintegracione).

848 (1231a). Duo fratres Minores ob hereticam pravitatem, quam abiurare nec deserere nolebant, sunt combusti tamquam pertinaces (et indurati) heretici in[c] territorio Hannonie in civitate Valencia. Et utinam essent ultimi de dicto ordine comburendi, ut tam sanctus ordo habere desineret membra tam[(1)] fetida et putrida ordinem illum sic confundencia.

849 (1230). (In capitulo generali Florencie celebrato pro festo sancti Ieronimi per fratres ordinis Predicatorum electus est frater Leonardus magister in theologia Florentinus in generalem magistrum tocius dicti ordinis.)

1416.

850 (1232). Rex Anglie cum exercitu grandi et populo innumerabili intravit Franciam et obsedit civitatem Heringulet[d, 1] et obtinuit eam. Rex autem Francie exercitum fortem congregans, ut[e] civitatem predictam ab obsidione liberaret, regem Anglorum (prelio) aggressus est, habens in sua comitiva plures principes et nobiles, a quibus durissima pugna habita est. Sed rex Francie dolo et infidelitate suorum (seductus et) deceptus victoriam perdidit[f]. (Dux enim exercitus regis Francie favens regi Anglie minus fideliter egit. Quod unus militum regis amicus precipiens, mox ipsum gladio transfodit, quem et complices traditoris statim interfecerunt.) Interempti igitur sunt de exercitu Francigenarum circa 22 terrarum domini, de exercitu vero regis Anglie (solum) tres (perierunt comites). Militum autem et (militarium ac) clientum et vulgi cadencium non scitur numerus pro magnitudine cedis[2].

851 (1242). Rex Portbugalie[3] magnam civitatem obsedit Cepa (nomine), quam[(2)]

---

(1) st. tam — confundencia a: ipsam et sanctam ecclesiam sic confundencia, cum proch dolor quam plurimos habuerit errorum periculosissimorum confectores, ut in diversis patuit locis.
(2) st. quam — suspendit a: et cepit eam tali usus cautela. Divisit namque exercitum suum turmas duas faciendo, cum quarum una eam civitatem oppugnaret et cives concurrentes sibi resisterent, credentes totum exercitum ibidem esse, alia turma partem oppositam civi-

---

a) [illegible] b) in a folgt unterstrichen: captivos pro die eis constituto redire deberent in captivitatem nec inde recedere cum vita. c) in civitate Hannonie territorio Valenci[enensi] a. d) Heringflet a. e) ut et A. f) et ex utraque parte maxima strages nobilium et clientum commissa est [illegible]

1) *Harfleur übergeben 1415 sept. 22.* 2) *Azincourt 1415 oct. 25.* 3) *Johann I. der [illegible]*

tandem cepit[1] cum magno labore et non sine divino miraculo. Visus enim fuit quidam miles equo insidens, gladium vibratum in manu ferens, per civitatem equitare et interficere quotquot occurrebant, nec est agnitus a quocunque nec lesus. Rex autem potitus victoria et civitatem ingressus occidit omne quod vitam habuit, nemini parcens. Maior tamen pars paganorum extra civitatem fugiens evasit. Cumque per aliquot tempus in civitate rex perdurasset et eam in quantum posset munivisset contra insultum paganorum, ex tradicione cuiusdam militis rex ipsam perdidisset, nisi deus prodicionem illam graciose manifestasset. Erat enim quidam meatus subterraneus factus, quo illi qui intra civitatem erant, egredi possent civitatem quando vellent, se protendens ad medium miliare, qui intra civitatem forti ostio et seris claudebatur. Hunc meatum quidam regis miles pecunia paganorum corruptus aperuerat, ut sic pagani nocturno tempore civitatem potuissent ingressi fuisse et interfecisse totum regis exercitum. Sed famulus militis prodicionem intelligens regi factum indicavit, et rex sic repperiens ostium illud firmavit et militem illum suspendit.

852 (1243). Quidam autem frater ordinis Predicatorum(1) (Englelbertus sive) Hinricus Engbelberti nomine (in classi regis existens) primam missam post civitatis capcionem inibi celebravit (qui geste rei seriem michi narravit).

853 (1244). Sigismundus rex Romanorum, causa componendi et pacificandi reges Francie et Anglie, Franciam primo et demum Angliam (in magnis expensis) intravit et pro composicione eorundem fideliter laborans per aliquot dies in Anglia moram traxit(2). (Sed parum vel nichil profecit. Anglici enim causam suam ex integro regi Romanorum resignaverunt, sed Francigene hoc facere recusarunt. Quod Sigismundus senciens ad Constanciam rediit, frustratus in proposito).

apr. 18-19. 854 (1245). (In ebdomada passionis dominice intraverunt civitatem Lubicensem duo ambasiatores regis Romanorum, scilicet Procopius miles et Iodocus canonicus Basiliensis, et practicaverunt plura ex parte regis, postulantes inter cetera negocia 16 milia florenorum, que regi Romanorum promiserant, ut rex per eos asseruit, illi quatuor proconsules pretensi missi in Constanciam a civitate predicta ultra summam pecunie suprascriptam. Hii nuncii regis, quia venerant cum plena auctoritate regis faciendi, ordinandi et instituendi, quidquid pro utilitate civitatis eis videretur expedire, ideo statuerunt sub pena capitis, ne aliquis convenciones aut congregaciones faceret diurnas aut nocturnas
juni 4. in loco quocunque. Contra hoc statutum quidam mechanici feria quinta ante festum penthecostes convocacionem suorum complicum clanculo fecerunt in domo tabernaria
vgl. 867. heyde nomine pro conspiracione facienda contra eorum molestatores aut invasores si qui essent, quia timebant sibi vehementer. Quod percipientes nuncii predicti regis, concilium civitatis ad hoc compulerunt auctoritate regis, ut per se irent cum civitatis familia et illos caperent ac turribus manciparent, quousque ipsi cogitarent, quid de eis esset faciendum. Quod et factum est. Capti igitur sunt illo die 18 clamatores, quorum duo eorum capitanei sunt decollati; ceteri vero omnes sunt exulati et proscripti.)

talis est aggressa et ascendens ipsam intravit. Quod cum cives perciperent, mox intrantibus occurrentes preliari cum eis ceperunt, et sic alia pars exercitus a civibus dimissa per suam fastum ingreditur et terga civium percuciens, exercitus regis potitus victoria omne vivum in civitate repertum interemit et civitatem cristianis munivit, ne pagani amplius intrarent.

(1) de conventu Sahusensi a. su a.

(2) eo quod rex Anglie [se] cum magna gloria et gaudio recepisset. Sed tandem versus locum concilii viam suam direxit transiens per Hollandiam frustratus in proposito. a. su a.

---

b) *Ceuta (Septa) eingenommen 1415 aug. 22.*

855 (1246). Erikus rex Dacie in vigilia penthecostes cum multis navibus terram[1] Juni 4.
Holtzatorum intrans insule Vemeren applicuit et totam illam terram cum castro forti absque omni resistencia cepit et sibi subiugavit castrumque illud munivit suis armigeris et fortificavit edificiis et vallis ac fossatis novis. Cumque ibidem per aliquot dies perdurasset, exiens dictam insulam secum duxit 20 viros diciores in obsides, ut expedicius sibi solverentur 20 milia marcarum Lubicensium, que incole illius insule regi exsolvere promiserant, ne incendio eam vastaret.

856 (1249). Feria tercia post festum trinitatis antiquum concilium civitatis Lubicensis, Juni 15.
per 9 fere annos exilium passum et expulsionem iniustam, cum magna gloria (et honore multo) introducitur in civitatem a pretenso consulatu et communitate ac per ambasiatores[a] regis Romanorum[2] ob eandem introduccionem[b] faciendam missos; et in sedem consulatus primam[3] in choro virginis gloriose sitam, deinde in secundam in consistorio positam cum omni devencia et debita reverencia collocatur. At ubi cum sederent in sede regia, venerunt proconsules et consules pretensi, qui per tempus expulsionis et exulacionis introductorum sedem illam sibi usurpaverant, et depositis capuciis et inclinantibus[c] humiliter veniam ab introducto vero consulatu[d] pecierunt supplicantes, ut eis indulgerent offensas et iniurias eis multipliciter per eos irrogatas. Quibus pro omnibus respondit dominus Iordanus, quod libenter indulgeret propter deum. Ob quod verbum graciosum plurimorum oculi fluebant lacrimis et fletibus habundabant. Hiis expletis concilium introductum videns debitum suum numerum valde diminutum per obitus venerabilium virorum Hinrici Westhof et Goswini Klinghenberg proconsulum, Brunonis Warendorp, Conradi de Alen, Hermanni Yborg et Bernhardi Plescowen infra dictum exulacionis tempus defunctorum, elegerunt ad se de pretenso concilio quatuor et de domicellis civitatis et mercatoribus alios revocaveruntque ceteros de antiquo concilio qui in civitate remanserant, et de istis suum reintegraverunt concilium quoad consuetum numerum. Et sic acta est illa dies pluribus in gaudio et consolacione magna et pluribus absque dubio in tristicia et merore cordis satis gravi[4].

857 (1251). Hinricus[5] de Owe electus est in episcopum Zwerinensem et confirmatus

(1) st. terram — exiens a: terre Holsacie applicuit et insulam Vemern occupans et subiugans sibi, sed territorium Holsatorum subintrare non audens, per aliquot dies in dicta Vemern moratus fuit, licet plura dampna sibi Holsati inferrent. Exiens autem.

(2) et civitatum maritimarum z. zu a.

(3) st. primam — satis gravi a: qua prius privatum[e] in tot annis exstiterat, repositus et collocatur. Et quia de eis exulantibus plures mors subtraxerat, puta dominos Hinricum Westhof, Goswinum Klingenberch, Brunonem Warendorp, Conradum de Alen, Hermannum Yborch et Bernardum Plescowen, ideo die eodem sui ingressus debitum numerum integrantes nova electione concilium supersites et introducti effecerunt exclusis mechanicis, qui consulatum vi sibi usurpaverant.

(4) in a folgt: 856a. Feria 5. ante penthecosten mechanici quidam convocacionem clanculo Juni 4.
suorum complicum facientes pro quadam conspiracione nova fienda contra ingrediendos de proximo concilium antiquum civitatis Lubicensis capti sunt omnes et turribus mancipati. Ex quibus duo capitanei sunt decollati, ceteri vero numero XVIII exilio relegati sunt sub iuramento non appropinquandi civitati predicte ad XX milia.

(5) § 857 lautet in a: Concilium Constanciense plures confirmavit electos in episcopos, quod alias visum non est nec auditum; inter quos sunt et confirmati Zwerinensis et Brandeburgensis electi, eorum archiepiscopis eorum confirmacionem approbantibus et ratificantibus.

a) Sigismundi z. zu a. b) st. introduccionem faciendam a: causam istam. c) so A, B und D. d) consulatu A. e) privati a.

per dominum Iohannem archiepiscopum Bremensem, annuente concilio Constanciensi.

858 (1252). Studium Pragense per concilium Constanciense ex toto remotum est ab illo loco et probibitum per excommunicacionis sentenciam, ne quisquam gradus aut dignitates ibidem recipiat.

Juni 14. 859 (1248). Circa[a] festum trinitatis concilium Constanciense magistrum Ieronimum[1], discipulum[b] Iohannis Hus heretici, combussit legitime convictum et dampnatum ut pertinacem hereticum. Hic cum ad ignem duceretur, cecinit (illud) responsorium 'Circumdederunt me viri mendaces'. Cum vero (ad scalam) ligatus in ignem proici deberet, cantare incepit 'Te deum laudamus'.

860 (1253). Wilhelmus filius Hinrici ducis de Luneborg, patre suo adhuc vivente et cum instigante, cepit castrum Rodenborg[2] ad[c] episcopatum Verdensem pertinens et ipsum patri suo presentavit. Episcopum vero electum Hinricum comitem de Hoya, quem[(1)] in lecto adhuc iacentem repperit, liberum cum suis abire permisit[(2)].

Juni 30. 861 (1254). In commemoracione sancti Pauli apostoli (cives) Wismarienses dominos suos naturales (et nativos), Iohannem scilicet et Albertum duces Magnopolenses, cum magna solempnitate et honore in civitatem eorum introduxerunt, primitus[(3)] antequam cum eis intrarent, a pretenso consulatu suppliciter rogati de prestanda venia et indulgencia delictorum in eosdem commissorum. In quorum recompensam ipsis dominis se soluturos promiserunt decem milia marcarum Lubicensium summam. Introducti[(4)] igitur domini, ut premittitur, antiquum concilium diu exulantem in sedem pristinam reposuerunt et de civibus melioribus quosdam exaltantes, ipsum diminutum concilium predicti domini duces reintegraverunt, quod prius ibidem factum non est.

862 (1255). Erphordensis civitas Thuringie pro magna sui parte igne consumpta est (tam in domibus quam in ecclesiis).

863 (1256). Quatuor proconsules pretensi, qui[d] de Constancia nuper venerant, de mandato ambasiatorum regis Romanorum[e] ducti sunt in captivitatem et bini ac bini

aug. 5. sunt turribus inclusi circa festum beatissimi confessoris Dominici, in quibus tenti sunt

sept. 29. usque ad festum Michaelis et (tunc primum) erepti sunt per dictos ambasiatores sub tali pacto iuramentis suis firmato, ut quantocius se presencie regis[f] Romanorum offerrent responsuri et se expurgaturi[g] de regalibus obiectis. Quod quidem promissum duo

---

[(1)] st. quem — repperit a: quem, cum castrum impugnare inciperet, adhuc iacere comperiebat.

[(2)] in a folgt: 860a. Fredericus burgravius Nurenbergensis factus est marchio Brandeburgensis per Sigismundum regem Romanorum, ad quem erat Marchia iure hereditario et successione ordinario devoluta, qui eam dedit predicto Frederico cum omni iure et attinenciis suis filiis suis hereditandam[3].

[(3)] st. primitus — summam a: quibus dudum rebelles et inobedientes exstiterant, in emendam et recompensam iniuriarum ipsis illatarum ab eisdem civibus suis dictis dominis 10 milia Lubicensium marcarum erogantes.

Juli 1. [(4)] st. Introducti — non est gilt a als selbstständiger §: 861a. In crastino commemoracionis Pauli apostoli Wysmarienses antiquum suum concilium, quod deposuerant secundum formam Lubicensium, reposuerunt in sedem consulatus. Quo facto antiqui consules sic repositi alios de honestis civibus, mercatoribus et domicellis civitatis ad se elegerunt secundum antiquum modum laudabilem, ex ipsis consulatum integrantes, et sic mechanicos excluserunt, qui violenter consulatum sibi usurpaverant.

---

a) st. Circa festum a: In vigilia. b) magistri s. zu u. c) st. ad — pertinens a: prope Verden positum. d) st. qui — venerant a: civitatis Lubicensis (missi) per civitatem ad Constanciam, prout in precedenti notatum est anno. e) supraescriptorum s. zu v. f) f. A. g) expurgaturos A.

1) Gest. 1416 mai 30. 2) Rotenburg. 3) 1417 april 18.

ex eis statim impleverunt. Alii vero duo infirmitate preoccupati suos miserunt procuratores spondentes personaliter se profecturos, quam cito convalescerent.

864 (1257). (Hinricus dux Sleswicensis et Hinricus comes Holtzacie gwerram inceptam per Erikum regem Dacie cum eo prosequentes et regis potenciam attendentes, vocaverunt in sui adiutorium omnes volentes super sorte propria tria illa regna impugnare et spoliis depredacionibusque vacare. Cuius vocacionis occasione tam grandis convencio pyratarum facta est, ut non solum regna illa, sed et omnium terrarum mercatores per eosdem molestentur et depredentur. Huiusmodi autem guerra et lis orta est ex hoc, quod cum predictus Hinricus dux Sleswicensis humiliter suam infeodacionem a rege postularet, rex voluit, ut priusquam ab eo infeodaretur, resignaret in toto terram et castra ad manus regis, ut sic staret plene in voluntate sua collacio terre et infeodacio ducatus. Et quia talem omnimodam resignacionem dux de consilio suorum amicorum recusavit facere, ideo rex cum predictis dominis Holtzatorum gwerram instauravit.)

865 (1257a). In die sancti Mauricii captum est opidum Odeslo per Erikum ducem[a] de Lovenborg et spoliatum omnibus bonis est tandem igne combustum et incineratum (per eundem). sept. 22.

866 (1259). In opido Danzcke terre Prutenorum facta est sedicio inter consulatum et communitatem occasione monete; et fugam ceperunt quatuor civitatis illius proconsules, castrum dominorum de domo Theutonica loco presidii petentes. Quod ut quidam de communitate perceperunt, violenter domos illorum proconsulum disruperunt et eos bonis suis spoliaverunt. Commendator autem castri audiens insultum[b] factum, violatores predictos cepit et[c] inceptores illius commocionis decapitavit numero 18, alios vero numero 40 de civitate expulit cum uxoribus et liberis, bona eorum confiscando.

867 (1259a). Dominus Slavis Balthazar et Auka de Püthlest[d] baro obsiderant opidum Sandows[1] in (Vetari) Marchia[(1)] et mox ipsum capientes suis vasallis munierunt. Quod ut dominus Guntherus archiepiscopus Magdeburgensis percepit, armata manu venit, eo quod (opidum) ad ipsum pertinebat, et hostes impugnare cepit. Sed ipsi intra opidum forciores et expediciores existentes plures de Magdeburgensium viris interfecerunt et vulneraverunt, inter quos dominus de Anhalt[e] saucius est abductus.

868 (1260). Hinricus dux Luneburgensis (dictus rex mirice Luneburgensis propter pacis inconsuetam securitatem, quam in ea tenuit) obiit[2] (in Ultzen opido et ductus est in Brunswik ad sepeliendum ibidem). Cui successit in ducatu filius suus Wilhelmus, qui suis promisit proceribus et civitatibus, (quod) eandem pacem, quam pater suus servasset[f], ipse tenturus esset. Erat autem pater suus Hinricus magnus pacis zelator, cuius turbatores totis persequebatur viribus, nulli parcens stati vel statui aut condicioni personarum. In tantum autem terram suam fecit raptorum expertem, ut quilibet eam pertransiens securus aurum in capite deferre posset. Propter quod orandum est ab omnibus, ut in pace perpetua requiescat[(2)].

869 (1260a). Hinricus dux Sleswicensis et Hinricus comes Holtzacie cum magno

---

(1) prope Havelsberch situm s. m. c.

(2) in a folgt: 868a. In crastino sancti Dyonisii Bernhardus dux Saxonie de Lovenburch, oct. 10. capitaneus existens exercitus ex parte Erici fratris sui, intravit terram Holsatorum cum 200 armatis et quasi medios fines terre peragrans, multas villas spoliavit et predam magnam inde eduxit, Holsatis ut creditur pre timore dormitantibus vel ad minus obviare sibi non audentibus.

---

a) Saxonie s. m. c. b) inconsultum a. c) capitaneus sive s. m. c. d) Putlist a. e) comes s. m. c. f) al. servaret — esset c: servavit et servaturus.

1) Sandow. 2) Gest. 1416 ed. 14.

populo tam militum[a] (et militarium) quam civium et villanorum insulam Vemeren
okt. 23. accedentes, eam sibi denuo subiugaverunt in die sancti Severini episcopi. Quo peracto castrum eiusdem insule nomine Glambeke, quod Erikus rex Dacie multum firmaverat et munierat aggeribus et vallis fortibus ac defensores multos in eo reliquerat, obsiderunt ante ipsum machinas[b] (petraria) et (alia) bellica instrumenta erigentes et frequentibus oppugnacionibus vexantes eos, qui castri habuerunt custodiam. Cumque circa 7 septi-
dec. 13. manas in multis laboribus et frigoribus ipsum obsedissent(1), tandem in die sancte Lucie castrum viriliter oppugnantes manu violenta ceperunt et omnes in eo inventos captivaverunt, duos ex eis suspendentes.

870 (1261). Petrus episcopus Roschildensis mercatoribus (Teuthonicorum) multum favorabilis et profienus obiit[1].

nov. 12. 871 (1262). Rostoccenses (cives) in adventu domini (suum) antiquum et diu expulsum consulatum(2) per ordinacionem[c] civitatum Lubicensis, Hamburgensis, Sundensis et Luneburgensis pretunc ibidem presencium in suum consulatus (pristinum) locum (honorifice) reposuerunt per(3) se et non per manus dominorum suorum, sicud in Wismaria factum erat. Sed pro recompensa iniuriarum dominis suis de Mekelingborg factarum promiserunt se daturos sex milia marcarum Sundensium, eo quod pauperiores essent Wismariensibus et per illam solucionem sopitum esse[d] deberet omne illud, in quo exorbitassent in predicta consulatus expulsione.

872 (1263). Iohannes dux Magnopolensis in consortem suam accepit sororem Erici ducis[e] de Lovenborg[2], attinentem ei in tercio consanguinitatis gradu(4)(5).

(1) eo quod hyemps asperrima erat et maxime nives ciderunt *s. ru a.*

(2) quod instar Lubicensium deposuerunt *s. ru a.*

(3) st. per — expulsione a: differentes in hoc a forma introductionis Wysmariensium, quod dominis suis et principibus pecunias dare renuerunt in recompensacionem delicti et quod eisdem dominis favere nollent, ut ipsi ad libitum eorum consilium statuerent et ponerent, pro libertate sue civitatis certantes. Sed tamen postea placitantibus predictis civitatibus
1417 jan. 17. in Wysmaria in festo sancti Anthonii cum ducibus de Mekelingborch super eodem Rostoccensi delicto conclusum fuit, se daturos principibus suis 6 milia[f] marcarum Rostoccensium, et per hoc sopitum esse deberet et defunctum, quidquid exorbitatorie esset actum contra dominos ex parte civitatis eiusdem.

1417 jan. 13. (4) quorum nupcie sunt celebrate infra octavam epiphanie in castro Lovenborch *s. ru a.*

nov. 12. (5) *in a folgt:* 872a. In vigilia sancti Martini ecclesia maior beate virginis civitatis Erphordensis quoad tectum et turres igne cremata est et gloriosa illa campana cum ceteris eadem consumpta est. Ob cuius reformacionem, quod pudor est dicere, illi divites canonici tamquam pauperes et mendici universas Theutonie partes suis questibus gravaverunt.

872b. Sigismundus Romanorum rex reversus de Gallicanis partibus, ad quas declinaverat ad reges Francie et Anglie discordantes graviter, ut pacificaret, licet frustratus in proposito, venit Coloniam per Aquisgranum et inveniens archiepiscopum Coloniensem et ducem de Bergis gwerris suis partes illas devastare, conduxavit[g] eos pacem inter eos faciendo. Que quidem pacacio magnum intulit bonum diversis Alamannie partibus, quia dicta eorum discordia immensa causaverat eadem gravamina et mala[4].

a) invalidum a. b) machinamenta a. c) et incitacionem *s. ru a.* d) esset *A.* e) Saxonie *s. ru a.* f) 6000 milia a.

1) *Gest. 1416 oct. 21.* 2) *Katharina tochter Erichs IV.* 3) *Der streit wird auf dem tag von Aachen im nov. 1415 beigelegt. Vgl. auch § 853.* 4) *Hier endet die Wolfenbütteler hs.*

1417[1].

873 (1264). Karolus rex Francie in lectum egritudinis sine spe convalescencie cecidit. Quod Wilhelmus comes Hollandie intelligens, secundogenitum Francie, maritum filie sue, ex eo quod primogenitus iam obierat, in regnum introducere nitebatur, habens in adiutorium ducem Burgundie cum magno exercitu ei occurrentem. Sed dux Aurelianensis — *u. s. w. wie D* — odio persequebantur.

874 (1265). In civitate Pragensi quidam autor heretica — *u. s. w. wie D* — tamquam sacerdos.

875 (1267). Quidam baro de regno Bohemie in montem Cuthnis cum magna familia intravit et ecclesiam quandam parrochialem ingressus vidit presbiterum missam celebrare et exspectans prope altare, donec presbiter sanguinem dominicum sumpsisset et calicem de manibus ad altare poneret. Quo facto baro accessit — *u. s. w. wie D* — numero fere 40.

876 (1268). Quia civitas Lubicensis — *u. s. w. wie D* — Luneburgensis et Wismariensis se pro tribunali — alium impetere presumat quovismodo.

877 (1269). Hinricus dux Sleswicensis — *u. s. w. wie D* — *castrum forte parvum *f. 16a
Tundere nomine — summam ab eisdem receperunt.

878 (1269a). Sigismundus rex Romanorum, cum iam in ecclesie negociis multorum principum terras peragrasset et fere duos annos in suo itinere consummasset, iam feria quinta ante festum purificacionis ingressus est Constanciam et receptus est in maximo Jan. 28.
iubilo tocius concilii et civitatis[2].

879 (1270). Feria quinta — *u. s. w. wie D* — habundant necaverunt.

880 (1271). In cena domini Ulricus dux — *u. s. w. wie D* — homagium fecerunt. Apr. 8

881 (1271a). Civitates maritime, puta Lubicensis, Hamburgensis, Sundensis, Rostoccensis, Luneburgensis, Gripeswaldensis et Wismariensis magnas naves cum parvis navibus onustas multitudine armatorum miserunt in mare contra pyratas et Vitalianos raptores, quos Holtzati fovebant contra regem Dacie et qui mercatores sine differencia infestabant, ut eos expellerent de mari. Sed naves ille cum suis inhabitatoribus per estatem in occeano perdurantes parum profuerunt, ymmo nichil memoria dignum egerunt.

882 (1272). Conradus[a] Bonowe presbiter, archidyaconus Swerinensis ecclesie necnon plebanus ecclesiarum parrochialium Sundensis civitatis, interfectus est. Hic — *u. s. w. wie D* — bellica opera in vasallorum conversacionem ex toto degenerans, tandem morte miserabili raptoris vitam suam inordinatam terminavit.

883 (1272a). Tidericus Qultsowe, raptor nominatissimus ab utero matris existens, post infinita vite sue discrimina innumeraque pericula, quibus rapinis et depredacionibus insudans se exposuerat, ordine retrogrado quo[b] ad Conradum[a] Bonowen, de quo immediate dictum est, lecto decumbens in pace defunctus est.

884 (1273). Delfinus Francie, quem Wilhelmus comes Hollandie in Franciam duxerat, maritus filie sue, intoxico est extinctus per procuracionem ducis Aurelianensis, qui terciogenitum ei proponere laborabat.

885 (1273a). Feria sexta ante dominicam rogacionum quidam raptores dicti de Mai 14.
Taberna exercitum colligentes de territorio Prignisse et ut dicebatur de terra dominorum de Slavia, venerunt ad opidum Molne, sub dicione et iuicione Lubicensium positum, vaccas ipsius apprehendentes abduxerunt.

a) *auf rasur A.* b) *qua A.*

1) *Von hier ab sind die sachlichen anmerkungen auf diejenigen §§ beschränkt, die nur in A stehen oder hier eine selbständige form haben. Für alle übrigen sind die anmerkungen in die fassung D verwiesen.* 2) *Die ankunft erfolgt am 27. jan.*

886 (1274). Quidam frater ordinis Predicatorum nomine Vincencius[1] magister in theologia, oriundus de Arrogonie provincia, officium predicacionis instar apostolorum exercens civitates, castella et villas circuibat et populum innumerabilem congregans in campis eis predicabat verbum Dei, multis signis et miraculis chorruscans.

887 (1275). Wilhelmus comes Hollandie ex obstriccione cuiusdam tybie, in qua fistulam habebat fluentem, interiit.

mai 20. 888 (1275a). Circa festum ascensionis domini civitates maritime, puta Lubicensis, Hamburgensis, Sundensis, Rostoccensis, Luneburgensis, Wismariensis, Stetinensis et Gripeswaldensis convenerunt in civitatem Rostoccensem ad tractandum cum quibusdam de concilio regis Dacie de pace facienda inter dictum regem et dominos de Holtzacia. Cuius quidem pacis sollicitator fuit venerabilis dominus Iordanus Plescowe proconsul civitatis Lubicensis, licet vulgus perperam de eo suspicans in eum non confideret, pro eo quod per Danorum regem reductus esset cum suis collegis ad pristinum honorem et statum. Propter quod ipsum suspicati sunt plus zelare pro rege, quam pro Holtzatis, quod omnino falsum in multis apparuit. Ad has civitates sic congregatas, ut premissum est, domini de Holtzacia quendam miserunt presbiterum rogantes, ut prenominate civitates statuto die ad ipsos venire dignarentur in Arnsboken[2], quia ibi cum eis de pace finaliter tractare vellent et voluntatibus earum se libenter conformare cum effectu. Cumque dicte civitates precibus dictorum dominorum de Holtzacia annuentes die eis
juni 16. prescripto, puta in crastino sancti Viti, convenissent in Arnsboken et cum dominis de Mekelingborg, Iohanne videlicet et Alberto, qui placitis predictis interfuerunt, ac cum sepedictis dominis de Holtzacia de concordia loquerentur et studiosissime laborarent pro pace facienda, nichil profecerunt, quia Holtzati animorum suorum duriciam flectere nolentes, fidem de promissionibus eorum ad placitum dictarum civitatum facere recusaverunt. Propter quod sine fine ab invicem recesseru[n]t. Altera die dicti domini de Holtzacia commovere volentes communitates civitatum predictarum contra capita sua, litteras sigillis suis signitas ecclesiis Lubicensis civitatis affigi fecerunt, in quibus continebatur, quod omnem causam et omne ius eorum dedissent ad manus civitatum predictarum in dicta villa Arnsboke[3].

889 (1276). Sigismundus Romanorum rex in Constancia cum magna solempnitate fecit comitem de Clivis ducem[4] et Fredericum borggravium Nurenbergensem, cui alias marchiam Brandeburgensem commiserat, fecit marchionem Brandeburgensem[5].

890 (1276a). Albertus dux de Mekelingborg intravit Holtzaciam profesto sancti
juni 23. I. 814. Iohannis baptiste ad auxiliandum dominis de Holtzacia contra regem Danorum cum quadringentis equis. Qui cum prope Lubicensem civitatem veniret, ipsi Lubicenses prohibuerunt, ne per eorum municionem[a] transiret.

891 (1276b). Duo fratres de ordine Minorum, quorum nomina sunt Schonenberg et Campowe, iam decrepiti et iubilarii exiliati sunt et proscripti de civitate Lubicensi per dominos proconsules civitatum maritimarum, et interdicte sunt eis omnes civitates de Hanza. Hoc autem malum contigit propter eorum stultiloquia, quia maligna et turpia locuti fuerant super antiquum concilium Lubicense tempore exulacionis eorum[6].

mai 30. 892 (1277). Erikus rex Dacie citra festum[b] penthecostes intravit mare cum innumerabili populo, habens ut dicebatur circa duo milia navium; sed ibidem per magnum temporis spacium moram trahens nec terram Holtzatorum attingere temptans, in nullo

a) municiones A. b) festum A.

1) S. Vincentius Ferrerius gest. 1419 april 5. Vgl. Quétif-Echard, Scriptores ordinis Praedicatorum I 763. 2) Ahrensbök. 3) Vgl. Hanserecesse 1256—1430. VI 362 f. 4) 1417 april 28. 5) Vgl. u. § 860a. 6) Vgl. Hanserecesse 1256—1430. VI 448.

ipsis nocuit. Propter quod Holtzati nomen novum regi imponentes ipsum Castorem appellabant, pro eo quod caudam de aqua non extraheret terram petendo et cum eis preliando. Rex vero ex industria hoc fecit. Nam Holtzati pauperes erant in comparacione ad illa tria regna et magnam populi congregacionem habebant ad resistendum regi et ideo illam congregacionem magnam diu sustinere non poterant absque sui et suorum evisceracione et dampno irrecuperabili. Holtzati tamen magnanimi et cordati viri in hoc existentes, expensas illas minime curaverunt, sed interim cum suis terras regis circa Vlenseborg intraverant et spoliis ac incendiis opida et villas vastaverunt, habentes in suo exercitu Albertum ducem Magnopolensem, cuius pater alias rex Swecie fuerat, ad quod regnum tamquam ad paternam hereditatem idem dux protunc anhelabat.

893 (1280a). Circa festum Iohannis baptiste civitates de Hanza convocate con- Juni 24.
venerunt in Lubeke, ubi negocia utilitatem mercancie concernencia pertractantes, plura nova statuta condiderunt, que mercatores in civitatibus ubique Hanze subiectis in perpetuum observare deberent. Fueruntque in dicta congregacione presentes hee civitate[s], puta Lubicensis, capud Hanse, Hamburgensis, Magdeburgensis, Brunswicensis, Bremensis, Rostoccensis, Sundensis, Stetinensis, Luneburgensis, Stadensis, Rigensis, Sozatiensis, Revaliensis, Gripeswaldensis, Wismariensis, Thoronensis, Danzekensis et Darbatensis. Cetere vero civitates litteratorie suos consensus ad ordinanda et statuenda per nominatas civitates dederunt, ratihabicione spontanea ea confirmantes[1].

894 (1280b). Keen domicellus Frisie cum magno Frisonum exercitu veniens obsedit civitatem Groningensem. Quod videntes cives ad intra unanimiter se armantes ad ipsum exiverunt et bellum forte cum ipso agentes interfecerunt magnam partem exercitus sui et multos captivaverunt. Et sic obsidionem illam cum gravi Frisonum iactura abegerunt.

895 (1280). Terciogenitus regis Francie, qui post obitum fratris sui secundogeniti, facti Dalfinus ex morte primogeniti fratris, et ipse Dalfinus factus est, apud patrem morabatur Parisius. Et quia iam filialis hereditas regis in eo tota consistebat, dux Burgundie ad regnum Francorum anhelare cepit. Et congregans magnum exercitum obsidione vallavit civitatem Parisiensem fretus auxilio Anglorum. Dux vero Aureliensis reginam Francie[2] captivavit et abduxit.

896 (1281). Iohannes episcopus Leodiensis statim post mortem fratris sui Wilhelmi comitis Hollandie ad dominium anhelans, venit cum pulcro exercitu in Hollandiam et receptus est honorifice in Dordracum opidum, cui cives tamquam vero eorum domino homagium fecerunt, licet alie civitates et castra Hollandie hoc facere recusarent, facientes homagium filie[3] Wilhelmi comitis eorum defuncti pocius quam Iohanni predicto.

897 (1281). In crastino beate Margarete virginis destructum est castrum solempne Juli 14.
Yselsteyn terre domini de Erkel per Walraven de Brero baronem, capitaneum filie Hollandie, et a Traiectensibus. Et expulsus est de eodem castro Wilhelmus de Egmund baro, qui castrum occupaverat ex parte domini de Erkel[4].

898 (1282a). In die divisionis apostolorum rex Dacie Erikus caudam suam de mari Juli 15.
extrahens aquam exivit et terram Holtzatorum intravit cum populo innumerabili; et machinamentis, petraria et alia instrumenta bellica transducens opido Slaswik applicuit et obsidione ipsum circumdans tres meatus eius triplici suo exercitu obstruxit, in eo concludens Albertum ducem Magnopolensem cum quadringentis equis. Dominica vero die Juli 16.
dictum festum immediate sequente opidum antedictum rex cepit et ducem Albertum ad hoc compulit et omnes suos, ut ad ipsum exirent et graciam suam humiliter peterent, si amplius vivere vellent. Quod et fecerunt. Rex autem ut clemens princeps eos ad

---

1) *Vgl. Hanserecesse 1256—1430. VI 329 f.* 2) *Isabella von Baiern.* 3) *Jakobaea.*
4) *Johann von Arkel.*

graciam recepit et dictum Albertum litteratorie sibi promittere fecit, quod nec ipse nec sui successores umquam amplius tria illa regna infestare aut impetere vellent quocunque iure. Capcio autem predicti opidi facta est absque quocunque bellico exercicio et ideo a multis suspicatur fuisse traditoria et insidiose practicata.

899 (1282b). Erikus dux de Salina et Otto filius Bernhardi ducis Brunswicensis circa trecentas lanceas habentes vallaverunt civitatem Myndensem et apprehendentes vaccas duarum valvarum civitatis eas abduxerunt. Cives vero ammoniti resistenciam nullam inimicis fecerunt, formidantes fortitudinem exercitus ducum predictorum.

900 (1282c). Cives Hamburgenses preter voluntatem sui consulatus regi Danorum Eriko pacem interdixerunt, dominis suis nativis presidium afferre cupientes. Unde mox instrumenta eorum bellica aptantes, eos cum sexcentis balistariis predictis suis dominis in auxilium miserunt, se disponentes sequi cum exercitu armorum valido. Prout et fecerunt.

901 (1283). Erikus rex Danorum — *u. s. w. wie D* — usque Sleswik transduxit.

902 (1283). Pyrate sive Vitaliani Holtzatorum — *u. s. w. wie D* — cistas preciosis vestibus et aliis clenodiis argenteis plenas, quibus nobiles et armigeri regis et predictorum episcoporum se ornasse voluissent et havisasse. Nec ad plenum — spolii et preda.

903 (1283a). Anglici exeuntes Heringvlet opidum, quod a Francigenis ceperant, nitebantur adire Angliam pro necessariis victualium afferendis. Quod Francigene intelligentes obviaverunt eis cum magnis navibus, que kraken appellantur, et conflictum habentes insimul, quidam civis Hamburgensis Vlogheling cognomento magnam gerens navem, plures Anglorum naves cum contentis omnibus in eisdem mari immersit.

904. Walraven de Brero baro et tutor filie Hollandie quosdam cives civitatis Harlemensis ceperat, qui ad partem domini Iohannis episcopi Leodiensis se transtulerant. Quos communitas Harlemensis volens eripere de captivitate, venit cum duobus milibus, *r. m. ut obsideret opidum Hagense, ubi vincti tenebantur. Walraven autem hoc percipiens occurrit eis cum 40 armatis et subito irruens in eos cepit omnem illam multitudinem absque interfeccione cuiuscunque. In quo bene apparuit Hollandrinorum civium audacia et virilitas. Captivos igitur istos secum duxit in Haghen cum gloriosa rediens victoria et mirabili.

905 (1283b). Bernardus dux Brunswicensis, Wilhelmus dux Luneburgensis et Otto comes de Hoya terram Holtzatorum intraverunt, in auxilium venientes dominis de Holtsacia contra Erikum regem Danorum. Et primo hii principes pacem facere attemptantes cum salvo conductu regis ad presenciam ipsius venerant, ducem Sleswicensem et comitem Holtzacie secum ducentes et de concordia et pace in invicem tractantes et placitantes. Deinde cum audirent concordiam non posse fieri, eo quod ambe partes iusticiam suam allegarent et de illa nullo modo recedere vellent, divisi sunt principes ab invicem inimici permanentes. Tunc Bernhardus dux Brunswicensis cum aliis principibus, adiunctis eis Hamburgensibus cum ducentis armatis, ita quod habebant in toto circa quingentos armigeros equites et 20 milia peditum, Koninghesborg[1] castro applicuit. Sed Dani in occursum eius venientes cum mille et quingentis vel ultra bellatoribus et 30 milibus peditum, Holtzatos cum suis in fugam propulerunt, paucis peremptis ex utraque parte. Holtzati vero cum exercitu suo castrum Stubbe vallantes ipsum expugnaverunt et circa 16 viros in eo captivantes pluraque bona in eo reperientes, spoliaverunt ipsum et tandem igne funditus cremaverunt et destruxerunt.

sept. m. 906 (1284). In die sanctorum martirum Mauricii etc. Dithmarci cum magno populo Frisiam prope Ederam intrantes totam illam patriam spoliis et incendiis depopulati sunt; et quasi infinitam pecudum et iumentorum predam secum auferentes incolas

1) *Koningsberg a. d. Schlei.*

coegerunt, ut eis homagium facerent. Quod cum fecissent compulsi, se soluturos Dithmarsis 24 milia marcarum Lubicensium promiserunt. Dithmarci vero, ut sponsionem illam tanto pecunie corciorem facerent, secum mille et ducentos Frisones pociores in obsides sumpserunt, ad patriam suam victores revertentes.

907 (1285). Quedam extranea et mirabilis multitudo hominum de orientalibus partibus venit in Saxoniam turmatim incedens et inde iter suum dirigens versus Aquisgranum. Hec caterva vagabunda habuit citra ducentos vel amplius homines utriusque sexus, exceptis parvulis et infantibus, quos secum ferebant, Secbanos se nuncupantes. Hii homines regem et duces inter se habuerunt, quorum mandatis et regimini paruerunt, qui eos iudicabant et forefacta eorum corrigebant, eo quod magni essent fures inter eos et deceptores simplicium hominum. Habebant denique prelibati homines regis Romanorum Sigismundi litteras promotorias et aliorum diversorum principum, propter quas ab omnibus principibus, episcopis et civitatibus, ad quos vel quas declinabant, humaniter tractabantur. Eorum quoque quidam — *u. s. w. wie D* — a fide, quam receperant conversi de paganismo ad cristianitatem. Quam quidem peregrinacionem facere tenebantur ex iniuncione episcoporum orientis per septennium.

908 (1286). Rex Anglie Hinricus regnum Francorum ingressus plures cepit civitates et castra, expugnando vique capiendo ea; et mansit in eodem regno per magnum temporis spacium contra velle omnium Francorum. Huius autem perduracionis diutine causa fuit, quod dux Burgundie patruus regis Francorum cum magno exercitu primo obsessit Parisius pro eodem tempore, sed ibidem parum vel nichil agens accessit alias civitates, occupando eas et impediendo, ne Francigene quid attemptarent contra regem Anglorum. Hec autem dissencio inter predictum ducem Burgundie et regem Francorum orta erat ex hoc, quod dux antedictus traditorie interfecerat ducem Aurelianensem, fratrem regis Francorum, et in suis exequiis se finxerat plorantem et dolentem, cum tamen ipse causa esset sue mortis.

909 (1287). Rex Dacie Erikus propter intervenciones civitatum maritimarum et forte eciam propter instantem hyemem, qui per algoris rigiditatem, quam satis mane incepit, puta circa beati Martini festum, timorem regi incusserat, treugas iniit cum nov. 11.
dominis de Sleswik et Holtzacia duraturas — *u. s. w. wie D* — posset humiliaret, ut pacem appetat et concordiam affectet.

910 (1289). In crastino sanctorum apostolorum Symonis — *u. s. w. wie D* — sicud oct. 28.
moris est nobilium.

911 (1290). Concilium Constanciense — *u. s. w. wie D* — antipapis utrisque Gregorio videlicet et Petro et Iohanne tercio propter diversa et enormia crimina destituto, collegium cardinalium una cum ad hanc salubrem eleccionem perficiendam electis episcopis, abbatibus, prioribus et doctoribus conclave intravit et spiritus sancti gracia humiliter invocata, licet aliquot diebus inibi persisterent, tamen de dei gracia unanimiter et concorditer novum et unicum capud ecclesie elegerunt.

DE MARTINO PAPA 216.

912 (1291). Martinus papa, qui et Oddo de Columpnis, nacione Romanus sedit annis .... Hic cardinalis de Columpna dictus in papam in concilio Constanciensi electus est et coronatus in die sancti Martini apostoli. Quod quidem concilium ante ipsius nov. 11.
eleccionem duraverat tribus annis et 7 ebdomadibus, sed post ipsius coronacionem concilium integrum mansit usque ad instans festum pasche, interim tractans cum domino 1418 märz 27.
papa de reformacione ecclesie dei quoad singulos status et gradus clericorum et religiosorum. Qua reformacione concepta et in scriptis redacta, ulterius disputatum est de loco et tempore futuri concilii, in quo in presenti Constanciensi concilio concepta reformacio universalis ecclesie dei perficiatur et ad effectum perducatur.

913 (1291a). Electores autem huius pape Martini unici capitis non solum fuerunt, ut premissum est, cardinales, qui alias soli pontificem summum consueverunt eligere; sed eciam fuerunt archiepiscopi et episcopi, abbates, priores et magistri ad hoc vocati et nominati, ut pronunc solum et non amplius pontificem eligerent Romanum unicum dominum nostrum terrestrem. Et fuerunt nominibus et numero isti cardinales[1]: Ostiensis, Ursinus, Pysanus, de Columpna, de Comitibus, Bononiensis, Placencius, Cameracensis, de Marci, Brancacius, Aquileyensis, de Flisco, de Fuxis, Ragusinus, Laudensis, Saluciarum, de Hispania, Remensis, Venciarum, Tricaricensis[a], Ulixbonensis, Tzelaaco; et sunt cardinales 22. Super hiis cardinalibus ad eleccionem pape assumpte sunt 30 persone, puta de qualibet nacione infrascripta sex: de nacione enim Ytalica archiepiscopus Mediolanensis, episcopi Feltnensis[a] et Melficensis ambasiatores regine Apulie, Iacobus de Campo electus Pennensis, de Maletestis archidyaconus Bononiensis et Leonardus generalis ordinis Predicatorum magister; de nacione Gallicana archiepiscopi Thuronensis, Bithuricensis, patriarcha Constantinopolitanus, episcopus Gebenensis, abbas Cluniacensis et prior Rodi; de nacione Germanica archiepiscopi Gnesnensis et Rigensis, episcopus Traguriensis, Conradus de Sozato doctor in theologia, Nicolaus Dinckelspol doctor in theologia et Lambertus de Stipite doctor decretorum; de nacione Hispanica episcopi Conquensis, Pacensis et Aquensis, Philippus de Medalia doctor theologie, Vallascus Petri ambasiator Porthugalensis, Gundisalvus Garcie de Sancta Maria doctor utriusque iuris; de nacione Anglicana episcopi Londoniarum, Bathoniensis, Licestrensis et Norwicensis, abbas Ebracensis, Thomas prothonotarius regis et decanus Ebracensis.

1418.

914 (1292). Dominus de Erkel iunior, patre suo adhuc in captivitate Wilhelmi comitis Hollandie defuncti existente in Golda opido, ad se congregans meliores — u.s.w. wie *D* — et ipse dominus de Erkel captus est; sed postea ipse dominus de Erkel similiter peremptus est. Interierunt eciam ibidem meliores omnes de Gelria — duce Ghelrensi ignorante.

915 (1293). Comes[b] Sabaudie factus est dux cum magna solempnitate a Sigismundo rege Romanorum.

916 (1176a). Quidam vagus versificator magnus pertransiens ecclesiam *fratrum* Minorum in partibus Reni, vidit inter crucifixum et beatam virginem beatum Franciscum depictum ex una parte crucifixi et ex altera parte beatum Iohannem ewangelistam. Quod cernens indignatus valde et provocatus super illo, qui tam absurdam novitatem excogitaverat, quod videlicet beatus Franciscus tam presumptuose locatus esset contra communem consuetudinem prope Cristum, quasi separando matrem a filio. Unde cretum extrahens de pera scripsit hos sequentes versus super depictum crucifixum, reprehendens fatuitatem fratrum illorum:

Mater. 'Quid nate?' Me frater separat a te.
'Nate'. Quid mater? 'Sit anathema *frater*'.

Primus versus sunt verba filii ad matrem conquerentis de iniuria sibi facta in separacione ipsius a matre per mediantem Franciscum. Secundus vero versus est imprecacio sive malediccio beatissime virginis relata ad fratrem picturam illam excogitantem. Quamquam autem presens narracio hoc anno non contigerit, tamen quia in mentem michi modo venit, presentibus eam inserui diu ante auditam.

---

a) *so A.* b) *§ 915 in A am rand, aber unmittelbar anschliessend an die letzte zeile.*

1) *Für die namen vgl. die anmerkungen zu D § 1290 und B § 1291a.*

917 (1294). Civitas[a] Parisiensis circa festum — u. s. w. wie *D* — in loco disposito civitatem ingrederetur et eam caperet et spoliaret, partis sue illesa persistente. Quam quidem imposicionem — dispositum esset, ut eam invaderent et obtinerent. Duce igitur Burgundie — et regis thezaurum ab eo requirerent. Quem postea in foro coram omni populo interfecerunt. Ibique interfecti sunt plures magistri universitatis Parisiensis cum aliis pluribus episcopis et nobilibus; et dispersus est atque fugatus clerus universus studiumque universitatis dissipatum est et multi studentes et magistri ad alias universitates se transtulerunt.

918 (1296). Erikus rex Danorum — u. s. w. wie *D* — cum aliis principibus ad hoc vocatis adessent et loco determinato se presentassent, presentibus eciam omnibus civitatibus de Hanza similiter ad hunc diem placitorum vocatis et rogatis, rex ipse minime comparuit ibidem. Propter quod — 'puta Wilhelmus dux Luneburgensis, Hinricus dux Slesewicensis, Hinricus comes Holtzacie et Adolphus comes de Schowenborgh indignati — frustrate[b] in earum proposito.

919. Hollandrini inter se magnas gwerras et lites habentes propter partes ex parte domini Wilhelmi defuncti exortas, se invicem spoliant et interficiunt ac hostiliter persequuntur.

920. Ex quo Erikus Danorum rex diem placitorum, quem ipse una cum duce Sleswicensi Hinrico et aliis principibus, nobilibus et civitatibus statuerat infallibiliter observandum pro utriusque partis iurium veritate inquirenda et pace fienda inter eosdem, ipsemet neglexerat nescio qua de causa, civitates predicte de Hanza in Lubeke congregate, tamquam pacis et concordie federa amantes et pro unione terrarum ac civitatum mutua amicicia procuranda zelantes, aliquos de suis collegiis et consociis ad regem suprascriptum Dacie transmiserunt ipso die divisionis apostolorum indagaturos, que causa aut quod impedimentum obstitisset, propter quod rex verbum regium annullasset et tot solempnes personas ad tanta discrimina posuisset. Et hoc quidem fiebat de sepedicti Hinrici ducis Sleswicensis requisicione et assensu.

921 (1298). Nomina autem civitatum de Hanza propter hanc et alias causas diversas congregatarum in dicta civitate Lubicensi sunt hec: Coloniensis, Magdeburgensis, Brunswicensis, Hamburgensis, Sundensis, Rostoccensis, Osnaburgensis, Bremensis, Zosaciensis, Monasteriensis, Rigensis, Darbatensis, Tremoniensis, Revaliensis, Luneburgensis, Wismariensis, Stetinensis, Gripeswaldensis, Colbergensis, de Gotlande, de Danzeke, de Davantria, de Stargardia, de Stendal, Swollensis, de Campis, de Soltwedele, Rugenwoldensis, Honoverensis, Kylensis, de Elvynghe, de Goslaria, de Anklem, Mindensis, Stadensis, de Buxstehude, Sutphaniensis, Novimagiensis, de Harderwik et Thurunensis ac ambasiatores mercatorum de Brugis. Hee inquam civitates Lubeke ut predictum est persistentes, omni die ad civitatis consistorium unanimiter convenerunt et negocia rempublicam promovencia ac mercatoris universalis Hanze utilitates concernencia tractaverunt, prestolantes ibidem salubre regis Danorum responsum per nuncios ab eis transmissos referendum eisdem.

922 (1297). Stipendiarii civitatis Sundensis, ad debellandum mare infestantes et mercatores spoliantes conducti, per se mare infestaverunt et depredati sunt quosdam concives suos ac dampna aliis negociatoribus, quorum defensores esse debebant, intulerunt, nescientibus capitaneis suis. Quorum maliciam cum Sundenses per aliquos forte, qui bonis suis spoliati manus eorum evaserant, percepissent, ceperunt ex dictis conducticiis seu stipendiariis 16, quorum capitaneus Linstowe[c] vocabatur, aliis fugam capientibus. Et comperta veritate omnes illos decapitaverunt, solum dictum Linstowen[d] civitatis predicte iuratum tamquam traditorem rotantes et demum eundem rotatum tam-

a) wechsel der schrift in A, weil durch neue feder. b) frustrati A. c) Linscowe A. d) Linstowen A.

quam periurum super omnes fures suspendentes ad patibulum. De eis vero qui fugerant postmodum quosdam apprehendentes simili pena perimerunt.

923 (1300). Nuncii civitatum de Hanza missi ad Erikum regem Dacie pro inquirenda causa, quare ad statutam diem placitorum, sicud promiserat verbo et scripto, Juli 24. non venisset, revertentes in vigilia beati Iacobi apostoli retulerunt, dominum regem legitimum habuisse impedimentum, quia videlicet rex tempore congruo et debito navem ascenderat cum suis, ut transfretasset, sed diffortunio interveniente propter rupturam navis ipsum retrocedere oportebat. Quo sic retrocedente, eciam prosperitas venti sibi deficiebat, ne aliam navem intrando locum assignatum die determinato attingere valeret. Pauci tamen de civitatibus predictis, sed nec domini de Holtzacia hanc absencie suo causam tamquam legitimam acceptaverunt.

924 (1301). Dux Brabancie, qui filiam[a] Wilhelmi Iacobam nomine[b] defuncti comitis Hollandie, in secundo consanguinitatis gradu sibi attinentem, in uxorem duxerat contra pape prohibicionem, Dordracum civitatem Hollandie obsedit, Iohanne quondam episcopo Leodiensi, sed nunc pro comite Hollandie se gerente, fratre videlicet dicti Wilhelmi defuncti, in ea existente et civitatem una cum inhabitatoribus suis viriliter defendente. Causa autem dicte obsidionis fuit, quia dux supradictus comitatum Hollandie ad se devolutum iure hereditario ex parte uxoris sue asserebat, eo quod sepedictus Wilhelmus pater uxoris sue sine prole masculina decesserat. Iohannes vero supradictus, quia frater erat defuncti comitis, iure consimili comitatum iam dictum sibi vendicabat; et sic controversia magna inter eos erat. Opidum autem Brile terre Hollandie, quod solum in terra illa cum Dordraco predicto Iohanni homagium fecerat et fidelitatem iuraverat, tempore obsidionis civitatis Dordracensis pyratas plures congregabat et cum eis occeanum pelagus hostiliter infestabat, nulli permittens transitum vel in Flandriam aut Angliam securum.

925 (1302). Ordo sancte Brigitte confirmatur — *u. s. w. wie D* — regula vivendi.

926 (1303). Martinus papa — *u. s. w. wie D* — consimilium indulgenciarum.

927 (1266). In Spira Iudeus quidam Ysachar nomine cum cristianis de fide contendere consuevit et ut ipsos in aliquo confundere potuisset, tota intencione studebat. Accidit autem in sacro paschali tempore, ut cum idem perfidus Iudeus videret cristianos ad mensam dominicam accedere more solito, ut corpus Cristi reciperent, ipse intra se cogitabat et machinabatur, qualiter illo die sanctissimo fidem cristianam confunderet. Vultu igitur et habitu suo mutatis, cum fidelibus ad ecclesiam venit et salutare sacramentum corporis Cristi ore suo polluto de manu sacerdotis cum ceteris fidelibus sumpsit. Joh. 6,41. Quo recepto mox vocem de celo lapsam audivit: 'Ego sum panis vivus, qui de celo descendi'. Ab altari ergo discedens et cristianis incognitus in quodam ecclesie angulo se recepit et corpus Cristi de ore accipiens in manu sua reclusit. Qui statim ut manum s. s. 114. — *u. s. w. wie D* — 'et ascendendo continuaverunt. Propter quod factum Iudeus ille conversus et multi Iudei secum dominum glorificaverunt.

s. s. 116. 927bis. Fuit[1] quidam senex in Palestine partibus in monasterio — — 'et anniversarium deposicionis sue solempniter peregerunt.

---

a) filiam Wilhelmi Iacobam *auf rasur A.* b) nomine *übergeschrieben A.*

1) *In A am rande:* Huius historie auctum require supra 318; *hier f. 31' am rande:* Hanc historiam quere infra 1416 *hinweisend auf die worte im texte:* Maria Egipciaca obiit in Cristo in heremo, quam pater Zozimas cum leonis adiutorio sepelivit. *In a f. 34' dieselben worte ohne verweis oder erzählung. Es folgt in A in breiter darstellung die bekannte legende, die die späteren fassungen an der entsprechenden ort gestellt haben. Diese geschichte ist ebenso wie § 927, an den sie sich anschliesst, dem 'Visitarum narracionum' entnommen und steht in der Kopenhagener hs. fol. 58' unter der überschrift:* Querere. Quod dominus querit perditos ut salvet. *Sie beginnt:* Fuit quidam senex in

928 (1304). Archiepiscopus[a] Rigensis dictus Iohannes Walrode translatus est ad ecclesiam Leodiensem, Iohanne illius ecclesie electo pro comite Hollandie se gerente, cuius terre heres erat post obitum fratris sui Wilhelmi ex latere gladii. Ex latere vero fusi Iacoba filia dicti Wilhelmi defuncti iuxta morem Hollandrinorum patri in hereditate succedens, dominium sibi vendicare laborabat auxilio ducis Brabancie freta, cui iam dudum nupserat, non obstante quod in secundo consanguinitatis gradu sibi attineret.

929. Cives Dordracenses una cum Iohanne quondam electo Leodiensi exeuntes[b] exercitum Brabanciorum, qui iam fere sex septimanis obsidione firma civitatem suam cinxerant, de obsidionis loco expulerunt et plures de ipsis occidentes nobiliores ceperunt et cum victoria solempni redierunt.

1419.

930 (1305). Communitas civitatis Vratislaviensis ad instar multarum civitatum stagnalium iam dudum antiquos suos proconsules et consules destituerant propter — *u. s. w. wie D* — instituebant, semper antiquos amovendo[c] et novos creando, quem modum tenere intendebant temporibus perpetuis. Cumque in presenti anno — *in *1. märz.*
peremptorium locum reposuit.

931 (1305a). Treuge biennales procurate sunt inter Erikum regem Danorum et Hinricum ducem Sleswicensem per nuncios venerabiles civitatum de Hansa, quorum principalis et capud erat dominus Hinricus Rapesulver proconsul civitatis Lubicensis. Quas quidem inducias non modica communi populo leticia, ymmo multiplex fructus et profectus cunctis circumiacentibus terris secutus est.

932 (1307). Boleslaus[d] rex Polonie hoc anno tot fecit cristianos de viris et mulieribus Turcorum et Sarracenorum sue dicioni subiectorum, quod singulis singula nomina propria imponere non valens omnibus masculis — *u. s. w. wie D* — ville unum nomen.

933 (1306). In Erphordia terre Thuringorum quidam Iudeus combustus est per Iohannem provisorem domini Moguntini archiepiscopi circa festum Iohannis baptiste. *juni 24.*
Hic quidem Iudeus tribus vicibus antecedenter baptizatus, cum iam quarta vice baptizari se faceret, deprehensus est dolus eius per studentes Erphordenses. Qui cum conferrent secum de articulis fidei et de sacramentis ecclesie et quererent ab eo, quid de beata virgine sentiret, respondit quod nichil de ea aliud crederet, quam quod amasia Iohannis ewangeliste fuisset et quod idem crederet de Cristo et de beata Maria Magdalena. Quos errores tam abhominabiles et nepharios cum studentes illi audivissent, statim domino provisori Iohanni videlicet de Nassow seriem facti retulerunt et ut captivaretur ac examini exponeretur, subordinaverunt. Quod cum fieret, miser ille errores suos detexit et se iam quater vicibus solum propter pecuniam acquirendam baptizatum confessus est, adiciens[e] quod si ampliorem pecuniam adipisci posset, utique adhuc decies lavacrum sacre regeneracionis recipere non formidaret. Quibus facinoribus auditis, provisor antedictus ignem copiosum iuxta gradus Beate Virginis in medio civitatis predicte accendi fecit et infelicissimum hunc Iudeum stipiti affixum in eo concremari mandavit.

934 (1308). Vitaliani cum Frisonibus applicantes Wysere aque ceperunt et expugnaverunt quoddam castrum nomine Vredeborg, pertinens civitati Bremensi, et in eo interfecerunt quendam consulem dicte civitatis, qui castro preerat. Quod ut cives percepe-

a) *wechsel der schrift in A.* b) *am rand A.* c) ammovendo *A.* d) *§ 932 in A am rand.* e) addiciens *A.*

Palestine partibus in quodam monasterio *und endet fol. 63 mit den worten:* Habitavitque abbas Zosimas in eodem monasterio venerabilem ducens vitam centum annis. Et post hoc requievit in pace. *Vgl. über diese quelle Korners in der einleitung am schluss der untersuchung über die quellen allgemeinen inhalts.*

runt, euntes in manu valida ipsum castrum cum adiutorio quorundam Frisonum reexpugnaverunt et circa 40 pyratas in eo captivaverunt. Quos simul secum Bremam ducentes ex eis 22 rotaverunt, aliis[a], quia castrum sponte resignaverant, vitam donantes.

935 (1308a). Tangbermunde opidum in Antiqua Marchia ex toto incineratum est.

936 (1308b). Veneti regis Romanorum Sigismundi austeritatem formidantes, pacis federa cum eo inierunt spondentes, ei omnes civitates, castra et municiones restituere, quorum usum et dominium in preiudicium sacri imperii et in detrimentum Romane ecclesie usque in presens sibi usurpassent; et ultra hec omnia in magna pecunie summa se sibi obligaverunt, certis temporibus se dictam summam soluturos. Quibus contractibus et pactis non obstantibus, predicti Veneciarum cives federa inita fraudulenter rumpentes, imperii castrum invaserunt dictum Cerival[1] et ipsum expugnantes ceperunt et spoliaverunt. Quod cum Ungari ceterique imperii fideles percepissent, exercitum colligentes predictum opidum pariter et castrum adierunt et viribus suis utentes inimicos excusserunt, et opidi castrique possessione adepta victoriam adversariorum gloriose consecuti sunt.

937 (1308c). Iohannes[b] et Albertus duces Magnopolenses et Baltbazar dominus Slavie pulcrum colligentes exercitum intraverunt Marchiam Novam, Frederico marchione Brandeburgensi apud Sigismundum regem Romanorum residente; et iter suum versus opidum Rupin dirigentes, apprehenderunt oves et boves ipsius. Cumque abducere niterentur predam, uxor ...[c 2] comitis dicti opidi Rupinensis equum velociter ascendens, prefatis principibus obviare non distulit, colloquia cum eisdem favorabilia habitura. Quibus in placitis sic occupatis, interim nobiles terre una cum civibus et villanis festinanter conglobati impetum in hostes fecerunt et viriliter cum eis preliantes quasi totam predam inimicis abstulerunt et fugam eos capere compulerunt. Qui confusi facti currus, qui in nundinis fuerant, prope Renum[3] apprehendentes spoliaverunt et predam in Hobele[4] ducentes inter se diviserunt. Maior tamen pars curruum flumen iam transierat et opidum Bellin[5] intraverat.

938 (1310). Martinus papa — *u. s. w. wie D* — pro quiete sua expensurus.

939. Iohannes olim electus Leodiensis pro comicia Hollandie acquirenda diversa prelia gerens cum Hollandrinis et Brabantinis, Rotterdam opidum cepit ex tradicione unius parthie opidi dicto Iohanni faventis.

940. Ab Argentina quedam distat taberna ad quatuor miliaria, cuius paterfamilias domus uxorem et filiam pulcram habens peregrinos deambulantes colligere et humaniter pertractare consuevit. Ad hanc tabernam quodam vespere duo venerunt nequam, habitu et gestu peregrinorum formam mencientes et hospicium ut moris est postulantes. Quibus cum hospes domus doli ignarus mansionem concessisset, venerunt et alii duo eiusdem condicionis similiter recipi desiderantes. Quos sicud primos duos dominus taberne[d] collegit et locum quietis indulsit. Demum intraverunt post horam et alii duo et illos secuti sunt iterum duo et sic deinceps, quousque circa 20 et amplius latrones venissent et domum illam tabernariam ex toto replessent. Cumque omnes apud focum consedissent et vinum allatum a caupone gustassent, unus eorum forte latronum capitaneus ait hospiti domus: 'Socii isti melioribus uti consueverunt vinis in ipsorum domibus, que habere potuerunt. Ideo et tu nobiliora que in cellario tuo sunt vina eis propinare non differas, ne cum ingratitudine ipsimet ea tollant et tibi ac tuis dampna inferant graviora'. Hospes autem eorum audiens importunitatem et sue domus timens periculum dixit ad illos: 'Ecce cellarium apertum est et via ad ipsum patens est. Intrate ipsum secure et quidquid singula probando melius vinum indicaveritis, de ipso letanter bibite, quia

a) *aliis — donantes in A am rand.* b) *wechsel der schrift in A.* c) *lücke in A.* d) *so A.*

1) *Serravalle.* 2) *Albrecht III.* 3) *Rhin.* 4) *Rochel.* 5) *Fehrbellin.*

de eo habundanter vobis omnibus propinabo'. Missus igitur capitaneus ille in celiarium, vinum quod melius ei placuit afferendum hospiti designavit, de quo latrones illi se ingurgitantes noctem illam usque ad medium perduxerunt. Quibus potu illo, in quo est luxuria, repletis, ait ex ore omnium latro ille, qui maior videbatur: 'Propter quod credis, o hospes, nos hic esse congregatos? Non solum scias huc nos venisse, ut tuo saciemur mero, sed eciam ut tue uxoris ac filie fruamur concubitu. Vel igitur eas absque strepitu nostris tradas voluntatibus, vel te et eas cum omnibus bonis tuis flamma vorax consumet'. Quam lugubrem valde opcionem cum hospes audisset, multum contristatus in animo nesciebat fluctuans, quid acturus esset. Tandem deo inspirante consilium concepit salubre, quo se et suos in honore et vita salvabat. Erat namque in domo sepedicta estuarium quoddam satis firmum, in quo brumali tempore peregrini consueverant quiescere, quod iam, quia frigus erat, calefieri fecerat. Hoc quidem estuarium straminibus impleri faciebat, ut in eis socii illi iuxta morem cubarent. Quo expleto dixit illi, qui verbum aliorum gerebat: 'Ex quo', inquit, 'opcione data unum de duobus malis me inire oportet, minus puto malum esse, ut uxore et filia mea abutamini, quam quod ipse cum eis moriens omnia hec bona igne pereant. Intrantibus igitur vobis hanc stupam et in strato vestro vobis pro posse parato quiescentibus, ambas ad vos introducam secrete, ut sic factum hoc a familia mea ignoretur, ne in futuram michi improperetur vel viciuis meis reveletur. Et sic cum eis facere poteritis, quod vobis placuerit'. Cumque latro ille consensum hospitis accepisset et ipsius intencionem sociis suis aperuisset, leti omnes facti estuarium ipsum intraverunt et ad loca quietis se ponentes feminarum adventum, cum quibus luxuriari proponebant, prestolati sunt. Hospes autem cum sua familia clam stupe ostium fortiter obserans, ne per illud quisquam exire posset, securus quod aliunde non evaderent, ticione forti furnum fregit, foramen faciens, et per illud copiose ignem immisit intra estuarium. Qui ignis stramina accendit et ardere stupam fecit. Ad extra quoque ianuis domus firmatis et fenestris, circumquaque domum incedit cum clavis et gladiis, per familiam loca exitus observans, omnes simul illos nequam cum suis propriis utensiliis et bonis concremavit et incineravit. Mane autem facto ipse cum familia Argentinam civitatem adiit et consilio civitatis ac civibus facti seriem per ordinem narravit. Qui audientes laudabilem viri probitatem et animi magnanimitatem totum dampnum receptum pecunia communitatis ei recompensaverunt.

941 (1323). Non longe post eodem anno, puta circa festum Marie Magdalene, quidam mercator Spirensis — *u. s. w. wie D* — habuit in nemore a dicta civitate non multum distanti quemdam virum, cuius filiam — in hoc nemore circa quinquaginta viri — submersi in Reno. Narrabatur — inter quos erant moniales Begardi — venerant societatem, ut narrabatur, quia erat prope nemus illud quoddam monasterium — ea expendebant luxuriose vivendo et stuprando deo dicatas feminas. Has igitur meretrices principes et civitas Argentinensis ceperunt et stipitibus alligatas Reno immerserunt, monasterium earum funditus destruentes.

942. Translato domino Iohanne archiepiscopo Rigensi ad ecclesiam Leodiensem, factus est archiepiscopus Rigensis dominus Iohannes Habundi.

943 (1324). Dominus Hinricus de Owe episcopus Zwerinensis obiit circa festum Andree. In cuius sedem successit dominus Iohannes Wanghelin[a] eiusdem ecclesie prepositus.

944 (1326). Iohannes[b] quondam dictus papa 23., alio nomine Balthazar vocatus, postquam de captivitate ereptus et ad graciam receptus a Martino papa creatus esset cardinalis, obiit in vigilia nativitatis Cristi. Cuius mors ecclesie dei tam extitit letabunda, quam periculosa ipsius vita eidem fuisset, si diucius in humanis perdurasset.

---

a) Wangheim *A*. b) *von hier an fehlt die rubrication; zugleich wechsel der schrift in A.*

1420.

945 (1328). Mercatores Alemannie spoliantur et graviter dampnificantur per regem Hyspanie. Rex namque predictus mercatores eosdem antecedenter monuerat, ymo prohibuerat, ne amplius pro mercimoniis et negociacionibus suis exercendis in Hispaniam personaliter venirent, sed exspectarent Brugis allacionem bonorum illorum per Hispanos fiendam de consuetudine antiqua, ut sic eciam et sui mercatores lucris debitis et consuetis non defraudarentur. Sed dictam regis ammonicionem pariter et prohibicionem parvipendentes, mercatores prefati portum Hispanorum violenter et potenter intrant et merces suas comparantes ac negocia sua expedientes reditum ad Flandriam disponunt. Rex autem contumaciam et proterviam eorum sibi contumeliosam reputans, exercitum colligit fortem navalem et ipsos aggressus devincit, spoliat et captivat, rapiens naves eorum bonis magnis onustas et abducens. Ipsos tamen mercatores liberos postea abire fecit. De Hispanis vero in predicto conflictu plures interfecti sunt.

946 (1329a). Sigismundus rex Romanorum in Wratislavia civitate Polonie constitutus, fletibus et clamoribus viduarum et pupillorum illorum proborum virorum, alias interfectorum per mechanicos dicte urbis, motus ad misericordiam et ad faciendum iudicium et iusticiam de interfectoribus illis et impositoribus tanti mali, captivare facit circa centum et ultra. Quorum principales numero fere 40 in foro decapitari demandavit; residuos vero simplices et minus in facto conscios exilio perpetuo condempnavit. Cum autem hec fierent per regem in predicta urbe, multi se reos scientes de civitate fugerunt. Quos omnes rex Romanorum proscribi fecit et banno regio perpetuo subiecit

märz 3. dominica secunda 40.

jan. 5. 947 (1329). Magister Iohannes Dulman episcopus Lubicensis obiit in vigilia epiphanie[1]. In cuius sedem successit ....[2].

---

1) *Gest. 1420 jan. 5.* 2) *Hiermit endet der text der Danziger hs. auf der mitte der seite.*

Reihenfolge der §§ in der fassung a von 1350 ab: 1350: 517—520. 513. 522. 524. 1351: 525. 1352: 526—528. 528a. 529. 1353: 530. 535 *(erste hälfte)*. 531. 531a. 532. 532a. 534. 1355[3]: 533. 535 *(zweite hälfte)*. 536—538. 538a. 539—542. 542a. 544. 547. 547a. 545. 546. 548. 549. 549a. 554. 550—553. 555—559. 559a. 560—581. 583. 582. 582a. 585—589. 591—593. 593a. 595. 584. 596—601. 604. 600. 607. 602. 608—612. 612a. 613—615. 615a. 616—623. 605. 625—633. 1383: 634—640. 1384: 641—645. 1385: 646—650. 650a. 651—661. 663. 1387: 664. 666—669. 665. 670—674. 677—679. 681. 681a. 682. (1389): 682a. 683—686. 688. 1390: 689. 1391: 690. 694—697. 1392: 699. 718. 700. 702. 1393: 703. 704. 706. 708. 707. 709. 710. 691—693. 701. 711. 712. 723. 714—716. 718—721. 721a. 724—727. 729. 732—735. 730. 731. 736. 738. 739. 752. 736a. 737. 740. 741. 743. 747. 745. 746. 748. 763. 769. 770. 749—751. 753. 759. 760. 754—758. 761. 762. 1403: 764—767. 771—774. 1405: 775—778. 778a. 779. (776. 776a. 777.) 780. 781. 781a. 782—784. 786. 787. 787a. 789. 788. 1407: 790. 791. 793. 794. 796. 797. 797a. 798—800. 792. 795. 803. 1408: 801. 802. 812. 804—806. 810. 816. 807. 809. 811. 814. 817. 818. 820. 820a. 823. 821. 822. 824. 825. 828. 829. 831. 827. 826. 830. 830a. 830b. 832. 833. 842. 834. 834a. 840. 835. 848. 836—839. 1415: 841. 843—847. 860. 860a. 853. 850. 851. 852. 855. 856. 856a. 857—859. 861. 861a. 862. 865—867. 863. 868. 868a. 871. 869. 870. 872. 872a. 872b.

---

3) *Nur ein geringer teil der jahreszahlen ist am rand von a noch erhalten.*

II.

CRONICA NOVELLA DE QUARTO OPERE

BIS 1435

LÜNEBURGER HANDSCHRIFT

(FASSUNG D)

UND

CRONICA NOVELLA DE SECUNDO OPERE

BIS 1423

LINKÖPINGER HANDSCHRIFT

(FASSUNG B).

VORREDE DER FASSUNG B.

CRONICA NOVELLA FRATRIS HERMANNI DE SECUNDO OPERE ORDINIS PREDICATORUM.

PROLOGUS IN CRONICAM NOVELLAM FRATRIS HERMANNI ORDINIS PREDICATORUM.

Quamquam[1] copiosa per varios viros venerabiles religiosos et seculares confecta sint volumina, que ecclesie prelatorum imperatorumque ⟨ac⟩ regum et principum gesta ceterarumque personarum nobilium et ignobilium utriusque sexus actus, temporum quoque et auctorum sufficienter referant contingencia et enarrent, tamen quia materiarum ⟨in eorundem voluminibus contentarum⟩ prolixitas dictaminumque obscuritas ⟨et difficultas, necnon studere aut legere curancium paucitas⟩ multos a lectionis fervore retrahere et fastidium studio intendendi afferre consueverunt: idcirco presens opus brevi levique stilo congestum aggressus sum, sub paucis ⟨et rudibus⟩ verbis sentenciaque compendiosa tradere satagens eius lectoribus facta hominum memoria digna et decursus temporum, que quidem ut studiosius potui ex diversis extraxi cronicis et historiis et in litteras has summatim redegi. Si que igitur narraciones dicto meo operi inserte[a] cuiquam videbuntur aut dubie aut ⟨ficte vel⟩ fabulose, meis queso non ascribat figmentis ⟨aut excogitacionibus⟩, sed illorum ⟨verius⟩ de quorum codicibus ⟨et scriptis⟩ eas excerpsi. Ordinem autem annorum tam apostolicorum quam imperatorum seriosius quo valui observavi ⟨iuxta tradicionem venerabilium cronographorum, fratrum videlicet ordinis Predicatorum Vincencii, Hinrici de Hervordia et Martini, inter quos ego quasi peripsima locum infimum tenens⟩ cuncta eorum gesta et acta singulis et propriis applicavi temporibus. Presenti quoque ⟨meo⟩ operi placuit michi nomen imponere, ut scilicet Cronica novella ⟨fratris Hermanni ordinis antedicti⟩ nuncupetur, pro eo quod inter ceteras cronicas ⟨et historias⟩ notabiles novissimum sortiatur locum et plura ei nova existant inserta, que in aliis historiographorum codicibus minime reperiuntur. ⟨Si quoque in volumine isto, quod pre manibus scribendum habemus, aliqua dicta inveniantur, que auctore proprio videantur carere, illa semper sciat lector non per me excogitata, sed ea me reperisse in libris, quorum compositor michi ignotus protunc existebat.⟩ Incepi insuper opus hoc a temporibus Iulii ⟨Cesaris⟩, quia ipse primus Romanorum imperator esse dinoscitur appellatus et ab eo imperium Romanorum ⟨incepit et⟩ duravit usque ad tempora Constantini Magni, per quem translatum est imperium Romanorum ad Grecos et duravit apud eos usque ad Karolum Magnum, per quem translatum est de Grecia in Franciam et duravit apud eos usque ad tempora Hinrici primi, cum quo pervenit ad Alemannos, apud quos viguit usque in presens et forte vigebit ⟨circa[b] eosdem⟩ usque ad mundi

a) *das letzte e auf kleiner rasur in B, offenbar korrigirt aus inserta, wie auch A hat; siehe dort.*
b) circa eosdem *auf rasur B; f. A.*

1) *Die vorrede der fassung B beruht auf der von A; das eingeklammerte ist in B neu hinzugekommen, von sonstiger umarbeitung abgesehen.*

terminum. ⟨Moverunt autem me ad huius operis compilacionem sollertem nedum raciones in probemii principio assignate, verum eciam antecessorum nostrorum studium ante se transactorum et apud se currencium temporum acta et eventus conscribendi sollicitudo. Unde quia in diebus nostris neminem audivi aut percipere potui, qui eorum vestigiis inherendo simili consignacioni operam daret quamcumque: idcirco ne per incuriam segniciei et negliencie nostre tempore[a] peryodi nostre actitata omnimode traderentur oblivioni, presentem hunc codicem confidenter incepi et dei auxilio accedente ad finem intentum perduxi⟩, cui ⟨soli⟩ honor et gloria per ⟨infinita⟩ seculorum secula amen. Explicit prologus operis presentis.

...Gaius Iulius Cesar, a quo omnes principes Romani nomen cesarum acceperunt, secundum Swetonium in suis cronicis sic describitur *u. s. w.*

VORREDEN DER FASSUNG D.

CRONICA NOVELLA MAGISTRI[b] HERMANNI DE QUARTO OPERE.

PROHEMIUM IN CRONICAM NOVELLAM MAGISTRI[b] HERMANNI.

Quamvis[1] per varios viros solempnes religiosos et seculares copiosa conscripta sint volumina, que prelatorum ecclesie ⟨sancte⟩ imperatorumque et regum ac principum gesta ceterarumque personarum nobilium et ignobilium seans utriusque actus, temporum quoque et annorum facta sufficienter referant et enarrent, quia tamen materiarum in voluminibus contentarum prolixitas dictaminumque obscuritas et difficultas, necnon studere aut perlegere curancium paucitas multos a leccionis fervore retrahere et fastidium dictandi vel colligendi afferre consueverunt ⟨et inducere⟩: idcirco presens opus brevi levique stilo confectum aggressus sum, sub paucis et rudibus verbis ⟨incomptoque apparatu⟩ et sentencia compendiosa tradere satagens eius lectoribus acta hominum memoria digna et temporum ⟨contingencia⟩ decursa. Que inquam ut studiosius potui ex diversis cronicis et historiis extraxi et in codicem hunc summatim redegi. Si que ergo narraciones presenti meo operi inserte cuiquam videbuntur aut dubie aut ficte vel fabulose, meis queso non ascribat figmentis aut excogitacionibus, sed illorum verius de quorum libris et scriptis eas excerpsi. Ordinem autem annorum ⟨quorum acta in presenti opere scribere exorsus sum⟩ diligencius quo valui observavi, ⟨secutus⟩ iuxta ⟨posse⟩ tradicionem venerabilium patrum ordinis mei cronographorum, videlicet Vincencii, Henrici de Hervordia et Martini, inter quos ego quasi peripsima locum novissimum tenens gesta et acta ⟨in ipsorum scriptis reperta⟩ singulis et propriis applicare studui temporibus. Huic vero meo operi placuit michi nomen inponere, ut scilicet Cronica novella magistri[b] Hermanni ordinis Predicatorum nuncupetur, pro eo quod inter ceteras cronicas ⟨famosas⟩ et historias notabiles ultimum sortiri videatur locum ac plura ei nova ⟨et rara⟩ existant inserta, que in aliorum historiographorum codicibus minime reperiuntur. Si quoque in volumine presenti, quod ⟨deo cooperante⟩ exarando dictandoque[c]

---

a) *am rand B.* b) *auf rasur D;* fratris *B.* c) dictandoque elaborabo *auf rasur D; vgl. B.*

1) *Diese vorrede der fassung D beruht entsprechend auf der von B.*

elaborabo, aliqua inveniantur dicta, que auctore suo videantur carere, illa sciat lector non per me (fore) excogitata, sed me ea reperisse in libris, quorum compositor michi ignotus protunc existebat (cum ipsum compilarem). Incepi insuper opus presens ab exordio mundi, non quidem historias Biblie integraliter recapitulare intendens, sed eas pocius percurrere satagens iudicum et regum actus quosdam commemorare decrevi, qui cronicis huiusmodi merito inseri debere videntur, ut sic ordinem debitum observando a primevis gestis[a] narraciones presentes inchoare videar, quas cum mediis exornare et in novissimis fine congruo terminare iuxta posse intendo. Moverunt autem me ad (incepti) huius voluminis compilacionem nedum raciones in prohemii (ipsius) inicio assignate, verum eciam antecessorum nostrorum transactorum et secum currencium temporum studiosa sollicitudo acta et eventus signandi. Unde quia in diebus nostris neminem audivi aut percipere potui, qui eorum vestigiis inherendo simili consignacioni operam daret sollertem: idcirco ne per incuriam segniciei et negligencia nostre tempore peryodi nostre actitata[b] omnimode traderentur oblivioni, presentem hunc codicem confidenter incepi et divino adiutorio accedente (et comitante) ad finem preconceptum perduxi, propter quod deo nostro Ihesu Cristo semper sit honor et gloria (et ipsius beatissime genitrici) amen. Incipit historia.

Post[c] creacionem inquam celi et terre et eorum, que in eis sunt, sexto die hora prima plasmavit dominus Deus hominem de terra ad similitudinem suam u.s.w.

PROHEMIUM SIVE PROLOGUS IN PARTEM SECUNDAM CRONICE.

Circa materiam presentis secunde partis Cronice novelle est advertendum, quod ea que iuxta annorum domini ordinem in ipsa reperiuntur exarata, de venerabilium patrum, Vincencii videlicet et Henrici de Hervordia ac Martini ordinis Predicatorum codicibus necnon aliorum quorundam historicorum auctenticorum ad manus se protunc offerentibus excerpta sunt studiose et collecta, adiunctis eisdem loco et tempori congruis variis aliis narracionibus et historiis, verbi dei seminatoribus admodum utilibus et oportunis, quorum auctores, cum presens opusculum scriberetur, noti minime extiterunt. Et quia hec pars secunda longe ultra annos in prelibatorum patrum voluminibus contentos se extendit, prout lectoribus oculatis limpide patere potest, idcirco necessarium fuit pro annis excrescentibus et eorum actitatis[d] ad illorum recurrere scripta cronographorum, quorum dicta licet inter viros scolasticos modici sint ponderis, apud optimates tamen pariter et civiles veritatis existunt lucide et clare fame. Quibus quidem historiis auctenticis, dei opitulante gracia, ad finem optatum perductis et testimoniis ceterarum narracionum annorum subsequencium deficientibus fidedignorum, referendarios incertos ex animo devitans solum ea presentibus annotare curavi, que vel ipse sic fieri vidi vel omni ambiguitate semota sic facta experimentis certissimis didici. Sint ergo subscripta omnia quibusvis legentibus fida, veridica et certa valutique dubietatis scrupulo omnino carencia, stabilita super petra firmissima ad[e] honorem domini nostri Ihesu Cristi, cui semper sit honor et gloria in secula seculorum amen.

---

a) s am schluss auf rasur und langgezogen *D*. b) acticata *D*. c) wechsel der tinte in *D*.
d) acticatis *D*. e) ad — Cristi auf rasur *D*.

Bd. II c. 60.

DE OTTONE IIII. IMPERATORE XC.

Sav. 172. 1 (1). Otto[(1)] quartus de Poytera — imperavit. Iste Otto cum Philippo duce Swevie electus extitit et de hiis duobus facta est — secundum Martinum — ipso prius anathematizato excommunicavit.

1201.

2. Primo anno Ottonis qui est domini MCCI. caristia[1] maxima fuit in Francia secundum Vincencium. In qua Boherienses[2] monachi ordinis Cisterciensis multos pauperes paverunt (elemosinis suis).

Sav. 173. 3. Philippus[a] electus rex — secundum Egghardum — coactus est recedere.

1203. 4. Ekherus[(2)a] dux Bohemorum — secundum Egghardum — secundum Vincencium — eciam usque ad annum domini MCCXII.

Arn. 6,4. *7, 20. 5. (Egherus rex Bohemorum factus secundum Egghardum — Goslaria quasi desolata est et vastata.)

Arn. 6,4. 6. (Philippus denique rex contracto exercitu multo — urbem illam impetere ausi sunt.)

1202.

s. W. Chr. 337. 7 (2). Secundo anno Ottonis qui est domini MCCII. Northusen[(3)] urbs Thuringorum secundum cronicam Saxonum ab Ottone obsidione artatur et tandem ab eo capitur et spoliatur.

Vinc. 29,26. 8 (5). Michael[b] decanus Parisiensis secundum Wilhelmum — postulatus et iterum confirmatus.

Sav. 174. 9 (3). Apud[b] Rostum — secundum Vincencium — panis in carnem.

Sav. 176. 10 (6). Constantinopolis[b] urbs — secundum Vincencium — ibi statuerunt alio interfecto[(4)].

---

(1) *§ 1 lautet in B zu 1198:* Otto quartus de Poytere Leonis magni filius imperat annis 16.
Sav. 172. Ex cronicis Hollandis — excommunicavit.

(2) vel Odacher *a. m. am rand B.*

(3) *§ 7 lautet in B zu 1200:* Civitas Northusensis — *u. s. w. wie A* — capitur secundum cronicas.

(4) *in B folgt zu 1201:* 10a (7). Kanutus rex Danorum obiit secundum Helynandum. Cui successit Woldemarus secundus in regnum, qui veniens cum valida manu in terram Wagirorum et Nordalbingorum cepit Hammaburgh et captivavit Adolfum comitem Holzatorum. Et inde procedens venit Razeburg et cepit eam. Post hoc venit Lubeke, quam coegit ad hoc virtute armorum, ut se darent corone Dacie. Qui nullum percipientes subsidium aut presidium ab imperio, eo quod reges electi inter se bella gererent, dedicioni regis se subiecerunt tradentes ei urbem et castrum. Et sic Lubicenses Dani facti sunt et permanserunt usque ad tempus belli, quod in Bornehovede est commissum, per quod iugum Danicum a se excusserunt et ad priorem libertatem redierunt[4].

---

a) *§§ 3 und 4 in B zu 1199. § 3 in B ausführlicher; § 4 in B kürzer. Eine spätere hand hat überall bei Ekherus das E in O korrigirt.* b) *§§ 8—10 in B zu 1200.*

1) *§ 2 in A und a ohne quelle zu 1197.* 2) *Kloster Bouhier, Bonzières.* 3) *In D § 31 dann durch stücke aus Arnold von Lübeck ersetzt.*

11. (Philippus rex Romanorum secundum continuatorem cronice Slavorum — supra modum dampnificabant.) Arn. 6,4.

12. (Philippo ergo ad partes reverso — de cetero sibi subiectam tenuit.) Arn. 6,7.

1203.

13. Tercio anno Ottonis qui est domini MCCIII. Tartari[(1)] regem habuerunt David Dom. nomine secundum Vincencium — expugnaverunt Persarum, Medorum et Assiriorum regna[1]. Descripta aliqualiter condicione naturali Tartarorum restat et aliqua ponere de presbitero Iohanne et suo regno, cum et de ipso in presenciarum habita sit mencio. De hoc Iohanne dicit Galvilensis episcopus — propter humilitatem, quia Sem. 175. presbiter est absolute inferior omnibus supradictis.

1204.

14. Quarto anno Ottonis qui est domini MCCIIII. (Philippus rex Romanorum secundum cronicam Saxonum — Theobaldo filio fratris sui assignavit possidendam.) Arn. 6,8.

15. (Otto[a] marchio Brandeburgensis secundum continuatorem cronice Slavorum — revertitur. Ludolfus vero non modica mercede remuneratur.) Arn. 6,9.

16. (Kanutus rex Danorum secundum continuatorem supradictum — comes ei DCC solveret marcas Lubicenses.) Arn. 6,11.13. 6,10.

1205.

17. Quinto anno Ottonis qui est domini MCCV. Iudei[b] contra omnium opinionem Sem. 176. secundum Wilhelmum[c] — perasqui cepit ex instigacione Iudeorum.

18. (Hartwicus archiepiscopus Bremensis obiit secundum cronicam Saxonum — capto Stadio illic habitare cepit.) Arn. 7,10.11.

19 (8). Terremotus[(2)] maximus factus est in Brandenburg secundum Egghardum et in aliis Marchie partibus circumquaque et plures corruerunt turres, ecclesie et domus in civitatibus eiusdem terre.

20 (10). Richardus[b] rex Anglie secundum Vincencium[d] — in suas usus convertit. Vinc. 30,34. (Insuper totam Nordmanniam pertransiens multa castra et opida expugnavit, protendens iter suum Dom. 128. usque ad montem sancti Michaelis. Nordmanni autem videntes regis severitatem et attendentes, quod a Richardo rege Anglie nullum habere possent presidium, subdiderunt se sponte Philippo regi. Et sic Philippus recuperavit Rothomagum et totam terram Nordmannie, quam avus suus ad CCC annos perdiderat).

21 (11). Albertus[b] episcopus (secundum cronicam Lubicensem) construxit urbem Rigensem terre Lyvonie[(3)]. (Hic Albertus successerat domino Meynardo episcopo primo Rigensis ecclesie[2], qui totam Lyvoniam ad fidem Cristi converterat et episcopatum

(1) § 13 lautet in B zu 1203: Hoc anno secundum aliquos historicos regnum Tartarorum inicium habuit, secundum alios vero anno domini 1202. Illi enim sub montibus Indie in regione Tartaria constituti dominum suum regem Indie David nomine, filium Iohannis presbiteri dicunt. De hoc Iohanne presbitero dicit Galvilensis episcopus u. s. w. wie D, nur kürzer und mit verweisung auf Heinrich von Herford. Sem. 173.

(2) § 19 lautet in B zu 1204: Factus est terremotus — u. s. w. wie A — Marchie secundum Helynandum.

(3) Forte protunc non erat ibi aliquis episcopus tocius illius terre sic dictus. s. zu B.

a) Otto — continuatorem auf rasur D. b) §§ 17, 20 und 21 in B zu 1202. c) Egghardum B. d) Wilhelmum B.

1) Aus Detmar übersetzt. Siehe Eccard, Corpus historicum II 818. 2) Auf Meinhard, der 1196 apr. 12 stirbt, folgt zunächst Berthold, abt von Loccum, bis 1198 juli 24, erst dann Albert I.

Rigensem fundaverat, ut patuit supra anno Frederici imperatoris XXXII, domini vero MCLXXXVI).

Arn. 6,13. 22. (Nicletus et Borwinus fratres et principes Slavorum secundum continuatorem
v. c. 62. cronice Slavorum — ab eo eciam commoda et beneficia receperunt. Hoc ergo anno urbs Lubicana nobilis et imperialis[a], tantummodo fastigio regio[b] digna, ignobilitati Danorum subacta est, nulla proch pudor expugnacionis angustia pressa, sed solo leporino timore civium vecordium victa; et servivit eisdem sub tributo XXIII fere annis usque ad annum Frederici secundi imperatoris XII. Tunc enim de pulveribus se erigentes sopitas quasi vires resumpserunt et ignominiosum illud Danice servitutis iugum potenti manu abiecerunt.)

1206.

Kaur. 174. 23 (4). Sexto anno Ottonis qui est domini MCCVI. Vermendosio[c] miles secundum Vincencium — sine nutrimento corporali quoquomodo vixit.

Dom. 226. 24. (Duo reges paganorum, puta de Blanken et Bulgaria, bella gerentes contra Cumanos, Grecos et Turcos secundum Vincencium obtinuerunt eos in campo et interfectis pocioribus Grecorum et Turcorum reversi sunt ad edes proprias cum victoria.)

Kaur. 175. 25. In[c] ascensione domini reparata est pax — secundum Wilhelmum — concessit eidem.

Vinc. 29,41. 26 (13). Richardus[c] autem rex hoc anno iuxta Lemovicas — Iohannes ei in regno successit.

Arn. 6,14. 27. (Adolfus comes Holtzatorum secundum cronicam Lubicensem — deductus Daciam captivus intravit.)

Dom. 226. 28. (Philippus rex Romanorum secundum cronicam Saxonum curiam suam tenuit in Magdeburg incedens ibidem coronatus cum uxore sua dyademate regali. Otto vero rex opidum Calve igne concremavit. Quod audiens archiepiscopus Magdeburgensis venit cum suo exercitu prope Helmstede, opidum ipsum incineravit et Werberge castrum expugnavit ac solo ipsum equavit. Assumpto quoque exercitu Philippi regis obsedit Brunswic, licet circa urbem ipsam nichil efficeret.)

Arn. 6,15. 29. (Kanutus rex Danorum — secundum cronicam Lubicensem — ad propria sunt reversi.)

1207.

Kaur. 176. 30. Septimo anno Ottonis qui est domini MCCVII. in[d] Salaberia urbe regni Anglie — quamacio illa demoveum amplius non est visa[1].

Arn. 6,16.17. 31. (Kanutus rex Danorum obiit secundum continuatorem cronice Slavorum —
v. c. 62. Adolfus comes liber reversus.)

1208.

Vinc. 29,68. 32. Octavo anno Ottonis qui est domini MCCVIII. die[e] XXX. mensis Maii (secundum Vincencium) — basilicam dei genitricis construxisse perhibetur[(1)].

33 (15). Lodowicus[e] Thuringorum lantgravius filius Hermanni et postea beate Elizabeth maritus secundum Eggardum (in castro Wartberg) nascitur[(2)].

v. Dom. 224. 34 (16). Woldemarus[e] rex Danorum secundum cronicam Danorum[f] accepit in uxorem

---

v. A. Stad. 353. 354. [(1)] *in B folgt zu 1205:* 31a (9,16). Philippus et Otto reges Romanorum primo iuxta Mosellam vires suas experti sunt simul, deinde divisim Philippus in Thuringia et Otto in Misna debellati sunt.

v. A. Stad. 354. [(2)] *in B folgt zu 1208:* 33a (17). Stedingi gentes effrenati ceperunt dominis suis scilicet Mauricio comiti de Oldenborgh et aliis dominis fratribus eius rebellare.

---

a) imperiali *D.* b) regi *D.* c) *§ 23 in B zu 1201; § 25 und 26 in B zu 1203.* d) *§ 30 in B zu 1204.* e) *§§ 32—34 in B zu 1205.* f) secundum Helynandum *B.*

1) *Vgl. dazu den text des deutschen Korner in Pfeiffers Germania IX 270.*

Margaretam filiam Iohannis regis Bohemorum. De quibus nupciis cum exercitu transiens cepit castrum Erthneburg et ipsum ad solum destruxit (propter castrum suum Louenburg, cui dampnosum videbatur).

35 (20). Gamfredus[a, b] cancellarius regis Anglie poeta maximus floruit secundum Wilhelmum. Huius cancellariatus tempore Richardus rex interfectus fuit[c]; et quia in excommunicacione maiori defunctus est, (quam incidit propter interfeccionem religiosorum et clericorum) inhumatus per plures annos stetit. Cumque nec prece nec precio cuiuscumque[(1)] papa Innocencius flecti potuisset ad hoc ut rex ille[(2)] absolveretur et sepeliretur, Gamfredus[b] sciens, papam virum doctum et delectari multum in poematibus et dictamine poetico, composuit librum pulcrum stilo poetico, in quo auctoritatem, clemenciam et ingenium ipsius in tantum extulit, ut ob illius libelli favorem ipse Gamfredus[b] a papa in regis Richardi defuncti causa suam obtineret voluntatem. Liber autem ille incipit: 'Papa stupor mundi'[1].

36 (21). Klingbesor[a] astronomus et dictator (secundum Egghardum) in Septemcastris regni Ungarie floruit. Hic concepcionem beate Elizabeth filie Andree regis Ungarie previdit et annunciavit.

37 (23). Octavianus[a] cardinalis Ostiensis — secundum Vincencium — veros heredes regni duos constituit[(3)]. Vinc. Mon. 67.

1209.

38 (25). Nono anno Ottonis qui est domini MCCIX. Margareta[(4)] regina Danorum, filia Iohannis regis Bohemorum, Woldemarum electum Bremensem reconciliavit Woldemaro regi Danorum et ipsum de sua captivitate ex integro libertavit et quitavit.

39 (27). Elizabeth[(5)] beatissima nascitur filia regis Ungarie Andree secundum Egghardum, que postea copulata est Lodowico lantgravio Thuringie.

40. Petrus[d] rex Arragonie (secundum Vincencium) — fideles et tributarii esse tenentur. Hen. 176.

41. Thidericus[d] comes Hollandie IX. obiit secundum Wilhelmum[e] — in dominum terre unanimiter promoverunt. Hen. 177.

42. (Lubicana[a] civitas de imperialis fastigii decore in Danicam servitutem de- e. Detm. 254.

(1) principis aut prelati s. zu B.

(2) si. ille — sepeliretur B: ipse ecclesiastica gauderet sepultura.

(3) in B folgt zu 1208: 37a (24). Goslaria obsidetur ab Ottone et capitur in die sancti Medardi secundum cronicam Saxonum. Quod audiens Philippus cum Ottone pro reconciliacione convenit, pro qua reconciliacione firmanda etiam papa Innocencius misit duos cardinales, sed iterum nichil actum est, quia unus non credidit alteri in promissis. Hec convencio principum facta fuit in Quedelingborg. e. A. Stad.

(4) § 38 lautet in B zu 1208: Regina Dacie Margareta liberavit Woldemarum episcopum Slezwicensem de captivitate, in qua iam diu fuerat secundum Henricum de Hervordia.

(5) § 39 lautet in B zu 1208: Beata Elizabeth uxor postea Lodowici lantgravii Thuringorum nascitur secundum Klingesor.

a) §§ 35—37 in B zu 1203. b) Ganfredus B. c) prout supra dictum est s. zu B. d) §§ 40 und 41 in B zu 1206. e) cronica Hollandie B.

1) *Korner wirft hier zwei personen zusammen: den kanzler des reichs Gaufrid Fitz-Peter (Gaufridus filius Petri) und den Galfridus de Vino-salvo (um 1200), dessen Innocenz III. gewidmetes gedicht 'De poetria nova' (bei Leyser, Historia poetarum medii aevi 861) beginnt:*

Papa stupor mundi, si dixero papa nocenti
Acephalum nomen tribuam tibi; si caput addam
Hostis erit metri u. s. w.

2) *Vgl. die fassung des deutschen Korner (H) im anhang I.*

generando collapsa secundum Egghardum cibus ignis facta est et ex integro conflagrata, demptis V edibus de universitate tot edificiorum a domino misericorditer conservatis. De domibus autem illis superstitibus quinque strata illa seu vicus, qui quinque domus vulgariter dicitur, nomen suum accepit. Versus:

Anno milleno duceuteno quoque nono
Juni 15. In Viti festo Lubek perit igne molesto,
Quinque tantum edes remanserunt ibi stantes.⟩

Bouq. 177. 43. Beatus[a] Dominicus ordinis fratrum Predicatorum — ⟨secundum Vincencium⟩ — anno pontificatus dicti Honorii primo[1].

1210.

Detm. 294 44. Decimo anno Ottonis qui est domini MCCX. ⟨Iohannes Anglorum rex secundum Wilhelmum obsedit urbem Andegavensem et eam expugnavit atque destruxit solo eam equans.⟩

45. ⟨Stralesund urbs ex opposito terre Rugie condita est secundum quosdam a Woldemaro rege Danorum. Versus:

Annis ducentis tibi denis mille retentis
Facta Stralesundis fuit urbs habens nomen ab undis.

Alii dicunt eam Germarum Ranorum principem fundasse, alii quendam Pomeranorum ducem.⟩

v. A. Stad. 334. 46 (22). Philippus[b] et Otto reges Romanorum secundum Vincencium[c] prope Coloniam congressi acriter pugnaverunt. Ubi Otto rex graviter vulneratus est et Adolfus archiepiscopus Coloniensis captivatus, sed tamen in brevi a captivitate est liberatus sub hoc pacto ut ab Ottone recederet (2). Ottone autem victo et fugato, Philippus urbem Coloniensem obsedit, eo quod rex Otto fugiens eam intrasset. Contra quem cives egressi pugnaverunt, sed victi a Philippo urbem ei resignaverunt. Otto(3) vero fugatus ad urbem Bremensem se transtulit. Quem cives Bremenses pariter et Stadenses in hilaritate magna susceperunt et ei se subdiderunt.

Arn. 7,1. 47. ⟨Adolfus autem archiepiscopus ab Ottone recessit et Philippo iuramentum fidelitatis prestitit. Recessum autem huius archiepiscopi ab Ottone non solum precelerarit timor et anxietas captivacionis, sed potius Wilhelmus Iuliacensis comes, qui necdum hunc principem, sed et plures Arn. 7,2. alios primates ab eius adhesione subtraxit[1]. Siquidem comes iste contra Ottonem regem — de v. c. 44. obiciendis se excusaret. Cuius mandatum archiepiscopus parvipendens — in sedem episcopalem collocatur, prout sequenti anno tangetur.⟩

1211.

Arn. 7,2. 48. Undecimo anno Ottonis qui est domini MCCXI. Adolfus(4) archiepiscopus Coloniensis secundum Vincencium — et alius loco ipsius subrogatur, prout supra tactum est.

Bouq. 177. (1) *in B folgt zu 1207:* 43a. Philippus rex Francorum — devote suscepit.

(2) Alii tamen volunt ipsum Adolfum prius captivatum quam prope Coloniam reges congrederentur, ut patet supra. a. *zu B.*

(3) Otto — subdiderunt *gibt B als selbständigen § zu 1209.*

v. A. Stad. 334. (4) *st. § 48 in B zu 1205 ein anderer:* 48a (23). Adolfus archiepiscopus Coloniensis deponitur per Innocencium papam, eo quod Ottonem reliquisset et Philippo adhesisset, ut captivitatem evaderet; et Bruno prepositus Bunnensis fit archiepiscopus Coloniensis per papam datus. Sed hoc percipiens Philippus Coloniam ingreditur et captivans Brunonem secum duxit Herbipolim et ibidem ipsum custodie mancipat.

a) *§ 43 in B zu 1208.* b) *§ 46 in B zu 1207.* c) Reiymarum B.

1) *Dies stück ist nur auszug aus dem folgenden wörtlich dem Arnold entnommenen abschnitt.*

49. (Thidericus episcopus Lubicensis obiit in domino secundum cronicam Lubicensem. In cuius locum electus est dominus Bertoldus, qui sextus[1] extitit in ordine pontificum dicte ecclesie.) Detm. [illegible]

50. (Woldemarus rex Danorum secundum continuatorem cronice Slavorum terram Pruthenorum sue subiugavit dicioni et fecit eam sibi tributariam virtute gladii. Quo expedito exercitum suum direxit in Stetinensem ducatum. In quo sibi subiugavit civitates et opida multa. Protunc eciam reedificavit castrum Demyn et opidum eius[2].) Detm. [illegible]

1212.

51 (29). Duodecimo anno Ottonis qui est domini MCCXII. Conradus[a] marchio de Landesberg secundum Egghardum[b] prostravit Polonos multos prope urbem Lebus terre Lusacie et obtinuit civitatem et castrum. W. Chr. [illegible]

52 (36). Illis[a] temporibus floruit Helynandus — in volumine quodam maximo digessit[c]. Rost. [illegible]

53. (Woldemarus archiepiscopus Bremensis vita excessit secundum cronicam Saxonum. In cuius sedem electus est dominus Gherardus Osnaburgensis ecclesie prepositus.) Detm. [illegible]

54. Philippus(1) rex Romanorum secundum Vincencium in speculo turpiter occiditur in Babenberg ab Ottone de Wyczelingibach palatino et ibidem sepelitur. Huius autem principis interfeccionem prodiciosam clarius describens continuator cronice Slavorum sic dicit: Cum Philippus rex contra Ottonem — quia nullus fructus eorum. Uxor ergo gravida — mox spiritum exalabat. Kart. [illegible] W. Chr. [illegible] Arn. 7, [illegible]

55. Philippo(2) ergo occiso Otto — de consecracione imperiali tractare cepit. Arn. 7, [illegible] 14. 17.

1213.

56 (39). Terciodecimo anno Ottonis qui est domini MCCXIII. Ipse(3) Otto rex post festum beati Iohannis baptiste secundum continuatorem cronice Slavorum — omnibus [illegible] instinctu est procuratum. Huius autem Ottonis — extitit prolectus, ut supra patuit in temporibus eiusdem Frederici. Arn. [illegible] Rost. 177.

1214.

57. Quartodecimo anno Ottonis qui est domini MCCXIIII. Otto imperator iusiurandum — secundum Vincencium — in regem Romanorum est electus. Fuit(3) autem annus domini MCCXIII, quando Otto est imperator coronatus secundum computacionem presentis cronice annorum et anno domini MCCXV. Fredericus fuit electus. Alii tamen historici in hoc articulo discrepare videntur. Rost. 177.

---

(1) st. §§ 54 und 55 in B zu 1210: 54a. Philippus rex Romanorum verus, quia ob omnibus electoribus imperii canonice electus, prodiciose et turpiter occiditur — cum multis diviciis in uxorem. In B folgt: 54b. Sanctus Franciscus — infra dicetur. Rost. 170. Rost. 171.

(2) § 56 lautet in B zu 1211 mit wesentlicherem Anschluss des § 57: Ipse Otto secundum Eghardum pro corona imperii acquirenda Romam tendit et de Augusta — u. s. w. wie A — strepam tenens in pace est dimissus. In ipsa autem coronacione papa ab Ottone iusiurandum — in regem eligitur. Rost. 177.

(3) st. Fuit — videntur B: Fuit autem annus domini 1211, quando Otto est coronatus et anno domini 1214. Fredericus secundus est electus secundum Egbardum. Secundum Helynandum vero anno domini 1208. fuit Otto coronatus et anno domini 1211. fuit Fredericus secundus electus in regem. In hoc tamen concordant, quod Otto nisi tribus annis regnavit imperator.

---

a) §§ 51 und 52 in B zu 1209. b) cronicam B. c) secundum Henricum de Herwordia z. zu B.

1) sex auf rasur D; Detmar: de vifte. 2) H fügt zu: dat bertich Hinrick de Louwe verstorede.

1215.

Herm. 178. 58. Quintodecimo anno Ottonis qui est domini MCCXV. catholici[a] Mynerbiam urbem — secundum Vincencium — ab excubiis capti sunt et gladiis interfecti.

Ibid. 59 (35). Amalaricus[a] hereticus — (secundum Vincencium) — ad sterquilinia sunt projecta[(1)].

v. d. Hard. 266. 60 (40). Wilhelmus[b] dominus de Brunswic et Luneburg, frater[(2)] Ottonis imperatoris depositi obiit et sepultus est in Luneburg in monasterio sancti Michaelis (sito in castro eiusdem) secundum cronicam Saxonum. Hic post se reliquid filium Ottonem adhuc infantulum.

DE FREDERICO SECUNDO IMPERATORE XCI.

Herm. 178. 61 (63). Fredericus[b] secundus — imperavit[c] (et postea depositus fuit per Innocencium IIII. Et eo vivente electi sunt duo reges Romanorum successive, quos Henricus de Hervordia in ordine regum Romanorum non posuit et ideo dicit in suis etatibus Fredericum istum imperasse XLIIII annis, ascribens[d] ei illos annos, quibus illi duo reges eo invito regnaverunt, ut infra patebit). Hic Fredericus secundum Martinum — honorifice est receptus. Hic Fredericus super omnes imperatores Alemannie gloria et diviciis habundavit, sed Mart. 471. eis supra se fuit usus et contra deum. Nam postea dei ecclesiam non ut matrem — nobiles ab eius fidelitate absolvit, prout[(3)] et precessori ipsius contigerat.

1216.

Herm. 178. 62 (37). Primo anno Frederici qui est domini MCCXVI. rex[e] quidem Sarracenorum secundum Vincencium — in ecclesia beati Petri habentur.

Detm. 248. 63. (Woldemarus rex Danorum secundum Wilhelmum, Margarete filia regis Bohemie defuncta, accepit in uxorem sororem Ferrandi comitis Flandrie, mulierem valde[f] pulcram et moratam[g].)

Herm. 178. 64. Lavallum[e] civitas populosa — secundum Vincencium[h] — descendit cunctis videntibus et admirantibus.

Herm. 178. 65. Apud[i] Lemovicas matrona — secundum Wilhelmum[k] — aliis eius vestibus multis.

Ibid. 66. Philippus[i] rex Francorum — secundum Wilhelmum[k] — Dancum in manu sua retinuit.

---

v. d. Hard. 266. (1) in B folgen zu 1213: 59a. Multitudo crucesignatorum secundum Vincencium prelatorum et secularium armatorum contra hereticos in Gallias sunt profecti, Minerbiam obsidentes, prout dictum est anno immediate posito[1].

Herm. 178. 59b (38). Otto imperator tercio anno — secundum Egbardum — ipsum deponunt. Hoc correccionis verba tantum cor eius tetigerunt et virga direccionis animum eius fregit, ut semper penitens oraret, quod eum dominus misericorditer absolveret et de rege meliori provideret. Excommunicato autem a papa omnes subditi ab eius fidelitate absolvuntur, prout dictum est anno domini 1211.

Herm. 178. 179. 59c (39). Principes igitur regni convenientes elegerunt in Frankenford unanimiter — prope Constanciam.

(2) st. frater — depositi B: Henrici Leonis magni filius.

Mart. 471. (3) st. prout — contigerat B: Hic eciam filium suum Henricum — squalore suffocavit.

---

a) §§ 58 und 59 in B zu 1213. b) §§ 60 und 61 in B zu 1212. c) secundum Egbardum z. zu B. d) auf rasur D. e) §§ 62 und 64 in B zu 1214. f) vade D. g) aus morietatam korrigiert D. h) Egbardum B. i) §§ 65 und 66 in B zu 1215. k) Vincencium B.

1) Zu § 58.

67. Otto[a] 'imperator destitutus secundum Vincencium — in magna gloria urbem Parisiensem intravit. [illegible]

68. ‹Innocencius papa generale concilium — secundum Vincencium — prout habetur Extra de constitucionibus cap. 'Dampnamus'. Cuius errores inferius ponentur.› [illegible]

DE HONORIO III. PAPA ROMANO CLXXXV.

69 (50). Honorius[b] papa nacione Romanus ex patre Nicolao, sedit annis X et diebus XVIII secundum Martinum. Hic ecclesiam — in ecclesia sancti Petri in die beate Cecilie. [illegible]

70. Ordo[b] preclarissimus fratrum Predicatorum confirmatur per Honorium papam ad devotissimas instancias beati Dominici (secundum Vincencium), fundatus ab eo in salutem animarum Cristi fidelium super predicacione verbi dei et audiencia confessionum et artatus sub regula eximii doctoris beati Augustini IX. Kalendas Ianuarii Rome apud Sanctum Petrum[1] pontificatus Honorii III. anno primo. Beati siquidem patres — 'ecclesiis multis' repleverunt. [illegible]

1217.

71 (48). Secundo anno Frederici qui est domini MCCXVII. Iohannes[b] rex Anglie (secundum Wilhelmum) — regalibus suis(1). [illegible]

72. Fredericus[c, 2] imperator quendam Siculum[d] nomine Iordanum in sedem ferream candentem posuit secundum Vincencium et coronam ignitam clavis ferreis capiti eius incussit, pro eo quod miserat imperatrici clenodia clara et receperat clariora. Gloriabatur enim se futurum regem et Constanciam aucturum. Quendam eciam Richardum per plateas tractum suspendi fecit, quia ipsum intoxicare proposuerat(2). [illegible]

73. Symon[c] comes Montisfortis secundum Vincencium — de quibus omnibus gloriose triumphavit. [illegible]

1218.

74. Tercio anno Frederici qui est domini MCCXVIII. terminatum[e](3) est concilium illud famosum, quod Innocencius III. inceperat, Lateranense per Honorium III. secundum Vincencium. Et duravit tam diu propter multimodas involuciones ecclesie occasionatas[f] ex discordia sacerdocii et regni, quia Otto destitutus imperator suos habuit fautores et Fredericus institutus imperator suos et tam dei ecclesiam quam regnum perturbabant. Innumeri eciam heretici ecclesiam dei lacerare non cessabant, provincias et regna inficientes. In hoc quidem concilio pene congregati erant omnes episcopi et abbates nec non prelati inferiores Gallie, Ytalie et Teuthonie et fuerant MCCCC et XV patres. Ibi decretum est, quod in V. gradu consanguinitatis matrimonium possit celebrari, sicud in septimo prius contrahebatur et multa alia utilia(4).

75 (52). Urbem(5) Lubicanam cives muro cinxerunt secundum cronicam eiusdem [illegible]

---

(1) in B folgt zu 1216: 71a (46). Lipzensis civitas strata est a Theoderico marchione Misnensi. [illegible]

(2) Quidam istud referunt de Henrico 6. patre huius Frederici. s. zu B.

(3) st. Terminatum — inficientes B: Defunctus est papa Innocencius et Perusius sepultus. Qui illo eodem anno Rome concilium Lateranense celebraverat.

(4) Dampnabatur eciam — dampnatus, propter quam doctrinam comburebatur Parisius. s. zu B. [illegible]

(5) § 75 lautet in B zu 1217: Castrum — u. s. w. wie A — per circuitum secundum cronicam dicte civitatis.

---

a) § 67 in B zu 1215. b) §§ 69—71 in B zu 1216. c) §§ 72 und 73 in B zu 1216. d) c aus t korrigirt D. e) § 74 in B zu 1217. f) occasionate D.

1) Vgl. A § 51. 2) Vgl. Albert von Stade. Gehört zu Heinrich VI. im jahr 1196. Von der fassung B ab falsch hierhergesetzt. Siehe fassung A zu 1196 im anhang II.

19*

et turribus ornaverunt ac munierunt, contra Danos castrum eorum inhabitantes et se nimium gravantes exacerbati. Cogitaverunt namque ex eo tempore, quomodo a jugo illorum se excutere possent[1].

Detm. 174 — 76. (Rex Anglorum Iohannes obiit in domino secundum Wilhelmum. Post cuius mortem Ludewicus filius Philippi Angliam intravit ad subiugandum sibi regnum. Sed in modico proficiens, proceres fidelitatem, quam sibi promiserant, non servaverunt.)

v. Detm. 175 — 77 (53). Woldemarus[a] rex Danorum (secundum cronicam Lubicensem) quandam municionem prope Hammeburg edificavit. Similiter et Albertus comes Holtzatorum fundavit aliam. Et sic ab istis duabus municionibus coegerunt civitatem, ut sic se regi traderent, sumens occasionem rex ex hoc, quod Ottonem depositum imperatorem intromisissent et recepissent. Rex tandem urbe potitus dedit eam Alberto comiti Holtzatorum in perpetuum dominium et hereditatem (sumens ab eo quingentas marcas argenti).

v. Detm. 180 — 78 (54). Hic[a] Albertus edificavit eciam turrim fortissimam prope Travenmunde, (sed eam postea cives Lubicenses deiecerunt).

W. Chr. 591 — 79 (57). Otto[a] destitutus imperator Arkslevo castrum(1) expugnavit secundum cronicam Saxonum et ipsum incineravit, (pro eo quod raptores strate communis in eo laterentur)(2).

1219.

[illegible] — 80. Quarto anno Frederici qui est domini MCCXIX. libri[b] Almarici et Ioachim — secundum Vincencium — quam primitive ecclesie apostoli. Et plura alia deliramenta in eodem libro reperta sunt, propter que omnia ipse liber, qui Ewangelium eternum dicitur, condempnatus est.

81. Fredericus(3) coronatus est Aquisgrani a Brunone archiepiscopo Coloniensi secundum Egghardum.

W. Chr. 592 — 82 (58). Eodem[b] anno tante inundaciones aquarum facte sunt, quod in diversis partibus maris submersi sunt plus quam LXXXVIII[c] hominum.

1220.

[illegible] — 83. Quinto anno Frederici qui est domini MCCXX. Fredericus[d] rex (secundum Vincencium) — gloriose imperator coronatur.

v. A. Stad. 357 — 84 (60). Otto[d] destitutus imperator pre melancolia et confusione secundum Egghardum[e] obiit in castro Hartisburg et sepultus est in Brunswia. Hic ineffabili contricione compunctus ante mortem suam absolutus est a sentencia excommunicacionis per Sifridum

(1) terre Saxonie prope Magdeburg situm s. zu B.

(2) in B folgt hiernach weiter am rand: 79a (65). Sancta Clara ordinis sancti Damiani, fundatrix ordinis Clarissarum et institutrix ipsius, procurat confirmacionem ab Honorio papa. Ille ordo Clarissarum postea auctoritate apostolica redactus est ad curam et disciplinam fratrum ordinis Minorum secundum Helynandum[2].

Juli 25. — (3) § 81 lautet in B zu 1218: Hoc anno Fredericus in regem Aquisgrani coronatur in die sancti Iacobi apostoli secundum Helynandum.

Hiernach folgt in B: 81a (66). Mater sancte Elizabeth regina Ungarie crudeliter occiditur.

a) *§§ 77—79 in B zu 1217.* b) *§§ 80 und 82 in B zu 1218. § 80 in B kürzer und mit einer verweisung auf Heinrich von Herford.* c) 36000 *B und W. Chr.* d) *§§ 83 und 84 in B zu 1219.* e) cronicas Saxonum *B.*

1) *Vgl. die fassung von H im anhang I.* 2) *Vgl. unten § 89.*

Halberstadensem[1] episcopum. Et extunc Fredericus firmatus est in imperio quasi non habens adversarium.

85. Ordo[(2)] fratrum Minorum fundatus est a sancto Francisco, viro mire devocionis, secundum Vincencium et confirmatur hoc anno ab Honorio papa. Hunc sanctum virum Franciscum beatissimus pater Dominicus, institutor ordinis Predicatorum, in quadam visione intuitus postea cognovit, quem prius visione corporali non viderat.

1221.

86 (62). Sexto anno Frederici qui est domini MCCXXI. vasalli[a] ecclesie Bremensis secundum cronicam Saxonum cum astucia obtinuerunt castrum Vördis, quod erat domini Henrici de Brunswic palatini, fratris Ottonis imperatoris destituti et defuncti. Conduxerant namque quendam rusticum nomine Odbertum, ut fingeret se sanctum et potentem facere miracula. Hic residens in villa Bokele fecit magnum concursum populi, ita ut eciam a remotis partibus ad ipsum confluerent. Vasalli ergo predicti videntes concursum factum, venerunt et ipsi causa devocionis ficte in magna copia et intraverunt opidum Vörden asserentes, se venisse de longinquis partibus ad querendum sanctum Odbertum. Et sic capta oportunitate castrum non caute custoditum intraverunt et interficientes inibi inventos, ipsum ceperunt et obtinuerunt[(f)][2].

87 (61). Ordo[(8)] Heremitarum fratrum — secundum Henricum de Hervordia etate vi. cap. XCIII. — secundum Vincencium in speculo — sibi quisque collegit et conscripsit. Henr. 169.

1222.

88. Septimo anno Frederici qui est domini MCCXXII. virgo deo devota sancta Clara, professa in ordine sancti Damiani, secundum Vincencium fundavit ordinem Clarissarum et instituit, obtinens devotis suis precibus huius pie institucionis a domino Honorio papa confirmacionem. Hic quidem ordo Clarissarum postea auctoritate apostolica subiectus est cure et discipline fratrum ordinis Minorum[b][3].

89 (65). Passagium[c] maximum et expedicio grandis fit a principibus diversis in Terram Sanctam pro ipsius liberacione secundum Vincencium in speculo. (Nam Andreas rex Ungarie, pater sancte Elizabeth, propter Cristum crucem accipiens una cum ducibus Austrie et Bawarie[4] et magno populo mare intravit et post diutinos labores Cipro applicans terre illius regem secum sumpsit cum viris fortibus et bene armatis multis. Cum hiis portum Terre Sancte apprehendens habuit obviam Iohannem regem Ierusalem.) Qui reges hos duos cum aliis principibus in magno gaudio suscepit et solempniter procuravit. Habuerunt autem predicti reges in comitatu suo archiepiscopum Nycosiensem[5] et plures alios episcopos. Facto ergo uno glorioso exercitu de hiis tribus regibus et ducibus prenominatis ac episcopis, adiunctis eisdem militibus Hospitalis et Templi, directum est iter versus Damiatum urbem fortissimam. Quam obsidentes diu et tandem

---

(2) *§ 85 lautet in B zu 1220:* Ordo fratrum Minorum institutus per venerabilem et sanctum patrem Franciscum confirmatur ab Honorio papa. Hunc sanctum dei — perpetuo observari. Henr. 169. Et utinam hoc filii observarent, quod patres salubriter sibi mandaverunt.

(f) *in B folgt zu 1220:* 86a. Exercitus domini secundum Egbardum — susis peperuit. Henr. 168.

(8) *§ 87 lautet in B zu 1219:* Ordo Heremitarum fratrum — u. s. w. wie A — quos Honorius approbavit — in fine libri confessionum suarum. Thom. 32,122. Henr. 169.

---

a) *§ 86 in B zu 1219.* b) *secundum Helynandum s. zu B.* c) *§ 89 in B zu 1220.*

1) *Sifrid I. von Hildesheim, wie auch Albert von Stade richtig hat.* 2) *Detmar 296 giebt den bericht noch ausführlicher. Vgl. die anmerkung zur fassung A.* 3) *Vgl. oben B § 79a und unten B § 102a.* 4) *Leopold VII. und Ludwig I.* 5) *Nicosia auf Cypern.*

cum magnis laboribus et sumptibus expugnantes ceperunt ac turrim in porta Nili fluminis
aug. 29. constitutam obtinuerunt[1] in die sancti Bartholomei apostoli, non tamen sine divino miraculo, quia tam turrim quam civitatem ceperunt absque sanguinis humani magna effusione. Durante tamen obsidione perierunt in urbe epydimia et fame circiter LXXXM hominum. Dum vero cristiani urbem intrarent, invenerunt in plateis et domibus iacere tantam multitudinem cadaverum, unde ex intollerabili fetore illorum cadaverum multi cristiani infecti sunt et mortui. Post capcionem vero dicte urbis supervenerunt ad ulteriores expediciones fiendas dominus Galtherus patriarcha Ierosolimitanus secum deferens crucem domini. Cum eo eciam venerunt episcopi(1) Mediolanensis, Cretensis[a] et Brixensis cum Ytalorum milicia copiosa. Durante autem hac expedicione circa Damiatam occupata, Coradinus filius Saphadini soldanus Turcorum Ierusalem funditus destruxit in confusionem cristiani nominis preter templum et turrim David. (De sepulcro autem domini glorioso an destrui deberet, consilium habuerunt Sarraceni. Sed huic temeritati nemo manus apponere presumpsit propter loci reverenciam. Nam credunt Cristum Ihesum de Maria virgine conceptum et natum et sine peccato vixisse ac plus quam prophetam fuisse, cecos illuminasse, leprosos mundasse, mortuos suscitasse et ipsum ad celos ascendisse non discredunt, ut scribitur in eorum Alchorano.)

Sicard. 184. 185. 90. (Cum autem soldanus predictus in sancte urbis destruccione occuparetur) in[b] mense Marcio applicare ceperunt — victui preparaverunt.

91. Capta[b] igitur civitate — lapidatus fuit Ieremias propheta.

v. d. Stad. 257. 92 (68). Peregrini[b] ergo passagiarii urbem Damiatam, quam ceperant, reddiderunt
1221 sept. Coradino soldano et ipse reddidit eis viceversa captivos cristianos citra CCC et XXX[c], quos ceperat Ierosolimis. Insuper et magnam partem crucis restituit (quam exercitus Cristi perdiderat sub Gwidone rege Ierosolimorum, de quo supra dictum est) ac alia plura beneficia peregrinis inpendit.

Sicard. 183. 185. 93. Civitas[d] autem hec Damiata — in presencia Honorii pape et suorum cardinalium.

Vinc. 30, 79. 82. 94. (Duo itaque filii reges Ungarie — fuga quasi elapsi satis turpi.)

1223.

Sicard. 185. 95. Octavo anno Frederici qui est domini MCCXXIII. Tartari[e] terram que Georgia — secundum Vincencium[f] — Noe Ladinino dicta.

v. d. Stad. 257. 96 (66). Woldemarus[g] rex Danorum secundum cronicam Danorum construxit urbem Revaliam Estlandie (mercatoribus promunc plenam. Que iam una est de pocioribus terre Lyvonie).

v. Detm. 299. 97 (67). Gherardus[g] archiepiscopus Bremensis(2) obiit (secundum Egghardum[h]). Cui Gerardus prepositus Padelburnensis successit in sedem. Hic obtinuit castrum Ottersborg contra Bernhardum comitem de Welpe.

Detm. 299. 98. (Berengaria regina Danorum soror Ferrandi comitis Flandrie obiit secundum cronicam Danorum relinquens post se tres filios Erikum, Abelem et Woldemarum.
Detm. 297. Hii tres successive in reges sunt sublimati. Pro eodem tempore obiit et Albertus marchio de Brandenburg.)

---

(1) st. episcopi — Brixensis B: archiepiscopi Mediolanensis et Treverensis ac episcopus Rigensis[2] et etiam episcopus Brixensis.

(2) st. Hammaburgensis s. zu B.

---

a) Treverensis A und B. b) § 90 in B zu 1221; § 91 zu 1222; § 92 in B zu 1221 secundum Helynandum. c) 330 B. d) Teile von § 93 in B zu 1220. e) § 95 in B zu 1223 am schluss ausführlicher. f) Helynandum B. g) §§ 96 und 97 in B zu 1221. h) Egg auf rasur D.

1) 1219 nov. 5. 2) Regiensis giebt A.

99. (Woldemarus rex Danorum secundum cronicam Danorum coronari fecit Woldemarum filium suum in regem in opido Sleswic. Hic quidem fuit tercius Woldemarus in ordine regum Dacie et iunior inter fratres suos.) Detm. 156.

100 (73). Hogerus[5] comes de Valkensteen secundum Egghardum expugnavit Quedelingburg et destruxit municiones eius et muros deiecit. (Eodem anno defunctus est Tidericus marchio Myssne). W. Chr. 343. Detm. 201.

101. Symon[a] comes Montisfortis secundum Vincencium — postea docuit eventus. Bonr. 184.

1224.

102 (69). Nono anno Frederici qui est domini MCCXXIIII. Henricus[b] palatinus[6] dominus de Brunswic et Luneburg frater Ottonis pacificatus est cum ecclesia Bremensi secundum Eggardum[c]. Et extunc obtulit sancto Petro apostolo comitatum Stadensem cum omnibus eius vasallis et pertinenciis. Et recepit idem Henricus dominium suum a domino Gerardo archiepiscopo Bremensi in feudum, quod postea Fredericus imperator confirmavit aurea sua bulla in curia imperiali Ravenne celebrata. W. Chr. 343.

103 (70). Elizabeth[7] virgo deo devota, filia Andree regis Ungarie, secundum Vincencium tradita est in uxorem Lodowico lantgravio Thuringie, viro per omnia fideli et devoto, qui postea obiit in peregrinacione Ierosolimitana.

104 (71). Ysleve[b] opidum comitis de Mansvelt situm infra Hartonem secundum cronicam Saxonum periit inundacione aquarum multarum[d]. W. Chr. 344.

105 (72). Beatissimus[b] pater[8] et institutor ordinis Predicatorum Dominicus quievit in domino VIII Ydus Augusti secundum Egghardum. Alii tamen cronographi, puta Vincencius in speculo, Iacobus in passionali et Henricus de Hervordia etate VI. referunt, ipsum migrasse post ordinis sui confirmacionem anno sexto, qui fuit domini MCCXXI, quibus magis standum est. Cuius exequiis interfuit — Bononie sepulture tradidit. Cuius quidem obitum pariter et sepulturam dominus Ihesus multis gloriosis honoravit signis et miraculis. aug. 4. Bonr. 184.

1225.

106 (74). Decimo anno Frederici qui est domini MCCXXV. Woldemarus[e] rex Danorum secundum cronicam Lubicensem[f] captivatur cum Woldemaro filio suo, iam in regem coronato, a Henrico comite de Zwerin in nocte sancti Iohannis ante portam Latinam in tentorio suo. Dani[9] autem excubias domini sui regis minus caute observantes, sed pocius inebriati dormitantes, neglexerunt principum suorum salutem. Quorum ignaviam Henricus comes, cuius castrum obsidebant, attendens armata manu valida super hostes irruit improvidos, pluresque Danosque interficiens ambos reges cepit et in Dannenburg ducens castrali custodie eos mancipavit constrictos compedibus et manicis ferreis. Ubi aliquamdiu manentes postea reducti sunt in Zwerin et turri iniecti. (1223 mai 6.)

107. (Hammeburgensium cives per Woldemarum regem subacti iugo Holtzatorum comitum, Alberto comite defuncto[1], cui homagium et fidelitatem iuraverant, Adolfo

[5] § 100 in B zu 1223 lautet: Hogerus comes — u. s. w. wie A — cum castro adiacente.
[6] st. palatinus — Ottonis B: dux Brunswicensis.
[7] § 103 lautet in B zu 1222: Sancta Elizabeth — u. s. w. wie A — Lodowico.
[8] st. Beatissimus pater — standum est B: Beatissimus pater frater Dominicus, institutor et magister ordinis fratrum Predicatorum, obiit Bononie in domino.
[9] st. Dani — iniecti B: dum Dani — u. s. w. wie A — in turrim Swerin.

a) § 101 in B zu 1221. b) §§ 102, 104 und 105 in B zu 1222. c) cronicas Saxonum B. d) cum multis hominibus B. e) § 106 in B zu 1223. f) Danorum B.

1) Korner ist verwirrt. 1225 jan. 3 starb Adolf III. von Schauenburg. Albert von Orlamünde stirbt erst 1245.

successori suo rebellare ceperunt secundum cronicam Lubicensem. Qui collecto magno exercitu urbem dictam Hammeburg obsidione vallavit in carnisprivio et expugnavit castrum, quod comes Albertus construxerat. Cum autem cives viderent, se non posse resistere comiti, eo quod de die in diem obsidio invalesceret, dederunt se et civitatem suam sibi suisque successoribus iure hereditario in subieccionem perpetuam nunquam abolendam[1].)

Detm. 303. 108. (Henricus rex Romanorum, filius Frederici imperatoris, secundum Vincencium accepit in uxorem filiam Lippoldi ducis Austrie. Conradus vero filius ducis Austrie duxit in uxorem sororem Lodowici lantgravii Thuringie. Quorum nuptie in Nurenberg urbe solempniter sunt celebrate. In eadem autem civitate rex Henricus sedens pro tribunali, facta est dissencio magna in populo et tumultus propter quandam sentenciam a rege promulgatam. A quo quidem tumultu facta est tanta pressura, quod circa XLVIII extincti sunt homines, inter quos erant XXII milites.)

1226.

Sagr. 108. 109. Undecimo anno Frederici qui est domini MCCXXVI. Wilhelmus[a] episcopus Nyvernensis (secundum Wilhelmum) — cottidie pavit et alia plura opera virtuosa peregit[(1)].

Ibid. 110 (79). Adolfus[a] comes de Marka — secundum Vincencium[b] — Ornam flumina[(2)].

111. Henricus[(3)] comes de Swerin secundum Egghardum bellum habuit cum Ottone domino de Luneburg, et Otto victoria potitus fugavit Henricum et plures de suis vel occidit aut captivavit. Eodem anno iterum Henricus exercitum adunavit et contra Ottonem supradictum properans bellum durum cum eo gessit ac tandem ipsum superans captivavit eum in campo. Quem mox secum abducens in Zwerin, iuxta regem Danorum ipsum locavit compedibus vinctum[2].

1227.

Detm. 308. 112. Duodecimo anno Frederici qui est domini MCCXXVII. (Henricus palatinus dominus de Brunswic obiit absque herede secundum Egghardum. Et extunc comitatus Stadensis cessit in iurisdiccionem ecclesie Bremensis. Fredericus vero imperator dominium Brunswicense et civitatem sibi usurpavit tamquam ad imperium devolutum et vasallos suos in eam misit. Quod percipiens Otto nondum captivatus urbem Brunswic obsedit et expugnando exercitum imperatoris eam cepit. Et sic dominus factus est urbis illius.)

(1) *in B folgt zu 1226:* 109a. Ordo Clarissarum fundatus est a beato Francisco, prout fratres Minores asserunt, licet quidam velint, sanctam Claram non fuisse de ordine sancti Francisci, sed[c] ordo beate Clare commissus est regimini beati Francisci, quod ego tamen puto verum.

Sagr. 3b. (2) *in B folgt zu 1226:* 110a. Iohannes rex — coram Honorio papa.

110b (77). Regula tercia fratrum Minorum inicium sumpsit. Que licet in se racionabilis et sancta existat, maligno tamen spiritu instigante plures errores in ecclesia dei sub ea exorti sunt et plura enormia sub eius umbra committuntur per illius regule professores et professas eandem, prout veridicis in diversis mundi climatibus expertum est argumentis.

(3) *§ 111 lautet in B unten am rand zu 1226:* Henricus comes de Swerin bellum habuit cum Ottone duce Luneburgensi et victoriam obtinens captivavit predictum Ottonem ducem et duxit ipsum in turrim Swerin, ubi iam rex Danorum Woldemarus cum filio suo Woldemaro in vinculis tenebatur secundum cronicam Slavorum. Sed cronica Lubicensium dicit, ipsum Henricum comitem de Swerin cepisse in hoc bello Albertum comitem de Louenburg, qui forte protunc non erat dux, quod verius reputo, quia Otto dux postea captus fuit a Lubicensibus in prelio habito cum rege Danorum[2].

a) *§§ 109 und 110 in B zu 1224.* b) Egghardum *B.* c) sed — Francisci *am rand B.*

1) *Bei Detmar 304 nur kurz erwähnt.* 2) *Vgl. B § 113a und A § 81, nach Sächs. Weltchronik 246.*

113 (80). Thomas[a] doctor sanctissimus et flos theologorum, de comitum Aquinorum nobili prosapia ortus, secundum Vincencium tamquam sidus clarissimum in aere nebuloso oriens in mundum nascitur, matri[1] sue prophetice prenunciatus a quodam viro sancto[2].

114. Henricus[3] rex Romanorum filius Frederici imperatoris secundum Vincencium solempnem statuit curiam in Bardewic urbe[b] desolata cum Engelberto archiepiscopo Coloniensi, quem secum duxerat pro liberacione Woldemari regis Danorum et filii sui equivoci. Sed protunc principes hii nichil profecerunt in negocio, propter quod venerant.

115. Rex[3] tamen Woldemarus eodem anno se ipsum redemit et filium suum pro LXM marcarum Lubicensis monete, demptis aliis clenodiis ad tria milia marcarum eiusdem monete estimatis, que superaddere ipsum oportuit.

116. (Otto eciam dominus de Brunswic et Luneburg se liberavit ab eadem captivitate XM marcarum dicte monete.)

117 (82). Engelbertus[c] autem archiepiscopus Coloniensis (cum ad partes rediret) turpiter occisus est a Frederico comite de Altena [1]consanguineo suo in (monasterio) Ghevelsberg.

118. (Honorius papa Rome moritur secundum Martinum et in ecclesia beate Marie virginis sepelitur.)

DE GREGORIO IX. PAPA ROMANO CLXXXVI.

119 (92). Gregorius[4] papa nacione Campanus ex patre Formoso sedit annis XIIII et diebus XVI secundum Martinum. Hic Hugolinus dictus prius erat Ostiensis episcopus cardinalis et consecratus est in die sancti Gregorii et ideo Gregorius nominatus. Ipse — ab urbe recessit[5].

120 (85). Lubicensis[c, 1] urbis cives miserunt ad Fredericum imperatorem nuncios solempnes secundum cronicam Lubicensem, offerentes ei civitatem suam, eo quod per Fredericum primum avum suum imperatorem fuisset victoriose et virtute belli ad im-

---

(1) st. matri — sancto B: postea factus frater ordinis Predicatorum.

(2) in B folgt zu 1226: 113a (81). Otto dux Luneburgensis capitur prope Molne opidum a Henrico comite de Swerin secundum cronicas Saxonum et cum avunculo suo rege Danorum Woldemaro compedibus mancipatur.

113b. Nupcio Frederici imperatoris hoc anno solempniter celebratur.

(3) st. §§ 114 und 115 in B zu 1226: 114a (78, 83). Henricus rex Alemannie filius Frederici imperatoris habuit curiam suam in Bardewik urbe desolata cum Engelberto archiepiscopo Coloniensi, quem adduxerat maxime pro liberacione regis Dacie. Sed nichil profecit protunc. Liberavit tamen se ipsum et filium suum eodem anno pro 45000 marcarum Lubicensis monete, exceptis aliis clenodiis circa 3000 marcarum eiusdem monete estimatis et persolvit in valore secundum cronicas Danorum[2].

(4) § 119 lautet in B zu 1226: Gregorius papa, qui et Hugolinus nacione Campanus, sedit annis 14 et diebus 8. Hic episcopus Ostiensis erat et electus ac consecratus excommunicavit Fredericum imperatorem, eo quod protunc in magna parte patrimonium — ipsum fulminaverat, ipse confirmavit.

(5) in B folgt zu 1226: 119a (84). Gregorius papa regulam fratrum Heremitarum — secundum Vincencium — per varias mundi regiones disperg.

---

a) § 113 in B zu 1233. b) aho D. c) §§ 117 und 120 in B zu 1226.

1) Die fassung der §§ 120 und 121 in H bietet wichtige zusätze und abweichungen. Siehe anhang I. 2) In A sind die nachrichten noch getrennt und stehen neben A § 83 genau in der reihenfolge wie bei Detmar.

perium acquisita ac acceptata in tuicionem imperialis maiestatis nec(1) non privilegiis eiusdem dotata. Quam(2) oblacionem spontaneam civium gratanter acceptans, ipsam Lubicanam urbem et suos inhabitatores ipse Fredericus in dedicionem, iurisdiccionem pariter et defensionem imperii itorum recepit et eos a fidelitate et paccione quacunque contracta et facta cum Woldemaro rege Danorum totaliter et simpliciter absolvit ac libertates eorum antiquas bulla imperiali roboravit et innovavit nec non novas adiecit liberaliter(3).

121 (93). Quod(4) factum[1] percipiens Woldemarus rex et egre valde[a] ferens, quod ipsi spreto eo se Frederico imperatori dedissent sine sui requisicione, indixit eis bellum[2] (locum et tempus eis presignans). Et colligens exercitum fortem et magnum cum classe navium grandi applicuit terre Dithmarcie, cuius incolas coegit, ut contra cives Lubicane urbis se iuvarent; quod inviti tamen et (violenter) compulsi se facturos promiserunt. Lubicenses autem in suum auxilium interim vocaverant[b] Gerardum archiepiscopum Bremensem, Albertum ducem Saxonie, Adolfum comitem Holtzatorum, Henricum comitem de Zwerin et(5) Borwinum dominum Slavorum. Hii(6) principes et domini exeuntes cum civibus urbis Lubicane in pulcro exercitu, invenerant Woldemarum regem et Ottonem dominum de Brunswic et Luneburg cum Dithmarcis et suis in plano mirice Bornehovede. Tithmarci autem videntes exercitum Lubicensem copiosum (et diversorum principum banoriis et vexillis redimitum) attendentesque, quod Lubicenses semper eis servivissent (et utiles in futurum esse possent) nec ipsi eciam eisdem civibus pacem solito more interdixissent (ymmo ad locum illum venire contra ipsos[d] compulsi essent et coacti) relicto Danorum exercitu, Lubicano milicie se inmiscuerunt. Quod factum non modicum Danico exercitui attulit detrimentum. Commissum est ergo

Juli 22. prelium in die illa, que fuit dies beate Marie Magdalene, et ceciderunt Dani et auxiliatores sui victique sunt ab exercitu Lubicensi non tamen sine notabili et prodigioso mirabilique adiutorio beate Marie Magdalene et presidio. Alexander namque de Soltwedele burgimagister et capud urbis predicte cum concivibus suis ad bellum properaturus votum deo et beate Marie Magdalene fecerat de communi consensu omnium civium, ut si deus meritis sancte illius mulieris, in cuius die sancta conflicturi essent, victoriam de inimicis suis eis concederet, ipsi monasterium novo ordini Predicatorum in loco castri ad honorem dei beatissime genitricis sue et sancte Marie Magdalene edificare vellent. Mirum ultra modum, cum ambo exercitus ad locum pugne convenissent, radii solares

---

(1) *st.* nec — dotata *B:* et exempti ac privilegiati, ne subessent quorumcumque principum inferiorum iurisdiccioni[e].

(2) *st.* Quam — civium *B:* Quam.

(3) *in B folgt zu 1226:* 120a (86). Hammeburgenses cives tradiderunt se et suam civitatem Adolfo comiti Holtzatorum, qui similiter eis libertates et privilegia graciosa concessit[c].

(4) *§ 121 in B zu 1227; st.* Quod — quod ipsi: Bellum grande iuxta villam Bornehovede *terre* Holtsacie commissum est inter Woldemarum regem Danorum et cives Lubicenses. Nam rex predictus videns, quod cives Lubicenses.

(5) *st.* et — Slavorum *B:* secundum quosdam vero nisi solum Adolfum comitem Holtzatorum cum suis.

(6) *st.* Hii — Bornehovede *B:* Convenientes igitur in locum prenominatum Bornehovede, puta rex cum Danis suis[f] et Dithmarcis et cives de Lubeke cum suis.

---

a) valle *D.* b) secundum cronicas Danorum a. *zu B.* c) secundum quosdam a. *zu B.* d) ipso *D.* e) interdiccioni *B.* f) *auf rasur B.*

1) *Siehe S. 153 anm. 1.* 2) *Vgl. schon D § 107 und Detmar 304.*

objectaliter Lubicensium oculos obfuscantes, ne inimicos clare viderent, miraculose versi sunt et retorti in faciem hostium. Beata namque Maria Magdalena visibiliter apparens suis radiis solaribus se opposuit et micantes fulgores in faciem Danorum reflexit, Lubicensibus subsidium conferens et umbraculum faciens. Potiti[1] igitur victoria Lubicenses cum captivis multis reversi sunt in urbem suam, deum et beatam Mariam Magdalenam benedicentes de triumpho glorioso. Rex vero inglorius turpi fuga elapsus cum paucis vix evasit. Ottonem autem dominum[a] de Brunswic captum dederunt Lubicenses Alberto duci Saxonie, ut de ipso faceret quid vellet. Ceteris vero singulis principibus partiti sunt nobiles captivos unicuique secundum suam exigenciam et virtutem. Cumque civitatem Lubicanam reintrassent cum exercitu suo et comitatu nobilium, qui secum prelium gesserant mox ad expugnandum castrum urbis manum apposuerunt et capto eo statim ipsum diruentes solo equaverunt. In ipso autem loco castri iuxta votum suum solempne monasterium erigentes, fratres novellos Predicatores de Magdeburg et Brema vocatos in ipsum locaverunt. In perpetuam autem huius triumphi memoriam cives Lubicenses ipso die mulieris sanctissime singulis annis cunctis pauperibus in virginis gloriose ecclesia collectis elemosinam largiuntur[c]. Fratres eciam antedicti Predicatores in refectorio suo ob eandem memoriam dolium plenum servisia eodem die pauperibus impertiuntur. (De victoria inquam hac et de locacione prenominatorum fratrum quidam metrista sic ait:)

Anno[b] milleno duo C[b] septemque viceno
In fontis capite cecidit gens Danica lite,
Magdala quando pia scandit super astra Maria.
Hic quoque tunc gratus fratrum fuit ordo locatus
Et datur, o Criste, locus aptus fratribus iste.

122. Fratribus[2] Minoribus datus fuit locus in urbe Lubicana pro edificando monasterio hoc eodem anno ante prelibati belli incepcionem secundum Egghardum, quamvis quedam cronice videantur auctumare, quod anno inmediate precedente fratres ordinis sancti Francisci sint in civitatem prefatam intromissi. Quidquid tamen sit de controversia hac, notum tamen est, fratres Minores locum habuisse in Lubeke ante introduccionem fratrum ordinis Predicatorum.

1228.

123 (87). Terciodecimo anno Frederici qui est domini MCCXXVIII. Fredericus[c] comes de[d] Altona a Coloniensibus est captus secundum Wilhelmum[e] et per sentenciam iudicialem condempnatus est morti ac ut latro rotatus propter interfeccionem Engelberti archiepiscopi Coloniensis. s. a. Stad. 268.

124 (89). Sanctus[c] Franciscus institutor ordinis fratrum Minorum obiit in domino[f] (secundum Vincencium) plenus operibus virtuosis et multis choruscans signis et miraculis.

---

(1) st. Potiti — locaverunt B: Potiti igitur victoria et fugato rege captoque Ottone duce de Luneborg ac multis aliis nobilibus et interfectis innumeris Danis, cives reversi castrum regium funditus everterunt et monasterium solempne instituentes secundum[g] prenotatum, in eodem fratres Predicatores de conventu Magdeburgensi evocatos locaverunt.

(2) st. §§ 122 gibt B neben dem rand zu 1226: Fratribus Minoribus datus fuit locus in urbe Lubicensi ad edificandum conventum precedenti anno ante obitum sancti Francisci confessoris, prout ostendunt litere super collacione dicti loci confecte secundum cronicam Lubicensem. Detm. 394.

---

a) auf rasur D. b) Anno milleno — iste in B am unteren rand ohne zeichen; duo CC D. c) §§ 123 und 124 in B zu 1227. d) Ysenburg et a. zu B. e) Eghardum B. f) In Assisio a. zu B. g) und B.

[illegible] 125. Philippus[a] rex Francorum obiit secundum Wilhelmum — de sanguine Karoli Magni.

[illegible] 126. (Woldemarus rex Danorum secundum cronicam Saxonum, cum liberaretur de captivitate Henrici comitis de Zwerin, de qua supra anno Frederici X. mencio facta est, abiuravit et renunciavit toti terre Holtzatorum, quam usque tunc sibi violenter usurpaverat, ponens pro obsidibus filios suos Erikum et Abelem ac plures alios nobiles regni [illegible] sui. Quam tamen fidem et abiuracionem temeravit hoc anno. Nam in eo cum potenti manu intravit Holtzaciam et obsedit Castrum Reynoldi. Contra quem exierunt Adolfus comes Holtzacie et Henricus comes de Swerin et transeuntes paludes cum labore magno percusserunt multos de regis exercitu. Rex vero inde se transferens intravit Dithmarciam multos de ipsis interficiens, ex eo quod ille anno aprote eo ad Lubicenses contra promissum se transtulissent in bello et contra se dimicassent, et subiugavit sibi terram illam non tamen sine magna strage suorum.)

[illegible] 127. (Transactis autem aliquot septimanis rex Woldemarus iterato rediit in Holtzaciam et expugnavit Castrum Reynoldi. Adolfus vero comes Holtzatorum et Henricus comes de Zwerin ac cives Lubicenses se invicem confederantes miserunt pro Alberto duce Saxonie, ut veniret in Nordalbingiam recepturus cum adiutorio eorum Ratzeburg et Louenburg cum ducatu illo, quem Fredericus primus imperator avo suo Bernhardo duci promiserat, et quem iam- [illegible] dudum Woldemarus rex iniuste possederat. Interim Woldemarus cum exercitu suo venit Ythzehoe et devastavit regionem illam. Sustinuit[1] tamen magnum detrimentum sui exercitus coram opido Ythzehoe. Inde vero procedens castrametatus est coram Sigeberg municionem fortem contra castrum erigendo. Nichil tamen contra castrum profecit, sed de suis plures amisit.)

[illegible] 128. Amalaricus[b] comes Montisfortis — (secundum Vincencium) — in manibus infidelium fidei.

1229.

[illegible] 129 (94). Quartodecimo anno Frederici qui est domini MCCXXIX. Lodowicus[c] lantgravius Thuringie obiit (feliciter in domino secundum Egghardum) in peregrinacione Ierosolimitana, maritus beati Elizabeth (filie Andree regis Ungarie. Post cuius mortem relicta sua domina Elizabeth multa passa est incommoda ab amicis viri sui defuncti, qui eam de castro Wartberg[d] obprobriose eiecerunt cum parvulis suis et omnibus bonis suis spoliaverunt, non habentem locum, ubi prima nocte quiesceret[2]. Que ad omnia adversa pacientissime se habens, pre inopia et paupertate cepit egere[(1)]).

[illegible] 130. (Otto dominus de Brunswic et Luneburg ereptus de captivitate, in qua detentus fuerat ex parte Lubicensium, secundum cronicam Saxonum pro sua liberacione resignavit castrum Hidzakker Alberto duci Saxonie.)

[illegible] (1) in B folgt zu 1228: 129a (90). Adolfus comes Holtzatorum et Henricus comes de Swerin ac cives de Lubeke ligam quandam ad invicem fecerunt iuramentis roborantes, ne quis — u. s. w. wie A — bursaque vi ceciderat secundum cronicam Lubicensium[e].

129b (91). Henricus comes palatinus et dux Brunswicensis, liberatus de captivitate Lubicensium per magnam summam pecuniarum, obiit — u. s. w. wie A — conditi ecclesie Brunswic.

---

a) § 125 in B auf 1226 und 1227 verteilt. b) § 128 in B zu 1227. c) § 129 in B zu 1228. d) auf rasur D. e) dazu am rand in B: Istud locum habet anno domini 1226.

1) Offenbar misverstanden; Detmar: vor deme bus let he sinen heren en del mit den lantluden. 2) H fügt zu: Men se lach myt eren kinderen unde myt erer maghet, de in allen noden bii er bleef, in eme hostalle unde moste brot bidden umme godes willen.

131. (Gherardus archiepiscopus Bremensis concordiam et amiciciam fecit secundum cronicam Lubicensem inter Woldemarum regem Danorum et Adolfum comitem Holtzatorum. Et in signum vere pacis et amicicie Abel filius regis et dux de Sleswic accepit in uxorem filiam Adolfi comitis. Iunior vero filius Woldemarus duxit in uxorem filiam regis Portugalie in opido Rypensi.) Detm.

1230.

132 (88). [a]Quintodecimo anno Frederici qui est domini MCCXXX. quidam[a] trufator veniens — suspendi fecit in patibulo[b].

133. Adolfus[a] quintus comes — secundum Vincencium[c] — de Marka suscepatus est.

134 (95). Sanctus Franciscus[a] confessor gloriosus[d] de tumba levatur (secundum Vincencium) et canonizatur a papa Gregorio IX.

135 (96). Fredericus[a] imperator discordans[(1)] cum Gregorio papa et in excommunicacione ecclesie consistens secundum Vincencium Terram Sanctam adiit, maiorem calamitatem quam consolacionem eidem terre afferens. (Ubi uxorem suam secundam decens accepit in matrimonio filiam Iohannis regis Ierusalem et per hoc pacem firmavit cum paganis. Soldanus autem exteno restituit imperatori Ierusalem, Nazareth, Bethleem et terram circumiacentem verbo, sed non facto, ore non corde, ut postea rei probavit eventus. Papa vero Gregorius interim exercitum colligens castra et civitates imperii suo subiugavit dominio. Quod percipiens Fredericus imperator reversus in Ytaliam, cum magno labore pape restitit et imperii castra per papam expugnata imperio recuperavit non sine gravi ecclesie iactura et dampno.) Mart.

1231.

136. Sextodecimo anno Frederici qui est domini MCCXXXI. Lodowicus[a] rex Francorum — secundum Vincencium — ad ignem quatuor a Tholosa.

137. (Gherardus archiepiscopus Bremensis reformavit castrum Sluttere, quod Stedingi destruxerant. Pretunc eciam papa Gregorius predicari fecit crucem contra eosdem Stedingos ad ordinacionem predicti Gherardi archiepiscopi et excitavit plures principes ad exterminium eorum. Otto autem dominus de Brunswic et Luneburg attulit subsidium eisdem Stedingis et incendiis vastavit villas et municiones universas usque ad portas urbis Bremensis. Causa enim huius discordie erat donacio comitatus Stadensis, quem Henricus comes palatinus et dominus de Brunswic fecerat ecclesie Bremensi in honorem sancti Petri apostoli.) Detm.

138 (97). Henricus[e] comes de Swerin obiit secundum cronicas Obotritorum[f]. Cui successit Guntzelinus (tercius huius nominis) filius suus[(2)].

139. Albertus[g] comes de Orlemund alias captivatus a Henrico comite Zwerinensi (noviter defuncto secundum cronicam Obotritorum) solutus est a captivitate resignando Alberto duci Saxonie castrum Louenburg. Et[(3)] sic retinuerunt castrum illud duces Saxonie usque in hodiernum diem.

(1) st. discordans — consistens B: deinde crucesignatus durante sua excommunicacione, quam tollerabat ex sentencia Honorii et Gregorii summorum pontificum. Mart.

(2) Huic consiliarii sui suaserunt, ut Ottonem dimitteret liberum, sed dux Saxonie Albertus obstitit. s. zu B. In B folgt zu 1230:

138a. Expedicio contra Albigenses, de qua in precedenti anno facta est mencio, facta est secundum Helynandum, qui eam plenius describit: Lodowicus inquid filius Philippi — urbe a sentencia excommunicacionis absolvitur. Vinc.

(3) st. Et — diem B: Et sic comes ille perdidit dominium illud et duces Saxonie usque in presens ipsum possident. Detm.

a) §§ 132—135 in B zu 1229. b) secundum Wilhelmum s. zu B. c) cronicas de Marka B. d) Ascisius B. e) §§ 138 und 139 in B zu 1232. f) Lubicensium B. g) § 139 in B neben am rand.

Detm. [illegible] 140. (Gherardus[a]) archiepiscopus Bremensis (secundum cronicam Saxonum collecto pleno exercitu) ivit contra Stedingos hereticos. Ubi relinquens Hermannum fratrem suum interfectum, comitem de Lippia, magnum sui exercitus detrimentum passus est.

Detm. [illegible] 141. Woldemarus[b] iunior filius Woldemari regis Danorum secundum cronicam Lubicensem obiit (in Coldinghe) et parum post mortua est et uxor eius in puerperio filia regis Portingalie.

Detm. [illegible] 142. Demyn[c] civitas protunc regis Danorum secundum cronicam Obetritorum[b] capta est per Slavos et sic redempta est de manibus Danorum. (Sub quibus dedignantur esse cuncte gentes orbis terrarum.)

1232.

Detm. [illegible] 143. Decimo septimo anno Frederici qui est domini MCCXXXII. (Stedingi homines nimis crudeles secundum Egghardum Borchardum comitem de Aldenburg interfecerant cum CC viris de exercitu suo. Qui omnes crucem contra eosdem hereticos acceperant ab archiepiscopo Bremensi.)

Detm. [illegible] 144. (Osiliensis episcopatus fundatur secundum Vincencium in Estlandia per Woldemarum regem Danorum.)

Detm. [illegible] 145. (Caristia gravissima Franciam angustiavit secundum Wilhelmum, ita ut populus gramina et folia arborum ut bestie devorarent. Mensura namque frumenti, que alias X valebat solidos, iam pro centum solidis vix emi poterat. Hanc quidem inediam maxima sequebatur mortalitas.)

Vinc. [illegible] 146 (99). Hugo[c] comes Marchie — secundum Vincencium — et sic regem placaverunt.[(1)]

1233.

[illegible] 147. Decimo octavo anno Frederici qui est domini MCCXXXIII. Lodowicus[c] rex Francorum obiit secundum Wilhelmum[d] — coronatus est.

[illegible] 148. Ferrandus[c] comes — (secundum Vincencium) — redemptus est.

Detm. [illegible] 149. (Fredericus imperator propter persecuciones Henrici regis Romanorum filii sui secundum Vincencium Alemanniam intravit et veniens Wormaciam duxit terciam uxorem suam. Prima namque uxor sua filia fuit Petri regis Arragonie, de qua susceperat Henricum regem Romanorum. Secunda fuit filia Iohannis regis Ierusalem et cum ea recepit regnum Ierosolimitanum, Iohanne rege Akron permanente. Que peperit ei Conradum regem. Sed iam tercio duxit filiam regis Anglorum in Wormacia. Ubi eo existente, Henricus rex filius suus paternam graciam querens se sibi presentavit. Quem pater captivum misit in Apuliam, ubi in captivitate permansit usque ad mortem. Cum autem imperator Wormacie resideret, cives Lubicenses scripserunt sibi querulando de gravaminibus et molestiis, quas Woldemarus rex Danorum et Adolfus comes Holtsatorum eis intulissent. Propter quod imperator predictum Adolfum comitem cum Lubicensibus ad se vocavit, ut de eorum discordia plenius informaretur. Qui venientes ad principis presenciam, dissidii sui causam coram eo proposuerunt. Imperator vero auditis utriusque partis querelis, tamquam pius dominus concordavit comitem et civitatem, ita ut Adolfus renunciaret omni iuri, si quod ipse vel sui progenitores in dicta civitate habuissent pro se et omnibus suis heredibus, ut sic prefata urbs cum omni iure soli imperio amplius subiecta esset. Pro qua quidem integrali renunciacione Adolfus comes accepit ab imperatore VII marcarum, quarum qualibet valebat XIII solidos Anglicane monete.)

---

(1) *in B folgt zu 1231:* 146a. Adolfus comes Holtsatorum, successor Adolfi, edificavit turrim magnam in Travemunde. Hoc tamen factum dicunt cronica Lubicensium anno domini 1217[1].

---

a) *§§ 140—142 in B unter* [illegible] b) [illegible] *d. h.* Lubicensem *B.* c) *§§ 146—148 in B zu 1231.* d) Helynandum *B.*

1) *Vgl. D § 70 und Detmar 296.*

150. (Exercitus Cristi in magno numero secundum Vincencium transivit mare versus Livoniam, ut fidei inimicos debellaret. Sed nescio demeritis quorum exigentibus interfecti sunt de ipsis Cristi peregrinis citra duo milia, ceteris ad propria reversis.) [illegible]

1234.

151. Decimo nono anno Frederici qui est domini MCCXXXIIII. magna[a] dissencio orta — secundum Vincencium — fovere mandavit. [illegible]

152 (102). Albertus[a] primus[(1)] Rigensis episcopus obiit secundum Eggbardum et ecclesia Bremensis iure suo utens Albertum scolasticum Bremensem eidem ecclesie in episcopum prefecit. Rigenses vero canonici (libertate eleccionis gaudere volentes) quendam Nicolaum elegerunt. Post longum autem super eadem causa litigium papa Gregorius Bremensibus perpetuum silencium imposuit declarans, Rigensem ecclesiam amplius debere habere liberam et propriam eleccionem. [illegible]

153. Anthonius[a] de ordine fratrum Minorum — (secundum Wilhelmum) — facilius declinare valeret. [illegible]

1235.

154 (103). Vicesimo anno Frederici qui est domini MCCXXXV. dominus[b] Bertoldus episcopus Lubicensis obiit secundum cronicam eiusdem[c]. In cuius sedem electus est dominus Iohannes decanus dicte ecclesie. (Qui mox consecratus episcopus, dedicavit ecclesiam monasterii ordinis Cisterciensis in Reynevelde prope Lubeke ad duo miliaria situati.) [illegible]

155 (117). Magister[b] Iordanus — (secundum Vincencium) — vitas patrum. [illegible]

156 (104). Fredericus[b] imperator secundum Eggbardum reconciliatur pape Gregorio et ipse papa absolvit imperatorem ab excommunicacione, in[(2)] qua iamdudum steterat nec eam curaverat usque modo. [illegible]

1236.

157. Vicesimo primo anno Frederici qui est domini MCCXXXVI. Richardus[d] rex Arragonie — (secundum Vincencium) — fuit passus. [illegible]

158 (106). Sancta[(3)] Elizabeth vidua, filia Andree regis Ungarie, secundum Eggbardum post multa incommoda et agones difficiles et post innumera laudabilia opera obdormivit feliciter in domino, mulier incredibilis paciencie. Et sepulta est Marthburg urbe terre Thuringie[1].

159. (Huius autem mulieris vitam et conversacionem ac mire paciencie virtutem describens quidam auctenticus dicit: Erat enim in Alemannia princeps — sanctus sancta, innocens innocenti.) Dietrich I, 1-4. [illegible]

160. (Cumque dies nupciarum peracte fuissent ipsa Cristi famula corpus suum multis vigiliis — celestis femina ad convivium processit, eo magna confusione perfuso, qui mulierem sanctam invidiose accusaverat.) [illegible]

---

(1) st. primus Rigensis episcopus B: Lyvoniensis episcopus, qui nunc dicitur Rigensis.

(2) st. in — usque modo B: cum gaudio.

(3) st. §§ 158—174 in B zu 1234: Sancta Elizabeth — u. s. w. wie A — in Marthborgh urbe dicte terre.

---

a) §§ 151—153 in B zu 1232. b) §§ 154—156 in B zu 1233; § 155 in B kürzer. c) Lubicensium B. d) § 157 in B zu 1234.

1) Das folgende nach der Vita des Dietrich von Apolda und anderen quellen. Vgl. 'Variae lectiones vitae S. Elizabeth' bei Mencken, Scriptores rerum Germanicarum II 1987 ff. Für die dem Korner eigentümlichen berichte fand ich bei Boerner, Neues Archiv XIII (1888) 432 f. keine hinweisungen.

Dietrich III, 8. 161. (Quodam eciam alio tempore cum caristia maxima totam angustiaret terram et fere per biennium durans multos extinxisset, tunc misericors femina miserorum compassione permota, omnem annonam de suis granariis collectam in elemosinas pauperibus erogavit.)

162. (Quod egre valde ferens domina Sophia mater Lodowici, filio revertenti ad castrum, quia absens fuerat, cum hec per Elizabeth fierent, graviter conquesta est de prodigalitate sue uxoris; et cum copia magna familiarium et cibandorum in castro essent et penuria grandis frumenti in terra, quod sque bene spoliasset castrum blado[a] et privasset familiam nutrimento necessario. Cumque vir pius iret cum matre sua ad videndam relacionis veritatem, invenit granaria plus solito omnibus necessariis plena. Quod cum mulier videret verecundata nimis erubuit, non tamen a sancte femine emulacione se refrenare potuit, videns tot virtutes circa eam dei gracia fieri.)

Ibid. 163. (Sub castro autem dicto Warthberg de consensu viri sui Elisabeth hospitale solempne fundaverat et in eo infirmos et debiles utriusque sexus, qui cotidie panem mendicare non poterant, locaverat. Hos singulis diebus visitans, quosdam propriis manibus cibavit, quosdam lavit et quorundam lectos stravit.)

164. (Contigit igitur semel sanctam mulierem castrum prefatum descendere, viro suo propter negocia terre domi non existente, et in gradibus castri quendam hominem visu horribilem lepre elephantina ultra modum sordidatum reperire, ipsius graciam humiliter implorantem. Quem cum intueretur nimia compassione commota, ipsum sub mantello suo recepit et castrum cum eo ascendens et in proprium commodum ipsum deducens, balneum sibi fieri fecit propriisque eum manibus lavit et in lectum, in quo cum viro suo pro tempore dormire consuevit, ipsum collocavit et recessit. Lodowicus autem vir eius negocio suo expedito ad castrum reversus est. Quem mox mater eius furibunda adiit et pre amaritudine cordis vix verba exprimere valens dixit: 'Nunc poteris videre, fili et domine, qualem uxor tua ad te gerat favorem et quomodo te et nos diligat. Locavit enim ad stratum tuum hominem immundissimum et pestifera contagione sordidissimum cunctisque hominibus merito horridum et abhominabilem, ut forte et tu inficiaris de ipsius squaloribus'. Quo audito Lodowicus princeps benignus obstupuit, naturali commotus pavore pariter et horrore. Et procedens cum matre sua ad cubiculum in cordis turbacione non modica, veritatem experiri voluit narracionis tam execrabilis. Cumque ambo thalamum ingrederentur, viderunt crucifixum Ihesum in lecto recumbere. Cui stupefacti cum appropinquare trepidarent, visio illa sancta disparuit. Post illum ergo diem princeps ille devotus nulli aliquid turbativum aut indiscretum de sua coniuge sancta referenti credere voluit, videns omnes actus eius miris et portentis esse plenos[1].)

Ibid. IV, 1. 165. (In his autem diebus contigit de mandato summi pontificis crucem predicari in subsidium Terre Sancte — divinis monitis et dulcibus verbis delinire studuit et cor eius in domino Ihesu quietare.)

Ibid. IV, 2. 4. 5. 166. (Dispositis ergo singulis necessariis terram suam pariter et assumptam viam concernentibus, devotorum et religiosorum hominum oracionibus se recommendans, iter sanctum aggressus est. Cum autem venisset ad mare, cepit corpus eius paulisper febribus inquietari. Videns ergo mortis periculum sibi imminere, vocato patriarcha Ierosolimitano, ab ipso extreme unccionis sacramentum accepit et tandem devote in domino obdormivit.)

Ibid. IV, 6-8. 7, 14. 167. (Retrocesserunt denique nuncii in Thuringiam — in veri agni sanguine cuncta pacienter supportavit.)

---

a) *auf rasur D.*

1) *Vgl. Annales Reinhardsbrunnenses ed. Wegele 177.*

168. (Videns autem nobilis et religiosa domina de Kitzingen eius matertera — pro salute dilecti mei defuncti. Quod totum ad voluntatem eius impletum est.) Dietrich V, 1–4. 7. 8.

169. (Civitas quoque Marthburg ultra omnem peticionem suam subiecta est iurisdiccioni sue ad vitam suam cum omnibus pertinenciis suis. Ad hanc ergo urbem se transtulit cum sua familia, prope quam solempne edificavit hospitale, cuius ipsa magistra extitit usque in finem vite sue, infirmis et pauperibus serviens et deo indefesse plures lucrifaciens.) Ibid. VI, 2.

170. (Accidit autem eo tempore, ut pater suus rex Ungarie — decumbens lanam filaret.) Ibid. VI, 6.

171. (Mulier autem quedam surdum habens filium, — et rediit in domum suam.) Vorlesung 7. 13.

172. (Postquam autem sancta Elizabeth hospitale prope Martburg construxisset, serviciis pauperum tamquam ancillam se mancipavit. Et tam sollicite quidem pauperibus et debilibus ministrare curavit, ut eos balniaret, cibaret, ad secessum portaret[a], immundicias eorum tergeret et lavaret, lectos sterneret, cameras purgaret et omnia servilia opera faceret, que eciam ancille facere recusarent. In ipso autem pauperum obsequio tam fervida extitit et humilis, ut quandam pauperculam et quendam virum monoculum scabie enormi per totum corpus tabefactum una nocte sex vicibus propriis brachiis ad opus nature baiulaverit et pannos eius sordidatos tociens laverit. Populo quoque suo plurimorum immundiciam de naribus et oculis ac aliis vulneribus ulcerosis defluentem tersit et removit, in nullo abhorrens tractare squalores huiusmodi, sed in eis propter deum ut in aromatibus delectans.)

173. (Quadam eciam die tempore quadragesimali in ecclesia existens sic ad altare oculis defixis intenta manebat, ac si ibidem divina presencia obiectaliter frueretur, et sic per magnum temporis spacium divina consolacione est refecta. Deinde domum reversa, dum se pre debilitate in ancille gremium appodiasset et per fenestram oculos in celum defixos teneret, tanta hilaritate facies eius perfusa est, ut tandem in risum altum resolveretur. Que cum diu tam iocunda visione letificata fuisset, subito in lacrimas est conversa. Sed mox sursum oculos extollens pristina iocunditate potita est. Oculos vero claudens previis lacrimis irrigabatur. Et hec vicissitudo visionis usque ad tempus completorii duravit. Cum vero diu tacens nullum verbum emisisset, tandem prorumpens in verba hec ait: 'Si tu vis esse mecum, et ego ero tecum et nunquam a te separabor'. Postmodum vero dum ad se reversa ab ancilla rogaretur, ut ad dei honorem et eius edificacionem quid viderit indicaret, ipsa peticione ancille sue instanti devicta dixit: 'Vidi celum apertum et Ihesum vultum suum ad me benigne inclinantem. Ego vero de sua ineffabili pulcritudine iocundata, tandem de vultus sui subtraccione remanebam multo merore confecta. Qui mei misertus me iterum sui vultus ostensione letificans ait: 'Si tu vis mecum esse, ego ero tecum'. Cui ego respondi: 'Si tu vis esse meum' etc. ut supra.)[1]

174. (Cum autem beata Elizabeth de erumpnis et laboribus huius mundi — et tandem iubilando requievit quasi suaviter obdormiens. Et mox audiebatur in aere iubilus in modum responsorii illius: 'Regnum mundi et omnem ornatum' etc.) Dietrich VIII, 1. 2. 6.

175 (110). Sanctissimus[b] pater Dominicus ordinis Predicatorum institutor secundum Vincencium Reate[c] a domino papa Gregorio IX. canonizatur et a tumba elevatur anno a confirmacione ordinis sui XX[d], ab obitu vero suo XII. Cuius tumba cum Bononie aperiretur, fragrabat quasi apotheca nobilissimorum unguentorum et omnes infirmi odorem illum sencientes a quacunque detinebantur infirmitate curati sunt[2].

---

a) aus portaret korrigiert D. b) § 175 in B zu 1234. c) Reate D. d) 18 B.

1) Vgl. Variae lectiones 1892 f. 2) Vgl. auch die fassung von H im anhang I.

1237.

Vinc. 30,127. 176. Vicesimo secundo anno Frederici qui est domini MCCXXXVII. Lodowicus[a] rex Francorum — secundum Wilhelmum[b] — Aquitaniam.

177 (112). Gregorius[a] papa crucem predicari mandavit contra Stedingos prope Bremam commorantes secundum Eggbardum[c], eo quod vacabant auguriis, sortilegiis et phitonicis responsionibus. Et doctrinam ac libertatem sancte matris ecclesie parvipendentes, religiosos et clericos persequebantur et cruciabant omni genere tormentorum. Et quod omnibus deterius est et execrabilius, sacramentum eucharistie turpissime tractabant. Que omnia probata sunt et scripta domino Gregorio per dominos episcopos[1] Bremensem, Myndensem, Lubicensem et Razeburgensem.

Detm. 315. 178. (Fredericus imperator filio suo Conrado, quem de filia regis Ierusalem Iohannis acceperat Alemanniam commisit regendam secundum Vincencium, ut eo liberius aliis imperii negociis posset insistere. Et ultra montana se transferens Lombardis bellum inferre cogitavit. Cuius adventum cum perciperent, exercitum contra ipsum eduxerunt. Sed cum iam congressio exercituum fieri deberet, Longobardi terga dederunt. Fredericus vero eos insequens Vincenciam urbem expugnavit et cepit. Gevehardus autem comes de Arnsteyn cum parte exercitus Paduam vallavit et inpugnans eam tandem obtinuit.)

Detm. 317. 179. (Mediolanenses vero cives interim exercitum copiosum educentes contra imperatorem venerunt in campum. Quos Fredericus cesar audiens adesse, licet modicum haberet exercitum, ad pugnandum tamen se disposuit. Cum autem imperatori dissuaderetur bellum per quendam nobilem de Cremona, ait: 'Deum et iusticiam pre oculis habentes nullius pavebimus occursum. Pugnabo cum eis in nomine Domini'. Quibus congressis imperator victoria de celo potitus, interfecit illo die licet maxime de hostibus XVIII hominum. Capitaneum vero Mediolanensium nomine Stanhardum[2], qui potestas erat, super litus maris patibulo affixit.)

1238.

180. Vicesimo tercio anno Frederici qui est domini MCCXXXVIII. (Wismaria urbs terre Obotritorum fundatur per Guntzelinum comitem de Zwerin secundum cronicam Obotritorum, destructo opido Mykelingburg. Castrum autem eiusdem opidi antea per Slavos dirutum erat cum monasterio monialium ab antiquo in eo situm.)

Herm. 259. 181. Quidam[d] fratres ordinis Predicatorum secundum Vincencium — martirio coronati.

v. Detm. 312. 182 (111). Adolfus[d] comes Holtzatorum contrahens amicicias cum Woldemaro rege Danorum, conspiracionis dolum iniit cum eo contra urbem Lubicanam, immemor multiplicis beneficii, quod ab ea receperat secundum cronicam Lubicensem[e]. Unde rex magnam classem navium misit cum multitudine armatorum per mare. Similiter et in terra magnum adunavit exercitum cum adiutorio comitis Adolfi. Quibus fortiter munitus venit ad os Trabene fluminis et ibidem duo fortissima erigens castra, obstruere nitebatur viam maris, ne amplius naves portum Lubicensem attingere valerent. Et submersit ibidem navem grandem (coghonem) plenam lapidibus maximis catbenasque fortes ferreas duxit per latitudinem alvei et recessit. Cives vero urbis recessum regis percipientes, in(3) manu forti exierunt cum machinis et bumbardis et castra per regem erecta mox

(3) et, in — instrumentalis solo B: catbenas illas impetu transitus vehementi magnarum navium, coghones nomine, fregerunt quasi restes et.

a) §§ 176 und 177 in B zu 1235; § 176 in B länger. b) Helynandum B. c) cronicam Saxonum B. d) §§ 181 und 182 in B zu 1238. e) Danorum B.

1) Gerhard II. von Bremen, Wilhelm I. von Minden, Johannes I. von Lübeck und Ludolf I. von Ratzeburg. 2) Detmar: he vang enen harrentsmitbart unde den potestat.

destruentes et plures in eis captivantes, instrumentis suis fossatum novum ac transitum profundum mari fecerunt, per aliam viam mercatorum naves excipientes. (Cumque in prefatis laboribus occupati essent, venerunt navigio Revalienses mercatores cum maximis cogonibus et per impetuosum transitum dictarum navium cathenas per mare deductas quasi restes fregerunt et urbem prefatam Lubeke a tali gravamine libertaverunt. Propter quod, ut dicitur, mercatores prelibate urbis Revaliensis absque pedagio et vectigali, guidaio et theloneo libere venire possunt et recedere ad forum Lubicense, quod alii mercatores minime possunt.) Rex autem videns se in proposito suo frustratum, grandibus et multis navibus iterum portum Lubicensem repeciit. Sed parum et prope nichil ibidem perficere potuit, eo quod cives Lubicenses sex magnis coghonibus, repletis viris electissimis armatis, suum defensarent portum. Videns vero Woldemarus rex Lubicenses tam fortes in mari, timens[1] secessit cum suis in portum Warnowe et coram Warnemunde se locavit. Quod cum Lubicenses percepissent, mox missis nunciis[a] nunciaverunt Slavis presenciam regis, quibus ipse rex multum onerosus fuerat. Qui colligentes maximum populum venerunt per terram et Lubicenses per mare. Et uterque exercitus regem circumdans cum ipso pugnare cepit. Sed rex victus fugam turpem iniit et Lubicenses naves regias ascenderunt, predam de eis capientes ac homines in eis inventos (vel) occidentes (aut captivantes. Et sic cum victoria ad propria reversi sunt).

1239.

183 (112). 'Vicesimo quarto anno Frederici qui est domini MCCXXXIX. crucem[b] ex precepto pape predicatam contra Stedingos secundum Egghardum[c] acceperunt Gerardus archiepiscopus Bremensis, Henricus dux Brabancie, Florencius comes Hollandie, Wilhelmus comes de Clivis et Henricus comes de Aldenburg. Hii principes et comites cum pulcro exercitu Stedingos, Cristi hostes, invaserunt terra marique[2] numero fere XLM. Et commisso cum eis prelio sabbato ante rogaciones, occisi sunt de Stedingis circiter VIIIM[d]. Alii vero in fugam versi sunt et multi aquis prefocati. (Exercitus autem Cristi terram illorum pervagans occidit omne, quod vivebat preter inmenta, quorum maximam predam abduxit.) Sicque (divina favente gracia) exterminati pessimi illi homines[3] utriusque sexus. Nec parcitum est pueris eorum, eo quod de malo ovo pullus generetur semper pessimus[1].

184 (113). Raymundus[b] generalis magister ordinis Predicatorum tercius (secundum Vincencium) et domini pape Gregorii IX. summus penitenciarius floruit. Hic ad commissionem dicti pape Gregorii collegit ex sanctorum patrum sentenciis volumen solempne decretalium, quod modernis temporibus in ecclesia legitur et quo utuntur in scolis scolares et magistri iura legentes. Conpegit eciam magnam summam iuris canonici, que in ecclesia dei non modicum fructum fecit. (Unde quidam metrista de eo dicit:

Iste Raymundus doctor pius atque facundus
Has decretales conpegit iudiciales).

185. Florencius[b] comes Hollandie (secundum Wilhelmum) — in mense Iunio[4].

(1) timensque eos ingentem habere exercitum B.

(2) intrantes per Wyseram a. m. B; vgl. Sächs. Weltchronik 260.

(3) st. homines — pessimus B: viri propter nephandas eorum abusiones superius enarratas.

(4) in B folgt zu 1237: 185a. Fredericus imperator patrimonium — secundum Egghardum — obsedit in urbe. Retrospicias ad principium introitus Gregorii pape et ibi invenies historiam.

a) am rand von andrer hand D. b) §§ 183—185 in B zu 1237. c) cronicas Saxonum B. d) 6000 B.

1) D §§ 177 und 183 waren in A § 112 noch ungetrennt. Wol aus dem vollständigeren Albert von Stade; vgl. Sächs. Weltchronik 260.

Detm. 227. 186. (Abel dux Sleswicensis secundum cronicam Lubicensem accepit in uxorem Mechtildam, filiam Adolfi comitis Holtsatorum, licet hoc patri suo Woldemaro regi multum displiceret, quia timuit ex hoc fratri suo Eriko amarum fieri propter auxilium comitis Adolfi, prout eciam infra probabit rei eventus.)

Korn. 218. 187. (Otto marchio de Brandeburg secundum Egghardum captus est per dominum Ludolfum episcopum Halberstadensem. Quem tam diu captivum tenuit in castro Langhenstein, quousque idem marchio resignaret eidem episcopo Haldeslevo cum suis attinenciis. Addidit eciam duo milia marcarum eidem episcopo pro plena redempcione captivitatis sue.)

1240.

188 (115). Vicesimo quinto anno Frederici qui est domini MCCXL. Fredericus[a] imperator curiam solempnem Moguncie celebrans secundum Vincencium[b], filiam regis Anglie (quartam) duxit uxorem[1]. Ibi autem Otto filius Wilhelmi domini de Brunswic et Luneburg, quem alias cives Lubicenses in prelio cum Woldemaro rege Danorum habito captivaverant, omne ius et proprietatem, quam in predicto dominio habuerat, eidem imperatori et Romano imperio resignavit penitus et in toto. Propter quod Fredericus imperator illud dominium in principatum et ducatum redegit et eidem Ottoni de novo concessit[2] ac de imperiali auctoritate et consensu suorum principum statuit et ordinavit, quod tam sexus femineus quam masculinus de ipso Ottone duce pro tempore procreatus (et procreandus) in ipso ducatu ius hereditarium habeat in perpetuum, ut sic tollantur lites et controversie habite cum progenitoribus Ottonis prefati propter privacionem ducatuum Bavarie, Angarie[c] et Saxonie factam Henrico Leoni magno attavo suo[d].

v. d. Ropp 173. Korn. 227. 189 (116). Translacio[e] beate Elizabeth vidue (secundum Egghardum) facta est Kalendis Maii presente imperatore cum multis Alemannie principibus in die sancte Walburgis (virginis in urbe Martburg. Quam deus eo die variis solempnibus glorificavit signis).

Detm. 228. 190. (Quidam nobilis et potens Turcus Paparoyssolo nomine secundum Vincencium — occiderunt ac castrum ipsum funditus destruxerunt[3].)

1241.

Korn. 228. 191. Vicesimo sexto anno Frederici qui est domini MCCXLI. Fredericus[e] imperator iterum — secundum Vincencium[f] — omnes eos libertati dedit.

Detm. 229. 192. Haquinus[g] rex Norwegie secundum cronicam Lubicensem interfecit filium[(1)] suum proprium cum uno alio duce regni sui.

1242.

Korn. 229. 193 (118). Vicesimo septimo anno Frederici qui est domini MCCXLII. in[h] Burgundia secundum Wilhelmum — sunt suffocati.

Korn. 230. 194. Raymundus[h] magister — (secundum Vincencium) — electus et institutus.

v. d. Ropp 180. 195 (118a). Placentini[h] rebelles imperatori secundum Vincencium[f] tres potentes milites eius in patibulis suspenderunt cum omnibus eorum indumentis in[i] confusionem magnam ipsius.

(1) st. filium — regni sui B: ducem unum et filium suum.

a) §§ 188 und 189 in B zu 1239. b) cronicas Saxonum B. c) Westphalie B. d) prout supra dictum est s. zu B. e) § 191 in B zu 1239. f) Eghardum B. g) Haquin B; § 192 in B unten am rand. h) §§ 193—195 in B zu 1240. i) st. in — ipsius B: 11. Kal. Marcii.

1) Die vermählung mit Isabella von England findet in Worms statt. 2) 1235 aug. 21. 3) Siehe Korner 880.

196. (Woldemarus rex Danorum obiit secundum cronicam Danorum et Ericus filius Detm. 190.
eius primogenitus regnum eius adeptus est. Contra quem mox se erexit Abel frater eius, dux Sleswicensis, et fultus auxilio Adolfi comitis Holtsatorum et aliorum plurimorum *z. 72.
fratrem suum graviter persecutus est.)

197. (Lodowicus rex Francorum secundum Wilhelmum cum exercitu maximo ivit in Detm. 201.
Picardiam contra Hugonem comitem Flandrie et expugnavit in ea castra diversa. Hugoni vero auxilium ferebant Henricus rex Anglie et Richardus frater suus. Cumque Lodowicus rex in Picardia suam voluntatem perfecisset, disposuit transire in Angliam contra prefatum regem. Quod Henricus rex intelligens obviavit ei cum exercitu prope Calleberg castrum, quod Lodowicus obsiderat. Ubi congressum facientes hostiliter, interfecti sunt de exercitu regis Henrici circa tria milia armatorum. Videns autem Henricus suorum stragem, nocte ingruente aufugit et Lodowicus victoriose in patriam rediit. Huic Lodowico nati sunt duo filii, quorum unus Lodowicus et Detm. 202.
alter Philippus dicti sunt.)

1243.

198 (127). Vicesimo octavo anno Frederici qui est domini MCCXLIII aggur[1] prope v. Detm. 203.
valvam urbis sic nominatam civitatis Lubicane secundum cronicam eiusdem comportatus est a civibus propter rumorem vulgatum incursionis future Tercorum, qui protunc in Lyvonia sevientes plura castra et civitates expugnabant et innumeros homines interficiebant.

199 (120). Facta[2] eciam fuit pro eodem tempore maxima cedes peregrinorum et exercituum Cristi contra barbaros illos transeuncium de Alemannia in Prutziam. Ubi Theodericus de Haseldorp occubuit cum tribus milibus armatorum.

200 (121). Conradus[a] filius (Frederici) imperatoris secundum Vincencium W. Chr. 203.
intravit Lombardiam cum exercitu magno et veniens Papie obsedit eam ac expugnando cepit eam; dominum vero urbis captivavit et plures[3] cives ante eorum dedicionem interemit.

DE CELESTINO QUARTO PAPA CLXXXVII.

201 (131). Celestinus[a] papa nacione Lombardus[b] ex patre Bernhardo sedit mensibus X et diebus XV secundum Martinum. Iste Gaufredus dictus Sabinensis episcopus — Mart.
in ecclesia sancti Petri[4].

202. (Gayumadinus soldanus Turcorum defunctus est secundum Vincencium. Post Detm. 203.
cuius mortem pacati sunt et concordati Turci et Tarthari et facti sunt Turci Tartharis tributarii. Promittebant namque, se soluturos in perpetuum annuatim Tartharorum imperatori duodecies CM florenorum, quingentos pannos sericos, quingentos equos magnos et totidem mulos, VM ovium et IIIM vaccarum. Tributum autem istud quolibet anno mittere tenebantur in propriis expensis et periculis in Morigam[c] urbem magnam Tartharie.)

---

(1) *§ 198 lautet in B zu 1241:* Aggur prope valvam castri in urbe Lubicensi comportatus est propter timorem incursionis Turcorum, qui in Lyvonia sevientes plura castra et civitates ceperant.

(2) *§ 199 lautet in B zu 1241:* Facta enim fuit pro eodem tempore secundum cronicas Lubicensium magna strages peregrinorum et exercituum Cristi contra paganos euncium in Lyvoniam et Prutziam. Et Thidericus de Haseldorp occubuit ibidem cum duobus milibus bellatorum.

(3) *st.* plures — dedicionem *B:* multos.

(4) *im B folgt zu 1242:* 202a (194). Hermannus filius — *u. s. w. wie A* — et Lamburgensis secundum cronicas Saxonum.

---

a) *§§ 200 und 201 in B zu 1241.* b) Mediolanensis *B und Martin.* c) Mongu *Detmar.*

1244.

v. Detm. 619. 203. Vicesimo nono anno Frederici qui est domini MCCXLIIII. Adolfus[a] comes de
Detm. 188. Schowenburg (et Holtsacie) factus est frater ordinis Minorum[1] de[b] consensu uxoris sue Heylewigis[d] et edificavit ordini suo conventum in urbe Kil (terre Holtzatorum. Vestitus
Detm. tamen fuit in conventu Hammaburgensi secundum cronicam Lubicensem). Cognovit autem idem frater Adolfus carnaliter suam prefatam uxorem post factam professionem et genuit ex ea filium. Factus est autem sacerdos ex dispensacione pape et reliquid post se tres
Detm. filios Iohannem, Gherardum et Luderum. Quibus[c] posuit in tutorem Abel ducem de Sleswic generum suum (ut terram suam tuerctur).

Korn. 188. 204. Gens[e] Tartharorum — secundum Vincencium[d] — si quos invenire potuissent et
Detm. 128. commederunt. Predicti eciam Tarthari totam Turquiam — castra et urbes multas.

DE INNOCENCIO IIII. PAPA CLXXXVIII.

Mart. 440. v. A. Stad. 368. 205 (186). Innocencius[a] papa nacione Ianuensis ex patre Martino sedit annis IX[e] et mensibus VIII secundum Martinum. Iste prius Senobaldus dictus super presbiteros constituit vicesimam decimam et quintam, quod hucusque inconsuetum fuerat. In fine
Korn. 191. autem posuit sex denarios super marcam[(1)] [f]. Hic sedes cardinalium — excomunicavit. Ipse
v. Detm. 621. anm. 14. eciam instituit in Lugduno, ut octavam beate virginis in ipsius nativitate omnis ecclesia celebraret ob talem causam. Gregorio enim IX. defuncto, Romani omnes cardinales in quodam conclavi incluserunt, ut eo cicius ecclesie providerent de pastore. Sed cum per plures dies concordare non possent et ipsi a Romanis multa incommoda sustinerent, voverunt regine celi, quod si eius meritis concordarent et libere abire possent, octavas sue nativitatis diu neglectas vellent statuere celebrandas. Sicque in dominum Celestinum concordaverunt et liberati per hunc Innocencium votum suum impleverunt. Iste eciam papa festum annunciacionis virginis gloriose, quod est fons et origo omnium festivitatum, cum suis cardinalibus in tanta reverencia habebat suis temporibus, ut per totum annum diem, in qua veniebat idem festum, ieiunaret. Et multa bona ex tali ieiunio provenerunt sibi et ecclesie.

1245.

Detm. 622. 206. Tricesimo anno Frederici qui est domini MCCXLV. Tarthari[f] duos milites captivaverant cristianos de Francia secundum Vincencium[g]. Quos armis induentes preceperunt, ut simul preliarentur, quia omnino mori deberent. Hoc autem ideo Tarthari illi fecerunt, ut modum dimicandi cristianorum videre possent et ipsum addiscere. Sed milites illi sic bene armati, se ipsos nolebant interficere, sed (mutuo se exhortantes) viriliter in barbaros illos prosilierunt et XXX[(2)] de pocioribus interficientes, pariter cum illis occubuerunt. (Plures eciam de aliis graviter vulnerati fuerunt)[4].

v. A. Stad. 368. 207 (128). Hii[h] Tarthari tantum terrorem (suis exercitibus sic provincias pervagantes) cristianis incusserunt, ut papa ad instanciam regis Ungarie, ducum Austrie et Carinthie generalem daret indulgenciam Terre Sancte omnibus contra ipsos ire et cum ipsis confligere volentibus[i].

Korn. 192. 208 (129). Apud[h] Cremonam — (secundum Eggherdum) — clare vidit. (Plures eciam alii infirmi equa illa curati sunt.)

---

(1) Ipse eciam excommunicavit imperatorem[2]. a. zu B.

(2) st. XXX de pocioribus B: 30 de illis.

---

a) §§ 203—206 in B zu 1243. b) de — Heylewigis in B am rand. c) Quibus — suum in B unten am rand. d) Helywendam B. e) II B. f) § 206 in B unten am rand zu 1243. g) cronicam Lubicensium B. h) §§ 207 und 208 in B zu 1243. i) secundum Vincencium a. zu B.

1) 1239 aug. 13. 2) Das klein gedruckte ist erst in B bzw. D aus Detmar eingefügt. Vgl. A 130. 3) Vgl. Sächs. Weltchronik 273 und anm. 6 und 7. 4) Vermutlich aus Detmar 320 verarbeitet.

209 (130). Duo[a] milia mulierum — secundum Vincencium — mulieres ibidem interfecerunt. (Istud autem malum in precedenti pocius anno ponendum est)[(1)]. Vinc. 30,141.

1246.

210 (135). Tricesimo primo anno Frederici qui est domini MCCXLVI. Lodowico[b] rege Francorum egrotante circa festum Lucie secundum Vincencium[c] — cum Lodewico rege excitavit. Vinc. 30,152, 32,1.

211. Apud[d] Avinionem — Garsianus de Aura. Kor. 1..

212. Quidam[e] Turcus cupiens effici rex secundum Vincencium[f] — statim introductus est et captus et mox patibulo affixus est[1]. Detm. ...

1247.

213. Tricesimo secundo anno Frederici qui est domini MCCXLVII. Tartari[d] iterum Turcos — ut supra patuit anno Frederici XXVIII. secundum Vincencium — ex auro puro. Kor. 1.. *f. 75.

214. (Dominus Iohannes episcopus Lubicensis obiit[2] secundum cronicas eiusdem et electus est in locum eius frater Iohannes lector ordinis Minorum. Hic autem frater Iohannes non est electus statim post mortem predicti Iohannis episcopi defuncti, sed post sex integros annos, in quibus canonici concordare non poterant in sua eleccione, uno[g] non favente alteri honorem, primo est electus dictus frater in antistitem dicte ecclesie. Interim autem dominus Albertus episcopus Rigensis tutor extitit ecclesie Lubicensis, residens in hoc loco.) v. Detm. 227. 228.

215. (Monachi ordinis sancti Benedicti, in monasterio sancti Iohannis ewangeliste urbis Lubicane degentes, secundum cronicam eiusdem monasterium suum pariter et civitatem deseruerunt et in terra Wagirorum novum cenobium fundaverunt, quod Cismariam nuncupaverunt. Causa autem recessus illorum fuit discordia inter abbatem et consulatum habita, que sedari aliter non poterat. Locum autem desolatum dicti monasterii intraverunt sanctimoniales Cisterciensis ordinis de consensu abbatis et fratrum suorum.) Detm. 227.

1248.

216 (138). Tricesimo tertio anno Frederici qui est domini MCCXLVIII. Adolfus[h] comes Holtzacie[i], frater Minor factus, secundum cronicam Lubicensem venit de curia Romana et dispensacionem a papa Innocencio obtentam secum deferens, ordinatus est sacerdos[(2)] et primam suam missam celebravit in conventu Hammeburgensi ordinis antedicti (cum magna solempnitate et concursu nobilium et vulgarium). v. A. Stad. 368.

217. Sanctus[k] Edmundus Cantuariensis — libros sentenciarum pulcerrime scripsit. Kor. 1..

218 (143). Prelium[l] maximum commissum est inter regem Ungarie et ducem Austrie[3] secundum Vincencium. Et rex Ungarie obtinens triumphum, interfecit ducem[4] et omnes v. Detm. ...

(1) *in B folgt:* 209a (132). In octava sancti Michaelis sol eclipsim passus est celo sereno existente circa meridiem. *Ferner zu 1244:* 209b. A dominica post natale — bibi non possunt. v. A. Stad. 368. Kor. 1..

209c (133). Woldemarus rex Danorum obiit et ei in regnum successit Ericus filius eius secundum cronicas Danorum. v. A. Stad. 367.

209d (134). Otto marchio Misnensis[5] captus est — u. s. w. wie A — cum hoc 116 marcas argenti puri. W. Chr. ...

(2) a domino Iohanne episcopo Lubicensi *z. zu B.*

a) § 209 *in B zu 1243.* b) § 210 *in B zu 1244.* Lodowico — Vinc. *auf rasur D.* c) Eghardum *B.* d) §§ 211 *und* 213 *in B zu 1245.* e) § 212 *in B unten am rand zu 1246.* f) cronicas Ungarorum *B.* g) uno — alteri *auf rasur D.* h) § 216 *in B zu 1246.* i) de Schowenborgh *B.* k) § 217 *in B verteilt auf 1246 und 1247.* l) § 218 *in B zu 1247.*

1) *Siehe Ekkard 886.* 2) *Gest. 1247 märz 8. Johannes II. von Dyst wird erst 1254 sept. 11 inthronisiert.* 3) *Bela IV. und Friedrich der streitbare.* 4) *1246 juni 15.* 5) *So schon A und c;* marcgreve Otto von Brandenborch *richtig die Sächs. Weltchronik. Vgl. D § 187 dasselbe aus Detmar.*

nobiles illius ducatus. Et dominium hoc iure belli devolutum est ad regnum Ungarie. Unde(7) metrista quidam ait:

Anno milleno centeno terque triceno
Hiis quinquagena si misces oc.[a], bene disces
Austria quod tota sit principibus viduata
Terraque corunte discet servire tributo.

v. Detm. 522. 219 (144). Gherardus[b] et Iohannes filii Adolfi comitis (facti frater ordinis Minorum) revertentes[c] de studio Parisiensi cum magistro eorum Hermanno magno philosopho secundum cronicam Lubicensem[d] fecerunt ipsum plebanum in Sancto Porta id est Hilghenhavene.

Korn. 183. 220. Papa[e] Innocencius — (secundum Vincencium) — eligi in regem Romanorum.

[illegible] 221. (Lodowicus rex Francorum arripiens — secundum Vincencium — numero fere quinquginta de XIIII.)

DE HENRICO REGE ROMANORUM.

222 (141). Henricus(8) Raspe — regnavit secundum Martinum. (Hic rex electus est a duobus archiepiscopis, Moguntino scilicet et Coloniensi, approbante eorum eleccionem Innocencio papa.) Hic Raspe fuit cognominatus, pro eo quod Raspenberg castrum fundaverat. Ipse autem in sanguine proprio suffocatus interiit et caruit benediccione imperiali, unde in numero imperatorum ponendus non est, sed solum regum Romanorum.

1249.

Korn. 183. 223. Primo anno Henrici qui est domini MCCXLIX. Innocencius[f] papa — Henrici regis Romanorum.

[illegible] 224 (145). Innocencius papa misit — secundum Vincencium — ad papam Innocencium est reversus.

Korn. 183. 225. Apud Yeselum — secundum Vincencium — morte preventus periit(9).

Detm. 257. 226. Abel[g] dux de Sleswic venit cum Teutonicis in Fune terram Danorum secundum cronicam eorundem[h] et igne succendens opidum Odense, incineravit ipsum et plures villas[i] gladio vastavit. Erikus autem rex Danorum fratris fugiens furiam, ascendit castrum Swyneburg.

Detm. 261. 227. Erikus[g] rex Swecorum obiit (in Gotlandia) secundum cronicam Lubicensem[k]. Propter cuius mortem populares regni rusticum quendam sibi prefecerunt in regem. Qui regnum acceptans plures nobiles occidit, scribens se pro duce Swecorum et non pro rege. Hic plura privilegia Lubicensibus contulit et mercatoribus Teutonicis in regno suo negociantibus.

1250.

v. Detm. 262. 228 (157). Secundo anno Henrici qui est domini MCCL. Erikus rex Danorum secundum cronicam Danorum[h] contra Lubicanam urbem se erigens, dampna plura illi civitati intulit, mercatores quosdam in Scania captivando (sicud a patre suo Woldemaro factum audiverat) et alios in mari spoliando. Cives vero urbis antedicte quarundam civitatum freti auxilio, naves armatorum multitudine onustas plures et magnas versus opidum Copenhaven direxerunt et expugnantes[l] tam opidum quam castrum ceperunt et ad solum usque destruxerunt, cum magna preda Lubeke revertentes.

(7) st. Unde — ait B: Versus.

(8) st. Henricus — Martinum B: Henricus — [illegible] wie A — Coloniensem.

[illegible] (9) in B folgt zu 1250: 225a (146). Lodowicus rex Francorum — secundum cronicas Francorum — [illegible] reversi.

a) für octo; oc[a] D, das [illegible] ganz klein von andrer hand? aus B. b) § 219 in B zu 1247. c) s über der zeile D. d) Holsatorum B. e) § 220 in B zu 1248. f) Innocencii D. g) §§ 226 und 227 in B unten am rand. h) Lubicensem B. i) regni s. zu B. k) Swecorum B. l) expugnandos D.

229. Fredericus secundus post suam deposicionem — secundum Eggherdum — Manfredum regno et vita privavit. Post mortem vero — elegerunt. Hern. 18. Mart. 472.

230. Henricus rex Romanorum — secundum Vincencium — est electus. Vinc. 31,33.

DE WILHELMO REGE ROMANORUM

231 (151). Wilhelmus — regnavit. Hic in Nussya est electus feria V. post festum Michaelis (secundum Vincencium) et a Wilhelmo episcopo Sabinensi cardinali coronatus(1). Sed propter [a] insolitam coronacionem multi principes ipsum regem nominare dedignabantur [1]. (Cives quidem Aquisgrani — in obsidione Aquisgrani.) Caruit autem Wilhelmus rex benediccione [b] imperiali [c] (et in numero imperatorum non ponitur). Menc. 187. v. A. Sept. 471.

1251.

232 (159). Primo anno Wilhelmi qui est domini MCCLI. [d] *Erikus(2) rex Danorum venit in Slewik ad Abel fratrem suum, ducem de Slewic secundum cronicam Danorum, nichil mali suspicans, eo quod anno precedenti discordia eorum sopita fuerat. Existens ergo in solaciis et ludens in schako cum Hermanno Kerkwerder milite, captus est per Lagonem militem in nocte sancti Laurencii ex ordinacione Abel ducis. Quem predictus Lago in parva navi vexit in aquam Sly et ibidem decollatum dimersit in profundum. Abel vero extincto fratre suo Eriko rege intravit Daciam. Ubi electus in regem coronatus est in die omnium sanctorum cum Methilde uxore sua. Ludw. 260. L. 80.

233. (Miles autem ille Lago, Erici regis interfector, non audens diucius morari in ducatu Sleswicensi, tulit substanciam suam et se transtulit in opidum Kil terre Holtzatorum. Cum ergo dictus idem Lago ludens ad aleam rixari cepit cum suo socio. Qui pugionem extrahens ipsum transfodit, facinoris sui talionem in ipsum retorquens. Hermannus eciam Kerkwerder miles, qui cum Eriko rege luserat ad schakos et prodicionis forte conscius fuerat, a fossoribus et rusticis interemptus est.) ibid.

234. (Fernando [2] rege Castelle Tholose existente secundum Vincencium, quidam Iudeus volens locare vitem quandam in terram, reperit in quodam antro profundo libellum in asseribus ligatum, quantitatem unius psalterii tenentem. In hoc quidem libro facta fuit mencio de tribus mundi etatibus, quarum tercia ad tempora antichristi foret duratura. De hac etate ibidem scriptum erat sic: In principio etatis tercie nascetur Ihesus Cristus unigenitus dei filius ex Maria virgine et liberabit mundum morte sua preciosa. Hanc scripturam cum Iudeus ille legisset, mox cum omni familia sua cucurrit et se baptizari fecit.)

235 (165). Wilhelmus(3) rex Romanorum secundum Wilhelmum duxit in uxorem filiam Ottonis ducis de Brunswik Helenam nomine. Quorum nupcie celebrate sunt in Brunswic. In quarum nupciarum prima nocte corruit palacium incendio consumptum, de cuius conflagracionis periculo vix rex cum regina evasit. Duo autem sartores in consuendis regalibus vestibus occupati incendio illo perierunt et corona regalis cum multis clenodiis igne consumpta est. Palacium autem istud situm erat apud ecclesiam sancti Blasii, ubi

(1) in mense Novembri s. zu B.

(2) § 232 lautet in B: Ericus rex Danorum — u. s. w. wie A — uxor sua in reginam.

(3) Wilhelmus — de Brunswic in B als selbständiger § nach § 236: secundum cronicam Saxonum. Ausserdem gibt B den ganzen § 235 nach § 246 zu 1253 mit verändertem eingang: Wilhelmus rex Romanorum traduxit filiam Ottonis ducis Brunswicensis nomine Helenam sibi ad suam desponsatam, celebrans nupcias in urbe Brunswik. In quarum — u. s. w. wie D — secundum cronicas Saxonum — quem Henricus Leo struxit.

a) hiernach getilgt ipsa D. b) ursprünglich ... d nachgetragen von andrer hand D. c) secundum Martinum s. zu B. d) MLI D.

1) Krönung 1248 anm. 1. 2) § 234 fehlt B; vgl. jedoch den zusatz zu § 237.

et in prenunciarum simile locatum est iuxta leonem ereum, quem Henricus Leo erexerat in memoriam perpetuam nominis sui.

Mart. [illegible] 236 (160). Erico Danorum regi hoc anno interfecto ante suam mortem in lecto quiescenti secundum Eggbardum[a] apparuit per visum sanctus Wenzlaus martir, dux quondam Bohemorum, et quod suo martirii[b] genere[c] mori deberet sibi indicavit, ac ut sibi monasterium construeret iniunxit. Qui iussa perficiens cepit ad honorem sancti martiris in Revalia urbe terre Estlandie monasterium fundare ordinis Cisterciensis magnarum possessionum. Sed antequam consummaret cenobium, occisus est secundum revelationem sancti martiris.

[illegible] 237. In Burgundia — secundum Vincencium — baptizatus est[(1)].

Detm. [illegible] 238. Media[d] pars urbis Lubicane (terre Wagirorum) incinerata est in die sancte Barnabe apostoli secundum cronicam eiusdem[1]. (Et ex illa die statutum est a consulatu, ut qui domum aliquam reformare vel novam edificare vellet, non de luto, sed de lateribus ipsam faceret. Et sic civitas Lubicana antea lutea facta est latericia.)

1252.

[illegible] 239 (174). Secundo anno Wilhelmi qui est domini MCCLII. frater Petrus Veronensis — secundum Vincencium — martir consecratur. (Huius sancti martiris epitaphium Albertus Magnus componens in ipsius sepulcro sculpi fecit tale:

Preco, lucerna, pugil Cristi mundi fideique
Hic silet, hic tegitur, iacet hic mactatus inique.)

[illegible] Ille a domino Innocencio IIII. papa — sanguine laureatus.

240 (167). Cum autem beatus Petrus adhuc vivens quendam hereticum in urbe Cumana convertisset et ille per alios hereticos iterum fuisset seductus et relapsus, accidit ut sanctus Petrus ipsum visitaret. Qui respuens eius consorcium, domum suam sibi interdixit. A quo cum Petrus causam quereret, dixit seductus: 'Decepisti me verbis tuis fallacibus'. Ad quem Petrus: 'Quomodo tibi constat, quod te deceperim'. Respondit hereticus: 'Fratres mei duxerunt me ad quoddam templum mire altitudinis et pulcritudinis, in quo vidi Cristum et eius matrem cum tota celesti curia in cathedris sedere aureis, a quibus sum misericordiam consecutus et a quibus audivi, quod tu falsa doces'. Cui Petrus ait: 'Si ista vera sunt et hec cum tuis poteris et michi ostendere, adherebo et ego tuis et que predicavi revocabo'. Quod verbum hereticus detulit ad suos complices. Et gavisi valde crastinum diem statuerunt, ut sanctum Petrum ad locum prefatum ducerent. Petrus autem mane consurgens missam celebravit et duas hostias consecrans unam in missa sumpsit et alteram in quadam pixide reverenter deposuit. Quam secum deferens sub cappa cum hereticis ad locum spectaculi pervenit. Qui videns claritatem palacii et fulgorem residencium in eo ac pulcritudinem assistencium subrisit. Tunc illa, que ab hereticis credebatur mater dei, dixit sancto Petro: 'Cur, maledicte Petre, eos erroribus tuis decipis creatos et redemptos per filium meum?' Cui Petrus: 'Que estis vos, que talia dicitis?' 'Ego' inquid 'sum mater dei et hic est Ihesus Cristus filius meus et hii sunt angeli servientes filio meo et michi'. Tunc sanctus Petrus extrahens corpus dominicum de pixide ait: 'Si vos estis mater dei et hii angeli vestri, exhibete reverenciam filio vestro et ipsum adorate. Ecce verus filius dei et filius virginis

---

[illegible] (1) Erat eciam in libro scriptum, quod tempore Ferrandi regis Castelle debebat liber inveniri. Simile quid invenies tempore Constantini VII. de quodam pagano. s. zu B.

---

a) cronicam Danorum B. b) in ane a korrigirt D. c) das abkürzungszeichen über gen nachgetragen D. d) Media pars — eiusdem in B unten am rand.

1) Vgl. auch die fassung von H im anhang I.

Marie'. Quo viso mox illa[1] dyabolica illusio cum strepitu maximo et clamore horribili evanuit. Et invenerunt se omnes in loco fetido et inmundo constitutos. Quod videntes heretici, relictis erroribus suis ad veram fidem sunt conversi[1].

241 (147). Ad instanciam Lodowici regis Francorum magna pars sancte crucis a Constantinopoli Parisius est translata secundum Wilhelmum. Hec quidem crucis delacio est facta per Lodowicum regem, cum de captivitate reverteretur de partibus transmarinis, de qua supra dictum est[2].

242. (Henricus miles cognomento de Myldorpe secundum cronicam Lubicensem bellum gessit cum Abel rege Danorum in Selandia. Et victoriam Henricus obtinens stragem maximam fecit de Danis. Rex vero collecto populo vindicare se volens, intravit Frisiam vicinam Dithmarcie, eo quod Frisones illi Henrico militi auxilio fuissent, et cum ipsis confligens mox victus est ab illis et interfectus et Cristoforus frater eius regnum Danorum est adeptus. Audiens autem Woldemarus filius Abel regis, in studio Bononie degens, patrem suum interfectum, Lombardiam reliquid et veniens prope Coloniam a vasallis archiepiscopi Coloniensis capitur et custodie mancipatur. Ille postea redemptus per avunculum suum Iohannem comitem Holtsatorum, qui in eodem studio secum steterat, solvit pro eo sex milia marcarum argenti pari. Qui Woldemarus veniens in patriam factus est dux in Iucia per Cristoforum regem in opido Koldinghen.) Detm. [illegible] Detm. [illegible] Detm. [illegible] Detm. [illegible]

1253.

243 (158). Tercio anno Wilhelmi qui est domini MCCLIII. urbis Sundensis cives infesti esse ceperunt Lubicensibus secundum cronicam eorundem et preiudiciales in multis. Quod valde egre ferentes cives de Lubeke et eorum presumpcionem ac proterviam a se removere satagentes, classem nauticam viris armatis et bellicis instrumentis copiose oneratam eduxerunt et mare transeuntes urbem Sundensem predictam, in Circipanorum terra sitam, obsidione gravi vallaverunt et tandem eam expugnantes virtute magna ceperunt, spoliaverunt et gladiis suis innumeros perimerunt. Pociores vero cives et pecuniosos captivantes secum Lubeke deduxerunt. In hoc autem bello et in pluribus aliis, in quibus contra Danos et alios eorum hostes dimicantes victoria potiti sunt Lubicenses, capitaneus et dux exercitus eorum fuit strenuus et victoriosus ille burgimagister eorum Alexander de Soltwedele, qui probitate sua et virtute hoc promeruit, ut ipse simul cum fratre suo Arnoldo in consulatu sederet, quod nec per antea nec in antea ullis duobus fratribus concessum est ibidem nec iuxta statutum prelibate urbis in perpetuum concedetur[3]. v. Detm. [illegible]

(1) et illa dyabolica — evanuit B: fulgura ceciderunt et cum fetoribus magnis illusio illa evanuit.

(2) in B folgt: 241a (149). Monachi ordinis sancti Benedicti apud Sanctum Iohannem ewangelistam commorantes in urbe Lubeke, civitatem exierunt et novum monasterium in Cysmer fundatum a comitibus Holtsatorum ingressi sunt. Qui locus ab antiquo Wagira vocabatur, a quo Wagirorum terra dicta est. In locum vero monachorum introducte sunt monache sive sanctimoniales eiusdem ordinis secundum cronicas Lubicensium. v. Detm. [illegible]

(3) in B folgen: 248a (172). Abel rex Danorum, qui fratrem suum Ericum precedenti anno occiderat, volens sibi subiugare Frisones, qui vulgariter Strantvresen nuncupantur, inter-

1) Die geschichte ist jedenfalls dem 'Viaticum narracionum' entnommen. Vgl. über diese quelle des Korner die einleitung am schlusse der untersuchung über die allgemeinen quellen. Die geschichte steht in der Kopenhagener hs. des 'Viaticum' fol. 8 unter der überschrift: Corpus Cristi potestatem dyaboli dirimit und impunit: Legitur in miraculis beati Petri martiris de ordine fratrum Predicatorum, quod cum quendam hereticum converteret u. s. w. Der ortsname fehlt. Dieselbe erzählung steht auch ähnlich in der 'Scala celi' (Ulm 1480. Göttingen, Univ.-Bibliothek, Patr. lat. 1128 d) fol. 64, hier ebenfalls ohne den ortsnamen.

v. d. Hard. 571. **244** (152). In Hallis Swevie perfidissimi pullulaverunt heretici secundum Vincencium. Hii claves ecclesie parvipendentes contra sanctam ecclesiam in publicis stacionibus latrabant ut canes.

245 (151). Bernhardus episcopus de Padelbrunna obiit secundum Egghardum. Cui successit dominus Symon de Lippia, cuius frater Hermannus electus fuit pro eodem tempore in episcopum Monasteriensem. Pater vero eorum Bernhardus factus est monachus in Corbeya. Deinde factus est abbas in eodem monasterio et demum factus est episcopus Myndensis(1).

246 (164). Opinio vehemens suscitata est in populo[a] de Frederico secundo imperatore destituto, quod adhuc viveret et quod pluribus locutus esset in castro Kufhusen uno deserto terre Thuringie[b]. Iste Fredericus fuit ultimus imperator de sanguine principum de Brunswic[c], quia post[d] Conradum IIII. et Henricum VI. imperatores iste obiit (de progenie predicta). Hic inquam Fredericus secundus dicendus est magis vocalis quam realis sive naturalis filius Henrici sexti. Quod sic patere potest. Nam idem Henricus VI. Constanciam duxit sexagenariam in uxorem anno domini MCLXXXVI[e]; peperit autem Fredericum istum anno domini MCXCV, puta anno etatis sue LXIX[f]. Nolunt ergo quidam credere, Constanciam in tali etate peperisse, et ob hoc creditur fallaciter introisse progeniem principum de Brunswic[c].

247 (168). Hucusque frater Vincencius lector conventus Ianuensis ordinis Predicatorum speculum suum historiale perduxit (prout patet ipsum speculum intuenti). Iste venerabilis pater tria solempnia fecit specula, puta doctrinale, in quo fundamentum et nucleum posuit omnium scienciarum in universali (incipiendo ab inferiori facultate, puta gramatica et ulterius gradatim procedendo per singulas sciencias usque ad theologiam inclusive). Secundum, quod fecit, dicitur naturale, in quo omne, quod naturalem concernit cursum rerum et earum noticiam, luculenter edocet. Tercium intitulatur historiale, in quo facta omnium principum spiritualium et secularium aliarumque utriusque sexus personarum acta describit(2). (Inseruit eciam eidem libro diversorum doctorum flores et doctrinas notabiles ac passiones sanctorum sanctarumque personarum, propter que opera ipsius memoria gloriosa est in dei ecclesia.)

248 (171). Wilhelmus(3)[g] Romanorum rex solempnem indixit curiam principibus

---

fertur est ab eisdem secundum cronicas Danorum[1].

243b (162). Woldemarus frater Abel regis Danorum occisi, veniens de studio Parisiensi, capitur prope Coloniam a vasallis archiepiscopi Coloniensis. Quem redimens avunculus suus Iohannes comes Holtzatorum, qui secum in eodem studio steterat, solvit pro eo sex milia marcarum argenti secundum cronicas Danorum.

v. d. Hard. 572. 243c (163). Rex Francorum Lodowicus secundum cronicas Francorum hoc anno adhuc existens in Terra Sancta, conflictum habuit cum soldano super Nylum Nonas Aprilis, ubi occisa sunt ex cristianis 100000. Rex vero captus est et frater suus occisus. Sed civitatem Damiatam, quam rex ceperat, reddens et 100000 marcarum solvens liberatus est.

(1) in B folgt: 245a (155). Infra octavam assumpcionis beate virginis pons super Albiam structus in urbe Missna impetu tempestatis totus confractus corruit et multum populum, qui ibidem propter horrorem aure confugerat, oppressit secundum cronicas.

(2) a temporibus Adam incipiens et usque in presens continuans s. zu B.

(3) st. Wilhelmus — obiit B: Otto dux de Brunswik — u. s. w. wie A — principibus indixerat, obiit.

---

a) secundum cronicas Saxonum s. zu B. b) st. terre Thuringie B: sito in alto monte inter civitates Northusen et Sanghershusen. c) et Luneborg s. zu B. d) filios Brunswicensium dominorum s. zu B. e) 1184 B. f) 71 B. g) § 248 in B am untern rand.

1) Vgl. D und B § 250.

omnibus in Frankenford celebrandam secundum Egghardum. Ad quam visitandam cum se Otto dux de Brunswic disponeret, preventus morte obiit[1] in festo sanctorum Primi et juni 9.
Feliciani anno vite sue XLVIII, relinquens post se quatuor filios, puta Albertum, Iohannem, [illegible]
Conradum et Ottonem. Albertus autem successit patri in ducatu Brunswicensi et Iohannes in ducatu Luneburgensi. Sed Conradus factus est episcopus Verdensis et Otto episcopus Hildensemensis[a].

249. Gwido comes — secundum Wilhelmum[b] — de Clivis. [illegible]

1254.

250 (172). Quarto anno Wilhelmi qui est domini MCCLIIII Cristoferus(1) rex Danorum coronatur secundum cronicam Lubicensem in opido Ydenstad terre ipsius[2].

DE ALEXANDRO IIII. PAPA CLXXXIX.

251 (178). Alexander papa nacione Campanus ex patre Dominico sedit annis VIII et [illegible]
mense uno (secundum Martinum). Hic prius dictus Reynerus et postea Alexander canonizavit Anagnie sanctam Claram ordinis sancti Damiani(2) et(3) plures alios sanctos et sanctas cathalogo sanctorum sociavit. Reprobavit eciam duos libellos valde pestiferos Wilhelmi de Sancto Amore canonici Belvacensis. Quorum unus — salvari non possent. Alter vero — IIII attribuendo.

252 (175). Albertus dux de Brunswic[c] (secundum Egghardum) reformavit castrum Hartesburg iam duabus vicibus destructum. Hoc(4) tamen promiserat Gerardo archiepiscopo Bremensi se nunquam restauraturum, eo quod strate communi esset onerosum et sui inhabitatores frequenter esse consueverant raptores, prout et in presenciarum existunt.

253. Fredericus[d] Hamburgensis episcopus diem clausit extremum[e] (secundum Obotri- [illegible]
torum cronicam). Cui in sedem successit Odalricus de Bluchere[e] vir magne probitatis.

254. Iohannes IIII. — miraculis clarens(5). [illegible]

255 (169). Conradus rex Sicilie — secundum Wilhelmum[f] — a medicis intoxicatus periit. [illegible]

1255.

256 (170). Quinto anno Wilhelmi qui est domini MCCLV. orta est nova secta hereticorum secundum Wilhelmum[g] et primo visa est in urbe Parisiensi. Hanc sectam professi nominabant se Pastores, quorum non fuit numerus. Venerunt autem Parisius in principio se habentes ut viri sancti et ideo a laycis sunt recepti et approbati in tantum, ut eciam cum ipsis contra fidem sentirent. Dicebant enim se habere auctoritatem benedicendi, consecrandi, baptizandi, ligandi et solvendi. Et hanc auctoritatem a clericis

(1) *§ 250 lautet in B:* Cristoferus frater Abel, interfecti a Frisonibus in villa Ydenstad fit rex Danorum secundum cronicas Danorum.

(2) secundum quosdam. Ego eciam[h] non credo eam fuisse ordinis sancti Francisci. *a. zu B.*

(3) *st.* et plures — sociavit *B am rand:* Canonizavit eciam sanctum Petrum martirem ordinis Predicatorum.

(4) *st.* Hoc tamen — existunt *B am untern rand:* Albertus dux Brunswicensis restauravit castrum Herberg, quod tamen promiserat Gherardo archiepiscopo Bremensi se nunquam illud reedificaturum secundum cronicam Lubicensium. [illegible]

(5) Cumque perfulsisset — Argentinensi secundum cronicas Predicatorum. *a. zu B.* [illegible]

a) secundum cronicam Saxonum *a. zu B.* b) cronicas de Marka *B nach Heinrich.* c) frater Ottonis *s. zu B.* d) *§ 253 in B am untern rand.* e) Bluchere *B.* f) cronicas Romanorum *B.* g) cronicas Francorum *B.* h) eciam *auf rasur;* cum *und berichtigend beigefügt B.*

1) *Gest. 1252 juni 9.* 2) *Die falsche ortsangabe rührt von der missverständlichen verkürzung des § her; vgl. die fassungen B und A.* 3) *Gest. 1257 juli 15. S. unten § 275a und A § 169.*

tam inferioribus quam superioribus esse ablatam asserebant. Et dum clerus eorum erroribus resistere vellet, irruerunt in eos et plures ex eis occiderunt de fratribus Predicatoribus[a], Minoribus et ceteris clericis, removentes ipsos cum indignacione de predicacionis loco. In ipsum vero episcopum Parisiensem insultum facientes exprobraverunt et sic inter clerum et populum maximum concitaverunt tumultum. Sed auxiliante domino tota eorum depressa est presumpcio. Nam primum ab episcopo sunt excommunicati et postmodum a rege et populo sunt interfecti.

257 (180). Alexander papa viris religiosis et maxime fratribus Predicatoribus et Minoribus extitit beneficus et graciosus[1] secundum Eggbardum. Qui quidem fratres licet sint de iure communi privilegiati et licenciati ad predicandum verbum dei et ad audiendum confessiones fidelium in omnibus dyocesibus, ubi episcopis semel fuerint presentati, ut patet in Clementinis R. de sepulturis, cap. 'Dudum': tamen ipse de speciali favore et gracia predictis fratribus dedit privilegium declarativum[b] iuris ad obstruendum ora loquencium iniqua. In hoc quidem indulto precipit omnibus archiepiscopis et episcopis requisitis per dictos fratres cum indulto prelibato, quod faciant in suis dyocesibus a subditis suis presbiteris vel laycis reclamari, revocari et retractari tamquam falsum et erroneum, si quis eorum dixerit vel dixisse deprehensus fuerit aut docuisse publice vel occulte, quod volentes confiteri predictis fratribus presentatis (ut premissum est) teneantur primo petere licenciam a[(1)] plebanis suis; et quod defensores illorum talia dicencium sint habendi tamquam rebelles Romane ecclesie; et si qui talia docuisse deprehensi fuerint et ea revocare recusaverint ad primam episcoporum iussionem, debent ad hoc compelli per excommunicacionis sentenciam et per privacionem beneficiorum suorum. Huius autem Alexandri IIII. bulla super huiusmodi materia est in Magdeburg in conventu fratrum Minorum et incipit: 'Ad audienciam'[2], (non dubium, quin eciam sit apud fratres Predicatores in eodem vel in alio loco.)

1256.

258 (181). Sexto anno Wilhelmi qui est domini MCCLVI. Lodowicus dux Bayoarie secundum Wilhelmum[c] uxorem suam Sinwerdem decollari precepit falsum crimen ei imponendo, ut forte aliam ducere posset[(2)].

v. Detm. 203. 259 (183). Rigensis episcopatus factus est archiepiscopatus per Alexandrum IIII. ex ordinacione Alberti episcopi eiusdem ecclesie.

260. Wilhelmus rex — secundum Wilhelmum[d] — interfectus.

Mart. 194. 261. Hoc anno secundum quosdam Lodowicus rex — in terrorem aliorum.

Detm. 207. 262. (Ayco[e] magnus) rex Armenie secundum Egghardum[f] venit — clementer et efficaciter exauditus[3].

Mart. 194. 263. Dominus de Coryaco — (secundum Wilhelmum) — ibidem construxit.

1257.

Detm. 208. 264. (Septimo anno Wilhelmi qui est domini MCCLVII. comes de Barneburg Bernhardus secundum cronicam Lubicensem duxit in uxorem filiam Abel regis Danorum interfecti. Et nupcie celebrate sunt in Hammeburg.)

---

(1) st. a plebanis suis B: ab eorum sacerdote parrochiali.

v. Detm. 209. (2) in B folgt: 258a (182). Frater Iohannes Dedeci, lector ordinis Minorum, factus est episcopus Lubicensis per promocionem domini pape.

---

a) fidicoribus D. b) declaratum D. c) Egbardum B. d) cronicas de Merka B. e) § 262 in B unten am rand. Ayco magnus f. B und im Dexmer. f) cronicam Lubicensium B.

1) Die fassung von H ist wichtig. Vgl. anhang I. 2) 1250 jan. 20. Potthast, Regesta pontificum nr. 17760. 3) Siehe Korner 201.

265. (Gerardus archiepiscopus Bremensis obiit secundum Eggbardum. Hic¹ cum esset canonicus ecclesie Padelburnensis, venit una dierum ad eum homo quidam longe stature et dixit ei: 'Considera diem hunc et revoluto anno in hoc die eligeris in prepositum huius ecclesie. Quam preposituram cum habueris, michi duas marcas dabis'. Quod facturum Gherardus se spopondit, et sic factum est. Postquam autem factus fuerat prepositus, iterum una dierum reversus est vir ille et dixit ei: 'Hodie anno decurso eligeris in archiepiscopum Bremensem. Quo habito dabis michi V marcas'. Quod eciam promisit Gerardus se facturum, et sicud vir predixit evenit. In hac autem pontificali dignitate quidem constitutus, venit tercia vice ad ipsum vir ille et dixit ei: 'En bis tibi verum predixi et modo tercio dicam tibi tercium verum: In dignitate hac perdurabis XL annis completis'. Sed in hoc presagio parum erravit. Nam dictus Gerardus vixit in archiepiscopatu Bremensi XXXVIII annis et mensibus IIII.) Henr. 185. ¹ l. c.

266. Wilhelmus[a] rex — (secundum Wilhelmum) — elegerunt. Henr. 186.

DE RICHARDO REGE ROMANORUM.

267 (187). Richardus — regnavit. Iste(1) solum primo electus est ab archiepiscopo Moguntino, sed dominus papa suam eleccionem ratificavit et confirmavit secundum cronicas Romanorum, ex eo quod mox in principio eleccionis sue dedit ecclesie Romane — est coronatus[3]. Audiens autem Richardus, quod electores alii in Alfonsum consensissent, aspirans valde ad regnum magnam pecunie summam secum detulit in Alemanniam et primo archiepiscopum Moguntinum de captivitate redemit pro VIIIM marcarum forcium sterlingorum ab Alberto duce Brunswicensi, qui ipsum ceperat. Dicunt quidam, quod Richardus iste secum detulerit XXVIII tunnas auro et sterlingis fortibus plenas. Alii dicunt, se vidisse XXXII currus, quorum quemlibet currum equi fortes VIII trahebant ferentem unam tunnam, tria amen[a] vini capientem, sterlingis plenam. De huiusmodi autem pecuniis principes electores fecit suos amicos tantos eciam, ut primam vocem revocantes ipsum in regem Romanorum unanimiter eligerent et coronarent. Sed quia imperiali benediccione caruit, in imperatorum numero minime reperitur, sed solo regis nomine insignitur. Henr. 186. Henr. 186. 187.

1258.

268. Primo anno Richardi qui est domini MCCLVIII. fecit deus — spiritualis. Thomas ergo in facultate theologica ut sol preclarissimus inter doctores sui temporis lucet et Albertus in naturalibus scienciis tamquam luna inter stellas pre omnibus philosophis splendet in firmamento eternitatis(2). Henr. 186.

269. Libellus pestifer — (secundum Wilhelmum) — habetur. (In vita tamen sancti doctoris Thome dicitur, quod ipse per se specialem fecit tractatum contra predictum Wilhelmum hereticum, inductus ad hoc ex iniunccione magistri ordinis generalis et precibus fratrum suorum.) Henr. 187.

270. Taurinensem[b] — secundum Wilhelmum[c] — non potuerunt propter ipsius municiones fortissimas et propter inhabitancium strenuitatem. Henr. 187.

271 (188). Conradus comes de Everstein secundum cronicam Saxonum suspensus est ab Alberto duce de Brunswic predictus, capite deorsum pendente, eo quod raptor esset et spoliator strate communis. Ex quo tamen facto valde iusto et sancto Albertus dux indignacionem multorum iniustam odiencium incurrit. Henr. 187.

(1) *al.* Iste — est coronatus *B:* Iste solum electus est ab archiepiscopo Moguntino secundum Martinum et ideo nomen regis sine operibus gessit. Alii vero electorum — est coronatus. Henr. 186. 187.

(2) Plura de hiis vide in Henrico de Hervordia. c. 88 *B.*

a) sunt *D.* b) n *nachgetragen über der zeile D.* c) cronicas Francorum *B.*

1) *Vgl. auch Annales Hamburgenses 437.* 2) *Die entsprechende nachricht in A § 183 aus Albert von Stade.* 3) *Krönung 1257 mai 17.*

1259.

272. Secundo anno Richardi qui est domini MCCLIX. (Cristoferus rex Danorum obiit secundum cronicam Danorum post se relinquens Ericum filium septennem. Quem cum Dani in regem elegissent, orte sunt in regno bella et gwerre multe. Nam comites Holzatorum Juciam intrantes multa incolis illis dampna inferebant. Istud locum habebit inferius anno VIII. Richardi.)

273 (186). Bonaventura frater ordinis Minorum, in sacra theologia magister, in cardinalem est assumptus ab Alexandro papa et floruit doctor eximius (secundum Egghardum). Hic plura utilia et subtilia scribens, nominatus est a suis fratribus doctor devotus. (Sed quia in pluribus sensit cum doctore sancto Thoma de Aquino, idcirco a suis non est multum dilectus.)

274. Vincencius speculator — (secundum Egghardum) — providente.

275 (188). Woldemarus dux Sleswicensis, filius Abel regis Danorum defuncti, obiit secundum cronicam Danorum. Cui successit frater suus Ericus, qui Germari domini Ruglanorum filiam accepit in uxorem[1].

276 (190). Gerardo archiepiscopo Bremensi defuncto secundum cronicam Saxonum successit in sedem per canonicam eleccionem Hildebrandus[a] prepositus ecclesie[b] Brunswicensis, vir magne prudencie[2].

1260.

277 (193). Tercio anno Richardi qui est domini MCCLX. Florentini et Lucani — secundum Wilhelmum[c] — comitatui Senensi.

278 (191). Germarus princeps Rugianorum intravit Selandiam terre Danorum (secundum cronicam Danorum) ducens secum magnum populum et obsidens opidum Nestwede expugnavit ipsum. Vastavitque multas villas circumquaque igne et gladio innumerosque Danos occidit. Ob quod factum Dani in tanto odio habent dictum principem, quod pauperes et mendici regni illius dedignantur elemosinas recipere ad orandum pro salute anime ipsius.

279. Karolus comes — secundum Wilhelmum — compellens.

280 (195). Rodolfus archiepiscopus Magdeburgensis secundum cronicam Saxonum subitanea morte periit, in mensa sedens cum multis in magnis leticiis et solaciis.

281 (196). Belo rex Ungarie secundum Egghardum propter terras quasdam Odakerum regem — XVIII hominum.

282. Halabo[d] princeps Tartarorum — secundum Wilhelmum[e] — fame defecit[3].

1261.

283. Quarto anno Richardi qui est domini MCCLXI. Henricus comes — parum profecerant.

284. Tanta fuit inundacio — secundum Egghardum — bibebantur.

285. Milites quidam — secundum cronicam Saxonum — heredibus suis.

286 (197). Quidam Gerardus Satarelli de Perma secundum Egghardum, novam sectam inveniens, instituit ordinem Apostolorum, cuius ordinis fratres nemini subesse

(1) in B folgt: 275a (189). Fredericus episcopus Ratzeburgensis obiit et habuit successorem dominum Ulricum de Blucher[e].

(2) in B folgt: 276a (192). Rychardus Aquisgrani — archiepiscopum Coloniensem secundum cronicam de Marka[e].

a) Hildebaldus B. b) st. ecclesie Brunswicensis B: in Brabbusen. c) cronicam Francorum B. d) § 282 in B unten am rand. e) ...

deberent nisi soli deo. Hii fratres currere deberent per mundum ewangelizando verbum dei et solum vivere deberent de elemosinis. Habitus autem eorum deberet esse mantellus albus, ad modum pallii ad collum elevatus, cum tunica alba in longis crinibus. Et quandoque in soleis deberent incedere et quandoque nudis pedibus secundum exigenciam locorum et temporum. Hii licet exterius boni apparerent in habitu, interius tamen erant incontinencie vacantes et sporciciis pleni. Quod factum cum ad aures Alexandri IIII. pape pervenisset, ipsam sectam et omnes eorum errores dampnavit. Quod et Nicolaus IIII. papa similiter fecit. Duravit tamen hec secta perniciosa usque ad tempora Bonifacii IX. habens errorum suorum multos discipulos[a] et magistros, de quorum numero unus combustus extitit Lubeke (sub fratre Eylardo sacre theologie professore et inquisitore ordinis Predicatorum) nomine Wilhelmus in habitu supradicto incedens, prout infra[1] patebit(1).

287. Halabo princeps Tartharorum secundum Wilhelmum[b] — simile non attemptarent[c] [2]. Detm. 241.

1262.

288. Quinto anno Richardi qui est domini MCCLXII. Henricus rex — (secundum Wilhelmum) — possidebat. Korn. 192.

289. Manfredus princeps — (secundum Wilhelmum) — privavit. Korn. 193.

290. (Cives Lubicenses secundum cronicam eorundem freti auxilio dominorum de Mykelingburg, puta Iohannis, qui alio vulgari nomine Knese Ianike nuncupabatur, et Henrici filii sui, qui postea captus est in Terra Sancta, expugnaverunt castrum Darsowe et ipsum destruxerunt custodemque castri militem suspenderunt, eo quod raptor esset et predonum fautor[3]. Predicti autem principes contulerunt civitati Lubicensi privilegium tale, puta quod in perpetuum nullus, cuiuscunque condicionis vel auctoritatis existat, castrum illud reinstaurare poterit aut debebit. Collis autem castri illius in presenciarum apparet.) Detm. 243.

291. (Soldanus Egipti intelligens — secundum Wilhelmum — de manibus eorum)[4]. Detm. 243.

292 (200). Comes Holtsacie Iohannes venit profesto nativitatis Cristi in urbem Lubicanam secundum cronicam Lubicensem, letari cupiens cum civibus. Venerat eciam pro eodem tempore miles quidam nomine Borchardus Voet, qui alias a predicto comite terra pulsus exulabat. Hic miles, quia in civitatis securitate ibi erat, venit ad comitis societatem et forte eidem comiti aliquam contumeliam fecisset. Quod perpendens comes Iohannes, gladium suum arripuit et vibrato eo insecutus est militem fugientem a capite[d] vallis piscatorum usque ad puteum prope cimiterium Beate Virginis positum per latam plateam sic nuncupatam. Ibique ipsum apprehendens interfecit. Quod cives videntes nitebantur comprehendere comitem. Qui fugiens ad valvam, quo itur versus Holtzaciam, et ibi veniens, invenit cives ipsum capere laborantes. Quod cernens comes mox se vertit et versus ecclesiam[e] sancti Nicolai iter suum dirigens, casu unam de turribus ecclesie apertam invenit et eam ascendit. Quam cum cives circumdarent, ne evaderet, compulsus tandem se captivum dedit burgimagistris urbis. Qui ipsum includentes in consistorio, posuerunt vigiles, qui ipsum custodirent. Tandem ex ordinacione quorundam de consilio civitatis venit quedam turma Holtzatorum gracia placitandi cum civi- 1. Detm. 244. Korn. 94.

---

(1) *in B folgt:* 286a (198). Iuxta Darsowe villam erat castrum forte, quod erat comitum de Holtzacia secundum cronicam Lubicensium. Ad quod veniens Iohannes comes Holtzacie decollari precepit militem castri illius custodem, de magnis amicis existentem, pro eo quod latrociniis vacabat et rapinis. v. Detm. 242.

a) discipulos *D.* b) cronicam Lubicensium *B.* c) attemptarent *D.* d) platee s. zu *B; vgl. A.* e) *st.* ecclesiam sancti Nicolai *B:* summum.

1) *In D § 1154.* 2) *Siehe Exkurs 906.* 3) *Vgl. B § 290a.* 4) *Siehe Exkurs 906.*

tate de domino eorum. Hii cum apropinquarent consistorio, ipse per quoddam manutergium per fenestram se submisit, cadens in terram. Quem mox arripientes armigeri, equo imposuerunt et cum eo urbem festinanter exierunt. Et sic evasit manus civium, non tamen sine favore et dissimulacione consulatus civitatis.

1263.

4. 24. 293 (901). Sexto anno Richardi qui est domini MCCLXIII. relicta Petri militis[a] monasterium ingreditur cum unica filia sua Alheyde secundum Wilhelmum[b]. Ubi cum deo per aliquot tempora militasset cum filia sua, ipsa mater ad deum migravit, Alheyde superstite manente. Hec cum valde speciosa esset, adeo eciam, ut multi nobiles et potentes ad ipsam videndam et alloquendam dictum monasterium frequentarent, quod virgini illi non modicum attulit detrimentum devocionis sue; cum autem hec frequentacio virorum de die in diem cresceret et multiplicaretur, tandem puella tedio victa oratorium intravit et ad deum lacrimas uberes fundens dixit: 'Video, mi domine Ihesu Criste, ex carne, qua induisti me, anime mee iminere periculum. Quamquam enim animum meum fortiter fixerim, ut nulla prorsus vanitate commovear, tamen non parum pertimesco dare me posse ruinam[c] debilibus, ut temptentur et ruant. Rogo ergo te, misericordissime pater et domine, ut speciem meam in tantam feditatem commutes, ut carnis misere turpitudo in horrorem sit pocius, quam pulcritudo fuerat in favorem'. Quo dicto mox lepra fedissima contabuit. Nam de vultu eruperunt pustule, oculi intumuerunt, os laceratum patuit, nasus gibbosus factus est et alienam faciem penitus ostentabat. Egrediente ergo illa de oratorio, occurrit ei frater suus miles nobilis Tidericus et vix eam cognoscens per habitum inconsuetum et dissimilem ab habitu aliarum virginum, quem ferre consueverat, querit an ipsa sit. Que cum responderet: 'ego sum', mox miles ex toto eam videre exhorruit. Cetere quoque virgines videntes eam flebant ammirantes, quid tam subito sorori sue accidisset. Turbatis eciam amicis et cognatis, medicus vocatur. Qui videns eam dixit, incurabilem lepram eam incidisse nec melius ei esse consilium, nisi ut extra omnium hominum consorcium locaretur. Quod quidem sic factum est. Quod ut audivit confessor eius, frater quidam devotus ordinis Predicatorum, venit ad illam. Et eam miro gaudentem inveniens, quesivit causam inopinati morbi. Quam cum virgo illa per ordinem suo narrasset confessori, frater ille turbatus et non modicum commotus contra eam dixit: 'O stultissima feminarum, que in contumeliam dei et in anime tue detrimentum opus dei precum instancia destruxisti et amicos tuos, qui deum laudabant in forma tua, ad blasphemandum nunc propter tale difformium coegisti. (Certamen quoque tuum nobile et victorie palmam tibi in magnum meritum cedencia perdidisti.) Age ergo nunc, karissima filia, consulto et precibus insiste, quibus poteris, et ad contrarium rei geste divinam interpelle misericordiam'. Hoc dicto frater recessit. Illa autem totaliter in lacrimas resoluta, oravit ad dominum dicens: 'Domine deus dominator vite mee, ut liberiori mente et puriori spiritu servirem tibi, hoc in me flagellum lepre a bonitate tua fidis precibus expecii et impetravi. Sed quia audio a patre meo spirituali, cui me tota fiducia commisi, me contra salutem meam et amicorum meorum a te omnium domino obtinuisse: quare exoro te ob benignissimam tuam caritatem, ut me tuum plasma restaures speciem, que tue placuerit voluntati, michi largiendo'. Mira dei misericordia (que voluntatem timencium se semper facit). Vix puella verba complevit et mox dominus ei tantam carnis sanitatem et corporis formositatem contulit, ut vix[1)] prime pulcritudini comparari valeret. Quo viso

[1)] st. vix — valeret B: nec in ea unius rage vestigium appareret.

a) Ghertrudis a. m. B. b) cronicas de Marka B. c) ü korrigiert über e [illegible] D.

gaudet frater miles et sororem suam reputat a morte suscitatam. Fama huius facti per totam diffunditur patriam; letantur amici pariter et conventus virginum (nec quisquam amplius in virginis illius sancte pulcritudine motus est concupiscencia prava quecunque) Cristi pietatem omnes collaudantes[1].

DE URBANO IIII. PAPA ROMANO CXC.

294 (202). Urbanus papa nacione Gallicus (ex patre Lodowico) sedit annis tribus et mense uno. Hic prius Iacobus dictus patriarcha Ierosolimitanus extitit. Et papa factus instituit festum gloriosissimi corporis Cristi ad instanciam fratris Thome de Aquino doctoris eximii ordinis Predicatorum. Eodem autem anno Greci — Venetorum (secundum Martinum).

1264.

295. Septimo anno Richardi qui est domini MCCLXIIII. Lodowicus — secundum Wilhelmum — requirebat.

296 (203). Iohannes comes Holtzacie veniens in adiutorium avunculo suo Erico duci de Sleswic secundum cronicam Lubicensem[a] contra Cristoferum regem Danorum et egerunt in mirica Lohmyde bellum, victusque est rex et captus cum uxore sua Margareta et ductus est in Hammeborg. Videns autem Iohannes comes oportunitatem se vindicandi in cives Lubicenses propter captivitatem, quam ab eis pertulerat, eo quod exercitum tunc haberet ad manum, rogavit omnes, qui secum erant, ut iniuriam eius secum vindicarent. Quod cum Lubicensibus innotuisset, statim vocaverunt Albertum ducem de Brunswic, ut eis ferret presidium. Qui veniens cum magna virtute armorum, una cum Lubicensibus intravit Holtzaciam, ac igne et ferro devastantes totam illam patriam, ceperunt Plune opidum et castrum et urbem Aldenburg ac obsiderunt civitatem Kilonsem per mensem (machinis et bumbardis suis plura dampna urbi inferendo). Soluta tandem obsidione reversi sunt Lubeke et duci de sua fidelitate et laboribus debitis remuneracionibus solempnibus respondentes gracias egerunt.

297. Apud Urbem Veterem Hugo doctor — secundum Martinum[b] — prelatis.

298. (De hoc sancto patre legitur, quod cum semel in minoribus constitutus inpeteretur a quadam muliere de actu carnali, ipse eidem femine assignavit tempus et horam ad conveniendum. Quo tempore statuto veniente, vir dei magnum parari fecit ignem. Quo parato et in latitudine strato, vir ipsum ingrediens dixit mulieri: 'Veni huc mecum ad peragendum quod cupis'. Sedens autem vir sanctus in igne, nec pilus vestium suarum est lesus. Videns autem meretrix virtutem divinam operari in viro dei, confusa recessit.)

299. Iohannes[c] comes Holtsatorum obiit[2] et sepultus est in Reynevelde (monasterio ordinis Cisterciensis) secundum cronicam Lubicensem. Reliquit autem post se tres filios Iohannem, Adolfum et Albertum et unam filiam, quam in uxorem accepit Otto marchio Brandeburgensis. Hii tres fratres nati erant de filia Alberti ducis Saxonie et obtinuerunt mediam

a) Danorum B. b) cronicas Predicatorum B. c) § 299 in B unten am rand.

1) Diese erzählung hat Korner aus dem 'Viaticum narrancium', wo sie in der Kopenhagener hs. fol. 35 unter der überschrift Lepra steht. Sie beginnt hier: In partibus Swevie mulier quedam devotissima erat et nobilis ac pulcherrima etiam secundum carnem inter omnes patrie feminas reputata. Ad hanc videndam cum iuniri nobiles und endet: ad monasterium ordinis Predicatorum sororum transiit, quod Heyburch dicitur et ibi eo autore deo religiosissime conversabatur. Alle sonstigen namen fehlen. Die anm. 4 oben s. 22 wird hierdurch überflüssig. 2) H fügt zu: wol half van melancolien unde gremicheit, dat he sik an den Lubeschen nicht wreken konde

partem comitatus Holtzatorum. Aliam autem partem Gherardus frater Iohannis defuncti patruus eorum possidebat. Hic Gherardus habuit uxorem filiam Knese Ianiken domini de Mykelenborg. Iohannes autem senior natu accepit in uxorem filiam Erici postea regis Danorum. Adolfus vero accepit filiam Mestwini ducis Pomeranorum. Sed Albertus iunior factus est prepositus Hamburgensis.

1265.

Detm. 341. 300. Octavo anno Richardi qui est domini MCCLXV. (Albertus dux Brunswicensis venit in opidum Sleswic ad tractandum cum Erico duce de Sleswic de redempcione Cristofori regis Danorum et Margarete uxoris sue. Ad hoc quidem colloquium et plures alii principes convenerunt. Sed cum Albertus dux nichil ibi concludere posset, assumptis secum exercitibus principum ibidem congregatorum intravit marchionatum Misnensem et pugnavit cum marchione. Et victus est Albertus dux et captivatus cum multis comitibus et nobilibus ac tentus in captivitate ultra annum.)

1264. 301. (Karolus frater Lodowici regis Francorum secundum Wilhelmum transivit cum magno exercitu in Siciliam, pugnaturus contra Manfredum regem destitutum per papam de regno, quod sibi usurpaverat violenter. Veniens autem Manfredus in occursum eius cum suo exercitu, bellum iniit cum eo. Manfredus tamen spe sua privatus occubuit in prelio et Karolus regno illo Sicilie potitus est.)

Detm. 346. 302. (Iohannes dux de Lunenburg, frater Alberti ducis de Brunswic captivi, secundum cronicam Saxonum duxit in uxorem filiam Gerardi comitis Holtzatorum.)

303. (Cristoferus rex Danorum secundum croniram eorundem redemptus est de captivitate per solucionem summe pecuniarum, puta XXXM marcarum argenti, et rediit in regnum suum cum uxore sua. Sed paucis diebus supervivens obiit in eodem anno. Cuius regnum accepit Ericus filius eius parvulus et regnavit cum matre sua Margareta[1].
v. Detm. 364. Hic Ericus rex postea adultus accepit in uxorem Agnetem filiam Ottonis marchionis de Brandenborg.)

Henr. 200, *f. 6c. 304. Symon de Montefort — secundum Wilhelmum[a] — 'acceptasse.

305 (304). Albertus magnus sacre theologie doctor Parisiensis dignissimus ordinis Predicatorum (secundum Henricum de Hervordia) et instructor sancti Thome doctoris eiusdem ordinis floruit. Hic (nacione Teutonicus) quasi alter Aristotiles vel si fas est dicere, plus quam Aristotiles, in naturalibus et dyalecticis artibus eruditissimus fuit. Aristotiles namque illa, que scripsit, ex libris magistri sui Platonis habuit. Albertus vero ex naturali ingenio proprios libros edidit stilo difficili. In theologia eciam non parum laboravit et, presertim cum nulle concordancie biblie temporibus suis adhuc haberentur collecte, ostendit se totum vetus pariter et novum testamentum[b] in pectoris sui scrinio habere, cum super Lucam et Matheum scriberet[(1)]. Factus autem Ratisponensis episcopus non diu in pontificali sollicitudine mansit, sed caritativis et devotis exhortacionibus venerabilis patris fratris Humberti generalis magistri ordinis Predicatorum ad dictum ordinem est retractus. Qui inter ceteras dulces et motivas ammoniciones scripsit sibi hec verba: 'O utinam si pocius filium meum amantissimum Albertum vidissem in feretro defunctum, quam in cathedra sublimatum'. (Propter
Henr. 201. que et quamplura alia verba, papa Clemente IIII. permittente — diligebatur et venerabatur). Scripsit autem predictus doctor Albertus de diversis materiis, puta theologie, philosophie moralis, naturalis et racionalis, astronomie[c], astrologie, geometrie et arismetrice facultatis circiter centum et LX volumina. Practicam vero nigromancie quidam nequiter et mendose

---

[(1)] ut patere potest stilum postillarum illarum consideranti s. zu B.

a) cronicas Anglorum B. b) auf rasur D. c) astronomie D.

1) Aus nachrichten verschiedener jahre bei Detmar gemischt und entstellt; vgl. Detmar 341 und 347.

sibi imponunt, cuius speculativam etsi forte propter curiositatem vel desiderium omnia sciendi scibilia aut experimentalem certitudinem in iuventute habuerit, senectutis tamen eius maturitas et vite probate sanctitas omne tale respuit[1], (quod post eius obitum signo evidentissimo ostensum est, ut inferius dicetur).

306. (Tandem labore — solempniter peracto sunt et corpus humatum est in choro medio fratrum Predicatorum. [illegible] Et quamquam doctor hic ante infirmitatem ultimam, in qua decessit, propter laborum multiplicitatem et vite annositatem quasi delirus appareret, in extremis tamen positus, dei gracia ei suffragante, usum racionis ex integro dicitur recuperasse et valde sensatus fuisse. Unde in hac infirmitate laborans, fertur misisse pro priore et senioribus conventus illius. Quibus ei assistentibus dixit: 'Karissimi patres, dudum verbum vulgatum fuit de me, quod in arte nigromancie tritus, varia insolita et vix credibilia per eam sim operatus, propter que multi opinati sunt, me non in via salutis, sed reprobacionis ambulasse et in statu dampnacionis esse. Sed vere, mi patres, absque meis demeritis hoc verbum passus sum, et parcat de sua magna misericordia illis deus, qui michi hoc imposuerunt. Testis enim consciencie mee dominus deus est, cui notum est, quod licet plura legerim et scripserim de illa arte et aliqua eciam practicaverim in ea, nunquam tamen hoc feci propter quamcunque levitatem exercendam aut ministrandam occasionem vel audaciem utendi illa arte, sed solum ad capiendum experimentum, an aliquid veritatis vel fundamenti esset in ea, motus cupiditate sciendi omnia scibilia ab humano ingenio. Et ut certitudinaliter cognoscatis, me non taliter indicari a deo, qualiter indicor ab hominibus, rogavi obnixe dominum deum, ut de statu meo futuro vos misericorditer certificet tali signo. Post triduum enim sepulture mee monumentum meum aperire debetis, in quo si tunc me inveneritis in dorso iacentem consueto modo, pro certo sciatis me dampnatum. Si autem videritis me erectum in genibus stare et versum ad orientem tamquam orare[a], noscatis me procul dubio vel iam salvatum aut in via salvacionis constitutum'. Et hiis dictis valedicens patribus et fratribus migravit ad dominum. Transactis ergo tribus diebus, prior iuxta venerabilis magistri mandatum sepulcrum aperiri fecit presentibus senioribus, et videntibus cunctis, qui affuerunt, sanctus vir inventus est in genibus stare verso vultu ad maius altare. Quo viso multum gavisi patres tumulum claudi iusserunt et in signum sanctitatis eius lapidem sepulture ad altitudinem trium digitorum elevari fecerunt, circumdantes ipsum quibusdam ferramentis, ne pedibus transeuncium leviter calcari possit et deum glorificantes de sua clemencia, que presto est omnibus timentibus eum[1].)

1266.

307 (205). Nono anno Richardi qui est domini MCCLXVI Humbertus ordinis Predicatorum generalis magister V, vir magne litterature et multum devotus floruit (secundum Henricum de Hervordia). Hic pulcerrimam et multum preciosam fecit exposicionem super regulam beati Augustini (ex nobilitate sua 'Aurea exposicio' nuncupatam. Insuper subtilem et valde utilem compegit tractatum de tribus essencialibus religionis). Ac plura alia pulcra composuit ad incrementa virtutum promovencia.

308. Urbanus papa — secundum Wilhelmum[b] — laborando (violenter et nequiter)[2]. [illegible]

(1) Hic ideo ordinem Predicatorum ingressus est — lector Hildensemensis fuerit ante illarum Teuthonie et Saxonie provinciarum divisionem, post in Vriburgo — fehlen ed. s. zu B. [illegible]

(2) in B folgt zu 1267: 308a (206). Comes notabilis — ibidem sepelitur. [illegible]

a) orare D. b) cronicas summorum pontificum B.

1) Vgl. unten § 363a. Der Bericht der 'Brevis historia ordinis Praedicatorum' bei Martene et Durand, Veterum scriptorum amplissima collectio VI 356 f. weicht mehrfach ab. OESTERLEY.

309. (Guido cardinalis missus a papa Urbano secundum Egghardum venit in urbem Lubicensem. Ubi receptus est cum magno honore per processionem tocius cleri et meliorum civitatis utriusque sexus. De Lubeke vero navigio transfretavit in Daciam, pro liberacione archiepiscopi Lundensis sollicite laborans. Sed cum apud Ericum regem Danorum nichil proficeret, ipsum excommunicavit in proprio regno, festinans tamen, ut manus eius evaderet.)

310. (Wismaria civitas terre Obotritorum secundum cronicam Lubicensem quasi ex integro incinerata est, exceptis paucis edibus in crastino ascensionis domini.)

311. (Bondokdah[a] soldanus Babilonie secundum Egghardum cum magno populo perrexit contra Armenos. Ayco autem rex Armenie transierat cum multis milibus armatorum ad Abagaium imperatorem Tartarorum, quod soldanum non latebat. Filii vero regis Armenie Ayconis cum illis, quos habere poterant, soldano obviam venerunt. Et quia modicum exercitum habuerunt, victi sunt a Sarracenis. Quorum unus captivatus est a soldano et alter interemptus.)

312. (Sancta Hadwigis ducissa Slezie canonizatur per Urbanum papam, licet alii dicant hoc factum a Clemente IIII.)

1267.

313 (206). Decimo anno Richardi qui est domini MCCLXVII. sanctissimus[b] doctor Thomas de Aquinorum comitum prosapia genitus, lumen ecclesie universalis et gloria ordinis Predicatorum, floruit secundum Egghardum[c]. Hic gloriosissimus doctor dictis et scriptis suis universam ecclesiam catholicam mirifice decoravit. Et licet a quibusdam perfidis et deo odibilibus clericis et religiosis yronice et derisorie livore invidie agitatis doctor communis appelletur, in ipsius sancti vituperacionem et ordinis sui contumeliam, propter stilum suum planum et intelligibilem, illos sibi preferentes, qui verbis vanis et terminis inusitatis ventum verberantes super se ambulant nec vocem propriam intelligunt nec fructuosi legentibus existunt: tamen merito et in veritate doctor communis bene dici potest et est. (Taliter enim ipsum nominantes, ut Cayphas pessimus, cui similes sunt, contra mentem suam locuntur veritatem.) Fuerunt namque ante ipsum doctores, qui solum doctos et ingeniosos per dictorum suorum obscura verba erudiebant et rethoricos colores scriptis suis inmiscebant, ut fuerunt sancti Ieronimus, Augustinus, Ambrosius, Origenes, Nazanzenus, Dyonisius et eis consimiles, quorum scripta glosis et *exposicionibus indigent. Fuerunt insuper doctores, qui solos inscios et ydiotas instruebant, ut fuit Alexander de Villa dei, Donatus, Priscianus et Catho. Fuerunt quoque instructores medii, qui et mediocres ac parum provectos in scienciis et aptos ad litteras inbuebant, ut fuerunt Aristotiles, Averroys, Euclides, Strabus et similes philosophie commentatores. Sed doctor iste sanctissimus in summis suis et scriptis theologycis instruit maiores et doctos; in philosophicis autem et moralibus commentis suis informat mediocres et aptos; et in dyalecticis tractatibus erudit iuvenes studentes. Non enim est inter omnes modernos doctores quicunque, cuius doctrina tam avide legitur, cuius libri a magistris tam sedule pronunciantur et cuius volumina tantum sunt multiplicata et tam communia, sicud sunt sancti Thome doctoris in singulis orbis universitatibus. Propter quod vere et propriissime doctor communis potest et debet dici. (Confundantur ergo et erubescant illi maledici, qui hoc nomen probrose et vituperose sibi imposuerunt, quod pro gloria et honore nedum suo est, sed et tocius ordinis sui et universalis ecclesie, quia unumquodque quanto communius, tanto divinius censetur esse.)

314 (207). Ceterum[b] insignis hic doctor ex iniunccione Urbani IIII. pape ad confu-

a) Bondokdah — Egghardum auf rasur D. b) §§ 313 und 314 in B zu 1268. c) Martinum B.

tacionem errorum diversorum hereticorum, tunicam Cristi inconsutilem bestialiter lacerancium, compegit librum subtilem et sentenciis altis plenum, quem 'Contra gentiles' intitulavit. Quo completo ipsum prelibato domino apostolico presentavit. Qui cum magna gratitudine sancti doctoris laborem perutilem et ecclesie necessariam acceptans dixit eidem: 'Mi frater Thoma karissime, gratissimum[a] et multum necessarium ecclesie dei sancte exhibuisti obsequium. Et ideo postula quodcunque nobis possibile et tibi concedemus'. Cui doctor sanctus respondit: 'Pater beatissime, nullam desidero promocionem aut statum ab ordinis mei obediencia me eximentem. Sed si graciam inveni in oculis vestris, hoc tantum peto et ex toto corde desidero in laboris mei recompensacionem et precipue ad Dei gloriam et honorem, ut sacrosancti dominici corporis et sanguinis sacramentum auctoritate vestra sibi speciale et solempne vendicet festum, quod ecclesia dei annuatim peragat per orbem universum congrua veneracione et devocione condigna'. Audiens autem papa doctoris devotissimi salubre desiderium, omni possibilitate merito prosequendum, dixit: 'Peticio tua grata et favorabilis, ymmo toto studio et nisu adimplenda, interlocucione indiget matura fratrum nostrorum et sano consilio. Eapropter cum eis de ea colloquium habebimus et tuo desiderio, in quantum poterimus, satisfacere satagemus'. Revertente ergo sancto doctore ad propria et pro responso grato anhelante, contigit divina procul dubio dispensacione, quod cum dominus papa de prelibate peticionis materia cum cardinalibus collacionem habuisset et factum fortasse per eos difficultatum esset, quidam sacerdos cuiusdam ville, non procul ab Urbe posite, suam celebraret missam, devotus et commendabilis vite. Hic quidem presbiter sepe per antea fluctuantibus cogitacionibus hesitare consueverat ex dyabolica inmissione de veritate sacramenti et eius integritate et pro illo tempore illa hesitacio plus solito ipsum vexabat. Perveniens autem in missa illa ad hoc, ut hostiam iam consecratam et populo ostensam reponere deberet super corporale; quod cum fecisset, mox species panis transmutatur in effigiem pueri crucifixi, sanguinem de vulneribus de facto emittentis, in tantum eciam ut loca corporalis sub vulneribus tingerentur cruore effuso. Quod videns sacerdos, vehementer territus obstupuit et in lacrimas multas resolutus, dominum in corde suo exoravit, ut sibi hoc hesitacionis peccatum indulgeret, quia de huiusmodi sacramenti veritate nunquam amplius dubitare vellet. Quo voto emisso, statim effigies illa iterum versa est in pristinam panis speciem, sed tinctura effusi cruoris miraculosi corporali impressa in locis, ubi vulnera manuum, pedum et lateris aptata fuerant, remansit madida et rubricata. Finita ergo missa, sacerdos cum omni reverencia et tremore corporale complicans, protinus papam Urbanum adiit et sibi omnia per ordinem narrans, corporale illud in documentum acte veritatis ostendit. Que audita et visa cum papa Urbanus coram cardinalibus recitaret et evidenciam facti ostenderet, perpenderunt omnes hoc factum stupendum a deo ideo fieri[b] permissum fuisse et contigisse, ut sancti doctoris peticio execucionem sortiretur efficacem. Papa ergo accersito eo, sibi de communi omnium assensu iniunxit, ut historiam pulcram de sacramento predicto componeret et dictaret; qua perfecta ipse iuxta suum desiderium festi solempnitatem novam instituere vellet. Quod secundum promissum utriusque partis tandem completum est[1].

DE CLEMENTE IIII. PAPA CXCI.

315 (211). Clemens papa nacione Provincialis ex patre[c] Petrucio sedit annis [illegible]

a) endung auf rasur D. b) fieri permiss auf rasur D; st. fieri permissum B: ordinatum. c) petre D.

1) Die legende über die entstehung des fronleichnamsfestes ist weit verbreitet, aber die unmittelbare quelle der vorliegenden fassung hat nicht nachgewiesen werden können. OESTERLEY.

v. Detm. [illegible] diebus XXII secundum Martinum. Hic Gwido dictus anorum — in papam. Hic[1] ante legacionem Anglicanam missus eciam fuerat in Daciam, ubi regem Danorum Ericum v. Mart. [illegible] excommunicavit. Iste spiritu prophecie ornatus fuit in factis Karoli regis Sicilie contra Conradinum nepotem Frederici[a] secundi, quem cepit et decollavit prope Neapolim cum multis nobilibus.

Detm. [illegible] 316. (Ayco rex Armenie familiare colloquium postulavit cum Bondokdah soldano Egipti secundum Egghardum et obtinuit ab eo. Conveniente ergo peciit humiliter Ayco rex filium suum sibi restitui de captivitate. Cui soldanus consensit sub condicione tali, ut si ordinare posset apud imperatorem Tartharorum, quod sibi restitueretur Sangurbastar amicus suus et princeps milicie sue, quem Tarthari ceperant et in vinculis tenebant. Quod rex Ayco se facturum promisit et ad effectum perduxit. Quo libertati restituto, rex filium suum similiter accepit liberum.)

Korn. [illegible] 317. Gwido Antisiodorensis — secundum Wilhelmum[b] — per Karolum sepelitur[2].

1268.

v. Detm. [illegible] 318 (212). Undecimo anno Richardi qui est domini MCCLXVIII. Burgerus dux Sweorum obiit, ex rustico dux factus secundum cronicam Danorum, qui ex humilitate se regem nec scribere nec ab aliquo nominari voluit, licet tamen multum fructuosus Detm. [illegible] regno extiterit. Huic[c] successit Woldemarus filius et in regem unctus et coronatus est.

v. Detm. [illegible] 319 (213). Ayco[3] rex Armenie cum adiutorio Alabonis imperatoris Tartharorum Detm. [illegible] in Turkia plures civitates et castra expugnavit secundum Egghardum. Et[d] postquam XLV annis gloriose rexisset et pro ecclesia dei et augmentacione fidei plura ardua bella egisset, regnum suum filio suo resignavit. Et ipse deo quiete servire cupiens, religionis habitum assumpsit ac nomen novum sibi imponens, Macharium se nominavit et tandem post gloriosum in domino agonem perpetuo felici[e] fine requievit.

Korn. [illegible] 320. Dominus[f] de Valkenberg — secundum Wilhelmum[g] — interficitur a Coloniensibus.

1269.

v. Detm. [illegible] 321 (217). Duodecimo anno Richardi qui est domini MCCLXIX. Conradus episcopus Detm. [illegible] Lubicensis subito defunctus est in nocte sancta pasche, cum crucem cum canonicis levasset. Cui[h] in sedem successit dominus Iohannes.

322 (218). Eodem tempore Iohannes dux Luneburgensis fodit novam salinam in eadem civitate longe fertiliorem priore.

v. Detm. [illegible] 323 (210). Principes[4] Saxonie et aliarum nacionum secundum cronicam Saxonum

---

(1) st. Hic ante — nobilibus B: Iste canonizavit — u. s. w. wie A — Landensem.

v. Detm. [illegible] (2) in B folgt zu 1268: 317a (219). Cives Lubicenses secundum cronicas Lubicensium cum adiutorio Alberti ducis Brunswicensis expugnaverunt castrum iuxta Darsowe villam, quod erat comitum de Holtsacia. Iuvit eciam protunc Lubicenses Kruse lanlke dominus Slavorum.

Korn. [illegible] Zu 1269: 317b. Manfredus secundum historiam Lombardorum timens — Coloniam transtulerat.

(3) § 319 lautet in B: Ayco rex Armenie cum adiutorio Abalon imperatoris Tartarorum obsedit — u. s. w. wie A — inestimabilem abduxit.

(4) § 323 lautet in B: In Quedelingborg convenerunt principes pro placitis habendis, puta Albertus dux Brunswicensis, Iohannes dux Lunebargensis, Otto marchio Brandeburgensis et marchiones Misnenses ac comites Holtzatorum[i]. Ubi presentati sunt captivi, puta Cristoforus rex Danorum — u. s. w. wie A — liberum dimisit secundum cronicas Danorum.

---

a) Fre auf rasur D. b) Eghardum B. c) (Huic — est —) Cui — Woldemarus in B am rand. d) Ayco rex Armenie B. Ayco rex Armenie postquam 45 — bono fine quievit secundum cronicas Lubicensium in B unten am rand. e) o korrigirt aus i D. f) § 320 in B zu 1270. g) cronicas de Marka B. h) Cui — Iohannes secundum cronicas Lubicensium in B am rand. i) Holtzatorum B.

pota Albertus dux de Brunswic, Iohannes dux de Luneburg, Otto marchio de Brandeburg. Wilhelmus marchio Misnensis, Gerardus et Iohannes comites Holzatorum curiam tenuerunt solempnem in Quedelingburg, et ibidem multa erant practicata et conclusa pro exinanicione civitatum et humiliacione earum.

324 (214). Ibidem[(1)] eciam isti duo fratres Albertus et Iohannes duces de consilio Ottonis marchionis avunculi eorum ducatum de Brunswic et Luneburg, qui unus hucusque fuerat, inter se diviserunt, ita quod Albertus, qui maior natu erat, obtineret Brunswic et Iohannes Luneburg cum civitatibus et castris, villis ac vasallis cuilibet[a] ipsorum ad partem suam deputatis.

1270.

325. Terciodecimo anno Richardi qui est domini MCCLXX. maxima Sarracenorum multitudo — triumphaverunt. [illegible]

326 (219). Soldanus Babilonis — redegit. [illegible]

327 (218). Ericus rex Danorum filius Cristoferi secundum cronicam Danorum reedificavit castrum Coldinghen. Quod causam scismatis ministravit inter se et Ericum ducem de Sleswic et multa inde mala secuta sunt in utriusque terris. [illegible]

328 (220). Dominus Wichmannus prepositus Beate Virginis ordinis Premonstratensis in Magdeburg, comes de Lindowe natu existens, ordinem intravit fratrum Predicatorum secundum Egghardum[b] in conventu eiusdem civitatis. Qui mox frater factus, se in Rupin opidum transtulit et ibidem ordini suo solempne monasterium fundavit; 'ubi factus primus prior multis claruit miraculis, vivens in corruptibili corpore. Contigit namque eundem dei famulum, cum iam senuisset, pro negociis conventus sui prepeditum ultra stagnum, quod conventui adiacet, existere et ex itineris labore valde famelicum esse. (Non enim poterat sine gravi molestia ultra consuetam horam prandii ieiunare.) Ut autem audivit per campanam conventus, horam esse manducandi et ipsum debere adhuc per longum spacium circuire aquam ad ingrediendam urbem, ad quem laborem faciendum senciebat se vires non habere pre fame et siti[c], ait socio suo: 'Fili, sequere me (confidenter)'. Signans autem se crucis signaculo, transivit per compendium vie, aqua se sub pedibus eius meabilem et solidam prebente dei virtute. Et venit ad conventum per flumen et introduxit fratres ad refectorium, socio suo non per laticem, sed per terram ipsam post longam horam sequente[1]. [illegible]

1271.

329. Quartodecimo anno Richardi qui est domini MCCLXXI. Conradinus — secundum Wilhelmum — legalem heredem[d]. Karolus[(2)] autem in suo exercitu habebat Gallos viros fortissimos in maxima copia. Congressi ergo cum aciebus, viriliter dimicatum est, sed Conradinus, qui pociorem visus est habere expedicionem, victoria destitutus a Gallis — interfectus est. Omnes autem isti non in pugna, sed prelio peracto captivati decollati sunt. Antequam — confiteradi. (Quibus expletis decollati sunt.) [illegible]

330 (225). Iohannes Teuthonicus dictus Seneca, prepositus Sancti Stophani in Halber-

(1) *§ 324 lautet in B:* Albertus et Iohannes — *u. s. w. wie A* — ad partem suam deputatis secundum cronicas Saxonum.

(2) *st.* Karolus — destitutus *B:* Conradinus adolescentulus regnum patruum [illegible] cum exercitu suo.

a) liber *auf rasur D.* b) cronicas Saxonum *B.* c) *mit kleiner rasur D.* d) *das folgende in B zu 1272.*

1) *Aehnliche legenden bei Pauli, Schimpf und Ernst (ed. Oesterley) zu no. 668.* OESTERLEY.

stad. secundum Eggehardum[a] contra Clementem papam appellavit propter decimam exactam. Propter quod ipsum papa excommunicavit et prepositura sua privavit. Ex quo facto grave scisma in ecclesia ortum est et gravius surrexisset, nisi mors utrumque in brevi de medio sustulisset.

v. Detm. 223. 331 (224). Defuncto Erico duce Sleswicensi secundum cronicam Danorum Ericus rex Danorum ducatum Sleswicensem sibi usurpavit, filiis Erici ducis defuncti, Woldemaro scilicet et Erico, ad regimen adhuc ineptis. Quod egre ferentes comites de Holtzacia ducatum illum a Danis usurpatum cum manu valida intraverunt et usque Sleswic ipsum demoliti sunt spoliando et abducendo, quecunque capere potuissent, nemini parcentes nec resistenciam habentes.

1272.

Mart. 474. 332 (224). Quintodecimo anno Richardi qui est domini MCCLXXII.[b] Lodowicus rex Francorum[c] nimium territus exemplis preteritis, expensis et laboribus, quos fecerat et pertulerat ultra mare temporibus transactis, ad[(1)] idem salutare iter se denuo disposuit. (Socum
Detm. 224. denique rex Armenie filius Ayconis nuncios solempnes miserat ad Abagathan imperatorem Tartharorum, desiderans ab eo, ut auxilio sibi foret ad recuperandam Terram Sanctam ipsis cristianis, Sarracenos expellendo. Imperator autem Tartharorum lectis litteris regis libenter annuit, mandans regi, ut ad Romanum mitteret pontificem legatos suos, ut et ipse presidium ei ferret, cum quibus et ipse nuncios suos destinare ad eundem paratus esset. Missi ergo solempnes ambasiatores ab imperatore Tartharorum et rege Armenorum ad papam Clementem[d] venerunt. Quos presul summus honorifice recepit et reverenter pertractavit. Convocato ergo prelatorum concilio, de ipsorum consilio et assensu decimam dari mandavit a quolibet clerico. Quam colligens in subsidium Terre Sancte transmisit regibus pre-
Detm. 225. dictis. Ambasiatores vero rerum fidei cristiane se subiecerant et qui non erant baptizati, sacro fonte renati sunt. Hac legacione regum alienigenarum permotus Lodowicus rex
Mart. 474. Francorum cristianissimus) secundum Wilhelmum adiuncto sibi rege Navarre et quamplurimis nobilibus et prelatis ecclesiarum — exhilaratus est. Delata autem sunt ossa eius sancta in scrinio apud Sanctum Dyonisium tumulanda in Francia. Ubi postmodum pluribus gloriosis invenitur claruisse miraculis. Cui successit Philippus terciogenitus filius eius et regnavit XLII. rex Francorum XV annis. Karolus vero rex Sicilie — defunctus est.

DE RODOLFO REGE ROMANORUM.

Sent. 809. W. Chr. 194. 333 (225). Rodulfus rufus — regnavit. Hic archiepiscopo Maguntino principes electores convocante secundum Martinum in Frankenford ab omnibus concorditer est electus. Imperiali tamen benediccione caruit. Fuit autem ad quindenam in Bobarte et ibi presentata fuit ei lancea domini et corona. Dehinc veniens Aquisgrani ab Engelberto archiepiscopo Coloniensi in die sancti Severini cum uxore sua est coronatus cum sancta Romana corona, quod nunquam cuiquam regi accidisse dicitur post Karolum Magnum. Et ut plures retulerunt in concilio sequenti coram papa et prelatis ecclesie, crux aurea fulgens super ecclesiam beate virginis Aquisgrani visa est, ubi rex coronabatur, in signum approbacionis divine de eleccione et coronacione facta illius regis. Hic fuit in armis strenuus et fortissimus et papa in favorem ecclesie suam approbavit coronacionem.

. . . .

(1) al. ad — secundum Wilhelmum B: iterato cum filiis duobus suis A.

a) cronicam Saxonum B. b) sic MCCLXXII radiri D. c) secundum cronicas Francorum a. ea B. d) Gregorium Detmar.

1273.

334 (227). Primo anno Rodolfi qui est domini MCCLXXIII. Hildebrandus[a] archiepiscopus Bremensis obiit (secundum cronicam Saxonum). Cui successit in sedem Gysebertus de Brunkhorst. v. Detm. [illegible]

DE GREGORIO X. PAPA CXCII.

335 (229). Gregorius papa nacione Lombardus ex patre Lodowico sedit annis — consecratus. Iste veniens Lugdunum — consanguineum suum. [illegible]

336. Henricus[b] dominus de Mykelenburg (terre Obotritorum) secundum cronicam Obotritorum crucem accipiens (ab episcopo Raseburgensi) mare transivit in subsidium Terre Sancte. Sed in manus soldani Damascenorum incidens, captus est ab eo et tentus XXVI annis. Detm. [illegible]

337. Wilhelmus de Brabancia — obiit (secundum Wilhelmum). Hic transtulit — scripsit milia[(1)]. [illegible]

338. Henricus filius Richardi — secundum Wilhelmum[c] — interfecit. [illegible]

339. Soldanus[d] Babilonie — secundum Eggbardum[e] — devorandum destinavit. Detm. [illegible]

1274.

340 (231). Secundo anno Rodolfi qui est domini MCCLXXIIII. sanctus Thomas de Aquino — inchoante, vocatus ad concilium Lugdunense per Gregorium X. (secundum Henricum de Hervordia). In hoc quidem concilio — prohibiti sunt[(2)]. [illegible]

341. (Anastasia domina de Mykelenburg secundum cronicam Obotritorum de consilio et ex persuasione patris sui Barnum ducis Stetinensis tradidit filiam suam Lutgardem Pribislao duci Gnezensi regni Polonie. Cum autem nupcie iste celebrarentur, dominus de Mykelenburg captus erat a soldano Sarracenorum. Postquam vero Pribislaus dux Lutgardem uxorem suam IX annis habuisset, ipsam in vigilia beati Martini turpiter strangulavit. Cuius innocentiam et vite sanctimoniam dominus, ut dicebatur, multis ostendit miraculis.) Detm. [illegible]

342 (232). Engelbertus comes — secundum Wilhelmum[f] — fuit reintegratus. [illegible]

343 (229). Papa Gregorius[g] in Lugduno — secundum Eggbardum — congregati fuerunt. Ubi ordinatum est in subsidium Terre Sancte ad annos sex a clero decimam, multis quidem dure ferentibus, sed pluribus consencientibus, dari. Ad illud concilium convenerunt Greci promittentes — baptizati sunt. [illegible]

344 (230). Woldemarus rex Swecie secundum cronicam Danorum gracia indulgenciarum obtinendarum peregrinatus est Romam. Post cuius recessum Magnus frater suus de regno se intromisit. Quem Sweorum populus pro rege acceptantes et sibi fidelitatis sacramenta prestantes, verum regem eorum post peractam peregrinacionem revertentem de regno suo expulerunt, gloria sua ipsum privando. v. Detm. [illegible]

345 (226). Caristia maxima mundum gravavit secundum Eggbardum[h] incipiens in XL. tempore et durans usque ad messem. Sed deo ordinante post messem tanta copia frugum facta fuit, ut modius siliginis, qui tempore caristie VI[i] vel VII solidis emebatur, IX denariis venderetur. Et sic de ceteris frumentis. v. Detm. [illegible]

346 (228). Temporibus istis Deus in ordine fratrum Predicatorum velud in firmamento celi duo posuit magna luminaria — et plures alios insignes[1]. [illegible]

---

(1) ut patet in registro doctorum ordinis *a. m. B.*

(2) et ne amplius clericali privilegio utantur vetati *a. m. B.*

---

a) Hildebordus *B und A*; *a hat richtig*: Hildeboldus. b) *§ 336 in B unten am rand.* c) Egbardum *B.* d) *§ 339 in B unten am rand.* e) cronicam Lubicensium *B.* f) cronicam de Marka *B.* g) in festo Walburgis *a. m. B.* h) cronicam Saxonum *B.* i) al. VI vel VII *B*; *b wie A.*

1) *Siehe Eccard 823.* 2) *Siehe bei Eccard 824. Zusammengeschrieben aus Henr. 204 und den sagenen schon in A vorhandenen angaben. B gibt den § auch im sagen zweitens an Heinrich von Herford.*

1275.

347. Tercio anno Rodolfi qui est domini MCCLXXV. Amalaricus clericus — (secundum Wilhelmum) — reservavit.

348. (Woldemarus rex Sweorum reversus de peregrinacione sua Romam secundum cronicam Danorum et regno suo privatus per Magnum fratrem suum, iunxit se Erico regi Danorum. Et apud ipsum mansit cum uxore sua et liberis, impugnavit regnum Swecie cum adiutorio dicti Erici regis. Magnus vero frater predicti Woldemari intelligens, Ericum regem Danorum fovere fratrem suum et ei auxilio esse, cum magno exercitu classis navalis intravit Scaniam et demolitus est omnem terram illam et cum maximo spolio reversus est in regnum suum.)

DE INNOCENCIO V. PAPA CXCIII.

349 (233). Innocencius papa nacione Burgundus ex patre Matheo sedit mensibus VIII et diebus X secundum Martinum. Iste prius Petrus de Tarentasia dictus, doctor extitit theologie et frater ordinis Predicatorum, factusque archiepiscopus Lugdunensis et post cardinalis Ostiensis apud Arecium Tuscie creatus, electus est in papam et consecratus in die sancte Agnetis.

350 (234). Hic cum esset[a] intra ordinis sui obedienciam constitutus, in quodam capitulo coram magistro generali accusatus fuit per quosdam emulos suos. Quem idem magister in capitulo ad statuam vocans, crimen falso sibi impositum ei obiecit. Cum autem dictus magister Petrus staret et verba increpantis ac cum paciencia audiret, sola porte importune pulsabatur. Ad cuius impetuosum pulsum quidam iuvenis frater surgens et cito currens, voluit pulsantis negocium sciscitari. Veniens ergo ad portam, invenit ibidem viros honorabiles petentes, ut eis magister Petrus de Tarentasia vocaretur. Qui cum de licencia magistri generalis ad portam venisset, mox solempnes illi nuncii debitam ei[b] honoris reverenciam exhibentes, litteras Lugdunensis capituli de concordi eleccione et bullas domini pape de eleccionis confirmacione ei obtulerunt ipsumque archiepiscopum Lugdunensem salutaverunt. Cuius nuncii boni veritatem cum magister Petrus videret, reversus ad locum capituli et iterum verba magistri repetentis audiens, taliter fertur dixisse: 'Magister reverende, peto licenciam loquendi pauca verba'. Quod cum generalis annueret, ait: 'Pater venerande, quidam fratres falso me accusantes
Ps. 123,7. laqueum paraverunt pedibus meis. Sed dei gracia laqueus contritus est et nos liberati sumus'. Et mox producens litteras apostolicas, ostendit se confirmatum archiepiscopum Lugdunensem. Quod magister ordinis videns, consternatus valde peciit veniam pro se et ordine suo. Quam libens dulcis magister et dominus Petrus indulsit et fratribus valedicens abcessit.

351 (235). De isto venerabili magistro Petro eciam narratur, quod cum Gregorius X. defunctus esset et ipse cardinalis Ostiensis existens una cum aliis cardinalibus in conclavi esset pro novi pontificis eleccione fienda, unus inter eos cardinalis erat Anglicus, qui ob verbum iocosum, quod dictus magister Petrus solitus erat dicere, puta 'Ergo bibamus'[1], ipsum non bene poterat. Hic Anglicus cum premeditacione sibi quedam metra fecerat, quibus predictum magistrum Petrum confundere cogitabat, si verbum illud iocosum in seriosis suis factis (que pre manibus habebant) ipsum dicere contingeret. Existentes ergo in conclavi, ubi papam eligere debebant et audiens Petrus[c]

a) magister in theologia et a. m. B. b) mit [illegible] D. c) Petrum [illegible]

1) Einer der ältesten Dantekommentare, der des Francesco da Buti (zu Purgatorio XXIV 22), bezeichnet 'Ergo bibamus' als Lieblingswort Martins IV. (1281—85). Vgl. Büchmann, Geflügelte Worte (17. Aufl.) 370.

in[1] cursu verborum aliquid sibi forte displicibile dici, prorupit ex inadvertencia in proverbium solitum, dicens 'Ergo bibamus'. Tunc mox Anglicus ille subintulit metra[2] per se confecta, dicens:

'Dum clausi stamus, qui dicit 'Ergo bibamus',
Rebus pensatis reputatur vir levitatis'.

Petrus autem audiens verba insultacionis ab eo studiose composita, respondit improvise[a] per duo metra dicens:

'Anglicus angelus est, cui nunquam credere fas est;
Anglicus a tergo caudam gerens est pecus: 'Ergo bibamus'.

Cuius ingenium perpendentes ceteri cardinales, ipsum unanimiter[1] in papam elegerunt. Sed (proch dolor) non diu in papatu vixit, ex ordinacione forte eiusdem Anglici et sibi similium, qui honori suo insidiabantur, per intoxicum ipsum expediendo. Iste Innocencius gloriose scripsit super apostolum et super IIII libros sentenciarum[3]. ¹ t. a.

1276.

352. Quarto anno Rodolfi qui est domini MCCLXXVI. Galilei Pamphilonia — secundum Wilhelmum[b] — nequiter stuprata. [illegible]

DE ADRIANO V. PAPA CXCIIII.

353 (236). Adrianus papa nacione Ianuensis (ex patre Iohanne) sedit mensem unum et diebus IX secundum Martinum. Hic prius 'Umbertus[c]' dictus nepos extitit Innocencii IIII. — suspensam reliquid successori suo. Mart. 442.

354 (237). In Traiecto superiori facta solempni processione trans pontem in vigilia sancte Margarete cum maxima pompa cereorum artificialiter ornatorum secundum Wilhelmum[d], postquam clerus et religiosi cum reliquiis transierant, sequenti gravi pressura multitudinis pons in medio fractus est et posterioribus anteriores ad casum urgentibus, circa centum homines submersi perierunt. Et ex hoc solempnitas processionis versa est in vocem meroris. Juli 19.

355. (Bondokdar soldanus Babilonie intoxico periit secundum Wilhelmum. In cuius regnum iure hereditario successit filius suus Mellechseid. Sed quia regno inutilis inventus est, exulari compulsus est et in locum eius erectus est Elphi strenuus et sagax miles.) [illegible]

356 (239). Lubicana civitas incinerata fertur[1] hoc anno in festo sancti Viti martiris secundum quendam[4] metristam dicentem: v. Detm. 366. Juni 15.

M. duceno sexto quoque septuageno
In Viti festo Lubek perit igne molesto.

(Istud autem vel simile incendium narratur contigisse in eadem urbe et pro eodem die anno domini MCCIX. secundum metra sequencia:

(1) st. in — solitum, dicens B: quod quidam nominarent talem in papam, qui sibi minus ydoneus videbatur, dixit verbum solitum quasi nominatum subsannando.
(2) st. metra — dicens B: quorum ipsum confunderet.
(3) Plura eciam alia utilia et magistralia composuit. z. zu B.
(4) st. quendam metristam dicentem B: cronicas Lubicensium. Post quod incendium reedificata est urbs lapidea, que antea erat lutea et lignea, propter quod salubre et utile fuit tale incendium magis quam [illegible]. Versus.

a) protinus improvise B. b) Egbardum B. c) Ottobonus B. d) cronicas Francorum B.

1) Vgl. auch die fassung von B im anhang I.

Anno milleno duceenteno quoque nono
In Viti festo Lubek perit igne molesto.
Quinque tantum edes remanserunt ibi stantes.

Sed forte bina vice talis conflagracio civitati huic accidit. Certum tamen est, quod post ultimam combustionem domus lapidee facte sunt cum muris contiguis, ne amplius tam generale incendium urbem destrueret. Antea enim latera erat pro maiori parte et lignea, sicud alie civitates circumiacentes[1].)

v. Detm. 387. 357 (240). Iohannes episcopus Lubicensis obiit[a]. Cui in sedem successit dominus Borchardus, vir circumspectus et prudens(1).

DE IOHANNE XXI. PAPA CXCV.

Mart. 442. 358 (238). Iohannes papa nacione Hispanus sedit mensibus VIII et diebus VIII secundum Martinum. Iste prius Petrus dictus — sacramentis previe perceptis(2).

1277.

Detm. 387. 359. Quinto anno Rodolfi qui est domini MCCLXXVII. (Abagathan[b] imperator — secundum Eggherdum — ad propria perduxerunt)

DE NICOLAO III. PAPA CXCVI.

Mart. 478. 360 (241). Nicolaus papa nacione Romanus ex patre Paulo sedit annis tribus et diebus XX secundum Martinum. Hic prius dictus Iohannes Gayetanus de domo Ursinorum amator extitit cleri et religiosorum et maxime ordinum Mendicancium (quibus solempnia contulit privilegia). Iste fratrem Ieronimum legatum Grecorum ordinis fratrum Minorum fecit cardinalem et alium fratrem eiusdem ordinis constituit episcopum Tudertinum. Duos quoque fratres de ordine Predicatorum assumpsit in cardinales. Ipse et palatium — ornavit. Parum autem post promocionem — amplius ascenderet.

361 (242). Iohannes dux de Luneburg, filius Ottonis primi ducis de Brunswic, obiit

Dec. 13. circa[2] festum beate Lucie secundum cronicam Saxonum. Cui successit Otto filius suus. Ottoni vero dedit postea[4] Lodowicus rex Romanorum filiam suam Mechtildem in uxorem. De qua genuit tres filios, scilicet Lodowicum, Ottonem et Wilhelmum.

1278.

Detm. 393. 362. Sexto anno Rodolfi qui est domini MCCLXXVIII. Nicolaus papa — invenit[c].

ibid. 363. Magister Iohannes — famulabatur.

ibid. 364. Everhardus — secundum Wilhelmum[c] — destruitur.

ibid. 365. Humbertus — secundum Martinum[d] — vitas fratrum latitabatur.

366 (243). Rodolfus rex Romanorum, citato Odakero rege Bohemorum secundum Egghardum[e], pro eo quod iniuste possideret civitatem Egrensem cum adherenciis eius, puta(3) ducatibus Austrie et Carinthie, marchionatu[f] Stirie et Herbipoli urbe, et eo non comparente, sibi abiudicata sunt in curia Spirensi predicta dominia et imperio adiudicata.

Detm. 389. (1) *in B folgt:* 357a. Comes Gellicensis occiditur Aquisgrani 17. Kal. Aprilis.

Detm. 391. (2) *in B folgt zu 1277:* 358a. Engelbertus comes de Marka 3. secundum quosdam dicitur fuisse captus a Hermanno de Lore, de quo vide supra 1274.

(3) *st.* puta — urbe *B:* ducatus Austrie et Carinthie, marchiam Stirie et regionem Kregum, in Herbipoli urbe.

---

a) post *B.* b) secundum cronicam Lombardorum *a. zu B.* c) cronicas de Marka *B.* d) cronicas Predicatorum *B.* e) cronicas eorundem *B.* f) marchionatu *D; vgl. B.*

1) *Siehe schon oben § 42.* 2) *Vgl. die fassung von II im anhang I.* 3) *Siehe Eccard 928.* 4) *1265 Mathilde tochter Ludwig des strengen.*

Quem Odakerum regem, cum resignare nollet prelibata bona, rex Romanorum bello invasit et ipsum interficiens, fere VIM hominum peremit. Et sic terras illas amplius quieto possedit bello iusto acquisitas[1].

367 (244). Aquisgrani miserabilis strages facta est in die sancte Gertrudis secundum Wilhelmum[a]. Nam comes Guliacensis[b], qui per XXX annos ecclesie Coloniensi infestus extiterat et duos pontifices eius successive captivaverat, dolose cum armatis civitatem ingressus est. Sed a quodam de suis traditus, irruente in ipsum urbis populo, ipse cum multis nobilibus est occisus(1)[2]. Mart. 17.

1279.

368 (245). Septimo anno Rodolfi qui est domini MCCLXXIX. bellum grande actum est in die sancti Pauli primi heremite prope castrum Vrose iuxta Magdeburg secundum cronicam Saxonum, convenientibus ibidem Ottone iuniore marchione de Misna cum comitibus[c] de Reghensteen[4], de Hademersleve et[d] de Arensteen ex una parte; ex altera vero Ottone comite de Anehald duce exercitus cum Magdeburgensibus et vulgo terre copioso. Ubi milites beati Mauricii ex parte Magdeburgensium[f] victoria potiti, interfecerunt dictum comitem[g] de Arensteen, capto marchione Misnensi cum pluribus nobilibus. Quem triumphum plura mala sunt secuta. Nam promissis minime observatis, Otto marchio ecclesie terminos graviter infestavit, et contra Albertum ducem de Brunswic coniuracio et conspiracio valida facta est ac eius fines incendiis et rapinis sunt dampnabiliter devastati[3]. Jan. 10

369 (247). Albertus Magnus magister in theologia ordinis Predicatorum, olim episcopus Ratisponensis, obiit in domino (secundum Martinum). De(2) huius venerabilis patris obitu plura notabilia tacta sunt supra VIII. anno Richardi.

370). (Woldemarus exulatus rex Swecorum dedit se in graciam fratris sui Magni regis, qui violenter se ingesserat ad regnandum secundum cronicam Danorum. Qui ipsum cum decenti familia apud se tenuit ad tempora vite sue. Sed oportebat ipsum primum renunciare omni iuri suo, quod in dicto regno sibi competere asseruit. Et sic Magnus frater suus regni illius gubernacula obtinuit.) Corn. 896.

371 (246). Albertus dux de Brunswic obiit (ipso die assumpcionis beate virginis)[4] secundum cronicas Saxonum, relinquens post se duos filios, Henricum scilicet, qui postea amisit castrum Herlingberg, et Albertum pinguem(3). Cf. Detm. 399.

(1) Et sic dolositas eius dolositate alterius est delusa et persoluta. s. zu B.

(2) s. De — Richardi B: et sepelitur in conventu Coloniensi ordinis eiusdem in choro.

In B folgt: 369a. Ferunt quidam de eo, quod cum quidam fame sue sanctitatem denigrare cupientes, agitati invidie livore dicerent, ipsum fore dampnatum propter exercicia nigromancie artis eciam in senio attemptata, fratres Colonienses tumulum eius aperuerunt, videre volentes, si forte quid sanctitatis indicium in eo deus ostendere dignaretur ad ora detractorum obstruenda, et ipsum invenerunt corpore integro in genibus ad altare versus sedentem quasi adorare Deum omnipotentem. Quod miraculum cum pluribus ostendissent et falsitatem infamie per hoc evidenter depulissent, cooperuerunt tumulum ipsum ad trium digitorum altitudinem, ultra alia vicina sepulcra elevantes in signum sanctitatis eiusdem[5].

(3) *In B folgen zu 1280:* 372a. Nicolaus papa — moritur. Bern. 909.

372b (253). Eodem anno Secana — secundum cronicas Francorum — tabescere. ibid.

a) cronicam de Marka B. b) sive Iuliacensis s. zu B. c) comite Ulrico B. d) Ottone s. zu B. e) domino s. zu B. f) Magdeburgensis D. g) dominum B.

1) *Ausführlicher im Chronicon Sampetrinum 113 f.* 2) *Vgl. Chronicon Sampetrinum 117.* 3) *Ausführlicher in den Gesta archiep. Magdeburg. SS. XIV 433.* OESTERLEY. 4) *Das datum hat erst D aus Detmar genommen.* 5) *Vgl. oben D § 368.*

Detm. 238. 878. (Hic Albertus dux defunctus olim Gunzelinum comitem de Swerin terra sua et comitatu suo privaverat, quam habuit ad australem partem Albie fluminis, eo quod spolium commiserat in silva Wassekenbruk dicta prope Todeslo terre Holzatorum et de curribus multa bona Lubicensibus abstulerat.)

1280.

879 (248). Octavo anno Rudolfi qui est domini MCCLXXX. erat in Saxonie partibus prope Goslariam in monasterio Gevershusen dicto monialis quedam Agnes nuncupata (secundum cronicam Saxonum), que compulsa est una cum aliis sororibus ad tempus ad edes paternas remeare propter devastaciones frequentes bonorum monasterii sui. Que[1] cum ad parentes suos rediisset et speciosa satis esset, dyabolo instigante et fragilitate feminea permittente, a quodam generoso clientulo impregnata est. Partui ergo appropinquans anxia fugit ad campum et puero edito, adest dyabolus in specie sacerdotis, dicens[2] ei: 'Quid agis mulier? Scio te prolem peperisse. Sed consule iam honori tuo, ne et tu cum[3] parentibus tuis confundaris. Parvulum ergo in stagnum proximum proicias. Si enim aliquamdiu vixerit, latere non poterit'. Tunc misera mater miro ponderis certamine fatigata, sed tandem erubescencia sceleris vicit maternum pectus et[4] infantem tamen baptizatum in ipso flumine mox suffocavit. Cui statim dyabolus insultans inquid: 'O feminarum crudelissima, quid egisti? Nichil amplius restat melius, nisi ut sine scandalo tui et tuorum et sine periculo gravioris mortis, facta michi prius confessione, te cum prole tua submergas. Quod si non feceris, facinus tuum omnibus amicis tuis et iudici terre prodam'. Quo audito omnibus membris tremens in terram se prostravit et beatam virginem (cui semper devota) invocavit contra dyabolum in adiutricem. Nec mora vidit mulier dyabolum quasi fumum disparentem. Que mox prorumpens in laudem virginis, ipsi servire omnibus diebus vite sue promisit. Venit ergo in urbem, que Halberstad dicitur, et hospicio suscepta a quadam venerabili persona, locata est cum quadam Iudea nomine Sara, ut eius parvulum enutriret. Mansit autem cum Iudea illa per annos duos in tanto merore, ut vix aliquis eam ridere videret, bis in ebdomada ieiunans in pane et aqua. Interim autem illi Sare Iudee de Cristi pietate et filio ac de bonitate matris eius predicabat, eo quod eloquens esset et prudens, et in tantum eam exhortabatur ad fidem, ut verba sua (deo cooperante) cor suum penetrarent. Unde oracionem dominicam et salutacionem angelicam addiscens, omni die orabat Cristum et eius matrem. Quod cum Iudeus vir Sare adverteret, cepit iuvenculam illam habere suspectam tamquam sue uxoris seductricem. Unde cogitare intra se cepit, dyabolo immittente, dicens: 'Si hanc pacieris tecum morari, convertet uxorem tuam ad fidem cristianam. Si vero eam dimiseris et a te separaveris, carebis uxore tua, quia procul dubio eam sequetur. Interfice ergo eam occulte et securus eris de omnibus'. Unde mox surgens extracto gladio[a] interfecit eam in lecto dormitantem[5]. Quod videns Iudea exhorruit, sed contradicere non audebat. In noctis ergo medio cum signum fieret, ut Iudei synagogam intrarent, Iudeus iste

(1) st. Que — impregnata est H: pulcra satis, ut ad patrem rediit, ab eo violenter oppressa est et mox impregnata.

(2) st. dicens — honori tuo H: qui se eius consobrinum contestans et facti eius conscium, dixit ad lacrimantem et quasi pre tristicia desperantem.

(3) patre et s. ro H.

(4) st. et infantem — suffocavit H: et mox parvulum proiecit in aquam et submersit.

(5) tria vulnera circa cor ei imprimendo s. ro H.

a) am rand von späterer hand nachgetragen D.

domum exivit et synagogam visitavit, relicto[1] cadavere in lecto. Cogitavit enim corpus educere exanime, cum reverteretur. Quo recedente, Iudea in lecto iacens clara visione aspexit, gloriosam virginem Mariam cum duabus puellis ad mulierem occisam ingredi et ex pixide quadam, quam una puellarum deferebat, vulnus interfecte perungere; occisam vero mox surgere et cum virgine benedicta cameram exire. (Iudea autem post egressum puellarum surrexit de stratu suo, videre volens, si visio illa veritatis aliquid haberet vel an delusio fuisset. Et accedens ad lectum Agnetis, non invenit eam.) Maritus autem rediens de synagoga (eciam locum interfecte ab eo accrasit) et non invento cadavere, credidit uxorem suam ipsum removisse (nolens credere verbis eius narrantis sibi visionem, quam viderat). Vix ergo completi sunt dies XL et ecce venit mulier peregrina, salutans Iudeam et virum suum ex parte Agnetis (nutricis pueri eorum). Quod audiens Iudeus, miratus dixit: 'Nonne ego occidi illam? quomodo ergo nunc vivit?' Cui uxor dixit: 'Potens est dominus Ihesus famulam suam occisam vivificare'. Tunc ait Iudeus: 'Hoc est, quod semper timui et propter quod eam occidi, quia timui, quod te seduceret'. Unde pecuniam, quam in domo promptam habuit, colligens ab uxore protinus recessit. Iudea vero cum filiis suis duobus mox ad ecclesiam properans, se cum eis baptizari fecit et bona sua pauperibus distribuens iuxta sacerdotis concilium, cum parvulis suis urbem exivit et ad locum, ubi Agnetam cognovit esse, perrexit. Agnes autem cum gaudio suscipiens Gertrudem — sic enim vocata est in baptismo — et ipsam ut bonam vivere docuit cristianam. Una ergo dierum dixit Gertrudis (conversa) ad Agnetem: 'Miror valde, soror mea Agnes, quomodo revixeris, cum ego te viderim interfici?' Cui Agnes: 'Novit Cristus dominus, quod licet vulneris diri cicatricem habeam, nullum tamen interfeccionis sensi dolorem. Videbar insuper quasi a sompno excitari. Excitata vero timui viri tui furorem et ideo recessi latenter tibi non valedicendo'. Videns ergo Gertrudis cicatricem vulneris recitavit Agneti visionem in hora interfeccionis sue sibi apparentem, propter quod deum pariter laudantes et matrem suam benedictam, ipsis devote servire studuerunt[1].

874 (249). Nycolaus papa tactus apoplexia obiit in castro Suriani[a] (secundum [illegible] Martinum), sed Rome est sepultus cum solempnitate.

DE MARTINO IIII. PAPA CXCVII.

375 (251). Martinus papa nacione Gallicus (ex patre Bartholomeo) sedit annis IIII et Mart. 417. mensibus tribus. Hic prius Symon dictus cardinalis extitit tituli sancte Cecilie et[2] missus fuerat in Franciam bina vice, primo ab Urbano IIII. et post a Gregorio X. secundum Martinum.

[1] relicto cadavere — iacens *B*: Iudea vero postquam viderat interfeccionem Agnetis sompno arrepta.

[2] Hic Viterbii electus est et per Urbanum 4. expeditus pro futuro papa. Ipse eciam diu legatus *B*.

a) Surian *B*.

1) *Diese geschichte stammt aus dem 'Viaticum narracionum' und steht in der Kopenhagener hs. fol. 11 unter der überschrift* Dolor peccatorum. *Sie beginnt:* Erat in partibus Theutonie monasterium virginum, quo bellorum eventu funditus destructo ad domos parentum moniales redire compulse sunt *und endet:* laceravit eam stimulque cilicium, quo induebatur ad carnem, usque ad pectus medium et inveni manifestissime trium vulnerum cicatrices. *Danach heisst es weiter:* Manifestata sunt hec domino episcopo Coloniensi domino Conrado. Mortua est hec in maxima penitencia et fervore spiritus anno domini MCCLXX. Ghertrudis vero superstes in magno fidei calore successum est. *Der text weicht wiederholt stark ab; wichtige teile der erzählung hat Korner weggelassen und überhaupt das ganze ziemlich verändert. Nur die namen Agnes und Sara-Ghertrudis hat auch das Viaticum.*

v. Detm. Antequam vero assumeretur in cardinalem, erat senator Romanus. Iste Teuthonicos valde exosos habuit propter quoddam factum, quod Parisius sibi accidit satis verecundum et contumeliosum.

v. Detm. 376 (250). Borchardus[a] episcopus Lubicensis interdictum posuit in civitate predicta propter[(1)] sepulturam cuiusdam vidue Rigborg dicte. (Ipsa enim in extremis posita, racionis tamen compos sepeliri elegerat coram testibus ydoneis apud fratres Minores eiusdem urbis. Sed eleccione tali canonica facta non obstante, sacerdotes parrochie sue eam sepelire parabant. Quod fratres percipientes, cum processione venerunt ad ecclesiam parrochialem et missa defunctorum finita, funus suum tulerunt de ecclesia et ipsum apud se sepelierunt. Propter quod episcopus provocatus contra fratres, interdictum posuit per totam civitatem. Fratres vero iniuriam suam egre ferentes, appellacionem legitimam interponendo causam suam ad curiam Romanam detulerunt.) Et quia episcopus interdictum nimis iniquum et preiudiciale eciam secundum iudicium laycorum et simplicium positum tollere noluit, expulsus est et ipse et canonici de urbe predicta et tamdiu extra civitatem morati sunt, quousque interdictum hoc relaxatum est. Causam[(2)] autem fratrum dominus Iacobus de Columpnis cardinalis Sancte Marie (ex commissione domini pape discuciens) determinavit pro fratribus predictis Minoribus, interdictum cassavit et anullavit. Et sic lite cessante, episcopus et canonici ad curias suas sunt reversi fratribus invidentes secundum cronicam Lubicensem[b].

1281.

Detm. 377. Nono anno Rodolfi qui est domini MCCLXXXI. sedata est discordia inter Ericum regem Danorum et Waldemarum ducem de Sleswic secundum cronicam Danorum et Waldemarus dux recuperavit terram suam, quam violenter rex sibi abstulerat et ducem quasi exulaverat, eo quod non haberet de toto ducatu suo nisi Gottorpe castrum, quod rex expugnare non poterat, sed ipsum alio castro e regione constructo sic vallaverat, ut vix egredi dux auderet de castro Gotturpe.

v. Detm. 378 (257). Hammeberg[(3)] civitas Holtsacie ultra mediam longe partem incinerata est secundum cronicam Lubicensem et plures homines utriusque sexus[c] perierunt in igne, sua bona redimere satagentes.

Korn. 379 (253). Piscis marinus captus est (iuxta Schaghen locum quendam maris Baltici) secundum cronicam Danorum[d] figuram gerens — demerit[(4)].

1282.

Detm. 380. Decimo anno Rodolfi qui est domini MCCLXXXII. Abagaben[e] imperator Tartharorum[1] — secundum Egghardum[f] — pacta et concordiam cum soldano Egipti in de-

(1) st. propter — dicte B: propter quandam mulierem Rikborgh dictam, sepultam apud fratres Minores, apud quos sepeliri elegerat coram multis.

(2) st. Causam autem fratrum B: Causa namque deducta fuit ad curiam, quam.

(3) § 378 in B zu 1283 lautet: Hammenborg civitas Holtsatorum igne — u.s.w. wie A — secundum cronicas Lubicensium — et concremati.

Korn. (4) in B folgen zu 1282: 379a (254). Soldanus Babilonie — occidit.

379b (255). Quidam Fredericus cognomento Holtschuth[g] — u.s.w. wie A — secundum cronicas Saxonum — in Westfalia inferiorum — et dimidio[2].

v. Detm. 379c (256). Ericus rex Danorum — u.s.w. wie A — secundum cronicas Danorum — ablata restituit.

a) § 376 in B zu 1281. b) Istud factum est anno domini 1278. Ista cassacio est facta anno domini 1280. in B am rand von anderer hand. c) fehlt D. d) Francorum B. e) § 380 in B unten am rand. f) cronicam Lubicensium B. g) so B.

1) Siehe Korner 311. 2) Siehe auch D § 387.

crucifixum cristiani tinxit[1]. Argon autem frater — ipsum devoravit. (Et[a] factus est Argon imperator Tartharorum loco fratris. Et mox exercitum educens contra soldanum Egipti, ipsum fugavit ad ante dictas, interficiens de Sarracenis circiter quinquaginta milia et mx.) Detm. 282. Korn. 178.

1283.

381. Undecimo anno Rodolfi qui est domini MCCLXXXIII Philippus rex — secundum Wilhelmum[b] — regi Francie. Korn. 179.

382. Iohannes[c] de Vercellis — anno domini MCCLXVII. ibid.

383. (Prelium maximum commissum est inter opida Godebusch et Grevesmolen terre Obotritorum in crastino festi sancti Iohannis ante portam Latinam secundum cronicam Obotritorum per dominos Henricum et Iohannem filios domini comitis Henrici de Mykelingburg captivi soldani ex una parte et dominos duces de Luneburg et Saxonie ac marchiones Misne et Brandeburg, et victoria gloriosa cessit de celo dominis comitibus de Mykelenburg adolescentulis propter preces devotas domine Anastasie matris dictorum comitum, mulieris sancte[1].) Detm. 284.

384. (Eodem anno exusta est curia predictorum dominorum de Mykelenburg in Wismaria urbe sita ab igne proprio.) Detm. 287.

385. (Philippus rex — secundum Wilhelmum — disponi fecit.) Korn. 180.

386. (Solempnis inquisicio — regis Francorum.) Korn. 180.

1284.

387. Duodecimo anno Rodolfi qui est domini MCCLXXXIIII. (mendosus quidam nuex nomine Fredericus Holtstuch[d] secundum Wilhelmum venit de Colonia in Nussyam et dehinc in Wesaliam, pro Frederico secundo imperatore se gerens. Ubi ipsum cives comprehendentes ob metum Rodolfi regis Romanorum combusserunt extra urbem suam[2]. Pro eodem tempore alius vesania consimili excecatus venit in urbem Lubicensem terre Wagirorum, eundem imperatorem se fore asserens. Quem vulgus dicte civitatis minus circumspectus tamquam regem equo impositum cum honore magno per urbem deducens, reverenciam magnam exhibuit. Erat autem protunc in dicta civitate Lubicensi proconsul quidam industrius et astutus Henricus Steneke nominatus, qui in negociis civitatis pluribus et variis prefatum Fredericum imperatorem visitaverat et colloquia diversa cum eo habuerat. Hic cum predicto trufatore imperatorem se menciente contulit de multis peractis coram vero Frederico cesare negociis, que sibi et dicto imperatori Frederico peroptime nota fuerant. Sed cum ad ea, quo sibi proconsul ille proponebat, valde impertinenter responderet, cognovit ipsum deceptorem esse. Unde mox ordinavit cum familia civitatis, quod saccum pro sarcophago et aquam pro cimiterio sibi vendicabat).

388. (Audacia comitissa de Zwerin mater Guntzelini comitis secundum cronicam Obotritorum obiit in domino piis actibus plena et sepulta est in choro fratrum ordinis Minorum, quod monasterium ipsa propriis sumptibus fundaverat.) Detm. 287.

389 (258). Controversia maxima orta est inter Olavum[3] regem Norwegie et mercatores civitatum tam orientalium quam occidentalium plagarum et conspiraverunt contra predictum regem omnes ille civitates preter Bremensem et occupaverunt magnis navibus portum, ne quidquam regi aut toti regno[e] adduci potuisset. Propter quod tanta carietia v. Detm. 286.

---

(1) In hac persecucione solum deum christiani in patronum invocabant. s. zu B.

---

a) Et factus est — DCC f. B; vgl. § 379a. b) cronicam Francorum B. c) § 382 in B: secundum cronicas Predicatorum fratrum. d) so D. e) am rand nachgetragen D.

1) Detmar: en wedder der junghen heren vorbenomet. Auf die übersetzung der folgenden worte: en hadde sunte Franciscus lef, se leet ein bilde malen to der tiid in dat banner, unde sende dat so mit groter innicheit in dat her hat der Domenikaner Korner verzichtet. 2) Siehe schon B 373b und A 263. 3) Erich III, Priesterhasser.

et fames facta est in regno illo; ideo necessitate compulsus rex cum omnibus pacem desiderans facere, posuit Magnum regem Sweorum mediatorem inter se et civitates predictas. Ad quem eciam et mercatores causam suam referebant. Rex ergo Magnus fecit concordiam et amiciciam inter partes, iniungens Olavo regi magnam pecunie summam, quam mercatoribus daret in sublevamen dampni recepti a rege illo.

1285.

Herm. 208. 890. Terciodecimo anno Rodolfi qui est domini MCCLXXXV. Karolus — (secundum Wilhelmum) — sepultum.

DE HONORIO IIII. PAPA CXCVIII.

Mart. 440. 891 (259). Honorius papa nacione Romanus ex patre Francisco sedit annis tribus et mensibus duobus (secundum Martinum). Prima siquidem die[a] — officio misse. Hic prius dictus Ieronimus Sabellensis fuit multum pacificus et quietus.

Herm. 210. 892. Philippus rex — secundum Wilhelmum[b] — rex Francorum XLIIII. regnare.

1286.

v. Detm. 365. 893 (260). Quartodecimo anno Rodolfi qui est domini MCCLXXXVI. Ericus rex Danorum a propriis satellitibus occiditur secundum cronicam Danorum in nocte sancte
vgl. 22. Cecilie, relinquens post se tres filios, puta Ericum, Cristoferum et Woldemarum. Et successit ei Ericus primogenitus in regno. Sed quia puerilis adhuc erat, Woldemarus dux de Sleswic factus est tutor regni.

Detm. 366. 894. (Veniens autem Woldemarus dux in Selandiam, colloquium habuit cum reginis et nobilibus terre de negociis regni disponendis. Cumque, ut putabat, in securitate et amicicia staret in placitis, innotuit ei, quod ex dolositate innata Danorum insidie sibi pararentur. Qui mox ad arma festinans, cum suis super traditores illos ruit et multos de predictis Danis interficiens, regni dapiferum, qui tradicionis illius impositor extitit, captivavit et secum in Alsen in turrim Northburg transvexit[c] ac vinculis duris mancipavit. Miles vero quidam Nicolaus dictus filius Iohannis letaliter vulneratus in Lubeke urbe defunctus est. Pro eodem tempore mortuus est in eadem civitate Albertus comes de Everstene, qui eciam pro cura illuc venerat, et sepulti sunt ambo in ecclesia maiore.)

Herm. 213. 895 (265). Regnum[(1)] Polonie — secundum Egghardum — ab eius impeticione quiescant
vgl. 22. iniuriam hanc — terras inviis elapsis.

896 (261). Iudei in urbe Pragensi regni Bohemie (secundum Egghardum) quendam famulum nomine Wernerum, qui pro mercede eis serviebat cristianus existens, in die
vgl. 72. parasceves martirio coronaverunt, omnia genera penarum et contumeliarum Cristi sibi infligendo. Cui cristiani dans ecclesias ibidem fabricaverunt.

1287.

Herm. 211. 897. Quintodecimo anno Rodolfi qui est domini MCCLXXXVII. in festo sancti Nicolai[d] — secundum Wilhelmum[e] — sexus vel citra.

Herm. 212. 898 (263). Everhardus comes de Marke — secundum Wilhelmum[f] — alii nobiles consimiliter[(2)] ligam et contractum[g] fecerant, sibi invicem adiutorio esse iurantes velle et contra inimicos simul stare[(3)].

Herm. 213. (1) § 895 lautet in B kürzer: Regnum Polonie — secundum cronicas — ab eius impeticione cessaverint nec forte cessabunt, quousque rehabeant eandem.

(2) al. consimiliter — stare B: et barones adherent.

(3) in B folgen: 898a (264). Tartari Ungariam — u. s. w. wie A — religiosos cum plebibus interficiunt.

898b (265). Quidam trufator — u. s. w. wie A — secundum cronicas Saxonum — et ipse sicud primus — combustus.

a) fehlt D. b) cronicas Francorum B. c) transvexit D. d) Nycolai B wie Heinrich. e) cronicas de Marka B. f) cronicas eiusdem terre B. g) contractum D.

1288.

399 (262). Sextodecimo anno Rodolfi qui est domini MCCLXXXVIII. in die sancti Bonifacii — apud septem oc. Post commissum autem prelium Everhardus — sibi vendicaverat.

DE NICOLAO IIII. PAPA ROMANO CXCIX.

400 (267). Nicolaus papa nacione Lombardus ex patre Fabiano sedit annis V et diebus XXII secundum Martinum. Hic fuerat generalis minister ordinis fratrum Minorum et inde assumptus in cardinalem, post factus est papa [1]. Hic creavit in presbiterum cardinalem fratrem Hugonem de Bylonio ordinis Predicatorum et fratrem Matheum de Aquisperta [a] ministrum generalem ordinis Minorum fecit episcopum Portuensem [2]. Iste eciam volens Grecos ad gremium Romane ecclesie revocare, eundem [(1)] ad eos misit. Ipse quoque ordinem — exterminare laborabat indefesse.

1289.

401 (273). Decimoseptimo anno Rodolfi qui est domini MCCLXXXIX. in villa Eginhusen — secundum Eggbardum [b] — dependentem.

402 (270). Comites de Holtzacia (Henricus et Iohannes) cum magno exercitu intraverunt Dithmarciam (ut eam sibi subiugassent, quia antiquitus ad dicionem eorum pertinuerant [c]) secundum cronicam Lubicensem. Cumque hostibus apropinquassent, casu cattus quidam ante exercitum Holtzatorum cucurrit per viam (qui creditur fuisse dyabolus). Quem cum anteriores exercitus illius inclamarent, posteriores credebant esse fugiendum. Unde continuo illi fugam capientes, dimiserunt socios suos in manibus inimicorum. Qui omnes vel occisi sunt vel capti. Unde [(2)] autem venerat cattus ille aut quo devenerit, ignoratur usque hodie. Aliquorum autem opinio erat, quod fugam hanc aliqui de nobilibus Holtzatorum Dithmarcis faventibus ordinaverant.

403. (Discordia autem ista inter Holtzatos et Dithmarcos tandem sopita est aliqualiter per hoc, quod Henricus comes Holtzatorum accepit in uxorem filiam Gyseberti comitis de Bronkhorst, fratris archiepiscopi Bremensis, qui auxilio Dithmarcis fuerat in prelio supradicto.)

404. (Iohannes dominus de Mykelenburg iuvenis accepit in uxorem Helenam filiam Wenzlai domini Ruyianorum, qui secundum cronicam Obotritorum ex parte matris erat de generoso sanguine ducum de Brunswic. Quorum nupcie cum magno tripudio sunt celebrate in opido Sterrenberg terre eiusdem.)

405. Molendina [d] noviter constructa in urbe Lubicana (apud maiorem ecclesiam versus austrum) secundum cronicam eiusdem primo molere ceperunt hoc anno (in magnum commodum dicte civitati) [3].

1290.

406. Decimo octavo anno Rodolfi qui est domini MCCXC. Rodolfus rex Romanorum (secundum Eggbardum) diem suum clausit extremum [4] (et sepultus est in Spyra).

407 (274). Veneti corpus sancti Iacobi — secundum Henricum de Hervordia [e] — dominus operari dignabatur. (Et [(3)] attendendum — invenerunt.)

[(1)] st. eundem — misit B: se ipsum ad eos transtulit.

[(2)] st. Unde — ordinaverant B: Cattus autem ille creditur fuisse dyabolus, fugam illam volens facere posteriorum, ut anteriores interficerentur.

[(3)] Et — invenerunt f. B; statt dessen B zu 1291: Quidam ferunt, hoc anno Venetos petivisse corpus beati Iacobi ordinis fratrum Predicatorum a Foroliviensibus, sed non impetrasse.

a) Aquasp̄a D; Aquasparta B. b) cronicam de Marka B. c) so D. d) § 405 in B zu 1290. e) cronicam Lombardorum B.

1) 1288 febr. 15. 2) 1291 Mattheus de Aquasparta. 3) Vgl. schon § 269a der fassung a. 4) Gest. 1291 juli 15.

DE ADOLFO REGE ROMANORUM.

Germ. 912 408 (871). Adolfus comes — secundum Martinum — interfectus in die sanctorum Processi et Martiniani in bello publico.

Detm. 873 409. (Monasterium monacharum in Rune incineratum est per latrunculos secundum cronicam Obotritorum. Ex quo incendio paupere ille moniales dampna et incommoda multa sunt perpesse tam corporum quam timeo animarum.)

t. Detm. 872 410 (872). Cives Lubicenses guerram gerentes cum ducibus Saxonie de Lonenburg, secundum cronicam eorundem habuerunt in auxiliatores dominos Slavorum cum pulcro exercitu. Ad quorum ducatum cum venissent, quasi omnes villas demoliti sunt. Obsidentes autem castrum Razeburg cum machinis, bumbardis et aliis rebus et instrumentis bellicis, ipsum in magna parte destruxerunt. Videntes ergo duces audaciam et constanciam Lubicensium, pacem cum eis fecerunt sub tali condicione, ut omnia castra, municiones et predia, de quibus usque in presens rapinas et spolia perpetrassent castrenses et inhabitatores eorum, funditus destruerent. Que(3) cum duces annuissent, mox Lubicenses ducatum illum pertranseuntes in eo et in partibus vicinis circumcirca sequencia deiecerunt castella, puta Walrowe, Klokestorpe, Karlowe, Möstiu, Dusowe, Slawekestorpe, Lynowe et Nannendorpe. Sed postea reinstaurata sunt aliqua illorum in non modicum malum civitatum et terrarum Obotritorum(8), Polaborum, Wagirorum et Slavorum.

1291.

Germ. 914 411. Primo anno Adolfi[a] qui est domini MCCXCI. Everhardus comes — (secundum Eggbardum) — exire audentibus in occursum comitis.

412 (875). Akaron[b], quo ab antiquo Ptholomayda nominabatur, urbs fortissima in die sancte Potenciane virginis, dei potencia manum subtrahente a cristianis propter eorum peccata, potenter a Sarracenis victa est et capta. Cuius quidem capcionis et devastacionis modus talis fuit[1] secundum Eggbardum[c]. Erat enim civitas hec in litore maris sita, ex lapidibus quadris et sectis constructa et murata ac turribus excelsis et fortibus non ad iactum lapidis distantibus ab invicem circumdata. Unaqueque vero illius urbis porta infra duas turres erat locata et muri erant tam ampli et lati, quod currus alteri obvianti in muro cedere potuisset. Et talem disposicionem versus mare habebat. Versus terram vero civitas erat muris duplicibus et fossatis profundissimis munita et diversis propugnaculis ac vigilum custodibus securata. Platee quoque civitatis ad intra erant mundissime et omnes domorum parietes in altitudine erant equales, ex lapidibus sectis constructe, ac domus ad intra uniformiter fenestris vitreis et picturis mirabiliter ornate. Desuper vero platee pannis sericis ob solis ardorem aut aliis lintheaminibus pulcris erant cooperte. Unusquisque autem platearum angulus turrim habebat fortissimam, portis ferreis et cathenis fortibus munitam. In circuitu quoque civitatis ad intra fortissima fuerunt castra constructa, in quibus principes et nobiles

prout supra dictum est anno domini 1290. De hoc sancto viro inter cetera eius miracula quoddam insigne recitatur, quod presentibus inserere volui ad edificacionem legencium.
Germ. 913 Femina quedam — benedicit.

(3) st. Que — deiecerunt castella B: Sunt igitur plura castra per Lubicenses eversa et destructa.
(8) st. Obotritorum — Slavorum B: Slavie et Saxonie.

a) aus Rudolfi korrigirt D. b) Accon sive Akaron B. c) quendam, qui direpcioni ipsius interfuit B.

1) *Einer ganz verwandten und vielfach mit Korner parallel laufenden quelle ist die Hochmeisterchronik gefolgt. Vgl. ihre holländische übersetzung bei Matthaeus, Analecta X 178—199. Wilken, Geschichte der Kreuzzüge VII 737. Eine untersuchung über die quelle hätte jedenfalls auf den wortlaut der hs. a zurückzugehen.*

habitabant. Sed in civitatis medio mechanici et mercatores quilibet iuxta suam facultatem in specialibus habitabant plateis et omnes urbis inhabitatores, ut quondam Romani, pro nobilibus domicellis se gerebant. Nobiles autem et principes huius urbis inhabitatores fuerunt hii: primus inhabitator et principalis fuit rex Ierusalem et sui fratres et parentela; deinde princeps Galilee et princeps Antiochie, capitaneus regis Francie, dux Cesaree, comes de Tripoli, comes de Yaphe, dominus de Baruth, dominus de Sûr, dominus Tyberiadis, dominus de Sagette, dominus de Yblin, dominus de Pysa, dominus de Arsuph, dominus de Vadu et dominus de Blansagarda. Hii omnes principes et domini coronis aureis insigniti more regio in plateis incedebant, familia[1] maxima eos sequente, in vestibus preciosis auro, argento et margaritis adornatis. Omni vero die ludos, torneamenta, hastiludia et varias deducciones militares ac omnis exerciciorum genera ad miliciam pertinencia continuabant[2]. Habitabant eciam in eadem civitate fidei catholice propugnatores fideles, puta magister et fratres milicie Templi, omnes milites in armis, magister et fratres Sancti Iohannis Ierosolimitani, magister et fratres de domo Teuthonica, magister et fratres Sancti Thome Cantuariensis, magister et fratres Hospitalis, magister et fratres Sancti Lazari, omnes milites in armis. Hii omnes in Acaron deguerunt et die noctuque cum satellitibus et familiis eorum contra Sarracenos pugnaverunt. Ceterum habitabant in prelibata urbe diciores sub celo mercatores de omni nacione mundi et presertim Pysani, Ianuenses[3] (Veneti, Constantinopolitani, Florenciani, Romani, Parisienses, Carthaginenses, Damasceni et Egipcii) de quorum maledicta discordia urbs hec nobilis est desolata. Ad hanc inquam civitatem regalem deferebantur omnia, que in mundo reperiri poterant, propter nobiles, principes et locupletes in ea habitantes. De aliis vero condicionibus virtuosis et notabilibus ac mirabilibus ornamentis prefate urbis longum esset disputare. Hec inquam fuit illa gloriosa ab olim Ptholomayda, in qua Iudas Machabeus a Triphone fuit dolose interfectus. Hec est eciam illa Akaron, in qua ydolum erat Beelzebub, de qua in libris Regum dicitur, quod Ochosias rex Israel cecidit per cancellas cubiculi sui in Samaria et post casum dixit ad servos suos: 'Ite ad deum Akaron Beelzebub et consulite eum, si evadere potero ab hac infirmitate'[1]. Hec autem civitas tam gloriosa tamque insignis tale sui honoris et pulcritudinis sumpsit exterminium. Nam dum ipsa in tanta gloria esset constituta, dyabolus[4] semen suum pestiferum cuiuslibet communitatis corruptivum, ipsam videlicet discordiam inter Ianuenses et Pysanos in urbe dicta habitantes seminavit, suscitando in eis maledictam et virulentam illam parthiam Lombardicam inter Gelphos et Gebelinos dudum habitam, a qua vel simili scisura et alibi cristianis plura evenerunt mala. Hii inquam Gelphini, qui et Pysani, et Gebelini, qui et Ianuenses,

(1) *st. familia maxima — adornatis B:* et quilibet quasi rex militibus, clientibus, stipendiariis et satellitibus et adiunctis et ipsum sequentibus in dextrariis et equis exquisitis, vestibus deauratis et ornamentis preciosis indutus se habebat et gerebat.

(2) et quilibet per se cum suis iuxta palacium vel castrum proprium suum habebat, prout placuit, deducciones *a. zu B.*

(3) et Lombardi *a. zu B.*

(4) *st. dyabolus — bella exercere B:* ex instinctu dyaboli maxima et odiosa in Lombardia discordia est orta inter Gelphos et Gebelinos, a qua et cristianis alibi plura mala evenerunt. Illam namque discordiam et partiam inhabitatores Akaron et precipue illi, qui de Lombardia fuerant nati, inter se habuerunt et maxime Pysani et Ianuenses. Isti cum Sarracenis fedus inierant, ut eo melius inter se ob maledictam illam discordiam in urbe bella possent exercere.

1) *4. Reg. 1,2.*

fedus cum Sarracenis pepigerant, ut eo expedicius inter se et liberius ob execrabile hoc odium a parcialitate illa subortum possent in urbe bella exercere. Senciens autem hec Urbanus IIII. papa, civitati condoluit et XIIM stipendiariorum in subsidium civitati transmisit (ne in tali discordia urbs a Sarracenis caperetur). Qui per mare in Acaron venientes nil boni ibidem operati sunt, sed die noctuque in tabernis et locis impudicis[a] immorantes, peccata peccatis innexerunt et iram dei contra urbem et inhabitatores eius acrius provocaverunt. Mercatores eciam et peregrinos in stratis publicis depredati sunt et pacem urbis perturbantes multos interficiebant ac de honestissimo illo loco quasi latronum speluncam faciebant. Audiens autem hec Sapherach soldanus Babilonie, vir sagax et in armis famosus et sciens, in Acaron odiosam illam discordiam sevire, convocavit concilium magnatum suorum in Babilonem et celebrans parlamentum, conquestus est principibus suis super iniuria sibi illata per Acaronitas irritando federa et pacta cum eo contracta. Et mox ut consensum habuit a proceribus regni sui se vindicandi de iniuriatoribus cristianis Akaron habitantibus, exercitum maximum adunavit et coram prelibata urbe se locando tentoria sua fixit, expugnaturus si posset eandem. Et primo devastans et destruens omnia vineta et sata civitatis, pomeria amenissima et molendina extra urbem locata penitus demolitus est. Que mala videns magister Templariorum (Policarpus) miles multum astutus et strennuus, timuit exicium civitatis propter civium discordiam imminere, habuit concilium cum aliis magistris et fratribus militibus ordinum de pace recuperanda et malis imminentibus precavendis; et quia soldanus sibi valde amicus erat et familiaris, exivit ad eum extra urbem, querens ab eo, si federa rupta valeret civitas aliquomodo recompensare. Cuius humilitatem pariter et amiciciam soldanus attendens, generose sibi concessit arbitrium, ut si quilibet illius urbis inhabitator unum denarium Venecianum sibi solvere vellet, pacem ipse eis redderet et ad propria rediret placatus[b] de offensa. Quo habito, magister Templariorum gavisus rediit et universum urbis populum convocans, ecclesiam sancte Crucis intravit et exposuit ei, qualiter suis precibus a soldano obtinuisset, quod quilibet homo uno denario Veneciano solutas treugas et rupta federa emendare valeret et pacem reparare. Et hoc fieri omnino iudicavit expediens, allegans quod per civium dissenciones maius dampnum civitati eveniret. Quod ut audivit populus incultus et vulgus civitatis, una voce clamabat, ipsum traditorem esse urbis et reum mortis. Magister autem tumultum populi formidans, ecclesiam exivit et vix manus furentis multitudinis evasit atque soldano, quod sibi acciderat, intimavit. Unde soldanus civium contumaciam egre ferens et pertinaciam ac eorum discordiam non modicum ponderans, fixit tentoria sua prope urbem. Et[c] machinas erigens XL diebus et totidem noctibus sine intermissione eam igne, lapidibus, sagittis et iaculis impugnavit, ita ut celum lapides, ignem et tela ningere videbatur. Quidam autem honestus miles, qui protunc in quadam turri civitatis stabat, retulit, quod cum lanceam contra Sarracenos proicere vellet de turri, quod[d] antequam lancea terram attingeret, crepuit in plurimas partes divisa telorum impulsu. Erant autem protunc in soldani exercitu sexies centena milia armatorum, de quibus centum milia semper civitatem impugnabant. Illisque fessis, alia centum milia ad idem exercicium redibant et CCM stabant ante portas civitatis parata ad bella, si qui exivissent. Reliqua vero CCM ipsis erant ad omnia in supplementum. Nec tamen propter hoc periculosissimum malum porte civitatis claudebantur nec erat diei hora, quandocumque vel per Templarios aut per alios fratres ordinum in urbe commorancium fierent cum Sarracenis gravissima bella. Sed paganorum illorum in tantum crevit numerus, quod centum milibus interfectis mox ducenta milia redirent. Non tamen in omnibus hiis cristiani amisissent civitatem, si se invicem fideliter iuvassent. Fuerunt namque cives

a) *illicitis B.* b) *ex von anderer hand über der zeile D.* c) *60 a. m. B.* d) *oder qui ? D.*

ad se invicem tam hostiles et invidiosi, ut cum Sarraceni ab extra se oppugnarent, ad intra se ipsos occiderent. Nec una pars aliam videns occumbere a barbaris, eam iuvabat, sed hostibus intrantibus et castrum vel domum cuiuscumque invadentibus minime respicere curabant. Quilibet enim in tantum confidebat in fortitudine et municione sui castri vel domus sue, ut de nullius alterius castro vel domo curaret. Et *in tali *L. 94. discordia sic perseverantes, soli magistri et fratres ordinum se defendebant et contra infideles viriliter certabant, donec quasi omnes interfecti essent. Nam magister et fratres de domo Teuthonica cum eorum familiis omnes simul una hora interfecti sunt. Cumque innumera bella et conflictus civitas iam pertulisset et dies XL. sue obsidionis advenisset, infinitis ex utraque parte interfectis, capta est flos omnium civitatum orientalium Akaron XII. die mensis Maii. Quod audientes omnes civitates circumiacentes, mai 18. puta Iapha, (Baruth), Tyrus, Sydon, Ierusalem et Aschalon, cetereque urbes et opida relictis omnibus in Cyprum fugierunt. Cum autem Sarraceni Akaron caperent, iuxta castrum regis Ierusalem foramen fecerant, per quod intraverunt; et cum essent cum civibus in urbe, adhuc cives in pertinacia sua perdurantes, una pars forcior aliam debiliorem defendere recusabat, sed quilibet pro se et suo castro ac domo certabat. Sed multo difficilius et longius Sarraceni laboraverunt in expugnando eam ad intra, quam laboraverant eam oppugnando ab extra, quia erat mirabiliter ab intra munita et firmata. Huic malo expugnacionis Sarracenorum fuit iunctum et aliud, exigentibus procul dubio inhabitancium delictis, puta quod eciam IIII elementa pugnare videbantur contra civitatem. Nam aer tam obscurus et nebulosus factus est, ut dum unum castrum vel palacium expugnaretur aut cremaretur, in alio castro videri non posset, quousque eciam et ipsorum castrum vel domus alia impugnaretur vel incenderetur. Ignis eciam contra civitatem bellabat, quia sua conflagracione eam incinerabat nec extingui a quoquam poterat. Terra insuper contra urbem militabat, quia eius sanguinem siciebat et absorbebat. Aqua similiter se hostem ostendebat, quia cum esset in mense Maii, quo mare tranquillum esse consuevit, ipsum tamen protunc furiosissime fremebat et multos in Ciprum fugere volentes de civitate per mare, in profundum trahebat. Famabatur enim, quod uxores principum et filie nobilium, se transferre volentes in Ciprum, venerunt ad mare cum omnibus clenodiis suis et iocalibus et non invenerunt quamcumque navem eas recipere aut salvare volentem. Propter quod alta voce clamare ceperunt, ut si quis nauta esset, qui omnia earum clenodia recipere vellet et eciam eas in uxores ducere (aut alias eis abuti), quod ille veniret et eas ad quamcumque terram vellet, deduceret. Cumque in tantis angustiis constitute essent nobiles ille femine, venit quidam nauclerus cum magna navi et applicans litori, ubi stabant femine, recepit omnes illas cum omnibus clenodiis earum et gratis deduxit eas in Ciprum et abcessit. Nec in hodiernum diem scitur, quis ille vir fuerit, unde venerit aut quo venerit. Preter has autem domicellas sic miraculose ereptas omnes alie mulieres vel submerse sunt vel interfecte. Qualis vero aut quantus dolor et calamitas tunc temporis in illa fuerit civitate, nullus plene explicare valet. Cum itaque Sarraceni iam essent in urbe, antequam de castro ad castrum, de palacio ad palacium et de platea ad plateam pugnando et interficiendo discurrerent, tot utriusque partis sunt homines occisi, quod per mortuorum cadavera velud per pontem transirent. Urbe ergo ad intra expugnata, ceteri qui in ea adhuc superstites erant, ad fortissimum castrum Templariorum confugere ceperunt et per duos menses fortiter se contra hostes defensarunt, tam acriter cum eis pugnando, ut quasi omnes nobiles soldani coram castro illo interficerentur. Nam licet tota civitas ad intra esset combusta, tamen adhuc turres urbis a multis nobilibus et fratribus ordinum illese tenebantur. De hiis turribus prohibebatur Sarracenis ingressus civitatis, quousque omnes nobiles paganorum, qui urbem ingressi fuerant, prosternerentur de turribus. Quod cum viderent alii Sarraceni, qui adhuc intra urbem erant, per murum perforatum fugientes civitatem exierunt. Templarii vero et reliqui, qui in castris erant, videntes quod plures Sarraceni subtus minas, quas sub maiori turri castri fecerant, laterent nec eis lapidibus aut aliis instrumentis nocere possent, maiorem castri turrim suffoderunt et super minas et Sarracenos eam cadere fecerunt, et sic indifferenter omnes mortui sunt intra urbem existentes. Sarraceni vero extra urbem constituti, cum talia fieri viderent et exercitum suum deficere pro maiori parte cernerent, cum Templariis et cristianis superstitibus treugas fecerunt in dolo tamen et sub tali pacto, ut castrum sponte darent ad manus paganorum et omnia bona sua deportarent securi de vita, ut sic Sarraceni castrum illud destruere valerent; quo destructo ipsi Templarii et ceteri cristiani civitatem reedificare possent et eam inhabitare ut prius. Cumque Templarii Sarracenis crederent et sic castrum traderent ac turres civitatis, quas adhuc tenebant, ipsi perfidi pagani omnes cristianos indifferenter occiderunt, exceptis paucis nobilibus, quos captivos in Babiloniam secum duxerunt. Et sic Akaron vacua remansit et deserta, sicud adhuc est hodierna die. Numerus autem occisorum de cristianis in Akaron commorancium fuit CM et VIM. Evaserunt autem manus impiorum hinc inde circiter CCM. Numerus autem barbarorum interfectorum fuit quasi CCCM.

1292.

Henr. 223. 413 (276). Secundo anno Adolfi qui est domini MCCXCII. magister Henricus — (secundum Eggbardum) — secundam.

Ibid. 414. Floruerunt eciam — temporum illorum [1].

Detm. 572. 415. Henricus [a] dominus Slavorum interfectus est in venacione a filiis suis in vigilia sancti Dyonisii secundum cronicam Obotritorum [b], eo quod ipse non permisisset eos regere terram iuxta eorum improbam voluntatem. Propter quod forefactum filii illi merito exulati sunt a dominis de Mykelenborg Henrico et Iohanne. Duo autem isti fratres exulati cum Nycolao patruo eorum domino Slavorum circa opido Parchem venerunt in prelium cum dominis de Mykelenburg, et obtinentes Slavi victoriam prostraverunt de exercitu dominorum de Mykelenburg circa CCC, auxiliante eis Hermanno Ryhe milite strenuo et capitaneo Alberti ducis Saxonie.

v. Detm. 574. 416 (277). Ericus rex Danorum filius Erici secundum cronicam Danorum eduxit exercitum contra Woldemarum ducem de Sleswic. Sed dux prevalens multitudine armatorum compulit regem ad pacis federa. Erant namque in exercitu ducis MDC armigeri et in exercitu regis nisi DCCC [c]. Unde aciebus belli utrobique ordinatis ad pugnam, dissencio soluta est. Et rex reddidit duci Lalandiam, que terra discordie extitit causa, et principes amici facti sunt [(1)].

Henr. 226. 417 (279). Monasterium sororum ordinis Predicatorum in Blankenburg constructum est (secundum Henricum de Hervordia) super flumen Hunte situm per comites de Aldenburg [d].

Detm. 576. 418. Baydo [a] imperator [2] — (secundum Egghardum) — in fuga illa interemptus est et

Detm. 578. Casan imperium obtinuit in [3] bonum magnum omnium Cristianorum in Tartharia existencium et in confinibus eorum.

1293.

Henr. 228. 419. Tercio anno Adolfi qui est domini MCCXCIII. Adolfus rex — (secundum Egghardum) — certavit, partem comitis Everhardi defendendo.

---

(1) in B folgt: 416a (278). Ecclesia — u. s. w. wie A — Pauli secundum cronicas Saxonum.

---

a) §§ 415 und 418 in B unten am rand. b) Lubicensium B. c) sexcenti B. d) Oldenborgh B.

1) Vgl. schon § 276a der fassung a. 2) Siehe Exkurs 347. 3) in bonum auf rasur D; statt in bonum — eorum B: in malum cristianorum wie Detmar.

420. (Magister[a] Armengaudus — secundum Wilhelmum — timor.) [illegible]

1294.

421 (260). Quarto anno Adolfi qui est domini MCCXCIIII. in die sancti Remigii — [illegible] secundum cronicam Saxonum — Aquisgrani. (Viam enim illam arripuerat ante istorum conprehensionem. Causam autem interfeccionis istorum non reperi in exemplari.)

422 (261). Nicolaus[(1)] papa ordinis fratrum Minorum obiit Rome[1]. Hic secundum Eggehardum cum se moriturum cerneret, convocavit omnes cardinales. Quibus coram eo positis, absolvit eos de cardinalatu de plenitudine potestatis; et mox vocatis tot fratribus sui[b] ordinis, creavit eos in cardinales, precipiens eis, ne amplius quemcumque eligerent in papam nisi de ordine suo nec creari permitterent cardinalem nisi de eodem ordine. Papa autem Nicolao defuncto, cardinales antiqui de absolucione sua nichil curantes, transtulerunt se in Perusium et ibidem Celestinum elegerunt. Novelli vero cardinales unum de eorum cetu elegerunt in summum pontificem, ecclesiam proch dolor [illegible] dividentes et scisma facientes. Et de tali vesania remansit vulgare verbum[c] usque in presens, quamvis ego non credam hoc verum esse, quod ordo Minorum semper singularem habeat papam. Et in presenciarum sunt quidam in superioribus partibus de ordine eodem dicti Fratricelli, qui papam habent, quem vulgus nominat sanctum papam.

DE CELESTINO V. PAPA CC.

423 (261). Celestinus[(1)] papa nacione de Terra Laboris (ex patre Martino) sedit [illegible] mensibus sex et diebus XX secundum Martinum. Iste genere fuit nobilis — de Marone electus est Perusius in die sancti Iohannis baptiste, ubi cardinales se trans- [illegible] tulerant pro libera eleccione facienda. Iste cum vicarius — querulans. Fuerat [illegible] autem hic Celestinus de ordine sancti Damiani (de quo[d] fuit et sancta Clara), vivens [illegible] sub regula beati Benedicti in quodam deserto monte apud urbem Salamonam in Apulia in magna austeritate, multos habens discipulos. Istius eleccio fuit tam ammiranda [illegible] quam inopinata. Steterant namque cardinales per longum tempus in discordia, concordare non valentes, tum de sua absolucione facta in aliorum creacione per Nicolaum disputantes, tum eciam, quia Benedictus cardinalis se ingessit et ad papatum anhelavit,

---

(1) *Die §§ 422 und 423 sind in B noch umgeformt. Hier ist der Zusammenhang folgender:* Celestinus papa, qui et Petrus de Marone, nacione de Terra Laboris sedit mensibus 6. Iste fuit genere nobilis — papa factus est, electus in Perusio, ubi se cardinales receperant [illegible] post mortem Nicolai 4. pape. Fertur vulgariter de isto Nicolao papa, quod cum se moriturum — *u. s. w. wie D in § 422* — nisi de eorum ordine papam eligerent aut cardinales crearent. Et sic, ut volunt quidam[e] dicere, fratres Minores semper habuerunt proprium papam ab illo tempore usque in presens. Ego tamen puto, illi opinioni de facili non esse adherendum, cum nimia vesania hoc esse videretur. Hic Celestinus papa secundum cronicam Romanorum pontificum, postquam in die sancti Iohannis baptiste [illegible] — *u. s. w. wie A in § 261* — in Neapoli resignavit officium. Hic eciam quia vicarius — [illegible] querulans. Fuerat autem hic Celestinus — *u. s. w. wie D in § 423* — multos habens discipulos. Istius eleccio — *u. s. w. wie A* — operatus est. Ille post cessionem [illegible] — *u. s. w. wie D* — mortuus est. Cessionem vero suam Benedictus cardinalis successor suus dicitur ordinasse tali astucia. Ordinavit enim — quod sicud vulpes intrasse fertur. [illegible]

---

a) Magister Armengaudus *auf rasur D.* b) aus suis *korrigiert D.* c) verbum usque *auf rasur D.* d) qua *D.* e) quidem *B.*

1) *Gest. 1292 apr. 4.*

26*

pociores in ipsum consentire trepidabant. Sed tandem in hunc Petrum de Marona
omnes concordaverunt, scientes eum virum prudentem et sanctum. Qui si elecionem
suam non recusaret propter predecessoris sui Nicolai ordinacionem, tunc nec ipsi
amplius sibi haberent timere. Transibat autem hic Celestinus in asino, ubi necesse
habebat ire, vilis in persona, sed honorabilis in sanctitatis fama. Raro loquebatur et
multa miracula per eum dominus operatus est. (Sed quia laborem et sollicitudinem
tanti officii ex debilitate corporis, quia octogenarius erat, sufferre non valuit, ideo
papatui renuncians cessit et alteri locum sollicitudinis dedit.) Cuius quidem cessio
Korn. 214. practicata fertur subdolo per Benedictum cardinalem, successorem suum. (Ordinavit enim —
ut vulpes intravit. Post cessionem autem factam Petrus de Marone fugere voluisset et
redeundo ad heremum latitasse, sed successor eius Bonifacius, timens periculum pariter
et scandalum, apprehendit eum et posuit in castro Funonis in custodiam. Et ut eo
caucius teneretur, posuit postea ipsum in conclavi quodam honesto et providit sibi de
Korn. 215. vite necessariis, quamdiu vixit. In quo loco et mortuus est. (Bonifacius autem —
'Quoniam quidam.')

Ott. 424. (Iohannes dux — secundum Wilhelmum — interiit in Bare[1]. Cui — successit.)

Korn. 216. 425 (282). Sifridus eciam archiepiscopus — Vitoldus de Holte.

1295.

Ind. 426 (283). Quinto anno Adolfi qui est domini MCCXCV. Florencius — (secundum
Wilhelmum) — successit.

DE BONIFACIO VIII. PAPA ROMANO CCI.

427 (284). Bonifacius papa nacione Gaytanus (ex patre Humberto) sedit annis VIII,
mense uno et diebus sex (secundum Martinum). Hic prius dictus Benedictus cardinalis
extitit Sancti Martini et electus in papam consecratus est in Neapoli in profesto nativi-
Ann. 24. tatis Cristi, ubi precessor eius resignaverat. Incepit autem quodam singulari modo
potenciam suam et papalem magnificenciam extollere. Ipse autem ultimus papa fuit in
vera cathedra Romana usque ad Urbanum VI, qui Rome sedit (et sub quo diutinum
v. Bern. Guid. illud scisma cepit), de quo infra suo loco dicetur. Hic instituit, ut in IIII festivitatibus
principalioribus, puta nativitatis domini, pasche, penthecostes et assumpcionis virginis
gloriose, exclusis excommunicatis divina celebrentur tempore interdicti, sed corpus
dominicum populo non ministretur. Et statuit festum quatuor ewangelistarum et IIII
doctorum catholicorum per totam ecclesiam celebrari sub festo duplici.

Detm. 273. 428. Cesar[a] imperator[a] — secundum Egghardum[b] — hostem eorum. Reges autem
antedicti nuncios imperatoris cum magna reverencia receperunt et eos mul-
tum benigne tractantes, iuxta desiderium domini eorum ad bellandum se
preparaverunt.

1296.

Korn. 224. 429. Sexto anno Adolfi qui est domini MCCXCVI. Iohannes dux — (secundum Wil-
helmum) — destruxit(1).

Ott. 430. Stephanus — secundum Egghardum[c] — Romam.

v. Bern. Guid. 431 (285). Bonifacius papa processus graves fecit contra Columpnenses occasione
et causa tali (secundum Egghardum), quia Stephanus de Columpnis thesaurum domini

Korn. 213. (1) Quod facere — detineretur. s. zu B.

a) § 428 in B [illegible]. b) cronicam Lubicensium B. c) vitas fratrum B.

1) [illegible]: uppe deme markede to Anderpe. 2) [illegible] 250.

pape depredatus fuit. Propter quod domini Iacobus et Petrus de Columpnis cardinales, videntes papam contra se motum, libellum famosum contra ipsum confecerunt et ad multas mundi partes direxerunt, asscrentes in eorum libro, ipsum non esse papam, sed Celestinum inclusum. Unde citati non comparuerunt et ideo tamquam scismatici ab eo sunt dampnati et privati capellis rubeis et omnibus beneficiis suis ecclesiasticis ac titulo cardinalatus. Insuper bona ipsorum et filiorum Iohannis de Columpnis, puta Agapiti et Stephani, sunt pariter confiscata. Et super hec constitucionem edidit Decretalium extra de scismaticis lib. VI cap. 'Ad succidendos'[1].

432 (286). Sanctus Lodowicus rex Francorum secundum Wilhelmum[a] canonizatur a Bonifacio VIII. papa in Urbe Veteri tercio Ydus Augusti. v. Detm. 278. aug. 11.

1297.

433. Septimo anno Adolfi qui est domini MCCXCVII. tanta[b] inundacio — secundum Wilhelmum[c] — currentes. Herm. 313.

434. Matrona[b] quedam — secundum Eggherdum[d] — supervixit. Herm. 314.

435 (287). Otto[b] dux de Brunswic intravit urbem Hannover secundum cronicam Saxonum et captivavit pociores civitatis et duxit eos secum. Cives vero illius urbis transtulerunt se ad Sifridum episcopum Hildensheimensem[e], ducem deserendo. v. Detm. 279.

436. (Filia Gyod comitis Flandrie desponsata est Edwardo filio regis Anglie secundum Wilhelmum. Quod quidem matrimonium ex invidia impedire volens, Philippus rex Francorum Gyod comitem Flandrie et Robertum filium suum cepit. Virgo vero illa nobilis dicto Edwardo desponsata, tradita est regine Francie. Apud quam aliquamdiu manens, obiit tandem veneno extincta.) Detm. 277.

437. (Bolizlaus Polonorum rex interfectus est in urbe Rogozna a propriis suis militibus secundum Eggherdum.) Detm. 278.

438. (Ericus rex Danorum duxit in uxorem sororem Birgeri regis Sweorum secundum cronicam Danorum. Qui quidem Birgerus rex per antea in suam uxorem acceperat sororem prefati Erici regis.) Ibid.

1298.

439. Octavo anno Adolfi qui est domini MCCXCVIII. Everhardus[f] comes — (secundum Wilhelmum) — meditabantur. Herm. 316.

440 (293). Augustinianus[f] — (secundum cronicam Saxonum) — combustus. Herm. 316.

441 (288). Cives[f] Lubicenses capitaneum sive advocatum exercitus habentes fidelem nomine Nicolaum Lindowen secundum cronicam eorundem, miserunt ipsum in terram Slavorum, ut ibidem quosdam civitatis predicte caperet inimicos. Qui ignorans vias et semitas terre illius, duxit secum quendam notum, cui vie constabant, ut sic expedicius inveniret quos querebat. Sed de ductore factus est seductor et traditor. Nam ribaldus ille ibat latenter ad hostes urbis Lubicensis et informavit illos de numero personarum exercitus et locum eis constituit, in quem Lubicenses ducere vellet. Raptores autem hiis intellectis multitudine se armaverunt et subito irruentes super capitaneum, ipsum cum suis interfecerunt, paucis evadentibus. v. Detm. 279.

1299.

442 (289). Nono anno Adolfi qui est domini MCCXCIX. Bonifacius[g] papa — (secundum Eggherdum) v. Nonas Marcii — scolasticis actibus. Herm. 316. märz 3.

443 (292). Ericus[g] rex Danorum discordans cum domino Iohanne archiepiscopo v. Detm. 278.

a) cronicas summorum pontificum B. b) §§ 433—435 in B nach zu 1296. c) cronicas Francorum B. d) cronicas de Marka B. e) Hildensheimensis D. f) §§ 439—441 in B zu 1297. g) §§ 442 und 443 in B zu 1298. Das jahr 1299 fehlt in B.

1) Vom 1298; Sexti Decret. Lib. V Tit. III.

Lundensi secundum cronicas Danorum, multas iniurias et obprobria ei intulit. Archiepiscopus vero ad curiam vadens Romanam contra regem, causam suam pape intimavit. Cui papa satisfacere volens, misit secum Ysarium cardinalem et legatum suum in Daciam, ut regem cum archiepiscopo componeret. Quod cum cardinalis illuc veniens nullo modo efficere potuisset, rege contradicente nec placari volente, posuit in omni illa terra strictissimum interdictum. Et inde cum archiepiscopo recedens, reversus est ad curiam. Sed non diu post rex Danorum cancellarium suum Martinum ad curiam mittens, composuit se ex parte regis cum archiepiscopo suo, et relaxatum est interdictum ac archiepiscopus cum cancellario reversus est.

444 (300). Bonifacio[a] papa Reate cum curia sua persistente, in festo sancti Andree apostoli tam vehemens terremotus in vicinis partibus factus est secundum Eggbardum[b], qualis nunquam auditus est. Nam diruit multa edificia in pluribus locis et multis diebus et noctibus perduravit. Unde papa territus fugit ad conventum fratrum ordinis Predicatorum Reate, qui in alciori et tuciori loco positus erat.

445 (288). Adolfus[a] rex — secundum cronicam Saxonum — Aquisgrani est coronatus (a Vicoldo archiepiscopo Coloniensi).

DE ALBERTO REGE ROMANORUM.

446 (301). Albertus dux — x annis (secundum Martinum). Iste mox[1] coronatus misit nuncios solempnes ad curiam pro confirmacione eleccionis et coronacionis sue. Quas multis racionibus papa motus tunc repulit et penitus annullavit. Sequenti tamen anno eas ratificavit et confirmavit, ei subiciens regnum Francorum sicud et alios reges. Et hoc fecit contra Philippum regem Francie, quem ipse excommunicaverat, eo quod (impedivisset matrimonium Edwardi regis Anglie et filie comitis Flandrie, puellam primo captivando et postea intoxicando; item quod) nullum permitteret ire versus Romanam curiam de regno suo nec aliquam pecuniam inde asportari.

447 (294). Albertus dux iunior de Brunswic secundum cronicam Saxonum permissus est ingredi nocturno tempore urbem cum exercitu magno per quendam Conradum molendinarium, extra valvam sancti Andree commorantem. Et ipse dux absque aliqua strage mai 12. aut cede quorumcumque cepit civitatem et eam sibi subiugavit in die sancti Pancracii.

448 (291). Gravis[c] discordia[d] exorta est inter Borchardum episcopum Lubicensem et canonicos suos ex una parte et consulatum civitatis ex altera parte propter prata, aquas, mansos et nemora loci, ubi quondam antiqua civitas Lubicana iacuerat. Que omnia canonici sibi ascribebant, sed consulatus oppositum asserebat. Propter quod episcopus interdictum in urbe posuit, sed cives appellacionem interposuerunt et ipsis civibus fratres utriusque conventus, Predicatorum scilicet et Minorum adheserunt et super appellacione civitatis divina celebraverunt. Propter quam adhesionem factam a fratribus predictis, Gilbertus archiepiscopus Bremensis instigatus per predictos episcopum et canonicos, ipsos fratres excommunicavit (licet minime posset) et per totam provinciam suam litteras scripsit episcopis suffraganeis suis, ut et ipsi similiter eos excommunicarent et suos[e] subditos sub sentencia simili prohiberent, ne quidquam eis darent nec eos predicare permitterent in suis dyocesibus aut confessiones audire. Quod totum factum est et fratres illi hoc totum malum pacienter sustinuerunt propter civitatem. Communitas autem stante hac lite episcopum et canonicos expulerunt de urbe et curias eorum violenter fregerunt et eas spoliaverunt[2].

---

aug. 24. (1) in die beati Bartholomei apostoli Aquisgrani B.

(2) De hac materia habes infra 1301. a. 25 B.

---

a) §§ 444 und 445 in B zu 1289. b) cronicas Lombardorum B. c) § 448 in B wie in A unten am rand. d) hiernach lucrum gestrichen D. e) s am schluss über der zeile von anderer hand D.

1300.

449. Primo anno Alberti qui est domini MCCC. Bonifacius papa — et(1) ambianus secundum Henricum de Hervordia — 'Fassulum tuum regem etc.'

450 (295). Robertus — secundum Wilhelmum[a] — 'vixisse contristati sunt.

451 (296). In villa Hagensi terre(2) Hollandie quedam fuit nobilis mulier Katherina dicta, uxor cuiusdam Symonis[b] militis, a cunctis dilecta et omnibus placibilis secundum Wilhelmum[c]. Hec quia leta et socialis esse consuevit et pre cunctis illius terre feminis honestius et generosius se habere scivit(3), idcirco in omnibus conviviis quilibet nobilis eam habere cupivit. Propter quod exosa habebatur a domina terre Margareta, uxore Iohannis comitis Hollandie, nec eam rectis oculis inspicere potuit, eo quod plus se ab omnibus diligeretur et honoraretur. Contigit autem postea predictam Katherinam impregnari a viro suo legitimo et tandem parere duos pueros gemellos. Quod audiens comitissa, livore femineo mota dixit: 'Nunc apparet in effectu finis levitatis et dissolute conversacionis mulieris illius. Reputo enim tam impossibile quamcumque mulierem posse ex unico patre gemellos concipere, sicud me simul tot concipere fetus, quot dies sunt unius anni'. Quo dicto comitissa tantum infamavit prefatam nobilem Katherinam, quod eciam a proprio viro divorcio celebrato separaretur et in monasterio quodam monacharum recluderetur. Cum autem hec venerabilis mulier in suo monasterio pacienter subsisteret, supplicavit cernuis precibus instanter domino, ut suam innocenciam modo(4) sibi placibili dignaretur populo manifestare. Que plura? Accidit et comitissam Margaretam concipere et tandem parere, et enixa est simul CCC et LXIIII infantulos tam exiguos sicud pulipes, perfectas et integras hominum effigies et omnia corporis liramenta habentes ac viventes. Quos obstetrices in magna pelui recipientes deposuerunt et una illarum aquam benedictam super eos spargens, omnes baptisavit. Regenerati vero mox omnes ab hac vita decesserunt. Divulgata statim fuit hec fama et factum hoc stupendum versum est in hoc proverbium, quod deus ob iniuriosam infamacionem nobilis mulieris Katherine tantum prodigium ostendisset in ipsius infamatrice. Miles autem Symon[d] generosus, comperta uxoris sue innocencia, eam cum magna solempnitate et gaudio amicorum suorum ad se recepit et post eam ea laudabiliter vivens, tenerrime eam diligere cepit[1].

1301.

452 (298). Secundo anno Alberti qui est domini MCCCI. dominus Henricus de Mykelenburg, quem soldanus Babilonis captivum[e] tenuerat XXVIII annis, a tempore videlicet quo Lodowicus rex Francorum secundario pro liberacione Terre Sancte cum exercitu multo mare transfretaverat, et qui diu in terra sua mortuus dictus fuerat, secundum cronicam Obotritorum[f], cum unico famulo suo Hermanno[g] captivitatem evasit. Servus autem ille Hermannus[h] in captivitate texendi modum et faciendi pannos sericos et deauratos didicerat et cum tali labore et mercede dominum suum nutrierat. De loco ergo captivitatis proficiscentes pervenerant Romam. Ubi dominus Henricus a papa

---

(1) et ambianus — regem etc. *B*: Prosecucionem huius thematis require in fratre Henrico de Hervordia etate 6. cap. 97.

(2) st. terre Hollandie *B*: ubi curia comitis Hollandie esse solet.

(3) coram hominibus hoviando, chorisando et aliis localis tripudiis exercendo z. re B.

(4) st. modo sibi placibili *B*: graciose.

---

a) cronicam de Marka B. b) Wilhelmi B. c) cronicam Flamingorum B. d) Wilhelmum B. e) captivum tenuerat in *D* ausgefallen. f) Lubicensium B. g) Martino B. h) Martinus B.

1) *Ueber die weitere verbreitung dieser sage vgl. Grimm, Deutsche Sagen II 374.* OESTERLEY.

Bonifacio honorifice susceptus est et peccatorum suorum plenariam remissionem consecutus. Ibi quoque dominus Henricus invenit Alexandrum Huten[a] prothonotarium civitatis Lubicensis (qui in causa dicte civitatis, quam cum episcopo suo et eius capitulo civitas habebat, curiam visitaverat). Hic in expensis suis dictum dominum Henricum usque Lubeke deduxit, ubi processionaliter clerus et populus ei obviam venientes, cum honore magno ipsum receperunt. At ubi ut refocillatus esset per aliquot dies et recreatus, solempni conductu armatorum ipsum in terram suam perduxerunt, mirantibus cunctis et dicentibus: 'Qui perierat[b] inventus est, qui mortuus putabatur revixit'[1].

Herm. [illegible] 453. Teuthonicus quidam — secundum Eggbardum[c] — redire fecit ad propria.

Dete. [illegible] 454. Casan[d] imperator[e] — secundum Henricum de Hervordia[c] — interfeccionem et captivitatem.

Dete. [illegible] 455. Casan[d] autem cum preda Sarracenorum[f] inter suos[g] — ad proprias partes rediit[c].

Dete. [illegible] 456. Capcap[d] vero[e] — exercitus retrocessit[h].

Dete. [illegible] 457. Casan[d] autem[(1)] audiens exercitum deceptum per nuncios fallaces[i] — propositum mutavit. Nec post per eum aliquid temptatum est, eo quod mors ipsum post modicum tempus de medio tulerit[h].

1302.

Herm. [illegible] 458 (302). Tercio anno Alberti qui est domini MCCCII. quidam[i] [illegible] — (secundum Eggbardum) — remuneravit.

Herm. [illegible] 459. Nicolaus[i] de Trevisio — (secundum Henricum de Hervordia) — Anagnie[(2)].

460 (304). Corpus cuiusdam Armanni, quod iam XXXII[k] annis quasi sanctum in ecclesia Ferrariensi extiterat veneratum secundum Eggbardum[l], de mandato inquisitoris heretice pravitatis de ordine Predicatorum exhumatum pariter et conbustum est tamquam corpus heretici dampnati et eius ara satis preciosa destructa est[4].

Herm. [illegible] 461. (Dominus Henricus de Mykelenburg alias captivatus a soldano cum exercitu pulcro obsedit castrum Glesin secundum cronicam Obotritorum, auxiliante ei Alberto marchione de Brandeburg. Quo expugnato et destructo, cum illo exercitu venit prope Wismariam et coegit cives, ut castrum suum Mykelenburg, quod tempore exilii sui destruxerant, sibi reedificarent.)

(1) st. autem — fallaces B: imperator Sarracenorum.

Dete. [illegible] (2) in B folgt zu 1301: 459a (300). Borchardus episcopus Lubicensis propter silvas — u. s. w. wie A — per cives interposita, prout de iure potuerunt. Propter hoc factum Albertus marchio Brandenburgensis et Otto dux Luneburgensis inimici facti sunt civitatis Lubicensis, eam infestantes.

Zu 1302: 459b (303). Tempore autumpnali — u. s. w. wie A — per mensem secundum cronicas Flamingorum.

a) Hunem B. b) perditus mereiebatur B. c) cronicas Lombardorum B. d) §§ 454—457 in B an verschiedenen stellen unten am rand. e) cronicas Lubicensium B. f) quam a soldano acquisiverat precedenti anno B. g) secundum cronicam Lubicensium s. zu B. h) secundum cronicas Lubicensium s. zu B. i) §§ 458 und 459 in B zu 1301. k) 31 B. l) cronicas Lombardorum B.

1) Vgl. Luc. 15,24. 2) Siehe Excurs 857. 3) Siehe Excurs 858. 4) Vgl. fast wörtlich bei Konrad von Halberstadt (f. 238 der Hannöv. hs.; vgl. oben s. 61 anm. 1) zum jahre 1299: Corpus cuiusdam nomine Armanni, quod XXXI annis tamquam sacrum in ecclesia Ferrariensi extiterat veneratum, fuit studio et mandato inquisitorum heretice pravitatis in illis [partibus] exhumatum pariter et conbustum tamquam heretici et dampnati et eius ara preciosa satis fracta fuit et destructa. Inquisitorque, qui erat illo tempore frater Guido de ordine fratrum Predicatorum, fuit postmodum episcopus Ferrariensis. Guido de Capello 1304—1332.

462. (Ericus rex Norwegie defunctus est secundum cronicam Danorum, non relinquens post se heredem masculinum[a], sed solum femininum. Quapropter Haquinus frater suus regnum suum adeptus est, qui filiam comitis de Rupin duxerat, cuius mater erat filia domini[b] [c] Engilanorum.) Detm. [illegible]

463. (Bonifacius papa indutus ornamentis pontificalibus locavit se in cathedram, infula tribus coronis insignita coronatus, et ostendit populo ibidem congregato pontificalem suam dignitatem. Quo facto surrexit et ad locum secretum transiens, induit se vestimentis imperialibus ad hoc preparatis ex industria et eximie corona regia circulari stipatus, posuit se ad ordinem imperialem et tenens in manu dextra sceptrum ac in sinistra pomum aureum, dixit alta voce secundum Eggbardum: 'Ecce duo gladii hic', volens per hoc innuere, quod fungeretur utraque iurisdiccione, pontificali videlicet et imperiali. Hanc presumptuosam ostentacionem videntes Alberti regis Romanorum nuncii, qui pro negocio quodam[c] ibidem missi fuerant, non parum scandalizati sunt scientes, nullum antecessorum similia attemptasse.) Detm. [illegible]

464. (Albertus rex Romanorum accepit in uxorem sororem Philippi regis Francorum secundum Wilhelmum. Cuius nupcie celebrate sunt solempniter Parisius. Ubi presens erat dominus Gerardus filius Gerardi comitis Holtsatorum, qui protunc factus fuerat prepositus Lubicensis.) Ibid.

465 (305). Albertus marchio de Brandeburg bellum habuit grande cum domino de Rostok secundum cronicam Obotritorum[d], eo quod filiam suam sibi desponsatam repudiasset et filiam Bugslai ducis de Wolgast duxisset. Sed dominus de Rostok prudenti usus consilio, regi Danorum se subdidit et dominium suum ab eo in feodum suscepit. Propter quod Ericus rex in auxilium eius veniens cum magno exercitu, marchionem debellavit et pacem domino[e] de Rostok fecit. v. Detm. [illegible]

466 (309). Henricus comes — (secundum Eggbardum) — ad suam voluntatem. [illegible]

467. (Wenzelaus dominus Ruglanorum obiit secundum cronicam Danorum, relinquens post se filium equivocum.) Detm. [illegible]

468. (Eodem anno obiit et dominus Conradus episcopus Verdensis, filius ducis Brunswicensis. Cuius sedem obtinuit Fredericus cognomento Man.) Detm. [illegible]

469. (Philippus rex Francorum villam Brugensem ingressus cum sua uxore, receptus est a civibus cum debita solempnitate. Et quia pociores cives dicte urbis videbant, se cottidie gravari per comitem Flandrie dominum suum, incitabant communitatem civitatis sue et eciam tocius terre, ut se subicerent domino regi, per quem defendi possent et tueri. Quod et factum est. Rex vero suscepto homagio urbis Brugensis, reversus est in Franciam. Post cuius recessum cum communitas ponderare inciperet expensas, quas fecerat civitas in recepcione regis, et videret, se nichil recepisse recompensacionis vel benivolencie a rege, cogitavit consulatum et maiores urbis fructum eorum sustulisse. Unde conspirantes in invicem statuerunt capitaneum unum lanificem, cui nomen Petrus Kun, et tumultuose procedentes, captivaverunt pociores urbis et eos interfecerunt. Quod factum cum ad regis Francorum noticiam pervenisset, misit protinus comitem Sancti Pauli cum maximo populo in Brugis, ut sedicionem communitatis removeret. Qui intrans urbem in vigilia beati Laurencii, tantum fecit verbis suis mitibus et mansuetis ac sagacitate sua, ut cives consentirent in hoc, quod fossata urbis complanarentur et sepes, quibus opidum erat circumdatum et munitum, deponerentur. Quibus omnibus detectis et remotis ex ordinacione dicti comitis Sancti Pauli, supervenit exercitus maximus de Francia missus a rege, qui vindicare deberet necem fidelium suorum. Quod videntes cives, mox missis nunciis ad circumiacentes urbes, congregaverunt innumerum populum. Et intromittentes ipsum diluculo in civitatem, irruerunt cum eo super exercitum regis inopinate et interfecerunt pene omnes Francos, regis offensam non formidantes.) Detm. [illegible]

---

a) masculinum D. b) fehlt D. c) aus quodā korrigiert D. d) Danorum B. e) st. domino de Rostok B: puero Rostoccensi.

1303.

[illegible] 470. Quarto[a] anno Alberti qui est domini MCCCIII. Wenzelaus[b] rex Bohemorum obiit secundum Egghardum. Cuius filius eiusdem nominis in regnum paternum sublimatus est, sed eodem anno interfectus est, nullum heredem — MCCCVIII.

v. Detm. [illegible] 471 (306). Otto[b] dux de Brunswic misit CCC armatos contra Lubicenses, committens[c] eis, ut quidquid invenirent coram urbe predicta vel ad eam pertinens, igne vel gladio demolirentur. Quod cum per eos sic fieret, capitaneus urbis illius cum stipendiariis et civibus (quibusdam) exiens(1) hostibus obviam venit. Sed(2) Saxones fortiores civibus interfecerunt dictum capitaneum sive advocatum cum fere centum civibus secundum cronicam Saxonum[d]. Ceteri vero partim saucii civitatem suam reingressi sunt. In equis tamen Saxones magnum dampnum receperunt, paucis de eisdem captivatis.

[illegible] 472. Corpus[b] beate Marie — secundum Wilhelmum[e] — depositum. Ubi(3) deus multa die hodierna operatur mira ad gloriam dilecte famule sue. (Huius civitatis Sancti Maximini prior dicti ordinis Predicatorum dominus est et preceptor, nec talis absolvi potest a quocumque ordinis illius prelato aut confirmari nisi a papa immediate et est perpetuatus in officio suo sicud episcopus vel abbas, ut dicitur.)

[illegible] 473. Albertus rex — secundum Egghardum[f] — theloneorum.

v. Detm. [illegible] 474 (310). Philippus rex Francorum venit in Flandriam cum exercitu valido prope Tornacum (secundum Wilhelmum). Contra quem Flamingi arma ferentes in prelium, percusserunt tres partes exercitus regis. Cum quarta autem vix ad terram suam rediit inglorius(4).

1304.

[illegible] 475 (311). Quinto anno Alberti qui est domini MCCCIIII. Everhardus comes — secundum Egghardum[f] — sepultus est in ecclesia maiori urbis predicte. Et sic comes de angustiis suis liberatus est.

Detm. [illegible] 476. (Comites Holtsatorum nobiles quosdam terre sue expulerunt et bonis suis privaverant propter eorum demerita secundum cronicam Lubicensem. Qui se transferentes ad Albertum ducem Saxonie, concitaverunt displicenciam inter principes predictos. Et congregantes exercitum DCCC armatorum, intraverunt Holtsaciam et depopulati sunt regionem illam usque ad flumen Travenam. Vadum vero alvei ultra transeuntes, exterminaverunt multas villas et plures homines captivaverunt. Cumque reverti vellent trans vadum cum preda, comites Holtsatorum cum pulcro exercitu vadum observantes, in hostes impetum fecerunt et facta est pugna magna illo die. Multique ceciderunt de Saxonibus, sed de Holtsatis pauci. Et quia ducis exercitus ultra sex dies in terra Holtsatorum perduraverat spoliando

---

(1) et multos pedestres secum ducens s. zu B.

(2) st. Sed — captivatis B: Sed ipse occisus est cum ceteris civibus circiter centum cum magno dampno. Ceteri reversi sunt in civitatem, in equis tamen adversariorum magnam fecerunt stragem, quosdam eciam captivos secum in urbem ducentes.

(3) st. Ubi — famule sue B: et ibidem a fidelibus devocius honoratur die hodierna.

v. [illegible] In B folgt zu 1303: 473a (307). Bonifacius papa multa machinatus est contra Philippum regem Francie, congregans Rome concilium 3. Kal. Novembris contra eum, sed nichil egit ad propositum, quia prelati sibi defecerunt, querentes que sua sunt.

(4) Ibi occisa sunt multa milia[g] hominum secundum cronicam Flamingorum et proceres regni Francie interempti sunt. Nec umquam post illam victoriam Flamingi regem Francie timuerunt. s. zu B.

a) Quinto D. b) §§ 470—472 in B nach zu 1302. c) committens D. d) Lubicenses B. e) cronicam fratrum B. f) cronicas de Marka B. g) milium B.

comitatum, Lubicenses concordare et pacificare cupientes principes discordantes, partes illas accesserunt et placita cum utraque parte ordinantes fieri, tandem dominos illos reconciliaverunt et ab inviocem in bona concordia eos recedere fecerunt.)

477. (Ericus rex Danorum et Woldemarus frater suus absolvuntur a sentencia excommunicacionis secundum cronicam Danorum, in qua per longum tempus detenti fuerunt propter iniuriam archiepiscopo Lundensi illatam; et interdictum, cui iamdudum totum regnum subiacuerat, relaxatur.) Detm. 386.

478. (Defuncto domino Iohanne episcopo Rigensi fratre Helmoldi comitis de Zwerin in curia Romana secundum cronicam Lubicensem, papa prefecit eidem ecclesie dominum Iohannem Brent[1]. Lundensi vero ecclesie dedit Ysarium[1], quondam legatum pape ad regem Danorum in causa eiusdem ecclesie.) 386.

479. (Otto comes de Ravensberge dedit filiam suam marscalco regis Sweorum in uxorem secundum cronicam Danorum, eo quod predives esset, sed ignobilis. De quibus nupciis plura mala evenerunt. Nam eodem anno dictus marscalcus filiam suam tradidit Woldemaro duci fratri regis Danorum in uxorem. De quo quidem matrimonio Ericus frater Woldemari rex multum turbatus fuit. Unde veniens cum aliquibus fidelibus suis in Stokholm, cepit prefatum marscalcum et imponens ei tradicionem regni et fratrum suorum, fecit ipsum decapitari. Quod audiens Woldemarus dux et frater suus, ordinavit celebrari divorcium inter se et uxorem suam filiam marscalci decollati propter cognacionem spiritualem alias inter eos contractam [a]et nupsit filie Erici regis Norwegie.) Detm. 388. / [a] ib. 389.

480 (312). In vigilia nativitatis beate virginis Anagine in patrio solio ac civitate originis sue[a], dum papa cum curia sua resideret secundum Egghardum[b], ubi tutius magis credebatur esse in gente sua, ibi cum familiaribus suis traditus est et captus per Iacobum et Petrum de Columpnis, olim sancte Romane ecclesie cardinales, et per filios Iohannis de Columpnis, fratris dicti Iacobi et patris prefati Petri, et vinculis ferreis mancipatus, et thezaurus suus et ecclesie ablatus est. Cardinales vero timentes sibi, relicto eo omnes fugierunt, exceptis dominis Petro Hispano Sabinensi et Nicolao Ostiensi episcopis cardinalibus. v. Bern. Guid. capt. 7.

481. Bonifacius autem tot malis — exivit ut canis. Exemplo huius omnes prelati superiores discant non[c] superdominari clero et populo, sed ad instar sancti Gregorii ex animo curam gerere subditorum et plus amari appetere, quam timeri[2]. Omnes autem — sunt repleti. Henr. 230.

DE BENEDICTO XI. PAPA CCII.

482 (314). Benedictus papa nacione Lombardus (ex patre Stephano) sedit uno anno et diebus XXI[d]. Iste prius dictus Nicolaus, Ostiensis extitit episcopus cardinalis. Fuerat autem frater ordinis Predicatorum — reparare. Henr. 231.

483 (315). De[(1)] hac paupercula vidua narratur, quod cum percepisset in Tervisio constituta, filium suum Nicolaum papam esse factum, optavit ipsum videre in illo statu. Veniens ergo Romam hospitata est cum matrona quadam venerabili et devota. Que intelligens, eam esse matrem pape, et videns eam vilibus indutam tegumentis, ob reverenciam summi pontificis, ne tam vilis status et despicabilis appareret in facie hominum

(1) *§ 483 lautet in B:* De isto beatissimo papa Benedicto referunt cronice Predicatorum, quod cum mater sua paupercula audisset, filium suum assumptum in papam, curiam adiit — *u. s. w. wie A* — sibi amministrans.

a) sui *D.* b) cronicas Romanorum pontificum *B.* c) *fehlt D, steht aber in B.* d) 21 *B.*

1) *Zwei schreibfehler der fassung D:* Brent *für* Grant, *später in § 486 richtig;* Ysarium *für* Ysarnum, *wie Detmar richtig hat.* 2) *Siehe schon A § 312.*

nec aspectibus se presentaret tantorum prelatorum in habitu tam abiecto, induit eam preciosis vestibus et ornavit eam cultu honesto et festivo; et assumptis secum aliis matronis solempnibus, domino apostolico matrem suam studuit honestiori modo quo potuit presentare. Cumque pro foribus palacii femine hee venerabiles Romane constitute introducere satagerent genitricem pape et ille matris sue presenciam adesse intelligeret, iussit eam intromitti. Quam cum cerneret tam preciosis decoratam vestibus et amictu tam splendido redimitam, licet eam agnosceret matrem suam esse, tamen fictam illam ingenuitatem et mendicam locupletacionem spernens ac pocius in honesta paupertate gloriari delectans, quam palliata egestate gloriosus videri, dixit matronis illis honestis: 'Mulierem, quam adduxistis nostris aspectibus, pro nostra parente non noscimus. Scimus enim nec veremur, matrem nostram fore pauperrimam fratrum ordinis nostri lotricem nec eam unquam ad statum huic consimilem pervenisse aut talibus usam fuisse indumentis, et ideo istam ut nostram[a] genitricem nec recipere volumus nec videre dignamur'. Unde mox faciem suam ab ea vertens abcessit. Quod videns mater, confusa valde ad hospicium cum matronis rediit et statim abiectis vestibus accomodatis, solitum amictum reinduit vilem satis et deformem; et reversa ad palacium cum eisdem dominabus et intromissa a filio suo domino apostolico in reverencia maxima recepta est, dicente coram omnibus: 'Ecce paupercula hec vidua genitrix nostra est karissima'. Et amplectens eam brachiis suis, iuxta se eam collocavit et confestim pro panno nobili mittens, vestimenta decencia pro ea fieri fecit ac per tempus apud se refocillatam et bene ditatam ad propria remisit.

Herv. 237. 484. Hic papa constitucionem — ⟨secundum Henricum de Herfordia⟩ — 'Inter cunctas'[(1)].

1305.

Ibid. 485. Sexto anno Alberti qui est domini MCCCV. Bernhardus magister — ⟨secundum Henricum de Herfordia⟩ — Provincie[(2)].

v. Detm. 207. 486 (318). Ericus dux captivavit Birgerum fratrem suum regem Sweorum cum regina ⟨secundum cronicam Danorum⟩. Que captivitas[b] multorum extitit causa malorum futurorum.

Detm. 222. 487. ⟨In marchia de Brandeburg prope opidum Vredelant[1] in die sancti Remigii secundum cronicam Obotritorum ceciderunt de celo in modum grandinis lapilli igniti in terram et incenderunt [c]plurimas domus cremaveruntque quodlibet combustibile, quod tetigerunt, magna villis et urbibus inferentes dampna[c].⟩

Detm. 223. 488. ⟨Gyselbertus archiepiscopus Bremensis obiit[d] in vigilia nativitatis virginis gloriose secundum Eggbardum. Hic glorioso illam rexerat ecclesiam XXXIII annis. Quo defuncto capituli una pars elegit decanum maioris ecclesie cognomento de Wolpe in presulem. Altera vero pars postulavit Laurencium[1] de Brunkhorst scolasticum eiusdem capituli. Qui cum aliquamdiu litigassent in curia, transivit scolasticus viam universe carnis. Quo mortuo declinavit decanus ad partes Alemannie et similiter diem clausit extremum. Quorum decessus cum pape intimarentur,

---

(1) in B folgt zu 1305: 484a. Magna copia civium Lubicensium interfecta est prope Stubbendorp villam per Holtzatos secundum cronicas Lubicensium.

Weil. 4. (2) in B folgt: 485a (316). In die beati Sixti — u. s. w. wie A — prefatum archiepiscopum Magdeburgensem secundum cronicas Saxonum.

---

a) auf rasur D. b) captivacio B. c) fehlt D. d) occisus D.

1) Wiederum zwei schreibfehler der fassung D: Vredelant für Vredeberch, Laurencium für Florencium bei Detmar.

prefecit ecclesie Revaliensi dominum Iohannem Grant episcopum Rigensem et ecclesie Rigensi dedit in episcopum fratrem Fredericum lectorem ordinis Minorum.)

489. (Cassan piissimus imperator Tartarorum et maximus fautor cristianorum defunctus est secundum Eggbardum. Antequam tamen moreretur, condidit pulcrum testamentum, infinita bona pauperibus distribuens et religiosis cristianis, licet paganus esset. Carpandan autem fratrem suum instituit loco sui imperatorem. Hic baptizatus erat et cristianissimus effectus ad ordinacionem Erukaton matris sue. Hic fidem Cristi susceperat et fideliter usque ad mortem perseverabat. Carpandus tamen imperator filius eius, quamdiu mater sua vixit, cristianus permansit, sed mox ea defuncta, fidem reliquid et deliramentis Sarracenorum adhesit.) Detm. 331.

DE CLEMENTE V. PAPA CCIII.

490 (317). Clemens papa nacione Burdegalensis (ex patre Lodowico) sedit annis XI et tribus diebus. Hic prius dictus Bertrandus electus est in vigilia penthecostes et coronatus die sancto in Lugduno[8], presente Philippo Francorum rege[9] (secundum Martinum). Cumque de loco coronacionis ut pontifex procederet cum comitiva regali, comprimentibus turbis depulsaque maceria cuiusdam muri[a], corruit murus prope papam et amisit coronam de capite eius et carbunculus preciosus de corona cecidit precii sex milium florenorum. Ipse autem depositus de equo lesus non fuit, sed de circumstantibus XII elisi sunt in tantum, ut in brevi postea vita excederent.

491. Archiepiscopus Coloniensis — secundum Wilhelmum[b] — papa Clemente.

1306.

492 (328). Septimo anno Alberti qui est domini MCCCVI. quidam heresiarcha Dulcinus — (secundum Henricum de Hervordia) — impudice et inhoneste, allegans Cristum habuisse amicam et sororem Magdalenam et Iohannem ewangelistam Drusianam, Petrum Thabitam etc. Et simili modo — molestari. Expediti ergo sunt predicti pessimi heretici per inquisitores ordinis Predicatorum, ut supra tactum est.

493 (319). Omnes Iudei regni Francorum per ordinacionem Philippi regis capti sunt secundum Wilhelmum[c] in die beate Marie Magdalene et expulsi de regno, bonis eorum confiscatis.

1307.

494 (320). Octavo anno Alberti[d] qui est domini MCCCVII. Hospitalarii cum exercitu cristianorum expugnare ceperunt insulam Rodis secundum Wilhelmum[e] et adiacentes insulas V, vallantes eas exercitibus suis IIII annis et expugnantes Turcos, qui eas inhabitabant. Et finaliter cristiani eas obtinuerunt. Sunt autem ibi multi portus et patet inde transitus conveniens cristianis in Terram Sanctam, Akaron et Ciprum.

495. (Ericus rex Danorum cogitavit concordare dissidentes comites Holtzatorum cum suis nobilibus terre patrie secundum cronicam Danorum ac dominos de Mykelenburg cum Ulrico[f] domino Slavorum, ut sic expediciis comites et domini predicti ac alii nobiles sibi auxilio esse possent contra Woldemarum Sweorum regem et fratrem suum Ericum, qui Birgerum fratrem eorum captivaverant et se reges fecerant. Et evocavit in familiare colloquium Woldemarum ducem de Sleswic et Albertum ducem Saxonie, comites de Holtzacia, dominos de Mykelenburg et Slavia ac Lubicenses cives in Ymbriam insulam et ibidem pacificavit et concordavit predictos dominos comites cum suis nobilibus, quos exulaverant[g].

---

(8) in ecclesia sancti Iusti vel secundum alios fuit coronatus in vigilia sancti Martini a. m. B. Nov. 10.

(9) cum sua nobili comitiva a. m. B.

---

a) non magni a. m. B. b) cronicas de Marka B. c) cronicas Francorum B. d) auf rasur D. e) cronicas Romanorum B. f) Ulrico domino auf rasur D. g) exulaverat D.

Reconciliavit insuper cives Lubicenses prelibatis comitibus et dominos de Mikelenburg reduxit ad amiciciam dominorum de Slavis, ita quod pax et concordia inter omnes firmata est et stabilita. Videntes autem cives Lubicenses sinceritatem Erici regis Danorum, receperunt ipsum in tutorem civitatis sue et protectorem ad decennium et regalem censum annuatim sibi solverunt. Quos Ericus rex fideliter

Detm. 393. propugnavit et defendit usque ad suam mortem)[1]. Quibus[(1)] omnibus bene pacatis et ordinatis, rex Ericus pulcrum collegit exercitum de suis, adiunctis sibi dominis prefatis et comitibus, et classe grandi Sweciam tendens applicuit urbi Stokesholm, swagerum suum Birgerum liberare temptans. Sed ibidem nichil proficiens reversus est cum magno detrimento suorum, quia fratres predicti Birgeri Woldemarus et Ericus magnum populum adunaverant de Saxonibus[a], Pomeranis et Slavis, quibus castra et civitates munierant[b].

Korn. 256. 496 (322). Sorores ordinis — (secundum Henricum de Hervordia) — procuraverunt.

Detm. 494. 497. (Albertus marchio de Brandeborg, assumptis Henrico et Iohanne dominis de Mykelenburg secundum cronicam Obotritorum et Ulrico[c] domino Slavorum, venit cum exercitu pulcro in Bohemiam ad auxiliandum Wenzlao regi Bohemie, qui bella gerebat contra Albertum regem Romanorum. Cum autem predictus rex Bohemie cum omni sua et suorum potencia populum copiosum eduxisset, in tanto eciam numero, quod estimacione sua Terram Sanctam cum eo sibi subiugare potuisset, respexit ex adverso Albertum regem Romanorum advenisse cum tanta multitudine armatorum, quod vix in regis Bohemorum exercitu unus stare videretur contra tres de hostium suorum turmis. Quod videns Bohemorum rex obtulit se in graciam Alberti regis et sic ad invicem pacati sunt sine conflictu. Istud autem factum locum habet debitum supra anno Alberti regis tercio.)

1308.

Korn. 274. f. 181. 498 (324). Nono anno Alberti qui est domini MCCCVIII. cum apud Zoestum — (secundum Henricum de Hervordia[d] — transformatur.

Korn. 258. 499 (323). Henricus de Verneburg — (secundum Wilhelmum) — construxit.

Detm. 399. 500 (325). Milites multi et nobiles[e] cum opidanis et villanis Holtzatorum secundum cronicam Lubicensem conspiracionem gravem fecerunt contra dominos suos comites, confederatis sibi Dithmarcis. Quod percipientes comites exercitum congregaverunt et venientes usque Utersten[2] villam, invenerunt ibidem hostes suos adunatos[f], et perventum est ab utrisque partibus ad pugnam. Victoriam ergo comites (a deo) obtinentes, captivaverunt capitaneum exercitus adversariorum cognomento Pele dictum[g][3], quem rotantes in patibulo suspenderunt. Ceteros vero aut gladiis trucidantes aut captivantes, cum triumpho et preda magna reversi sunt ad sedes suas. Qui autem de nobilibus fuga elapsi sunt, urbem Lubicanam intraverunt, ibidem commorantes cum uxoribus et filiis. Gerardus autem comes roborari fecit turrim Travenemunde[h] contra Lubicenses. Propter quod cives cum Holtzatis nobilibus[(2)] contractum fecerunt contra comitem Gerardum. Albertum quoque ducem Saxonie de Louenborg conduxerunt[(3)] in capi-

---

(1) st. Quibus — temptans B: Ericus rex Danorum cum magna virtute armatorum transivit in Sweciam ad liberandum swagerum[i] suum Burgerum regem Swecorum.

(2) st. nobilibus — fecerunt B: contractum et ligam fecerunt cum Holtzatis exulantibus.

(3) st. conduxerunt — Holtzatorum B: vocaverunt ad se.

---

a) st. Saxonibus, Pomeranis B: Teuthonicis. b) secundum cronicam Dacorum s. zu B. c) Ulricum dominum D. d) cronicam de Marka B. e) clientesque plures s. zu B. f) in magno numero s. zu B. g) yronice s. zu B. h) Travenemunde B. i) auf rasur B.

1) Das folgende schon in A § 311. 2) Uetersen. 3) des sin name was Hinrich Pele H.

[illegible]m sui exercitus contra comites Holtzatorum similiter et Woldemarum ducem de Sleswic. Gherardus vero comes in suum auxilium adduxit dominos[a] de Mykelenburg et dominos[b] Slavie et posuit se cum suis prope Lubeke in nemus prope Swartowe villam. De hoc loco cottidie accedentes urbem, depredati sunt omnes eis occurrentes. Similiter Lubicenses cum suis vasallis et stipendiariis agmina Holtzatorum infestantes, ad invicem bellicis exerciciis occupabantur. Henricus autem dominus de Mykelenburg protunc edificavit castrum in insula Priwalk ex opposito turris Travenemunde[c] et de illis duabus municionibus viam maris navibus obstruxerunt. Illis tamen non obstantibus et hostibus invitis, naves intraverunt et exierunt portum Lubicensem, non tamen sine magnis laboribus et periculis (ac expensis), quia[(1)] mercatores semper tot armatis se munire oportebat, quod de hostibus se defenderent et eis invitis transirent quo vellent. Accedente vero XI. cives Lubicenses egressi sunt cum omni sua potencia et vallantes [illegible]
castrum in Priwalk insula constructum, ipsum machinis et bumbardis deiecerunt[(2)]. Turrim in Travenemunde[c] erectam pro maiori parte destruxerunt.

501. (Videns autem Ericus rex Danorum, qui Lubicensis urbis amicus esse dicebatur, horum principum et nobilium terre Holtzatorum contra suos dominos ac erigendam ac civium civitatis Lubicene dissencionem ingrassari, se interponere non distulit et concordiam inter eos fieri ordinavit secundum modum illum, qui positus est supra octavo anno Alberti, que historia hic locum habere debet.)

502 (327). Borchardus[d] episcopus Lubicensis et canonici sui secundum cronicam Lubicensem concordati sunt cum consulatu dicte urbis et cum fratribus (ordinum Predicatorum et Minorum in ea degentibus), qui civitati adheserant in canna sua et divina celebraverant hucusque super (legitima) ipsius appellacione. Et promiserunt predicti episcopus et canonici (in reconciliacione facta), se nunquam vindicaturos in fratres prefatos ob causam extunc sopitam et terminatam composicione amicabili, sed eosdem permissuros in antiquis eorum consuetudinibus et libertatibus stare. Sed[(3)] hoc promissum ut filei prevaricatores minime servaverunt, ut postea docuit rei eventus in postulacione quarte irracionabili, cuius quarte solucionem antecessores sui nunquam a dictis fratribus postulaverant nec ipsi per se.

1309.

503 (339). Decimo anno Alberti qui est domini MCCCIX. puer in Sosato — (secundum Egghardum) — apparet, cuiuscumque esset firmitatis. [illegible]

504 (326). Tercio Ydus Octobris feria sexta capti fuerant Templarii ubique in [illegible]
regno Francie et Anglie[(4)]. Quod quidem factum multi admirati sunt, eo quod scirent illorum Templariorum miliciam ab ecclesia Romana privilegiatam et causam captivacionis ignorarent. Opinio tamen multorum fuit, quod propter possessiones, quas multas et magnas habebant in illis regnis, hoc fieri rex predictus procuraverit. Sed verior causa fuit, quod plures ex eis eciam maiores confessi sunt, ritum et professionem eorum falsam ita abhominabilem et illicitam, quod a nullo homine extra eorum ordinem sciri posset. Plurimi vero ipsorum minime confiteri voluerunt, licet penis subicerentur et tormentis. Cristum quoque manifeste negaverunt et in obprobrium crucifixi in ipsum consputerunt.

(1) st. quia — vellent B: quia tot armatis se muniebant, ut se de inimicis defenderent.

(2) aliamque fortem municionem edificaverant in collo illius insule Priwal, de quo itur versus terram Slavorum. s. zu B.

(3) st. Sed — per se B: Sed promissum minime servaverunt, ut claret patuit post paucos annos in postulacione quarte a dictis fratribus, quod antecessores eorum nunquam attemptaverant.

(4) ex ordinacione regis Francorum Philippi s. zu B.

a) comitem B. b) dominum B. c) Travenemünde D; Travemunde B. d) § 502 in B wie in A [illegible]

Demum cum sedes Romana, cui factum incredibile videbatur et capcionem predictam egre ferebat, effecta fuisset cercior, in Pictaviensi curia, ubi tunc papa morabatur, per informacionem Philippi regis Francorum, Karoli regis Castelle et Edwardi regis Anglie[a] quidam de Templariis producti sunt ad presenciam pape. A quibus evidenciam facti veraciter cognovit.

505 (329). Tunc Clemens papa litteras destinavit ad universa mundi regna et climata orbis mandans, ut ubicumque Templarii essent, caperentur et extirparentur. Qui ordo in modico tempore per universum orbem destructus est et extirpatus.

506 (332). Oppidum Hamme — consumptum est (secundum Eggardum).

507 (330). Et eodem anno in die beati Iohannis ewangeliste[b] incinerata est ecclesia Lateranensis Rome, ob cuius conflagracionem lamentum maximum in urbe illa factum est[(1)].

508. Everhardus[(2)] comes de Marka — secundum Wilhelmum — restituitur.

1310.

509 (333). Undecimo anno Alberti qui est domini MCCCX. Everhardus[c] comes de Marka obiit — secundum Wilhelmum[d] — vita excessit. Post cuius mortem Engelbertus captivus suus ingredi recusavit captivitatem, asserens se solutum morte sui capitanei, qui ipsum ceperat.

510. Post[e] mortem Cassani[f] — secundum Egghardum[f] — ad extremam internicionem.

511 (336). Comitissa de Mansveld — (secundum Henricum de Hervordia) — in Trivanis.

512 (338). In die cene papa Clemens in Avinione magnum processum dedit contra Venetos (secundum Wilhelmum[g]), in quo eos excommunicavit et privavit consorcio et commercio aliarum civitatum ac personas et bona ipsorum exposuit volentibus et valentibus occupare. Omnesque religiosos mandavit exire Venecias et omnia alia loca dicioni eorum subiecta, eo quod ipsi Veneti Ferrariam urbem contra ecclesiam indebite occuparent. Unde missus a latere domini pape Arnoldus de Pelagina[2] dyaconus cardinalis, recuperavit Ferrariam in festo beati Augustini non sine multa sanguinis effusione. Dicitur autem numerus occisorum uno die fuisse VM hominum, exceptis illis, qui ante illud bellum et post de eodem negocio perempti sunt.

513 (335). Iohannes marchio Brandeburgensis cum magno exercitu intravit terram Slavorum (secundum cronicam Obotritorum) et construxit ibidem castrum fortissimum Lobize. Et defunctus fuit ibidem dictus marchio et Otto frater suus perduxit negocium ad finem intentum[(3)].

514 (341). Utynensis ecclesia terre Holtzatorum dyocesis Lubicensis (secundum cronicam Lubicensem) fundatur cum canonicis et prebendis.

515 (334). Albertus rex Romanorum interficitur a filio fratris sui (secundum Egghardum). Cuius interfeccionis causa videtur fuisse, quia rex omnia dabat propriis filiis suis et de illo nepote suo parum vel nichil curabat.

---

(1) Ad cuius reparacionem statim omnes cives operam dederunt efficacem. a. zu B.

(2) § 508 lautet in B zu 1307: Comes Everhardus — assumitur secundum cronicas de Marka.

(3) in B folgt: 513a (340). Rex Danorum Ericus ivit in Sweciam contra regem cum duobus milibus armatis, inter quos erant comes de Mekelinghborgh et dominus de Slavia. Et vastantes regnum secundum cronicas Lubicensium, irrecuperabile[h] regi Sweorum intulerunt dampnum.

---

a) secundum cronicas Francorum a. zu B. b) ad portam Latinam a. zu B. c) § 509 in B zu 1309. d) cronicas de Marka B. e) § 510 in B unten am Rand. f) cronicas Lubicensium B. g) cronicas Romanorum pontificum B. h) irrecuperale B.

1) Siehe Exkurs 972. 2) A und a haben richtig Pelagrua; B wie D, auch H gibt Pelagina.

DE HENRICO VII. IMPERATORE XCII.

516 (342). Henricus comes — (secundum Egghardum) — in festo epiphanie. Cuius [illegible] nuncii solempnes, puta duo episcopi et tres comites, papam adierunt Avinionis pro confirmacione eleccionis sue. Qui mox eleccionem factam confirmavit et ut ageret que regis sunt concessit, tempus determinatum sibi assignans, quo Romam veniret et benediccionem ac coronam imperialem reciperet, puta biennium. Quod et sic ab eo completum est.

1311.

517 (343). Primo anno Henrici qui est domini MCCCXI. Iohannes filius Henrici regis [illegible] Romanorum accepit in uxorem filiam Wenzlai regis Bohemorum dudum defuncti.

518 (331). (Nam secundum Henricum de Hervordia[a] Wenzlaus rex moriens reliquid — infeodavit.) Bohemiam quoque — occupavit. [illegible]

519 (344). Ericus rex Danorum et Otto[b] marchio de Brandeburg convenerunt in Ribbenitz opidum secundum[c] cronicam Danorum et inter se concordaverunt de omnibus, que[(1)] tam rex contra marchionem, quam marchio antiquus Iohannes aut novellus Otto contra regem habuerant hucusque. Et conclusum est finaliter a dictis principibus, ut sequenti anno ambo principes convenirent[d] in urbe Rostok cum principibus et nobilibus, quos ad hoc habere possent[e], et tunc ibidem Ericus rex Ottonem[f] marchionem facere deberet[g] militem cum aliis centum nobilibus et militaribus similiter ab eo miliciam recepturis. Et quod de illis centum deberent[d] esse vel principes aut terrarum domini viginti[h(2)].

520. Canonici[i] ecclesie Lubicensis canonicam[(3)] porcionem[k], sub nomine quarte expressam et sic taxatam a iure, a fratribus Predicatoribus et Minoribus exegerunt, a predecessoribus eorum nunquam per antea postulatam secundum cronicam Lubicensem (vindicare se nitentes de eisdem pro adhesione nuper facta civibus dicte urbis). Fratres autem causam suam ad curiam[l] deduxerunt, scire[(4)] volentes, an ad prefatam porcionem postulatam tenerentur[m], ex quo presbiteri parrochiales in predicta civitate debitis oblacionibus et porcionibus minime defraudantur[m]. Et quia dicti fratres arbitris fratribus Mendicantibus non faventibus suam causam subiecerunt in curia predicta, idcirco sentenciam iniquam contra se receperunt. Nec mirum, quoniam inimicis gladium de manibus resignaverunt[1].

521. (Bertoldus episcopus Sleswicensis obiit secundum cronicas Lubicenses. In cuius [illegible] locum electus est dominus Iohannes decanus Lubicensis cognominato de Bokholte et consecratus est in Razeburg.)

—

(1) st. que — hucusque B: que contra invicem habuerunt.

(2) et quod predicta omnia fieri et disponi deberent sub expensis et sumptibus regis Dacie. Et sic factum est. z. zu B.

(3) st. canonicam — iure B: quartam.

(4) st. scire — resignaverunt B: et pro declaracione feuda, an quartam sive porcionem canonicam ibidem dare tenerentur, laboraverunt. Et totam causam lucrati fuissent fratres, si interim cum canonicis pacta non fecissent.

a) cronicas Bohemorum B. b) Woldemarus B. c) cronicam Lubicensium et secundum z. zu B. d) rent auf rasur D. e) sent auf rasur D. f) Woldemarum B. g) auf rasur D. h) am rand, von andrer hand? D. i) § 520 in B unten am rand. k) portionem D. l) Romanam z. zu B. m) antur auf rasur D.

1) Vgl. die abweichende darstellung in dem anhange zum Detmar zu 1312 bei Grautoff I 409.

Detm. 398. 522. (Marchiones de Brandenburg. Otto cognominato Pyl, eo quod telum die tali in capite, et Hermannus frater suus, cum IIII militibus armatorum equestrium et VIIII peditum intraverunt terram dominorum de Slavia et spoliis ac incendiis cuncta vastantes, everterunt forte castrum Lubaw dictum moderno tempore, tunc vero Eldenborg nominatum. Quibus in terra illa servientibus, mortuus est nescio quo casu idem Hermannus marchio non sine lamentis multorum, relinquens post se filium Iohannem parvulum. Otto vero frater eius post obitum Hermanni in Slavia perseverans, terram illam ex toto exinanivit. Quo ad libitum expedito, reversus est in Marchiam et mox infirmitatem incidens et domui suo disponens, diem clausit extremum. Quorum fratrum successor, quia Hermanni filius adhuc puer erat, fuit Woldemarus filius fratris sui Ottonis.)

Detm. 410. 523. (Hic Woldemarus propositum patris sui Ottonis perficiens perrexit proximo anno Rostok, prout determinatum erat per Ericum regem Danorum.)

Detm. 405. 524. (Albertus dux Saxonie decessit ab hac vita secundum cronicam Saxonum. Cuius mors gemebunda et lamentabilis erat cunctis negociatoribus et viatoribus terrarum nostrarum. Pax enim et securitas ambulandi et negociandi erat suis diebus omni populo. Sed post ipsius mortem castrum illud formidabile et latibulum latronum Lynowe statim reformatum est et raptoribus repletum. Qui non sinebant transitum mercatorum fieri inter civitates Hammeburgensem, Lunoburgensem et Lubicensem. Ericus vero frater suus, quia filium post se non reliquid Albertus, licet iam subdyaconus esset ordinatus, ducatum illum administrare cepit, clericatum postponendo.)

Detm. 409. 525. (Lynoum rex Armenie[1] — secundum Henricum de Hervordia — implere studens.)

1312.

Henr. 237. 526. Secundo anno Henrici qui est domini MCCCXII. Henricus ordinatis — secundum Eggehardum[a] — expressarum et transmiserunt[(1)].

Detm. 411. 527. (Mediolanum autem veniens, honorifice receptus est a clero et populo civitatis et per episcopum Mediolanensem coronatus est aureola regali. Quod cives de Modoecia[b] percipientes, egre valde tulerunt regis coronacionem secundam Mediolani factam, eo quod illa dignitate privilegio imperiali dotata sit eorum civitas, quod in nullo alio loco Romanorum rex secunda corona fulciri debeat quam ibidem. Aquisgrani namque ab archiepiscopo Coloniensi coronam ferream accipere debet Romanorum rex in signum, quod irrefragabiliter iura imperialia defensare tenebitur. In Modoecia vero secundam coronam argenteam percepturus est ab episcopo Mediolanensi in significacionem, quod imperialis iusticia clara esse debeat et lucida. Rome quoque tercia corona debet exornari aurea a summo pontifice in signum, quod ad instar auri puri, quod omne excellit *f. 168. metallum, imperator omnes excellere debet homines laycales honore, fama, sagacitate sciencie ac morum nobilitate.)

v. Detm. 412. Juni 24. 528 (344). Ericus rex Danorum circa[(2)] festum Iohannis baptiste cum nobilibus suis transfretans, venit prope Rostok civitatem. Cives[(3)] autem Rostoccenses regem in urbem suam intromittere formidabant propter multitudinem principum et nobilium[c] et suorum ibidem congregandam secundum cronicam Danorum. Propter quod rex in campo magno et spacioso, Ortus[(4)] Rosarum dicto, prope urbem duo fieri fecit palacia grandia pannis sericis circumamicta et tecta rubeis coopertoriis (unum pro se et suis

Henr. 237. (1) Hoc autem anno Verone rex hyemabat. r. in B.

(2) st. circa festum Iohannis baptiste B: secundum cronicas Danorum circa mediam estatem.

(3) st. Cives — Danorum B: exspectans ibidem, donec Woldemarus marchio Brandeburgensis cum ceteris principibus adveniret de longis et remotis regionibus congregandis.

(4) st. Ortus Rosarum B: Rosengarde.

a) cronicam Lombardorum B. b) Modoecia D. c) nobilia D.

1) Siehe Hamerd 975. 2) Vgl. hierzu in a § 347, oben S. 38 Anm. (2).

principibus, reliquum vero pro Woldemaro marchione Brandeburgensi et ceteris nobilibus.) Cum autem marchio et omnes ceteri archiepiscopi, episcopi, duces, comites et nobiles convenissent, rex Danorum Ericus venit in campum cum banerio suo et baronibus ac militibus, archiepiscopo et episcopis suis, quorum omnium equi operti erant sericis coopertoriis. Quibus illic consistentibus affuit Woldemarus marchio cum grandi multitudine principum spiritualium et secularium ac nobilium, qui eciam omnes velatis equis ibidem comparuerant. Principes(1) autem spirituales, qui aderant, fuerunt hii: archiepiscopi Magdeburgensis, Bremensis et Lundensis; episcopi Hildensehemensis, Halberstadensis, Caminensis, Sleswicensis, Brandeburgensis, Lubicensis, Zwerinensis, Razeburgensis, Havelbergensis, Roscildensis, Odanensis et Aboensis[1]. Duces vero — referuntur (secundum Henricum de Hervordia). Herv. [illegible]

529 (349). Rex autem ordinaverat mantellos tot fieri de scarleto nobili vario subfurratos, quot principes et terrarum domini militari honore insigniri debebant. Cum ergo omnes parati essent, clangunt bucine, resonant trumpete et regalis curie solempnitas inchoatur. Tunc rex appropinquans cetui principum, fecit primo Woldemarum marchionem militem et XX terrarum dominos ac LXXX nobiles. Quibus militari gloria insignitis, misit unicuique pallium vario subfurratum iuxta suam decenciam et torquem aureum maius et minus preciosum. Alii vero principes de suis clientibus generosis honoris talis capacibus et aptis ad miliciam fecerunt eciam et milites. Qui omnes militaria exercicia inceperunt et per triduum ea continuaverunt (astantibus ad spectacula illa nobilibus mulieribus et virginibus innumeris). Quanta autem solempnitas in torneamentis, bastiludiis et choreis, quanta vero preciositas in conviviis et contuberniis ibidem fuerit, lingua humana vix explicare sufficit[2]. Nullus enim ibi privatim — quiescendo recedit. Sed tota illa solempnitas quamvis bonum habuerit principium et medium celebre(2), quia(3) in ea duo magni principes pacificati sunt et confederati, debili tamen fine conclusa est. Nam pro eo quod cives Rostoccenses regem et principes recipere[a] recusarunt intra civitatem, tocius illius congregacionis exercitus in subversionem urbis conspiravit. v. Detm. 414. Herv. [illegible]

530 (350). Henricus dominus de Mykelenburg sororem Rodolfi ducis Saxonie duxit in uxorem secundum cronicam Obotritorum[b] et solempnitatem nupciarum suarum libenter in Wismaria urbe sua tenuisset, sed cives nolebant ipsum recipere, timentes civitati ex hoc periculum posse exsurgere. Nam talis principum solempnitas rarissime transire percepta est sine notabili perturbacione loci, in quo facta est. Propter quod dictus dominus Henricus indignatus civitati, regi Danorum adhesit contra Rostoccenses, quibus iam rex pacem interdixerat et inimiciciam indixerat cum omnibus aliis[c] in solempnitate regia[d] ibidem congregatis, ut et rex viceversa sibi adhereret in malum urbis Wismariensis. v. Detm. 414.

1313.

531 (351). Tercio anno Henrici qui est domini MCCCXIII. Henricus dominus de Mykelenburg una cum Woldemaro marchione(4) partem regis Danorum foventes contra[e] v. Detm. 414.

(1) st. Principes autem — Aboensis B: Aderant autem in predicto conventu cum rege et marchione diversi archiepiscopi et episcopi. Herv. [illegible]

(2) [illegible], cum dies illi in gaudiis et solaciis permaximis deducti sint a. zu B.

(3) quia — confederati in B nach principium.

(4) Brandeburgensi et dominis de Slavia a. zu B.

a) sua solacia habere B. b) cronicas Mikelingburgenses B. c) alia D. d) prefacta B. e) contra D.

1) Die aufzählung ist wol nur phantasie Korners. 2) Die sehr anschauliche schilderung, die H von diesen festlichkeiten gibt, ist hinten im anhang I gegeben.

Rostoccenses secundum cronicam Danorum, ex utraque parte fluminis Warnowe castra duo forcia construxerunt et inter illa duo castra in aqua portum navium naviculis ibidem submersis plenis saxis ingentibus obstruxerunt. Quod cum factum esset et principes ad propria remeassent, cives de Rostok in manu valida exierunt et castra illa solo equaverunt. Turrim quoque fortissimam ibidem edificantes, viam maris denuo aperuerunt, invitis omnibus principibus supradictis.

Korn. 257. 532 (347). Cum[1] autem Henricus Romanorum rex iret versus Romam, Mediolani constitutus esset secundum Eggbardum Galeacius primogenitus — Papienses et Placentini[2].

Korn. 258. 533. Lodowicus filius lantgravii — (secundum cronicam Saxonum) — promotus.

v. Detm. 417. 534 (354). Ericus rex Danorum veniens cum multo populo[a] ad os Warnowe[b] in Warnemunde in classe navali et instrumentis bellicis, turrim, quam Rostoccenses edi-

Detm. 418. ficaverant, expugnavit et inde castrum fortissimum et regale fecit (in alias turres in circuitu prime turris erigendo et fossatis profundis et latis muniendo, ponens in predicto castro multitudinem armatorum cum bombardis et balistis, ut custodirent ipsum ac defenderent). Quod ut communitas urbis de Rostok percepisset, multum egre tulit suspicans, quod de consensu consulatus sui hoc factum fuisset. Propter quod indignati consulatum suum invaserunt et plures de ipsis interfecerunt, ceteris per fugam elapsis. Ex[1] quo quidem facto maxima discordia inter cives orta est, que nec in presenciarum sedata est, sed manet et forte manebit serpens in sua radice a progenie in progenies.

1314.

Korn. 259. 535. Quarto anno Henrici qui est domini MCCCXIIII. Henricus rex Brixiam — secun-

v. 260. dum Henricum de Hervordia[c] — sepelivit.

Ibid. 536. Aymericus magister — secundum Henricum de Hervordia[d] — celebrato[3].

Detm. 418. 537. (Woldemarus dux Slesvicensis obiit secundum cronicam Danorum et gavisus est rex Ericus, simulatus odio inveterato, quod ad ipsum habuerat.)

Detm. 419. 538. (Gerardus cecus comes Holtzatorum cecus factus migravit a seculo, relinquens post se duos filios Gerardum et Iohannem. Gerardus autem prepositus Lubicensis existens et subdyaconus, mens dispensacione apostolica accepit in uxorem relictam Woldemari ducis de Slesvic defuncti, filiam Nicolai comitis de Wittemberg.)

Ibid. 539. (Regina quoque Danorum peperit filiam viro suo Erico regi, quam relicta Erici ducis de Lalandia levavit de sacro fonte. Que sic spiritualiter regi Erico coniuncta, cogitavit sibi gratum facere servicium et acceptum. Unde procuravit sibi litteras quasdam nobilium multorum regni sui sigillatas, quas in cista quadam invenerat post viri sui mortem. In illis litteris continebatur quedam conspiracio facta et contracta per Ericum ducem defunctum virum mulieris illius et per

Korn. 257. (1) al. Cum — Eggbardum B: Mediolanenses audientes regem Henricum venturum secundum cronicam Lombardorum, territi sunt — u. s. w. wie A — Mediolanum perdiderunt, ac sibi subicientes perplura promittentes in dolo. Eo tempore.

Korn. 258. (2) in B folgt: 532a. Cremasigenti — secundum cronicam Lombardorum — rediderunt.

v. Detm. 418. (3) in B folgt: 536a (358). Comes Gherardus de Holtzacia obiit secundum cronicam Lubicensium, relinquens post se Gherardum comitem filium[e] suum, qui — u. s. w. wie A — uxorem recepit, et[f] Iohannem.

a) secundum cronicam Danorum a. a. B. b) Warnowe in f. D, nicht in B. c) secundum cronicam Lombardorum B. d) secundum cronicam fratrum Predicatorum B. e) auf rasur B. f) et Iohannem mit andrer tinte B.

1) H berichtet: Unde desulven arges heft noch Rostock nicht verwunnen, wente en sprake wart dar van ghemaket de wol ewich blift, dat men secht: 'O wy van Rostocke'.

nobiles regni in mortem Erici regis. Quas litteras cum rex perlegisset, mox exercitum misit et comprehendi fecit dictos conspiratores, de quibus quosdam rotavit, quosdam decapitavit et plures de regno expulit, omnibus bonis eorum confiscatis. Ducatum vero Lalandie ipse sibi vendicavit, eo quod dux prolem non reliquisset, et usque in presentem diem per regem administratur.)

1315.

540 (352). Quinto anno Henrici qui est domini MCCCXV. rex Henricus — secundum Eggehardum[a] — appellatus.

541. Clemens papa — secundum Wilhelmum[b] — publicavit, ut patebit suo loco.

542 (357). Apud Marsiliam conbusti sunt IIII fratres ordinis Minorum secundum auctorem Libri inquisicionis, qui pertinaces fuerant heretici. Quos quidem fratres propter perfidiam suam sic crematos frater Petrus Iohannis heresiarcha impiissimus eiusdem ordinis, de cuius impietate infra dicetur, predicavit et asseruit martires esse et sanctos. Et dies interfeccionis fratrum prefatorum hereticorum secundum eundem fratrem Petrum censetur celebrandus et venerandus sub solempnitate sanctorum martirum. Sed mentita est iniquitas sibi (et ipse cum eisdem fratribus dyaboli martiribus sepultus est in inferno, ubi nulla veneracio aut festivitas, sed blasphemia, malediccio et sempiternus horror inhabitant)[1].

543 (353). Henricus imperator — secundum Eggehardum[c] — cap. 'Pastoralis'.

544 (356). Eodem[(1)] tempore Petrus de Morona quondam papa Celestinus V. fuit Avinionis canonizatus et sub nomine sancti Petri confessoris cathalogo sanctorum ascriptus[(2) d].

545 (360). In vigilia sancti Gregorii pape conbustus fuit Parisius generalis magister ordinis Templariorum[e] cum quodam alio magno preceptore eiusdem ordinis et aliis fratribus multis. Et sic ordo ille ex integro desiit esse.

546. (Eodem eciam tempore in Swydenis terre Polonorum multi sunt conbusti heretici et similiter in aliis[f] opidis circumiacentibus.)

547 (361). Philippus rex — secundum Wilhelmum[g] — vocaverant, ut sic regnum ex toto corrumperent.

1316.

548 (362). Sexto anno Henrici qui est domini MCCCXVI. regina[2] Anglie venit ad Philippum regem Francie patrem suum secundum cronicam Francorum, querulose deponens coram eo contra uxores fratrum suorum Lodowici, Philippi et Karoli[3], qualiter adulteria exercentes cum tribus militibus regni sui scandalizarent et confunderent personam suam et omnium de sua prosapia existencium, et quod hoc facinus iam non occultum, sed vulgatum et publicum esset et in fabulam hominum iam devenisset. Quod Philippus rex audiens, consternatus valde inposuit regine, ut si posset disponeret tempus

(1) st. Eodem tempore B: Quinta die mensis Maii.

(2) in B folgt: 544a (355). Borchardus Lubicensis episcopus et canonici — u. s. w. wie A — de ecclesia sancti Iacobi corpus mulieris defuncte, que sepeliri elegerat apud dictos fratres, et eam sepelierant in eorum cimiterio, quam clerici sepelire voluissent violenter secundum cronicam Lubicensium.

a) cronicam Romanorum pontificum B. b) Iohannem Andree super Clementinas B. c) cronicam Lombardorum B. d) secundum cronicam Romanorum pontificum a. m. B. e) secundum cronicam Francorum a. m. B. f) et a. m. D. g) cronicam Francorum B.

1) *Vgl. hierzu eine ergänzung unter den nachträgen.* 2) *Isabella gemahlin Eduards II.* 3) *Margaretha tochter Roberts II. herzogs von Burgund; Johanna und Blanka töchter Ottos IV. grafen von Burgund.*

et locum observando, ut simul comprehendi possent. Ipsa[1] vero muliebri usa versucia, tandem simul eos comprehendit et patrem suum superduxit. Quibus simul inventis, rex fecit quamlibet mulierem in singulari turri includi et penitencia affligi; milites vero fecit Parisius deduci. Quod factum cum fratres regine percepissent, Philippus et Lodowicus uxores suas in turribus illis fecerunt fame cruciari et tandem eas permiserunt ibidem mori; Karolus vero uxorem suam intime diligens, eam ad se recepit, emendam pro ea patri promittens. Milites autem illos iussit rex per plateas urbis Parisiensis trahi ligatos ad pedes equorum et postea rotari. Cum autem traherentur per plateas,
nov. 29. diversis penis affligebantur et ludibriis. Post hoc in vigilia Andree rex in venacione existens, cum equo suo cecidit et cum pede in strepa pendens per campumque ductus, equo currente et frequenter ipsum calcibus feriente, spiritum tandem efflavit. Cui Lodowicus filius suus successit in regnum[2].

DE IOHANNE XXII. PAPA CCIIII.

s. Bern. Guid. 549 (363). Iohannes papa nacione de Cathurco ex patre Paulo sedit annis XVIII et diebus VIII (secundum Martinum). Hic prius dictus Iacobus archidyaconus Romane ecclesie existens, electus est in Lugduno in conventu fratrum ordinis Predicatorum et
sept. 5 Bern. Guid. coronatus in Avinione Nonas Septembris in ecclesia cathedrali, vir industrius — statura pusillus. Hic papa litteratos promovit, disciplinam triplicis lingue Hebraice, Grece et Latine apud studia generalia vigere instituit. Beneficiorum quoque primos fructus per mortem vel resignacionem aut translacionem vacancium sibi reservavit. Ex qua cautela innumerabilem thesaurum cumulavit.

550. Grandis pugna commissa est in Valsterbode terre Scanie regni Dacie secundum cronicam Danorum inter Danos et (mercatores) Teuthonicos et ex utraque parte plures corruerant.

551. Caristia maxima universum gravavit orbem[a] iuxta metristam dicentem:

Ut lateat nullum tempus[b] fame, tene cucullum.

Si tamen attente inspexeris hoc nomen 'cucullum', invenies caristiam precedenti anno fuisse.

1317.

552. Septimo anno Henrici qui est domini MCCCXVII clericus[c] quidam Michael vocatus valde familiaris extiterat pape Iohanni in minoribus promocionibus adhuc constituto (secundum gesta Romanorum pontificum), et frequenter sibi promiserat, quod si ad statum aliquem altum et potentem perveniret, ipsum pro suo posse promovere vellet. Cum vero iam papa effectus fuisset et pene Michaelem amicum suum antiquum oblivioni tradidisset, ipse clericus curiam pape adiit, videre volens, quid papa erga ipsum acturus esset. Visitans ergo palacium, a familia pape frequenter expulsus est. Qui videns, se ad presenciam pape non posse pervenire, scripsit in bona littera ad fores palacii hos versus:

Stat foris ante fores Michael dicens, quod honores
Inmutant mores, sed[d] raro in meliores.

Quos versus papa legens cognovit, hunc suum esse familiarem Michaelem clericum, qui versus istos scripsisset, et vocans ipsum ad se, de bona et pingwi promocione sibi providit.

---

(1) st. Ipsa — superduxit B: ut sic regem patrem superinducerent. Quod sic factum est in octava
Juni 4. die post festum pasche.
Detm. 128. (2) in B unten am rand: 548a. Magister ordinis fratrum de domo Teutonica intravit Prusciam eligendo ibi sedem suam, qui hucusque in Venecia consueverat morari.

---

a) secundum cronicas Saxonum a. r. in B. b) st. tempus fame B: tempore famis. c) § 552 in B unten am rand. d) st. sed raro B: raro tamen.

553 (364). Henricus[1] imperator Florenciam — (secundum Henricum de Hervordia) — [illegible]
correptus migravit a mundo. Et quia corpus — denigratum est. Ob quam quidem corporis denigracionem quidam suspicati sunt, ipsum intoxico periisse.

554 (365). Cuius[(1)] false suspicionis mendosus ille Henricus comes Flandrie, quem figura [illegible]
nativitatis sue nugigerulum et famosum mendaciorum compositorem mundo denunciavit, auctor extitit et inventor dicens, quendam fratrem Bernhardum ordinis Predicatorum predicti serenissimi principis confessorem, invenenato dominici corporis sacramento per eundem fratrem sibi porrecto, ipsum intoxicasse[2]. Huius[a] eciam impiissime[b] imposicionis assertores et confirmatores videntur fuisse et esse quidam sceleratissimi irreligiosi et litigiosi fratres, sanctam quandam religionem professi, sed perfidi facti in preclarissimum Predicatorum ordinem impingere maliciose non verentes. Auctumant[(2)] propter idem venenacionis scelus omnibus Predicatorum ordinis fratribus fore iniunctum a papa in penam, ut sacrosanctum corpus dominicum de manu sinistra in eorum celebracione suscipere teneantur in perpetuum. Quod quidem dictum mendosum figmentum esse manifeste conprobatur ex hoc, quod indecens, impium et iniustum[c] valde ab omnibus racione utentibus iudicaretur, si in probrosam penam et infamie notam uni toti ordini [illegible]
iniungeretur aliquid observandum iugiter ob delictum unius singularis persone; et idem tamen alii boni et religiosi viri pro commodosiori et competenciori[d] modo in sui[e] observant ordinis disciplina. Nam monachi Cisterciensis ordinis in suarum missarum celebracione hunc habent communicandi ritum, ut de sinistra manu corpus domini percipiant, et ab illis institutores ordinis Predicatorum hunc modum tamquam convenientissimum et minus periculosum didicerunt (non primo post dicti Henrici imperatoris decessum, ut false affirmant detractores, sed in inicio plantacionis ipsius ordinis). Pretactum ergo nephas auditu horrendum, dictu execrabile, sed actu sceleratissimum valde impudenter homini inponitur religioso et presertim viro tanto et tali, de quo minimum mortalis culpe malum nunquam est perceptum. Sed illi nimirum cani impudico talia mendacia confingere non est verecundum, qui proprias ignominias non valens celare, perfidie[(3)] sue evomuit multas doctrinas et hereses sparsit in corda simplicium. propter

(1) st. Cuius — non verentes B: Idem eciam mendacium quidam sceleratissimi nequam et perfidissimi religiosi, si fas est eos religiosos nominari, in preclarissimum ordinem Predicatorum moliuntur retorquere dicentes, quendam fratrem Bernhardum, serenissimi imperatoris defuncti Henrici 7. confessorem, venenato salutaris sacramenti viatico ipsum eundem Henricum intoxicasse.

(2) (Auctumant — minus periculosum didicerunt —) Et propter tantum commissum scelus — observandum statuerunt in B unten am rand vielleicht von anderer hand.

(3) st. perfidie — in fide B: et scelera sue perfidie, cum iniquis deputatus est et annumeratus illis, de quorum consorcio innumeri propter perfidie execrabile vicium ignibus eternis [illegible] traditi sunt, et de quibus plures proch pudor in scandalum et confusionem omnium religiosorum convicti de heretica pravitate per seculare iudicium sunt cremati in diversis

a) Huic D. b) ii korrigirt aus i D. c) iniustum auf rasur D. d) competenciori auf rasur D. e) i korrigirt aus o ? D.

1) § 553 in B wie in A in engem anschluss an Heinrich von Herford. 2) Die kürzere bearbeitung, die H von diesem und den folgenden §§ gibt, ist wegen einiger bezeichnender stellen in den anhang I aufgenommen worden. Vgl. zum ganzen die untersuchungen bei Barthold 'Der römerzug könig Heinrichs von Lützelburg' II beilage 1. Die hier s. 55 ff. gerügte thörichte einfügung der urkunden von 1346 in die ridimation von 1314 erweist sich als blosses machwerk Korners in seiner fassung D. Ebenso begegnen auch die falsche jahrzahl 1326 in § 555, sowie der falsche name des Mailänder erzbischofs in § 558 nur erst in dieser fassung.

quas cum iniquis deputatus[1] et ignibus eternis adictus est cum suis confratribus infidelibus et minoribus in fide. Memorati autem fratris Bernhardi quondam confessoris Henrici imperatoris defuncti innocencia et consequenter ordinis sui, qui in ipsius infamacione secundum opinionem multorum videtur maculatus licet irracionabiliter, per diversorum honorabilium principum et prelatorum testimonia clara et patencia probata est et declarata, quorum dictis et scriptis pocius fides est acomodanda, quam nugis impiorum de publicis erroribus et perfidiis convictorum. Et[(1)] si, ut asserunt, ordo Predicatorum dici et esse debeat maculatus ob culpam dicte persone, si quod absit eam perpetrasset, in quantam tunc, queso, luti profunditatem et stercoris feditatem religio ordinis illorum lapsa arbitranda est, qui propter eorum publica scandala, perniciosa scismata et pestifera documenta tocius cristianismi infectiva publice tracti sunt, inscalati sunt, suspensi sunt et ignibus cremati sunt, ut luce clarius videre poterit quilibet libros inquisicionum heretice pravitatis perlegere non fastidiens, et ut eciam inferius in suis locis patebit. Personarum autem venerabilium excusatorias litteras innocenciam prelibati fratris Bernhardi tam nequiter infamati evidentissime probantes ac ipsius laudedignam conversacionem et virtuosam magnifice extollentes presenti operi oportunum et necessarium fore iudicavi inserendas[2], ut sic ipsas legentibus luculenter innotescat, quam perniciosum mendacium infamatores prefati contra insontem confinxerunt.

555 (366). Primus autem honorabilis et fidedignus excusator (in cuius ore testimonium irrefragabile est et firmum) est dominus Iohannes et princeps illustris rex Bohemie, filius memorati imperatoris defuncti, cuius littere testimonialis tenor sequitur et est talis: 'Iohannes dei gracia Bohemorum rex Lutzelburgensisque comes universis[3] —

mundi partibus, prout inferius de ipsis plane patebit. Nec eciam cuiuscumque probi hominis caritatem dei habentis, sed iracundi et invidiosi est, ordinem integrum denigrare et maculare propter unius illius ordinis membri maleficium, si quid per ipsum existat perpetratum, cum sacratissimum apostolorum collegium per Iude[a] proditoris culpam minime sit viciatum. Verum tamen reor, si plures maliciosi et execrabiles viri in veritate unquam invenit in dicto ordine existerent aut extitissent. Quod de ordine fratrum Predicatorum per dei graciam nunquam est repertum.

(1) st. Et — patebit *B:* quorum religio et ordo, si per actus nepharios cuiuscumque membri corpus infamari valet aut deturpari, in profundum infamie et villipensionis dilapsus est per eorum opera enormia toti mundo manifesta et nota et partim in presentibus memoriis hominum relinquenda.

a) Iude *B*

1) *Luc. 22,37.* 2) *Die einfügung der rechtfertigungsschreiben ist in den einzelnen fassungen auf verschiedene weise erfolgt; die sache ist etwas verwickelt. Vgl. schon oben s. 40 ff. Die fassungen A und a kennen nur drei schreiben, das des königs Johann von Böhmen (A § 366), das des cardinalpresbyters Wilhelm (A § 368) und das der stadt Arezzo an alle getreuen des reichs (A § 369). Für die fassung B kamen dann die im Lübecker Predigerkloster gefundenen, zweimal vidimierten 3 briefe hinzu, die sämtlich an den cardinalbischof von Ostia gerichtet sind (D §§ 556—558), darunter einer von der stadt Arezzo. B verwarf daher den vorher in A und a gegebenen brief dieser stadt an alle getreuen (A § 369) und gab nun zuerst den brief könig Johanns, dann die genannte zweifache vidimation als solche (B § 556b), endlich den brief des cardinalpresbyters Wilhelm. Die fassung D zerriss die vidimation, gab alle eigentlichen rechtfertigungsbriefe einzeln nacheinander (D § 555—559) und fügte dann auch noch die vidimationsurkunde mit verweisung auf die einzelbriefe hinzu (D § 561). Bei diesem verfahren gerieten aber auch die beiden noch in B selbständigen briefe des königs Johann und des cardinalpresbyters Wilhelm überflüssigerweise in die vidimation mit hinein. Siehe schon vorige seite anm. 2.* 3) *Der selbständige wortlaut bei Bzovii 964. Die urkunde steht sonst am besten bei Baluze, Miscellanea I 168.*

appensi sigillum. Datum in castro nostro Magduno super Euram sito, Bituricensis dyocesis, die XVII. mensis Maii, anno domini MCCCXXVI'[1].

556. Secundus[(3)] venerabilis et veridicus excusator fratris Bernhardi antedicti est venerabilis dominus Gwido episcopus Aretinus. Cuius littere excusatorie tenor sequitur et est talis: 'Venerabili patri suo et domino singulari, domino Nicolao episcopo Ostiensi Gwido miseracione divina episcopus Aretinus cum recommendacione se ipsum ad vota paratum. Noverit vestra reverencia' — 'referant acciones. Datum Arecii die XIIII. mensis Septembris'.

557. Tercius[(3)] excusator invictissimus sepedicti fratris Bernhardi est illustris comes Fredericus Montis-Feltri una cum potestate, consilio et communitate civitatis Arecii. Cuius excusatorie littere tenor est talis in forma: 'Venerabili in Cristo patri et domino domino Nicolao Velletrensi episcopo, eorum domino et benefactori, Fredericus comes Montis-Feltri potestas, commune et consilium civitatis Arecii cum recommendacione se ipsos. Nuper audivimus' — cum non defensatur. Datum Arecii die XV. mensis Octobris'[4].

558. Quartus[(3)] irrefragabilis excusator est totus venerabilis cetus capitaneorum imperii extra Florenciam constitutus. Quorum littere excusatorie tenor sequitur et est talis: 'Venerabili patri et domino domino Nicolao de Prato Ostiensi episcopo cardinali

(3) *B gibt hier nach einer kurzen einleitung die drei briefe der §§ 556—558, jedoch im rahmen der in § 561 beschriebenen beglaubigungsurkunde. Es treten also an stelle der §§ 556—558 und 561 in B die folgenden §§:* 556a. Secundus excusans fratrem Bernhardum sepedictum et suum ordinem est venerabilis dominus Gwido episcopus Aretinus. Tercius excusans est comes Montis-Feltri Fredericus dictus. Quartus excusans est venerabile collegium capitaneorum partis imperialis, que est extra Florenciam. Et quintus excusans est venerabilis dominus Wilhelmus cardinalis Sancte Cecilie, quem ideo posui ultimum in numero, licet cum primis merito locum sortiretur, quia frater fuit sepedicti ordinis Predicatorum.

556b. Secundi autem, tercii et quarti excusancium litteras protestatur se vidisse sigillatas et legisse venerabilis dominus Gherardus natus dux de Monte prepositus et archidyaconus ecclesie Coloniensis in litteris suis, que habentur sigillate apud fratres Predicatores civitatis Lubicensis. Quarum litterarum sequitur tenor et est talis: 'Nos Gherardus de Monte prepositus et archidyaconus ecclesie Coloniensis et cancellarius alme universitatis Coloniensis universis et singulis, ad quos presentia pervenerint, cupimus fore notum, quod vidimus et legimus quasdam litteras vetustas, sigillo quondam venerabilis in Cristo patris et domini domini Iohannis episcopi Argentinensis pie memorie communitas et roboratas, quarum tenor de verbo ad verbum sequitur et est talis: "Nos Iohannes dei gracia episcopus Argentinensis ad universorum noticiam cupimus pervenire, quod — *(folgt die vidimation des bischofs Johann von Strassburg von 1318 febr. 2 samt den drei schreiben von 1314 sept. 14, wie alles bei Kopp, Geschichtsblätter aus der Schweiz I 125 steht)* — Argentine anno domini 1314, tercio Ydus Februarii". In evidens robur ac veritatis testimonium, quod nos Gherardus de Monte prepositus, archidyaconus ac cancellarius suprascriptus dictas litteras prefati domini episcopi Argentinensis sigillo munitas vidimus atque legimus, sigillum nostrum duximus presentibus appendendum. Datum Colonie anno domini 1408, mensis Maii die 18.' *Hieran schliessen sich in B dann unmittelbar die §§ 559, 560 und 562 an.*

1) *So hat D; B, A und a haben* 1346. *Vgl. schon s. 223 anm. 2.* 2) *Der vollständige wortlaut bei Echard 606. Diese und die zwei folgenden urkunden im transsumpt des bischofs Johann von Strassburg nach einem original aus dem Predigerkloster zu Basel bei Kopp, Geschichtsblätter aus der Schweiz I 125.* 3) *Der vollständige wortlaut bei Echard 607. Siehe auch die vorige anmerkung.* 4) Datum Arecii die XIIII. Septembris, XI. indictione *im transsumpt. In B § 556b richtig.*

capitanei imperialis partis, que est extra Florenciam, eorumque concilium[a] cum debita reverencia se ipsos ad vota paratos. Quanta simus perturbacione attriti[1] — valeat dominacio vestra veneranda'[2].

559 (368). Quintus[(1)] veridicus excusator fratris Bernhardi sepedicti et ordinis sui est dominus Wilhelmus tituli Sancte Cecilie presbiter cardinalis. Cuius littere excusatorie tenor sequitur et est talis: 'Venerabili in Cristo patri ac domino amicoque singulari domino (Petro) Mediolanensi archiepiscopo Wilhelmus miseracione divina tituli Sancte Cecilie presbiter cardinalis salutem et sinceram in domino caritatem. Status noster interpellat[3] — semper in domino. Datum Carpentoratis pridie Ydus Aprilis'.

560 (370). Hiis ergo testimoniis veritatis[b] debite et seriose pensatis, lucide patet cuilibet fideli deum timenti, quod infamatores scelcratissimi sepedicti fratris Bernhardi de Monte-Policiano et ex consequente ordinis sui sunt maliloqui et mendosi, acuentes ut gladium linguas suas et tetendentes[c] arcum suum, ut sagittent in occultis inmaculatum. Sed procul dubio hii viri sanguinum[4] et dolosi non dimidiabunt dies suos et dominus Ihesus irridebit et subsannabit illos perdetque omnes eos, qui locuti sunt mendacium; et dicat omnis populus cristianus et fidelis 'fiat fiat'.

561. Ne[5] autem quis putet prescripta veritatis testimonia a quoquam conficta esse et in personis prenominatorum testificancium false allegata et subdole publicata, sciat quilibet lector presencium circumspectus, quod omnes suprascriptas litteras testimoniales et excusatorias asserit se vidisse sigillatas et in manibus suis habuisse ac eas perlegisse dominus Iohannes episcopus Argentinensis sub testimonio litterarum suarum sigillo suo signatarum. Quas quidem litteras dicti domini Iohannis episcopi Argentinensis testatur se vidisse et legisse dominus Gherardus dux natus de Monte prepositus et archidyaconus ecclesie Coloniensis littera sua patenti, que sigillata habetur a fratribus ordinis Predicatorum conventus Lubicensis provincie Saxonie. Cuius littere tenor sequitur et est talis[6]: 'Nos Gerardus de Monte prepositus et archidyaconus ecclesie Coloniensis ac cancellarius alme universitatis eiusdem civitatis universis et singulis ad quos presencia pervenerint, cupimus fore notum, quod vidimus et legimus[d] quasdam litteras vetustas, sigillo vero[e] quondam venerabilis patris in Cristo et domini Iohannis[e] episcopi Argentinensis pie memorie communitas et roboratas, quarum tenor de verbo ad verbum sequitur et est talis[7]: "Nos Iohannes dei gracia episcopus Argentinensis ad universorum noticiam cupimus pervenire, quod nos vidimus et perlegimus litteras diversas[e] missas per fideles imperii diversos[(2)] sub sigillis duorum penitenciariorum, tenores qui consecuntur continentes: Iohannes dei gracia Bohemorum rex Luczelenburgensisque comes universis presentes litteras inspecturis salutem in eo, qui custodit veritatem in seculum et facit iudicium et iusticiam omnibus iniuriam

(1) st. Quintus — excusatorie B: Littere[f] quinte excusantis dictum fratrem Bernhardum.
(2) de partibus Tuscie reverendo patri domino cardinali Ostiensi s. zu B wie das transumpt.

a) auf rasur D. b) ancteuticis s. zu B. c) so, tend auf rasur D. d) legi auf rasur D. e) f. B wie im transumpt. f) Littere quinte auf rasur B.

1) Der vollständige wortlaut bei Eccard 987. Siehe auch s. 225 anm. 8. 2) Datum Arecii xiiii. die Septembris setzt zu das transumpt. In B § 556b vollständig. 3) Der vollständige wortlaut bei Eccard 988. Der brief wird jedenfalls auch echt sein; der falsche name des Mailänder erzbischofs, das einzige bedenken Bartholds gegen die echtheit, findet sich erst in der fassung D. Siehe schon oben s. 223 anm. 8. Der brief ist sonst nicht überliefert und kam daher schon in A oben s. 41 zum vollständigen abdruck, da er dort samt den varianten von a dem original sicher näher kommt, als hier im text von D. 4) Psalm. 5,7. 5) Siehe vorige seite anm. (1). 6) Den text der vidimation von 1403, wie ihn B gibt, s. oben § 556b. 7) Die folgende vidimation auch bei Kopp a. a. o.

pacientibus. Quia salvator noster etc. ut supra habetur. Venerabili in Cristo patri
amicoque suo singulari domino Petro Mediolanensi episcopo Wilhelmus miseracione
divina tituli Sancte Cecilie presbiter cardinalis salutem et sinceram in domino caritatem.
Status noster interpellat etc. Venerabili patri suo et domino speciali domino Nicolao
Ostiensi episcopo cardinali Gwido miseracione divina episcopus Aretinus[a] cum recom-
mendacione se ipsum ad vota paratum. Noverit vestra reverencia per presentes, quod
post turbacionem etc. Venerabili in Cristo patri et domino domino Nicolao Vellistrensi
episcopo, eorum domino et benefactori, Fredericus comes Montis-Feltri potestas, con-
silium et commune civitatis Arecii cum recommendacione se ipsos ad vota paratos.
Super audivimus et in plerisque locis etc. Venerabili in Cristo patri et domino
Nicolao de Prato Ostiensi episcopo cardinali capitanei imperialis partis, que est extra
Florenciam, eorumque concilium cum debita *reverencia se ipsos ad vota paratos. Quanta *f. 107.
simus perturbacione[b] attriti etc. In testimonium ergo visionis huiusmodi litterarum
nos predictus Iohannes Argentinensis episcopus sigillum nostrum duximus presentibus
apponendum. Datum Argentine anno domini MCCCXIIII, III. Ydus Februarii". In evi- 1314 febr. 11.
dens robur ac testimonium veritatis, quod nos Gherardus de Monte prepositus, archi-
dyaconus et cancellarius supradictus dictas litteras prefati domini episcopi Argenti-
nensis Iohannis sigillo munitas vidimus atque legimus, sigillum nostrum duximus pre-
sentibus appendendum. Datum Colonie anno domini MCCCXVIII, die XVIII. mensis Maii'. [illegible]

562. Preter hec scripta testimonia germanus sepedicti domini Henrici imperatoris
defuncti Baldewinus dictus archiepiscopus Treverensis et[1] quam plures alii episcopi
Ytalie, disquisicione diligenti super predicto negocio habita, vivis suis vocibus litterisque
sigillis suis roboratis innocenciam sepedicti fratris Bernhardi universis ostenderunt,
fidele testimonium perhibentes (in honoris dicte persone et sui ordinis conservacionem).

DE LODOWICO REGE ROMANORUM.

563 (377). Lodowicus dux — regnavit (secundum cronicam Saxonum). Hic in [illegible]
discordia — scripserit.

1318.

564 (372, 380). Primo anno Lodowici qui est domini MCCCXVIII. Woldemarus marchio — [illegible]
(secundum cronicam Saxonum) — mortuus est.

565 (371). Frater Robertus — secundum Henricum de Hervordia[c] — instar riva- [illegible]
lorum deflueret. Quod quidem non naturaliter, sed miraculose factum est, cum
corpus quodlibet exanime careat sanguine saltem fluere valente. Huius fratris
Roberti liber — deductum est.

566. (Lodowicus rex Francie constitutus in urbe Parisiensi secundum Wilhelmum [illegible]
mandavit cunctis subditis suis, ut arma arriperent et secum pergerent contra Flandrenses in pre-
lium; ipse enim destruendi voluntatem haberet totam illam terram, in quantum sibi possibile esset
et deus permitteret. Hoc ergo edictum exivit de regis mandato in vigilia pentheco-
stes. Sed deo
aliter ordinante, qui superbis semper resistit, in die sancte trinitatis ipse rex ab hac luce sub-
tractus est et Flamingorum populus a tyrannica illa severitate est liberatus. Cuius regnum adeptus
est frater suus Philippus, vir mitis et benignus, eo quod Lodowicus filium non reliquisset sed filiam.)

1319.

567. Secundo anno Lodowici qui est domini MCCCXIX (Lokoldus dux Kracovie un- [illegible]
gitur et coronatur in regem Polonorum secundum Egghardum. Ante ista enim tem-
pora Poloni regem non habuerunt, sed ducem. Ob cuius gracie causam rex Lokoldus

(1) st. et — Ytalie B: archiepiscopus Mediolanensis, archiepiscopus Ianuensis, episcopus Parmensis,
episcopus Pysanus, episcopus Lucanus et ceteri plures.

a) etiam *auf rasur D.* b) per *auf rasur D.* c) secundum cronicas Predicatorum B.

totum regnum suum tributarium fecit Romane ecclesie in perpetuum, ita quod quilibet homo illius regni solvere tenebitur Romane sedi unum denarium usualem quolibet anno. Qui quidem denarius nominatur sancti Petri hodierna die.)

Detm. 682. 568. (Rex Bohemorum Iohannes cum exercitu pulcro peregrinatus est in Pruziam secundum Egghardum et cum fratribus de domo Teuthonica intravit terram Lithwanorum et Samethorum. Ubi simul castrum forte expugnaverunt et plures in eo nobiles ceperunt. Qui omnes sacramentum baptismi cum magna devocione sibi dari pecierunt et acceperunt.)

Detm. 683. 569. (Clarisse ordinis sancti Damiani, nunc autem sub regimine ordinis fratrum Minorum constitute, secundum cronicam Lubicensem in novum monasterium Ribbenitz sunt introducte. Inter quas recepta est Beatrix puella iuvenis soror domini Henrici de Mykelenburg, fundatoris dicti monasterii. Que postmodum abbatissa effecta pluribus annis laudabiliter virginum rexit.)

Henr. 232. 570 (367). Iohannes papa — secundum Iohannem Andree — scolis suis.

Henr. 234. 571 (373). Berengarius magister — secundum Henricum de Hervordia[a] — capitulo supradicto.

Henr. 233. *L. 109. 572. Matheus de Vicecomitibus — secundum Henricum de Hervordia[b] — in dicionem accepit.

v. Detm. 676. 573 (376). Ericus rex Danorum litem habens cum Woldemaro marchione de Brandeburg secundum cronicam Danorum, traxit in partem suam dominum Henricum de Mikelenburg, Ericum ducem Saxonie de Louenborg, Wirtislaum dominum Rugianorum, Gerardum et Iohannem comites[c] Holtzatorum, Henricum comitem de Swerin et civitatem Gripeswaldensem. Woldemarus vero marchio habuit adiutores dominos Ottonem ducem de Stetin, Wirtislaum fratrem Ottonis ducem de Wolgast et civitates Sundensem et Rostocensem. Lubicenses[d] vero et Wismarienses nulli in adiutorium venerunt, licet rogarentur ab utraque parte. Rex autem Ericus protunc[e] tutor erat urbis Lubicane ab ea electus, sed marchio erat tutor datus ab imperatore. Et ideo nullam partem offendere volebant; quod utique fecissent, si uni vel alteri parti adhesissent. (Sed hec controversia cito post sopita est per mortem marchionis predicti pariter et regis.)

Detm. 688. 574. (Kanutus cognomento Porse dux Hallandie regni Danorum secundum cronicam eorundem diem clausit extremum, post se relinquens duos filios Haquinum et Kanutum natos de Ingelburge filia Haquini regis Sweorum[1].)

1320.

v. Detm. 689. 575 (378). Tercio anno Lodowici qui est domini MCCCXX. Borchardus episcopus Lubicensis defunctus est in opido Utinensi secundum cronicam Lubicensem et successit eidem in sedem dominus Henricus.

v. Detm. 687. Amalr. Aug. 576 (379). Tholosanam ecclesiam[f] papa Iohannes promovit de episcopali in archiepiscopalem cathedram. Ordinem vero Grandimontensium innovavit, elapsis ab exordio eiusdem CCXXXVIII annis. Canonizavit quoque pro eodem tempore sanctum Lodowicum fratrem[g] ordinis Minorum, filium Karoli regis Sicilie(1) (et Marie filie regis Ungarie. Detm. 48.. Ipse vero Lodowicus factus fuerat episcopus Tholosanus ante promocionem eiusdem ecclesie in archiepiscopatum).

Henr. 236. 577 (388a). Erveus[h] Brito — (secundum Henricum de Hervordia) — in Lugduno.

(1) Ac eciam canonizavit ibidem — u. s. w. wie A — doctor utriusque iuris. z. zu B.

a) sec. cronicas Predicatorum B. b) sec. cronicas Lombardorum B. c) so korrigirt aus c ? D. d) auf rasur D; B hat umgekehrte reihenfolge. e) secundum cronicas Lubicensium z. zu B. f) sancti Stephani z. zu B. g) st. fratrem ordinis Minorum B: Tholosanum. h) vgl. Henr. 236 anm. d.

1) § 646 aus 1329 ist hier vorausgenommen, jedenfalls durch ein versehen Korners.

578 (352). Adolfus comes Holtzatorum[a] interfectus est in castro Sigiberg, dormiens in lecto cum uxore sua secundum cronicam Lubicensem, filia domini de Mykelenburg. Et sic Gerardus et Iohannes comites soli dominari ceperunt. v. Detm.

579 (363). Eodem anno predictus Iohannes (comes[1] Holtzatorum captus est in castro suo Bramhorst et ductus in opidum Kilense, ibidem in propria curia sua tentus est captivus, quousque occulte liberatus est ab amicis suis et ductus in urbem Lubicensem. Ubi per annum moram faciens, reductus est tandem per Lubicenses in idem opidum Kilense et ibidem mansit ad tempora vite sue. Hic magnificus comes Iohannes in parvo tempore multa passus est gravamina et turbaciones. Nam) sedens in mensa in opido Kilensi, fatuus suus Marquardus a quodam iuvene trufatus, volens percutere dictum puerum se vexantem quodam osse, percussit comitem in uno oculo et ipsum excecavit. Eodem tempore Cristoferus filius suus quodam mane vadens ad opus nature, a quibusdam de fenestra castri Kilensis proiectus est in fossatum profundum et interfectus est. (Non diu post Adolfus filius suus secundogenitus, ut supra tactum est, interfectus est in castro Sigiberge; et ipse captivatus dies suos in merore terminavit.) v. Detm.

580. (Pyzani cum adiutorio Teuthonicorum, quos conduxerant, exeuntes in fortitudine magna secundum Egghardum, potentem illam civitatem Luka expugnaverunt et ipsam spoliantes multos nobiles et divites in ea ceperunt. Qui magnis pecunie summis se postea redemerunt.) Detm.

581. (Gerardus comes Holtzatorum filius Gerardi ceci, timens circa ipsum fieri, sicud actum fuit erga patruum suum Adolfum filium Iohannis, qui occisus fuit in lecto, venit in urbem Lubicensem cum consorte sua et familia propter securitatem vite et morabatur ibidem. Cuius formidinem advertens Ericus rex Danorum, practicavit per nuncios apud ipsum, quod comitatum cum omni iure et pertinenciis suis resignavit pro pecunia competenti Iohanni fratri suo iuveni comiti Holtzatorum. Ipse vero in civitate Lubicensi permansit ad tempora vite sue. Non diu tamen post defunctus ibidem, reliquid post se Gherardum filium suum.) Detm.

1321.

582 (361). Quarto anno Lodowici qui est domini MCCCXXI Woldemarus marchio — secundum cronicam Obotritorum[b] — remanente, ut[1] infra patebit. Korn.

583. (Ericus rex Danorum debitum universe carnis exsolvit secundum cronicam Danorum. Cum autem moriturum se cerneret, convocari fecit nobiles et proceres regni, suadens et mandans sub periculo exterminii sui et terre destruccionis, ne aliquo modo Cristoferum fratrem suum in regem erigerent, quem ipse de regno expulerat causa facinorum suorum. Rege ergo defuncto Dani valde erant perplexi, hesitantes quem in regem essent electuri. Teuthonici enim in regno existentes libenter habuissent Ericum ducem de Sleswic et illis nobiles de Iucia consenciebant. Sed illis opposuit se Iohannes comes Holtzatorum, introducens Cristoferum fratrem regis defuncti in regnum cum multa potencia. Qui tandem rex electus est.) Detm.

584. Maxima[2] inundacio aquarum accidit in partibus stagnalibus secundum cronicam Obotritorum. Nam in urbe Lubicana flumen Traveue cooperuit pontem illum altum, per quem de civitate itur in terram Holtzatorum, et delevit ipsum in magna parte. Multi eciam homines et Detm.

(1) st. ut infra patebit B: Dum autem Lodowicus marchio vivus — ... Korn.

(2) § 584 lautet in B zu 1323: Tanta inundacio aquarum facta est in partibus maritimis, quod Traveua parva aqua pontem, quo itur versus Holtzaciam, in civitate Lubicensi transcenderet ad mensuram ulne unius. Ex qua inundacione plures perierunt homines et iumenta secundum cronicam Lubicensium[1].

a) in sextempore A, zu M. b) Marchie et principum sine B.

1) comes — Nam fehlt B, ist aber wol nur ausgefallen, da es in A steht. 2) So schon ähnlich in A § 336.

bussonis ingenuera perierunt in domibus et stratis prope Trabenam situatis et bona mercatorum plura in cadis et cellariis sunt exinanita.

Detm. 659 585. (Comes Holtzatorum Iohannes venit cum suis nobilibus in festo Thome apostoli in villam Zoesle secundum cronicam Lubicensem. Ubi in occursum eius venerunt quidam de consulatu urbis Lubicensis, missi ad habenda colloquia cum eo. Et conclusum est ibidem per comitem et nobiles suos pro Lubicensibus, quod obtinere debeant in perpetuum Travenemunde[1] cum communi deductu per aquam Trabene, qui vulgariter Veer nuncupatur, et alium consimilem transitum navalem, qui quondam Konl viri domus nominabatur, inter urbem Lubicensem et Herlingwik positum; et quod eciam turrim, quam Woldemarus rex Danorum ibidem construxerat, destruere possent ad libitum eorum. Insuper dedit comes Iohannes civitati predicte privilegium, quod in futurum nulli licere deberet edificare castrum vel municionem quamcumque prope Trabenam sine consensu et requisicione consulatus Lubicensis. Pro quibus hiis libertatibus et bonis dedit comiti Iohanni civitas prefata 1070 marcarum Lubicensis monete.)

Detm. 661. v. I. 168. 586. (Gerardus comes Holtzatorum discordavit cum Erico duce de Louenburg et construxit castrum quoddam parvum iuxta opidum suum Molne contra voluntatem[a] Erici et fratris sui[b] Iohannis, cuius filiam tamen habebat secundum cronicam Lubicensem. Et ex illo castro multa sibi intulit dampna et compulit ipsum ad hoc, ut Alberto filio ducis Iohannis avunculi sui, quem defraudaverat in divisione terrarum, resignaret III parrochias ducatus sui in recompensam fraudis. Quo expedito defunctus est Iohannes dux Saxonie frater Erici et uxor eius, que fuit soror Gherardi comitis Holtzatorum, rexit terram viri sui defuncti cum filio suo Alberto, quousque dicta ducis relicta nuberet Erico regi Danorum.)

v. Detm. 662. 587 (584). Henricus dominus de Mikelenburg secundum cronicam Obotritorum exercitum educens contra Iohannem dominum de Slavia, convenerunt simul prope Novum Brandeburg opidum et dominus Slavorum Iohannes captus est ex sua parte. Ex alia vero parte captus est per Slavos Henricus comes de Sweria. Et cum dominus de Mykelenburg victoriam obtinuisset, militem pro milite commutans et nobilem pro nobili, resignavit liberum dominum Iohannem de Slavia pro redempcione Henrici comitis de Sweria. Et sic bellum inter eos sopitum est.

v. Detm. 663. 588 (586). Wirtizlaus[(1)] dominus Rugianorum classem navalem colligens, replevit eam multitudine magna populi secundum cronicam Danorum vocavitque in suum adiutorium Cristoferum regem Danorum cum Saxonibus, Holtzatis, Sturmaris et Slavis. Rex autem Danorum secum ducens Woldemarum ducem de Sleswic et Kanutum ducem Hallandie, intravit mare cum suis. Ericus vero dux de Louenburg in suo habens exercitu Albertum ducem Saxonie iuvenem et Guntzelinum comitem de Wittenburg, venit cum eis ad locum prefixum prope Stralessunt urbem. Ubi tentoria sua figens iuxta arbusta Heynsholt vulgariter dicta, prestolatus est ibidem Danorum regis adventum. Wirtizlaus autem Rugianorum dominus intelligens, Ericum ducem cum aliis sui exercitus principibus advenisse, iunxit se sibi cum suis. Henricus vero dominus de Mykelenburg, adductis secum comitibus Gherardo et Iohanne Holtzatorum, Henrico de Sweria, Adolfo de Schowenburg et domino Iohanne Slavorum, venit via terrestri, ut auxilio

(1) § 588 lautet in B: Ericus rex Danorum congregavit — u. s. w. wie A — pari argenti.

a) voluntate D. b) fehlt D.

1) H gibt hier ausführlicher: Travenemunde unde de veer uppe der Travene over to varende van Lubeke an wente to Travenemunde unde den ganzen strom vry to hebbende unde ok vry to makende, wor en des not is, unde dar huse to settende uppe de vere in der Holsten siden, wur id en gelick is unde were to tokomenden tiden, unde sunderges uppe den bryden steden, alse dat de Veer oldinges geheten heft, unde de stede, de des guden mannes hus genomet is. Vortmer dat se den torn u. s. w.

fieret Wirtislao Rugianorum principi contra Sundensium cives. Otto quoque dux Stetinensis cum Lodowico marchione ex alia parte veniens in manu valida, Guntherum comitem de Rupin sibi adunaverat. Cives ergo Sundenses audientes, Ericum ducem cum grandi exercitu prope silvam predictam consistere et ceteros principes terra marique adventuros prevenisse, statim ad amicos suos circumquaque nuncios miserunt, subsidium eorum implorantes, et sine mora venit eis auxilium de urbibus prope iacentibus adhuc ante solis ortum. Facto ergo mane egressi sunt cives unanimiter cum eis, qui in subsidium ipsis advenerant, et magnam spem habentes in domino, bellum cum Erico duce et suis commiserunt et victoria a celo potiti ceperunt dictum Ericum ducem cum omnibus principibus et nobilibus, qui cum eo advenerant. Wirtislaus vero dominus Rugianorum ad naves convolans cum paucis elapsus est. Tunc cives deum glorificantes, duces et captivos ceteros cum inestimabili gaudio in[a] urbem introduxerunt. Quod factum Cristoferus rex Danorum percipiens, urbi navibus innumeris applicuit et eam via maris obsedit. Henricus vero de Mykelenburg cum Holtzatis, Sturmaris et Slavis adveniens via terrestri plagam urbis illam, qua venerat, occupavit obsidione dura. Similiter et marchio cum adductis suis principibus exercitu forti eandem vallavit urbem et infatigabiliter eam impugnare cepit. Cumque diucius terra marique diversis instrumentis bellicis oppugnando civitatem laborassent nec eam expugnare aut capere possent, eo quod cives ad intra menia existentes viriliter hostibus resisterent et in victualibus ac armis superhabundarent pariter et viris animosis et bellicosis, soluta est tandem classis illa in mari et exercitus principum et dominorum, qui per terras venerant, similiter reversi sunt ad edes proprias, de suis plures relinquentes occisos et multo plures saucios reducentes. Principes vero captivi apud cives remanserunt, donec magna pecunie summa suorum amicorum decreto taxata se redimerent(1).

1322.

589 (385). Quinto anno Lodowici qui est domini MCCCXXII. Iohannes[b] papa novum ordinem dictum de milicia Cristi in regno Portugalie instituit secundum Egghardum[c], ipsum specialiter eo fundans, ut bellando fidem defendant et infideles evellant iuxta regulam et institucionem ordinis Talatravensis[d]. Et sunt de obediencia abbatis monasterii de Alta Hassia Cisterciensis ordinis. v. Amalr. Aug.

590. Reynoldus comes — secundum Wilhelmum[e] — exhereditaretur. (Quod verisimiliter factum fuisset, nisi filius predictus malum hoc prudenter precavisset.) Herm. Corn.

591 (388). Henricus dominus de Mykelenburg bellare cepit cum marchione Lodowico de Brandeburg[f]; et prelium pariter commiserunt[g] prope opidum Gransoye. Ubi marchio capiebatur, sed mox liberatus est virtute suorum viriliter dimicancium. Amisit tamen v. Detm. [illegible]

(1) in B unten am rand und zu 1321: 588a. Gunzelinus comes de Wittenborg confederacionem faciens cum Adolfo comite de Schowenborg contra Gherardum comitem de Holtsacia propter mortem Adolfi comitis, qui per imposicionem dicti Gherardi interfectus in castro Segheberg, ut supra patuit. Auxiliatores autem dictorum comitum confederatorum fuerunt Dithmarci. Veniens igitur Gunzelinus comes cum suis prope Hamborg habuit obviam Holtzatos. Qui cum eo preliantes captivaverunt ipsum comitem et in castrum Zegheberg duxerunt. Post hoc intravit Adolfus comes de Schowenborg terram Holtzatorum. Quem invadens Gherardus comes Holtzatorum prope Bramstede, ipsum cepit et plures de ipsius exercitu interfecit et captivavit ipsumque in Segheberg perduxit. Quod percipientes Dithmarci, accelerantes invaserunt Holtzatos iuxta Boitingho, de quibus plures interfecerunt, ceteros fugantes et eorum predam sic auferentes secundum cronicas Lubicensium. Detm. [illegible]

a) über der zeile D. b) § 589 in D zu 1321. c) cronica Romanorum pontificum B. d) Talatravensis B. e) cronicas de Marka B. f) secundum cronicas Obotritorum a. zu B. g) fehlt D.

de suo exercitu comites de Regensteen et Manevelt. Ipse vero Lodowicus de adverso exercitu cepit Iohannem comitem Holtzatorum et plures milites. Cessit tamen victoria
Detm. 431. domino Henrico de Mykelenburg. Marchio[a] autem tenuit Iohannem captivum per triennium et tunc redemptus fuit eo pacto, ut duceret in uxorem Katherinam relictam Iohannis marchionis (de Brandeborg).

v. Detm. 436. 592 (393). Berengarius rex Sweorum existens in castro Nycopinghe secundum cronicam Danorum[b], vocavit duos fratres suos causa solacii, ut per festum nativitatis Cristi secum letarentur et gaudenter peragerent festivum morem patrie Iuel vulgariter dictum, sed totum in dolo. Cuius fraudis ignari Ericus et Woldemarus venerunt, prout frater eorum rex desiderabat. Cumque in prima cena securi et leti, ut putabant, recumberent nichil mali suspicantes, subito tolluntur de mensa et turris custodie inhumaniter valde mancipantur et in tanta parcitate panis et aqua eis ministrabatur, ut ante XII dies famo perirent. Quod horrendum flagicium cum proceres regni sui percepissent, regem cum regina[1] a regno proicientes, omnes conscios facti morte turpissima perimerunt. Filium vero regis, qui iam in regem coronatus fuerat, Magnum nomine in castro Stekeburg obsederunt et capto castro iuvenem regem accipientes, missam coram eo fieri fecerunt et, ut confiteretur ac sacramentum eucharistie reciperet, exhortantes ad ultimum capite truncaverunt. Quo facto Erici ducis a rege occisi filium nomine Magnum adhuc quinquennem in regem Sweorum coronaverunt. Qui iuvenis cum adolevisset, factus est duorum regnorum, Swecie scilicet et Norwegie, rex.

Korn. 396. 593 (394). Reynerus comes Uelrie — debilitarentur in capite.

Detm. 443. 594. (Philippus rex Francorum obiit Parisius secundum Wilhelmum et Karolus frater suus ei successit in regnum. Qui accepit in uxorem Mariam filiam Henrici VII. imperatoris et sororem Iohannis regis Bohemie, quam traxit de monasterio ordinis Predicatorum, nondum tamen professam. Et facte sunt nupcie solempnes Parisius, ubi presens erat dictus Iohannes rex Bohemorum frater suus.)

v. Detm. 437. anm. 2. 595 (395). In vigilia nativitatis virginis gloriose secundum[c] cronicam Lubicensem[d] Gerardus et Iohannes comites Holtzatorum cum omnibus, quos de terra propria, de Saxonia, Westphalia et Mykelenburgensi principatu habere poterant, intraverunt Dithmarciam et gladiis ac flammis magnam terre partem demoliti sunt. Cumque de terra cum triumpho et maxima preda exire disponerent nec possent latam viam exeundo tenere, quia vel forte non habebant vel pre magnitudine prede non poterant, per strictum meatum denso nemore vallatum, dictum vulgariter Hamme[e], exire temptabant. Quos Dithmarci prevenientes et hinc inde in nemore latitantes, subito eos cum clamore invaserunt et cum prolixis et gracilibus lanceis de nemore equos hostium perforantes ac sagittis eos vulnerantes, plurimos[f] equos cadere fecerunt. Posteriores vero pericula a tergo iminere conspicientes, anteriores[g] ut festinarent egredi stimulaverunt nec cogitantes de defensione, sed solum solliciti pro evasione absque repulsu omnes pariter
Detm. 439. perempti a Dithmarcis perierunt. Occubuerunt(1) autem ibidem comites plures, puta de Wunstorp, de Gutzkowe (et ambo Holtsatorum Iohannes et Gerardus) ac plures milites et militares de Saxonia, Westphalia, de Mykelenburg(2) et Slavia. Comitibus autem Holtsatorum successit Iohannes filius Gerardi interfecti in bello premisso. (De

(1) (Occubuerunt — Slavia om.) Ibi interfecti sunt — Obotriti vocabantur = B am rand.
(2) qui tunc Obotriti vocabantur a. m. B.

a) Marchio—Iohannis marchionis = B am rand. b) Sweorum B. c) secundum cronicam Lubicensem am rand D. d) Holtsatorum B. e) in der Hamme B. f) pl. D. g) de Holtsatia a. m. B.

1) *Märta von Dänemark. Birger wird 1319 vertrieben und stirbt 1326.*

Dithmarcia vero occisi sunt in terra eorum et nunc in vado Hamme circiter mille et DC. Sed de Holtzatorum exercitu pene duo millia perierant.)

596. (Hamme opidum terre comitis de Marka combustum est igne hostili secundum cronicam Saxonum[1].) [illegible]

597. (Eodem anno obiit Everhardus comes de Marke et in Vrendenberg sepultus est[1].) 1244.

598. (Rex Danorum Cristoferus concordiam iniit cum Henrico domino de Mikelenburg secundum cronicam Obotritorum propter dampna, que regnum pertulerat in briga quondam habita inter civitates Rostoccensium et Wismariensium ex una parte et dominum de Mykelenburg ex altera. Et tunc rex concessit domino Henrico de Mykelenburg et successoribus suis urbem Rostoccensem iure hereditario in perpetuum possidendam.) [illegible]

599. (Qua concordia firmata rex cum amicis suis et exercitu pulcro venit per Trabenam flumen navigio et posuit tentoria sua in loco, ubi castrum quondam erat Denschebarg dictum, ut ibidem prestolaretur adventum Lodowici regis Romanorum, prout sibi per nuncium intimaverat. Proposuerat enim tradere filiam suam *Lodowico marchioni de Brandeburg filio Lodowici dicti regis *f. 159. Romanorum. Sed eo non veniente sicud promiserat, Cristoferus ad propria reversus est.) [illegible]

1323.

600. Sexto anno Lodowici qui est domini MCCCXXIII. Iohannes[a] papa — 'Quia nonnumquam'. [illegible]

601 (405). Sanctus[b] Thomas lumen ecclesie universalis gloriosum ordinis Predicatorum Avinionis in ecclesia maiori canonizatur XV. Kal. Augusti et sanctorum confessorum cathalogo ascribitur anno L a transitu suo de hoc mundo[c]. [illegible]

602. (Hic vir sanctus secundum Henricum de Hervordia adhuc puer existens ordinem fratrum Predicatorum ignorantibus parentibus suis generosis ingressus, a fratribus suis — effundat. Fratre autem Alberto Magno Colonie studium regente, Thomas studens ingeniosus illuc mittitur. Qui speculum — admirabitur mundus. Hic bone indolis iuvenis contemplacionis — disparebat.) [illegible]

603. (Obiit autem venerantissimus hic doctor in via eundi ad Lugdunense concilium, ad quod per papam vocatus fuerat, in monasterio supradicto Fosse Nove anno domini MCCLXXIIII[d] et sepultus est ibidem. Nec poterat ordo suus fratrum Predicatorum 1274 corpus suum sanctissimum recuperare a monachis dicti monasterii propter verba dicti doctoris, que in primo suo introitu ad ipsum monasterium infirmari incipiens dixerat, puta: 'Hec requies mea in seculum seculi: hic habitabo, quoniam elegi eam'. Que verba ita glosabant, quasi doctoris sancti intencio fuisset, apud eos velle in perpetuum manere. Sed aliam exposicionem habere verba prophetice locucionis, ostendit ordinacio divina, que corpus ipsum anno domini MCCCXLIX ordini Predicatorum restituit, in 1349. quo anno prophecia predicta conplementum habuisse ostenditur divinitus. Per seculum enim annus iubileus quinquaginta annos continens intelligitur et per medium seculi medius signatur iubileus annus XXV annos includens. Et sic a tempore obitus sui usque ad tempus illud, in quo ordo Predicatorum sacratissimum doctoris corpus rehabere meruit, fluxerunt LXXV anni, qui faciunt totum seculum et medium seculi, per quot annos doctor sanctus se predixerat apud monasterium Nove Fosse moraturum. Quibus expletis, divina disposicione mediante, redierunt ossa Ioseph ad fratres suos.)

604. (Nam illo in tempore quidam in castro Bipernl potencia fretus, cui ad fovendas inimicicias, quas gerebat, proprie non suppetebant facultates, et ideo cogitabat ex raptu sacri corporis, ipsum vel prophane vendicioni exponendo vel inpignorando, sacri-

a) § 600 in B zu 1324. b) § 601 in B zu 1304; Sanctus Thomas auf rasur D. c) secundum cronicas Predicatorum s. zu B. d) L auf rasur D.

1) §§ 596 und 597 sind wiederholungen der §§ 406 und 409.

leges sibi acervare divicias; cogitavit quidem, sed non perfecit, quia nescit divina iusticia subsidium prestare[a] facinori nec de sanctorum reliquiis sanguineas nutrire reliquias. Non latuit autem tam seva prophanitas virum inclitum Honoratum nomine Fundorum comitem. Hic cogitamina scelerati hominis praeveniens, astante ipsius monasterii abbate cum venerabili Leonardo Fundensi episcopo, corpus sacrum mirabili fragrancia redolens, ubi iacebat, assumpsit et in civitate Fundorum, cuius ipse dominus erat, in proprio palacio collocavit, tam preciosum thesaurum sub diligenti custodia ab incursu raptorum servaturus. Non defuit autem interim divine virtutis ostensio nec sancti doctoris evidens manifestacio. Nobilibus siquidem matronis, Iacobe inclite comitisse Fundorum et devotissime matri eiusdem episcopi Fundensis, iuxta thecam sacri corporis vigilantibus et mutuo cum hesitacione quadam conferentibus, an quid ibi ab eis venerabatur, sancti Thome de Aquino verum corpus existeret, prefatus doctor easdem[b] clara visione certificans et velud ex theca progrediens ac huc illucque perambulans se patenter ostendit. Quas in habitu sui ordinis leta facie intuens, ostensione manifesta monstravit, se ipsum esse doctorem, quem honorarent; et mox in loculum, unde exiverat, se recepit. Non diu autem mansit incognitum grande hoc prodigium et res gesta volat in publicum ac ad Lodowicum regem Sicilie repente fama perducitur. Qui pluribus collectis episcopis, abbatibus, militibus et sacre scripture doctoribus, eos cum solempni apparatu destinavit ad comitem Fundorum, munera grandia et preciosa promittens, si regno suo corpus sanctissimum largiretur. Addidit eciam iustum fore, ut eius regnum sumeret ex sancti doctoris presencia gloriam, cuius stirpem clarissimam et inclitam progeniem aluisset et educasset. Sed non annuit comes regiis nunciis, indignum vehementer existimans, propriam spoliare patriam lucri temporalis obtentu. Fiunt autem hec nota venerabili patri fratri Helye Predicatorum ordinis tunc magistro, magnarum virtutum viro. Hic capta benevolencia comitis Honorati, qui eciam tunc Romam ob negocia comitatus sui accesserat, ubi dictus magister Helyas residebat, ab eodem preciosum thesaurum sacri corporis non minus iusticia quam supplici postulacione petivit. Quid plura? Non defraudavit dominus mentem eius, sed post crebra colloquia comes ille magnificus et iusticie implevit debitum et devoti patris exaudivit affectum, sacrum doctoris corpus eidem patri et ordini suo restituendo. Fuit autem extunc sacratissimum corpus illud repositum et locatum in conventu Fundensi fratrum Predicatorum

1367. anno domini MCCCLXVII.)

v. Detm. 444. 605 (405a). Cives[c] de urbe Brugensi (comitatus Flandrie) secundum Wilhelmum[d] (cum magno exercitu) obsederunt opidum Sluze et expugnaverunt ipsum; interfeceruntque in eo Iohannem fratrem Henrici comitis de Flandria et opidum ipsum incineraverunt.

v. Detm. 445. 606 (406). Rostoccensium[c] cives domino suo (Magnopolensi Henrico) magnam pecunie summam obtulerant secundum cronicam Obotritorum, ut destruere et solo equare valerent castrum illud fortissimum, quod Ericus rex Danorum construxerat in Warnemunde (et obtinuerunt ab eo).

Henr. 227. * f. 111. 607. Dominus[c] papa Iohannes — (secundum Henricum de Hervordia) — non facile.

Detm. 446. 608. Lodowicus[c] rex — (secundum Egghardum) — custodiri fecit. Tractatus autem — fidem adhibendo.

609 (408). Dominus[c] Iohannes Andree Bononie in suis scolis publicavit novellam super Decretales ab ipso editam secundum Henricum de Hervordia[e]. Post hoc supervixit annis XV et mensibus sex et tunc defunctus est et sepultus in habitu pariter et in ecclesia fratrum ordinis Predicatorum.

Detm. 447. 610. (Lodowicus rex Romanorum post mortem prime uxoris sue secundum Wilhelmum

a) prave D. b) auf rasur D. c) §§ 605—609 in B zu 1324. d) cronica Flamingorum B. e) cronicam Lombardorum B.

accepit in consortium secundam filiam comitis Hollandie. Quorum nuprie sunt solempniter in Colonia celebrate. Cumque hec in conventu principum Colonie agerentur, interim Iohannes papa et Robertus rex Apulie miserunt exercitum fortem, ut Mediolanum expugnarent. Sed cives urbis illius cum stipendiariis suis exeuntes exercitum pape et regis vicerunt, multos quidem occidendo et ceteros in captivitatem ducendo.)

1324.

611 (403). Septimo anno Lodowici qui est domini MCCCXXIIII in[a] villa Meyenburg — (secundum Egghardum) — interfectus lecah. (Videns enim opilio in primo ingressu caniarum canem habere os cruentum, estimavit canem momordisse oves et interfecisse, sed fefellit ipsum rabies sua indiscreta.) Hern. [illegible]

612 (398). Duo[a] Lombardi ducebantur Avinionis extra urbem in vigilia assumpcionis[b] Marie, ut cremarentur pro sceleribus suis secundum Wilhelmum[c]. At ut senior in ignem proiectus esset, fuit mox a flammis consumptus. Iunior vero cum igni imponeretur, in eo aliquamdiu stetit, sed cum magno tandem impetu ex eo prosilivit. Quem cum fortibus ligamentis iterum constringentes carnifices palo cuidam alligassent et in ignem demo proiecissent, subito omnia vincula sunt soluta et iuvenis de flammis ereptus stetit in terra illesus. Quod audiens Iohannes papa, iuvenem accersitum interrogavit, qua virtute hoc mirum sibi accidisset. Qui dixit: 'Beatam virginem Mariam oculis corporeis vidi et ipsa me de ignibus sua gracia liberavit'. Propter quod factum tam miraculosum papa Iohannes in eodem loco parvam ecclesiam in honorem beate virginis edificavit et eam in propria persona consecravit [1]. v. Detm. [illegible]

613 (399). Cristoferus[c] rex Danorum nobiles plures regni sui suspendit secundum cronicam Danorum in patibulis (ad hoc specialiter erectis), eo quod fratrem suum, ut sibi videbatur, vellent eo deiecto in regem constituere. Quod tamen in veritate ita non fuit. v. Detm. [illegible]

614 (400). Henricus[a] dominus de Mykelenburg recepit ad se omnium clericorum et religiosorum redditus[d] in suo dominio degencium. Cui resistere nitebantur monachi de Dobberan et de Dargún, ponendo interdictum generale et strictissimum per totum dominium suum. Qua tamen resistencia in tantum effecerunt secundum cronicam Obotritorum, ut dominus cum eis se componens monasterio de Dobberan molendinum in Godebus opido in recompensacionem dampni[e] consignaret. v. Detm. [illegible]

615 (401). Comes[a] de Zwerin Henricus captus est in terra Holtzatorum secundum cronicam Lubicensem[f], ubi tamen securum se arbitrabatur, et ductus est in castrum Plöne. Nec inde liberari potuit, donec pro sua redempcione IIIIM marcarum Lubicensis monete exsolvisset. v. Detm. [illegible]

616 (402). A[a] festo sancti Andree usque ad medium XL inclusive intensissimum fuit frigus (in partibus Alemannie) secundum Henricum de Hervordia[g] [1]. Naves enim plures inter portum Flandrensem[h] dictum Swen et Norwegiam glacie densissima constricte erant per totum hoc tempus et paucissime post resolucionem factam integre manserunt. Fuit et strata communis de civitatibus stagnalibus in (Prutziam) Daciam (et Livoniam) per glaciem firmissimam (equestribus et pedestribus). v. Detm. [illegible]

617. (Fredericus episcopus Rigensis scribens pape Iohanni petivit, ut mitteret in legacione sua episcopum unum et abbatem unum ad Lithwanos, quia rex eorum sibi promisisset, quod sacrum baptisma recepturus [illegible] et monasteria ac ecclesias fundaturus, si auctoritas apostolica sibi ad hoc suffragaretur secundum cronicam Lubicensem. Quod papa confestim fecit. Cumque Detm. [illegible]

a) §§ 611—616 in B zu 1323. b) st. assumpcionis Marie B: annunciacionis. c) cronicam Francorum B. d) illius anni s. zu B. e) dampni D. f) Obotritorum B. g) cronicas Flamingorum B. h) Fla auf rasur D.

1) H fügt bei: unde makede dar ene vicarie to unde ene ewighe missen dorch des mirakels willen. 2) Vgl. auch die fassung von H im anhang I.

predicti legati, episcopus scilicet et abbas ordinis sancti Benedicti, in Lyvoniam venissent et credidissent, regem velle baptizari iuxta scripturam[a] episcopi Sigwardi, ait rex legatis: 'Papam vestrum non novi nec noscere cupio. Fidem autem, quam ex tradicione paterna accepi, in illa perseverabo certando pro ea usque ad mortem'. Quibus auditis legati ad curiam reversi sunt confusi.)

1325.

618. Octavo anno Lodowici qui est domini MCCCXXV. (in Verona urbe provincie Lombardie obiit quidam civis Gwido de Torno nuncupatus secundum cronicam Lombardorum. Huius defuncti spiritus, transactis octo diebus a sepultura, apparuit uxori sue sola voce ipsum audiendo, sed neminem videndo. Cumque mulier ex frequenti tali apparicione et allocucione territa nimium molestaretur, conquesta est tandem vicinis suis, nesciens quid ageret. Qui audientes eciam huiusmodi vocem, consilium super isto
Juni 24. inierunt. Perrexerunt ergo in die sancti Iohannis baptiste ad conventum fratrum Predicatorum cum vidua relicta dicti Gwidonis defuncti, revelantes priori monasterii casum prelibatum et consilium querentes ab eo[b], quid in hoc faciendum expediret. Prior autem dicti conventus Iohannes Gobi[1] dictus una cum lectore suo doctore in theologia et magistro philosophie, qui astuciores inter ceteros fratres illos videbantur esse, perrexit ad maiorem urbis et peciit, ut sibi assignaret aliquos fidedignos, qui secum pergere possent ad domum Gwidonis nuper defuncti propter maiorem securitatem et testimonium
*f. 114. legitimum perbibendum de contingentibus in hoc facto. Susceptis ergo[2]—[2]extunc amplius nichil de spiritu illo perceptum est per quemcumque. Unde opinabantur, quod residuum penitencie sue compleverit in purgatorio communi.)

Dann. 481. 619. (Bononienses, Florentini et quamplures alie civitates Ytalie cum satellitibus pape exeuntes cum maximo populo obsiderunt Lucanam urbem secundum Henricum de Hervordia. Cives autem obsesse civitatis habentes secum capitaneum urbis Mediolanensis et multos Teuthonicos stipendiarios, in occursum hostium suorum venerunt et viriliter cum eis congredientes acriter pugnaverunt. Cum quibus deus dimicans victoriam Lucanis contulit et de Florentinorum exercitu circiter LXVIII armatorum straverunt, multis de eisdem submersis. Quos rumores lugubres cum papa percepisset, turbatus est valde. Et quia Teuthonici pro magna parte hanc stragem fecerant, subtraxit papa Alemannis graciam suam diu clericis eorum beneficia minime conferendo.)

Detm. 449. 620. (Ericus dux Iucie regni Danorum, prodigi Woldemari filius, secundum cronicam Danorum obiit. Cui successit Woldemarus filius suus, puer vix x annorum. Defuncto autem ipso Erico, Cristoferus rex Danorum sibi cessisse dicebat Iuncglandiam, quam Ericus invito rege possederat. Sed contradicentibus Gherardo et Iohanne comitibus Holtzatorum avunculis Woldemari ducis iunioris et ad suum favorem trahentibus Henricum dominum Magnopolensem, rex in proposito suo frustratus est.)

Dann. 223. *f. 115. 621. Fuerunt in monasterio — secundum Henricum de Hervordia[c] — [2]apocalipsim

a) *auf rasur D.* b) *fehlt D.* c) cronicas Marchie *B.*

1) *Vielleicht derselbe, der bei Quétif-Echard, Scriptores ordinis Praedicatorum I 633 als älterer dieses namens genannt ist; er wird 1302 als prior in Avignon, später in Montpellier genannt. 1304 kommt er nach S. Maximin und wird 1312 prior provincialis der Provence. 1314 kann er gestorben sein. Oder wäre an seinen neffen Johannes Gobii junior zu denken, den verfasser der 'Scala celi' (vgl. Benfeys Orient und Occident III 397), den Quétif-Echard bis 1350 ansetzen? Die vorliegende erzählung, die dann wol auf ihn zurückginge, findet sich jedenfalls nicht im druck der Scala, Ulm 1480.* 2) *Für den weiteren verlauf der langen wortlosen geistergeschichte, die in B auch fehlt, verweise ich, um die vorliegende ausgabe zu entlasten, auf Eccard 1007—1018. Von namen kommt sonst nur Eccard 1007* quidam Petrus de Burgundia *vor.*

Iohannis nominavit. Librum hunc et epistolas dicit frater Henricus de Hervordia in manibus suis se habuisse. Hii tres fratres — attemptant amplius.

1326.

622 (389). Nono anno Lodowici qui est domini MCCCXXVI Iohannes[a] papa — (secundum Eggbardum) — ecclesie datur. Sane[(1)] constat — postulasset. Sass. 564.

623. (Lokeldus rex Polonorum collecto magno exercitu barbarorum de regno Lithwanorum, Detm. 454. quorum regis filiam filius suus habebat in uxorem secundum Egghardum, et de regno Ungarorum, quorum rex filiam suam habebat in consortem, intravit marchiam de Brandeburg contra Lodowicum marchionem filium Lodowici regis Romanorum et obsedit Prizwalkam opidum et vastavit totam terram illam captivavitque multos viros et mulieres et secum transvexit in regnum suum. Pruteni autem et fratres de domo Theutonica in nullo occurrerunt exercitui Lithwanorum nec impediverunt eorum transitum, quia prohibiti erant per Iohannem papam sub excommunicacionis sentencia, eo quod ipsum patrem Lodowici marchionis excommunicasset tamquam ecclesie hostem. Erat autem in terra Polonorum vir quidam strenuus et audax nomine Hartwicus. Ille videns Dawidam regem Lithwanorum de Plassowe transire et attendens, quod rex ille cristianis multa gravamina et incommoda fecisset, vires suas excitavit. Et prosiliens in eum ipsum transfodit et mox se vertens ab hostibus velociter fugit, optimo insidens equo. Rex autem Dawida corruens de equo exspiravit.)

624 (411). Henricus dominus de Mykelenburg pugnavit cum Iohanne domino[a] Slavorum prope villam Fredrikstorpe secundum cronicam Obotritorum et victoriam de eo obtinuit. v. Detm. 466.

625 (412). Eodem anno obiit Nicolaus comes[b] de Wittenburg, relinquens post se duos filios Guntzelinum et Nicolaum[2]. v. Detm. 466.

626 (414). Albertus episcopus Halberstadensis obiit[3] secundum cronicam Saxonum. Post cuius mortem electi sunt duo episcopi. Nam una pars capituli[c] elegit Albertum filium Alberti ducis de Brunswic, alia autem pars elegit dominum de Neudorpe[d]. Qui vadens ad curiam in via defunctus est. Papa vero dedit episcopatum Gisberto fratri (Iohannis) comitis Holtzatorum. Sed Albertus electus dux de Brunswic occupavit castra et municiones. v. Detm. 467.

627 (415). Otto episcopus Caminensis obiit. Cuius ecclesie capitulum elegit in pastorem magistrum Iohannem canonicum eiusdem ecclesie, oriundum de Gotingen terre Saxonie. Sed papa Iohannes dedit episcopatum fratri Arnoldo ordinis Predicatorum secundum cronicam Obotritorum[e]. Qui veniens in sedem suam, ab aliquibus receptus est et ab aliis refutatus. Et sic magna discordia orta est in dyocesi. Quam quidem controversiam papa per hoc sedavit, quod predicto magistro Iohanni electo contulit ecclesiam Verdensem, defuncto Nicolao Ketelhud[f, 4] episcopo dicte ecclesie. v. Detm. 468.

(1) al. Sane constat — postulasset B: etc. Vide Henricum de Hervordia in de etatibus state 6. cap. 99. In hac appellacione Lodowicus rex dicit Iohannem papam hereticum et omni statu et honore privatum, eo quod ut ipse asserit contra Cristum et virginem beatissimam ac sanctos apostolos insurgens non solum mala sua vita sed et heretica dogmata et erronea doctrina in predicacionibus publicis affirmavit, Cristum et apostolos habuisse bona temporalia in communi eo modo, quo nunc habent et alia collegia. Quod dictum secundum verba Lodowici regis est notorie hereticum. Et plura alia sibi imponit in dicta appellacione.

a) deest D. b) e über der zeile D. c) in rasur D, fehlt A, steht aber B. d) Endorpe B. e) cronicam dicte ecclesie B. f) Ketelbuder B.

1) Vgl. auch die fassung von H im anhang I. 2) H fügt bei: Men Guntzelin wart greve to Wittenborg na deme vadere. 3) Gest. 1324 sept. 14. 4) Gest. 1332 febr. 11. Sein nachfolger, genannt Johannes Grimme von Westerholt, wird 1340 bischof von Freising. 1323—24 ist bischof von Freising ein Johannes Wulfing von Göttingen. Korner und Detmar haben hier verwechselt.

Dan. 627. 628. (Ingeburgis mater Haquini regis Swevorum secundum cronicam Danorum nupsit Kanuto duci de Hallandia cognomento Porse, quem Cristoforus rex alias de rustico fecit militem et de milite ducem. Hee quidem nupcie celebrate sunt contra voluntatem procerum et nobilium amborum regnorum Swecie scilicet et Norwegie, eo quod dux ille de basso et ignobili genere natus non esset dignus tam generoso sanguini matrimonialiter copulari. Ad has quidem nupcias invitatus est Iohannes comes Holtzatorum. Qui dum in via transeundi illuc esset constitutus, interfectus est Iohannes Broctorp miles comiti valde fidelis et advocatus suus per quosdam de familia comitis Iohannis. Cuius necem cum Iohannes comes intellexisset, valde tristis effectus retrocessit et veniens in terram suam homicidas illos proscripsit, perpetuo
*C. 118. exilio eos dampnans; uxores vero eorum et liberos de terra[a] fecit et omnia eorum bona fisco suo applicavit.)

v. Dan. 446. 629 (417). Bertoldus[b] comes de Hennenberg venit ad urbem Lubicensem, secum ducens filium marchionis de Brandeburg Lodowici iuvenem IX annorum secundum cronicam Lubicensem[c]. Quem ultra transvexit in Daciam. Ubi duxit in uxorem filiam
Jan. 6. Cristoferi regis Danorum et mansit apud illum usque post festum epiphanie. In illis nupciis plures fuerunt principes, inter quos unus erat Henricus dominus de Mykelenburg, qui magnam partem Marchie bello iusto[d] sibi acquisierat. Rex vero volens habere placita cum eo de porcione[e] Marchie predicte, postulavit dominus de Mykelenburg inducias spacii unius diei, ut consilium cum suis haberet amicis de negocio illo, et optinuit. Sed induciis durantibus Henricus navem ascendit silenter et cum suis ad propria rediit. Finita autem solempnitate nupciarum (Bertoldus) comes de Hennenberg reversus est Lubeke cum iuvene marchione et vocans Henricum dominum de Mykelenburg in colloquium, iniit cum eo fedus et dedit illi XXM marcarum Brandeburgensis monete; et sic dominus Henricus resignavit sibi partem Marchie hucusque per ipsum possessam.

v. Dan. 447. 630 (418). Wirtislaus dominus Rugianorum obiit sine herede secundum cronicam Danorum. Pro qua terra habenda omnes principes circumiacentes certabant, puta rex Danorum (dux de Wolgast) dominus[f] de Mykelenburg[g] et civitas Sundensis. Sed Cristoferus rex Danorum obtinuit pociorem partem.

v. Dan. 448. 631 (419). Trittowe castrum edificatur per Iohannem comitem Holtzatorum secundum cronicam Lubicensem contra castrum[h] illud dampnosum Lynowe, qui locus monachorum erat de Reyneveldo. Quibus comes in recompensam dedit alia bona, puta Arnsvelde et Woldehorne villas.

1327.

Herv. 632. Decimo anno Lodowici qui est domini MCCCXXVII. (visus[i] est in metis Westphalie et Saxonie infra opidum Bodenwerder sub montibus in depresso et lapilloso litore Wyssere secundum Henricum de Hervordia[1] quidam habens figuram hominis masculi completam in membris omnibus in longitudine cubitali vel paulo minus, vestem habens de serico rubeo instar dyploidis graciose contextam et per cingulum corpori suo decenter aptatam. In cuius vestis inferiori parte per totum circuitum quasi loculi puellares pendebant ad reservandum sibi fila vel acus et huiusmodi. Duo igitur piscatores videntes ipsum in litore quasi puerum ludere lapillosque colligere, naviculam celeriter ad litus dirigunt ipsumque fugientem alter insequitur et inter scapulas remo percussum in terram stravit et apprehendit. Et cum caderet percussus, non loquebatur, sed

a) a *korrigirt aus* e D. b) Gherardus B. c) Danorum B. d) et pecunia B. e) pcione D. f) domini B. g) de Slavia c. m. B. h) st. castrum illud dampnosum B: illus da. i) visa B.

1) *Bei Heinrich von Herford 237 nur kurz und auf früheres verweisend:* Nanus ille notabilis apparuit et captus fuit in Bodenwerdere in parrochia Mindensi, de quo dictum est in statu secundo temporibus Phalech. *Nach dieser bei Potthast nicht gedruckten stelle wird Korner die nachricht geben. Siehe auch den text des deutschen Korner in Pfeiffers Germania IX 261.*

penitenciam dedit singulis. Ductus autem ad opidum supradictum a domino terre, militibus, civibus, viris et mulieribus videbatur et tangebatur, sed non comedebat nec bibebat nec loquebatur. Post quinque autem dies de communi consilio ducitur ad pontem Wisere contra montem et hominibus de longe se sequentibus precessit sepe retrospiciens, usque dum monti iam appropinquaret. Et tunc subito montem subintrans inter arbusta disparuit.)

633 (410). Dominus Borchardus — secundum cronicam Saxonum — occisus. (Hanc Henr. 241. autem interfeccionem crudelissimam deus postea diversis modis vindicavit in suis interfectoribus. Vacante ergo ecclesia Magdeburgensi, canonici eius Heydenricum[1] decanum eiusdem ecclesie virum decrepitum in archiepiscopum elegerunt. Qui mox cives Magdeburgenses, Hallenses et Calvenses de morte archiepiscopi suspectos excommunicavit, loca eorum subiciens strictissimo interdicto. Episcopus autem Martipolensis[2], frater dicti archiepiscopi occisi, dictos cives odiose persequi cepit cum suis amicis et quibusdam nobilibus, quibus iidem cives restiterunt, prout potuerunt. Archiepiscopus autem electus pro sua confirmacione iter arripiens versus Romanam curiam, in Franconia captivatus est per Lodowicum regem Romanorum in odium pape et antecessoris sui archiepiscopi occisi, qui dicto regi et Lodowico filio suo marchioni valde adversabantur; et in eadem captivitate post breve tempus defunctus est. Quo audito, papa sibi eleccionem reservavit et eodem anno filio lantgravii Hassie[3] archiepiscopatum dedit[4].)

634. Quidam articuli de doctrina sancti Thome de Aquino ordinis Predica- Henr. 248. torum extracti per quosdam veritatis inimicos et Parisius incaute condempnati — (secundum Henricum de Hervordia) — *publicatur. *f. 117.

635 (420). Gerardus et Iohannes comites de Holtzacia cum manu valida venientes c. Detm. 486. in Fûne[a] terre Danorum, conspiracionem et ligam quandam fecerunt contra Cristoferum regem Danorum cum Fûnensibus[b] et mox obsiderunt castrum Nûburg secundum cronicam Danorum. Quod cum expugnassent et cepissent, rex fugam capiens transfretavit cum magna pecunie summa collecta in urbem Rostok. Ubi ad se invitans dominos de Mykelenburg et Slavia, rediit fretus auxilio eorum cum mille armatis in Daciam. Sed Dani confederati cum Holtzatis, iterum ipsum cum toto suo exercitu terra pellentes et regno privantes, elegerunt sibi in regem Woldemarum filium ducis de Sleswic iuvenem XII annorum. Hic rex novellus celebrans curiam suam in Fûno, concessit Gerardo comiti Holtzatorum avunculo suo ducatum in Iucia[c], Iohanni vero comiti dedit Langelande[d], Valsterbode et (Ymbriam, que insula vulgariter) Vemeren (dicitur)[(d)]. Miles autem de Saxonia habuit tunc castrum Werdingburg, quod Gerardus comes ab eo redemit pro IIIIM marcarum Lubicensis[e] monete, pro qua pecunia assignavit sibi castrum Sigeberge[f]. Quod cum acceptasset et suos[g] in castro habuisset, nocte venerunt quidam, qui ascendentes murum castri, ceperunt illud aliis dormientibus et vincientes omnes in castro inventos, proiecerunt eos de castro per murum et obtinuerunt castrum cum omnibus rebus militis predicti.

1328.

636. Undecimo anno Lodowici qui est domini MCCCXXVIII. (Edwardus filius Edwardi Detm. 488. regis Anglie turpiter per maliciam uxoris sue[h] extincti secundum Wilhelmum post mortem patris accepit in uxorem filiam Wilhelmi comitis Hollandie.)

(d) Militi vero III probissimo Kruist Poren dedit ducatum de Hollant. z. m. B.

a) Wûne B. b) Wûnensibus B. c) Iutlande B. d) Lalande B. e) st. Lubicensis monete B: argenti puri. f) Segheberge B. g) s korrigirt aus o D. h) e korrigirt aus i D.

1) Heidenreich von Erpitz. 2) Gerhard von Schraplau. 3) Otto. 4) Abweichend in den Gesta archiep. Magdeburg. SS. XIV 433 f. und der Magdeburger Schöppenchronik 187. OESTERLEY.

637. (Iohannes comes Holtsatorum secundum cronicam Lubicensem accepit in uxorem Mirislawe filiam Nicolai comitis de Wittenborg, sororem Gunzelini et Nicolai comitum.)

638. (Philippus rex Francorum cum multo populo venit in Flandriam et vastavit ibidem multa opida et villas secundum Wilhelmum. Comes autem Flandrie cum suo exercitu processit in occursum regis et pugnavit cum eo prope Tassele[a]. Sed rex fortificatus auxilio sororii sui Wilhelmi comitis Hollandie victoriam obtinuit de Flamingis, interfectis multis de ipsis. Brugenses autem cives, licet essent in campo, nulli tamen parti opem ferebant. Sed Gandavenses domino suo[b] astiterunt. Rege vero reverso in Franciam, comes Flandrie cum adiutoriis Gandavensium traditores suos de civibus Brugensium captivavit et miserabili morte eos peremit.)

639 (107). Frater Bruno de Warendorp ordinis Predicatorum domus Lubicensis migravit ad dominum (secundum Henricum de Hervordia). Hic ab adolescencia sua — manibus meis omnes cum reverencia et admiracione multa attrectavi in[β] conventu Lubicensi. (Hec Henricus de Hervordia. Ego vero presentis voluminis et cronice huius compositor eadem clenodia veneranda vidi et manibus meis indignus attrectavi.)

640. (Reperi eciam visitando cellam cuiusdam fratris defuncti quandam cedulam vetustam et vix legibilem, scriptam manibus dicti fratris Brunonis, in qua clare exprimit, propter quid tam duram vitam egerit et quid circuli et corone cum stimulis significent. Cuius littere tenor de verbo ad verbum fuit talis: 'Ad gloriam beatissime trinitatis, patris et filii et spiritus sancti dei mei, a quo est omne datum optimum, qui et seminat omne semen salutis in agros cordium hominum salvandorum et ad profectum audiencium, ut in humilitate penitencie et caritate devocius vivant illi omnibus diebus vite sue. Ego frater Bruno de Warendorp ordinis fratrum Predicatorum conventus Lubicensis facio penitencie et carnis semina michi divinitus inspirata, que secuntur: cingulum ferreum et alia ferramenta, que propter amorem dei mei ob penitenciam delictorum meorum portavi, crucem penitencie et cathenam carnis vocari volui; crucem quidem penitencie, ut Cristo confisus corpus meum crucifigendo peccata mea in hac cruce penitencie mee crucifigerem pro nomine crucifixi; cathenam vero carnis vocavi, ut per ipsam deo meo me, qui caro sum, et omnibus in carne ambulantibus alligarem forcius vinculo caritatis. In hac ergo cruce penitencie sive cathena carnis quasdam spinas assignavi beatissime trinitati, deo misericordi, qui non vult mortem peccatoris, sed ut convertatur et vivat[1], ut meam approbaret penitenciam; quasdam vero clementissime matri misericordie, unico reclinatorio salutis humane, ut in die illa tremenda solucionis corporis et anime in sinum misericordie sue me misericorditer reciperet pia mater pio filio commendandum. Quasdam autem angelis sanctis in gaudium, quibus est gaudium super peccatore penitenciam agente[2], discurrentibus inter deum meum et me, ad penitenciam me excitando et vota mea illi offerendo, illum placando et dona sua michi referendo, qui non cessant salutis mee negocia agitare et procurare. Quasdam quoque omnibus sanctis, qui per septem dona spiritus sancti septem virtutibus theologis et cardinalibus informati, per precepta et consilia, per supererogacionis et misericordie opera huius maris magni pericula transierunt et ad portum patrie celestis pervenerunt, ut ipsorum meritis et oracionibus adiutus vestigia ipsorum imitando, quo ipsi precesserunt, perveniam post hanc vitam. Quasdam insuper patriarchis per donum in-

(β) st. in conventu Lubicensi B: in conventu meo nativo. In cruciatibus — obdormivit s. zu B.

a) Cassele Detmar. b) hiernach wechselt der tinte in D. c) aus deta korrigirt D.

1) Vgl. Ezech. 33,11. 2) Vgl. Luc. 15,10.

tellectus in fide illuminatis, ut ipsorum meritis in fide fidelis et firmus inveniar apud deum. Quasdam plerisque prophetis, puta Iohanni baptiste et ceteris[a], per donum consilii spe preditis, spe auram erectis et miseracionem domini nobis facientibus, ut per idem donum spiritus sancti et per ipsorum merita spem obtinendi propiciacionem omnium fragilitatum mearum michi impetrent apud deum. Quasdam eciam sanctis apostolis per sapiencie donum igne caritatis succensis, quorum corda in amore Ihesu fervencia, illo in celum ascendente, post illum pariter ascenderunt, ut illorum meritis per donum idem caritatis succensus cogitacionibus, meditacionibus, affeccionibus et omnibus interioribus meis cottidie sursum ducar, ubi videam regem regum in decore suo sedentem super solium suum excelsum et elevatum in ea forma, qua equalis est patri in splendoribus sanctorum, qua ante luciferum genitus est[1], in qua et spiritus in eum prospicere desiderant angelorum[2]. Quasdam martiribus, qui per donum fortitudinis roborati fortesque facti in bello contra carnem, mundum et dyabolum in tribulacionibus deum non deseruerunt, sed inter tormenta gaudentes et deum benedicentes alacriter c. 115
penas et supplicia sustinuerunt, ut meritis ipsorum eodem dono fortitudinis roboratus in meis vexacionibus, pressuris et passionibus paciens et gaudens addiscam laudare et benedicere deum meum. Quasdam confessoribus et doctoribus, qui per donum sciencie illuminati et succensi zelo salutis proximorum et virtute prudencie predicando, confessiones audiendo, scribendo, salutaria persuadendo animarum periculis obstiterunt indefesse, ut ipsorum meritis eodem dono sciencie viam prudencie illorum sic sequar, ut eorum operositas meam desidiam, negligenciam et insufficienciam impleat in predictis. Quasdam sacris virginibus, que per donum timoris virtute temperancie carnis desideriis renitentes agnum sponsum virginum inmaculatum sine carnis macula sunt secute, ut eodem dono timoris ipsarum puritas carnis meе fragilitatem impuritatemque purificet apud agnum virginum. Quasdam denique generaliter omnibus electis dei, qui per donum pietatis virtute iusticie per precepta, consilia et misericordie opera diversis inspiracionibus sancti spiritus inspirati nova et diversa exercicia virtutum invenerunt, ut ipsorum meritis per idem donum intra ipsorum numerum merear computari, ut sicud ipsi in hac vita fragili laverunt stolas suas et candidas eas fecerunt in sanguine agni, ita eorum oracionibus adiutus purgari et candidari merear in ista vita. Quasdam eciam spinas portavi pro peccatoribus, ut pater misericordiarum corda eorum illuminaret et cito converteret; quasdam pro penitentibus, ut illos in bonis operibus et virtutibus proficere faceret; quasdam insuper pro perfectis, ut illos in bono perseverare concederet; et quasdam pro animabus in purgatorio existentibus, ut dominus eo cicius eos liberaret. In hiis omnibus benedico et glorifico deum meum, qui ex sua misericordia hoc michi inspiravit. Cingulum autem istum ferreum sumpsi in noviciatu meo, cum scriberetur anno domini MCCLXXXVI, etatis mee anno XXI, quem conplevissem in die sancti Vincencii, 1286 Jan. 22
quando in circumcisione ordinem intravi, usque nunc, ita tamen quod primis V annis Jan. 1
sub forma minus spinosa. Post quos dominus Ihesus hanc formam michi dedit. In figura vero passionis domini nostri Ihesu Cristi crucem et lanceam, clavos et coronam et sex fibulas spinosas cum hac forma ultima suscepi in memoriam et honorem V vulnerum, que in cruce pro me sustinuit dominus meus, supplicans ei singulis diebus et singulis noctibus, ut sicud ipse mori voluit in cruce passionis sue amarissime, sic eciam permitteret me in cruce mori vere penitencie; et sicud ipse noluit nisi mortuus deponi de cruce passionis sue, sic nec me nisi mortuum deponi permitteret de cruce huius penitencie; et sicud ipse inmobilis perdurans in caritate vitam finivit et ex caritate pro suis crucifixoribus oravit ac iniurias dimisit, sic daret michi in caritate vitam finire et

a) qui s. zu D.

1) Psalm. 109,3. 2) 1. Petr. 1,12.

ex caritate pro meis iniuriatoribus, turbatoribus, afflictoribus et persecutoribus exorare et iniurias dimittere pleno corde. Cinctoria autem crurium et brachiorum assumpsi
[illegible] completis XXVIII annis in ordine in capite ieiunii. Pro hiis omnibus benedictus sit pater et filius et spiritus sanctus. Non putet quisquam, propter hec ferramenta me debilitatum, tardatum aut inutilem redditum ad labores communes ordinis mei: sed sciant omnes, passionem intraneam et intrinsecam, quam pacior, forte ex ruptura aliqua occulta circa vesicam michi accidisse ex labore vie, quam feci ex obediencia ordinis
[illegible] mei et ex illa passione ire non potuisse. Scripsi autem hec anno domini MCCCXVII, passionis mee iam tacte anno VII. Si enim domino placuerit, hanc cedulam inveniri faciat; sin autem occultam manere permittat, de hoc domini semper voluntas fiat'. Hec omnia, ut premisi, scripsi de cedula eadem, de qua hic mencionem facit, que erat propriis manibus viri dei exarata. Flagitemus dominum deum, ut eius meritis et precibus Cristo convinculati gloria et honore per ipsum coronari mereamur amen.)

[illegible] 641 (422). Lodowicus rex — secundum cronicam Lombardorum — procuravit.

[illegible] 642 (423). Erat enim quidam frater ordinis Minorum Petrus de Corbario dictus Reatine dyocesis. Hunc fratrem Petrum Rome antipapam ordinari fecit legibus et ordine perversis et execrabilibus oracionibus execrari pocius quam consecrari statuit et Nicolaum V. appellari iussit. Cui Lodowicus obedienciam et reverenciam faciens tamquam summo pontifici, manum tenuit et deduxit eo in locum pape collocavit, omnes solempnitates de eo fieri disponens, que in eleccione et coronacione pape fieri consueverunt. Quibus peractis, Petrus antipapa mox — receptus. Petrus autem antipapa in Ytalia mansit in sua pertinacia perseverans, sed tamen post modicum tempus fine malo concludens.

643 (424). Hic Petrus perversus, antequam habitum ordinis Minorum assumeret, prout dicunt cronice Romanorum[a], uxorem habebat Iohannam relictam Mathei de Corbario, cum qua habitaverat V annis et rupto federe coniugali ipsa vivente frater Minor factus est, uxore invita et reclamante ac fratribus Minoribus scientibus et consencientibus. Spreta insuper tam religionis quam apostolice fidei professione, prophane et insane eleccioni in antipapam manum et animum dedit et se Nicolaum V. a sue partis consortibus nominari fecit. Cepitque agere et gerere se pro papa in ipsa urbe Romana in obprobrium dei et sue ecclesie sancte et in confusionem indelebilem[b] tocius ordinis sui; et conatus est scindere tunicam Cristi, ut minister et membrum anticristi. Prefata vero Iohanna uxor eius ipsum repeciit in iudicio coram episcopo Aretino oblato libello. Unde pro Iohanna contra dictum Petrum per dominum Iohannem episcopum Aretinum
[illegible] lata fuit sentencia publice, servato iuris ordine, die ultima mensis Novembris[1].

1329.

[illegible] 644 (425). Duodecimo anno Lodowici qui est domini MCCCXXIX. Edwardus cristianissimus rex Anglorum — miserabiliter moritur (secundum Wilhelmum). Nam ferrum ignitum per quoddam cornu ano eius introducitur causa medicine laxative. Et sic interius accensus et conbustus occubuit, nullo exterius signo interfeccionis aut vulnere in eo apparente[2]. Huic in regno — pro meritis inpendendo[3].

---

[1] in B folgt: 643a (421). Frater Nicolaus de Lyra ordinis Minorum floruit. Hic de Iudeo factus cristianus, ut fertur, effectus est maximus Iudeorum persecutor, eo quod tenuerat omnes scrcia condiciones. Hic plura scripsit et docuit.

[2] Quidam tamen et verius dicunt, hoc sibi factum violenter ex ordinacione dicte uxoris sue maledicte. a. m. B.

[illegible] [3] in B folgt: 644a (426). Karolus rex Francie secundum cronicas Francorum obiit circa festum purificacionis. Cuius regnum adeptus est filius eius Philippus vel secundum alios filius patrui sui.

---

a) de gestis Romanorum pontificum B. b) et irrecuperabilem a. m. B.

645 (497). Henricus dominus de Mykelenburg duxit in uxorem secundum cronicam Obotritorum filiam (Guntheri) comitis de Rupin, relictam Wirtislai domini Rugianorum. Per quas nupcias sedata est discordia inter filios domini Wirtislai et dominum de Mykelenburg ac Slavorum dominum. v. Detm. [illegible]

646. (Lokoldus rex Polonie cum immenso armatorum exercitu intravit Prutziam secundum Egghardum et demolitus est opida diversa et villas nec passus est a Pruthenis quamcumque resistenciam.) Detm. [illegible]

647. (Rege autem reverso ad propria, fratres de domo Teuthonica colligentes exercitum vice versa regnum intraverunt Polonorum et obsidentes castrum Reneyn, quod erat episcopi Tuyavensis[a], expugnaverunt illud in die sancti Alexii. Inde vero procedentes vallaverunt castrum Aakil et ipsum funditus destruxerunt. Et cremati sunt in eo omnes eius inhabitatores preter capitaneum, quem captivantes secum duxerunt. Fratribus insuper in Prutziam reversis, rex Lokoldus circa festum sancti Dyonisii innumerabilem populum congregans de Polonis, Ungaris et Turcis, in Prutziam est reversus. Ubi cum venisset, pro primo destruxit Lyn opidum ignium incendiis; inde vero transiens demolitus est omnem regionem a Culmensi urbe usque Gordin, nulli parcentes etati vel sexui, sed omnes viventes gladiis et ignis absumpserunt. Cuius tyrannidem videns Wernerus magister fratrum de domo Teuthonica nec ei resistere valens, treugas iniit cum eo duraturas usque ad proximum festum penthecostes, ponens eidem regi in pignus credencie duo castra, Doberyn scilicet et Bramberg. Antequam tamen dictarum induciarum terminus exspirasset, interfectus fuit Wernerus predictus magister a uno de confratribus suis in castro Mariemburg. Quo defuncto et novo magistro electo, iterum cum exercitu pulcro regnum Polonorum fratres petierunt, treugis interruptis. Et primo aggressi castrum Bramberg, quod magister Wernerus defunctus pro pignore regi obligaverat, circumdantes oppugnaverunt et ceperunt. Quo habito terram Polonorum peragrantes, rapinis et incendiis plurima opida et villas in cineres redigerunt, perdurantes in regno per VIII septimanas. Pysir quoque et Vrigenstad castra demoliti sunt in expedicione predicta. Quibus in Prutziam reversis, Lokoldus rex Polonorum circa festum sancti Galli revisit Prutziam et maxima Pruthenis intulit dampna in depredacione opidorum, conflagracione eorundem et villarum multarum. Fratres vero de domo Teuthonica presenciam regis percipientes, in occursum eius venerunt cum amicis suis ad bellum cum eo inire non formidantes, multitudinem Polonorum maximam straverunt. Multi tamen de preceptoribus fratrum interempti sunt cum aliis.) Detm. [illegible]

648. (Kanutus Porse famosus dux Hallandie obiit secundum cronicam Danorum. Iste cum simplex esset cliens primo et demum miles factus per Cristoferum regem, meruit sua strenuitate, ut in ducem promoveretur per eundem regem, et ut postea Ingeburgis mater regis Sweorum et Norwegorum, invito eciam rege et omnibus[b] proceribus regnorum predictorum, in matrimonio sibi copularetur.) Detm. [illegible]

1330.

649. Terciodecimo anno Lodowici qui est domini MCCCXXX. Iohannes papa — simplicem usum facti. Ex qua pronunciacione papali sequitur evidenter et notorie, quod totum illud capitulum in singulis et omnibus suis personis sit hereticatum, eo quod omnes et singuli fratres dicti capituli in litteram prefatam hereticam et papali auctoritate hereticatam consenserint (et eam veram et catholicam fore conprobaverint). Quod quidem factum manifeste cessit in perpetuam et indelebilem confusionem dicto ordini, nulla etate vel oblivione abolendam. Herv. [illegible]

650. Insuper quod execrabilius est, eodem anno — (secundum Henricum de Hervordia) — condempnavit. Hoc(1) inquam execrabile malum et tam lamentabilis Herv. [illegible]

---

(1) st. Hoc — [illegible] B: Hoc inquam execrabile malum et irregularis confusio, sanctis

---

a) Cuyaviensi Detmar. b) omnium procerum D.

confusio ac infamia deploranda nulli ordini in ecclesia unquam accidisse memoratur preter proch pudor isti ordini fratrum Minorum. Sed iusto forte dei iudicio actum est, ut alios infamare et denigrare non formidantes in laqueum inciderent, quem fratribus suis invidioso conamine et pernicioso studio parare satagerunt. Prefatam eciam excommunicacionis sentenciam contra generalem ministrum antedictum et eius fratres latam pariter et condempnacionem papa Iohannes approbavit et confirmavit per quandam constitucionem[1] ab eo promulgatam, que incipit: 'Quoniam vir reprobus Michael', quam si ad manum habuissem, loco huic de verbo ad verbum inseruissem. Secundario quoque edicto publico Iohannes papa asseruit et docuit ac doceri mandavit, quod[2] affirmare, Cristum et eius discipulos nichil habuisse in proprio vel communi, sit hereticum et a fide sana alienum, ac assercionem huiusmodi pertinacem deinceps esse erroneam et hereticam diffinivit de maturo consilio cardinalium et multorum episcoporum, doctorum et magistrorum, cum contrarietur sacre scripture, que in pluribus locis sancti ewangelii et epistolarum eos aliqua habuisse saltem in communi testatur. Determinavit eciam ex eodem maturo consilio, quod pertinaciter affirmare, Cristum et eius discipulos in hiis, que ipsos sacra scriptura habuisse testatur, nequaquam ius ea vendendi, donandi vel ex ipsis alia acquirendi habuisse, hereticum esse et devium a fide catholica, cum sacra scriptura testetur, ipsos premissa fecisse et facere potuisse.

Detm. [illegible] 651. Eodem anno Iohannes papa — suspecti putantur(1).

652 (429). Ericus(2) regis Danorum Cristoferi filius obiit[3] vulneratus letaliter in bello habito cum Holtzatis coram Gottorpe castro, quod Dani secundum cronicam
s. Detm. [illegible] Danorum auctumpno tempore obsederant, Gerardo comite extra terram peregrinante. Sed Iohannes comes Holtzatorum cum suo exercitu eos de obsidione eiecerat et castrum manu valida liberaverat.

Cristi fidelibus expavescendum[a] nec alii Mendicancium ordini preter proch pudor isti facta, forte non sine divina occulti iudicii providencia et ordinacione processit. Nam qui alios dei ministros et religiosos vita et sciencia probatos suis mendosis figmentis nititur infamare, livore malicie et invidie agitatus, iusto dei iudicio incidit in foveam, quam fratri suo paravit. Illam quidem iam dictam excommunicacionem pariter et condempnacionem papa Iohannes confirmans fecit constitucionem[1], que incipit: 'Quoniam vir reprobus Michael', quam ecclesiis direxit publicatam in predicta curia. Insuper eciam publicavit edicto publico iam secundario, quod[2] affirmare, Cristum et eius discipulos nichil habuisse in proprio vel in communi, sit hereticum et assercionem huiusmodi pertinacem deinceps esse erroneam et hereticam diffinivit de maturo consilio multorum prelatorum et doctorum, cum contradicat sacre scripture, que in pluribus locis ipsos aliqua habuisse in communi testatur. Eciam quod pertinaciter affirmare, Cristum et eius discipulos in hiis, que ipsos habuisse sacra scriptura testatur, nequaquam ius ea vendendi, donandi vel ex ipsis alia acquirendi habuisse, hereticum esse determinavit, cum sacra scriptura testetur, ipsos premissa fecisse et facere potuisse. Predictam autem declaracionem et determinacionem apostolicam cum bulla appensa ad generalia studia destinavit.

v. Detm. [illegible] (1) *in B folgt:* 651a (428). Philippus rex Francorum secundum cronicam Francorum — *u. s. w. wie A* — civitatem Gandavensem.

(2) *§ 652 lautet in B:* Dani in auctumpno — *u. s. w. wie A* — extra patriam existente secundum cronicam Danorum. Sed Iohannes — violenter liberavit.

---

a) verecundum *auf rasur B.*

1) *Vgl. schon A § 391.* 2) *Vgl. schon A § 604.* 3) *Erschlagen 1331 nov.*

653 (430). Henricus dominus de Mykelenborg obiit in die sancte Agnetis secundum cronicam Obotritorum, relinquens post se duos filios (Albertum et Henricum). Quibus constituit duos tutores milites et duas civitates, Rostocensem scilicet et Wismariensem. Qui rexerunt terram usque ad illud tempus, quo senior filius Albertus in uxorem duxisset sororem regis Swecie. Hic tunc regimen ad manus recipiens, prudenter valde prefuit (et verbum bonum post se reliquid). Detm. 483. Jan. 21.

654 (431). Cristoferus rex Danorum per Iohannem comitem Holtzatorum regno pulsus, venit in urbem Lubeke secundum cronicam Danorum et se composuit cum Iohanne comite et Gerardo (patruo suo) sub tali pacto, ut rex eisdem comitibus solveret LXXXM marcarum[a] monete Lubicensis et tunc ipsi redderent sibi terram (quam iure belli sibi acquisierant). Ad certificandum autem comites de dicta pecunia, posuit eis rex pro pignore silvam Danicam[(1)] cum VIII parrochiis circumiacentibus; et sic rex reductus fuit in Wordingburg. Quod Dani percipientes obsiderunt castrum illud; sed rex prevalens cum adiutorio comitum, obtinuit victoriam de Danis. v. Detm. 483.

655 (432). Eodem anno[b] Dani de Iucia[c] obsidione iterum vallaverunt Gottorpe castrum cum magno populo pedestrium et equestrium. Sed Iohannes comes Holtzatorum obsessis[d] auxilium ferens, victoriam obtinuit et de Danis circiter DCCC[e] interficiens[1], pociores Iuthos captivos secum abduxit. v. Detm. 483.

1331.

656. Quartodecimo anno Lodowici qui est domini MCCCXXXI circa festum Iohannis baptiste — secundum Henricum de Hervordia[f] — exituri[(2)]. Herv. 263.

657 (434). Maiores Ytalie et civitates pociores videntes, Lodowicum regem Romanorum segniter agere contra imperii inimicos secundum cronicam Lombardorum[g], et eciam timentes, latam pape sentenciam contra participantes et fautores suos invalescere, recesserunt ab eo, tam fidem quam obedienciam ei subtrahendo. Quod videns Petrus de Corbario antipapa (frater ordinis Minorum) et considerans, periculosum esse statum suum, misit ad Iohannem papam, ab eo veniam postulans. Papa vero hoc intelligens, letus factus eidem remandavit, quod secure veniret, quia graciose secum agere vellet, v. Detm. 484. dummodo in debita humilitate se presentare vellet, et scripsit sibi modum veniendi et se presentandi. Petrus autem omnia libens acceptavit, ex quo in vita salvandum se audiret; et veniens intravit Avinionem urbem, insidens mulo et funem in collo gerens. Eius autem introitum quasi tota civitas prestolabatur. Apropinquans autem palacio pape mulum descendit et ductus pedes ad presenciam pape (in habitu fratrum Minorum) ad pedes pape cecidit et misericordiam suam invocans ait: 'Pater beatissime, peccavi in celum et coram te et non sum dignus vocari filius tuus'[2]. Papa autem pedem dextrum levans posuit super humerum eius, dicens: 'Super aspidem et basiliscum ambulabo et conculcabo leonem et draconem[3]. Iugum meum super te, fili perdite'. Et erigens ipsum, posuit eum ad scalas in habitu predicto[h] et infulatum mitra papirea papali. In quibus cum stetisset in tercium diem, ipsum de scalis sumpsit et in quadam turri inclusit,

(1) et castrum Plûne a. su B.
(2) in B folgt: 656a (433). Otto dux Luneburgensis obiit secundum cronicam Saxonum.

a) fehlt D. b) [illegible] B. c) st. de Iucia B: nomine Iüten. d) obsessis D. e) 800 B. f) sec. cronicam de Marka B. g) summorum pontificum B. h) ordinis Minorum B.

1) B gibt hier: Ok verdranken wol by drehundert in deme Slye unde vingen wol achtentich van den Iuthen. 2) Luc. 15, 18. 19. 3) Psalm. 90, 13.

victum sibi ministrans copiose usque ad diem obitus sui. O[3] confusionem inauditam stilo ferreo in sillice durissimo indelibiliter sculptam et utinam arte quavis abolendam. Malum esset, si verum esset, hominem intoxico perimere, sed malum super pessimum, ymmo impium super omnem modum, domini Ihesu vicarium, ecclesie capud et cristianorum patricium more sceleratorum dampnare, ecclesiam dei unicam scindere et inficere, ordinem proprium scandalis horribilibus confundere et maculare et, quod summe dolendum est, animas quasi infinitas simplicium pariter et doctorum in baratrum miserie perniciose precipitare.

v. Detm. 657. 658 (436). Cristoferus[1] Danorum rex et Iohannes frater suus cum multitudine armatorum intraverunt[2] Holtzaciam more Danico, eos appreciantes et remunerantes, qui eos de patibulis exilii et proscripcionis liberaverunt, ut supra immediate patuit. Iohannes namque frater regis secundum cronicam Danorum cum suo exercitu intravit opidum Todeslo[a]. Rex vero cum suo populo venit de Dacia per Sleswic. Audiens autem Gherardus comes, regem venire per Sleswic, exivit in occursum eius cum suis, Iohanne fratre regis hoc ignorante et credente, quod rex ad ipsum in Todeslo venturus esset. Exercitus autem Gherardi in multo infirmior erat exercitu regio, habens secum comites (Wilhelmum) de Harlemund, (Borchardum) de Swalenburg, (Henricum) de Brunkhorst (et Nicolaum ac Guntzelinum de Wittenburg). Unde ad invicem congressi, utraque pars fortiter pugnavit. Commissum ergo est prelium a CCCC viris fortibus ex parte Gherardi comitis Holtzatorum contra DCCC[b] armatos de parte regis Danorum et dono dei Gerardus comes regem vicit, pene omnes aut interficiens aut captivans. Rex vero cum Woldemaro[c] filio suo opidum Kil profugus intravit in magna amaritudine cordis sui. Quod cum Iohanni fratri eius nunciaretur, ad[3] dictum opidum Kil festinanter properavit. Ubi veniens fratrem suum regem consolatus est, et egressi ambo mesticia pleni ad propria sunt regressi.

1332.

[illegible] 659. Quintodecimo anno Lodowici qui est domini MCCCXXXII (visi sunt tres soles — secundum Henricum de Hervordia — diuturna)

[illegible] 660. Galeacius filius — secundum Eggbardum[d] — fame peremptus est.

[illegible] 661. (Dux Brabancie Iohannes bellum grande commisit cum Philippo duce Burgundie, qui manu valida ducatum suum intraverat ad debellandum ipsum secundum Wilhelmum. Cui viriliter resistens et divino adiutus presidio victoriam de eo obtinuit, secum habens ducem Barvensem cum xii militibus, quos Edwardus rex Anglie sibi in favorem transmiserat. In congressu autem belli Iohannes dux Brabancie miles factus est a domino de Kük prope monasterium Heilikem.)

[illegible] 662. Borchardus[4] comes de Swalenburg Gerardum dominum de Lippia cum duello impetiit propter ipsum castrum Swalenberg, quod iniuste possidebat secundum cronicam

(1) st. O confusionem — precipitare B: Quidam tamen graciosius scribentes pro fratribus Minoribus referunt, hunc Petrum receptum cum magna gracia fuisse a papa Iohanne et eum positum fuisse in quadam camera decenti et in ea permansisse usque ad obitum suum.

(2) st. intraverunt — patuit B: venerunt contra Gherardum comitem Holtzatorum.

(3) st. ad — regressi B: et ipse cum suis ad dictum opidum Kyl venit et fratrem consolatus ad propria cum eo rediit.

(4) § 662 lautet in B: Comes de Swalenbergh Borchardus secundum cronicam de Marka — u. s. w. wie A — in captivitatem.

a) Odeslo B. b) 700 B. c) Erico B. d) cronicam Lombardorum B.

1) Vgl. auch die fassung von B im anhang I.

Saxonum; et ambo in pugnam congredientes in foro opidi Hamelen, victus est Gerardus de Lippia et ductus per eundem Borchardum comitem in captivitatem et tamdiu tentus, quousque dicto comiti satisfactum est de impeticione predicta.

663. (Gertrudis filia militis cuiusdam terre Pruthenorum infirmabatur usque ad mortem secundum cronicam Lubicensem. Qua sic in extremis laborante, permissione divina factum est, quod mulier predicta tollebatur de egritudinis lecto operacione dyabolica et reponebatur fantasma quoddam eiusdem disposicionis et forme in locum illius. Quod quidem fantasma se simulabat agonizare et tandem ac spiritum exalare. Defuncto ergo fantasmate, ut putabatur, omnia agebantur circa ipsum, que fieri consueverunt erga hominem cristianum mortuum et ultimo tandem sepultum est. Transactis autem aliquot diebus contigit, presbiterum senem pertransire nemus altum prope Danzke civitatem. At ubi dum sacerdos transiret, vidit mulierem predictam Gertrudem iacere quasi semivivam; quam elevans et refocillans, duxit eam in urbem predictam. Cives vero cognita muliere miserunt eam patruo suo Bertoldo Morgin dicto, qui ultra destinavit eam fratribus et sororibus suis. Videntes autem eam cognati sui quidam ex eis dixerunt, quia ipsa est vera soror nostra; alii dixerunt, quia non est, sed trufatrix et deceptrix. Quibus sic discordantibus tandem cremata est ab eis in opido Mewa. De cuius tamen incineracione varia secuta sunt mala illi parentele pariter et terre Prutzie, ut infra patebit.) Detm. 423.

664 (437). Iohannes frater (Cristofori) regis Danorum concordiam iniit cum Gerardo comite Holzatorum secundum cronicam Danorum et pro liberacione captivorum, quos ceperat de exercitu fratris sui anno precedenti, dedit Iohannes Gerardo comiti terram Fune[a] et sic pacificati sunt. Stante autem hac concordia et pace, Dani (perfidi) eodem anno irruentes super Holtzatos in opido Lundensi[b] existentes, interfecerunt eos; et inde procedentes obsederunt Helsingborg et alia castra comitis Gerardi[c] et expugnaverunt ea absque resistencia quacumque(1). v. Detm. 470.

1333.

665. Sextodecimo anno Lodowici qui est domini MCCCXXXIII. Lokoldus(2) rex Polonorum in vindictam innocentis mulieris cremate cum maximo populo intravit terram Pruthenorum et commissum est grande prelium inter Polonos et fratres de domo Teutonica et cessit victoria Polonis secundum Egghardum. Utrobique tamen ceciderunt multi. Captivati autem sunt de comitibus et domicellis terrarum, qui Pruthenis auxilium tulerant, Russus de Plawe terre Advocatorum et iunior comes de Honsteyn. Comes vero de Aldenburg graviter vulneratus est in facie sua et multi milites et armigeri interfecti sunt et captivati de fratribus de domo Teutonica; fratres vero mulieris conbuste anno precedenti ibidem perierunt. Detm. 432. 433.

666. (Bononienses cives nuncios suos miserunt ad Iohannem papam, inter quos missus est dominus Iohannes Andree doctor iuris utriusque pro subsidio postulando contra Lodowicum regem Romanorum et Gebellinos, qui dicto regi adherebant. Erat enim in Ytalia maxima partis duplicis generis hominum, puta Gelfini et Gebellini, quorum una favebat pape et ecclesie et altera imperio et Lodowico. Propter has quidem partes Ytalia multa pertulit incommoda. Cum autem predictus dominus Iohannes Andree ad presenciam pape venisset, receptus est cum magno honore. Cui papa tradidit maximum thesaurum vehendum in sagmis multis, cum quo Iohannes Andree ad partes Detm. 434.

---

(1) *in B folgt zu 1333:* 664a. Wilhelmus de Bodensele – mirabiliter gessit. Detm. 435.

(2) *§ 665 lautet in B:* Rex Cracovie intravit cum exercitu magno terram Pruthenorum et valde eam devastans igne gladioque multos perimens ac spolia maxima diripiens cum victoria inde recessit[1]. s. Detm. 466.

---

a) sive Vune *s. zu B.* b) Lunden *B.* c) comitis *s. zu D.*

1) *Siehe schon A § 434.*

Lombardie se transtulit, habens in comitatu suo ultra mille homines generis promiscui, puta peregrinos mercatores et satellites Bononiensis urbis. Horum thesaurorum translacionem quidam Teuthonici nobiles percipientes, assumpserunt secum circa CCCC expeditos socios et locabant se in latibulis, per que Iohannes Andree accessum habebat transire. At ubi cum venirent, mox illi de latebris erumpentes impetum in eos fecerunt et de multis singulos prosternentes ac plures se defendere volentes vulneraverunt necnon bonis illis omnibus spoliaverunt.)

v. Detm. 478. 667 (438). Cristoferus rex Danorum obiit[1], post se duos relinquens filios, Woldemarum scilicet et Ottonem secundum cronicam Danorum. Quorum dictus Woldemarus patri in regno successit.

Korn. 550. 668 (440). Papa Iohannes iam senio confectus — (secundum Henricum de Hervordia) — de animabus separatis, prout[(1)] legentibus eam clare patere potest, que Korn. 551. supra anno tercio decimo Conradi III. ponitur, qui est domini MCLII. (Sed hec v. 1. 181. visio — cap. CXXXII.)

Korn. 553. 669 (441). Contra hanc heresim et contra suum doctorem papam — defensaturus. Sed frater Korn. 553. Thomas Walloys — impunitudam. Propter quod non diu post ex practicacione pape Korn. 554. Iohannis frater Thomas predictus — defensus per regem Francorum non venit nec comparuit. Papa autem Iohannes, lectis litteris regis pariter et universitatis et percepta eorum serie, formidans tocius curie tumultum et insurreccionem contra ipsum, publice in sermone suo predictum errorem suum revocavit et retraxit et supradictum fratrem magistrum Thomam Walloys Anglicum de carcere cum solempnitate eripuit et ipsum[(2)] pro iniuriis suis impie sibi illatis solempnibus promocionibus honorare et remunerare promisit. (Sed ipse magister in recompensacionem iniuriarum illarum nichil recipere voluit honoris aut promocionis temporalis, pocius apud deum remunerari cupiens, qui corona eterna pro fide passos[a] premiare solitus[b] est.)

1334.

Korn. 555. 670 (443). Decimo septimo anno Lodowici qui est domini MCCCXXXIIII. in die sancti Clementis — secundum Wilhelmum[c] — suffocavit.

Detm. 478. 671. (Lodowicus marchio Brandeburgensis, filius Lodowici regis Romanorum intravit cum fratribus de domo Teuthonica terram Lithwanorum secundum cronicam Lubicensem et expugnaverunt pariter multa castra et diversas municiones fortes everterunt.)

Detm. 479. 672. (Henricus eciam dux Bayvarie pro eodem anno intravit terram Prutheuorum et fundavit cum adiutorio fratrum de domo Teuthonica in Litphania castrum forte, quod Bayerburg nuncupavit.)

1848. 673. (Wilhelmus comes Flandrie captivavit quendam militem strenuum et fidelem Kortro[2] nomine secundum cronicam Francorum. Quem educens de civitate Brugensi, fecit ipsum decapitari. Quod valde egre ferentes cives Gandavenses et tota patria, comitem illum de terra expulerunt et Edwardo regi Anglie contra ipsum totis viribus suis adheserunt.)

Korn. 556. 674. (Iohannes papa moritur — successit.)

DE BENEDICTO XII. PAPA CCV.

675 (442). Benedictus papa nacione Provincialis ex patre Symone sedit annis VIII, Korn. 558. v. 1. 182. mensibus duobus et diebus X (secundum cronicam Francorum). Iste prius Iacobus — incitamenta.

---

(1) st. prout — MCLII B: prout supra patuit, cum de predicto Tondalo milite diceretur.

(2) st. ipsum — promisit B: promocionibus solempnibus illatam sibi iniuriam refudit, solempniter ipsum exaltando.

---

a) a aus o korrigirt D. b) hus ent auf rasur D. c) cronicam Flamingorum B.

1) 1332 aug. 2. 2) einen man Kortrayn gheheten Detmar.

1335.

676 (444). Decimo octavo anno Lodowici qui est domini MCCCXXXV. Otto filius (Cristoferi) regis Danorum defuncti (et frater Woldemari regis) venit cum Iuthis in magno exercitu prope Wiburg[a] contra Gerardum comitem Holtzatorum secundum cronicam Danorum. Et fortiter simul dimicantes, victus est exercitus Danorum a Holtzatis et Otto frater[b] regis captus est et ductus in castrum Segheberge. v. Detm. 671.

677 (446). Iohannes comes[c] de Hennenberg et duo alii milites ambasiatores Lodowici regis Romanorum venerunt in urbem Lubicensem secundum cronicam eorundem cum litteris suis regalibus[d]. Quas presentantes consulatui dicte urbis verbotenus dixerunt eisdem, quod dominus rex mandaret ipsis, ut totis conatibus suis laborarent pro redempcione Ottonis fratris[e] Woldemari regis Danorum. Quod cum facere attemptarent(1), nichil profecerunt. v. Detm. 672.

678 (445). Eodem anno obiit Marquardus episcopus Razeburgensis[1]. Cui in sedem successit dominus Vulradus. v. Detm. 673.

679. (Edwardus rex Anglie transnavigans mare venit in Antdorpiam terre Brabancie secundum Wilhelmum. At ubi cum maneret aliquamdiu, uxor sua peperit sibi filium Leolinum nomine in monasterio monialium Sancti Michaelis. Quod monasterium utique aptus fuit locus et bene competens et decens pro parturicione. Hic Leolinus adultus factus cepit in uxorem filiam Galeacii domini Mediolanensis. Quibus nupciis celebratis, non diu post veneno extinctus est.) Detm. 681.

680. (Post nundinas urbis Brugensis pyrate sive raptores maris secundum cronicam Francorum spoliantes mercatorum naves in portu Swen, tres magnas coggones pannis et speciebus aromaticis plenos rapuerunt et in portum Secane transduxerunt. Naves autem ille Prutzenorum erant. Quo percepto civitates orientalis maris, puta Lubeke et cetere, nuncios miserunt ad Philippum regem Francie in urbem Parisiensem supplicantes, ut mercatoribus suis bona sua ablata et in regnum suum deducta eisdem restituerentur. Rex vero nuncios civitatum benigne pertractans, restitui fecit ad ultimum quadrantem bona a suis rapta et captivos eorum liberos remisit ad propria.) Ibid.

1336.

681. Decimo nono anno Lodowici qui est domini MCCCXXXVI. Benedictus papa — (secundum Henricum de Hervordia) — habetur. Henr. 264.

682 (447). Tempore autumpnali venerunt in aquam Trabene plures magni pisces (sturiones maximi) et[f] cete grandia secundum cronicam Lubicensem, quorum aliqui habebant in longitudine XX vel XXIIII(2) pedes, et capti sunt a civibus Lubicensibus prope pontem Holtzatorum urbis antedicte, quod alias nunquam visum fuerat aut perceptum a quoquam. v. Detm. 675.

683 (448). Magnus rex Sweorum misit Eufemiam sororem suam in Rostok urbem, quam duxit in uxorem Albertus dominus de Mykelenburg in eadem civitate, presentibus multis principibus et nobilibus secundum cronicam Danorum[g]. Ubi dictus Albertus factus est miles ab Erico duce Saxonie. Post hoc in crastino sancti Iohannis baptiste idem dominus Albertus cum sua sponsa transfretavit in Sweciam, secum[h] habens filium Rodolfi ducis Saxonie et filium Gerardi comitis Holtzacie ac plures alios nobiles, milites v. Detm. 676. Juni 25.

(1) apud comites Holtzatorum s. m. B.
(2) aliqui vero 18 s. m. B.

a) Wyberghe B. b) filius B. c) filius comitis B. d) imperialibus B. e) filius B in anderer construction. f) puta B. g) Obotritorum B. h) secum habens fehlt D.

1) Marquard von Jesow gest. 1335 apr. 3.

et militares. In mari autem existens cum suis, venit in occursum eius regina Swecie et cum magno gaudio recipiens Albertum swagerum suum, duxit ipsum in Calmeren. Ubi moram facientes per V dies ultra processerunt in Stokholm (urbem Sweorum principalem). Rex autem (Magnus) adventum eorum percipiens omnia [disponebat ad benignam recepcionem adventancium amicorum pertinencia. Ad hunc locum protunc venerat Engelbertus episcopus Darbatensis, ordinaturus pro sua dyocesi necessaria, quem alii episcopi provinciales honorantes, ipsum missam celebrare fecerunt. In qua officium coronacionis[a] regie perficientes regem (Sweorum Magnum) et reginam coronaverunt.

1337.

v. Detm. [illegible] 684 (449). Vicesimo anno Lodowici qui est domini MCCCXXXVII. (Stephanus)[1] comes Guliacensis[b] cum aliis viris solempnibus secundum Wilhelmum[c] a Lodowico rege Romanorum missus in Avinionem ad papam Benedictum[d] pro concordia facienda inter ipsum et papam nichil profecit [1].

Herv. [illegible] 685. Karolo rege Francorum[e] — pro posse tuendo.

1338.

v. Detm. [illegible] 686 (451). Vicesimo primo anno Lodowici qui est domini MCCCXXXVIII. Edwardus rex Anglie secundum cronicam Francorum[f] venit cum CCC et amplius navibus in Flandriam. Contra quem Flamingi exercitum ducentes pugnaverunt cum rege. Sed Edwardus prevalens quasi infinitum interfecit populum de Flamingis et multos eorum nobiles captivos secum abduxit.

Herv. [illegible] 687. Defuncto Lodowici — (secundum Henricum de Hervordia) — infeodavit [2].

Herv. [illegible] 688 (454). Lodowicus rex — secundum Henricum de Hervordia — ampliavit [3]

Herv. [illegible] 689. Reynoldus comes — secundum cronicam Francorum[g] — splendide et honorande (Et notanter dico, Lodowicum regem amplius nominari debere imperatorem et hoc virtute constitucionis quarte immediate supra tacte et per curiam regiam de consensu principum electorum et omnium aliorum spiritualium et secularium ibidem congregatorum ordinate et promulgate, que in ipso antea completa fuit et iam ratificata et approbata per principes). Predictus autem comitatus Gelrie, nunc vero ducatus factus, primo nobilis advocatus — in Monacum (et ceteri principes ad partes suas reversi sunt).

1339.

690 (455). Vicesimo secundo anno[h] Lodowici qui est domini MCCCXXXIX. rex Tartharorum honorabiles misit nuncios ad Benedictum papam, petens sibi mitti viros religiosos secundum Henricum de Hervordia[i] et in lege divina eruditos pro salutifera gentis sue conversione. Quod et papa fecit.

Herv. [illegible] 691 (457). Multitudo locustarum — (secundum Egghardum) — spargere minime valeret.

Detm. [illegible] 692. (Edwardus rex Anglie cum potestate maxima mare transiens Franciam est ingressus secundum Wilhelmum, ubi consistens cum classe magna navium emisit litteras ad principes Alemannie, petens subsidium eorum. Qui omnes benivoli et prompti venerunt in magno numero,

---

v. Detm. [illegible] (1) in B folgt: 684a (452). Comes Wilhelmus — u. s. w. wie A — cum salute reversus.

Detm. [illegible] (2) Post multa tandem bella — amiciciam firmaverunt. s. zu B.

Herv. [illegible] (3) Debetur ius administrandi — de plenitudine potestatis. v. zu B.

---

a) consecracionis B. b) sive Iuliacensis s. zu B. c) cronicas de Marka B. d) auf rasur D. e) secundum cronicas Francorum et Anglorum s. zu B. f) Anglorum B. g) de Marka B. h) am D. i) secundum cronicam Francorum B.

1) Wilhelm V.

puta Lodowicus[a] marchio de Brandeburg, Reynoldus dux Gelrie, Fredericus dux Brabancie, Wilhelmus marchio Gulie vel Iuliaci, Wilhelmus comes Hollandie et plures comites Westphalie. Et intrantes Pikardiam demoliti sunt magnam partem eius. Edwardus autem libenter bello Philippum regem Francorum aggressus fuisset, sed ipse nullibi comparere voluit, dissuadente sibi hoc Iohanne rege Bohemorum, qui pro tunc auxilio sibi erat. Et sic principes Teuthonie reversi sunt ad propria.)

693. (Lodolfus episcopus Swerinensis obiit in Butzowe secundum cronicam Obotritorum. Cui in eodem successit dominus Henricus Bulowe, vir magne prudencie et sagacitatis in negociis secularibus et diu bene rexit ecclesiam illam.) Detm. [illegible]

694 (462). Comes[b] de Hennenberg Bertoldus obiit(1). (Cui successit filius suus Henricus in comitatu.) Hic Bertoldus non diu ante obitum suum procuraverat Lubicensi urbi a Lodowico imperatore auctoritatem faciendi auream monetam sub bulla aurea imperatorie maiestatis. v. Detm. [illegible]

695 (458). Principes terrarum Teuthonie[c] inferioris secundum cronicam Lubicensem, puta duces de Brunswik, de Luneburg, de Stetin, Saxonie et de Wolgast, marchio de Brandeburg, comites Holtzatorum, de Swerin (et Wittenburg), domini de Mykelenburg et Slavie, archiepiscopus Bremensis, episcopi Lubicensis (Verdensis) Brandeburgensis, Swerinensis, Razeburgensis et Havelbergensis, ac civitates(2) sub eisdem dominis militantes congregati fuerunt in urbe Lubicensi[1]. Qui negocia reipublice et presertim mercatorum tractantes sollicite, fecerunt pacem generalem omnium terrarum suarum ad sex annos inviolabiliter duraturam sub suspendii pena[d]. Quam quidem pacem iureiurando confirmantes imposuerunt singulis eorum (sub pena banni perpetui et proscripcionis, ne quis quemcumque dictam pacem quomodolibet infringentem teneat, foveat aut defensset, sed mox captum iudicet secundum latam ab omnibus senteciam prescriptam). v. Detm. [illegible]

696. In(3) eadem curia principum dominus Albertus de Mykelenburg dedit filiam suam domino Nicolao Slavorum principi. Quorum nupcie statim post solempniter sunt celebrate(4). Detm. [illegible]

697 (466). Iuxta Sosatum — secundum Henricum de Hervordia[e] — servitebant [?]. Herv. [illegible]
Pro[?] eodem tempore in opido Gesike [?] — lesit [?]. Quod factum indubie asscribendum videtur accionibus occultis nature fulminis, de quibus tractat diffuse Albertus Magnus frater ordinis Predicatorum magister in theologia solempnissimus in tercio metheororum cap. XIX. Herv. [illegible]

1340.

698 (461). Vicesimo tercio anno Lodowici qui est domini MCCCXL. Gerardus[?] magnificus — (secundum cronicam Lubicensem) — in cubiculo intravit cum[f] aliis LX viris. Herv. [illegible] Detm. [illegible]

(1) in die cene s. zu B. [illegible]

(2) st. civitates — sollicite B: alii quam plures barones, milites et nobiles in urbe Lubeke congregati.

(3) § 696 lautet in B unten am rand von andrer hand: In eadem curia dominorum Lubek celebrata Albertus dominus de Mekelingborg desponsavit sororem suam domino Nicolao Slavorum principi, quam statim post solempniter duxit in uxorem. Detm. [illegible]

(4) in B folgt: 696a (459). Ekklipsis solis — u. s. w. wie A — servum existente. v. Detm. [illegible]

a) Lodowicus — Brandeburg auf rasur D. b) § 694 in B zu 1341. c) Alemannie B. d) über der zeile, von andrer hand? D. e) om. cronicam de Marka B. f) cum — et in B am rand aus Detmar.

1) Auch hier beruhen die angaben über die teilnehmer des friedensbündnisses zum teil auf phantasie. Siehe die urk. Lübeck 1338 jun. 11 im Urkundenbuch der stadt Lübeck II, S 619. 2) Nur diesen [?] auch in A § 460. 3) In A § 461 kürzer und selbständig.

Korn. 589. vgl. 158. ac si excubias exercitus observarent. Et sic dormientes — devorandis. Fuerant(1)
Detm. 654. sciam interfecti cum dicto comite Gerardo capellanus suus presbiter et
Korn. 589. Henricus miles de Wittinkhove. Iste Gerardus[a] — peremptus est.

Korn. 590. 699. In crastino sancti Clementis — secundum Wilhelmum[b] — delevit, infinitis bestiis et iumentis suffocatis.

Detm. 656. 700. Philippus(2) rex Francorum misit exercitum maximum de Francia in portum Swen navali classe ad debellandum Flamingos secundum cronicam Francorum, qui Anglicis favebant et auxilium eis ferebant. Edwardus autem rex intelligens factum[c] hoc, multitudinem armatorum transmisit Flamingis in auxilium. Convenientes itaque ambo exercitus bellum navale aggressi sunt et pugnare incipientes in die beati Iohannis baptiste de vespere, preliati sunt viriliter per totam illam noctem et per medium diem sequentem et victoriam contulit deus Edwardo regi Anglorum. Et cesi sunt de Francigenis xxx m hominum et DCCC. De Anglicis vero et Flamingis circa m m perierunt. (Tam horribile enim bellum non est habitum a memoria hominum.)

Detm. 657. 701. (Dimissis ergo navibus in mari cum diligenti custodia, Edwardus rex cum suo exercitu intravit Pikardiam secundario et vallavit Doracum urbem ac eam expugnavit. Pars vero exercitus se transtulit versus Sanctum Thomam urbem, ubi plures interfecit milites et cives illius civitatis. Rex autem Francorum Philippus collecto novo exercitu venit ad Sanctum Cornelium et ponens se prope quoddam flumen impedire nitebatur transitum hostium, non audens transvadare nec bellum aggredi cum exercitu Anglorum. Ipsis ergo ibidem consistentibus, venerunt nuncii pape cum comitissa Hollandie sorore regis Francorum et placitantes inter reges predictos, ordinaverunt treugas fieri per annum duraturas. Sicque obsidio urbis Doraci soluta est. Dux vero Brabancie de suis nobilioribus viris plures fecit rotari propter tradicionem, quam eis inponebat.)

Detm. 658. 702. (Sarraceni mare transfretantes venerunt cum magno populo in Galiciam secundum cronicam Francorum, terram illam inhabitare proponentes. Cristiani vero deum et sanctum Iacobum invocantes, collegerunt exercitum et in die sancti Andree populum illum dyabolicum aggredientes, cum mirabili adiutorio sancti apostoli Iacobi totam illam multitudinem straverunt et occiderunt, paucis evadentibus.)

1341.

z. Detm. 658. 703 (463). Vicesimo quarto anno Lodowici qui est domini MCCCXLI Lodewicus[d] marchio Brandeburgensis venit in urbem Lubicensem cum litteris imperatoris[e] asserens, se esse tutorem civitatis datum ab imperatore[f] et tollere debere census imperiales secundum cronicam Lubicensem. Quem cives cum magno honore recipientes, ipsum in tutorem et defensorem cum gratitudine acceptaverunt et debitum censum eidem solverunt. (Tutor autem dicte urbis per longa tempora fuerat nobilis comes Bertoldus de Hennenberg, vir magne prudencie. Sed eo precedenti anno migrante, nunc imperator filium suum misit.) Woldemarus autem dux de Sleswic (et Iucie) et (Henricus ac) Iohannes comites[g] Holtzatorum percipientes, marchionem esse Lubeke, venerunt ad ipsum in urbem et placitantes cum eo convenerunt tandem in eam conclusionem, quod Woldemarum filium Cristoferi regis Danorum in regnum patris sui, de quo iam diu

---

Detm. 654. (1) st. Fuerant — Wittinkhove B am rand: Interfectus sciam est cum eo capellanus suus et quidam miles nomine Henrik de Vitinkhove.

(2) § 700 lautet in B zu 1342: Rex Francorum Philippus multis victoriis Anglorum exacerbatus, magnam classem navium transmisit in portum Flamingorum nomine Swen, ut comitatum illum sibi subiugaret. Quod cum Edwardus rex intellexisset, collegit et ipse — u. s. w. wie A in § 661 — circa 4 millibus secundum cronicam Anglorum.

---

a) secundum cronicas Holtzatorum et Danorum s. zu B. b) cronicam Flamingorum B. c) factum hoc auf rasur D. d) Lodewicus D. e) regis Romanorum B. f) st. ab imperatore B: ex parte imperii. g) comes B.

emulaverat per expulsionem Gerardi comitis Holtzatorum (qui[1] Iohannem fratrem Cristofori in regnum introduxerat, Woldemaro filio eius expulso introducere vellent cum potencia). Quam quidem conclusionem eciam ad effectum suum perduxerunt. Rege ergo Woldemaro in regnum reverso, Woldemarus dux de Sleswic sibi in uxorem[a] tradidit sororem suam in Sunderburg. Nupciis vero solempniter peractis, dux ipsum regem deduxit in Wiberge castrum. Ubi totum regnum conveniens, receptus est a populo universo et rex appellatus est.

704. (Albertus dominus de Mykelenburg in legacione Magni regis Sweorum ad Lodewicum imperatorem missus[b] tamquam paranimphus pro quodam coniugio concludendo, in Thuringia a Gunthero comite de Swartzburg cum omnibus suis est captivatus secundum cronicam Obotritorum. Sed tandem per Lodowicum imperatorem potenter est liberatus et cum gloria in patriam suam est remissus, negocio suo peracto.) Detm. [illegible]

705. (Hic dominus Albertus de Mykelenburg sumpsit de uxore sua Eufemia sorore Magni regis Sweorum tres filios, puta Henricum, qui duxit in uxorem dominam Ingeburg filiam Woldemari regis Danorum; Albertum, qui duxit in uxorem Rixam filiam Ottonis comitis de Swerin et Magnum, qui duxit in uxorem Elizabeth filiam Bugslavi ducis de Wolgast[2]. Genuit eciam Albertus predictus de uxore sua duas filias, puta Ingeburg, que primo[3] duxit Lodowicum marchionem de Brandeburg, quo defuncto duxit eam Henricus comes Holtzatorum[4]; et Annam, quam postea[5] duxit in uxorem Adolfus comes Holtzatorum. Domina autem Ingeburg filia regis Danorum genuit Henrico domino de Mykelenburg Albertum, qui tam ex deputacione Woldemari regis in ultimis constituti, quam eciam post eius mortem ex adiudicacione Karoli IIII. imperatoris succedere debuisset in regno Dacie, quamvis ex infidelitate Danorum fuerit impeditus.)

706. Edwardus rex Anglie (treugis terminatis) cum magna potencia — secundum cronicam Francorum[c] — interfectis (et urbe succensa). Herv. [illegible]

707 (465). Danica gens (perfida semper ab antiquo) de Iucia castrum Scandalingburg obsidione circumdederunt, proponentes interficere omnes Teuthonicos[d] in eo et in omni regione circumiacente habitantes secundum cronicam Danorum. Quod cum percepissent Holtzati, qui in Fune[e] morabantur, miserunt in subsidium obsessis DC viros armatos. Quos cum adesse perciperent Holtzati[f], qui in castro erant obsessi, mox exierunt castrum pugnaturi cum Danis. Quibus dimicantibus supervenerunt illi DC viri et subito irruentes super populum incultum et rusticalem, interfecerunt de ipsis[g] circa duo milia et CC. Inter quos interfectus fuit et capitaneus Iutorum, qui alias causa extiterat interfeccionis nobilis comitis Gerardi cum aliis duobus cum(3) eo occisis. v. Detm. [illegible]

1342.

708. Vicesimo quinto anno Lodowici qui est domini MCCCXLII apud(4) villam Baderke — secundum Henricum de Hervordia — disparuit. Herv. [illegible]

709 (467). Woldemarus dux (Iucie et) de Sleswic cum comitibus Holtzatorum discordans captus est a Holtzatis in venacione secundum cronicam Danorum[h] et ductus v. Detm. [illegible]

(3) st. cum eo occisis B: Quos captos partiti sunt eos et rotati in perticis positi[i] sunt.
(4) § 708 lautet in B: Apud villam — super terram etc. vide Henricum de Hervordia etate 6. Herv. [illegible]

a) suam s. zu D. b) misso D. c) Anglorum B. d) et Holtzatos s. zu B. e) sive Fune que insula est quedam s. zu B. f) et Teuthonici s. zu B, fehlt in A. g) bundis id est ruralibus s. zu B. h) Holtzatorum B. i) positis B.

1) qui — cum potencia fehlt B, und war zu streichen; vgl. [illegible] A. 2) Elisabeth tochter Barnims IV. herzogs von Pommern-Rügen. 3) 1357 juli 25. Ludwig der Römer gest. 1365 mai 14. 4) 1366. 5) 1362.

in Fûne ad castrum Nûborg. Ubi tentus fuit per[a] biennium et postea redemptus cum pecunia magna.

s. Detm. 658. 710 (468). Henricus[(1)] episcopus Lubicensis obiit in XL. et sepultus est in choro maioris ecclesie, quem ipse construxerat cum aula episcopi solempni secundum cronicam

Detm. 660. Lubicensem. Cui successit in sedem dominus Iohannes scolasticus et consecratus est dominica Misericordias domini ab archiepiscopo Bremensi et episcopis Zwerinensi et Raceburgensi. Eadem autem die sue consecracionis dedicavit ecclesiam maiorem dicte civitatis in honorem sancti Iohannis baptiste et sanctorum Nicolai et Blasii.

s. Detm. 670. 711 (469). Woldemarus rex Danorum obsedit castrum Calingburg in Selandia Dacie terra marique. Sed Henricus comes Holtzatorum veniens cum multitudine armatorum in magnis navibus, cepit omnes naves regis et duxit in captivitatem cunctos Danos in eis repertos[(2)].

s. Detm. 672. 712 (470). Civitates Lubicensis et Hammeburgensis litem suscitaverunt cum Nicolao et Henrico comitibus Holtzatorum, eo quod vasalli dictorum comitum spoliassent mercatores illarum civitatum et comites eosdem in suis maleficiis defensabant nec iusticiam de illis raptoribus cuiquam petenti aut querulanti facere volebant secundum cronicam Lubicensem. Iohannes[1] eciam comes dicte terre in hac discordia stare noluit cum[(3)] patruis suis comitibus, sed contra[(3)] eos concessit dictis[b] urbibus castrum Segeberge ad certum tempus pro quadam summa pecunie, ut de illo castro valerent hostes suos

*s. 186. debellare. Sed hoc negocium practicavit advocatus comitis Iohannis ad cautelam, ut scilicet eo expedicius perficere posset turrim illam magnam, quam ipse in castro edificare ceperat Stegben dicto. De quo quidem castro postea civitatibus prefatis illata sunt multa incommoda.

713. (Lubicenses[2] vero habito castro illo, suos posuerunt in illo vasallos, qui Holtzatis illis, qui civitatibus inimicabantur, dampna intulerunt multa nunc rapiendo pecora et iumenta, nunc incinerando villas et opida et nunc captivando eos, qui se infestabant. Cumque comites viderent, cives contra eos ingravari, verbis et promissis averterunt cor Iohannis comitis patrui eorum a civitatibus predictis, quibus hucusque presidio fuerat.)

Detm. 674. 714. (Quod cum sic apud Iohannem comitem practicassent, Henricus comes una nocte clam intravit opidum Sigeberge cum CC viris armatis et spoliavit ibi stabula Lubicensium et Hammeburgensium, multos pulcros equos capiens et abducens. Cepit eciam ibidem duos cives opidanos de Lubeke, quos secum ducens magnam pecunie summam[c] ab eis extorsit, non tamen sine tradicione opidanorum de Sigeberge, qui pocius dominis suis quam civitatibus favebant.)

---

(1) § 710 lautet in B: Henricus episcopus Lubicensis obiit in 40. et sepultus est in choro maioris ecclesie, quem ipse construxerat cum aula episcopi solempni. Et successit eidem in sedem dominus Iohannes scolasticus secundum cronicam Lubicensium. Hierzu unten am rand: Hic Iohannes episcopus consecratur in dominica Misericordias domini ab archi-

Detm. 660. episcopo Bremensi et Swerinensi ac Razeburgensi episcopis et eadem die sue consecracionis dedicavit ecclesiam maiorem in Lubeke in honorem sanctorum Iohannis baptiste et Nicolai ac Blasii.

(2) exceptis interfectis et submersis secundum cronicam Danorum s. zu B.

Korn. 283. In B folgt: 711a. Sarraceni potenter intraverunt — acti sunt.

(3) st. cum patruis suis comitibus B: cum urbibus antedictis und bzw. st. contra eos: contra fratres suos.

---

a) ultra B. b) st. dictis urbibus B: Lubicensibus. c) summa D.

1) Die folgende stelle ist in D gegen B wieder verändert; in B war sie gegen A verkürzt.
2) Die nachricht kann nicht aus Detmar stammen.

715. (Iohannes comes Holtzatorum tradidit matrimonio duas filias suas duobus fratribus Detm. 948.
dominis Slavorum secundum cronicam Lubicensem et celebrate sunt nupcie in opido Plône.)

716. (Eodem tempore Henricus et Nicolaus comites Holtzatorum solverunt a vinculis et 948.
captivitate Ottonem fratrem Woldemari regis Danorum, quem ipsi ceperant in Iucia; et miserunt ipsum Iohanni domino Slavorum, apud quem mansit ad tempus. Et factus est postea frater ordinis de domo Teuthonica. Et sic Woldemarus mansit solus in regno Danorum et rexit in pace regnum suum.)

1343.

717. Vicesimo sexto anno Lodowici qui est domini MCCCXLIII. beatus Petrus martir Herv. 286.
de Verona — secundum Henricum de Hervordia[a] — universis Cristi fidelibus.

718 (478). Cives Lubicenses querimonias (graves) deposuerunt coram Lodowico v. Detm. 948.
marchione de Brandeburg tutore eorum contra comites Holtzatorum Henricum et Nicolaum secundum cronicam Lubicensem et easdem querimonias fecerunt eciam Lodowico imperatori[b] principali domino suo. Quibus imperator et marchio miserunt CC viros bellicosos valde, Bayvarios[c] scilicet et Swevos in propriis principum illorum expensis. Quorum capitaneus erat Fredericus de Lokken miles strenuus[(1)], vicemarscalcus Lodowici imperatoris. Hii ducenti viri una cum civibus utriusque civitatis Lubicensis et Hammeburgensis intrantes Holtzatorum terras, pervenerunt usque Ytzeho[d] opidum, cuius circumiacentes villas ex toto vastaverunt[(2)]. Exhinc pervagantes Danicam silvam demoliti sunt omnes villas et opida terre illius. Et cum pluries hec et similia fecissent civitates predicte[e] cum suis adiutoribus et Magnus rex Sweorum hoc percepisset, in favorem comitum de Holtzacia captivavit omnes mercatores, quos in regno suo invenire poterat et bona eorum fisco regio deputavit. Quod cum Lubicenses intellexissent, vice versa omnes de Swecia in sua urbe inventos vinculis mancipaverunt, bona eorum diripientes. Cumque mercatores duarum illarum civitatum a rege Swecie[(3)] tribularentur, venit Fredericus marescalcus imperatoris cum CC bellatoribus suis in Scaniam tempore capture allecum et adiunctis sibi mercatoribus iniit conflictum cum Sweorum[f] mercatoribus pariter et Danis. Et obtinens victoriam cepit[g] multos de Holtzatis, Sweis et Danis (ac Fünensibus) et misit omnes in urbem Lubicensem. Postquam autem probissimus iste Fredericus marescalcus victoriam hanc habuisset, rediit ad partes suas (copiose remuneratus a civitatibus predictis). Tunc Lodowicus marchio de Brandeburg alios misit viros civitatibus predictis in auxilium et similiter imperator alios destinavit auxiliatores. Venit namque Guntherus comes de Swartzeburg cum suis ex parte imperatoris et Henningus[(4)] Bůk miles cum suis ex parte marchionis. Hii (viri dolosi et fraude pleni) exeuntes in campum contra Holtzatos perperam[(5)] mox egerunt, magis faventes comitibus Holtzacie (quam civitatibus, quibus auxilio esse debuerunt). Et quia cognoverunt dictorum principum vasalli[h], quod cives urbium prefatarum validiores et forciores essent quam comites, federa[(6)] inire et pacem fieri inter partes cusaverunt, cum detrimento tamen civium predicta concludentes.

(1) st. strenuus — imperatoris B: et marscalkus regis Danorum.
(2) igne cum omnibus pertinenciis suis a. rr B, fehlt in A.
(3) st. a rege Swecie B: a regibus Swecie et Dacie.
(4) st. Henningus Bůk B in anderer construction: magistrum curie marchionis nomine Henningum de Bosch.
(5) parum ad rem pro parte civitatis B.
(6) st. federa — concludentes B: ideo pacem fecerunt utramque partem componendo.

a) sec. cronicam Predicatorum B. b) tamquam a. rr B. c) Bavarus B. d) Ytzeho B. e) predicti D. f) st. Sweorum mercatoribus pariter B: Sweis. g) ceperunt D. h) vasalli B.

719. Quidam clericus venit ad curiam Romanam beneficium a domino papa Benedicto inpetraturus (secundum Eggbardum). Quem cum nimis tenacem et durum reperisset in peticionibus pauperum exaudiendis, scripsit hos duos versus in porta palacii:

A re nomen habe: benedic, benefac Benedicte;
Aut hoc perverte: maledic, malefac Maledicte.

720 (472). Hic papa defunctus est in Avinione IX. Kal. Maii. Cui pro epitaphio scribebatur ab aliquibus de morte ipsius minime dolentibus: 'Hic factus est Nero — mero'.

DE CLEMENTE VI. PAPA CCVI.

721 (474). Clemens papa nacione Hispanus ex patre Philippo sedit annis X et mensibus V (secundum auctorem gestorum Romanorum pontificum). Hic primus Petrus — existens. Hic eciam papa in consistorio publico promulgavit pacem inter Lodowicum imperatorem et ecclesiam et quod se dedisset ad graciam sedis apostolice et vellet satisfacere ad libitum pape, de quo curia erat valde gavisa. Postea misit papa nuncios solempnes cum litteris suis ad Lodowicum imperatorem, in quibus modus et forma emende continebatur, quam facere debebat: Primo, ut imperium resignaret et staret in arbitrio pape, an sibi vel alteri illud daret; secundo, si maneret circa imperium, quod extunc litteras sedi apostolice perpetuo duraturas et maiori sigillo munitas scriberet continentes, quod nec ipse nec successores sui in perpetuum eligendi in imperatores de imperio se intromittant nec de corona quacumque, nisi prius sint a sede apostolica confirmati. Et plures alios graves articulos continebat littera a papa missa. Lodowicus autem visis litteris pape, convocavit principes electores et alios principes, consuluit eos super littera predicta. Qui omnes una voce responderunt, quod nullo modo posset aut deberet facere secundum postulacionem littere, quia sic libertas suorum successorum tolleretur simpliciter. Unde nuncii pape revertentes vacui, mansit discordia inter imperium(a) et ecclesiam.

722 (475). Aqua — secundum Henricum de Hervordia — post et ante(b).

sept. 20. 723. (Albertus dominus Magnopolensis in vigilia beati Mathei expugnavit opidum Grymme secundum cronicam Obotritorum et restituit eam domino Nicolao de Werle, cui erat tradicione per capitaneos ducum Stetinensium tempore pacis et treugarum ablata. Erat autem expugnacio illa durissima, eo quod valenciores illius ducatus in magno numero obsessi essent in opido illo, qui omnes vel captivabantur vel igne aut gladio trucidabantur, paucis fuga elapsis. Capta autem civitate, dominus Albertus quendam proconsulem urbis nomine Iohannem Rike, qui dictam civitatem ad manus Stetinensium tradiderat, publice in conspectu omnium cremari fecit.)

724. (Eodem anno idem dominus Albertus auxilio domini Henrici comitis de Swerin, qui tamen statim post obiit[1], hostiliter pertransivit terram et comitatus de Wittenburg et Razeburg et municiones raptorum dissipavit. Edificavit eciam castrum nomine Betbowe in solo episcopi Razeborgensis[2], quod tamen sequenti anno timens excommunicacionem episcopi destrui fecit funditus.)

1344.

725. Vicesimo septimo anno Lodowici qui est domini MCCCXLIIII. (Albertus dominus de Mekelenburg fultus presidio Ottonis ducis Saxonie secundum cronicam

(a) st. imperium et ecclesiam B: Lodowicum et papam sicud prius.
(b) Secundum tamen Henricum de Hervordia facta est hec inundacio sequenti anno immediate. s. zu B.

1) 1344. 2) Vahrad von dem Damm.

Obotritorum pervagatus est terram Louenburg, et expugnata[a] insula Dersing destructisque municionibus eius atque expulsis inde nobilibus de Scarpenberg, cepit opidum Razeburg in die sancti Martini in aurora. Et spoliato eo atque succenso ipsum destruxit, monasterio indempni conservato.)

726 (466). Reges[1] Ungarie et Bohemie cum Wilhelmo comite Hollandie et Henrico comite Holtzacie cum maximo exercitu intraverunt terram Lithuanorum pro gloria nominis Cristi et fide catholica defendenda secundum cronicam Lubicensem et demoliti sunt terram illam, maxima incommoda barbaris illis inferendo. Et maiora quidem dampna eisdem intulissent, nisi tradicione cum eis actum fuisset. Sane dicti principes in obsidione erant cuiusdam castri fortissimi, ad quod pociores de Lithuania confugerant. Quod quidem castrum cum iam quasi expugnassent, Luderus magister fratrum de domo Teuthonica proditorie agens misit nuncios cum litteris ad reges prefatos, scribens eis pro auxilio ferendo: quod si non statim fieret, absque dubio totam illam terram barbarica illa gens, que sine numero ad eos intraverat, sibi subiugaret et sic fides cristiana in finibus illis periret. Has litteras principes legentes mox obsidionem illam solverunt et quam cito poterant, in Pruziam venerunt. Cum autem terram illam intrassent, invenerunt se delusos per predictum Luderum magistrum, qui favebat obsessis in castro et pro eorum redempcione mendacium illud confinxerat de hostium ingressu. Unde regressi ad propria cum magna indignacione, frustrati sunt in proposito eorum. Fratres autem de domo Teuthonica iram principum formidantes, Luderum magistrum eorum nequam propter tradicionem factam deposuerunt de officio et carceri perpetuo ipsum mancipaverunt, alium loco eius instituentes.

727. (Super Primslavia opido Marchie visa est crux maxima secundum Egghardum apparere in nocte beati Thome apostoli clara valde super lunam plenam, in longitudine habens circa xl. pedes, ad flavum colorem aliqualiter tendens. Et coniecturabatur ab astronomis significare futurum illud malum, quod marchio Brandeburgensis legitur sustinuisse in illo ficto marchione Woldemaro, de quo infra dicetur.)

728 (476). Ericus iunior dux de Louenburg, patre suo defuncto[2], sed patruo suo Alberto vivente, depredatus est stratam communem, spoliando currus mercatorum civitatum Lubicensis et Hammeburgensis ac Luneburgensis[b], et captivavit plures mercatores. De quo facinore multum dolens Albertus patruus suus, cum ei predicte civitates de Erico conquererentur[c], dixit: 'Iuvate me et ego astabo vobis et ipse peccatum suum luet'. Quod verbum cum gratitudine acceptantes cives et exercitum fortem colligentes, cum prefato Alberto duce Saxonie Erici ducis intraverunt terram et plura castra ac municiones raptorum deicientes, quotquot in eis invenerunt, patibulis appenderunt. Albertus autem dux quadragesima adveniente migravit ab hoc seculo[3].

729 (479). Albertus episcopus Sleswicensis obiit in urbe Lubicensi (secundum cronicam Lubicensem) et sepultus est in conventu fratrum Minorum. In(1) cuius sedem electus est Henricus eiusdem ecclesie prepositus[4].

(1) st. In — prepositus in *B mit andrer tinte von andrer hand nachgetragen:* Post quem electus est Henricus.

a) ta in *auf rasur D.* b) secundum cronicas Lubicensium *s. zu B.* c) conquererentur *D.*

1) *§ 726 kommt in B unten als § 767b.* 2) *Der vater Erichs II, Erich I. stirbt erst 1361. Die bemerkung fehlt im Detmar an der entsprechenden stelle und tritt bei Korner erst in der fassung B auf.* 3) *Oct. 1344 febr.* 4) *Die reihenfolge ist Helimbert 1330—1343; Albert 1343—1344; Heinrich I. Gemeint ist hier zunächst wol Helimbert; wenigstens ist dieser bei den Franciskanern begraben. Vgl. die fassung A und Detmar 196.*

1345.

730. Vicesimo octavo anno Lodowici qui est domini MCCCXLV. ⟨Albertus dominus de Mykelenburg per carnisprivium[a] solempnem tenuit curiam in urbe Lubicensi cum multis principibus, quorum discordias ibidem concordavit secundum cronicam Obotritorum⟩[1].

[illegible] 731. Procurator ordinis — mancipatur.

[illegible] 732 (477). In Carinthia — secundum Henricum de Hervordia[2] — in eternum[(1)].

Detm. 491. 733. ⟨Clemens VI. papa in cena domini Lodowicum imperatorem publice deposuit secundum cronicam Romanorum et omnes subditos suos a fidelitate sua absolvit. Et non longe post aliqui principes electores, puta archiepiscopi Treverensis et Coloniensis, rex Bohemie Iohannes et Rodolfus dux Saxonie elegerunt Wenceslaum marchionem Moravie in regem Romanorum in Rense et ibidem ipsum coronaverunt.⟩

1346.

[illegible] 734 (485). Vicesimo nono anno Lodowici qui est domini MCCCXLVI. In comicia de Marka — secundum Wilhelmum[b] — divulgata est. ⟨Comiti autem mortuo successit Everhardus filius suus⟩.

Detm. 502. 735. ⟨Petrus Leodiensis episcopus obiit, filius dicti Adolfi defuncti comitis et frater Everhardi de Marka, secundum Wilhelmum. In cuius sedem redilt filius dicti Everhardi comitis de Marka. Hic discordias cum civitatibus suis et presertim urbe Leodiensi habens, eduxit exercitum contra eas, fultus adiutorio Wenslai filii Iohannis regis

[illegible] Bohemorum, qui postea Karolus IIII. dictus est, et aliorum multorum principum. [3]Leodienses vero cum suis collegis civitatibus ex adverso ad pugnam procedentes congressi sunt cum episcopo suo prope Leodiam et victoria effecti perdiderunt magnam populum. Occubuit autem ibidem comes de Valkenberg et plures alii nobiles et milites, Wenslaus autem marchio Moravie filius Iohannis regis Bohemie vix manus eorum evasit.⟩

1347.

Detm. 504. 736. Tricesimo anno Lodowici qui est domini MCCCXLVII (pestis gravissima cepit in Terra Sancta secundum Egghardum ex[4] quodam igne pestifero de celo lapso, que postea diffusa est per totum orbem).

v. Detm. 494. 737 (478). Gens barbarica iuxta Livoniam degens, vulgariter Esten[c] dicta, secundum cronicam Danorum[d] a fide et cristianitate recedens propter gravissimas exacciones, quas a cristianis principibus pertulerant, in paganismo nunquam passa, se in invicem collegit et adunans exercitum innumerum irruit super Teuthonicos de Lyvonia prope se commorantes et mercimonia tractantes, et nulli etati vel condicioni parcens interfecit quidquid cristiani nominis erat utriusque sexus. Habitavit autem populus iste in nemoribus et ideo civitates et villas, quas cepit, destruxit. Tempore autem hyemis succedentis locum mansionis sibi faciebat prope Ozelo opidum (ubi episcopatus est) et locum illum fortiter muniebat. Sed fratres de domo Teuthonica in proxima hyeme per glacies durissimas ad ipsos barbaros pervenerunt et municionem eorum destruentes, omnes ibidem inventos interfecerunt.

Detm. 505. 738. ⟨Waldemarus[1] rex Danorum venit in urbem Lubicensem cum Erico iuniore duce de Louenborg secundum cronicam Danorum. Ubi cum per triduum moram traxisset,

[illegible] (1) in B folgt zu 1346: 732a (485). Opidum Menden — de Marka.

a) sec. cronicam Flamingorum B. b) cronicam de Marka B. c) estoricl dazu am rand, von andrer hand verbessert? D. d) Lubicensium B.

1) in deme vastelavende (fehr. 8) H. 2) Nicht aus Detmar 501 genommen. 3) Der rest stammt wol aus § 749 der fassung B. 4) Siehe auch unten B § 763a.

transfretavit in Pruziam, cupiens ulterius proficisci cum fratribus de domo Teutonica contra inimicos crucis Cristi. Sed quia prout esse expedicio nulla fieri potuit, ipse cum predicto Erico duce et cum quibusdam de suis nobilibus mare transiens, peregrinatus est versus Terram Sanctam. Ubi Ericus dux Woldemarum regem coram sepulcro domini fecit militem Cristi.)

739. Edwardus rex — secundum Wilhelmum[a] — bombarum, Delfino[b] cum paucis de manibus Anglorum vix elapso. Herv. 768.

740 (487). Wilhelmus comes — secundum Wilhelmum[c] — expressis. 1346.

1348.

741. Tricesimo primo anno Lodowici qui est domini MCCCXLVIII. In Nomine — secundum Egghardum[d] — stellarum formatum[e]. Herv. 770.

742. Wilhelmus comes — (secundum Wilhelmum) — successit. Herv. 769.

743 (481). Lodowicus[(1)] imperator Romanorum cum tribus filiis suis Lodowico marchione de Brandeburg, Wilhelmo comite Hollandie et Romulo, ac cum maximo exercitu venit in Frankenford (secundum Egghardum), ubi constituerat diem placitorum fieri cum archiepiscopo Moguntino, cum quo discordabat dux Bayoarie patruus Lodowici cesaris, ut eos concordaret. Dux autem in sua comitiva et pro sua parte habuit Iohannem cecucientem regem Bohemie, Rodolfum ducem Saxonie, Wilhelmum marchionem Misne, Guntherum lantgravium Hassie et plures alios nobiles. Hii omnes proposuerant novam fecisse eleccionem contra Lodowicum de rege Romanorum, sed Lodowicus imperator ammonitus ad locum illum cum fortitudine maxima venit, volens resistere inimicis. Quod cum dux Bayoarie cum suis percepisset, non fuit ausus venire ad locum Lodowici, sed retrocessit cum suis in[f] Bunnam civitatem Reni et ibi eleccionem celebrans conceptam[g] cum principibus supranominatis, erectus est Wenzlaus marchio Moravie in regem Romanorum contra Lodowicum. Totum autem istud fabricavit Iohannes rex Bohemie, volens confundere Lodowicum imperatorem propter uxorem filii sui raptam, quam dederat filio suo Lodowico marchioni de Brandenburg. v. Detm. 168.

744. (In Unna — secundum Henricum de Hervordia — mortuus.) Herv. 769.

745 (488). Edwardus rex Anglorum iterum Franciam potenter intravit et eam undique devastavit secundum Wilhelmum[h], ponens se tandem prope urbem Parisiensem cum suo exercitu, ibidem XI diebus consistens; et inde demum versus Ambianis tendens, prestolari disponebat prelium cum Philippo rege Francorum. Habuit autem prefatus Edwardus rex ducem exercitus sui Henricum nobilem comitem Holtzatorum, virum bellicosum et victoriosum. Rex autem Philippus in occursum regis Anglorum venit cum regibus Iohanne Bohemorum rege, Petro rege Navarre et Dizancio rege Maloricarum. Et commissum est prelium ex utraque parte durissimum. Rex autem Anglie tandem dei gracia victor effectus, cepit Philippum regem Francorum per manus Henrici comitis Holtzatorum (militis invictissimi). Et interfecti sunt Iohannes rex Bohemie, Adolfus dux Lotharingie, (Ferrandus) comes Flandrie et Bernhardus comes de Altona cum ceteris XXIIIIM armatorum. Rex autem Edwardus strennuitatem et virilem animum comitis Henrici de Holtzacia attendens (et presertim bonum, quod sibi in hoc prelio v. Detm. 166.

(1) st. Lodowicus imperator B: Karolus rex Bohemorum in regem Romanorum contra Lodowicum eligitur et in Bunna non cum consueta solempnitate per Walradum archiepiscopum Coloniensem coronatur secundum cronicam Bohemorum. Antequam tamen ista eleccio fieret, Lodowicus rex.

a) cronicam Anglorum B. b) st. Delfino — vix elapso B: in Vasconia sic Herv. c) cronicam principum de Hollandia B. d) cronicam de Marka B. e) secundum Henricum de Hervordia etate 6. cap. 99 a. m B. f) iterum B g) st. conceptam — Lodowicum B: ut dictum est supra. h) cronicam Anglorum B.

ferat), concessit[a] eidem et suis successoribus in perpetuum censum CCC[b] nobilium annuatim sublevandum (dummodo ipse et sui successores post eum singulis annis regi Anglorum se representaverint et in necessitatibus regni se fideles vassallos exhibuerint).

v. Detm. 565. 746 (489). Rege autem Edwardo in Francia pugnante, Fernandus rex Schotorum intravit Angliam, ut devastaret regnum fratris sue matris[1]. Sed Anglici viriliter ei resistentes, ceperunt Fernandum[c] regem et de exercitu suo interfecerunt circiter XIIIM[d]. Et sic utrobique processit prospere Edwardo. Rediens autem Edwardus de conflictu Francorum obsedit Caliatum, id est Kalis urbem; ubi edificans castrum, prohibuit per illud, ne aliquid opido adveniret de victualibus, sed sibi omnia necessaria de Anglia fecit adduci. (Nec ab ista obsidione recessit, quousque urbem cepisset et forte castrum in ea construxisset.)

Rep. 557. 747. (Quamplures[e] equestris ordinis — secundum Henricum de Hervordia — vastantes. De hiis videre poteris in etatibus fratris Henrici de Hervordia.)

Detm. 566 748. Ultra[(1)] mare in terris, ubi piper et zinziber crescit, in Dathagio flumen, quod dictam urbem pertransit, repletum est vermibus et serpentibus venenosis secundum cronicam Francorum. Qui exeuntes aquas devorabantur omnem fructum terre, et quicumque aquas illas tangebat, cecidit extinctus. Eodem tempore inter Cathagium et Persidem cecidit ignis de nubibus et consumpsit plures urbes, opida et villas cum omnibus inhabitatoribus. Nec poterat igni illi quecumque materia resistere et dabat ex se maximum fumum horribiliter fetentem. Quicumque autem naribus suis fumum senciebat, moriebatur statim. Qui vero ipsum videbat, non odorans fetorem, moriebatur infra sex dies. Et ubicumque homines illi applicuerant, pestem secum ferebant et homines alios inficiebant. Que quidem calamitas causa extitit generalis epydimie et mortalitatis. Nam XII galee in hiis partibus pro mercimoniis afferendis venerant, qui videntes
vgl. 139. flammam ignis reversi sunt ad partes suas. De quibus due venerunt in Ianuam, due in Constantinopolim et Peram, alie vero navigaverunt in Siciliam et Massiliam. Quedam autem ex eis pervenerunt in Sardiniam, ubi dominus Archuscar maximum exercitum congregaverat, de quo exercitu mortui sunt XLM. Qui omnes in mare sunt proiecti. Ad quamcumque ergo terram homines illi in galeis illis declinabant, mortalitatem secum ferebant et populum innumerum inficiebant.

Detm. 566. 749. (Albessaus[2] autem rex Tartharorum de Velkmaro urbe magna viam fieri fecerat per deserta nemora compendiosam versus urbem Ianuensem in labore maximo. Cum autem una dierum cum exercitu pulcro transiret per viam illam causa videndi, qualis fieret, subito venit post ipsum quidam nuncius ei et dicens: 'Domine rex, postquam recessisti de domo tua, defuncte sunt LXXX mulieres de uxoribus tuis et quasi omnes homines civitatis tue cadunt et subito moriuntur'. Quo audito rex valde territus dixit: 'Deus cristianorum se vindicat in nos et vult procul dubio nos omnes cristianos fieri'. Et statim missis nunciis iussit ad se convenire consiliarios suos. Quibus ait: 'Disponatis vos omnes, ut una mecum sacrum baptisma recipiatis. Hec enim pestis ingruit demeritis nostris, quia cristianos persecuti sumus et eorum fidem recipere dedignamur'. Quibus in concilio sic occupatis, ecce navis peregrinorum cum mercatoribus intimavit regi, quod cristianorum

(1) *§ 748 lautet in B:* In Terra Sancta ignis de celo in modum pluvie cecidit tante virtutis existens et activitatis, ut lapides et omnia que tangeret consumeret; et omnes homines, qui odorem fumi senciebant, moriebantur. Qui vero fumum viderunt odorem non percipiendo, ubicumque illi applicuerant, pestilenciam hominibus et pecoribus intulerunt[3].

a) de Anglia *s. zu B.* b) 400 *B.* c) ipsum *B.* d) 10000 *B.* e) *die ersten drei zeilen des § auf rasur D.*

1) *David II. Bruce ist gemal der schwester Edwards III. Johanna.* 2) *Siehe schon A § 507.* 3) *Siehe schon A § 490 und unten D § 774.*

partes mortalitas maxima quasi desolatas redderet. (Quod ut rex audivit, alterius mentis effectus in paganismo perduravit.)[1]

750. Lodowicus rex — secundum Egghardum[2] — sepultus est. (Fuit autem Lodowicus — approbante.) Herm. 770, 771.

751. In[3] Avinione, Marsilia — mansebat etc. Herm. 772. *f. 188.

DE KAROLO IIII. IMPERATORE XCIIII.

752 (494). Karolus[a] filius Iohannis — ut dictum est supra de trufatore Woldemarum antiquum marchionem se fingente, quem ad hoc faciendum induxerat. Herm. 774.

753. (Principium autem — apparebant, prout infra clare patebit.) Herm. 777.

1349.

754. Primo anno Karoli qui est domini MCCCXLIX, marchio Iuliacensis — deiectus[b]. Herm. 877.

755. (Guntherus[1] de Swartzeburg — secundum Egghardum — defunctus, ut supra patuit.) 866.

756. Mirabilis visio — secundum Henricum de Hervordia — timuerunt valde. 1349. *f. 181.

757 (496). Woldemarus rex Danorum vallavit exercitu suo castrum Werdingburg in Lalande secundum cronicam Danorum, volens Holtzatos, qui in eo erant ex parte comitis Iohannis, propellere. Quod cum Iohanni comiti intimaretur, mox congregans populum multum venit obsessis in auxilium. Magnus autem rex Sueorum audiens hanc controversiam intercepit eam et ambas partes componens ordinavit, ut rex Danorum daret comiti Iohanni VIIIM[c] marcarum argenti et quod comes redderet regi terram illam Lalande. Quod cum factum esset, principes concordati discesserunt. v. Detm. 604.

758 (498). Albertus et Iohannes domini de Mykelenburg (circa[2] festum nativitatis virginis gloriose) iverunt in Pragam cum solempni comitiva ad Karolum regem Romanorum (secundum cronicam Obotritorum). Quos rex honorifice susceptos gloriose sublimavit in duces cum omni solempnitate[d] debita et consueta eos promovens. f. Detm. 612. Ludw. 548.

759. (Qui reversi ad partes instauraverunt gwerram contra Ottonem comitem de Swerin, volentes recuperare terras, quas Henricus Leo olim dux Saxonie et Westphalie domino Pribislao Slavorum regulo abstulerat, cuius veri heredes essent, quas dictus comes Otto in preeminentiarum possidebat. Eodem tempore Albertus dux Magnopolensis opidum Wittenburg et castrum suum potenter expugnavit. Quod percipiens Woldemarus rex Danorum, in favorem Lodowici marchionis contra Albertum ducem, qui fictum Woldemarum marchionem introduci iuverat, collecto exercitu navali invasit insulam Pöle, Detm. 613.

---

(1) *in B folgt:* 749a (491). Ericus dux Louenburgensis secundum cronicam Lubicensium — *u. s. w. wie A* — raptores de terra. v. Detm. 600.

749b (492). In carnisprivio Albertus dominus de Mikelingborg secundum cronicam Obotritorum tenuit solempnem curiam in urbe Lubeke cum consorte sua, sorore regis Sweorum. Ad cuius curie solempnitatem venerunt Otto filius Rodolfi ducis Saxonie, Henricus comes Holtzacie, dominus Slavorum Yaspar et plures alii nobiles, et tunc plena concordia facta est inter Henricum comitem Holtzatorum et cives Lubicenses mediante dicto Alberto domino Mikelingborgensi. v. Detm. 601.

(2) plures cronice, licet Henricus de Hervordia dicat, ipsum obiisse tricesimo tercio anno regni sui *B.*

(3) *st. § 751 B zu 1349:* Hoc anno secundum cronicam Francorum Marsilia — Daciam, Sweciam et Norwegiam etc. Herm. 878.

---

a) *§ 752 in B kürzer.* b) *secundum cronicam de Marka z. zu B.* c) 7000 *B.* d) solempnitate *D.*

1) *§ 755 fehlt B; vgl. statt dessen § 775a.* 2) *Das datum in D aus Detmar.*

omnia in ea vastans et depopulans. Quem Albertus dux tunc in Wismaria consistens viriliter terra propulit et ad naves fugavit, multis Danis interfectis et pluribus submersis.)

Detm. 508. 760. (Henricus nobilis comes et famosus miles Holtsatorum obsedit castrum Stegher, quod erat nobilis clientis Hennekini de Hommersbotele, secundum cronicam Lubicensem. Cui comiti auxilio erant civitates Lubicensis et Hammeburgensis. Woldemarus autem rex Danorum, fugatus de Pole cum suo exercitu per Albertum ducem Magnopolensem, venit in Holtzaciam, ut presidio foret obsessis in castro Stegher. Cum vi armorum rex redimere non posset predictum Hennekinum Hommersbotele, placitando tamen tantum effecit, quod comes Henricus solvere deberet vii marcarum Lubicensis monete et recipere pro illa pecunia omnia pertinencia ad castrum predictum et ea perpetuo possidere, sed castrum ipsum destrui funditus deberet et Hennekinus terram Holtsatorum exire super gracia comitis Henrici et suorum successorum. Que omnia sic facta sunt.)

v. Detm. 517. 761 (499). Civitates de Marchia ad instinctum et practicacionem quorundam principum, puta archiepiscopi[1] Magdeburgensis[a], Rudolfi ducis Saxonie (et Alberti ducis Magnopolensis) receperunt quendam trufatorem se mencientem Woldemarum antiquum marchionem esse et se iam revertentem de longinqua peregrinacione secundum(1) cronicam Saxonum, prout supra[2] dictum est folio CXXIX.c. Ludowicus tandem resignavit marchionatum hunc Romulo fratri suo, qui Rome natus fuerat[b]. Qui tandem multis preliis actis cum eo, trufatorem illum de terra fugavit. Qui veniens in opidum Dessowe situm super Albiam in comitatu de Anehalt, ad extremam tandem paupertatem devenit et ibidem defunctus est[c].

v. Detm. 511. 762 (500). Edwardus rex Anglorum cepit Caliatum urbem potentem (secundum Wilhelmum), cum iam ipsam ultra annum obsedisset. Quam fortiter munivit et usque ad presens tempus eam(2) retinuit.

v. Detm. 512. 513. 763 (501). Magister Iohannes Damekowe scripsit amicis suis ad urbem Lubicensem (secundum cronicam eorundem) de causis pestilencie protunc currentis in diversis mundi partibus ac venture ad Saxonie, Slavie ceterarumque regionum orientalium partes, ut firmiter supponeret[d](3).

1350.

Detm. 573. 764 (503). Secundo anno Karoli qui est domini MCCCL. fantasma[3] quoddam singulare — secundum Henricum de Hervordia — nichil valerent(4). Plura(5) autem talia dixit hic Reynchinus et plura alia fecit.

(1) st. secundum — CXXIX.c B: omagium ei facientes et tamquam domino suo de novo iuramenta prestantes. Multi igitur homines interfecti sunt propter illum et multa bella commissa sunt terraque vastata.

(2) st. eam retinuit B: quo presentes cronice confecte sunt, eam retinet.

v. Detm. 505. (3) in B folgt: 763a (502). Woldemarus rex Danorum venit in urbem Lubeke cum Erico seniore duce de Louenborg secundum cronicam Lubicensium. Et de urbe predicta navigio pergentes venerunt in Prutziam pugnaturi contra paganos pro fide; sed quia pro illo tempore expedicio nulla fieri poterat, iter suum direxit ad Terram Sanctam cum dicto duce. Et ibi preveniens factus est miles rex ab Erico duce in sepulcro domini.

Detm. 580. (4) et quod Hammone — mereirent s. zu B.

(5) st. Plura — fecit B: Et plura talia dixit et plura nobis mira fecit.

---

a) et s. zu B. b) et ob hoc sic nominatus s. zu B. c) ut dicunt cronice marchionum de Brandeborg s. zu B. d) De qua supra actum est. s. zu B.

1) *Otto von Hessen.* 2) *In § 750.* 3) *Siehe den text des deutschen Korner in Pfeiffers Germania IX 268.*

765. Inde — secundum cronicam Francorum[a] — contra legem eorum feret. [illegible]

766. Cum quondam — secundum Henricum de Hervordia — 'finibus Misno[1]. (Et ibid. c. 182.
simile duobus aliis eiusdem ordinis contigisset, nisi cautelose manus
eorum evasissent prope Aquisgranum).

767 (504). Quidam de nobilibus[b] terre Holtzatorum conspiracionem fecerant contra v. Detm. [illegible]
proprios dominos suos, proponentes eos exheredatos terra pellere secundum cronicam Lubicensem. Quod Henricus et Iohannes comites percipientes, exercitum fortem collegerunt de fidelibus suis nobilibus et civibus, et properantes contra hostes suos primo obsederunt Remsebarg castrum, in(2) quo erat Marquardus Westense, et ceperunt ipsum expugnando. Post hoc vallaverunt Lakeberg, quod erat eiusdem Marquardi conspiratoris, et similiter expugnaverunt illud. Deinde castrum Woltorp obsidentes ceperunt tandem ipsum. Comes vero Iohannes et cives Hammeburgenses obsidendo(3) castrum Lynowe expugnaverunt, quod alias Henricus Bruktorpe et Ludolfus Scarpenberg ceperant et multa inde dampna mercatoribus intulerant(4).

768. (Nobiles autem hos et suos conspiratores comites et civitates Lubicensis et v. Detm. 547.
Hammeburgensis terra propulerunt et castrum ipsorum funditus everterunt. Raptores autem prefati, quorum castrum fuerat et qui terra privati sunt, ad Albertum ducem Magnopolensem se transtulerunt et sub suo presidio stratam communem, ut prius spoliaverunt. Propter quod civitates predicte Lubicensis et Hammeburgensis una cum Luneburgensibus Albertum ducem predictum impecierunt, dicentes: 'Antequam dux factus fuistis, eratis pius, iustus et strenuus strate defensor et mercatorum, prout vestram magnificenciam bene decebat. Sed modo princeps factus non utique militum, ut ceteri principes, sed pocius latronum et raptorum, gloriam vestram maculatis, raptores fovendo et fures defendendo et cum eisdem porcionem vestram statuendo'. Quibus

(1) et Saxonie persuasionibus eorum compertus et in plerisque locis similia plura fecerunt. De [illegible]
ista materia plura poteris videre in Henrico de Hervordia etate 6. cap. 100. s. m B.

(2) st. in — Westense B: quod stabat Marquardo Westense pro quodam summa pecunie, qui erat unus de conspiratoribus.

(3) st. obsidendo — intulerant B: obsiderunt castrum Steghe, sed non poterant illud expugnare.

(4) in B folgt: 767a (505). Eodem tempore Henricus Bruktorpe et Ludolfus Scarpenberg v. Detm. [illegible]
ceperunt castrum Lynowe, de quo multis diversa incommoda intulerunt.

767b. Rex[1] Ungarie Lodowicus et quam plures alii principes exercitum magnum duxerunt in terram Sarracenorum, ut pro fide cristiana pugnarent et intrantes fines barbarorum igne et gladio vastabant omnia que poterant. Sencientes autem Sarraceni se resistere non posse cristianis, fuga elapsi presidium cuiusdam castri fortissimi petierunt. Quod castrum rex cum suis circumdans barbaros in eo obsedit, sed ab hac obsidione dolo et fraude fratrum de domo Teuthonica amotus est. Nam magister dictorum fratrum[2] de Prussia de domo Teuthonica ad regalem principum Tartarorum litteras regi Ungarie misit in obsidione posito sub hoc tenore: 'Noveritis, domine rex, quod pagani nostras intraverunt terras in maxima multitudine, qui devastantes terras occidunt quotquot inveniunt homines. Si igitur quantocius nobis in auxilium non veneritis, perdemus omnem terram pariter et vitam'. Quibus litteris lectis mox obsidionem solvunt et in terram Prucenorum quantocius vadunt, sed statim se deceptos inveniunt. Convocans autem rex commendatores terre et precipuos ordinis, ostendit eis litteras et sigillum magistri sui. Qui se excusantes de decepcione facta, in signum sue innocencie cum adiutorio regis[c] magistrum suum ceperunt et ipsum deponentes de magisterio rotando occiderunt.

a) Saxonum B. b) militibus et militaribus B. c) regum B; vgl. A und D.

1) Vgl. schon A § 486 und D § 786. 2) Heinrich I. Dusemer von Arfberg bis 1351.

respondit Albertus dux, licet minus prudenter et iuste: 'Quia angarior undique hostibus et artor nimis infestacionibus predonum, idcirco clavum clavo retundens, raptores et latrones tollero in urbibus meis, ut per ipsos resistere valeam inimicis'. Que quidem responsio causa extitit ruine et destruccionis plurium municionum terre sue, ut inferius patebit [1].)

1351.

[illegible] 769. Tercio anno Karoli qui est domini MCCCLI. pestilencia [2] gravissima — secundum Henricum de Hervordia — superfuit[(1)].

770. (Incepit namque epydimia hec sevissima in Terra Sancta et in partibus superioribus transmarinis, prout supra patuit, et transiens mare secundum modum ibidem expressum pervenit in Franciam, Ytaliam, Siciliam et Lombardiam, puta anno domini MCCCXLIX. Anno vero sequenti venit pestis illa mortifera in Teuthoniam, transcendens montes Alpicos et Lombardicos et devoravit sua ingluvie homines quasi infinitos. Tacens enim de ceteris urbibus, castris, opidis et villis, scribo secundum audita a viris fidedignis et veridicis, quod in sola urbe Lubicensi clade illa mordaci absumpta fuerint XCM hominum. Tanta namque hominum copia ad illam urbem confluxerat ex diversis mundi partibus propter prosperam mercimoniorum expedicionem et affluenciam bonorum, que ibidem tractabantur, quod civitatem illam cives decreverant ampliare et disposicionem de facto ad hoc fecerant, prout refert cronica urbis predicte [3]. Sed postquam exinanita est et privata per mortalitatem predictam tanta hominum copia, mansit urbs ipsa in limitibus antiquis. In predicta autem pestilencia obierunt in conventu ordinis Predicatorum in urbe dicta XXXVIII fratres, quorum obitus futurus in dicto certo numero preostensus fuit in quadam visione evidenti. Erat enim in dicto monasterio frater quidam conversus Iohannes Westphal nominatus, vir bonus, simplex et devotus. Hic procurator dicti conventus existens, una nocte audivit in cubiculo suo iacens, subtus se in domo hospitum multitudinem fratrum ad mensam se ponencium, quasi pransuri fuissent. Quorum quidam in forma servitoris loquens coco per fenestram coquine, dixit alta voce: 'Coce, prepara te ad ministrandum fratribus hiis cibum, qui peregrinaturi sunt et recessuri ab isto loco'. Cocus autem verus in lecto suo quiescens de hoc facto nichil sciebat, sed tamen quidam de coquina in persona coci respondens servitori cibum postulanti dixit: 'Quot sunt fratres pransuri et recessuri?' Respondit minister: 'XXXVI fratres sunt de isto conventu et duo fratres hospites, qui abhinc recedent'. Frater autem Iohannes conversus procurator prenominatus audiens, tot fratres velle commedere in nocte et cibum eorum postulari, mirabatur de hora insolita et cur sibi nullus locutus fuisset de ciborum preparacione, cum ipse talia haberet dispensare. Unde surgens de stratu suo, per foramen quoddam, per quod de cella sua ad domum illam respicere poterat, prospexit. Et videns mensam plenam fratribus in albis sedentibus, velatis tamen faciebus, quemadmodum mos est fratribus defunctis et sepeliendis fieri, obstupuit et non audens descendere dormitorium, nimio horrore concussus

(1) Quidam dicunt hanc pestilenciam incepisse precedenti anno et terminasse hoc anno in Teuthonia. s. zu E.

In B folgt: 769a (820). In hac mortalitate obierunt secundum cronicas Lubicenses in urbe Lubeke 90000 hominum.

769b (821). Eodem enim anno dispositum fuerat pro amplificacione civitatis, sed subtractio tanti populi per pestilenciam eam postposuit.

1) *Wol nur erweiterung von Detmar 517.* 2) *Königes aus der fassung, die dieser § zusammen mit dem folgenden in H erhalten hat, ist ein intervum; vgl. den anhang I.* 3) *Vgl. Detmar 521 cap. 681, den Korner im § 771 benutzt.*

reposuit se ad lectum suum; nec cuiquam visionem indicavit, donec pestilencia ista sopita esset. Et tunc in veritate comperit, eam presagium fuisse obitus fratrum illorum in predicta epydimia inibi defunctorum, quorum numerus erat XXXVI. Et duo fratres de conventu Hamburgensi supervenerant, qui eciam ibidem defuncti sunt.

771. Conventus[a] fratrum Minorum in urbe Lubicensi, quia ruinosus erat (et non bene provisus in sua construccione secundum cronicam Lubicensem) destructus est funditus et reedificatus per Emekinum guardianum dicti monasterii (de pecunia quasi infusa in pestilencia sibi oblata. Detm. [illegible] In qua quidem peste in dicta civitate infra unum diem naturalem, puta ab uno vespere vigilie sancti Laurencii ad reliquum vesperum[b] eiusdem festi, obierunt mille et quingenti homines). Detm. [illegible]

772. (Tecta turrium ecclesie beate virginis in urbe Lubicensi secundum cronicam eiusdem urbis erecta sunt et muris supposita in illa estate eciam de eadem pecunia epidimiali) Detm. [illegible]

773 (522). Hartwicus de Ritzerowe, vir strenuus et advocatus (Erici) ducis Saxonie de Louenburg, et Henricus Lucowe advocatus Lubicensis cum exercitu pulcro venerunt in terram comitatus de Wittenburg secundum cronicam Lubicensem. Ubi primum vallantes municionem dictam Nyenkerke, que erat illorum de Tzule, incineraverunt eam, interficientes sex raptores in ea inventos et detentos ibidem in vinculis mercatores solverunt. Abhinc recedentes venerunt in Kemmyn castellum et similiter illud igne conbusserunt et captivos solverunt. Post hoc se transferentes in Temyn municionem fortem et inde in Kassyn, que erant illorum de Stuken, et eas solo equaverunt. Et(1) sic reversi sunt ad proprias edes. v. Detm. 617. *S. [illegible]

774 (506). In Dathagio urbe Persarum secundum Eggbardum[c] aqua quedam innumeris repleta est serpentibus et vermibus, que profluens replevit totam terram innumeris venenosis animalibus. Que vorantes semina et fructus, quidquid tangebant, inficiebant. Aquam autem illam quicumque tangebat, mox exspirans corruebat. Infra Carthaginem vero urbem(2) tres ceciderunt lapides de aere, quorum quilibet habebat magnitudinem[d] modii. Homines autem illius terre receperunt unum de lapidibus illis et imposuerunt ipsum mulo et tulerunt illum ad dominum terre illius pro magno portento. v. Detm. [illegible]

775 (509). Magnus rex Sueorum cum magno exercitu transiens contra Ruthenos, obsedit castrum Pekemar et expugnans cepit ipsum(3) secundum cronicam Danorum[e]. Quod quidem captum bene muniens cum CCCC armatis, reversus est in Sweciam. Rutheni autem, audito regis recessu, venerunt in multitudine gravi et applicatis instrumentis bellicis obtinuerunt castrum et interfecerunt de Sweis quotquot invenerunt. Pociores vero captivos secum duxerunt(4). v. Detm. [illegible]

(1) st. Et — edes B: Predictas inquam quatuor municiones fortes cives Lubicenses cum adiutorio dicti Hartwici[f] uno die vastaverunt, solo omnes equantes nec relinquentes de eis quidquid usque modo.

(2) st. Persidem pluit ignis, qui consumpsit civitates et castra et villas, lapides et ligna ac homines infinitos. Ignis ille[g] fumum magnum de se emittebat et si quis odorabat, mox moriturus cadebat. Inter Cathaloniam eciam ac Arragoniam a. su B. *Die stelle scheint in D versehentlich ausgefallen zu sein. Siehe auch schon § 748.*

(3) in sex ebdomadis a. su B.

(4) *in B folgt:* 775a (511). Guntherus de Swartzeborg electus rex Romanorum secundum aliquos hoc anno a suo medico per ordinacionem Karoli intoxicatur. Ille medicus cum v. Detm. [illegible]

a) *§ 771 in B unter den nachträgen hinter 1375.* b) verp *D.* c) cronicam Romanorum *B.* d) magni a. su *B.* e) Sweorum *B.* f) Hartwidi *B.* g) Illi *B.*

Herm. … 776 (513). In opido Hamelen — secundum cronicam Saxonum — decubuit. Huius autem facti causam nullus sciro poterat nec scitur usque in presens nisi coniecturaliter, quod scilicet vermis quidam fuerit nomine basiliscus, visu suo homines interficiens.

777 (514). Petrus Iohannis frater ordinis Minorum provincie Narbonensis heresiarcha pessimus, oriundus de villa Ceriaco Bituricensis dyocesis, zyzaniam sue perfidie iam dudum sparserat, LVI errores docendo, propter quos a papa Iohanne XXII. dampnatus extiterat secundum auctorem Librorum inquisicionis parte tercia q.[a] XV, hoc anno Viterbii ut pertinax hereticus est conbustus in habitu fratrum Minorum, prius degradatus et inscalatus. Super condempnacione autem errorum dicti heretici fratris Petri papa Iohannes constitucionem edidit specialem, que incipit 'Cum inter nonnullos'.

v. Detm. 515. 778 (515). Pax bona et concordia firmata est inter principes et civitates, puta Ericum ducem de Louenburg, Henricum, Iohannem, Nicolaum et[b] Gherardum comites Holtzatorum, Lubicenses, Hammeburgenses et Luneburgenses[1] secundum cronicam Lubicensem. Vigore autem huius pacis cives Lubicenses cum adiutorio Hartwici de Ritzerowe, advocati ducis antedicti, expugnaverunt municionem Bernstorpe, quod erat nobilium de Tzule. In quo castello inventi sunt XVI raptores et omnes sunt suspensi. Post
Juni 24. hoc circa festum Iohannis baptiste virtute eiusdem pacis Ericus dux de Louenburg, Iohannes comes Holtzatorum et Lubicenses cives destruxerunt infra paucos[c] dies municiones fortes subsequentes et multum reipublice dampnosas, puta Seebere, Nyendorpe, Borgaderstorpe, Lanken, Nannendorpe, Stenhorst, Kulpin, Gudowe et Rohorst.

v. Detm. 516. 779 (516). Non longe post cum predicti domini et cives Lubicenses vellent prelibatarum municionum aggeres et valla solo equare, ne iterum dicti raptores alia castriola super eisdem erigerent, predictus Hartwicus de Ritzerowe cum XX armatis transiens versus municionem Gallino in comitatu de Wittenburg sitam, reperit quosdam raptores in ea. Quibus cum diceret, quod Lubicenses cum magna potencia venirent ad destruendum castrum, mox ipsi relicto loco satis munito, ad nemora vicina convolarunt, timore Lubicensium exterriti. Hartwicus autem videns castellum vacuum, ipsum incendit et terre equavit.

780 (517). Annus iubileus precedenti anno incepit in Romana urbe celebrari sub Clemente VI. (secundum Henricum de Hervordia) et anno presenti se terminavit. In quo turmatim homines utriusque sexus et cuiuslibet status Romam visitabant in remissionem peccatorum suorum.

Detm. 520. 781. Dominus Iohannes Mül episcopus Lubicensis obiit. Cui in sedem successit Bertrammus Kremon[d] et sedit annis xxvi[(3)].

Detm. 521. 782. Mirabilis casus accidit in opido Wittenborg secundum cronicam Obotritorum. Nam homo quidam captus fuit ibidem propter incineracionem nocturnam. Hic homo ad aute-

poclonem regi preberet, compulsus est a rege, ut credenciam sibi faceret. Bibens igitur mediens, bibit et Guntherus, et ambo mortui sunt.

v. Detm. 513. 775b (512). Tunc reconciliati sunt Karolus rex et Lodowicus marchio Brandeburgensis. Electores vero principes Karolum ducentes Aquisgranum, ipsum cum sua uxore in reges Romanorum sollempniter coronaverunt, licet prius in Bunna indebite coronatus fuisset.
juli 25. Hec coronacio secunda facta est in die sancti Iacobi.

[(3)] augens in pluribus bona ecclesie sue a. ro B, das den passus § unten am rand gibt.

a) questione B. b) et Gherardum in B am rand. c) 10 B. d) Kremde qui confirmatus fuit in Avinione B.

1) *Hamburg und Lüneburg sind etc. abweichend des bündnisses von 1349 märz 1 nicht beteiligt.*

cionem sue innocencie elegit ferre ferrum ignitum et sic se expurgare de imposito. Cumque ferrum ignitum manibus suis per spacium aliquantulum tenuisset, proiecit ipsum in terram cunctis videntibus, qui affuerant, nullum ustura in manibus suis vestigium relinquens. Sed mox metallum de manibus projectum eorum oculis omnium disparuit, mirantibus universis. Elapso vero anno vir quidam plateam reparare volens, lapides removit et in arena fodiens, reperit ferrum predictum. Quod cum in manus reciperet, cuti suo adhesit et manum eiusdem in toto reliquid. Quod factum stupendum cum castellano denunciaretur, hominem illum captivavit et examinatum reum incendii supradicto reperit et sic rotari ipsum fecit.)

1352.

783 (519). Quarto anno Karoli qui est domini MCCCLII cives[(1)] Lubicenses et Hammeburgenses placita habentes cum comitibus Holtzatorum, ad memoriam eis revocabant conclusionem ad tres annos factam super destruxione castri Linowe, que ad effectum nondum esset perducta, et quod verbum suum, quod regi Danorum Woldemaro promisissent, non servassent secundum cronicam Lubicensem. Que quidem ammonicio corda comitum sic tetigit, ut cum predictis civitatibus taliter convenirent, quod determinato die cives potenter se coram predicto castro presentarent cum instrumentis consuetis et necessariis et ipsi comites cum suis similiter adesse vellent. Statuto ergo die adveniente predicte civitates cum multo venerunt populo et diversis instrumentis bellicis. Affuerunt et comites prelibati cum nobilibus suis non libenter videntibus castri destruccionem. Sed eis invitis civitates populum suum exhortati sunt, ut manus violenter apponerent et castrum solo equarent. Quod et mox factum est. Habuerunt autem Lubicenses protunc de civibus suis mille et quingentos armatos. Hammeburgenses eciam circiter mille viros secum tulerant. Dissipatum est ergo hoc castrum funditus in crastino sancti Michaelis et fundamenta eius evulsa sunt in tantum, ut nec vestigium castri appareret. v. Detm. 517. sept. 30.

784 (523). Henricus comes de Dorben — secundum cronicam Saxonum[a] — [illegible]laverunt[1]. Korn. 590.

785. Halberstadensis[b] episcopus et cives dicte urbis litem gravem gerebant cum comitibus de Regensteyn (secundum cronicam Saxonum) et plura sibi invicem dampna et incommoda inferebant. Adveniente ergo sacratissima nativitatis Cristi nocte, comites predicti cum exercitu suo urbi Halberstadensi appropinquantes, silenter muros civitatis perfoderunt, civibus communiter in suis ecclesiis existentibus et divina audientibus. Et facto foramine unus post alium subintrans civitatem, tandem unanimiter ad ecclesias festinaverunt, in cumulos magnos iuxta numerum principalium ecclesiarum se[c] dividendo et sic in improvisos *subito irruerunt, multos[d] cives ceperunt, plures occiderunt et captos per antrum in muro factum secum abduxerunt. Sed non diu Detm. 521. *f. 104.

(1) § 783 lautet in B: Ericus dux Louenburgensis, Henricus et Iohannes comites Holtzacie, Adolfus comes de Schowenborg et Lubicensis et Hammeburgensis civitates unanimiter exeuntes de finibus suis et convenientes iuxta castrum Lynowe, ipsum obsederunt, quod erat illorum militarium de Scharpenbergh, ducentes secum diversa instrumenta bellica. Obsidio autem hec secundum cronicam Lubicensium primo facta est dominica die ante nativitatem beate virginis et captum est castrum in die sancti Michaelis. Lubicenses autem habuerunt de civibus suis coram castro predicto mille et quingentos armatos, quos omni die reficiebant de expensis civitatis. Dissipatum est autem hoc castrum funditus per obsessores et fundamenta ipsa evulsa sunt, ne vestigium castri amplius appareret. sept. 2. sept. 29.

a) Anglorum B. b) § 785 in B unter den nachträgen hinter 1375. c) korrigiert aus de unter der zeile D. d) s über der zeile nachgetragen D.

1) In B ist der eintrag hierzu.

post eodem anno advocatus episcopi Halberstadensis Rodolfus Hoetal dictus unum de comitibus predictis Reghensteen cepit. Quem mox suspendere affectans, arborem, cui ipsum alligaret, habere non potuit. Unde ipsum interficiens, ad hastam suam ipsum ligavit tamquam suspensum et recessit. Comminatus namque fuerat dictus comes advocato illi, quod quam cito illum habere posset, suspendio ipsum afficeret. Quapropter et ipse Rodolfus hoc idem genus mortis comiti infligere cogitabat, sicud et fecit (licet inperfecte).

1353.

v. Detm. 532. 786 (521). Quinto anno Karoli qui est domini MCCCLIII. Woldemarus rex Danorum congregavit exercitum magnum contra Albertum ducem Magnopolensem et alios principes, qui fictum marchionem de Brandeburg introduxerant, puta[(1)] Ottonem archiepiscopum Magdeburgensem, Rodolfum ducem Saxonie et Albertum comitem de Anehalt secundum cronicam Danorum. Et veniens obsedit opidum Stratzeburg, quod mox expugnans cepit ipsum et intravit. Albertus autem dux Magnopolensis hoc percipiens, congregavit magnum populum et insecutus regem cum suo exercitu, venit et ipse coram Stratzeburg et conclusit regem in opido. At[a] ubi dux[b] Albertus constitutus intellexit, Romulum fratrem Lodowici marchionis exercitum magnum congregasse ad subveniendum regi obsesso, unde recedens ab obsidione ivit in occursum Romulo et invenerunt se mutuo prope Odersberg iuxta Oderam flumen. Ubi congressi ambo exercitus, preliati sunt prelio magno. Sed Albertus dux obtinens triumphum a domino, captivavit circa CCCC de exercitu Romuli[c]; plures vero fugam capientes aquis sunt prefocati. Romulus autem

v. Detm. 513. met quartus vix manus ducis evasit. Cum autem hec regi[d] nunciarentur, consternatus valde de Stratzeburg recessit. Et amplius fortificatus auxilio ducis Stetinensis, processit in Marchiam et proveniens prope opidum Vredeberg, mox ipsum expugnavit et cepit. De quo ultra procedens obsidione vallavit Berlin urbem, ubi cum in expugnacione civitatis illius occuparetur, fecit multos ibidem milites. Albertus autem dux de Mykelenburg cum suo exercitu post regem accelerans, reperit ipsum coram Berlin. At ubi cum essent utrique exercitus et ad pugnam se disponerent, consiliarii utriusque principis in hoc convenerunt, ut dominos suos componerent. Videbatur namque sic consulcius actum, si pax et concordia audaciam principum sedarent, quos tot trucidatorum calamitas sic exacerbaverat. Conceptum ergo suum quilibet domino suo[e] proposuit, et annuentibus principibus ordinatum fuit negocium sub tali pacto, ut quidquid in festo proximo

Juni 1. penthecostes rex Sweorum Magnus cuilibet principi faciendum diceret, in hoc quilibet contentus esse deberet. Et sic obsidio soluta est et treuge firmate sunt.

787. (Adveniente autem festo penthecostes sic placitatum fuit per regem Sweorum Magnum, quod ultra pecuniam, quam marchio Romulus dedit duci Alberto pro captivis suis redimendis, ipse marchio dimisit homagiale servicium, quod adhuc habuit in terra Stargardensi. Et accipiens in uxorem Ingeburg filiam Alberti ducis, nichil in dote cum ea accepit nisi Lentzen opidum et castrum cum suo territorio. Sed pro vitalicio dedit sibi[f] Romulus marchio Arneburg, Werben, Sehusen et Perleberg cum attinenciis eorum.)

Detm. 573. 788. (Quibus principibus sic concordatis, Woldemarus rex Danorum, Romulus marchio et Ericus dux Saxonie de Louenburg simul curiam Karoli intraverunt regis Romanorum, causam scire volentes, cur prefatus rex Karolus legasset trufatori illo marchiam de Brandeburg in preiudicium eorum Lodowici marchionis. Quibus sciscitantibus respondit Karolus, quod hoc ideo fecisset, quia Otto archiepiscopus Magdeburgensis, Rodolfus dux Saxonie, Albertus comes de Anehald, qui eiusdem Woldemari defuncti marchionis avunculus fuerat, et Albertus dux Magnopolensis sub

(1) st. puta — Danorum B: de quo supradictum est.

a) Ad D. b) dux Albert auf rasur D. c) ali auf rasur D. d) secundum cronicam Obotritarum s. zu B. e) suvienal D. f) sibi R auf rasur D.

iuramento suo iuridice predicto dixerant, quod dictus mendosus vir esset verus idem Woldemarus, quem vulgaris populus dicebat defunctum, et quod esset legitimus heres illius terre. Et super illorum principum iuramento ei Marchiam resignasset tamquam sibi iniuste ablatam. Cui responderunt Woldemarus rex et ceteri, qui cum eo venerant principes: 'Nos iuridice et sufficienter probare volumus, archiepiscopum predictum et suos complices falsum iurasse. Ergo, serenissime princeps, in sentencia iniuste lata mala decrevimus'. Tunc Karolus rex annuit principibus illis, ut cum trufatore illo agerent, prout iusticia exigeret. Cuius sentenciam cum fictus ille marchio percepisset, fugam iniit declinans ad terram Alberti comitis de Anehald in opidum Dessowe et ibidem in miseria vitam suam terminavit. Romulus vero, cui frater suus Lodowicus Marchiam resignaverat, eam obtinuit et Woldemarus rex opida in ea capta libertati dedit.)

789 (526). Bulco dux de Swydenitz, potentissimus in regno Polonie, Karolo regi Romanorum rebellare cepit secundum cronicam Saxonum[a]. Quem rex cum maximo exercitu aggressus, vicit ipsum gravi cede. Bulco autem dux graciam regis requirens, sub tali pacto eam assecutus est, ut post mortem ducis prefati urbs Swidenitz cum omnibus ad eam spectantibus ad Karolum regem cum omni iure pertineret et non amplius ad suos heredes(1).

790 (527). Lancea Cristi, brachium dextrum sancte crucis cum uno clavo, mensale Cristi, Henr. 294.
quo usus fuit in cena, gladius Karoli Magni, qui Gaudiosa dicebatur (secundum Henricum de Hervordia) et quem ab angelo acceperat, ac ossa eiusdem Karoli Magni cum multis aliis reliquiis de Nurenberga urbe in Bohemiam sunt translata et in Karlstein castro regio sunt recondita(2).

1354.

791 (529). Sexto anno Karoli qui est domini MCCCLIIII. Otto dux de Luneburg, [illegible]
frater Wilhelmi, obiit in die sancti Magni martiris (secundum cronicas Saxonum). Hic cum fratre suo Wilhelmo contulit scolas cum centum marcis redditibus annualibus monasterio sancti Michaelis in castro Luneburg.

DE INNOCENCIO VI. PAPA ROMANORUM CCVII.

792 (531). Innocencius papa nacione Gallicus ex patre Stephano sedit annis VII et diebus XVIII (secundum gesta[b] summorum pontificum). *Hic prius Stephanus — decrevit.* Henr. 290.

793 (528). Karolus rex Romanorum barones et nobiles regni Bohemie ac cives Pragenses sibi rebelles per industriam et astuciam cuiusdam monachi Tiderici Kogelwid dicti penitus sibi subiugavit (secundum cronicam Saxonum). Hic frater Tidericus monachus erat ordinis Cisterciensis de monasterio Lenyn terre Marchie et astutissimus hominum existens, multis annis rexit curiam imperatoris in Praga.

794. (Cuius astucia primo innotuit imperatori Karolo taliter. Abbas enim suus cum ipsum prefecisset cuidam officio exili, puta ut caseos monasterii colligeret et racionem ex eis redderet, videns ipsum bene vestitum mirabatur, unde vestes tam preciosas sibi comparasset. Quo accersito quesivit ab eo, a quo haberet, quod tam pulcre vestitus incederet, cum tamen pauperrimus fuisset, antequam officium suum valde tenue sibi commisisset[c]. Cui frater Tidericus respondit: 'Domine, scriptum legi:

Assatura macra, de qua nil pingwe resultat.

Caseorum namque custodiam michi commisistis, et quot a presentantibus michi recepi, tot semper usui fratrum ministravi, non tamen tales, quales accepi. Arte enim michi

(1) Quod et factum est. *s. zu B.*
(2) et manent usque in presens *s. zu B.*

a) Bohemorum *B.* b) *auf rasur D.* c) t *nachgetragen D.*

cognita pinguedinem ab eis extraxi, adipem vendidi et ex pecunia inde accepta vestes meas emendavi'. Quam quidem astuciam cum Karolus in Marchiam veniens ab abbate fratris Tiderici audisset, ipsum secum sumpsit et castrum quoddam dilapidatum et suis proventibus destitutum sibi commisit. Una autem dierum rex volens experiri, an ad commedendum haberet monachus suus, inprovise ad ipsum venit pransurus cum eo. Frater autem Tidericus audiens regem adesse, nec multum adhuc habens, de quo ipsum reficeret, incidit sibi consilium satis rarum. Apprehendit namque omnes porcos adiacentis ville et precisis omnibus eorum auribus et caudis, permisit eos abire. Ex quibus egregium ferculum faciens, recepit dominum suum cum solempnitate. Quam astuciam rex videns, promovit ipsum ad maiora et commisit sibi curam curie sue totalem. Quam cum magna prudencia et sagacitate regens, cuncta bene disposuit et ordinavit. Cumque iam pluribus annis curiam regis peroptime et multum provide rexisset et locuples multum factus fuisset, invidebant sibi nobiles curie et maculaverunt ipsum apud regem dicentes, quod nimium sibi bona regni inbursaret nec unquam adhuc racionem de sublevatis domino reddidisset. Rex autem satisfacere volens inpudencie et livori nobilium suorum, prefixit sibi diem, ut racionem redderet de sibi commissis. Cui frater Tidericus ait: 'Domine rex, tam prolixum terminum habere non indigeo pro racione reddenda dominacioni vestre, sed in presenti hora paratus sum racionem facere de sublevatis et expensis per me. Ecce princeps', inquid, 'illustrissime, habitum hunc et equum unum cum modica pecunia in mea bursa ad vestram deduxi maiestatem. Hec michi liceant, queso, reassumere et mecum abducere et tunc habeo, que mea sunt. Omnia autem alia, que videor possidere, vestra sunt et non mea, nisi in quantum vestra magnificencia michi dignabitur pro meis laboribus et sollicitudinibus graciose elargiri'. Quo audito dixit rex illis, qui ipsum accusaverant: 'Estne de vobis aliquis, qui consimilem michi velit reddere racionem de sibi commissis et per eum bonis regni tractatis?' Tunc omnes confusi subticuerunt.) Unde quia rex fratrem Tidericum invenit tam fidelem in omnibus et vidit ipsum fructuosum et utilem, idcirco pro primo in laborum fidelium remuneracionem promovit ipsum in episcopum Myndensem et postea cum oportunitas se obtulisset, provexit ipsum ad archiepiscopatum Magdeburgensem[1].

*f. 105. 795 (532). Frater Iohannes de Rupecissa[a] ordinis fratrum Minorum 'pseudopropheta nominatus in Avinione est incarceratus propter varios errores suos secundum auctorem Libri inquisicionis[1], quos de anticristo prophetando tenuit et docuit[2].

Detm. 468. 796. Lubicenses[b] cives cum adiutorio Alberti ducis Magnopolensis (secundum cronicam Obotritorum) obsederunt plures municiones, in quibus raptores manifesti sederunt et ex eis communem stratam mercatorum dampnificaverunt. Quas omnes expugnantes funditus everterunt,

(1) *Hiernach folgt in B in knapperer erzählung das oben fehlende:* De isto fertur, quod cum in minoribus esset constitutus et esset in quodam castro vicedominus, una dierum cum non haberet carnes recentes preparandas pro adventu domini sui, apprehendit gregem porcorum ville proxime et abscisis omnibus auribus et caudis permisit eos abire. Ex quibus solempne ferculum faciens dominum suum gloriose venientem recepit. Quod factum cum Karolo indicaretur, mox graciam concepit ad dictum fratrem.

Henr. 288. (2) *in B folgt:* 795a (533). Lodowicus marchio Brandeburgensis tedium habens residendi in terra illa propter populi inculti rusticitatem et mulierum turpitudinem, ut dicit Henricus de Hervordia, donavit fratri suo Romulo maiorem partem Marchie, Karolo rege — sibi prestiti.

a) *c aus t korrigirt D.* b) *§ 796 in B unter den nachträgen hinter 1375, jedoch zu 1353.*

1) *Nicht im Eymericus.*

pata Dösowe, Lassan, Redevin, Dömenitz, Meyenburg[a] et Maggenburg[b]. (Raptores vero in castellis inventos suspenderunt.)

797. (Otto[c] comes de Swerin, alias dictus comes Rufus, obiit sine herede secundum cronicam Obotritorum. Cuius comitatus cessit fratri suo Iohanni comiti de Tekeneburg. Detm. [illegible]

798. Albertus[c] autem dux Magnopolensis comitatum Swerinensem habere desiderans, urbem Swerinensem obsedit, que caput erat comitatus illius, erigens contra eam castrum quoddam de lignis constructum, ne quis de urbe exire aut eam ingredi posset. Swerinenses autem cives cautelosi et astuti[d] sic intra urbem suam ordinaverunt, ut libere intrare et exire civitatem tam versus terram quam eciam aquam valerent, duce Alberto ignorante. Multis eciam et variis usi sunt cautelis ad nocendum hostibus et ad capiendum eos. Nam quandoque mulieres villanas se fingentes et ova, butirum pullosque venales deferentes exercitum intraverunt[e] et sic apud eos divagantes, quidam eorum edificia erecta incenderunt latenter et destruxerunt. Quandoque vero ut piscatores prope litus, ubi exercitus inimicorum residebat, recia sua laxantes, pro piscibus homines capiebant et abducebant. Cumque Albertus dux diutina obsidione urbem Swerinensem cum suo exercitu vallasset nec suam voluntatem virtute armorum aut pressura famis[f] vel tedio obtinere posset, dedit animum placitis et colloquiis amicabilibus. Unde placitando cum civibus et nobilibus terre tandem pro quadam summa pecuniarum comitatum illum mercatus est a Iohanne comite de Tekeneburg. Quam tamen summam ad plenum non persolvebat dicto comiti, dolose et mendose eidem Iohanni comiti imponens tradicionem terre sue, ut sic occasionem acciperet non solvendi summam pecuniarum promissam. [illegible]

799. Lubicenses[c] cives cum maxima potencia exeuntes venerunt ad castrum illud famosum in malicia et cunctis mercatoribus peregrinisque periculosum Gorlöse dictum et ipsum obsidentes, infra paucos dies expugnaverunt et incineraverunt, raptores vero omnes in eo repertos suspenderunt. Detm. [illegible]

800. (Quo destructo ad aliud castrum non minus periculosum et dampnosum se transferentes secundum cronicam Obotritorum Stavenowe nuncupatum, ipsum consimiliter expugnaverunt et solo equaverunt. De isto autem Stavenowe in inicio obsidionis duo viri fortes et animosi exierunt in vigilia palmarum et contra XIIII cives viriliter dimicaverunt ac illesi ab eis recesserunt. Unus eciam alius animosus de turri castri Gorlöse in sua expugnacione se precipitavit et toto exercitu invito manus hostium evasit.) [illegible]

801. (Edwardus rex Anglorum intravit Franciam cum maximo populo secundum cronicam Francorum et demolitus est plura opida[g] et villas. Iohannes vero filius Philippi defuncti, rex Francorum factus, venit in occursum eius cum CCM bellatorum, proponens preliari cum Edwardo rege habente solum XIIIIM armatorum. Sed apud Iohannem regem Francie quidam vir magne prudencie et fortitudinis existens, Hermannus de Colbach dictus, bellum dissuasit Francigenis. Sed illi parvipendentes consilium suum congressi sunt cum Anglicis. Anglici vero victoriam de hostibus suis obtinentes, ceperunt Iohannem regem cum filio suo Philippo et plures alios principes et nobiles. Occubuit autem in illa pugna dux de Borbûn et sepultus est Parisius, et interfecti sunt multi milites et militares regni. Primogenitus autem Iohannis regis Dolphinus[h] regni existens cum LXM armatorum turpi fuga elapsus est, patrem cum fratre in manibus inimicorum relinquens.) Detm. [illegible]

1355.

802 (534). Septimo anno Karoli qui est domini MCCCLV. Henricus dux Brunswicensis — (secundum Henricum de Hervordia) — senatorum suorum. [illegible]

803. (Iste Henricus iuvenis — absolvantur.) [illegible]

804. (Henricus de Hervordia frater ordinis Predicatorum usque ad annum presentem suas perduxit etates sex, contentas in IIII voluminibus, de rebus memorabilioribus diserto stilo confectis.)

---

a) Meyhenborg H. b) Macheraborg H. c) §§ 797—799 in B unter den nachträgen hinter 1375, jedoch zu 1355. d) auf rasur D. e) intraverunt D. f) fame D. g) f. D. h) dolfin H.

Korn. 532. 805 (533). Karolus transire volens — secundum cronicam Saxonum[a] — concessit. Cum quibus rex Romanorum — per cardinalem Ostiensem ad hoc a papa directum — fefellit.

1356.

v. Detm. 527. 806 (536). Octavo anno Karoli qui est domini MCCCLVI. (Rupertus[1]) princeps Wallie regni Anglorum bellum gessit cum Iohanne rege Francorum (redempto cum maxima pecunie summa de captivitate Edwardi regis Anglie) secundum cronicam Francorum[b]. Et princeps (ille Rupertus) potitus victoria (iterum) regem captivavit et * f. 135. *captivum duxit secum in Burdeam et ab illo loco ipsum transvexit in Angliam et in vincula coniecit[(1)].

807 (538). Armicanus archiepiscopus et primas Anglie secundum Wilhelmum[c] impugnavit impiissime religiosos Mendicantes de voluntaria paupertate, volens racionibus et auctoritatibus ostendere, eos necessario debere laborare manibus ad victum acquirendum, prout eciam alias Wilhelmus de Sancto Amore fecerat, contra quem sanctus Thomas[d] de Aquino et Albertus Magnus (doctores eximii ambo fratres ordinis Predicatorum) pulcre scripserunt ostendentes, raciones suas vanas et frivolas esse nec ipsum intellexisse sane sanctorum doctorum auctoritates. Sed cum hic Armicanus coram papa in publico consistorio predicando deficeret in suis probacionibus, arestatus fuit auctoritate apostolica in curia et ibidem tandem miserabiliter defunctus quasi incarceratus.

v. Detm. 528. 808 (539). Petrus rex Arrogonie regio honore pro Cristi nomine pariter et amore deposito (secundum cronicam Francorum) humilem habitum et mendicitatem ordinis fratrum Minorum assumpsit (et in eo usque ad mortem[e] feliciter certavit).

1357.

Korn. 534. 809 (540). Nono anno Karoli qui est domini MCCCLVII. in[g] Confluencia — contra communem nature cursum (secundum cronicam Francorum). Qui puer in mundum veniens ex utero natus in omnibus locis viro debitis crines habere videbatur et presertim in mento et inguine. Eodem quoque anno — utero materno[2].

Detm. 527. 810. Woldemarus[f] rex Danorum curiam celeberrimam tenuit in urbe Lubicensi (secundum cronicam Danorum). Ad cuius curie solempnitatem plures principes et nobiles convenerunt, et presertim Wilhelmus[(2)] dux de Luneburg, Casymarus dux de Stetin, Warslaus dux de Wolgast, Ericus dux Saxonie de Louenburg, Albertus dux de Mykelenburg, Romulus marchio de Brandeburg, Henricus et Nycolaus comites Holzatorum, Ericus dux de Sleswic et Adolfus comes de Schowenburg et plures nobiles[d], milites et militares hastiludia et torneamenta exercentes. (Ubi eciam pacem generalem terrarum statuentes, ipsam suis iuramentis confirmandam inviolabiliter sub pena mortis et suspendii compromiserunt).

Ott. 811. Fratres[f] ordinis Minorum in urbe Lubicensi capitulum suum provinciale celebraverunt (profesto penthecostes).

(1) cum filio suo Philippo[e] a. su B.

In B folgt: 806a (537). Cantus divinus et celebracio divinorum laudis ecclesiarum apertis restituitur urbi Hammaburgensi, qua iam ad plures annos caruerant secundum cronicam Lubicensium.

Detm. 527. (2) st. Wilhelmus — exercentes B: duces Stetinensis, Saxonie, Magnopolensis, comites Holtzatorum et domini Slavorum ceterique nobiles et militares dictarum terrarum et principatuum et plura militaria ibidem exercebant opera.

a) Bohemorum B. b) Anglorum B. c) cronicas Francorum B. d) s nachgetragen D. e) secundum cronicam de Marka a. su B. f) §§ 810 und 811 in B unter den nachträgen hinter 1373, jedoch zu 1356. g) am rand B.

1) Eduard. 2) Okt. 1357. Vgl. auch Detmar. 3) Der letzte § aus Heinrich von Herford.

1358.

812 (541). Decimo anno Karoli qui est domini MCCCLVIII in die sancte Walburgis mercatores Alemannie secundum cronicam Francorum[a] locum mercancie sue principalem (qui in vulgari stapel nuncupatur), quem hucusque in Brugis habuerant, transtulerunt in Dordracum ad tres sequentes annos proxime futuros propter quandam discordiam inter Flamingos et dictos mercatores exortam. Sed postea in urbe Lubicana discordia predicta sopita est et sedata in parte et tandem in toto firmata est et perfecte consummata in Brugis per venerabiles proconsules Bernardum Oldenburg Lubicensem, Iohannem Cordelitz Thoronensem, nuncios civitatum maritimarum ex parte mercatorum ad hoc specialiter missos. Mai 1.

813. Karolus imperator constituciones et leges statuit de diversis casibus et negociis imperii et presertim de ordine stacionum et sessionum inter principes electores tenendo et in ceteris actibus curie imperialis et de officiis eorundem exercendis in eadem, valituras et duraturas in perpetuum secundum Auream bullam eiusdem. Ordo — 'conpleverint'[1]. Hec ex prefata bulla aurea huius Karoli IIII. imperatoris excerpsi et presentibus utiliter inserui. s. unt.

1359.

814. Undecimo anno Karoli qui est domini MCCCLIX. Iohannes rex Francorum data magna pecunie summa redemptus est cum filio suo Philippo secundum cronicam Saxonum[b] a captivitate principis Wallie, pendente tamen adhuc lite inter ipsum et Edwardum regem Anglorum.

815 (545). Arnoldus de villa Preodil[c] Vercellensis dyocesis ordinis fratrum Minorum in diversas hereses et errores est lapsus secundum auctorem Libri inquisicionis. Docuit namque et tenuit, quod nec Cristus nec apostoli quodcumque habuerint in proprio vel communi. Quem tamen errorem pereantea reprobaverat et dampnaverat Iohannes XXII. papa pro heresi, ut supra patuit. Tenuit eciam et docuit, quod nullus possit dampnari deferens habitum ordinis sancti Francisci. Asseruitque constanter, beatum Franciscum omni anno semel descendere de celo ad purgatorium et eripere inde animas omnium illorum, qui illo anno defuncti in habitu ordinis sui extiterant sepulti et ad purgatorium fuerant missi. Huius autem erroris assertores nedum, sed et publici pronunciatores et predicatores plures in ordine predicto in presenciarum existunt (qui ausu temerario talia figmenta et mendacia non verentur populo intimare).

816. Ymmo temporibus meis me presente in provinciali synodo in urbe Hammeburgensi, celebrata[2] anno domini MCCCCVI per dominum Iohannem (de Slamestorp) 1406. archiepiscopum Bremensem et dominos Iohannem (de Dulmen) Lubicensem, Rodolfum (natu ducem de Mekelenburg) Swerinensem[d] et Dithlevum (Parkentin) Raceburgensem conprovinciales episcopos, prefatus dominus Iohannes episcopus Lubicensis doctor utriusque iuris Parisiensis, vir multum solempnis et pater religiosorum, hunc errorem in publico consistorio ipsis fratribus Minoribus ibidem presentibus obiecit coram tota Bremensi provincia tamquam per dictos fratres publice predicatum in urbe[e] Lubicensi.

817 (546). Suprascriptum autem fratrem Arnoldum hereticum frater Nicolaus Emerici[f] inquisitor heretice pravitatis ordinis Predicatorum ex iussu domini Urbani V. pape postea in presencia domini Berengarii episcopi Vercellensis dampnavit, degradavit et

a) Lubicensium B. b) Francorum B. c) Certisni a. m. B. d) Sue auf rasur D.
e) st. urbe Lubicensi B: sua dyocesi. f) Guerici B; Emerici A.

1) *Der auszug aus der goldenen bulle (Eccard 1094 bis 1101), der hier samt Korners wertlosen bemerkungen nicht wieder zum abdruck gelangt, ist in den übrigen fassungen am schluss von Otto III. (in A zu 1001, in B zu 1002) gegeben und kürzer gehalten; in a fehlt er ganz.* 2) *Jedenfalls nach dem juni des jahres, da der vorgänger des erzbischofs Johann von Bremen, Otto von Braunschweig-Lüneburg, erst 1406 juni 30 stirbt.*

Iudicio seculari tradidit ad comburendum. Ipsius quoque scripta et predicata in consimili materia similiter dampnavit, hereticavit et reprobavit[1].

1360.

818 (542). Duodecimo anno Karoli qui est domini MCCCLX. Edwardus rex Anglorum cum maxima multitudine navium intravit (Secanam) portum Francie secundum cronicam Francorum[a] et navibus in tuta custodia dimissis egressus in fortitudine exercitus sui, Remensium et Metensium accessit fines et transferens se ad urbem Remensem, obsedit eam. Que cum esset bene munita viris bellicosis, solvit obsidionem post mensem et intravit Burgundiam, eam vastaturus. Sed Iohannes rex Francorum videns, se non posse resistere potencie Edwardi regis, treugas iniit cum eo duraturas per tres sequentes annos, intentum suum obtinens per magnarum summarum auri solucionem[2].

Detm. 541. 819. (Kynstud[b] rex Lithuanorum captus in die palmarum per magistrum et fratres de domo Teutonica terre Prutzie secundum cronicam Lubicensem et mansit in captivitate in castro Marienburg usque ad festum beati Luce et tunc clam elapsus de manibus eorum, evasit

Detm. 542. favore custodum pecunia corruptorum. Quo elapso magister Prutzie exercitum magnum colligens, regem fugitivum insecutus reintravit Lithuanorum terram. Et eam in magna parte devastans, tandem obsedit Kauwenpelle et ipsam vi expugnans, cepit in eo Waydoch filium Kinstoti regis. Et de barbaris illis multos interficiens, duxit secum in Prutziam cum filio regis predicto duo milia captivorum.)

Detm. 543. 820. (Wilhelmus dux de Luneburg discordans cum domino Mauricio decano Bremensi nato comite de Aldenburg secundum cronicam Saxonum, edificavit super flumen Wummene castrum forte, quod Pontem leonis nuncupavit vulgariter Lowenbrugge, ut eo forcius dyocesim Bremensem impugnaret.)

1361.

v. Detm. 545. 821 (544). Terciodecimo anno Karoli qui est domini MCCCLXI. cometa magnorum radiorum in oriente apparuit secundum Egghardum[c]. Quo disparente Innocencius papa obiit (sepultus in Avinione)[3].

Detm. 547. 822. Consistorium[d] urbis Lubicensis incensum est et combustum per negligenciam illorum, qui pulveres pro bombardis sive petrariis parabant (secundum cronicam Lubicensem). Cum enim predictos pulveres prepararent, locabant eos in quodam loco consistorii non caute custoditos ab igne. Pulveres ergo per incuriam in nocte accensi domum ipsam succenderunt et antequam extingui poterat, eam in cineres redegerunt.

Detm. 548. 823. Woldemarus[e] magno armatorum numero aggregato, venit navigio in Godlandiam et pervagans terram igne et ferro cuncta vastavit. Cumque opidum Wisby obsideret (secundum cronicam Danorum), cives videntes, se regi non posse resistere, obviam ei processerunt et

[1] Iudicium vero seculare degradatum hunc fratrem Arnoldum ordinis Minorum ad se recipiens, ipsum igne combussit. s. zu B.

[2] in B folgt: 818a (543). Albertus dux Magnopolensis fit rex Swevorum secundum cronicam Lubicensium et secundum cronicam Obotritorum.

v. Detm. 544. [3] in B folgt: 821a (549). Woldemarus rex Danorum bellum navale agens cum civitatibus stagnalibus, recepit eis sex naves magnas cogghones nominatas secundum cronicam Lubicensium. Sed filius regis in hoc pugna tam graviter percussus est lapide a summitate cuiusdam navis projecto, ut modicum post hoc moreretur. Et sic treuge facte sunt inter civitates et ipsum ad tres annos durature.

a) Anglorum B. b) D hat hier deutlich Kynstud, unten Kinstoti; H Linstod; Detmar Kynstud. c) Romanorum pontificum cronicam B. d) § 822 in B unter den nachträgen hinter 1375, jedoch zu 1358. e) § 823 in B unter den nachträgen hinter 1375, jedoch zu 1360.

dicioni sue se subdiderunt. Rex autem totam illam terram regno suo iungens, thezaurum maximum auri et argenti inde rapuit et ad propria ditatus rediit.

824. Ericus[a] dux de Louenburg expugnavit et cepit opidum Plawe cum castro adiacente in die sancti Bartholomei (secundum cronicam Obotritorum). Quo facto Woldemarus rex Danorum placita ordinans fieri inter duces Albertum Magnopolensem et Ericum de Louenburg, sic tandem eos pacificavit et concordavit, ut dictus Ericus dux restitueret Alberto duci castrum Plawe et ipse Albertus eidem Erico resignaret Godebus opidum et castrum in pignus, quousque sibi restitueret Boytzenburg opidum et castrum. Ericus autem dux credens verbis regis et Alberti ducis ac promissionibus eorum, resignavit dicto Alberto duci castrum Plawe, sed ipse deceptus in fide sua nec Godebus nec Boytzenburg recepit. Rex vero Woldemarus, quia hanc rem tam callide practicaverat, recepit in precium laboris ab Alberto duce Helsingborg[b] in possessionem perpetuam. Cumque Ericus dux hanc fraudem videret, rescindens paccionem et pacem inter se et Albertum ducem factam, exercitum contra ipsum movit et cum eo in prelium veniens in pago Vellande ac victoria de celo potitus, occidit pariter et captivavit de exercitu Alberti ducis circiter ccc milites et militares. Audientes autem Henricus et Nicolaus comites Holtzatorum Ericum ducem esse in expedicione contra Albertum ducem, venerunt et ipsi contra dictum Ericum et obsiderunt municionem Krummesse. Quod percipientes illi de Louenburg et ceteri ducatus illius inhabitatores, conflictum cum Holtzatis inierunt et circa LX armigeros de Holtzatis ceperunt et abduxerunt. Et sic utrobique Erico arrisit fortuna.

DE URBANO V. PAPA CCVIII.

825 (547). Urbanus papa nacione Provincialis ex patre Lamberto sedit annis IX, mensibus tribus et diebus XVI (secundum gesta Romanorum pontificum). Hic prius Wilhelmus dictus, abbas extitit Massiliensis ordinis sancti Benedicti, multa passus est propter ecclesiam. Nam missus ante papatum suum per Innocencium papam ad (Barnybo) dominum Mediolanensem (tyrannum), compulsus est per ipsum devorare bullas papales, quas secum tulerat ab Innocencio papa missas ipsi tyranno, et post exire civitatem in comitiva multarum meretricum et ribaldorum.

826. Civitates[1] maritime, quarum caput dudum extitit urbs Lubicana, cum navali exercitu magno Danorum regnum intraverunt, vastantes eum in manu forti. Rex autem Woldemarus secundum cronicam Danorum cum eisdem navali bello congressus, preliati sunt pariter prelio magno. Cristoforus autem filius regis Danorum lapide percussus est tam letaliter ibidem, quod in brevi periit. Cum autem exercitus predictarum civitatum post pugnam naves[c] exivissent, depredaturi Danorum terram, et ipsas non bene munitas reliquissent, rex cum suis eas invasit et sex de maioribus cogonibus eisdem abstulit et recepit.

827. Ob quam negligenciam et quedam alia, que sibi obiciebantur, dominus Iohannes Wittenburg proconsul urbis Lubicensis et protunc capitaneus expedicionis predicte in

(1) § 826 lautet in B bei den nachträgen hinter 1375, jedoch zu 1361: Civitates maritimae cum copiosa multitudine armatorum transfretantes venerunt in Daciam contra Woldemarum regem, qui mercatoribus dictarum civitatum plura dampna intulerat. Lubicenses autem in predicto exercitu de suis habuerunt singulis diebus cibare plus quam mille quingentos homines. Exercitus igitur iste copiosus naves relinquens minus bene munitas, in portu Nortsund terram petiit Danorum. Quibus in depredacionibus villarum occupatis, rex venit navigio in valida manu prope naves civitatum. Quas prelio invadens de ipsis victoriam obtinuit et omnes illas numero 12 maximas cogones victualibus onustas cepit et abduxit. Erant eciam replete dicte naves instrumentis bellicis et armis ceterisque variis utensilibus. In dicto tamen prelio navali rex Danorum perdidit unicum filium suum, qui lapide percussus post paucos dies obiit. Post hoc date sunt treuge ex utraque parte ad tres annos durature.

a) § 824 in B unter den nachträgen hinter 1375, jedoch zu 1360. b) Helsinkborgh B. c) navis B.

sua reversione ad urbem captus est et fere per biennium in vinculis tentus et tandem capite plexus ac in ecclesia fratrum ordinis Predicatorum sepultus.

1362.

828 (549). Quartodecimo anno Karoli qui est domini MCCCLXII. rex Anglorum
mrt. 6. Edwardus circa XL. appropinquans urbi Parisiensi secundum cronicam Francorum[a] cum grandi armatorum multitudine, obsedit ipsam per quindenam, neminem exire
apr. 10. permittens aut intrare. Post octavas vero pasche idem rex Edwardus transtulit se cum suo exercitu in Normanniam. Ubi cum opida et villas devastaret, facta sunt tonitrua et fulgura horribilia, et perierunt percussi fulmine fere CCC viri fortes. Cum autem rex videret, manum domini pugnare contra se, iniit placita cum Nordmannis et Francigenis. Et firmata pace et concordia, captivi[1] ex utraque parte libertati dati sunt.

829 (550). Maior ecclesia[2] urbis Magdeburgensis dedicata est a Tiderico Kogelwid archiepiscopo dicte ecclesie secundum cronicam Saxonum. (Cognomen autem illud prelibatus Tidericus acceperat, ex eo quod ordinis sancti Benedicti monachus esset in Lenyn monasterio vestitus terre Marchie.)

830 (551). Engelbertus comes de Marka magno stipatus armatorum exercitu terram Wyland invasit et incendio eam vastavit secundum Egghardum[b] propter quoddam carmen satyricum sive reprehensivum, quod incipit 'Audiat Westphalia'. Hoc carmen in Brema compositum fuerat in ipsius comitis vituperium et infamiam.

Detm. 531. 831. Wilhelmus[c] dux de Luneburg exercitum educens contra Ericum ducem Saxonie de Louenburg expugnavit et cepit castrum Hytzenburg[d] et insulas Kerkwerder et Nyegamme (secundum cronicam Saxonum). Pater autem ducis Erici iam decrepitus in castro dicto Hytzenburg[d] residens, ut audivit adventum Wilhelmi ducis, de castro recessit et versus Nyenburg tendens ad Iohannem comitem de Hoya, qui filiam suam habuit in uxorem, in via de equo cecidit et paucis diebus ex lesione suscepta supervixit. Cumque Wilhelmus dux castrum Hitzenburg et alia cepisset, edificavit castrum forte in Gammerwerde. Quo constructo et munito, transtulit se versus Ertheneburg et ipsum opidum pariter et castellum capiens, ibidem castrum fecit et firmavit ac ipsum Vigilenburg nuncupavit.

Detm. 534. 832. Nicolaus[e] comes Holtsatorum obsedit castrum Braberg in Füne terre Danorum situm (secundum cronicam Danorum) cum CC armatis. Quod ut Woldemarus rex percepisset, venit in auxilium obsessis cum mille et CC armatis. Cum quo Nicolaus comes bellum aggressus plures de Danis mactavit. Sed tandem in fine pugne Dani prevalentes captivaverunt quasi omnes Holtsatos dempto[3] comite, qui vix cum paucis evasit.

833. Virgo[4] Elizabeth soror Henrici comitis de Holtsacia XXII annorum per

(1) st. captivi — dati sunt B: rex Francie datus est omnimode libertati et Parisius presentatur, quia usque in hunc diem tenebatur captivus in Anglia cum filio secundum cronicam Anglorum, licet supra dictum sit, quod solveretur captivitas eius data pecunie summa, prout patuit anno domini MCCCLIX.

(2) scilicet sancti Mauricii s. m. B.

(3) st. dempto — evasit B: preter comites, qui vix evaserunt.

Detm. 535. (4) statt der folgenden erzählung gibt B eine kürzere nach Detmar zum gleichen jahre bei den nachträgen hinter 1375: Eodem anno comes Holtsatorum Henricus transmisit in Norwegiam filiam suam regi in matrimonio copulandam, prout alias apud eundem regem Hakin conclusum fuerat. Existente autem ea in mari, ventus sibi contrarius ortus ipsam ire compulit in Danorum partes. Quod rex Danorum Woldemarus intelligens navem cum virgine rapuit et ipsam diu captivam tenuit. Interim Woldemarus rex apud dictum regem Norwegie Hakin practicari fecit,

a) Anglorum B. b) cronicam de Marka B. c) § 831 in B unter den nachträgen hinter 1375, jedoch zu 1361. d) B korrigirt aus K D. e) § 832 in B unter den nachträgen hinter 1375.

fratrem suum Henricum Haquino regi Norwegie[a], filio Magni regis Sweorum, sub gravissimis periurii penis arbitratis, quo pars a contractu deficiens incideret, circa carnisprivium est desponsata et postea circa festum Iacobi apostoli ab eodem rege Haquino[b] per solempnes procuratores et nuncios in Holtsacia in castro Plûne, ubi stetit inter brachia dicti fratris sui Henrici et patrui sui Adolfi sustentata, per manum Hermanni de Vitzen, personam prefati regis Haquini[b] protunc gerentis, matrimonialiter eum debita solempnitate est subarrata ac eidem regi per verba de presenti copulata necnon regina Norwegie effecta virtute dicti matrimonii contracti. Et omnia predicta facta sunt per manum prefati Hermanni de Vitzen militis ab eodem rege Haquino missi, in hoc negocio personam eius representantis et tenentis, secundum magistrum Eylardum Schonevelt in sua cronica[1]. Quibus quidem solempnitatibus expletis, dictus Hermannus miles et sui socii prefatam virginem recipientes de domo fratris sui ad naves deduxerunt cum comitiva decenti et sabbato IIII temporum ante festum Cristi Trabenam exierunt, versus Sweciam tendentes. Sed infortunio accedente, per ventum contrarium coacti sunt in Danicas declinare partes. Quod Woldemarus Danorum rex percipiens, navem cum virgine rapuit et ipsam captivam ad castrum suum deduxit spoliatam rebus et familia sua. Sequenti autem estate Woldemarus rex curiam solempnem proclamari fecit in Roschildensi opido celebrandam. Ad quam tres reges convenerunt, puta Woldemarus Danorum, Magnus Sweorum et Haquinus Norweorum[c]. Ubi rex Haquinus iura matrimonii transcendens, uxore sua legitima Elizabeth sorore Henrici comitis Holtzatorum ab ipso primo desponsata et post, ut promissum est, matrimonialiter subarrata ac per verba de presenti sibi copulata in manu Hermanni de Vitzen militis, personam suam in hoc negocio integraliter tenentis, in captivitate detenta, licet adhuc virgine existente, Margaretam filiam Woldemari regis Danorum desponsavit et in thorum suum de facto recepit, sed non impune. Divina enim iusticia hanc fraudem et legitimi matrimonii prevaricacionem mox in utramque partem condormienciam vindicavit. Nam mater sponsi domina Blanka regina Swecie et frater sponse Cristoferus[2], unicus filius regis Danorum, ibidem citharam exultacionis in luctum vertentes[3] moriebantur. Homagium vasallorum regni Swecie a rege Magno in penam pacti violati est remotum et comiti Henrico assignatum, siquidem in pacto desponsacionis inter regem Sweorum Magnum et comitem Holtzatorum Henricum sic erat arbitratum de consensu et consilio procerum regni Sweorum et consiliariorum comitatus Holtzatorum et fideiussione eorundem firmatum, quod si ipsa sponsalia domini Henrici comitis culpa non procederent, extunc castrum Calmarine, quod tunc pro magna pecunia ex parte regni in pignus habebat dictus Henricus comes, deberet restituere et ultra hoc LXM marcarum puri argenti solvere, pro quibus deberet obsides tradere; si vero eadem sponsalia ex culpa regis Sweorum in suo processu impedirentur, extunc rex Magnus deberet dominium regni perdere et omnes vasalli et capitanei regni Sweorum deberent se cum castris, terris et subditis a domino Magno subtrahere et ad dominum Henricum comitem transferre et in eum tamquam in legitimum dominum eorum se tenere. Medio autem tempore Albertus dux Magnopolensis filiam suam Ingeburg, per mortem Lodowici marchionis de Brandeburg interim[d] viduatam[4], famosissimo militi et in tota cristianitate militari gloria et strenuitate preclariori, domino Henrico prelibato Holtzatorum comiti in matrimonio copulavit[5].

märz 6.

aug. 22.

dec. 17.

quatinus ipse rex filiam suam loco filie comitis Henrici in uxorem duceret. Quod et factum est. Quibus nupciis celebratis Woldemarus rex filiam comitis Henrici remisit ad partes proprias. Que post paucos dies monasterium ingressa est.

a) gie auf rasur D. b) Ha auf rasur D. c) oz auf rasur D. d) interim vel auf rasur D.

1) S. unten s. 279 anm. 1. 2) Vgl. jedoch oben § 826, auch § 881a. 3) Vgl. Job 30, 31. 4) Ludwig der Römer stirbt 1365 mai 14. 5) 1366.

Cum ergo comes Henricus per suos vasallos et capitaneos, quos adhuc in castro Calmarino habuit in Swecia, et per alios viros bellicosos, quos ad hoc specialiter transmisit, regem Magnum et proceres regni fideiussores pro violato pacto impeteret sub retencione honoris sui et pene solucionem hostili manu extorquere satageret, multi de primoribus regni honorem fidei sue favori regio preponentes, ad comitem Henricum in Holtzaciam transfretaverunt et ipsum in dominum suum et tamquam dominum suum in regnum Swecie invitando, se ipsos cum omnibus suis castris, terris et hominibus eidem iuxta pactum fideliter obtulerunt. Quos idem comes ad fratres uxoris sue, filios Alberti ducis Magnopolensis, puta Henricum, Albertum et Magnum ad regnum Swecie natos, quia a domina Euphemia sorore Magni regis Swecie genitos, direxit, ut quemcumque ex illis tribus eligerent, eidem omne ius et dominium in regno Swecie sibi per modum pene violati pacti acquisitum simpliciter donando resignaret. At illi elegerunt ducem Albertum inter illos filios medium. Fuerunt autem nomina illorum sic eligencium dominus Nycolaus episcopus Lyncopensis archicamerarius regis, dominus Thomas episcopus Wexoensis consiliarius regni, dominus Karolus de Thülten marschalcus regis, dominus Nicolaus Sturssen dapifer regis et dominus Ericus Karlsa magister camere regis milites ac Boecius Iónsson postea dapifer cum eorum complicibus. Cum hiis ergo et cum aliis principibus et nobilibus, puta Henrico comite Holtzatorum sepedicto, Gunthero comite Rupinensi ac Laurencio domicello de Werle, necnon exercitu electo militum et militarium copioso dominus Albertus dux Magnopolensis tulit filium suum Albertum in regnum Swecie ad illud iure possidendum pariter et tuendum. Et exeuntes Warnowe fluvium
nov. 10. in navibus solempnibus in profesto sancti Martini, primum Calmarine applicuerunt
nov. 29. et exinde ulterius procedentes in vigilia beati Andree apostoli civitatem Stokholm admissi leviter introierunt. Accedente ergo XL. officiales et consiliarii regni cum
febr. 17. aliis capitaneis et nobilibus convenerunt dominica Reminiscere prope Upsaliam ante lapidem regium, ubi reges Sweorum antiquitus et illis eciam temporibus eligi consueverunt, premissis tamen medio tempore debitis et legitimis proclamacionibus seu citacionibus omnium, qui sua interesse crederentur, per totum regnum publicatis. Et ibidem iudicio disposito ac consilio habito et rege Magno per contumaciam absente, ob certas causas, in quibus notorie cunctis scientibus reus extitit, propter quas secundum leges regni de libro ibidem lectas dominium perdere et de regno deponi meruit et iuste potuit, reprobato ac deposito, coram dominis ducibus Magnopolensibus ac aliis principibus et nobilibus necnon multitudine militum et militarium populique infinita, prefati officiales et consiliarii regni, quorum verbum in omnibus supradictis dominus Karolus de Thulten marscalcus, sicud ad eius spectabat officium, tenuit, Albertum iuniorem ducem Magnopolensem, servatis de consuetudine regni in talibus servandis, unanimiter et concorditer in dominum suum et regem Swecie elegerunt. Receptisque ab eo iuramentis a novis regibus ibidem prestari solitis, ipsum super lapidem collocando intronizaverunt ac cum fastu regio ipsum mox in ecclesiam archiepiscopalem Upsalensem introducentes, 'Te deum laudamus' cantari et missas celebrari cum festivis laudibus fecerunt, et sic expletis
2. mrz. omnibus solempnitatibus ad huiusmodi officium requisitis, populum licenciantes conviviis regalibus cum gaudio vacaverunt. Dominus autem Magnus videns se depositum et alium loco sui sublimatum, adiutorio filii sui Haquini regis Norwegie et quorundam aliorum sibi adhuc adherencium, contra Albertum regem novellum diu rebellavit. Sed treugis tandem interpositis et secura ac pacifica die placiti signata, in Lunękopinghe simul convenerunt rex Albertus et principes ac consiliarii regni ex una parte et dominus Magnus cum suis fauctoribus ex alia parte, et ibidem placitando et colloquendo tandem usque ad hoc negocium deductum est, quod dominus Magnus sponte coram omnibus dixit ad Albertum regem: 'Dilecte avunculе Alberte, ex quo sic evenit, nulli libencius faveo de regno quam tibi, quia tu es ita propinque natus ad hoc, sicud filius meus Haquinus.

Ipse enim est filius fratris ad ipsum et tu es filius sororis ad ipsum: et tu et ego satis habemus in regno. Favens ergo michi de Westgothia ad tempora vite mee, reliqua vero omnia habeas tu. Cum autem mortuus fuero, tunc retineas unum cum reliquo'. Quamvis autem hanc oracionem conclusivam omnes placibiliter acceptarent, tamen quia dominus Magnus propter absenciam filii sui Haquini sufficientem fidem seu caucionem de observando condicta ibidem protunc facere non potuit, idcirco treugis prolongatis alium diem placitorum pacificum pro futura estate statuerunt ad perficiendum et consummandum finaliter iam conclusa. Et interim dominus Magnus in nullo debebat Albertum regem in regno Swecie impedire. Quod bona fide inviolabiliter se observaturum promisit tacta pixide, in qua erat corpus domini, super altare solempniter coram omnibus hoc iurando. Super qua fide Albertus rex exivit de Swecia versus partes orientales ad subiugandam sibi Fynlandiam, et Albertus dux pater eius cum aliis principibus et nobilibus navigavit versus partes Teuthonicas, paucis tamen validis ad regni custodiam relictis[1].

1363.

834 (532). Quintodecimo anno Karoli qui est domini MCCCLXIII. gazophilacium sive locus thesaurorum fratrum de domo Teuthonica terre Prutzie[a] violenter effractum est in castro Marienburg per pistorem et cocum castri, et ablata est magna pecunie summa secundum cronicam Lubicensem. Fures autem predicti evaserunt manus dominorum suorum preter unum, qui deprehensus fuit in Goslaria urbe terre Saxonie. Qui tormentatus ibidem, ut socios proderet, descripsit unum complicem in furto(1). Dampno igitur per fratres in Marienburg comperto, misit magister eorum diversos dicti ordinis fratres (cum familiis decentibus) per partes mundi diversas ad inquirendum violatores prefati thesauri. Cumque unus ex hiis nunciis inquisitoribus venisset in urbem supradictam Goslariam et negocium suum exposuisset hospiti suo, uno de consularibus viris dicte civitatis, ait nuncio illi: 'Nuper quidam trufator captus est in hac urbe et rotatus, qui dum questioni exponeretur et examinaretur, fassus est inter alia nefanda opera, furtum illum commisisse, de quo vos mencionem facitis. Et dum de complicibus sciscitaretur, prodidit unum, cuius talem descripsit fore condicionem pariter et disposicionem'. Quibus enarratis compertum est, eundem esse in predicti fratris et nuncii comitiva, qui negocium agitabat. Quem mox captivantes reduxerunt[b] secum in Prutziam et reum ipsum invenientes patibulo affixerunt. Detm. [illegible]

835 (533). Karolus imperator cum solempni comitiva principum venit in Avinionem, visitaturus dominum apostolicum Urbanum secundum cronicam Francorum[c]. Cuius faciem videns, papa ipsum cum magno honore suscepit. Nec tantam humilitatem ostenderat quicumque imperator aut rex Romanorum ab anno domini MCCXVI, puta a tempore Frederici secundi imperatoris.

836. (Ericus dux de Louenburg volens transfretare in Daciam secundum cronicam Saxonum ad regem Woldemarum, ut ei auxilio fieret contra suos molestatores, fecit tutores ducatus sui consulatum urbis Lubicensis, confidens pocius de ipsis quam de quocumque principe circumiacente. Qui attendentes confidenciam ducis Erici et eciam fidelitatem, quam ellas ostenderat erga ipsos in destruccione diversarum municionum sui ducatus, in [illegible]

(1) predictis tamen fratribus de domo Theutonica tacentibus nec prevenientibus s. zu B.

a) Prutzie D. b) re auf rasur D. c) Bohemorum B.

1) *Vgl. die ausgabe dieses berichtes, welche W. Junghans in beilage I seiner schrift 'Graf Henrich der Eiserne' (Kiel 1864) unter vergleichung von H veranstaltet hat als dem Henrik Schomerik zukommend, sowie unsere bemerkung in der einleitung am anfange der untersuchung über die quellen Korners.*

que civitatem adinverat, prefuerunt terre sue fideliter in ipsius absencia, opponentes se propter eum Alberto duci Magnopolensi et Henrico ac Nicolao comitibus Holtzatorum, qui libenter ei nocuissent in absencia ipsius.)

1364.

837 (554). Sextodecimo anno Karoli qui est domini MCCCLXIIII quidam frater religiosus[a], lector existens in civitate[b] Magdeburgensi secundum cronicam[(1)] Saxonum, dyabolica deceptus fraude titulo cristianitatis et religioni sue sancte renunciavit et in eadem urbe ad Iudeos pergens ritum iudayzandi perfidum assumpsit ac circumcidi se fecit. Quod execrabile malum cum ad aures suorum patrum[c] conventus antedicti pervenisset, contristati sunt valde tam de perdicione fratris sui, quam de infamacione ordinis et nota perfidie. Ordinantes ergo currum cum quatuor robustis fratribus et accepta licencia domini archiepiscopi, ad quem dicti Iudei spectabant, miserunt[d] eos in Sudenburg cum quibusdam de familia dicti archiepiscopi, ubi habitacio est Iudeorum. Qui simul villam Iudeorum ingressi, apostatam illum impiissimum quesitum et inventum apprehenderunt et vincientes ipsum currui imposuerunt et de villa recesserunt, invitis Iudeis. Cumque ad medium novi fori pervenissent et populus ad lugubre hoc spectaculum undique concurreret, advenit et predicti apostate soror carnalis, clamoribus et eiulatibus miserabilibus aerem replens et deprecans germanum suum atque exhortans, ut penitenciam de peccato suo ageret et ad cultum cristianum compunctus rediret. Cui sic rogitanti et lacrimanti sorori miser ille respondit: 'Bona soror, noli tristari nec turberis, frater tuus morietur hodie bonus Iudeus'. Quod cum dixisset, mox cultellum, quem sub mantello absconderat, eduxit et ipsum cordi suo fortiter inprimens, infelicem animam efflavit. Sororem autem dicti fratris desperati hec videntem tam horribilis modus vivendi invasit, ut quamdiu viveret mortis horrende fratris signum apud se deferret. (Hoc inquam factum stupendum et ego cursor sentenciarius constitutus in conventu ordinis nostri eiusdem civitatis Magdeburgensis recitari audivi a quadam persona devota Katherina Rupines dicta, cui ipsa soror prefati fratris sic perditi oretenus predictam historiam narraverat cum lacrimis multis.)

jun. 2. 838 (602). In[(2)] aurora diei beatorum martirum Processi et Martiniani magister milicie Woldemari regis Dacie, Petrus Danus nuncupatus secundum cronicam Obotritorum cum magno numero navium veniens prope Wismariam urbem Obotritorum, cepit spoliare portum eiusdem civitatis. Woldemarus vero rex pro eodem tempore alia classe navali Ymbriam insulam inpugnabat[1]. Quod ut Wismariensibus innotuit, mox in navibus remigabilibus hostibus occurrerunt et duellum durissimum in mari a mane usque ad vesperas cum eis agentes, ipsos tandem manu violenta vicerunt, Petro Dano capitaneo cum CLX armatis captivato, ceteris vel unda absortis aut gladio mactatis vel forte

(1) *st.* cronicam Saxonum *B:* relacionem fidedigni a propria illius fratris sorore referente se audisse protestantis.

(2) *Die erzählung folgt in B, entsprechend A, erst nach § 918 zum jahre 1377*[2] *und lautet:* Woldemarus rex Danorum precedenti anno defunctus[e] penultimo[e] anno sui regiminis cum magna navium classe — *u. s. w. wie A* — potens et dives secundum cronicas Danorum. Hic regem apud Vemerem dimittens cum suis nocte recedens portum Wismariensem apprehendit — in prefata urbe Wismariensi secundum[f] cronicam Obotritorum.

a) religiosus *auf rasur D, offenbar aber* ordinis Minorum, *wie B hat.* b) civitate *auf rasur D; st.* in civitate Magdeburgensi *B:* conventus Magdeburgensis. c) *st.* patrum conventus antedicti *B:* fratrum. d) *auf rasur? D.* e) penultimo *B.* f) secundum cronicam Obotritorum *von anderer hand B.*

1) *Der krieg auf Femern ist schon 1358. Korner wusste die nachricht nicht einzureihen.* 2) *Gesch. 1375 oct. 24.*

fuga elapsis. Plures eciam de Wismariensium civibus vulnerati sunt, deficientibus quibusdam[a] et aliquibus mortem evadentibus et sanatis. In cuius quidem victorie memoriam perpetuam simul et gratitudinem dies dictorum sanctorum martirum singulis annis festive et solempniter celebratur per totam civitatem, et stipe dantur eodem die omnibus pauperibus generaliter in honorem dei et sanctorum predictorum. Captivi[b] autem omnes turribus sunt mancipati, sed Petrus capitaneus cum uno alio viro solempni in cellario civitatis, ubi iam pro tempore vinum trahi solet, locatus est et vinculis commendatus, satis tamen humaniter et graciose[c]. Die ergo quadam, cum captivitatis sue custodes mero forte vel pocius servisia inebriati essent in tantum eciam, ut apud se dormitare inciperent, Petrus claves cippi pendentes apud unum de eis clam abstulit et vincula sua sociique solvens liberos sese effecit. Solutis ergo pedibus eorum, cum socius suus (Nicolaus) surgeret et ire temptaret, minime potuit. Quod ut vidit Petrus, ipsum dorso suo imposuit et clam exiens cellarium ianuamque silenter claudens cum eo abscessit. Cumque custodibus civitatis, quia nox erat, obviaret, quesierunt illi, quis ipse esset et quid deferret. Quibus Petrus ait: 'Bonus sum socius et virum porto ebrium, quem usque ad aquas ferre et in eas proicere propono, ut sobrius efficiatur'. Dicentibus autem eis an ipsum iuvare deberent, respondit quod solus ad hoc perficiendum sufficiens esset, et sic dimissis eis venit ad portam civitatis. Ubi mox parvam caribdim inveniens, elapsus est de manibus eorum. Ex hac ergo victoria, quam Wismarienses de predicto Petro habuerunt, est in proverbium versum, quod festum sanctorum martirum nuncupatur festum Petri Dani in urbe Wismariensi.

1365.

839 (555). Decimo septimo anno Karoli qui est domini MCCCLXV. Wilhelmus dux de Luneburg obiit secundum cronicam Saxonum et, quia heredem propinquum de sanguine suo non habuit, adoptavit, dum adhuc in vita subsisteret, in successorem ducatus sui Ottonem[d, 1] ducem de Brunswic, qui erat natus dominus de Zangerhusen. Qui quidem Otto post mortem dicti Wilhelmi utrumque ducatum satis magnanimiter rexit et potenter. v. Detm. 886.

840 (556). Albertus frater ducis Magni iunioris de Zangerhusen factus est archiepiscopus Bremensis secundum cronicam Saxonum. Hic dominus Albertus perpessus est postea maximam et pudibundam nimis infamiam, ut suo loco patebit.

841 (557). Quidam scolaris erat in urbe Lubicana Nicolaus nomine, qui hospicio receptus erat in platea molendinaria secundum cronicam Lubicensem. Hic iuvenis quadam die gravatus sompno mirabili et inconsueto dormire cepit et sompnium illud usque in diem alterum continuans, ab incolis domus quasi perditus requisitus est. Sed tandem in loco ubi dormiebat, puta in laqueari supremo domus inventus est. Cumque nec clamoribus nec mocione quacumque aut tractu eciam fortissimo excitari potuisset, timentes ipsum fore extinctum aut suffocatum, circa pectus suum tandem palpantes, manifestis indiciis spiritum vite in eo adhuc consistere cognoverunt per cordis mocionem et anhelitus sensibile spiramen. Quid amplius? Iuvenis ille in tali dormitacione usque ad septennium perdurans, omnes ad ipsum accedentes vertit in stuporem. Sed tandem peryodo soporis sui expleta, iuvenis evigilavit nec macrior effectus, quam cum obdormisset, ac per longa tempora post cum hominibus conversatus est (dicere non valens, qualiter sibi fuisset). v. 169.

842. Hoc[e] anno (ante obitum Wilhelmi ducis de Luneburg, de quo supra Detm. 884.

a) quibus auf rasur D. b) aus captivis radirt D. c) gitum D. d) über der zeile von späterer hand korrigirt in Magnum D. e) § 842 in B unter den nachträgen hinter 1375, jedoch zu 1364.

1) Vgl. die anm. zu A § 555.

in principio huius anni mencio habita est) sedata fuit gwerra diu habita inter Wilhelmum predictum ducem et Ericum ducem de Louemburg et hoc per industriam Iohannis comitis de Hoya secundum cronicam Saxonum. Accepit namque dictus Wilhelmus dux filiam ducis Erici de Louenburg in uxorem parum ante mortem suam et restituit ei castrum Erthineburg ac ceteram terram, quam vi armorum ei abstulerat. Castrum vero Bytzenburg[a] et castrum Gammerort funditus destructa sunt. (Castrum quoque Ribenburg cum suis attinenciis dedit uxori sue pro vitalicio, postea ad dominium paternum rediturum ea defuncta).

1366.

843. Decimo octavo anno Karoli qui est domini MCCCLXVI. Woldemarus[(1)] rex Danorum victus formidine principum iam regno suo insidiancium propter civitatum donaria multa et magna et timore infidelitatis suorum ac austeritate civitatum exivit Daciam, secum ducens magnum thesaurum secundum cronicam Danorum. Et transiens per Marchiam spoliatus est multis bonis. In[(2)] Primslavia autem opido aliquamdiu

Detm. [illegible] manens, tandem per Saxoniam et Misnam pervenit ad partes superiores Gallie sub salvo conductu principum et[b] pervenit in Avinionem urbem, ubi adhuc curia pape residebat. Ibique a domino papa honorifice est susceptus et per collacionem rose dominica XL. quarta honoratus.

844. (Maxima congregacio populi ex omni nacione et gente collecti in numero circiter habens XXXM armatorum venit in Ytalia secundum cronicam Lombardorum. Hic populus Florenciam, Bononiam, Mediolanum et ceteras urbes fortissimas successive obsedit et plurimis opidis, municionibus et castellis destructis, fere totam Ytaliam et Lombardiam oppressione magna exturbavit[1].)

845. (Dominus Ruthenus de Plawis quatuor advocatos suos IIII castrorum inexpugnabilium in quoddam vetus horreum et desertum intrare coegit secundum cronicam Saxonum. Quibus ingressis mox ignem domui circumposuit et illos in ea simul concremavit, eo quod castra illa in manus dominorum Karoli imperatoris et Frederici marchionis Misne, quorum exercitus ea obsederant, sine defensione et resistencia resignassent. Quibus castris sic acceptis, Karolus cum toto illo exercitu in Bayoariam processit contra borchgravium de Nurenberg, qui sibi rebellavit et plura castra et civitates imperii violenter detinuit. Quem tandem ad obedienciam et dedicionem imperii coegit[2].)

846 (360). Puer quidam Iohannes dictus venditus Iudeis in Goslaria terre Saxonie a quadam vetula urbis illius secundum cronicam Saxonum, manibus et pedibus est ab eis truncatus et tandem extinctus et sepultus in Porta Celi, monasterio fratrum Heremitarum sancti Augustini in pede Harthonis sito prope opidum Wernigrode. Vetula autem illa pessima igne cremata est et omnes Iudei criminis conscii sunt decapitati et bonis privati per cives urbis predicte.

---

v. Detm. [illegible] (1) *die erste hälfte des § 843 lautet in B:* Woldemarus rex Danorum pulsus formidine exivit Daciam et transfretans mare non audebat manere in regno propter furiam civitatum stagnalium contra ipsum conceptam, et pertransiens ignoto habitu Louenborgh devenit in Marchiam secundum cronicam Danorum, et intrans urbem Primslaviensem ibidem hyemavit.

Detm. [illegible] (2) *statt der zweiten hälfte gibt B bei den nachträgen hinter 1378, zum teil wiederholend:* Woldemarus rex Danorum ob timorem civitatum stagnalium et infidelitatem suorum Danorum terram et regnum deserens, mare transivit cum paucis et peragrans Marchiam, Saxoniam et Misnam, tandem venit cum conductu principum Avinionis ad papam. Apud quem per tempus manens recepit ab eo rosam in medio 40.

---

a) *das erste y aus n korrigirt D.* b) *über der zeile D.*

1) *Vgl. Detmar 538 zu 1376.* 2) *Ähnlich in der Historia de lantgraviis Thuringiae bei Eccard, Historia genealogica 457.* OESTERLEY.

847 (561). Brema civitas Westphalie circa mediam noctem sexte ferie ebdomade v. Detm. 883. Mai 28.
penthecostes tradita est per quosdam suos cives in manus Alberti archiepiscopi eiusdem ecclesie et capta est ab eo et spoliata secundum cronicam Saxonum. Cum autem familiares episcopi domos mercatorum[a] et pannicidarum depredarentur[(1)], dixit archiepiscopus ad eos: 'Numquid, socii, pars mea in panno est, quem apprehendistis'. Tunc unus extrahens quandam peciam tres vel IIII ulnas continentem, proiecit in sinum archiepiscopi et dixit: '(Quia socius estis periculi, merito socius eritis et lucri). Accipite[b] ergo, domine, et vos partem spolii in sortem vestram[c]. Post mensem vero, id est sabbato Juni 27.
ante festum apostolorum Petri et Pauli, de consilio prudentum pariter et auxilio comitum, puta Conradi de Oldenburg et Ottonis de Delmenhorst[e], recuperata est civitas et expulsi sunt hostes. Traditores vero cives suspensi sunt ante fores domorum suarum.

1367.

848 (562). Decimo nono anno Karoli qui est domini MCCCLXVII Gherardus episcopus v. Detm. 888.
Hildenshemensis durum gessit bellum cum[(2)] principibus Ottone duce de Brunswic, Tiderico archiepiscopo Magdeburgensi et Alberto episcopo Halberstadensi, et victoriam a virgine gloriosa obtinens Gherardus episcopus captivavit principes supradictos et plures nobiles. Albertus autem episcopus Halberstadensis pulcram fecerat loycam, cum doctor esset Parisiensis[d] (et rector).

849 (564). Urbanus papa cum suis cardinalibus se transtulit Romam de Avinione v. Detm. 890.
post pascha, cuius presencia caruerat Romana urbs a tempore Bonifacii VIII. usque Apr. 15
nunc et fluxerunt anni LXV (ut habetur ex gestis Romanorum pontificum). Ubi cum esset constitutus cum Karolo imperatore, ipsum ibidem secundario coronavit in augustum Romanum[(3)], et tunc magnifice a populo Romano est salutatus (privilegiis eorum antiquis prius per ipsum innovatis et confirmatis).

850 (565). Rex Cipri Iohannes expugnavit Tripolim et duas alias[e] civitates a paganis v. Detm. 888. 889.
occupatas (secundum Egghardum). Sed reversus in regnum proprium, a germano suo traditorie est interfectus Guntsalvo nomine.

851 (566). Cristianus comes de Aldenburg et dominus Mauricius decanus maioris ecclesie Bremensis secundum cronicam Saxonum in profesto beate Praxedis virginis apud Juli 20.
Blexen cum DC[f] vel amplius armatis a Frisonibus[g] sunt crudeliter interfecti.

852. (Gerardus comes de Mansveld Setichenbeke monasterium ordinis sancti Benedicti funditus destruxit et monachos eius diversis suppliciis affectos tyrannice interfecit secundum cronicam Saxonum. Abbatem vero dicti monasterii manibus et pedibus ad perticam magnam ligatum inter duos ignes tornari et assari fecit, eo quod Fredericum marchionem Misne cum exercitu suo de obsidione castri et opidi Yaleve redeuntem[h] in suo monasterio hospicio recepisset et pavisset.)

853 (558). Cives[i] Lubicenses gwerram habentes cum nobilibus et militaribus de v. Detm. 880.
Bůkwolde terre Holtzatorum, eos de terra eiecissent et exterminassent, nisi composicio

[(1)] et diversos preciosos pannos colligerent s. zu B.

[(2)] st. cum principibus — nobiles B: cum archiepiscopo Magdeburgensi feria sexta post nativi- Sept. 26.
tatem virginis gloriose et victoriam obtinens dictus episcopus Hildesemensis cepit ducem[k] Detm. 880.
de Brunswik et archiepiscopum Magdeburgensem cognomento Kogelwid, quia ordinis fuerat sancti Bernhardi, Albertum episcopum Halberstadensem et plures alios dominos et nobiles.

[(3)] quia prius per cardinalem Ostiensem coronatus fuerat s. zu B.

a) institorum B. b) accipe B. c) 1 über der zeile D. d) secundum cronicam Saxonum s. zu B. e) s über der zeile D. f) st. DC vel amplius B: 700. g) orientalibus s. zu B. h) redeuntis D. i) § 853 in B nach § 842. k) ducem — sancti Bernhardi in B unten am rand.

intervenisset amicabilis secundum cronicam Lubicensem. Demoliti tamen sunt durante lite illa plures eorum municiones, puta Wyddole, Henningstorpe, Szykrode, Swynekule, Schonekamp[a] et Roberstorpe[b] (1).

1368.

854 (563)[c]. Vicesimo anno Karoli qui est domini MCCCLXVIII. Otto[d] marchio de Brandeburg, qui Romulo successerat, secundum cronicam Saxonum vendidit Karolo imperatori marchiam de Brandeburg pro vili et exili precio, puta pro urbibus Laufe et Hersprúnk cum adiacenti territorio prope Nůrenberg. Que quidem terra respectu Marchie erat sicud lenticula Iacob ad primogenituram Esau.

Korn. 1. 855 (571). Alveldia opidum terre Saxonie in die omnium sanctorum[e] a duce Ottone de Leyna capitur secundum cronicam Saxonum. Opidum autem ipsum ad episcopatum Hildensbemensem pertinebat.

856. Henricus (2) comes de Honsten cum adiutorio civitatum Erphordensis, Molhusensis et Northusensis castrum Hansteen expugnare volens plenum raptoribus obsidione vallavit. Otto vero dux de Leyna, licet faveret raptoribus, pro hac tamen vice se indifferentem esse comiti et civibus supradictis promittebat, non iuvando partem hanc vel illam. Quibus ergo expugnacioni castri viriliter insistentibus, ipse dux Otto perperam (3) agens et fidem prestitam turpiter violans, absque premonicione in magnam sui honoris iacturam cum collecto populo ex adverso advenit et in expugnatores castri latrunculorum (ipse plus quam latro existens, inopinate) irruit et plures ex eis interfecit. Ceteros vero omnes captivavit et secum in opidum Gotingense introduxit. Occubuit autem in hac pugna Henricus comes de Honsteen[1]. (Civitates vero predicte terre Thuringorum usque in diem hodiernum infortunium illud non recuperaverunt).

857. (Conradus comes de Aldenburg una cum comitibus de Delmenhorst et de Defhold ceterisque militibus et militaribus multis, se vindicare cupientes de Frisonibus ob interfeccionem Cristiani comitis de Aldenburg et Mauricii domini Bremensis precedenti anno factam, intraverunt Frisiam ad septentrionalem plagam versus opidum Nerden, ipsum demoliri temptantes incendiis[e] et depredacionibus. Sed Frisones ipsi mox conglomerati, hostibus manu violenta occurrerunt et commisso cum eis duro bello secundum cronicam Saxonum victoria iterum potiti sunt et interfecerunt de Westphalis circiter quingentos milites et militares, solum tribus Frisonibus peremptis.)

858. Congregacio (4) maxima civitatum de Ansa facta est in urbe Coloniensi secun-

(1) zu B folgt: 853a (567). Iohannes Wittenborg burgimagister urbis Lubicensis, quia missus ex parte predicte civitatis cum exercitu una cum exercitibus aliarum civitatum stagnalium contra Woldemarum regem Danorum perperam egit in commisso et infideliter, capite truncatur et ex speciali gracia sibi facta sepelitur apud fratres Predicatores in urbe secundum cronicam Lubicensium.

(2) § 856 in B unten am rand von anderer hand. St. Henricus — vallavit B: Erfordensis, Molhusensis, Northusensis ceterisque civitates terre Thuringorum, auxiliante eis Henrico comite de Honsten, castrum Hansten, in quo raptores strate communis residebant, exercitu pulcro vallaverunt, ipsum expugnare proponentes.

(3) st. perperam — violans B: minus iuste agens.

Detm. 2 (4) § 858 lautet in B bei den nachträgen hinter 1375, jedoch zu 1367: Illo eciam anno magna fuit congregacio facta civitatum maritimarum de resistencia facienda regi Danorum tractancium, qui mercatoribus diversorum regnorum et provinciarum gravia intulerat dampna. Que quidem urbium convencio facta fuit in Colonia Agrippina Reni.

a) Schonekamp D; Schoverkamp B. b) Rebernorpe B. c) § 854 in B zu 1367. d) in rasur a. zu B. e) o über der zeile nachgetragen D.

1) Vgl. Historia de landgraviis Thuringiae 459. OESTERLEY.

dum cronicam Lubicensem. Ubi omnes ille civitates conspiraverunt contra Woldemarum regem Danorum ad resistendum ei et suis auxiliatoribus. Qui iam regno pulsus apud principes diversos erat et eos contra civitates prelibatas[a] concitabat.

859. (Quidam Begghardus in urbe Erphordensi terre Thuringorum crematus est secundum cronicam Saxonum, eo quod quandam puellam nudatam et procumbentem ad iussum suum sub spe promisse sanitatis a retro more canis voluisset cognoscere. Cuius clamore dictus nequam comprehensus est.)

1369.

860. Vicesimo primo anno Karoli qui est domini MCCCLXIX. (cives Magdeburgenses contumeliose poni fecerunt decanum maioris ecclesie sue per suspensorem et alios viros viles et contemptibiles ad publicum cippum civitatis secundum cronicam Saxonum et post hoc ipsum perpetuo proscripserunt, pro eo quod rogatus et vocatus contempsit ad eos venire. Pro eodem tempore cives Berlinenses ceperunt notarium archiepiscopi Magdeburgensis Tiderici, cum ibidem esset cum duce Saxonie de mensa dominorum suorum et ipsum decapitaverunt, ex eo quod vadens ad balneum unam pulcram dominam sibi occurrentem salutasset et sollicitasset plus placito ad secum balneandum. De quibus factis utraque civitas postea usque ad satisfaccionem congruam angustiata, multa incommoda sustinuerunt.)

861. (In Northusensi urbe Thuringorum deprehensi sunt ultra XL homines utriusque sexus in heretica pravitate infecti secundum cronicam Saxonum. De quibus VII impenitentes cremati sunt, alii vero ab erroribus resilientes penitenciam susceperunt ab inquisitore hereticorum magistro Waltero ordinis Predicatorum fratre.)

862 (569). Pro[1] eodem tempore circa festum purificacionis, precipiente domino Urbano papa et cooperante Karolo imperatore, secta[b] Beggardorum et Begwinarum ac Swestriorum persecuta est et dampnata ac valide impugnata ubique in Alemannia. (De quibus quidem duo in Erphordia in pertinacia sua obdurati, per predictum inquisitorem magistrum Walterum Kerlinger sunt conbusti. Alii vero et alie quamplures publicam peregerunt penitenciam, sectam cum erroribus abiurantes). v. Detm. 559. Anm. 2.

863 (568). 'Karolus imperator exercitum congregavit LXXM pugnatorum secundum cronicam Romanorum[c]. Cui papa in auxilium destinavit XXXM ad impugnandum (Barnabo) dominum Mediolanensem. Hic exercitus grandem paciebatur molestiam a solis ardore et nimiam sustinuit penuriam in aquis recentibus et victualibus hominum et iumentorum. Et ideo libentissime pugnassent cum hostibus, ut vel sic eorum calamitas cicius terminata fuisset, quia vix tot occisi fuissent in prelio, quot inedia et fames abrumpsit. Sed Karolus (proch pudor) corruptus a Mediolanensi domino per oblacionem thezauri maximi pugnare recusavit. Unde recedens cum suo exercitu, papales[2] in illis miseriis reliquid. v. Detm. 560. f. 561.

864 (570). Civitates[3] de Ansa post fugam Woldemari regis Danorum de regno suo et post confederacionem factam in Colonia inter civitates predictas secundum cronicam Danorum Daciam cum fortitudine intraverunt. Ubi soli Lubicenses mille et v. Detm. 561.

---

(1) *§ 862 lautet in B:* Excommunicata est secta Beghardorum et Beghinarum sive sororum earundem ab hereticorum inquisitoribus, qui ad hoc deputati fuerant in Teuthonia a papa Urbano, quia multitudo maxima talium succreverat et specialiter in Colonia Reni et Erphordia terre Thuringorum, prout habetur in libris inquisicionis.

(2) *st.* papales — reliquid *B:* multum displicuit domino pape, licet Karolus hoc non curaret.

(3) *st.* Civitates — ceperunt *B:* Civitates de Hansa sive de Ansa, quarum urbs Lubicensis caput existit, cum valido exercitu Danorum regnum intrantes post fugam regis Woldemari secundum cronicam Lubicensium expugnaverunt castrum Copenhaven in Selandia.

---

a) *s. über der zeile D.* b) secte *D.* c) Lombardorum *B.*

DC armatos habuerunt in suis expensis. Et expugnacionibus castrorum viriliter insistentes, pro primo Copenhaven castrum fortissimum vi ceperunt. Duces autem tocius huius exercitus fuerunt venerabiles viri Everhardus Mòrman et Godscalcus de Attendorn Lubicensis urbis consulares.

865. Capto(1) autem Copenhaven castro principali regni Danorum, ad alia castra
Detm. 541. inpugnanda se contulerunt. Et primo Helsingore, deinde Nycopinge, Valsterbode, Schonöre et Alsholm expugnantes, dampna maxima incendiis, cedibus et depredacionibus Danis ipsis intulerunt. Proceres autem et nobiles regni Danorum videntes, se non posse resistere virtutibus civitatum, placita cum ipsis pacifica fieri statuerunt. Et ut ab ulteriori devastacione regni desisterent, obtulerunt eis terram Schanie ad annos XVI possidendam cum omni iure, obvencionibus et derivaminibus in recompensacionem dampni, quod rex eorum mercatoribus intulisset. Quibus annis excursis, civitates prelibate terram Schanie liberam regi et regno resignare deberent cum suis attinenciis et iuribus, cum quibus eam in[a] refusionem dampnorum suorum acceperant. Quam paccionem cum civitates acceptassent et ipsa sufficienter iurata et sigillis firmata fuisset, exercitus urbium predictarum ad propria est reversus.

Detm. 542. 866. Quidam[b] honorabilis vir civis urbis Lubicensis [1] Murkerke dictus, redditus habens annuales et villas in terra Holtsatorum sub dominio nobilium de Bökwolder, censum suum extorquere non poterat de villanis nobilium predictorum, eo quod ipsi nobiles defensare niterentur rusticos illos in sua protervia contra civem prenominatum[2]. Qui tandem cum adiutorio concivium suorum bona illorum villanorum violenter invasit et pignora sufficiencia de equis, vaccis et pecoribus ac suppellectilibus pro suis censibus iniuste detentis rapere conatus est. Quod percipientes nobiles supradicti Bökwoldere, cum suis conglobati in insidiis se locaverunt et civem antedictum Murkerken comprehendentes, captivum secum duxerunt et in vincula coniecerunt, affligentes ipsum penis variis et tormentis. Nam ad caudas ipsum trahentes, in faciem eius conspuebant, pilos capitis et barbe sue evellebant ac plura alia obprobria ei inferebant. Ex quibus tandem vexacionibus et cruciatibus nimis fatigatus et debilitatus, mortis infirmitatem incurrebat, datus tandem libertati ad tempus sub tali pacto, ut in termino sibi assignato aut vivus vel defunctus per Lubicenses dictis nobilibus restitueretur, infra quod tempus in Lubeke per amicos refocillari et recreari conabatur. Attenuatus tamen et debilitatus in tantum fuerat in suppliciis illatis, ut die statuto accedente, quo presentandus fuisset, ipso diem clauderet extremum. Quem cum amici sui sic defunctum inferrent, ut sponponderant, ipsi nobiles Bökwolder mortuum virum decapitaverunt tamquam raptorem et ipsius caput in despectum civitatis prelibate in pertica quadam levaverunt ac coram villa, de qua pignora ipse tulerat, locaverunt. Quorum contumeliam Lubicenses egre ferentes, cum tota eorum potencia exierunt et municiones omnes dictorum nobilium expugnantes solo equaverunt, rapientes(2) omnia in eis inventa et interficientes plures. Nomina autem dictarum

Detm. 541. (1) *§ 865 lautet in B bei den nachträgen hinter 1375, zum teil früheres wiederholend:* Civitates autem de Hansa cum multitudine magna mercatorum et aliorum armatorum mare transfretantes intraverunt Daciam et ferro ac igne regnum illud pervagantes villas et opida demoliti sunt. Ceperuntque castra fortissima regni, puta Copenhaven, Helsingore, Nycopingham, Valsterboden, Schonöre et Alsholm. Consilium autem regni placita statuentes cum civitatibus obtinuerunt ipsis, ut ab ampliori devastacione regni desisterent, terram Schanie ad 16 annos possidendam cum omni iure et obvencionibus in recompensam dampni, quod rex mercatoribus intulerat. Quibus annis transcursis civitates predicte terram Schanie regi Danorum resignaverunt[3].

Detm. 542. (2) *st.* rapientes — dictarum *B:* puta Henninghestorp, Sailrode, Swienhale, Widdole, Schonekamp et Boberstorp.

a) in refusionem *auf rasur D.* b) *§ 866 in B unter den nachträgen hinter 1370, jedoch zu 1366.*

1) *D lässt raum für etwa acht buchstaben; B hat keinen raum. In H steht als vorname* Bertram. 2) *Detmars darstellung ist aus Korner nur erweitert worden.* 3) *D verarbeitet dies selbständiger.*

municionum destructarum supra posita sunt CXL. c, in quo anno factum istud contigisse dicitur[1].

867. Nicolaus[a] Bruscowe civis Lubicensis propter[(1)] quasdam litteras contra ipsum scriptas per aliquos de consulatu urbis predicte secundum cronicam eorundem desperans agens, chorum ecclesie beate virginis est ingressus et consules civitatis sedentes in suis stallis stantes et divina audientes hostiliter invasit, interficiens (quodam cultello ad hoc assumpto) dominum Bernhardum Oldenburg et alios duos se capere volentes vulnerans. Apprehensus tamen est dictus Nicolaus a satellitibus consulatus in ipsa ecclesia et proiectus in vinculis ac die alia rotatus et divisus in III partes. Detm. [illegible]

868. Lithuani[b] cum maximo populo intraverunt Prutziam et ibidem expugnaverunt tria castra atque incineraverunt eadem, abducentes omnes in eis inventos gladiis nondum peremptos (secundum cronicam Lubicensem). Detm. [illegible]

869. Inde[c] vero recedentes[d] intraverunt Masoviam et obsidentes urbem Polthos, expugnaverunt eam ac interfecerunt quodlibet vitam habens humanam. Pruteni autem interim castrum Goiswerder construxerant. Quod Lithuani percipientes, ipsum obsederunt et expugnatum ceperunt, roborantes ipsum copia armatorum. Sed fratres de domo Teuthonica in hyeme proximo dictum castrum vi[(2)] obtinuerunt et CCC Lithuanos in eo repertos interfecerunt. Detm. [illegible]

870. (Herbipolis urbs solempnis ab Alberto episcopo suo proprio gravi obsidione vallata est[2] secundum Egghardum et vinee undique conculcate sunt et destructe. Propter quod cives ad intra exacerbati totum clerum, demptis solis religiosis, expulerunt et curias ac domos sacerdotum spoliantes incenderunt. Sed datis tandem magnis pecuniis[e] per cives omnia sopita iurgia et pacificata litigia utriusque partis.)

1370.

871 (372). Vicesimo secundo anno Karoli qui est domini MCCCLXX. Urbanus papa a Roma reversus in Avinionem, mox intoxico expeditus periit et sanctus vir a pluribus est reputatus propter virtuose vite insignia[(3)]. v. Detm. [illegible]

DE GREGORIO XI. PAPA CCIX.

872 (374). Gregorius papa natus[f] de terra Lemonicensi[g] ex patre Nicolao sedit annis VII et diebus XXII (ut habetur ex gestis Romanorum pontificum). Hunc papam quidam autumant fuisse de ordine fratrum Minorum, sed false (secundum Egghardum), decepti forte in hoc, quod sepeliri fortassis voluit in habitu dicti ordinis, prout magnates Ytalie et prelati magni quamplures in habitibus religiosorum sepulti dinoscuntur[(4)]. v. Detm. [illegible]

873 (373). Fratres[(5)] de domo Teuthonica et quamplures principes cum suis exercitibus conflictum habuerunt cum paganis in Rudowe prope Koningesberg secundum cronicam Lubicensem, et cristiani triumpho a celo potiti interfecerunt innumerum popu- v. Detm. [illegible]

(1) st. propter — eorundem B: feria quinta ante festum penthecosten. mai 17.

(2) st. vi obtinuerunt B: exercitu vallaverunt et ipsum virtutibus suis expugnantes ceperunt.

(3) ut volunt gesta summorum pontificum s. zu B.

(4) Si tamen hoc factum sit de papa Gregorio, pro veritate non scribo sed refero. s. zu B.

(5) st. Fratres — exercitibus B: Pruteni et quam plures alii cristiani.

a) § 867 in B unter den nachträgen hinter 1375, jedoch zu 1367. b) § 868 in B unter den nachträgen hinter 1375, jedoch zu 1368. c) § 869 in B von § 868 getrennt unter den nachträgen hinter 1375, jedoch zu 1369; st. inde — recedentes B: Lythuani. d) recedentes D. e) pe auf rasur D. f) auf rasur D; cognomento Belliford B. g) von hort an Lemmnier B.

1) Oben in § 852. 2) Nach Ussermann, Episcopatus Wirceburgensis 113 fand die belagerung schon 1354 statt. OESTERLEY.

lum barbarorum. Marscalcus autem fratrum de domo Teutonica cognomento Schamecop ibidem cum paucis est interfectus.

874. Pestilencia(1) permaxima[1] civitates maritimas et presertim Lubicanam urbem vastavit parum minori strage quam fecerat epydimia generalis ante XX annos secundum cronicam Lubicensem.

Detm. [illegible] 875. Ericus[a] iunior dux Saxonie de Louenborg, defuncto patre suo[b] (secundum cronicam Saxonum) in Kalingborg regni Danorum et sepulto apud fratres Minores ibidem, accepit in uxorem filiam Magni ducis de Brunswic, qui(2) successit Ottoni.

Detm. [illegible] 876. (Huic eciam Magno homagium fecerunt et Luneburgenses, eo quod Wilhelmus dux eorum defunctus sine herede masculino ipsum in filium et successorem suum adoptaverat contra
Detm. [illegible] voluntatem tamen Karoli imperatoris. Assumptus[2] ergo Magnus dux de Brunswic in tutorem et dominum ducatus Luneburgensis, terram Alberti ducis Magnopolensis infestare cepit. Albertus vero dux insultum Magni ducis egre ferens, exercitum congregavit et prelium cum ipso aggressus in campo ipsum vicit et de exercitu Magni circa DC captivavit. Ipse vero Magnus dux cum paucis vix evasit et postea amicos suos, quos amiserat, cum VII marcarum argenti puri a captivitate redimere coactus est. Quam quidem pecuniam a civibus Luneburgensibus[c] extorquere nitebatur, cuius urbis tutor et dominus factus fuerat. Quod audiens Karolus imperator mandavit omnibus civitatibus et nobilibus ducatus Luneburgensis, ne sibi obedirent, sed Alberto filio Rodolfi ducis Saxonie filii filie ducis Wilhelmi quondam ducis Luneburgensis defuncti, quem
c. Detm. [illegible] eis pro vero herede et domino assignavit. Qui mox receptus a Luneburgensibus et nobilibus dicti ducatus, Magno duci de Brunswic viriliter repugnavit et in curia imperatoris per iudicialem sentenciam contra ipsum Magnum optinuit, quod ipse declarabatur ducatum Luneburgensem in preiudicium ducis Saxonie et sacri imperii iniuste occupasse nec aliquod ius hereditarium ad ipsum habere aut habuisse.)

877. Karolus imperator et rex Bohemorum Philippum[3] ducem Austrie sibi rebellantem subiugare satagens, exercitum copiosum contra ipsum collegit secundum cronicam Saxonum[d]. Cui in occursum veniens Philippus dux cum XVIIIM armatorum imperatori timorem incussit, vincens multitudine exercitus sui furorem imperatoris. Cumque Karolus virtute armorum adversarii sui audaciam reprimere non valeret, (ad innatam et sepius practicatam fraudulenciam recurrens) astucia et dolo ipsum superare temptavit. Unde missis nunciis secreto vocavit pacifice pociores tres exercitus ducis Philippi, quasi tractaturus cum eis de concordia. Quibus venientibus promisit LXM florenorum, ut ordinarent domini sui ducis recessum et sibi timorem incuterent, ut formidine pulsus fugeret. Quam pecunie summam tres illi milites acceptantes, fugam domini sui, ut imperator optabat, se practicaturos spoponderunt. Reversi ergo in castra ducis Philippi dixerunt domino suo: 'Nos ad explorandam imperatoris aciem sub habitibus ignotis venimus in castra inimicorum et recensentes exercitum, reperimus ipsum in duplo et amplius forciorem nobis. Quare omnibus modis tue et nostre saluti consulimus, ut furori cesaris cedamus recedendo ab hoc loco. In proximo enim est, ut super nos

Detm. [illegible] (1) § 874 steht in B bei den nachträgen hinter 1375, jedoch zu 1367: Eodem anno maxima fuit pestilencia in urbe Lubicensi et mortui sunt ibidem de pocioribus plus [illegible] homines, quam in prima anni mortalitate.

Detm. [illegible] (2) st. qui successit Ottoni B: ambo iuvenes et impuberes existentes, nam Ericus necdum erat 15 et sponsa 11 annorum.

a) § 875 in B unter den nachträgen hinter 1375, jedoch zu 1369. b) Erico s. m. B. c) auf rasur D. d) Bohemorum B.

1) Vgl. die fassung von H im anhang I. 2) Im ausdruck gegen Detmar stark abweichend, doch ohne eigentlich neues. 3) Herzog von Oesterreich war damals Albrecht III.

irruat et omnibus nobis interemptis, dominetur omnium, que nostra sunt. Animosus enim princeps est et innumerabili armatorum cinctus multitudine'. Hec cum dux audisset a viris famosis et fortibus, consternatus animo et exhortacionibus tantorum virorum contradicere non audens, exercitum movit et cum suis terga dedit. Quod intelligens imperator, insecutus est ducem viriliter, plures de fugientibus capiens et multos interficiens. Philippus tamen cum maiori parte exercitus sui municiones proprias apprehendit. Peracto autem huius tradicionis malo, tres illi proditores curiam imperatoris pro mercede iniquitatis solvenda visitantes et sublevanda, recepti sunt cum solempnitate magna et honore, refectisque eis Karolus cuilibet eorum solvit XXM florenorum Bohemicalium singulariter ad hanc solucionem fabricatorum, quorum quilibet grossum non valuit. Recepta autem pecunia, traditores ad propria sunt reversi. Cum dicti milites florenos a Karolo imperatore receptos expendere inciperent, inventi sunt falsi et quasi nullius valoris esse. Quod ut milites viderent et deceptos se cognoscerent, imperatoris presenciam iterato repetentes causati sunt, se fore trufatos per falsam regis monetam. Quibus imperator ait: 'Recedite a facie mea perfidissimi homines et proprii domini vestri traditores. Pecuniam vestris operibus condignam recepistis, nec audeat aliquis vestrum imposterum se nostris aspectibus presentare, alioquin vestris actibus dignam impendam recompensacionem'. Quibus auditis traditores timentes confusi ad propria redierunt[1].

1371.

678 (575). Vicesimo tercio anno Karoli qui est domini MCCCLXXI. cives de Luneburg[a] conspirantes ad invicem contra Magnum ducem de Brunswic, tutorem sue civitatis, propter quasdam insolencias et oppressiones contumeliosas[(1)] a suis in civitate factas ac alia plura gravamina, sibi malum intentabant. (Et licet predictum Albertum filium Rodolfi ducis Saxonie in dominum acceptassent iam, ut dictum est anno precedenti immediate, tamen hic Magnus violenter castra ducatus tenebat vigore tutorie et se pro domino Luneburgensi gerebat.) Magno igitur duce in castro Tzelle constituto, nocte precedente vigiliam purificacionis virginis gloriose per nuncium fidelem et expeditum pacem duci predicto litteratorie interdixerunt. Nuncius autem ille quam cito litteram interdiccionis duci Magno presentasset, negocium se expediturum in opido fingebat et mox equum ascendens celerius quo potuit versus Luneburg festinavit, tribus equis per viam illam cursitando interfectis. Perspecta littera dux Magnus mox famulum misit, qui per noctem illam laborans equitando quasi in aurora ad urbem pervenit. Ante illius tamen noctis vigilias sive vesperas, que fuit vigilia purificacionis, cives quasi oraturi et vesperas audituri (ut consueverant) castrum ascenderant et sub mantellis arma ferentes, portam veri castri apprehenderunt et portarium mox interficientes, ad interiora castri venerunt Sigibandumque militem capitaneum ducis eis insultantem straverunt et totam familiam castri eiecerunt. Religiosos quoque et scolares in monasterio castri divina celebrantes omnes removerunt et ipsum castrum fortiter munierunt. Cumque nuncius missus a duce prope castrum venisset nocte et custodes inclamaret, respondit unus de civibus, quid sibi hoc vellet, quod sic intempeste noctis venisset. Ait nuncius: 'Dic domino Sigibando militi, quod caute vigilet et castrum custodiat, quia cives de Luneburg pacem domino duci interdixissent et inimici sui

---

(1) st. contumeliosas — gravamina B: quas ipse et sui civibus et uxoribus, filiabus et ancillis eorum fecerant et cottidie faciebant.

a) secundum cronicam Saxonum A. zu B.

1) Das ganze ist sagenhaft. OESTERLEY.

facti essent, ac ipse dux proxima die sibi indubitanter subventurus esset in manu valida armatorum'. Cui inquid civis: 'Accipe tecum, virorum vilissime, lapidem hunc ad deferendum domino tuo duci'. Et emisit mox lapidem de bombarda cum sonitu terribili. Quod audiens famulus, clamavit dicens: 'Heu perdita est corona ducatus de Luneburg', et sic vociferans abscessit[a]. Accedentes autem cives, impetuose et sine mora castrum destruxerunt et monachis, qui in eo monasterium habuerant, locum intra urbem pro novo cenobio edificando consignaverunt[8].

Detm. 545. 879. Quo[9] facto Albertus filius Rudolfi ducis Saxonie, cui imperator ducatum Luneburgensem adiudicaverat, intravit urbem Luneburg. Cui mox cives homagium fecerunt et maior pars procerum terre. Qui statim transtulit se cum exercitu suo ad opidum Wynsen et ipsum expugnavit. Deinde castrum ipsum obsidione vallavit. Sed Magnus dux de Brunswic veniens cum maxima
Detm. 546. multitudine armatorum, Albertum coegit ad obsidionis solucionem. Eodem autem anno Albertus dux Saxonie et Luneburg vallavit castrum Lowenrode prope Honnover urbem situm et ipsum expugnavit et funditus destruxit.

880 (576). Dominus[10] Iohannes de Homburg baro et Sifridus de Salderen nobilis cum exercitu collecto virorum strenuorum numero circiter DCC armatorum venerunt
oct. 21. prope urbem Luneburg in nocte XIM virginum civibus dormitantibus et nichil mali suspicantibus. Et ascendentes murum civitatis cum scalis gracilibus ad hoc aptis, ante auroram diei clam urbem intraverunt secundum cronicam Saxonum. Expergefactis autem civibus vel ex sonitu armorum aut aliunde, tumultus factus est in urbe. Sed quidam nobilis ex vasallis civitatis Helricus Wesenberg dictus cives conpescens, ne precipitanter agerent, placitare cepit cum hostibus et colloquia pacis habere cum eis ex industria, ut sic interrupto hostium impetu et tardato insultu cives ad bellum se armare commodosius valerent et convenire. Quibus sic placitantibus, intellexit dictus Helricus burgenses preparatos ad pugnam. Unde dixit inimicis: 'Vadam ad cives et per nos conclusa eis insinuando pacem facere temptabo'. Ad quos cum pervenisset, ad pugnandum ipsos animavit. Unde cives conglobati et animosi effecti, impetum in hostes viriliter fecerunt et auxilio divino accedente eos vicerunt, multos interficientes et

---

(8) quod nunc ad Sanctum Michaelem nuncupatur *s. zu B.*

Detm. 544. (9) *§ 879 lautet in B bei den nachträgen hinter 1373:* Eodem anno dedit Karolus imperator ducatum Luneburgensem ducibus Saxonie, precipiens sub banno imperiali omnibus civitatibus, castris, opidis et villis, ne amplius duci Magno vel suis heredibus obedirent aut adhererent, sed Rudolfo duci Saxonie ac Wenslao fratri suo et Alberto patruo suo, et quod eis homagium fideli-
Detm. 545. tatis facerent. Quod statim post fecerunt Alberto duci Saxonie, filio filie ducis Wilhelmi. Propter quod Albertus dux obsidens opidum Wynsen cepit ipsum et secundum castrum protunc capere
Detm. 546. non potuit. Cepit eciam dictus Albertus eodem anno castrum forte Lowenrode iuxta Honnover situm et ipsum funditus destruxit.

(10) *§ 880 lautet in B:* In nocte 11000 virginum nobiles ducatuum de Brunswik et Luneborgh, quorum duces exercitus erant dominus Iohannes de Homborg[b] et Sifridus de Zalderen, murum urbis Luneburgensis prope salinam ascendentes scalis et instrumentis ad hoc aptis, civitatem intraverunt numero fere 700, civibus dormitantibus nec tale quid suspicantibus. Expergefactis autem eis et quibusdam de civibus cautelose cum inimicis placitare incipientibus, ut sic burgenses ad bellum se aptarent interim et convenirent, tandem communitas conglobata impetum in hostes fecit et multos prosternens ad ultimum victoriam obtinuit, interfecto Sifrido de Zalderen et multis aliis ac capto domino de Homborg cum multis, quorum postea plures decapitati sunt in libro civitatis inventi pro raptoribus signati secundum cronicam Lubicensium.

---

a) bor *auf rasur D.* b) dominus Sifridus de Salderen miles *hierzu unten am rand B.*

ceteros captivantes. Ibidem enim interfectus est Sifridus de Zalderen et multi alii nobiles. Captivatus quoque est dominus Iohannes de Homburg capitaneus exercitus illius cum ceteris multis. Et postea decollati sunt plures de eis, qui in libro civitatis inventi sunt proscripti, ceteris exaccionatis et pro eorum pecunia redemptis.

881. (Cum[1] autem investigarentur singulorum nomina ad experiendum, quis eorum proscriptus esset, unus eorum quesitus cognomen extraneum valde finxit, ut evaderet mortem, dicens: 'Dunneschetere Erwete vocor'. Cuius cognomen tam turpe et abhominabile audiens iudex, quasi indignando dixit: 'Tollatur omnino ille garsio de mundo cum pudibundo nomine. Nauseam michi fecit in ferculo, quo[a] vesci frequenter delectabar'. Et sic cum aliis plexus est capite, mortem ex eo incurrens, per quod salvari sperabat. De tempore huius facti quidam metrista fecit hos versus:

Anno milleno, C ter uno septuageno,
Nocte puellarum monos et data mille sacrarum,
Muros conscendunt, Luneburg subvertere tendunt:
Sic occiduntur, velud in sacco capiuntur.)

882. Circa[b] tempus carnisprivii commissum est prelium maximum inter Lithwanos[c] et fratres Detm. 548.
de domo Theutonica prope villam Radowe iuxta opidum Konigesberge. Ubi occubuit marscalcus terre illius cognomento Schumecop cum decem fratribus suis, Lithwani vero et Rutheni ibidem sine numero perierunt. De[d] qua strage quidam versificator hoc fecit metra:

Anno M° tria C uno iuncto septuaginta
Exurge quare prope Radowe(que) notare,
Schumekop marscalcus tunc fuit ense[f] necatus,
Cum famulis milites duo C pariter quoque fratres.
Certus Lethwinis abest numerusque Ruthenis,
Et qui fugierunt, quique fame perierunt[1].

883. Grande[g] prelium commissum est prope opidum Gulekr a ducibus Brabancie et Iuliacensi Detm. 544.
(secundum cronicam Francorum). Duci namque Brabancie fuit auxilio comes Sancti Pauli[h] cum multis Flamingis[i]. Et duci Iuliacensi astitit dux Gelrie cum Westphalis multis (et Hollandrinis). Et victor effectus est Iuliacensis et cepit ducem Brabancie. Comes autem Sancti Pauli[h] ibidem occubuit gladio hostili interemptus et multi nobiles ex utraque parte perierunt. Dux quoque Gelrie graviter vulneratus cecidit sagitta in capite fixa, ut vulgabatur, a proprio satellite. (De hoc triumpho dux predictus Iuliacensis valde ditatus est et sui heredes et successores).

884 (577). Albertus dux Magnopolensis durum certamen certavit cum Bugslao duce v. Detm. 550.
de Wolgast (et Warslao duce Stetinensi) prope villam Damgarde. Cuius belli victoriam

---

(1) Hiernach in B bei den nachträgen hinter 1375, jedoch zu 1370: 882a. Magnus dux Brunswi- Detm. 541.
censis factus est inimicus Alberti ducis Magnopolensis in vigilia beati Andree, perdidit suos in prelio prope villam Roggbendorpe habito, et potiti sunt victoria viri ducis Alberti predicti. Magnus autem dux suos de captivitate liberavit tres milibus marcarum argenti puri solutis.

---

a) quo vesci auf rasur D. b) § 882 in B unter den nachträgen hinter 1375, jedoch zu 1370. c) et Ruthenos s. in B. d) st. De — metra B: Versus wie Detmar. e) st. M — iuncto B: Mque tria C iunctis wie Detmar. f) st. ense necatus B: trucidatus: Detmar: terre siratus; Konrad Bitschin: interemptus. g) § 883 in B unter den nachträgen hinter 1373. h) st. Sancti Pauli B: de Simpol wie Detmar. i) Flandrensibus B wie Detmar.

1) Vgl. auch die fassung von H im anhang I.

Albertus dux obtinens[1] secundum cronicam Obotritorum, cepit duces[a] predictos et Wydekinum Bugghenhaghen militem cum multis nobilibus, militibus et militaribus, interfectis non paucis ex utraque parte[2].

885. (Interim autem cum ibidem Albertus dux in expedicione illa occuparetur, Magnus dux de Brunswic cum multis nobilibus et exercitu valido ab alia parte ducatum Magnopolensem per Albiam est ingressus et duro prelio cum quibusdam militaribus et civibus ad custodiam patrie relictis commisso, victus est a dictis Magnopolensibus, pluribus interfectis et non paucis ad navos fugientibus ceterisque captivatis. Ibidem eciam duo comites de Defhold capti sunt, Magno duce cum paucis vix elapso.)

Detm. 549. 886. (Albertus dux Saxonie et Luneburgensis expugnavit Pattensem castrum et ipsum munivit suis viris armatis secundum cronicam Saxonum.)

1372.

Detm. 552. 887. Vicesimo quarto anno Karoli qui est domini MCCCLXXII. Magnus[3] dux de Brunswic et Otto comes de Schowenburg preliati sunt in mirica Luneburgensi contra invicem bello durissimo secundum cronicam Saxonum. Et interfectus est ibidem Magnus dux cum multis auxiliatoribus suis. Otto vero comes victor effectus cum triumphali gloria ad propria est reversus, ducens secum captivos multos et pingwes. Quo prelio commisso in die beati
Juli 25. Iacobi apostoli, placitatum est per nobiles et proceres utriusque ducatus Brunswicensis et Luneburgensis inter Albertum ducem Saxonie filium Rodolfi et filios ducis Magni noviter interfecti. Et conclusum est ab utraque parte pro conservacione pacis et amicicie perpetue, quod Albertus dux, cui dudum ducatus Luneburgensis adiudicatus extitit per Karolum imperatorem, acciperet in uxorem relictam Magni ducis. Et hoc factum est et per hoc matrimonium omnis displicencia et controversia inter predictos ducatus et eorum duces diu habita sopita est ex integro et terminata. Predictus autem dux Magnus occisus de Zangherhusen natus susceperat de predicta uxore sua iam relicta quatuor filios[1].

888 (581). Quorum[b, 4] genealogia ut plenius cognoscatur, est advertendum, quod Otto dux de Brunswic et Luneborg, de quo supra anno domini MCCLIII.[c] dictum est,

[1] antiquus de Mikelingburg dictus, astutus homo valde *s. zu B.*

v. Detm. 544. [2] *in B folgt zu 1372:* 884a (578). Wenzelaus dux Brabancie, frater Karoli imperatoris, intravit terram ducis Iuliacensis cum exercitu copioso, sed conflictu inito captus est ipse cum suis a predicto duce Iuliacensi, et interfectus est ibidem Edwardus dux Gelrie secundum cronicam de Marka.

v. Detm. 545. 884b (579). Otto marchio Brandeburgensis offensus per Marchomannos dedit Karolo imperatori pleno iure Marchiam, accipiens in recompensam ab eodem imperatore 16 civitates et castra in Bavaria. Permutacio tamen ista multum fuit dispar et incomparabilis, velud lenticula Iacob ad primogenita Esau, prout supra dictum est.

[3] *§ 887 lautet in B kürzer zu 1373:* Magnus dux de Luneburg natus de Zangherhusen
Juli 25. occisus est in prelio in die sancti Iacobi apostoli. Hic quatuor habuit filios, puta Fredericum, Bernhardum, Henricum et Ottonem. *Vgl. A § 580.*

[4] *st.* Quorum — deputatis *B:* Ut autem horum genealogia plenius cognoscatur, est advertendum, quod post obitum Ottonis ducis de Brunswik et Luneburg, de quo supra dictum est anno domini 1253 in margine[1], filii sui Albertus et Iohannes diviserunt terram, ut habitum est supra anno domini 1269[2].

a) *st.* duces predictos *B:* ducem predictum. b) *§ 888 steht in B zu 1373.* c) III *auf rasur D.*

1) *Vgl. auch Detmar 550.* 2) *Zu § 848. Siehe oben s. 172 anm. g.* 3) *Zu § 834.*

cum esset in procinctu adeundi curiam principum in Frankenford, quam Wilhelmus Romanorum rex statuerat principibus, subtractus est ab hac luce in die sanctorum Primi et Feliciani, relinquens post se quatuor filios, puta Albertum, Iohannem, Conradum et Ottonem. Juni 9. Albertus autem senior successit patri in ducatu, Conradus factus est episcopus Verdensis et Otto episcopus Hildensemensis. Et sic manserunt soli hii duo fratres seculares, Albertus scilicet et Iohannes. Tunc hii duo de consilio Ottonis marchionis de Brandeburg avunculi eorum ducatus de Brunswic et Luneburg diviserunt inter se, ita ut Albertus, qui maior erat natu, obtineret Brunswic et Iohannes Luneburg cum civitatibus, castris, villis ac vasallis ad partem suam deputatis. c. 1267. Post huiusmodi autem divisionem dux Iohannes de Luneburg genuit illustrem principem Ottonem ducem, cui Lodowicus rex Romanorum[a] Mechtildem sororem suam matrimonio copulavit, de qua idem Otto genuit nobiles principes Lodowicum episcopum Myndensem et Ottonem ac Wilhelmum fratres. Qui heu sine heredibus decedentes reliquerunt ducatum in manibus filiorum Alberti ducis de Brunswic fratris Iohannis antedicti. Et primo venit in manus Lodowici filii ducis Magni senioris de Brunswic, cui Wilhelmus dux filiam suam ex apostolice sedis disponsacione desponsavit et tandem matrimonio copulavit. Deinde vero Lodowico predicto sine herede decedente, pervenit ducatus ad fratrem suum Magnum iuniorem dictum de Zangerhuzen. Qui ex supradicto Alberto duce fratre Iohannis ducis antedicti de Luneburg procreati sunt. Postea vero sepedicto Magno duce iuniore cognomento de Zangerhusen, fratre predicti Lodowici ducis adhuc vivente, ex procuracione ut dicitur civium de Luneburg ad Albertum ducem Saxonie filium Rodolfi, supradicti Wilhelmi nepotem, devenit. Deinde ipso duce Alberto sine herede migrante, ad Wenslaum ducem patruum ipsius Alberti pervenit. Hiis duobus ultimis ducibus, Alberto scilicet et Wenslao, Karolus imperator ducatum Luneburgensem tamquam ad Romanum imperium devolutum legitime concesserat et donaverat, et ambo miserabili morte obierunt sine heredibus. Alberto namque crus integrum per machinam avulsum est in obsidione castri Rigling et mortuus est, ut suo loco patebit; Wenslaus vero intoxicatus periit; et sepulti sunt ambo in Luneburg. Et sic iterato ducatus de Luneburg ad filios prefati Magni iunioris de Sangerhusen devolutus[1] est. Qui filii IIII fuerunt puta Fredericus, Bernhardus, Henricus et Otto. Otto autem factus est archiepiscopus Bremensis et Fredericus dux de Brunswic. Bernhardus vero et Henricus aliquamdiu quasi exilium passi, eo quod Luneburgenses eos

---

(1) st. devolutus — filii eorum B: videlicet duces Fredericum, Bernhardum, Henricum et Ottonem fratres tamquam veros ipsius ducatus Luneburgensis heredes devenit ex ordinacione divina et per victoriam, quam deus in Wynsen super Alriam fluvium miraculose eis concessit, ut suo loco patebit. IIII fratres iterum istos ducatus de Brunswik et Luneborgh inter se diviserunt, ita quod dux Fredericus, qui erat natu senior, obtinuit ducatum Brunswicensem, et Bernhardus ac Henricus Luneborgh obtinuerunt cum civitatibus, castris, opidis, villis et vasallis cuilibet ipsorum ad partem suam deputatis. Otto vero frater eorum factus est primo episcopus Verdensis et postea archiepiscopus Bremensis. Hic Fredericus dux Brunswicensis postea interfectus fuit miserabiliter, ut patebit infra. Et ita ducatus Brunswicensis iterum cessit duobus, fratribus Bernhardo scilicet et Henrico, quia Fredericus decesserat sine herede masculino. Post hoc iterum isti duo fratres Bernhardus et Henricus ducatus istos inter se diviserunt, et tunc Bernhardus retinuit ducatum de Brunswik, quia senior, et Henricus Luneborgh. Qui Henricus postea decedens reliquit heredem filium suum Wilhelmum, ut infra habebitur. *Vgl. Fassung A.*

---

a) Bawarus *s. zu B.*

in dominos acceptare nollent, tandem ex divina ordinacione de eis victoriam obtinentes ad possessionem dicti ducatus pervenerunt, ut infra patebit, et post eos filii eorum(1).

1374[1].

889. Vicesimo quinto anno Karoli qui est domini MCCCLXXIIII.[a] civis[b] quidam urbis Lubicane nomine Iohannes Tramme dominum Bertrammum episcopum Lubicensem ex parte matertere sue vidue sepius monuerat pro quibusdam redditibus annualibus exsolvendis per ipsum, sed in nullo profecerat(2). Tandem vero tedio victus, de iussu domini Iacobi Plescowen burgimagistri ad curiam dicti domini episcopi, Coldehof nuncupatam, parum ab urbe predicta distantem accessit, secum ducens XII cives eiusdem civitatis (secundum cronicam eiusdem) et pro pignore dictorum reddituum solvendorum quedam iumenta apprehendens, in urbem Lubicensem deduxit. Quam impignoracionem factam cum episcopus percepisset, querimoniam contra dictum civem deposuit ad consulatum civitatis et ipsum ut violatorem pacis iurate accusavit. Comites eciam Holtsatorum, in quorum terra hoc factum contigit, consimiles querelas fecerunt dicto consulatui,

Detm. 544. (1) *zu 1373 steht noch in B bei den nachträgen hinter 1375:* 888a. Anno domini 1372 cepit regnare in Hispania Henricus rex bastardus. Hic Henricus fratrem habuit legitimo thoro natum nomine Petrum, qui rex Hispanorum erat et fautor magnus Iudeorum. Nam Iudeis pociora officia regni et pinguiora commiserat et super omnes regni nobiles eos exaltabat. Propter quod frater suus Henricus bastardus ipsum frequenter reprehendit, licet ipse Petrus hoc non curaret. Conversacionem autem hanc cum Iudeis detestabantur in dicto Petro rege tam papa Gregorius, quam Philippus rex Francie, propter quod rex Francie auxilium prestitit Henrico bastardo contra fratrem suum Petrum, magnum sibi mittens exercitum. Petrus vero rex misit ad Edwardum regem Anglie pro adiutorio impetrando ab eodem. Qui et sibi misit multum populum, ut eum defenderet. Qui exercitus duo convenientes in regno Hispanie iuxta Nazareth opidum Iudeis plenum congressi sunt et bellum durum agentes, cessit victoria Petro regi Hispanie et interfecti plures de exercitu Henrici ac captivatis, Henrico evadente. Non diu post iterum Henricus stipatus exercitu pulcro, auxiliantibus ei papa et rege Francorum, obsedit Petrum[c] regem fratrem suum in civitate quadam regni et tandem civitatem expugnans ipsum apprehendit et capite privavit. Et factus rex Hispanie pluribus annis regnum gubernavit.

Detm. 547. 888b. Eodem anno in mense Dani obsiderunt castrum Dorne situm in Iutlandia. Quod percipiens Hennekinus Lembeke vir magne astucie nacione Holtsatus venit cum 60 Holtzatis electis in auxilium[d] et impetuose irruens in hostes Danos plures ex eis cepit et alios fugavit, omnia eorum instrumenta bellica arripiens et abducens.

Detm. 549. *Weiter zu 1373 ebenda:* 888c. Anno domini 1373 imperator Karolus intravit marchiam Brandeburgensem cum magno populo, volens eam sibi rebellantem subiugare. Albertus autem dux Magnopolensis venit in adiutorium imperatori cum pulcro exercitu, sperans terram Prignitze se habiturum pro suo servicio. Cum nobiles Marchie viderent, se non posse resistere imperatoris potencie, dicioni sue se subdiderunt, omagium fidelitatis sibi facientes. Videns igitur Albertus dux imperatorem pacificatum cum terra, laborare cepit pro dominio de Prignitze. Quod intelligens quidam nobilis dicte terre ait imperatori: 'Domine my rex, marchioni Brandeburgensi et terre sue ipsa Prignitze bonum est et utile propugnaculum. Dico enim vobis in veritate, si Albertus Magnopolensis dux dictum haberet territorium, faciliter ampliora de Marchia acquireret. Nec quidem nos umquam paciemur separari nos a Marchia'. Cui imperator: 'Veritatem quidem dicis. Aurum et argentum sibi dabimus et non ipsi terram elargiebimur'. Quod et factum est.

Detm. 548. 888d. Similiter eodem anno Magnus dux de Brunswik et Otto comes de Schowenburg bellum durum egerunt in mirica et Magnus dux ibidem interfectus est cum multis sibi faventibus. Comes vero victoriam obtinens cum gloria ad propria rediit.

(2) usque in presentem annum s. zu B.

a) 1373 H. b) § 889 in B neben am rand. c) Petrum B. d) in auxilium am rand mit anderer tinte B.

1) *D überspringt das jahr 1373.*

potentes iusticie complementum fieri. Consulares autem civitatis videntes serium comitum de Holtzacia (et timentes occasionem ministrare eisdem malignandi), omnes cives, qui impignoracioni prelibate interfuerant, suspendio adiudicaverunt et singulos patibulis novis preparatis appenderant. (Proconsul autem ille Iacobus Plescowe, qui suum consensum dederat ad pignus illud auferendum, licenciam dedisse omnino negabat. De quo quidem facto civitas universa non modicum fuit turbata[a]).

890. (Accidit autem non diu post, quod quidam nobilis Holtzatus Henningus de Hadelen dictus spolium in civem quendam Lubicensem committeret. Quo percepto, consulatus mox misit ad comites terre illius, petens iusticiam fieri de raptore suo, qualem et ipsi fecissent eis de civibus suis. Qui responderunt nunciis civitatis: 'Si cives vestre civitatis crescunt vobis in arboribus, poteritis facere cum eis, quod libuerit. Nostre vero terre homines in maximis educantur laboribus et sumptibus, et ideo non possumus nec volumus eos tam faciliter destruere'. Et quasi confusi nuncii recesserunt.)

891. Consulares[b] urbis Coloniensis quendam lanificem maleficum iudicantes condempnaverunt Detm. 646.
ad mortem (secundum cronicam Francorum). Quod ceteri lanifices audientes, conglobati cum aliis mechanicis, in duas turmas se diviserunt. Quarum una turma accedens violenter dampnatum hominem rapuit de manibus lictoris. Alia vero turma consistorium adiens consulares illos interficere studuit. Consules autem insultum communitatis videntes amicos suos mercatores et alios viros honorabiles vocaverunt. Quorum auxilio animati consules turme, quo ipsos invadere nitebatur, obviam venerunt et cum ipsis prelium agentes durum cunctos occiderunt. Accelerantes vero ad secundam turmam, eam extra valvam urbis fugere compulerunt. Et claudentes portas civitatis, omnes illos proscripserunt et bona eorum in utilitatem urbis converterunt.

1375.

892. Vicesimo sexto anno Karoli qui est domini MCCCLXXV.[c] cives[(1)] de Brunswic Detm. 648.
insanientes et furibundi effecti manus suas cruentas in suum levarunt consulatum, aliquos decapitando et alios gladiis et fustibus mactando ac plures de civitate fugando, persequentes omnes, qui de eorum progenie erant, secundum cronicam Saxonum. (Insuper velud homines brutales omni racione carentes, cellaria civitatis intraverunt et vasorum funda excucientes, vina et cervisiam in terram profundere fecerunt ac domos proconsulum et consulum ingredientes rapuerunt omnia in eis inventa. Unum vero burgimagistrum quasi decrepitum Tylonem de Damme pingwem et impotentem per urbem contumeliose traxerunt et ad medium fori cum eo pervenientes ipsum super quendam sedem locaverunt, eo quod pro senio et gravedine corporis in genibus stare non valeret, et sic ipsum decapitaverunt. Ceterum quod omnia hec mala superabat, consimilem crudelitatem fieri in aliis Saxonie urbibus cupientes per communitates, litteras ad communes civitatum circumquaque destinaverunt, conquerendo de irracionabili et importabili gravamine exaccionis et de tyrannico regimine sui consulatus, quibus iamdudum sua communitas fuisset[d] gravata et tribulata. Que quia diucius tollerare non poterant, idcirco coacti fuissent hoc malum attemptare, licet inviti fecissent. Quorum maliciam et intencionem perversam civitates de Ansa attendentes, dictam urbem proscripserunt et communicacione Anse privaverunt. Sed communes dicte urbis Brunswicensis hanc penam parvipendentes, consulatum novum elegerunt de mechanicis et manualibus officiis et regimen antiquum et laudabile meliorum urbis ex toto exterminaverunt.)

(1) *§ 892 lautet in B:* Consules et burgimagistri urbis Brunswik a vulgo et communitate s. Detm. 648
capiuntur secundum cronicam Saxonum et quidam eorum capite truncantur, quidam exilliantur in perpetuum. Quod quidem factum est feria sexta post Misericordias domini. und II.
Vgl. A § 592.

a) *am rand nachgetragen D.* b) *§ 891 in B unter den nachträgen hinter 1375, jedoch zu 1373.*
c) V *auf rasur D;* 1374 *B.* d) fuisse *D.*

893 (583). Comites de Deftbold et quamplures alii nobiles numero circiter quingenti opidum Aldenburg (in confinibus Frisie situm) nocturno tempore capere temptaverunt. Unde murum opidi scandentes, versus castrum urbem antiquam ingressi sunt. Quorum strepitum quidam in taberna taxillis ludentes cum percepissent, hostes adesse mox clamaverunt, ac unus eorum ad nolam currens signum dedit ad arma fore accelerandum (secundum cronicam Saxonum). Ad cuius pulsum cives confestim excitati in utraque urbe supra domorum suorum ascenderunt tecta et lapidibus avulsis progressum eorum in tantum impedivierunt iacturis fortibus, quod burgenses interim conglobati posse[1] recuperabant ad expellendum inimicos de urbe. Quo facto cum uterque exercitus in campo plano convenisset, aciebus ordinatis congressio agminum facta est et utrobique acriter pugnatum est. Sed tandem cives victores effecti comites interfecerunt cum multis aliis. Decanus vero Bremensis captus est cum pluribus nobilibus et Conrado comiti de Aldenburg presentatus, qui ipsum castigando (in cippo) docuit ire ad chorum[1,2].

1376.

894 (585). Vicesimo septimo anno Karoli qui est domini MCCCLXXVI.[a] consulares
Febr. 14. urbis Northusensis terre Thuringorum in die sancti Valentini martiris a communitate sua capiuntur et incarcerantur secundum cronicam Saxonum et in sequentis noctis medio fere omnes decollantur. (Hoc autem malum ortum habuit a Brunswicensibus, qui precedenti anno exemplum prebuerant insurgendi contra rectores suos). Qui autem de consularibus manus homicidarum evaserunt, proscripti sunt et exilio perpetuo dampnati cum uxoribus et filiis suis (ac omnibus bonis suis privati).

v. Detm. 586. 895 (586). Albertus archiepiscopus Bremensis, frater ducis Magni de Brunswic, turpissime[3] infamatur et accusatur per dominum Iohannem decanum suum cognomento de Centersted, postea episcopum Verdensem, tamquam hermofrudita habens utriusque sexus genitalia et quod muliebribus[b] utatur[c] ad libitum. Ob hanc inquam infamacionem tam abhominabilem et tanto viro multum verecundam secundum cronicam Saxonum dictus princeps examinatus est in urbe Hammeburgensi, presentibus multis nobilibus, prelatis et burgimagistris civitatum Lubicensis, Bremensis et Hammeburgensis et inventus est iudicio omnium predictorum vir perfectus et expers impositi defectus.

v. Detm. 594. 896 (587, 590). Sed quia, ut adversarii sui obiurgabant, talis examinacio non fuit facta via et ordine iuris servatis, idcirco compulsus est per eundem infamatorem pudibundum et suos complices altera vice in alio loco tam inhonestam subire inquisicionem. Que quidem sequenti anno facta fuit in urbe Sundensi coram venerabilibus episcopis Zwerinensi et Caminensi vocatis ad hoc in testimonium, presentibus notariis publicis,

(1) st. posse — urbe B: inimicos extra antiqui opidi valvam per portas plurimos propulserunt.
(2) in B folgt zu 1375: 893a (584). Tradicio quedam imposita fertur secundum cronicam Saxonum per quosdam militares dyocesis Hildensemensis contra civitatem Hannover, sitam in mirica Luneburgensi, sub tali modo. Conductus enim — u. s. w. wie A — lectorem, quod tamen ego non spero, ymmo nec credo verum fore. Eductus igitur miser ille ad mortem et tractus equorum pedibus alligatus non cessavit alta voce clamare, dictam fratrum cutsam esse sue mortis; et hoc forte fecit inductus a dictorum fratrum emulis et inimicis.
(3) st. turpissime — princeps B: infamatus et accusatus per clerum suum et presertim per quendam dictum Iohannem de Centersted, postea episcopum Verdensem, quod virilibus careret et loco eorum muliebria genitalia haberet.

a) 1 von derselben Hand nachgetragen D; 1375 B. b) muliebrib; D. c) u in lacreiter D.

1) H fügt hinzu: De deken was geheten Gonzalcus de Campen, eyn domhere to Hildensheym.

prelatis et religiosis dicte civitatis. Et iterum ibidem inventus est innocens tam maliciose imposicionis[1] [1].

897. Karolus[2] imperator sequenti die XIII virginum venit in urbem Lubicensem cum uxore sua et multis principibus et receptus est a (clero et) civibus in gloria et solempnitate maxima Detm. 551.

---

[1] in B folgt: 896a. In hoc loco signare decrevi aliqua superius neglecta non per incuriam, sed quia protunc ad manum ea non habebam, ut locis suis debitis ea inscriberem[2].

Anno domini 1351 antiquum conventum ... in monasterium fratrum (— § 771 —) dicti monasterii. Detm.
Anno domini 1352 Halberstadensem ... cum suo episcopo (— § 785 —) quod et fecit. Ibid.
Anno domini 1353 Lubicenses una cum (— § 796 —) et Mechelenburg. Ibid.
Eodem anno Otto comes (— § 797 —) de Tekeneborg. Detm.
Albertus autem (— § 798 —) premissa promiserat. Ibid.
In eodem tempore anno Lubicenses (— § 799 —) suspenderunt. Detm.
Anno domini 1355 rex Danorum Woldemarus (— § 820 —) ... opera. Detm.
Fratres etiam Minores (— § 821 —) in dicta civitate. Ibid.
Anno domini 1358 consistorium (— § 822 —) in ... verterunt. Ibid.
Anno domini 1360 Woldemarus (— § 823 —) est reversus. Detm.
Eodem anno Ericus dux (— § 824 —) Erico duci arrisit victoria et fortuna. Detm.
Anno domini 1361 Wilhelmus dux (— § 831 —) ... Detm.
Anno domini 1362 Nicolaus comes (— § 832 —) evaserunt. Detm.
Eodem anno ... Holtzatorum (— § 833 —) ingressus est. Ibid.
Anno domini 1364 civitates stagnales (— § 836 —) duratura. Detm.
Eodem anno ... est guerra (— in § 842 —) destructa sunt. Ibid.
Anno domini 1366 Woldemarus rex Danorum ob timorem (— § 843 —) medio 40. Detm.
Anno eodem quidam ... cives (— § 856 —) Roberstorp. Ibid.
Eodem anno Lithwani (— § 863 —) et abduxerunt. Detm.
Anno domini 1367 feria quinta (— § 867 —) divisus in partes. Detm.
Eodem anno maxima fuit pestilencia (— § 874 —) mortalitate. Ibid.
Anno domini 1369 civitates omnes (— § 865 —) resignaverunt. Detm.
Eodem anno Lythwani intraverunt (— § 869 —) occiderunt. Ibid.
Eodem anno Ericus iunior (— § 875 —) annorum. Detm.
Anno domini 1370 ante carnisprivium (— § 882 —) perierunt. Detm.
Eodem anno Magnus dux (— § 884 —) ... Detm.
Anno domini 1371 commissum est prelium (— § 887 —) ... Ibid.
Eodem anno ... Karolus (— § 879 —) destruxit. Detm.
Anno domini 1372 cepit regnare (— § 886a —) gubernavit. Detm.
Eodem anno in mense (— § 886b —) abiecerunt. Detm.
Anno domini 1373 imperator Karolus (— § 886c —) factum est. Detm.
Similiter eodem anno Magnus (— § 886d —) reddit. Detm.
Item eodem anno consilium (— § 891 —) proscripserunt perpetuo banno. Ibid.
Anno domini 1375 placitatum est (— § 896b —) terminata. Detm.
Hoc eodem anno sequenti die 11000 virginum (— § 897 —) magna et iocunditate. Detm.

Omnia predicta de cronica Lubicensium.

[2] § 897 in B am schluss der nachträge hinter 1375. Dem § 897 geht in B bei den nachträgen hinter 1375 zu diesem jahre voran: 896b. Anno domini 1375 placitatum est inter dominos duces Magnum Brunswicensem et Albertum Saxonie de lite inter eos pendente ita, ut videlicet Albertus dux Saxonie, filius Ottonis ducis Saxonie, recipere deberet in uxorem relictam ducis Magni noviter interfecti. Que quidem relicta 3 habuit filios, puta Fredericum, Bernhardum, Henricum et Ottonem. Quod et factum est et sic per tale matrimonium controversia diu habita inter predictos sopita est et terminata. Detm.

---

1) H fügt bei: Unde wunder was dat van sodanem weldigen vorsten van state gud unde vrunden, dat he sik nicht wrech in deme groten schedere der erliken personen. Men heft he id so duldichliken geleden umme des ewigen lones willen, so he ein deel nicht cleyne an velen denkende in deme brevele. 2) Es folgen in B 35 paragraphen für die jahre 1351—1375, die alle aus Detmar 523 ff. entnommen und in D dann an die gehörigen stellen verteilt worden sind.

(secundum cronicam Lubicensem). In ipsius autem comitiva extiterunt hii principes: Fredericus archiepiscopus Coloniensis, Albertus dux Magnopolensis, Albertus dux Lunenburgensis, qui tunc infeudatus est ab imperatore de ducatu Lunenburgensi, Otto marchio Brandeburgensis, Wilhelmus(1) marchio Misnensis, Iodocus marchio Moravie, (Henricus et Nicolaus) comites Holtsatorum, (Guntherus comes[a] de Rupin) et plures alii barones, milites et militares. Mansit autem dictus imperator per x dies in Lubeke in gravibus expensis dicte urbis. Cumque civitatem ingredi deberent, primo capellam beate Gertrudis intrans una cum consorte sua imperatrice, ibidem se induerunt imperialibus ornamentis, facto regio se decorantes. Quibus dispositis ad ingressum urbis ascenderunt equos magnos et fortes et intro-
*S. 146. ducti sunt in urbem *alternatim sub papilionibus. Frenum autem caballi imperatoris duo burgimagistri manibus tenebant, ex utraque latere equi gradientes pedestres. Ambulatorem vero imperatricis freno regebant duo consulares. Et IIII domicelli civitatis papilionem [illegible] deferebant, quilibet(2) tam de consularibus quam de domicellis vel auro aut argento insignitus copiose secundum status et condicionis sue exigenciam, sub cuius umbra incedentes urbem sunt ingressi. Porro ante imperatorem unus equo insidebat consul civitatis predicte, deferens claves eiusdem civitatis in pertica, in signum subieccionis imperialis maiestatis. Post quem immediate ibat Albertus dux Saxonie et de Luneburg ensem imperialem deferens et post illum Otto marchio de Brandeburg sceptrum regium in manibus gerens. Post hos imperator immediate processit. Ante imperatricem vero Fredericus archiepiscopus Coloniensis incedebat cum pomo aureo, quem ipsa immediate sequebatur. (Ceteri vero principes et nobiles imperatricem immediate sequebantur, quilibet secundum gradum et nobilitatem suam.) Ingredientibus ergo eis primam urbis valvam, stabant ex utraque parte vie regie mulieres pociores tocius civitatis et virgines ornate calcioribus indumentis, ad recipiendum imperatorem et suam uxorem preparate. Processio insuper solempnis tocius cleri et religiosorum cum reliquiis et cruce dominica imperatori obviam venit maiestati et secundum eius adventum reverenter excepit. Qua recepcione facta et cruce ab imperatore et eius consorte deosculata, processio cleri precessit[b] et totam urbem pertransiens cum sequela regii exercitus in maiorem ecclesiam usque pervenit. Ubi omnes existentes clerus solempniter cecinit: 'Ecce advenit dominator dominus et regnum in manu eius et potestas et imperium'[1]. Et versum: 'Deus iudicium tuum regi da etc.' Quo cantico expleto, imperator cum suis plateam regiam transiens, ad hospicium sibi paratum pervenit, quod erat in cornu platee beati Iohannis (ubi postea morabantur domicelli Darsowen dicti). Nox autem qualibet pro tempore mansionis imperatoris in urbe predicta in diem claram vertebatur pre multitudine lucernarum de qualibet domo civitatis dependencium. Stantibus ergo proconsulibus et consularibus urbis supradicte in presencia imperatoris, dixit Karolus: 'Grates sint vobis dominis urbis vestre de solempni[c] vestri et nostre consortis recepcione'. Cui senior burgimagister Iacobus Pleskowe dictus humiliter respondit: 'Serenissime princeps, nolite nos nuncupare dominos, sed vestre maiestatis immeritos servitores et famulos'. Cui respondit rex: 'Registra antiqua imperatorum continent, urbem hanc unam esse de quinque civitatibus principalioribus imperii et consulares urbis vestre esse de iuratis et consiliariis imperatoris, extra et intrare valentes ipsius consilium ubique

---

(1) st. Wilhelmus — Moravie B: marchiones Moravie *misverstanden aus Detmar.*

(2) st. quilibet — ingressi *B:* sub cuius umbra quilibet incedebat.

---

a) c *über der zeile nachgetragen D.* b) ꝑ *aus* ꝓ *korrigirt D.* c) solepni *D.*

1) *H berichtet:* Dat hadden se an deme Dudeschen: 'Sech uns is ghekomen de heerschopper unde de here unde dat rike is an sineer hant unde de walt unde dat ghebede'. Den sank singet de kerke in der misse der hilghen drier koninghe van deme hemmelschen keysere Cristo.

et semper absque licencia petita, prout ceteri lurati eiusdem facere consueverunt. Merito ergo domini dicendi estis ex huiusmodi privilegio de singulari favore ab imperiali maiestate vobis indulto¹. Civitates autem predicte sunt Roma, Venecia, Florencia, Pysa et Lubica⁽¹⁾. Fuit autem in predicta civitate Lubicensi protunc magna solempnitas peracta propter principum presenciam in exerciciis militaribus tam per nobiles et militares quam per domicelles urbis, et deducti sunt dies IIII in leticia magna et iocunditate mirabili¹.

898. (Gravem infirmitatem et inconsuetam deus permisit vexare homines prope Renum commorantes secundum cronicam Francorum. Nam antequam passio eorum instaret, homines utriusque sexus quedam apprehendit incepta leticia et exultacio, ita quod saltare et corizare inciperent cum risu inordinato et cachinacione vana. Qua quidem iocunditate cessante, homines corruebant supini in terram quasi apoplectici et venter eorum procellosas quasdam mociones gravissimas ostendebat quasi follis ventum trahens et expellens. Nec requiem habere poterant, quousque viri tres vel IIII pedibus suis ventrem pacientis calcando comprimerent. Et cum hec retorsio violenta eis fieret, delectabantur et bene eis erat. Hec pestis mirabilis per Renum descendit et usque in Westphaliam pervenit. Inventum est tamen postea ab astutis clericis, quod ex dyabolica obsidione hoc hominibus contingebat, et ideo sacris coniuracionibus et exorcismis dyabolicas has vexaciones removerunt.) Detm. 554.

899 (589). Woldemarus⁽²⁾ rex Danorum, postquam regnum suum reintraverat et concordiam cum civitatibus fecerat, migravit ab hoc seculo secundum cronicam Danorum hoc anno. Cuius filia Margareta uxor Haquini regis Norwegie, filii Magni regis Sweorum, post patrem regnavit in Danorum regno et in brevi, defuncto viro suo Haquino et capto Alberto rege Sweorum, facta est trium regnorum regina de consilio pariter et auxilio civitatum stagnalium et presertim urbis Lubicensis, cuius burgimagister Henricus Westhof dictus in magna parte hoc practicavit. Ex hac quidem regnorum unione protunc bona estimata innumera postea secuta sunt civitatibus predictis et mercatoribus incommoda². s. Detm. 555

900. Audiens^a autem Albertus dux Magnopolensis obitum Woldemari regis, collegit magnum exercitum et transiens mare pervenit in Daciam, ut regnum illud filio suo Henrico in manu forti acquireret (Alberto alio filio suo iam rege Sweorum constituto). Sed nichil proficiens, eadem via reversus est qua venerat⁽³⁾.

1377.

901. Vicesimo octavo anno Karoli qui est domini MCCCLXXVII.^b Wigboldus episcopus Colmecensis^c terre Prutzie capitur in proprio castro per Iohannem Tyaswitz militem et in quoddam desertum occultus ducitur (secundum cronicam Lubicensem). Ubi per VII ebdomadas vinculis Detm. 556.

⁽¹⁾ id est Lubicensis urbs s. zu B.

⁽²⁾ § 899 lautet in B zu 1376: Woldemarus rex Danorum obiit in Selsborg. Cuius uxor Margareta filia regis Swecie Hake post obitum viri sui multis annis tria regna illa strenue et prudenter rexit.

⁽³⁾ licet in gravi periculo tempestatis s. zu B.

In B folgt zu 1376: 900a. Maxima pestilencia deserit hoc anno in pluribus partibus et presertim in civitatibus Sundensi et Wismariensi.

a) § 900 in B zu 1376. b) VII aus VI korrigirt D; 1376 B. c) Colmetensis B.

1) Vgl. zum ganzen den aufsatz von Wilhelm Mantels, Kaiser Karls IV. hoflager in Lübeck vom 20.—30. october 1375, Hans. Geschichtsblätter 1873, 107 ff. und namentlich die beilage 133 ff., wo die nachrichten Korners und Detmars übersichtlich neben einander gestellt sind. 2) H: ermhede groten scaden, also id nu openbar wart bi koningk Erikes tiden int iar do men screff . . . . (lücke).

detentus, dedit tandem pro sua redempcione magnam pecunie summam, promittens cum hoc, suos persecutores velle ordinare absolvi a sentencia excommunicacionis aut dare eisdem litteras forenorum(1).

Detm. 583. 902. Archiepiscopi Coloniensis, Moguntinensis, Treverensis (et Salceburgensis) se opponentes Gregorio pape prohibuerunt suos clericos, ne decimam sibi darent, quam ab omnibus clericis postulaverat (secundum gesta summorum pontificum). Decedente interim archiepiscopo Moguntino, papa dedit illam ecclesiam episcopo Babenbergensi nato de marchionibus Misne. Sed capitulum Moguntinum postulans episcopum Spirensem dominum de Nassowe natum, castra et civitates sibi tradidit. De quo scismate magna terrarum devastacio secuta est.

v. Detm. 586. 903 (595). Tanklem civitas ducatus de Wolgast incendio gravi periit. (De qua conflagracione quidam metrista[1] sic ait:

Annis M tria C L bis X sex superadde,
sept. 16. Eufemie nocte Tanklem perit igne repente).

Eodem tempore due civitates in Flandria secundum cronicam Francorum[a], puta Casand et Osburg, submerse sunt ex nimia aquarum inundancia.

v. Detm. 586. 904 (593). Karolus imperator una cum Wilhelmo[b] marchione Misne et aliis comitibus multis et nobilibus obsedit urbem Erphordensem (secundum cronicam Saxonum) terre Detm. 584. Thuringorum, habens in suo exercitu, ut fama ferebatur, XLM[c] armatorum. Et vastans villas circumiacentes ac vineta destruens, civitati in se parum vel nichil nocere potuit, Adolfo de Nassowe electo Moguntino in urbe existente(2). Hec(3) autem gwerra orta est ex hoc, quod papa Gregorius dederat archiepiscopatum Moguntinum Lodowico episcopo Babenbergensi, fratri Wilhelmi marchionis Misne. Et hanc donacionem Karolus imperator ob favorem marchionis libenter ad effectum perduxisset.

v. Detm. 585. 905 (592). Wenslaus filius Karoli imperatoris rex Bohemorum coronatur secundum cronicam Saxonum[d] in regem Romanorum Aquisgrani per Fredericum archiepiscopum Coloniensem (de consensu principum electorum. Quos Karolus magna pecunie summa benivolos ad hoc reddiderat).

Detm. 583. 906. Turris valve civitatis Lubicensis, per quam itur in terram Holtsatorum, fundatur et edificatur secundum cronicam eiusdem. Medio autem tempore via dirigens currus advenientes in urbem predictam facta est per Travenam in modum pontis strata super pramonibus ex opposito platee fosse pistorum dicte et duravit pons ille per totam estatem.

v. Detm. 587. 907 (596). Papa Gregorius transtulit se in Romam de Avinione propter aversionem plurium (principum, episcoporum et) civitatum ab obediencia ipsius, sed[e] postea redeuncium ad caulas.

Detm. 584. 908. In nocte sancti Brixii tam vehemens fuit ventus, ut magnam peciam plumbi de turri sancti Iacobi cum tignis et tegulis transferret ad cimiterium sancti Spiritus in urbe Lubicensi

(1) in B folgt: 901a (594). Ante duos annos immediate precedentes Albertus dux Saxonie obsedit castrum Horborgh contra Magnum ducem de Brunswik, qui ducatum Luneburgensem sibi usurpaverat contra imperatoris decretum, in suo habens exercitu — s. s. w. wie A — secundum cronicam Saxonie — cum quatuordecim centenariis armatorum — vescerentur.
(2) et cives ad constanciam animante s. zu B.
(3) st. Hec — perduxisset B: Hec autem gwerra ideo facta est per marchionem Misne, quia ipsi fratrem suum Lodowicum in archiepiscopum Moguntinum libenter promovissent, subrogando contra dictum Adolfum; sed non valuerunt secundum cronicas.

a) Flandrensium B. b) st. Wilhelmo marchione B: marchionibus. c) 80000 B wie Detmar.
d) Bohemorum B. e) st. sed — caulas B: recedencium secundum cronicam Romanorum pontificum.

1) H: eyn versch-dichter.

secundum cronicam eiusdem. Eodem quoque turbine plures arbores silve eiusdem urbis dicte Swerin in vulgari radicitus sunt evulse pariter et everse.

909. Gravis controversia suborta est in urbe Lubicensi inter consulares dicte urbis et mechanicos secundum cronicam eiusdem. Displicencia autem ista surrexit ex quadam nova et inconsueta exaccionacione, quam consulares facere nitebantur in cives suos, puta ut ultra consuetam taxam census, qui vulgari nomine schot nuncupatur, quilibet civis unam marcam Lubicensem superadderet. In(1) molendino autem cives dare consueverunt de blado suo molendo mensuram quandam matte dictam et illam eciam duplicare volebant. Quas quidem exaccionaciones insolitas admittere recusantes mechanici, conspiraciones contra consulatum facere temptabant. Convenientes ergo simul in ecclesiam fratrum Minorum mechanici et aliqui de mercatoribus cum eis, vocaverunt ad se proconsules urbis illius. Quibus presentibus petivit communitas deposicionem illius marce solvende ultra prestacionem solitam et quod matta sive porcio illa molaris in suis maneret metis consuetis, humiliter supplicavit ob pacis et concordie conservacionem. Quam peticionem burgimagistri acceptantes dixerunt, se eam libenter velle consulatui proponere et de ea gratum responsum, ut presumerent, reportare. Et sic factum est. Nam viri seniores et sagaces consulares commocionem et insultum fieri in urbe formidantes, voluntati furibundi populi condescenderunt(2), et sic displicencia illa sopita est et sedata. Detm. 587.

910. Lithwani (et Rutheni) cum multo collecto populo terram Pruthenorum intrantes, omnes villas circa Insterburg et Jurgemburg vastaverunt (secundum cronicam Lubicensem) et tandem castrum Zythen vallantes expugnaverunt. Abhinc vero post tres menses[a] recedentes venerunt prope Mynsterberg, ubi maximam predam pecorum et iumentorum rapientes multam eciam stragem populi fecerunt. Ibid.

1378.

911 (598). Vicesimo nono anno Karoli qui est domini MCCCLXXVIII.[b] dominus Bertrammus episcopus Lubicensis obiit in[c] profesto epiphanie secundum cronicam eiusdem. In cuius sedem[d] electus est dominus Iohannes Clenedenst decanus dicte ecclesie. Hic cum iret versus curiam Romanam pro sua confirmacione et venisset in Pragam urbem regni Bohemie, mox innotuit ei, quod papa iam de pastore dicte ecclesie providisset, qui esset frater ordinis Predicatorum Nicolaus dictus. Hic in conventu suo Lipczensi dudum fuerat lector et prior. Quod cum dictus dominus Iohannes percepisset, statim retrocessit. Nicolaus vero ille veniens in urbem Lubicensem cum solempnitate consueta per capitulum et clerum receptus est et introductus. Sed non diu in hac sede mansit, quia papa de ecclesia Mysnensi sibi providit. (Quo recedente dominus Conradus de Gysenhem locum eius subintravit et in die ascensionis domini primam suam missam pontificalem in summo celebravit). Detm. 588. v. Detm. 588. * t. 144. Detm. 604.

912. Dux Polonorum cognomento Albus, eo quod alias in ordine fratrum de domo Teuthonica fuisset, secundum cronicam Lubicensem[e] resignavit ducatum suum in manus regis Ungarie. Cui rex pro illa resignacione dedit in prompta pecunia[f] XIIIm[g] florenorum (Ungarorum) et promisit annuatim velle solvere mille florenos ad vitam suam, dummodo religionem, quam reliquerat, reassumeret. Deposuerat enim predictum religionis habitum ob hoc, quod ducatus ille ad ipsum devolutus fuisset per decessum omnium heredum ad ipsum pertinencium preter eum. Detm. 588.

913 (599). Fratres de domo Teuthonica terre Prussie cum innumero populo intraverunt terram Lithwanorum (secundum cronicam Lubicensem). Quod Allegardus rex v. Detm. 590.

(1) st. In — volebant B: Mattam eciam molendinorum aggravabant ultra solitum modum. Detm. 587.
(2) propositum proprium protinus ob maius malum cavendum postponentes a. zu B.

a) ebdomadas B wie Detmar. b) VIII aus VII korrigirt D; 1377 B. c) st. in profesto epiphanie B: circa epiphaniam wie Detmar. d) am rand von andrer hand D. e) Polonorum B. f) pecunie D. g) 11 000 B wie Detmar.

ipsorum percipiens processit eis obviam et industrius existens tali cautela in malum cristianorum usus est. Invitavit namque marscalcum terre et alios commendatores pociores ad tentoria sua, ut cum eo commederent, pacem interim cum eis statuens. Cuius invitacioni consencientes Pruthenidoli ignari ad convivium regis venerunt, paucos circa eorum victualia[a] relinquentes. Barbari vero interim conglobati, cristianis inscüs et cum rege eorum solacientibus, cum impetu in custodes victualium et tentoriorum irruerunt et illis interfectis omnia, de quibus vivere debebant, abduxerunt. Quod cum regi et Pruthenis convivantibus intimaretur, indignatus rex valde, licet in dolo, peciit hoc sibi non imputari. Set Pruthenì in proposito suo frustrati, ad propria cum confusione magna[b] sunt reversi (immemores illius doctrine sapientis: 'Ne credas inimico tuo in eternum').

v. Detm. 600. 914 (600). Rex Ungarorum cum inmenso exercitu contra barbaros prope Rutziam situatos egressus, expugnavit ibidem V castra fortissima et interfecit pariter ac captivavit populum nimium. Et maxima preda stipatus reversus est cum triumphali pompa in regnum suum[c].

v. Detm. 605. 915 (606). (Fredericus) dux Austrie venit in Prutziam cum duobus millibus armatorum (secundum cronicam Francorum) pugnaturus cum infidelibus pro fide. Cui associati sunt fratres de domo Teuthonica cum exercitu pulcro, et pergentes simul demoliti sunt omnem terram circa Orogil et Pascowa.

v. Detm. 604. 916 (607). Fratres eciam de Lyvonia eiusdem ordinis pro eodem tempore exeuntes contra Lithuanos, congressi sunt cum eis in prelium. Et victoriam a domino obtinentes percusserunt in ore gladii totam multitudinem paganorum.

Detm. 600. 917. Karolus imperator cum Rodolfo duce Saxonie et (Alberto) duce de Brunswic et Luneburg obsederunt castrum Hammenberg[1] in mirica Luneburgensi situm secundum cronicam Saxonum[d]. Quibus Lubicenses cives in auxilium adduxerant DC armatos cum duabus machinis. (Bumbarde enim protunc non erant ita communes, sicud nunc sunt). Quod castrum cum imperator expugnasset, dedit ipsum ducatui[e] Luneburgensi. Recedens autem inde venit in Angermunde cum ducibus predictis, puta Wenzlao duce Slesie, Alberto duce de Brunswic et Luneburg, (Rodolfo duce Saxonie) et Erico duce de Louenborg. Ubi[(f)] Karolus imperator concessit de potestate imperatoria Erico duci de Louenborg et suis heredibus, quod pari iure eleccionem regis Romanorum habere deberet in perpetuum cum duce Saxonie de Wittenberg et alternatis vicibus eligere deberent. Capitanei autem exercitus Lubicensis erant viri venerabiles Symon Swerting et Gerardus de Attendorn consulares[2].

DE URBANO VI. PAPA CCX.

v. Detm. 601. 918 (601). Urbanus papa nacione Neapolitanus ex patre Philippo sedit annis XI et diebus XX (ut habetur in gestis Romanorum pontificum). Iste prius Bartholomeus dictus archiepiscopus fuit Barensis et Rome electus est in papam. De isto papa prophetatum est taliter: 'De inferno natus es, ad infernum redibis et infernus te exspectat'[3]. In sua eleccione erant Rome congregati XVI cardinales, qui venerant cum Gregorio papa Romam. Alii vero cardinales remanserunt in Avinione contra voluntatem pape.

(f) st. Ubi — deberent B: Ubi imperator predictis ducibus concessit exemptionem electionem imperialem iure hereditario possidendam.

---

a) et alimoniam s. zu B. b) aus magne korrigirt D. c) secundum cronicam Ungarorum s. zu B. d) Lubicensium B. e) st. ducatui Luneburgensi B: ducibus Saxonie wie Detmar.

1) H am rande: unde Lochow. 2) Vgl. Rufus bei Grautoff I 307. 3) H: dat lude also to Dude: 'Ute der helle bistu gheboren unde to der helle varestu wedder unde de helle beidet dines'. Dazu am rand von späterer hand: 'Dit scrivet nicht'.

1379.

919. Tricesimo anno Karoli qui est domini MCCCLXXIX.[a] Florencius[(α)] dux Lotharingie cum exercitu valido venit in Prutziam secundum cronicam Lubicensem et assumptis fratribus de domo Teuthonica[c] in magno numero intravit terram Lithwanorum et prospero successu sibi arridente, commiserunt prelium durum cum infidelibus et ceperunt DCCC[b] Lithwanos nobiliores tocius terre eorum. Qua victoria valde animati ultra processerunt et villas ac opida vastantes infinitum populum occiderunt et preda immensa capta reversi sunt cum nobili triumpho. Detm. 561.

920. Flamingi arrestantes omnia bona mercatorum de partibus orientalibus[c] Brugis existencium secundum cronicam Francorum[d], plures de eorum mercatoribus in[(β)] captivitatem posuerunt, que Brugis lapis nominatur. Hanc quidem contumeliam iniuriosam Flamingi fecerunt mercatoribus predictis, eo quod iura sua et libertates antiquas a diversis terre illius principibus datas defensare nitebantur. Wilhelmus eciam comes Flandrie civitatibus et terre adherens contra mercatores, eos tyrannice multum persequebatur[e]. Cives tamen Gandavenses mercatoribus antedictis favebant et eos tuebantur, quantum poterant. Propter quam displicenciam plura sunt mala suborta, ut suis locis infra patebit. Detm. 562.

921. Karolus imperator cupidus et pecuniam sitiens, XVI civitates in Swevia principibus et terrarum dominis exposuit venales, subiciens eas iurisdiccioni eorum, que libere fuerunt et ad imperium pertinuerant. Cumque simili modo et alias urbes vendere voluisset XIIII in numero, ipse civitates ligam quandam indissolubilem ad invicem firmantes, coniurabant fidelem assistenciam in omnibus periculis et adversitatibus. Et hoc quidem fecerunt de consilio cuiusdam proconsulis urbis Ulmensis, que caput illarum XIIII civitatum existit. Quam confederacionem cum imperator percepisset, indignatus valde obsedit unam de dictis urbibus coniuratis. Sed mox alie civitates ad ligam predictam pertinentes cum exercitu potentissimo venerunt et urbem obsessam liberaverunt, Karolum fugantes. Nec post illum diem imperator ausus est aliquam illarum civitatum impugnare aut molestare. Quod videntes cetere civitates iam extraneis principibus subacte, in supradictam ligam et concordiam coniuraverunt et sic per defensionem aliarum urbium se a iugo novorum dominorum novellorum excusserunt et pristinam libertatem recuperaverunt. Ibid.

922 (612). Tidericus comes de Marka obsedit civitatem Tremoniensem cum duobus milibus armatorum secundum cronicam Saxonum[f], credens per tradicionem capere urbem. Sed cives muniti et bene ad intra concordati comiti viriliter resistebant, indempnes permanentes ex tali obsidione. s. Detm. 562.

923. Civitatibus[(γ)] de Ansa in urbe Lubicensi congregatis nuncii Flamingorum de Brugis venerunt secundum cronicam Lubicensem in civitatem predictam Lubicensem, volentes excusare cives et communitatem terre sue de contumelia facta mercatoribus orientalibus et aliarum civitatum, et pro earum excusacione allegaverunt mandatum comitis Flandrie Wilhelmi, qui hoc fendum iusserat propter certas causas soli comiti notas, quas racionabiles habuisset. Et super tali allegacione et excusacione ostenderunt litteras Detm. 565.

(α) st. Florencius — Lithwanorum B: fratres de domo Teuthonica terre Prutzie una cum duce Lotharingie et filio fratris pape intraverunt terram Lithwanorum in magna potencia secundum cronicam Lubicensium. Detm. 561.

(β) st. in — nominatur B: in lapidem posuerunt. Sic enim cippus captivandorum apud urbem Bruggis nuncupatur. Detm. 562.

(γ) § 923 lautet in B kürzer: Tres insignes mercatores ex parte Flamingorum ad civitates stagnales in urbe Stralessund congregatas venerunt[g] circa festum penthecostes ad habenda placita cum eis super negociis mercatorum Theutunicorum. Sed placita ibidem habita controversie finem non fecerunt. Vgl. auch A § 618.

---

a) IX auf rasur D; 1378 B. b) 700 B. c) Teuthonie B. d) Flamingorum B. e) persequebantur D. f) de Marka B. g) fehlt B.

comitis predicti sigillo munitas. Civitates tamen predicte de Anza illam excusacionem frivolam et insufficientem reputantes, pro cerciori experimento et examine clariori illius exorbitacionis cum mactis predictis Flamingorum transmiserunt quatuor proconsules civitatum viros honorabiles, puta Iacobum Plescowe de Lubica, Everhardum Wistrate de Tremonia, Iohannem Cordelitz de Thorona et Ludolphum Goldenstede de Hammeborg, ad urbem Brugensem, ut negocium illud luculenter examinarent et de iusticie equitate cum Gandavensibus et ceteris urbibus illius terre studiose tractarent.

1380.

Detm. 564. 924. Tricesimo primo anno Karoli qui est domini MCCCLXXX.[a] Albertus dux Magnopolensis, vir prudens multum et astutus ac strenuus miles, obiit in carnisprivio (secundum cronicam Obotritorum) et sepultus est in Dobberan monasterio ordinis sancti Bernhardi. In ultimis autem constitutus vocavit ad se filios suos Henricum et Magnum duces et consulens eis paterno affectu dixit: 'Si(1) principes terre vestre et domini esse et manere cupitis, pacem habete cum civitatibus circumiacentibus et presertim Lubicensi. Hoc enim est, quod vobis pro testamento salubri do et hoc consilium ipse servavi et ob hoc omnium meorum subditorum potens preceptor semper extiti'. (Ducatum autem Magnopolensem post obitum dicti Alberti administrare et regere cepit Henricus fervidus pacis zelator effectus).

Detm. 565. 925. Marstallus urbis Lubicane igne conflagratus est iam(2) secundario et in ipsa conflagracione plures equi combusti sunt in catheneis ligati secundum cronicam Lubicensem. Magnum eciam dampnum illatum est urbi in consumpcione feni et avene. Pro eodem eciam tempore castrum Albie, quod Novum opus appellatur, constructum per Hamburgenses, consimili ignis calamitate periit(3).

566. 926. Cives urbis Gandavensis (discordantes cum Wilhelmo comite Flandrie) exercitum CXL pugnatorum eduxerunt secundum cronicam Francorum[b]. Cum quo totum perragantes comitatum igne et gladio universa vastabant et plura castella et opida expugnabant, captivantes innumeram multitudinem populi et predam inestimabilis precii abducentes. Audiens autem hanc calamitatem comes Wilhelmus cum suis nobilibus fugam iniit, terram linquens in manibus inimicorum. Causa autem huius discordie duplex ferтur fuisse, prima quod Gandavenses defendebant mercatores orientales[c] contra comitem[d]; secunda quod cives urbis predicte committere nolebant in exacciones irracionabiles et inconsuetas comitis Flandrie, quibus communitates et presertim cives Gandavenses gravare nitebatur. Exacciones autem predicte talem habuerunt originem. Ante annos duos Wilhelmus comes Flandrie castrum construxerat fortissimum et amplissimum prope Gandavam urbem, distans ad dimidium miliare, nomine Wondelgem. In alleviamen autem expensarum factarum in construccione huius castri postulavit comes a Gandavensibus LXX leonum aureorum, quorum quilibet valebat alteram dimidiam marcam Lubicensis monete. Quam quidem pecunie summam, quia cives comiti dare recusabant, comminaciones eis faciebat. Quod intelligentes

*S. 145. cives cum indignacione extra urbem ipsum *expulerunt et curiam suam, quam in civitate habebat, spoliaverunt, omnia inventa auferentes. Illatam autem hanc iniuriam comes valde egre ferens, sequenti anno maximum exercitum conduxit et veniens cum CCM armatorum, inter quos Brugenses

---

Detm. 564. (1) st. Si — extiti B: ut pacem servaret cum civitate Lubicensi. Hoc enim ipse faciens et plura bona inde sibi provenierunt.

(2) st. iam secundario B: circa festum omnium sanctorum sic Detmar.

Detm. 565. (3) in B folgt: 925a. Albertus dux Saxonie et Lunenburgensis prelium gerit cum castrensibus de Horneborgh dyocesis Bremensis et victoriam de eis reportat secundum cronicam Saxonum.

---

a) X auf rasur D; 1379 B. b) Flamingorum B. c) Teuthonicorum B. d) eorum inimicorum B.

erant et cetere civitates terre sue, obsedit Gandavum in duobus locis et perseverans in illa obsidione per totam estatem non potuit expugnare urbem. Sed ipsi cives interim urbem suam exeuntes cum maximo exercitu, expugnabant duas civitates, puta Dendermunde et Alst, et devastabant totam terram infra urbes dictas et Gandavum sitam. Nec poterat comes cum omnibus suis eos impedire aut prohibere. Quod ut comes vidit, obsidionem solvit et recessit.

1381.

927 (GDA). Tricesimo secundo anno Karoli qui est domini MCCCLXXXI[a] Urbanus[(1)] papa artare et restringere cepit dominos cardinales secundum cronicam Romanorum ad observanciam regularis vite. Quod domini cardinales sustinere nolentes, Anagine se transtulerunt in terra Honorati Gaytani comitis Fundorum. Nomina autem cardinalium a papa Urbano VI. se separancium fuerunt Robertus Gebenensis tituli Sanctorum Apostolorum cardinalis, Petrus tituli Sancti Laurencii in Lucina cardinalis, Geroldus tituli Sancti Clementis cardinalis et Petrus tituli Sancti Eustachii cardinalis. Hii autem IIII rote currus dyabolici ad vehendum infinitos homines in baratrum perdicionis, horrendum et periculosum scisma in ecclesia dei suscitantes, Robertum Gebenensem predictum in antipapam elegerunt, sumentes pro occasione, quod non liberi sed coacti a Romanis Urbanum elegissent. Unde ipsum electum antipapam Clementem VII. nominaverunt. Sed occasio illa falsa multis visa fuit ex eo, quod facta eleccione Urbani post tres vel IIII menses dicti cardinales et ceteri prelati ab electo et consecrato papa Urbano benediccciones papales, beneficia, bullas et absoluciones receperunt, que omnia consensum manifestum in eleccionem factam et approbacionem ostendebant evidentem. Regina autem Neapolitana et Honoratus comes Fundorum ipsum Clementem antipapam cum suis anticardinalibus Avinionis transduci fecerant. Ubi se locans consencientibus regibus Francie et Arrogonie ac pluribus aliis principibus, indissolubilem ligam erroremque ineradicabilem in ecclesia dei seminavit. Quod quidem scisma ab illo tempore, quo incepit, duravit usque ad annum domini MCCCCXVII. inclusive. Clemens vero antipapa sedit annis XVI, post quem electus est Petrus de Luna et vocatus Benedictus XII. Qui usque ad unionem vivens indurato animo pro aliquo tempore dixisse fertur, cum circa ipsum de unione fienda et cessione laboraretur: 'per nostram barbam papa mori volumus'. Barba enim eius protunc prolixa erat, quia ultra annum in captivitate protunc tentus fuerat propter cessionem faciendam (per regem Arrogonie), quam tamen in vita sua non fecit. v. Detm. 561.

928. Papa autem Urbanus, audita eleccione facta de Clemente, excommunicacionis sentenciam contra ipsum et suos electores fulminans, contra eosdem crucem predicari mandavit. Quod et viceversa Clemens de Urbano et suis fautoribus fieri ordinavit et utrasque ecclesias et beneficia contulit et episcopos ac sacerdotes consecravit et ecclesiam dei scandalis innumeris replevit. Propter quod diverse controversie et brige in clero tocius ecclesie dei exorte sunt ac divisio et scisma populi universalis. In ecclesia quoque Lubicensi protunc duo de episcopatu contendebant, unus Conradus datus ab Urbano et alius Iohannes Wittenburg dictus missus a Clemente. Sed Urbanista sedem obtinuit, Clementista extra urbem pulso[(2)]. Detm. 557.

929. Gandavenses cives statuentes sibi capitaneum Philippum de Artevelde, cum maximo exercitu venerunt prope urbem Brugensem secundum cronicam Francorum[b]. Quam obsidione gravi circumdantes, tandem bellum aggressi sunt atrocissimum cum Brugensibus et suis auxiliatoribus. Gandavenses autem triumphantes in pugna illa plusquam XXM hominum inter- Detm. 558.

(1) st. Urbanus — nominaverunt B: Robertus — u. s. w. wie A — nominaverunt.

(2) in B folgt: 928a. Marstallum urbis Lubicensis precedenti anno combustum reedificatur ac prope ipsum magna turris ponitur pro maiore securitate secundum cronicam Lubicensem. Detm. 558.

a) 1 auf rasur D; 1380 B. b) Flamingorum B.

fecerunt ac eciam urbem ipsam expugnantes ceperunt et tunc intra eam ultra[a] XXXm hominum straverunt necnon urbem spoliaverunt bonis infinitis. Quod videntes superstites homines civitatis, homagium ipsi Gandavensibus fecerunt, destituti adiutorio comitis eorum et aliorum, quorum presidio merito gaudere debuissent.

Detm. 869–871. 930. Mechanici urbis Lubicensis et presertim carnifices gwerram novam et dissensionem periculosam suscitaverunt, de consulatu suo diversas libertates novas et inconsuetas postulantes (secundum cronicam eiusdem). Quidam ergo burgenses mercatores pro salute civitatis zelantes pro meliori iudicaverunt pro pace et concordia fienda, ut dies placitorum statueretur et in ecclesiam beate Katerine utraque pars conveniret. Quod cum fieret die statuto, ab utraque parte plura mota sunt et altercaciones diutino facto. Sed tandem conclusa sunt ibidem quedam utrique parti placencia et racioni consona(1). Cumque amicabilis composicio iam predicata pronunciari deberet, mechanici litteras a consulatu super suis libertatibus et iuribus sibi dari importune postulaverunt (dyabolo eos instigante) non contenti, quod huiusmodi libertates libro civitatis annotarentur(2). Quorum proterviam consulares attendentes, tales litteras eis dare abnuerant (in illo loco et pro illo die, sed super[b] illo articulo deliberare ut valerent, peciverunt et sequenti dominica die se super postulata respondere velle spoponderunt). Die ergo dominica[c] adveniente(3) convenerant in nocte precedente mercatores plures turmatim ad diversas domos bene armati et presertim domicelli civitatis, qui circa CCC armatos congregaverant. Et erat in universo numerus armatorum, ut dicebatur, circiter VM, qui consulatui suo viriliter astare proponebant. Ad hanc quidem armatorum cohortem faciendam moti fuerant domicelli, quia perceperant, dictos mechanicos plures convocasse et se ad pugnam armasse. Hoc, inquam, disturbium, licet in officio misse Letare[d] cantaretur (in illa dominica die), in urbe tamen maximam causavit tristiciam et turbacionem. Tandem deo ordinante, cum iterum consulatus et communitas convenirent in eadem ecclesia fratrum Minorum(4), dictam controversiam bono fine concluserunt tali addita condicione, ut antedicti carnifices, qui huius displicencie[e] causam extiterant, coram consulatu suo se humiliarent et veniam de illata irreverencia suppliciter poscerent[f] et(5) quod in emendam ipsi carnifices cum XX equis et armatis semper parati esse deberent[g], quandocumque per consules postularentur[1].

v. Detm. 665. 931 (601). Karolus imperator obiit in Praga(6) (et sepultus est in ecclesia maiori).

DE WENZLAO REGE ROMANORUM.

932 (603). Wenceslaus filius Karoli IIII. rex Bohemorum cepit anno mundi VMCCCXLI, olimpiadis DXXV. anno IIII, urbis condite IIMCXXXI, domini vero MCCCLXXX. et regnavit XXI annis. Sed quia imperiali benediccione et corona caruit, ideo in numero imperatorum non invenitur (secundum cronicam Romanorum). Hic patri suo in multis dissimilis maximus meri potator extitit et ut plurimum ebrius fuit, vesanus et lascivus. Nec studuit rempublicam augmentare, sed semper in deliciis existens pro corona imperiali adipiscenda non laboravit nec augusti nomine dignus fuit. Studium Pragense

Dec. 15. (1) que tercia dominica adventus domini erant pronuncianda s. zu B.
(2) in perpetuam rei geste memoriam s. zu B.
(3) que erat dies responsionis dande super negocio postulato a mechanicis s. zu B.
(4) al. fratrum Minorum B: beate Katherine; per integrum diem placitantes s. zu B.
(5) et quod — parati esse deberent ad serviendum civitati in B am rand von andrer hand.
Nov. 29. (6) in vigilia sancti Andree. Cui successit filius Wenzeslaus s. zu B.

a) al. ultra XXXM B; maximam multitudinem wie Detmar. b) super illo auf rasur D. c) tercia s. zu B. d) am rand von andrer (Korners?) hand D; al. Letare hat B nach cantaretur: Gaudete in domino semper. e) displicencia D. f) poposcerent D. g) ent auf rasur D.

1) Unde dat wart van en bekrevet unde in der stad bock gescreven. s. zu B.

non fovit neque dilexit, prout pater ipsius fecerat (in spiritu forte precognoscens, quod maximum malum ecclesie inde oriturum foret et quod exterminium Bohemorum in futurum fieret). Unde multa homicidia in clericis graduatis et non graduatis, in nobilibus et civibus, in religiosis et secularibus commisit. Lictorem[1] Hensel nomine pro compatre habuit et propriam uxorem in[(1)] lupanari prostituit, que postea cibum sumere, ut dicebatur, recusavit, sed inedio voluntarie confecta vix refocillari valuit. Hic tyrannus multociens intoxicatus extitit, sed semper[(2)] per vomitum procuracionem mortem evasit, dyabolo forte ipsum pro sue malicie instrumento conservante in multarum periculum animarum.

1381.

933 (609). Primo anno Wenslai qui est domini MCCCLXXXI.[a] Pilleus[b] tituli Sancte Praxedis cardinalis missus est ab Urbano papa in Alemanniam (secundum cronicam Romanorum, ut rebelles sibi archiepiscopos et episcopos ad gremium ecclesie reduceret et crucem contra Clementem predicari mandaret). Sed non diu post hic ab Urbano apostatans ab eo excommunicatus est. Papa vero Urbano defuncto, postea tempore Bonifacii IX. in graciam ecclesie rediit.

934. Urbanus[b] papa post apostasiam cardinalium, qui[c] cum Gregorio de Avinione Romam venerant, novos[d] creavit cardinales secundum cronicam Romanorum. Inter quos erant[(3)] duo de ordine fratrum Minorum, quos postea in carcere interfecit, et duo de ordine fratrum Predicatorum, qui usque ad finem in gracia sua steterunt. (Unus eciam erat de ordine Cisterciensi, quem eciam interemit in carcere, crudelitate nimia furens. Causa autem recessus cardinalium antiquorum ab eo duplex fuit. Una quidem tyrannides intollerabilis, ob quam in periculo vite semper stetissent, si apud ipsum mansissent; secunda vero et principalior fuit coaccio facta eis per Romanos in eleccione summi pontificis. Cum enim in conclavi essent constituti et discordarent in eleccione novi pape, coacti sunt per Romanos finem eleccionis facere sub comminacione periculi vite. Et quia concordare non poterant, dixerunt Romanis se urgentibus, quod Bartholomeum archiepiscopum Barensem elegissent, licet hoc non[e] fecissent, ut postea asserebant. Quo audito clamor Romanorum insonuit, ut moris est, Bartholomeum fore papam concorditer electum, et sic vellent nollent oportuit, ut ipsum consecrarent et agerent circa ipsum, que de essencia sunt benediccionis et consecracionis pape. Insuper Urbanus sic electus et consecratus coegit cum Romanis dictos cardinales, ut ab eo beneficia peterent, benediccionem reciperent et reverenciam ac obedienciam debitam in omnibus sibi facerent et quod ad principes terrarum et ad prelatos ecclesiarum scriberent, se dictum Urbanum elegisse canonice et ipsum verum et legitimum papam esse Romanum. Que omnia si ex coaccione et comminacione perdicionis vite processissent, ut constanter cardinales antiqui dixerunt, procul dubio ipse Urbanus antipapa fuisset et Clemens per eosdem cardinales postea libere et canonice electus verus papa fuisset et sui sequaces. Sed alii opinionem contrariam tenentes affirmant, Romanos nullam electoribus intulisse

(1) st. in lupanari prostituit B: ad lupanar publicum prostitutam ire coegit.
(2) st. semper — evasit B: inde mortuus non fuit.
(3) st. erant — steterunt B: erat unus Theutonicus, scilicet archiepiscopus Pragensis.

a) mit hellerer tinte in XXXII geändert D; 1381 B. b) §§ 933 und 934 in B noch zu 1380. c) st. qui — venerant B: dictorum. d) 27 a. m. B. e) fehlt D.

1) Statt des folgenden fährt H hier fort: Vele arges unde sware homicidia spreken de croniken van dessem koninge, der ik hir nicht scriven wolde umme erbarichheit sines vaders keysers Karolus unde sines broders keysers Sigesmundes, dat erbare vorluchtede vorsten weren.

violenciam aut mortis formidinem incussisse, sed ob suam discordiam vota sua in hunc Bartholomeum libere transtulisse et de omnium consensu et voluntate libera ipsum consecratum fuisse. Sed quia predictus Urbanus, homo seriosus existens et deum timens, levitates cardinalium et inordinaciones eorum pati noluit et ad vitam regularem cogere cepit, idcirco ut ethiops pellem mutare non valentes[1], leviter ab ipso apostataverunt et alium sibi clemenciorem eligentes, tales ovasiones frivolas pro suis excusacionibus confinxerunt).

v. I. 467. 935 (610). Flagellatores[a] per mundum vagabundi discurrentes in Franconiam prope Nureberg urbem pervenerunt (secundum cronicam Francorum). Quos Pilleus legatus Urbani fugavit per excommunicacionis sentenciam latam in eos et in omnes eorum fautores et defensores ac nutritores.

Detm. 571. 936. Conradus[a] magister de domo Teuthonica cum valido exercitu exiens Prussiam, ingressus est terram Lithwanorum secundum cronicam Lubicensem et vallavit castrum Anenpyl, expugnavit ipsum et captivavit in eo CCCC armigeros, castrum vero succendit. Inde procedens aliud obsedit castrum Dirwanen dictum. Sed eo vacuo invento, ipsum destruxit. Castrenses enim fugam ceperant timore perterriti ex alterius castri fortissimi conflagracione.

v. Detm. 571. 937 (622, 611). Urbanus[a] papa in die sancto penthecostes coronavit Karolum de
Detm. 571. Pace in regem Neapolitanum secundum cronicam Romanorum[b]. Qui[(1)] quidem rex veniens cum magno exercitu in regnum Apulie, fugavit Ottonem de Brunswic ducem, qui sibi hoc usurpaverat sine consensu et approbacione ecclesie, cuius patrimonium
v. Detm. 604. est. Et captivavit reginam, que de manibus ecclesie regnum ipsum transtulerat, in qua quidem captivitate permansit ad tempora vite sue. Hic Karolus rex, postquam in regno predicto per triennium cum maximis expensis perdurasset, privatus est eo per Urbanum papam, ut infra patebit[(2)].

Detm. 571. 938. Albertus[a] dux de Luneborg et cives Magdeburgenses et Brunswicenses[(3)] obsederunt castrum Twiflinge in ebdomada rogacionum secundum cronicam Saxonum et expugnantes ipsum funditus everterunt[(4)].

939 (615). Berlin civitas Marchie[c] Brandeburgensis tam vehementer flammis consumpta est secundum cronicam Obotritorum[d], quod vix sex domus in ea relicte sunt. Quem ignem inposuisse creditur quidam Ericus Valke dictus, qui postea interfectus est per quendam precio conductum. Cuius quidem interfecti caput ponebatur super valvam civitatis, per quam itur versus Odersberg.

v. Detm. 563. 940 (616). Lodowicus rex Ungarie obsidione gravi vallavit urbem Venociarum secundum cronicam Romanorum[e] et in tantum angariavit cives illius urbis, quod se sibi subdidisse voluissent ad tempus vite sue; sed rex subieccionem illam voluit omnino esse perpetuam. Conpulit tamen eos cum auxilio (Lippoldi) ducis Austrie[f]

(1) st. Qui — patebit B: qui captivavit reginam eiusdem regni et captivam eam tenuit usque ad diem obitus sui.

v. Detm. 604. (2) in B folgt: 937a (613). Magna plaga et insolita vermium — u. s. w. wie A — comitata est mortalitas secundum cronicam Lubicensium.

(3) et plures alii milites et militares s. zu B.

(4) et solo equaverunt, eo quod plura latrocinia de ipso commissa fuerant s. zu B.

Detm. 571. In B folgt zu 1381: 938a. Fratres de domo Teuthonica terre Lyvonie bellum gerentes contra Lithwanos et Samaitas captivaverunt de ipsis 800 et abduxerunt de equis eorum mille 400 cum triumpho glorioso revertentes secundum cronicam Lubicensium.

a) §§ 935—938 in B nach zu 1380. b) summorum pontificum B. c) st. Marchie Brandeburgensis B: in Nova Marchia. d) Marchie B. e) Ungarorum B. f) domini de Padua s. zu B.

1) Vgl. Jerem. 13, 23.

et civium Ianuensium, ut omni mense stipendiariis suis darent CM ducatorum et quod mutarent sigillum suum, ne amplius se scriberent dominos maris, et quod sibi traderent Tervisium[a] et marchiam ac omnes expensas suas et omnium suorum solverent ultra datam pecuniam ibidem factas.

941 (617). Prelium maximum gestum est inter Ruthenos et Tartharos secundum cronicam Lubicensem iuxta Blewaser[b] et interfecti sunt ex utraque parte dimicancium fere CCM[c] hominum. Rutheni tamen victoria gaudentes cum maxima preda reversi sunt ad patrias edes. Sed cum iam securi esse viderentur, ecce subito Lithuani vocati in auxilium Tartharorum irruerunt super Ruthenos et prosternentes innumeros, rapuerunt predam captam de manibus eorum. c. Detm. [illegible]

942. Cives[1] Brunswicenses solempnem emendam fecerunt in die sancti Ypoliti publice coram civitatibus multis ad hoc vocatis in urbe Lubicensi apud cimiterium maioris ecclesie pro exorbitacione et insurreccione, quam fecerant in consulatum suum secundum cronicam Saxonum, de quo aliquos interfecerant et aliquos exulaverant[(1)]. Ob[(2)] hanc autem enormem violenciam urbs predicta Brunswicensis banno iam subiacuerat civitatum de Anse et proscripcioni earum[d] per annos ferme octo, ita quod nullus de Brunswic mercator negociari poterat in quacumque civitate aut loco Anse predicto subiecto sub privacione vite et bonorum suorum ac eciam illorum, qui cum eo mercati fuissent[e]. Sed hac emenda facta reconciliati sunt civitatibus et reassumpti in societatem Anse et collegam. Forma autem emendacionis eorum expressa non erat in exemplari. Detm. [illegible]

943 (618). Epydimia maxima desevit in urbe Lubicana secundum cronicam eiusdem et decesserunt in ea ultra XM[f] hominum utriusque sexus demptis parvulis.

944 (619). Clemens antipapa quendam misit in episcopum Darbatensem Iohannem Heket dictum (secundum cronicam Lubicensem). Quem fratres de domo Teuthonica terre Lyvonie foventes cum militibus et militaribus terre Wirlande et Harien, ordinaverunt ei IIII castra; sed ad illam intencionem hoc fecerunt, ut per illum episcopum sibi totam dyocesim acquirerent. Capitulum vero prefate ecclesie alium elegerat in antistitem Tidericum Damerowe dictum. Qui confirmatus per Urbanum VI. fugavit alium datum de partibus, adiutus auxilio archiepiscopi Rigensis, civium urbis Darbatensis et tocius terre illius. c. Detm. [illegible]

945. In urbe Ruthenorum capitali Ploscowe rex erat Girgalus dictus secundum cronicam Lubicensem. Hunc cives dicte urbis contumeliose tractantes equo imposuerunt et extra urbem ipsum ducentes, prohibuerunt ipsum, ne sub pena capitis eam reintraret. Quod contumeliosum factum multum egre ferens rex ille, pacem et concordiam fecit cum cristianis de prope commorantibus et Ruthenis terre illius, de qua ipse oriundus fuerat, et ipsos in suam partem trahens conquestus est sic contumeliam sibi factam. Qui omnes sibi condolentes exercitum copiosum adunaverunt, et adiunctis sibi cristianis urbem illam regi suo rebellem obsidione magna circumdederunt. Cives autem urbis obsecrabant magistro Lyvonie, qui presens in obsidione illa erat, libenter se subdidissent[f], si eos in suam defensionem recipere voluisset. Sed regi illi nullo modo se subicere volebant, ymmo pocius mori affectabant. Magister autem propter iniuriam regis dedicionem[g] civi- Detm. [illegible]

(1) et presertim heredibus Tylemanni de Damme proconsulis, quem in foro decapitaverant s. zu B.

(2) st. Ob — exemplari B: Qua emenda facta reconciliati sunt ceteris civitatibus et reassumpti ad Detm. [illegible] Hansam, de qua eiecti extiterant.

a) Tervisia B. b) Blewasser B. c) 400000 B. d) earum D. e) mercatus fuisset D. f) st. ultra XM B: circiter 8000; H: bi twelf dusend. g) bei auf rasur D.

1) Vgl. die fassung von H im anhang I.

tatis remansit, volens in illo eam facere, sicud sibi in consilio optaret fieri. Cumque iam per XVI ebdomadas urbem obsedissent nec eam capere aut expugnare possent, licet plura dampna et incommoda eis intulissent, rex cum magistro obsidionem solvit et recessit.

Detm. 673. 946. Wilhelmus comes Flandrie et militares sui exilium secum passi cum innumerabili populo collecto venerunt prope Ypram urbem suam secundum cronicam Francorum[a], habens dictus comes in suo exercitu reges Francie, Hispanie et Castelle, duces Burgundie et Barrensem, comites vero Sabaudie, Sancti Egidii et Sancti Pauli ac plures alios barones, milites et militares. Quam quidem civitatem impugnans obsidione gravi vallatam expugnavit, cepit, spoliavit(1) et vastavit. Civitates autem cetere Flandrenses exercitum grandem adunantes comiti in occursum venerunt. Cum quibus bellum aggressus vicit eas habentes XLV pugnatorum. Pugna autem peracta omnem terram inter Ypram et Brugensem urbem positam demolitus

Detm. 673. est. Brugis quoque veniens ipsam ad dedicionem compulit. Inde procedens opidum(2) Dam et deinde Zlûs opidum expugnans sibi subiecit, forte castrum prope dictum Zlus fundans et tandem perficiens.

1382.

v. Detm. 673. 947 (638). Secundo anno Wenzlai qui est domini MCCCLXXXII.[b] Henricus dux Magnopolensis vir magne iusticie et pacis princeps obiit(3) secundum cronicam Obotritorum. Hic(4) dux latrones et raptores tanto zelo persecutus est, nulli statui vel condicioni parcens, quod ex frequenti suspendio, quo ipse propriis manibus raptores et fures huiusmodi patibulis affixit, nomen sic acquisierat, ut dux suspensor a cunctis nuncuparetur. Continuo enim apud se restes et funes habuit, quocumque pergeret, ut apprehensos[c] fures vel raptores appendere arboribus paratus esset. Huic in ducatu successit Magnus frater suus.

Detm. 674. 948. (Petrus dux Andegavensis cum exercitu LXX hominum Lombardiam intrans et per Ytaliam transiens, tandem in regnum Apulie pervenit secundum cronicam Francorum, proponens de captivitate liberare reginam Neapolitanam, in qua Karolus de Pace rex per

Detm. 682. papam factus eiusdem regni eam tenebat. Sed postquam in regno predicto ultra biennium in maximis expensis et laboribus stetisset, ibidem defunctus est, regina in captivitate permanente.)

949 (620). Fredericus(5) filius Magni iunioris dicti de Zangerhusen, frater Bernhardi Henrici et Ottonis ducum de Brunswic, adolescens existens secundum cronicam Saxonum nutriebatur in castro Wulfesbotel et quasi scutifer a castrensibus reputabatur, eo quod patruus suus Otto dux de Leyna, qui tutor erat horum fratrum, dure ipsum regeret et contemptibiliter se erga ipsum haberet. Quod iuvenis egre ferens, iniuriam suam Brunswicensibus conquestus est. De ipsorum ergo consilio, una dierum advocato castri

---

Detm. 673. (1) st. spoliavit — demolitus est B: vastavitque totam terram Flandrie inter Ypram et Bruggis iacentem vicitque[d] exercitum 40000 armatorum.

Detm. 673. (2) st. opidum — perficiens B: cum exercitu illo obsedit opidum Dam distans a Bruggis per 1 miliare. In obsidione autem huius opidi quartale cum dimidio anno expendentes tandem ipsum ceperunt. Non tamen in toto hoc tempore obsidionis expugnacioni urbis operam dederunt, quia interim forte castrum iuxta opidum Slus construxerunt.

apr. 13-19. (3) ebdomada secunda post festum pasche s. m. B.

(4) st. Hic — frater suus B: et persecutor raptorum et latronum, quos frequenter in signum zeli dei propriis manibus patibulis affixerat.

(5) st. Fredericus — arripuit B: Fredericus — u. s. w. wie A — arripuit.

---

a) Flamingorum B. b) mit hellerer tinte in LXXXIII geändert D. c) pß aus pp D. d) vicitque — armatorum von andrer hand am rand B.

prefati in taberna se ingurgitante, Fredericus arripuit claves castri de manibus portarii viri decrepiti et pontem mox elevans, ipsum sera firmavit. Pergensque ad carceres vinctos, quos Otto dux captivos tenebat in stratis publicis captivatos et spoliatos, solvit et cum eis menia castri munivit. Miserat eciam dictus Fredericus iuvenis dux, cum hec facere proposuisset, nuncium ad cives de Brunswic pro adiutorio celeriter sibi transmittendo. Quos cum venire prospiceret, banerium Brunswicense erexit et ipsis venientibus castrum aperuit et eos intromisit. Sicque ipse Fredericus ad paternam hereditatem devenit et regimen ducatus de Brunswic assumpsit, Ottone ultra silvam propulso.

950. Conradus magister fratrum de domo Teuthonica terre Prutzie abiit cum duobus episcopis et cum multis sui ordinis fratribus commendatoribus in quandam insulam Kyrsewyl[a] dictam, prestolaturus ibidem adventum Yagali et Skyrigali fratrum regum Lithwanorum, qui se promiserant illuc venturos et sacrum baptisma recepturos. Cum autem dictus magister Conradus cum illis prelatis et fratribus militibus ibidem usque in tercium diem perdurasset (secundum cronicam Lubicensem) nec prefati reges venissent, comperit figmentum esse et tradicionem quandam ordinatam per Iulianam matrem illorum regum nacione Ruthenam, ut sic forte predicti Lithwanorum reges magistrum prelibatum et suos fratres possent simul congregatos capere et abducere. Unde magister quantocius ad propria reversus, congregavit magnum populum, fretus auxilio Wytoldi[b] filii Kinstoti regis, interfecti per eosdem reges fratres. Et veniens prope castrum Tracken, expugnavit ipsum virtute magna et interficiens omnes in eo repertos, munivit castrum viris suis fortibus[c]. Inde vero proficiscens cum suo exercitu, obsedit Ville opidum. Quod similiter expugnans et capiens, ipsum flammis exussit et rediens cum victoria magnam predam hominum, iumentorum et bonorum multorum secum duxit. Cum autem Lithwani recessum magistri percepissent, mox exercitum colligentes castrum Tracken vallaverunt et cristianos in eo relictos pro castri custodia ad hoc vi compulerunt, ut castrum hostibus resignarent, salvis tamen eorum vita et rebus. Quibus recedentibus Lithwani castrum sunt ingressi, et quia muri castri illius per machinarum iacturas multum erant debilitati et infirmati, in illa nocte cum cristiani recessissent, nutu dei forte mura muri illi corruerunt et fere omnes illos barbaros contriverunt[(1)].

1383.

951. Tercio anno Wenzlai qui est domini MCCCLXXXIII.[d] [f]cuidam[f] adolescenti in urbe Lubicensi[e] furtum quoddam imponebatur, propter quod suspendio adiudicabatur feria vi. ante festum Viti martiris secundum cronicam Lubicensem. Hic cum duceretur per suspensores ad patibulum et iuxta morem interficiendorum[a] adoraret coram cruce extra valvam urbanam posita in quadam concavitate cuiusdam pylaris de lateribus murati, visa est ymago illa sancte crucis, ut vulgabatur, caput, quod[f] brachio appodiatum habebat, erigere et post terga suspendendi recedentis respicere. Ob cuius quidem signi famam postea edificata est quedam capella circumdans pylare predictam cum eadem ymagine, erecto capite stante in presenciarum et oculos versus furcas dirigente. Ad hanc eciam ymaginem concursus mox magnus factus est et crebra a divina clemencia ob populi conceptam devocionem circa eam fiebant prodigia et signa evidencia et innumeri apportabantur baculi claudorum sanitatem crucis sancte gracia

(1) in B folgt zu 1383: 950a. In die sancti Anthonii confessoris Kinstot rex Lithwanorum venit cum magno populo in Prutziam et locans se prope Velowe castrum vastavit et occidit ac plura incommoda et dampna terre illi intulit. Vgl. A § 628.

a) Kirsenwil B wie Detmar. b) Wythandi B wie Detmar. c) fidelibus B. d) mit hellerer tinte in XXXIIII geändert D. e) Lubicensi auf rasur D. f) am rand von andrer hand D.

1) Statt § 951 gibt B unten § 973a (A § 639). 2) Vgl. auch die fassung von H im anhang I.

adeptorum. Plura eciam alia miracula sunt et ibidem recitata, que dominus operatus extitit in crucis sue honorem et in signum innocencie interfecti hominis illius.

v. Detm. 575. 952 (623). Melchior episcopus Swerinensis, frater Ottonis ducis quondam regis Neapolitani nata de Brunswic, intoxico periit clericorum suorum secundum cronicas Obotritorum[a]. Sane clerici quidam emuli sui, eo in urbe Rostoccensi existente et ad transeundum versus Buczowe[b] castrum suum se disponente, medonem veneno mistum, quem libenter bibere solebat, sibi propinaverunt. Qui potu illo hausto iter versus dictum opidum arripuit cum familia sua et ad viam veniens ardentissime inflammari cepit, eo quod perceptum intoxicum efficaciter agere inciperet. Perveniens ergo ad portas opidi Buczowe, reperit mulierem cum fragis ibidem sedentem ex industria clericorum malignorum. A qua cum fructus illos emeret et cum aviditate nimia sumeret, venter eius intumescere ultra modum cepit et tandem pre tumoris magnitudine crepuit et sic cadens mox spiritum efflavit(1).

v. Detm. 577. 953 (625). Clerus universus urbis Vratislaviensis expulsus est de urbe (secundum cronicam Saxonum) per cives dicte civitatis, permittente Wenzlao rege Romanorum, et omnia eorum bona sunt confiscata.

v. Detm. 576. 954 (626). Urbanus papa concordavit et pacificavit Adolfum de Nassowe cum Lodowico episcopo Babenbergensi (secundum cronicam Francorum), dicto Adolfo archiepiscopatum Moguntinum conferendo et Lodowicum prefatum(2) in archiepiscopum Magdeburgensem promovendo.

Detm. 578. Hic(3) Lodowicus archiepiscopus cum eodem anno secundum cronicam Saxonum in Calvis opido choriraret cum mulieribus et choream illam continuasset per totam diem usque ad noctis medium, gradus consistorii dicti opidi, super quo chorizabant, ardere ceperunt. Archiepiscopus autem evadere volens ignem, assumpta una de melioribus dominabus, gradus illos confestim descendere[c] nisus est. Sed cum in medio graduum esset, mox gradus illi corruerunt et ipse cum eis cadens fractis cervicibus exspiravit.

v. Detm. 577. 955 (627). Lodowicus rex Ungarie et Dalmacie obiit in Cirnach civitate Ungarie

sept. 17. in die sancti Lamberti. Supra domo autem illa, in qua moriebatur, stella perlucida visa fuit. Hic rex secundum cronicam Francorum[d] adeo devotus erat, ut horas canonicas cottidie psalleret. Iste rex habuit uxorem Elisabeth dictam, sororem regis de Bosnen, ex qua genuit duas filias, puta Mariam, quam duxit Sigismundus, filius Karoli IIII. imperatoris, cum qua obtinuit regnum Ungarie, sed tamen cum multa sanguinis humani effusione et gravibus expensis, ita ut marchiam de Brandenburg, quam pater suus Karolus sibi donaverat iure hereditario possidendam, Iodoco marchioni Moravie avunculo suo impignoraret. Genuit eciam Lodowicus rex secundam filiam Hedwigem dictam, quam Wilhelmo filio Lippoldi ducis Austrie postea a[e] Swiceris interfecti desponsavit, sed tamen eam non obtinuit propter avariciam Polonorum. Nam regnum Polonie dedit Lodowicus rex pater suus filie sue Hadewigi, eo quod rex esset trium regnorum, puta Ungarie, Dalmacie et Polonie. Sed eo defuncto Poloni, spreto Wilhelmo sponso Hadewigis, dederant eam Yagail regi Lithuanorum, qui ob hoc baptizatus est cum multis Lithuanis in castro Kracoviensi regni Polonorum.

Detm. 576. (1) in B unten am rand von andrer hand: 952a (624). In cuius sedem electus est dominus Iohannes Iunghe dicte ecclesie Swerinensis canonicus. S. §§ 956 und 957.

(2) de patriarchatu Ierosolimitano s. zu B.

(3) st. Hic — exspiravit B: Qui postea in Kalvis super consistorio, ubi choriaverat, fracta cervice interiit secundum cronicam Saxonum. Vgl. A.

---

a) Saxonum B. b) st. Buczowe castrum suum B: Swerin. c) am rand von andrer (Korners?) hand D. d) Ungarorum B. e) Swycerikus vel s. zu B.

1384.

956 (629). Quarto anno Wenzlai qui est domini MCCCLXXXIIII. Urbanus papa dedit ecclesiam Swerinensem[a] Iohanni Poto; sed capitulum Swerinense alium elegerat, qui castra et municiones tradiderat. Datus vero episcopus residebat in Suadensi urbe et excommunicabat electum et suum capitulum, ut vel sic ipsum reciperent secundum cronicam Obotritorum[b]. Sed per talem excommunicacionem datus nichil profecit. v. Detm. 614.

957. Electus[1] autem a capitulo dominus Iohannes Iunghe dictus est, ecclesie illius canonicus. Detm. 572.

958. Henricus episcopus Osiliensis captivatur a quibusdam canonicis suis et ducitur in Hapsale in Lode et vinculis ferreis mancipatur (secundum cronicam Danorum). Postea autem non audentes eum ibidem retinere canonici, timentes[(1)] archiepiscopum Rigensem, ne ipsum eriperet, proiecerunt ipsum vinctum in latrinam et suffocaverunt ipsum. Hoc malum sibi contigit a clericis suis pro eo, quia capitulum intellexerat, quod dyocesim tradere voluisset in manus principum secularium. Detm. 611.

959 (631). Vitholdo[(2)] duci existenti in castro Ville, patre suo Kinstoto iam interfecto, cives opidi Ville magis faventes Yagail, filio Algerdi fratris Kinstoti regis, cucurrerunt unus post alium, ac si furem quendam insequerentur, ad castrum et sic per talem astuciam secundum cronicam Lubicensem plures in castrum venerunt. Qui mox irruentes in inventos in castro, ipsos interfecerunt; et mittentes post Yagail castrum sibi presentaverunt (Witholdo fuga elapso). Qui[(3)] colligens exercitum de Sametis, Tracken castrum obsedit, volens illud capere. Tunc Syrgail et Yagail venientes cum maximo populo et fratribus de domo Teuthonica terre Lyvonie[(4)], venerunt obviam Witholdo[(5)] filio Kinstoti regis et ceperunt ipsum turrique castri Ville eum mancipaverunt, ubi et pater suus captivatus mortuus fuerat. v. Detm. 573.

960. (Otto dux de Leyne, Albertus archiepiscopus Magdeburgensis post Lodewicum electus, Albertus episcopus Halberstadensis, Fredericus dux Brunswicensis, Albertus dux de Salina, Bosso comes de Regensteyn, Henricus comes de Homburg, Guntherus comes de Stalberg, Conradus et Tidericus comites de Wernigrode et plures alii comites et nobiles in pacem terre generalem coniuraverunt. Quam eciam strenue et rigide satis per aliquot annos servaverunt et serioso processu sunt secundum cronicam Saxonum, suspendentes[c] et interficientes omnes, cuiuscumque status nobilitatis aut condicionis existerent, quos capere poterant violatores.) Detm. 609.

961 (643). Ribbeniz[(6)] opidum terre Magnopolensis secundum cronicam Obotritorum quasi ex integro incineratum est, demptis monasterio Clarissarum et paucis edibus prope valvas opidi situatis. v. Detm. 594.

962. Archiepiscopus[d] Lundoniensis (Thomas) regni Anglie per regem dicti regni decapi- Detm. 571.

---

(1) st. timentes — ipsum B: duxerunt ipsum ad castrum Arnsborg, ne eriperetur per archiepiscopum Rigensem. Non diu tamen post invenitur est in latrina, in quam secundum quorundam relaciones proiectus fuerat. Quidam vero ferunt, cum sponte in eam descendisset, ut sic captivitatem evaderet. Detm. 573.

(2) st. Vitholdo — interfecto B: Kinstot rex Lithuanorum terram dividens regni sui, filio suo Wichando commisit castrum Villa custodiendum.

(3) st. Qui — Sametis B: Quod cum[e] Kinstot rex perciperet, mox cum Sametis.

(4) et cives de Ville s. zu B in andrer construction.

(5) st. Witholdo — fuerat B: Kinstoto[f] regi et filio eius Wichando. Quos capientes duxerunt eos in castrum Villa, in quo captivitate mortuus est Kinstot rex.

(6) § 961 lautet in B zu 1385: Opidum Ribbenitz — u. s. w. wie A — alias domos.

---

a) folgt vel getilgt D. b) Lubicensem B. c) de über der zeile D. d) § 962 in B zu 1381. e) quod B. f) Kinstoti B.

1) Statt § 957 gibt B § 943a.

tatus est ob tradicionem sibi inpositam secundum cronicam Francorum[a]. Cuius caput cum mitra ad hoc formata in pertica longa est positum et per urbem delatum et tandem in ponte locatum.

Detm. 964 963. Fredericus dux de Brunswic et Bernhardus de Zangerhusen frater eius duxerunt in uxores duas filias Wenzlai ducis Saxonie et de Luneburg (secundum cronicam Saxonum). Hoc autem factum est propter pacem et concordiam faciendam inter duces predictos, sed tamen parum profuit[1].

964 (633). In[2] urbe Lubicensi quidam hermofrodita[1] gratam habens personam extitit, de die pro sacerdote se gerens et missam legens, in nocte tamquam meretrix cuilibet volenti se supposuit secundum cronicam Lubicensem. Huius autem execrabilis vite usum pudibundum ad longa tempora tenuerat et plures iuvenes corruperat. Sed tandem ulcio divina opera tam funesta et turpia, que diu in tenebris nesciencie latuerant, in lucem produxit tali modo. Famulus quidam fabrilis, qui multociens in actibus fornicariis secum communicaverat, quodam die dominico ecclesiam, ubi missam celebrabat, intravit. Quem videns stare in altari et missam celebrare, obstupuit vadensque propius attente ipsum inspexit et videns certissima signa in facie ipsius sibi nota, reperit secundum omnem suam estimacionem, ipsum esse illum, cum quo tamquam cum muliere concumbere consuevit. Revelans autem famulus iste alteri criminis conscio suspicionem suam, observabant ambo diligenter egressum suum de ecclesia et ingressum domus et habitacionis sue; et tandem viderunt, ipsum ingredi casam illam, quam ambo pro actu nephario fornicacionis visitare solebant. Quod cum vidissent, venerunt ambo de sero ad dictum locum, sed nisi unus eorum, ille scilicet qui primo suspicionem conceperat, manifeste ad ipsum intravit, altero latitante de prope. Disponentibus ergo eis ad actum consuetum, iste diligenter palpare cepit, eciam succubo invito, loca pudi-

Detm. 964. (1) Illi fratres duxerunt filias Magni ducis de Brunswik et Sangerhusen. a. zu B unten am rand von anderer hand.

v. Detm. 633. *In B folgt:* 963a (637). Cometa ingens apparuit spargens flammas suas versus occidentem, qui secundum interpretacionem astronomorum significabat bella et interfeccionem occidentalium principum.

(2) *§ 964 lautet in B:* In urbe Lubeke quidam extitit hermofrodita, gerens se pro sacerdote et celebrans missas, sed non existens. Hic succubum in noctibus omnibus volentibus se exhibebat[b], sed in diebus sacerdotali officio et habitu fungebatur, et hanc usum execrabilem per longum tempus tenuerat et exercuerat. Sed tandem divina ordinacione factum illud diu occultatum productum est ad lucem hoc modo. Faber namque quidam, qui multociens in actibus venereis secum convenerat, quodam mane ecclesiam, ubi missam celebrabat, intrabat et videns ipsum stare ad altare attenteque considerans, repperit secundum omnem estimacionem illum esse, qui secum concumbere consuetus erat. Revelans autem faber hanc suspicionem suam alteri socio, ambo observabant introitum dicti hermofrodite de vespere. Quo veniente in habitu muliebri et se parante ad actus consuetos, faber ille inquirere cepit de veritate rei et tandem diligenter palpando invenit membrum virile adiunctum femineo sexui. Quo habito vocavit socium latitantem, ut et ipse pariter veritatem rei cognosceret. Mane facto per prodicionem horum amborum miser ille capitur, examinatur et fatetur utrumque crimen, puta quod tamquam femina se pluribus viris supposuisset et quod plures missas non sacerdos celebrasset. Propter que facinora ad ignem dampnatur, stipiti alligatur et comburitur.

a) Anglorum B. b) auf rasur B; exhibuit A.

1) *Auch die fassung von B weist wichtige einzelheiten auf; vgl. anhang I.*

bunda et mox in veritate reperit membrum virile non modicum iunctum sexui feminino. Quo habito statim socium vocavit apud se latitantem, ut et ipse pariter veritatem facti tam stupidi cerneret in evidencius testimonium, quam violenter ipsum examinando ambo cognoverunt. Mane autem facto famulus ille ferrarius principalis misit socium suum ad notarium iudicum dicte civitatis secundum cronicam Lubicensem, ipso apud hermofroditam permanente, ne de manibus suis elaberetur. Qui mox veniens cum bedellis ipsum captivavit et exacte cum testibus ydoneis examinavit. Miser autem ille tormentis devictus, fassus est coram testibus illis, se pluries in actibus fornicariis viris miscuisse et non ordinatus sacerdos plures missas celebrasse. Ob que enormia facinora tandem in habitu muliebri cinctus, traditus est igni ad comburendum, stipiti alligatus.

965 (634). Concursus inopinatus populi et subitus fieri cepit de variis mundi partibus in Wilsnacum villam terre Prignis, dyocesis Havelbergensis, tali[1] modo secundum cronicam Obotritorum. Raptores quidam villam prefatam incendentes pariter et ecclesiam conbusserunt[2]. Contigit autem post festum nativitatis virginis gloriose, plebanum dicte ville incinerate hospitari in proxima villa. Cui dormitanti in nocte, vox quedam facta est, dicens: 'Surge et vade in villam tuam et prepara te ad celebrandam missam'. Quam quidem vocem cum audisset, estimabat sompnium fore et ideo ipsam non curabat. Cumque iam tercia vice sonum eundem percepisset, mane facto in villam suam venit et in altari relicto post incineracionem ecclesie duo luminaria ardencia videns, multum consternatus accessit et reperit in panno albo trinam hostiam in unam quasi redactam et sanguinolentam. Quam magna veneracione in altari predicto recondens, episcopum Havelbergensem mox adiit et quid tam insigni novitati opus esset, inquisivit enarrans sibi ordinem facti per singula. Qui veniens cum[a] sacerdote predicto in Wilsnacum et inveniens narratum esse veridicum, hostias illas reverenter in cristallo quodam posuit et miraculum in partibus vicinie sue dyocesis populo intimari precepit. Hoc quidem modo concursus ibidem factus[b] (innumeros populos attraxit ad visitandum locum predictum. Ubi quidem deus ad gloriam sui sacri corporis plura operatur miracula eciam hodierno die. Quibus tamen signis et virtutibus innumera admiscentur frivola et minus vera ob cleri illius perniciosam avariciam).

966 (635). Urbanus papa propter multa gravamina a Romanis sibi illata transtulit se Neapolim cum cardinalibus suis (ut habetur ex gestis Romanorum pontificum). Sed ubi sperabat invenire requiem et presidium, reperit inquietudinem et persecuciones maximas per Karolum Pacis regem Apulie, quem ipse regem fecerat, sibi paratas. Cuius molestias tandem sustinere dedignans, clam de Neapoli recessit cum cardinalibus et castrum Luteriense petiit. In quo postea Karolus ipsum obsessit usque ad victualium inopiam et famis perpessionem.

967 (636). Monasterium de antiquo Hilgendael ordinis Premonstratensium translatum est intra urbem Luneburgensem.

1385.

968 (647). Quinto anno Wenslai qui est domini MCCCLXXXV. Urbanus papa privavit Karolum de Pace regno suo Neapolitano secundum cronicam Romanorum[c]. Rex autem hoc percipiens ipsum in castro Luteriensi obsessum tenuit a principio XL. usque ad festum beate Marie Magdalene. In qua obsidione papa plura sustinuit incommoda et gravamina. Tandem venit maxima multitudo hominum de societate peregrinancium, que in fugam

---

[1] st. tali — Obotritorum B: qui secundum relacionem plurium talem videtur habuisse originem.
[2] cum reliquiis et sacramento in pixide iuxta consuetudinem ecclesiarum reservato z. zu B.

a) über der zeile nachgetragen D. b) est z. zu B. c) pontificum z. zu B.

vertit regis exercitum, sed tamen ipsum apud se detinuit liberatum de obsidione regis, quousque Ianuenses venientes magnam pro eo pecunie summam solverunt et ipsum secum in urbem Ianuensem perduxerunt. In¹ castro autem Luteriensi[a], ubi papa obsessus extiterat, ipse in crastino circumcisionis sex notabiliores cardinales captivaverat, quos penis coegerat ad veritatis fassionem, ut scilicet dicerent, quod ipsum papam vel tradendi vel intoxicandi voluntatem habuissent. Quos quidem cardinales secum in Ianuam deduxit et ibidem eos in[b] carcere strangulavit.

969. Albertus dux Saxonie et de Lowenburg obsedit castrum Rikelinge secundum cronicam Saxonum. In quo erant nobiles de Mamele, qui sibi rebellabant et in ducatu Lowenburgensi plura mala exercitabant. Ubi prefatus Albertus[c] dux lapide machine percussus, crus amisit et tandem interiit. Nec tamen ceteri obsessores ad rogatum dicti ducis Alberti in ultimis constituti ob hoc ab incepto negocio destiterunt. Sed in expugnacione castri perdurantes tandem compulerunt nobiles illos obsessos, ut castrum resignarent, salvis eorum vita et rebus, et terram exirent (super gracia Wenzlai ducis, successoris Alberti).

970. Magnus dux Magnopolensis obiit circa festum pasche (secundum cronicam Obotritorum). Cuius obitus pocius iocundus extitit suis quam dolorosus, eo quod dominus fuisset infidus et dolosus, honestatem non curans militarem. (Cuius ducatum accepit Albertus filius Henrici ducis suspensoris, principis pacis).

971. Cives Lubicenses convenientes cum Alberto duce Magnopolensi, ligam fecerunt cum eo de pace generali servanda et de persequenda impietate raptorum strate communis secundum cronicam Obotritorum[d]. Qua confederacione firmata dux Albertus una cum Lubicensibus, Rostoccensibus et Wismariensibus angulos raptorum intravit, eos expugnavit et municiones eorum destruxit. Capitanei autem raptorum et fautores eorum fuerunt, quos in dicta expedicione querebant perdere: Moltzan de Stortzowe[e], Hennekinus Mallin de Gömetowe, Henricus Bulowe de Prensberge, Henricus Bulowe de Tretowe et Tydericus Bulowe de Raden.

972. Osnaburgensis urbis cives litigantes cum comite de Tekenenborg collegerunt exercitum, auxiliantibus eis Monasteriensis urbis civibus (secundum cronicam Saxonum), et intrantes comitatum illius expugnaverunt ix castra iurisdiccioni comitis subiecta. Ultimo vero castrum Lingis obsidentes comitem in angustiam magnam constituerunt. Videns autem comes, quod castrum predictum civitatibus in obsidione positis resistere non posset, placitare cum eis cepit, eorum amiciciam, licet tarde satis, recuperare affectans. Unde cives illi de comite illo propositum suum obtinentes, coegerunt ipsum ad hoc, ut promitteret literis et iuramentis, se amplius nunquam velle adversari civitatibus predictis, sed eas in omni amicicia confovere.

973 (687). Karolus de Pace, regno Apulie iam privatus per papam, ab Elizabeth regina Ungarie, relicta Lodowici, et proceribus regni invitatur contra Sigismundum (filium Karoli imperatoris et fratrem Wenzlai regis Romanorum) novum(que) regem Ungarie, sed iam terra pulsum secundum cronicam Francorum[d], ut regnum accipiat et regnet super Ungaros. Qui cum in regnum venisset et iam XXXII diebus in eo regnasset, ceperunt ipsum habere exosum tam regina quam barones et nobiles regni et presertim Maria uxor Sigismundi regis expulsi, filia Lodowici regis defuncti, ob presumptuosa verba Karoli, que locutus fuerat. Dixerat enim stomachando, quod cito in regem Romanorum coronari vellet (et tandem Karolus V. salutari semper augustus) et quod Wenslaum de suo regno pellere vellet, sicud iam fratrem suum propulisset. Quorum verborum presumpcionem quidam nobilis, Marie regine favens, valde egre tulit et Karolum regem propter ea redarguit et reprehendit eciam tam dure, ut ipse Karolus motus dictum

a) to Luterren H. b) st. in carcere strangulavit B: incarceravit. c) hierror Albertus getilgt D. d) Lubicensium B. e) Starkowe H.

1) Das folgende schon in A § 647.

nobilem ad maxillas percuteret. Quod videns famulus illius nobilis, mox pugionem extrahens regem in capud tam fortiter percussit, ut cultellus capiti infixus per unum oculorum exiret. Quo facto rex cecidit et spiritum mox efflavit[1]. Defunctus ergo Karolus stetit inhumatus per longum tempus, ex eo quod per Urbanum excommunicatus esset necdum a sentencia esset absolutus. Omnes eciam Ytalici, qui cum ipso venerant, sunt interfecti ab Ungaris[2].

974 (642). Turris media ecclesie beate virginis in Sundis corruit clara die super dictam ecclesiam (secundum cronicam Lubicensem) et comminuit maiorem partem basilice, et campane de turri cadentes fracte sunt. Sed precibus virginis gloriose intervenientibus actum est dei bonitate, quod nullus hominum ex periculoso casu illo lesus est, licet illa ecclesia stetisset aperta et plures per eam transissent, ut moris est in urbibus illis maritimis. v. Detm. 888.

975 (644). Civitas nobilis Lubicensis tradita fuisset suis hostibus a pessimis quibusdam suis inhabitatoribus ipso die Lamberti martiris[3] et capta et omnes consulares urbis illius interfecti fuissent[4], nisi dominus Ihesus de inmensa sua clemencia super eam vigilasset et propositum dyaboli ac membrorum eius frustrans manus traditorum abbreviasset secundum cronicam Lubicensem. Cuius quidem tradicionis inpositores et practicatores quatuor extiterunt mechanici*, puta Henricus Paternostermaker, officium habens cognominis, Arnoldus Synnighe varifex[b], Iohannes Kaleveld et Hermannus de Mynda ambo pistores. Hii viri sanguinum et dolosi in quadam domo in[5] foro Clingenberg sita convenire consueverunt (quam dictus Arnoldus Synnighe inhabitabat), cum de concepta tradicione loqui vellent; et astute procedentes in practica sua cautelas adhibuerunt necessarias, ne consilium eorum occultum manifestaretur aut proderetur. Erat enim eorum hic practicandi modus (prout fassi fuerunt per se tormentis victi), quod cuicumque revelare volebant eorum propositum, illum prius oportebat facere iuramentum, quod sive sibi placeret revelandum sive displiceret, nulli viventi ipsum diceret, quamdiu viveret. Quo iuramento prestito archana cordis sui sibi aperiebant. Et qui tunc in eorum propositum consenciebat, illum signabant in cartulam quandam: qui vero eis adherere in concepto malo renuebat, sacramento constrictum abire sinebant. Pauci tamen erant, qui negocio exposito dissenciebant, quia semper tales ad hoc vocare v. Detm. 891. sept. 17.

(1) Quidam tamen dicunt ipsum sic vulneratum in capite mox ductum fuisse de castro Buda, in quo sibi hoc contigerat, in castrum Harghele et ibidem ipsum fuisse mortuum, intoxico in potu recepto. s. zu B.

(2) in B folgt: 973a (639). Ymago crucifixi extra valvam urbis civitatis Lubicensis posita in quodam pylari, versa sive erecta facie ad patibulum cepit respicere, que alias depressam[1] et inclinatam brachio solebat habere. Contigit autem hoc prodigium, ut dicebatur, tali casu. Quidam namque suspendendus, sed, ut credebatur, morti innocenter addictus, flexis genibus orabat coram illa ymagine, sicud eciam omnes plectendi facere consueverunt, rogans deum, ut mors illa iniuste sibi inferenda esset ad remissionem omnium scelerum suorum. Facta igitur hac oracione et recedente eo, ymago illa fertur capud suum levasse et respexisse post interficiendum; et in signum sue innocencie deus plura miracula per illam ymaginem dignatus est operari post illum diem secundum cronicam Lubicensium. v. Detm. 879.

(3) que erat in sabbato[2] s. zu B.

(4) et plures alii de dicioribus urbis s. zu B.

(5) circa plateam Marlevengroven super s. zu B.

a) ampelmede H. b) buntmaker B.

1) d. h. faciem; vgl. A. 2) Der 17. sept. fiel auf einen sonntag.

studebant, quos sciebant aliquas contra consulatum concepisse displicencias: et sic quasi de omnibus mechanicis sibi quosdam attraxerant, qui execrabile eorum propositum cum eis se expleturos promiserant. Disposuerant eciam ad extra cum aliquibus hostibus civitatis terre Holtzatorum, quorum capitaneus erat Dithlevus Godendorp, qui eciam idem negocium de tradicione et capcione civitatis predicte apud nobiles Holtzatorum practicabant cum eadem cautela de iuramento prestando celacionis, antequam sibi aliquid revelaretur. Et statuta est certa dies et hora, quando urbem ingredi deberent, quam eis sine omni fallo pro eadem hora aperire vellent; quibus ingressis, viriliter eos iuvare deberent in interfeccione consulatus et vice versa ipsi intranei extraneos constanter iuvare vellent in civitatis capcione et mercatorum et domicellorum spoliacione. Dies autem et hora eis prefixa fuerunt dies sabbatina, que erat festum sancti Lamberti episcopi et martiris, et hora[1] octava ante meridiem, et pro illa hora patula esse deberet valva urbis et omne prohibens eorum introitum remotum esse debuisset. Quam quidem horam ut eo commodosius captarent Holtzati ingressuri, referuntur in nocte sancti Lamberti iam venisse prope civitatem et latitasse in parva dumo[a] Riesbusch dicta, ubi de mane visi fuerunt a rusticis ligna venalia ad urbem deferentibus et hoc referentibus civibus. Cumque taliter, ut premissum est, maliciosa hominum astucia singula ordinasset, divina bonitas ante oculos sue clemencie statuens continuum servicium fervens et devotum bonaque opera plurima suorum fidelium secularium et regularium utriusque sexus, que in dicta urbe fieri consueverant et singulis diebus fiunt, alium et sibi magis placentem incepti negocii disposuit et ordinavit finem et exitum. Fuerunt namque de nobilibus et militaribus illis, quibus lugubre hoc negocium revelatum fuerat, quidam, quibus destruccio tam nobilis civitatis et tanta sanguinis innoxiorum effusio valde displicebat, qui forte requisiti pro adhesione negaverant consorcium et abhorruerant maleficium. De hiis[2], inquam, probis viris unus, semota tardacione ulteriori, equum suum ascendit
sept. 16. et itinere celeri pergens venit de vespere sexte ferie in urbem prelibatam et intrans domum venerabilis viri domini Iohannis Persevale proconsulis, facie[3] velata capucio, ne nosceretur, peciit pro eo, ubi esset, quia ad eum haberet verba, que perferret. Cui cum diceretur, quod non ipse, sed filius suus equivocus pre manibus esset, ait: 'Vocetur ille, ut veniat'[4]. Cum autem filius predicti burgimagistri[5] presens astaret, dixit nobilis ille nuncius: 'Vidissem libenter patrem vestrum, sed quia illum pro presenti habere non possum, contentus sum in persona vestra. Date, rogo, michi potum, ut semel bibam, quia festinus veni per viam'. Allatum ergo vitrum cum servisia vir ille accipiens in
sept. 17. manus, gustavit de potu et dixit: 'Dico tibi vitro[6] et nulli altori viventi, quod nisi cautum fuerit et circumspecte prepeditum huius urbis imminens malum, cras hora

[1] et hora — meridiem B: hora nona ante prandium.

[2] st. De — ulteriori B: Illi litteras ad consulatum miserunt, pridie quam tradicio eorum sortiri debebat effectum, premunientes eos de ipsa tradicione imposita et de modo, de die et hora. Alii tamen referunt hunc modum manifestacionis. Erat quidem inter Holtzatos militaris conscienciosus, cui conceptus iste perniciosus revelatus fuerat sub iuramento prestito, quod nulli viventi diceret, cuius nomen ignoratur. Hic dei timore inspecto motus super tanta calamitate ex piis visceribus.

[3] st. facie — perferret B: peciit, forte sibi magis familiaris. Ante cuius domum cum venisset, equo descendit et eam ingrediens pro dicto domino Iohanne sciscitatus est.

[4] Figuraverat enim nuncius ille faciem suam, ne a quoquam agnosceretur. z. zu B.

[5] ultra 28 annos habenti in etate z. zu B in anderer construction.

[6] cum servisia z. zu B.

a) dumo B.

septima[a] vel quasi hec civitas interius et exterius erit tradita in manus inimicorum suorum et interficientur in ea omnes consulares eius et cuncti eorum fauctores'. Quo dicto vitrum cum cervisia ad parietem allisit et mox equum suum ascendens, portam civitatis exivit. Auditis autem hiis verbis, Iohannes[1] Perssvale protinus consistorium petens ipsum ingreditur et singula verba toti narravit consulatui. Qui consternati valde ex relacione facta, negocium tam horridum et formidabile cum maturitate pertractantes, ad memoriam revocaverunt pristina quorundam civium facta in eundem finem vergencia. Et singulis studiose pensatis, expediens fore concluserant pro salute communi, ut mox omnia clauderentur valvarum ostia civitatis et nocte futura et inmediate sequentibus noctibus medius consulatus vigilias noctis custodiret cum comitiva sufficienti et diligenter respiceret totam urbem, circuiendo clausuras portarum et an alicubi conventicula fierent quorumcumque in domibus aut vicis. Quod cum, sicud conclusum erat, nocte sequenti feriam sextam fecissent, consules urbis invenerunt manifesta indicia et vestigia revelate tradicionis ab incolis inposite. Cumque prope domum Iohannis Kaleveld pistoris in foro Klingenberg situatam unius de principalibus traditoribus pervenissent, equitando cum turma copiosa armata, expergefactus pistor ille et territus valde de cubili protinus prosiliit, credens, quod hostes urbis a foris in auxilium eis adventuri iam urbem intrassent. Sed cum luna clare micante videret, equestres illos esse suum consulatum et vasallos civitatis cum domicellis et mercatoribus multis[2], attonitus nimis et vix spiritum retinens dixit: 'O sanguis Cristi, nimis diu dormitavimus'. Mane ergo facto suspicio facta est consularibus propter quasdam coniecturas de Henrico Paternostermaker. Quem mox capientes vinculis mancipaverunt. Qui statim fassus est scelus impositum et dictum Iohannem Kaleveld asseruit esse consentaneum suum. Audientes autem, dictum Henricum reum esse tradicionis tam nepharie, commoti valde satellites civitatis, qui ipsum ceperant, cum tanta furia ipsum in locum furum proici fecerant, ut ex casu illo parum superviveret, in eodem loco decedens. (Quem tamen postea cum aliis mortuum traxerunt per plateas et rotatum in IIII partes diviserunt). Deinde proditum Iohannem Kaleveld inquirentes, inventum captivaverunt et ab eo tormentis gravibus tam complices suos quam totam seriem negocii extorserunt. Et sic ex fassione sua captus est Hermannus de Mynda pistor, tercius principalis inposite tradicionis. Quartus vero inpositor principalis dicti sceleris[3] Arnoldus Synnighe nuncupatus eodem mane audita captura Henrici tornatoris paternoster, mox fugam capiens subtiliter elapsus est. Ex fassione ergo trium predictorum plures capti sunt de singulis officiis mechanicorum (et presertim de carnificibus multi proditi fuerunt), de quibus omnibus quidam rotati sunt et divisi in partes IIII, quidam simpliciter rotati, quidam decollati publice et quidam occulte. Divisi autem in partes positi fuerunt ad quatuor plagas urbis. Tot vero de die in diem prodebantur per captos de dicta prodicione rei, quod tandem consulares misericordia moti super miseris micius agere inciperent cum eis, quosdam solum decollando, pluribus prius miserabiliter tractis per plateas et rotatis, quosdam nocturnis temporibus interficiendo, ne parentela confunderetur et demum omnes licenciando, ut fugerent[b], qui se reos in facto sentirent.

976. (Et quia deus misericors misericorditer de sua benignitate magna dictam

---

[1] st. Iohannes — consulatui B: Iohannes protinus consistorium expetens patrem suum vocari fecit et singula per ordinem, que audierat et viderat, sibi enarravit. Proconsul vero ea, que a filio receperat, mox toti consulatui patefecit.

[2] numero fere quingentos bene armatos s. zu B.

[3] in cuius domo omnia hec nephanda practicata fuerunt s. zu B.

a) nona B. b) fugeret D.

civitatem a tanto periculo liberavit, idcirco in signum gratitudinis et in rei facte memoriam perhennem, singulis annis in die sancti Lamberti martiris prelibati consulares urbis solempniter celebrari faciunt et decantari in organis maioribus in singulis ecclesiis dicte civitatis missas de sancta trinitate, de beata virgine et de predicto martire. Cum autem dies et hora nobilibus Holtzatorum designata adessent, ipsi cum suo exercitu modo eis dato valvis urbis se presentaverunt. Sed eis clausis inventis et signis prodi̇ti consilii repertis, confusi recesserunt.)

v. Detm. 642. 977 (645). Conradus fratrum de domo Teuthonica magister terre Prutbenorum cum maximo exercitu Lithuanorum terram repetens, (secundum cronicam Lubicensem) bellum durum habuit cum Witholdo[a] filio Kinstuti regis, et ipsum captivans (secundario) ab eo in promisso recepit, quod baptizari vellet et bonus fieri cristianus. Super qua promissione facta iuramentoque firmata dictus magister Conradus tria castra suo ducatui contigua sibi legavit, ut de illis sibi rebelles subiugaret cristianus factus et ad titulum cristianitatis profitendum suos subditos conpelleret. Quibus castris receptis, omnes cristianos in eis inventos interfecit et castra illa incendio consumpta solo equavit.

v. Detm. 646. Schw. 13. 978 (648). Comes Virtutum die sequenti beati Valentini bellum gessit cum Barnabo domino Mediolanensi, tyranno impiissimo, secundum cronicam Romanorum et victor factus ipsum captivavit et in turri fortissimo commendavit[b] ac dominium suum obtinuit, eo quod ipse multa mala ecclesie intulisset. Hic Barnabo tyrannus diversis religiosis confusiones et iniurias irrogavit et presertim fratribus Minoribus, quibus habata affigi fecit gumphis ad pedes eorum tamquam caballis, pro eo quod, ut sibi videbatur, nimium discurrebant per urbem Mediolanensem. Providit enim eis per hoc, ut calceis suis parcere possent.

979. (Tempore autem quodam generale eorum capitulum celebrari debebat in Mediolano, ipso protunc domino civitatis existente. Ad quod quidem capitulum gardianus eorum magister in theologia petere volens subsidium a predicto Barnabo, accessit ad portam palacii domini, desiderans intromitti ad presenciam ipsius, ut unicum verbum sibi loquatur. Custos autem porte vadens ad dominum nunciavit, fratrem adesse Minorem, qui peteret introitum ad graciam suam, ut solum verbum sibi diceret. Dominus autem prefatus non bene potens sustinere fratres illos, cum audisset, fratrem illum nisi unicum verbum sibi velle loqui, et non valeret subito excogitare verbum, per quod totam oracionem mendicativam exprimere posset, dixit portario: 'Intromittas fratrem illum, sed dicas ei seriose, quod si plura verba locutus fuerit coram, quam id solum quod proponere promittit, mendacii sui gravem a nobis reportabit vindictam'. Audiens autem gardianus ille serium tyranni a portario sibi proponi et timens furiam savientis domini, composuit in animo verbum, per quod solum suum exprimeret intentum. Et veniens ad dominum, cecidit ad genua reverenciam ei exhibendo et dixit voce sonora: 'vipa' — vipa enim edulium est ex vino et pane factum — per hoc verbum mendicare intendens in subsidium capituli panem et vinum. Barnabo autem attendens astuciam fratris et intelligens ipsius intencionem, fractus in furia sua subrisit ob verbum illius fratris et iussit sibi ministrari copiam utriusque.)

v. Detm. 647. 980 (650). Maximum prelium commissum est inter reges Hispanie et Perthugalie secundum cronicam Francorum[c]. Nam rex Perthugalie acceperat crucem ab Urbano papa contra regem Hispanie, qui Clementem antipapam defensabat, et pugnavit cum eo, et interfectis quasi omnibus de exercitu regis Hispanie, vix ipse rex cum paucissimis evasit.

v. Detm. 647. 981 (651). Conradus magister fratrum de domo Teuthonica terre Prutzie ingressus cum tota potencia sua regnum Lithuanorum, venit ad flumen Mergan (secundum cronicam

---

a) Wichaudum *B in anderer construction.* b) inclusit *B.* c) numerorum pontificum *B.*

Lubicensem). Ubi invenit regem Styrgail cum maximo exercitu vada fluminis observantem et transitum eorum impedire nitentem. Sed cristiani dei adiutorio freti pertransierunt vadum cum salute, fugantes exercitum paganorum cum magna cede. Ingressi ergo terram opulentam frumento et pecudibus, vastaverunt omnem illam regionem interficiendo omnem hominem inventum et perseverantes in tali exterminacione per XXII dies asportaverunt bona maxima. Interim vero ut cristiani essent occupati in depopulacione terre, Stirgail collegit infinitam multitudinem Lithuanorum et aliorum circumiacencium paganorum et occupans vada, per que cristianos necessario oportebat exire, magnis arboribus cesis et fossatis profundis, prestolabatur eorum exitum. Qui cum egredi vellent cum preda, invenerunt vada preclusa et vias invias factas. Sed cristiani in domino confidentes viriliter se excusserunt de iugo barbarorum et cum preda capta victoriose redierunt (occisis ultra VIIIM Lithuanorum viris).

1386.

982 (652). Sexto anno Wenslai qui est domini MCCCLXXXVI carnifices et pistores opidi Tanklem ducatus de Wolgast ad instar urbis Lubicane civium concitaverunt communitatem contra consulatum suum, moti ex hoc quod de villis vicinis rurales apportare permittebantur carnes et panes, quia ex hoc ipsi, ut causabantur, dampna et exterminia paterentur, non curantes, quod pro communi bono talis esset permissio. Unde conspirantes in invicem observabant, consulatum integraliter esse congregatum in consistorio. Quo habito venerunt armata manu et fores consistorii violenter rumpentes in consulares furibundi irruerunt et gladiis suis omnes occiderunt dempto uno, qui eo quod pridie, quam hoc fieret, uxorem duxerat, absens erat. Sed cum quasi insanientes de consistorio currerent, ipsum obvium in platea habuerant. Ad quem unus carnificum rabido cursu prosiliens, ipsum fuste ad capud percussit, prostravit et interfecit. Occiso ergo sic integro consulatu, latrones una cum aliis pocioribus mechanicis novum consulatum instituerunt et sedibus suis installaverunt. Bugslaus autem dux de Wolgast audiens lugubre hoc factum, non condignam talionis penam, sed pecuniariam de interfectoribus expetens, constitutum novum a communitate confirmavit.

983 (653). Iudei magnam habuerunt convocacionem in Witzenfeltz[a] terre Misne a. Dom. am.
secundum cronicam Saxonum, et ad illam congregacionem convenerant de omnibus partibus mundi et presertim a Ierosolimitanis plagis et de Ytalia, celebraturi quasi generale concilium; et a principibus terrarum obtinuerant salvum conductum, ut secure venire et redire valerent. Sed propter quid convenerant, sciri non poterat. Erat autem protunc quidam pauper nobilis degens prope castrum Gevekensteen iuxta urbem Hallensem. Hic accepit ad se quosdam alios nobiles indigentes et militares plures et observavit reditum illorum Iudeorum. Qui cum pertransirent locum, ubi insidias posuerant, irruit repente super improvidos et plures ex eis interficiens, quosdam vero capiens spoliavit illos et bona eorum diripuit; valuit autem spolium illud ad VM sexagenarum Bohemicalium. Cumque illi, qui subterfugerant manus raptorum, causarentur de spoliacione eorum coram[1] marchione Misnensi Wilhelmo, et iste nobilis citaretur ad respondendum, *c. lal.
cur salvum conductum marchionis prevaricatus fuisset, comparens respondit: 'Ex iure divino inimicus ecclesie et iniuriator illius nullis gaudere debet emunitatibus et libertatibus ecclesie eiusdem, sed nec dei inimicus securari potest a quocumque homine. Et sicud inimicus domini mei terrestris est hostis meus, sic multo magis inimicus dei mei, qui est celestis dominus meus et creator, est hostis meus. Et quia Iudeus quilibet

---

(1) st. coram — Wilhelmo B: apud dominos Misnenses.

---

a) Wyntzenvelt opido B.

manifestus et publicus dei hostis est, ideo est et publicus hostis meus, et ergo bona, que ab eo abstuli, bona sunt publici inimici mei, unde iuste ea rapui et iuste possidebo nec spero me deliquisse, sed fideliter egisse circa dominum meum'(1).

c. Detm. 848. 984 (656). Margareta relicta Haquini regis Norwegie et filia Woldemari regis Danorum cepit esse domina trium regnorum (puta Dacie, Swecie et Norwegie) secundum cronicam Danorum et potenti manu sagacique ingenio illa rexit, quoad vixit.

Detm. 849. 985. Modus autem acquisicionis istius tetrarchie et dominii illorum regnorum fuit[a] talis. Cum civitates maritime terram Scanie resignassent eidem domine Margarete et Olavo filio suo, quam iam per xvi annos possiderant pro recompensacione dampni, quod dicte civitates passe fuerant ex parte regni Danorum, ipsa intravit Iuciam et tenens ibidem diem placitorum cum comitibus Holtzatorum, pacem fecit cum eis perpetuam. Concessit eciam prefatis eisdem comitibus et suis successoribus ducatum Sleswicensem iure hereditario possidendum, dummodo tamen infeodacionem a regno Danorum reciperent modo debito et consueto et eorum sibi servirent. Cum autem hoc factum esset, timor invasit omnes regni proceres et nobiles milites ac militares, scientes reginam mulierem esse astutam valde et potentem. Unde volentes omnes subdiderunt se sponte sibi et Olavo filio suo. Margareta vero prudenter agens convocari fecit singulos singuli regni advocatos et cum illis transiens de castro ad castrum, absolvit unum advocatum unius castri et posuit eum advocatum alterius castri. Sicque faciendo cum omnibus, misit illos de una advocacia ad alteram, prout abbas mittere consuevit monachos suos de uno monasterio ad aliud. Et sic infra quartale unius anni mulier illa sagax et industria, que prius pauperrima fuerat, eo quod omnia eius castra inpignorata tenerentur, ditissima et potentissima effecta est (possidens iam ex parte viri sui Norwegiam defuncti, ex parte patris similiter defuncti Daciam et de proximo possessura Sweciam per regis Alberti capturam).

c. Detm. 850. 986 (654). Yagail rex Lithuanorum baptizatur in urbe Kracovia in maiori ecclesia (secundum cronicam Lubicensem) et Boleslaus nuncupatur, ac Hedwigis filia Lodowici regis Ungarie defuncti sibi matrimonio copulatur, licet contra ipsius voluntatem, et sic pariter in regem[b] Polonie coronatur cum uxore sua sponsa. Multi eciam nobiles milites et militares Lithuanorum cum suo rege sunt baptizati. Hec Hedwigis regina prius desponsata fuerat (Wilhelmo) filio Lippoldi ducis Austrie, sed ei violenter ablata isti in uxorem dabatur, ea invita.

Detm. 852. 987. Fratres[1] de domo Teutonica terre Lyvonie cum[c] suo magistro Wenemaro terram intraverunt Lithuanorum, maximum exercitum ducentes, auxilium eis ferente rege Ruthenorum de Ploscowe secundum cronicam Lubicensem. Cum quibus bellum aggredientes captivaverunt ex ipsis duo milia et cc ceperuntque de equis eorum tria milia et interfecerunt populum innumerum.

c. Detm. 853. 988. Quidam[2] de familia Ditlevi Godendorpes nobilis terre Holtzatorum, sed raptoris strate communis, depredati sunt cives urbis Lubicensis (secundum cronicam Obotritorum), sed in tali facinore deprehensi per stipendiarios dicte civitatis suspensi sunt in patibulis. Quod audiens prefatus Ditlevus raptor, coadunatis aliis predonibus, insidias posuit prefatis stipendiariis et mittens quosdam de suis ad villam Kurowe precepit illis, ut dictam[d] villam spoliarent et in casu, si satellites Lubicenses eos persequi temptarent, ut presumebat, quod tunc fugam simularent usque ad eos, designans eis locum, ubi latitare vellent. Cumque sic fieret, ut prefertur, et raptores illi villam

---

(1) Has raciones cum marchiones audissent, in pace cum recesserunt ad propria. *a. zu B.*

---

a) *al.* fuit talis *B.:* talis dicitur fuisse in cronica Lubicensium. b) Crakovie sive *a. zu B.*
c) *al.* cum suo magistro Wennemaro *B.:* cum multo populo. d) *auf rasur D;* illam *B.*

1) *Vgl. B* § 33.1a. 2) *Auch die fassung von H im anhang I ist zu vergleichen.*

spoliassent, statim innotuit Lubicensibus spolium esse commissum. Qui mox mittentes advocatum eorum Heynonem Scarpenberg et Wendelbernum (Bunstorp) advocatum opidi Molne cum stipendiariis utriusque civitatis, mandaverunt ipsis, ut raptores viriliter persequerentur. Veniens autem in campum Heyno advocatus Lubicensis[a], divisit socios in tres turmas, puta[(1)] octo ad unam plagam, quibus prefecit Hermannum Korner[1] in capitaneum, et octo ad aliam plagam, quibus in capitaneum prefecit Hermannum Kran. Ipse vero Heyno advocatus Lubicensis cum Wendelberno advocato de Molne apud se retinuit X satellites et tenere decrevit mediam viam, ut sic infallibiliter una illarum turmarum apprehendere posset hostes, ne evaderent; et que turba inimicos primo inveniret[b], fugam simulare deberet et turmam mediam inquirere cum eis. Media autem via tendebat versus opidum Kil, quam advocati verius presumebant raptores illos velle transire, et ideo ipsi illam cum maiori turba tenuerunt, certificati quodammodo vestigiis equestrium multorum repertis. Cum autem advocati predicti cum suo cumulo opido Kilensi appropinquarent, Ditlevus Godendorp sepultus de insidiis subito erumpens cum forti exercitu Holtsatorum [2]irruit[2] super advocatos prelibatos. Ipsi tamen equis *f. 36r.
velocibus insidentes (cum se perditos conspicerent ob multitudinem hostium), calcaribus utentes equos agitabant et ante raptores viam apprehendentes, opidum Kilense presidio capere conati sunt. Sed videntes cives angustiatos Lubicensium vasallos, ipsis refugium negaverunt et fores opidi coram eis clauserunt. Tunc advocati spe evadendi privati hostibus faciem dederunt et viriliter cum eis dimicantes ac plures trucidantes, tandem et ipsi mactati sunt.

989. (Cum autem prefatus Hermannus Korner cum suis octo sociis latrones inquirens per comperta vestigia versus opidum Kil tenderet ignarus illius, quod circa dictos advocatos actum fuerat, venit ad locum, ubi socios repperit interfectos. Unde valde dolens, quod factum erat, opidum ipsum intravit redarguens Kilenses, quod tam impie erga suos egissent amicos precludendo eis viam refugii. Et conducens ibidem currus, interfectos in eis locavit et versus urbem Lubicanam eos vexit pariter et introduxit non sine populi magna commocione et merore. Sepulti autem sunt predicti advocati in ecclesia sancti Iacobi apostoli urbis eiusdem.)

990. Thidericus comes de Werningrode vocatus est per principes Saxonie, qui pacem com- Detm. 564.
munem iuraverant, ad colloquium secundum cronicam Saxonum. Qui veniens in Blankenburg opidum[(2)] accusatus est per Bossonem[3] comitem de Reghensten coram Alberto de Querenvorde archiepiscopo Magdeburgensi, Ottone duce de Loyna, Henrico comite de Honsten et ceteris nobilibus in die beate Marie Magdalene tamquam pacis iurate violator et periurus. Qui mox a dictis principibus condempnatus est et suspendio adiudicatus. Qua sentencia prolata Conradus de Werningrode armiger accessit et huius

(1) st. puta — repertis B: et misit quemlibet cumulum in viam singularem, ut sic omnes vias occupantes omnino raptores illos comprehenderent. Ipse tamen cum advocato de Molne et decem sociis viam tenuit regiam versus civitatem Kil, eo quod presumebat firmiter, spoliatores illam viam inisse, certificatus vestigiis multorum equestrium ibidem inventis seu apparentibus.

(2) sub pacifica sponsione st. re B.

a) principalis B. b) ire auf rasur D.

1) Korners name tritt, von H abgesehen, nur in der fassung D auf. A und a haben in § 667 einen ganz kurzen bericht, noch kürzer als Detmar. Erst die fassung B giebt einzelheiten, die D noch erweitert hat. 2) Neuer quinio; ductus und grösse der schrift wechseln auffällig, wie meist nur bei einer neuen lage. Das neue blatt hat besonders grosse schrift, ähnlich wie die vorreden der fassung D. 3) B und D geben eine mischung aus A § 635 und Detmars bericht.

a principibus proprii domini sui caput vulneravit. Quo facto mox ceteri nobiles pugionem suos corpori comitis infixerunt et sic interfectum freno[a] sui caballi appenderunt in signum suspensionis.

v. Detm. [illegible] 991 (657). Rome tenebre fuerunt densissime secundum cronicam Romanorum durantes per XXXVIII[b] horas[(1)], ita ut in die vix homo vicinum suum cernere valeret. Facti eciam sunt ibidem pro eodem tempore terremotus maximi. Propter quod vulgus et clerus letanias decantaverunt dominum deprecantes, ut furorem suum ab eis clementer averteret.

Detm. [illegible] 992. Lippoldus dux Austrie duro bello aggressus est Swyceros[(2)] (secundum cronicam Francorum), pro eo quod urbes et castra, que ad ducatum suum olim pertinuerant, ad redimendum pro pecunia sibi tradere nolebant. Sed Swyceri conglobati maxima multitudine miserunt tria millia virorum fortium in occursum ducis, et cum eo preliarentur. Quos dux aggressus plures ex ipsis stravit, ceteros fugans usque ad interiora moncium. Tunc totus exercitus Swycerorum latitans in montibus erupit et ducem cum suis circumdans cum XXIX armatorum, quasi universum ducis exercitum contrivit. Ubi occumbens Lippoldus dux cum fere XVIII principibus, cunctus eius populus aut interfectus est aut captivatus.

v. Detm. [illegible] 993 (659). Prepositus ecclesie Coslinensis[c] electus in antistitem dicte[d] ecclesie secundum cronicam Obotritorum[e], cum esset in via transeundi versus Stetyn, ut ibidem consecraretur, a famulo suo cibum cum cultello sibi appodiante intoxicatus est. Nam cornu quoddam veneno plenum habens sub brachio sinistro, in ipsum tociens cultellum trusit, quociens domino suo cibum apponere voluit. Mortuus est ergo subito in prandio illo sine sacramentis[(3)].

994 (661). Albertus[1] Sweorum rex solempnem tenuit curiam in Wismaria (urbe Obotritorum secundum cronicam eorundem). Ad quam multi principes convenerant, puta (Wenzlaus) dux Saxonie[f], (Bugslaus) dux de Wolgast, (Ericus) dux de Louemburg, (Nicolaus) comes Holtzatorum, (Adolfus) comes de Schowenburg, (Otto) comes de Hoya, (Guntherus) comes de Rupin, Laurencius dominus Slavorum et plures alii nobiles milites et militares. Affuerunt et dicte curie consulares et domicelli diversarum civitatum. Et honestas curie illius (ac gloria in actibus militaribus ibidem exercitatis) data est per[(4)] nobiles mulieres Henningo Koninghesmarke militi strenuo et famoso. (Et duravit solempnitas curie illius per octo dies, in quibus fiebant torneamenta, hastiludia et cetera exercicia militaria)[(5)].

[illegible] 995 (663). Domicelli urbis Lubicensis in carnisprivio elegerunt XII cecos validos, quos previe crapulis et potacionibus reficientes letos et audaces fecerunt (secundum

---

[illegible] (1) circa festum purificacionis virginis gloriose s. in B.

(2) Switrienses in montibus commorantes B wie Detmar.

v. Detm. [illegible] (3) in B folgt: 993a (660). Magister fratrum de domo Teutonica terre Lyvonie cum rege Ruthenorum de Ploscowe Lithuanorum fines ingressus peragravit magnam partem terre devastans igne et percuciens gladio, et ceciderunt de Lithuanis ducenta milia virorum et 300, de equis vero abduxit ultra ducenta milia et 600.

(4) st. per — mulieres B: ab honestis dominabus, que dicte curie solempnitati interfuerunt.

(5) in B folgt: 994a. Et advertendum est hic a lectoribus, quod infrascriptis narracionibus auctorem non adhibebo alium quam me ipsum, eo quod eas in aliquibus codicibus non legerim, sed solum eas vel sic fieri viderim, vel sic facta a fidelibus narracionibus audierim investigando. Vgl. unten D § 1040.

---

a) st. freno — suspensionis B: suspenderunt. b) 37 B. c) van Colbergh in Prutzen H. d) st. dicte ecclesie B: Caminensem. e) Lubicensium B. f) Lowenburgensis B.

1) Die nachricht fehlt bei Detmar.

cronicam Lubicensem), deinde loricis toracibusque ac ceteris armis veteribus corpora eorum induerunt (et capitibus eorum galeis eversis impositis, ne videre possent cecos se mencientes) ad pugnandum eos disposuerunt. Quibus sic armatis dabatur cuilibet clava ad manum et introducebantur in locum in publico foro ad hoc spectaculum factum, quadrangularem asseribus circumdatum. At ubi dum starent armati ad certamen ridiculosum, introducebatur ad eos porcus quidam fortis, quem ictibus mactare debebant et percussum devorare. Ad quod locale insolitum congregabantur nedum parvuli et iuvenes, sed et senes et provecti, mulieres et virgines, clerici et layci, prestolantes *c. 1386
quid dicti ceci cum porco essent actari. Porcus vero ille senciens se conclusum inter illos, cessit ictibus in quantum potuit et cum tangeretur ab uno feriente se clava, encurrit furibundus per medium cecorum et simul quandoque tres vel IIII cursu suo rabido deiecit. Ceci autem ceteri stantes cum sentirent socios cadere, credentes porcum esse, fortiter percutere conati sunt et sic durius cedendo socios pro porco straverunt. Cumque sic diucius laborassent, se invicem pocius quam bestiam fatigando, alligata est collo porci nola, ut vel sic saltem ipsum percutere valerent. Quo facto miseri illi forcius et plus solito se ipsos cedere ceperunt, nam porco sonante per nolam quilibet ipsum prope se fore estimabat et sic viriliter percuciendo quandoque simul tres vel IIII in unum clavis suis impingentes, ipsum ad terram violenter prostraverunt lesum. Tandem porcus agitacionibus variis pocius quam ictibus hinc inde discurrendo fessus, a cecis illis prosternitur et occiditur et sic ludus ille terminatur.

996 (668). (Conradus de Gysenchem episcopus Lubicensis obiit sequenti die sancte trinitatis secundum cronicam Lubicensem. In cuius sedem electus est dominus Iohannes Clendenst, qui alias etiam electus fuerat, quando papa dederat fratrem Nicolaum de ordine Predicatorum in episcopum eidem ecclesie.) c. Detm. 666, Juni 18.

997. Agnes[1] mater Wenzlai ducis Saxonie et soror Adolfi comitis de Schowenburg obiit secundum cronicam Saxonum et sepulta est in Razeburg. Hec domina tam virilis extitit, ut toto tempore, quo Ericus dux de Louemburg maritus suus in peregrinacione Ierosolimitana erat occupatus, ipsa plura bella personali presencia gereret[a] contra terre sue hostes. In senectute autem sua dominum suum visitavit, excitata sua parentela. Detm. 667.

1387.

998 (664). Septimo anno Wenzlai qui est domini MCCCLXXXVII Bernhardus filius Magni ducis de Zangerhusen captivatur a nobilibus[b] de Stenberghe[c] (secundum cronicam Saxonum) et in Bodenborg castro vinculis mancipatus diu tenetur. Sed tandem redemptus est solucione VIIM florenorum.

999. Gotingensis[2] civitas obsidetur per Ottonem ducem de Leyna proprium eius dominum (secundum cronicam Saxonum). In obsidionis autem huius tempore Otto dux castrum construxit prope urbem, ut per ipsum eam expugnaret. Sed cives nacta oportunitate suam civitatem unanimiter exierunt et castrum illud cum instrumentis ad hoc factis funditus destruxerunt. Quod videns Otto dux placitare cum civibus statuit et eorum pertinaciam formidans amicabiliter se cum eis composuit(1). c. Detm. fortz. 668.

(1) in B folgt: 999a (670). Wenzeslaus dux Saxonie et Luneburgensis gwerram incepit cum Frederico duce Brunswicensi, et cives Luneburgenses adheserunt Wenzeslao; et edificavit dux castrum super ripam fluminis Alre prope Wyntzen et ex eo infestabat ducatum Brunswicensem.

a) reret auf rasur D. b) de Homburg a. m. B. c) et de Swicheldes a. m. B.

1) § 997 ist der letzte aus dem ursprünglichen Detmar. 2) Von hier ab wird die fortsetzung des Detmar nach der ausgabe von Grautoff, Lübeckische Chroniken I 339 ff. citirt.

v. Detm. fortz. 540. 1000. Engelbertus comes de Marka resumpsit[a] litem antiquitus habitam cum urbe Tremoniensi, cui auxilio fuerunt Fredericus archiepiscopus Coloniensis et (Iohannes) dux de Monte. Et construxit dictus comes Engelbertus tria castra prope urbem (secundum cronicam Saxonum), de quibus prohibuit, ne civitati aliquid adduceretur. Ad intra tamen cives concordes et unanimes existentes(1) sua sagacitate et virilitate hostibus restiterunt.

1001. Olavus(2) rex Danorum iuvenis filius Margarete et Haquini regis Norwegie viam universe carnis transivit[1] secundum cronicam Danorum. Post cuius mortem Margareta regina virum induens et gladio femur cingens, Danorum Norweorumque regna ad manus accepit et ipsa provide ac sagaciter gubernavit(3).

v. Detm. fortz. 541. 1002. Fredericus[2] rex Francorum cum grandi exercitu portui Swen applicuit(4) (secundum cronicam Francorum), ubi capiens omnes mercatorum naves ibidem inventas, eas viris armatis onustavit et bellicis instrumentis aptis ad expugnacionem urbium et castrorum. Et elevatis velis iter suum direxit versus Angliam, sed inportuno vento repulsus castrametari(5) coactus est apud Burdeum. Ubi cum venisset, naves suas victualibus replevit et iterum navigando mare cum suo exercitu, obvios recepit Anglicos in(6) multitudine armatorum. Ubi ambo exercitus navali bello congressi acriter pugnaverunt, sed Anglici victoria potiti ceperunt omnes Francorum naves, quas una cum pugnatoribus secum in Angliam deduxerunt. Principes tamen Francie in parva navi elapsi manus hostium suorum evaserunt. Post hoc statim Anglici cum eisdem navibus exeuntes regnum suum et in portum Swen pervenientes, spoliaverunt kracas et galeyas mercatorum et bona inmensa ex eis receperunt. Dehinc in eodem transitu navigantes in portum alterum Secunam dictum, rapuerunt omnia ibidem inventa navesque innumeras igne concremaverunt(7).

v. Detm. 668, juli 13. 1003 (669). Circa festum Margarete virginis beatissime facta est magna congregacio[b] civitatum de Ansa in urbe Lubicana (secundum cronicam eiusdem). Ad quarum convencionem venerunt et Albertus Sweorum rex, Margareta regina Dacie et Norwegie, Ericus dux de Louenburg, (Nicolaus et Adolfus) Holtsatorum comites et plures nobiles milites et militares. Affuerunt insuper et plures ambasiatores diver-

(1) st. existentes — restiterunt *B:* fuerunt et sagaces multum, quod civitati magis profuit quam aurum et argentum.

v. Detm. fortz. 540. (2) *§ 1001 lautet in B:* Olavus rex Danorum filius Margarete regine Norwegie, Dacie et Suecie obiit adhuc adolescentulus 18 annorum.

v. Detm. fortz. 546. (3) *in B folgt:* 1001a. Maxime lites et controversie fuerunt hoc tempore in Ytalia. Nam patriarcha Aquilegiensis pugnabat cum civitatibus suis et contra dominum Paduanum. Dominus eciam de Padua bella gessit contra Venetos et in uno prelio percussit de Veneclanis mille 600 homines armatos[3].

(4) habens secum ducem Burgundie *u. so B wie die Detmarfortsetzung.*

(5) st. castrametari apud Burdeum *B:* transire Burdeum.

(6) st. in — armatorum *B:* in maxima classe habentes centum grandes naves.

(7) *in B folgt:* 1002a. Dominus Iohannes Klenedenst episcopus Lubicensis obiit. Cui in sedem successit dominus Everhardus Attendorn et pluribus annis prefuit.

a) st. resumpsit — habitam *B:* iterum cepit litem. b) principum nobilium et *s. w. B.*

1) *Gest. 1387 aug. 3.* 2) *Karl VI.* 3) *Die kämpfe zwischen Venedig und dem patriarchen Markward von Randeck, Franz I. da Carrara und den Genuesen waren 1381 aug. 24 zu einem frieden geführt, begannen aber unter dem nachfolger des patriarchen Philipp von Alençon von neuem und führten zur beseitigung der Carraresen.*

eorum principum, puta ducis Burgundie, comitum[a] Flandrie (et Hollandie). Civitatum quoque consulares missi sunt illac, puta Gandavensis, Brugensis, Yporensis (Dordracensis, Sutphaniensis) Rigensis, Darbatensis, Thoronensis, Elvingensis[b], Rostoccensis[c], Hammeburgensis, Bremensis, Sundensis, Gripeswaldensis, Luneburgensis et Wismariensis. Hii omnes diversa negocia tractabant regna, civitates et mercatores concernencia[1]. Cives autem Lubicenses singulares deposuerunt querimonias contra Holtzatorum comites, eo quod latrones, traditores et raptores publicos defenderent et foverent. Ubi tandem post diversas altercaciones conclusum fuit, ut omnes predicti latrones caperentur, ad quamcumque plagam aut terram declinarent vel regnum, et quod nullibi tuti haberentur, fautores vero, defensores et hospites eorum pari pena punirentur per dominos vel civitates.

1004 (640). Sigismundus frater Wenzlai regis Romanorum factus rex Ungarie (secundum cronicam Bohemorum) ab uxore sua Maria, filia Lodowici regis Ungarie defuncti, haberi cepit contemptui et parvipendi in omnibus factis suis. Ipsa enim quasi rex omnia regni negocia disponere nisa, mandata Sigismundi viri sui irritare et anullare studuit. Fecit insuper propriam fieri monetam et in florenis sculpi fecit 'Maria rex Ungarie'. Quod ut regni proceres viderunt, regem arguere ceperunt asserentes, regio honori non esse conveniens, mulierem principari viro tam industrio. Rex autem exacerbatus pariter et animatus talibus increpacionibus, reginam ad locum secretum recepit et eam tam(1) dure castigans correxit, ut veniam a rege peteus emendam et subieccionem debitam promitteret. Quod et non diu post facto evidenti ostendit. Erant enim tunc temporis quidam potentes regni proceres, qui vite regis insidiabantur. Hii intelligentes, reginam a rege dure correptam esse, estimabant eam more femineo ob hoc regi indignari, ab ipsa sciscitati sunt, an nocte proxime futura rex ei condormire vellet, promittentes se velle iniuriam suam vindicare. Quibus respondit quod sic. Quo habito disposuerunt se, ut regem nocte proxima apud reginam interficerent. Maria autem regina ut nobilis et generosa mulier faciens et interitum viri sui abhorrens, regem suorsum alloquitur dicens: 'Quia sancti apostoli Pauli doctrina instruimur, malum pro malo reddere non debere, sed malum in bono vincere, moneo te, ne hac nocte michi condormias, quia si hoc feceris, ab emulis tuis interficieris. Quesita enim sum, an mecum eris futura nocte, et dedi sciscitantibus affirmativam, volens experiri malum contra te conceptum'. Rex igitur gratus uxori simulavit se mansurum apud reginam per noctem, sed sero facto elapsus est clanculo. Cumque in noctis silencio hostes sui se armassent et cubiculum regis vi rumpentes cum impetu intrassent, solam reginam invenerunt in lecto simulatorie dormitantem, sonitum per nares in signum profunde dormicionis faciendo. Quod ut viderunt, confusi et consternati facti dixerunt ad invicem: 'Hec meretrix procul dubio secretum nostrum prodidit et regem ammonens abire fecit et idcirco a nobis pro rege merito interficienda est'. Ad quod verbum unus illorum motus et regine misertus dixit: 'Non potest, fratres, hoc esse verum, cum recenter et in brevi rex crudeliter eam tractaverit'. Talibus igitur verbis aversi a proposito malo cubiculum exierunt, nichil mali regine inferentes. Mane autem facto regina, quid sibi

(1) *st.* tam — ostendit *B:* viriliter castigans et ut dicitur calcaribus perurgens corpus eius laceravit. Quam quidem castigacionem regina diucius sufferre non valens, in animo fracta veniam a rege peciit et emendam promisit.

a) comitis *H.* b) Melvingensis *B;* et Danzeke s. m. *H.* c) *st.* Rostoccensis — Wismariensis *B:* ceterarumque civitatum stagnalium.

1) *H fügt zu:* unde vorsoneden dar den olden wrok unde twidracht der Osterlinge unde der Vlemynge unde vorsegheiden dar to beyden siden den vrede unde eyndracht.

acciderat, regi retulit et personas honori suo et vite insidiantes prodidit. Quos omnes rex capiens fecit decollari et post illum diem uxorem suam valde dilexit[a].

1388.

v. Detm. [illegible] 1005. Octavo anno Wenzlai qui est domini MCCCLXXXVIII.[b] civitates de Ansa iterum in Lubicensi urbe congregate[1] secundum cronicam eiusdem statuerunt, ne amplius quisquam[c] mercator sub pena privacionis vite et omnium rerum suarum cum Flamingis se occuparet in quibuscumque negociis, quousque dicte civitates aliud decernerent faciendum. Hoc quidem edictum a dictis civitatibus ideo emanavit, quia Flamingi et precipue Brugenses mercatoribus orientalibus iniuriantes privilegia eorum temeraverant et iura eorum antiqua violare non cessabant. Idem statutum pro eodem tempore factum est contra Neugardiam et Ruthenorum fines visitantes causa mercancie propter eandem iniuriam mercatoribus factam[2].

1006 (675). Wenzlaus dux Saxonie et Luneburgensis (intoxico ut famabatur) periit, vir pacificus et deum timens (secundum cronicam Saxonum).

1007 (676). Pro eodem tempore Albertus dux Magnopolensis, filius Henrici ducis obiit, iuvenis existens(5).

1008. (His[3] eciam diebus obiit domina et mater Frederici, Bernhardi et Henrici ducum de Brunswic, relicta Magni ducis de Zangerhusen.)

v. Detm. [illegible] 1009. Wilhelmus dux Gelrie acutissimum bellum gessit cum duce Brabancie (secundum cronicam Francorum) et victoriam de Brabantinis obtinens captivavit circiter CCCC nobiles, innumeris interfectis, licet Brabantini in decuplo plures armatos habuissent.

v. Detm. [illegible] 1010. Fredericus Francorum rex venit cum multo populo contra Wilhelmum ducem Gelrie secundum cronicam Francorum[4], et intrans ducatum Iuliacensem non audebat ducatum Gelrie ingredi. At ubi cum rex esset, quamquam stipatus multis milibus armatorum, multa tamen passus est detrimenta sui exercitus, nichil memoria aut scriptura dignum agens contra dictum ducem.

v. Detm. [illegible] 1011. Videns ergo Wilhelmus dux, deum misericorditer ipsum protexisse et victoriam sibi de hostibus suis contulisse, concepit ad dei honorem et sancte fidei defensionem proficisci velle contra paganos. Et propositum suum ad effectum salutarem perducens, arripuit iter cum pulcro exercitu et transiens per Westphaliam et Saxoniam venit tandem in ducatum Pomeranorum. Ubi a vasallis illius ducis(7), eo dissimulante, capti- [illegible] v. Detm. [illegible] vatus est, multis de suis interfectis, et ductus est in castrum Valkenburg. Quod(8) percipientes fratres de domo Teuthonica terre Pruthenorum, cum maximo exercitu venerunt et castrum dictum obsidione vallaverunt; et expugnantes ipsum cum instrumentis debitis, tandem ipsum ceperunt ducemque Wilhelmum libertati restituentes, multos de castellanis suspenderunt, alios captivantes. Dux vero infamiam milicie formidans, liber esse noluit, nisi ille, qui ipsum ceperat, lingua et manu captivitatem relaxaret et iuri

(5) *hierzu in B unten am rand, doch wieder gestrichen:* Ille Albertus dux pro rege Danorum se gerebat et in litteris suis se regem scribebat, sed Margareta regina ipsum pro rege non habebat nec procerum regni.

(7) st. ducis, eo dissimulante *B:* terre, duce Pomeranie vel forte practicante vel ad minus permittente et dissimulante.

(8) Quod — reversus est *gibt B unter verändertem eingang als selbständigen § unten nach § 1020.*

a) et ipsa similiter regem *a. in B.* b) VIII *auf rasur D.* c) quam *auf rasur D.* d) Lubicensium *B.*

1) *1388 mai 1.* 2) *Vgl. Hanserecesse 1256—1430. III 381.* 3) *Diese nachricht in B erst in § 1027b.*

suo renunciaret, quod in eo per capturam sibi vendicaverat. Quod cum factum esset, dux sub salvo conductu principum ad propria reversus est.

1012. Pestilencia gravissima (partes maritimas et presertim) urbem Lubicanam molestabat (secundum cronicam eiusdem). Que incepit circa festum sanctorum Petri et Pauli apostolorum forcius desevire et durans usque ad festum sancti Martini plus quam XVIIIM[a] hominum absumpsit. v. Detm. [illegible] Juni 29. Nov. 11.

1013 (679). Congregacio principum magna facta est in Nyburg regni Danorum secundum cronicam eorundem[b], et presentes ibi fuerunt Margareta regina Dacie et Norwegie[c], Gerardus dux de Sleswic, Nicolaus et Adolfus comites Holtzacie multique episcopi et prelati. Ibi quoque contractus alias conceptus inter regnum Danorum, ducem de Sleswic et comites Holtzacie ac confederacio utriusque partis conclusa sunt et consumata hoc tenore, puta quod comites[d] Holtzatorum ducatum Sleswicensem iure hereditario ammodo possidere debebunt, sed infeodacionem ipsius humiliter recipere a regno tenebuntur et de ducatu illo in suis necessitatibus ipsi regno famulari; quodque senior comes de Holtzacia succedere debebit defuncto duci Sleswicensi, si in casu defunctus dux liberos post se non reliquerit. Insuper ibidem diffinitum est, quod ammodo nulla lis aut discordia suboriri debebit inter Dacie regnum et comites predictos. Si qua vero controversia in futurum surrexerit, tunc Dani debebunt eligere de Holtzatis duos[e] nobiles et vice versa Holtzati duos nobiles de Danis eligere habebunt, et hii quatuor[f] litem illam submovere et sopire facultatem habebunt iuxta posse. Si vero hii IIII pacem facere non poterunt, tunc ipsi quatuor sic electi ultra se tenebuntur eligere unum, in quo pendere debebit totum discidium, ut quidquid ipse dixerit faciendum, utrique parti placere omnino debebit sine ulteriori contradiccione. Ceterum statutum est ibidem et laudatum, quod una pars alteri tenebitur esse presidio et in auxilium sibi venire in omni necessitate, ad quam postulabitur. Hec quidem sic conclusa, diffinita et arbitrata sunt sigillis utriusque partis roborata in perpetuum duratura. v. Detm. [illegible]

1014 (680). Dux Lancastrie Richardus regni Anglorum (secundum cronicam Francorum) fit rex Hispanie. v. Detm. [illegible]

1015 (681). Pro eodem tempore papa Urbanus obiit. Cui epytaphium tale sculptum extitit:

Urbanus salvus iacet hic sub marmore duro.
Utrum sit salvus, non curavi neque curo.

1016. (Wennighs castrum expugnatum est et captum per Lubicenses et vasallos Adolfi comitis Holtzatorum secundum cronicam Lubicensem et mox incineratum et funditus eversum.) v. Detm. [illegible]

DE BONIFACIO IX. PAPA ROMANO CCXI.

1017 (682). Bonifacius papa nacione Neapolitanus ex patre Stephano sedit annis XV, mensibus duobus et diebus sex (secundum cronicam Romanorum). Hic prius Petrus dictus cardinalis fuit ecclesie Romane et electus ac coronatus est ibidem in die quatuor coronatorum. Iste bonus temporalis extitit et largus, diversos annos iubileos constituens[1] in diversis mundi partibus, motus necessitate et utilitate ecclesie Romane, Nov. 8.

[1] st. constituens — alienatum B: in diversis mundi partibus non divendidit, sed pro pecunia concessit et alia indulta insolita ac dispensaciones inconsuetas et iuri contrarias pro pecunia admisit. Absolvens tamen indulgencias et gracias alias innocenciae postea revocavit, licet a se datas in perpetuum duraturas, quod non modicum scandalum generavit in cordibus

a) 16000 B. b) Lubicensium B. c) et Suecie s. ra B. d) ites auf rasur D. e) duos fehlt D. f) brigam sru a. ra B.

cuius patrimonium per pecunias pro deo sibi oblatas redemit et libertavit per predecessores suos alienatum(7).

v. Detm. fortz. 344. 1018. Margareta regina Danorum et Norwegie secundum cronicam Danorum[a] edificavit castrum novum contra Axewalde castrum Alberti regis Sweorum et posuit in eo capitaneum suum Swarte Schoning nuncupatum. Propter cuius castri fundacionem castellani in Axewaldo degentes maximam victualium passi sunt penuriam. Quod Albertus rex intelligens et egre valde ferens, Margarete regine parcere interdixit et mox colligens exercitum validum de Obotritis, Saxonibus, Slavis et Sweis, proposuit dictum castrum suum Axewalde ab inopia et penuria illata eripere et ipsum victualibus relevare. Quo per reginam cognito, ipsa exercitum pulcrum adunavit et in[b] occursum regis misit[1], cuius quidem exercitus dux et capud extitit Henricus Parowe miles strennuus et famosus. Albertus autem rex in suo exercitu habuit Ericum filium suum[c], episcopum Scarensem[1], (Ulricum) filium Iohannis ducis Stargardie(2) et (Guntherum) comitem de Ruppin. Et quia nimis avidus et festinus fuit Albertus rex in aggressu pugne, nolens suorum debitam prestolari preparacionem, sed precipitanter transiens vallem quandam paludosam leonino fronte hostes quesivit, idcirco quamquam in exordio certaminis prospere agens iam duo baneria prostravisset, tamen in processu pugne succubuit et captus est cum omnibus principibus suis et nobilibus. Henricus(4) vero Parowe miles ibidem interfectus est et quamplures alii milites et militares partis utriusque. Huius autem deieccionis et diffortunii magna extitit causa Gerardus Snakenburg in aggressu prelii miles factus, qui nove milicie sue maculam inferens turpem fugam iniit cum LX armatis. Dum autem hec agerentur, Margareta regina rei exitum anxie prestolabatur in castro Werdingburg(5). Cui cum rumores victorie nunciarentur, leta valde currum ascendit et festina veniens in Dabusen principes captivos gratulabunde suscepit. In illa autem nocte regi Alberto tanta violencia facta est in tortura, ut mox duo castra regine resignaret, Axewalde scilicet et Rummelburg[2]. In hac captivitate tentus est rex Albertus per septennium (cum Erico filio suo), ceteris[d] principibus interim redemptis pro pecunia competenti[3].

v. Detm. fortz. 344. 1019. Electus Swerinensis traditorie occisus est[4] per quosdam de familia sua

---

simplicium et laycorum. Hec quidem revocacio per ipsum facta est anno domini 1402. Excusatur tamen aliquomodo in recepcione et sollicitudine tantarum pecuniarum, quia cum eis conduxit satellites et stipendiarios, per quos bona ecclesie tuebatur, et plura castra ac urbes ecclesie per diversos tyrannos ablatas per eosdem recuperabat. Pluraque eciam castra et munitiones per dictam pecuniam redimebat ecclesie, palacium quoque pape, capitolium et castrum Angeli ex integro reformabat.

v. Detm. fortz. 344. (1) *in B folgt:* 1017a. Henricus dux Luneburgensis accepit in uxorem filiam Wenslai ducis Sundensis.

(2) cum mille et quingentis armatis *s. zu B. Vgl. die Detmarfortsetzung.*

(3) necnon comitem Holtzacie Adolfum *s. zu B. Vgl. die Detmarfortsetzung.*

(4) *st.* Henricus — utriusque *B:* et Wedekinus Bugghenhaden ibidem extitit interfectus.

(5) Wardberghe in Hallandia alto *B. Vgl. die Detmarfortsetzung.*

---

a) Lubicensium *B.* b) *fehlt D.* c) et *s. zu B.* d) aliis tamen *korrigirt aus* cum aliis *B*

1) *Rudolf.* 2) *Die Detmarfortsetzung fügt hinzu:* Ok wolde se eme afghesnheden hebben Orebro, men dat en kunde er nicht werden. De sake was de hovetman, de dat husz hadde, de was en Dudesche unde wyste mer van orlogen doende, wen en ander. 3) *Offenbar ist der in A § 683 vorhandene bericht mit einem anderen, den auch die Detmarfortsetzung kannte, verschmolzen.* 4) *Johannes III. Junge 1388.*

pecunia corruptos (secundum cronicam Obotritorum), quorum capitaneus fuit Tidericus Zegelke. Sed tandem omnes deprehensi sunt et tracti per plateas ac rotati(1).

1020. Milites et militares multi de ducatu Luneburgensi et Prignyz conglobati venerunt prope Todeslo opidum terre Holtzatorum, ut ipsum caperent et depredarentur, et apprehendentes primo vaccas eius et pecora, ea abducere conati sunt. Eadem autem die congregati extiterant in dicto opido pro reparanda pace communi terrarum illarum Gerardus dux de Sleswic, Nicolaus et Adolfus comites Holtzacie et Lubicensium ac Hammeburgensium cives cum suis stipendiariis. Isti tamen pauca arma secum sumpserant, eo quod bellare minime cogitaverant. Cumque perplexi starent nescientes, quid agerent, ecce venit nuncius referens, advocatum urbis Lubicensis cum quibusdam vasallis et civibus dicte civitatis in pulcro exercitu esse in campo et hostibus insidias tendere. Tunc animati principes et alii nobiles cum civibus civitatum predictarum exierunt et dicto advocato subsidium prebuerunt; et tunc hostes viriliter insequentes, predam ablatam recuperaverunt ac plures de ipsis interfecerunt multoque plures captivaverunt(2). v. Detm. fortz. [illegible]

1021. Bugslaus dux de Wolgast accepit in uxorem relictam comitis de Mansveld[1] (secundum cronicam Obotritorum). Hec soror extitit Henrici et Bernhardi filiorum Magni ducis de Zangerhusen, pulcra mulier valde. Horum nupcie celebrate sunt in castro Tzelle. v. Detm. fortz. [illegible]

1022. Civitas Tremoniensis amicabiliter componitur cum Engelberto comite de Marka sub hoc pacto (secundum cronicam Saxonum), ut castra constructa in detrimentum predicte urbis per Fredericum archiepiscopum Coloniensem funditus everterentur(3); insuper quod Tremoniensis civitas censum annualem, hactenus comitibus de Marka solutum pro defensione eius, amplius non obligaretur solvere. Deberet tamen dicta Tremoniensis civitas dicto comiti concedere XXM florenorum (Renensium), que ipse comes temporibus suis solvere non teneretur, sed mox eo defuncto heredes sui ea exsolvere deberent. Cuius obligacionis fideiussores sunt civitates subscripte, scilicet Sozatum, Hamme et Unna. v. Detm. fortz. [illegible]

1023 (686). Iudei in die sancto pasche post cenam interfecti sunt in Praga urbe regni Bohemie et domus eorum sunt incense (secundum cronicam Bohemorum). Cuius quidem facti causa extitit talis et origo. Sacerdos quidam parrochialis infirmum quendam cum sacramento eucharistie visitare volens, prope vicum Iudeorum transivit. Quem Iudeorum filii videntes ex previis fortassis parentum suorum informacionibus et exhortacionibus instigati, in fidei cristiane detrimentum et sacramenti non modicam contumeliam et dehonestacionem lapillos et feces de plateis colligentes in ipsum proiecerunt. Quod ut viderunt clerici et studentes ac ceteri fideles ex more laudabili sacramentum comitantes, communitatem concitaverunt, ut dei iniuriam vindicarent. Et quia cristiani populi devocio adhuc ex communione recenti peracta eodem die et ex solempnitatis actuali commemoracione habita fervens erat, facta est subita insurrexio populi vulgaris [illegible]

---

(1) *in B folgt:* 1019a (684). Comes Virtutum vi obtinuit Veronam et Paduam eas expugnando et plures in eis interficiendo et captivando.

(2) Sed nisi protunc Lubicensium stipendiarii affuissent, Holtsati inevitabile magnum detrimentum passi fuissent. *s. so B. Vgl. die Detmarfortsetzung, die im übrigen weit ausführlicher ist.*

(3) Quod et factum est. *s. so B.*

---

1) *Agnes' erster gemal bis 1366 Busso V. graf von Mansfeld; ihr zweiter gemal 1369 Bogislaw VI. von Pommern-Wolgast.*

et commocio, et irruentes super Iudeos interfecerunt gladiis quotquod invenire potuerunt, etati aut sexui nulli parcentes. Domos vero illorum bonis spoliantes incenderunt. Quod videntes plures Iudeorum uxores, parvulos suos in ulnas rapuerant et sponte igni se committentes se vivas in flammis sepelierunt, ne cristianorum ludibriis, ut timebant, exponerentur[1].

1389.

v. Detm. Forts. 342. 1024. Nono anno Wenzlai qui est domini MCCCLXXXIX. (Nicolaus de Vitzen miles resignavit Margarete regine Danorum duo castra forcia regni Sweorum, necessitate et vi compulsus secundum cronicam Obotritorum, puta Calmeren et Salverburg, que pater suus Hermannus de Vitzen miles iure hereditario sibi reliquerat possidenda. Qui et in captura Alberti regis occubuerat.)

v. Detm. Forts. 342. 1025. (Ditlevus¹ de Godendorp nobilis terre Holtsatorum gladiis stipendiariorum urbis Lubicensis minutatim articulatur et interficitur in cimiterio cuiusdam ville terre sue secundum cronicam Lubicensem. Hic capitaneus fuerat illorum, qui advocatos dicte urbis cum suis sociis prope opidum Kilense occiderant et insuper illorum, qui urbem Lubicanam per tradicionem quorundam civium voluissent cepisse, prout ut supra V. anno Wenzlai patuit.)

v. Detm. Forts. 343. 1026. Fratres de domo Teuthonica terre Prutsie cum magno exercitu exeuntes vallaverunt castrum Ville fortissimum (secundum cronicam Lubicensem). Quod licet fortiter impugnarent machinis et instrumentis aliis, ipsum tamen expugnare non valuerunt, eo quod Boleslaus rex Polonie in eo esset cum IIIIM virorum electorum et viriliter ipsum defensaret[2].

1027. (Bernhardo² per promocionem Alberti ducis Luneburgensis in extremis laborantis et suadentis civibus, ut dictum Bernhardum fratrem Frederici et Henrici in dominum suum reciperent, duce facto et non diu post captivato a Stenbergensibus et
*z. 184. in Bodenburg vinculis mancipato, Luneburgenses *secundum cronicam Saxonum Wenzlaum fratrem Alberti supradicti pro tutore terre et defensore contra Henricum fratrem dicti Bernhardi captivati, qui vices fratris in ducatu Luneburgensi tenere laborabat, vocaverunt. Quo veniente castrum in Wynsen super ripam fluminis Alre iuxta pontem erexerunt et castrum Tselle prestructis municionibus obsidione circumdederunt, in qua tamen obsidione dictus Wenzlaus dux mortuus fuit intoxicatus, ut quidam putaverunt. In hac quidem obsidione plures terrarum domini noscuntur fuere, puta comites de Hoya, de Schowenburg, de Regensten, episcopus Myndensis³ et plures alii. Hii tamen omnes
Juni 17. obsidionem solventes in sacra nocte corporis Cristi versus Wynsen cesserunt. Quam solucionem velle fieri intelligens Henricus dux, fretus auxilio fratris sui Frederici ducis de Brunswic et amicorum suorum et precipue civium urbis Brunswicensis, hostes confestim insecutus est, ad ipsos perveniens in mane sancto diei festi predicti. Et prelium durum cum eis aggressus prope flumen Alre, ponte transito et disiecto, ne qui ab eo fugerent, ex utraque parte fortiter dimicatum est, multis hinc inde cadentibus et interfectis. Cessit tamen ad ultimum Henrico duci victoria, altera parte captivata, paucis elapsis. Qua quidem fortunata victoria pauper dux ille Henricus erectus est et ditatus

(1) *in B folgt zu 1389:* 1023a (685). Bonifacius papa — *u. s. w. wie A* — contire non audebant.
(2) conterens Prutenorum omnia instrumenta erecta suis petrariis et balistis *a. zu B. Vgl. die Detmarfortsetzung.*

1) *H ist hier ganz kurz; vgl. anhang I.* 2) *In der Detmarfortsetzung I 343 abweichend.*
3) *Otto III. von dem Berge.*

et statim post suum fratrem Bernhardum de captivitate redemit. Dux vero Luneburgensis factus cum magna solempnitate in urbem introductus est.)[5]

1390.

1028. Decimo anno Wenslai qui est domini MCCCXC. marchiones Moravie Iodocus et Procopius venerant in marchiam de Brandenburg (secundum cronicam Saxonum. Emerat enim dictus Iodocus marchiam de Brandeburg[1] a Karolo imperatore defuncto). Hii marchiones gwerram concitaverunt contra Henricum et Bernhardum duces de Luneburg. Castrenses vero de Knesbeke, relictis eorum propriis dominis ducibus de Luneburg, subdiderunt se marchionibus predictis. Egerant eciam ipsi marchiones tantum apud Fredericum ducem de Brunswic, fratrem Bernhardi et Henrici ducum de Luneburg, pecuniis suis, ne dictus Fredericus dux fratres suos iuvaret[2]. v. Detm. fortz. [illegible]

1029. Bernhardus[a] vero et Henricus duces colligentes exercitum de mille et ducentis[b] armatis, obsederunt castrum Snakenburg et similiter Gartowe castrum et ceperunt ambo expugnacione virili. Deinde procedentes versus urbem Soltwedel demoliti sunt omnia sata terre illius. Quo expedito venerunt cum suo exercitu prope castrum Klotzeke, quod erat nobilium de Quidzowe, et omnia ibidem vastaverunt (et cum magna preda ad propria sunt reversi)[3]. v. Detm. fortz. [illegible]

1030. Cives de Hammeburg (secundum cronicam Saxonum), invitis[c] Bernhardo et Henrico ducibus de Luneburg, construxerunt castrum novum Gryndesmûr[d] contra Horburg castrum eorum[4]. v. Detm. fortz. [illegible]

1031 (687). Quidam[e] stipendiarius[e] urbis Hammeburgensis habebat uxorem lubricam et de adulteriis actibus valde suspectam (secundum cronicam Saxonum). Contigit autem dictum stipendiarium[f] invitari ad quoddam convivium cum uxore sua et multis aliis utriusque sexus personis. Cum autem discumbentes letarentur, quidam uxori illius[e] assidens cum ea iocabatur, labra oris sui digito percuciendo et sic eis tactis sonitum

---

(1) *in B folgt zu 1390:* 1027a. Adolfus comes Holtzatorum obiit[2] et terre homagium fecit Nicolao comiti Holtzacie patruo suo. v. Detm. fortz. [illegible]

1027b. Eodem eciam anno obiit uxor Magni quondam ducis de Brunswik, mater ducum Frederici, Bernhardi, Henrici et Ottonis[3]. v. Detm. fortz. [illegible]

(2) pro quo sibi dabant mille 300 sexagenas Bohemicales *a. zu B. Vgl. die Detmarfortsetzung.*

In B folgt: 1028a. Gherardus dux Sleswicensis accepit in uxorem sororem de Brunswik et Luneburg ducum[4]. v. Detm. fortz. [illegible]

(3) *in B folgt:* 1029a. Barrebo dominus Mediolanensis bellum gessit contra civitates Ytalie, puta Florenciam, Mediolanum, Veronam, Pysam et Paduam et succubuit in prelio. Illi autem de Verona dominum suum exulantem revocant ad urbem. v. Detm. fortz. [illegible]

(4) *in B folgt:* 1030a. Discordia gravis orta est inter episcopum Monasteriensem[5] et Engelbertum comitem de Marka. Episcopo autem Monasteriensi auxiliatus est Fredericus archiepiscopus Coloniensis et civitates Osnaburgensis et Monasteriensis, et pluribus vicibus episcopus comiciam intravit, vastans et rapiens quecumque invenit absque repulsa. v. Detm. fortz. [illegible]

---

a) *§§ 1029 und 1031 in B zu 1389.* b) centum *B wie die Detmarfortsetzung.* c) *st.* invitis — ducibus *B:* invito duce Henrico. d) super Glyndesmor *B wie die Detmarfortsetzung.* e) civem *B in anderer construction.* f) civem nomine Henricum *B.* g) dicti Henrici *B.*

1) *Jobst nahm 1388 die Alt- und Kurmark von Sigismund als pfand und wurde 1397 von Wenzel förmlich belehnt.* 2) *Adolf VII. gest. 1390 jan. 26.* 3) *Katharina tochter Waldemars I. von Anhalt, später mit Albrecht von Sachsen-Wittenberg vermählt, gest. 1390 jan. 30.* 4) *Katharina (Elisabeth) tochter herzogs Magnus II. von Braunschweig 1333.* 5) *Heinrich I. v. Wolf-Lüdinghausen-Hovestadt.*

faciendo. Quod ut vir eius vidit, indignatus uxorem palma ad genas percussit redarguens eam, quod inter ceteras mulieres tales levitates a viro alieno absque contradiccione sustinuisset. Mulier autem rubore perfusa tacuit, non tamen minus intra se cogitavit, valde egre ferens contumeliam in publico a suo marito sibi illatam. Cumque eodem sero reversi ad domum propriam, prefatus vasallus[a] servisia[b] repletus in sede quadam dormitaret et caput sibi a retro per sedis dorsum dependeret, mulier instinctu dyabolico agitata et livore invidie ad vindicandam contumeliam acceptam excitata, honoris et periculi vite immemor, securim[c] arripuit et eam viriliter gutturi dormientis mariti inmergens, ipsum protinus occidit. Quo maleficio peracto ad campanarium clericum, qui ipsius amasius extitit, cucurrit et perpetrati sceleris seriem sibi exponens, ut se iuvaret supplicavit ad sepeliendum cadaver viri interfecti, promittens ei, quod extunc semper eam ad suam voluntatem habiturus esset. Miser ille adulterinis promissionibus illectus, parricide domum adiit, et quia nox obscura valde erat, fossorium secum sumpsit. Ac fossam in cimiterio faciens, cadaver illud cum mulieris adiutorio sepelivit et revertens cum meretrice domum ei condormivit. Cum autem impudice viventes peccatum peccato iunxissent, incidit mulieri anxietas et horror intollerabilis ex inmissione dyaboli. Cogitavit namque nullo modo posse latere homicidium, si corpus interfecti in illo loco maneret humatum, eo quod quilibet transiens cimiterium sciscitaturus esset, quisnam ibidem tam noviter tumulatus fuisset, et sic ob absenciam viri sui occisi suspicio mala de ea fieri posset. Stimulante ergo illa fletibus et rogatibus amasium suum, tandem ambo surrexerunt et sepulcrum, in quo corpus interfecti positum fuerat, denuo aperientes, ipsum extraxerunt et in domum suam reduxerunt; ac igne copioso accenso intra domum, cadaver ipsum in eum proiecerunt. Cumque corpus illud ardere cepisset, tantus fetor factus est, ut vicinos quosque expergefaciens surgere compelleret et inquirere de insolito illius exalacionis corrupte causa et origine. Cum autem fetoris predicti vestigium prosequerentur[d], compertum est tandem, stipendiarii[e] supradicti domum efflare corrupcionem. Pulsantes ergo ad ianuam, cum aperire abnuerent intra existentes, preruptis violenter foribus intraverunt et in igne facto partem magnam inconsumpti hominis invenerunt. Quo viso stupore percussi, ambos captivaverunt et iudicibus civitatis presentaverunt. Et sic tormentis examinati ambo inventi sunt rei, unde mulier cremata est et campanarius rotatus.

v. Detm. fortz. 361. 1032. Iohannes dux Stargardie cum pulcro exercitu transfretavit in Sweciam (secundum cronicam Obotritorum) et receptus in urbe Stokholmensi[f] preliari disposuit cum Margareta regina Danorum pro liberacione Alberti regis Sweorum patrui sui. Non enim habuit alium manendi locum, eo quod quasi totum regnum Sweorum se iam regine predicte subdidisset, sola urbe hac in fidelitate regis Alberti persistente. In hoc autem itinere, quo Iohannes dux mare transierat, tam seva tempestas orta fuit, ut cogonem magnum in profundum pelagi dimergeret cum multis militaribus et armatis. Qui vero ex illis fluctus maris evaserant in turbine illo, capti sunt ab hostibus. Quidam eciam nauta Rorbeke dictus perperam agens duxit navem suam plenam bonis armatis de predicti ducis Iohannis exercitu in Calmariam urbem et tradidit eos in manus inimicorum suorum.

1033 (688). Bonifacius papa festum visitacionis virginis gloriose a suo predecessore
Juli 2. conceptum celebrandum instituit ob scismatis antiquati extirpacionem in die sanctorum Processi et Martiniani martirum cum eisdem indulgenciis, que ab Urbano IIII. concesse sunt pro festo corporis Cristi secundum acta Romanorum pontificum.

1034 (689). Pro eodem tempore ab eodem papa Bonifacio anticipabatur annus

a) Henricus B. b) vino aut servisia B; vino A. c) bipennem magnam B. d) insequerentur D. e) st. stipendiarii supradicti B: Henrici interfecti. f) Holm B wie die Detmarfortsetzung.

iubileus cum omnibus indulgenciis et graciis consuetis, statuens cum hoc, quod inantea semper in tricesimo anno celebrari ibidem debebit (propter notabilem vite humane abbreviacionem).

1035 (690). Sancta Brigitta vidua de terra Sweorum orta (secundum cronicam Danorum) a Bonifacio papa canonizatur, sepulta in Wasteen monasterio terre antedicte, quod propriis sumptibus fundaverat.

1036 (691). Margareta comitissa Hollandie, filia comitis de Cliris, (secundum cronicam a) conventum novum fundavit in opido Hagensi terre Hollandie, locans(1) in eo fratres ordinis Predicatorum. Hunc autem conventum pulcris et preciosis clenodiis adornavit et fratres dictos multis diebus de sua mensa cibavit et sustentavit.

1037 (692). Pro eodem tempore Wenemarus de Buren nobilis vasallus ducis Gelrie novum conventum eidem ordini edificavit prope Tyle opidum eiusdem ducatus Gelrie, cuius quidem monasterii frater conversus idem Wenemarus effectus est et professor.

1038 (693). Eodem eciam tempore frater et dominus Hupertus, tytularis episcopus et b vicarius in spiritualibus episcopi Traiectensis, novum instauravit monasterium sororum ordinis antedicti in opido Wik terre Hollandie et ipsum bonis et congruis redditibus dotavit(2).

1391.

1039. Undecimo anno Wenslai qui est domini MCCCXCI. Molne opidum ducatus de Lonenburg feria V. penthecostes c ignis conflagracione periit, vix V d domunculis cum labore opidanorum preservatis(3). s. Detm. fortz. 332 und II.

1040. (Hic e notum cupio esse singulis presencia lecturis aut audituris, quod infrascriptis narracionibus et historiis auctores non adhibui, eo quod eas in codicibus auctenticorum non repererim, sed eas solum vel sic fieri viderim, aut sic facta a fidis narratoribus studiosa investigacione audiverim. Que vero occurrerunt tempore compilacionis infrapositorum, suis compositoribus ea applicavi, nichil e eorum inserens huic operi ut sentenciarius vel diffinitor, sed solum ut humilis et simplex narrator.)

1041 (695). Fossatum(4) novum et valde sumptuosum cives Lubicenses fieri fecerant inter opidum Molne et flumen Delmenowe dictum. Per hoc autem fossatum naves

(1) st. locans — sustentavit B: ubi residencia dicti comitis esse consuevit, ordinis fratrum Predicatorum et ipsum preciosis et pulcris clenodiis exornat.

(2) Quod quidem monasterium domina de Brero ingrediens, in multis virtutibus domino deo usque ad mortem humiliter famulabatur, licet vir suus, qui eciam ordinem Carthusiensem ingressus fuerat, sed postea apostatavit, eam omnibus modis extrahere nitebatur. s. zu B.

(3) In hac conflagracione multi homines et iumenta perierunt. Lubicenses autem, quorum opidum est, statim homines armatos et victualia transmiserunt, qui opidum defenderent et cives illos in suis necessitatibus iuvarent. Sed non multo post dictum opidum in duplo melius est reedificatum, quam per prius fuerat constructum, et sic incineracio illa cessit in bonum illius opidi. Ante huiusmodi incensionem inceptum fuit fossatum illud, per quod naves transire deberent de Molne in Albiam, et creditur incendium illud exortum fuisse a laboratoribus dicti fossati. s. zu B. v. Detm. fortz. 333.

In B folgt: 1039a. Illighshavene opidum terre Holtzatorum hoc anno incineratum est. v. Detm. fortz. 335.

(4) § 1041 lautet in B: Fossatum novum et fructuosum cives Lubicenses foderunt, ipsum protendentes ab opido Molne usque in aquam Delmenowe et ultra usque in Albiam fluvium in maximis sumptibus civitatis Lubicensis. Sed cum Albertus rex Sweorum de captivitate

a) so D. b) st. et — Traiectensis B: vicarius domini episcopi Traiectensis in pontificalibus. c) ante festum corporis Cristi B. d) 6 B. e) auf rasur D.

1) Hierzu am rand der hs. ein nota. Vgl. oben B § 394a.

transire valent de urbibus Luneburg et Hammeburg usque Lubcke. Cum autem Albertus rex Sweorum redemptus a Danica captivitate reverteretur ad patrias sedes, cives impeciit Lubicenses de dicto fossato causans, quod per terram suam sine suo beneplacito et assensu fodissent et sic partem terre sue sibi violenter abstulissent. De qua dampnificacione recompensacionem pecit sibi fieri secundum recte racionis dictamen et exigenciam iusticie. Sed Lubicenses minus caute regi predicto suum dampnum refundere recusantes, stipendiarios multos de Saxonia et Westphalia ad se vocaverunt et eos contra regis insultum, si quem facere attemptasset, in magnis expensis tenuerunt. Quos cum diucius in gravamen magnum civium sustentassent et fovissent, oportuit adhuc benivolenciam regis cum humilitate urbis dicte consulares captare cum magna pecuniarum summa.

1042 (696). Albertus archiepiscopus Magdeburgensis et Bernhardus ac Henricus duces de Luneborg cum exercitu copioso obsiderunt castrum Klotze plenum raptoribus et expugnantes ceperunt ipsum ac patibulis appenderunt omnes in eo inventos.

v. Detm. Sart. III. sag. 15. 1043. Circa festum assumpcionis beate virginis Iohannes dux de Stargardia et filii sui Ulricus et Iohannes una cum civibus Rostoccensibus et Wismariensibus transfretaverunt iterum cum magno numero armatorum in Sweciam. In quo transitu applicantes insule Borneholm intraverunt ipsam et depredati sunt eam. Inde navigantes

*r. 1394. venerunt Gotlandiam et similiter illam spoliantes, tandem *pervenerunt in Stokholm[a] civitatem. Contra hanc urbem Dani edificaverant duo castra, quorum unum mox exercitus ducis expugnavit et cepit. Sed quia alterum in alti montis cacumine fundatum erat[(1)], idcirco ipsum tam cito vincere non poterant nec capere. Coram isto ergo castro Dani placitare ceperunt cum duce Iohanne et treugas ab eo obtinuerunt ad proximum festum penthecostes duraturas. Ad has inducias postulandas compulit eos fames et penuria victualium maxima.

1044. Et[(2)] si tunc exercitus ducis in castri expugnacione perseverasset[b], totum illum Danorum exercitum et cor regni in arto positum lucratus fuisset et consequenter Albertum regem, pro quo certabat, liberasset. Sed non erant omnes eque fideles domino suo, pro cuius liberacione exierant in prelium, prout sonabat canticum super hac expedicione confectum[1].

1045 (694). Otto dux de Leyna cum urbe sua Gotingensi iterum discordans (secundum cronicam Saxonum), ecclesiam prope urbem sitam incastellavit. Sed cives castellum constructum mox diruentes XX[c] armigeros in eo ceperunt. Cum autem predicti cives

---

Danorum ereptus reverteretur, ipsos cives impetiit de dicto fossato causans, quod per dominium suum sine sui consensu fodissent et partem terre sibi abstulissent. Cuius benivolenciam cives captare cupientes, magnam pecunie summam sibi obtulerunt secundum cronicam Lubicensium.

(1) qui mons clippe vulgariter nominatur *z. in B.*

(2) *§ 1044 lautet in B:* Et ut dicebatur dux Iohannes ipsis Danis nullomodo inducias has concessisset, sed cum omnes cum castro cepisset, si Iohannes de A burgimagister Rostoccensis et Iohannes Tukkeswert proconsul Wismariensis fideliter egissent et ut probi viri sibi astitissent; sed illi duo perperam agentes et donaria pro honore suo recipientes has treugas dari Danis consuluerunt. *Vgl. schon A § 708.*

---

a) Holm B. b) perseverassent D. c) 30 B.

1) *Der letzte satz lautet in H:* Men se en weren dar leyder nicht alleke truwe erme heren, dar se doch umme uthgetogen weren, ene to loesende, unde nemen gave van eren vienden, se to reddende unde eren heren laten to siltende, also de rey wol openbarede, de dar up ghedichtet wart 'van demo teldene perde'. *Vgl. Schiller-Lübben, mnd. Wörterbuch IV 581 s. v. telden.*

Gotingenses litem hanc cernerent ingravari et multi essent in urbe sua, qui inutiles videbantur ad defensionem civitatis, sed essent in gravamen tantum, usi cautela prudenti licet non pia preconizari fecerunt per civitatem, cuilibet pauperi debere dari elemosinam largam venienti hora determinata ad cimiterium prope valvam urbis extra muros situm, ut pro pace deum exoraret. Ad hanc ergo elemosinam tollendam cum omnes indigentes ad constitutam locum convenissent, data⁽¹⁾ est cuilibet stipa satis bona iuxta promissum; sed porte civitatis clause sunt nec intromissus est amplius quisquam illorum egenorum, qui urbem exierant, sed dictum est eis, ut quilibet iret ubi se nutrire posset, quousque civitas de periculo imminenti eriperetur.

1046 (637). Okko[a] Friso filius Kenonis[b] interfectus est prodiciose a suis, pro eo quod miles factus esset, estimantes ipsum Frisonicam generositatem sprevisse et ab eis degenerasse. Sed uxor eius in vindictam viri sui de terra egrediens et denuo revertens secum duxit comites de Aldenburg (de Delholt) et de Delmenhorst et veniens obsedit ecclesiam a Frisonibus incastellatam, quam expugnans inventos in ea circa ducentos Frisones fecit decapitari.

1047. (Huius terre Frisie condiciones satis exiles considerans ipse Albertus Magnus episcopus Ratisponensis et frater ordinis Predicatorum, eas tali[c] pulcro comprehendit metro dicens:

Frisia sentina mundi, cui dyda bovina
Est focus, urina lixivia seraque vina.)

1048 (639). Rostoccenses⁽²⁾ et Wismarienses pro erepcione sui regis Alberti expedicioni evocari fecerunt omnes depredari volentes tria regna super sorte sua propria, quod ad se venirent, quia ad eos securum habere deberent refugium et in suis urbibus morari, exire de eis et redire, raptaque in illis tribus regnis expendere, libere vendere et in usus suos beneplacitos commutare. Qua evocacione facta tot venerunt pyrate et raptores, quod quasi totum mare acilum orientale seu Balticum, sed et occiduum pelagus replerent, nullis parcentes navigantibus, sed toti orbi insidiantes. Hii[1] predones maris

⁽¹⁾ *st. data — eriperetur B:* porta civitatis clauditur nec quisquam de pauperibus egressis reintromittitur.

⁽²⁾ *§ 1048 lautet in B:* Civitates Rostoccensis et Wismariensis pro liberacione regis Alberti et aliorum secum captorum conduxerunt quosdam raptores sive pyratas, qui se Vitalianos vulgariter nominant, ut rapiant de tribus regnis, Dacie scilicet, Swecie et Norwegie, super propria sorte et fortuna quecunque poterunt et infestent ac depredentur omnes hiis tribus regnis auxiliantes ac illa regna querentes. Postea vero non contenti de certo numero conducto pyratarum, generalem dederunt oportunitatem et licenciam omnibus venire volentibus et depredari in predictis regnis, ut accessum liberum et recessum ac refugium haberent in duabus predictis civitatibus. Illi pyrate in tantum succreverunt et augmentati sunt in mari, ut non solum illis tribus regnis, sed eciam tocius mundi mercatoribus et negociatoribus maris dampna inferrent et eos spoliarent. Quecumque eciam sic rapuerunt, ad civitates prenominatas perduxerunt et civibus vendiderunt. De quo spolio illicito et inhonesto, licet urbes ille ditarentur in bonis temporalibus, non modicum tamen detrimentum honoris sui passe sunt, ymmo ad tantam infamiam prolapse sunt, ut cives illarum civitatum, ad quamcumque mundi plagam postea venirent, fateri non auderent, se de predictis civitatibus fore, nec insignia dictarum civitatum in malis navium suarum deferre.

a) Okke *H.* b) Kenn *B.* c) I pulc *auf rasur D.*

1) *Dietmar setzt fort H so aus:* Unde dat moste al ute den dren riken wesen, wat en under ogen quam unde wene se afvaren konden, se quemen war se her quemen. De rovere

Vitalianos se appellantes, quecumque rapiebant, ad dictas duas civitates perducebant, nec a civibus earum fiebat questio, unde bona illa venissent aut quibus abstulissent amicis vel inimicis, sed grata erant et beneventa omnia, ubicumque[a] essent acquisita, dummodo eis apportarentur, que raperentur. Et singulariter gaudebant dictarum civitatum cives, cum bona Lubicensium mercatorum rapta adducebantur, quia opinione sua soli Lubicenses regem eorum vinctum tenebant nec sine eorum consensu captivitatem suam evadere valeret. Sed veritate carebat eorum estimacio, eo quod ipsi Lubicenses licet non viribus et armis, nunciis tamen et litteris suis fidelius et efficacius, quam proprii regis cives, pro sua erepcione laborabant, quod postea rei probabat eventus et veritas[b].

1392.

v. Detm. fortz. [illegible] 1049. Duodecimo anno Wenzslai qui est domini MCCCXCII. Ericus dux de Louenburg exercitum fortem educens perrexit adversus Borchardum de Lutzowe et accendens plures villas (in terra opidi Wittenburg) expugnavit in dominio dicti Borchardi V municiones fortes, puta Pressyre, Nyendorpe, Krempze, Swechowe et Thurowe. Et municiones has omnes destruxit preter ultimam, quam pro se retinens fortiter munivit ad resistendum hostibus[b].

1050. (Raymundus pater venerabilis magister generalis ordinis Predicatorum obiit in Noremberga et sepultus est in conventu ordinis sui. In cuius locum electus est in proximo generali capitulo frater Thomas de Firmo, vir magne litterature et professor sacre theologie.)

v. Detm. fortz. [illegible] 1051. Sigismundus rex Ungarie cum adiutorio Iodoci (et Procopii) marchionum[c] Moravie intravit Turchiam et depopulatus est eam, urbes et castra, opida et villas expugnando, conflagrando et funditus destruendo. Quibus ad propria redeuntibus, Turci et Tarthari conglobati regnum Ungarie intraverunt et maiora dampna, quam ipsi passi sunt ab Ungaris, eis intulerunt[(1)].

v. Detm. fortz. [illegible] 1052. Iohannes archiepiscopus Rigensis persecutus est a fratribus de domo Teuthonica terre Lyvonie in tantum eciam, quod terram linquere pulsus est. Qui mare navigans Lubeke venit, moram ibi trahens per integrum annum. Inde autem se transferens ad Wenzslaum regem Romanorum in Bohemiam, causabatur se passum iniurias et contumelias a fratribus predictis. Cui rex condolens omnia bona arrestavit ad fratres illos pertinencia in regno Bohemie inventa. Scripsit insuper rex pro dicto archiepiscopo ad papam super gravaminibus eius remediandis. Interim et predicti fratres suos legatos ad papam destinarunt cum muneribus preciosis. Papa autem utrique parti satisfacere volens, dedit archiepiscopatum Rigensem uni sacerdoti de ordine dictorum fratrum[2] et Iohannem archiepiscopum Rigensem fecit patriarcham Lithuanorum[d, 3]. Et sic archiepiscopatus Rigensis ecclesie ad fratres de domo Teuthonica devolutus est[e].

---

(1) Iodocus autem marchio pro expensarum suarum refusione recipit in pignus marchiam Brandeburgensem a rege Ungarie ad certum tempus redimendam. *s. zu B. Vgl. Detmarfortsetzung.*

---

a) ubicumque essent *auf rasur D.* b) secundum cronicas Lubicensium *s. zu B.* c) marchionis *B.* d) in *B auf rasur.* e) secundum cronicam Lubicensium *s. zu B.*

nemmen sik likedelers van erer kumpane wegheme, dar deleden se den roff like mede, men nicht van des kopmans wegheme, wente en leten se alre nicht. Ok en hevalden de borghere der twier stede des nicht, wor se dat god oft wennt se id nemmen; id quam eme also leff van Lubeke alse van Denneke, so leeff van Brugge alse van Venedie, id moste al Denen got wesen unde al hadden se dar recht to. 1) *Sowol die früheren fassungen des Korner als der bericht der Detmarfortsetzung 889 weichen von der fassung D wesentlich ab.* 2) *Johannes V. von Wallenrode vor 1393 apr. 8.* 3) *Johannes von Synten wird 1393 patriarch von Alexandria.*

1053 (702). Universitas studii Erphordensis terre Thuringorum dyocesis Moguntinensis vigere cepit (confirmata per Bonifacium papam et studio theologie decorata)[1].

1393.

1054 (701). Terciodecimo anno Wenslai qui est domini MCCCXCIII. cives urbis Sundensis magnam multitudinem pyratarum mare sub nomine urbium Rostoccensis et Wismariensis[a] perturbancium comprehendentes, captivos in suam perduxerunt civitatem, quos pre numerositate omnes turribus mancipare non valentes, deficientibus eis cippis et cathenis, plures eorum intra lagenas concluserunt, colla eorum fundis earum cingentes. Et unam tunnam cum pyrata incluso super aliam consimiliter raptore refertam locantes et cumulum magnum facientes, sic captivos iacere fecerunt in alterum diem non sine eorum pena gravi et cruciatu[2]. Sequenti vero die omnes extra urbem ductos decollari fecerunt.

1055 (703). Mortalitas[3] maxima urbem Lubicensem et ceteras circumiacentes civitates maritimas et terrestres angustiavit, tollens de medio in sola urbe Lubicensi circiter XIXM hominum.

1056 (704). Bellum grande prope Beynem villam non procul a Goslaria urbe actum est secundum cronicam Saxonum. Ubi Fredericus dux Brunswicensis captivavit Iohannem de Swichelde et Henricum de Stenberghe milites cum DC armatis militibus et militaribus, multos ex eis interficiens. Ipse vero Fredericus dux protunc tres amisit milites in principio certaminis noviter creatos, cives urbis Hallensis, qui sepulti sunt in Brunswik apud fratres Predicatores. Henricus vero de Stenberghe miles ex vulneribus receptis in prelio confestim obiit in loco pugne peracte[4].

1057. ⟨Victoria autem huius belli a deo concessa fuit Frederico duci de Brunswic iudicio manifesto. Nam devictis iam fere omnibus ex parte dicti ducis dimicantibus, mox supervenit quasi a deo missus Borchardus de Godenstede miles cum LX viris armatis fortibus et recentibus et irruens furioso impetu super hostes, prostravit victores et redemit devictos.⟩

1058. ⟨Engelbertus comes de Marka pertransiens Renum intravit pagum Coloniensem cum multis principibus et nobilibus, in exercitu suo habens mille et CCCC armatos; et devastans terram circumquaque, perduravit in locis inimicorum per IX dies continuos absque resistencia quacumque. Accepit eciam ultra XLM florenorum de opidis et villis, ne ea incenderet et CCC plaustra vini, ne vineta demoliretur. Preter omnem v. Detm. Serm. 934.

[1] in B folgt: 1053a. Dissensio diu habita inter Fredericum archiepiscopum Coloniensem et civitatem Coloniensem, exorta[b] propter destruccionem monasterii Dus trans Renum situati, per cives incastellati primo et postea everai, ne et episcopus similiter ipsum incastellaret contra civitatem, sopita est et sedata, et civitas ipsa archiepiscopo suo dampna sua auro et argento recompensavit. v. Detm. Serm. 931.

1053b. Marchiones Moravie Iodocus et Procopius fratres inter se discordantes gravia terre intulerunt exterminia. Partem autem Iodoci fovit Sigismundus rex Ungarie et partem Procopii Wenzelaus rex Romanorum et Bohemie secundum cronicas Bohemorum[1].

[2] Sic enim ipsi predones quibusdam mercatoribus fecerant in mari captivatis et spoliatis. s. zu B.

[3] § 1055 lautet in B: Maxima epydimia — u. s. w. wie A — tollendo.

[4] in B folgt: 1056a (706). Annus iubileus sive remissionis omnium peccatorum ponitur in urbe Pragensi per Bonifacium papam et durat ibidem per annum integrum.

a) Rostok et Wismer B. b) exortam B.

1) Vgl. A § 702.

antem exaccionem pretactam de Bunna urbe magnam accepit pecunie summam pro conservacione vinearum et ne urbs predicta lederetur impugnacione.)

v. Detm. fortz. 1059. (Urbs Lubicensis ex parte civitatum de Ansa misit duos proconsules ad placitandum cum Euthenis in Lyvoniam, puta Godefridum Traveman et Iohannem Nygebur[1]. De quibus duobus, expeditis negociis suis ad placitum, Godefridus predictus obiit in Darbato et sepultus est in ecclesia fratrum Predicatorum.)

v. Detm. fortz. 1060. (Bernhardus dux de Luneburg et Otto comes de Hoya intraverunt dyocesim Osnaburgensem cum pulcro exercitu et depopulati sunt opida et villas, XXX ex eis incinerando; ceperunt quoque spolia multa de vaccis, equis et pecoribus et predam secum ducere satagebant. Cumque prope opidum Vechte transirent cum spolio, opidani exercitum hostium invaserunt et cum eo viriliter dimicantes predam eis abstulerunt ac inimicos de finibus fugaverunt.)

v. Detm. fortz. 1061. (In opido Gartze marchie de Brandeburg quidam raptor, transactis iam octo annis, decapitatus fuerat et corpus eius in quodam cimiterio opidi predicti sepultum fuerat. Cuius quidem caput secundum cronicam Saxonum hoc anno viro cuidam Bernhardo de Puteo[a] dicto die clara apparuit. Non enim loquebatur sibi, sed tantum aperuit os suum et extendit linguam rubeam valde ex ore, in modum rose recentis vernantem.)

v. Detm. fortz. 1062. (Wilhelmus marchio Misne litem gerens cum Wenzlao rege Romanorum secundum cronicam Saxonum expugnavit in regno Bohemie X castra fortissima et captivavit nobiles plures Bohemos ac predam magnam abduxit.)

v. Detm. fortz. 1063. (Bonifacius papa in diversis mundi partibus et presertim Alemannie contulit ecclesiis remissionem plenariam peccaminum, salutem hominum, ut pie creditur, pocius quam pecuniam siciens.)

v. Detm. fortz. 1064. Clemens antipapa obiit in Francia in auctumpno[2] (secundum cronicam Francorum). Quod percipiens Karolus rex Francorum prohibuit cardinales, ne ad eleccionem alterius pontificis accederent. Sed ipsi regis prohibicionem non curantes elegerunt[3] alium, quem Benedictum XIII. nuncupaverunt, alias dictum Petrum de Luna, virum nobilem de sanguine regis Arrogonie.

1394.

v. Detm. fortz. 1065. Quartodecimo anno Wenzlai qui est domini MCCCXCIIII. Wenzlaus rex Romanorum captus est a proceribus regni Bohemie et in castro Pragensi est vinculis mancipatus (secundum cronicam Saxonum) propter levitates suas et facta enormia, que per ipsum fiebant[b] et facta erant. Et quia non curabat facta regni disponere et regna sua cum debita providencia, honestate et sagacitate gubernare, idcirco alium in locum suum ordinare cogitabant. Sed Iohannes dux de Gorlitz frater suus maximum exercitum colligens violenter compulit nobiles regni Bohemie et cives Pragenses ad restituendum regem libertati pristine(1).

v. Detm. fortz. 1066. Circa festum assumpcionis Marie Lubicenses cives cum aliquibus civitatibus maritimis transierunt mare in classe pulcra et venerunt in Daciam ad Margaretam

v. Detm. fortz. (1) in B folgt: 1065a. Vitaliani sive pyrate civitatum terre Obotritorum venientes in insulam Scanie demoliti sunt Elhoghen, vastantes igne locum illum totaliter.

a) van deme Sode H. b) st. fiebant et facta erant B: fieri dicebantur, wie die Detmarfortsetzung.

1) H fügt hier ein: stolte manne mit langen barden. Dat was to dem tiden eyn grot ere der stad Lubeke, dat ere radesmanne plegen to hebbende erliken lange barde; sunder de grote erbarenheit brochten ere vrouwen aff, de alsodane barde nicht liden wolden. 2) Gest. 1394 sept. 16. 3) 1394 sept. 28.

reginam propter redempcionem Alberti regis Sweorum secundum cronicam Danorum[a]. Hii cum venissent Helschinburg, ubi regina residebat, contigit ibidem flebilis casus. Nam quidam Dani in stuba quadam existentes cum Teuthonicis inceperunt brigare insimul, primo verbis contumeliosis et postmodum verberibus tam duris, ut plures ex utraque parte interficerentur. Quod percipiens Gregorius Swerting proconsul urbis Sundensis festinavit currere ad castrum, ut regine indicaret sedicionem exortam. Cumque sic cursitaret per plateam, obviavit ei quidam Danus furiis invectus, ovaginatum tenens gladium in manibus suis. Quem mox elevans percussit caput proconsulis et continuo ipsum interfecit. (Quod videntes ceterarum urbium stagnalium ambasiatores ascensis navibus reversi sunt ad propria).

1067 (707). Stokholmensis civitas regni Sweorum Alberto regi captivo de omnibus regni urbibus sola favens et fidelis existens, contra Margaretam reginam Danorum et contra proprii regni proceres militans, magna victualium penuria angariabatur. Cui subvenire cupiens magister Hugo miles, qui capitaneus pyratarum Rostoccensium et Wismariensium extiterat, cum VIII navibus magnis onustis frumento et blado ceterisque ad victum necessariis mare intravit (exercitum pulcrum habens virorum bellatorum). Cum autem Danicum attigisset portum, ventus contrarius ad manus inimicorum ipsum[b] perduxit. Aura vero intensissimo gelu stringere cepit mare et naves illas glacies cinxit, ne de loco moverentur. Quod videns magister Hugo, prudenti usus consilio suos ad nemora vicina destinavit, ut ligna cederent et apportarent. Quibus ad naves subductis et navibus compactis et conglobatis, cunctas illas naves aggere ex lignis confecto circumdedit et aquas sine intermissione superfundens, quasi muro gelido totam illam classem conclusit. Dani autem suos hostes videntes sic glacie constrictos et captivatos, bellica instrumenta puta machinas et cattos mox applicantes, expugnacioni navium operam dederunt efficacem. Hugo vero miles vir cautulosus et industrius suis laboribus insudans, fossato lato precedenti vespere naves et aggerem suum munierat[c], Danis nescientibus, sed illa nocte ex rigiditate nimia algoris ipsum fossatum tenui glacie stratum erat et modica nive conspersum. Quod Dani non perpendentes, putaverunt solidam esse glaciem per totum maris spacium usque ad naves. Unde instrumentum, quod cattum nominabant, in quo multi[1] erant viri armati, applicare aggeri sine formidine nitentes, cum supra fossatum venirent, soluta est glacies in momento et totum hoc instrumentum cum omnibus viris in eo contentis mari est immersum. Quod ut viderunt Vitaliani in navibus constituti, clamaverunt alta voce hostibus insultando 'cas, cas, cas'[2]. Hiis autem et consimilibus exerciciis bellicis cottidie fatigabantur ab inimicis, gelididate dura algoris constricti et detenti. Sed divina gracia semper protecti, iactus lapidum machine navibus in nullo nocuerunt. Tandem deo volente inopinata et subita resolucione nocturna glacies illa soluta est et sic classis illa libertate potita, flante vento prospero, vela sua levavit et salvo itinere portum Stokholmensis urbis festina apprehendit (ac populum illum famelicum a periculo magno liberavit).

1068 (708). Bonifacius IX. papa misit litteras suas Karolo regi Francorum (secundum cronicam Francorum) precipiens, ut Benedictum antipapam ad obedienciam Romano

---

a) *Lubicensium B.* b) *invitum z. zu B.* c) *munierat D.*

1) wol mit twem hundert mannen *H.* 2) kaiz, kaiz, kaiz! Also plecht man tho ropen, wen man de katten jaget. *Reimar Kock, Lubeckische Chroniken, hrsg. von Grautoff I 497. Kas, kaiz: ein ruf, mit dem man die katzen verjagt; Schiller-Lübben, mnd. Wörterbuch II 437. Vgl. auch die ähnliche redensart 'to spade kas' bei Schiller-Lübben aus einer Kieler hs.: 'tyo to spade kaa! wen de kaa ghetan is' (nimis de casu tarde deprehenditur ...), und im Korner selbst unten zu § 1157 eine stelle der fassung H, sowie ebenfalls zu § 1533 den vierten zusatz von H.*

ecclesie compelleret et ut sic ab erroribus suis resiliret; alias tam contra Benedictum predictum quam contra ipsum per censuras ecclesiasticas procedere intenderet. Cujus litteris respondens rex, misit nuncios solempnes viros religiosos de ordinibus[a] Carthusiensium (et Predicatorum), exhortans Romanum pontificem, ut pro unione fienda statuat fieri generale concilium et in illo decernatur a iurisperitis, quis eorum verus Ihesu Cristi existat vicarius; et quem tunc illud generale concilium decreverit verum fore antistitem, illi procul dubio adherere promitteret. Bonifacius autem papa super hec rescribens dixit, se verum esse papam nec dubium quodcumque in hoc velle ponere.

v. Detm. fortz. 884. cap. 12. 1069. Profesto[b] exaltacionis sancte crucis fratres Predicatores in civitate Lubicensi suum solempniter celebraverant provinciale capitulum. Et(1) pro tunc eciam corpus integrum de sanctis innocentibus fuit introductum in urbem predictam cum solempnitate per fratres capittulares et locatum in conventu ordinis Predicatorum[1].

v. Detm. fortz. 884. 1070. Otto(2) dux de Leyna obiit[2], homo multum animosus et diversorum preliorum victor secundum cronicam Saxonum. Cui Otto filius suus successit contrarie condicionis existens. Fuit enim homo quietus et pacificus, potius deo et ecclesiis serviens quam seculari milicie.

1071 (720). Hallensis urbs dyocesis Magdeburgensis duplici periit calamitate, puta conflagracione et epydimia. Flamma(3) namque vorax domos pene omnes absumpsit et pestilencia seva homines delevit.

1395.

1072 (722). Quintodecimo anno Wenslai qui est domini MCCCXCV. Albertus archiepiscopus Bremensis frater Magni(4) ducis de Brunswic obiit[3], ille(5) videlicet qui turpi infamia denigratus extiterat per Iohannem Teerteled decanum dicte ecclesie secundum cronicam Saxonum. Huic successit in sedem Otto frater Frederici[c] ducis de Brunswic.

v. Detm. fortz. 885. 1073. Sundenses cives, qui iam dudum cum suo consulatu discordaverant, concordati sunt cum eodem et reversi sunt in urbem, qui longo tempore exilium passi sunt de consularibus, et in locum pristinum sunt repositi. Quidam vero defuncti de illis, qui exulaverant, similiter reintroducti sunt et in monumentis patrum suorum sunt sepulti. Unus quoque eorum cognomento Wulflam, defunctus in exilio, ad urbem est reductus et (ex practicacione filii sui Wulfardi) Wulflam in locum suum, quem in consistorio tenere solitus fuerat, est locatus, ac si actualiter viveret, in recompensacionem iniuriarum sibi per cives illatarum[4].

---

(1) st. Et — Predicatorum B: Et pro tunc provincialis eorum nomine Tidericus Kolle magister in theologia introduci fecit alterum dimidium puerum de sanctis innocentibus. Quas sanctas reliquias sibi donaverat inclitus dux Venetiarum Anthonius ad promocionem consulatus dicte civitatis. Quorum puerorum integrum corpus manet apud fratres Predicatores in urbe; dimidium vero corpus ad capellam sancte Gertrudis extra muros civitatis translatum est.

(2) § 1070 lautet in B: Otto dux Brunswicensis dictus trans silvam obiit homo valde brigosus. Vgl. die Detmarfortsetzung.

(3) st. Flamma — delevit B: ita ut vix tercia pars remaneret tam hominum quam domorum secundum cronicam Saxonum. Vgl. die Detmarfortsetzung.

(4) st. Magni — Brunswic B auf rasur: Magni ducis Luneburgensis.

(5) st. ille — Saxonum B: in principio 40.

---

a) ordine B. b) In festo B. c) Henrici B am rand. d) secundum cronicam Lubicensium s. zu B.

1) Vgl. W. Mantels, Hans. Geschichtsblätter 1872, 148 f. Das capitel war jedenfalls 1394 mai 3. 2) Gest. 1394 dec. 3) Gest. 1395 apr. 14.

1074. Nicolaus Mallin et Otto Molteke capitanei raptorum strate communis et mercatorum colligentes exercitum de consortibus suis, perrexerunt ad castrum Gutzekowe, ipsum expugnare proponentes. At ubi cum essent et expugnacioni fortiter insisterent, supervenerunt Sundensium et Gripeswaldensium cives et raptores illos in fugam vertentes occiderunt de ipsis plures, cum quibus occubuit et dictus Nicolaus Mallin. Sed non diu post Otto Molteke vindicare volens socios suos et consanguineos, quos Sundenses in mari captos decollaverant, apprehendit vaccas urbis illius. Quod audientes burgenses mox insecuti sunt hostes et dictum Ottonem captivantes secum in civitatem suam duxerunt (et altera die suspenderunt), ceteris vel interfectis vel fuga turpi elapsis(1). v. Detm. forts. [illegible]

1075 (724). Iodocus marchio Moravie et de Brandeburg mutuo accepit a Wilhelmo marchione Misne XLM sexagenarum Bohemicalium. In cuius pecunie pignus tradidit sibi marchionatum Brandeburgensem. Et sic iterum cessit alteri domino dicta marchia, cui tandem omnes civitates et castra ominium fecerunt. v. Detm. forts. [illegible]

1076. Cives urbis Rostoccensis exeuntes cum mille armatis circa festum sancte Margarete destruxerunt funditus municionem fortem Arnesbope dictam, iuxta Santwustrowe sitam. Hanc municionem Bugzlaus dux de Wolgast construxerat et eam fossatis latis et profundis circumdederat, proponens ibidem quendam portum navibus se facturum in preiudicium civitati Rostoccensi. Sed cives castellum hoc evertentes fossata solo repleverunt[1]. v. Detm. forts. [illegible] juli 13.

1077. Ditlevus(3) prepositus ecclesie Razeburgensis eligitur[a] in episcopum eiusdem ecclesie et confirmatur. Hic vir valde beneficus extitit et largus, suis amicis in necessitatibus subveniens pariter et egenis(8).

1078. Circa festum penthecostes civitates stagnales miserunt suos ambasiatores ad v. Detm. forts. [illegible] mai [illegible].

(1) *in B folgt:* 1074a. Comes de Heldungben terre Thuringorum, adiutus presidio ducis Frederici de Brunswik et Wilhelmi marchionis Missnensis, Erphordensem urbem obsedit cum ducentis armatis et amplius. Cives autem premuniti multos stipendiarios conduxerant et etiam ad intra multas petrarias habebant. Quibus cum execuntes urbem lacerent in hostes, ipsi ab urbe recedentes in via circa 12 villas cremaverunt, non habentes amplius quid facerent. v. Detm. forts. [illegible]

1074b. Pro eodem tempore fratres Predicatores in eadem civitate[2] suum celebrabant provinciale capitulum in festo nativitatis virginis gloriose. sept. 8.

1074c. Ferrariensis civitas in se divisa pars contra partem pugnabat et se invicem crudeliter mactabant propter illius urbis dominos, quorum unus legitimus erat et naturalis illius civitatis dominus, alter vero bastardus frater dicti domini, et pars una civitatis favebat uni et altera alteri[3]. v. Detm. forts. [illegible]

(3) § *1077 lautet in B:* Razeburgensis episcopus obiit circa festum sancti Iacobi[4]. Cui successit prepositus illius monasterii Ditlevus Parkentin nominatus, vir multum sumptuosus et prodigus. v. Detm. forts. [illegible] juli [illegible].

(8) *in B folgt:* 1077a. Rex Tartharorum congregato exercitu 200000 armatorum, inter quos erant Armeni et cristiani, transivit contra Sarracenos et intrans terram ipsorum vastavit igne et gladio multas urbes et villas et expugnavit castra plura. Soldanus autem Sarracenorum non valens resistere multitudini hostium, fugatus est de urbe ad urbem et tandem extra fines regni sui eiectus est. v. Detm. forts. [illegible]

a) secundum cronicam Lubicensem *c. zu B.*

1) *Detlef von Parkentin erwählt aug. 3.* 2) *Erfurt.* 3) *Albert von Este stirbt 1393 juni 30. Der folgt sein natürlicher, aber allgemein als nachfolger anerkannter sohn Nicolaus III.* 4) *Gerhard Holtorp gest. 1395 juli 20.*

Margaretam reginam Danorum pro liberacione Alberti regis Sweorum et(1) filii sui; alii autem principes secum capti iam redempti erant. Lubicensium nempe nuncii erant Henricus Westhof et Iohannes Nygebur ambo proconsules. Hii cum ceteris nunciis civitatum predictarum navigantes mare, venerunt in Scaniam et inde procedentes versus castrum Lyndholm, reginam ibidem invenerunt. Placitantes ergo cum ea per dies aliquot[1], in hanc tandem concordabant conclusionem, quod regina ad preces et instancias civitatum Lubicensis, Thoronensis et Sundensis Albertum regem et (Ericum) filium suum(2) ad tres annos licenciare vellet immediate sequentes sub tali pacto et condicione, quod tres ille civitates cum quatuor adiungendis aliis, puta Elvigensi, Revaliensi, Gripeswaldensi et Danensi, pro dicto rege Alberto et suo filio fidem facere deberent, ut infra expressum tempus se cum prefata regina pro se et ceteris captivis nobilibus et non nobilibus amicabiliter componeret et ipsius voluntati pareret cum effectu; et in casu si hoc interim non fieret, quod extunc predictum regem et filium suum cum omnibus suis concaptivis non redemptis prelibate civitates ipsi Margarete regine personaliter presentare tenerentur et deberent in eodem loco, semotis omni excusacione, dolo et fallacia quacumque, aut regine eidem solvere indilate LXM marcarum argenti puri(3). Et licet antedicte civitates in hanc conclusionem consensissent cum regina et regi Alberto ac Erico filio suo omnia placuissent, tamen ipsum regem Albertum et Ericum filium suum atque ceteros captivos solvi aut libertati dari debere nolebant, nisi ipse civitates certificate essent et ad manus earum prius resignata esset urbs Stokholmensis et castrum eius ac omnia ad ea pertinencia(4) sub litteris et sigillis predictorum Alberti regis et Erici filii eius et a fideiussoribus ad hoc postulatis[2]. Quibus ad singula expeditis, rex ipse Albertus et filius suus Ericus ac ceteri omnes captivi soluti sunt et civitatibus presentati, cum quibus ipsi principes ad propria sunt reversi[3].

v. Detm. fortz. 572. 1070. Postquam[4] igitur Albertus rex reversus esset in terram suam, Vitaliani sive pyrate perpendentes, se amplius non posse mare infestare sub presidio civitatum consweto et absque vite periculo, transtulerunt se ad partes diversas. (Sed antequam divisio hec fieret ab eisdem et civitates supradicte pro liberacione regis sollicite laborarent, ipsi Vitaliani adunati Norwegie portum querentes apprehenderant et opidum

*t. 127. Bergense expugnaverant, mercatores *ibidem existentes et opidum defendere nitentes

(1) s. et — erant D: et aliorum secum captivatorum precibus[?] conducenda.

(2) ac alios principes cum eis victos s. zu B.

(3) aut sibi ad manus presentarent urbem Stokholm et castrum cum suis pertinenciis perpetuo possidendum s. zu B in andrer construction.

(4) Et quia hoc protinus fieri commode non poterat, idcirco alium diem placitandi sibi statuebant in Helschinkborg profesto nativitatis virginis gloriose proxime futuro celebrandum.

sept. 7. Quo die veniente supradictis septem civitatibus prenominata civitas Stokholm et castrum cum omnibus pertinenciis sunt presentata. s. zu B; in D vielleicht war ausgefallen nach pertinencia: pertinenciis. Vgl. dazu auch unten in § 1115.

1) wol achte dage H. 2) Verhandlungen zu Skanör und Falsterbo um mai 20. Vgl. Hanserecesse 1256—1430. IV 246 f. 3) B schiebt hier § 1062 ein. 4) Mit § 1079 beginnt die abhängigkeit der sogenannten chronik des Rufus vom Korner, nachdem schon die vorangehenden §§ 1066 und 1071c einzeln und die §§ 1075, 1076, 1077, 1077a, 1078 zusammenhängend im Rufus (gleichwie in der Detmarfortsetzung) dem Korner parallel gelaufen sind. Der übergang in der Rufus-chronik von der Detmarfortsetzung zu der von ihr unabhängigen, dagegen vom Korner abhängenden darstellung ist fortlaufend nicht gebracht. Vgl. jedoch die auszüge in den anmerkungen zur Detmarfortsetzung 571 und 578 f. Siehe zum ganzen die einleitung.

vicerant et eos ac opidum ipsum omnibus bonis suis spoliaverant necnon cum thesauro inmenso ad urbes suas reversi fuerant. In quibus predam suam vendiderunt pecuniasque pro eis receptas expenderunt et cives illos satis indigentes ditaverunt. Hac direpcione commissa et interim rege redempto, ut premissum est, Vitaliani illi ab invicem separati sunt)[1]. Nam quidam de eis numero circiter CCCC cum navibus suis se mari[a] commiserunt in Russiamque tandem pervenerunt, ubi rapinis operam dantes multa bona mercatorum rapuerunt et cum ipsis recedentes in Alemaniam reverti laboraverunt. Sed oberrantes in mari devenerunt tandem ad quorundam hominum partes, quorum nec ritum nec ydioma intellexerunt; cum quibus cum pugnarent, plures de ipsis interfecerunt et pecora ac victualia eorum rapuerunt[b]. Inde vero navigantes attigerunt terram illam, ubi montes Caspii situantur. Ubi invenientes inestimabilem populum, putabant eos fore Iudeos rufos montibus illis inclusos. Cum istis iterum pugnantes in litoribus multos peremerunt, non tamen in plana terra cum ipsis bellum aggredi ausi fuerunt, eo quod innumerabiles essent. Non procul autem ab illa plaga navigio transeuntes invenerunt homines totaliter hirsutos in litoribus maris cursitantes velud bestie[c] indomite. Quos in pace relinquentes navigaverunt tam diu vagando et oberrando itinere ignoto, quod tandem hominem Theutonicum invenerunt (nacione Westphalum), per raptores forte a finibus suis abductum. Hic predictos Vitalianos dirigens per solis consideracionem in notas partes tandem perduxit. Et sic via media istorum predonum pars ad terminos Theuthonicos rediit, ceteris sociis amissis vel in preliis in via habitis aut morte preventis(1).

1080. (Quidam[2] eciam eorum in prima divisione ad partes Frisie occidentalis se transtulerunt, quidam vero mare Hispanicum querentes mercatores ibidem infestare conati sunt. Quorum capitanei fuerunt Wigboldus, Godfridus Michaelis et Stortebeker ac ceteri.)

1081 (712). Robertus episcopus Padelburnensis, filius (Iohannis) ducis de Monte, constitutus in obsidione castri Padberg telo percussus est et reductus in Dringenberg castrum mox defunctus est(2).

1082. Bygorgius[3] Perusinorum dominus et dominus de Malatesta[4] ecclesie Romane (secundum cronicam Romanorum) plura gravamina intulerunt. Plura quoque castra et civitates ad patrimonium sancti Petri pertinentes ecclesie abstulerunt, expugnando eas.

(1) *in B folgt:* 1079a (711). Circa epiphaniam domini in ecclesia cathedrali urbis Padelburnensis vestimenta hominum a quodam fulgure sunt tacta, quo tactu in tantum fetebant, quod vix sustineri poterant a non portantibus.

(2) *in B folgt:* 1081a (713). Hoc anno ante liberacionem Alberti regis Sweorum Vitaliani civitatum Rostoccensis et Wismariensis opidum Berghen in Norwegia expugnantes spoliaverunt et thesaurum inestimabilem exinde deportaverunt. Mercatoribus autem, sicud dicebatur, libencius pepercissent, si eis resistenciam non fecissent. Sed quia civibus omnino auxilium ferre volebant, ideo et eos cum burgensibus spoliabant et bona illorum prenominatis civitatibus advehentes, ea ibidem vendebant et expendebant.

1081b (714). Heresiarcha quidam nomine Martinus convictus fuit in Colonia per fratrem Alexandrum inquisitorem ordinis fratrum Predicatorum, magistrum in theologia, et tamquam pertinax hereticus ab eodem inquisitore iudicio seculari traditus. Quod quidem iudicium ipsum hereticum comburi fecit legitime condempnatum.

1081c (715). Annus gracie positus est per Bonifacium papam in urbe Misne et duravit per integrum annum.

a) ma *auf rasur D.* b) secundum cronicas Lubicensium *a. r. B.* c) e i *auf rasur D.*

1) *Vgl. B § 1082a.* 2) *§ 1080 schon im Rufus a. a. o., der ebenda § 1081 wörtlich gibt, jedoch die übrigen §§ beider fassungen zum jahre 1395 nicht hat.* 3) *Biordo de' Michelotti.* 4) *Andrea de' Malatesti.*

1083 (716). Ratenowe opidum marchie de Brandeburg, situm prope fluvium Habela[a], captum est per Albertum archiepiscopum Magdeburgensem per tradicionem opidanorum
dec. 3 suorum in vigilia beate Barbare virginis de mane et spoliatum. Traditores[b] vero illos, postquam dictus archiepiscopus opidum ceperat, expulit de terra cum uxoribus et filiis, timens circa illum eos facturos, sicud erga suum fecerant dominum.

aug. 22 1084 (718). Infra octavas assumpcionis virginis gloriose cecidit in urbe Lubicensi grando tante quantitatis, ut vinceret magnitudinem ovi, habens inpressam ymaginem humanam. Quedam enim illarum ymaginum erant barbate et quedam velate crispis pepulis[c] (ut retulerunt veridici, qui in manibus suis grandines dictos habuerant)(1).

1396.

1085 (727). Sextodecimo anno Wenzlai qui est domini MCCCXCVI. In Traiecto inferiori quidam frater ordinis Minorum (Iacobus nomine), pro titulari episcopo se gerens et non existens, multos decepit clericos et religiosos, sacros ordines, ut estimabant, ab eo recipientes. Varios eciam ipse confirmavit pueros, plures virgines coronavit, ecclesias consecravit et cetera officia exercuit pontificalia. Huius quidem perfidi fratris malicia, deo volente, tandem detecta est et publicata, et(2) dictus frater per dominum Fredericum episcopum Traiectensem captus est et examinatus et tandem propria fassione inventus est falsarius litterarum apostolicarum. Propter quod ibidem per sentenciam[d] supradicti episcopi a ceteris titularibus episcopis est degradatus et post iudici seculari traditus ad comburendum. (Qui graciam sibi faciens, primo in caldarium vacuum ipsum posuit in signum, quod ut falsarius comburi vel bulliri meruisset; sed postea extractum decollari fecit)[1].

1086. In[2] Colonia Agrippina magna dissencio orta est inter consulatum strictum et latum, que quidem discordia tale fertur habuisse exordium. Quidam notabilis civis de lato consilio per strictum consilium dicte civitatis exilio dampnabatur. Quod egre ferentes illi de lato consilio tantum effecerant apud principes et communitatem, quod propter eorum preces et instancias inportunas exulatus ille revocabatur et ad pristinum statum et locum reponebatur. Qui ad statum suum reductus cum suis laboravit occulte ad vindicandum se de contumelia sibi facta; et tantum practicavit inter illos de ample

---

(1) *in B folgt:* 1084a (719). Pro eodem tempore quidam domicellus eiusdem urbis in quodam festivo die induere volens novos calceos, longos nasos habentes, id est snavele, quedam vox de naso calcei insonuit dicens: 'Desine induere me, hoc erit pro te'. Quam vocem audiens adolescens, territus predictos calceos coram ymagine sancte crucis extra valvam urbis suspendit. Ex quo facto divulgato consuetudo illorum calceorum et usus ex toto periit.
Hiernach zum jahre 1396: 1084b (726). Annus iubileus sive gracie ponitur in Magdeburg et durat per annum integrum.

(2) *st. et — apostolicarum B:* per ipsius fratris concubinam, ut dicebatur, cui dyabolo forte instigante vel deo ordinante secretum hoc revelaverat, qualiter scilicet episcopus pretensus factus fuerat, puta per rasuram nominis cuiusdam bulle titularis episcopi defuncti et per inscripcionem nominis sui. Cum qua muliere cum predictus episcopus falsus litigaret, ipsa falsitatem illius bulle prodidit in vindictam. Ad cuius manifestacionem littere predicte examinantur et abrase inveniuntur.

---

a) Havele *B.* b) *Traditores — dominum in B am obern rand von andrer hand.* c) velaminibus que vulgariter kruse doke nuncupantur *B.* d) *st. sentenciam — episcopis B:* episcopos.

1) *Dieser zusatz jedoch schon in A und a.* 2) *Vgl. Detmarfortsetzung 378. Da zusammenhang und verwandschaft der nachrichten Korners mit den fortsetzungen zu Detmar sich immer mehr lockern, ist von hier ab nur in den endlichen anmerkungen auf verwandte stellen hingewiesen.*

consilio, quod illi coniurarent in interfeccionem illorum de arto consilio. Que conspiracio tandem innotuit illis de stricto consulatu. Unde sine mora amicis convocatis, cum valida manu irruerunt super eos de lato consilio et captivantes omnes incarceraverunt. Quo facto mox communitas exacerbata utrumque consilium cepit et turribus mancipavit ac novum consulatum ex integro instauravit, quosdam de pocioribus urbis, quosdam de mercatoribus et quosdam de mechanicis eligendo, decernens et statuens de communi consensu tocius communitatis, nunquam amplius esse debere duplex concilium, sed unicum et simplex.

1087. Albertus rex Sweorum et Wilhelmus marchio Misne et[7] de Brandeburg convenerunt in opidum Parleberg terre Prignitz. Ad quorum conventum missi sunt solempnes nuncii de civitatibus maritimis, ut cum prefatis principibus tractarent de pace communi terrarum suarum. Ubi tandem, cooperante deo, firmata est pax generalis terrarum duratura ad sex annos, et dicti principes pariter et civitates coniurabant et promittebant, se perempturos omnes pacis facte violatores[8].

1088. (Henricus[1] frater Iohannis ducis de Stargardia[2] introductus est cum exercitu pulcro in Darbatum civitatem Lyvonie. Quem Darbatensis episcopus vir decrepitus[a] gratanter et reverenter recipiens, ecclesiam suam sibi resignavit et in filium ipsum adoptavit.)

1089. Pro[4] eodem tempore Lithuani et Rutheni in magna multitudine venerunt in Lyvoniam, secum ducentes (Ottonem) fratrem ducis Stetinensis, quem (Wenzlaus) rex Romanorum miserat in archiepiscopum Rigensem assumendum (contra datum archiepiscopum a papa Bonifacio, qui erat de ordine fratrum de domo Teuthonica). Hunc ducem cives Darbatenses eciam honorifice receperunt et ei adherentes promiserunt, quod auxilio sibi esse vellent totis conatibus pro acquirenda possessione sedis sue et ad expellendum eius adversarium, qui iam[a] castra et civitates possidebat[9].

1090. In carnisprivio Albertus rex Sweorum curiam solempnem tenuit in Zwerin. Ad cuius curie festum plures convenerunt principes et nobiles. Protunc eciam celebrabantur nupcie[b] solempnes regis Alberti et (Agnetis) sororis ducum de Luneburg et Brunswic[c] et Erici filii dicti regis Alberti ac (Margarete) filie ducis de Wolgast[4]; et sic ex causa multiplici curia illa iocunditate et leticia erat referta. Cum autem uxores ducum de Brunswic et Luneburg, que predictis nupciis interfuerant, reverterentur ad proprias sedes et venissent in Ultzen civitatem cum magno populo, supervenit et Henricus dux de Luneburg ex preordinacione sua et eandem urbem ingressus est. Et convocans consulatum dicte civitatis ad consistorium[10], precipit suis militibus et mili-

(7) al. et de Brandeburg *B:* cui protunc marchio Brandeburgensis stabat pro persona.

(8) secundum cronicas Lubicensium *a. m B.* *In B folgt:* 1087a. Margareta[b] regina Norwegie, Dacie et Swecie resignavit hoc anno tria predicta regna in manus filii filie sororis sue[6], qui filius erat ducis Pomeranie. Cui protunc dederat regnum Norwegie solum.

(9) de ordine fratrum de domo Teuthonica existens *a. m B.*

(10) quasi tractaturus cum eis de negociis dicte urbis *a. m B.*

a) senicio *a. m B.* b) l *über der zeile D.* c) vidue *a. m B.* d) virginis *a. m B.*

1) *Vgl. Detmarfortsetzung 372. § 1088 auch im Rufus.* 2) *Wol Albrecht IV bruder Johanns II. von Stargard, gest. zu Dorpat 1397 nach febr. 20. Der bischof von Dorpat ist Dietrich II. Damerow.* 3) *van achtbarlich leven R.* 4) *Vgl. Detmarfortsetzung 374. S. oben § 1082.* 5) *Vgl. Detmarfortsetzung 373.* 6) *Eine tochter Maria von Margarethas schwester Ingeborg und ihrem gatten Heinrich III. von Mecklenburg-Schwerin war verheiratet mit Wartislaw VII. herzog von Pommern. Deren sohn Erich I. der Pommer wurde seit 1388 als nachfolger in den drei reichen in aussicht genommen.*

taribus, ut eosdem ibidem custodirent, ne dictum locum mutarent, et ipse interim cum ceteris sibi faventibus quandam urbis valvam cepit et incastellavit, muniens muris novis et fossatis. Quo castro bene firmato, consulares de captivitatis loco licenciavit et ipse pariter de urbe recessit et opidum Winsen accessit. Ubi omnes naves ibidem repertas salo onustas arrestavit, scribens singulis civitatibus sui ducatus et prohibens, ne aliquis quecumque bona urbi Luneburgensi apportaret sub pena privacionis vite. Cogitabat enim dictus Henricus dux humiliare Luneburgenses et ex consequenti ceteras sui ducatus civitates[(1)].

1091. Sed[(2)] Luneburgenses videntes, Henricum ducem contra se velle malignari, vocaverunt in eorum auxilium Lubicenses et Hammeburgenses. Qui ut fideles vicini eis astiterunt et exercitum fortem mittentes castrum Horborg obsiderunt. Dux autem exercitus utriusque civitatis erat Iohannes Hoyer proconsul Hammeburgensis. Et fortiter expugnacioni insistentes machinis et bumbardis suis, grandes pecias turri et ceteris edificiis abstulerunt castri; et procul dubio ipsum expugnassent et cepissent, si omnes sui impugnatores equali fidelitate laborassent perseverando. Sed nescio quo casu interveniente, mox inszo dicti Iohannis Hoyer capitanei soluta est obsidio et exercitus ducatum de Luneburg ingressus inestimabilem adunavit predam de villis mirice opulentissimis. Cives vero Luneburgenses cum suis stipendiariis aliam mirice plagam invadentes, depredati sunt villas plures[1]. Interim Henricus dux ostium aque Delmenowe[a] obstruere volens, dimersit naves lapidibus plenas in ipsam, ne sal Luneburgense ad dictas veheretur civitates. Sed Lubicenses et Hammeburgenses cum copiosa multitudine armatorum venientes, aliud fossatum fecerunt exhibentes per hoc aquis novum meatum, per quem naves cum sale faciliter et comode transire valerent. Quo expedito inde recesserunt et prope Winzen opidum se locaverunt ipsum obsidentes. Cum autem dux predictus seriem civitatum cerneret, placita cum eis iniit et treugas ad triennium ad invicem statuentes ad propria redierunt[b].

1092. Thurci[3] populum innumerabilem congregantes regnum Ungarorum intraverunt et diversa prelia cum incolis regni agentes, multum populum perimerunt. Sigis-

---

(1) *in B folgt:* 1090a. Bonifacius[2] papa dedit indulgencias ad instar in pluribus locis durantes in aliquibus locis per annum, in aliquibus per medium annum et in aliquibus minus vel magis secundum aptitudinem locorum. Et precipue dedit eas in Lubeke fratribus Predi- mai 3. dec. 28. dec. 21. catoribus in urbe profesto invencionis sancte crucis et eius octava. Post hoc dedit eisdem fratribus easdem indulgencias[c] pro festivitatibus innocentum et sancti Thome doctoris et eius octava.

(2) *st.* Sed — opulentissimis *B:* Civitates[3] Lubeke et Hamburgh, adherentes urbi Luneburgensi contra duces eius Bernhardum et Henricum exinanire cupientes eandem urbem suam, miserunt exercitum trans Albiam et obsederunt castrum Horborg et ipsum, ut vulgabatur, indubitanter cepissent, si Iohannes Hoyer proconsul suo civitati Hamburgensi fidelis extitisset. Ipsum tamen castrum in magna parte machinis et petrariis destruentes intraverunt ducatum Luneburgensem et vastantes mericam inestimabilia ducibus illis intulerunt dampna.

---

a) *in B auf rasur.* b) *secundum cronicam Lubicensium s. zu B.* c) indulgencia *B.*

1) *H führt die stelle von* inestimabilem *an näher aus:* unde vorsammelden dar enen unmatliken roff van queke unde ingheldome unde verdingeden de dorpe umme grote summen geldes unde togen dar mede to hus. Bynnen der sulven tiid reyseden ok de van Luneborg mit eren soldeneren in de anderen stede der sulven heyde unde schynnceden de riken dorpe unde hove unde verdingheden ok se. *Aehnlich im Rufus.* 2) *Vgl. Detmarfortsetzung 373. Siehe auch oben A § 732.* 3) *Vgl. Detmarfortsetzung 374.*

mundus autem rex Ungarie a papa tandem obtinuit generale passagium fieri contra inimicos fidei. Ad quod multi principes diversarum provinciarum, puta de Francia, Anglia, Burgundia, Germania et Alemannia[1] confluxerunt. Qui cum exercitu quasi infinito regnum Thurcorum intrantes, innumerum paganorum populum cum divino adiutorio prostraverunt pluresque urbes, castra, opida et municiones expugnantes ceperunt. Post quam victoriam cristicolis divinitus datam rex Sigismundus iterum bellum contra eosdem Turcos paravit. Sed quia omnis superbia casum meretur, illi de Francia et Anglia arroganter agentes contenderunt de prima acie obtinenda et congressu, dicentes ipsis de iure deberi ex regnorum suorum dignitate. Rex vero Ungarie ob bonum pacis eis de congressu favit et illi stomachando in hostes irruentes triumpho destituti sunt. Tunc animati pagani viriliter egerunt secundum cronicam Francorum et quasi totum cristianorum exercitum crudeliter interfecerunt, captivantes Philippum[a] ducem Burgundie et plures alios principes et nobiles. Sigismundus autem rex cum paucis evasit, quem insequentes Thurci Ungariamque intrantes, depopulati sunt urbes, expugnaverunt castra Sept. 28.
ac villas et monasteria multa destruxerunt. Et nisi deus de sua clemencia speciali aliter disposuisset, omnes illas partes usque ad mare gladius barbarorum vorasset.

1093. Albertus[2] dux Bayoarie et comes Hollandie cum adiutorio Anglorum (Flamingorum et Brabantinorum) intravit Frisiam, sue dominacioni eam cupiens subicere. Sed parum et prope nichil agens, ymmo pocius paciens, multos de suo exercitu amisit(1).

1094. Thuringorum[b] urbes, puta Erphordenses, Molhusenses et Northusenses, una cum Ottone duce de Leyna et Henrico comite de Housteen castrum Hindenburg exercitu suo vallaverunt et ipsum expugnantes et incendentes, raptores in eo degentes per fumum incendii exire compulerunt. Quos capientes in patibulis novis(2) inter Northem et Osterode opida suspenderunt numero circiter XLII. Castrum vero predictum destruentes, ad aliud prope ipsum situm, Grifensteen dictum, se diverterunt et ipsum tandem ut primum solo equaverunt (raptoribus latenter elapsis).

1397.

1095. Decimo septimo anno Wenzeslai qui est domini MCCCXCVII. in(3) urbe Lubicensi et ceteris civitatibus maritimis maxima mortalitas efferbuit, plura[c] milia hominum de medio tollendo.

1096 (733). Similiter(3) et in Bremensi civitate plus quam VIIIM hominum epydimia absumpsit.

1097. Nicolaus[3] comes Holtzatorum obiit[4], vir magne astucie et pacis amator. Quo defuncto fratres eius inter se discordare ceperunt de successione tam ducatus de Sleswic quam comitatus Holtzacie. Ad quam sedicionem removendam dies placitorum locata est in Todislo opido dicte terre profesto penthecostes. Quo veniente convenerunt Juni 9.

(1) quos mare absorbet per Frisones introductum latenter z. zu B. Achelich Rufus.

(2) in quodam prato sito z. zu B.

(3) st. der §§ 1095 und 1096 gibt B folgende §§: In Bremensi urbe magna viguit mortalitas, que incipiens circa festum Iohannis baptiste duravit ad festum sancti Martini, obieruntque Juni 24. Nov. 11.
infra tempus illud in dicta civitate circiter tria millia hominum. Vgl. A § 733.

Pro eodem tempore in Lubeke et Wismaria pestilencia desevit gravis et duravit similiter ad idem festum.

a) Wilhelmum B und Rufus. b) § 1094 in B unten am rand. c) bi twolf dusent H.

1) Germanien, Allemanien im Rufus. 2) Vgl. Detmarfortsetzung 876. Siehe auch unten B § 1113 b. 3) Vgl. Detmarfortsetzung 378. 4) Gest. 1397 vor Juni 15.

ibidem Albertus rex Sweorum, Henricus dux de Luneborg, Ericus dux de Louenburg, Adolfus comes de Schowenburg et comites Holtzatorum, qui simul tractantes de concordia fratrum comitum predictorum nichil concludere potuerunt, quod dictis comitibus placeret. Quod videntes principes cum indignacione recesserunt. Nobiles autem terre Holtzatorum percipientes, principes nichil conclusisse in concordia et pace fratrum, alium diem placitorum per se statuerunt; et in illo soli nobiles terre cum suis comitibus convenientes, ad hanc tandem conclusionem negocium perduxerunt cum beneplacito comitum, quod ille, qui maior natu inter eos esset, proanne et semper dux de Sleswic fieret et ducatum illum ad IX annos possideret cum tercia parte terre Holtzacie. Alii vero fratres alias duas partes in sortem reciperent[a] (secundum suam primogenituram. Novem autem annis elapsis, ille qui dux esset, contentus esse deberet in solo ducatu ad suam vitam)[(1)].

1098. Ericus[1] filius Alberti regis Sweorum obiit[2] in Godlandia (et periit spes Alberti regis de recuperacione regni sui. Margareta vero regina Danorum non mediocriter gavisa est de obitu illius)[3].

1099. Pro[1] eodem tempore obiit[4] et dominus Iohannes de Sinchen[b], qui archiepiscopus Rigensis fuerat et per Bonifacium papam factus patriarcha et primas terre Lyvonie et Lithuanorum. Quo defuncto sex canonici eiusdem ecclesie Rigensis in exilio constituti, in loco, ubi degebant, alium novum archiepiscopum elegerunt. Sed electus ille nec confirmatus est nec ad sedem suam pervenit.

1100. Canonici[1] ecclesie Swerinensis[c] privaverunt Rodolfum episcopum eorum[d] castro Butzowe[5], cura temporali et auctoritate totali, solum pro prebendario ipsum nutrire proponentes. Cuius quidem contumelie actor et impositor extitit (Iohannes) Berchteheyle canonicus ecclesie predicte, qui postea ulcione divina visitatus ad plenum luit suum peccatum, quod in suo commiserat prelato. (Nam fuit postea captivatus ab Alberto rege Sweorum et turri mancipatus diebus multis. Et per eundem regem combustus fuisset ut domini sui traditor, nisi mirabiliter vincula evasisset).

1101. Facta[(2)] autem violenta iniuria prefato episcopo Rodolfo, consanguinei sui, puta Iohannes et Ulricus duces Stargardie et fratres sui, ex una parte et Ericus dux de Louenburg et Albertus comes Holtzatorum cum suis exercitibus dyocesim illam ingressi sunt ex alia parte et bona illorum canonicorum invadentes omnia demoliti sunt flammarum exustione, pecorum et iumentorum abduccione ac plurimorum opidanorum et rusticorum locupletorum captivacione.

---

(1) *in B folgt:* 1097a. Plures[6] civitates hoc anno perierunt confragracione ignis, puta Erphordia terre Thuringorum, Malchin opidum ducatus de Wolgast, Aldenburgh terre Misne et Oschatz[7] eiusdem terre.

juni 24. 1097b. Circa[c] festum Iohannis baptiste fuit bellum grande in Westphalia inter ducem de Monte et comites Westphalie, et dux de Monte captus est cum multis nobilibus.

(2) *§ 1101 lautet in B:* Hanc violenciam percipientes amici dicti Rodolfi episcopi, puta Ericus dux de Louenborg et Albertus comes Holtzatorum, intraverunt cum exercitu forti bona canonicorum dicte ecclesie Swerinensis et demoliti sunt omnia igne et rapuerunt pecora multa, ea abducentes.

---

a) secundum cronicam Lubicensium a. m B. b) Synchen B. c) circa festum Michaelis a. m B. d) fratrem ducum de Stargardia a. m B.

1) *Vgl. Detmarfortsetzung 378.* 2) *Gest. 1397 juli 26.* 3) *Dieser Satz schon im Rufus.* 4) *Gest. 1397 sept. zu Gartz. Vgl. oben s. 338 anm. 3.* 5) Butzowe cura tp *in D auf rasur; st. dessen B:* dicuntur, *Rufus:* beroveden ... syner herschop unde makeden em unmundich. 6) *Vgl. Detmarfortsetzung 378.* 7) *Oschatz.*

1102. Maxima[1] controversia orta est in Anglia inter Richardum regem Anglorum et nobiles ac proceres regni eiusdem (secundum cronicam Anglorum) hac de causa. Tempore enim illo, quo Richardus rex acceperat uxorem sororem Wenslai regis Romanorum[2] et eam in Angliam susceperat, portaverat secum regina quandam pulcerrimam dominam. In cuius amorem inardescens dux Hibernie[3], duxit eam in uxorem, prima uxore repudiata. Quod amici illius abiecte multum egre ferentes, cogitabant vindicare iniuriam mulieris illius, sed non audebant in continenti hoc attemptare, quia dux ille a rege valde diligebatur. Accidit autem, ut Richardus rex timens periculum duci Hybernie imminere ex amicis spreta uxoris, vocaret ipsum ad se et ne sibi timeret de insidiis, misit sibi banerium suum cum multis armatis. Cuius transitum observantes amici dicte mulieris, cum exercitu magno super ipsum irruerunt et totum illum regis exercitum peremerunt in ore gladii, solo duce cum suo confessore evadente. Procedentes quoque ulterius leti in furia sua, Londoniarum urbem intraverunt et fere omnes regis amicos interfecerunt bonaque eorum abstulerunt ac regem Richardum, qui tunc in urbe illa presens erat, contumeliis gravibus dehonestaverunt. Dux autem Glovernie[4] tribus vicibus coronam de capite regis rapuit, cum indignacione dicens: 'Tu[(a)] corona hac regia indignus es, cum non sis verus noster rex natus et talem defendere niteris, qui adulterino thoro sacramentum veri matrimonii prevaricatus est'. Que omnia rex pacienter sustinens dedit locum vesanie eorum.

1103. Eodem[1] anno defuncta[5] uxore sua (Anna), sorore Wenslai regis Romanorum, Richardus rex in Franciam transfretavit et duxit in uxorem filiam regis Francorum Karoli[6]. Et sic cum illis nupciis sopita et terminata est lis et discordia inveterata inter dictos duos reges. Sed concordia illa non multum letificavit principes Anglie timentes, quod per hoc connubium nimis roboraretur potestas eius super illos; quod ut formidabant, postea evenit. Proceres ergo regni videntes regem Francorum confederatum regi suo, occulte machinati sunt in mortem eius, querentes ipsum interficere. Sed rex ammonitus per amicos suos habuit consilium cum (Henrico) duce Lancastrie patruo suo et cum paucis aliis de consiliariis suis; et de consilio illorum congregavit exercitum et obsedit castrum, in quo dux Glovarnie residebat, qui caput erat omnium inimicorum regis, et postulans ducem sibi presentari sub pena privacionis vite omnium in castro existencium, traditus est ei. Quem vinciens precepit duci in castrum Calis extra Angliam et ibidem strangulari. Quod et sic factum est. Deinde captivavit comitem Arundel[a, 7] et convicit ipsum publice coram omnibus de tradicione sua. Quo convicto ille extraxit litteram regio sigillo insignitam continentem, quod rex omnem offensam ei misericorditer condonasset et in amicum sincerum ipsum recepisset. Hanc, inquam, litteram archiepiscopus Canthuariensis[8] cancellarius regni fratri suo comiti predicto, rege ignorante, sigillaverat. Propter quod archiepiscopus ille exilio dampnatus est et comes ille capite truncatus. Fecit eciam capi comitem Wornis[b] et similiter ipsum exiliavit. Et sic rex expeditis suis inimicis pacifice ad tempus breve regnum suum possedit.

(a) st. Tu — prevaricatus est B: ipsum non esse corona dignum, eo quod non esset verus rex natus.

---

a) so D; Arundel H; Arundel B und Rufus. b) Werms B.

1) Vgl. Detmarfortsetzung 380. 2) Anna von Böhmen 1382 jan. 3) Robert de Vere herzog von Irland, vorher marquis von Dublin, war vermählt mit einer enkelin Eduards III, einer tochter von Isabella und Ingelram de Coucy. Diese verstiess er und heiratete eine böhmische landgräfin. Vgl. Pauli, Geschichte von England IV 570. 4) Thomas herzog von Gloster. 5) Gest. 1394 juni 7. 6) Isabella 1396 nov. 4. 7) Richard von Arundel. 8) Thomas Arundel.

1104. (Hitscke prepositus Friso, quatuor habens castra Brúke, Wumunde, Aurikeshove et Marienhove[1], collegit ad castra predicta pyratas et raptores maris et defensavit eos, partem suam de rapinis recipiens. Illi raptores mare infestabant sub illo pretexto, quod Hollandrinis insidiari et nocere vellent, quorum hostes erant. Quicumque tamen mercator in mari occidentali reperiebatur, ille Hollandrinus ab eis putabatur et sic per eos spoliabatur. Una autem vice magna navis onusta vario et cera per eos rapiebatur, pro cuius redempcione predicti predones receperunt a mercatoribus VIIIM nobilium, sed valuit in se ultra XLM.)

nov. 22. 1105. Ventus[(2)] validissimus et valde impetuosus surrexit in nocte beate Cecilie, qui multas ecclesias, turres, domus et arbores innumeras deiecit in diversis partibus mundi[a], eo quod valde generalis esset[(3)].

1398.

1106. Decimo octavo anno Wenslai qui est domini MCCCXCVIII marstallus[(4)] urbis Lubicensis en tercia vice accensus est, sed equi pro maiori parte salvati sunt in nocte
nov. 19. sancte Elizabet.

1107. Gwerra[2], que ad tres annos sub[(5)] induciis statuta extitit, prout precedenti anno tactum est, que inter ducem de Luneburg Henricum et suam civitatem vertebatur, sedata est iam et sopita cum gravibus expensis et laboribus, et in maiorem firmitatem pacis et concordie impignorata sunt castra infrascripta per Henricum ducem et fratrem eius Bernhardum ad tempus civitatibus infrascriptis, puta Horborg Luneburgensibus, Blekede Hammeburgensibus et Ludershusen Lubicensibus. Civitati vero Honnover in hoc satisfaciebant, quod castrum contra se constructum funditus destruebatur. Et similiter castrum in Ultzen erectum eversum est preter turrim antiquam, que mansit valva civitatis, sicud prius fuerat.

nov. 23. 1108. Priores tres ordinis Carthusiensis venerunt in die sancti Clementis in urbem Lubicensem; et ulterius procedentes in villam Arnesbûke[b] terre Holtzatorum dyocesis Lubicensis, acceptaverunt ibidem locum ad fundandum monasterium ordini suo. Et relinquentes in loco predicto IIII fratres religiosos et exemplares dicti ordinis, qui in-

---

(2) § 1105 lautet in B: Pro eodem tempore in nocte sancte Cecilie tantus ventus extitit, ut plures turres et domus everterentur in diversis urbibus et villis et infinite arbores in nemoribus evulse sunt radicitus.

(3) in B folgt zu 1398: 1105a (734). Frater Tydericus Bolle[c] magister in theologia, provincialis Saxonie ordinis fratrum Predicatorum, magistravit et doctorizavit, cum omni solempnitate fieri consueta in universitatibus, sex fratres eiusdem ordinis in sacra theologia auctoritate domini pape in conventu Lubicensi sepedicti ordinis Predicatorum.

1105b (735). Quidam frater ordinis Minorum Tidericus nominatus, sacre theologie honorabilis et valens magister, subito extinctus est in Padelborn, instante capitulo provinciali eorundem fratrum; et ut communis fama sonuit, tunc intoxico periit, quod tamen faciliter non est credendum.

(4) § 1106 lautet in B: Marstallus[3] urbis Lubeke apud fratres Predicatores positus comburitur
nov. 18. iam secundario, sed equi pro maiori parte salvati sunt ab incendio in nocte beate Elizabeth.

(5) st. sub — vertebatur B: et amplius habita fuit inter Henricum et Bernhardum duces Luneburgenses ex una parte et civitates Lubeke, Hammeburg et Luneborg ac Honnover ex altera parte.

---

a) auf rasur D. b) Arnesboken B. c) so B.

1) Broke (Brokmerland), Wittmund, Aurich, Marienhafe. 2) Vgl. Detmarfortsetzung 381. 3) Vgl. Detmarfortsetzung 382.

cepta perficerent[1], ultra progressi sunt prope Rostok urbem ducatus Magnopolensis, dyocesis Swerinensis, ubi et alium locum acceptaverunt pro monasterio construendo, cui nomen Marienee[a] [2].

1109. (Mosathan) Tartharorum imperator magnas passus est persecuciones a proceribus regni sui, qui ipsum deponere nitebantur. Sed tandem compulsus transtulit se ad Alexandrum ducem Lithuanorum (alio nomine dictum Vitolt), conquerens ei super iniuriis et gravaminibus sibi a subditis suis exhibitis. Cui Alexander compaciens magnum exercitum collegit de quibusdam Tartharis suo imperatori faventibus et Lithuanis (ac Ruthenis); et pertransiens totam Tartharism usque Capha vastavit igne, gladio mactavit et captivavit quosquos invenit proceres et nobiles. Nec desistebat a persecucione et devastacione, donec totum regnum subiecisset prelibato imperatori.

1110. Comes Virtutum (Iohannes[3] dominus Mediolanensis) factus est dux a Wenslao rege Romanorum[4] (secundum cronicam Francorum). Qui mox exaltatus in tantam prorupit superbiam, ut omnes principes Ytalie (et Lombardie) sue dicioni subicere niteretur et rex eorum fieri laboraret(1). Quod attendentes nobiles et principes Ytalie et Lombardie ac civitates, confederacionem et ligam quandam in invicem fecerunt contra dictum ducem novellum, bella infatigabiliter contra ipsum moventes et tandem ipsum viribus destituentes. Adversarii autem sui erant tyranni, puta Paduanus[5], Mantuanus[6], Florentinus[7] et Remelus, ac civitates, videlicet Florencia, Bononia, Ferraria, Padua, Mantua, (Pysa) et Remula[8].

1111. Fratres de domo Teuthonica terre Prutenorum cum magno exercitu exeuntes circa medium XL. venerunt in Godlandiam et expugnantes urbem secundum cronicam Danorum[b] Wisbu dictam, ceperunt eam. Et procedentes inde subiugaverunt sibi totam terram illam, expellentes Vitalianos, qui ibidem dominabantur[9]. Et sic facti sunt domini illius terre de(2) consensu et practicacione Alberti regis Sweorum.

1112. Post[10] hoc circa festum Galli dictus Albertus rex terram Prutenorum ingressus est cum duobus proconsulibus civitatum Rostocensis (et Wismariensis), sperans magnam summam pecunie se sublevaturum pro dicta terra[c] (ut eam in toto resignaret Prutenis, eo quod adhuc rex Swecie nominaretur). Sed nemo ei aliquid dabat, unde vacuus et frustratus spe sua reversus est(3).

(1) et ut urbem humiliare attemptaret *z. zu B.*

(2) *st.* de — Sweorum *B.:* et manent usque in hodiernum diem.

(3) *in B folgt:* 1112a. Congregacio[10] magna civitatum de Hansa facta est in urbe Lubeke post festum pasche, in qua tractabantur diversa rei publice utilia et presertim mercatoribus proficua. Ibidem tunc concludebatur, quod Lubicenses et Prutenorum civitates magnas naves cogbones dictas[d] preparare deberent et eas plenas armatis mittere in mare ad expugnandos pyratas et raptores maris. Ad quarum navium preparacionem et ad expensarum

a) Mariene *D;* Marienee *B;* Mariene *Rufus;* Marienee *H.* b) Lubicensium *B.* c) Godlandie *z. zu B.* d) dicte *B.*

1) *H fügt ein:* unde dar wart grot gut to ghegeven ute den steden Lubeke unde Hamborg, beyde van leyen unde van papen. 2) *Marienehe, kloster Mariensee.* 3) Iohannes dominus *auf rasur D; fehlt B. Rufus hat:* de here van Meylan, de ghenomet was de greve der Doghede. 4) *1395 mai.* 5) *Franz I. da Carrara (vertrieben).* 6) *Johann Franz I. Gonzaga.* 7) *Johann Medici.* 8) *Rufus:* De heren unde de stede, de wis eme kryghenden, de weren de heren van Padua unde syn stad, Florencia, Bononia, de markgreve van Ferrar unde syn stad, de van Pysa unde syn stad. 9) *Bis hierhin vgl. Detmarfortsetzung 382. Der folgende satz ist im Rufus vorhanden.* 10) *Vgl. Detmarfortsetzung 383. Vgl. Hanserecesse 1256—1430. IV 419 f.*

1113. Banabam[a, 1] dux de Wolgast cum collecto exercitu naves est ingressus, simulans se iturum contra hostes et perturbatores maris. Sed iter suum in alium finem dirigens, transivit in Nórennt et ibidem mercatorum naves spoliavit ac plures mari immersit. Cumque commissa preda reverti niteretur, ecce naviam magna classis mercatorum, in Bergam regni Norwegie ire tendens, sibi obviat et prelium cum eo durum agens omnes illos sic dispersit, ut nec una navis iuxta aliam maneret, multis submersis. Compulsique sunt raptores illi in diversas mundi partes et plagas fugiendo declinare(1).

1114. Wenslaus rex Romanorum prope Renum consistens dissenciones et gwerras plures sedavit[2]. Sed quod in pacificando hostes apud deum promeruit, hoc in illicito quodam facto ex toto amisit. Nam plures virgines deo consecratas de monasteriis eciam clausis extraxit et secum Bohemiam vexit stupri flagicio (occasionaliter, si non efficaciter) exponendo et vasa spiritui sancto reservata turpiter maculando(2).

1115. Civitates ille septem, que pro redempcione regis Alberti (et suorum concaptivorum) fideiusserant Margarete regine Danorum, prout supra anno XV. Wenzlai
aug. 15. sept. 8. tactum est, intra duo festa assumpcionis videlicet et nativitatis virginis gloriose se disponentes ad explendum promissum, miserunt (Bertrammum) Wulfiam burgimagistrum Sundensem ad Albertum regem Sweorum, sciscitantes ab eo, an solvere vellet LXM marcarum argenti, prout Margarete regine Danorum espospondisset, vel an redire vellet cum suis in captivitatem(3). Albertus(4) autem rex astuciis mundi plenus litteras scripsit et per eundem proconsulem eas transmittere in Stokholm se simulavit supplicans, ut tamquam fideles sui se non desererent in suis necessitatibus, sed se traderent in manus regine, quia amplius eos defendere non posset, ut sic liberari posset a sua captivitate. Fuerat autem sic conclusum per civitates prelibatas et reginam, cum de redempcione regis

sublevacionem omnes civitates de Hansa proporcionabiliter contribuere deberent; Rostoccenses tamen et Wismarienses a comerciis predictarum civitatum protunc fuerunt exclusi propter demerita et forefacta per illas duas civitates commissa in depredacionibus mercatorum tempore captivitatis Alberti regis Sueorum, mediantibus Vitaliensis suis.

(1) *in B folgt:* 1113a. Quidam[1] igitur de sociis ducis Frisiam apprehenduntur, quidam Norwegiam ingrediuntur et quedam navis cum 80 armatis de predictis raptoribus in Daciam vi ventorum pellitur, quo a Margareta regina rapitur et omnes in ea inventi decollantur. Dux autem vix cum paucis periculum mortis evasit.

1113b. Albertus[3] dux Bayoarie comesque Hollandie cum magno populo intrat Frisiam occidentalem, habens in suo exercitu ultra centum millia armatorum, et viriliter pugnans cum Frisonibus tandem eos sibi subiugat, occisis ex utraque parte hominibus multis.

(2) *in B folgt:* 1114a. Paulus[2] de Ursinis gwerram gerens cum Romanis in prelio cum eis congreditur et de ipsis circiter 400 occidit.

(3) aut presentare urbem et castrum Stokholm iuxta fideiussionem civitatum *z. in B. In D wol nur versehentlich weggeblieben, da H die stelle wieder hat. Vgl. schon oben § 1078.*

(4) st. Albertus — presentandam *B:* Rex autem dolis plenus litteras scripsit per eundem proconsulem ad civitatem prefatam Stokholm supplicans, ut tamquam fideles sui ipsum non desererent, dicens proconsuli predicto Wlfam, quod civitati Stokholm et castrensibus scripsisset, ut se traderent in manus regine, quia eos defendere non posset amplius, et litteram sic sonantem sibi legit, sed illam non misit.

a) *so D;* Barabem *B.*

1) *Vgl. Detmarfortsetzung 383.* 2) *Vgl. Detmarfortsetzung 386.* 3) *Vgl. Detmarfortsetzung 384.*

agereiur, quod si pecuniam supra expressam solvere non vellet aut non posset, quod extunc aut urbem Stokholmensem cum suo castro et pertinenciis ad ipsum regine ex integro resignaret aut in captivitatem rediret. Quam litteram licet sic, ut premittitur, scribi fecerit, non illam tamen, sed aliam sigillatam alterius tenoris nuncio civitatum porrexit transferendam et Stokholmensibus presentandam. Cum autem proconsul prefatus ad socios cum littera redisset et illi unanimiter transfretantes ad urbem sepedictam venissent, ut ipsi eam acceptarent cum suo castro ad fideles manus regine iuxta tenorem littere a rege Alberto nuncio suprascripto lecte, cives perlecta littera eam civitatibus ostenderunt et talem formam, ut ipsi asserebant, non continere eis ostenderunt. Cives tamen illi pocius verbis civitatum illarum quam litteris regiis credentes, iuxta fidem prestitam ab ipsis se regine subdiderunt, civitatem suam et castrum manibus et litteris sibi resignando et homagium fidelitatis prestando. Et(1) sic rex a captivitate et civitates a fideiussione facta solute sunt.

1116. Die[1] octavo post festum sancti Iacobi apostoli concludebatur deposicio Bene- aug. 1.
dicti antipape fienda in regno Francorum[2] secundum cronicam eorundem. Sane dux Bituricensis[3] ambonem ascendens de mandato regis Karoli et consensu universitatis Parisiensis ac principum et prelatorum regni pronunciavit, prefatum Benedictum antipapam depositum fore legitime et ipsum esse periurum et hereticum. Propter quod dixit regem mandare et prelatos universis subditis regni, quatenus amplius prelibato Benedicto heretico et legitime deposito nullam reverenciam aut obedienciam exhiberent sub pena privacionis vite et maledictionis eterne nec quamcumque causam in posterum ad suam curiam deducerent sub eadem pena. Positus est eciam tunc per regem Francorum et prelatos regni Alexandrinus patriarcha et Remensis[a] ac Rothomagensis archiepiscopi[4] cum eo, qui beneficia conferrent et prelatos inferiores instituerent. Reges autem, qui regi Francorum adheserunt in causa ista, fuere Anglie, Castelle, Porthugalie et Navarre[5]. (Rex vero Arrogonie solus predictum Benedictum in sua pertinacia fovebat, eo quod de sanguine suo esset)(2).

1117. Dux[6] Norfolc et dux Derbi regni Anglie discordias graves ad invicem habebant, eo quod unus alteri tradicionem regis et regni imponeret (secundum cronicam Anglorum), et ut veritas facti tam flagiciosi evidenter elucesceret, duellum certo die ad invicem agere compromiserunt. Cumque dies statuta pugne adesset et ambo in campum venissent pugnaturi, rex pius (Richardus) hanc crudelitatem abhorrens ambos duces perpetuo exilio condempnavit.

(1) st. Et — sunt B: Et sic rex ille Albertus regno Sweorum privatus est.

(2) in B folgt: 1116a. Gwerra[7] illa periculosa et multum dampnosa omnibus mercatoribus, diu habita inter fratres de domo Teuthonica Prusie et Lyvonie ex una parte et Lithuanos ex altera parte, deleta est totaliter et sopita sub hoc modo, ut omnia castra, civitates et terras[b], quas dicti fratres iusto bello acquisiverunt et ea edificaverunt ac repararunt et iam inhabitarent, sua esse deberent et manere; illas vero terras, que adhuc deserte essent, quas tamen acquisiverunt bello iusto, condividere cum Lithuanis deberent. Quod sic factum est secundum cronicam Lubicensium.

a) st. Remensis ac Rothomagensis B: duo. b) terras B.

1) Vgl. Detmarfortsetzung 386. 2) Edict vom 1398 juli 27. 3) Johann herzog von Berri. 4) Guido de Roye und Guillaume de Vienne. 5) Heinrich III. von Castilien, Johann I. von Portugal und Karl V. von Navarra. 6) Vgl. Detmarfortsetzung 388. Thomas Mowbray, herzog von Norfolk und Heinrich von Derby, herzog von Hereford. 7) Vgl. Detmarfortsetzung 387.

1399.

1118. Decimo nono anno Wenzlai qui est domini MCCCXCIX. asperitas[1] maxima hyemis fuit, diu ultra consuetum durans, nec alicuius tunc viventis hominis memoria intencius frigus fuisse recolebat. Ambulari enim tunc poterat a Lubicana urbe ad civitatem Sundensem in solida glacie et de Sundis in Daciam eciam[8] in curribus et equis.

1119. In[2] hac[a] autem hyeme fratres de domo Teutonica terre Lyvonie cum XVM armatorum occupantes terras Sametharum, interfecerunt ex eis IIIIM et plures ex eis captivaverunt. De pecoribus autem et iumentis predam immensam abduxerunt secum ad propria revertentes[9].

1120. Albertus[b, 1] comes Holtzatorum cum multo populo Frisiam ultra[c] Egdoram flumen intrans, depopulatus est eam subiecitque eam sibi, colligens de ea XVIM marcarum Lubicensis monete[10].

märz 21. 1121. Everhardus[2] episcopus Lubicensis obiit[3] feria sexta ante dominicam palmarum[4]. In cuius sedem electi sunt duo, puta magister Iohannes Dulman[d] auditor causarum Romane curie et magister Henricus Wolleri[e, 5]. Sed magister Iohannes (tamquam magis notus pontifici et satrapis eius) confirmatus est.

1122. Hadewigis[11] regina Polonie, filia Lodewici quondam regis Ungarie, obiit plena virtutibus[6]. Per hanc Boleslaus rex Polonie factus est cristianus, qui ante ipsius connubium Yagail dictus rex erat vel dux Lithuanorum et paganus[7].

1123. Alexander[8], qui et Vitolt[f] dictus, dux Lithuanorum collecto exercitu maximo intravit regnum Tartharorum, ubi prelia grandia agens cum ipsis victoriam a celo obtinuit de duobus certaminibus, in quibus Tarthari amiserunt CCM[g] armatorum. Sed in tercia pugna succumbens Alexander vix cum octo viris evasit manus hostium. Perierant autem de toto Lithuanorum exercitu CM armatorum.

1124. Albertus[9] quondam rex Sweorum, Wilhelmus marchio Misnensis et de Brandeburg et Laurencius dominus Slavorum congregati in opido Parleberge, pacem generalem terrarum suarum, quam alias inceperant ibidem, protunc concluserunt, firmantes eam litteris et iuramentis suis. Cum autem predicti principes in tam salubri occupacione essent constituti, raptores dyabolica instigacione agitati, qui in opido et castro Lentzen residebant, exeuntes castrum, quod Albertus rex contra eos erexerat, destruxerunt traditorie ipsum capiendo et opidum dictum Lentzen reintraverunt. Quod audientes principes ibidem congregati, cum manu valida prefatum opidum obsiderunt

---

(8) *st.* eciam — equis *B:* Simile eciam creditur tunc potuisse fieri in aliis maris partibus.

(9) Quibus[1] exeuntibus terram predictam, fratres ordinis eiusdem terre Pruthenorum cum maximo exercitu intraverunt eandem terram et infinitam hominum multitudinem peremerunt pariter et captivaverunt secundum cronicas Lubicensium. *s. zu B.*

(10) *in B folgt hier § 1124:* Albertus rex quondam — terre pellentes (*so* elapsos prescripserunt).

(11) *§ 1122 lautet in B:* Eodem[e] tempore obiit et regina Crakovie, que, ut supra patuit, invita nupserat duci Lithuanorum, fecit postea per eam tam ipse dux quam totum eius territorium conversum sit ad Cristum. Post hec eciam obiit et soror ipsius regina Ungarie, sancta mulier[9].

---

a) a *aus* o *korr. D.* b) Nicolaus *B.* c) *st.* ultra Egdoram flumen *B:* iuxta Dithmarciam. d) Dulmen *B.* e) Willeri *B;* Wolkeri *Rufus.* f) Withant *B.* g) *aus* CCC *korrigirt D;* 300000 *B.*

1) *Vgl. Detmarfortsetzung 388.* 2) *Vgl. Detmarfortsetzung 389.* 3) *Gest. 1399 märz 21.* 4) uppe den hilghen palmedach *Rufus.* 5) *Heinrich Walter.* 6) *Gest. 1399 juli 7.* 7) *Wladislaw II. Jagel wird christ 1386 febr. 14.* 8) *Vgl. Detmarfortsetzung 390.* 9) *Maria gemahlin Sigismunds starb schon 1392 mai 17.*

et ipsam tandem expugnantes ceperunt. Raptores vero in eo repertos patibulis appenderunt et ceteros elapsos proscripserunt. De Lentze autem procedentes ultra ad castra et municiones de prope iacentes vallaverunt et, nemine in eis invento, ea succenderunt. Nomina autem dictarum municionum protunc destructarum sunt Wusterowe, Mezekowe, Mankemus et Kummerlose[a].

1125. Nuncii[1] fratrum de domo Teuthonica terre Prutzie venerunt in Wismariam urbem Obotritorum, secum deferentes thezaurum magnum, quem obtulerunt(1) Alberto regi, prout alias secum convenerant, pro terra Godlandie[b]. (Quam quidem terram eisdem fratribus resignavit cum omni iure suo, quod in ea habuerat, perpetuo possidendam).

1126. Civitates[1] stagnales navigantes in Daciam convenerunt in Selandia, ubi placitantes cum Margareta regina pacem firmam fecerunt inter mercatores suos et tria illa regna Dacie, Swecie et Norwegie. Et confederati sunt ibidem et compromiserunt pariter, quod totis viribus satagere vellent ad exstirpacionem pyratarum[c]. Recepte eciam sunt protunc ibidem in graciam regine civitates Rostoccensis et Wismariensis(2).

1127 (736). Henricus dux Lancastrie, patruus Richardi regis Anglie, captivavit ipsum regem Richardum et carcerali custodie eum commendavit atque post dies paucos ipsum crudeliter strangulavit se ipsumque in regem loco sui eligi et coronari procuravit. Factus autem rex tyrannica impietate in plures desevit prelatos et religiosos, dicti Richardi regis interfecti fautores et amicos, mortibus diversis eos mulctando(3).

1128. Hic Richardus, flebili memoria ab omnibus deo dilectis recolendus, vir extitit magne devocionis, iusticie zelator, pacis amator et religiosorum pater et fautor. Horas hic diurnas pariter et nocturnas, quando commode potuit, aut audivit aut legit studiose secundum breviarium fratrum ordinis Predicatorum tamquam in sacris ordinibus constitutus. Propter quod haut dubium pro iusticia fidelitateque sua mortificatus, preciosa est in conspectu domini[d] interfeccio ipsius et suo crudeli interfectori damposa.

1129. Quedam[1] hominum multitudo magna promiscui sexus conglobata, puta LXXXM hominum vel amplius albis indumentis vestitorum, apparuit in Ytalia terras peragrans (secundum cronicam Romanorum). Hec turba cum alicui civitati apropinquaret[e], recipiebatur solempniter ab incolis urbis cum processione devota cleri et populi; et cum ipsam urbem ingrederetur, clamabat voce sonora: 'Pax et misericordia' et cantabat

(1) obtulerunt — pro *auf rasur D; st.* obtulerunt — convenerant *B:* Alberto predicto dederunt.

(2) *in B folgt:* 1126a. Cives[1] urbis Tremoniensis terre Westphalie discordantes cum suo consulatu ceperunt omnes in consilio existentes et carceribus eos mancipaverunt.

(3) Captivari namque fecit simul pro eodem tempore duces, episcopos, milites et religiosos, quos omnes uno die suspendit, inter quos erant, ut dicebatur, 7 vel 8 fratres ordinis Minorum patibulis appensi propter impositam eis tradicionem. Et spero in Deo, quod innocentes fuerint et martires effecti. Unus eciam frater ordinis Predicatorum doctor in theologia cum aliis captus extitit propter idem crimen, sed innocencia sua in hoc claruit, quod indutus inveniebatur cilicio ad carnem nudam. Quod cum regi nunciaretur, restitui fecit ipsum libertati dicens, non posse simul stare in uno homine tantam sanctitatem cum vicio tradicionis[2]. *s. zu B. Vgl. A.*

a) Kummerlose *B.* b) secundum cronicam Lubicensium *s. zu B.* c) Vitalianorum *B.* d) *am rand D.* e) pinqua *auf rasur D.*

1) *Vgl. Detmarfortsetzung* 391. 2) *Aehnlich aber kürzer Rufus:* He dodede ok menyghen bysschop unde banerheren unde leet sunderliken henghen 9 grawen monnike van sunte Franciscus orden. Men, also me sprikt, so wrochte als de hemmelsche god openbarliken an deme sulven tyrannen, also hyrna beschreven steyt.

carmen illud de passione virginis gloriose: 'Stabat mater dolorosa etc.'[1]. Quicumque autem se tunc illis iungebat ex illa civitate, illi promiserunt fratres et sorores illius secte, quod nunquam moriturus esset subitanea morte nec eciam ex illa clade, que tunc in partibus illis seviebat. Maxima enim illis diebus vigebat in partibus illis epydimia. In dicta autem comitiva fuerunt, ut dicebatur, episcopi, abbates et plures alii prelati, insuper comites, barones, milites et nobiles multi. Hii predicabant hominibus et vicia eorum redarguebant(1).

*Z. 109. 1130. [1]Ulricus[a] et Iohannes duces Stargardie collecto exercitu venerunt prope Prinslaviam urbem marchie de Brandeburg. Quod ut viderunt cives, exierunt cum tota potencia sua, ut hostibus resisterent. Duces vero exercitum civium mox recensentes, celeriter inter civitatem et cives se locaverunt et repente in eos irruentes captivaverunt fere omnes burgenses dicte civitatis et confestim ab eis homagium fidelitatis postulaverunt. Quo prestito cum eis urbem intraverunt et exaccionantes eos LXM sexagenarum Bohemicalium[a] ab eis extorserunt, abducentes pro pignoribus dicte summe pociores[3] cives civitatis illius.

1131 (739). Fratres[4] ordinis Predicatorum urbis Lubicensis vetus chorum deicientes, novum reedificaverunt satis solempnem(2).

DE RUPERTO REGE ROMANORUM.

1132 (740). Rupertus[b] dux Bavoarie et comes palatinus Reni (cepit anno mundi VMCCCLX, olimpiadis DXXIX anno tercio, urbis condite IIMCL, domini vero MCCCXCIX et annis XIIII regnavit. Hic) ob desidiam, neglienciam et inordinatam vitam Wenzslai regis Bohemorum in regem Romanorum est provectus, ipso Wenzslao Romanorum rege vivente (et abiecto). Fuerat namque prefatus Wenzslaus sepe ammonitus a pontificibus summis Urbano VI et Bonifacio IX. et ab electoribus imperii, ut se emendasset. Sed quia hoc facere renuit, Rupertus prelibatus est in Frankenford electus in regem Romanorum[c] (et a Frederico Coloniensi archiepiscopo Aquisgrani coronatus). Et quia benediccione imperiali caruit, idcirco numero imperatorum non est annotatus[5].

(1) *in B folgt:* 1129a. Turci[1] urbem Constantinopolitanam obsident, sed Sigismundus rex Ungarie obsessis auxilium ferens Turcos fugat et civitatem liberat.

(2) Ad cuius structuram contulit civis unus Lubicensis nomine Petrus Huk mille et 400 marcas et amplius solum ad illam intencionem, ut in muro chori quedam domuncula fieret, ubi plectendi homines confessiones suas facerent et sacramentum eukaristie ibidem cernerent. Quod et factum est[6]. *z. in B.*

a) secundum cronicam Lubicensium *z. in B.* b) Robertus dictus Clem *B.* c) et regnavit 14 annis *z. in B.*

1) *H erzählt:* unde sungen denne van deme lidende der moder godes une loyscn, de begunde sik so: 'Maria stunt vil drovelik bi deme cruce wenelik'. *Rufus:* unde sunghen van unser leven vrowen lidende: 'Stabat mater dolorosa etc.', dat heet to dude: 'Maria stund bedrovichlik by deme cruce'. 2) *Vgl. Detmarfortsetzung 393.* 3) twintich van den upperston borgheren *H.* 4) *Vgl. auch die fassung von H im anhang I.* 5) *Auch diesen § hat Rufus aufgenommen;* 'palatinus greve van deme Ryne'. 6) *Ganz ähnlich Rufus:* In deme sulven jare buweden de Predekere brodere van der borch to Lubeke en nyge kor kostlik unde schone. Dar gaf en eyn borgher tho hulpe by 60 hundert marken Lubescher pennynghe myt sodanen vorworden, dat se maken scholden in den nyen ghevel des koeres twe kameren, dar de mysdedeschen vorrichteden lude ere bicht mochten yeghen don — unde dar na dat sacrament en yegen wyzen, uppe dat se to rouwe over sunde mochten komen. *Auszüge aus der Rufus-chronik von 1400 ab gibt Grautoff, Lübeckische Chroniken II 450—577. Auch ist zuweilen die hs. zum vergleich herangezogen; daraus die verweisungen ohne seitenzahl. Die abhängigkeit des sogen. Rufus vom Korner geht durch.*

1400.

1133 (741). Primo anno Ruperti qui est domini MCCCC. Fredericus[1] nobilis dux Brunswicensis, visitato novo rege Romanorum[(1)], est prope Frislariam gladio[(2)] Frederici de Hertegeshusen militis perforatus V. die mensis Iunii, que erat vigilia penthecostes Juni 5. secundum cronicam Saxonum. (Erat autem predictus Fredericus dux princeps pacis, verbo verax, hominibus affabilis et dilectus).

1134 (742). Propter[(3)] [1] huius principis mortem multe gwerre, multarum terrarum devastaciones, multa homicidia, rapine et incendia facta sunt[(4)].

1135 (744). (Laurencius[2] Slavorum dominus obiit[3] et sepultus est in Gusterowe in ecclesia maiori terre sue; cui filius suus senior Balthazar successit in dominio, Wilhelmo iuniore in studio degente[4].) Hic Balthazar hoc anno cum exercitu satis exili claustra Lubicensium ingressus, villam Wislo[5] prope Swerin silvam sitam incineravit et vaccas urbis apprehendens absque resistencia et insecucione quacumque abduxit[(5)].

1136 (745). Gerardus[6] Herbipolensis episcopus cives illius urbis sibi rebelles et contumaces in prelio prostravit multos interficiens. Rotari eciam plures ex eis fecit, quorum capita lanceis inposita victor effectus per urbem circumduxit, et non per portam, sed muro civitatis in magna parte deiecto ipsam intravit.

1137 (746). Quo episcopo defuncto successit Iohannes in episcopatu, vir pacificus et devotus. Hic universitatem in urbem suam locavit et a papa confirmari eam procuravit cum privilegiis et graciis consuetis. Sed eo decedente et ipsa universitas secum non abcessit.

1138 (723). In[(6)] Colonia quidam civis multum devotus, apud fratres Predicatores

---

(1) Ruperto, ex tradicione et iniqua practicacione Iohannis de Nassow archiepiscopi Moguntini[a] z. zu B.

(2) a Frederico filio z. zu B. Vgl. A.

(3) *§ 1134 lautet in B:* Cum autem predictus dominus Fredericus dux occisus introduceretur mortuus in urbem Brunswicensem, facta est tanta commocio populi universalis tantusque planctus et lamentacio, ploratus et ululatus, quod similis numquam auditus fuit. Ab omnibus enim diligebatur et ideo ab omnibus plangebatur. Propter huius principis mortem tam perniciose intantum multe gwerre, devastaciones terrarum varie, homicidia quam plurima subsecuta sunt et commissa.

(4) *in B folgt:* 1134a (743). Rodolfus quoque dux Saxonie in eadem reysa cum multis nobilibus captivatur per eiusdem archiepiscopi maliciosam ordinacionem.

(5) nec insecutus est ipsum homo ex parte dicte urbis, quod cessit in non modicum vituperium sibi. Gladius enim Lubicensium quondam versatilis et ex utraque parte scindens, quem tam principes quam civitates, nobiles et ignobiles formidabant temporibus retroactis, protunc obtusus factus et rubiginosus de vagina extrahi non valuit, et animosa eorum corda meticulosa ut leporum sunt effecta. *z. zu B.*

(6) *§ 1138 lautet in B entsprechend dem § 723 der fassung A:* In Colonia Agrippina quidam scriptor extitit Conradus vocatus, qui familiaris multum erat cuidam predivitl civi nuncupato Iohanni Revward in tantum eciam, quod clavem ad domum suam sibi tradiderat ad

---

a) de Swartzsborg z. zu B.

1) *Vgl. die fassung der §§ 1133 und 1134 von H im anhang I.* 2) *Der satz schon bei Rufus II 459. Vgl. die fassung des ganzen § von H im anhang I.* 3) *Gest. 1400 sept. 18.* 4) to Erphorde *fügt Rufus a. a. o. hinzu.* 5) Israhelstorpe, Heringwik unde Stuhup *fügt Rufus a. a. o. hinzu.* 6) *Rufus a. a. o. hat:* Der jammerliken vorretnisse gaff me schult, also men sede, Johan van Nassowe erczebisscop van Mentze, unde deme greven van Waldegge. *Hierzu vgl. B unten zu § 1287. Vgl. auch H im anhang I.*

moratus, interficitur cum famulo suo a quodam scriptore sibi valde familiari. Qui captus postea rotatus est. Nomen[a] autem civis sic interfecti fuit Iohannes Bersword, dives et elemosinarius magnus.

1139. Ericus[b](d) dux Saxonie de Louenburg obiit, post se filios V relinquens, puta

ingrediendum et exeundum, quandocumque sibi placeret. Ille Conradus quadam die 40. presentis anni domum predicti civis intravit, inductus dyabolica instigacione, et famulum predicti civis solum in domo reperiens stantem apud ignem et pisces manualiter vertentem, ipsum sic inclinantem se ad craticulam piscibus plenam et prunis suppositam quodam ferreo instrumento ad hoc ex proposito ordinato in capite percussit et mox eadem hora iugulavit. Quo occiso ipsum in cellarium proiecit. Et vadens retro ostium domus se locavit latitando, quousque dominus domus Iohannes de ecclesia reverteretur ad prandendum. Qui cum veniret et ipsum interfectorem preteriret, mox retro ipsum stans eodem instrumento eum percussit ad capud et ad terram deiecit exspirantem. Quem etiam per pedes apprehendens alteri occiso associavit. Illis duobus sic crudeliter expeditis, mansit homicida ille intrepidus in domo illa per diem et noctem, edens et bibens que apud ipsum erant. In nocte vero cistas et armaria hominis interfecti apperuit[c] et thesaurum magnum inde extraxit in diversis clenodiis argenteis et florenis innumeris et asportavit. Cumque supradictus civis nullibi appareret multis diebus, nec pulsantes ad domum eius amici et noti intromitterentur, cogitaverunt tandem sibi forte malum quid accidisse. Unde rumpentes violenter ostium curie sue, apud fratres Predicatores site, intraverunt domum eius et statim considerantes pavimentum aspersum sanguine, sequebantur vestigia cruoris et sic ambos dominum et famulum in cellario interfectos inveniebant; effractasque cistas et armaria spoliata reperiebant. Quibus visis mox casum illum lugubrem ad urbis iudicem deferentes et secundum legem civitatis factum discucientes, tandem utrumque ad fratres Predicatores in uno sepulcro honorifice et non sine lamentis multorum tumulaverunt. Quis tamen illius impiissime interfeccionis patrator existeret, omnino ignorabatur. Cum vero iam quasi mensis transisset, venit iugulator ille ad quendam aurifabrum, volens cambium facere de florenis valde antiquis et eciam vendere argentum conflatum et confractum. Aurifaber autem ille sciens scriptorem illum indigentem et inopem semper extitisse, mirabatur unde tam vetus aurum et nobile haberet. Vidit eciam pecias illas argenti esse de confractis taciis et ciphis. Unde statim sibi incidit, quod forte civem illum predivitem occidisset, de quo flebilis fama vulgabatur, et ideo quesivit ab eo, an non haberet plures tales florenos, quia indigeret eis ad deaurandum et vellet sibi amplius dare pro eis, quam quicumque alius. Quo respondente quod sic, petivit eum ut iret et[d] quibus carere posset, sibi afferret, et tunc pro omnibus simul satisfacere sibi vellet. Cumque scriptor recederet et redire spopondisset cum aliis florenis, aurifaber iudicem civitatis accessit et seriem facti sibi revelavit. Qui veniens cum familia, scriptorem revertentem apprehendit et ad vincula civitatis posuit. Quem ut tormentis exponere inciperet, mox facinus suum prodidit et omnem modum interfeccionis fassus est. Et sic altera die tractus per civitatem per pedes equis alligatos rotacionis penam subiit[1].

(d) *zw. der §§ 1139 und 1141 gibt B unten am rand:* 1139a. Erikus dux Saxonie de Louenburch obiit, post se relinquens[e] filios, puta Erikum, Ottonem[f], Oberardum et Iohannem. Cui tamen in ducatum successit Erikus senior filius. Hic Erikus senior dux et predictorum patruorum pater ante obitum suum civibus urbis Lubicensis pro quadam pecunie summa castrum Bergherdorp inpignoraverat. Et ipso duce adhuc vivente in castro, Lubicenses

a) nom *auf rasur D.* b) Ericus — Lou *auf rasur D.* c) apparuit *B.* d) de *B.* e) tres *radiert folgt B.* f) *übergeschrieben B.*

1) *Der text von B ist gegenüber A an einigen stellen mehr ausgeschmückt.*

Ericum, Magnum, Ottonem, Gherardum[1] et Iohannem. Cui in ducatu successit Ericus senior natu. Magnus vero factus episcopus Caminensis postea translatus est ad ecclesiam Hildensemensem. Iohannes autem interfectus est prope villam Rosenburg a quodam mercatore[2] sagitta. Gherardus vero et Ericus adhuc vivebant, cum hec scriberentur[3].

1140 (747). Tidericus quidam Hollandrinus, prebendarius fratrum Predicatorum in conventu Hammeburgensi, quandam interfecit mulierem eciam prebendariam in eodem(1) conventu latenter, nec sciri potuit, quis occisor eius fuisset. Cum autem XI. advenisset, predictus Tidericus latro peccatum suum cuidam fratri eiusdem conventus confessus est, cui nomen Mathias. Quem cum frater ille absolvere nollet, sed ad superiorem remitteret, cogitavit homicida ille dyabolica suggestione motus, quod frater ille facinus suum prodere vellet, eo quod ipsum absolvere recusasset. Propter quod nacta oportunitate accessit fratrem illum Mathiam quodam die dominico in ambitu fratrum eorundem sub silencio summe misse sibi obviantem et ipsum cultro suo transfodit tria letalia vulnera sibi inprimendo et abcessit. Frater autem ille sic confossus cadens mox spiritum efflavit(2).

1141. Ericus(3) dux de Louenburg cautulose accedens castrum Bergherdorp, quod patruus suus Lubicensibus pro magna pecunie summa impignoraverat, eiecit Ottonem de Ritzerowe dicte civitatis advocatum, qui dictum Ericum sub fide prestita intromiserat[4]. Otto vero prefatus videns se deceptum per ducem Ericum antedictum, loco castri Bergerdorp, quod a Lubicensibus custodiendum receperat in manus fideles et iam in bona fide perdiderat, proprium castrum suum Ritzerowe ipsis civibus resignavit et se ipsum eisdem captivum presentavit ac civitatis vincula et claustra sponte intravit, non diu post pre melancolia diem claudens extremum[5].

1401.

1142 (749). Secundo anno Ruperti qui est domini MCCCCI. ipse Rupertus rex Romam pro corona imperiali adipiscenda ascendere visus est. Sed in sumptibus et expensis

---

quendam nobilem nomine Ottonem de Ritzerowe in eo suum advocatum constituerant et ad fideles manus sibi ipsum tradiderant. Sed ipso defuncto filius suus Erikus introductus per eundem Ottonem sub fide prestita, obtinuit vi castrum et expulit prenominatum Ottonem, prevaricator factus fidei sue. Otto vero nobilis deceptus per Erikum — u. s. w. wie D — pre melancolia ab hac luce decedens.

(1) st. eodem conventu B: quadam turri orti eorundem commorantem.

(2) in ambitu predicto et in eodem sue interfeccionis loco sepultus est z. zu B.

In B folgt: 1140a (748). Wilhelmus dux de Monte cum exercitu veniens ante civitatem Cleve, ipsam obsedit. Quod Adolfus comes de Clivis intelligens, cum Tiderico fratre suo comite de Marka exercitum collegit magnum et se transferens ad urbem obsessam, prelium cum predicto duce gessit et ipsum captivans plures hostes interfecit.

(3) *siehe vorige seite anm.* (4).

---

1) *H nennt ihn richtig* Bernardo; *auch in D hat eine spätere hand* Bernhardum *übergeschrieben.* 2) den he schyuuen wolde *z. zu H und Rufus II 460.* 3) *Erich IV, vater der fünf genannten söhne, stirbt erst 1412. Vielleicht dachte Korner an die sterbezeit Erichs III, des letzten herzogs zu Mölln und Bergedorf, der 1400, nach andern 1401 stirbt. Von den fünf söhnen sterben Erich V. 1436, Magnus (1410 bischof von Cammin, 1424 von Hildesheim) erst 1452, Otto vor 1431, Bernhard 1463; Johann wird 1414 erschlagen. Ein sechster sohn Albrecht stirbt 1421. Auch in B § 1129a verwechselt Korner Erich IV. und Erich III.* 4) *Bei Rufus II 460 direkte rede eingefügt.* 5) *Vgl. Urkundenbuch der stadt Lübeck III 771 f. (urkunden Erichs III. von 1370) und V 20 (urkunde Erichs IV. von 1401).*

deficiens et eciam per quosdam Ytalie tyrannos prepeditus, iter suum retraxit et ad propria reversus est.

1143 (750). Wilhelmus(1) marchio Misnensis et filii fratris sui Fredericus et Wilhelmus urbem Pragensem cum maximo exercitu obsederunt et dampna non modica eidem intulerunt (secundum cronicam Saxonum). Pro illo namque tempore erant marchiones isti, puta Wilhelmus senior monoculus, qui primo duxerat sororem Iodoci et Procopii marchionum Moravie, qua defuncta duxit in uxorem filiam Ottonis ducis de Leyna et ab istis duabus uxoribus nullam prolem suscepit. Erat et Balthazar frater predicti Wilhelmi monoculi lantgravius Thuringie, qui filium genuit Fredericum nomine[1]: iste Balthazar duxit relictam ducis Frederici de Brunswic filiam Rodolfi ducis Saxonie, a qua prolem nullam habuit. Extiterat et Fredericus frater dicti Wilhelmi monoculi secundus, qui tres reliquid filios, puta Fredericum, Wilhelmum et Georgium(2)[2].

1144 (751). Clerus[3] Halberstadensis propter quasdam discordias inter ipsum et cives eiusdem urbis subortas exivit civitatem dictam metu victus et divisim sparsus est in opida et civitates circumiacentes, moram in eis trahens, dempto Henrico Rintdorp mercenario parrochie Sancti Pauli (secundum cronicam Saxonum). Hic in eadem urbe cum aliquibus aliis sacerdotibus sibi in consciencia similibus prophanavit contra mandata Rodolfi episcopi Halberstadensis, nati comitis de Anahald(3). Religiosi vero mendicantes ordinum Predicatorum et Minorum conventus suos deserentes propter clerum urbem predictam exierunt, paucissimis exceptis, qui ob custodiam loci remanentes et interdictum strictissimum observantes perpessi sunt multas tribulaciones et contumelias a civibus eis illatas et penurias victualium, stantes(4) conclusi et quasi incarcerati in suis monasteriis. Quibus pacienter et libenter pro deo et iusticia tolleratis, tandem redempti sunt, concordia et reconciliacione parcium intervenientibus.

1145 (752). Barnham dux de Wolgast et Balthazar dominus Slavorum cum CCCC fere lanceis venerunt prope urbem Lubicensem. Et(5) vi transeuntes municiones et fossata urbis, incenderunt prope municionem dictam Vredeburg tabernam quandam Sancti Christoferi, ductore eorum existente Henrico Distelvink. Cives autem Lubicenses percipientes(6) hostes adesse ad capienda arma pulsacione campane et clamoribus consuetis se invicem hortati sunt. Cumque copiosam multitudinem cives eduxissent et extra valvam molendinariam se congregassent, equestres, quorum capitaneus erat Iordanus Plescowe proconsul, vir industrius et expeditus, inimicis obviam perrexerunt.

---

(1) st. Wilhelmus — et Wilhelmus *B:* Marchiones Misnenses, dempto Georgio iuniore marchione.

(2) Hic Fredericus iunior duxit in uxorem filiam Henrici ducis de Luneburg. *s. zu B.*

(3) Quidam tamen dixerunt, ipsum episcopum magis fuisse inclinatum civibus et magis fovisse discordias illas quam prohibuisse. *s. zu B.*

(4) *st.* stantes — intervenientibus *B:* Sed tandem malas gratitudines et remuneraciones pessimas a predicto clero reportaverunt fratres predicti. Et multo consulcius fecissent, quod deserentes clerum religionis inimicum civibus adhesissent in eorum appellacione, quod utique cum deo et honore facere potuissent et sine periculo animarum suarum.

(5) st. Et — Distelvink *B:* Et intrantes municiones civitatis iuxta tabernam Cristoferi kruch dictam, ad direccionem cuiusdam Distelvink nomine exercitum suum direxerunt retro Sanctum Georgium.

(6) ex provisione familiari Alberti quondam regis Sweorum *s. zu B.*

---

1) de nicht alto blek en was *fügt Rufus 401 hinzu.* 2) De sulve Georgius levede nicht lange. *Rufus a. a. o.* 3) *Vgl. die fassung von H im anhang I.*

Territus autem Barnham dux de multitudine civium, fugam(1) cepit cum suis et veniens ad antrum, per quod intraverat, ipsum obstructum et munitum armatis et balistariis reperit. Quod cernentes principes, multum consternati festinaverunt ad castra ducis de Louenburg, ut(2) ibidem exitum terre invenire valerent ad evadendum manus civium. Ericus autem dux ipsos principes presidium suum querentes salvare cupiens, transitum per sua claustra eis concessit; et sic manus Lubicensium evaserunt[1], non tamen sine amissione plurimorum tam virorum quam equorum in cursu illo interfectorum. Barnham dux eciam saucius evasit, non tamen letaliter(3).

1402.

1146 (754). Tercio anno Ruperti qui est domini MCCCCII. Wilhelmus marchio Misnensis Donyn castrum prope Dresden situm obsedit et expugnavit (secundum cronicam Saxonum), castrensibus penitus amotis.

1147 (755). Eodem tempore obiit Georgius junior filius Frederici, fratris Wilhelmi marchionis(4).

1148 (756). Cometa magnus apparuit in occidente tempore XL. et duravit per mensem et amplius.

1149 (757). Qui tandem disparuit, dum Wenzlaus rex Bohemorum secundario a fratre suo Sigismundo rege Ungarie caperetur, quem captum in Viennam urbem deduxit. Sed tandem fuga elapsus in Bohemiam rediit(5).

1150 (759). Angli pecte Hammeburgensium duplex certaverunt bellum navale cum pyratis(6), quorum capitanei in primo conflictu fuerunt Wichmannus et (Nicolaus) Stortebeker. Et Hammeburgenses ex eis interfecerunt CCXL[a] prope insulam Terre Sancte,

(1) st. fugam — reperit B: fertur dixisse domino Slavie: 'Avuncule gloriatus es, non velle ducere in ortum [illegible], sed ecce sumus hic et det Deus, quod nos carpamus rosas cruentas[b] manibus nostris'. Cui Baltazar: 'Consolare, mi princeps, et esto boni animi. Scio hos cives tam generosos esse et urbanos, quod non sicient sanguinem nostrum, sed nobis captivatis bene facient'[2]. Fugam igitur capientes hostes et ad loca, ubi intraverant, venientes, ea obstructa invenerunt et munita sagittariis et armatis viris.

(2) st. ut — interfectorum B: ubi introgressi manus Lubicensium, non tamen absque interfectione quorundam, evaserunt.

(3) Quod autem predicti principes tam leviter cum suo exercitu illesique abcesserunt, hoc desidia civium et segnicies causabat, quia, si ipsi viriliter egissent, vere omnes conclusissent et obtinuissent, multo labore remoto. s. zu B.

(4) in Koburg in adventu domini et in monasterio Porta iuxta Nuwenborg[c] prope Salam fluvium est sepultus s. zu B.

In B folgt: 1147a (753). Rupertus rex Romanorum a Lombardia revertitur non coronatus, quia Romam non pervenit, impeditus per comitem Virtutum, ducem factum per Wenzeslaum, ob cuius favorem Rupertum retrocedere fecit.

(5) *in B folgt:* 1149a (758). Pestilencia maxima viguit in Brunswik et Halberstad et in opidis de prope iacentibus.

(6) qui in mari remanserant ex maledicta collectione raptorum, quam civitates Rostok et Wismer fecerant pro liberacione Alberti eorum ducis, licet protunc essent per eos [illegible] s. zu B.

a) 30 B; bruk to vertich *Rufus 462*; bi vertigen *H.* b) *so B.* c) Nuwenborg *B.*

1) *Rufus schliesst hier, fügt jedoch an:* Erer was vele, de sik to dem sulven tiiden levelen to den hilghen steden, uppe dat en god hulpe van danne. 2) *Ein Stück der rede auch noch im Rufus.*

LXX vero secum duxerunt in suam urbem et ibidem decollati sunt, capita autem eorum prope Albiam in quodam prato locata sunt[1]. In secundo vero certamine navali fuerunt capitanei pyratarum Godfridus Michaelis[a] et Wigboldus magister in artibus. Et capti sunt ab Anglipetis mercatoribus dicte civitatis circiter LXXX. Hii omnes ut primi in urbem Hammeborg sunt ducti pariter et decapitati ac aliis appositi in eodem prato.

1151 (760). Ulricus dux Stargardie intrans marchiam de Brandeburg cum exercitu valido obsedit opidum Vredeburg, quod tandem muris ascensis cepit et bonis omnibus spoliatum ipsum incendit. Inde vero transiens ad opidum Struntzeberg(1), similiter et ipsum cepit, spoliavit et conflagravit.

1152 (761). Clerus urbis Magdeburgensis[b] a communitate ipsius quasi furente invaditur (secundum cronicam Saxonum) et canonicorum curie et vicariorum domus violenter franguntur et spoliantur. Due vero domus eorum incinerantur, ipsis canonicis et vicariis fuga elapsis cum clenodiis maioris ecclesie. Totum autem hoc malum (et quod postea secutum est) a moneta sumpsit exordium.

1153 (762). Margareta[2] trium regnorum regina cremari fecit publice in Valsterbode quendam, qui pro filio suo Olavo se gerens, plura signa et condiciones veri filii sui in se habere ostendit, instructus forte(2), ut dicebatur, per quandam mulierem, que tempore dicti Olavi filii regine apud ipsam reginam existens curie servierat.

1154 (763). Wilhelmus(3) quidam[c], albis vestibus indutus et pro apostolo se gerens, venit in urbem Lubicanam et multo tempore inibi degens, vite sue strenuitate ad extra

c. 441. apparente multos homines sibi fecit familiares et favorabiles utriusque sexus. Sed tandem malicia sua ad intra[c] palliata in patulum prodire cepit per varia impudicicie signa et verba diversis personis expressa et turpia exercicia cum pluribus habita. Propter quod a bonis et honestis mulieribus accusabatur apud inquisitorem heretice pravitatis magistrum Eylardum de ordine Predicatorum tamquam de heresi suspectus. Qui ipsum

(1) super fluvio Steren constructum z. zu B.

(2) st. forte — servierat B: Ille quamvis nequam esset et deceptor, tamen a multis reputabatur verus esse et falso illius regine filius. Aehnlich Rufus II 463[3].

(3) st. § 1154 gibt B: Heresiarcha quidam Wilhelmus vocatus, albis incedens indumentis et pro apostolo se gerens, examinatus est in urbe Lubicensi per inquisitorem hereticorum fratrem Eylardum ordinis Predicatorum, sacre theologie doctorem, et inventus hereticus in multis articulis gravissimis et horribilibus adiudicatus est carceri perpetuo in pena. Quem carcerem cum intrasset cum cruce sibi apposita et numquam per ipsum deponenda, dictam crucem in terram proiecit ac eam pedibus suis calcavit contumeliose. Quo percepto dictus inquisitor iudicio seculari tamquam relapsum et recidivum tradidit, per quod crematus est in campo, infinita hominum multitudine presente. Ille infelicissimus hereticus inter ceteros graves articulos numero fere 80 docuit, dominum Ihesum Cristum amasium fuisse beate Marie Magdalene et actus venereos cum ea exercuisse et similiter Iohannem ewangelistam virginis intemerate amasium fuisse. Que quidem aures fidelium audire pavescunt, ymmo cogitare abhominantur[4].

a) Michel B. b) in novo foro habitans z. zu B. c) ira von andrer hand D. d) die zeile war zur hälfte beschrieben B.

1) Der Hamburgher hovetlude weren her Symon van Utrecht unde Johan Wulff z. zu H. 2) Vgl. die fassung von H im anhang I. Die nachricht hat auch in Rufus 463 eine durchaus selbständige form. 3) Rufus a. a. o. fügt noch hinzu: Ok seggen vele lude, dat umme des mordes willen god gesendet heft desse lande de groten valde des heringhvanges; wat dar waraftich is, dat is god alleene bekand.

capi fecit per famulos civitatis predicte et coram multis clericis, religiosis et laycis diligenter ipsum examinavit pluribus vicibus. Quem postremo, multis audientibus, diversis erroribus et heresibus infectum reperiens carceri adiudicavit et emendam promittenti crucem ut penitenti misericorditer inposuit. Cum autem in carcere constitutus esset, crucem, quam inquisitor antedictus humiliter ferendam sibi imposuerat, cum irreverencia et contemptu contumeliose de collo rapuit, videntibus carceris custodibus, et ipsam in terram proiecit ac pedibus calcavit. Quod facinus cum inquisitori indicaretur, dictum hereticum de carcere tulit et cum magna solempnitate in publico loco coram infinita populi multitudine, post sermonem gloriosum ab eodem inquisitore factum, ipsum iudicio seculari tradidit tamquam relapsum et ignibus reum. Qui tandem conbustus est[1].

1403.

1155 (765). Quarto anno Ruperti qui est domini MCCCCIII. canonici et vicarii urbis Magdeburgensis reconciliati civibus dicte civitatis reversi sunt ad curias suas et domos suas in bona quinta feria (secundum cronicam Saxonum). Quibus omnia dampna per apr. 12
cives eisdem illata, que sub iuramento se dicebant passa, per promptam pecuniam sunt integraliter soluta.

1156 (766). Henricus[2] dux de Brunswic et Luneburg cum fratre suo Bernhardo post mortem Frederici fratris sui interfecti factus, vindicare necem fraternam disposuit secundum cronicam Saxonum; et educens exercitum validum cum adiutorio Ottonis ducis de Leyna, Hermanni lantgravii Hassie et Henrici comitis de Honsteen, obsedit castrum Gebeshusen, per unum miliare distans a Duderstad opido, et ipsum expugnavit et cepit.

1157 (767). Wismariensis urbis cives quendam militem (Iohannem Goor) de ducatu Magnopolensi in patibulum commune furum suspenderunt, eo quod (Alheydem) uxorem (Iohannis) Schelp civis urbis eiusdem rapuisset et abduxisset cum multis clenodiis aureis et argenteis, viro suo furtive subtractis et in manica sua inventis, precibus[1] et minis Alberti[a] quondam regis Sueorum minime flexi aut fracti.

1158 (768). Presbiter quidam Nicolaus Ville[b] dictus, delatus inquisitori magistro Eylardo ordinis Predicatorum, in urbe Sundensi captus est et per eum examinatus coram multis prelatis, clericis, religiosis et laicis et inventus hereticus pertinax et induratus nec ad graciam ecclesie reverti volens, degradatus est in publico foro per inquisitorem predictum et iudicio seculari traditus ad conburendum. Quod eodem die factum est.

1159 (769). Eodem anno idem inquisitor quandam mulierem sibi delatam examinavit in civitate Rostoccensi. Quam sciam hereticam inventam pertinacem et induratam nec ad gremium ecclesie reverti volentem iudicio seculari tradidit conburendam; que[3]

---

(1) *in B folgt:* 1154a (764). Ropertus rex Romanorum — u. s. w. wie A — persone sue contulerunt.

(2) *§ 1156 lautet in B:* Gebeshusen castrum archiepiscopi Moguntini, per unum miliare distans ab urbe Duderstad, obsessum et expugnatum est a Henrico duce Brunswicensi et Luneburgensi, Ottone duce de Leyna, Hermanno lantgravio Hassie et Henrico comite de Honsten.

(3) *st. que — abscessit B:* a quo igni tradita periit, filio suo astante viro religioso de ordine beati Bernhardi et conventu Doberanensi, eam exhortante ad fidem profitendam, sed non proficiente.

---

a) *st.* Alberti — Sueorum *B:* dicti domini Magnopolensis. b) *st.* Ville dictus *B:* de Ville.

1) *Statt dessen H:* Also he do henget was, do quemen des koninges breve van Sweden, dar he yumé vor em bath mit drouwende. Men to spade kam, wan de here ghehenghet is.

cum igni astaret iam proicienda in eum, filius suus uterinus, frater ordinis Cisterciensis, eam ad penitenciam exhortatus est verbis dulcibus et devotis. Quem contumeliose reprehendens dixit: 'Taceas tu adulterine fili. Nunquam meis gestatus es visceribus'. Quod audiens frater confusus et merens abscessit.

1160 (770). Similiter et in urbe Wismariensi dictus inquisitor pro eodem tempore quendam Heggardum (socium Wilhelmi in Lubeke incinerati) Bernhardum nomine examinatum et hereticum inventum induratum[1] comburi fecit.

DE INNOCENCIO VII. PAPA ROMANORUM CCXII.

1161 (771). Innocencius papa nacione Neopolitanus sedit tribus annis et diebus XVI. Hic prius dictus Cosmarus[a] cardinalis extitit et Rome electus est et coronatus (in die
juni 24. sancti Iohannis baptiste), Benedicto antipapa adhuc[2] vivente et in sua vesania perdurante[3].

1162. Albertus archiepiscopus Magdeburgensis obiit[1], vir prudens et victoriosus. In cuius sedem electus est Guntherus comes natus de Swartzeburg satis iuvenis et confirmatus est[4].

1163 (773). Myndensis civitas terre Westphalie fortissimum pontem per Wyseram flumen fecerat de lapidibus quadris sectis. Sed hic pons resolutis glaciebus impetuosa conpressione quassatus est et deiectus[5].

1404.

1164 (774). Quinto anno Ruperti qui est domini MCCCCIIII. Ericus[a] dux de Sleswic, Albertus et Nicolaus comites Holtzacie cum quingentis armatis terram Dithmarcie in-
aug. 5. traverunt ipso die sancti Dominici patris et institutoris ordinis Predicatorum[b], eam igne et rapinis vastantes. Sed cum exire vellent per meatum strictum Hamme dictam, Dithmarci hinc inde in nemore vicino latitantes, lanceis suis longis et gracilibus equos Holtzatorum perforaverunt pariter et sagittis sauciaverunt; exinde autem viros armatos equis labentibus subactos sine difficultate interfecerunt, paucissimis fuga salvatis. Sancios autem Dithmarci de vicinis villis accurrentes, quoscumque palpitare cernebant, confestim occidebant[6]. In campo autem occisorum cadavera iacencia aves et canes lacerabant, et difficulter permissa sunt principum et maiorum corpora sepulture tradi[7]. (Singulis

---

(1) complicum suorum plures dicto inquisitori patefaciens s. zu B in anderer construction.

(2) st. adhuc — perdurante B: Avinionis residente.

(3) in B folgt: 1161a (772). Rodolfus de Anehalt episcopus Halberstadensis cum comitibus Bernhardo, Alberto et Sigismundo de Anehalt et Rodolfo duce Saxonie ex una parte, Guntherus de Swartzeborgh archiepiscopus Magdeburgensis cum patre suo Gunthero et fratre suo Henrico ac comitibus de Mansvelt ex altera parte terras utriusque episcopatus rapinis et incendiis devastaverunt.

(4) Qui magnalia fecit in episcopatu suo, ut patebit suis in locis. s. zu B, das den § 1162 unten am rand von anderer hand gibt.

(5) Quod per se forte glacies illa perficere non valuisset, nisi divino iudicio casum futurum urbis illius iactura pontis illius presignasset. s. zu B.

(6) Aliqui tamen ex Holtzatis prostratis se mortuos simulantes, de quibus unus erat Nicolaus Lembeke, post recessum Dithmarsorum vires recuperaverunt et de loco quantocius recesserunt. s. zu B.

(7) Henneke vero Lembeke cum paucis aliis nobilioribus sepultus est in conventu fratrum Predicatorum ville Meldorpensis. s. zu B. Schluss fehlt.

---

a) so D; Cosmatus B. b) ss. Oswaldi regis et martiris s. zu B.

1) Gest. 1403 jun. 12. 2) Vgl. auch die fassung von H im anhang I.

igitur annis Dithmarci solempniter diem illum festivant in memoriam victorie in eo habite).

1165 (778). Rodolfus(4) episcopus Halberstadensis obiit in excommunicacione maiori secundum cronicam Saxonum, pro eo quod quendam canonicum in turri propriis strangulaverat manibus. Propter quod diu[1] stabat inhumatus in quadam ecclesia deserta. Et ei successit in sedem Otto vir sagax et pius. Hic eodem anno captus est in die sancti Bonifacii a Wiperto comite de Barby et ductus est in castrum Blok.

1166 (779). Cives Lubicenses de beneplacito Ulrici ducis de Stargardia se locaverunt in opido Sterneberg cum suo exercitu, volentes bella movere contra Balthazar dominum Slavorum, de quo exercitum ducentes perrexerunt versus Parchem opidum; cuius vaccas apprehenderunt et abduxerunt, duce exercitus eorum existente Iordano Pleskowe proconsule. Intraverunt secundario locum quendam, Ortum rosarum dictum propter villarum numerositatem et loci firmitatem ac terre illius fertilitatem, et illum pro magna parte vastaverunt. Inde procedentes versus opidum Gusterowe, ipsum obsiderunt et expugnare ceperunt. Quod videns Balthazar dominus Slavorum placitare cum eis cepit et treugas ad tempus dantes adinvicem, ad propria sunt reversi.

1405.

1167 (775). Sexto anno Ruperti qui est domini MCCCCV. gravis(5) in urbe Lubicensi desevit mortalitas et decesserunt in civitate illa a festo corporis Cristi usque ad Juni 18.
festum sancti Martini circiter XVIIIM hominum. nov. 11.

1168 (776). Henricus dux de Brunswic et Luneburg captus est a Bernhardo domino de Lippia[a] et valde inhumaniter tentus ab eodem et mansit in captivitate illa citra[b] annum[2]. Redemit autem se promittendo se soluturum CM florenorum[c] et(6) iurando, de qua summa solum XVM sunt persoluta a fideiussoribus suis.

(4) § 1165 lautet in B: Otto episcopus Halberstadensis[3], qui Rodolfo defuncto successerat, captus est in die sancti Bonifacii a Wiperto comite de Barbi et Lodowico de Neindorp Juni 5.
et ductus est in castrum Blok. Prefatus Rodolfus episcopus defunctus adhuc stabat inhumatus in quadam ecclesia vasta et desolata, eo quod in excommunicacione mortuus esset propter mortem cuiusdam canonici, quem in turri ipse strangulaverat, ut dicebatur.

(5) § 1167 lautet in B: Magna mortalitas viguit in Lubicensi civitate et obierunt ibidem circa 6000 hominum. Vgl. A.

(6) st. et — suis B: nunquam tamen venit in mentem eius, quod eos exponere vellet, licet promitteret se persoluturum eos, ut evaderet, quod satis probavit eventus rei. Nam usus prudencia et astucia huius mundi litteras apostolicas et imperiales obtinuit absolutorias et prohibitorias, ne predictam pecuniam solveret. Sed an hoc licite fieri potuit, videbit ipse et presertim cum in littera sua, quam pro facienda certitudine et fide de persolvenda pecunia sigillaverat proprio sigillo, sciente et mature deliberatus, cautum fuisset, quod nec littere papales nec imperiales istam solucionem in futurum quovis modo impedire possent nec deberent, et ex quo eciam predicta se servaturum iuramento se astrinxisset. Fideiussores tamen aliquam partem pecunie, eo nesciente, tempore et loco constitutis, ut promiserant, persolverunt. Aehnlich nur viel kürzer Rufus 466.

a) iuniore s. zu B. b) st. citra annum B: ad magnum tempus, non tamen ultra annum. c) Renensium s. zu B.

1) vif iar H. 2) unnte dat he na uppe den krukken moste gan berichtet H. 3) Ueber die vorliegende verwechslung siehe schon zu A § 778. Da jedoch Rufus 465 den Otto als grafen von Wernigerode bezeichnet, kann auch an Albert IV. von Wernigerode, bischof von Halberstadt 1411—1419, gedacht sein.

1169 (777). Communitas urbis Myndensis contra suum consulatum se erigens, elegit pro capitaneo suo quendam concivem suum Stramme dictum, et tyrannisare incipientes communes contra pociores, eos de urbe expulerunt, demptis quibusdam de consilio, qui manum in facto habentes communes animabant ad perficiendum, quod inceperant. Uxores autem expulsorum consularium posite sunt simul ad unum magnum currum et educte in magna contumelia, insultantibus eis pueris et senibus. et bona omnium eorum confiscata sunt. Hermannus[a] autem Swarte proconsul, unus de exulantibus, plura interim Myndensibus dampna intulit. Nam molendinum civitatis incineravit, plures cives captivavit et precipue impositorem huius discordie Strammen, quem captum propria manu suspendit. Hic Hermannus[a] Swarte burgimagister, vir astutus et activus, coram Ruperto rege Romanorum contra prefatam civitatem querimonias deposuit et eo iustificato cum suis participibus, ex quo alia pars citata non comparuisset, bannum imperialem contra eam obtinuit. Quod quidem bannum pro viribus prosequens, a principibus et civitatibus circumiacentibus impetravit prohibicionem adduccionis victualium, et sic illi civitati nichil adducebatur. Quam quidem prohibicionem cives percipientes eis dampnosam, ymmo destructivam sue civitatis, compulsi sunt prelibatos exulatos et proscriptos consulares, contra proprium iuramentum de non intromittendo eosdem in perpetuum ab eis prestitum, cum gloria magna recipere et introducere cum suis uxoribus.

1406.

jan. 11. 1170 (780). Septimo anno Ruperti qui est domini MCCCCVI. tercio Ydus Ianuarii venerunt in urbem Viterbiensem ad consistorium publicum legati Romanorum viri XVIII elegantes ad presenciam domini pape Innocencii et cardinalium (secundum cronicam Romanorum), offerentes sibi plenum urbis dominium sub instrumento publico. Postea vero ore et manu obtulerunt sibi claves urbis et sigillum ceteraque principatus insignia, prout in bulla sua plenius continetur super hiis confecta. Cuius tenor incipit: 'Quoniam summus opifex'.

1171 (781). Henricus dux de Brunswic et Luneburg propter crudelem detencionem, quam in sua captivitate pertulerat a domino *Bernhardo* de Lippia, factus est hostis dicti Bernhardi et colligens exercitum obsedit castrum Pol. Quod tandem cepit in
apr. 11. nocte sancta pasche, cum vigiles nil mali suspicarentur, per murum ad eos intrans; quod captum fortiter munivit. Exinde progrediens versus Horne opidum, intra ipsum se locavit et de eo omnem terram domini de Lippia vexavit, spoliavit et incendiis crebris vastavit[1].

1172 (783). Tectum altum et preciosum turris ecclesie sancti Iohannis in Luneburg
märz 25. in die[b] annunciacionis virginis gloriose incensum est fulmine et exustum. Campane vero solute corruerunt et confracte sunt.

juni 16. 1173 (784). Eclipsis solis notabilis valde facta est in[c] die sancti Viti[d] hora quasi sexta de mane cum magnis et inconsuetis tenebris, ita ut fere nox putaretur, et duravit per quartale[e] unius hore. Homines autem ob insolitam obscuritatem prius non perceptam in stagnalibus partibus multum consternati sunt et territi, timentes mundi finem iminere.

1174 (785). Otto archiepiscopus Bremensis obiit, frater[2] ducum de Brunswic et

---

(1) *in B folgt:* 1171a (782). Ambasiatores studii et universitatis Parisiensis pro unitate ecclesie ad papam Innocencium venient, sed non apostolicum audire recusat.

(2) Henrici et Bernhardi *s. zu B.*

---

a) Hermannus *statt auf rasur D;* Hermannus *auch B;* *aber lehne Rufus 467, wie schon A und a.* b) crepusculo diei *B.* c) sequenti *B.* d) que fuit feria quarta *s. zu B.* e) terciam partem *B.*

Luneburg. In cuius sedem electus est dominus Iohannes de Ramelo prepositus de Hadelen (vir utique simplex ad litteras, sed industrius valde ad temporalia bona disponenda. Hic plura castra ecclesie sue impignorata redemit et dyocesi proficuus extitit).

1175 (787). Devastaciones terrarum facte sunt per Guntherum archiepiscopum Magdeburgensem et cives eiusdem urbis (et Hallenses) ex una parte et per Albertum comitem de Anehald et comites de Dessow et Koten ex altera parte[1]. (Sed tandem villis destructis et subditis depauperatis, guerra sopita est)[(1)].

DE GREGORIO XII. PAPA ROMANO CCXIII.

1176 (789). Gregorius papa Venecianus sedit annis duobus et mensibus V. Hic prius Angelus de Corario dictus patriarcha fuit Constantinopolitanus et postea presbiter cardinalis tituli Sancti Marci, Rome electus est in papam in die sancti Andree et coro- nov. 30.
natus est in die sancti Nicolai, Benedicto antipapa vivente. Iste inmediate post coro- dec. 6.
nacionem suam iuravit tactis precordiis propriis, se laboraturum totis conatibus pro ? f. 1406.
unione ecclesie et deposicione scismatis, eciam si resignare et cedere papatui ipsum oporteret, in casu si alias unio fieri non valeret. Et statuit fieri communes oraciones pro eadem causa per universum orbem. Promisit insuper se non augmentaturum numerum cardinalium ante unionem factam ex eadem causa. Quod et cardinales secum in conclavi constituti ante eleccionem factam iuraverant. Sed papa factus nullum eorum tenuit aut implevit. Testes autem vocati, cum iurarent papa et cardinales, fuerunt isti[a]: Barontus Philippi de Pistorio litterarum apostolicarum scriptor[b] publicus et apostolicus notarius, Stephanus Gerii de Prato, Gerlacus Heriberti de Esch[c] dyocesis Coloniensis, Clemens de Bavaria et Franciscus Hoglet[d] Leodiensis dyocesis, Iovanellus Bramericus camere basilice principis apostolorum de Urbe, publici notarii[(2)].

1177 (790). Wilhelmus marchio Misnensis[e] monoculus obiit in opido Grymme secundum cronicam Saxonum[f]. Iste marchio maximum[(3)] dampnum terris suis intulit in mutacione monete, que post mutacionem vix terciam partem valoris retinuit.

---

(1) *in B folgt:* 1175a (788). Fratres Minores conventus Hamburgensis quendam venerabilem patrem ordinis predicti Iacobum nomine, sacre theologie doctorem, vinctum de Frankenvorde terre marchie Brandeburgensis et stipitem in ore ferentem, ne vociferaretur, usque in Hamborg duxerunt et ipsum cippo carceris crudeliter et inhumaniter inclusum tandem iugulaverunt, pro eo quod minister provincialis eis datus esset ab Innocencio papa. Cuius necem sibi tam nequiter inflictam Wilhelmus marchio Misnensis, cuius confessor extiterat, in predicti ordinis fratres graviter vindicavit, ut in vita permitterent.

1175b (787a). Innocencius papa senio confectus obiit Rome Nonas Novembris. nov. 8.

(2) *in B folgt:* 1176a (915). Quidam vagus versificator magnus pertransiens ecclesiam fratrum Minorum in partibus Ytalie[g], vidit — *u. s. w. wie A* — relatam ad pictorem vel picture inventorem[2].

(3) *st.* maximum — retinuit *B:* extitit periculosus et multum dampnificus monetarius, quia prout dicitur falsificavit grossos Misnensis monete. Nam sui grossi in bonitate vincere solebant Bohemicales, nunc autem de suis grossis, quos ipse monetavit, vix quatuor valent

---

a) notarii publici *s. zu B.* b) et abreviator *s. zu B.* c) clericus *s. zu B.* d) Hosleger *B.*
e) senior *s. zu B.* f) *st.* secundum cronicam Saxonum *B:* in vigilia Scolastice virginis. g) Itali *A.*

1) *Rufus 669 nennt auf der einen seite noch die städte Alsen und Kalbe, auf der andern die grafen von Barby.* 2) *In A zu 1412 mit der bemerkung:* Quamquam autem presens narracio hoc anno non contigerit, tamen quia in mentem michi modo venit, presentibus eam inserui diu ante auditam.

1178 (791). Dominus Gerardus[a] de Hanse prepositus maioris ecclesie Hildensheimensis, pro eo quod depredari ordinaverat nuncios Romane ecclesie (secundum cronicam Saxonum), qui redditus annuales prepositure sue abstulerant uni cardinali pertinentes[(1)], captus est et turri inclusus per Iohannem episcopum dicte ecclesie et[(2)] postea expeditus miserabiliter.

1407.

1179 (792). Octavo anno Ruperti qui est domini MCCCCVII. (Philippus[1]) dux Burgundie (secundum cronicam Francorum, ad quem comitatus Flandrie devolutus erat) quandam summam pecunie a consulatu civitatis Brugensis postulabat sibi dari in subsidium expedicionis sue. Quam cum consulares predicti sibi dare renuerent, contulit se ad communitatem dicte urbis, conquerens ei, quod tale subsidium consules sibi negassent. Quod quidam honoris cupidi audientes, qui eciam dictis consularibus male favebant, convencionem talem cum duce fecerunt, ut si privilegium tale communitati conferre vellet in perpetuum duraturum, quod scilicet et mechanici amplius eligi deberent in consulares urbis illius, et eciam si presentem consulatum deponere vellet et alium de mechanicis et mercatoribus novum instituere, ipsi, qui constituerentur consules, sibi postulatam pecuniam largiri vellent. Quod[(3)] per ducem iuxta desideratum illorum factum est et pecunia ei soluta est. Sed regimen institutorum de novo per breve tempus duravit. Nam vix tribus annis excursis, omnia privilegia illa, per que mechanici regnare ceperant, sunt revocata et consulatus expulsus manu potenti principum est reintroductus cum honore et scismatis huius auctores malo fine vitam terminarunt[b].

1180 (793). Albertus quondam Sweorum rex[c] et dux Magnopolensis obiit in Sweria, relinquens post se Albertum filium suum et Iohannem patruum suum. Qui ambo ducatum dividentes preter civitates Rostoccensem et Wismariensem, quarum[(4)] ambo domini erant, quilibet suam rexit partem.

1181 (794). Conradus Soltowe episcopus Verdensis sacre theologie professor[d] obiit in castro Rodenburg. In cuius sedem electus est Henricus[e] comes de Hoya, cui presentata sunt castra et urbes. Gregorius vero papa unum alium dedit ecclesie, sed non admittebatur per capitulum, licet a Henrico duce manutentus degeret in Luneburg.

1182 (795). Carpentarius quidam in Wismaria urbe Obotritorum frenesi tactus,
Juli 26. lucida habere consuevit intervalla. Hic in[f] crastino beati Iacobi apostoli infirmitate consueta laborans, recepit ad manum bipennem et arripiens pueros suos tres, quos

unum Bohemicalem. Olim enim 15 Misnenses grossi unum faciebant Renensem florenum, modernis vero temporibus una sexagena vix valet talem florenum. Et sic census et redditus collegiorum, monasteriorum et aliorum honorum hominum sunt diminuti et depravati quasi in quarta parte. Propter huiusmodi falsificacionem dicte monete plura mala orta sunt in terris illius monete, que mala, ut timendum est, dicti defuncti principis anima lucre habebit.

(1) et illam pecuniam eis auferri ordinaverat *z. zu B.*

(2) *st.* et — miserabiliter *B:* Unde breviter expeditus in predicta captivitate obiit.

(3) *st.* Quod — soluta est *B:* Quod sic factum est. Nam illi, qui diu civitati bene prefuerant in consulatu, expelluntur et mechanici cum aliis de civitate electis mercatoribus ad consulatum reponuntur et pecunia postulata a duce exponitur.

(4) *st.* quarum — erant *B:* que dividi nolebant.

a) *auf rasur D;* Iohannes *B und Rufus.* b) et *auf rasur D.* c) rex et *auf rasur D;* et *fehlt B.* d) doctor *B.* e) *auf rasur D;* Otto *B und Rufus 470.* f) *st.* in — apostoli *B:* una dierum huius anni.

1) *Johann Ohnefurcht.*

habebat satis formosos, unum post alium crudeliter per medium secuit. Mater autem puerorum cum quarto gravida existens, cum hanc terribilem videret inhumanitatem, mox a retro accurrit et virum brachiis amplectens necem ultimi pueri impedire nisa est. Quod cum vir furibundus persensit, de brachiis uxoris se excuciens cum impetu se vertit et uxorem pregnantem confestim interfecit. Hec mala cum perpetrasset homicidia, domum suam sic sanguinolentus et cum cruenta bipenne exivit et ad socios suos, ubi quandam edificabant domum, venit. Quem cum viderent sic dispositum, sciscitati sunt ab eo quid egisset. Inter quorum verba in momento ille ad se reversus, perpendit inmanitatem sceleris sui per ipsum perpetrati. Quod cum plene cognovisset, domum reversus cultellum, quem apud se habuit, extraxit et mox cordi suo, profundius quo potuit, infixit et sic cadens exspiravit.

1183 (796). Stokholmensis civitas regni Sweorum[a] a[b] fulmine conflagrata est post octavas[c] pasche. In cuius incineracione circiter mille et DC homines incendio perierunt. apr. 3
Plures et mulieres, virgines et alii homines divites, volentes se et sua salvare, magnam navem clenodiis et aliis rebus preciosis onustaverunt. Quos plures alii secuti, ut evaderent, navem cum eis, vellent nollent, ascenderunt et tandem ipsam mari inmerserunt ac simul perierunt.

1184 (797). Ipso[(1)] die sancti Ieronimi tres presbiteri, puta Iohannes Colne officialis sept. 30
archidyaconatus Trebulensis et plebanus Beate Virginis, Henricus Gergenowe plebanus Sancti Iacobi et Wilhelmus capellanus Sancti Nycolai loco plebani sui de manibus elapsi, in contemptum Conradi Bonowen plebani in Voghedeshaghen, ecclesie[(2)] matricis omnium ecclesiarum urbis Sundensis, ligati sunt ad scalas tres et in ignem copiosum proiecti factum in novo foro dicte civitatis ac ad pulveres usque concremati per[(3)] baiulatores urbis antedicte. Hec exorbitacio stupenda ideo contigit, quia prenominatus Conradus Bonowe plebanus, non ut sacerdos sed ut raptor[d] publicus, altera die cum multis armatis coram urbe prelibata Sundensi se presentaverat et villas spoliaverat vaccasque et pecora rapuerat ac quibusdam baiulatoribus extra muros civitatis laborantibus manus et pedes amputaverat[e]. Et hoc totum malum ideo fecerat, quia consulatus urbis prohibuerat cives suos, ne amplius tam excessivas et sumptuosas exequias peragerent pro amicis suis defunctis, quales hucusque peregissent, quia cederet in magnum gravamen communitati et pauperibus presertim in onus importabile[1]. Cum autem Rodolfus episcopus Swerinensis sacerdotum suorum interfeccionem tam crudelem percepisset, strictissimum in dicta civitate posuit interdictum et interim causam illam destinavit ad curiam. Que tamen postea sopita et terminata fuit per publicam[(4)] emendam (actoribus et consencien-

(1) st. Ipso — presbiteri B: Septima die mensis Octobris, que fuit octava dies beati Ieronimi, seniores de ghilde baiulatorum civitatis Sundensis una cum suis complicibus 14 presbiteros ceperunt violenta manu de domibus eorum et perduxerunt eos in domum Lubberti Themin consulis residentis in novo foro. Quorum tres
(2) extra urbem Sundensem site a. m. B.
(3) st. per — antedicte B: aliis presbiteris in pace dimissis.
(4) st. publicam emendam B: satis levem emendam, licet pecuniosam.

a) dyocesis Upsalensis a. m. B. b) a fulmine in B durchstrichen. c) st. octavas pasche B: pascha. d) st. raptor publicus B: hovetle vasallus. e) ut latro a. m. B.

1) H berichtet: Dit arich ovmakede sik aller ersten dar van, dat de raet vorboden hadde den borgeren, dat se nicht meer so kostlike begenknisse don scholden vor ere vrunde mit updreghende der vische unde vleesches, brodes unde beres, also se so lange dan hadden, wente id ene grote beswaringe were der stad.

tibus absolutis per fratrem Gherardum penitenciarium pape ordinis Predicatorum de curia ad hoc specialiter missum).

1165 (798). Hostiles devastaciones terrarum facte sunt per cives Bremenses, quibus auxiliabantur Otto comes de Hoya et Otto comes de Delmenhorst. Contra hos certabant viriliter Tidericus, Cristianus et Mauricius[a] comites de Aldenburg. Cristianus tamen
Jan. 31. comes captus est a Bremensibus[b] ultima die mensis Ianuarii[1] et turri mancipatus.

1166 (799). Hyemps et gelìditas asperrima fuit et intensissima et duravit a die
Nov. 11. März 4. sancti Martini usque ad medium XL. (Omnes autem aque sive stagnales sive maritime equitari poterant et currus onusti in eis duci in omnem[c] terram).

1167 (800). Gregorius papa Romanus et Benedictus antipapa cum eorum cardinalibus ex instigacione Karoli regis Francorum ac aliorum principum et prelatorum regni eiusdem concordaverunt de loco convencionis, puta Saona civitate, pro unione ecclesie fienda (secundum cronicam Francorum) et compromiserunt, quod ambo cedere vellent papatui in
Nov. 1. proximo festo omnium sanctorum ac concorditer et unanimiter providere vellent ecclesie de unico pastore et sic maledictum scisma, quod iam fere ad XXX annos durasset, terminaretur. Sed proch pudor totum illud promissum, per regem Karolum et principes tam salubriter elaboratum, in nichilum redactum est, quia (noster) Gregorius quo[(1)] spiritu nescio ductus retrocessit et negavit cessionem, Benedicto antipapa in suo promisso permanente et se loco determinato presentante. Propter quod protractum est negocium ecclesie et impeditum usque ad annum sequentem[(2)].

1168 (801). Clerus Halberstadensis suis civibus est reconciliatus (secundum cronicam Saxonum) ex industria Frederici de Werberg novi episcopi urbis eiusdem[(3)] et quilibet suam reintravit habitacionem[(4)].

1408.

1169 (800). Nono anno Ruperti qui est domini MCCCCVIII. ambo collegia cardinalium considerantes paparum suorum versuciam ac subterfugia eorum cristicolis periculosa, in castro Liburno[d] prope Pysam sito convenerunt, ubi statuerunt fiendum generale concilium
März 25. in dicta urbe Pysana in proximo festo annunciacionis virginis gloriose et ambos antistites evocandos esse ibidem, ut sic iuibi uniti detestabile et inveteratum scisma sepeliretur mortificatum. Sanxerunt insuper ibidem, quod si in casu ambo venire recusarent aut unus veniret et alter non, quod eque bene concilium illud de summo pontifice providere deberet ecclesie catholice, ambobus iuridice depositis et abiectis. Hoc quidem statutum ambo collegia cardinalium litteris suis denunciaverunt principibus et prelatis per orbem universum.

1190 (802). Discidium maximum et periculosum ortum est inter communitatem et consulatum urbis Lubicensis. Que quidem dissencio et discordia ex hoc fertur sumpsisse inicium. Valgo namque sive communitati videbatur, quod consulares sui gravamina

(1) et quo — ductus *B:* ymmo verius Errorius, qui alias devotus et humilis, cum in[e] minoribus esset constitutus, extiterat, sed[f] iam totus dyabolicus factus.

(2) Sed nec tunc concordare poterant de loco aut de tempore cessionis a papatu. *z. zu B.*

(3) alias prepositi Magdeburgensis *z. zu B.*

(4) religiosis tamen, qui propter eos exierant et sua monasteria reliquerant, irreconciliatis, quod valde turpiter actum fuit. Hec inquam ingratitudo cleri ad religiosos merito exemplum esse deberet omnibus religiosis, ne in consimili casu clericis crederent et pericula propter eos se exponerent et dampnis aut tribulacionibus. *z. zu B.*

a) avunculum eorum *z. zu B in andrer construction.* b) anno sequenti *z. zu B.* c) *auf rasur D.* d) Liburnii *B.* e) *über der zeile B.* f) *am rand B.*

1) so vort na wynachten *Rufus 472.*

multa et exacciones indebitas ac inconsuetas eis imponerent tam in annuali censu et tributo, quod vulgariter schot et vorschot nuncupatur, et in cziseᵃ, quam in allis[1] accidentalibus exaccionibus, non considerans, quod ad talia exigenda cogebatur et angebatur consulatus propter expensas varias necessario et factas et fiendas in diversis negociis civitatis, de quibus vulgo nichil constabat. Unde communitas propter hec et alia sinistre suspicata, inducta forte per quosdam honoris et status cupidos, computacionis raciocinacionem insolitam a consularibus importune et impudenter postulavit. Quam quidem computacionem licet preter bonam consuetudinem consulatus predictus absque formidine reddidisset (et fecisset cuilibet audire debenti vel volenti et presertim communitati illi eam impetuose precipitanterque postulanti), si rabiem sui furoris (ad ipsam pacifice audiendam) temperasset. Sed quia viri sagaces et experti viderunt populum illum nimis[(1)] provocatum et invidia estuantem ac sanguinem eorum sine modo sicientem (omni racione submota sevire), vesanie sue locum dederunt. Clam ergo pro maiori parte consulares ipsi urbem egredientes, quidam in Hammeburg, quidam in Luneburg et quidam in ceteras civitates[2] sibi placitas se receperunt, omnia, que ad eorum officia pertinebant, in custodia bona relinquentes eorum, qui intra urbem de consularibus manere statuebant, puta libros civitatis, sigilla, vasa argentea et alia clenodia pro honestate eorum et civitatis serviencia. Nomina autem consularium urbem exeuncium in tali disturbio fuerunt hec: Henricus Westhof, Goswinus Klinghenberg, Iordanus Plescowe et Marquardus de Damen burgimagistriᵇ, Bruno de Warendorp, Henricus Meteler, Tidemannus Iunghe, Reynerus de Calvis, Hermannus Westphal, Nicolaus deᶜ Stiten, Hermannus Yburgᵈ, Henricus Rapesulver, Conradus de Alen (et Iacobus Holk). Nomina autem remanencium in civitate et fortunam suam cum infortunio stare volencium fueruntᵉ: Arnoldus Sparenberg, Gerardus Hoyeman, Albertus de Ponte, Marquardus Bonehorst, Conradus Brekewold et Iohannes Scholte. (Cum consularibus autem egredientibus plures domicelli exierunt, emulacionis consorcium propter eos subeuntes et multas penurias et iniurias cum eis pacienter sufferentes.) Consules vero remanentes in domibus suis se continebant nec ad consistorium properabant per totum illud tempus, c. 18.
quo socii eorum exulabant. Prefatis ergo consularibus partim per fugam elapsis (et partim pre timore in edibus suis latentibus), auctores huius miserrimi scismatis, puta Hermannus de Alen, Iohannes Lange, Eylerus Stange, Symon de Todeslo, Henricus Runghe, Iohannes Grove, Iohannes Plote, Henricusᶠ Bloyebom (Conradus Zemelowe, Iohannes Kogeldal) et Heyno Sobbe, communitatem concitaverunt, ut novum instituerent consulatum. Unde mittentes pro domino Iohanne episcopo Lubicensi, ostenderunt sibi consistorium civitatis sue destitutum solacio et presencia consulatus et urbem imperialem stare absque iudicibus, rectoribus et capitibus, quod iudicaverunt omnino fore indecens et periculosum suis inhabitatoribus. Super hac ergo desolacione dictum dominum episcopum requirebant in testem et suos canonicos, qui secum venerant, (et super hac requisicione confici fecerunt incontinenti publica instrumenta). Episcopus autem eos caritative et paternaliter exhortans consuluit, ne consulatum novum instituerent, quia tante auctoritatis non essent et indignacionem imperii, principum et civitatum incurrerent; et ex hiis sequeretur indubitanter civitatis exinanicio et eorum destruccio.

(1) nimis — invidia auf rasur D; st. illum — estuantem B: furiosum et absque racione savientem.

a) talee B. b) proconsules B. c) st. de Stiten B: Serten. d) Ilburgh B. e) consules s. su B. f) Iohannes B.

1) Rufus setzt noch: broke edder wedde unde rentten. 2) Rufus nennt noch Minden.

Cuius salubrem exhortacionem quidam racione minus utentes incitaverunt(6) populum furiosum ad inferendum episcopo contumelias et dehonestaciones. Quorum vesaniam presul venerabilis formidans, bonis verbis et lenibus responsionibus eos demulcens, ab eis quantocius recessit[1]. Quo recedente communitas de unanimi consensu novos proconsules et consules mox creaverunt. Quos quidam presumptuosus sacerdos Henricus Pünt nuncupatus auctoritate pretensa imperii et usurpata installavit et ad locum consulatus tam in choro virginale gloriose quam in consistorio introduxit. Consulares autem isti usurpata auctoritate sic creati fuerunt partim de mercatoribus et partim de mechanicis collecti. Quorum proconsules constituti sunt hii, puta Hermannus de Alen(7), Iohannes Langhe, Symon Todeslo et Eylerus Stanghe[a]. (Consules vero presentibus inserere obmisi certis ex causis[2]). Hii quatuor burgimagistri pretensi causas(8) discernere, officia disponere, iudicia exercere et cetera agenda ex parte civitatis perficere ac singula iuxta urbis prefato exigenciam administrare ceperunt[b], ac si vera imperiali auctoritate debito ordine fungerentur.

1191 (804). Traiectum superius obsessum est a domino Parwis barone et civibus urbis Leodiensis[c] per integram estatem (secundum cronicam Francorum). Et erat numerus obsidencium fere CM et XLM[d] armatorum, nec tamen per eos civitas extitit expugnata aut capta, licet maxima sustinuisset incommoda. Causa autem obsidionis fertur fuisse, quod pars cleri Leodiensis cum civibus dicte urbis elegerat filium domini de Parwis in episcopum Leodiensem contra Iohannem, filium Alberti ducis de Bavaria et comitis Hollandie dudum electum episcopum dicte ecclesie, sed nondum consecratum(9). Et eleccioni[e] illi facte de[f] filio Parwis civitas Traiecti superioris adherere nolebat. Obsidione igitur soluta, dominus Iohannes Bavarus electus Leodiensis cum adiutorio Wilhelmi fratris sui comitis Hollandie, ducis Burgundie et ducis Brabancie Leodienses bello aggressus est, et victoria de celo potitus, ceciderunt die illo de exercitu Leodiensium circa XXXVIM[g] pugnatorum, peremptis eciam domino de Parwis et filio eius(10).

DE ALEXANDRO V. PAPA CCXIIII.

1192 (807). Alexander papa nacione Cyprus sedit uno anno et mensibus duobus. Hic prius dictus Petrus de Candia archiepiscopus fuit Mediolanensis et frater ordinis

(6) so D; es fehlt audientes, das B vor clamaverunt hat; st. incitaverunt — dehonestaciones B: clamaverunt vulgus concitando: 'Proiciatur maledictus ille episcopus de fenestra'. Fiebat enim requisicio hec episcopi superius in consistorio. Ähnlich Rufus 473 Anm. und H.

(7) prebendarius fratrum Predicatorum in urbe s. zu B. Ähnlich Rufus 473 Anm.

(8) st. causas — fungerentur B: absque auctoritate et dominari et iudicare ceperunt, sed pessimo fine tam ipsi quam sui sequaces et consocii dominium concluserunt. Et licet deus propter delicta forte inhabitancium civitatem predictam Lubicensem, ipsam urbem et populum eius flagellaverit per huius disturbii permissionem, tamen tam misericorditer egit cum dicto populo, ut ipsum disturbium sopitum sit et terminatum absque multa sanguinis effusione, quamvis pluribus vicibus disposicio pessima in foribus fuerit ad interfectionem maiorum instaurata.

(9) confirmatum et nolentem presbiterari ex dispensacione cum eo facta ad annos 12 B.

(10) Quorum capita in perticis deferebantur per civitatem Leodiensem et postea super muris statuebantur in signum victorie. s. zu B; ähnlich H.

a) Ihorifen s. zu B. b) am rand D. c) cum ipsorum auxiliatoribus s. zu B. d) mille millia B. e) eleccioni — facte auf rasur D. f) de filio auf rasur D; st. de filio B: in filium de. g) 36400 B.

1) Do de biscop weghe was, do ghink de meenheyt to hope. Se gotan water over hovet unde underwunden syk den rad to settende na erme behaghe. ähnlich Rufus. 2) Schon im Rufus: De ratmanne late ik unghenomet umme erbarheyt willen der stad.

Minorum. Fuit eciam solempnis magister (et palcre scripsit super libros IIII sentenciarum). Iste ab ambobus collegiis cardinalium electus est super Gregorio et Benedicto destitutis et(1) delectis in unicum pastorem Romane ecclesie. Modus autem eleccionis huius Alexandri V. legitur fuisse talis: Cardinales (collegiorum utriusque pape) celebraturi (generale) concilium in urbe Pysana (prout ordinatum fuerat anno precedenti in castro Liburno) intraverunt urbem predictam profesto annunciacionis virginis März 25.
gloriose et mox predictos summos pontifices Gregorium et Benedictum secundum iuris ordinem[a] citaverunt. Quibus statuto tempore non comparentibus, ipsos legitime deposuerunt tamquam scismaticos, hereticos et periuros. Ipsisque iuridice depositis, ingressi sunt cardinales utriusque partis conclave sabbato post festum sancti Viti et Juni 15.
ibidem steterunt per dies XII. Die autem XII, que fuit festum sanctorum Iohannis et Juni 26.
Pauli, concorditer elegerunt dominum Petrum de Candia, qui die septima mensis Iulii, Juli 7.
que fuit dies dominica, coronatus est Pysis cum solempnitate magna. Numerus autem cardinalium papam eligencium erat XXIIII. Erantque presentes in concilio prelibato IIII patriarche (puta Constantinopolitanus, Ierosolimitanus, Aquilegiensis[1] et Alexandrinus), archiepiscopus Narbonensis camerarius apostolicus, (archiepiscopus Mediolanensis electus). Ambasiatores archiepiscoporum multorum eciam ibidem erant, puta Moguntini, (Treverensis), Coloniensis, Salzeburgensis, (Remensis), Rothomagensis, (Canthuariensis), Bisuntinensis, Terricensis, Magdeburgensis et Ebracensis. Fuerunt et ibidem nuncii regum Francie, Anglie[b], Ungarie, Polonie, Portugalie[c], Sicilie et Bohemie; nuncii quoque ducum Austrie, Lotharingie, Bavarie, (Burgundie), Brabancie, Masovie et[d] Lancastrie; nuncii marchionum et comitum Ferrarie, Moravie, Misne, Flandrie, Hollandie[e], (Sabaudie et palatini de Reno); ambasiatores dominorum Ymolensis, Paduani[f], Ianuensis, de Malatesta et Crema[g]; ambasiatores universitatum Parisiensis, Montispessolani, Tholosane, Pragensis, Bononiensis, Oxoniensis et Viennensis[h]; nuncii insuper diversarum civitatum, collegiorum et monasteriorum circiter C et LXXXII; magistri ordinum de domo Teuthonica, (sancti Iohannis Hospitaliorum), Predicatorum, Minorum, Augustinensium[i], Carmelitarum et Servorum beate[k] Marie. Erant eciam in predicto concilio (potestates et) sacre theologie doctores C et XL, iuris canonici et civilis C et LX et de aliis inferioribus prelatis, abbatibus(2), prioribus, prepositis et decanis in numero inmenso.

1409.

1193 (805). Decimo anno Ruperti qui est domini MCCCCIX. omnes naciones studii Pragensis preter Bohemorum nacionem transtulerunt se in urbem Lipzensem[l]. Ubi auctoritate pape novam fundaverunt universitatem, dominis marchionibus (Frederico et Wilhelmo) loca ydonea pro ea disponentibus et aptantibus donantibusque annuos redditus et salaria sufficiencia doctoribus et magistris ibidem legere disputareque volentibus[m].

1194 (806). Ericus dux de Louenburg[n] cepit opidum Molne[o] per[p] induccionem

(1) et delectis auf rasur D; st. et — ecclesie B: papis et condempnatis hereticis.

(2) st. abbatibus — inmenso B: et militibus non erat certus numerus, ita quod nulle historie referunt de tanta congregacione prius facta.

a) viam B. b) Dacie a. zu B. c) Cipri a. zu B. d) st. et Lancastrie B: Brunswicensis et Stetinensis. e) Brandeburg ... Marchie, Clivensis ... Selandie ... Swartesburg, Erkenburg et Heltsacie a. zu B. f) Florentinorum B. g) Crema D. h) Erphordensis, Andegavensis ..., Cantabrigie ... ac Coloniensis a. zu B. i) Heremitarum B. k) st. beate Marie B: dei. l) Lipzeke B. m) ac studio illi incorporari a. zu B. n) circa festum sancti Michaelis a. zu B. o) quod Lubicensium est a. zu B. p) per induccionem auf rasur D; tradicionem B; verraetnisse Rufus 674.

1) Wol Anton III. da Ponte. Vgl. im übrigen die anmerkungen zur fassung A.

Iohannis Moller[a] proconsulis eiusdem opidi[b]. Quo capto incastellavit ecclesiam parrochialem, de qua se contra cives Lubicenses defendere parabat. Sed cum cives predicti hoc percepissent, venerunt in maxima multitudine cum machinis et bombardis plurimis et impugnantes opidum, ducem cum suis fugere coegerunt. Dux vero opidum relinquere coactus, ipsum incendit et pro parte maiori eum incineravit. Quod tamen eodem anno reinstauratum est in pulcriori forma, quam ante fuerat.

1188 (806). Comes[1] de Solnix[c] castrum suum Ottensteen propter victualium inopiam tradidit in manus Ottonis episcopi Monasteriensis nati comitis de Hoya anno secundo
Juli 25. obsidionis sue in[(1)] die sancti Iacobi apostoli.

1190 (808). Civitates Rostoccensis et Wismariensis per informacionem et ordinacionem quorundam civium urbis Lubicensis (puta Conradi Zenelowen, Iohannis Ploten et Iohannis Bloyebom) LX viros clamare et importune loqui audentes contra suum consulatum elegerunt, qui facta et ordinata per consulares decernerent, an iusta essent vel iniusta, expediencia pro bono communi aut minus proficua. Hii quidem viri LX diversa consulatus sui decreta mutaverunt, revocaverunt et anullaverunt et tandem ipsum consulatum antiquum deponentes, novum instituerunt secundum modum et formam a Lubicensibus receptam. Wismariensium tamen consulares ammoti in urbe sua remanserunt nec eis quecumque molestia inferebatur, sed permissi sunt pacifice morari in domibus suis et uti bonis suis ad libitum. Rostoccenses vero quosdam de consularibus abiectis turribus iniecerunt et quosdam de urbe expulerunt, bona eorum sibi usurpantes[(2)]. Consulares igitur hii a communitatibus in utraque civitate erecti propria temeritate et usurpata auctoritate regebant, iudicabant, condempnabant et alia quevis officia disponebant, sicud ab aliis veris suis consularibus fieri viderant. Cumque Iohannes et Albertus duces Magnopolenses cognovissent hoc temerarium factum in urbibus suis esse commissum, intraverunt primo civitatem Wismariensem et convocaverunt novum illud consilium querentes, qua auctoritate se pro consularibus gererent et cur consulatum eorum deponere presumpsissent, dure eos super tanta temeritate reprehendentes[d]. Quod ut commune vulgus percepit, cum gladiis et fustibus duces illos furibundo impetu querens, curiam ipsorum violenter intravit et gladiis suis lectos, stramina et omnia que poterat perforans, principes suos interficere nitebatur. Sed ipsi per civitatis portas elapsi manus impiorum vix evaserunt (nec amplius urbem illarum aliquam ingredi ausi sunt)[(3)].

1410.

1197 (812). Undecimo anno Ruperti qui est domini MCCCCX. cives Lubicenses exacerbati contra Ericum ducem de Louenburg propter incineracionem opidi Molne, ingressi sunt in manu valida terram suam, plures municiones et villas in ea vastantes, et venientes prope castrum Razeburg, opidum ipsum primo expugnare ceperunt. Quod videntes castrenses et opidani, per pontem fluvii hostibus occurrerunt. Quem pontem cum transissent et numerositatem inimicorum vidissent, mox retrocedentes ad opidum

---

Juli 25. (1) st. in — apostoli B: ipso inde eiecto post festum sancti Iacobi feria tercia. Rufus wie D.

(2) st. novum instituerunt consilium de mercatoribus et mechanicis propria temeritate s. zu B.

(3) in B folgt: 1198a (810). Episcopus Hildensemensis, Iohannes scilicet comes de Hoya, fecit fratribus Predicatoribus in eorum capitulo provinciali in predicta civitate Hildensemensi proxime celebrato solempne prandium in curia habitacionis sue, ad quam totum capitulum processionaliter venit. In quo quidem prandio ipse personaliter per totam mensam cum militibus suis et militaribus ministravit humiliter et diligenter.

---

a) Molenknecht B. b) ut dicebatur s. zu B. c) Solnis B. d) reprehendere D.

1) Ausführlicher in H. Vgl. Anhang I.

festinaverunt. Quos cum Lubicenses insequerentur et vocibus terribilibus posteriores angariarent anteriores ad interficiendum quotquot possent, Razeburgenses eciam et suos stimulare ceperunt, ut fugam festinarent. Cumque iam magna pars opidanorum pontem transisset et ultimi in pontis medio essent, pons ipse mox fractus corruit et plures opidanos aquis immersit.

DE IOHANNE XXIII. PAPA ROMANO CCXV.

1198 (811). Iohannes papa nacione Neapolitanus[a] sedit annis V, mensibus II et diebus XIII[b]. Iste prius dictus Balthazar cardinalis extitit tituli Sancti Eustachii. Fuit autem electus et coronatus in Bononia, Gregorio adhuc vivente et in regno Neapolitano residente[(1)]. Iste domus valde extitit Bononiensibus tempore sui cardinalatus, edificans ipsis invitis castrum fortissimum in civitate ipsorum.

1199. Cives Lubicenses cum multo populo exeuntes vallaverunt municionem Ritzerowe et ipsam fortiter impugnantes, eam tandem ceperunt et solo equaverunt. Postea vero civitas ipsa ipsum castellum reformavit et ipsum fortiter muniens, armatos in eo locavit.

1200 (813). Hammeburgensium communitas ad instar Rostoccensium[c] et Wismariensium LX viros elegerunt super[(2)] suum consulatum. Qui statuta et ordinata varia a suis consularibus revocaverunt et mutaverunt. Quendam namque civem Heynonem Brant dictum, discordie civitatis illius auctorem, consulatus civitatis antedicte incarceraverat, sed communitas ex instinctu LX illorum virorum adiit Cristianum Militis proconsulem, precipiens ei sub obtentu vite sue, quatinus dictum Heynonem libertati sine mora restitueret. Quod confestim sic factum est. Consulares insuper dicte urbis civem unum in suum elegerant consorcium Gherardum Quigborn dictum. Sed dicti LX viri ipsum Gerardum sua dignitate privaverunt et[(3)] destitutum in domum suam *redire * f. 164.
iusserunt non reversurum ad consistorium pro consulari. Consulares quoque de Lubicana urbe exulantes et in dicta civitate Hammeburgensi degentes removerunt, prohibendo eisdem ingressum urbis eorum sub pena mortis.

1201. ⟨Lubicensis urbis communitas anno precedenti eciam LX viros supra novum suum consulatum elegerat, supra quos ultra alios XII viros, plenipotentes eos nominantes, constituebant presenti anno, qui omnia concepta per consulatum et approbata per sexaginta postremo examinare et determinare vel eciam reprobare posse habebant iuxta eorum videre et beneplacitum[1].⟩

1411.

1202 (814). Duodecimo anno Ruperti qui est domini MCCCCXI. Polonorum rex (Boleslaus) cum innumera multitudine paganorum[d], Lithuanorum et (cristianorum) in-

(1) Isti pape imponebatur a multis, quod ipse mortem domini Alexandri practicaverit modo Ytalicorum execrabili, prout postea eciam in ipsius deposicione in publico contra ipsum allegatum est, ut inferius patebit. a. m. B.

(2) st. super — mutaverunt B: clamare et contradicere suis maioribus audentes. Qui quidem 60 statuta et voluntates sui consulatus revocantes et immutantes, plura enormia committere non formidabant.

(3) st. et — consulari B: et consimilia multa irracionabilia attemptare ausi sunt.

a) *auf rasur D*; Bononiensis *B*. b) 14 *B*. c) *st.* Rostoccensium et Wismariensium *B*: Lubicensium. d) pag *auf rasur D*; Thatervu *Rufus* 477; paganorum *B*.

1) *Schon kurz bei Rufus 477. H bemerkt weiter:* Mank den twolven weren schelappere, olderrodere unde andanckh vasel, de do de keyserlike stad regerenden, unde do stunt Lubeke in smalen eren.

travit Prutziam, fretus auxilio Vitoldi (seu Alexandri) ducis Lithuanorum, ubi congrediens cum fratribus de domo Teuthonica, bellum durum pariter dimicaverunt. Sed rex victoriam de fratribus dictis obtinens, interfecit ex ipsis fratribus circiter CCCC[a] (sed de Prutenis ceteris innumeros). Quo bello peracto rex terram Prutenorum ultra ingressus opida, villas et municiones plures destruxit ac pociores civitates in dedicionem accepit. Progressus vero ulterius castrum illud regale et fortissimum Marienburg dictum obsidione gravi vallavit, non tamen expugnare potuit propter animositatem et virilitatem domini de Plawe, qui ipsum cum suis fortiter defensavit (in favorem magistri fratrum, cuius frater erat carnalis)[(1)].

1203 (816). Ericus dux[(2)] Pomeranorum, assumptus in adoptivum filium Margarete regine Danorum et factus rex trium illorum regnorum Dacie, Swecie et Norwegie, discordare cepit cum Henrico duce de Brunswic et Luneburg, tutore filiorum sororis sue ducum parvulorum de Sleswic (secundum cronicam Saxonum). Colligens ergo Henricus dux exercitum validum, auxiliantibus sibi Bernhardo fratre suo duce et Adolfo comite de Schowenburg (ac Holtzatorum nobilibus), regi Erico et Danis grande intulit excidium, bellando cum ipso et occidendo in pugna multos pluresque captivando. Cuius tamen victorie actor[(3)] et causa efficiens post deum, a quo principaliter omnis triumphus[b] est, extitit Adolfus comes predictus et non Henricus dux, eo quod ipse Henricus in illo conflictu personaliter non fuerit, sed solus Adolfus cum paucis de exercitu Saxonum. Videntes ergo Ericus rex et Margareta regina audaciam et animositatem principum adversariorum, colloquia favorabilia cum prefato Henrico duce habuerant[(4)] [1] et tantum cum eo effecerunt, quod ipse cum suis retrocessit et ad propria reversus est. Post cuius recessum et[(5)] alii principes, qui auxilio ei fuerant, licet minus contenti de eo recesserunt. Et sic guerra illa incepta pro parvulis illis ducibus de Sleswic multum inconvenienter relicta est et gravibus periculis exposita. (Si enim protunc Henricus dux in prosecucione expedicionis incepte perseverasset, totum malum subsequens absque forte impeditum et sopitum fuisset [2]).

(1) *in B folgt:* 1202a (815). Quem postea superstites fratres cruciferi, malum pro bono reddentes, magistrum ipsorum factum[c] incarcerabant et inhumanissime tractabant. Hoc inquam malum interfeccionis ipsorum fratrum et devastacionis terre sola ipsorum fratrum superbia effecit. Rex enim libenter cum eis placitasset et se cum eis composuisset amicabiliter, sed ipsi fratres stomachando et infeliciter superbiendo cum eo preliari statuerunt et in signum animositatis, verius tamen demencie eorum et fatuitatis, sibi duos enses miserunt, ut unum, cum quo se defendere vellet, sed verius quo eos occideret, eligeret et alium eis remitteret. Boleslaus autem rex videns presumpcionem eorum, gladium recepit et proprio mucrone eos devicit, stravit et humiliavit.

(2) *st.* dux — Norwegie *B:* rex Danorum, filius adoptivus Margarete regine.

(3) *st.* actor — Saxonum *B:* prosperitatem virtute et strennuitate Adolfi comitis predicti magis quam propria obtinuisse eorum est.

(4) *st.* habuerant — est *B:* secessum habentes, versucia regine ipsum ducem pecunie cupidum quatuor milibus marcarum Lubicensium corrupit et ipsum redire ad propria cum suis, aliis inconsultis et minime requisitis, fecit. *Ahnlich Rufus 478; auch H.*

(5) *st.* et — exposita *B:* ceteri eciam exercitum suum abducentes, guerra illa in gravius periculum deducta est.

a) 300 B. b) triump *auf rasur D.* c) fratrum *B;* factum *A.*

1) *H setzt zu:* unde em wart eyn afstande van veerdusent marken. *Siehe schon in den fassungen a, A und B.* 2) *Diese bemerkung schon bei Rufus 479.*

1204 (817). Egressis[a] urbis cives egressi in manu forti duo castra prope civitatem suam cito destruxerunt, que raptorum erant refugia et depredacionibus strate communis vacancia.

1205 (818). Medium[a] opidum de Wyda Terre Advocatorum cum monasterio sororum ordinis Predicatorum conflagracione impetuosa periit[b]. Ob cuius monasterii reformacionem compulsa est priorissa cum duabus sororibus exire et terras diversas peragrare mendicando hostiatim in villis, opidis et civitatibus (contra illarum sororum formam et modum religionis. Debent enim tales ex ordinis sui institucione esse incluse et umquam foras exire. Sed necessitas infortunii sui earum effregit legem et compulit ad alias illicitum). Post triennium autem de mendicacione revertentes, solempnem elemosinam secum de omnibus necessariis duxerunt et monasterium suum pulcre reformaverunt.

1206 (819). (Iordanus Plescowe burgimagister destitutus urbis Lubicensis et in exilio constitutus ex parte sociorum suorum secum exulancium, tamquam capud et magis activus, negocium expulsionis eorum assumpsit sub omnium expensis et in prosecucione ipsius indefesse laborans una cum Reynero de Calvis collega suo curias principum adiit diversorum, iniuriam suam et suorum sociorum cunctis patefaciens et favorem atque auxilium eorum implorans. Veniens ergo in curiam Ruperti regis Romanorum et secum ferens litteras promotorias principum et civitatum, peciit sibi fieri iusticie complementum de iniuriis, dampnis et gravaminibus sibi et suis illatis a regia clemencia et maiestate. Rex autem in continenti causam commisit iudici curie regie, Gunthero videlicet comiti de Swartzeburg, ut circa eam iuridice procederet et partem adversam ad respondendum querelis Iordani proconsulis Lubicensis indilate evocaret et citaret. Quod ad regis mandatum mox factum est). Citati[3] ergo cives Lubicenses, qui locum consulatus usurpatum violenter tenebant, octo cives versus Heydelsberg, ubi protunc curia regalis residebat, destinaverunt, qui causam civitatis sue licet iniustam et veram, iustam et racionabilem defensarent, que inter civitatis inhabitatores et consulares fugatos vertebatur. De predictis autem civibus missis in causa civitatis quatuor erant proconsules pretensi et quatuor cives astuciores[4] quos habere poterant, quorum nomina fuerunt hec: Eylardus Stanghe, Tidericus Steen, Iohannes Grove et Marquardus Schutte consulares, Iohannes Kogeldal, Henricus Rughe, Iohannes Plote et Iohannes Bloyebom cives. Sed hii octo minus discrete et valde iniuste agentes, veritatem et sentenciam in iudicio pronunciatam occultaverunt communitati, cum reverterentur, et aliam minus veram confingentes pro eis sonantem civibus proposuerunt, se causam, pro qua iverant, lucratam reportare gloriantes et causam oppositam et adversam in

(3) st. Citati — destinaverunt B: Lubicenses cives citati per Rupertum regem Romanorum ad instanciam exulati consulatus, cuius capud et sollicitator pervigil Iordanus Plescowe proconsul exul erat, octo cives in Heydelsbergh legaverunt.

(4) st. astuciores — involaverunt B: astuti et mendaciis pleni, sed veritas tamquam fortis athleta mendaces illos vicit et suos pugiles gloria coronavit. Nam consulatus exul in causa sua prevalens et triumphans contra cives predictos sentenciam obtinuit diffinitivam. Sed octo illi cives nuncii antedicte urbis Lubicensis perperam et maliciose agentes tamquam professores mendaciorum veritatem facti in falsitatem converterunt et sentenciam contra eos et civitatem sepedictam latam a Romanorum rege pro se et civitate prolatam tradicione confinxerunt et causam lucratam esse per eos communitati suo mendose et nequiter denunciaverunt revertentes et sic populum capitosum et pertinacem in sua temeritate confirmaverunt.

a) §§ 1204 und 1205 in B zu 1412. § 1204 jedoch schon bei Rufus 479 zu 1411. b) in die sancti Magni s. zu B.

expensis dampnatam et perditam esse. Et sic occultata veritate suis figmentis populum illum in suo regressu in presumpta sua temeritate firmaverunt et se ac urbem suam gravioribus periculis innodaverunt. Nam si veritatem rei geste et processum iudicii fideliter communibus retulissent, procul dubio incepti mali in destruccionem civitatis eorum vergentis collum fregissent urbemque sepedictam ab irrecuperabilibus dampnis eximissent et preservassent[6].

1412.

1207 (820). Terciodecimo anno Ruperti qui est domini MCCCCXII. Margareta regina
nov. 4 Danorum obiit die quarta mensis Novembris (sepultaque est cum maxima exequiarum solempnitate in ecclesia maiori opidi Roscildensis)[7].

1208 (822). Clerus[8] maioris ecclesie Brunswicensis cum quibusdam aliarum ecclesiarum collegiatis et quarundam ecclesiarum parrochialium sacerdotibus brigare cepit et discordare cum consularibus eiusdem urbis propter beneficium cuiusdam clerici Henrici puta Herbordi a papa beneficiati, quem canonici maiores admittere recusabant, et consulares tocius civitatis promocionem ipsius, quia in servicio eorum erat, effectum sortiri satagebant. Consulibus autem in sua causa quedam adherebant ecclesie parrochiales et ordines Mendicancium civitatis predicte et hii omnes super appellacione urbis prelibate facta publice et iuridice divina celebrabant. Partes autem predicte se invicem excommunicaverunt divina celebrantes (nec tamen una pars alteram in divinis vitabat, sed utraque ipsam excommunicatam fore asserebat), quod non modicum scandalum in oculis simplicium suscitabat, eo quod una pars alterius excommunicacionem parvipendens apertis ianuis divina celebrarent. Ingravata est tandem hec dissencio in tantum, ut canonici urbem exirent, communitatis incursionem formidantes, et secum reliquias ecclesiarum suarum deferrent, concitando ad extra contra cives dominos duces Henricum et Bernhardum et episcopos Halberstadensem et Hildensemensem. Et duravit discidium hoc ad plures annos et tam civitati quam canonicis plura dispendia et dampna interim accreverunt.

1209 (823). Quedam mulier in Lafferde[9] villa Saxonie peperit puerum (secundum[a]

[6] ac pericula multa animarum submoverent s. so B.

nov. 22 [7] in B folgt: 1207a (821). Ventus permaximus flavit in nocte beate Cecilie virginis, multas evertens domos et edificia et evellens arbores infinitas.

[8] st. Clerus — celebrabant B: Quidam clericus dictus Henricus Herbordi de Brunswik oriundus obtinuit in curia Romana quandam ecclesiam parrochialem eiusdem[b] civitatis Brunswicensis, nominata[c] sancti Odolrici, cuius possessionem secularis brachii adiutorio intrans residentem in ea cum sua familia exclusit. De quo facto magna discordia orta est et scisma inter clericos et laycos et inter clericos in se. Canonici namque, quorum erat ecclesia predicta, divisi sunt a laycis et presertim a consulatu illius urbis, qui causam clerici predicti Henrici scilicet Herbordi defendere conabatur tamquam civitatis procuratoris in dicta curia Romana residentis. Cui consulatui adheserunt parrochiales presbiteri Sancte Katherine, Sancti Petri, Sancti Magni et Sancti Michaelis ac religiosi fratres ordinum Predicatorum et Minorum. Illi omnes super appellacione civitatis facta publice et iuridice divina celebrabant, prout de iure poterant. Canonicis vero adheserunt monachi de Sancto Egidio, collegium Sancti Ciriaci extra muros dicte civitatis positi et parrochiales presbiteri Sancti Martini et Sancti Andree[1].

[9] st. Lafferde villa Saxonie B: quadam villa Saxonie Alferde nomine prope Poppenborgh castrum sita. Rufus: Lafferde, ebenso H.

a) secundum — veridicam auf rasur D; fehlt H b) korrigirt aus eiusdem B. c) so B.

1) Hieraus nur ein kurzer anklang bei Rufus 478.

relacionem veridicam), cuius totum corpus effigiem habuit virilem, dempto solo capite, quod speciem catti in omnibus pretendebat quoad anteriorem partem faciei. Sed posterior pars capitis horribilem bufonis formam figurabat. Hoc quidem deforme monstrum hec mulier ideo vulgabatur peperisse, quia frequenter matrem suam verbis pertractans probrosis, eam vocare solebat veterem bufonem[(5)].

1413.

1210 (924). Quartodecimo anno Ruperti qui est domini MCCCCXIII. incense sunt in maiori ecclesia Lubicensi[a] scola et dormitorium canonicorum ex negligencia cuiusdam clerici[(6)] lumen non conservantis.

1211 (925). Iohannes papa ob metum regis Neapolitani de Roma in Bononiam se transferens cum suis cardinalibus, maximum bonorum suorum sustinuit detrimentum. Nam rex post recessum pape Romam intravit et palacium pape spolians, omnes clericos

---

(5) quod vulgariter olde krode sonabat *s. zu B.*

In B folgt unten am rand ohne strichen, und zwar Erikus rex — albos Lubicenses *auf f. 291 mit dem hinweis:* quere residuum post duo folia, *der rest auf f. 293 und 293' in zeilen, die über beide seiten laufen:* 1209a. Erikus rex Danorum solempnes peregit exequias in Roschilde, in quibus presentes erant Bukslaus[1] dux Pomeranie et Iohannes[2] dux Saxonie de Louemburgh ac archiepiscopus Lundensis[3] cum 15 aliis episcopis. In predicta solempnitate rex triduanas perfecit exequias. Primo namque die obitus domine Margarete regine noviter defuncte[4] peragebatur et ad quinquaginta altaria misse defunctorum celebrabantur. Rex vero ad singula altaria obtulit preparamentum deauratum, regina autem ornamentum vel deauratum vel sericum de Damasco, et quilibet eorum calicem argenteum deauratum ad quodlibet altare detulit. Principes quoque singulis altaribus florenum obtulerunt; milites insuper et militares ac ceteri offerre volentes albos Lubicenses (quere residuum post duo folia) de quodam vase eisdem repleto quot voluerant capientes obtulerunt ad altaria predicta. Et hec facta sunt in primo transitu oblacionis. In secundo vero circuitu rex et regina duo obtulerunt nobilia ad quodlibet altare, et princeps quilibet florenum tam secularis quam spiritualis, milites autem et nobiles similiter et vulgus promiscuum de albis Lubicensis monete quantum volebant accipientes obtulerunt. Eadem quoque forma et in tercio transitu a singulis observata est. Expletis igitur oblacionibus residuum pecunie, quod in vase predicto habebatur, inter pauperes proiciebatur, ut quilibet raperet quantum posset. In exequiis autem secundo diei obitus patris[5] regis et fratris[6] eiusdem peragebatur, et in exequiis tercio diei obitus Henrici regis Anglie, patris regine[7] adhuc in vita constitute, solempnizabatur. Sed in illis exequiis tantum aurum a principibus et argentum a ceteris offerebatur in transitu tamen triplici, prout de prima die dictum est. Ornamenta autem in primis exequiis oblata et calices ad altaria singula per supradictam Margaretam reginam ordinata erant, ipsa adhuc vivente, et manibus propriis elaborata. Consimiles exequie quoad preciositatem ornamentorum, calicum et auree monete non sunt percepte fieri in partibus Europe. Et hec peracte sunt circa festum beati Iohannis *post nat.* baptiste[8].

(6) *st.* clerici — conservantis *B:* choralis scolaris apud scortum dormientis.

---

a) *fehlt D; steht in B.*

1) *Bogislaw VIII.* 2) *Johann III.* 3) *Petrus IV. Kruse.* 4) *Gest. 1412 oct. 27/28.* 5) *Wartislaw VII. gest. 1394.* 6) *Wol der 1377 verstorbene Kasimir V.* 7) *Erichs gemalin Philippa war eine tochter Heinrichs IV. von England. Dieser starb 1413 märz 20.* 8) *Vgl. Kr. Erslev, En kirkefest i Erik af Pommerns tid im 'Kirkehistoriske Samlinger' 3. R. V 809, wo auch die ganze nachricht, jedoch nicht ohne ein versehen im text, abgedruckt ist.*

et curtisanos, qui remanserant, de urbe fugavit et bona eorum diripuit, plures interficiens. Castrum quoque Angeli ex tradicione cepit, peremptis omnibus in eo inventis[1].

1412. Fredericus[a] et Wilhelmus marchiones Misne, valde[2] amaricati contra inimicos Cristi, secundum relacionem veridicam una et eadem die omnes Iudeos terrarum suarum cum uxoribus et liberis eorum ceperunt et turribus mancipaverunt, omnibus eorum bonis confiscatis. Hoc inquam malum iuste super eos venit propter quendam puerum cristianum, quem emerant a quodam rustico, quem voluissent trucidasse. Rusticum autem illum principes in quatuor partes vivum dividi facientes ad quatuor rotas posuerunt[3].

1413 (827). Sigismundus[1] rex Ungarie gravi obsidione Venecias vallavit (prout et alias fecerat Lodowicus rex predecessor suus) et incendiis, rapinis ac devastacionibus terrarum ad eas pertinencium vacans, multis incommodis inhabitatores plus quam per annum vexavit. (Pluribus eciam negociatoribus et civibus eius manus et pedes amputavit).

1414 (828). Fratres[1] quidam de ordine sancte Brigitte vidue de Swecia venientes in ducatum de Louenburg, ab Erico duce campum quendam cum adiacenti nemore prope opidum Molne emerunt et ibidem de consensu episcopi Razeburgensis Ditlevi monasterium edificare ceperunt, fratres et sorores simul recipientes[4].

1415 (829). Rupertus rex Romanorum obiit, princeps[b] pacis et iusticie cultor.

---

(1) in B folgt: 1411a (825). Brandanus de Swichelte et Conradus frater suus cum multis aliis armatis irruerunt improvise in quoddam monasterium monialium nomine Woltingrode iuxta Goslariam, ubi erant exequie solempnes, ut ceperunt congregatos ibidem milites et militares dyocesis Hildensemensis et ducatus Brunswicensis. Sed illi hostes percipientes in ecclesia constituti, ostium ecclesie clauserunt et testudinem ipsius mox ascenderunt, de ea se defendentes. Predicti vero Brandanus et frater suus cum familiis suis violenter ostium ecclesie confringentes, infra divina presbiteris constitutis, cum evaginatis gladiis per ecclesiam quasi insani discurrerunt, querentes milites supradictos et militares et neminem reperientes quasi rabidi canes chorum virginum sunt ingressi et perscrutati sunt mantella sanctimonialium, si quos sub eis mulieres ille viros abscondissent. Sed nec ibi quemquam reperientes intraverunt interiora monasterii et ingredientes coquinam ollas omnes cibariis plenas, preparatis ipsis militibus et militaribus, qui ad exequias convenerant, everterunt et edulia in terram fuderunt. Interim autem cum hec infra monasterium per dictos raptores fierent, uxor domini de Derstad baronis videns hostes velle rapere equos viri sui, ipsa una cum pedissequis singulos equos ascendit et fugiens cum eis evasit. Raptores illi eciam timentes superventuros aliquos, a loco illo recesserunt, de feretro mantellum preciosum auferentes et secum ducentes.

Ferner unten am rand ohne zeichen: 1411 b. Fratres Minores tenuerunt Lubeke

Juni 11. capitulum provinciale in festo penthecostes et fuerunt ibidem congregati circiter 300 fratres, licet populo predicassent, 700 fore venturos.

(2) valde — veridicam *auf rasur D; st. dessen in B:* una cum lantgraviis Thuringie et Hassie; *bei Rufus 480:* de landgreve van Doringen Balthasar unde de landgreve van Hessen.

(3) De Iudeis autem incarceratis innumeri fame perierant utriusque sexus. *z. zu B.*

(4) Et ut favorabiliorem prestarent — *u. s. w. wie A* — propter eorundem mulierum infamatarum recepcionem. Aut etiam essi — immediate a Cristo Ihesu, quod fatuitatis magne reputatur in auribus sensatorum. Propter has quidem pronunciaciones postea magna incommoda sustinuerunt et excommunicati publice fuerunt, ut infra patebit suo tempore. *z. zu B.*

---

a) *§ 1412 in B unten am rand von anderer hand, bei Rufus 480 zu 1412 gestellt.* b) *st.* princeps — cultor *B:* in Heydeleberghe.

1) *Die §§ 1413 und 1414 bei Rufus 480 zu 1412, also mit § 1412 vor § 1410 gestellt.*

DE SIGISMUNDO REGE ROMANORUM.

1216 (830). Sigismundus rex Ungarie filius Karoli IIII. cepit anno mundi VMCCCLXXIIII, olimpiadis DXXXII. anno secundo, urbis condite IIMCLXIIII, domini vero MCCCCXIII. et regnavit annis [1]. Hic electus est in Frankfordia ab electoribus imperii et coronatus in Aquisgrano a Frederico archiepiscopo Coloniensi in die sancti nov. 11. Martini. Sigismundus iste[a] diversa gessit prelia in favorem fidei cristiane contra Thurcos et ceteros barbaros et eos sepius devicit[(1)]. Quandoque tamen succumbens ab eisdem gravia incommoda et dampna perpessus est. Largus autem et beneficus extitit suis militibus, iustus in iudiciis[b] et speciosarum amator feminarum.

1217 (831). Provisor Erphordensis Iohannes[(2)] de Nassowe ex latere sinistro fratribus ordinis Predicatorum dicte civitatis graves intulit iniurias occasione cuiusdam ymaginis salvatoris, ad quam vulgus graciam conceperat. Quam ut a conspectu hominum removerent, fratribus precepit, ut sic visitacio et concursus cessaret populi. Quod cum fratres facere recusarent, in ipsos iuris ordine minime servato[2] excommunicacionis sentenciam promulgavit, eorum exempciones et libertates allegatas parvipendens. Insuper coegit dictos fratres, ut conventum suum linquerent, per talem iniuriosam interdicti posicionem *et alias tyrannicas execuciones contra fratribus participantes, quibus populum * f. 140 b a visitacione ecclesie fratrum cohercuit[3]. Quam[(3)] iniuriosam persecucionem intelligens magister Hubertus provincialis eorum, dictum provisorem personaliter citari fecit ad curiam Romanam. Quod cum sibi innotuisset, ipse cautulose agens cum priore dicti conventus Erphordensis composicionem iniit et fratres ad cautelam absolvit. Exulantesque fratres ad conventum revocavit, provinciali[(4)] antedicto irrequisito et ignorante. Sed deus bonorum et malorum iustus remunerator non diu post de dicto persecutore pauperum fratrum se vindicans permisit, ut forte peccatis suis exigentibus vitam merito fine concluderet.

1218. Dominus[c] de Heldrunghen castrum Honsteen[d] per practicacionem[e] Tiderici comitis de Honsteen, patrui Henrici comitis de Honsteen[(5)], mane cum suis intravit funem in manibus gerens, quo dictum Henricum comitem suspendio interficere voluisset. Et inveniens patrem decrepitum prefati Henrici comitis iuxta focum se calefacientem sedere (secundum cronicam Saxonum) cum adolescentulo fratre dicti Henrici comitis,

(1) Cleri vero pompam et inordinatam vitam ut peccata sua odivit semper et detestatus est. z. zu B.

(2) st. Iohannes — sinistro B: terre Thuringorum dyocesis Moguntine de progenie comitum de Nassow, sed non de recta linea.

(3) st. Quam — Romanam B: Provincialis autem prior nominatus frater Hubertus, sacre theologie magister, in cuius provincia conventus antedictus Erphordensis est locatus, videns provisoris huius tirannidem contra fratres suos irracionabiliter sevire, manum apposuit et ut citaretur personaliter ad curiam Romanam, mediante venerabili patre fratre Thoma magistro generali eiusdem ordinis, practicavit.

(4) st. provinciali — concluderet B: Et sic furor rabidus provisoris illius cessavit.

(5) qui castrum Honsteen latenter aperiri fecerat. z. zu B und ähnlich Rufus 491.

a) strennuus existens miles z. zu B. b) sed lascivus z. zu B. c) § 1218 in B unten am rand, bei Rufus 491 vor § 1217. d) Honst auf rasur D. e) tradicionem B; verräterei Rufus a. a. o.

1) D gibt hier eine lücke, wie B und A, während in der Lübecker Ratschr. eine andere hand XIX eingetragen hat. 2) Rufus 488 genauer: dat he doch nicht don en mochte, wente se getuget syn van deme pawese, dat nen bischop macht over se hefft, men de pawes alleene. 3) Statt dessen setzt Rufus a. a. o.: Aldus togen de monike bynnen der broderen nie der stad unde leten dar eliike inne, de en dat cluster bewaredan.

ipsos captivavit. Interim autem sepedictus Henricus comes in lecto apud uxorem quiescens et tumultum audiens, nudus e lecto exilivit et lintheaminibus colligatis de fenestra se emisit et evasit[1]. Castrum tamen ipsum captum fuit per dictum dominum de Heldrungen et fortiter munitum, uxore Henrici comitis dimissa cum clenodiis, que per se deferre valebat.

1219. Eodem[a] tamen anno (per ordinacionem dicti Henrici comitis) prefatus dominus de Heldrunghen interfectus est in Hartone a carbonariis et(1) villanis ob favorem dicti Henrici.

1414.

1220 (832). Primo anno Sigismundi qui est domini MCCCCXIIII. Hartesburg castrum fortissimum obsidetur per principes, puta Guntherum archiepiscopum Magdeburgensem, Bernhardum ducem de Brunswic, qui hoc anno cum fratre suo principatus suos diviserat et in sortem suam ducatum Brunswicensem susceperat cum suis attinenciis, Henrico duce de Luneburg permanente secundum cronicam Saxonum, Henricum episcopum Halberstadensem et civitates Magdeburgensem, Brunswicensem, Halberstadensem, Goslariensem, Osterwicensem et Helmestadensem et per plures nobiles, milites et militares(2). Hii principes et civitates expugnacioni castri predicti viriliter insistentes cum bumbardis grandibus et instrumentis aliis variis ipsum infestaverant et turres ac domos conquassantes, tandem ad hoc coegerunt castellanos, quorum capitanei et domini castri erant Brandanus de Swichelde et Conradus germanus suus, ut in graciam principum predictorum se humiliando darent et ipsum castrum dictis principibus resignarent, salvis rebus suis et vita conservatis.

1221 (833). Fredericus marchio[b] de Brandeburg et Guntherus archiepiscopus Magdeburgensis castrum Plawense, per miliare distans ab urbe Brandeburgensi terre Marchie, obsiderunt et tandem ipsum expugnaverunt(3). Captus est autem in dicto castro Iohannes Quidsowe, frater Tiderici Quidsowe, et turri(4) mancipatus in opido Calve ac inibi tentus ultra annum et dimidium.

1222 (834). Capto autem castro predicto, Fredericus ad interiora Marchie cum exercitu illo se transferens[c], sex municiones fortissimas simul vallavit et inpugnavit et tandem eas expugnavit et obtinuit ac earum dominos nobiles de Marchia fugavit, puta Tidericum Quidsowen, Wipertum de Rochowe et Gans de Putlist(5). Hi omnes raptores erant et depredacionibus strate communis se nutrire consueverunt. (Postea tamen a dicto Frederico marchione in graciam sunt recepti et ad loca sua remissi).

1223 (835). Una pars consulatus civitatis Groningensis terre Frisie(6) cum aliquibus de communitate alteram partem communitatis de urbe predicta expulit, quinque con-

(1) st. et — Henrici B: eo quod ceperat tradicione castrum Honstein et fugaverat Henricum comitem dicti castri ac captivaverat patrem comitis prefati et eius filium.

(2) episcopatuum et ducatuum predictorum a. m. B.

(3) eo in parte magna destructo cum instrumentis eisdem bellicis, quibus et castrum Hartesborg captum est a. m. B.

(4) st. turri — dimidium B: in turri diu tentus in Aken opido dyocesis Magdeburgensis super Albiam sito. Vgl. jedoch fassung a.

(5) Sed ille iam actualiter in vinculis tenebatur in castro Tziser per episcopum Brandeburgensem. a. m. B. Vgl. schon A.

(6) occidentalis Traiectensis dyocesis a. m. B.

a) § 1219 in B oben am rand der folgenden blattseite von anderer hand, fehlt bei Rufus. b) st. marchio de Brandeburg B: burgravius Nurembergensis. c) transferens D.

1) woll dat he vyl mere vyl uthe deme torne fügt Rufus 481 an.

sulares opposite partis interficiendo in consistorio. Capitaneus autem partis victricis erat Coppin dictus burgimagister predives et potens valde. Contigit(1) autem non diu post, quod Keno Friso nobilis terre castrum quoddam obsideret, quod Groningensium erat. Quod cum Coppin intellexisset, cum civibus Groningensibus mox exivit auxilium laturus obsessis in castro. Quorum egressus mox intimatus est expulsis civibus per fautores suos, qui in urbe remanserant. Qui illico venientes cum turma maxima, urbem intraverunt occupatisque turribus civitatis valvas clauserunt et hostes suos, qui se expulerant, de urbe excluserunt, ipsi intra remanentes.

1224 (836). Fredericus archiepiscopus Coloniensis obiit. In cuius sedem electus est a maiori parte capituli Tidericus[a] prepositus de Bunna natus comes de Mörse, avunculus defuncti Frederici, quem ipse vivens capitulo exposuerat(2).

1225. Iohannes papa et cardinales sui cum ceteris episcopis et prelatis ad hoc specialiter convocatis statuerunt futurum concilium generale celebrandum in Constancia ad perficiendam unionem ecclesie inceptam pro instanti festo omnium sanctorum. Quem Nov. 1.
quidem locum dominus papa Iohannes cum cardinalibus ingressus est in die apostolorum Okt. 28.
Symonis et Iude[1].

1226 (838). Cives(3) Lubicenses miserunt in Constanciam urbem ad Sigismundum novum regem Romanorum pro defensione cause, que vertebatur inter ipsos et consulatum exulantem dicte civitatis[2]. Iordanus[b] autem et[c] Reynerus consulares et actores cause predicte ex parte exulancium iam erant in Constancia et informabant ipsum cesarem ac querimonias deponebant contra suos adversarios. Qui autem mittebantur (de pretenso dicte civitatis Lubicensis consulatu), fuerunt isti, puta Eylerus Stangbe, Henricus Schonenberg, Marquardus Schutte et Iohannes Grove, omnes proconsules. Hii magnam pecunie summam secum ducentes, Constanciensem urbem attigerunt et coram regie [c. ...]
presencia constituti, causam sue civitatis exposuerunt et ad obiecta eis per partem adversam, prout poterant, responderunt. Postulabant(4) tamen a iudice curie alium diem sibi assignari ad deliberandum super responsione meliori facienda, qua assignata dicti

(1) st. Contigit — remanentes B: Sed expulsi consules cum sua parte communitatis castulosa agentes latitabant prope civitatem, preavisati et moniti ab amicis adhuc intra civitatem residentibus, quod pars civium eis adversa exitura foret civitatem ad subveniendum obsessis per nobilem Frisonem Kenen in quodam castro ad urbem pertinente. Quibus exeuntibus mox latitantes cives de cubiculis eruperunt et urbem ingredientes eam post se clauserunt et inimicis suis exclusis eam occupaverunt.

(2) in B folgt: 1224a (837). Contra hunc electus est a tribus canonicis eiusdem capituli Otto episcopus Padelburnensis, filius ducis de Monte. Sed prepositus de Bunna prevalens in vocibus confirmatus est per Iohannem papam, intervenientibus pro eo ut dicebatur 60 millibus florenorum. Otto vero episcopus Padelburnensis frustratus in proposito suo, clericatum deposuit et sumens filie de Tekenenborg factus est comes de Ravensberg.

(3) st. Cives — adversarios B: Cives Lubicenses mittunt quatuor de consulatu suo pretenso in Constanciam pro defensione cause sue coram rege Romanorum, apud quem erant aliqui de exulantibus proconsulibus et consulibus, cesarem ipsum informantes de negocio suo.

(4) st. Postulabant — assignata B: Prius tamen.

a) Tide auf rasur D; name fehlt B; Hinrik Rufus 488. b) Plessowe fügt die Lübecker hs. zu. c) über der zeile nachgetragen D.

1) Vgl. A § 841 anfang. 2) Der ganze folgende bericht bei Rufus breiter und mehrfach klarer, auch lebhafter erzählt.

nuncii regem accedentes benevolenciam suam solempni captabant propina et ut eis propicius esset, obnixe supplicarunt. Sed propina illa non obstante, cum dies iuridica adesset, causa utriusque partis in medium est proposita et tunc partes hinc inde studiose sunt examinate et causa inter principes ad plenum est ventilata, et tandem negocium illud discussum est et sentencia promulgata est contra IIII prefatos nuncios et in expensis sunt condempnati, alia parte iustificata[1]. Quo facto nuncii predicti confusi et turbati regi se protinus obligaverunt ad solvendum XXVM florenorum, ut sentenciam contra se latam ad tempus suspenderet et eam exequi prohiberet ad certum tempus (et quod eis concederet aliquas gracias ad tempus duraturas, per quas communitatem sue civitatis quietarent et contentam redderent.) Rex[2] autem multis indigens peticioni eorum annuit, promissum acceptavit, gracias eis concessit sentencie late omnino contrarias. Condicionem tamen annectebat talem, qua honori suo consuluit, voluntati nunciorum paruit nec tamen notabile detrimentum iustificatis consularibus attulit. Gracie autem per regem eis concesse fuerunt iste: prima, consulatus profugus de urbe Lubicensi perpetuo introitu carebit; secunda, mechanici et mercatores semper urbem dictam regere debebunt[3]; tercia, bannum regale contra urbem Lubicensem fulminatum vigorem non habebit. Condicio vero annexa dictis graciis fuit talis: etsi prelibatam pecunie summam XXVM florenorum regi promissam post eius sublevacionem rex dicte civitati non restituerit aut restitui fecerit ante instans festum
apr. 23 sancti Georgii, extunc gracie ille effectum suum habebunt. Si vero hoc fecerit, gracie nullius efficacie erunt. Proposuit enim rex gracias has largiendo certissime se ordinaturum, quod dicte pecunie ante dictum festum civitati Lubicensi restitueretur.[4] Prefatum[5] autem inconveniens rex ex penuria videtur fecisse et ideo oportuit iustificatos consulares pacienciam habere ad breve tempus. Cum hiis itaque graciis supradicti nuncii reversi sunt ad propria, quibus rex suos iunxit ambasiatores, puta dominum de Zydowe baronem cum sua societate, ut promissam pecuniam regi reportarent[1]. Hii
juli 25 civitatis nuncii una cum regis vasallis Lubeke venerunt circa festum sancti Iacobi et cum adiutorio dicti baronis taliter communitatem civitatis informaverunt de negocio eis commisso, ut ipsa optime contenta in sua pertinacia constancius se firmaret.

(1) per iudicem curie imperialis Guntherum de Swartzeborg comitem s. m. B.

(2) st. Rex — attulit B: Rex autem, quia pecunie cupidus et indigens, peccuniam acceptat et pro ea nunciis predictis gracias aliquas pro sua civitate confert litteratorie, prefate sentencie per iudicem curie late quodammodo preiudiciales, ymmo directe contrarias. Annectit tamen dictis graciis condicionem talem, propter quam collate gracie ille Lubicensibus parum valere poterant.

(3) ad consulatum eligendi et ponendi s. m. B.

(4) Et nisi hoc pretendisset et se facturum spopondisset, utique honori suo nimium derogasset in collacione dictarum graciarum. s. m. B.

(5) st. Prefatum — firmaret B: Hoc fecit rex propter nimiam indigenciam pecuniarum expendendarum in predicto concilii loco. Consulatui tamen expulso et iustificato hee gracie collate pro tanto obfuerunt, quia bannum imperiale super civitatem Lubicensem pronunciatum execucioni non mandabatur, interim quo pecunia illa non erat soluta. Et eciam cives sepedicte civitatis eo forcius rebellare et insanire inceperunt, ex quo audiverunt, gracias secundum voluntatem eorum eis esse collatas, nescientes talem condicionem esse appositam, quam quidem condicionem nuncii predicti celaverunt nec communitati intimaverunt, sed tantum solum gracie collate articulos promulgaverunt in eorum reversione.

1) *Vgl. urkunde von 1416 juni 13. Urkundenbuch der stadt Lübeck V 641.*

1415.

1327. Secundo anno Sigismundi qui est domini MCCCCXV. Iohannes[1] papa sacrum Constanciense concilium incipiens celebrare, solempnem fecit processionem cum cardinalibus

---

[1] *Statt der §§ 1327 und 1328 gibt B die folgenden drei abweichenden:* 1327a (841). Iohannes papa in concilio Constanciensi existens et percipiens, se in papatu non posse permanere, sed eum cedere oportere papatui, subterfugia latenter quesivit, licet iuramento se obligasset ad permanendum ibidem usque ad finem concilii. Unde Fredericus dux Austrie pecunia multa accepta ipsum abduxit, et factus est et ipse dux sui iuramenti prevaricator et ecclesie traditor. Sigismundus autem Romanorum rex percipiens fugam pape, per terras undique cum exercitibus missis ipsum inquiri fecit, tamdiu quousque ipsum inveniri in Schafhusen. Quam civitatem rex vallans obsedit et tandem Iohannem papam sibi presentatum cepit. Quem captum in Viennam *transmisit* et diligenti custodie ducis Bavarie commisit. Ipse vero dux papam Iohannem ad forte castrum dictum[a] Manhoym duxit et sui curam diligentem habuit. Ducem vero Austrie Fredericum rex Romanorum in manu valida persequens, plures civitates et castra ipsius obsedit et expugnavit et postremo ipsum capiens toto dominio suo privavit; ac Constanciam rediens secum predictum ducem vexit, ubi se non exiturum locum concilii iuramento obligavit et fideiussoribus dignis corroboravit, donec rex de negociis ecclesie expediendis rediens cogitaret, quid de eo esset facturus.

1327b (842). Circa festum sancti Iacobi quatuor proconsules preteriti civitatis Lubicensis superius nominati revertentes de Constancia secum duxerunt quendam baronem Jul. 25.
— *u. s. w. wie A* — in maiorem insaniam concitavit.

1327c (843). Concilio[b] Constanciensi iam carente capite, papa Iohanne capto et incarcerato, cardinales et maiores ecclesie prelati ibidem congregati et de die in diem copiosius confluentes, totam dei ecclesiam in 5 naciones diviserunt, cuilibet nacioni unum solempnem prelatum in caput constituentes. Hec inquam nacionum capita cum suis precipuis membris cottidie conveniebant ad tractandum et ordinandum ac disponendum de bono communi tocius orbis, que ei expediencia, sanccius et honestius forent. Invocabatur cottidie divinum auxilium et spiritus sancti gracia per missarum solempnium decantaciones, dei verbi pronunciaciones, stacionum processiones, ieiuniorum instituciones et plures tales ac consimiles solempnizaciones, quibus dei adiutorium et misericordia implorari consuevit. Rex eciam Romanorum Sigismundus cum multis principibus ibidem existens et rempublicam pro viribus reformare et adaugere satagens, dicto prelatorum concilio fideliter astitit et, in quantum potuit, exhortabatur et promovebat ad inceptum opus perficiendum. Advenit eciam huic concilio universitatis Parisiensis cancellarius cum suis collegis, magis tamen in huius sancte congregacionis turbacionem, quam consolacionem, propter diversarum novitatum commociones, in quibus prius privilegiari temptabant, antequam se concilio submitterent. Accessit insuper et aliud perturbacionis malum hiis diebus. Nam quidam magister universitatis Pragensis concilium predictum intravit, heresiarcha pessimus et inceptor destruccionis illius universitatis ac seminator novorum errorum, quibus infecta existit nedum Pragensis civitas, sed et totum regnum Bohemorum, nomine Hus. Hunc hominem deo et hominibus odiosum cum concilium sacrum advenisse perciperet, mox captivavit et carceri includens examini doctorum et inquisitorum exposuit. Quem publice examinatum et in multis heresibus deprehensum et convictum tandem concremavit, eo in sua perfidia pertinaciter durante et permanente. Hereticavit eciam predictum sacrum concilium omnes libros et tractatus huius heretici comburi, condempnavit et excommunicavit de maturo omnium prelatorum et doctorum consilio, prohibens sub anathematis pena,

---

a) dictum Manhoym *am Rand B.* b) Concilio — carente *korrigirt aus* Concilium Constanciense — carens *B.*

et prelatis omnibus[1]. Qua processione facta, missa solempnis de spiritu sancto per cardinalem Florentinum est celebrata in ecclesia maiori. Qua finita dominus papa stans in sede sua locutus est ad sacrum concilium, alta voce dicens: 'Istud concilium principaliter tenere decrevimus pro restauracione ecclesie dei tam in capite quam in membris'. Et exhortabatur omnes, ut se disponerent ad recte et iuste consulendum et quod omnes libere et sine formidine loquerentur; et tunc cepit facere pulcrum sermonem, protestans sub iuramento in eo, se libenter velle cedere papatui ob sancte ecclesie unionem perficiendam. Sed proch pudor statim post iuramentum suum violans et clam fugiens recessit de concilio nocturno tempore transformato habitu et ivit in Schafhusen et ultra de illo loco in Loufenberg. Propter quam turpem fugam postea per regem captus est et incarceratus, ut statim infra patebit. Concilium vero, comperta eius fuga, mox ipsum iuridice citavit et post contumaciam ipsum legitime deposuit cum aliis duobus antipapis tamquam periurum et scismatis fautorem, disponens se ad alterius eleccionem. Insuper decernit, statuit et ordinat dicta sancta synodus pro bono unionis ecclesie dei, quod nullo umquam tempore reeligantur in papam dominus Balthazar de Cossa nuper Iohannes papa XXIII. nec Petrus de Luna Benedictus XIII. nec Angelus Corarii Gregorius XII. in suis obedienciis sic nuncupati, et si contrarium factum fuerit, illud sit ipso facto irritum et inane; nullusque cuiuscumque dignitatis et preeminencie, eciamsi imperiali, regali, cardinalatus vel pontificali dignitate prefulgeat, eis vel eorum alteri contra hoc decretum ullo umquam tempore obediat seu adhereat, sub pena fautorie dicti scismatis et malediccionis eterne. Ad quae contra presumptores, si qui in posterum fuerint requisiti, eciam cum invocacione brachii secularis et alias[a] rigide procedatur. Articuli autem, propter quos dictus Iohannes papatu fuit privatus, plures fuerunt, quos ob reverenciam apostolici status presentibus inserere dedignabar, cum hec scriberem, eo quod sint piarum aurium offensivi et ecclesiastici honoris valde derogativi.

1228. Sigismundus[(2)] rex Romanorum intelligens, destitutum papam Iohannem profugum esse et sue custodie per concilium commendatum, cum suo exercitu versus Nuenburg festinavit, ubi ipsum inveniens mox captivavit et in Viennam captivum transmisit ac fideli custodie ducis Bavarie designavit. Dux vero dictum dominum in Manheym castrum fortissimum transvexit et turri mancipavit. Fredericum autem ducem Austrie, qui dictum profugum papam foverat in suo recessu, ut dicebatur, Sigismundus rex persequens, plures civitates eius et castra obsedit et expugnavit et multum humiliavit.

1229 (846). Ericus dux[b] de Salina durum bellum gessit cum Henrico comite de Honsteen (secundum cronicam Saxonum) et cepit ipsum cum multis militaribus terre Thurin-

ne quisquam eos scribere, legere, studere aut apud se retinere presumat, sed mox igni tradat eos quilibet ad comburendum. Huius heretici combustionem cum Pragenses tam cives, quam clerici quidam perceperant, ipsum tamquam virum sanctum et iniuste occisum ac ut martirem venerari ceperunt et ymaginem suam sculptam in altari ut sancti canonizati levaverunt ac diem combustionis sue celebrem statuerunt in perpetuum.

In B folgt dann: 1227d (844). Novum opidum in Nova Marchia per Tidericum Quidsowen raptorem terre palam incineratur ex toto nocturnis temporibus et insidiose.

1227e (845). Archiepiscopus Coloniensis — *u. s. w. wie A* — secum abduxit.

(2) *Siehe vorige seite anm.* (3).

a) *mit kleiner rasur D.* b) Enbekensis alias dictus de s. *zu B.*

1) *Der bericht bei Rufus 488 ist für diesen § selbständig und weit ausführlicher.*

gorum. Ipse eciam dux in eadem pugna amisit plures de suis, quos superstites exercitus comitis Henrici captivos introduxerunt in opidum Elrik ultra Hartonem situm.

1230 (849). In generali capitulo Florencie celebrato profesto sancti Ieronimi per fratres ordinis Predicatorum electus est venerabilis frater Leonardus de Florencia magister in theologia in generalem magistrum dicti ordinis[1].

1231 (847). Ericus rex Danorum cives Lubicenses, pro captura[a] allecum iuxta consuetudinem annualem in Scania existentes, captivavit numero fere CCCC et omnia eorum bona ibidem habita arrestavit violenter eos ad hoc compellens, ut sub iuramento conscriberent omnia eorum bona per eos in Scaniam deducta et ibidem comparata. Quorum tamen quosdam secundum favorem et informacionem illorum, qui ex parte exulancium (consulum dicte civitatis Lubicensis) secum degebant, turribus iniecit et compedibus ferreis atrociter constrinxit; quosdam vero liberos ire permisit, locum eis assignans, quem non transgrederentur sub iuramento prestito. Hec quidem captivacio, quamvis[b] quoad aliqua iniusta fuerit et minus equa quoad ipsum regem et suos officiales, eo quod super fide et securitate antiqua et consueta ac eciam de novo ab advocato regis in partibus Scanie residente ex postulacione mercatorum Lubicensium iurata et prestita eisdem (que in vulgari müte nuncupatur) ipsam terram ingressi fuissent nec rex aut eius advocatus illam datam et iuratam securitatem et pacem modo consueto eis interdixisset, fuit tamen[c] ultra modum salubris et utilis, ymmo necessaria nedum dicte urbi Lubicensi et suis inhabitatoribus, verum eciam universitati tocius Anse. Nam si predicta captura facta non fuisset, gloriosa illa civitas, que corona et caput est omnium civitatum tocius[d] Europe, per nimis[e] duros et inexpertos inhabitatores destructa fuisset et exinanita et per consequens cetere urbes suo exemplo in periculo fuissent. Propter quod merito rex ille Ericus[2] in hoc facto salutari dicendus est amicus[f] non solum dicte urbis Lubicane, sed eciam et aliarum de mercancia se nutriencium et ab omnibus illis diligendus et glorificandus. Ipse enim uti princeps sagax et industrius per minus malum vitare et impedire studuit maximum et irrecuperabile excidium boni communis, quod semper pie sustinendum, ymmo commendandum est in sollicitatore. Non enim in hoc facto, ut pie[g] credendum est, Ericus (illustris) rex suum intendebat fructum aut lucrum procurare, sed sepedicte civitatis bonum et salutem conservare. In cuius argumentum et veritatis evidenciam licenciavit quosdam de captivis[3] ad transfretandum et ad faciendum persuasiones efficaces dicte civitatis communitati, ut se cum exiliatis suis consularibus componerent, promittens eisdem in bona fide, quod si pacem, concordiam et amiciciam facerent inter partes has discrepantes, quod extunc ipse rex omnia captivorum bona ad ultimum quadrantem restituere vellet[4] et ipsos captivos libertati dare. Sed si hoc efficere non valerent, extunc captivi licenciati in termino eis prefixo redire deberent in captivitatem, amplius eam non evasuri cum vita, et omnia eorum bona esse

---

[1] defuncto fratre Thoma de Firmo predecessore suo s. zu B.

[2] st. Ericus — sollicitatore B: pacificus Ericus pater et restaurator illius perdite civitatis existimandus est, si non omni, tamen aliquo modo. Nam licet perperam egerit in civium captura, per minus tamen malum vitavit et cavit maximum malum, quod semper pie tollerandum est.

[3] una cum consulibus et nunciis missis ad ipsum per civitatem predictam s. zu B.

[4] et refundere dampnum cuicumque racione illius captivacionis illatum s. zu B.

---

a) st. captura allecum B: qualicunque alleciam. b) ut quidam dicere videntur s. zu B. c) ut est s. zu B. d) st. tocius Europe B: de Hansa; H: van Almanien. e) nimis — inexpertos auf rasur D; st. duros B: brigosos et insanientes. f) auf rasur D. g) st. pie credendum est B: presumitur.

deberent regis. Ex[1] quibus luculenter[(1)] apparet, captivitatem illam non fuisse factam in regis lucrum aut commodum, sed in profectum et salutem urbis Lubicensis et ad impediendum multiplex discrimen et nimiam ruinam civitatis illius. Si enim tot viri notabiles et pecuniosi capti non fuissent, populus vulgaris et presertim pociores sedem consulatus violenter usurpatam et potenter[a] tam diu possessam tam faciliter non deseruissent nec admisissent reintroduccionem exulantis consulatus[(2)].

1416.

1232 (850). Tercio anno Sigismundi qui est domini MCCCCXVI. Henricus rex Anglorum cum exercitu magno intravit Franciam obsidioneque vallavit urbem Heringulet et post paucos dies[b] eam expugnavit et cepit. Karolus autem rex Francorum magnum populum aggregans accceleravit obsessis ferre presidium. Unde Anglorum exercitum duro bello aggrediens cum ipso viriliter pugnavit. Victoriam tamen ad ultimum Henricus rex obtinuit, infortunium hoc infidelitate Francorum causante. Dux namque exercitus Francorum perperam agens et pocius Anglicis quam proprio favens domino, tergiversari cepit. Quod videns unus militum Karolo regi fidelis, mox ipsum gladio transfodit, quem in continenti complices traditoris illius interfecerunt. Perierunt autem in conflictu hoc de exercitu Francorum XXII terrarum[(3)] domini, puta duces, comites baronesque; (de militibus vero et militaribus ac ceteris armigeris circiter VIIM corruerunt.) De exercitu eciam Anglorum tres comites interfecti sunt, sed[(4)] de militaribus et vasallis ceteris citra XIIM interempta sunt.

1233 (851). Duces[c] Magnopolenses de[(5)] Stargardia Ulricus et Iohannes litem gerentes cum Balthazar domino Slavorum, multa dampna sibi invicem intulerunt, villas incinerando, municiones vastando et plures homines captivando et interficiendo. Balthazar vero inter alios cepit militem prepotentem Henricum Moltaken et pecuniosum, quem nimis exaccionare volens in tormentis extinxit. Duces vero de Stargardia dominum de Waren, patruum dicti Balthazar, captivaverunt et diu in vinculis ipsum tenuerunt. Interveniente tandem amicabili composicione per Fredericum marchionem[d] de Brandenburg practicata, dissencio illa sopita est et captivi redempti sunt.

---

(1) st. luculenter — exulantis consulatus *B:* patet, quod captivacio illa causa est salutis et reformacionis illius civitatis. Nam si tot honorabiles viri non fuissent capti, ipsi tam fideliter et seriose non laborassent pro antiqui consulatus reintroduccione.

(2) *in B folgt:* 1231a (848). Duo fratres Minores ob hereticam pravitatem, quam abiurare et deserere noluerunt, sunt combusti in territorio Hanonie in civitate Valencia. Et utinam fuissent primi de illo ordine cremati propter idem crimen et ultimi comburendi, ut sic tam sanctus ordo habere desineret membra tam morbida et putrida ordinem illum sic confundencia.

(3) st. terrarum — baronesque *B:* principes et plures milites ac militares.

(4) st. sed — sunt *B:* Militum autem et militarium ac popularis vulgi cadencium non editur numerus pre nimia magnitudine.

(5) st. de — Slavorum *B:* Iohannes, Albertus et Ulricus cum suis civitatibus Rostoccensi et Wismariensi gwerram et lites gerentes cum Balthasar domino Slavorum et fratribus suis.

---

a) *auf rasur D.* b) *am rand nachgetragen D.* c) *§ 1233 in B zu 1414.* d) *st.* marchionem de Brandeburg *B:* borgravio Norembergensi *in andrer construction.*

1) *Das folgende lautet in H:* In dessene artikle wart dat openbare, dat de koningh de stad wol meende. Men dar vorlos he den gueden loven wedder mede, dat do de olde rat wedder in was genomen, dat he do den vangenen al ere gud nicht wedder en gaff uppe de starsten x mark, ane ik swige van deme starsten penninghe.

1234 (840). In[a] territoriis marchionum de Misna, lantgravii Thuringie et comitis[b] de Swartzeburg[c] plures inventi sunt heretici multorum errorum periculosorum assertores (relicti de semine infelicis illius heresiarche Conradi Fabri, dudum defuncti). Frater autem Henricus Schoenevelt magister sacre theologie et inquisitor ordinis Predicatorum ad has partes veniens, plures ex hiis sibi delatis examinavit et eos infectos diversis erroribus reperiens, quibusdam resilire cupientibus penitencias imposuit; quosdam vero in pertinacia sua obduratos iudicio seculari tradidit. Sed(7) principes supradictarum terrarum audientes, hereticis illis terras suas esse infectas et diffamatas, post inquisitoris recessum tam pertinaces quam penitentes illos hereticos sexus utriusque (ex condicto) simul apprehenderunt et una et eadem die circa CCC cremaverunt(8).

1235. (Parisiensis[1] universitas intelligens, papam Iohannem fugam cepisse et concilium Constanciense deseruisse, secundum notarium actorum dicti concilii, condolens valde ecclesie dei periclitanti, epistolam compassivam dicte destinavit congregacioni synodali pariter et consolativam sub horum verborum tenore[2]: 'Pulcro pacis faciem intueri speravimus, reverendissimi patres sacrumque et insigne collegium, et velud in exitu Israel de Egipto ab hostibus scismatis militantem ecclesiam gloriose triumphare. Sed nunc etsi non extincta, multis tamen spes illa collapsa est, cum patrem filios, pastorem oves linquentem audivimus nec intelligere possumus, quid sibi vult alias hec erratacio. Quis locus ei dabitur apcior et acceptior civitate, quam elegit? Que magis fida habitacio, quam cum filiis ex omni genere et nacionibus precipuis ad ipsum confluentibus? Si de securitate ambigitur, anne rex Romanorum et Ungarorum habuerit custodiam, cuius famam, cuius gloriam communes ad astra voces efferunt? Nec vestre fraterne devocioni aberant, que nos prope contractum illius optate unionis, a qua nunc fortasse retrocedimus, deduxerunt. Dicat, quo patrocinio roborari possit concilium, cuius auctoritas in ecclesia Cristi presidet. Aut enim se non verum et indubitatum, ut tenemus, asserat, si concilio acquiescat maior sibi presenti non absenti gloria. Si declinat ad sinistram, iam auctoritati, quam a concilio Pysano accepit, videbitur et sibi ipsi derogari. Sed quid intendit, indicatu difficile. Hoc tamen sacro a vestro petimus collegio, ut per omnem viam temptetur eius reduccio, ut omnes, quos gratulantes effecerat, sibi non inveniat indignatos, et contendentibus non detur occasio, ut suam sanctitatem in populis scandalizent. Attamen persistite, quesumus. Nam instat caritas, clamat populus et supplex matrona ostendens ubera lacerata, comas defluentes et perfusas lacrimis genas petit ecclesia mater alma, ut sue afflicioni compaciantur filii, quos nutrivit. Iam spes ecclesie tota apud vos est. Iam a vobis pax et populi salus exquiruntur. Et vos unanimiter agite, manete constantes. Iam enim amplioribus vigiliis et ferventioribus laboribus opus est. Non dispergatur sine fructu concilium, quod tanto labore congregatum est, sed permaneat, quousque populo quietem dederit. Et nos eiusdem precepta reverenter amplectentes et sacris eiusdem sanxionibus credimus indubie ac mandatis cum humilitate parebimus, non recusantes nos et quecumque nostra ad tanti boni consummacionem exponere cum adiutorio benignissime trinitatis, que vos

---

(7) st. Sed — recessum B: Dicti autem principes, in quorum terris sunt inventi, audientes eos rursus in recessu inquisitoris prenominati.
(8) securi esse volentes, ne per tales iterum terra eorum infamaretur z. zu B.

---

a) § 1234 in B zu 1414. b) comitis de Sw auf rasur D; comitum B. c) et Quesvord z. zu B.

1) Die §§ 1235—1241 fehlen in B; vgl. jedoch die anmerkungen zu den §§ 1237 und 1238. Bafus gibt nur zwei kurze §§ über Hus und Hieronymus, die etwa den §§ 1236 und 1248 entsprechen. 2) Verschieden von dem schreiben bei Bulaeus, Historia universitatis Parisiensis V 287 und auch bei Mansi nicht vorhanden.

iuvet et dirigat gressus vestros propter salutem populi in viam salutis, sanitatis et pacis eterne'.)

1236. (Concilio[1] Constanciensi iam capite carente et papa Iohanne captivato et incarcerato, secundum notarium supradictum, domini cardinales et prelati maiores in concilio congregati totum illud collegium in quatuor diviserunt naciones, puta Ytalicam, Gallicam, Germanicam et Anglicanam et cuilibet nacioni prefecerunt IIII prelatos, qui auctoritate plenaria fungentes cum cardinalibus negocium ecclesie agere debebant, quorum tituli fuerunt hii[2]: de nacione Ytalica archiepiscopus Ianuensis, episcopus Concordiensis, episcopus Adriensis, episcopus Tervisinensis; de Gallica archiepiscopus Bisuntinensis, episcopus Eb.[a], episcopus Gebenensis, magister Benedictus orator universitatis Parisiensis; de Germanica archiepiscopus Rigensis, episcopus Tridentinensis, episcopus Ripensis, electus Posnaniensis; de Anglicana episcopus Batoniensis, episcopus Zariberiensis, episcopus Litefeldensis et abbas Sancte Marie Eboracensis. Hii nacionum primicerii cum ceteris concilii precipuis prelatis cottidie conveniebant et invicem tractabant, disponebant et ordinabant, que necessaria erant pro unione universali fienda. Et primo duos antipapas[b] Benedictum scilicet XIII. et Gregorium XII. sic in suis obedienciis nominatos evocabant legitimeque citabant ad comparendum in concilio predicto Constanciensi sub certis et expressatis terminis. Quorum unus Angelus videlicet Corarii Gregorius XII. dictus per suum legitimum comparuit procuratorem, puta Karolum de Malatesta, qui tandem sponte et libere in persona dicti Gregorii cessit papatui pretenso in forma iuris, alio Benedicto contumaciter se absentante. Cuius quidem contumacia cum legitime fuisset denunciata et probata in sessione publica, fuit tandem et ipse iudicialiter depositus et a papatu suo pretenso deiectus ac omni honore, gradu et dignitate privatus. Quibus antiquati scismatis capitibus sic precisis, ut premittitur, manum dederunt consequenter ad eradicandos heresium errores in ecclesia dei subortos. Quorum quidem errorum fons et origo extitit maledictus ille Anglicus Iohannes Wiklef magister in theologia et presbiter indignissimus. Hic quidem convictus hereticus, ymmo heresiarcha impiissimus, licet in vita sua ab Edwardo Anglorum rege defensatus non sit combustus, post mortem tamen suam per practicacionem quorundam doctorum ordinis Predicatorum apud Richardum regem fuit tandem incineratus corpore extumulato. Huius inquam heretici articuli erronei apud Constanciam in sacro concilio sunt denuo dampnati et reprobati et fuerunt lecti et recitati in publica sessione per archiepiscopum Ianuensem in hac forma:)

1237. (Isti sunt articuli magistri Iohannis Wiklef condempnati Londoniis in Anglia
1380. in conventu fratrum Predicatorum anno domini MCCCLXXX. ab archiepiscopo Canthuariensi[3] et XIII aliis episcopis ac a XXX doctoribus theologie per prius et nunc quidem a presenti sacro concilio Constanciensi:)

*f. 168. 'Primus[4]. Substancia panis et vini materialis —'dyaboli et a dyabolo introducte'.

1238. (Hos articulos erroneos et scandalosos tenuit et docuit predictus Iohannes

a) *so D; wol Ebroicensis.* b) *auf rasur D.*

1) *Von den ersten dieses § vor und nach der aufzählung der prelaten finden sich einige sätze oben in § 1227c der fassung B.* 2) *Genua: Pileus de Marini, Concordia: Henricus Strasoldo, Adria: Jacobus Obizzi, Treviso: Jacobus; Besançon: Thiebaud de Rougemont, Evreux: Guillaume de Cantiers; Trient: Georg I. von Lichtenstein, Ripen: Petrus Lykke; Posen: Andreas II. Laskarz; Salisbury: Robert Hallum. Die übrigen siehe in den anmerkungen zu B § 1291a.* 3) *Simon Sudbury.* 4) *Die folgenden artikel (Eccard 1302 f.), welche B unten in § 1351d bringt, siehe bei Mansi, Conciliorum nova et amplissima collectio XXVII 632. Die kleinen abweichungen von B sind völlig ohne interesse; B hat übrigens den in D fehlenden artikel 43; D bietet sonst allerhand einschiebsel.*

Wiklef et multos in eis habuit discipulos et sequaces, quorum precipuus extitit magister Iohannes Hûs[a] Bohemus, qui eundem tenuit et defensavit et plures de propriis addidit. Hic citatus fuit per procuratores concilii Constanciensis ad comparendum et respondendum sibi obiciendis ibidem. Qui citatus venit in Constanciam et obtulit se ad respondendum. Cumque sibi obicerentur articuli per eum dogmatizati, respondit illos veros esse et catholicos et affirmavit se illos velle defendere usque ad mortem. Obtulit insuper quendam libellum per ipsum compositum, in quo plures continebantur articuli erronei; qui liber examinatus est a pluribus magistris et repertus est hereticalis. Articuli autem in eo contenti formaliter et elective sunt hii:)

'Primus'. Nullus prescitus[b] est verus papa — extra caritatem factus est perversus'.

1239. (Omnes autem articuli isti condempnati sunt in publica sessione cum libello suo sub tali verborum forma: 'Sacrosanctum generale concilium Constanciense divinitus in spiritu sancto congregatum et catholicam ecclesiam representans, ad perpetuam rei memoriam. Quia teste veritate[2] — 'debite exequatur'. Que inquam degradacio, ut [illegible] premittitur, per executores prefatos mox in effectum peracta est.)

1240. (Quo expedito iterum supradictus archiepiscopus Iannensis surrexit et quandam cedulam alta voce legit sequencia continentem[3]: 'Hec sacrosancta synodus Constanciensis Iohannem Hûs, attento quod ecclesia dei non habeat ultra quid agere, iudicio seculari derelinquid et ipsum curie seculari reliquendum fore decernit'. Qua cedula lecta confestim potestas urbis accessit et ipsum hereticum rapiens extra urbem duxit et ignibus ibidem paratis tradidit ad comburendum.)

1241. (Dominus[c] Balthasar de Cossa, in tribulacionibus gravibus positus, amicabilem scripsit epistolam Sigismundo Romanorum regi, auxilium suum et favorem humiliter implorans flebilibus verbis in hoc tenore: 'Karissimo in Cristo filio Sigismundo Romanorum regi semper augusto et Ungarie regi illustrissimo, ea salute, que Cristus est et omnium vera salus, perpetue et feliciter adinpleri. Licet, karissime fili, prudenciam tuam[4] — remandare responsum. Datum Celle Constanciensis dyocesis dominica die XXVI. Maii, pontificatus nostri anno quinto'.) [illegible]

1242 (851). Stephanus rex Portugalie magnam illam Sarracenorum civitatem Sept[d][5] nominatam obsidione navali circumdedit et eam tandem cum maximis laboribus cepit, non tamen sine[e] notabili adiutorio divino et prodigioso. Visus namque extitit vir quidam armatus equo insidens magno et gladium vibratum in manu tenens per urbem cursitare et interficere quotquot occurrebant, nec est agnitus miles ille nec lesus a quocumque illa die, licet innumeros solus occidisset. Rex autem potitus victoria de celo, urbem est ingressus et interfecit omne vitam habens humanam, nulli parcens etati aut sexui. Maior tamen pars paganorum extra[f] urbem fugiens evasit. Cumque per aliquot tempus rex in urbe perdurasset et eam iuxta posse firmasset contra insultum Sarracenorum, ex tradicione cuiusdam proprii sui militis promissis barbarorum corrupti ipsam urbem rex absque dubio perdidisset pariter cum vita sua, nisi deus de sua bonitate prodicionem illam manifestasset. Erat enim quidam meatus subterraneus factus ab infidelibus, quo illi, qui intra urbem erant, egredi poterant ad libitum, pro-

---

a) s korr. aus z D. b) ane fehlt hier und immer D; prescitus immer B. c) Dominus — Cossa auf rasur D. d) Cepta B und Rufus 667. e) et dicitur a. r. B. f) extra — evasit in B auf rasur.

1) Den folgenden auszug (Eccard 1210) bringt B unter in § 1351b. Die abweichungen von B sind unerheblich. Die artikel des Hus bei Mansi, Conc. coll. XXVII 754. 2) Das urteil (Eccard 1210) steht Mansi, Conc. coll. XXVII 752. 3) Vgl. Mansi, Conc. coll. XXVII 753. 4) Den brief (Eccard 1211) gibt Mansi, Conc. coll. XXVII 639. 5) dar man her brinkt de tiepschen vigen wistert H.

tendens[a] se ad medium miliare ultra civitatem. Hic meatus intra urbem forti claudebatur ostio. Meatum autem istum regi et cristianis ignotum quidam miles Sarracenorum pecunia corruptus aperuerat ex informacione ipsorum, ut sic barbari illi tempore nocturno ingredi potuissent, si permissi fuissent, et mactasse regis totum exercitum. Sed famulus militis traditoris prodicionem intelligens regi negocium indicavit, et rex sic inveniens, ut cliens dixerat, ostium illud firmavit ac militem traditorem cremari iussit.

1243 (852). Hanc[b] quidem historiam michi narravit quidam frater ordinis Predicatorum Engelbertus[(1)] dictus, qui supradictis interfuerat et primam missam post urbis capcionem in ea celebraverat.

1244 (853). Sigismundus rex Romanorum, causa concordandi reges Francie et Anglie, primo Franciam et demum Angliam in gravibus expensis et laboribus intravit. Sed[(2)]
oct. XII. parum vel prope nichil inter eos concludens de pace, tandem in Constanciam reversus est.

1245 (854). Ambasiatores regis Romanorum duo, quorum unus Procopius miles et
apr. 11. alter Isidorus canonicus Iliailiensis nuncupati, urbem Lubicensem in vigilia palmarum intraverunt. Qui quidem nuncii plura practicantes negocia ex parte regis prelibati postulaverunt inter cetera XVIM florenorum, que dicto regi Romanorum promiserant[(3)] quatuor illi proconsules[(4)], qui in Constanciam missi fuerant ab urbanis dicte Lubicane civitatis, ultra illa XXVM florenorum, de quibus[c] supra mencio facta est. Prelibati autem regis Romanorum nuncii, quia venerant cum plena cesaria auctoritate faciendi, ordinandi, instituendi, destituendi, iudicandi, salvandi et dampnandi secundum exigenciam negocii, propter quod venerant, prout secundum deum et iusticiam eis videretur expedire, idcirco inprimis statuerunt sub pena privacionis vite, ne aliquis conventicula aut congregaciones faceret privatas diurnas vel nocturnas in loco quocumque. Sed hoc
juni 4. statutum statim violaverunt quidam mechanici feria V. ante festum penthecostes, convocacionem suorum complicum et sociorum clamculo fieri ordinantes in taberna quadam ad mericato dicta pro conspiracione facienda contra eorum molestatores aut invasores, si qui futuri essent, eo quod timerent sibi vehementer. Quod percipientes nuncii regales, consulatum civitatis protunc presidentem ad hoc cogebant auctoritate regia, ut personaliter irent cum suis stipendiariis et illos capi facerent ac turribus et vinculis manciparent, quousque ipsi deliberarent, quid de ipsis fieri oporteret. Captivati ergo sunt eadem hora XVIII cives[d] (inter quos erant Henricus Poling burgimagister et Heyno Sobbe consul, ambo aurifabri). De hiis tamen captivis soli Heyno Sobbe
juni 11. consularis et Hermannus Rubowe[e] pistor decollati sunt feria V. ante festum trinitatis tamquam capitanei et actores dicte congregacionis. Ceteri vero perpetuo exulati sunt et proscripti banno regio.

---

(1) st. Engelbertus dictus B: nomine Henricus Engbelberti de conventu Schwerinl; ebenso hat H: des broders name hete Engelbrecht unde was ute der Morke van Zehusen.

(2) st. Sed - est B: et pro composicione eorundem regum hostiliter discordancium fideliter laborans per aliquot dies in Anglia moratus est, licet parum vel nichil proficeret. Nam Anglorum rex, ut dicebatur, totam suam causam regi Romanorum ad manus dederat, sed Francigene hoc facere omnino recusabant. Quod Sigismundus egre ferens in Constanciam urbem, ubi concilium prelatorum eius revercionem anxie prestolabatur, rediit frustratus in proposito suo.

(3) ut rex per eosdem asseruit z. zu B.

(4) novi consilii z. zu B.

---

a) pro lota D. b) § 1243 fehlt bei Rufus. Hanc — historiam auf rasur? D. c) de quibus suprima! D. d) clamatores, a clamando sic dicti B. e) Rudersted Rufus.

1246 (855). Ericus rex Danorum in vigilia penthecostes cum innumeris navibus Holtzatorum intrans portum prope Ymbriam insulam applicuit et totam ipsam una cum Glambeke castro suo absque omni resistencia cepit et sibi subiugavit. Castrum vero ipsum tam leviter captum armatis suis munivit et vallis atque fossatis novis circumdedit. Cum vero inibi per aliquot dies moratus fuisset, exiens dictam insulam secum transvexit XX viros diciores terre illius in obsides, ut sic expedicius sibi solverentur XXM marcarum Lubicensis monete, que incole illius terre exsolvere spoponderant, ne incendio eam vastaret. Juni 8.

1247. Eodem tempore anni presentis, quo captivi cives urbis Lubicane adhuc detinerentur in Dacia, dicta civitas misit quosdam consulares pro redempcione captivorum ad regem Danorum. Quibus nunciis in Dacia existentibus Ericus rex exhibuit, se soluturum pro rege Romanorum illa XXVM florenorum, que rex dictus Romanorum sublevaverat pro sigillacione quarundam litterarum preiudicialium sentencie cuiusdam in curia sua promulgate pro exulante consulatu eiusdem civitatis Lubicensis, datarum tamen sub illa condicione, que expressata extitit supra anno domini[a] MCCCCXIIII[b]. Hanc quidem pecuniam rex Ericus dicte urbis nunciis exsolvere velle se dixit[(1)] ad illam cautelam, ut predicte littere vigorem suum amitterent. Nam cum illa condicione date erant, quod si ante instans festum sancti Georgii dicta pecunie summa restitueretur Lubicensibus a quocumque ex parte regis Romanorum, quod extunc nullius esse deberent gracie litteratorie date roboris vel auctoritatis[(2)]. (Et ideo huiusmodi pecunie solucionem rex Ericus exhibuit fieri dictis nunciis ante statutum festum.) Sed ipsi consulares missi pecuniam illam sublevare recusabant dicentes, se hoc non habere in commisso. Et sic vigor litterarum illarum contra exulantem consulatum obtentarum exspirabat virtute illius exhibicionis ad solvendum. Et sic per consequens rex Romanorum salvatus est de indecenti litterarum prelibatarum collacione in urbe Constanciensi facta. (Captivi tamen in suis remanserunt locis in Dacia usque ad consulatus antiqui reintroduccionem). Apr. 23.

1248 (859). Ieronimus[(3)] magister arcium, Iohannis Hûs heretici iam conbusti discipulus, in urbe Constanciensi a presidentibus concilii captus est tamquam de heresi multiplici suspectus et tandem examinatus inventus est erroribus diversis irretitus. Quos quidem errores, timore forte mortis victus, iuridice et publice coram prelatis concilii dicti revocavit et abiuravit. Sed statim post dyabolica instigacione deceptus recidivavit et retractacionem errorum suorum constantissime revocavit. Qui iterum captus et vinculis iniectus tandem iudicialiter est convictus, condempnatus, degradatus et ultimo iudicio seculari traditus et conbustus. Cumque ad mortem duceretur, cecinit responsorium illud 'Circumdederunt me viri mendaces etc.' Et cum in scala ligatus elevaretur, ut in ignem proiceretur, alta voce cantare incepit 'Te deum laudamus' (sed iniectus mox a prosecucione subticuit).

1249 (856). Feria tercia post festum sancti trinitatis consulares[(4)] Lubicenses dudum exulati et multa gravamina in exilio suo passi cum honore magno in civitatem suam Juni 16.

(1) licet forte non intenderet s. zu B.

(2) Et hoc quidem festum iam de prope erat. s. zu B.

(3) st. Ieronimus — conbustus B: Circa festum sancte trinitatis huius anni concilium Constanciense magistrum Ieronimum, discipulum Iohannis Hus heresiarche, igni condempnavit et concremavit convictum legitime ut pertinacem hereticum. Juni 16.

(4) st. consulares — Iordanus burgimagister B: die eadem concilium civitatis Lubicensis cum magna gloria et honore multo introducitur in civitatem, precedentibus burgimagistris puta Iordano Pleskowe.

a) st. domini MCCCCXIIII B: precedenti immediate. b) MCCCCXIIII D. c) cum honore auf rasur D.

sunt reintroducti et recepti. Modus autem dicte reintroduccionis fuit iste. Consulares sepedicti exiliati, cum tempus redempcionis sue advenisset, sicud per Ericum regem Danorum practicatum fuerat, appropinquaverunt ipsi et loco. Unde venientes prope urbem Lubicanam, locaverunt se in castello per miliare distante ab urbe, Crummesse dicto, per aliquot dies ibidem pausantes. Ad quos plures cives eciam de emulis suis, benivolenciam eorum captare cupientes, de urbe venerunt cum muneribus diversis, victualia ultra necessitatem eisdem afferentes et cum eis letantes in apparencia saltem, quia plures ex corde de introitu eorum dolebant. Die igitur supradicta unanimiter apud Sanctum Georgium extra urbis valvam convenerunt. Ad quos exeuntes suprascripti regis Romanorum nuncii, Procopius miles et Iodocus canonicus, de quorum practica prevea negocium pro magna parte processerat, eos in ingressu civitatis associaverunt. Processionaliter ergo transeuntes processit dominus Iordanus burgimagister, ad cuius latus dextrum se asciavit Procopius miles. Post quos transivit Marquardus de Dame proconsul, cui se iunxit Iodocus canonicus Basiliensis. Quos sequebantur consules, qui exulaverant, secundum primogenita eorum, quibus associati fuerunt quatuor proconsules pretensi consulatus et ceteri consulares iuxta ordinem suum. Deinde comitabantur omnes domicelli[1], qui cum suis consularibus exilium passi fuerant. Hec caterva regia ordinate progrediens ad spectaculum traxit et commovit populum innumerum utriusque sexus, partim totis precordiis gaudentem et partim ex merore gementem. Non enim erant equaliter omnibus beneventi. Hec autem processionalis progressio continuata est usque ad ecclesiam beate virginis Marie. Ubi cum pervenissent, dicti regales nuncii dum burgimagistros ad manus trahentes introduxerunt ad loca honoris consueta, eos sedibus installando in choro dicto ecclesie. Similiter et consules alios locis suis debitis restituerunt. Quo facto missa de sancta trinitate solempniter est celebrata. Qua terminata processio predicta reinstaurata est et progressa de ecclesia ad consistorium civitatis. In quo consulares prelibati secundum primicias cuiuslibet loca sua receperunt. Et sic toto consulatu debite restituto, prefati regis Romanorum nuncii regimen urbis Lubicane auctoritate regia ipsis restitutis commendaverunt totaliter et ex integro[2]. Illis autem sic sedentibus in sede preceptoria, proconsules et consules, qui usurpative hucusque civitatem rexerant, coram ipsa sede se statuerunt et depositis capuciis ac humiliter inclinantibus veniam ab illo vero consulatu suo pecierunt supplicantes instanter, ut ob dei mortem sibi graciose indulgere dignarentur offensas et iniurias multipliciter eis irrogatas. Quibus pro omnibus respondit dominus Iordanus Plescowe dicens[(4)]: 'Ut nobis peccatoribus ex clemencius propicietur et parcat misericors Deus, remittimus vobis cordialiter ob dei amorem omnes offensas et iniurias in nos per vos et vestros commissas et animo libenti. Parcat, precamur, vobis pius Deus'. Ob quod verbum tam graciosum et pium plurimorum oculi lacrimis rigabantur uberrime. Hiis solempniter peractis consulatus iam restitutus videns debitum suum numerum valde diminutum per decessum suorum sociorum, puta Henrici Westhof, Goswini Klingenberg proconsulum, Brunonis Warendorp, Conradi de Alen, Hermanni Yburg et Bernhardi Plescowen consulum infra exulacionis huius tempus defunctorum, revocaverunt ad se quosdam de consociis suis consularibus, qui intra urbem remanserant, puta Marquardum Bonhorst, Albertum de Ponte, Gerardum Hoyeman, Conradum Brekewold et Arnoldum Spareuberg consules. Quibus acceptis et iuxta se collocatis, superelegerunt alios[a] novos, puta quatuor de consulatu deposito,

(4) st. dicens — pius Deus B: quod libenter indulgemus propter deum.

a) st alios novos B: 11.

1) de junghen lude, countavele gehêten Rufus. 2) Rufus gibt auch hier kurze direkte rede.

duos de domicellis et quinque de mercatoribus, ut sic numerus consularium consuetus urbis Lubicensis reintegraretur. Nomina autem electorum de novo fuerunt: Tydemannus Steen, Iohannes de Hervordia, Ditmarus de Tunen et Lodowicus Krul — hii fuerant in consulatu destituto; Iohannes Darsowe et Tydemannus Murkerke — hii erant de domicellis civitatis; Iohannes Gherwer, Iohannes Here, Tidemannus Tzernyn, Albertus Erp et Iohannes de Hamelen — isti mercatores erant. Introducti autem fuerant solum octo de antiquis consularibus, puta Iordanus Plescowe, Marquardus de Damen proconsules, Henricus Meteler, Reynerus de Calvis, Nicolaus de Styten, Hermannus Westphal, Henricus Rapesulver et Tydemannus Iunghe consules. Et faciunt in universo XXIIII, et hic est et fuit antiquus et ab imperatoria maiestate approbatus numerus consulatus Lubicensis. Quibus sic ordinatis, electis et evocatis ac iuxta se locatis, integratus ille cetus consularium tractare cepit negocia commune bonum sue civitatis concernencia et pro pace, concordia et unione communitatis expediencia. Fuit autem dies illa celebris et iocunda nedum civitati illi, sed et cunctis urbibus et terris circumiacentibus et vicinis[1]. (Ad perpetuam autem huius facti memoriam statutum est in civitate predicta, ut dies illa annuatim solempniter peragatur in qualibet urbis ecclesia cum missarum celebracione in organis maioribus, ut calamitas ipsorum de hominum reminiscencia non elabatur).

1250. (Dominus[a] Balthazar quondam papa Iohannes XXIII. in captivitate constitutus, anxietate cordis sui suppressus, ex intimis cordis suspiriis et gemitibus hec protulit metra et in scriptis redegit[2]:

Qui modo summus eram, gaudens de nomine presul,
  Tristis et abiectus nunc mea fata gemo.
Excelsus solio nuper versabar in alto,
  Cunctaque gens pedibus oscula prona dabat.
Nunc ego penarum fundo devolvor in ymo,
  Et vultum informem quemque videre piget.
Omnibus e terris aurum michi sponte ferebant:
  Sed nec gaza iuvat, nec quis amicus adest.
Sic varians fortuna vices adversa secundis
  Subdit et ambiguo numine ludit atrox.
Cedat in exemplum cunctis, quos gloria tollit:
  Vertice de summo mox ego papa cedo[b].)

1251 (857). [3]Rodolfus episcopus Swerinensis natus dux de Stargardia[c] migravit a seculo[3]. In cuius sedem electus est Henricus de Nowen[d] canonicus eiusdem ecclesie et confirmatus est per concilium Constanciense, concurrente assensu (Iohannis) archiepiscopi Bremensis.

1252 (858). Studium Pragense per concilium Constanciense ex toto dissipatum est et remotum ab illo loco ac prohibitum est sub sentencia excommunicacionis, ne quisquam gradus aut dignitates ibidem amplius recipiat[4]. (Studentes[5] autem et magistri de loco

a) Dominus Balthazar *auf rasur D*. b) cado *H und Engelhus*. c) Mikelingborg *B*. d) Owen *B*.

1) Unde de rad send to allen kerken unde klosteren crenwyn. *Rufus*. 2) *Vgl. H:* In der sulven drofnisse makede he clegeliko versch, de ik ok hir gheserevet hebbe umme leveder lude willen, de lichte in desser croniken lesende werden, dat se bekennen sine kunst. — *Das gedicht gibt etwas kürzer und mit einigen abweichungen auch Dietrich Engelhus bei Leibniz, Scriptores rerum Brunsvicensium II 1140.* OESTERLEY. 3) *Gest. 1416.* 4) *Rufus 488 fügt an:* Do toghen de meystere unde studenten van dar unde toghen en deels to Colne, en deels to Erphorde, under de meste hupe toch to Lypzeke; dar hadden de markgreven schone ghemake buwet unde rede gemaket. 5) *Wiederholung von § 1183.*

recedentes in Lipzensi urbe se receperunt. Marchiones autem Wilhelmus et Fredericus studium acceptantes, commoda plura cuilibet facultati construxerunt et annuales redditus magistris collegiatis et aliis ad sufficienciam procuraverunt).

1253 (860). Rodenburg[1] castrum captum est non obsidione violenta armatorum, sed astucia[1] ducis Henrici de Luneburg, et diu tentum per eundem contra Henricum natu comitem de Hoya, electum ecclesie Verdensis, cuius ecclesie castrum erat[2].

1254 (861). Cives[2] Wismarienses attendentes, mutacionem regiminis urbis Lubicensis factam esse et consulares dudum expulsos civitatem intrasse ac potenter iam imperare super expulsores suos, timuerunt sibi gravius et periculosius malum imminere, eo quod ipsi et principes suos pariter et consulatum suum graviter offenderint nec iam a dicta civitate Lubicensi vel auxilium aut consilium sperare possent, cum suis prin-
Juni 30. cipibus diem placitorum amicabilium fieri ordinaverunt, que fuit dies commemoracionis apostoli Pauli. Qua adveniente pociores cives una cum suo pretenso consulatu et maxima vulgaris populi comitiva exeuntes civitatem, venerunt ad locum, ubi Iohannes et Albertus duces sui erant. Ad quos cum pervenissent, de equis suis protinus descenderunt et coram dominis suis proclivi genua flectentes veniam humiliter de suis exorbitacionibus postulaverunt, recognoscentes se iniurias graves eisdem intulisse. Quos quidem tam cernuis vocibus et supplicibus gestibus misericordiam implorantes pii principes in graciam suam receperunt. Cives vero benignitati suorum principum congaudentes, pro habundanciori emenda ducibus illis XM marcarum Lubicensis monete larga manu erogarunt, ut sic indignacio eorum erga civitatem et cives concepta funditus sopiretur. Quibus sic gestis, ut premittitur, duces illi ascensis equis suis cum civibus illis urbem suam ingressi, secum ducentes quosdam de consulatu antiquo, qui expulsi fuerant et proscripti. Accedentes ergo consistorium civitatis antedicte duces illi ad sedem dicti consistorii se posuerunt et consulares illos veteres iuxta se locaverunt ac ad numerum debitum consulatus illius urbis complendum et perficiendum quosdam de civibus pocioribus et mercatoribus (puta Gobelinum de Stella, Iohannem Vresen, Henricum de Harm, Petrum Wilde et alios plures notabiles), neminem tamen de mechanicis evocaverunt et eos apud ceteros consules sedere fecerunt, committentes eisdem regimen civitatis sue. Revocaverunt insuper et annullaverunt omnia facta, ordinata et statuta consularium pretensorum, que antiquis libertatibus et honestatibus quomodolibet preiudicialia erant et contraria.

---

(1) *§ 1253 lautet in B:* Wilhelmus filius Henrici ducis de Luneborgh, ipso Henrico adhuc vivente et filium instigante, cepit castrum Rodenborg, episcopo Verdensi, domino scilicet Henrico comite de Hoya nondum tamen confirmato, sed solum electo, in lecto suo adhuc iacente in eodem castro. Quem electum episcopum Wilhelmus salvis rebus castrum exire permisit liberum, sed ipsum castrum munivit suis militaribus et ut posuit pro se custodire ordinavit.

Juni 30. (2) s. Cives — Qua adveniente *B:* In festo commemoracionis sancti Pauli apostoli cives Wismarienses dominos suos Iohannem et Albertum cum solempnitate magna et honore in urbem suam introduxerunt. Cum autem hec introduccio fieri deberet et domini duces prope civitatem constituti essent.

---

1) nicht mit macht, sunder mit arcidicheit *H.* 2) *H fügt hinzu:* to grade deme ghecoren bisscoppe van deme pawese Gregorio, de to Luneborg was. *Und bei Rufus 489 steht:* Dat schade deme koreren byschop Hinrike van der Hoye to vordrete umme des byscopes wyllen, den de pawes deme stichte hadde ghegheven, deme hartich Hinrik bylede.

1255 (862). Erphordensis[1] ecclesia maior terre Thuringie pro maiori parte et pociori igne conflagrata est.

1256 (863). Burgimagistri illi quatuor pretensi urbis Lubicensis circa festum assump- aug. 15.
cionis virginis gloriose de mandato nunciorum regis Romanorum adhuc inibi moram trahencium ducti sunt in captivitatem et turribus mancipati, in quibus tenti sunt usque ad festum sancti Michaelis. Tunc enim erepti sunt per supradictos nuncios sub sept. 29.
tali condicione suis iuramentis firmata, ut quantocius se regi Romanorum personaliter presentarent ad respondendum et expurgandum se de regalibus obiectis. Quod quidem promissum duo ex eis mox post erepcionem impleverunt equitando in Constanciam, puta Marquardus Schutte et Iohannes Grove. Alii vero duo, puta Henricus Schoneberg et Eylerus Stange, infirmitatibus suis prepediti suos miserunt procuratores, spondentes se viam arrepturos personaliter, quam cito convalescerent. Quod eciam et ipsi statim post fecerunt. Venientes autem hii quatuor ad presenciam regis in Constanciam, sic facta et negocia sua, propter que venerant, expediverunt practica mirabili, quod in pace et sine ulteriori impeticione ad proprias edes sunt reversi[1].

1257 (864). Henricus dux Sleswicensis adolescentulus[a] et Henricus comes Holtzatorum gwerram inceptam per Ericum regem Danorum (animo magnifico) prosequentes et predicti regis potenciam mature pensantes, vocaverunt in suum auxilium omnes volentes super sorte propria tria illa regna impugnare spoliis et depredacionibus, exemplum capientes a Rostoccensibus et Wismariensibus, qui pro liberacione regis Alberti domini sui simili modo fecerant et Danis non pauca dampna intulerant. Cuius quidem evocacionis occasione tam grandis congregacio pyratarum facta est, ut non solum regna illa, sed et omnium terrarum mercatores per eosdem molestarentur et dampnificarentur. Huiusmodi autem discordia iuxta vulgatum verbum ex eo orta est, quod cum Henricus dux de Sleswic humiliter suam infeodacionem a rege suo Erico, ut tenebatur, peteret, ipse rex ab eo exegit, ut prius resignaret totaliter et ex integro ad manus suas ducatum, ut sic simpliciter staret in voluntate regis infeodacio predicti ducatus (ad conferendum ipsum ad libitum suum, cui vellet). Et quia talem omnimodam et nudam resignacionem dux de consilio amicorum et iuratorum suorum facere recusavit tamquam inconsuetam, idcirco rex cum dictis principibus Holtzatorum gwerram hanc resuscitavit[2]. (Propter[3] quod ipsi Holtzatorum principes dux et comes exercitum pulcrum colligentes, Ymbriam insulam accesserunt et Danos, qui in eam venerant, expugnantes, ipsam denuo sibi subiugaverunt in die beati Severini episcopi. Quo oct. 23.
triumpho peracto castrum eiusdem insule Glambeke dictum, quod rex Ericus ceperat et valde muniverat aggeribus et vallis fortibus ac defensatores armatos in copia reliquerat, obsiderunt, coram eo machinas, bumbardas et cattos erigentes et continuis impugnacionibus castellanos fatigantes. Cumque circa duos menses in magnis laboribus et frigoribus ipsum impugnassent, tandem in die beate Lucie castrum manu violenta obtinuerunt et dec. 13.

---

(1) § 1255 lautet in B: Erphordensis civitas — u. s. w. wie A — in ecclesia.

a) adolescens virtuosus B.

1) des doch de lude nicht ghemenet hadden *fügt Rufus 489 bei.* 2) *Hier fügt Rufus 490 an:* Ok so stund, also me sede, dat hovetslod Gottorpe deme hartichdome pandes unde de konyngk de vorderde de losinge der borch; men he wolde sodanighe munte dar nicht vor betalen, also dat geldinghes lebrevet was van deme konynghe, de dat vorsettet hadde; unde de hertighe wolde ok andere neue munte hebben, wan de breve des vorsettinghe utwyseden. Dat weren do sake, dar de konyngk van Dennemarken den krich myt den Holsten heren umme anslach, dar se doch recht yune hadden. 3) Propter — suscitaverunt *hier schon bei Rufus a. a. O. Siehe dafür B § 1260a.*

omnes in eo inventos captivaverunt, duos ex eis suspendentes, qui traditores castri exstiterant)(1).

1258. Opidum[a] Meran in ducatu Austrie situm ex inundancia aquarum de montibus concurrencium ex nimia continuacione pluviarum quasi medium absortum est. Nec solum dictum opidum, sed et plura alia castella, opida et civitates prope flumina et intra montes situata in periculis magnis fuerunt(2).

1259 (866). Sedicio grandis orta est in Danzeke urbe terre Pratenorum inter communitatem et consulatum occasione monete; et fugam ceperunt burgimagistri dicte civitatis, castrum fratrum de domo Teuthonica loco presidii petentes. Quod ut quidam de civitate perceperunt, violenter domos illorum proconsulum dirumpentes spoliaverunt. Commendator autem castri audiens insultum factum, violatores predictos cepit et inceptores illius disturbii decapitari fecit numero XVIII, alios vero circiter XL exilio dampnavit cum uxoribus et liberis, bona eorum confiscando(3).

1260 (868). Henricus dux de Luneburg (frater Bernhardi ducis de Brunswic) obiit in Ultzen opido et sepultus est in Brunswic in tumulo paterno. Cui in ducatu successit Wilhelmus filius eius. Hic Henricus a quibusdam dictus est rex mirice Luneburgensis propter inconsuetam securitatem et pacem tempore sui regiminis in ea observatam, cuius turbatores totis persequebatur conatibus, non parcens etati vel condicioni personarum. Ad(4) cuius dicti probacionem recitatur de eo in cronicis Saxonum: Cum uno tempore advocatus castri Tzelle vir nobilis iret versus Luneburg ad disponendum pro adventu ducis Henrici(5), contigit ipsum pertransire quendam villanum arantem in campo. Hic rusticus mantellum suum secus viam locaverat, ut labore suo expleto ipsum reinduerot. Cuius togam videns advocatus predictus, ipsam accepit et induit, eo quod ventus aquilonaris ipsum urgeret penetrans vestes, et dixit villano, quod non indignaretur, quia indubitanter eam reducturus esset. Rusticus vero ille non credens advocato, quia similes sibi raro ablata restituerent, verbis restitit nec consentire voluit in ablacionem pallii sui. Sed nobilis ille negacionem villani non curans cum mantello induto recessit. Post cuius recessum non diu venit Henricus dux et dictum rusticum preterire volens, audivit ipsum clamantem et audienciam petentem[1]. Quem dux subsistens ad se venire fecit et eius querimoniam de ablacione pallii sui cum nimia cordis amaritudine audivit promisitque rustico, quod togam suam sibi reddere deberet, qui eam tulerat, cum usura. Henricus ergo dux, expletis negociis suis in Luneburg, cum ad locum rediisset, ubi dictus advocatus mantellum rustico invito abstulerat, ipsum advocatum(6) apprehendit et (de spolio commisso dure ipsum redarguens) ad arborem proximam tandem ipsum[b] appendit. Quod quidem factum quamquam crudele videretur quoad causam

sept. 22. (1) in B folgt: 1257a (865). In die sancti Mauricii captum est opidum Odeslo per Erikum ducem de Louwenborgh, cum omnes milites et militares evocati essent per dominos suos pro reysa et expedicione fienda in Vemeren insulam, et spoliatum omnibus bonis suis tandem igne combustum est per eundem.

(2) in partibus superioribus z. zu B.

(3) in B folgt: 1259a (867). Balthasar dominus Slavie et Gans de Putlist baro obsiderunt — u. s. w. wie A — abductus est.

(4) st. Ad — Saxonum B: Fertur namque de eo quod.

(5) et secum haberet cuiusdam militaris filium z. zu B.

(6) cum filio militaris, qui secum fuerat z. zu B.

a) § 1258 in B unten am rand von andrer hand. b) ambos B.

1) Rufus 491 gibt directe rede.

suam, signum tamen erat magni zeli et fervoris pro pace conservanda communi[1]. Propter quod iuste orandum est ab omnibus, ut princeps pacis cum rege regum pacifico mereatur in pace sempiterna requiescere[(1)].

1261 (*70). Petrus episcopus Roscildensis regni Dacie mercatorum Teuthonicorum pater et fautor obiit. In cuius sedem cancellarius regis Dacie electus[(2)] est et confirmatus a concilio Constanciensi.

1262 (*71). Rostoccenses cives videntes, quod[(3)] Lubicenses et Wismarienses suum consulatum antiquum expulsum reassumpsissent contra proprium eorum iuramentum et presertim quod Wismarienses se cum dominis suis composuissent sine requisicione eorum, diucius et suam reconciliacionem protrahere non audebant. Consulatum ergo suum exulantem per eos multis modis offensum ad induccionem civitatum Lubicensis, Hammeburgensis, Sundensis et Luneburgensis pro eodem negocio ibidem existencium in adventu nov. 20
domini in suum pristinum statum et honoris locum sollempniter reposuerunt per se et non per manus principum suorum, sicud in Wismaria factum fuerat. Pro emenda tamen et recompensacione iniuriarum ducibus irrogatarum solverunt sponte et libere VIM marcarum Sundensis monete, eo quod pauperiores essent Wismariensibus. Et sic per illius pecunie solucionem spontaneam sopitum est omne iurgium eorum.

1263 (*72). Iohannes dux Magnopolensis accepit in uxorem sororem Erici ducis de Louenburg, sibi attinentem in tercio gradu consanguinitatis[2]. Propter quod per magnum tempus excommunicatus ipse cum uxore sua vitabatur a multis in divinis officiis. Sed tandem per dispensacionem sedis apostolice a vinculo anathematis est absolutus.

1264 (*73). Karolo rege Francorum in lecto egritudinis posito, Wilhelmus comes Hollandie secundogenitum Francie, filie sue Iacobe maritum[3], per mortem primogeniti fratris sui[4] iam Delfinum factum Francie[(4)], cum maximo exercitu armorum in regnum introduxit, auxiliante ei (Philippo) duce Burgundie, sperans[(5)] regem *moriturum in illa *S. 172
infirmitate et sic ipsum fore futurum regem. Sed dux Aurelianensis[5] et ceteri principes regni cum adiutorio Parisiensium terciogenitum[6] secundogenito preferre nitentes, ipsum in regem post patris decessum sublimare contenderunt in despectum et con-

---

(1) in B folgt: 1260a (669). Henricus dux Slesvicensis et Henricus comes Holtsatorum cum populo multo militum, militarium et civium ac villanorum insulam Ymbriam[a] accedentes, eam sibi denuo subiugaverunt in die sancti Severini episcopi. Qua victoria peracta oct. 23
castrum eiusdem insule Glambeke nomine, quod Ericus rex Danorum ceperat et multum firmaverat ac munierat aggeribus et vallis fortibus necnon defensores armatos in eo multos reliquerat, obsiderunt eorum eo machinas, catos, petrarias et alia diversa instrumenta bellica erigendo et continuis impugnacionibus eos, qui castri custodiam habuerunt, vexando. Cumque circa duos menses in multis laboribus et frigoribus ipsum obsedissent, tandem in die sancte Lucie castrum viriliter oppugnantes, ipsum manu violenta ceperunt et omnes in dec. 13
eo inventos captivaverunt, duos ex eis suspendentes, qui traditores castri extiterant.

(2) st. electus — Constanciensi B: est promotus.

(3) st. quod — ergo suum B: Lubicenses et Wismarienses suum consulatum, quem iniuste expulerant, reassumpsisse et eum se sibi reconciliasse, eciam suum consulatum.

(4) in regem promovere nisus u. so B.

(5) st. sperans — futurum regem B: qui sibi in magno forti occurrit et succurrit.

---

a) auf rasur B; Vesseren A.

1) wente id meyn roff en was, dat he welder ghaven wolde, sunder eyn vrevelik borgent oft kennent evidenteri H. 2) Dies ist der letzte §, den die fassung a hat. S. oben s. 122. 3) Johann seit 1415 aug. 6. 4) Ludwig gest. 1415 dec. 18. 5) Karl. 6) Der spätere Karl VII.

51

tumaliam ducis Burgundie, quem summo odio persequebantur (ob necem ducis Aurelianensis).

1417.

1265 (874). Quarto anno Sigismundi qui est domini MCCCCXVII quidam sutor in urbe Pragensi regni Bohemie heretica infectus peste, discipulus Iohannis Hûs in Constancia conbusti, per Wenslaum regem Bohemie igne crematus est, pro eo quod sacramenta ecclesiastica ministrare presumpsisset tamquam sacerdos.

1266 (927). In[a] urbe quadam quidam Iudeus Iacobus[b] dictus cum cristianis frequenter de fide contendere solitus fuit, ut ipsos in aliquo confundere posset. Accidit autem in sacro paschali tempore, ut idem[c] Iudeus ecclesiam cristianorum intraret in habitu ignoto, sciens protunc cristianos communicaturos, ut et ipse[d] sacramentum dominici corporis perciperet, non quidem ad salutem anime sue, sed ad ludibrium et contumeliam sacramenti et fidei. Accedentibus ergo fidelibus, et ipse perfidus accessit et sacramentum vivificum ore polluto accipiens mox se a sacerdote divertit et corpus Cristi ex ore sumens in manu sua[e] reclusit. Qui statim ut manum clausit, quasi vagitum parvi pueri audivit de vola prodeuntem. Aperiens autem manum, in ea infantem pulcrum respexit et vocem desuper audivit dicentem: 'Puer natus est nobis'[1]. Nemo autem vocem illam audivit nisi ipse, licet crederet, quod et alii circumstantes eam secum audivissent. Unde vehementer consternatus et territus timuit, ne hoc prodigium cristianis innotesceret et sic Iudeus ab eis agnosceretur et interficeretur. Unde infantem mox arripuit et ori suo iterato imposuit, ut ipsum devoraret. Puer vero ad instar ossis induratus a dentibus Iudei nec dividi nec masticari potuit. Quo laborante in masticando, puer in ore suo clamans dixit: 'Non est bonum, panem filiorum dare canibus'[2]. Quod Iudeus audiens in magnis angustiis constituitur. Et intra se cogitans dixit: 'Quid faciam miser? Si audierint hanc vocem cristiani, me capient et crudeliter interficient et sic in obprobrium generis Iudaici vertetur, quod ego miser in contumeliam fidei cristiane facere presumpsi'. Puerum ergo sub clamide recipiens ecclesie fores[f] egreditur, proponens ipsum in locum lutosum proicere et suffocare. Cumque portam cimiterii exire vellet, mox vidit quendam horribilem hominem lateri suo adherentem et secum ire disponentem. Ad quem ait Iudeus: 'Tu quis es?' Ait ille: 'Ego dyabolus sum'. Stupens autem Iudeus ait: 'Quo tendis?' Respondit demon: 'Tecum ibo (et cum perfeceris, quod cogitas, cervicem tibi confringam)'. Quod audiens Iudeus anxiatus nimis cimiterium regreditur et subito demon disparuit. Pauper autem iste in cimiterio deambulans ignorabat, quid agere deberet, ut confusionem evaderet. Frequenter enim cimiterium exire et ad domum suam festinare temptabat, sed quociens porte cimiterii appropinquabat, tociens dyabolum ibidem inveniebat mortem(1) ei comminantem. Miser ergo ille homo in maximis tribulacionibus constitutus circumspexit et auscultavit, an eciam aliquis cristianorum angustias suas attenderet. Qui cum circumspiciens neminem videret in cimiterio, eo quod iam hora prandii esset, ante pedes suos, ubi stabat, foveam fecit et puerum, quem sub pallio tenebat, in ea posuit et sepelivit. Quo puerum sepeliente, mox vocem centurionis audivit dicentem: 'Vere filius dei erat iste'[3]. Admirans autem Iudeus de voce tam sedule audita, gavisus est, quod de infante expeditus esset. Unde ad domum reverti accelerans, cum ad portam cimiterii venisset, demonem ibidem, ut prius, reperit. Cui

(1) st. mortem ei comminantem B: asseverantem se velle secum ire, quocumque pergeret.

a) In urbe quadam auf vacat D; st. urbe quadam B: Wormacia. b) Ysachar B. c) perfidus s. zu B. d) ipsum D; ipse B. e) hiernach zu getilgt D. f) forus D; foras B.

1) Isai. 9, 6. 2) Marc. 7, 27. 3) Matth. 27, 54.

Iudeus ait: 'Quis es tu?' Ad quem dyabolus: 'Dixi iam tibi pluries[a]', quod demon sum et tecum pergere paratus, quocumque ieris, nec vivus a me recedes'. Iudeus autem hoc audiens attonitus valde amplius cimiterium exire formidabat. Reversus ergo est ad locum, ubi puerum sepelierat. Cumque diucius ibidem stetisset nesciens, quid acturus esset, tandem cogitavit intra se dei inspiracione edoctus: 'Ecce miser vidisti, quot et quanta miracula Deus hodie pie te respiciendo erga te fecerit. Et si veritas fidei cristiane non subesset, ista utique tibi non accidissent. Si vero dyaboli illusio fuisset, dyabolus in facto isto te tam frequenter non impedivisset, ymmo factum istud ad confusionem cristianorum promovisset'. Illo apud se talia cogitante contigit quendam cristianum cimiterium ingredi. Quem statim Iudeus advocans dixit: 'O homo dei, voca michi presbiterum huius ecclesie propter deum'. Homo autem ille attente considerans vocantem se, cognovit ipsum esse Iudeum illum, qui cum cristianis semper contendere consuevit de fide. Et factus est mox concursus populi ammirantis, quid sibi hoc vellet, quod Iudeus ille sacerdotem desideraret. Accersitus ergo plebanus venit, ad quem Iudeus dixit: 'O domine mi, ego miserrimus Iudeus hodie corpus Cristi dolose et fraudulenter cum aliis cristicolis sumpsi et taliter mecum actum est' — singula sibi enarrans per ordinem. 'Rogo ergo vos, misereamini mei'. Et procidens ad terram veniam postulavit. Sacerdos autem hec audiens obstupuit et solus rem tam grandem tractare formidans episcopum urbis adiit. Episcopus vero una cum plebano illo ad dictum cimiterium properavit et secundum quod a sacerdote audierat, Iudeum examinavit. Quo singula confitente, episcopus clero convocato locum sepulture aperuit et hostiam ibidem sepultam reperit, que episcopo panis apparebat et aliis circumstantibus cristianis, sed solo Iudeo videbatur puer esse, ut prius. Tunc episcopus se discalcians cum processione solempni reverenter locum predictum accessit. Cumque corpus dominicum de lacu elevasset, facta est vox de celo dicens cunctis audientibus: 'Surrexit Cristus et celum ascendit'. Quo dicto mox angeli assistentes sacrum corpus de manibus episcopi receperunt et in aera sublevantes officium diei illius 'Resurrexi etc.'[1] solempni cantu inceperunt et ascendendo continuaverunt. Quo facto Iudeus ille baptizatus est cum multis aliis Iudeis[2].

1267 (673). Miles quidam regni Bohemie montem Cutnis[3] cum familia multa ascendit et opidum dicti montis intrans quandam ecclesiam parrochialem est ingressus, missam in dolo auditurus. Erat enim Husita de secta hereticorum regni. Cumque apud altare, ubi sacerdos missam celebrabat, staret, quousque celebrans sanguinem sumpsisset et calicem de manibus in altari locasset, miles ille accessit et calicem arripiens ecclesiam festinus egressus est et ad tabernam cum eo properans auctoritatem bibendi de eo sibi usurpavit ac toti familie sue concessit in contumeliam sacramenti et vilipensionem sacerdocii. Cumque sacerdos predictus iniuriam dei valde egre ferens tristis per plateam incederet post missam, ecce occurrit sibi frater suus uterinus. Qui videns fratrem suum melancolicum quesivit causam sue perturbacionis. Quam cum ei per ordinem recitasset, respondit: 'Esto boni animi, frater mi: ego non commedam[b], donec dei contumeliam et fidei iniuriam vindicavero'. Nacta ergo oportunitate frater sacerdotis sociorum suorum, qui pro mineris fodiendis in monte illo laborare consueverant, cinctus caterva inperterrita, qui omnes equo animo vindicandi dei contumeliam factam secum venerant, militem de taberna exeuntem viriliter aggreditur et cur fratri suo in loco

a) tribus vicibus *B.* b) quiescam *B.*

1) dat officium der hemmelvart Cristi 'Viri Galilei' *H.* 2) *Siehe auch den text des deutschen Korner in Pfeiffers Germania IX 264. — Die geschichte ist dem 'Viaticum narracionum' entnommen und steht in der Kopenhagener hs. fol. 72 unter der überschrift:* Sacramentum eukaristie plura miracula operatur. *Sie beginnt hier:* Iudeus quidam erat in Colonia, qui semper cum cristianis de fide solebat contendere, *und gibt sonst keinen namen. Vgl. auch oben s. 180 anm. 1.* 3) *Kuttenberg.*

sacro tantam intulisset violenciam, permutatur. Cui cum stomachando nobilis ille responderet, germanus presbiteri pugionem extraxit et in ventrem suum profunde immersit. Quod ut famuli militis cernerent, irruere ceperunt in interfectorem. Sed mox socii occisoris accurrentes omnes de familia militis occiderunt numero fere XX viros fortes.

1268 (876). Civitatis(1) Lubicensis consulares, reintroducti auctoritate regia et ad regimen eiusdem urbis repositi, alias civitates maritimas ad se vocaverunt, ut iuridice discuterent et decernerent de bonis et rebus eorum, que in tempore exulacionis eorum ablata et occupata erant per quosdam civitatis eiusdem inhabitatores. Venientes ergo dicte civitates, puta Hammeburgensis, Sundensis, Rostoccensis, Luneburgensis, Wismariensis et Gripeswaldensis, in quarum sentenciam tam consulares Lubicenses quam communitas dicte urbis arbitrabantur[a], se pro tribunali in consistorio Lubicensi posuerunt

Jan. 17. ipso die sancti Anthonii abbatis (stantibus extra sedes consulatu Lubicensi ex una parte et communitate dicte urbis ex altera parte) et iudicium suum de die in diem continuantes per quindenam ibidem, quis, quid, cui et quantum exsolvere et restituere teneretur et deberet, decreverunt et super hiis sentencias irrevocabiles ac irrefragabiles fulminaverunt, silencium perpetuum cuilibet parti imponentes[b], ne in posterum occasione predicte expulsionis et commissorum infra tempus exulacionis per cives aut introduccionis consulatus antiqui quiscumque alium impetere, molestare, vexare aut perturbare quovismodo per se vel per alios presumat aut fieri procuret[1].

1269 (877). Henricus dux Sleswicensis, Henricus comes Holtzatorum, Balthasar dominus Slavorum et plures milites ac militares de ducatu Luneburgensi et comitatu de Scowenburg intraverunt Iuciam sive Iutlandiam cum manu valida et villas plures ac opida depopulantes, tandem unum forte castrum Tunderen[c] dictum obsiderunt, expugnaverunt et ceperunt cum omnibus in eo contentis ac suis armatis ipsum munierunt. Inde vero procedentes in Frisiam castro illi propinquam, eam sibi subiugaverunt, magnam pecunie summam ab incolis suscipientes et ad propria cum triumpho revertentes(2).

1270 (878). Sed(3) Dani audientes, Holtzatos Frisones sibi subiugasse, ad recuperan-

Febr. 21. dam illam terram se armaverunt et exeuntes circa quinquagesimam de Füne, Iucia et Selandia in magno numero, Frisiam antedictam(4) intraverunt et incendiis ac rapinis eam in magna parte devastantes, plures Frisones interfecerunt et multo plures captivarunt. Sed ipsi Frisones robusti homines existentes (et pocius sub Holtzatis quam sub Danis esse volentes), inopinatam incursionem Danorum conglobati pugna grandi exceperunt et cum eis bellum durum agentes innumeros Danos gladiis et fustibus suis(5) straverunt, de terra sua tandem eos proicientes et predam eorum cum captivis recuperantes.

Apr. 8. 1271 (880). Ulricus dux de Stargardia ipso die sancto cene ab hac luce subtractus

(1) st. Civitatis — dicte B: Quia urbs Lubicensis propter quondam expulsi consulatus ingressum magnis controversiis et discordiis periculosis quatiebatur, eo quod expulsores eorum sibi bona sua vendicaverunt et multam pecuniam in diversis novis edificiis et reformacionibus domorum eorundem sine requisicione tamen ipsorum factis consumpserunt, necnon multorum tam religiosorum quam presbiterorum et secularium personarum redditus annuos de libro civitatis abraserunt partim et partim mutaverunt, idcirco.

(2) in B folgt: 1269a (878). Sigismundus rex — u. s. w. wie A — concilii et civitatis.

Febr. 26. (3) st. Sed — quinquagesimam B: Feria quinta ebdomade quinquagesime Dani.

(4) prope Ditmarciam sitam B.

(5) st. suis — recuperantes B: quibus ex industria habundant necaverunt.

a) pro decisione singulorum articulorum z. zu B. b) V. D und B; nicht in c) minor Tunderen B.

1) Vgl. Hanserecesse 1256—1430. VI 369.

est (princeps invictissimus). Hic varia bella magnifice et alia facta laude digna gloriose peregit, sed tandem proch dolor(1) ab intimis suis, ut publica fama personuit, intoxicatus in doloribus et cruciatibus magnis spiritum efflavit(2).

1272 (882). Conradus Bonowe presbiter (parrochialis ecclesie Voghedeshaghen et) archidyaconus Swerinensis(3) interfectus est a Degbenero Bugghenhagen armigero nobili propter multiplices suas exorbitaciones. Hic licet sacerdos esset, insignia tamen presbiteralis honoris vilipendens, armis usus est militaribus pariter et actibus. Unde innumera exercens facta bellica et in laycalem ex toto degenerans conversacionem, tandem exitum(4) accepit iuxta[a] demerita sua et vitam suam inordinatam pessimo fine conclusit(5).

1273 (884). [1]Delfinus Francie, qui filiam Wilhelmi comitis Hollandie in uxorem *L. 174.
duxerat et quem dictus Wilhelmus cum adiutorio Philippi ducis Burgundie in regnum Francorum duxerat anno precedenti, intoxico periit[1] per procuracionem ducis Aurelianensis, ut vulgabatur, qui terciogenitum ei preferre laborabat(6).

1274 (886). Vincencius frater ordinis Predicatorum et doctor theologie, de regno Arrogonie oriundus, officium predicacionis ad instar apostolorum agens civitates, castella, urbes, opida et villas circuivit et populum innumerum congregans in campis predicavit ac doctrinas suas variis signis et patentibus miraculis confirmavit. Arguebat(7) enim ipse severissime vicia et exhortabatur ad virtutes, nulli parcens gradui vel dignitati aut condicioni, emendavitque suis sermonibus multos tyrannos et emollivit plures induratos.

1275 (887). Wilhelmus comes Hollandie et dux Bayoarie diem suum clausit extremum[2], causante mortem suam obstruccione tibie sue(8). (Hic quia heredem masculinum non habuit de se genitum, sed filiam solum, de successione comitatus plures contenderunt. Dux enim Brabancie, qui filiam dicti Wilhelmi Iacobam in uxorem duxerat[3], licet ei in secundo gradu consanguinitatis attineret, comitatum illum ex parte uxoris sue sibi vendicabat. Iohannes eciam electus Leodiensis[4], frater dicti Wilhelmi defuncti, quia de latere gladiali erat, comitatum de iure ad se pertinere asserebat[5]. Propter quod de

(1) st. ab intimis suis B: a propria uxore.

(2) Civitates autem et castra dominii sui ducibus Magnopolensibus, Iohanni scilicet et Alberto, tamquam tutoribus terre et filiorum predicti ducis defuncti et fratris eciam sui Iohannis mortui homagium fecerunt. s. m. B.

In B folgt: 1271a (881). Civitates maritime — u. s. w. wie A — cum aliis multis parvis, que snikken nuncupantur, custas — dignum egerunt, sed civitatibus prenominatis multa onerosa fuerunt in expensis.

(3) ecclesie necnon camerarius plebanus ecclesiarum parrochialium civitatis Swerinensis s. m. B.

(4) st. exitum — conclusit B: morte infelici raptoris vitam suam inordinatam terminavit.

(5) in B folgt: 1272a (883). Econtra vero Tidericus Quiddsowe, raptor nominatissimus ab utero matris, id est a puericia existens, gentre militaris post infinita — u. s. w. wie A — se exposuerat, lecto decumbens in pace et quiete defunctus est eodem anno.

(6) in B folgt: 1273a (885). Grex porcorum et vaccarum opidi Molne, quod Lubicensibus pertinet, abducitur apprehensus per quosdam militares terre Prignis, de Toberne dicti.

(7) st. Arguebat — induratos B: Quem sic predicantem et de una urbe ad aliam properantem quasi totus sequitur mundus.

(8) in qua fistulam habebat frustum [illegible] s. m. B.

a) iuxta — sua auf rasur D.

1) Gest. 1417 apr. 4. 2) Gest. 1417 mai 31. 3) Johann IV. seit 1418 märz 10. 4) Johann [illegible]. 5) Rufus 494 fügt bei: Ok merede de hertige van Burgundien, dat he recht to er hadde.

dicta successione plura orta sunt bella et populus multus interemptus est.) Sed[1] tandem prelibatus Iohannes frater Wilhelmi tutoriam patrie sibi violenter acquisivit et dominium in ea administravit[2].

1276 (889). Adolfus[3] [1] comes de Clivis et Fredericus borchgravius de Nurenberg cum magna solempnitate provecti sunt per Sigismundum regem Romanorum in concilio Constanciensi ad dignitates altiores. Nam de comite Clivensi factus est dux et de borchgravio factus est marchio de Brandeburg cum assignacione terre Marchie[4].

Juni 6. 1277 (892). Ericus rex Danorum circa festum trinitatis intravit mare cum innumeris navibus et populo multo[5] et in eo per longum temporis spacium perdurans nulli terre aut portui applicare temptavit. Propter cuius applicacionis prorogacionem Holtsati nomen derisorium sibi imponentes Castorem ipsum appellabant, eo quod caudam suam de aquis extrahere formidaret, ut putabant. Sed ipse rex prudenter et cautelose in hoc egisse videtur. Scivit[6] namque Holtzatorum principes pauperes esse et plures habere stipendiarios. Quos si tam diu in suis expensis tenerent, se ipsos exenterarent.

---

(1) *st.* Sed — administravit *B:* In cuius comitatum tandem cum multo labore et sanguinis effusione successit Iohannes quondam electus Leodiensis, frater suus.

Mai 29. (2) *in B folgt:* 1275a (888). Circa festum ascensionis — *u. s. w. wie A* — quendam miserunt sacerdotem Hermannum de Baren dictum, desiderantes — pro pace facienda, proch dolor nichil profecerunt, impediente hoc malicia et fallacia consiliariorum plurium illorum principum de Holtzacia, qui ideo omnibus modis paci et concordie reluctabantur, quia perpendebant satis bene, quod postquam concordia et amicicia facta esset inter regem et dominos Holtzatorum, ipsi consiliarii tanquam traditores et infideles ab utrisque perderentur et exstirparentur. Propter quod sine fine ab invicem recesserunt. Altera vero die prefati Holtzatorum principes de consilio sacerdotum commovere volentes — ad massam civitatum predictarum, et quod[a] libenter acquiescere vellent consiliis suis. Quod tamen in veritate non fecerunt. Quod videntes nuncii civitatum in Lubeke ad hoc congregati, suas patentes litteras eisdem ecclesiis apposuerunt, quibus oppositum forefactum asserentes populum informaverunt de veritate actorum in prenominata villa Arnsboken.

(3) *§ 1276 lautet in B:* Sigismundus rex Romanorum, sedens in Constancia urbe in sua maiestate, facit cum magna solempnitate comitem de Clivis ducem et Fredericum borggravium de Nurenbergh marchionem Brandeburgensem pro se et suis heredibus sub tali condicione, quod si dictus rex Romanorum Sigismundus filium non generaret in dicta marchia, quod extunc solvere deberet predictus Fredericus marchio regi 60 000 grossorum Bohemicalium et retinere marchionatum pro se et suis heredibus in perpetuum. Si vero dictus rex filium inibi de consorte sua generaret, extunc marchionatus ad solam Frederici prelibati personam pertinere deberet et post eius obitum ad filium regis devolvi et redire.

(4) *in B folgen:* 1276a (890). Albertus dux Magnopolensis intravit Holtzatorum terram circa

Juni 24. festum sancti Iohannis baptiste ad ferendum auxilium principibus illis contra Danorum regem cum 400 equis, sed ad modicum eorum profectum, ut infra patebit.

1276b (891). Duo fratres de ordine Minorum, quorum unus Henricus Schomaker et alter Iohannes Campowe nuncupabatur, iam decrepiti — *u. s. w. wie A* — super exalacionem consulatum Lubicensem tempore turbacionis eorum.

(5) habens ut dicebatur circiter duo milia navium *z. u. B.*

(6) *st.* Scivit — exenterarent *B:* Nam Holtsati pauperes — *u. s. w. wie A* — dampno irrecuperabili.

---

a) qui *B.*

1) *Vgl. auch die fassung von H im anhang I.*

Et ideo in mari tam diu se continuit, ut penuria victualium coacti Holtzatorum auxiliatores ab invicem discederent. Venerat[1] namque Holtzatis in auxilium Albertus dux iunior Magnopolensis cum CC armatis vel paulo pluribus, qui adhuc regnum Sweorum impetebat hereditate paterna. Serviebant eciam Holtzatis nobiles et militares de Schowenborg. Quibus simul adunatis, interim quod rex sic in mari natabat, Holtzati Iuciam prope Vlenzeburg sunt ingressi et villas plures sunt depopulati, spolia multa abducentes¹.

1278. (Advenientes¹ autem festo divisionis apostolorum rex aquas deserens aridam Juli 15.
pecit et suo exercitu urbem Sleswicensem circumdans undique, Albertum ducem Magnopolensem in se conclusit. Dominica vero die post festum prefatum rex opidum Sleswic Juli 16.
expugnando obtinuit et Albertum ducem ad hoc compulit cum omnibus suis, ut ad ipsum exiret in campum et graciam suam humiliter peteret, si vitam obtinere vellet. Rex autem ut clemens princeps ipsum cum suis in graciam recepit, sed dictum Albertum ducem sibi promittere et iurare fecit, quod nec ipse nec sui successores in perpetuum illa tria regna impetere vel infestare vellent quocumque iure. Audientes² autem cives Hammeburgenses regem Sleswic opidum obtinuisse, misericordia moti super principum suorum calamitate et desolacione, mox naves parabant terra marique dominis suis in auxilium venire accelerabant. Et colligentes pro primo DC balistarios, versus Gottorpe castrum eos premiserunt, secutari quantocius cum exercitu armatorum copioso. Quod et statim fecerunt¹.)

1279. (Percipientes insuper Bernhardus dux de Brunswic, Wilhelmus dux de Luneborg et Otto comes de Hoya, Danos intrasse Holtzaciam, cum exercitu valido Albeam transeuntes Holtzatis in auxilium venerunt. Et primo inter partes pacem facere temptantes hii principes sub salvo conductu presenciam regis adierunt, secum ducentes Henricum ducem de Sleswic. Cumque diucius pro concordia et pace placitando laborassent nec quid boni concludere potuissent, eo quod utraque pars iusticiam pro se allegaret nec ab ea recedere vellet^a quovismodo, tandem principes ab invicem recesserunt hostes permanentes. Tunc Bernhardus dux de Brunswic cum aliis principibus, adiunctis sibi Hammeburgensibus cum CC armatis, habens in universo DC armatos equites et circiter XXM peditum, castro Koninghesburg applicuit. Sed Dani in occursum duci venientes cum mille quingentis et eo amplius armatis ac XXXM peditum, Holtzatos in fugam verterunt, paucis peremptis ex utraque parte. Holtzati vero cum suo exercitu castrum Stubbe vallantes, ipsum expugnaverunt et XVI viros in eo capientes ac plura bona in eo rapientes, ipsum solo equaverunt¹.)

1280 (895). Philippus^b dux Burgundie magnum agregans exercitum, urbem Parisiensem obsidione vallavit fretus^c Anglorum auxilio. Delfinus autem regni, iuvenis existens, protunc apud patrem tenebatur. Quem dux Burgundie perimere laborabat, ut sic eo ammoto ipse regnum adipisci valeret (eo quod Karolus rex decumbens esset). In hac quidem obsidione ducis exercitus per dies morabatur multos, urbem expugnare aut capere non valens[2].

---

(1) st. Venerat — abducentes B: Holtzati tamen — u. s. w. wie A — protunc aspirabat.

(2) in B folgt: 1280a (893). Civitates de Hansa convocate convenerunt in Lubicensem urbem imperialem, tractantes ibidem negocia utilitatem reipublice et mercancie concernencia et statuerunt plura nova decreta, que communitates et mercatores in civitatibus — u. s. w. wie A — spontanea ea confirmaverunt.

1280b (894). Kem domicellus³ — u. s. w. wie A — lactura Frisonum alegerunt.

---

a) vellet D. b) in B am rand. c) ut quidam volunt a. m. B.

1) Die §§ 1277—79 gibt auch Rufus in zusammenhängendem berichte. 2) Vgl. unten B §§ 1292a und 1782a. 3) § 1280b auch bei Rufus 494: 'Kem van deme Broke'.

Juli 14. 1281 (897). In[1] crastino beate Margarete virginis destructum est castrum illud solempne Yterlstern(1) nuncupatum, super flumen Ysle locatum, per cives Traiectenses, qui domini Wilhelmi de Egmund hostes erant, ad quem dictum castrum pertinebat. Huius autem Wilhelmi filius Arnoldus factus fuit postea dux Gelrie loco iunioris domini de Erkel interfecti, qui heres fuisset dicti ducatus[2].

1282 (898). Iohannes electus Leodiensis, comperta morte fratris sui Wilhelmi comitis Hollandie, ad hereditatem fraternam aspirabat et veniens cum pulcro exercitu in Hollandiam receptus est pacifice in Dordraco per cives dicte urbis. Qui mox ei ut vero et legitimo domino suo omagium fecerunt et fidelitatem subieccionis promiserunt, licet alie civitates et castra Hollandie et Selandie hoc sibi facere recusarent, sed (Iacobe) filie Wilhelmi comitis defuncti loco patris fidelitatem iuraverunt. Iohannes autem, licet(2) vir puellaris esset, negocium tamen suum vigilanter et sagaciter prosequens plures de partibus opposita astuciis suis in favorem suum traxit pariter et minis. Stante igitur hac dissencione, Walraven de Brero baro et tutor ac dux exercitus domine (Iacobe) quosdam cives urbis Harlemensis cepit et in castrum Hagense vinctos perduxit, eo quod ad partem domini Iohannis se transtulissent. Quos communitas Harlemensis volens eripere de captivitate, venit cum duobus milibus ad obsidendum dictum castrum Hagense. Walraven autem baro hoc percipiens, occurrit eis cum LX armatis et subito irruens super pavidos et quasi inermes, cepit totam illam multitudinem absque interfeccione cuiuscumque et(3) eam duxit secum in Hagam opidum, rediens cum glorioso triumpho(4) [3].

(1) st. Yterlstern — ducatus B: Yselstryn terre domini de Erkel per Walravum de Brere baronem, tutorem filie de Hollandia, et per Traiectenses cives. Et expulsus est de eodem castro Wilhelmus de Ekmund baro, qui castrum illud intraverat ex parte domini de Erkel.

(2) st. licet — esset B: tamquam vir bellator et magnanimus.

(3) st. et eam B: In quo facto bene apparuit Hollandrinorum civium audacia et virilitas. Captivos autem istos s. zu B.

(4) st. mirabili, non tamen eos turribus mancipavit, sed ostensione facta victorie sue eos super fide sua licenciavit. s. zu B.

Juli 15. *In B folgen:* 1282a (898). Ipso die divisionis apostolorum rex Danorum Erikus eandem suam de mari extrahens et castra sua desinens terram Holtsatorum — u. s. w. *wie A* — Albertum ducem Magnopolensem, qui cum 400 equis venerat in auxilium Holtsatorum.

Juli 18. Dominica vero die — paterent, si vitam obtinere vellent. Rex vero — insidiose pertractata[4].

1282b (899). Erikus dux de Sellus — u. s. w. *wie A* — ducum predictorum.

1282c (900). Cives Hammeburgensis urbis preter voluntatem sui consulatus, qui magis regi Danorum, quam naturali domino favebat, ipsi regi predicto pacem interdixerunt, dominis suis nativis presidium, ut merito et de iure tenebantur, afferre cupientes. Unde mox instrumenta bellica aptantes, eos cum 600 balistariis prefatis suis principibus miserunt, secuturi eosdem cum exercitu armorum valido quantocius. Quod et fecerunt[5].

1) *Alle 7 arikm dieses § auf rasur D; er weicht in B sehr ab und fehlt bei Rufus ganz.* 2) *Arnold, sohn Johanns II. von Egmond, wird zunächst unter vormundschaft seines vaters (1423) herzog von Geldern, nachdem 1422 dec. 1 Wilhelm der letzte herr von Arkel bei Gorkum gefallen war.* 3) *Rufus 485 fügt zu:* unde schattede se na synme willen. Dat was grot hon deme volke, dat se sik vangen leten sunder were van so klenenne hupen. 4) *Siehe schon D § 1278.*

1283 (901). Ericus rex Danorum Frisiam Egdorensem(1) ⟨iterum⟩ intrans cum exercitu valido in vigilia assumpcionis virginis gloriose, igne ac ferro eam vastavit et in- aug. 14.
finitam pecudum et iumentorum multitudinem secum abduxit. Terram eciam illam de novo sibi subiugavit, eam bonis multis spolians ac LXXX[a] pociores Frisones in obsides secum Sleswic deducens(2).

1284 (906). Statim(3) vero post ipso die sancti Mauricii Dithmarci calamitatem sept. 22.
dictorum Frisonum augentes in favorem Holtsatorum, cum multo populo terram eandem Frisonicam sunt ingressi et spoliis ac incendiis enormibus sunt depopulati. Predam quoque nimiam de iumentis et pecoribus rapientes incolas ad ominium ipsis faciendum compulerunt. Quo facto exegerunt ab eisdem XXIIIIM marcarum Lubicensis monete. Quibus solvere promittentibus, Dithmarci simplicibus eorum verbis credere[b] noluerunt, sed ut cercior eorum fieret sponsio, pociores Frisonum XXX[c] secum, ut prius rex fecerat, abduxerunt(4). ⟨In exercitu autem Dithmarcorum plures erant Frisones, qui de manibus Erici regis lapsi cum Dithmarcis habitabant⟩.

1285 (907). Quedam[1] extranea et previe non visa vagabundaque multitudo hominum de orientalibus partibus venit in Alemanniam, perambulans totam(5) illam plagam usque ad regiones maritimas. ⟨Fuit eciam in urbibus stagnalibus incipiens ab urbe Luneburgensi et perveniens in Prutziam peragravit civitates Hammeburgensem, Lubicensem, Wismariensem, Rostoccensem, Sundensem et Gripeswaldensem⟩. Turmatim autem incedebat et extra(6) urbes in campis pernoctabat, eo quod furtis nimium vacaret et in civitatibus conprehendi timeret. Erant autem numero circiter CCC homines utriusque sexus, demptis parvulis et infantibus, ⟨forma turpissimi, nigri ut Tarthari⟩ Secanos[d] se nuncupantes. Habebant eciam inter se principes suos, ducem scilicet et comitem, qui eos iudicabant et quorum mandatis parebant. Fures autem erant magni et precipue mulieres eorum(7) et plures de eis in diversis locis sunt deprehensi et interfecti. Litteras quoque promotorias principum et presertim Sigismundi regis Romanorum apud se ferebant, propter quas a civitatibus, principibus, castris, opidis, episcopis et prelatis, ad quos declinabant, admissi sunt et humaniter tractati. Eorum autem quidam equitabant, quidam vero pedibus[e] gradiebantur(8). Causa autem huius divagacionis eorum et pere-

---

(1) illam, que terre Dithmarcie contigua est B.

(2) in B folgen: 1283a (913). Anglici commorantes in opido Heringvlet, quod — u. s. w. wie A — mari immersit. Sed tandem Anglicis victoriam obtinentibus 5 krakas Francigenis abstulerunt.

1283b (915). Bernhardus dux — u. s. w. wie A — concremaverunt et destruxerunt.

(3) st. Statim — depopulati B: In die sanctorum martirum Mauricii etc. Dithmarci cum magno sept. 22.
populo Frisiam prope Ederam intrantes totam illam patriam spoliis et incendiis depopulati sunt.

(4) ad patriam suam victores revertentes z. in B.

(5) st. totam — regiones B: Misnam, Saxoniam et partes.

(6) st. extra — timeret B: in civitatibus et opidis moram trahebat.

(7) et deceptores ac deceptrices hominum simplicium z. in B.

(8) quidam in hospiciis solempnibus se recipiebant et quidam eorum hostiatim panem mendicabant z. in B.

---

a) XXX Rufus 695. b) am rand nachgetragen D. c) mille B; XXX Rufus a. a. o.; mille et decentos A. d) Sechanos R. e) pedes D.

1) Vgl. auch die fassung von H im anhang I.

grinacionis dicebatur fuisse aversio a fide et[1] recidivacio post conversionem suam ad paganismum. Quam quidem peregrinacionem continuare tenebantur ex iniuncta eis penitencia ab episcopis suis ad septennium.

1286 (908). Henricus rex Anglie in[2] regno Francorum seviens per dies multos in eo perduravit et plura castra, urbes et opida obsedit et expugnavit. Cuius quidem diutine perduracionis causa extitit, quod Philippus dux Burgundie Karolo regi Francorum rebellans Parisiensem urbem obsederat[3], favens pocius Anglorum regi, quam proprio suo principi, faciensque in regno divisiones et scismata[4].

1287 (909). Ericus rex Danorum ad preces et instancias civitatum maritimarum[5] treugas iniit cum (Henrico) duce de Sleswio duraturas usque ad proximum festum
Juni 24. Iohannis baptiste sub tali pacto, ut in dicto festo principes et civitates ad hoc eligende convenirent Lubeke vel ad alium locum convenientem et decernerent utriusque partis iusticiam; et illi habere deberent auctoritatem diffiniendi causas utriusque partis, et quidquid ipsi decernerent et senenciarent, in hoc ambo partes contentari deberent; et si in casu una illarum parcium decreto illorum principum et civitatum consentire nollet, quod extunc contra illam partem tamquam pacis hostem et discordie amicam tota illa universitas principum et civitatum consurgere deberet et quantum posset eam
*L. 1418. humiliare. Quibus ex utraque parte[1] confirmatis litteris et sigillis roboratis, partes ab invicem discesserunt.

aug. 4. 1288 (902). Vitaliani Holtsatorum in profesto sancti Dominici confessoris depredati sunt in mari naves episcoporum Lundensis[a] et Roskildensis[2], auferentes de eis vasa argentea et alia clenodia preciosa pro honestate mensarum serviencia. Ceperuntque in eisdem cistas et armaria variis vestibus suffurratis plena et aliis clenodiis argenteis, quibus milites et militares ac ceteri vasalli episcoporum se ornare voluissent in curia regia. Nec ad plenum estimari poterat preciositas et valor spolii illius.

okt. 28. 1289 (910). In crastino apostolorum Symonis et Iude comes de Regenstein expedicionem facturus collegit exercitum de nobilioribus militibus et militaribus ducatus

(1) s. et — paganismum B: quam inciderant post conversionem eorum de paganismo ad cristianitatem.

(2) st. in — perduravit B: in Francia contra velle Francorum perdurans

(3) et iam de facto obsidebat s. zu B.

(4) Hec autem dissensio ducis predicti et regis Francie ex hoc orta erat, quod dictus Philippus dux fratrem regis, qui dux erat Aurelianensis, traditorie et malicione interfecerat et tamen in suis exequiis se finxerat plorare et dolere de morte eius, cuius mortis origo et causa efficiens fuerat. s. zu B.

(5) et forte plus propter instantem hyemem, qui per algoris rigiditatem, quam satis mane
nov. 11. incepit, puta circa beati Martini festum, timorem regi incusserat s. zu B.

a) Londoniensis B.

1) *Etwas vorher nach dem worte algoris (s. anm. (5)) beginnt in der fassung B das fol. 300, im anfang von § 1296 mit civitatum endet das fol. 300'. Was also auf fol 300 und 300' steht, entspricht ungefähr dem inhalt von fol. 173 und 173' der fassung D; ganz ebenso muss es aber zwei seiten der zwischen B und D stehenden verlorenen fassung C entsprochen haben. Die auffällige lücke des Rufus, der den § 1287 zu § 1296 überleitet — er konnte das, weil dieser inhaltlich nur die fortsetzung jenes bildet — beruht ganz augenscheinlich darauf, dass bei der abfassung der übersetzung ein blatt überschlagen worden ist, was um so leichter eintreten konnte, weil die abschnitte am ende beider folien verwandte nachrichten, dieselben namen u. s. w. aufweisen. Schon Lappenberg (Archiv für ältere deutsche Geschichtskunde VI 622) hat diese lücke des Rufus bemerkt. Ihre genaue erklärung findet sie nun erst bei der betrachtung der handschriften Korners.* 2) *Petrus IV. Kruse und Petrus Johannis Ladehalt.*

de Brunswic et dyocesum Hildensemensis et Halberstadensis ac de nobilibus prope Hartonem degentibus et valens contra episcopum Merseburgensem[1] intravit fines suos et spoliavit villas diversas. Cumque in depredacione predicta comes dictus sollicitus esset, Fredericus marchio Misnensis una cum civibus urbium Liptzensis et Merseburgensis in occursum ei venit et prelium cum eo committens captivavit comitem antedictum et milites plures ac nobiles numero fere LX prope opidum Zorbeke[2] et duxit omnes captivos secum in castrum et urbem Liptzensem. Post aliquot tamen dies licenciavit milites et militares ceterosque captivos super fide prestita, sed comitem captivum tenuit ad magnum tempus(3).

1290 (911). Concilium Constanciense diutinis iam laboribus et expensis gravissimis fatigatum (pro sacra unione ecclesie dei facienda), licet diebus multis indefesse laborans de capite ecclesie concordare non valuerit propter diversarum nacionum varias altricaciones et dissenciones hucusque habitas, tamen pronunc[a] (dei gracia favente) sedatis contencionibus concordavit in quosdam in certo numero constituendos, qui(4) una cum cardinalibus conclave ingrediantur et papam eligant ydoneum, ecclesie universali utilem et proficuum. Ingressi ergo sunt conclave domini cardinales, ad quos specialiter spectabat eleccio pape, quibus iuncti sunt de nacionibus prelati in certo numero, quorum nomina inferius ponentur, et clausum est conclave super ingressos, ne exiret unus eorum ante eleccionem completam. Qui autem ingressi sunt pro eleccione facienda, fuerunt hii[3]: cardinales electores Iohannes Ostiensis et vicecancellarius Romane ecclesie, Iordanus Albanensis, Anthonius Bononiensis, Angelus Penestrinus, de Ursinis, Laudensis, Petrus Saluiensis[4] cardinales episcopi; Franciscus Veneciarum, Iohannes Ragusinus, Iohannes Aquilinensis[5], Gabriel Cenensis, Angelus Veronensis, Almanus Pysanus,

(3) Dicebatur autem a multis, quod predictus marchio Misnensis invasionem hanc faciens fuisset, eo quod sepedictus comes curie marchionis officialis esset et de familia eius, et quod numquam antecedenter parum consilii interdixerit, sicud moris est nobilium. a. su B.

(4) st. qui — Oddonem de Columpnis B: qui ultra eligere deberent alios sub numero certo, qui ultra papam eligerent. Quod et factum est, ut infra patebit. Depositis igitur primo iuridice antipapis tribus, puta Iohanne, Gregorio et Benedicto et presertim Iohanne 23, de quo enormia et cunctis cristianis expavescenda crimina extiterunt[b] recitata in publico consistorio et promulgata ulterius per[c] universum orbem in confusionem et scandalum cleri et tocius populi cristiani, collegium cardinalium una cum electis episcopis, abbatibus, prioribus et doctoribus ad hanc salubrem eleccionem perficiendam nominatis conclave intravit et spiritus sancti gracia iuxta morem ecclesie humiliter prius invocata, licet aliquot diebus inibi demorarentur, tamen de speciali adiutorio dei unanimiter et concorditer novum et unicum caput ecclesie elegerunt, de qua eleccione dominus noster Ihesus Cristus sit benedictus in eternum, amen.

a) prunc *B*. b) *auf rasur B*. c) pro *B*

1) *Nicolaus von Lubeck*. 2) *Zörbig*. 3) *Die reihe der cardinale u. s. w. gibt B dann in § 1291a. Die fassung D erweitert abgesehen von der verstümmelung der namensformen die reihe dadurch, dass sie sowol den* Angelus Laudensis *und* episcopus cardinalis Penestrinus, *wie auch den* Iordanus de Ursinis *und* episcopus cardinalis Albanensis *jedesmal zu zwei personen macht. Im übrigen tritt gegen die andern fassungen in D der* Gabriel Cenensis *in der reihe neu auf. Somit werden es 25. Einzelne berichtigungen siehe im weiteren nach v. d. Hardt, Magnum concilium Constantiense IV 1470 f. Die aufzählung der cardinäle bei Ulrich von Richental, hrsg. von Buck, s. 155 f. zeigt allerlei abweichungen. Doch ist jedenfalls das 'MSC. Brunsv.', aus dem v. d. Hardt schöpft, der vorlage Korners näher verwandt; deshalb dienen dies zur vergleichung.* 4) Petrus episcopus cardinalis Sabinus *v. d. Hardt*. 5) Antonius patriarcha Aquileiensis *v. d. Hardt*.

Gwilricius Sancti Marci[1], Thomas Tritaricensis, Symon Pomensis[2], Branda Placentinus, Petrus Cameracensis, Petrus de Fuxo, Anthonius de Selanco[3] cardinales presbiteri; Amodeus Saluciarum, Renoldus de Brancassiis[4], Lodowicus de Flisco, Oddo de Columpnis, Lucidus de Comitibus cardinales dyaconi. Nomina autem prelatorum et magistrorum cardinalibus adiunctorum sunt hii: de[5] nacione Ytalica archiepiscopus Mediolanensis, episcopus Melfrensis, generalis fratrum Predicatorum, Pandolfus de Malatestis, Iacobus de Camplo; de nacione Gallicana patriarcha Constantinopolitanus, archiepiscopus Thuronensis, archiepiscopus Bithuricensis, episcopus Gebennensis, abbas Cluniacensis, prior Rodi; de nacione Germanica archiepiscopus Gnesensis[a], archiepiscopus Rigensis, episcopus Traguriensis, Nicolaus Dinkelspon magister in theologia, Conradus de Sozato magister in theologia, Lambertus de Stipite doctor decretorum; de nacione Hyspanica episcopus Conchensis, episcopus Pacensis, episcopus Aquensis, Philippus de Medalia magister in theologia, Vallascus Petri ambasiator regis Porthugalie, Gundisalvus Sarcie doctor utriusque iuris; de nacione Anglicana episcopus Londoniensis, episcopus Bathoniensis, episcopus Norwicensis, episcopus Litifeldensis, abbas Eboracensis et Thomas cancellarius regis decanusque Eboracensis. Omnes isti electores in conclavi constituti, invocata primum spiritus sancti gracia, a quo corda fidelium diriguntur, unanimiter et concorditer elegerant in unicum pastorem et summum pontificem dominum Oddonem de Columpnis.

DE MARTINO V. PAPA CCXVI.

1291 (912). Martinus[(1)] papa nacione Romanus sedit annis XIIII, prius dictus Oddo[6], cardinalis dyaconus extitit et electus est in papam in concilio Constanciensi ab electoribus

(1) § 1291 lautet in B: Martinus papa, qui et Oddo de Columpnis, nacione Romanus sedit annis ... Hic prius cardinalis tituli etc. In papam eligitur in concilio Constanciensi et consecratur in die sancti Martini. Quod quidem concilium ante ipsius electionem tribus annis
nov. 11. et 7 ebdomadibus celebratum extitit. Post ipsius vero coronacionem mansit usque ad
märz 27. proximum festum pasche — u. s. w. wie D in § 1291 — celebrandum in Papia[b] urbe.

In B folgt: 1291a (913). Electores autem pape huius Martini non solum fuerunt, ut premissum est, cardinales, qui alias soli pontificem summum eligere consueverunt, sed eciam fuerunt archiepiscopi et episcopi, abbates, priores et magistri ad hoc assumpti et vocati, ut prenotur solum et non amplius pontificem eligerent Romanum unicum dominum nostrum terrestrem, et fuerunt nominibus et numero isti[7]: cardinales Ostiensis, Cameracensis, Ursinus, Pysanus, de Columpna, de Comitibus, Senonensis, Placentinus, de Marci, Brancacius, Aquilegiensis, de Flisco, de Fuxis, Ragusinus, Laudensis, Saluciarum, de Hispania, Remensis, Venecianus, Tricariensis, Vlixbonensis et Tarbasso, et sunt 22. Super his cardinalibus ad electionem pape perficiendam assumpte sunt 30 persone, puta de qualibet nacione infrascripta sex; de nacione enim Ytalica[8] archiepiscopus Mediolanensis, episcopi Feltrensis[c] et Melfiensis ambasiatores regine Apulie, Iacobus de Campo electus Pennensis, de Malatestis

a) aus Genesensis radirt D. b) Papia urbe später zugefügt B. c) so B; Feltrensis A.

1) Guilelmus decanus Rhemensis presb. tit. S. Marci v. d. Hardt. 2) archiep. Rhemensis v. d. Hardt. 3) Chalanco v. d. Hardt. 4) Brancatiis v. d. Hardt; Brancacii Richental. 5) Vgl. B in § 1291a. 6) von demselben Schreiber der Zusatz mit H hinzu. 7) Die fassungen A und B geben Ulixbonensis für Veronensis der fassung D und lassen den Cenensis ganz weg. Das übrige siehe anm. 3 der vorigen seite. Zu dem Ulixbonensis vgl. jedoch Ulrich von Richental s. 156: Dominus Iohannes Ulixponensis presbiter cardinalis tituli Sancti Clementis. 8) Mailand: Bartholomäus Capra, Feltre: Henricus Scarampi, Melfi: Franciscus Caraccius.

supra expressatis et consecratus in die sancti Martini episcopi et idcirco Martinus dici nov. 11.
voluit et nominari. Concilium autem istud tribus annis et VII ebdomadibus celebratum est in loco supradicto, et multa sunt in eo statuta et innovata et in scriptis redacta, sed non sunt in sequentibus synodis confirmata et ratificata, puta Papiensi et Senensi. Mansit autem Martinus papa post suam coronacionem in Constancia usque ad proximum festum pasche, tractans interim in eodem concilio cum prelatis de reformacione ecclesie mrz. 27.
dei quoad singulos status clericorum et religiosorum. Qua reformacione concepta et in scriptis redacta ulterius disputatum est de tempore et loco concilii futuri, in quo incepta reformacio perficeretur et ad effectum debitum perduceretur. Et positum est futurum generale concilium ad quinquennium celebrandum in Papia.

1292 (914). Dominus de Erkel iunior[1], patre suo adhuc in captivitate comitis Hollandie[a] tente (in Golda), ad se convocans meliores tocius ducatus Gelrie exercitum eduxit. Et veniens obsidione vallavit Gorkum opidum et expugnans ipsum compulit opidanos ad dedicionem. Quod ut Walraven[b] baro[c] cognovisset, adunavit et ipse exercitum fortem de Hollandrinis et civibus urbis Traiectensis et accessit dictum opidum Gorkem iam captum per dominum de Erkel et ipsum reexpugnavit et cepit. Quibus introeuntibus in opidum interfectus est Walraven (baro et) capitaneus (domine Iacobe) et dominus de Erkel similiter interemptus est[2]. Occubuerunt insuper ibidem nobiliores viri de Gelria et de Hollandrinis interfecti sunt circiter duo milia armatorum, ipsis tamen Traiectensibus[d] opidum obtinentibus et victores existentibus. Totus autem exercitus domini de Erkel collectus fuerat duce Gelrie ignorante (cuius verus successor dominus de Erkel fuisset et heres ad ducatum Gelrie).

1418.

1293 (915). Quinto anno Sigismundi qui est domini MCCCCXVIII. comes Sabaudie factus est dux[e] in concilio Constanciensi per Sigismundum regem Romanorum[3].

---

archidyaconus Bononiensis et Leonardus generalis magister ordinis fratrum Predicatorum; de nacione Gallicana[4] archiepiscopi Thuronensis et Bituricensis, patriarcha Constantinopolitanus, episcopus Gebennensis, abbas Cluniacensis et prior Rodi; de nacione Germanica[5] archiepiscopi Gnesnensis et Rigensis, episcopus Traguriensis, Conradus de Susato doctor in theologia, Nycolaus Dinckelspuel magister in theologia et Lambertus de Stipite doctor decretorum; de nacione Hispanica[6] episcopi Conquensis, Pacensis et Aquensis, Philippus de Medalia doctor theologie, Vallascus Petri ambasiator Portugalensis et Gundisalvus Garsie de Sancta Maria doctor utriusque iuris; de nacione Anglicana[7] episcopi Londoniarum, Bathoniensis, Licestrensis et Norwicensis, abbas Ebracensis et Thomas cancellarius regis et decanus Ebracensis[8].

a) defuncti s. zu B. b) de Brero s. zu B. c) et capitaneus filie Hollandie s. zu B. d) Hollandrinis B. e) cum magna solempnitate s. zu B.

1) Wilhelm von Arkel; sein vater Johann XII. 2) 1417 dec. 1. 3) Amadeus VIII. herzog 1416 febr. 19. 4) Tours: Jacobus Gelu, Bourges: Guilielmus II. de Boisratier, Genf: Johannes III. des Bertrands; patriarch Johannes von Constantinopel und abt Robert von Cluny; Gualterus Grassi prior von Rhodos. 5) Gnesen: Nicolaus II. Trambe, Riga: Johannes V. von Wallenrode, Trau: Simon de Dominis. Konrad von Soest war professor der universität Heidelberg, Nicolaus von Dinckelspiel war aus Wien und Lambert von Stock Benediktinerprior aus Lüttich. 6) Didacus (abbas) Conchensis, Johannes de Morales von Badajoz (episcopus Pacensis), Antonius Aquensis und noch ein abt: vgl. v. d. Hardt IV 1473. 7) London: Richard Clifford, Bath: Nicolaus Bubbewyth, Lichfield: Johannes Catrik, Norwich: Johannes Wakering; abt Thomas von York. Hier ist zweifellos D besser unterrichtet. 8) Vgl. übrigens auch Mansi, Conc. coll. XXVII 1169.

1294 (917). Urbs Parisiensis regni Francorum capta est ab exercitu Philippi ducis Juni 11. Burgundie in[a] die sancti Barnabe apostoli (ipso duce in Basilea apud Sigismundum Romanorum regem existente et ignorante), et interfecti sunt in ipsa civitate viri innumeri et mulieres (urbem defendere satagentes). Hec autem lamentabilis perdicio urbis huius regalis originem habuit ex partibus execrabili civium et bello intestino. Nam una pars civitatis duci favebat Burgundie et altera herebat comiti de Armiaco[1], qui intra urbem existens vices regis insanientis et valde infirmantis gerebat (Delfino adhuc iuvene existente). Hic comes cum partem ducis cerneret validiorem sua parte et forciorem et de die in diem invalescere obsidionem, Henrico regi Anglie, qui pretunc cum magno exercitu in Francia seviebat, nuncium misit, ut statuto tempore in loco ad hoc disposito urbem accederet, quia ipse eam sibi ad capiendum tradere vellet. Quam imposicionem comitis cum alia pars civium perciperet, cautulose tempus et horam ingressus regis prevenit. Nam mox missis nunciis ad ducis exercitum (in obsidione laborantem), ipsum accersivit et ut nullomodo tardaret ad capiendam civitatem supplicavit, quia ipsam in manus suas tradere vellet, ne ab Anglicis caperetur, pro quibus iam dispositum esset et missum (per oppositam partem). Exercitus(1) ergo Philippi factum intelligens acceleravit et urbi appropinquans hora noctis designata eam ingreditur ac fretus auxilio carnificum urbis et aliorum civium partem ducis foveneium urbem ipsam obtinuit et omnem hominem adversarium interfecit indifferenter. Comitem vero de Armiaco captivans[b] ex industria reservavit, ut thesaurum regis sibi proderet. Sed eo hoc facere recusante, exercitus ipsum occidit et inhumatum in publica platea iacere per triduum permisit. Interfectus est autem illo die doctorum, scolarium et magistrorum numerus magnus cum aliquibus episcopis et prelatis pluribus, eo quod precedenti anno in Constanciensi concilio ipsum ducem graviter infamassent et plura enormia contra ipsum deposuissent in publico consistorio. Ex hac inquam insurrexione et magistrorum interfeccione ac studencium universitas excidium passa est et dissipata et ceteri magistri et scolares ad diversa alia studii loca se transtulerunt.

1295. (Sanctus Richardus archiepiscopus Eboracensis[2] cathalogo sanctorum martirum est ascriptus. Hic sanctus vir innocenter et sub fide prestita interfectus est per Henricum ducem Wallie, filium Henrici regis Anglie, hoc modo. Rex enim Henricus seviens in clerum et religiosos, plures episcopos, prelatos, religiosos et eciam principes cum interfici fecisset propter suspicionem tradicionis, quam de eis conceperat sinistre informatus, simile malum et de sancto isto archiepiscopo suspicabatur. Unde mittens pro Henrico filio suo duce Wallie, iussit ei, ut dictum episcopum de medio tolleret. Henricus autem tyrannico patris precepto annuens, Eboracensem urbem accessit et Richardum archiepiscopum ad se extra civitatem accersiri fecit. Quem venientem absque ulla audiencia mox decapitari in campo iussit. Cuius sanctissimi viri innocentem necem dominus Ihesus ostendere volens, miraculis et signis evidentissimis ipsum clarere fecit. Nam in ipsa decollacionis hora turris maioris ecclesie corruit, ecclesiam tamen ipsam non ledendo nec quiquam nocendo. Insuper Henricus rex, qui huiusmodi interfeccionem

(1) st. Exercitus ergo Philippi B: Philippo igitur duce Burgundie in Basilea apud Sigismundum Romanorum regem existente et hec ignorante, exercitus eius. S. oben D.

a) st. in die B: circa festum. b) captivatus D; captivantes ... reservaverunt B.

1) *Graf Bernhard VII. von Armagnac.* 2) *Richard Lescrope hingerichtet 1405 juni 8. — Vgl. die ausführlichere 'Historia de martyrio Ricardi Scrope' des Cl. Maydestone in Wharton, Anglia sacra II 369.* OESTERLEY.

fieri mandaverat, in ipso ictu detruncacionis mox lepra percussus est et non diu post defunctus est[1]. De hoc sancto martire stupendum quoddam recitatur a veridicis prodigium. Eo enim interfecto mox Deus varia signa erga sepulcrum suum visitantes causa devocionis operari dignatus est. Que signa fieri et videntes et audientes homines sexus utriusque, ipsum sanctum martirem pro iusticia mactatum venerari ceperunt et plures ymagines, brachia, pedes, capita ceteraque membra humana iuxta diversitatem miraculorum et infirmitatum fugatarum homines ipsi de cera formantes ad sepulcrum ipsius detulerunt pariter et obtulerunt. Quod intelligens Henricus interfector eius nec honorem hunc fieri viro dei sustinere valens, trabes grandes, quas vix XX vel plures viri fortes ferre poterant, supra sepulcrum sancti Richardi poni iussit et ipsum eisdem operiri, ne amplius accedere quis valeret. Sed quid actum est? Anachorita quidam divino instinctu ammonitus in die quadam accessit dictum sepulcrum et pluribus videntibus trabes illos ponderosissimos successive sine omni difficultate quasi perticas leves sustulit et asportavit. Quo miraculo vulgato et in veritate comperto, nec rex nec filius eius amplius ausi sunt dictum sanctum molestare[2].)

1416 (918). Ericus rex Danorum (cum suis) ex parte una et Henricus dux de Sleswic ac Henricus comes Holtzatorum parte ex altera, una cum nunciis civitatum maritimarum, prout supra patuit (anno precedenti), diem unam determinatam ad placitandum [a]et ad decernendum de utriusque partis iusticia[a] ac de sedanda lite inter eos pendente statuerant, que fuit dies sancti Iohannis protunc[b] proxime futura[3]. In quo die se obligaverant ambe partes cum suis conventuras sub amissionis iuris sui pena[c]. Sed statuto die adveniente, licet in magnis expensis predicti domini de Holtzacia cum suis principibus arbitratis et arbitris cause pendentis ad hoc vocatis adessent et loco prefinito se personaliter presentassent, presentibus eciam plurium civitatum consularibus eciam similiter ad hunc diem placitorum vocatis et rogatis, rex ipse Danorum minime comparuit nec fidem datam servavit. Propter quod prefati dux et comes tam principibus et nobilibus presentibus quam eciam civitatibus humiliter supplicaverunt, ut illam absenciam et contumaciam regis ita seriose ad profectum eorum converterent et iuri suo suffragari[d] facerent, sicud procul dubio fecissent pro rege, si ipsi presenti congregacioni se absentassent et diem illam laudatam non observassent. Quo contra Ericus Krummedik miles et alii, qui de parte regis ibidem missi fuerant, excusare regem nitebantur, dicentes ipsum legitime fuisse impeditum propter venti contrarietatem. Sed quia excusacio illa (frivola) fulcimentum veritatis non habebat, eo quod et ipsi prosperitate venti usi ad locum illum de eisdem partibus incolumes venissent, idcirco principes, qui ibidem convenerant, puta Wilhelmus dux de Luneburg et Adolfus comes de Scowenburg, in quos predicti Henricus dux de Sleswic et Henricus comes Holtzatorum arbitrati fuerant, indignati ad propria sunt reversi. Similiter et civitatum nuncii,

*f. 59.

post 14.

a) iusticia D. b) st. protunc proxime futura B: baptiste. c) am rand nachgetragen D. d) st. suffragari facerent B: iuflecteret.

1) *Hierüber berichtet H ausführlicher:* Ok uppe de sulven tiid, alse des dages de hilge marteler gedodet was, do openbarede he sik koningh Hinrike, de ene hadde gemordet laten, in der nacht unde hadde beyde hande vul blodes unde sprak to koningh Hinrike: 'Sitis tu, bone tyranne?' Alse de koningh dat horede, de wart vorvert. Do sede sunte Richart: 'Na myneme blode heft di ghedorstet, myn blut dat drink'. Mit deme warp he ene dat blut under sine ogen, do wart de koningh van stunt spitelisch unde enlevede darna nicht lange. 2) *H berichtet:* Do dat mirakle bertleb Hinrik horede, do quam he sulven wullen unde barvet to deme grave unde offerde ene enen sulverne biscop van groter wicht unde bat ene mit wenenden tranen, dat he ene vorghove sine undact. 3) *Vgl. Hanserecesse 1256–1430. VI 529 f.*

qui in gravibus expensis viam illam fecerant, Lubeke sunt regressi, frustrati spe bona et proposito suo.

1297 (922). Stipendiarii urbis Sundensis conducti ad hoc, ut pyratas et raptores maris mercatores dampnificantes debellarent, per se ipsos pelago infesti depredati sunt quosdam cives proprie urbis ac multos alios negociatores spoliaverunt(1). Quorum fraudem et maliciam cives Sundenses percipientes per relaciones et querelas eorum, qui bonis suis privati per eosdem manus suas evaserant, captivaverunt ex ipsis stipendiariis XVI, quorum capitaneus et ductor Lintstowe cognominabatur, aliis fuga elapsis. Et comperta veritate rei geste omnes illos decapitaverunt, solum predictum Lintstowen tamquam proprie civitatis traditorem et propter iusiurandum, quod fecerat civitati, rotantes et rotatum ut(2) periurum patibulo appendentes(3).

1298 (921). Civitates de Ansa vel Hansa evocate ad colloquium generale per Lubicenses convenerunt in eandem urbem. Nomina autem civitatum, que ibidem convenerant, sunt hec: Coloniensis, Magdeburgensis, Brunswicensis, Hammeburgensis, Rostoccensis, (Hildensheimensis), Halberstadensis, Goslariensis, Bremensis, Osnaburgensis, Sozaciensis, Monasteriensis, Tremoniensis, Rigensis, Darbatensis, Revaliensis, Luneburgensis, Stetinensis, Sundensis, Wismariensis, Gripeswaldensis, Colbergensis, Godlandensis[a], Elbiensis[b], Thoronensis, Davantriensis[c], Stendalensis, Swullensis[d], Campensis, Soltwedelensis, Honnoverensis, Stadensis, Kilensis, Rugenwoldensis, (Gotingensis, Dordracensis, Harlemensis, Amsterdamensis), Anklemensis, Myndensis, Buxtehudensis, Sutphaniensis, Novimagiensis, (Wesaliensis) et Harderwicensis[1]. Harum[2] civitatum nuncii presentes in civitate Lubicensi ceperunt tractare negocia utilitatem boni communis et mercancie concernencia. Miserunt eciam quosdam de suis collegis et sociis ad Ericum regem Danorum ipso die
juni 15 divisionis apostolorum pro investiganda causa, quare dictus rex nuper ad diem placitorum per ipsum constitutum non venisset et cur tot solempnes personas ad tanta discrimina et expensas inutiles traxisset. Et hec quidem missio fiebat ad(4) peticionem Henrici ducis de Sleswic.

1299. Materia autem in presenti convocacione tractata et tandem conclusa in articulos speciales redacta est et scripto publico civitatibus cunctis Anse transmissa, quorum articulorum hic fuit ordo et numerus:

'Primus[3]. Nullus civis amplius facere debet — in pane et aqua per quindenam'. Ultra hos articulos plura alia ibidem statuta fuerunt, que quasdam particulares concernebant civitates, que presentibus annotare obmisi gracia brevitatis[4].

(1) quorum defensores et auxiliatores esse debuissent, inscils tamen et ignorantibus hoc capitaneis suis s. zu B.

(2) st. ut periurum B: insuper tamquam periurum super omnes fures.

(3) De eis vero, qui per fugam evaserunt, aliquos postmodum apprehenderunt et capitibus eorum excussis peremerunt. s. zu B.

(4) st. ad peticionem B: de consensu et requisicione.

a) Dansekensis s. zu B. b) Elvingensis B. c) Stargardensis s. zu R. d) Swollensis B.

1) *Rufus gibt nur die zahl 48, keine namen. H nennt ferner:* van Dansske .. van Berlin, van Vrankenvorde, van Breslowe .. van Ulssen .. van Duseborgh. 2) *Das folgende siehe schon A § 259.* 3) *Es folgt ein auszug (Koppmann 1230) aus den ersten 30 paragraphen der statuten von 1418 juni 24, Hanserecesse 1256—1430, VI 556. Auch bei Rufus findet sich hier ein aktenstück.* 4) *Rufus:* Boven desse articule synt vele andere do sulves begrepen, de etlike sunderghe stede anroret, de hir nicht geschreven synt umme der korte willen.

1300 (923). Civitatibus igitur in composicione et ordinacione articulorum tactorum occupatis, nuncii ad Ericum regem Danorum missi in[1] causa Holtzatorum sunt reversi in die sancti Iacobi apostoli et relacionem fecerunt de legitima excusacione regis predicti dicentes, ipsum fuisse impeditum racionabiliter et ideo merito fore excusandum. Nam idem rex tempore debito et loco congruo navem ascenderat[a] ad transfretandum, sed diffortunio interveniente per rupturam navis[b] ipsum retrocedere oportebat. Quo sic navem exeunte et recedente, prosperitas venti in[2] adversum et contrarium ventum versa est. Hac quidem excusacione recitata, paucissimi de civitatibus, ymmo nec principes Holtzatorum pro sufficienti et racionabili impedimento ipsam admiserunt vel acceptarunt[1]. Juli 25.

1301 (924). Dux Brabancie, qui Iacobam filiam Wilhelmi comitis Hollandie defuncti in[3] uxorem duxerat, Dordracum urbem Hollandie obsidione vallavit, ut[4] sic comitatum Hollandie ex captura civitatis illius sibi acquirere valeret, quem iure hereditario ex parte uxoris sue sibi vendicare nitebatur. Iohannes vero frater dicti Wilhelmi comitis, qui eundem comitatum ad se pertinere iuste asserebat, pro eo quod iure imperiali mulier heres patris esse non posset, in ipsa urbe per ducem obsessa cum pluribus erat armatis. Opidum eciam Brila terre Selandie, quod solum [c]inter omnes civitates *S. 172. comitatus cum urbe Dordraco Iohanni omagium fecerat, tempore obsidionis illius pyratas plures conducebat et cum eis occeanum pelagus hostiliter infestabat, nulli navi transitum permittens vel in Flandriam aut in Angliam securum. Cumque fere sex ebdomade transissent in obsidione predicta, cives Dordracenses una cum supradicto Iohanne intelligentes, se multos habere fautores in exercitu ducis, unanimiter urbem exierunt et viriliter invadentes exercitum Brabantinorum, ipsum fugere coegerunt, plures de eo interficientes et multos captivantes de nobilibus et militaribus. Quo fugato urbem suam cum triumpho sunt ingressi.

1302 (925). Ordo sancte Brigitte vidue confirmatur per Martinum papam. Cuius ordinis fratribus et sororibus in predicte confirmacionis littera ab eodem papa datur forma habitus et regula vivendi.

1303 (926). Martinus papa revocavit generaliter omnes indulgencias ad instar datas

(1) *st.* in causa Holtzatorum *B:* pro inquirenda absentacionis sue causa a die placitorum, prout supra notatum est.

(2) *st.* in — est *B:* transitum sibi negabat, ne aliam navem intrando locum assignatum die determinato pertingere valeret.

(3) *st.* in uxorem duxerat *B:* in tercio consanguinitatis gradu sibi attinentem, nuper in uxorem duxerat contra pape prohibicionem sibi specialiter factam.

(4) *st.* ut — armatis *B:* Iohanne quondam electo Leodiensi, fratre dicti Wilhelmi comitis defuncti, in ea existente et urbem una cum inhabitatoribus suis viriliter defendente. Causa autem huius obsidionis dicitur fuisse talis. Dux enim prefatus Brabancie comitatum Hollandie ad se devolutum iure hereditario iuxta arbitrium patris illius ex parte uxoris sue asserebat, eo quod sepedictus Wilhelmus pater uxoris sue Iacobe defunctus esset absque herede masculino. Iohannes vero predictus frater Wilhelmi antedicti iure imperiali, quod prolem femininam non admittit ad successionem feodalem, comitatum prefatum sibi vendicabat; et sic controversia magna inter eos de principatu erat.

a) ascendisset *B.* b) periculosam *s. zu B.* c) *am rand B.*

1) *Rufus fügt die interessante nachricht zu:* Do de stede van Lubeke scheden weren unde en islik stad de schrift der articule myt sik brachte, do quam de menheyt van Bremen unde leet de schrift in hoen unde vorsmaynge der stede by deme köke vorbernen uppe deme markede. *Vgl Hanserecesse 1256—1430. VII 236 nr. 388.*

a temporibus Gregorii XI. promittens, se velle cavere in futurum de nimia effusione consimilium indulgenciarum(1).

1304 (928). Iohannes Walrode archiepiscopus Rigensis transfertur ad ecclesiam Leodiensem[1], Iohanne eiusdem ecclesie electo facto tutore Hollandie. Iohannes autem Habundi factus est ecclesie Rigensis archiepiscopus[2]. Sed prefatus Iohannes Walrode ad ecclesiam Leodiensem veniens a Leodiensibus eodem anno est expeditus per intoxicum, ut fama asseruit publica. Cui defuncto successit filius(2) domini de Hynsberg[3].

1305 (930). Communitas urbis Vratislaviensis regni Polonie ad instar multarum civitatum tyrannice agencium iam dudum suum deposuerant consulatum propter nimia debita per eos, ut vulgo videbatur, irracionabiliter contracta et de anno in annum semper inantea novum consulatum instituerant (usque in presenciarum), antiquos removendo, ut sic forte omnes successive consulari valerent. Cumque presenti anno consulatus iam electus debita antecessorum suorum exacte consideraret et ea racionabiliter a iustis et necessariis causis contracta inveniret, iudicavit ea de bonis communitatis non immerito fore solvenda. Et ut hoc commodosius fieret, statuit certam pecunie summam solvi debere a civibus secundum exigenciam facultatis cuiuslibet. Quod ut communitas audivit, mox furore accensa dyabolicam conspiracionem iniit et predictum consulatum invadendo armata manu crudeliter trucidavit et iterum novum consulatum creans in peremptorum locum posuit. (Quod[4] quidem detestabile latrocinium percipiens Sigismundus rex Romanorum in urbem predictam venit iudicaturus de sanguine innocenter effuso, eo quod urbs predicta ad Romanum pertineat imperium. Ubi cum venisset, lacrimis et fletibus feminarum relictarum interfectorum consulum motus ad faciendum eis iusticie complementum, omnes facti illius conscios vocavit ad consistorium civitatis
febr. 21. et eos inibi reclusit. Secunda vero feria post Reminiscere captivos illos educi iussit et ipsos in foro civitatis decapitari fecit numero XXVI. Ceteros vero, qui fugam ceperant, banno imperiali proscripsit et perpetuo exilio condempnavit cum uxoribus et liberis suis, bona ipsorum fisco civitatis applicando. Quo facto novum consulatum instituit secundum morem antiquum dicte urbis et eam ad pristinum statum reduxit).(3)

1306 (933). Erphordie quidam Iudeus crematus est per (Iohannem de Nassowe)
juni 24. provisorem archiepiscopi Moguntini circa festum Iohannis baptiste. Hic vilissimus Iudeus antecedenter tribus vicibus se baptizari fecerat et iam quarta vice sacro(4) fonte se renasci velle finxerat, allectus pecunia et donariis, que inde sibi proveniebant a patrinis et matrinis.

(1) Qua revocacione facta nec obstante, fratres ordinis sancte Brigitte degentes iuxta Molne opidum ducatus Louenburgensis suas indulgencias ad instar datas post tempora dicti Gregorii promulgare minime formidaverunt. Propter quam pronunciacionem presumptuosam per episcopum Raceburgensem Iohannem publice de ambonibus civitatum Lubicensis et Wismariensis necnon opidorum Molne et Ratzeburg sunt excommunicati. *s. zu B.*

(2) filius *usw.* ... ni *auf rasur D; st.* filius domini de Hynsberg *B:* in sedem dominus de Heynsberg. *Rufus 438:* Na em wart do koren de here van Hinsbergh.

(3) *in B folgt:* 1305a (931) Biennales treuge procurate sunt inter Erikum regem Danorum et Henricum ducem Sleswicensem per nuncios civitatum maritimarum et precipue Lubicensium. Quas quidem inducias non modicus fructus et profectus cunctis circumiacentibus terris secutus est[5].

(4) *st.* sacro — finxerat *B:* baptismum receperat.

1) *1418 mai 4, gest. 1419 mai 28.* 2) *1418 mai. Vgl. schon A § 948.* 3) *Johannes VIII. von Heinsberg 1419 juni 16.* 4) *Vgl. unten B § 1329a.* 5) *Vgl. Hanserecesse 1256—1430. VII 40 f.*

1307 (933). Boleslaus rex Polonie tot Turcos utriusque sexus fecit baptisari, ut singulis singula nomina imponere non valens ob multitudinem renascencium cunctis masculis unius ville tantum unum nomen daret, et similiter omnibus femellis eiusdem ville unum nomen imposuit.

1308 (934). Pyrate(1) per Wyseram ascendentes Vredeburg castrum expugnaverunt et in eo quendam Arnoldum[1] consulem urbis Bremensis(2) captum interfecerunt. Quod cives dicte civitatis percipientes exierunt in fortitudine magna et castrum ipsum cum adiutorio quorundam[a] Frisonum expugnantes ceperunt et XLII tam de Frisonibus quam de Vitalianis in eo comprehendentes secum Bremam duxerunt et capitibus privaverunt eos interficientes(3).

1419.

1309. Sexto anno Sigismundi qui est domini MCCCCXIX. (dominus) archiepiscopus[b] Treverensis obiit[2]. In cuius sedem electus est (Otto) prepositus eiusdem ecclesie natus comes[c] de Zegenhaghen, vir magne prudencie et probitatis. Hic confirmatus in archiepiscopum omnes Iudeos de sua provincia expulit (magis eorum exhorrens malicias, quibus suam dyocesim macularent, quam ponderans lucrum vel commodum, quod ex eis habere potuisset). Bona vero eorum omnia confiscavit, restituens cuilibet Iudeo XXX denarios in memoriam vendicionis Cristi pariter et vindictam. Reddidit eciam pignora circa eos inventa omnibus debitoribus eorum, que(4) ipsi pro mutuis a cristianis acceperant, postulans ab eisdem debitoribus eciam summam a Iudeis eis concessam(5)[3].

1310 (938). Martinus papa a loco concilii recedens viam suam versus Gebennam direxit. Ubi aliquamdiu moram faciens, sed propter victualium inopiam inde se transferens Mantuam urbem adiit, hyemale tempus inibi pro quiete sua acturus. Quo expleto inde recessit et in Florenciam civitatem magnam accessit, pro commodo suo ibidem eligens conventum fratrum Predicatorum latum et spaciosum.

1311. Dux[d] Mediolanensis (Margaretam) uxorem suam mulierem devotam suspectam tenens de adulterio decollari fecit[4]. (Hoc autem crimen falso sibi imponens occasionem

(1) una cum quibusdam Frisonibus *e. m. B.*

(2) qui castro illo preerat *B.*

(3) *in B folgen:* 1308a (935). Tanghermunde opidum in Antiqua Marchia ex integro incineratum est.

1308b (936). Veneti regis Romanorum — *u. s. w. wie A* — victoriam de hostibus obtinuerunt.

1308c (937). Albertus et Iohannes — *u. s. w. wie A* — uxor comitis de Rapin, confidens de femineo privilegio, equum velociter ascendit — in nundinis fuerunt, apprehendentes spoliaverunt ac predam in Hobulensem opidum perducentes, ipsam ibidem diviserunt. Maior tamen pars curruum iam flumen Renum iuxta opidum Bellin transierat et manus eorum evaserat.

(4) *st.* que — acceperant *B:* qui[e] ipsum ad mensam receperant.

(5) *in B folgt:* 1309a. Benedictus antipapa obiit[5], nullum relinquens post se cardinalem. Ex cuius obitu ecclesia consolata retinuit unicum caput, scilicet Martinum v, eo quod et Gregorius XII. iam defunctus esset[6] et Iohannes quondam XXIII. depositus esset iuridice et incarceratus.

a) aliorum *B.* b) *auf rasur D.* c) dominus *B.* d) Dominus tyrannus *B.* e) que? *B.*

1) *Arnold Balleer Rufus 490.* 2) *Werner von Falkenstein gest. 1418 oct. 4.* 3) *H fügt hinzu:* Hadden se ok woker ut ghegheven, den se bi eren ede beholden wolden, den gaf he en weder. 4) *Philipp Maria lässt seine gemahlin Beatrix 1418 sept. enthaupten.* 5) *Gest. 1423 mai 23.* 6) *1419.*

sumpsit eam interficiendi, eo quod militaris esset et non de generoso sanguine orta. Acceperat enim eam iam provecte etatis et annosam propter castra et civitates, que ad eam pertinebant et multam pecuniam, quam habebat, quibus ipsum quasi de stercoribus erexerat. Sed pro suis beneficiis tam male eam remunerabat).

1312. Prope opidum Blomenberg terre Saxonis quidam[a] latrunculi in nemore latitantes captivaverunt iuvenculam quandam cum scolari iuvene, exeuntes de Padelburna urbe Westphalie. Quos dicti latrones ad interiora silve trahentes, scolarem illum mox interfecerunt[(1)]; sed puellam libidini sue reservantes sortem dederunt, quis eorum eam primo violaret. Cum autem ille, super quem sors ceciderat, eam stuprasset (communicavit eam aliis sociis. Qui cum malicias suas cum ea exercuissent, arripuit eam primus violator et dixit ad eam: 'Ostende michi pecuniam apud te absconsam, aliter morieris in momento'. Que mox prodidit sibi aureos in comis capitis conditos. Quibus receptis) dixit[(2)] latro: 'Nunc te oportet mori, ne nos prodas'. Que statim super collum viri ruens lacrimosis precibus ait: "Noli interficere me, frater mi karissime, sed veni mecum et tanta bona tibi dabo, quod quamdiu vixeris, satis habebis et ego uxor tua ero". Respondit latro: 'Diligis me in tantum, karissima soror?' "Vere" inquit illa "ita te diligo sicud fratrem carnalem"[(3)]. Tunc scelerosus ille homo ait: 'Amplectere ergo me bona uxor (et osculum michi prebe)'. Quod cum illa (non amore, sed pocius timore mortis ducta) faceret, ille pugionem extractum in latus eius fixit et eam a se proiecit exspirantem. Hec omnia non diu post comprehensi et rotati confessi fuerunt se fecisse[(4)].

1313. Husite[(5)] heretici in urbe Pragensi de fidelibus se vindicare volentes et mortem magistri eorum Iohannis Hûs et Ieronimi eius discipuli in ipsos retorquere satagentes, conglobati ad monasterium Carthusiense concurrerunt et ipsum funditus evertentes, plures de monachis trucidaverunt. Similiter et aliorum religiosorum conventus invadentes spoliaverunt et pro maiori parte ipsos deicientes, religiosos omnes fugaverunt, plures eorum occidentes. Monasteria quoque monialium subverterunt, nonnullis virginibus violatis et turpiter tractatis. Sacerdotes vero de eorum secta non existentes de urbe

(1) ad arborem quandam ligaverunt B.

(2) st. dixit — precibus ait B: dixit ad eam: 'Oportebit te mori, sicud et scolaris mortuus est'. Ad quem illa.

(3) Sed nulli dubium, quin verba illa non virtute amoris, sed timore mortis ducta dixerit. a. zu B.

(4) in B folgt: 1312a. Plures civitates combuste sunt hoc anno, puta Assisium in Ytalia, Buschducis[1] in Brabancia, Holm in Suecia et Ludehusen[2] ibidem, Neugarden in Ruscia et Berghen in Norwegia.

(5) Statt § 1313 gibt B kurz: Husite heretici in Praga conventum Carthusiensium funditus destruxerunt et ceteros religiosos de suis monasteriis expulerunt. und dann am rand von anderer hand:

1313a. Illi heretici scelerati, quamquam in pluribus erraverunt et innumeros traxerunt in voraginem sue vesanie homines, tamen in hoc multum presumptuose feruntur exorbitasse, quod oracionem dominicam ausi sunt immutare, tradentes salubriorem orandi formam et dicentes sic: 'Pater noster, qui es in celis, sanctum habeamus te deum nostrum Iacob, adveniat regnum tuum, fiat voluntas tua sicud in sanctis et in nobis, amorem tuum da nobis hodie et dimitte nobis debita nostra, sicud et nos dimittimus debitoribus nostris, et ne permittas nos peccare, sed libera nos a malis, amen'[3].

1) s'Hertogen-Bosch. 2) Lödöse. 3) Die überlieferung der fassung B ist besser als die, welche die Gesta archiep. Magdeburg. SS. XIV 459 von diesem gebet geben. Vgl. dazu auch die bemerkung von H unten zu § 1334.

expulerunt, ecclesias destruxerunt, ymagines sanctorum combusserunt, reliquias sanctorum pedibus nefandis conculcaverunt et Cristo domino in suo sacramento et sanctis suis multiplices blasphemias intulerunt.

1314. Anglici expugnantes Rothomagum urbem opulentam, in ea plures religiosos interfecerunt Karolo regi Francorum fideles et presertim, ut famatur, plures[a] fratres de ordine Predicatorum, quorum[b] coram deo mors[b] preciosa est, eo quod pro iusticia certantes et pro regia fidelitate occubuerunt.

1315. Ditlevus episcopus Razeburgensis obiit[1]. In cuius sedem electus est Iohannes de Krempa, vir[c] simplex, sed astutus in temporalibus[(1)].

1316. Dominus et frater Iohannes Dominici cardinalis Ragusinus frater ordinis Predicatorum obiit in Moravia[2]. Hic missus fuit a papa Martino ad predicandam crucem contra Husitas regni Bohemie[d] hereticos.

1317. Karolus[e] delfinus Francie et Philippus dux Burgundie amiciciam et concordiam contrahere volentes statuerunt diem placitorum (secundum cronicam Francorum). Et pro firmiori contractu inter eos fiendo convenerunt in hoc, quod interim quilibet eorum se disponeret ieiuniis et oracionibus congruis ad recepcionem devotam dominici sacramenti in evidencius signum fidei faciende et amicicie reparande ac submocionis omnis doli et fiecionis. Quo die statuto veniente, qui erat sanctorum martirum Mauricii sept. 22
et sociorum eius, prefati principes loco ad hoc prefixo se presentaverunt et dispositi ad sacram communionem dominicum corpus sacrosanctum sumpserunt hoc modo. Sacerdos enim ad imperium Philippi ducis sacram hostiam divisit in duas partes et cuilibet principi unam partem hostie ministravit in signum unitatis et pacis perpetue inter eos conservande[3]. Sumpto igitur dominici corporis sacramento, principes hii optime, ut putabatur, pacificati et concordati ab invicem discesserunt et sibi ut amici valedixerunt. Post hoc paucis diebus transactis Karolus delfinus Francie Philippo duci Burgundie significavit amicabiliter, ut ad se venire dignaretur, quia tractaturi insimul essent de negociis regni. Dux autem dolum minime suspicans propter sacramenta prestita, assensum veniendi dedit nuncio, licet a suis incantaretur, ne ad plenum de eo confideret. (Quibus se preavisantibus respondit: 'Non potero salubrius et gloriosius mori, quam in tali fide sumpta et prestita'.) Veniens ergo ad castrum, ubi Delfinus sibi constituerat veniendum et ubi sibi insidias paraverat, intromissus est cum paucis nobilibus et pons castri post ipsum elevatus est et firmatus. Cumque dux ipse de fide securus colloquia amicabilia cum principe Francorum se habiturum crederet, verba in medium proponuntur contumeliosa et rixe suscitativa. Dux vero intelligens se traditum, modeste ad omnia respondere cepit. Sed talibus verbis suis lenibus non obstantibus, quidam civis Parisiensis, capitaneus castri[f] illius, insultum faciens in principem, pugione suo[g] caput ducis sauciavit.

(1) in B folgt: 1315a. Wenzeslaus rex Bohemorum obiit circa festum nativitatis virginis sept. 8
gloriose, de cuius morte non modica leticia orta est in mundo. Ipse namque sua vita inordinata plures turbaverat et ideo eo deficiente multi letati sunt. Regina tamen uxor sua, fautrix hereticorum et origo tocius mali regnum Bohemorum corrumpentis, in sua malicia persistens regni proceres ad rebellandum Sigismundo Romanorum regi, vero heredi regni predicti, instigat et animat.

a) auf rasur D; al. ut famatur plures B; 27; XXVI Rufus 500. b) quorum mors ante qui D; mors — est auf rasur D; al. quorum ..., mors preciosa est B; qui ..., martires effecti sunt; Rufus a. a. o.: de alle marteler worden. c) al. vir — temporalibus B: eiusdem ordinis. d) Bohemie D. e) Karolus — Francie in B auf rasur. f) urbis B. g) o auf rasur D; suo B.

1) Gest. 1419 jan. 11. 2) Gest. 1419 juni 10 in Ofen. 3) Rufus 501 fügt ein: Der hertighen andacht sunder twyvel was gud.

Tunc demum ceteri gladios extrahentes, ipsum ducem cum omnibus secum intromissis nobilibus trucidaverunt, reddentes sibi vicem pro interfeccione ducis Aurelianensis, qui ab ipso duce iuxta famam publicam eciam traditorie et in bona et prestita fide interfectus fuerat. (Fundabat enim se Karolus delfinus super illo versu metriste:

'Frangenti fidem fides frangatur eidem'[1]

et super doctrina ewangelica[2]: 'Eadem mensura, qua mensi fueritis, remecietur vobis'. Cuius necem cum ceteri nobiles, qui in suburbio remanserant, perceplssent, ad propria in magnis doloribus sunt reversi).

1318. Rodolfus dux Saxonie de Wittenberg missus a Sigismundo rege Romanorum ad Bohemos[a], ut ipsos ad obedienciam reduceret exhortacionibus salutaribus, si posset, ab eisdem maliciose interfectus est[3] veneno propinato(1).

sept. 23. 1319. Iohannes de Nassowe archiepiscopus Moguntinus obiit circa festum sancti Michaelis[4]. In cuius sedem[b] electus(2) est comes Reni ex quadam dignitate sic dictus.

1320. Dominus(3) Balthasar olim Iohannes papa XXIII. (sed nunc a papatu deiectus et diutina captivitate afflictus) libertati est restitutus de(4) gracia domini Martini pape et Sigismundi regis Romanorum et assignatus est episcopo Lebucensi[c] ad ducendum in Florenciam sub salvo conductu principum et ad presentandum presencie pape(5). Cum autem Balthasar[d] esset in via et duceretur sub custodia diligenti episcopi Lebucensis et aliorum de comitiva sua, percepit, quod ad castrum sororis pape deduci deberet et in eo incarcerari, consueta astucia usus practicavit in ipsa via, quod pro quadam pecunia satis magna tradita est ei possessio cuiusdam castri fortissimi de prope iacentis. Quo castro in dominium suum recepto, letus valde comitive sue, que ipsum ducebat et ducendo custodiebat, solempnem fecit cenam et multum vinum sibi propinavit. Qui fortiter bibentes facti sunt leti biberuntque tam egregie, quod ad stratum deducti profundissimo sunt (depressi et) gravati sompno. Quibus dormitantibus, ipse Balthasar[d] surgens equum suum stravit et ipsum ascendens opidum, in quo hospitatus fuerat, egressus est, previa disposicione per ipsum facta de porte reseracione, et accelerando per viam cum famulo uno ductore conducto[5] ad castrum illud, cuius possessionem sibi acquisierat, pervenit. Facto autem mane episcopus Lebucensis et ceteri, in quorum custodia Balthasar[d] fuerat, intelligentes ipsum elapsum esse de manibus suis, satis

(1) *zu B folgt:* 1318a. Wilhelmus dux Luneburgensis exercitum colligens de Saxonibus et Holtsatis, auxiliante ei duce Sleswicensi Henrico, intravit dyocesim Bremensium et eam

juli 25. igne devastans magnam eduxit predam circa festum Iacobi apostoli. Bremenses eciam multis vicibus ducatum Luneburgensem ingressi parum scriptura dignum egerunt. Circa

aug. 29. festum vero decollacionis Iohannis baptiste Wilhelmus dux iterum Bremensium fines ingressus, conflictum habuit cum hostibus suis et de ipsis circa quinquaginta captivans abduxit.

(2) *st.* electus — dictus *B auf rasur:* prelaturam successit comes de Reno dictus.

(3) Dominus Balthasar olim *auf rasur D; st. dessen B:* Dominus Balthasar quondam papa Iohannes; *Rufus 503:* Balthasar wandaghes pawes Iohannes.

(4) *st.* de — Romanorum *B:* per ducem Austrie Lodowicum, qui ipsum ex parte ecclesie in captivitate per longum tempus habuerat.

(5) Qui ipsum ad graciam recepit et infra breve tempus ipsum episcopum cardinalem fecit.

a. *zu B; siehe weiter unten in D.*

a) Pragenses *B.* b) locum *B.* c) Lebucensi *B hier und immer.* d) Iohannes *B.*

1) *Stammt jedenfalls aus Heinrich von Herford 242.* 2) *Luc. 6, 38.* 3) *Gest. 1419 juni 11.* 4) *Gest. 1419 sept. 23; ihm folgt oct. 18 Conrad III. Rheingraf von Daun.* 5) *Rufus 503:* eynen leydesman, de he dar to ghewunnen hadde.

turbati sunt et ad castrum, ad quod fugerat, festinantes cum eo tantum effecerunt promissionibus et iuramentis fidelitatis sibi prestitis de securitate vite et libertate omnimoda, quod cum eisdem iter inceptum repeciit, procedendo ultra cum eis versus Florenciam et ibidem eciam cum eis perveniendo. Cum vero civitati appropinquarent, iussit, ut vel ipsi precederent urbem intrando sine eo, vel ut ipsi subsisterent et ipse sua solus cum famulo procederet, quia omnino liber civitatem ingredi vellet et omnino liber ad presenciam pape venire. Quod sic factum est. (Qui pape se presentans cum humilitate et decencia debita, papa ipsum ad graciam suscepit et infra breve tempus ipsum episcopum cardinalem[1] creavit).

1321. Henricus natus comes de Werningrode episcopus Halberstadensis obiit[2]. In cuius sedem electus est dominus Iohannes de Hoyme scolasticus dicte ecclesie.

1322. Iohannes et Albertus duces Magnopolenses, Ericus dux de Louenburg et Otto dux Stetinensis cum mille armatis et amplius intraverunt marchiam de[a] Brandeburg, ut Iohannem (adolescentem) ducem de Stargardia captivum in Tangermunde[b] castro[3] eriperent et obsidione primum vallantes Strazeburg ipsum expugnare ceperunt. Dux autem Stetinensis unam valvam opidi observans cum CCCC armatis in ea parte, ubi infirmius erat, scandere cepit. Quod videntes cives et quidam nobiles ad intra existentes[c] bumbardas et balistas, quas in turribus muri habebant, aptaverunt et mox cum ipsis lapides iacientes unico impetu ultra XX armatos straverunt. Lapis namque unam bumbardam exiens simul quatuor[d] viros fortissimos interfecit (ut retulerunt nobiles, qui intererant)[4]. Nam capud primi cum galea deiciens ac secundum per medium dividens tercio brachium cum ense abstulit (et quarto crus precidit). Quod cum viderent hostes, territi murum reliquerunt retrocedentes. Aliam vero opidi partem, cum predicta fierent, Rostoccenses et Wismarienses cum exercitu Iohannis ducis de Mykelenburg infestabant, iam prope murum constituti et ipsum perforare nitentes instrumentis ferreis. Non enim habebant scalas, quibus murum ascenderent quidam eorum, sed pugionibus suis muro infixis ipsum scandere nitebantur. Cives vero opidi, expeditis ex altera parte Stetinensibus et eis fugatis, ad illam partem cucurrerunt, ubi alter exercitus intrare laborabat, et mox ascendentes municiones muri, bumbardis et petrariis suis manualibus ac balistis fortiter in hostes impegerunt; et qui balistas et alia instrumenta bellica non habebant, lapides de summitate muri avulsos in hostes proiciebant et eos ad terram deiciebant. Qui tandem durissimos civium ictus et iactus amplius ferre non valentes, de muris ad fossata lapsi, ut rane precipites se dederunt et evadere, ut melius poterant, reptando manibus et pedibus festinaverunt. Plures autem in inpugnacione illius opidi occisi sunt telis et lapidibus civium et nobilium opidum defendencium. Videntes ergo principes animositatem opidanorum, ab eis confusi et multum dampnificati recesserunt nec(1) ulterius procedere ausi sunt ad expugnandum castrum et urbem Tanghermunde, ex quo in tam exili opido se tam viriliter defensassent.

(1) st. nec — defensassent *B:* Antecedenter tamen, antequam opidum expugnare incepissent, coram urbe Premslowe vaccas et campi pecora ceperant et abduxerant, que omnia coram Strazeborg cum usura persolvebant.

a) st. de Brandeburg *B:* Antiquam. b) Angbermunde *B.* c) numero fere 60 *z. zu B.* d) tres *B.*

1) *von Florenz.* 2) *Albert IV. graf von Wernigerode gest. 1419 sept. 11.* 3) *H:* den de markgreve Frederik gevangen hadde. 4) *Rufus 503:* also ik horde van den, de dar mede weren.

Juli 22 1323 (941). Circa[1] festum beate Marie Magdalene quidam Spirensis mercator volens pro sua negociacione Argentinense[a] visitare forum, obvium habuit in nemore svagerum suum, cuius filiam mercator habebat et ab ea iam pueros acceperat. Quem videns latro ille dixit negociatori: 'O svagere, necessitate iam cogor te interficere'. Cui mercator subridendo ait, credens iocum esse, quod dicebatur: "Quomodo sic loqueris, care amice?" 'Non est' inquid latro 'iocus, quod dico; intendo enim certissime facere, quod loquor'. Et vibrans gladium nisus est percutere svagerum suum. Quod cernens ille nec habens, quo se defenderet, precatus est ipsum dicens: "O dilecte svagere, miserere propter deum amici tui et memorare salutis paupercule filie tue et suorum parvulorum et non committas tantum malum in fideli amico tuo. Quidquid de me fieri desideras, ad votum tuum fideliter inplebo". Hiis et aliis verbis similibus motus latro dixit: 'Mirabiliter in hanc miseriam deveni, ut oporteat me sic latrocinari. Sunt enim in hoc nemore circiter XL viri interfeccionibus et rapinis vacantes, in quorum consorcium ego proch dolor deductus sum. Hii me in hunc locum miserunt, ut latrocinando aliqua eis acquiram. Si ergo te iam dimitterem nec aliquis alius forte occurreret spoliandus, indignacionem eorum incurrerem nichil apportando. Consilium ergo meum est, ut tu et ego pariter salvemur, si aliquam pecuniam apud te habes, partem illius michi des ad offerendum sociis et partem tibi reserves ac mecum venias ad locum, ubi congregati sunt, et fingas te unum de sociis nostris iactitando, quod bonam summam lucratus sis de quodam, quem interfeceris'. Insuper informavit ipsum de proverbiis et nutibus, quibus alter alterum agnoscens, de societate eum esse nemo illorum dubitaret. Quibus auditis negociator ille latronis manus evadere non valens acquievit eius consilio et extrahens X florenos[b] tradidit ei. Decem eciam et ipse in manus recipiens locum, ubi raptores erant, pecierunt simul gradientes. Cumque proverbiis consuetis socios salutarent et pecuniam acquisitam in medium producerent, recepti sunt ab eis cum gaudio. Tantus enim eorum erat numerus in nemore illo et in aliis vicinis latibulis, quod personarum qualitas et condicio cuiuslibet de facili a quolibet sciri non poterat. Transactis ergo tribus vel IIII diebus, quibus mercator predictus inter illos nequam moram traxerat, dixit secreto ad svagerum suum: "Estne desiderium tuum ab hiis latronibus separari?" Cui ille: 'Valde libenter'. Tunc mercator capitaneos societatis alloquens dixit: "Frustra laboribus insudamus gravibus et periculis vite nos exponimus absque lucro. Scio quendam mercatorem locupletem valde, qui cum pecunia magna in brevi tempore iturus est de Spira in Argentinam. Vultis ergo, ut vadam ad observandum transitum eius cum uno socio, et pecuniam illius infallibiliter reportabo". Cumque illi fidem cum iuramento postularent et ille prestasset, iussus est ire cum socio sibi placito. Tunc negociator ille svagerum suum assumens ab eis recessit et direccius quo potuit Argentinam[2] urbem adiit, svagerum suum licencians, ut iret quo vellet, eo quod urbem illam intrare non auderet. Accedens itaque protinus mercator ille consulatum civitatis, narravit eis omnia per ordinem, que sibi acciderant in via. Quod cum viri illi audissent, mox congregantes multitudinem armatorum, exiverunt urbem de nocte et circumdederunt nemus, in quo latrones illi latitabant, ne evaderent. Et intrantes interiora eius secundum direccionem mercatoris, comprehenderunt omnes illos et secum in urbem deduxerunt. Examinantesque eos asperiori modo quo poterant

a) Argentinam B. b) Renenses a. m. B.

1) *Die ganze räubergeschichte an dieser stelle auch im Rufus lebhaft erzält. Den text des deutschen Korner siehe in Pfeiffers Germania IX 257.* 2) *Nach dem deutschen Korner wenden sich die beiden zuerst an die stadt Speier, die dann ihre boten an die Strassburger sendet, worauf beide städte gemeinsam die räuber fangen.*

cognoverunt ex fassione illorum, quod illud latrocinium ultra XX annos continuassent et quod ultra duo milia essent in diversis partibus latencia, qui modo consimili se nutrirent et de eorum societate essent. Capti ergo sunt per prodicionem istorum latronum plures cives notabiles fere de omnibus civitatibus Reni, qui latrociniis supradictis consocii erant et tales fovebant, partem suam recipiendo. Qui omnes vel rotati sunt vel suspensi aut in Reno submersi(1). Prope cenobium autem[a] illud monasterium quoddam erat, in quo socii illi, cum aliqua lucrati essent, recipiebantur et ea cum monialibus illis expendebant, impudicicias et turpitudines cum eisdem exercentes. Quod quidem monasterium(2) principes et civitates destruentes, meretrices illas comprehenderunt et stipitibus alligatas Reno immerserunt(3). (Submersi vero illi utriusque sexus homines visi sunt in pluribus locis Reni litoribus applicuisse ac civitatibus diversis secundum relacionem veridicorum, qui se eos vidisse iuraverunt).(4)

1324 (943). Henricus de Owen[b] episcopus Swerinensis obiit. In cuius sedem electus est dominus Iohannes Wangelin canonicus dicte ecclesie.

1325. Universitas Rostoccensis fundatur hoc anno[1] incepitque mox suas lecciones et alios actus scolasticos in crastino sancti Martini, finita missa solempniter decantata nov. 12.
per episcopum Swerinensem (dominum Iohannem), illius(5) universitatis cancellarium[2] principalem.

1326 (944). Dominus(6) Balthasar cardinalis, olim papa Iohannes XXIII. (sed ob unionem ecclesie perficiendam depositus in Constanciensi concilio) obiit[3] in Florencia in vigilia nativitatis Cristi(7). dec. 24.

1327. Clerus Brunswicensis, qui exilio diutino laboraverat, civitati sue reconciliatus est. Civitas(8) enim in causa litigii contra invicem diu habiti triumphans in curia Romana, decimam quarundam villarum ad clerum prelibatum pertinencium recepit in refusionem dampni sui et sublevavit tam diu, quousque expense facte per civitatem ad plenum solute sunt. Et sic concordati per mediatores solempnes, canonici urbem reingressi sunt.

1420.

1328 (945). Septimo anno Sigismundi qui est domini MCCCCXX. rex Hispanie[4] mercatoribus Alemannie terram suam interdixit prohibens eos, ne amplius pro mercimoniis

(1) Narrabatur eciam a veridicis, quod cum essent in Wesalia inferiori, dictum erat eis, quod ultra quingenti successive stipitibus alligati Renum descendissent submersi et ibidem applicuissent, inter quos erant diversorum statuum homines et condicionum, puta moniales, Beghardi, cortisani et clerici cogniti a pluribus. Sanctimoniales autem[c] sic, ut narrabatur, ad illam societatem venerant. *s. zu B; siehe dafür unten in D.*

(2) prostibulum factum *s. zu B.*

(3) Contigit autem prescriptum factum stupendum non hoc, sed precedenti anno. *s. zu B.*

(4) *in B folgt:* 1323a. Nova civitas terre Holtsatorum incinerata est integraliter, quinque vel citra domibus incombustis, ante festum sancti Martini episcopi. nov. 11.

(5) *st.* illius universitatis *B:* dicte alme civitatis.

(6) Dominus — cardinalis *auf rasur D; st.* Dominus — papa *B:* Balthasar quondam dictus.

(7) Ex cuius morte non modicum gaudium ecclesie dei subortum est. *s. zu B.*

(8) *st.* Civitas — reingressi sunt *B:* Sed civitas contra ipsum triumphans in causa litigii decimam quarundam villarum ad clerum pertinencium tamdiu sublevat, quousque expense in controversia per civitatem facte integraliter sunt persolute.

a) cuius *B.* b) Owe *B.* c) sunt *B.*

1) *Päpstliche bulle von 1419 febr. 13.* 2) de den studium canceler is van desse pawese ghesettet *Rufus 608.* 3) *Gest. 1419 dec. 22.* 4) *Johann II. von Castilien und Leon.*

ad se[a] venirent, sed Brugis prestolarentur Hispanorum naves, que ab antiquo et semper
*S. 173. illuc venire consueverunt et merces suas deferre dictis mercatoribus. Contra enim prohibicionem dicti mercatores Alemannie, multis navibus adunatis et fortiter munitis armatorum copia, violenter Hispanorum portus[b] ingressi sunt et negociaciones suas ibidem facientes ac mercibus multis naves suas onustantes recessum paraverunt. Rex vero hec percipiens et non parum ponderans mercatorum presumpcionem ac sibi factam per eos contumeliam, exercitum collegit (navalem), quo[(1)] portum, quem ingressi fuerant mercatores, occupans bellum durum cum eis aggressus est, mutuo dimicantes pugna acerrima. Rex vero multitudine armatorum vincens mercatores fere omnes occidit, paucis elapsis. Cepit eciam XLVIII[c] naves negociatorum plenas mercibus et eas ad propria deduxit.

1329 (947). Dominus[d] Iohannes Dulman episcopus Lubicensis obiit. (Hic doctor decretorum et auditor causarum curie dudum existens, fautor maximus et pater fuit religiosorum et pauperum nutritor. Probissimus eciam hominum extitit et pacis ac iusticie zelator.) In eius sedem electus est[1] et confirmatus dominus Iohannes Schele canonicus dicte ecclesie (vir sagax et circumspectus. Et licet hic ante suam promocionem et assumpcionem religiosis esset minus favorabilis, in pontificem tamen sublimatus mutatus est in virum alterum et factus religiosis benignus et familiaris, iusticie cultor et musicus magnus existens).[(2)]

1330. Fredericus marchio de Brandeburg princeps victoriosus Gorlose[e, 2] castrum expugnando obtinuit, situm in ducatu Magnopolensi. De hoc castro latrocinia et rapine varie fieri consueverunt.

---

(1) st. quo — acerrima B: et navale bellum cum eis aggrediens portum, quem mercatores supradicti intraverant, apprehendit. Quod negociatores Teutonicorum videntes ad prelium se disponunt et regi resistere incipiunt.

(2) in B folgt: 1329a (948). Sigismundus rex Romanorum in civitate Vratislaviensi regni Polonie existens, lacrimis et fletibus feminarum honorabilium relictarum interfectorum virorum de consulatu eiusdem civitatis pulsatur et angariatur ad faciendum eisdem iusticie complementum de interfectoribus virorum suorum. Quarum lamentis motus pius rex omnes facti illius conscios vocavit ad consistorium civitatis et ibidem incarceravit. Cum autem nuncii regis, multis evocatis civibus et iam incarceratis, ad quendam mechanicum citandum intrassent et regis mandatum ei exposuissent, fertur dixisse civis ille: 'Laudetur Deus, quod in hunc diem vixi, quia non solum michi, sed et filiis meis gloriosum est. Merui enim invitatus videre regis Romanorum faciem, quod parentibus meis fortuna nunquam favit. Et quia presenciam domini mei adire debeo, decet me honestiori modo quo valeo maiestati sue me presentare. Quapropter rogo paciencia paulisper. Ego solarium ascendam et vestibus calciotibus indutus statim vobiscum pergam'. Quibus dicentibus, ut iret et se breviter expediret, mox ipse laqueare domus ascendens per tecta vicina dilapsus est et manus illorum
März 4. evasit. Cuius fugam nuncii audientes confusi recesserunt. Rex vero feria secunda post Reminiscere captivos illos educens in foro civitatis ipsos decapitari fecit, subiciens banno imperiali et exilio perpetuo omnes consentaneos eorum, qui fugam ceperant de predicta civitate, et instituens novum consulatum, urbem illam ad pristinum honorem reduxit.

---

a) in propria persona a se B. b) portum B. c) 44 B. d) Magister B. e) Gorlose B.

1) An dieser stelle endet die Danziger hs. S. oben s. 134. In B von In eius sedem ab eine andere hand. 2) Gorlosen.

1331. Eodem anno idem marchio Fredericus opidum Ketterangermunde[1] dictum (propter hereticorum inhabitacionem quorundam) duci Stetinensi pertinens cepit[a] et plures in eo milites et militares captivavit[(1)].

1332. Stipendiarii[(2)] urbis Lubicensis mare intrantes pyratas Holtzatorum, qui in mari mercatores spoliaverant, quesierunt. Quos tandem invenientes cum ipsis prelium inierunt et vi eos compulerunt, ut naves suas linquerent et fugam per terram caperent in opidumque Hilgenhavene se reciperent. Quos viriliter insequentes, ibidem de ipsis XXI comprehenderunt et vinculis eosdem mancipari fecerunt (in opido predicto, eo quod opidani eos de iudicio eorum tolli nollent). Quibus tandem ibidem decapitatis (per bedellum Lubicensem) preter capitaneum eorum[2], qui Lubeke ductus et ibidem de suis complicibus examinatus, tandem et ipse capite truncatus est.

1333. Cives Stadenses ad invicem discordantes multa civitati sue gravamina et dispendia suscitaverunt. Quidam enim de consularibus prosperitati sociorum suorum invidentes cum importuno adiutorio quorundam mechanicorum aliquos de consulatu et urbe expulerunt et proscripserunt. Sed hii coram civitatibus de Ansa iniuriam eis illatam conquerentes tantum practicaverunt, quod Stadium urbs cum suis inhabitatoribus de consorcio omnium civitatum de Ansa eiecta est et precisa. Cui malo iunctum est aliud non minus formidabile, puta ad querelas cuius honeste mulieris dicta civitas Stadensis citata est per regem Romanorum Sigismundum et demum post contumaciam eius banno imperiali est innodata. Hiis gravaminibus sic subacta urbs prefata nullibi apparere ausa est nec mercancias exercere permissa est.

1334. Hereticus quidam Iacobus[(3)] Bremer[3] dictus de opido Vordensi[4] Bremensis dyocesis dyaconus, veniens de Praga in Saxoniam, Gunthero archiepiscopo Magdeburgensi delatus est tamquam de multiplici heresi suspectus. Quem archiepiscopus predictus capiens secum duxit in Magdeburg a prelatis[b] et doctoribus examinandum. Cuius examinacioni plures interfuere prelati et magistri, puta Guntherus archiepiscopus, Hermannus[5] episcopus Berabensis (et frater ordinis Predicatorum), Iohannes de Hoyme prepositus maioris ecclesie[c], Iohannes Redekin[d] decanus eiusdem ecclesie, Iohannes de Lippia ordinis Augustinensium, Petrus Rumelant ordinis Predicatorum, ambo doctores sacre theologie, et plures alii prelati[e]. Guntherus vero archiepiscopus dictum fratrem

(1) captivans multos de hostibus occidit, evadentibus vix episcopo Caminensi[6] et Ottone duce Stetinensi cum paucis B.

(2) st. Stipendiarii — compulerunt B: Lubicenses cum adiutorio quarundam aliarum civitatum maritimarum ad protegendum mare contra pyratas exiverunt circa festum pasche cum aliquibus navibus et pervenientes ad locum predictum ipsi soli Lubicenses, ceteris civitatibus in mari fluctuantibus, compulerunt pyratas illos. sp. 1.

(3) st. Iacobus — Vordensi B: nomine Iacobus Eylardi Kremer de Verdis. Schon Rufus 508 hat Bremer.

a) cum castro suo s. zu B. b) st. prelatis et doctoribus B: magistris et doctoribus ac prelatis c) Magdeburgensis s. zu B. d) magister s. zu B. e) religiosi ac clerici s. zu B.

1) Angermünde. 2) So D; preter capitan auf rasur D; B hat eine andere construction. Vgl. Rufus 507. 3) Der mann hat jedenfalls Kremer geheissen, wie die fassung B in übereinstimmung mit der Magdeburger überlieferung hat. Vgl. zum ganzen Magdeburger Schöppenchronik 350 f. und Gesta archiep. Magdeburg. SS. XIV 458 f. 4) Bremervörde. 5) B: magister Hermannus Lubeke episcopus Beramhiensis. Vermutlich derselbe wie der in 'Bibliotheca Carmelitana' II 922 genannte, wo es heisst: 'Hermannus de Eubach, Ordinis Carmelitarum, electus est Episcopus Sebastensis pridie Kalendas Martii anno 1414, sicuti legitur in Libro Provisionum, sub Ioanne XXIII, anno 4 folio 261'. Das ordinis Predicatorum ist erst zusatz von D. 6) Magnus herzog von Sachsen-Lauenburg.

Petrum suum in causis fidei constituit inquisitorem. Quem Iacobum inquisitor factus coram archiepiscopo et prelatis examinans, reperit[1] ipsum diversos tenere articulos partim erroneos et partim hereticales, quos se velle defendere eciam usque ad mortem constanter asseruit, publice eciam requisitus coram populo civitatis in novo foro dicte civitatis ad hoc spectaculum congregato.

1335. Articuli autem, quos⁽¹⁾ tenuit et defendere voluit, sunt isti[2]:

'Primus⁽²⁾. In divinis est tantum una — ab ecclesia institutam est obligatorium'.

⁽¹⁾ st. quos — voluit *B:* quos publice fassus est se tenere et credere et usque ad mortem se velle defensare.

⁽²⁾ *Die artikel lauten in B:* Primus: In divinis est tantum una persona sicud una essencia. 2. Generacio naturalis non est ponenda in divinis nec processio aliqua. 3. Spiritus sanctus non procedit a patre et filio tamquam ab uno principio. 4. Deus post creacionem hominis et omnium sex dierum nichil de novo condidit, cuius similitudinem in primis sex diebus non creavit. 5. Deus non dedit novam legem, que dicitur lex ewangelica. 6. Deus dacione exteriori legem, quam dedit Moysi, dedit et Ade. 7. Deus non potest anichilare individuum unius speciei, nisi anichilet totum universum. 8. Wiklef post mortem incineratus est iniuste per ecclesiam dampnatus. 9. Deus non est factus homo sed cum homine. 10. Non est ponendum, Cristum falsso nec virginem Mariam. 11. Virgo gloriosa non fuit mater dei nec mater Cristi. 12. Iacobus filius Ysaac naturalis est deus essencialiter. 13. Ille Iacob est passus, crucifixus et mortuus. 14. Lignum et signum sancte crucis nullius sunt virtutis. 15. Corona spinea, lancea, clavi et sepulcrum Cristi omnia sunt vana. 16. Baptismus flaminis non est alicuius vigoris. 17. Deus in sacramento altaris est eum pane sicud cum ligno et lapide in sua natura. 18. Substancia panis et vini manet post consecracionem in sacramento altaris. 19. Substancia est accidens et omne accidens est substancia. 20. Cristus non est in sacramento vere et realiter in propria persona corporali. 21. Augustinus[a], Gregorius, Basilius ceterique doctores ecclesie sunt dampnati. 22. Apostoli non fuerunt. 23. Cristus non est crismate unctus. 24. Papa non est vicarius Cristi nec dei nec est alicuius auctoritatis ex parte dei. 25. Indulgencie non prosunt vivis nec defunctis animabus. 26. Sacramentum confirmacionis et extreme unccionis non sunt alicuis virtutis aut vigoris. 27. Sacramentum ordinis secundum ritum ecclesie impressum non imprimit caracterem nec est alicuius valoris. 28. Penitencia exterior, que fit per confessionem et per sacerdotis absolucionem, in omnibus suis suppositis non sunt[b] necessaria ad salutem. 29. Iudas Scharioth est Iacob et salvatus est et propheta. 30. Multa continentur in ewangelio falsa. 31. Ewangelia non sunt nec Iob umquam fuit. 32. Decreta patrum et decretales non sunt alicuius virtutis nec sunt tenenda. 33. Totus mundus et tota ecclesia errat, excepto Iacobo Eylardi Kremer, qui in istis articulis se dicit non errare, concedit tamen se ante hoc tempus sepius peccasse. 34. Nullum iciunium ab ecclesia institutum est obligatorium.

a) Augustus *B.* b) est *B.*

1) *H berichtet nur kurz:* wente he hadde eyn nye paternoster gemaket; *vgl. dazu oben in § 1313a der fassung B den wortlaut des von Prag stammenden gebets. Auch bei Rufus 508 ist der ganze § kurz gefasst.* 2) *Die folgenden artikel fehlen wieder H nach Rufus. Dagegen teilen die Gesta archiep. Magdeburg. a. a. o. im wesentlichen dieselben artikel mit.* OESTERLEY. *Da erfahrungsgemäss der wortlaut solcher aktenstücke in B der vorlage näher kommt, als in der späteren bearbeitung, geben wir zwischen den strichen die artikel aus der fassung B, zumal die form, die sie in D haben, bei Korner 1339 steht. Im artikel 33 zeigt D beim worte* Brunner *das Bru von anderer hand offenbar aus Kre korrigirt; hier hat B:* Eylardi Kremer. *Siehe schon s. 427 anm.* ⁽²⁾.

Suprascriptos articulos prelibatus Jacobus hereticus magister (arcium) Pragensis, sepe per fratrem Petrum inquisitorem supradictum ammonitus et exhortatus, ut eos revocaret, constanter asseruit, affirmavit et approbavit dicens: 'Omnes contraria hiis credentes sunt omnino dampnandi'. Cuius pertinaciam (ymmo verius insaniam) videns archiepiscopus, per supradictos magistros(1) et alios prelatos quamplures ipsum degradari iussit et degradatum iudicio seculari tradidit comburendum. Quod factum fuit extra urbem feria secunda post Letare. märz 11.

1336. Pyrate multi conglobati naves onustas cervisia[a] coram Hammeburg in flumine Albie apprehendentes abduxerunt et (alia) bona in eis reperta in via distribuentes et vendentes[1], sed partem eorum reservantes castro Swavestede[2] applicuerunt. In hoc castro quidam nobilis extitit capitaneus Hartwicus Breyde dictus, constitutus(2) per Henricum ducem de Sleswic. Cives autem Hammeburgenses spolium factum coram civitate sua percipientes confestim naves intraverunt, habentes in eis circa mille armatos (et CXX sagittarios), et persequentes viriliter hostes in supradicto castro eos fore intellexerunt. Cui cum applicuissent cives, raptores dicti fuge se commiserunt, retro municionem elabentes. Quod audiens Henricus dux[b], qui una cum Hammeburgensibus pyratas illos insecutus fuerat, vehementer commotus vocavit Hartwicum capitaneum antedictum et postulans ab eo restitucionem bonorum per fures predictos sibi abductorum, comminatus est sibi mortem, nisi ad plenum omnia restitueret. Cui Hartwicus respondit: 'Domine dux, si in hoc castro quidquam inveniri poterit de bonis mercatorum ablatis per pyratas illos[c], suspendio me interficiatis'. Quod verbum dux acceptans castrum ascendit et inquisicionem diligentem faciens reperit in eo plura de bonis predictis. Propter quod dux in furorem versus prefatum Hartwicum omnino suspendisset, nisi cives Hammeburgenses pro eo instanter intervenissent. Privatus est tamen castro predicto et omnibus(3) in eo habitis et terra pulsus est.

1337. Adolfus(4) dux Clivensis et frater suus Gerardus de comitatu de Marka contendentes multa et gravia dampna suis terris intulerunt. Huius autem controversie occasio fertur fuisse talis. Dux enim iste preiudicialis fratri suo existens, ut fratri videbatur, filio suo adhuc infantulo et elingui fecit omnes civitates, castra et opida facere omagium, dicto fratre suo inscio et ignorante. Quo facto prefatus dux municiones occupare cepit(5). Gerardus vero comitatum de Marka ex facto[d] fraterno amittere timens, qui iure hereditario ad ipsum spectabat, fratri suo Adolfo pacem interdixit et bellum paravit, habens pro se et in suos auxiliatores opidum Hamme et paucos vasallos dicti comitatus. Episcopus(6) eciam Monasteriensis Otto et frater suus comes de Hoya[3]

(1) videlicet Hermannum episcopum, Petrum inquisitorem, Iohannem de Lippia s. zu B.

(2) st. constitutus — Sleswic B: qui castrum ipsum detinebat ex parte episcopi Sleswicensis.

(3) st. omnibus — est B: iussus est abiurare territorium ducis expediri. Et Hamburgenses ipsum castrum ceperunt et Henrico duci Sleswicensi ad fidelem manum tradiderunt.

(4) st. Adolfus — videbatur . . . fecit . . . facere B: Adolfus dux Clivensis fratrem suum Gherardum exhereditare volens ordinavit, ut . . . facerent.

(5) et fratrem excludere conatus est s. zu B.

(6) st. Episcopus — fuerant B: Comes eciam de Hoya et[e] Monasteriensis episcopus auxiliati ei sunt.

a) è auf rasur D; diversis mercibus B. b) Slesvicensis s. zu B. c) et inimicos vestros B. d) fraudulenciam in andrer construction B. e) et — sunt auf rasur B.

1) unde sieten dat gud en dels mank den Ditmerschen, en dels wart se kendem' fügt Rufus 508 hinzu. 2) Schwabstedt. 3) Erich I.

auxilio ei fuerunt. Quorum fultus presidio opida(1) spoliavit[a] et villas plures incineravit ac quosdam ducis vasallos captivavit. Adolfus autem dux[b] Clivensis Kryserswerde castrum multis diebus oppugnavit, sed ipsum expugnare non valuit(2). ((Quod quidem castrum Gerardus archiepiscopo Coloniensi inpignoravit, ut ipsum defenderet et in suis necessitatibus ei presidium ferret. Hii duo fratres postea multis annis bella ad invicem gerentes vastaverunt proprias terras, expugnaverunt castra, ceperunt municiones, incineraverunt villas et opida et eviceraverunt subditos suos nec[1] concordari poterant per quoscumque principes vel civitates, licet multociens hoc per plures temptaretur et plura placita propter hoc fierent)).

1338. Ericus rex Danorum cum[c] magno navium numero mare intravit circa festum
mai 30 penthecostes et ex opposito insule Ymbrie[d] se locans in portu Lalandeselleuboge (vul-
juli 1. gariter dicto), tandem in vigilia visitacionis virginis gloriose Ymbriam[e] insulam invasit suo exercitu et cum(3) incolis insule bellum aggressus est durissimum. Holtsatorum(4) autem et Sleswicensis principes[2] multos vasallos et armigeros incolis insule in auxilium miserant, qui bumbardis manualibus et petrariis ac balistis et arcubus muniti plures Danorum naves perforaverunt et submerserunt ac innumeros(5) Danos in eis et Sweos
vgl. anm. interfecerunt. Balistarii(6) quoque et hastarii tam viriliter certaverunt, quod pro illa vice terram intrare non poterat seu insulam. Frustratus autem Ericus rex illa die in suo proposito propter fortitudinem et virilitatem Holtzatorum ac incolarum Ymbrie, qui telis, hastis et bumbardis suis in illo conflictu multos eciam nobiles Danorum
juli 2. prostraverant et aquis immerserant, altera die cum tribus milibus peditum et DCCC viris equestribus portum Hilgenhavene apprehendit et ibidem terram Holtzatorum ingrediens opidum Aldenburg spoliavit[f] et incendit[3]. Et aliquos inibi interficiens, circiter C opidanos captivos secum abduxit. Reingressus ergo mare parum pausavit ab
juli 9. impugnacione hostium suorum. Die vero octavo festivitatis illucescente denuo expugnacioni Ymbrie insule operam dans efficacem, ipsam hostiliter invasit certamine duro. Dani namque naves suas egredientes nitebantur insulam intrare totis nisibus. Holtzati vero ascensum de mari ad litus prohibere ipsis satagentes, viriliter armis suis in eos impegerunt. In quo quidem certamine populus inmensus ex utraque parte corruit. Rex enim plures ibidem milites et militares amisit. Sed tandem multitudine armatorum Holtzati et incole terre retroacti et victi, Dani invitis ipsis aridam apprehenderunt. Quam potenter peragrantes depopulati sunt interficiendo omnes et captivando

(1) duo, puta Swerden' et Unna s. zu B.

(2) Sed tandem discordia illa sedata est. s. zu B.

(3) st. cum — durissimum B: oppugnando eam grave dampnum in suis excepit.

(4) st. Holtzatorum — miserant, qui B: Holtsati namque.

(5) st. innumeros Danos ... et Sweos B: plures homines.

(6) st. Balistarii — immerserant B: impedientes et prohibentes pro illa vice regis ingressum ad insulam. Erikus vero rex frustratus protunc suo proposito.

a) st. spoliavit — plures B: expugnando. b) Gulicensis sive s. zu B. c) st. cum — numero B: ultra 600 habens naves. d) auf rasur in B. e) de hertige unde de greve H. f) st. spoliavit et B: depopulatos.

1) H fährt den letzten gedanken genauer aus: unde weren hetlike vientde lange tiid; wart id wol under wilen to ener tiid vorsonet dat orlige, doch en warede lo de vruntschop nicht lange, wente se sik underlang nenen loven helden unde dar umme en wolden sik nene vorsten oft stede dar mer mede bekummeren unde leten se betemen so lange, went se des sulven mode worden. 2) Nach den worten depopulatos incendit fehlt in B ein blatt, das ausgeschnitten ist. Die lücke geht bis [ero]tiferum auf s. 433. Siehe dort anm. 2. 3) Schwerin.

eius inhabitatores[1]. In hac autem capcione insule predicte et expugnacione ipsius tanta crudelitas et tyrannides peracta est a Danorum exercitu, rege[2] eorum forte ignorante aut prohibere non valente, in sacerdotibus, virginibus, mulieribus et ceteris personis inermibus, quod abhominabile et horrendum est audire. Sacerdotes namque in ecclesiis violenter effractis immisericorditer sunt trucidati. Corpus dominicum in diversis locis irreverenter et indignanter de pixidibus argenteis est proiectum. Mulieres plures interfecte sunt, multe rapte tam maritate quam virgines et abducte. Sole autem vetule ob deformitatem relicte sunt intacte[3]. Quo latrocinio pariter et sacrilegio multiplici peracto, exercitus ille Danicus de insula recessit. Cuius[4] transitum Holtzati percipientes rursum insulam intraverunt cum multitudine peditum et expugnacioni castri Glambeke, quod rex iam denuo expugnaverat et fortiter munierat, insistentes protunc nichil proficere potuerunt.

1339. Sigismundo rege Romanorum in montibus Cuthnis[5] residente profesto corporis Cristi et contra hostes fidei hereticos Bohemos ad pugnandum se disponente, venit quidam miles perfidus Zencho dictus dolis plenus et penitenciam simulans veniam a rege peciit et emendam spospondit. Rex autem pietate vel forte affeccione privata motus ipsum in graciam recepit et cum litteris regalibus ad castrum Pragense, quod rex iam per anos ceperat, ipsum destinavit, committens sibi curam ipsius et amministracionem. Cumque castrenses visis epistolis regiis ipsum intromisissent cum multis armatis, quos sibi associaverat, postquam a rege recesserat, catholicos et fideles regis, quos in castro invenerat, invasit hostiliter et omnes occidit. Castrum vero ipsum cum suis complicibus munivit et sibi usurpavit. Et quod magis detestandum est, reliquias sanctorum in castro repertas in ignem proiecit et concremavit. Clenodia vero diversorum monasteriorum ad dictum castrum pro securitate deducta rapuit et ad alia loca transportavit. Sed non diu post cum dictus Zencho vir sacrilegus et hereticus pro negociis suis expediendis castrum Pragense exivisset, quidam nobilis Iohannes Polens de Lusacia exercitum colligens ipsum castrum adiit et se Zenchonem simulans in bannerio, equis, apparatu et ceteris rebus, quibus ipse estimari poterat, intromitti postulavit. Custodes autem castri decepti et Zenchonem estimantes dictum Iohannem cum suis intromiserunt. Qui mox in castellanos irruens omnes interfecit et castrum fortiter suis viris munivit et fortificavit. juni 6.

1340. Lubicenses et Hammeburgenses cives ipso die beatorum septem fratrum martirum[6] castrum Bergherdorp obsiderunt, habentes in suo exercitu circa IMCCC armatos equestres, pedestres vero circiter duo milia virorum forcium, de balistariis autem prope mille. Et accedentes primo opidum ipsum incenderunt et bonis supellectilibusque ipsum spoliaverunt. Deinde expugnacioni castri insudantes cum bumbardis et petrariis diversis tecta domorum castri deiecerunt nec requiem castrensibus quamcumque habere permiserunt per dies quatuor. Quinto tandem die aurora surgente ignis impositus prope juli 10.

1) *H fügt hier ein:* Do vloggen der Vemerschen vele uppe der kerken unde wereden sik dar af, do vorlegede do de koningk, dat se af quemen unde huldigeden eme, anders wolde he se mit der kerken bernen. Uppe des koninges loven treden se uto der kerken, men do loveloese vorste liet de armen lude do alle morden. 2) rege — valente *fehlt bei Rufus, vielleicht nach B; auch H lässt den gedanken weg.* 3) Do desse jamerlike mord unde unmyldicheit was gheschen in deme lande de ghenomet synt, do weren dar wol by drenhundert myn edder mer up ene kerken vloghen, dar se sik van wereden. Dar quemen de hovetlude der Denen vore unde loveden en velich des lyves unde der sund; men do se do aftreden, do howen se de untrewen Denen in allen stucken, also men seede. *berichtet Rufus 510, vielleicht aus B. Vgl. oben H in anm. 1.* 4) *Dieser satz fehlt bei Rufus, vielleicht nach B.* 5) *Kuttenberg.* 6) by sunte Margareten daghe *(juli 13) Rufus und H.*

vallum castri ardere cepit, fomentatus pice et pulveribus salpetrinis, qui vehementer angarians castrenses ipsos de vallo recedere coegit et castrum petere. Quos mox insecuti cives civitatum predictarum vallum apprehenderunt et sic prope castrum pervenientes et bellica instrumenta applicantes ipsum viriliter expugnare ceperunt. Nobiles ergo in castro residentes, cum viderent hostium seriem et considerantes se non posse evadere manus eorum, eo quod Ericus dux eis auxilio esse non valeret, ipsum tandem castrum sponte resignaverunt ad manus proconsulum dictarum civitatum sub illa condicione, ut eis liceret cum rebus suis et familiis libere abire. Quod ad nutum sic factum est. Exeuntes ergo castrum numero fere XL, claves castri burgimagistris, Iordano videlicet Plescowen Lubicensi et Henrico Hoyer Hammeburgensi, tradiderunt. Qui mox ingressi banneria sua de castro extenderunt et suos capitaneos in eo locaverunt, quibus ipsum castrum ad fidelem custodiam commendarunt[a]. Quo expedito mox partem exercitus transmiserunt prope Albiam ad quoddam castellum expugnandum Ribenburg[1] dictum. Cui cum applicuissent, confestim traditum est eis castellum a castrensibus, eo quod pauci in eo essent nec exercitui resistere valuissent. Et sic iterum illo habito, banneria sua ex eo protenderunt in signum possessionis adepte. Dehinc autem procedentes municionem Kudworde[2] dictam obpugnaverunt, ad eundem Ericum ducem de Lonenburg pertinentem, et expugnantes ceperunt eam et funditus destruxerunt. Intervenerunt tandem treuge amicabiles inter ducem predictum et civitates prelibatas et quieverunt ab ulteriore expugnacione castrorum ad quindenam. Qua transacta convenerunt in opido Perleberg[a] Fredericus marchio de Brandeburg, Wilhelmus dux de Luneburg, Casimarus dux de Stetin, Iohannes et Albertus duces de Mykelenburg, Ericus dux de Louenburg, Balthazar dominus Slavorum, Gans de Puthlist baro et civitatum nuncii proconsules Lubicensis, Hammeburgensis, Rostoccensis, Luneburgensis et Wismariensis. Hii principes et civitates placitantes ad invicem tantum effecerunt et concluserunt, quod pax et concordia generalis terrarum suarum secuta est et captivi ex parte principum, marchionis et ducis Stetinensis ac ducum de Mykelenburg, in vinculis usque modo tenti omnes redditi sunt libertati. Lubicenses eciam et Hammeburgenses sic cum Erico duce et suis fratribus sunt concordati, quod dictus Ericus dux et sui fratres renunciaverunt omni iuri, quod habere et habuisse videbantur in castris illis duobus, Bergerdorp scilicet et Ribenburg, ac in pertinenciis singulis ad ipsa pro se et suis heredibus in perpetuum; et quod dicta castra cum suis attinenciis et iuribus pertinere debebunt ad predictas duas civitates in perpetuum, litteris suis sigillatis protestati sunt. Resignaverunt insuper iidem duces de Louenburg civitati Lubicensi quasdam litteras eis sigillatas a dicta civitate super annuales redditus perpetuos trecentarum marcarum Lubicensis monete, quos solvere tenebantur Lubicenses ducibus predictis et suis heredibus perpetuo, pro quibus redditibus vice versa duces predicti defendere tenebantur dictam civitatem in suis necessitatibus et stratam communem[3]. Et quia ipsi duces a longis temporibus hoc non fecerant, ymmo pocius civitatem ipsam infestaverant et dampnificaverant ac stratam ipsam vel per se vel per alios depredari vel faciebant aut permittebant, idcirco non immerito redditibus illis privati sunt in penam.

[illegible] 1341. Cives Groningenses circa festum penthecostes intrantes Frisiam occidentalem, Liwardiam[4] opidum obsiderunt et expugnantes ceperunt. Quo spoliato ad Stauriam[4] opidum se diverterunt. Quod multo populo vallantes, diebus multis ipsum inpugnaverunt. Et tandem suam voluntatem de eo obtinentes, ipsum ceperunt et spoliaverunt.

a) *am rand nachgetragen D.*

1) *Riperburg ehemals auf Billwerder.* 2) *Kuddewörde im amt Schwarzenbeck.* 3) *Vgl. Urkundenbuch der stadt Lübeck VI 290 f., namentlich die urkunde von 1420 aug. 23.* 4) *Leeuwarden und Stavoren. Siehe auch unten B § 1354 a.*

1342. Wartislaus dux de Wolgast Degenardum Boggenhaghen evocavit et ad secum prandendum invitavit confidenter[a] in quoddam molendinum prope urbem Sundensem situm cum aliis duobus burgimagistris civitatis antedicte. Sed ipsis proconsulibus in negocio urbis sue prepeditis, Degenardus nobilis et marscalcus ducis ad convivium venit, nil mali suspicans. Cum ergo in mensa sederet, venit quidam dicens, advenire armatos multos. Quod audiens prefatus nobilis ait: 'Illi forte querunt me' et mox surgens de mensa recedere temptavit. Tunc unus de astantibus famulis ducis confestim gladium extrahens, in capud ipsum percussit et in terram prostravit. Interim alii supervenientes ipsum occiderunt et recesserunt. Sundenses autem cives percipientes malum, quod factum erat, mox per nuncium destinatum castra interfecti nobilis custodientes munierunt[b], intimantes eisdem geste rei seriem, ut suo saluti providerent. Insuper omnes homicidas illos proscripserunt. Et[1] nisi castrenses dicti Degenardi interfecti premoniti fuissent per Sundenses, procul dubio castrum Wolde nuncupatum amisissent[c]. Nam mox interfecto prefato Degenardo, dux scutiferum[2] ipsius interempti Degenardi equo imposuit et cum quibusdam armatis ad predictum[(7)] castrum destinavit, ut tamquam notus et domini castri illius familiaris introitum postularet. Quod[(8)] tamen cum fieret, intromissus non est[3].

1343. Iudei ducatus Bavarie Bohemorum hereticis clam arma diversa et pecunias in subsidium sue perfidie et pertinacie miserunt (contra catholicos eos fortificantes). Quod Fredericus[4] dux Bavarie percipiens, captivavit omnes Iudeos sibi subiectos et spolians eos bonis suis incarceravit.

1344. Karolus rex Francorum, postquam dampna et gravamina innumera a Henrico rege Anglie pertulisset et civitates, castra, opida et terras populumque multum amisisset, tandem circa festum apostolorum Petri et Pauli composicionem et confederacionem atque pat m.
pacta iniit cum eo ac fedus pepigit in[(9)] grave preiudicium regni et presertim heredis et filii sui Karoli delfini. (Modus autem convencionis et composicionis fuit iste secundum cronicam Francorum.) Nam rex Henricus in uxorem duxit Katherinam filiam Karoli regis Francie, interposita hac condicione, quod prefatus rex Henricus fieri et esse deberet post mortem prelibati Karoli regis verus heres regni Francie et sui successores post ipsum in perpetuum et esse ac nominari duorum regnorum rex, Francie scilicet et Anglie. Sed ante ipsius regis decessum ipse Henricus rex non deberet nominari rex Francie, sed tutor regni et heres, non obstante, quod verus et naturalis regni heres Karolus delfinus, prelibati Karoli regis Francie filius legitimus, adhuc in vita persisteret et contractui illi contradiceret. Huic autem irracionabili composicioni *t m.
et pacto consenserunt proceres regni fere omnes et ipsum Karolum filium legitimum et heredem paterna hereditate privaverunt (sibi obicientes perfidiam enormem, quam erga Philippum ducem Burgundie ostendisset).

1345. Contractus autem iste infrascriptos continebat articulos, sigillo maiori regie maiestatis et procerum regni signetis[4] roboratos:

---

(7) st. predictum castrum *B*: castrum dictum ad silvam, id est Wolde.
(8) st. Quod — est *B*: Quod cum faceret, incole[e] castri iam premuniti ingressum sibi negaverunt et sic castrum ipsum obtinuerunt.
(9) st. in — delfini *B*: in hunc modum.

---

a) *auf rasur D.* b) *ob für* munierunt? c) amisissent *D.* d) *e von späterer hand über i? korrigiert D.* e) incols *B.*

1) *Dieser satz fehlt bei Rufus, vielleicht auch B.* 2) *Hier setzt B mit den worten* tiferum ipsius interfecti *wieder ein. S. unten 430 anm. 8.* 3) *Vgl. den bericht bei Rufus 811.* 4) *Ludwig VII.*

'Primus[a]'. Per fedus coniugii — nobis rebellancia[(1)] et adherencia parti Delfini[1]. Hii articuli[b] in predicta composicione et confederacione iurati sunt ab utraque parte. Karolus[(2)] tamen filius Karoli regis delfinus regni istos articulos cum sua confederacione revocavit, annullavit et reclamavit sub instrumentis publicis et a principio eis contradixit[(3)].

1346. Hammeburgenses XII magnas naves parantes viris armatis repleverunt et super propria sorte et fortuna mare intrantes Danorum fines sunt aggressi. Ubi exercitum quendam Danorum obvium habentes, cum eo preliati sunt et dimicantes ad invicem et navibus suis in naves hostium impetuose impingentes, tres de ipsis cum omnibus contentis mari immerserunt, viris circiter ducentis ibidem submersis. Alios

(1) *st. rebellancia — Delfini B:* rebellia tenencia partem illam, que vulgariter nuncupatur Delfini vel Arminiaci.

(2) *st. Karolus — contradixit B:* Sed non videtur michi verisimile, quod talis preiudicialis paccio et composicio tam lesiva et involutiva amborum regnorum et presertim heredum verorum diu in suo possit perdurare vigore, ymmo nec iustum nec decens videtur regnum principalissimum tocius cristianitatis alterius regis minoris subici pedibus, nec spero hoc deo placere aut hominibus.

(3) *in B folgen:* 1345a. Fredericus marchio Brandeburgensis, postquam castra Domese[2] et Weningben expugnaverat et ducibus Magnopolensibus gravamina magna intulerat, quievit parum a preliis et disspoliacionibus persequencium &c.

1345b. In hoc autem tempore Dei ira in universo desevit mundo, vindicans peccata patrum in filios et filiorum in parentes. Nam nullum regnum aut dominium, quod sub sole nominari poterat, immune inveniebatur et expers malorum. Pax enim et amicicia vix in aliquo loco reperiebatur, nec terra erat aliqua, quam bellorum strages aut pestilencie vorago non demoliebatur. Papa namque in Ytalia contra Bononienses et suos auxiliatores fremuit. Rex Ungarie cum Venetis in Lombardia bella movit. Anglorum rex contra regem Francie plura mala machinatus est. Rex Romanorum Bohemis hereticis infestus fuit. Rex Hispanie cum mercatoribus Almannie conflictum fortem habuit. Idem rex Hispanie Delfino ferens auxilium cum multis aliis regibus circumiacentibus duci Burgundie prelia indixit. Rex Danorum et Sweorum cum Holtsatorum principibus[c] gwerram diutinam tenuit. Rex Polonie fratribus Prutheni de domo Theutonica contrarius maximum eis populum abstulit. Rex Thartarorum contra Turcos seviens civitates plures et castra amisit. Dux Burgundie necem patris vindicare laborans multa incomoda Francigenis attulit. Duces Brabancie, Gelrie et Hollandie contra civitates, puta Traiectensem, Leydensem, Davantriensem, Campensem, Swollensem et Amersvordensem, pugnantes eas graviter molestabant. Rustici dimicantes contra Sweus castra eorum obsederunt. Marchio Brandeburgensis, quia ceperat ducem Stargardie, impugnatores habuit duces Stetinensem, Magnopolensem, Stargardensem et Lowenburgensem. Duces Brunswicensis et Luneburgensis gwerram habuerunt cum episcopo Hildensemensi, quibus ducibus auxilio fuerunt archiepiscopus Magdeburgensis et episcopus Halberstadensis. Dux Clevensis contra fratrem suum [illegible] hostilem gessit dissensionem. Archiepiscopus eciam Bremensis discordabat cum duce Lowenburgensi. Frisones occidentales contra invicem briganter dampna sibi mutuo intulerant.

a) quod *s. zu B.* b) et plures alii *s. zu B.* c) principibus *B.*

1) *Es folgt ein auszug der hauptsächlichen bestimmungen des friedens von Troyes von 1420 apr. 21 (Eccard 1244). Vgl. Rymer, Foedera IX 895 f.* 2) *Dömitz und Wehningen.*

vero gladiis suis trucidantes, de omnibus victoriam obtinuerunt, pluribus captivatis. Quo triumpho habito quasdam insulas[1] ultra Ripensem[a] urbem sitas intraverunt et ex integro eas depopulantes predam magnam inde extraxerunt et ad propria salvam perduxerunt. Cumque ad portum proprium pervenissent, spolium acquisitum diviserunt et captivos suos numero[b] CXX loco et tempore congruis exaccionaverunt, gavisi de victoria de celo ipsis collata circa festum invencionis[c] sancte crucis. Cum autem hec mai 3.
agerentur per cives predictos, Henricus dux de Sleswic, conducto exercitu copioso, ex altera parte regnum Danorum intravit, secum habens prope XXXM peditum et DCCC[d] armatos equestres. Et obsidione forti circumdans castrum Hadersleve et opidum, compulit opidanos ad trium milium marcarum Lubicensis monete solucionem, ut ab incendio et prelio eis parceret. Quo facto omnes villas circumiacentes opulentissimas depredatus est, villanos[(1)] vero diciores captivos secum abduxit.

1347. Pestilencia quasi generalis totam Alemanniam afflixit. Incepit namque in Lombardia et paulatim descendens per Renum civitates illas opulentas et[(2)] populosas valde extenuavit. De Reno vero per Westphaliam serpens et inde per Hassiam et Thuringiam tandem venit in Saxoniam. Ubi plures civitates fere evacuans, iter suum direxit ad stagnales. Quas urbes sigillatim sevicia gravi visitans, ad orientalem pariter et borealem plagas se divertit. Obierunt namque in castro Vellin terre Lyvonie circa XXXVI fratres de domo Teuthonica. In Riga vero, Darbato et Revalia populus innumerus decessit. Occiduam eciam terre plagam peragrans, quartum ferme hominem de regnis Francie, Anglie et Hispanie absumpsit.

1348. Martinus papa de Florencia recedens iter suum versus Romam direxit. Quam urbem ingressus circa festum nativitatis virginis gloriose, iocundum diem toti sept. 8.
civitati et patrie fecit[(3)].

1349. Albertus[e] dux Saxonie de Wittenberg quoddam nemus prope dictum opidum situm intravit cum sua uxore et nobilibus multis utriusque sexus, annua solacia peragere volens iuxta consuetudinem principum Saxonie[f]. Noctis ergo crepusculo accedente, cum omnes essent in quiete, nescio cuius imposicione domus, in qua nobiles illius convivii dormitabant, accensa est et subito igne invalescente consumpta, ac milites et militares[g] plures in flammarum ardoribus sunt exusti. Dux vero Albertus cum sua consorte de

(1) st. villanos — abduxit B: incolas quoque illarum multos gladio consumpsit et plures captivans, villas ipsas solo equavit igne cremando.

(2) st. et — divertit B: puta Basileam, Argentinam, Spiram, Herbipolim, Wormaciam, Treverim, Moguncium et Coloniam quasi eviscerravit, in qualibet earum circa 16000 et amplius hominum subtrahendo. De Reno vero in Westphaliam veniens Zusatum, Padelburnam et Ghoeskeo civitates vastavit et inde per Hassiam declinans tandem in Saxoniam devenit. Ubi quasdam civitates, puta Gotinghen, Gandersheim, Hildensheym et Brunswik graviter castigans, iter suum per meri[diem][h] dirigens ad partes stagnales se convertit. In orientalibus quoque finibus seviens pro eodem tempore villas, opida, castra et civitates terre Lyvonie desolata est.

(3) Antequam autem Florenciam, ubi iam quasi duobus annis moram traxerat et conventum fratrum Predicatorum inhabitaverat, exiret[i], ipsos fratres gloriose remuneravit, quandam capellam ecclesie sue in propria persona consecrando et indulgencias largissimas pro predicta capella et alia loca sancta eisdem conferendo. s. zu B.

a) Ripam B. b) fere s. zu B. c) exaltacionis (sept. 14) B; im Rufus fehlt das datum. d) circa duo milia B; bei Rufus fehlt die zal. e) § 1349 in B unten am rand. f) in partibus Saxonie B. g) domicelli B. h) meri B am ende der seite. i) am rand B.

1) Rufus gemeiner: up Olande af gensit Ripen.

fenestris mansionis sue nudus cum nudas exiliens ignium furiam vix evasit, cunctis suppellectilibus in cineres redactis.

1350. Ericus rex Danorum et Henricus dux Sleswicensis convenientes ad placitandum in Vlensburg opidum profesto sancti Martini per sollicitacionem et practicacionem
nov. 10. civitatum maritimarum (que libenter concordiam et amiciciam inter ipsos fieri vidissent), tandem post altercaciones et iurium suorum allegaciones varias in hoc de unanimi
mai 11. consensu concordabant[b], ut in proximo festo penthecostes iterato in certo et deputato loco convenirent, puta rex in Ymbria insula cum suis et Henricus dux cum suis in Aldenburg[c] ad placitandum et tractandum ibidem de pace et amicabili composicione. Et ut hoc competencius et expedicius fieret, rex VII principes nominavit, de quibus tres, quos commodius habere posset, secum ad locum suum transducere vellet et deberet, et similiter dux VII alios expressit, de quibus eciam et ipse tres secum adducere deberet; hiis autem sex principibus sic adducendis totum discordie negocium discuciendum, diffiniendum et finaliter terminandum committi deberet plenarie et integraliter. Si vero illi sex principes concordare non possent in unam sentenciam, extunc ipsi sex principes unum, quemcumque vellent, eligere deberent principem de se vel de aliis principibus, cuius sentencie irrefragrabiliter standum tunc esset sine quacumque contradiccione. Principes autem nominati a rege fuerunt Fredericus marchio de Brandeburg, Iohannes dux Magnopolensis, Otto et Casimarus duces de Stetin, Wartislaus[d] et Barnam duces de Wolgast[e] et Albertus comes de Neugarden[f]. Principes vero Henrici ducis fuerunt Otto episcopus Monasteriensis, Bernhardus dux Brunswicensis, Wilhelmus dux de Luneburg, Ericus dux Saxonie de Louenburg, Adolfus comes de Scowenburg, Ericus comes de Hoya et Balthasar dominus Slavorum. Laudatum fuit eciam ibidem et
nov. 25. sept. 29. statutum, ut a festo proximo sancte Katherine usque ad festum sancti Michaelis proxime futurum trenge esse deberent firme in dominiis principum predictorum, regis scilicet et ducis, nec quisquam alteri nocere deberet infra tempus prescriptum; et hoc arbitrium per utrosque principes promissis firmatum est et litteris sigillatis. Prelibatis autem placitis interfuerunt principes et civitates infrascripti, puta[1] archiepiscopi Lundensis et Upsalensis, episcopi Sleswicensis, Lubicensis, Scarensis, Ripensis, Roschildensis et Aboensis, Iohannes dux de Mykelenburg, Henricus comes Holtzatorum, Lubicensis, Sundensis, Rostoccensis, (Hammeburgensis), Gripeswaldensis et Wismariensis. Hii totis viribus pro terrarum conservacione et principum concordacione laborabant, licet gratitudines modicas de sua sollicitudine reportarent.

1351. Husite heretici suam vesaniam grossioribus excessibus execrabiliorem facientes[g], reliquias Karoli IIII. patris Sigismundi regis Romanorum in contemptum regie
nov. 1. maiestatis extumulaverunt circa festum omnium sanctorum[(1)] et eas incineraverunt. Quorum tyrannidem Sigismundus rex audiens, exercitu valido collecto urbem Pragensem obsedit, vindicare volens iniuriam paternam. Sed illi inmensum populum perfidorum congregantes, prelium cum rege commiserunt et de fidelibus circa VM interfecerunt.

---

(1) Corpus eciam Wenzelai regis quondam Bohemorum germani prelibati Sigismundi similiter de sarcophago extraxerunt s. m. B.

---

a) nevratilis B. b) auf einer B. c) Oldenburgh B. d) Wartslaff B. e) Bard B. f) Neugarden B. g) ut a veridicis fertur s. m. B.

1) *Lund: Petrus Lykke, Upsala: Johannes Jerichini, Schleswig: Johannes III. Schondelev, Lübeck: Johannes VII. Schele, Skara: Brynjolf Carlsson, Ripen: Christian Hennings, Roeskilde: Johannes IV. Anderson, Abo: Magnus Olai.*

Castrum vero Vicegrad[1], in quo regis familia erat, expugnantes omnes inibi repertos trucidaverunt. In hac autem strage flebili ultra X nobiles(6) comites et barones ac milites leguntur occubuisse(7).

1352. Sundenses et Gripeswaldenses cives necem crudelem nobilis viri Degenardi Buggenhagen vindicare cupientes, castrum Usedam[a] obsiderunt in(8) manu valida. In hoc autem castro interfectores quidam erant dicti nobilis. Et ipsum expugnantes ceperunt, castellanis fugam capientibus, et suis stipendiariis ipsum munierunt in adventu Jan. 1.
domini. Post festum vero nativitatis Cristi intelligentes prefati cives, quod actores Jan. [illegible]
memorati homicidii in castro Nesserowe se recepissent, una cum adiutorio quorundam nobilium de Moltoken dictorum castrum ipsum obsidione magna vallaverunt et oppugnantes ipsum ad ultimum obtinuerunt. Quod destruentes solo equaverunt. In hac municione captivaverunt circa XVI viros, quos omnes viros secum in urbem Sundensem perduxerunt, vincientes eos manicis ferreis et compedibus(4). Capitaneus autem castri Nicolaus Starkowe dictus videns, se manus civium evadere non posse per terram, naviculam ascendit ad transfretandam aquam. Sed quia(8) navicula parva erat et tornatilis, in ea armatus se regere non valuit, unde mox eversa est et armiger aquis prefocatus est. Quem tamen Sundenses post sex fere septimanas quesitum et inventum [illegible]
mortuum et quasi corruptum in urbem detulerunt et postea (corio bovino impositum) supra rotam locaverunt (extra civitatem). Captus fuit eciam inter vivos Iohannes Here

(6) et nobiles — milites *B:* terrarum domini; *Rufus 514:* landesheren unde vele ryddere.

(7) *in B folgen:* 1351a. Huius populi furiosi insania pestilens originem sumpsit ex predicacionibus et doctrinis dyabolici viri Iohannis Hus heretici, dampnati ab ecclesia in concilio Constanciensi et combusti, cuius errores et perfidia in predicto regno pullulantes ipsum ex toto infecerunt et corruperunt.

1351b. Articuli autem contenti in tractatu, quem composuerat et intitulaverat 'De ecclesia' prefatus Iohannes hereticus, fuerunt hii:

'Primus — u. s. w. wie *D* in § 1238 — peccatum'.

Istos articulos docuit et predicavit predictus Iohannes hereticus et defensavit usque ad ignem, quem intravit in presenti vita arsurus eternaliter in futura.

1351c. Extraxerat autem istos errores ipse Iohannes Hus ex erroribus heresiarche corruptissimi Iohannis Wikleff Anglici, qui contemporaneus extitit et combustus in eodem regno

1351d. Istius articuli hunc habent ordinem:

'Primus — u. s. w. wie *D* in § 1237 — dyabolo'.

Omnes isti errores et precedentes immediate dampnati sunt in concilio Constanciensi in publica sessione, non obstante condempnacione facta alias in Romano concilio et in universitate Parisiensi et Oxoniensi.

(8) in — nobilis *auf rasur D;* st. in — nobilis *B:* in quo relicta ducis[2] de Wolgast interfectores fovebat et tuebatur. *Rufus 514:* Dar uppe was hertich Bernammes wiff van Wolgast, de en ormake was des dodes des eddelen knapen Degheners Buggenhaghen, unde ok weren dar uppe syne morders, de se verdegedinghede unde bescheremde.

(4) uno solo excepto, qui interfectus periit in expugnacione a. m. *B.*

(5) st. quia — prefocatus est *B:* angariatus hostium insultibus mari se immersit et suffocatus est

a) Usedam *B.*

1) Wischehrad. 2) *Agnes von Sachsen, gemahlin Wartislaws VIII, der 1415 starb. Usedom war ihr leibgeding.*

nobilis, actor principalis latrocinii, qui vinculis iniectus est et(2) tandem per sentenciam dampnatus ad mortem tractus est per civitatem et rotatus finaliter.

1421.

1353. Octavo anno Sigismundi qui est domini MCCCCXXI Henricus comes Holtzatorum obiit[1] in principio XL et sepultus est in Titzeho[a]. Adoptaverat[a] enim ipse[b] vivens Adolfum fratrem Henrici ducis de Sleswic in filium et successorem suum, et ideo ipse Adolfus receptus est a proceribus terre in dominum et comitem prefate terre.

Febr. 6.

1354. Iohannes de Slamestorp archiepiscopus Bremensis obiit in castro Vordis[3]. In[c] cuius sedem electus est[d] (Nicolaus natus) comes de Delmenhorst[e]. In cuius electi confirmacione devoluta est per donacionem eiusdem electi comicia de Delmenhorst ad ecclesiam Bremensem. (Et sic iam tres comicias habet dicta ecclesia, puta comiciam Stadensem, comiciam Dithmarcie et comiciam de Delmenhorst, omnes tamen iure donacionis).(3)

1355. Cives quidam urbis Brutzele terre Brabancie, domino suo duci[4] rebellantes et scisma in civitate predicta suscitantes, ipsam communitatem contra ducem concitare laborabant. Quos dux humiliare proponens, amicis suis in urbe degentibus in consulatu et extra litteratorie per nuncium demandavit, se adventurum certo die et hora cum exercitu grandi in perdicionem sibi rebellancium. Contigit autem, cum litterarum portitor(4) in via esset et per comitem Sancti Pauli fratrem dicti ducis iter faceret, quod dictus comes latori litterarum obviam daret. Cui comes ait: 'Que causa itineris tui et

(2) st. et — finaliter B: et detentus in vinculis usque ad carnisprivium. In principio vero quadragesime tractus est per omnes vicos civitatis, alligatus pedibus equorum et tandem rotatus, ceteris captivis libertati datis propter eorum innocenciam in facto predicto. *Entsprechend bei Rufus 514, nur kürzer.*

Jan. 12.

(3) *in B folgen:* 1354a. Groningenses civitatis Frisie burgenses cum exercitu valido exeuntes Stavream[5] opidum obsederunt nec diu ipsum impugnantes tandem obtinuerunt, interfectis in eo multis et presertim capitaneo eorum Coppin nominato, quondam burgimagistro dicte civitatis Groningensis, sed exulato.

1354b. Traiecti[f] inferioris cives undique circumsepti et obsessi ab hostibus suis Hollandrinis et Ghelrensibus, clam urbem suam exeuntes prope opidum Rotterdam se locaverunt in noctis crepusculo. Mane vero facto, cum vacce dicti opidi exiret ad pascua, subito Traiectenses de latibulis suis erumpentes pecora et iumenta illa apprehenderunt. Quod opidani videntes mox convenerunt et contra hostes armati ipsos insecuti sunt. Burgenses autem Traiecti insultum opidanorum percipientes impetum in eos fecerunt et multos interficientes circa trecentos captivaverunt et Traiectum cum triumpho repedierunt.

(4) st. portitor — Respondit B: lator in itinere esset, et comitem Sancti Pauli fratrem predicti ducis Brabancie iter faceret. Cui cum portitor epistolarum obviaret, sciscitabatur ab eo negocium suum et itineris causam. Ad quem.

a) Titzeho B. b) st. ipse vivens B: adhuc racionis compos. c) In — sedem *auf rasur D.* d) a capitulo *a. su B.* e) iunior Nicolaus dictus *a. su B;* Nicolaus dictus. In cuius — Bremensem *in B am rand; bei Rufus 515 im text.* f) *wechsel der tinte in B.*

1) *H fügt zu:* de lam was unde was biscop worden to Osenbrugge, overst nicht ghewyet. *Heinrich III. war bischof von Osnabrück 1402—1410, verliess das bistum schon 1404, gest. 1421 febr. 10.* 2) *Rufus 515 abweichend:* Dat wart do hertich Gherd greve unde hertich Alf bleef hertich to Sleswik; se weren overt beyde in gemeinen gude unde herschop. 3) *Gest. 1421 dec. 20; der nachfolger gewählt 1422 jan. 16.* 4) *Johann IV; sein bruder Philipp.* 5) *Stavern. Vgl. oben § 1341.*

quo tendis?' Respondit nuncius: 'Fero' inquid 'epistolam germani vestri in Brutzele destinatam'. Quam cum comes ab eo extorsisset violenter et eam legisset, apud se ipsam retinuit cum suo latore et mox retrocedens urbem prefatam intravit ac litteras illas communitati insinuavit. Cives vero diem et horam in littera prefixas observantes de adventu ducis, armis unanimiter induerunt et latitantes in domibus vicinis porte, quam ingressurus erat, ducem cum suo exercitu intrare permiserunt et in hospiciis suis recipi. Nocte vero adveniente cum dux et ceteri nobiles in suis hospiciis securi consedissent et armis se spoliassent, subito cives ex insidiis[a] erumpentes violenter domos intraverunt et totum ducis illius exercitum captivaverunt ac vinculis mancipaverunt(1). In hoc quidem exercitu capti sunt dominus[b] de Hynsberg[1] pater episcopi Leodiensis, comes de Mörse[2] (frater archiepiscopi Coloniensis), prepositus Aquensis et plures alii terrarum domini[c]. Illi vero de consulatu, qui duci favebant et huius mali conscii erant, omnes capti sunt et decollati. (Nobiles vero postmodum pecunia se redimerunt).

1356. In(2) diebus rogacionum villani et rurales prope Mosellam fluvium non procul mai 30.
a Treverensi urbe commorantes cum cruce et reliquiis ac ymaginibus sanctorum predia, agros et vineta circumeuntes, ut moris est patrie illius, tandem ad Mosellam pervenerunt. Quam cum eorum parrochialis sacerdos navigio transire vellet cum dictis reliquiis et cruce, prohibitus fuit a rusticis illis et ammonitus, ne aquam illam transiret, eo quod crux ecclesie sue nunquam per dictum flumen transvehi potuisset absque notabili periculo ducencium ipsam(3). Sacerdos autem virorum illorum veteranorum ammonicionem parvipendens et eam uti erroneam redarguens dixit: 'Precipio omnibus vobis (sub pena excommunicacionis), ut unanimiter mecum flumen istud transvadatis'. Et intrans navem cum cruce et ymaginibus commovit totum populum ad transfretandum. Quibus in navi existentibus et ad medium alvei pervenientibus, navicula illa aquis est immersa sine(4) omni tempestate cum tota illa multitudine. Numerus autem submersorum utriusque sexus extitit fere C et XL, paucissimis[d] enatantibus. (Quorundam[e] autem submersorum cadavera de hiis propriis vidi oculis, in partibus illis protunc existens).(5)

(1) dempto solo duce, quem libere urbem exire fecerunt s. zu B.

(2) st. In diebus rogacionum B: Circa festum ascensionis domini. mai 1.

(3) persuasionem, licet multociens temptatum extitisset s. zu B.

(4) st. sine — multitudine B: et totam illam multitudinem gurgitibus involvit.

(5) in B folgen: 1356a. In urbe Metensi fratres Predicatores suum generale capitulum celebraverunt in festo penthecostes numero fere octingenti 40 et tercia feria eiusdem festivitatis mai 11.
solempnem processionem facientes modo inconsueto et multum honorifice sunt recepti a ceteris religiosis et presertim fratribus Minoribus. Qui mensas in diversis locis conventuum suorum preparaverant et eas cibariis finis et frixis ornaverant cum vino duplici, rubeo puta et albo, ut fratres Predicatores in transitu eorum prelibare possent et se recreare. Quod et fecerunt. Exeuntes eciam fratres eosdem de conventibus cum speciebus aromaticis et confeccionibus preciosis refecerunt, similiter vinum duplex propinando et aqua rosacea eos aspergendo. In recepcione quoque processionis predictorum fratrum prelibati religiosi, fratres videlicet Minores, Augustinenses et Carmelite, palere et cariose multum vitas et passiones sanctorum representando, vivi fratres existentes, tamquam ymagines

a) in palatium s. zu B. b) comes B. c) circiter decem s. zu B. d) duabus mulieribus solis B.

1) *Johann I. von Heinsberg, sein sohn Johann VIII. bischof von Lüttich.* 2) *Friedrich IV, sein bruder Dietrich II. erzbischof von Köln.* 3) *Der satz fehlt auch bei Rufus.*

1357. Bohemorum heretici sevientes in ecclesiam dei universalem, plures civitates et opida regni expugnaverunt et fideles in eis inventos aut trucidaverunt aut fugaverunt, monasteria destruxerunt, ecclesias subverterunt et innumeros religiosos et presbiteros occiderunt. Retulit[1] enim quidam frater ordinis Predicatorum nacione Bohemus, missus ad generale capitulum Metense ex parte provincie Bohemie[2], quod protunc de solo ordine suo XIIII conventus funditus destruxissent et quod pene omnes illorum conventuum fratres peremissent[(1)]. Asseruit eciam idem frater (me audiente), plura monasteria ordinum sancti Benedicti, Cartusiensium, (Minorum, Augustinensium) et aliorum plurium per eosdem esse eversa et multas[a] ecclesias collegiatas ac parrochiales, et quod manus eorum sacrilega nulli parceret sexui, etati, condicioni aut statui fidelium. Hii nequam infidissimi exercitum maximum ducentes subdolis et deceptoriis modis montem Cuthnis[b, 3] ceperunt et obtinuerunt, in quo thesaurus protunc residebat regis[c]. Rex autem Romanorum Sigismundus huic direpcioni et invasioni dampnifere resistere minime poterat, eo quod protunc angariatus a Thurcis[d] in defensione regni Ungarie occupatus esset, prout[e] littera sue[f] excusacionis principibus electoribus et ceteris nobilibus in Nurenberge protunc congregatis per ipsum destinata clare ostendebat.

1358. Thomas[(2)] frater[4] Henrici regis Anglie pascha suum tenere cupiens Parisius, cum solempni milicia Angliam exivit et Franciam intravit. Cuius principis ingressus Delfino mox innotuit[(3)], qui confestim exercitum colligens dicti principis Thome adventum[(4)] prestolatus est. In quinta autem bona feria principes prefati Karolus et Thomas sibi mutuo iuxta dictam civitatem occurrerunt et prelium validum certantes pugnaverunt ad invicem. Delfinus tamen victoria a celo potitus Thomam ducem cum VM[g] armatorum stravit et interfecit. Occubuit eciam inter alios nobiles quidam episcopus, qui non ad pugnandum, sed pocius ad convivandum et solaciandum Angliam exierat.

1359. Bernhardus dux de Brunswic, Wilhelmus dux de Luneborg, Iohannes[h] episcopus Halberstadensis (et civitates dictorum principum) gwerram hostilem gesserunt contra Iohannem episcopum Hildeashemenoem et nobiles dyocesis illius, et in hac controversia non modica dampna utrique parti sunt illata et[i] incensiones villarum,

sculptas lapideas vel ligneas sua immobilitate constancia se ostenderunt et populum communem dicte civitatis ad magnam devocionem provocaverunt et concitaverunt. Non est a seculo auditum factum tam insolitum et inconsuetum, puta quod fratres Minores Predicatoribus fratribus tantum honorem tamquam sumptuosum beneficium impenderent, quamvis multociens expertum sit, eis eosdem contumelias multifarias et dolositates ostendisse.

(1) vel submerserunt vel incineraverunt vel atrociter membratim inciderunt et detruncaverunt B.

(2) Princeps insignis Thomas B.

(3) in dicti principis interniciorum s. m. B.

(4) prope civitatem Parisiensem s. m. B.

a) multe ecclesie collegiate D. b) Tutnis B. c) am rand D. d) m D; Turci in anderer construction B. e) pro am rand B. f) sua B. g) fere quinque milibus B. h) de Hoyme s. m. B. i) per B.

1) H berichtet statt der zwei folgenden sätze: Wor se quemen, dar klostere weren, de breken se alle dale unde slogen de monnike alle dot, de en nicht untquemen. De nunnen schendeden se unde gheven ene mannen, de bi en slepen, unde nemen alle kleinode der klostere unde smolteden de kelke unde van den gewveten makeden se kledere unde wanboyse. Der hilgen bilde vorbranden se und dat hilgedom worpen se under de vote edder in de priveten. 2) Bei Rufus [illegible]: En broder quam van der Predeker orden to Metze in Lothringe to pinxten, dar do de sulven brodere hadden ere grote cappittel ere orden, unde was uth Behmen dar hen ghesant. 3) Kuttenberg. 4) Thomas von Clarence gest. 1421 [illegible] 22 bei [illegible].

depredaciones opidorum et devastaciones segetum et frugum terre ac interfecciones et captivaciones diversorum. Et duravit infelix hec dissencio multis(1) diebus. Duces autem supradicti in suos auxiliatores traxerant Fredericum marchionem de Brandeburg, Henricum ducem de Sleswic, Adolfum comitem Holtzatorum et plures(2) alios nobiles, qui multum populum aduнantes magnalia varia[a] in dyocesi antedicta effecerunt, nobiles plures captivando et castrum novum prope Sladem castrum Wereburg[b] dictum erigendo[1]. Quadam eciam vice cum Hildensbemensibus nobilibus preliando ceperunt sex canonicos dicte ecclesie, quos vinculis duris mancipantes docuerunt(3), eos pocius debere ire ad chorum quam ad prelium. Iohannes vero episcopus Hildensbemensis in suum subsidium invitaverat (Ottonem) episcopum Monasteriensem fratrem suum et comites(4) de Hoya suos consangwineos[2] ac nobiles de Spegelberg, Lichen(5) et Hanstren.

1420. Iohannes episcopus Sleswicensis frater[c] ordinis Minorum doctor theologie obiit[3]. In cuius sedem electus est dominus Henricus Fabri prepositus eiusdem ecclesie[4].

1421. Fredericus(6) et Wilhelmus marchiones Misne cum copioso exercitu Bohemicam silvam transcendentes prope Brux civitatem conflictum durum cum hereticis commiserunt. Quibus(7) tandem devictis et ad urbem confugientibus, principes predicti civitatem obsiderant et viriliter eam oppugnare ceperunt. Heretici autem cautulose agentes duos ceperunt fideles, quos captivos previe tenuerant et eos asseribus affigentes ipsos iaculis et telis hostium opposuerunt, de urbe eos protendentes, ut sic tales ledere formidantes ab obsidione principes recederent. Sed fideles illi sic ligati et morti expositi constanter

(1) st. multis diebus B: fere per annum, in qua nobiles fructiferaeque ille terre ambe desolate sunt et depopulate ac quasi ad nichilum redacte.

(2) plures — nobiles auf rasur D; st. dessen B: Erikum comitem de Hoya und ebenso Rufus 517.

(3) st. docuerunt — prelium B: ut sic addiscerent, commodosius esse cantare ad matutinas, quam prelia instaurare et fovere guerras.

(4) s de Hoya — consangwineos auf rasur D; st. comites — consangwineos B: comitem de Hoya alium fratrem und ebenso Rufus 518.

(5) st. Lichen et Hanstren B: et de Lichen viros bellicosos. Illi vicerversa ducatus suorum adversariorum multis gravaminibus contriverunt, in hoc tamen degravamine a ducum exercitibus, quod in principio scismatis huius stratam publicam spoliaverunt, nec religiosis aut clericis, nec sexui aut etati parcentes vel condicioni cuicumque.

(6) illustres principes F. et W. m. M. germani B.

(7) st. Quibus — occiderunt B: et victoriam de eis ex alto sortiti de canibus illis ultra 26 centenaria occiderunt, non[d] obstante quod duos cristianos captos et asseribus affixos eis obicerent in acie exercitus, ut sic illos interficere formidantes a bello resilirent. Sed antedictam civitatem Bruxensem defendentes liberaverunt interfecerruntque omnem hominem fidei orthodoxe contradicentem[e] in ea repertum. Nemora quoque illa Bohemicalia, per que prelibati principes cum suo exercitu regnum ipsum intraverant, sic immeabilia fecerunt versus Misnensium plagam, quod non fuit possibile ipsos hereticos quoquomodo elabi per illas partes aut fideles ecclesias per eas vexare, solum unum exitum sibi ipsis relinquentes optime munitum et custoditum.

a) et facta memoria digna B. b) re in B nicht deutlich c) professor B. d) non — resiliren am schluss der zeile und später von derselben hand nachgetragen B. e) contradicente B.

1) Schladen und Warberg. H fügt ein: Dar deden se grot verdreet af deme stichte, wente de Holsten dar weren, dat driste lude unde menlik sint, de sparden neymende unde beleden id wor id was. 2) Erich I. und Otto III. 3) Johannes III. Schonelant gest. 1421 aug. 17. Hm fügt Heinrich III. von der See. 4) Rufus 518 fügt zu: en man olt van jaren.

animaverunt principes, ne ipsis parcerent, sed viriliter inimicos Cristi debellarent. Factum est ergo divina gracia disponente, ut illesis fidelibus sic victis principes victores effecti et urbem expugnaverunt et infideles illos quotquot occurrerunt occiderunt.

1362. Martinus papa ob fidei sancte et universalis ecclesie defensionem et ad instanciam fidelem Sigismundi regis Romanorum litteras suas patentes per universum direxit orbem, exhortans cunctum populum catholicum et presertim principes tam spirituales quam seculares et rectores civitatum ac communitates urbium in domino, quatenus ad dei laudem et proprie salutis incrementum se disponerent vel alios disponi ordinarent ad transeundum cum armis contra Bohemos fidei inimicos et ad debellandum eosdem, ne peiora dampna et graviora pericula fidelibus succrescerent. Et ut eo fervencius et prompcius imminentibus periculis fideles occurrerent, papa prefatus Martinus omnibus vere contritis et confessis, qui exercitui cristianorum[a] interessent aut alium loco sui mitterent aut pecuniam secundum bonorum suorum facultatem in subsidium transmitterent, plenissimam contulit suorum peccaminum remissionem bullis suis roboratam. Quarum indulgenciarum tam larga et salubris participacio in tantum corda fidelium inflammavit, ut de universis cristianismi plagis populus innumerus conflueret et ad prefatum regnum Bohemie cum suis armis se transferrent profesto[b] sancti Bar-
Aug. 24. tholomei apostoli eis ad hoc prefixo. Retulerunt enim quidam[c] de hac expedicione sancta reversi, quod ultra[d] centum principes (comites, marchiones, barones et terrarum domini) huic passagio affuissent, qui libentissime sanguinem suum pro fidei defensione fudissent, si ecclesie sancte negocium fideliter a mundi capitibus actum fuisset et expeditum. Sed quia proch dolor rex Romanorum Sigismundus, qui per prius, ut apparuit, animo ferventi per litteras suas papam sollicitaverat et principes terrarum pro execucione seriosa fienda, postea nescio qua[(1)] intencione hortabatur eosdem ad protelacionem faciendam, mandans litteratorie principibus civitates et castra regni vallantibus, ut suum adventum de quindena in quindenam prestolarentur. Allegabat eciam, causam sue absentacionis fore paganorum incursionem regno Ungarie proxime futuram et se iam multa passum fuisse per eosdem. Sed principes in regno Bohemie iam congregati excusaciones suas minus racionabiles et sufficientes fore existimantes, concilium convocaverunt tractaturi, quid eis in hoc casu consulcius agendum foret. Cum autem iam in consilio actualiter occuparentur, ecce subito tentoria et tabernacula omnium eorum accensa sunt et cuncta fere in cineres redacta, que in eis continebantur. Per quem autem aut cuius imposicione illud malum agebatur, omnino non sciebatur. Quod videntes Bohemi, qui in[(2)] opido Zathz erant, sub fumo illo cristianorum exercitum subito invaserunt et multis bumbardis manualibus et balistis simul intonantes plurimos occiderunt. Et sic fidelium exercitus se dissolvens, quilibet ad propria inglorius remeavit[(3)].

(1) *st.* qua — prestolarentur *B:* an ex tepiditate aut ex calliditate vel astucia subdola, ut timebatur, differebat ad protelacionem, mandans litteratorie principibus civitates et castra dicti regni Bohemorum obsidione vallantibus sui adventus de quindena in quindenam prestolacionem.

(2) in opido Zathez erant *auf rasur B; Rasur 519 wie D.*

(3) Non est auditum a seculo, quod in aliqua mundi parte tot principes essent congregati cum tanta armatorum multitudine pro negocio seriosissimo expediendo, qui tam proedicatum tamque turpiter et infructuose se habuerunt nichil agendo contra inimicos Cristi, sicud

a) personaliter *a. m. B.* b) super festo *B.* c) fidedigni, qui personaliter aderant *B.* d) *st.* ultra centum *B:* sexcenti et 65.

1363. Fredericus[1] marchio de Brandeburg ob quoddam factum minus iustum et dampnosum, contra se commissum per Lodowicum ducem Bayoarie, exercitum conduxit validum et intrans ducatum eiusdem Lodowici, expugnavit infra breve tempus ultra XXXVI civitates, castra et opida, de suo inimico gloriose se vindicans.

1364. Epydimia[2] maxima efferbuit in urbibus maritimis, puta Lubicensi, Hamme- burgensi, Bremensi et Luneburgensi. Duravit autem calamitas hec in urbibus predictis * c. 138 ultra biennium[1] et[a] amiserunt fratres Predicatores in Lubeke XIIII fratres pociores et notabiliores.

1365. Adolfus[3] dux de Monte revertens de quodam monasterio, in quo cum sua

de illa fertur regali caterva. De quo hostes sui non parum animati sunt. *a. ra B unten am rand. In B folgt:*

1362a. Consilium civitatis Lubicensis simul et capitulum canonicorum, receptis litteris de passagio generali fiendo contra dyaboli vasallos et fidei hostes, denunciari fecerunt communitati sue intencionem apostolicam et gracias desuper indultas ab eodem declarari publice de ambonibus demandaverunt. Quo peracto quosdam de capitulo et quosdam de consilio simul destinaverunt, eisdem iniungentes, ut de domo ad domum pergerent et de quolibet homine subsidium postularent ad passagium predictum perficiendum. Qui non modicam pecunie summam colligentes, de bonis predictis sic ostiatim petitis decem, ut puta, lanceas cum 30 vel parum amplius equis comparaverunt et fidelium exercitui usque Pruthenam transmiserunt, qui civitatem Lubicensem exiverunt circa decollacionem beati aug. 29. Johannis baptiste et in die Luce ewangeliste expediti redierunt. Capita autem horum okt. 18. Cristi vasallorum fuerunt Bernardus de Plesse miles et Helmoldus de Plesse advocatus prelibate civitatis Lubicensis. Et quia nulli dampnum in dicta expedicione intulerant, salvis suis rebus et corporibus ipsi salvi et incolumes sunt reversi.

(1) *§ 1363 lautet in B:* Lodowicus dux Bavarie maliciose et traditorie litteram sub simulato sigillo Friderici marchionis Brandeburgensis scribi fecit et ipsam transmittens capitaneo Norembergensis castri mandavit eidem, ut in loco specificato quantocius sibi occurreret sub obtentu gracie sue. Advocatus autem ille credens, sigillum esse domini sui, festinavit ad locum venire sibi deputatum. At ubi dum venit, non marchionem suum preceptorem, sed Lodowicum domini sui traditorem et sigilli sui falsificatorem reperit. Quem mox predictus Lodowicus capiens in vinculis iecit cum sociis suis et statim ad castrum festinans ipsum cepit et incineravit. Marchio autem hoc percipiens et egre ferens venit cum magno exercitu in Bavariam et expedicioni operam dans in brevi tempore circa 16 civitates, opida et castra expugnavit et se de inimico suo gloriose vindicavit.

(2) *§ 1364 lautet in B:* Pestilencia gravis desevit in urbibus stagnalibus et presertim in civitate Bremensi, in qua vix quartus homo vitam retinuit[a], Lubicenses eciam cives et Hammeburgenses necnon et Luneburgenses epidymia magna consumpti sunt. Partem quoque magnam Westphalie, puta Wesaliensem, Monasteriensem, Tremoniensem et Osnaburgensem civitates, stragem[b] grandem sunt passe. Similiter et Stadense opidum.

(3) *§ 1365 lautet in B:* Adolfus dux de Monte captus est per cardinalem Barensem[3] et vinculis mancipatus. Nam dictus dux volens letari et solaciari post labores et fatigaciones multas, intravit quoddam monasterium vicinum dominio cardinalis predicti cum duobus militibus et suis familiis. Quod percipiens dominus Barensis protinus venit cum viris armatis et monasterium cingens exercitu, ipse cum aliquibus ingreditur conventum et irruens super

a) *re auf rasur B.* b) *so B; . . . em . . . em . . . ns auf kleiner rasur B.*

1) *H fügt ein:* Do stirven storven bynnen Lubeke over der tiid boven xxiiij dusent lude.
2) *Das übrige fehlt bei Rufus 319.* 3) *Ludwig bischof von Verden.*

amica solacia habuerat, captivatur a domino Berensi[1], uno milite de sua comitiva interfecto et altero elapso[(1)].

nov. 20. 1366. In crastino sancte Elisabeth tanta inundacio aquarum facta[(2)] est in finibus Hollandie et Selandie, ut plures urbes et opida pericula maxima sustinerent. Dordracum enim tanta vorago fundo quasi carens ex parte illa, que mare respicit, subripuit, ut quasi media deglutiri timeretur. In partibus eciam eisdem ultra XVI parrochie cum omnibus attinenciis suis, hominibus et pecudibus, domibus et ecclesiis a mari abrupte sunt, nec est spes rollcta amplius restaurandi absorta.

dec. 25. 1367. (Philippus) dux[2] Mediolanensis circa festum Cristi, mediante tradimento quorundam civium, solempnem et famosam cepit illam civitatem Ianuam, partialitate et discordia civium, que magistra destruccionis[a] existunt, facultatem et oportunitatem ministrantibus[(3)].

---

letantes et conniventes cepit Adolfum ducem, uno militum interfecto et alio elapso. Quo expedito ad propria Barrensis[b] est reversus. Divina autem ordinacione duci expedito hoc malum advenit, ut sic cum Cristi sponsis solacia querentem illicita tribulacio inveniret subita et calamitas inopinata.

sept. 29. (2) in B folgt: 1365a. Erikus[c] rex Danorum circa festum sancti Michaelis placita tenuit cum civitatibus stagnalibus de discordia sedanda inter ipsum et Henricum ducem de Sleswik diu habita in Scanie finibus. Sed quia protunc concordiam inter dictos principes efficere non poterant[3] civitates prelibate, dilacionem treugarum ad parvum tempus vix obtinentes dec. 13. a rege, alium ad conveniendum de novo diem super instanti beate Lucie festo in opidum Vlensburgh statuerunt[4]. At ubi cum tempore determinato convenissent Lubicenses, Hamburgenses et Wismarienses personaliter et alie vocaliter, rex non comparens aliquem de suo misit consilio ad placita ibidem fienda in dolo, eo quod pacem non intenderet intra nec fidem a suis prestitam servare, prout eventus rerum docuit manifeste. Nam cum dux cum civitatibus securos[d] esse crederent se ex aliquid boni effecturos, Erikus Krummedik miles dolosus et universe sedicionis fabricator, cum suis complicibus profugis ac naturalis domini proditoribus pacem interrumpens et fidem violans, incendio bona Nicolai Lembeke invasit et multas villas igne consumpsit. Quorum fraudem et maliciam Holtsati et civitates videntes ad propria sunt reversi.

(3) st. facta — absorta B: fines Selandie et Hollandie immersit, quod magna pars dictarum terrarum periit, hominibus infinitis in civitatibus et villis submersis ac bestiis innumeris.

(3) in B folgt: 1367a. Hoc in tempore quasi per universum orbem et presertim infra Romanorum imperium lites et gwerre crebre[e] regna, principatus et terras demolite sunt et depopulate. Nam rex ipse Romanorum, in regno suo Ungarie excusso gravi Turcorum iugo per bella forcia, venit in regnum Bohemorum, quorum eciam regio fulciebatur fastigio, comitante ipsum Alberto duce Austrie swagero suo, et copioso exercitu valido terram replens inimicos crucis Cristi hereticos debellare nisus est. Rex vero Anglorum cum multo populo transiens mare regnum Francorum ingressus est et cede multiplici terram peragrans castra et civitates plurimas dicioni sue subegit. Rex quoque Danorum fidem et iusticiam calcans pedibus, Holtsatorum principes hostili gladio pro posse destruere laborabat. Rex insuper Hyspanie classe grandi mercatores orientales persequens plurima dampna intulit ac recepit. Rex denique Polonorum cum Prutenis discordans variis gravaminibus eos diutine vexabat. Marchio Brandeburgensis filio suo burgravio Noremburgensi auxilium ferens ducibus

---

a) omnis mali B. b) Barrensis B. c) Erikus — dictos auf rasur B. d) aus securum korrigirt B. e) aus crebres radirt B.

1) Siehe unten anm. 3. 2) Hier beginnt in B neue tinte. 3) Wol in Kopenhagen. Vgl. Hanserecesse 1256—1430. VII 340. 4) Vgl. Hanserecesse 1256—1430. VII 348 f.

1422.

1368. Nono anno Sigismundi qui est domini MCCCCXXII. Frisones occidentales sponte se Iohanni[a] tutori Hollandie[1] subicientes homagium fidelitatis prestiterunt eidem et ut prefata subieccio firmior haberetur, permiserunt dictum Iohannem tutorem castra fundare et instaurare in eorum terra et ea munire. Sed quia assueta libertas sub iugo servitutis diu se non patitur artari, Frisones prelibati vix ad tres menses fidelitatem iuratam servantes pacta inita rumpere et violare non formidarunt. Unde municiones noviter fundatas a domino Iohanne sepedicto destruentes, dominum Florencium[b] de Alkoma militem strenuum capitaneum dicti domini Iohannis interfecerunt. Stauream eciam opidum expugnaverunt et Hollandrinos ex parte Iohannis tutoris custodientes opidum fugaverunt.

1369. Wilhelmus dux de Luneburg et Otto (filius Bernhardi) ducis[c] de Brunswic cum(1) exercitu pulcro in die sacre cene dominice prope castrum Gröne venientes suos apr. 9.
hostes Hildensemensis dyocesis obvios habuerunt. Cum quibus prelium durum aggressi facti sunt victores et pene[d] centum armigeros de nobilioribus dicte dyocesis in campo obtinuerunt. De canonicis vero ecclesie eiusdem capti sunt plures et unus eorum natus dux de Luneburg (Otto[e] dictus) interemptus est(2). Quo prelio peracto exercitus ducum expugnacioni castri prefati Gröne insudantes tandem(3) ipsum ceperunt, dominis(4) de Hasse et Speghelberg capitaneis adversarii exercitus fuga elapsis. Dampnis(5) tandem

Bawarie castra et civitates preliis abstulit multis. Duces de Brunswik et Luneborgh cum episcopis Hildensemensi et Monasteriensi contendentes ex utraque parte terras igne et rapinis consumebant. Dux Lotharingie contra ducem de Monte furens devastaciones villarum et opidorum plurimas sibi invicem inferebant. Episcopus Argentinensis cum sua civitate discrepans, eo quod communitas milites et nobiles in eamdem existentes violenter expulerat eosdem perpetuo proscribendo, in sui auxilium Basileam et alias circumiacentes civitates habens, ipse episcopus machinaciones graves et incommoda intulit eidem. In superioribus eciam gentilium partibus homines ad prelia exercebantur immensum in tantum, ut pace quasi ab orbe sublata totus mundus in maligno videbatur esse positus.

(1) st. cum — aggressi B: auxiliantibus eis comitibus de Reghenstein, de Mansvelt, de Wernigherode, de Honsten, de Stalbergh, de Bichling et Quervordes necnon pluribus aliis nobilibus et civibus, intraverunt dyoceses Monasteriensem et Osnaburgensem et peragrantes eas incendiis et direpcionibus spoliisque villas demoliti sunt et revertentes comitatum de Hoya prope opidum Nyenborgh enormiter leserunt. Rursus non post multos dies, puta in die cene dominice, prefati duces Wilhelmus et Otto exercitum publicum habentes prope apr. 9.
castrum Grone suos hostes Hildensemenses sunt aggressi et prelium forte agentes ad invicem.

(2) Laudabilius tamen et multo melius egissent ipsi, si pro illo tempore in divino officio se occupassent. s. zu B.

(3) st. tandem ipsum B: et opidi insistentes utrumque.

(4) st. dominis — Speghelberg B: domino de Hasse[2] preposito Hildensemensi et uno alio de Speghelberg.

(5) Dampnis — se redimebant pecuniis (— sunt redempti) in B unten am rand.

a) domino Iohanni duci Bawarie B. b) Florencium B. c) dux B. d) citra B.
e) Albertus am rand wol von späterer hand D; in der Lübecker hs. Albertus im text.

1) Johann Ohnegnade vogt und ruwaard mit 1417 nov. 2) Ekkehard von Hahnensee. Vgl. Havemann, Geschichte der Lande Braunschweig und Lüneburg 1 660 anm. 4. Der ort des treffens ist Grohnde.

et gravaminibus expensarum utraque pars fatigata composicionem amicabilem(1), mediante Tiderico archiepiscopo Coloniensi, iniit. Duces tamen de Brunswic et Luneburg castrum Borgtorp, quod lite pendente construxerant, retinuerunt cum bonis ad villam illam pertinentibus de iure et consuetudine antiqua(2). Insuper obtinuerunt dicti principes castra Osen et Gröne pro redempcione captivitatis domini de Spegelberg[1] (senioris, iuniore fuga elapso), cui in subsidium victus contulerunt perpetuo iure possidendum castrum Hachemolen. Captivi vero ceteri propriis pecuniis sunt redempti.

apr. 1. 1370. Feria tercia post dominicam palmarum quidam raptores conglobati de (marchia Brandeburgensi et) Prignitz ac de ducatu Magnopolensi numero fere CLXXX[a], quorum capitanei erant Reymarus de Plesse, Baldewinus de Taberna(3), Iohannes Quitzowe et(4) Nicolaus Rüer, animo depredandi stratam communem et mercatores convenerunt inter Albiam et Molne opidum. Lubicenses autem cives preavisati et moniti per fauctores suos, collectionem dictorum raptorumque non ignorantes, nocte precedenti miserant suos stipendiarios ad observanda vada et introitus viarum, ut hostium iam ingressorum exitum prohiberent aut impedirent(5). Cumque predones antedicti adventum Lubicensium pariter et Hammeburgensium, quos Lubicenses (pridie quam venirent) in suum auxilium vocaverant, percepissent, timentes multitudinem civium per antra, per que intraverant, exire[b] festinabant. Sed cum cognoscerent ea obstructa et munita armatis viris, mox dorsa vertentes fuge presidio se commiserunt, recto itinere ducis Erici de Lonenburg castrum petentes et ne in manus civium traderentur et occiderentur, se omnes captivos Erico duci sponte obtulerunt, magis de ipso confidentes quam de burgensibus. Dux autem Ericus, licet forte sciret eos spolium iam commisisse(6), tamen confidancia(7) eorum ad ipsum habita ad pietatem motus, fidem eis prestitit et securitatem promisit, ipsos ut suos captivos colligens in suum castrum. Lubicenses ergo et Hammeburgenses, qui hos inimicos suos in tantum angustiaverant, ut sic se captivos tradidissent, castrum prefatum Lonenburg accedentes cum multitudine armatorum ducem Ericum hortabantur, ut suos sibi traderet hostes(8). Quod cum facere renueret, asserebant se non minus posse facere ex rigore iusticie, quin et ipsum ut suum et communis boni hostem persequerentur et se de eo vindicarent ob iniuriam, quam eis faceret. Quod audiens dux et indignacionem dictarum civitatum formidans, eo quod(9) duo castra in[c] brevi ei abstulissent, tradidit raptores illos in manus civium sub paccione et condicione tali, ut eos conservarent in sospitate corporis et vite, quia alias ipse dux ex sponsione eis facta honoris sui detrimentum pateretur. Cumque raptores illi intellexissent se civitatibus fore presentandos, prope XX de ipsis fidem prestitam violantes latenter recesserunt

---

(1) per Brunswicensium et Hildensemensium civitatum practicatam s. zu B.

(2) De quibus quidem bonis canonici Hildensemenses habere consueverant pullos caritatis, quibus exinde privabantur. s. zu B.

(3) cum tribus aliis eiusdem cognominis s. zu B.

(4) st. et Nicolaus B: cum alio de eadem stirpe et dux de.

(5) Quod et fecerunt. s. zu B.

(6) et in forefacto deprehensos esse s. zu B.

(7) st. confidencia — motus B: quia per eo raptor esse commiserit, contra iusticiam et in proprii honoris detrimentum.

(8) publicos et strate communis depredatores s. zu B.

(9) forciores se essent et etiam s. zu B.

---

a) 160 B. b) venire auf rasur B. c) st. in brevi B: ante breve tempus elapsum.

1) Moritz.

nec amplius comparuerunt. Ceteri vero divisi sunt in partes et Lubicenses circiter LXXX [a] secum sumpserunt cum rebus ad se pertinentibus, armis videlicet et equis, et introductos in urbem turribus commendaverunt. Residua autem pars cessit Hammeburgensibus in sortem suam, que apud eos similiter vinculis mancipata est. Equi vero captivorum et arma devoluta sunt ad stipendiarios civitatis utriusque. Quibus sic expeditis (dicti[(1)] captivi aliquamdiu in vinculis tenti, tandem exaccionati sunt iuxta facultatem cuiuslibet et libertati donati, prestito previe iuramento de non nocendi amplius dictis urbibus et earum civibus ac mercatoribus nec se vindicandi ob perpessam captivitatem, quod iuramentum vulgariter orveyde nuncupatur).

1371. Philippus[(2)] dux Mediolanensis opidum Veltzen[1] in ducatu Austrie situm cautulose cepit in die palmarum. Quod cum Swiczerenses[2] percepissent, cum exercitu apr. 4
magno venerunt ad recuperandum opidum prefatum. Dux vero Mediolanensis similiter cum multitudine armatorum eis obvians processit in campum. Uterque enim exercitus pugnam meditabatur. Et tandem congredientes dimicando utrobique plures corruerunt, interfecto Angelo de Pergamo[3] capitaneo dicti ducis. Cumque Swiczerenses suum obtinere non valerent propositum, per mediam ducis aciem transeuntes invitis hostibus ad propria sunt reversi.

1372. Henricus Anglorum rex circa festum purificacionis Marie[(3)] expugnavit civi- febr. 2
tatem in Francia Mewys[b] dictam cum suo castro forti[4]. (Quam in dedicionem accipiens, castrum viris suis armatis munivit).

1373. Cives antique urbis Pragensis, qui (pro maiori parte) Teuthonici sunt et fideles, egre ferentes blasphemias et sermones inpactivos cuiusdam fratris Iohannis[c] de ordine Augustinensium, qui in eadem civitate predicator extitit Husitarum, hereticus cum eis factus, ipsum ceperunt cum aliquibus sociis suis et decapitaverunt. Quod factum audiens quedam vetula heresi infecta, caput dicti apostate fratris Iohannis rapuit et per urbem novam discurrens quasi vesana clamavit: 'Ecce caput sanctissimi nostri predicatoris fratris Iohannis in civitate veteri crudeliter interfecti'. Quo audito heretici nove civitatis Pragensis suam communitatem concitaverunt contra consulatum antique urbis. Que mox in furiam versa protinus consistorium cum armata manu adiit et plures de consularibus occidens, ipsum etiam consistorium destruere[d] nisa est[5].

1374. Lubicenses et Hammeburgenses mille armatos adunantes cum bumbardis, petrariis et ceteris instrumentis bellicis ingressi sunt navigio Frisiam (occidentalem). Et venientes prope Dokkem[e] opidum invenerunt quoddam castrum constructum a pyratis et vallis ac aggeribus fortiter munitum, in quo C et LX[f] Vitaliani vel amplius residentes mare infestabant. In opido vero Dokkem ultra CCC raptores consimiles continebantur, qui depredacionibus mercatorum operam dantes cunctos spoliabant pretereuntes. Audientes autem nobiles terre predicte et presertim cives Groningenses, advenisse civitates

(1) dicti — nuncupatur fehlt B, statt dessen schliesst B hier unmittelbar den § 1374 in weiterer form als D (§ 1374 a) an mit den worten: Lubicenses et Hamburgenses in Frisiam u. s. w.
(2) § 1371 in B unten am rand.
(3) huius anni auf rasur B; bei Rufus 531 fehlt das ganze datum.

a) 61 B. b) Newys B. c) apostate a. m. B. d) st. destruere nisa est B: subvertit. e) Dokkem B. f) st. C et LX ... vel amplius B: circa 140.

1) Ueberfall von Bellenz 1422 april 4. Vgl. J. Dierauer, Geschichte der Schweizerischen Eidgenossenschaft II 30. 2) de van Tweyceren Rufus 531. 3) Angelo della Pergola; Engel van Peramum Rufus a. a. o. 4) Mewes genommen anfang marz, bezw. 10. mai 1422. 5) B fügt an: Aver de van der olden stad quemen ok do to harnische unde quemen to en vor dat hus unde striddeen mit en unde jageden se wedder in de nyen stad, unde der kettere worden do vele slagen.

prefatas cum exercitu suo, gavisi sunt valde et colligentes et ipsi agmen pulcrum venerunt ipsis in auxilium et fideliter ipsis assistentes expugnaverunt municionem a pyratis fabricatam. Raptores vero in ea repertos partim extunc occiderunt, partim vero captivos ad tempus servantes tandem decapitaverunt (numero fere XLIIII). Castrum quoque expugnatum destruentes solo equaverunt. Quorum interitum pyrate alii in opido Dokkem constituti percipientes fugam navigio inierunt, post quorum recessum civitates supradicte ingresse opidum Dokkem multa mercatorum bona inibi recondita invenerunt. Propter quod domus omnium illorum Frisonum, in quorum mansionibus talia bona reperierant, funditus everterunt et substancias eorum confiscantes secum abduxerunt(1). (Cum autem hec agerentur per dictos cives, interim) Vitaliani(2) Holtzatorum numero quingenti naves Erici regis Danorum onustas (alimoniis et aliis) bonis diversis
juli 22. versus Vlenzeborg tendentes numero XVI apprehenderunt circa festum Marie Magdalene et pluribus Danis in eisdem repertis mari inmersis[a], dictas naves in portam Kylensem perduxerunt.

1375. Eodem[b] eciam tempore Henricus dux de Sleswic, assumptis circiter XXXM equestrium et pedestrium terre sue, versus Dorninghen[1] castrum, quod rex Danorum Ericus protunc obsidione dura vallaverat, se transtulit et dictum castrum invitis Danis cibavit. Duas eciam municiones coram eo per Danos erectas dissipavit et ad propria illesus remeavit.

aug. 31. 1376. Henricus rex Anglie obiit[2] in Francia in vigilia beati Augustini in quadam puerili egritudine, que pokken dicitur, relinquens post se (Hunfredum) fratrem suum et filium quendam biennem[3]. Post cuius obitum pociores Anglici Parisius existentes inde fugierunt in Rothomagum, timentes invadi a civibus Parisiensibus partem (Karoli) delfini(3) foventibus.

1423.

1377. Decimo anno Sigismundi qui est domini MCCCCXXIII. Danorum[c] exercitus(4) Tunderen castrum obsedit[d] et ad expugnacionem ipsius manum validam apposuit.

(1) et revertentes cum victoria in Hamborgh ea inter se diviserunt *s. zu B und mit anderer tinte:*
1374a. Illi vero pyrate, quo fugam ceperant, ad portus Hollandrinorum se transtulerunt presidia ab eisdem sperantes, sed in suo desiderio frustrati regno Danorum applicuerunt. Rex autem leto animo eos recipiens et eos se defensurum promittens ad infestandum Holtzatos eos exhortabatur. Ipsi quoque parentes regiis iussionibus ad os Albie prope Novum opus latitantes, naves mercatorum Hamburgensium ituras versus Flandriam ac de Flandria in Hamborgh properantes prestolati sunt. At ubi cum diebus paucis demorati essent, in manus eorum septem naves preciosis mercimoniis onuste devenerunt. Quas rapientes ad Danicos portus iter suum direxerunt et Ripense opidum apprehendentes predam illam ibidem precio exili consumpserunt. Cuius spolii illacionem Hamburgenses percipientes, ultra mille armatos suos congregantes hostes persecuti sunt classe valida et applicantes insulis Danorum incendiis et depredacionibus eas demoliti sunt, inde rapientes suppellectilium aurique et argenti ac hominum captivorum multitudinem copiosam. Quibus spoliis et captivis ad naves deductis viam, per[e] quam venerant, repetentes ad propria sunt reversi.

(2) *der rest von § 1374 in B als selbständiger § vor § 1375.*

(3) et comitis de Armynak *s. zu B.*

sept. 1 (4) ipso die sancti Egidii *s. zu B.*

a) ceterisque captivatis *s. zu B.* b) *verbessert der tinte in D; st.* Eodem — tempore *B:* Interim. c) *B gibt die §§ 1377—1389 sämtlich nach dem jahre 1422.* d) tribus bastilis circumdedit *B.* e) *aus rand B.*

1) *Tørning.* 2) *Gest. 1422 aug. 31.* 3) *Heinrich VI. geb. 1421 dec. 6.*

Castrenses vero (Holtsati), quasi non curantes inimicos suos, dissimulabant inerciam et segniciem defensionis, mencientes nec eis resistere velle simulantes, ac velud dormitantes cautulose permiserunt tot hostes vallum castri ingredi et murum castri scandere, quot viribus suis presumebant posse devincere. Quibus murum ascendentibus, mox Holtsati in castro latitantes prorumperunt et trabibus grossis in summitate muri[a] pendentibus solutis, casu eorum omnes ascendentes deiecerunt ac multum populum prope murum consistentem et ipsum murum ascendere nitentem peremerunt. Multi eciam bumbardis, petrariis et balistis sauciati occubuerunt. Numerus autem interfectorum circa castrum repertorum erat CCCXLVI, demptis illis, qui in via et nemoribus deficiebant vulnerati letaliter. Periit eciam inter hos Tunno Ronnowe[b] miles famosus et plures alii militares; ceteri vero Dani fuga elapsi sunt, castrum illesum relinquentes.

1378. Lubicenses[c] in[(1)] vigilia beati Mathei apostoli cum mille armatis naves intrantes[d] mare ingressi sunt et cum venti prosperitate Scaniam tendentes in suam comitivam Rostocenses et Wismarienses cum DCCC armigeris assumpserunt, Sundensibus[(2)] et Gripeswaldensibus domi nescio ob quam causam remanentibus[1]. Hammeburgenses vero cum exercitu pulcro virorum bellatorum numero DCCC Albiam descendentes, eodem tempore Danicos portus et insulas per mare occeanum pecierunt, hostes suos inquirendo. Et venientes prope saltum[e] Ripensem, naves eis alias ablatas per pyratas ibidem repererunt velis, anchoris ceterisque instrumentis aliis necessariis privatas, quas omnes igne immisso combusserunt. Inde vero navigantes tres insulas opulentas depredati sunt, cum spolio multo ad naves[f] revertentes. Rex autem Danorum videns civitates contra se venisse cum magno populo, clam collegit exercitum, volens Hollandrinorum naves, quas valde grandes ibidem habebant in partibus Scanie pro allecum captura, cum suis armatis replere et cum eis civitatum naves debellare. Sed civitatenses ammoniti per quosdam nautas, mox naves illas invaserunt et eas velis, anchoris et ceteris instrumentis necessariis privaverunt, cordam illam magnam, qua malus firmatur, gladiis suis secantes et destruentes. Quam astuciam rex audiens et frustratum se in suo intelligens proposito, capitaneos dictarum civitatum evocari fecit et de die certa et loco placitorum cum eis convenit[(3)]. Dies autem futurorum placitorum fuit dies sancti Martini et locus Nygekopinge[g] villa regni sui civitatibus vicina. Sed[(4)] dies illa placitorum, sicud et plures alie antecedenter per eundem regem posite, solum tali intencione videbatur excogitata, ut videlicet exercitus collectus a civitatibus dispergeretur, et ex illa seu consimili frequenti exercituum dispendiosa congregacione tam leviter dissipata communitates urbium eviscerarentur et gravarentur et sic excitate contra suos consulares et rectores ad invicem preliarentur, et sic ipse in pace relinqueretur.

sept. 20.

c. 104.

nov. 11.

(1) sabbato 4 temporum, quod fuit *B.*

(2) st. Sundensibus — remanentibus *B:* Sundenses autem et Gripeswaldenses perperam agentes et fraudulenter partem Danorum fovebant contra eorum iuramentum, quod civitatibus de Hansa dudum prestiterant.

(3) compositurum se amicabiliter promittens cum eis a. m. *B.*

(4) st. Sed — relinqueretur *B:* Pyrate plures preterea in mari erant, quos omnes cepissent, nisi negligenter et improvide se habuissent. Duas tamen naves mercimoniis plenas eisdem abstulerunt, pyratis de manibus eorum elapsis.

a) ex industria s. m. *B.* b) Rennowe *B.* c) *§ 1378 in B zu 1472.* d) per Trabenam s. m. *B.* e) portum *B.* f) Albiam *B.* g) Nyghkopinghe *B.*

1) *H berichtet hier:* De van deme Sunde overst unde van deme Gripeswolde spreken mit deme schalken klote unde en quemen dar nicht, wente se gude Denen weren.

1379. Boleslaus(1) Polonorum rex una cum[a] Vitoldo[b] duce Lithuanorum circa
aug. 24. festum Bartholomei apostoli cum ducentis fere milibus hominum Prutsiam intravit, castra, civitates et opida expugnare et terram vastare proponens. Prutheni vero adventum hostium sencientes exercitum XXIIIIM armatorum collegerunt et inimicis obviam ire nitentes vada cuiusdam fluminis occupaverunt, quod transire necessario habebant. Cumque exercitus regis Polonie de die in diem in tantum fortificaretur, ut diucius transitum dictorum vadorum Prutheni hostibus prohibere non valerent, retrocesserunt et civitates ac castra ingressi ea munierunt. Rex autem castrum Lobowe[1] obsidione fortissima circumdans ipsum expugnare cepit. Sed castrenses viriliter se defendentes circa duo milia paganorum occiderunt. Consumptis autem octo diebus in expugnacione dicti castri, obsidio illa soluta est et rex cum suo exercitu(2) ad[c] castrum Resenburg[2] transiit expugnandum. Castrum autem illud episcopus illius dyocesis[3] absque municione debita dimiserat et ab eo recesserat; civitatem quoque castro adiacentem proprii inhabitatores incenderant. Unde rex veniens castrum et civitatem suis occupavit stipendiariis. Ipse vero ultra procedens terram Colmensium igne et ferro ex integro devastavit. Maior tamen pars populi tam terre illius quam aliarum villarum et opidorum cum suis familiis, uxoribus et liberis atque iumentis ad insulam inter Wyselam[d] et Trevenitz flumina sitam se(3) locavit et vada illorum fluviorum sic firmavit et obstruxit, quod exercitus hostium minime ipsam ripam intrare potuit(4). Polonis ergo sic in Prutzia sevientibus, quidam frater[e] de domo Teuthonica cum VIIIM pugnatorum Poloniam intravit et expugnatis V civitatibus interfectisque innumeris[f] populis, tandem Crone[4] monasterium monachorum, quod Poloni incastellaverant, funditus evertit, truncato capitaneo castelli illius. Et cum hec agerentur in regno Polonie, interim rex cum suo exercitu Colomensem urbem ingressus est violenter et incastellans maiorem ecclesiam civitatis cum domibus circumiacentibus canonicorum[g] ipsam fortiter munivit. Quod percipientes Prutheni innumero populo urbem predictam obsiderunt et regem predictum quasi captivum in ipsa civitate tenentes in tantum angariaverunt propter inopiam victualium, ut ipsum ad placitandum cum eis compellerent, licet incomparabiliter eis forcior existeret. Rex igitur Boleslaus et Vitoldus dux treugis firmatis populum communem ad propria remittentes, cum fratribus de domo Teuthonica convenciones et pacta sigillis suis firmiter roborata inierunt. In hiis autem contractibus conclusum fuerat, quod Prutheni duo castra Nesse[5] et Dranenburg[h] funditus evertere debuissent[i] (que[6] claves erant terre Prutzie. Quibus semotis Poloni ad libitum semper terram Pruthenorum intrare valuissent.) Sed Tidericus archiepiscopus Coloniensis et Lodowicus dux Bayoarie[k], missi per principes electores in Prutziam, supervenerunt et pacta illa quoad castrorum destruccionem auctoritate regis Romanorum et principum electorum

---

(1) *§ 1379 in B zu 1423. Die stelle* (Boleslaus — Trevenitz flumina sitam se) Polonorum rex — aquas sitam *in B auf rasur.*

(2) recedens et castrum Resem dimittens *s. zu B.*

(3) se — perpetuam optinendo (= inter partes predictas) *in B unten am rand.*

(4) aut ei in aliquo nocere *s. zu B.*

a) rege Tartarorum et *s. zu B.* b) Wytoldo *B.* c) civitatem et *s. zu B.* d) Wyselam *B.* e) ordinis eiusdem literam *B.* f) *st.* innumeris populis *B:* pluribus hominum milibus. g) quia locum canonicorum erat *B.* h) Dranenburgk *B.* i) debebant, etiam *auf rasur B.* k) Bavarie *auf rasur B.*

1) *Löbau in Westpreussen.* 2) *Riesenburg im kreis Rosenberg.* Resenburch *Rufus 633.* 3) *Gerhard von Pomesanien.* 4) *Polnisch-Krone, Koronowo.* 5) *Nessau? und Dramburg.* 6) *Bei Rufus 633 steht die stelle.*

revocantes et cassantes, de novo placitare inceperunt cum rege et Vitoldo ac Pruthenis et tandem fine bono concluserunt pacem facientes inter partes predictas.

1380. Molhusensis[a] civitas terre Thuringie quasi[b] media igne consumpta est in vigilia corporis Cristi per⁽¹⁾ imposicionem quorundam traditorum[1], qui tandem in proxima villa comprehensi sunt et rotati. iuni 2.

1381. Iohannes[c] dux Magnopolensis obiit in castro Swerinensi in die sancti Galli, oct. 16. relinquens post se duos filios parvulos[c, 2]. (Post cuius transitum Albertus[3] filius Alberti quondam regis Sweorum solus ducatum administravit, paucis tamen diebus).

1382. Nobiles[a, d] de Ekesveldia[e] exercitum colligentes[f] cives Molhusenses[g] depredari statuerunt. Sed capitaneus dicte urbis gnarus congregacionis illius cum CC armatis adventum eorum prestolabatur. Similiter et lantgravius⁽²⁾ Thuringie[4] premonitus venit cum CC viris⁽³⁾ fortibus, eo quod tutor et conservator urbis esset (Molhusensis). Cum ergo hostes iumenta civitatis et pecora apprehendissent et abducere niterentur, dictus capitaneus urbis a tergo ipsos impetuose invasit cum eis viriliter preliando; lantgravius⁽⁴⁾ vero cum suis in faciem eis resistens plures stravit et captivavit. Cives ergo cum suis auxiliatoribus victores effecti captivaverunt de hostibus circiter CLXIIII[h], reliquis de manibus eorum elapsis. De nobilibus autem captivatis fuerunt duo de Lichen, duo Adolevessen[i] et unus de Hansteen duces exercitus supradicti.

1383. Albertus[a, b] dux Saxonie de Wittenberg obiit in die[l] sancti Iacobi, non iul. 25. relinquens post se heredem seminis sui masculinum[5]. Quo defuncto Ericus dux Saxonie de Louenburg scribere se cepit ducem⁽⁵⁾ Saxonie de Wittenberg et consequenter electorem sacri imperii ac marscalcum eiusdem[6]. Tunc quidem de isto ducatu plures se intromittere ceperunt et contendere, sed unus contendencium cum amatura recessit, prout inferius patebit.

⁽¹⁾ st. per — rotati B: et plures ecclesie sunt incinerate et presertim conventus fratrum Minorum pro maiore sui parte periit. In B folgt zu 1422:

1380a. Circa festum exaltacionis sancte crucis exercitus Danorum navigio veniens sept. 14. prope insulam ....[m] ipsam devastare proposuit et spoliare. Sed deo aliter ordinante tempestas maxima surrexit, que mare concuciens classem illam pene contrivit, submergendo de Danorum navibus circa 30 cum suis contentis.

⁽²⁾ st. lantgravius Thuringie B auf rasur: capitaneus lantgravii Thuringii. Rufus 534 wie B.

⁽³⁾ st. viris fortibus B: et paulo plus Molhusensibus; Molh auf rasur.

⁽⁴⁾ st. lantgravius vero B auf rasur: lantgravii autem capitaneus. Rufus wie B.

⁽⁵⁾ st. ducem — patebit B: et nominari marscalcum imperii. Quod officium[n] tamen iure hereditario ad duces spectat de Wittenbergh et ad[o] residentes in ducatu eodem.

a) §§ 1380—1383 in B zu 1422. b) st. quasi media B: ultra terciam partem. c) heredes B. d) in B beginnt hier, wie es scheint, andre tinte. e) Ekesveldia B. f) trecentorum armatorum z. zu B, trecenti auf rasur. g) Molhusensium bei andren wortlaut auf rasur B. h) 161 B. i) de Adelewessen B. k) in B auf rasur. l) prefato B. m) lücke in B. n) affus B. o) ad resid auf rasur B.

1) Rufus 534 berichtet genauer: Dat vur was angheleacht van dren boven in velen enden der stad, eft dat ene nicht hadde upgegan, dat jo dat ander behilde. Men de schalke worden grepen in deme negesten dorpe van eren eghenen worden unde worden uppe de rade gelecht vor Molhusen. 2) Heinrich IV. und Johann V. 3) Albrecht V. gest. vor dez. 1423. 4) Ludwig II. 5) Albrecht III. gest. 1422 nov. 27. 6) Rufus 534 berichtet selbständig und ausführlicher: Oh wolde markgreven Frederikes sone van Brandenborch, de syne dochter hadde, dar wat rechtes tu hebben; sunder de wart afghelecht myt gholde. Dat hadde ok hertich Erike wol geschen, wan he dat wolde had hebben vor syn del. Men de drudde ghink myt der braden wech, de gaf dar nicht umme, also hyrna stait geschreven in syme jare.

1384. Rumpoldus[(1)] dux Slesie[1] missus est in Daciam ad regem Danorum pro concordia facienda inter ipsum et principes Holtzatorum, qui veniens in urbem Lubicensem honorifice multum tractatus est. Procedens tandem versus Daciam cum comitiva decenti pervenit in opidum Vlenzeburg in vigilia sancti Martini[2]. Henricus autem dux de Sleswic illis diebus exercitum magnum congregaverat, habens secum Wilhelmum ducem de Luneburg et Adolfum comitem de Scowenburg cum CCCC fermo armatis, et iter suum versus dictum opidum Vlenzeburg direxit et in aurora diei sancti predicti Martini opidum aggressus est, ipsum impugnando prope castrum. Cumque iam Holtzatorum exercitus ingressus suburbium duas opidi valvas dissipasset, mox Dani expergefacti vias curribus et doliis advolutis obstruxerunt et fortiter hostibus resistentes ipsos tandem de suburbio expulerunt manu violenta, utrobique tamen paucis occumbentibus et captivatis. Rumpoldus autem dux, qui opidum vespere intraverat, confestim exurgens ad Henricum ducem de Sleswic perductus est.

1385. Qui[a] mox se interponens et furiam Holtzatorum verbis lenibus demulcens, promisit se a rege Danorum procuraturum discordie illius finem bonum et pacem perpetuam (eo quod venisset propter eandem causam cum plena auctoritate regis Romanorum), exhortans principes illos, ut cum suis ad loca propria remearent nullomodo hesitantes de promisso. Wilhelmus ergo dux Luneburgensis cum ceteris nobilibus fidem verbis Rumpoldi ducis adhibens retrocessit et dictus dux Rumpoldus presenciam regis[b] accessit ac Sigismundi regis Romanorum, cuius legacione fungebatur, intencionem eidem expressit. Et (singulis studiose masticatis) breviter circa ipsum tantum effecit, quod ipsum regem et Henricum ducem ad amiciciam singularem retraxit (ita quod rex Henricum ducem in suam graciam recepit et in favorem specialem munera preciosa sibi tribuit). Insuper in familiarem confederacionem posuit regem et civitates maritimas, quarum nuncii presentes erant, sopitis cunctis retroactis displicenciis. Et ut hec amicicia concors, ut premittitur, inita firmior et confidencior permaneret, dedit Ericus Danorum rex principibus Holtzatorum et nunciis civitatis Lubicensis dona magnifica et regalia, prohibens districtissime, ne amplius in regno suo quicumque advocatus bona mercatorum quorumcumque per naufragia periclitata arrestare aut sibi usurpare presumat, sed pocius dicta bona ipsis mercatoribus libere restituat. Duci vero Rumpoldo dedit filiam ducis Pomeranie suam consanguineam in recompensacionem laborum suorum, solvens cum hoc cunctas expensas in Dacia et in urbe Lubicensi factas; largitus est insuper eidem duci regalia clenodia diversa ac magnam auri summam[c]. Hiis omnibus solempniter expletis et Erico rege in magno gaudio constituto, proch dolor extrema gaudii luctus inmensus occupare cepit. Nam princeps (ille illustris et angelus) pacis Rumpoldus epydimie labe tactus lectum egritudinis incidit. Qui senciens mortem sibi imminere, regi seriosis verbis et monitis salubribus imposuit, ut pacem et concordiam per ipsum inceptam ad effectum perduceret. Quod cum rex (cum effusione lacrimarum et suspiriis profundis) indubitanter se facturum promisisset, dux spiritum efflavit non sine maxima assistencium perturbacione[d]. Quem rex cum solempnibus exequiis tumulari

(1) *§ 1384 lautet in B zu 1422:* Henricus dux Sleswicensis invitans in suum subsidium Wilhelmum ducem — *u. s. w. wie D* — et captivatis. Pridie autem, antequam[e] hec fierent, intraverat predictum opidum Rumpoldus dux Slesie, missus in ambasiata Sigismundi regis

a) *§ 1385 in B zu 1422.* b) quantocius *a. m B.* c) et argenti *a. m B.* d) et lacrimarum effusione *a. m B.* e) antequam hec fierent *auf rasur B.*

1) *Heinrich IX. gen. Rumpold, herzog von Glogau gest. 1422 jan. 18. Vgl. Hanserecesse 1256—1430. VII 377 f.* 2) *Vgl. Hanserecesse 1256—1430. VII 355 anm. 1.*

fecit in Haderslеve, licet sui vasalli ipsius corpus libenter ad suas partes reduxissent. Post quarum exequiarum peraccionem familiares ducis defuncti rex ad propria remisit, sufficientes expensas eisdem conferendo.

1386. Karlsteen[a. b] castrum regis Bohemorum[(1)] heretici Pragenses expugnare volentes, cum exercitu maximo ipsum obsiderunt. Iohannes autem Polens capitaneus eius[c] in magnis constituitur angustiis. Quod percipientes Lodowicus[1] dux Austrie ex una parte et Fredericus marchio Misne[d] ex altera, collectis exercitibus veniunt obsessis in adiutorium (adiuncto eisdem Frederico marchione de Brandenburg in partibus Swevie residente). Qui pugnantes viriliter cum hereticis, de ipsis ultra tria milia occiderunt, ceteris in fugam versis, et castrum predictum victualibus[(2)] relevantes reversi sunt ad propria.

1387. Fredericus[a] dux Bavarie[2] obiit in die Panthaleonis martiris. Huic[(3)] duci Juli 28. Fredericus marchio de Brandenburg plura castra et urbes abstulerat bello iusto[3].

1388. Iacoba[a] filia Wilhelmi comitis quondam Hollandie, que alias nupserat (avunculo suo) duci Brabancie[4] et propter carnis propinquitatem de mandato pape ab eo separata extiterat post biennalem[e] copulam, hoc anno iuncta est matrimonialiter Umfredo (duci Gloecestrie) fratri Henrici regis Anglie defuncti. Hoc quidem matrimonium dicta domina Iacoba subiit, ut sic virtute Anglorum comitatum Hollandie recuperare valeret, quo privata erat per Iohannem[f] fratrem patris sui Wilhelmi defuncti (qui tutor comitatus illius factus fuit).

1389. Philippi[a] ducis Burgundie nuper (a Karolo delfino Francie fidei prevaricatore turpiter) interfecti[g] relicta[5], obiit veneno extincta a propria pedisequa (ut publica sonuit fama). Hec autem relicta filia fuerat Karoli regis Francorum.

1390. Fredericus[h] marchio de Brandeburg placita habuit in opido Parleberg (terre Prignitz) cum Alberto duce de Mykelenburg propter plures captivos, quos uterque princeps ceperat, redimendos et simul soli convenientes, seclusis utriusque principis

Romanorum ad regem Danorum pro faciendo concordia inter eundem regem Erikum et Henricum ducem Slezwicensem ac comitem Holtzacie cum plena auctoritate dicti regis Romanorum.

(1) in quo regine conservari consuevit thesaurus *s. zu B.*

(2) *st.* victualibus — propria *B:* vitalibus et edibilibus replentes, liberaverunt de manibus improborum. *In B folgt zu 1422:*

1386a. Circa festum natalis domini maxima aquarum inundancia fuit Rome et in circumiacentibus partibus. Nam Tiberis fluvius ascendens Romanam urbem intravit et usque ad portas Sancte Minerve devenit, ubi fratrum Predicatorum conventus in monte est collocatus. Ecclesia quoque Beate Marie rotunda plena erat aqua erecta in altitudine 9 cubitorum. Plures homines et innumera iumenta fluctibus aquarum illarum sunt suffocata.

(3) Huic — iusto *auf rasur D. Statt dessen B:* Hic filiam habuit in uxorem Frederici ducis Brunswicensis turpiter occisi per tradicionem comitis de Waldegghe et archiepiscopi Moguntini Iohannis comitis de Nassowe. *Aehnlich Rufus 525:* Desulve vorste hadde hertich Frederikes dochter van Brunswik, de so jamerliken ghemordet wart by Frislar.

a) *§§ 1386—1389 in B zu 1422.* b) *in B beginnt hier neue tinte.* c) a rege positus *s. zu B.* d) Brandeburgensis *B; Rufus 525 wie D.* e) carnalem *B.* f) ducem Bavarie *s. zu B.* g) defuncti *B.* h) *hiermit beginnt B das jahr 1423.*

1) *Korner denkt wol an Friedrich IV. von Tirol. Dafür nennt er den herzog Ludwig von Baiern Fredericus. Siehe die §§ 1343 und 1387.* 2) *So schon in § 1343.* 3) *Das ganze ist verwirrt. Nur durch die fassung B wird man darauf hingewiesen, dass wahrscheinlich an Friedrich IV. von Tirol gedacht ist; dieser stirbt aber erst 1439 juni 24. Gegner Friedrichs von Hohenzollern war vor allem herzog Ludwig von Ingolstadt, der noch später 1447 mai 1 stirbt. Vgl. die vorige anmerkung.* 4) *Johann 1418 märz 10.* 5) *Michael gest. 1422.*

consiliariis, quibus pax odiosa erat[1], amiciciam perpetuam mutuo firmaverant et omnes captivos libertati restituerant. Iohannem tamen ducem Stargardie, quem diu captivum tenuerat, in(1) captivitate pristina retinuit, suam redempcionem suspendens ad tempus oportunum. Castrum vero Gorlose et Domcse[2], que iure belli acquisierat, de sua benignitate prefato duci Alberto libere resignavit, tradens eidem in matrimonium filiam[3] suam(2) parvulam in signum pacis et amicicie perpetue.

1391. Karolus rex Francorum diem suum clausit extremum, post se relinquens filium equivocum et regni heredem verum. Ad hunc licet iure hereditario corona regni esset devoluta, tamen quia pater suus Karolus adhuc vivens successionem Henrico regi Anglie iam defuncto et suis heredibus resignaverat de consensu quorundam procerum regni, idcirco principes Anglie una cum duce[a] Burgundie Philippo(3), filio Philippi interfecti a dicto Delfino, eidem restiterunt, in quantum potuerunt.

nov. 19. 1392. Hyemps(4) intollerabilis multis fuit, incipiens circa festum Elizabeth et durans usque ad XL. Tanta enim rigiditate gelu illud Balticum mare constrinxerat, quod quidam mercatores asserebant, se equitasse in soliditate glaciei de Prutzia in Lubeke per viam regiam, quam naves transire consueverunt.

1393. Martinus papa misit in legacione sua dominum Brandanum cardinalem tituli Sancti Clementis Placentinum ad visitandum clerum in Alemanniam[4] et ad reformanda collapsa status sacerdotalis et sacre religionis. Qui(5) licet in locis, que visitabat,

(1) st. in — oportunum B: non ex toto liberum dedit, sed suam liberacionem tenens in suspenso a vinculis ipsum absolvit, permittens ipsum transire super fide sua libere. Cogitabat enim ipse Fredericus marchio erga predictum iuvenem principem bene agere, quod et fecit, prout loco suo infra patebit.

(2) st. suam parvulam B: Iohannis borgravii Norembergensis fratris sui defuncti.

(3) st. Philippo — potuerunt B: cuius patrem predictus Delfinus filius regis Karoli interfecit cum dolo pessimo, eidem filio regis restiterunt et ne regimen reciperet, prohibuerunt et impediverunt. *In B folgt mit andrer tinte:*

1391a. Mediolanensis dux uxorem suam decapitari fecit[5], imponens sibi mortis causam, licet proba esset sed sterilis, et loco illius duxit filiam regis Neapolitani sive Apulie. Cuius regis uxor[6] eo defuncto Lodowicum fratrem regis, quia fratri suo defuncto succedere voluit in regno, de terra expulit et per se regnum animo virili administravit.

nov. 19. febr. 17 dec. 25 (4) *§ 1392 lautet in B:* Asperrima[b] hyemps fuit, que incepit circa festum beate Elisabeth et duravit ad 40, paucis diebus exceptis per festum nativitatis Cristi, in quibus resolucio glaciei facta fuit in aliquibus partibus maris. Tanta enim rigiditate gelu illud Balticum pelagus constrinxerat[c], quod quidam mercatores asserebant se equitasse in soliditate glacierum de Prutzia in Lubek[d] per viam regiam, quam naves ire consueverunt in aquis resolutis. De Dacia eciam equestres per glaciem ad omnes maritimas civitates repedaverunt illo in tempore.

(5) st. Qui — facta B: Qui multa bona temporalia inibi congregans, modicum fructum bonorum spiritualium post se reliquid. Incepit enim pedibus mederi, capite et precipua membra

a) *in B auf rasur.* b) *wechsel der tinte in B.* c) constrinxerat *B.* d) Lubek *B.*

1) *Rufus 526:* Dar ghingen de vorsten beyde allene to hope an eme dorntzen unde leten dar buten eren rad to beyden siden, wente den nicht leve was to vrede und endracht der heren. 2) *Dömitz.* 3) *Margareta. Siehe § 1395. Die angabe von B in anm.* (2) *ist falsch.* 4) *Rufus 526:* in Alemanien, dat is Dudesche lant. 5) *1419 sept. Siehe schon D § 1311 und die anmerkung. Er heiratet 1427 Maria von Savoyen.* 6) *Die angaben sind verwirrt; gemeint ist Johanna II. konigin von Neapel 1414—1435, die 1423 Ludwig III. von Anjou zum erben einsetzt. Vgl. § 1407.*

defectus emendaret et statuta relinqueret observanda pro reformacione prelibata necessaria, post suum tamen recessum parum vel nichil profuit visitacio facta[1].

1394. Pyrate mare infestantes cum barcis tribus grandibus invasi sunt per Anglicos, Hollandrinos et aliarum terrarum mercatores. Et de ipsis raptoribus una navis aquis est inmersa cum XL predonibus, alia barca cum XXX et amplius vi ventorum in Prutziam est deducta, ubi omnes capti sunt et decollati. Tercia vero plena predonibus a Hollandrinis devicta est et perducta in opidum Enkhusen[1] et ibidem plexi[2] sunt numero XLII.

1395. Wilhelmus dux de Luneburg duxit filiam Frederici marchionis de Brandenburg[2] in die sancti Viti, quarum nupciarum solempnitas peracta est in civitate Luneburg, presentibus multis principibus. Alteram vero dicti marchionis filiam[3] accepit in uxorem Albertus dux de Mykelenburg[3] et nupcie ille celebrate sunt in Tangermunde[a] eciam in presencia multorum principum et nobilium[4]. juni 15.

1396. Iohannes episcopus Hildensheimensis natus comes de Hoya vitam commodosam in senio agere volens resignavit episcopatum suum ad manus domini Magni episcopi

satisfacta in suis languoribus permisit volutari. Hic eciam legatus de mandato pape prefati fecit crucem predicari contra Husitas et Wiklevistas regni Bohemie hereticos et alios quoscunque contra fidem cristianam seorientes[b] et indixit eadem auctoritate generale passagium fidelibus Cristi sub gracia plene remissionis omnium peccatorum. Et signati sunt multi principes, comites et nobiles, milites et militares, burgenses et villani crucis signaculo ad resistendum et ad expugnandum dyaboli exercitum iter suum arrepturi ex omni plaga mundi circa festum Margarete virginis. juli 13.

(1) in B folgt: 1393a. Castrenses de Louenborg ducis Saxonie cum 40 armatis Albiam ascendentes in quadam navicula devastare villas quasdam et depredari disponebant terre[c] Prignis circa festum corporis Cristi. Cumque locum intentum apprehendissent, circa litus persistentes colloquebantur, qualiter negocium suum inciperent, ut fine proposito concludere valerent. Quorum confabulaciones audiens Slavus quidam pecora et equos depascens in pratis, noctis in crepusculo cucurrit et cuidam nobili, cuius ville erant, quas spoliare proponebant, omnia eorum verba indicavit suadens ei, ut mox surgeret et de remedio sibi provideret indilate. Qui statim surrexit et ad circumiacentes villas et municiones nuncios suos destinavit, precipiens cunctis, ut festinarent ad hostium expugnacionem. Convenerunt igitur subito in illa nocte circiter sexaginta viri gladiis, balistis et lanceis expediti et in latebris se occultantes prestolabantur temporis opportunitatem ad invadendum inimicos. Louenburgenses autem iam quandam villam intraverunt et depredacionibus sollicite insudabant. Cum villa illa vastata ad aliam tenderent, nobilis ille cum suis de latibulis erumpens impetum in eos fecit et clamoribus ac ictibus improvisis omnes illos prosternens totum exercitum captivavit, interfectis paucis. juni 5.

(2) capitali sentencia puniti B.

(3) in festo penthecostes s. zu B. mai 29.

(4) in B folgt: 1395a. Henricus dux Sleswicensis et Gherardus frater eius intraverunt Frisiam Eyderensem cum exercitu magno, eo quod rebelles sis existentes suis principibus debita servicia et assistenciam contra suos [illegible] minime exhibuissent. Unde eos exaccionantes compulerunt dare dictos Frisones eisdem principibus circiter 20000 marcarum Lubicensium[4].

a) Angermunde B. b) [illegible] B. c) terre Prignis am rand B.

1) Enkhuizen. 2) Cäcilie, hochzeit 1423 mai 30. 3) Margareta, hochzeit 1423 juni 1.
4) Hier endet die Linköpinger hs.

Caminensis, fratris Erici ducis de Louenburg, ex dispensacione pape Martini. Et solvit dictus Magnus episcopus summam certam Iohanni episcopatum sibi resignanti de presenti et soluturum se obligavit annuatim ad tempora vite eiusdem Iohannis quandam aliam summam. Resignavit eciam idem Magnus episcopus ecclesiam suam Caminensem sub eadem dispensacione papali ad manus Erici regis Danorum. Ad cuius procuracionem papa dedit eandem ecclesiam cancellario[1] dicti regis et ipsum in episcopum confirmavit.

1397. Ericus rex Danorum archiepiscopum Upsalensem[2] accusari fecit coram papa de quibusdam gravibus excessibus per eum commissis et auctoritate eiusdem domini pape de ecclesia sua ipsum iecit et quendam fratrem ordinis sancte Brigitte[3] virum devotum in locum eius subrogavit.

1398. Tanklem opidum ducatus de Wolgast incineratum est quasi ex integro cum conventu fratrum Augustinensium. Et duravit conflagracio illa ultra medium annum, ita quod ignis ille extingui non potuit, comburens eciam fundamenta in profundo terre.

1399. Eodem tempore consimili conflagracione consumpta est Dantzeke civitas terre Prutzie pro maiori parte cum conventu fratrum Predicatorum.

1400. Duderstad eciam civitas terre Saxonie exusta est pari conflagracione et horribili. Perierunt namque in ea ultra CC homines utriusque sexus, qui ignem illum edacem nullo diffugio evadere poterant.

1401. Concilium generale, quod Martinus papa celebrandum constituerat ad quinquennium post suam coronacionem in Papia, ultra translatum est per presidentes dicti concilii Papiensis[a] propter absenciam pape celebrandum Cenis pro alio tempore.

1424.

1402. Undecimo anno Sigismundi qui est domini MCCCCXXIIII. Halberstadenses cives seducti persuasionibus cuiusdam Mathie Longi civis eiusdem urbis, sed alias expulsi propter suas involuciones periculosas, quandam commocionem et insurrexionem fecerunt, captivando quosdam de consularibus suis et eos incarcerando. Quod malum cum Iohannes episcopus[b] civitatis eiusdem et alie civitates confederate dudum cum dicta urbe Halberstadensi, puta Asscherslevе et Quedelenburg, percepissent, mox venerunt prope urbem et evocari fecerunt capitaneos dicti scismatis et consuluerunt eisdem, ne amplius exorbitarent aut violenciam committerent ulteriorem in capitibus et superioribus eorum. Si enim causas haberent contra eos racionabiles, deberent contra eos iusticie conplementum postulare a iudice eorum et cum tali violencia non procedere. Quibus cives illi ut furiosi et racione non utentes responderunt, quod ad propria redirent in pace et disponerent de factis suis, prout eis placeret; ipsi autem cum consularibus suis aliqua haberent agere, que sine eis optime perficere vellent. Et sic dorsum vertentes civitatem sunt ingressi et die altera tres consulares, quorum unus proconsul erat, decollaverunt; quibus interfectis statim domos eorum sunt ingressi et depredati sunt omnia eorum bona. Post hoc plures alios cives de pocioribus captivantes, iuxta facultatem cuiuslibet ipsum exaccionaverunt. Quod videntes amici et familiares interfectorum fugam ceperunt, vicinas civitates intrantes et iniuriam eis illatam causantes. Aliqui eciam de profugis ad urbem Lubicensem recursum habuerunt, violencias eis factas exponentes; quidam insuper presidium Sigismundi regis Romanorum inplorantes iusticiam eis fieri postulaverunt. Ceteri quoque ad castra vicina se transferentes exerciciis militaribus et armata manu de suis oppressoribus se vindicarunt, magna dampna civitati inferendo. Videntes tandem illi, qui turbacionem hanc fecerant, quod circumquaque

a) Papiensi *D.* b) *am rand D.*

1) *Siegfried von Buch.* 2) *Johannes Jerichini 1421 märz 3 entsetzt.* 3) *Johannes Haquini 1422 febr. erwählt.*

inimicis vallarentur et hostes sui de die in diem augmentarentur, suum episcopum prius spretum et turpiter abiectum humiliter adierunt et pecunia ac precibus cervicis ipsum placantes amiciciam suam recuperaverunt. Qua reconciliacione facta stipendiarios conduxerunt et se defendere manu valida contra inimicos suos statuerunt. Sed Magnus episcopus Hildensemensis eorum presumptam audaciam reprimere satagens, cum exercitu pulcro ad urbem eorum venit, vaccas apprehendit et abduxit, insequentes truncavit, captivavit et prostravit. Sed nec sic castigati ad animum sunt reversi, sed in sua pertinacia obstinati concives suos innumeris turbacionibus gravaverunt. Quorum maliciam periculosam advertentes cetere civitates, de unanimi consensu copiosum cumulaverunt exercitum una cum Iohanne episcopo Halberstadensi et properantes simul dictam civitatem obsidione valida circumdederunt caventes, ne quis de urbe illaberetur. In dicto autem exercitu erant Iohannes episcopus Halberstadensis, cives Magdeburgenses, Brunswicenses, Hallenses, Hildensemenses, Luneburgenses, Goslarienses et Honnoverenses [1]. Hii tamen omnes frustrati sunt in hoc proposito, quod de obsessis in urbe nemo evaderet; nam tocius dissencionis caput Mathias supradictus cum filio suo fuga elapsus manus omnium [a] ad tempus evasit. Cuius fugam intelligentes civitatum capitanei mox proclamari fecerunt, se daturos centum sexagenas grossorum cuilibet ipsum captivanti. Transiens ergo dictus Mathias in habitu peregrino cum filio suo Hartonem, occurrit quibusdam raptoribus dei nutu, qui mox ipsum cum filio apprehendentes eos vinxerunt. Cognitus mox ab uno predonum, exhibuit eisdem centum florenos, ut liberos eos abire permitterent, habens apud se citra IM florenos, quos secum de urbe attulerat. Sed principalis eorum audiens, ipsum esse Mathiam Longum, ex fama cognovit eum fore illum, qui multa in urbe Halberstadensi mala fecerat et propter quem civitas eadem obsessa esset. Unde vinctum ipsum cum filio suo per Hartonem duxit et ambos episcopo Halberstadensi in obsidione constituto presentavit. Cui statim episcopus, ut civitates promiserant, centum sexagenas de pecuniis iuxta eum repertis elargiri fecit. Quibus sic in vincula coniectis, postulavit episcopus a civibus obsessis, fratrem Mathie et alium eius complicem de urbe sibi presentari. Quod cum cives facere renuerent et ad rebellandum suos animarent, episcopus et ceteri preceptores exercitus instrumenta bellica applicari mandaverunt et sic cum petrariis, machinis et bombardis urbem oppugnare ceperunt, proicientes lapides grandes et plures domos destruentes [2]. Quibus iacturis territi communes et vulgares tumultum intra urbem concitaverunt et consulares ac pociores compulerunt, ut mandatis episcopi obedirent et postulatos sibi traderent ad puniendum. Quod cum factum esset, quatuor prelibati impositores discordie decollati sunt in exercitu et claves civitatis tradite sunt domino Iohanni episcopo et capitaneis civitatum. Illi vero de qualibet civitate unum in urbe Halberstadensi dimittentes, ut per eos collapsa repararentur et novus consulatus constitueretur, ad propria sunt reversi.

1403. Feria secunda post Letare Syfridus de Spanheym magister Lyvonie obiit [illegible]
evocatus ad Cristi tribunal modo horribili tali. Sane iuvenis mercator in urbe Rigensi erat, natus de Lubicensi civitate, dictus Marquardus Klempowe, dilectus ab omnibus et bone opinionis existens. Huic autem adolescenti magister antedictus matrimonio copulare volebat quandam mulierem infamem Odelam dictam, suam, ut famabatur, concubinam. Mercator autem ille attendens ad obscuritatem fame mulieris predicte, renuit omnino

a) cuiu, oi *auf rasur D.*

1) *Statt Hildesheim, Lüneburg und Hannover nennt Rufus 529 Aschersleben und Quedlinburg.*
2) *Rufus 530 ausführlicher:* Dar worden towurpen beyde hus unde kerken, unde nement konde uppe der strate ofte in den husen velich wesen, unde dat storment warde in den druddeu dach, also dat vele lude dot bleven und vele jameres schude an kynderen unde an queke.

ducere eam. Quod audiens mulier[a] et se contemptam ab eo intelligens, more crudelitatis feminee iuvenem predictum coram magistro prefato mendose et falso accusavit, furtum ei imponens. Qui statim mercatorem capi fecit et vinculis detineri. Et licet adolescens evidenter se expurgaret et suam innocenciam apertissimis argumentis comprobaret ac preces multorum pro eo porrecte magistro extitissent, in nullo tamen animus dicti magistri inmutari potuit. Sed quia negociator ille ad nutum suum mulieri nubere noluerat et magistri verbum in hoc parvipenderat, ipsum suspendio adiudicavit. Cum ergo adolescens ille extra urbem ductus coram patibulo staret et iam appendi deberet, clamavit voce magna, audiente omni populo et lacrimante: 'Quia sentencia huius terreni iudicis iniuste dampnatus sum ad mortem, eternum iudicem et verum appello, ante
[illegible] cuius tribunal cito peremptorie hunc iudicem Sifridum magistrum Lyvonie, quatinus XIII. die ab hac hora mecum coram eo compareat, auditurus verum iudicium et iustam sentenciam'. Quo dicto appensus patibulo est et mortuus. Quo defuncto et fama citacionis ad dictum magistrum perducta, ille factam citacionem vilipendens et ad consueta facta cum amasia sua divertens animum, dies illos breves transivit incolumis. Die autem XIII, cum in prandio cum amicis sederet vel, ut quidam referunt, in strato recumberet, subita infirmitas ipsum invasit et accurrentibus familiis tremula voce dixit: 'Oretis omnes Deum pro me, quia oportet me ab instanti recedere. Video enim illum, qui me citavit, nec amplius est spes vite mee'. Et hiis dictis oculos evertit et horrendum vultum ostentans spiritum efflavit. Quo mortuo mulier illa ab alio mercatore impetitur cognomento Schymmelpennig et furtum sibi verum vice versa ab eo imponitur. Que fideiussores pro se statuens promittit, se velle respondere iuridice impetitori suo. Sed dimissa mox radi se fecit ut clericum et equum ascendens cum quodam ad hoc conducto terram exivit et Prutziam intrans manus evasit querentis animam eius.

Juni 24. 1404. Dux Mediolanensis Philippus circa festum Iohannis baptiste[1] bellum durum pugnavit cum Florentinis et victoriam de eis obtinens interfecit de stipendiariis civium circa IXM. Unus namque fuit cautelis et astuciis suis, fodiendo in terra foveas et eas occultando arbustis et aliis stramentis, in quas inprovidi hostes labentes interfecti sunt.

1405. Bracius nobilis[2] et potens miles ecclesiam dei multis tribulacionibus vexavit et castra ac civitates sancti Petri expugnavit, clerum dehonestavit, ecclesias violavit ac mala inexplicabilia pape ac Romanis intulit diebus multis. Prounne autem exercitum ducens pape et Romanis bellum indixit, humiliare proponens ex toto papam et clerum suum. Martinus autem satellites et stipendiarios suos in occursum suum misit. Romani vero per vias eis notas transeuntes cum suo exercitu taliter disposuerunt, Bracio inscio, ut utrumque fine ipsum concluderent. Aggressus ergo bellum ipse cum paucis contra stipendiarios pape, ab eis mox prostratus est et interfectus. Quod videntes de exercitu Bracii ceteri in fugam versi sunt ipsisque nescientibus fugiendo in manus Romanorum inciderunt, qui multos occidentes pluresque captivantes Romam secum deduxerunt. Sepultus est dictus Bracius prope ecclesiam Sancti Laurencii in loco non consecrato[3], eo quod in excommunicacione decessisset.

Juni 24. 1406. Anglici transfretantes mare circa festum beati Iohannis baptiste venerunt in Franciam cum magno populo et sociantes se suis, qui iam in Francia erant, bellum assumpserunt cum Francigenis certo die se dimicaturos. Die autem statuto pugne adveniente uterque exercitus acies suas disposuit. In capite autem exercitus Francorum

a) aus mgr korrigiert D.

1) Das datum fehlt bei Rufus 530, der als zeit der getiderten by vif dusent gibt. 2) nobilis — miles auf rasur D; en weldich ridder in Walschen landen Bracius geheten, de was von eyme bure up ghekomen und was ridder geworden Rufus 530. 3) also en hunt fügt Rufus 531 zu.

constituti erant Schoti, quos collegerant ex illis, qui exulabant pulsi terra sua. Quibus congressis pugnaverunt acriter ex utraque parte. Schoti autem de Anglicis plures straverunt. Francigene eciam viribus suis utentes de Anglicis magnum numerum interfecerunt. De Francorum vero exercitu plures ceciderunt et in ambiguitate diu pendebat victoria, sed pocior spes pro parte Francorum erat, quia stipati erant turma maxima Scothorum virorum forcium. Cum autem iam in procinctu esset, ut Francigene victores effecti fuissent, magna pars exercitus Francorum ad rapiendos equos Anglorum avida ab exercitu suo se divertit, credens se iam vicisse et triumphatores existere. Quod cernentes Anglici viriliter partem exercitus sibi relictam invaserunt et prostratis universis Schotis tandem et Francigenas vicerunt. Casi ergo sunt de Francorum exercitu die illa circiter IXM armatorum, supputatis Schotis, qui VM forcium virorum perdiderant; de Anglicis vero forme VIIIM perempta sunt.

1407. Lodowicus rex Apulie pulsus regno per uxorem suam[1], locavit se apud papam in Roma. Regina vero advocans regem Arrogonie, tradidit sibi regnum Apulie, ut ipsam defenderet contra virum suum. Sed non diu post senciens rex Arrogonum, reginam non bene sentire de eo, spoliavit Neapolim urbem opulentissimam et inexplicabilem thesaurum inde colligens abscessit. Lodowicus autem postea reconciliatus uxori per Martinum papam, rediit in regnum suum.

1408. Albertus dux Magnopolensis obiit[2] et sepultus est in Dobberanensi monasterio. Post cuius decessum regimen ducatus assumpserunt civitates Rostoccensis et Wismariensis[3], qui tutores facti sunt filiorum ducis Iohannis, ad quos ducatus devolutus est, eo quod Albertus supradictus sine sui seminis herede decesserit. Sponsa[4] autem sua, filia marchionis Frederici, accepto castro de Wittenburg cum opido et pertinenciis suis et opido Ribnitz cum suis attinenciis pro vitalicio suo, ad edes paternas rediit intacta a viro suo.

1409. Ericus rex Danorum circa festum assumpcionis virginis gloriose exiens aug. 15. regnum suum, intravit per ducatum Stetinensem Pomeraniam, cuius heres erat, et aliquamdiu ibi moram faciens remisit ad regnum suum quosdam de familia sua, parcens expensis. Et inde procedens cum XL equis pervenit tandem ad regnum Ungarie in Ofen urbem regiam et ubi Sigismundus rex fortissimum edificabat castrum. Apud quem Ericus rex per tempus manens citari fecit Henricum ducem de Sleswic, cum quo litem habebat pendentem[5]. Dux autem Henricus citatus transmisit dominum Iohannem episcopum Lubicensem suum legitimum procuratorem pro defensione cause sue. Qui cum ad curiam regis Romanorum pervenisset et causa litis inter principes ventilata esset in iudicio regis, nescio qua ex causa, an pecunia suffragante, an potestate prevalente aut favore inclinante, sed hoc scio, quod pars Henrici ducis succumbens in expensis dampnata est et diffinitiva sentencia contra eam lata est a iudice curie, ita quod ducatus Sleswicensis cum omnibus suis pertinenciis de iure esse debeat Erici regis et ad regnum suum pertinere et sibi quantocius ex toto et integraliter resignari a Henrico usurpatore eiusdem. Procurator autem ducis Henrici Iohannes episcopus Lubicensis audiens, se et suam partem gravatam per iniquam sentenciam, mox a dicto gravamine appellavit, sedem apostolicam provocans appellacionemque interpositam pro-

1) *Johanna II. setzt 1420 könig Alfons von Aragonien, 1423 wieder Ludwig III. von Anjou zum erben ein. Korners darstellung ist auch hier verwirrt.* 2) *Albert IV. gest. 1423.* 3) *Rufus 529 fügt genauer hinzu:* mit hertich Johannes vrouwen, de twe sones van em hadde, Katherinen gheheten, dar de dat land was anghekomen, wente hertich Albrecht starff sunder erve. 4) *Margarete tochter Friedrichs I. von Brandenburg.* 5) umme dat slod Gottorpe unde ok umme dat hertichdom *bei Rufus, der sonst [illegible] am ende wesentlich kürzer berichtet.*

vulgari faciens per dominum Nicolaum[1] prepositum Sleswicensem, qui eciam personaliter infra tempus a iure statutum ipsam prosecutus est, ipsam curiam adiens et negocium sollicitans iuxta posse. Causa autem immediate delata ad curiam assumpta est per dominum apostolicum et mox cassata est sentencia, ymmo verius suspensa usque ad plenam audienciam utriusque partis. Ericus ergo rex lucrata sua causa, ut sibi pro primo videbatur, reysam suam, ob quam principaliter exierat, perficere nitebatur disponens se ad peregrinacionem Ierosolimitanam. Erat autem tunc apud regem Romanorum filius regis Constantinopolitani milicie deserviens. Hic intelligens, regem Danorum velle peregrinari Ierosolimis, vocavit secreto pictorem et ipsum conduxit ad effigiendam faciem Erici regis. Qua ymagine habita misit eam clam soldano Damascenorum, demandans eidem, quod rex trium regnorum venturus esset Ierosolimis consimilis forme, quem si comprehenderet, infinitum thezaurum sibi forte dare valeret. Rex autem Ericus illius tradicionis ignarus viam inceptam arripuit et veniens prope Venecias a duce et civibus urbis illius cum solempnitate magna receptus est et honore. Et ibidem navem sibi comparans, cum familia pauca eam ingressus est in forma famuli et servitoris uni civi Veneciarum adherens et sic in habitu ignoto et vili terram paganorum transiens. Cum autem Terre Sancte applicuisset et pro eorum salvo conductu a Soldano quidam nobilis Sarracenus eis designatus esset, qui ipsos duceret, recepti sunt ab eo exeuntes de navi et perducti in Ierusalem. Protunc autem clausum erat sepulcrum domini propter spolium quoddam commissum per Cathelanos, nec volebat dictus Soldanus, quod quicumque peregrinus sepulcrum domini accederet, nisi prius dampnum suis illatum refunderetur. Sed dictus civis Venecianus, cui Ericus rex ut famulus adherebat propter securitatem, tantum apud principem Sarracenorum effecit, ut pro illo tempore dumtaxat clausura illa laxaretur. Et sic Ericus rex templum est ingressus pariter et sepulcrum domini et votum suum explevit, ob quod venerat. Cive autem illo recedente, templum iterato clausum est, ut prius, et accessus eius peregrinis est interdictus. Cumque devocione sua expleta rex ad navem reverteretur, dixit nobilis ille, qui salvum conductum eis exhibuerat, Erico regi secreto: 'Credis homo, quod nobis ignotus sis, qui in forma clientis apud civem istum vagaris? Tu enim es trium regnorum princeps et Danorum rex nuncuparis. Et ut scias me te optime cognoscere talem esse, ecce ymago faciei tue nostro domino Soldano destinata'. Quam cum rex videret, consternatus valde fertur dedisse nobili illi summam pecunie satis largam, ut ipsum in pace transire permitteret. Quo navem ascenso cum sua comitiva non per Venecias, sed per aliam viam reversus est in Ungariam et inde in regnum suum.

1410. Dux Mediolanensis Philippus cum exercitu copioso intravit Pykardiam, expugnans urbes et evertens municiones diversas. Hanc autem expedicionem fecit in favorem Karoli delfini Francorum et contra Philippum ducem Burgundie, cum quo litem singularem gerebat. Plures eciam urbes et castra dictus dux expugnavit in Ytalia, hostilem discordiam gerens cum Florentinis. Cui favebant Martinus papa et Sigismundus rex Romanorum, mittentes eidem stipendiarios multos ad humiliacionem dicte civitatis Florentine[2].

juni 16. 1411. Iohannes Habundi archiepiscopus Rigensis obiit feria sexta penthecostes. In cuius sedem electus est prepositus ecclesie eiusdem[3].

1412. Circa idem tempus[4] obiit et Iohannes episcopus Hildensemensis, qui ecclesiam suam dudum Magno nato duci de Louenburg resignaverat.

---

1) Clawes Sachowe *haben Rufus und H.* 2) *Die verwirrung nicht bei Rufus 532:* De sulve hertige van Meylan wan ok in Ytalien vele stede unde borge af den van Florencien, den doch halp de pawes, unde konyngk Seghemund van Rome halp deme hertighen unde sande em vele soldenere wedder de Florentinere. 3) *Henning Scharfenberg.* 4) *1424 mai 12.*

1413. Fredericus episcopus Traiectensis obiit[1], vir prudens et magne probitatis. Cui ecclesie papa dedit in pontificem episcopum Spirensem[2], transferendo ipsum de sua ecclesia ad Traiectensem parrochiam. Sed[3] ipse utpote vir provecte etatis ipsam resignavit et tunc papa eandem dedit Suedero preposito dicte ecclesie, electo[4] per quosdam canonicos illius ecclesie, cuius preposituram contulit suo avunculo. Ceteri vero de capitulo dicte ecclesie Traiectensis elegerunt in suum episcopum dominum Rodolfum natu comitem de Defholt contra Suederum natu dominum de Kulenborg, in gravamen tamen ecclesie. Hic Rodolfus electus tam castra quam civitates dyocesis in iuricionem recepit et ea cum suis pertinenciis administravit, licet per apostolica mandata et excommunicacionem ipse et sui adherentes satis graviter infestarentur ad magnum tempus.

1414. Otto episcopus Monasteriensis germanus episcopi Hildensbemensis Iohannis obiit[5]. In cuius sedem electus est germanus Tiderici archiepiscopi Coloniensis comes natu de Morsen iuvenis satis, Henricus[a] dictus.

1425.

1415. Duodecimo anno Sigismundi qui est domini MCCCCXXV. feria quinta ante febr. 15.
dominicam Estomichi[6] Wirtislaus dux de Wolgast, Casymarus dux Stetinensis et Otto frater suus cum exercitu armatorum venientes prope opidum Primslaviense marchie de Brandeborg et ipsum cum cautelis et astuciis militaribus ac instrumentis bellicis invadentes, tandem[7] ipsum expugnaverunt et ceperunt, civibus ex crapula et ebrietate 1. 123.
serotina suffusis et torpescentibus. Nobilis autem quidam Frederici marchionis advocatus in urbe protunc existens fortiter hostibus restitit cum suis et plura in certamine vulnera suscepit. Qui tandem videns cives segniter agere, equum ascendit et urbem exiens saucius castrum suum quantocius pecilt. Quidam vero cives de pocioribus numero XII eciam fugam capientes ad dicti advocati castrum festinaverunt, quos nobilis intromittens eos captivavit et in vincula iecit dicens: 'Iustius est, quod dominus noster marchio vos captivos teneat, quam dux Stetinensis, quem turpiter agendo nec vos viriliter defendendo intruire fecistis et traditores vestre civitatis facti estis'. Hoc idem eciam fertur dixisse Otto iunior dux die altera capcionis civitatis. Nam cum die sequenti populum civitatis convocassent ad conventum fratrum Predicatorum, in quo

a) Henricus dictus *in der zeile von derselben hand später eingetragen D.*

1) *1423 oct. 9.* 2) *Raban von Helmstedt.* 3) *Die stelle* Sed — tamen ecclesie *ist in D gedrängter geschrieben, 7 zeilen stehen auf dem raum von 6, anfang und ende zeigen rasur; auch die tinte ist dunkler; die stelle hat andern ductus und ist wol nachträglich eingefügt. Man vergleiche den abweichenden wortlaut bei Rufus 533:* In der sulven tiid starf bischop Frederik van Utrecht, en gud man synes stichtes. In des stede worden gekoren twe biscope, der kerken to groteme unheyle; de meste hupe van deme cappittele koren greven Rolove van Defholt, unde deme worden des stichtes slote geantwordet, unde by ens villen ok de stede des stichtes, alse Swulle, Campen, Deventer, Harderwik unde vele andere. Men de stad Utrecht was em eyns wils enjeghen; men dar na to hand gaf se sik wedder to em unde bescheremede ene manliken. Etlike van deme sulven cappittele koren her Swedere van Kulenborch, den provest van Utrecht unde den bestedegede de pawes van Rome. Desse twe bischope orlogeden under lank swarliken unde vorderveden beyde, land und lude. Deme her Swedere hulpen de hertighen van Burgundien unde van Gheleren; overt bischop Rolef hadde de stede vor sik des stichtes unde de guden lude uthe Westphalen. Bischop Swedere vorwerf den pawesce ban over alle de gennen, de bi myt bischope Rolove helden; men bischop Roloves partie sank in allen kerken uppe dat recht, dat he van deme mesten unde besten hupen des capittels gekoren was. Unde de twydracht warede langhe tiid an deme stichte. 4) *1425 aug. 1.* 5) *1424 oct. 3.* 6) *Das datum fehlt bei Rufus 533.* 7) In deme vastelavende *Rufus a. a. o.*

duces hospitabantur per illud tempus et vidissent magnam multitudinem populi, dixit Otto dux: 'Video vos cives in bono esse numero et ideo, si probi viri fuissetis et fideles domino vestro, nunquam intrassemus ad vos contra vestram voluntatem'. Tunc tota illa multitudo homagium fecit principibus illis et iuramentum fidelitatis.

1416. Iohannes natus dux Bayoarie et tutor factus Hollandie veneno extinctus periit[1]. Erat enim dicto domino Iohanni familiaris multum quidam perniciosus miles Iohannes de Vleet[2] dictus. Hic corruptus pecunia et promissionibus quorundam vite dicti domini Iohannis insidiancium, intoxicavit sepedictum Iohannem dominum suum et amicum in pocione quadam. Quam cum dominus Iohannes gustasset et sentiret venenum esse, ad vomitum mox se provocavit et intoxicum sumptum eructavit. Militem vero illum statim capi fecit et confessum nephas suum mox in quatuor partes dividi iussit et quamlibet partem in una quatuor plagarum terre Hollandie suspendi mandavit.

1417. Leonardus Stacii generalis ordinis fratrum Predicatorum magister in theo-
märz 22. logia obiit in Florencia in crastino beati Benedicti. Hic pro hoc anno posuerat generale capitulum celebrandum in civitate Lubicensi et conventu ordinis sui. Sed morte preventus, mutatum fuit generale capitulum in provinciale propter obitum dicti magistri
mai 26. et celebratum ibidem profesto penthecostes[3].

1418. Umfredus dux Glocestrie frater Henrici regis Anglie defuncti mare transiens cum Anglorum exercitu venit in Hannoniam, que iure hereditario spectabat ad dominam Iacobam filiam Wilhelmi comitis quondam Hollandie et divorcionatam uxorem Adolfi[4] ducis Brabancie, nunc autem copulatam matrimonialiter eidem Umfredo duci, et receptus est a Bergensibus, ubi dicta domina Iacoba tunc residebat. Cuius adventum percipiens Adolfus[a-4] dux Brabancie, qui ius matrimoniale in dicta domina Iacoba adhuc constanter sibi vendicabat et per eam ex consequenti comitatum Hollandie, cuius heres erat, collegit exercitum magnum et veniens in Hannoniam, obsidione cinxit urbem Bergensem[5] supradictam. Erant autem auxilio duci Brabancie Wilhelmus ducis Burgundie[6] frater illegitimus, vir multum bellicosus, comes Sancti Pauli[7] frater ducis Brabancie, episcopus Leodiensis[8] et alii plures nobiles et civitates, habentes bellatores in universo LXXXM. Quorum vivacitate et militari exercicio, continuato iam fere ad quindenam, exterritus Umfredus dux placita et treugas sibi concedi a principibus postulavit et impetravit. In quibus tandem sic ordinatum est, ut dictus Umfredus dux cum suis Angliam repeteret, missurus ad Romanam curiam pro nova et matura declaracione, quis de duobus principibus illis melius ius matrimoniale in predicta Iacoba haberet et ille eam obtineret cum comitatu Hollandie.

febr. 24. 1419. Wilhelmus marchio Misnensis obiit circa festum Mathie apostoli. Cuius frater Fredericus supervivens obtinuit marchionatum solus cum ducatu Saxonie, quem multa pecunia a Sigismundo rege Romanorum mercatus est pro se et suis heredibus perpetuo obtinendum.

1420. Quidam clericus deguit in Hammeburg urbe, cui in iuventute sua porci et sues ambas manus morsibus crudelibus abstulerant, nec sedes aut vestigia digitorum

a) *auf rasur D; auch Rufus 535 hat* All.

1) *1425 jan. 6.* 2) *Statt des namens bei Rufus 534 nur eine lücke; im folgenden hat Rufus:* umme ghelden willen, dat men geloved was van der vrowen Jacoben partie. 3) *Rufus a. a. o.:* Men do de meister starf, do wart dat grote cappittel ghewandelt in en provinciales cappittel; dat wart do to Lubeke herliken holden, unde dar hadden de brodere to vorworven pawesse aflad, also vorgheringhe aller sunde; unde dat aflad warede iiij weken umme. 4) *Johann IV. von Brabant, seit 1418 märz 10 ihr gemahl.* 5) *Mons.* 6) *Philipp der gute.* 7) *Philipp bruder Johanns IV.* 8) *Johann VIII. von Heinsberg.*

eidem erant, sed posterior pars palme in utroque brachio vix apparebat. Hic homo extremitatibus palmarum iunctis competentem scripsit litteram, libros ligavit, vestes consuit et calceos suos subunculavit ac alia opera manualis diversa sine manibus perfecit[1].

1421. Pro eodem tempore erat in Moguncia quidam homo[2], qui pedes habens flexibiles ut manus, brachia habuit nimis curta et manus omnino ineptas ad opera manualia. Hic vir mira arte pedibus suis opera manuum exercuit, cartulas scribendo, in latis et quinternis ludendo[3] et plura alia auditu stupenda faciendo.

1422. Sed quod hiis magis stupendum est, in Hollandia[a] opido Schidam puella quedam viguit, que supra humanum modum vivens nullo cibo materiali sive naturali uti consuevit in XXVI et amplius annis, sed dominicis diebus per anni circulum sacra communione refici solita est. Corpus vero suum post diutina dierum spacia tandem sic est consumptum, ut a pectoralibus inferius usque ad pedes sola nervorum compago ossa in suis detinens naturalibus locis subducta cute appareret. Nec virtus erat ei quodcumque membrum propria valetudine de artubus inferioribus posse movere. Huic virgini pro semel sacerdos causa experiendi certitudinem rei tam stupende obtulit hostiam non consecratam loco sacramenti eucharistie. Quam cum puella gustasset, mox quasi agonizans deficere cepit. Et nisi in continenti cum sacramento idem sacerdos puelle[b] infirmanti succurrisset, procul dubio eadem spiritum exalasset.

1423. Gerardus natus comes de Marka colligens magnum exercitum intravit ducatum Clivensem contra Adolfum fratrem suum ducem Clivensem, qui ipsum exhereditare quasi nitebatur, plura opida incendit, villas destruxit, habens in suo exercitu Tidericum archiepiscopum Coloniensem, Wilhelmum ducem de Luneburg, Ottonem ducem iuniorem de Brunswic et plures nobiles de Saxonia et Westphalia. Cuius animositatem pariter et fortitudinem formidans Adolfus dux amicabilem iniit cum suo fratre composicionem, parvo tempore durantem[4].

1424. Martinus[5] papa ob metum offensionis regis Romanorum remisit causam, que inter Ericum regem Danorum et Henricum ducem de Sleswic vertebatur et per istam appellacionem ad sedem apostolicam devoluta fuerat, ad curiam Sigismundi regis Romanorum, ut ipsam per eum inceptam discuteret finaliter et terminaret. Rex

a) Hollandis *D.* b) puelli *D.*

1) *H fügt zu:* Dit sach ik sulven, anders hadde ik des nummer gelovet. 2) *H fügt zu:* also se my seden, de en gheseen hadden. 3) *H:* Dat spelede he mede uppe alle scyvenspele meisterliken. 4) *Rufus 536 genauer:* Men de sone en durede nicht langhe; se spaldeden echt uppe dat nye entwey unde worden vyende, unde deden sik underlank groten schaden; de ene dreff deme anderen syne slote aff unde grep em af syne guden lude, unde deleden de en dels unde en deels schatteden se se. 5) *Der bericht bei Rufus a. a. o. ist ausführlicher:* By der sulven tid sande Seghemund der Romere konynk breve in den hof to Rome unde bort dem pawese also to: 'Weted, hilghe vader, dat na deme male gy senden iuwe seltzen in unse korn unde underwyndet iuw der werliken vorsten sake to richtende, dat doch Cristus vorbaden heft in deme ewangelio, so wille wy uns ok underwynden dar en jeghen iuwer ghestliken vorsten sake unde willet vorlenen bischopdome unde kerken unde tasten in dat tittlike gud der papen, wor wy konen. Dat hebbe gy ghedan in der sake der heren van Holsten unde des konynghes van Denemarken unde hebbet dat ordel vornichtighet unde nedderslaghen, dat uwe hoverichter van unser weghene ghevén heft'. Do de pawes de breve horde, he wart sere vorveret unde het also vort schriven breve, dar he yune vorleet der Holsten sake unde sande se wedder in den hof des Romeschen konynghes, dat se dar vort gheendighet wurde, alse se dar angehaven was. Also is wedder vorwrekot dat ordel des Romeschen konynges jeghen de Holsten heren geghevén in syner craft. *In der anordnung hat H grosse ähnlichkeit mit Rufus. Vgl. anhang I.*

enim Romanorum, ut[a] audivit causam iam a se decisam et sentenciatam fore assumptam a papa ad determinandum, spreta et abiecta regis sentencia, scripsit litteram domino pape in hec verba: 'Ex quo, pater sancte, falcem vestram mittere nitimini in messem nostram contra ewangelicam prohibicionem, causas principum vobis vendicando, scitote firmiter, quod et nos falcem nostram extendere non formidabimus de cetero in messem vestram, ecclesie bona nobis usurpando, ubicumque poterimus'.

1425. Adolfus[b, 1] dux Brabancie iterato exercitum colligens venit in partes Hannonie et obsedit Bergensem urbem, ex ea violenter extrahere proponens dominam Iacobam suam uxorem licet divorciomatam[2]. Quod audiens Umfredus dux Glocestrie festinavit cum populo multo ad transfretandum mare, ut obsesse uxori sue occurreret, et veniens in Hannoniam receptus est ab Adolfo cum prelio gravi et victus est dux Glocestrie cum suo exercitu, et interfecti sunt plures de Anglicis. Multi eciam sunt orbati oculis, truncati manibus et pedibus et sic ad propria cum contumelia sunt transmissi, Umfredo duce cum paucis vix evadente.

1426. Nobiles de Swichelde proscripti sunt de Hildensbemensi dyocesi per Magnum episcopum eiusdem ecclesie propter dampna[c] ab eisdem illata et alios graves excessus suos. Sed non diu post revocati sunt in graciam dicti episcopi, interveniente Wilhelmi ducis de Luneburg eis suffragante.'

1427. Anglici castrum quoddam fortissimum in finibus Normannie obsidentes navibus magnis numero XVI[3] plenis armatis ipsum vallaverunt. Aqua vero dictum castrum ambiens crescebat et decrescebat infra diem naturalem iuxta tempus suum[4]. Cuius castri obsidionem intelligentes Britones, collecto exercitu pulcro, venerunt navigio obsessis in auxilium cum multis navibus remigabilibus. Coggones autem et galee Anglorum in decrescencia maris limo sunt infixe nec se movere valebant. Quod attendentes Britones navibus suis parvis bootibus applicuerunt et accedendo ac recedendo ad libitum inimicos suos Anglicos in luto detentos oppugnaverunt, interficientes ex eis ultra VM et reliquos captivantes.

1428. Gans de Putlist baro exercitum colligens de Prignitz et de marka Brandenburgensi, intravit ducatum de Mykelenburg ad depredandum ipsum. Cuius adventum sciens Mathias Axcowe miles et capitaneus dicti ducatus, dominis terre parvulis existentibus, mox convocavit de armigeris terre et de civibus Wismariensibus, quos habere potuit, transitum dicti baronis prepedire satagens. Quorum uterque exercitus bello se excipientes viriliter pugnaverunt. Sed Magnopolenses victores effecti, captus est ibidem baro ille Gans iunior et plures nobiles secum et ductus est in castrum Butzowe ac per Iohannem episcopum Swerinensem turri mancipatus[5].

1429. Wilhelmus et Cristoferus domini Slavorum cum pulcro exercitu Marchiam intrantes, prope Wistok[6] opidum villas quasdam incenderunt et pecora iumentaque cetera rapuerunt. Iohannes autem iunior marchio filius Frederici presciens hostium adventum, adunavit armigeros pedestres et equestres et egressum[b] Slavorum preoccupans et observans iuxta Priswalk opidum, cum eis bellum aggressus est solis occasu imminente. Et pugna utrobique invalescente Helmoldus de Plesse miles de Mykelenburg cum XL et ultra lanceis turpi fuga dilapsus est. Dimicantibus ergo fortiter aciebus

---

a) wechsel der farbe in D. b) auf rasur D. c) dampna — illata auf rasur D.

1) Johann. Siehe schon oben in § 1418. 2) H fügt zu: Unde ik love wol, dat he dat wiff so ere nicht en meende, alse he Hollant meende. 3) H genauer: mit XVI koggen unde dren galleyden. 4) H fügt hinzu: Ok hadden de Engelschen dar vort bi sik holke vul vitalien unde vele reeschoppe van iseren, bliden unde andere instrumente, dar se mede slote plecht to wynnende. 5) Rufus 437 fügt zu: den anderen geven se dach uppe dessem velde. 6) Wittstock.

Iohannes marchio victoria potitus est, in suo habens exercitu comitem de Rupin[1] et antiquiorem Gans de Putlist, et victi sunt Slavi et interfecti multi ac captivati. Occubuit autem inter ceteros Cristoferus dominus de Waren, Wilhelmus vero captus fuisset, nisi se Henricus Moltzan[2] nobilis interposuisset. Qui captus est ibidem cum Iohanne de A consule Rostoccensi[3]. Currus eciam plures quam DCC cum victualibus et instrumentis bellicis adducti per Slavos cesserunt marchioni cum equis et ductoribus eorum.

1430. Philippus dux Burgundie factus est tutor comitatus Hollandie, Adolfus[4] vero dux Brabancie in tuicionem suam accepit Hannoniam. Iacoba autem filia Wilhelmi dudum defuncti, que dictam comiciam Hollandie hereditario iure ad se pertinere constantissime affirmabat, una cum matre sua[5] missa est in Gandavum urbem Flandrie cum solempni comitiva ad manendum ibidem ad tempus in custodia secura per dictum ducem Burgundie, ne[6] forte amplius propter eam tot homines interfici contingeret et propter alias causas amicis suis notas. Ipsa tamen astuta existens non diu post, corrupto eius custode promissis et muneribus, in habitu virili clam urbem exiens paratos ibidem equos ascendit et festinanter viam transiens tandem in Hollandiam pervenit[7]. Ubi recepta est a civibus de Golda, eo quod[a] pocius sibi faverent, quam duci Burgundie cui protunc pociores civitates Hollandie homagium fecerant, demptis Golda, Sconhove, Harlemunt et Vyane[8]. Hec quidem opida domine Iacobe iuramenta fidelitatis prestabant ut heredi vero in sua prima recepcione. Intraverunt [a]eciam tunc cum domina predicta Hollandiam viri dudum exilio religati numero fere DC, qui de parthia et favore erant dicte domine Iacobe. Quorum adventum percipientes ceteri nobiles de parthia opposita, in suum adiutorium vocaverunt cives Harlemenses, Amsterdamenses, Delfenses et Leydenses et circa festum Michaelis exierunt cum exercitu suo et versus Goldam urbem tendentes pugnare cum hostibus statuerunt. Iacoba autem tutu comitissa Hollandie audiens, inimicos suos adesse, exivit in manu valida et hostes bello excipiens prostravit multos de ipsis et plures captivavit, ceteris in fugam versis. Ex qua victoria nomen eius celebre haberi cepit. Apprehendit eciam banneria quatuor civitatum predictarum et ea in signum victorie secum in Goldam duxit captivosque custodie deputavit.

1431. Nicolaus archiepiscopus Bremensis discordare cepit cum Wilhelmo duce de Luneburg et Ottone filio Bernhardi ducis de Brunswic et terre utriusque depredate sunt et succense.

1432. Fredericus marchio de Brandeburg constitutus in Nurenberga intellexit, Casymarum ducem de Stetyn et Wartizlaum ducem de Wolgast opidum Stratzeburg[9] terre sue expugnasse et in Ukerensi territorio graviter debachari, transtulit se in Marchiam stipatus milicia plurium principum. Colligensque et suos de Marchia, intravit ducatum Stetinensem et obsidione circumdans castrum Quatuor rotarum[10] gravibus

Margin: *a. m.* — sept. 29.

---

a) am rand D.

1) Albrecht III. 2) H hat verständlich Moltzke. 3) Rufus genauer: De bedderve man gaf sik in der viende hande vor synen heren unde wart ghegrepen myt Johanne van der A, en radman van Rostoke. 4) Johannes. Siehe schon oben in den §§ 1418 und 1425. 5) Margarethe tochter Philipps des kühnen. 6) ne — notas auf rasur D mit anderer tinte und anderem ductus; uppe dat ne gescheden were an den beyden mannen, dat unbequemelik was to horende eren vrunden Rufus 536. 7) Bei Rufus a. a. o. lebhafter erzählt. 8) Gouda, Schoonhoven, Haarlem und Vianen in Südholland; Harlemunt vielleicht aus Harlem und unde einer deutschen quelle verderbt. Rufus 538 hat van Harlemmund unde van Vyanen. 9) Der ort bei Rufus 539 nicht genannt. 10) Vierraden; dat slod to den Veer raden Rufus a. a. o.

iacturis impegit in ipsum ac tecta ipsius deiecit. Angustiati autem castrenses pro redempcione ad suos miserunt principes, qui de Polonie, Pomeranie, Prutheni et ceteris gentibus exteris multum populum adunantes Fredericum marchionem bello aggressi fuissent, nisi ipse sibi consulens, soluta obsidione, ad propria reversus fuisset, eorum dicto relinquens castro instrumenta bellica et cetera que attulerat[1].

1433. Prope castellum Montisflasconem[2] quidam latrunculi latitantes convencionem fecerant cum quibusdam tabernariis eiusdem opidi, quatinus peregrinos et Romipetas adventantes ad se dirigerent et nunciis suis de eorum adventu eos incantarent, et ipsi latrones vice versa porcionem prede hospitalariis eisdem fideliter impertirentur. Contigit
Juni 24. ergo hoc anno circa festum beati Iohannis baptiste duos presbiteros ad curiam Romanam tendentes hospitari in dicto opido apud quendam de collegio dictorum predonum filium habentem, qui eosdem clericos per viam venientes ad sui patris hospicium invitaverat, extra portam urbis constitutus pro peregrinorum exspectacione, ut moris est[a] Ytalicorum. Sacerdotibus autem istis in hospicio prandentibus, filiusfamilias supradictos adiit latrones, admonens eos, ut sollicite duorum clericorum observarent transitum, quia putaret eos habundare auro. Quibus sic aliquamdiu confabulantibus, venit cursu rabido eorum speculator, nuncians adventum clericorum. Qui mox eos invadentes et ad nemoris interiora trahentes spoliaverunt et dure eos percusserunt, semivivo uno relicto, sed altero manus eorum evadente saucio et versus castellum, quod exierant, cursitante. Erat autem dicti opidi capitaneus civis Florentinus, honestus vir et iustus. Ad quem veniens vulneratus clericus conquestus est ei de spolio perpesso et lesione enormi sui ipsius et socii sui in loco depredacionis relicti et quod traditi essent per filium tabernarii, apud quem pransi fuissent. Videns autem iudex clericum crudeliter tractatum, quesivit an hospitem suum agnosceret et domum, ubi moram traxissent; qui respondit quod sic. Prefectus ergo urbis, assumptis satellitibus, perrexit cum presbitero ad tabernam, in qua manducaverat. Aspiciens autem clericus vidit filium tabernarii reversum, quem inter latrones invenerat, dum ipsum invasissent, et qui eos tradiderat. Unde exclamans a potestate iusticie complementum de traditore sibi fieri postulavit. Quem iudex mox comprehendens et examinans, reperit omnes conscios in domo illa existentes. Vincti ergo sunt pater, mater et filius et ad questum expositi, qui prodentes misterium convencionis cum latrunculis in nemore degentibus in custodiam missi sunt. Profectus vero, collectis circiter quadringentis cum arcubus, balistis et lanceis, nemus illud circumdedit, ne quisquam de latentibus elaberetur, et penetrans interiora nemoris cum satellitibus suis, pervenit tandem ad locum, ubi latrones illi cubabant, et irruens super eos, omnes captivavit numero XXXIIII[b]. Quos secum in castellum ducens, in crastino simul patibulis appendit cum tabernariis et tabernatricibus multis, qui cum eisdem convenciones consimiles fecerant.

1434. Ericus rex Danorum astucia mundana usus, inconsueta tamen, monetam fieri[c] fecit novam ex toto cupream[3] et illam solum recipi precepit, ut vulgabatur, et non aliam ab incolis regni sub pena privacionis omnium bonorum. Et ut moneta predicta ad manus omnium eo expedicius veniret, mandavit omnibus sibi subiectis, ut monetam quamcumque aliam, si quam haberent, suis presentarent campsoribus et monetariis et

a) *über der zeile D.* b) LXIIII *Rufus 540.* c) fieri — novam *auf rasur D.*

1) *Rufus 539 fügt zu:* Men sprak, hadde he dar lengher bleven, de syne hadden ene vorlaten. 2) *Montefiascone.* 3) *Rufus:* In deme sulven jare leet konynk Erik van Denemarken hans munte slan an syme rike van pareme coppere. *H berichtet:* In dessem jare wolde koningk Erik van Denemarken erliken wedder wynnen, dat he uppe der Jherusalemschen reyse vorteret hadde, unde lett slan in Denemarken ene munte van parem koppere.

novam pro ea reciperent ab eo factam, qua in emendo et vendendo et nulla alia uti deberent. Quod preceptum iniustum satis, ut apparet, opidani et villani audientes et penam appositam incidere formidantes, monetas extraneas argenteas et aureas supradictis monetariis presentaverunt et pro auro et argento cuprum receperunt et sic regem ipsum suosque campsores et monetarios ditaverunt, se ipsos vero depauperaverunt. Videntes autem mercatores et advene, prudenciam hanc mundanam non in bonum eorum vergere, merces suas apud se retinuerunt et res pro rebus commutare studuerunt[1]. Regina[2] tamen non valens audire detracciones et oblocuciones hominum, in dedecus et vituperium honoris domini sui regis et mariti sonantes, statim post dictam monetam cupream abiecit et bonam monetam cum civitatibus maritimis equivalentem fabrefecit ac eam recipi ab omnibus mandavit.

1435. Iohannes dominus de Erkel post diutinam captivitatem liberatus est hoc anno de vinculis, in que ipsum coniecerat ante annos fere XII Wilhelmus comes Hollandie dudum defunctus. Eripuit autem ipsum Philippus dux Burgundie, cum ingrederetur dictum comitatum cum potencia, et factus est dictus dominus de Erkel consiliarius Arnoldi ducis Gelrie filii filie[3] sue ac eciam ducis Burgundie.

1436. Mercatores et piscatores diversarum mundi parcium, qui ob capturam allecum in Scaniam regni Danorum singulis annis transire soliti erant, hoc anno ipsam visitantes et ad consuetam capturam sollicitudinem debitam adhibentes, parum vel nichil capere potuerunt. Et non solum hoc anno, sed deinceps licet consueto tempore venirent et omnem diligenciam suam facerent, prope nichil tamen prendere potuerunt. Piscis autem ille, Danicum pelagus pertransire assuetus, in mari oberrans plagas illas Scanicas omnino liquit, dei, ut timetur, vindicta hoc disponente, et occiduum mare transiens Flamigenas ditare iam satagit[4].

1437. Osnaburgensis ecclesia, que satis diu viduata steterat[5], relicta per Henricum comitem Holtzatorum, qui ipsius antistes fuerat non tamen consecratus[6], iam recepit in pastorem comitem natum de Defholt, virum[7] probum et discretum. Qui mox episcopus factus rixare cepit[8] contra vicinum suum episcopum Monasteriensem[9] bellum movendo. Sed Nicolaus archiepiscopus Bremensis dictos pontifices pacificans amicabiliter eos composuit.

1438. Neugarden[10] urbem regiam Ruthenorum tanta lues et mortalitas turbavit, ut quasi vastata videretur. Homines namque civitatis illius in plateis deambulantes quasi desperati subito ceciderunt et exspiraverunt. Eratque tantus fetor in urbe, ut sola aeris corrupcione homines deficerent. Mortui enim referuntur inibi infra annum dimidium pene LXXXM hominum.

---

1) Den bosen vunde der munte wart nement gebetert men de meystere, de dat slughen *fügt Rufus hier hinzu.* 2) *Philippa tochter Heinrichs IV. von England.* 3) *Maria tochter Johanns XII. herrn von Arkel.* 4) *Rufus 541 berichtet:* Dat salve unvorwinlike arich alle copmannes unde schade der menen werlt, also de vorbisteringhe des heringhes ute deme Sunde, bleff langhe jar an, also hyr na schreven steyt, unde quam nicht wedder; men he delede sik in de see unde quam en dels in Vlanderen, en dels by Hilghelande unde des ghelijk mengher weghene, dar he grepen wart; men he en hadde nerghene de art und gude, de he in Schone eiden plach to hebbende. 5) *1404—1410. Doch folgt auf Heinrich von Holstein zunächst 1410—1424 der bischof von Münster Otto von Hoya als administrator, auf diesen 1424 Johannes von Diepholz.* 6) do de greve to Holsten wart, do bleff de kerke wedewe wente in desse tijd *Rufus 541.* 7) virum — discretum *auf rasur D; statt der rasur hat Rufus 541:* des koreneu bischopes broder van Utrecht greven Roleven. *Ähnlich H.* 8) *H:* Desse bisscop Hinrik so vro, also he bisscop worden was, do begunde he to orligende u. s. w. 9) do dat stichte van Osenbrugghe so langhe vorstan hadde *fügt Rufus 541 hinzu.* 10) *Nowgorod.*

1439. Dominus Iordanus Plescowe burgimagister urbis Lubicensis obiit in epydimia. Hic deo et hominibus dilectus proconsul dicte nedum civitatis Lubicensis, sed et omnium civitatum de Ansa honor extitit et gloria, multarum virtutum redimitus excellencia[1]. Fuit nempe pacis amator fervidus, viduarum et pauperum protector strennuus, discordancium parcium reconciliator avidus, tyrannice dominacionis effractor animosus, iusticie zelator piissimus, servicii divini promotor promtissimus, religiosorum fautor carissimus et politice rectitudinis emulator sincerus. Similis illi in urbibus Anse temporibus suis nemo inventus est, secundum nulla habuit et vix imantea habebit.

1440. Heretici regni Bohemie ultra quatuor millia lancearum adunantes urbem Dusa dictam marchionis Misne forti obsidione vallaverunt. Fredericus autem marchio prescius adventus hostium eandem civitatem munierat viris fortissimis quingentis, qui in ea erant, cum obsidio hec fieret. Extra urbem vero in duobus locis sex milia armatorum locaverat, ut obsidentes propulsarent et vallatis auxilio fierent. Cumque hostes ex una parte urbem oppugnare disponerent, capitaneus dicte civitatis perperam agens, assumptis pugnatoribus a marchione missis, civitatem per oppositam portam exivit, dicens ad latitantem exercitum velle pergere et eorum fultus subsidio inprovisos hostes impetere et sic eos percutere. Quibus egressis unus civis fautor hereticorum mox de muro elapsus hostibus absenciam virorum eos debellare valencium insinuavit. Quod audientes heretici expugnacioni urbis mox operam dederunt et statim civitate capta, eam intraverunt et tam senes quam iuvenes utriusque sexus fideles ac eorum parvulos vagientes gladiis suis trucidaverunt. Quidam autem vitam eorum ad tempus conservare cupientes ecclesiam maiorem intraverunt et se ex ea defendere temptaverunt. Quod videntes impii, ecclesiam populo plenam obstruxerunt[a] et ignem apponentes eam cum hominibus conbusserunt. Sicque sevientibus illis maledictis, omnia civitatis edificia flammis sunt consumpta, muri diruti sunt et disiecti, exercitibus Misnensium vel ignorantibus tradicione capitanei urbis seductis, vel hostibus pre timore appropinquare non audentibus. Hii[2] inquam heretici permissi sunt divina forte vindicta favente propter fidelium peccata hec agere, rege Romanorum et ceteris terrarum principibus non obsistentibus et allegantibus pro sua excusacione, quod dominus papa et alii maiores prelati ecclesie, qui magna habent dominia et potentes existunt, ob fidei defensionem et heresis exstirpacionem, que a clero exordium sumpsit, merito apponere deberent manus suas vindices et non facerent. Cum autem hec agerentur per infideles in Dusa, exercitus fidelium ad pugnandum se preparabat. Destructo vero castro et civitate accensa, heretici ad propria redire conati sunt. Super quos exercitus marchionis subito de latibulis erumpens irruit et de hostibus illis ultra tria milia prostravit. Et quamvis in hoc loco, sicud et in pluribus aliis, populus hic dyabolicus fortiter sit attritus a fidelibus, nichil tamen videtur conculcacio hec ponderanda in comparacione ad mutuam eorum exinanicionem. Infideles enim contra catholicos eorum continuis insudabant preliis. Nam maiores inferiorum et vice versa minores superiorum mansiones destruxerunt, ut sic necessitate compulsi eis contra viriliter adhererent et spoliis ac latrociniis studiosius et avidius insisterent. In proprias quoque villas et civitates irruentes,

a) obstruxerit *D*.

1) *Rufus 541:* He was by syme levende en ere der stede; he was vredesam, erbar unde mylde; we dar quam to Lubeke by synen daghen van vorsten, prelaten, riddere edder wolgeboren lude, de vromede weren, de mosten al syn brot eten. He was ok willekome in allen vorsten hoven, in steden unde sloten, dar he quam, unde [en]hadde syn hovet gedan, de stad van Lubeke hadde swych vorderven bleven. Des sy syn sele gevrowet in der hoghen stad der ere. *In H fehlt der ganze §.* 2) *Das folgende bei Rufus 548 wesentlich kürzer.*

victualia omnia inibi reperta consumpserunt et utensilia cuncta abducentes, eas vacuas reliquerunt, ne fideles forte venturi quidquam commodi invenirent. Sicque *omnia *f. am desperacione quadam dyabolica indiscrete agentes, se ipsos depauperaverunt et regnum suum nobile ad nichilum quasi redigerunt.

1426.

1441. Terciodecimo anno qui est domini MCCCCXXVI Anglici cum XII vel amplius magnis navibus Selandiam petentes onustis armatorum multitudine et non longe a portu Sirizensium[1] applicantes, terram illam spoliare nisi sunt circa festum purificacionis. Febr. 2. Habuerunt autem secum ductores plures Hollandrinos terra dudum pulsos, quos vulgariter Rallinger vocabant. Quorum adventum percipiens Philippus dux Burgundie, tutor dicti comitatus, cum suis Flamingis, iunctis sibi Hollandrinis et Selandrinis incolis terrarum, cum bello duro terra marique Anglicos invasit et tandem triumpho glorioso potitus fere omnes interfecit. Numerus autem Anglicorum occumbencium fertur fuisse mille CCCC[2], de parte vero ducis circiter CCCXI referuntur perempti. Quo prelio peracto Goldenses cives una cum vasallis domino Iacobe villas quasdam prope Oldewater opidum sitas impotentes eas spoliaverunt, villanos captivaverunt, ecclesias violaverunt, bona in eis custodita rapuerunt et plura enormia in dictis ecclesiis, domini timore penitus semoto, perpetraverunt.

1442. Hoc anno factus refertur ab astrologis fuisse concursus planetarum in unam domum preter Venerem et illa convencio tempora causavit periculosa et annum eventibus mirabilibus et inconsuetis plenum. Instabant namque in omnibus ferme mundi partibus sediciones et prelia parabantur in utroque statu, clericali scilicet et laycali, nec erat locus presertim in nostra Europa a commocione sediciosa immunis. Pestilencie eciam et graves subitanee mortalitates regiones cunctas vexabant. Audiebantur insuper in singulis mensibus fere hyemalibus tonitrua et micabant coruscaciones e nubibus. Tempestates quoque sevissime sine intermissione exorte mare agitabant et innumeros homines, quos gladius in arida non voraverat, in aquis pelagus et procella eius absorbebant. Non fuit autem in memoriis hominum annus tam indisciplinatus et turbativus visus aut perceptus.

1443. Philippus dux Mediolanensis prelium certans cum civibus civitatum Florentine et Veneciarum, victoriam de ipsis obtinuit et innumeros de ipsis peremit. Sed non diu post dicte civitates cum potencia magna exeuntes urbem Brixensem obsiderunt et eam expugnantes tandem ceperunt spoliantesque eam thezaurum inmensum deportaverunt, non paucis occisis et captivatis de viris ducis prefati. Sigismundus autem Romanorum rex partem ducis fovens, ipsius exercitum roborare et expedicionem grandem instaurare contra dictas civitates velle minatus est. Cuius potenciam pariter et animositatem expertam formidantes, ambasiatores solempnes, dominos videlicet Padowensem et Veronensem[3], ad ipsum miserant, ut pacem cum eo facerent et benivolenciam ipsius captarent. Qui oblatis, ut famabatur, quadringentis milibus ducatorum cives dictarum urbium alis aquile regie subiecerunt et fedus perpetuum cum ipso percusserunt.

1444. Circa festum Johannis baptiste impii heretici Bohemorum cum maximo ex- Juni 24. ercitu fideles marchionis[4] Misne querentes Uthzense[5] opidum obsiderunt. Opidani autem adventum hostium sencientes proprium opidum incenderunt, secum bona sua tollentes et fugam capientes. Frederico autem marchione in partibus non existente, dominam terre adierunt et calamitatem suam ei exposuerunt. Audiens autem marchio-

---

1) *Zierikzee.* 2) by xvi hundert man *Rufus 543 und H.* 3) *Marsiglio da Carrara und Brunoro della Scala.* 4) *Friedrich der friedfertige; seine gemalin Anna von Schwarzburg.* 5) *Aussig in Böhmen*; de stad Uthsense in Mysne *H.*

niesa suam urbem hostibus vallatam, domino suo marchione in Nurenberga in concilio principum occupato, collegit subito exercitum grandem de omnibus urbibus, castris et opidis Thuringie et Misne et accersivit comites et nobiles sui principatus [1], recensuitque populum suum collectum et invenit circiter XXM [a] virorum forcium. Et transiens cum hiis saltum Bohemicum pervenit ad agmina inimicorum Cristi, et commisso bannerio domini sui quidam Bossoni militi cognomento Vicedum, quem probum estimabat adlotham, bellum iniit cum hostibus. Hereticorum autem exercitus municionem fortissimam sibi fecerat de curribus multis in magnum circuitum ductis, longis cathenis colligatis et compactis mirabili et inconsueta structura, ne dissolvi valerent. Et infra hanc municionem currilem, dictam vulgariter wagenburg, sagittarii et lancearii eorum stabant et hii exercitum adversariorum ledere poterant, illesi ipsi permanentes. Cumque acies armatorum simul congrederentur et iam vix se contingere cepissent, inprobus Bosso ille signifer et miles perfidus, deiecto bannerio, turpissimam cum suis iniit fugam. Quod videntes posteriores exercitus orthodoxi, consternati valde et ipsi terga fugiendo dederunt. Hereticorum ergo multitudo cernens fidelium agmina dispergi, suos agitavit insultum facere in hostes. Unde commisso conflictu cum remanentibus occiderunt ex eis, fama certissima affirmante, plus quam XII milia, ceteris elapsis cum pudore. Plures autem nobiles [b], barones et milites in hac pugna flebili mactati sunt. Hoc inquam prodicionis malum fertur fecisse dictus Bosso in vindictam fratris sui, quem Fredericus marchio ob sua tradimenta [2] interfici iusserat. Et sic ambo traditores effecti nomen suum turpiter maculaverunt.

1445. Comes de Berneburg [3], aliter dictus de Anchalt, spoliavit mercatores strate communis inter urbes Magdeburgensem et Hallensem et bona eis ablata dicto castro Berneburg advexit. Negociatores autem ad prefatas civitates accedentes conquesti sunt, se depredatos per comitem prelibatum. Quod audientes consulares earum, mox de civibus propriis ac vicinis eorum nobilibus exercitum copiosum adunaverant, et versus castrum antedictum Berneburg properantes ipsum obsiderant et oppugnare ceperant. Quibus in actuali expugnacione laborantibus, supervenit a casu Wilhelmus dux de Luneburg a Frederico marchione, apud quem negocium habuerat expediendum, revertens. Hic cernens avunculo imminere periculum, placitare cum civitatibus amicabiliter cepit et tandem comitem predictum cum civibus illis sic concordavit, ut depredacionem consimilem in perpetuum abiuraret et singulis mercatoribus per ipsum dampnificatis per quinquennium ad plenum satisfaceret.

1446. Marchio iunior Iohannes de Brandeburg, patre [4] suo absente, collegit exercitum fortem, instigatus per cives urbis Primslaviensis, quibus multum graves extiterant Caeymarus et Otto duces de Stetyn, qui urbem ipsam ceperant. Et procedens versus dictam civitatem intromissus est nocte cum suis per portas suburbii fluvio Ukere vicinas, ignorantibus viris, qui ex parte ducum Stetinensium maiores valvas occupabant et eas quasi incastellaverant. Cum ergo Iohannes marchio esset in urbe cum suo exercitu, cepit impugnare portas incastellatas, applicans eisdem bellica instrumenta. Cui resistentes earum inhabitatores cum bumbardis et balistis, pro suo posse se defendere conati sunt. Sed cives stramina et cetera focalia maiori porte applicantes et ignem inmittentes, fumo permaximo in tantum castrenses angariaverunt, ut se in manus marchionis captivos traderent. Quod percipientes aliam portam tenentes, placita cum dicto principe inierunt

a) aus XXX radirt D; Rufus 544: by XXX dusent. b) auf rasur D; vele greven, riddere unde gude lude Rufus 544.

1) Rufus 544: de Hertes heren al unme. 2) H erläutert: ok umme vorretnisse willen, dat he den biscop vorreet, de des markgreven bode was to koningk Segemundes vrouwen, der he ene summe geldes sende. 3) Bernhard VI. 4) Friedrich I.

et sic securitatem ab eo obtinentes vite et rerum suarum, portam illam destruxerunt et urbem exierunt cum suis rebus. Stetinensium autem duces audientes, marchionem intromissum et suos angariari, venerunt cum populo multo, sperantes urbem obtinere. Sed cum civitatem viderent armatis plenam et munitam suosque fugatos, confusi retrocesserunt.

1447. Nicolaus archiepiscopus Bremensis pecunia multa conductus per Okkonem domicellum Frisie occidentalis, intravit Frisiam cum pulcro exercitu, habens secum Tidericum comitem de Aldenburg, Iohannem comitem de Hoya, Conradum comitem de Defhold et baronem de Ridberg[1]. Et predam magnam apprehendens de pecoribus et iumentis, destinavit eam per dictum Tidericum comitem cum multis balistariis ducendam in Aldenburg. Ipse vero cum aliis comitibus et militaribus totoque exercitu suo insultum Frisonum prestolari conatus est, nimis confidens in potencia sua. Quorum adventum intelligens Fokko, cum suis, quos habere poterat, processit in occursum hostium suorum, et convenientes se bellum durum insimul agentes, Fokko bravium obtinuit victorie. Perierunt ergo plures in conflictu illo de exercitu archiepiscopi aut aquis inmersi aut gladiis mactati, captusque est Nicolaus archiepiscopus Bremensis vulnere gravi saucius[2]. Occubuerunt autem in prelio hoc Conradus comes de Defhold et baro de Ridberg cum multis viris bellicosis. Qua pugna peracta pauci de exercitu archiepiscopi superstites relicti sunt.

1448. Fratres ordinis Predicatorum suum generale capitulum celebraverunt in Bononia sub fratre Thoma de Regno bacalario sacre theologie, eis dato vicario generali per Martinum papam. Ubi ab eisdem fratribus electus est in magistrum generalem ordinis antedicti frater Bartholomeus magister in theologia de provincia Provincie regni Francorum profesto penthecostes. mai 18.

1449. Danorum rex Ericus populum innumerum de tribus regnis suis colligens, in totale exterminium Henrici ducis de Sleswic et suorum fratrum[3] exarsit. Unde adunato exercitu maximo terra marique urbem Sleswic obsedit et montem vulgariter dictum Hesteberg occupans, ipsum fossatis profundis et latis et aggeribus ac vallis fortissimis munivit et incastellavit in profesto beate Marie Magdalene. Regis autem adventum juli 21. scencientes duces de Sleswic, cum fideli adiutorio civium de Hammeburg et procerum utriusque terre ducatus et comitatus castrum Gottorp et dictam urbem Sleswicensem aggeribus et vallis fortissimis sic munierunt et armatis ac balistariis ceterisque instrumentis bellicis necnon victualibus copiosis repleverunt, ut ad resistendum Danorum impetuosis incursibus viriliter essent animati. Constructa ergo municione per regem, que vulgariter bolwerk nuncupatur, et robustissimis Sweorum, Danorum Norweorumque viris commendata, expugnacioni urbis Sleswicensis insistere temptavit. Unde in militaribus exerciciis se utrobique exercitantes, nunc dampna parti adverse intulerunt, nunc vero vice versa similia recipientes, diem laboribus et fatigacionibus ad solis usque[a] occasum deduxerunt[4]. Utraque autem parte hostium occupacioni dure insudante, Vitaliani quidam numero fere DC, qui Danorum perfidiam abhorrentes Daciam reliquerant et ad Hammeburgensium cives se contulerant, pyratica classe ipsos Danos infatigabiliter vexabant et plures naves victualibus, instrumentis bellicis, armis, trabibus et lignis grandibus ad castella instauranda et erigenda aptatis aliisque rebus bonis variis

a) hiernach ad getilgt D.

1) *Konrad IV.* 2) *H berichtet genauer:* Den biscop hadden do de Vresen dot geslagen, hadde en Fokke Uko nicht geredded, doch hou ene eyn Vrese vil sere unde wolde em dat hovet afgehouwen hebben, men Fokke nam ene gevangen. 3) *Adolf VIII. und Gerhard VII.* 4) *H fügt hinzu:* Men te deme dikkesten male vorloren de Denen so teyne to XX unde vele worden ere gevangen.

onustas auferebant. Cernens autem Henricus dux Sleswicensis potenciam regis viribus suis incomparabilem, accessit urbem Lubicensem et civium subsidium humiliter implorans ad animum eisdem revocavit, qualiter sui progenitores transactis temporibus a Danico iugo eos liberassent et pro redempcione urbis sue vitam suam exposuissent, ut sic vicissitudinem graciosam, ymmo de iure debitam rependentes, a periculis imminentibus nedum Holtzatorum populis, verum eciam proprie sue civitati et ceteris urbibus maritimis eos liberando, regis exercitum furiosum debellare satagerent ac irrecuperabile malum, quod pre foribus esset, prepedire iuxta posse non negligerent. Vulgariter enim dici consuevit, sapientis esse consilium a foribus vicini malum removere, ne propriis appropinquet. Sed maiores civitatis nescio qua causa moti mox[a] recipere principis

*t. 199. antedicti frequentem postulacionem de auxilio ferendo distulerunt[b] *nec eis statim ad libitum responsum consolatorium dederunt. Sed tandem bene deliberati convocaverunt ad familiare colloquium propinquarum urbium consulares et cum sinceritate tractantes et masticantes negocium Holtzatorum, ad ultimum concluserunt in invicem quosdam fore mittendos ex parte civitatum ad regem Ericum, qui pro pacis reformacione sincere et seriose laborarent et inter principes, si quo modo possent, amiciciam facerent. Missi ergo sunt de urbe Lubicensi duo, puta Henricus Rapesulver proconsul et Tydemannus Tzerntin consularis, de urbe Sundensi Conradus Biscop burgimagister et Iohannes Burowe consul, de urbe Rostoccensi Fredericus de Tzeyne[1] proconsul et Henricus Grenze consularis, de urbe Wismariensi Iohannes Banscowe proconsul et Petrus Wilde consul. Hii viri providi octo et circumspecti quatuor civitatum dictarum regem Danorum adierunt inventum in Hadersleve terre Iucie et pro composicione amicabili regis et ducum de Sleswic ac Holtsacie constanter laboraverunt. Interim autem, quo hec placita fierent, Dani et Holtzati bellica continuantes exercicia, flumen illud Sly dictum navibus a Danis est repletum et os fluvii per Holtzatos alias obstructum est reseratum per Danos. Quibus mox obviantes Holtzati de introductis navibus plures incenderunt et multas aquis immerserunt bumbardis manualibus perforatas. Dux eciam Henricus, collecto exercitu equitum et peditum copioso[2], eodem tempore violenter Danis invitis castrum Gottorpe, urbem Sleswic et opidum Renseburg cibavit, plures Danos ipsum impedire nitentes trucidans. Coram opido quoque Flenzeburg ultra tria milia vaccarum et iumentorum apprehendit et abducens se in castra sua deduxit. Pluries eciam de utroque exercitu modo pauci, modo plures se invadentes certabant, sed quasi in omni conflictu Holtzatis fortuna arridente, cesi sunt Dani et victi. Ambasiatoribus igitur supradictis a rege Erico sine grato responso reversis, statim generale colloquium pro

sept. 14. instanti festo exaltacionis sancte crucis fiendum in urbe Rostoccensi est statutum. Ad quod convenerunt Lubicenses, Hammenburgenses, Sundenses, Luneburgenses, Gripeswaldenses, Wismarienses et Anklemenses[b]. Qui seriose et mature negocium huius periculose dissencionis masticantes et ex ea perpendentes omnium dictarum civitatum destruccionem iminere, tandem inter se concluserunt summe opus fore, ut dicte civitates confederacionem indissolubilem promitterent et eam litteris suis sigillatis roborarent ad resistendum regi Danorum, ne limites regnorum suorum hucusque sibi prefixos transcenderet aut excederet, et eciam ad laborandum totis conatibus, ut municionem prope Sleswic urbem factam de aggeribus et vallis funditus everterent et destruerent; et quod in hanc[c] prefatam confederacionem omni nisu quo possent Henricum ducem et suos fratres cum omnibus suis auxiliatoribus traherent, receptis ab eisdem litteris

---

a) mox recipere *auf rasur D.* b) *auf rasur D.* c) hac *D.*

1) Vicke van Tzeve *Rufus;* Vicke van Tzeve *ist der name urkundlich.* 2) *H fügt hinzu:* unde hadde bi veerhundert wagene.

sigillatis et fideiussoribus ydoneis in robur et testimonium premissorum in perpetuum duraturum. Qua confederacione et compromissione civitatum antedictarum in urbe Rostoccensi facta, regressi sunt in urbem Lubicensem omnium prefatarum civitatum nuncii preter Gripeswaldenses et Anklemenses, qui dictam confederacionem contra regem et ducem eorum, qui cum rege erat, inire nolebant. Ubi cum essent constituti, vocatus est Henricus dux de Sleswic de Reynevelde monasterio, ubi cum multo desiderio prestolabatur rumores sibi iocundos. Quo in presencia civitatum constituto, dicte civitates ligam inviolabilis adhesionis et confederacionis perpetue cum eo et omnibus suis sequacibus ac heredibus contraxerunt; et quod a dicta confederacione nulla causa emergente recedere debeant, valeant aut possint, iuramentis suis firmaverunt ac litteris sigillatis roboraverunt. Quibus sic ordinatis et laudatis singuli ad propria sunt reversi.

1450. Discidium[a] grave erat inter Wilhelmum ducem de Luneburg et Nicolaum archiepiscopum Bremensem[1], quod valde impediebat Holtzatorum prosperitatem. Nam dicti principes omnes terrarum dominos vicinos eis occupabant in eorum expedicionibus contra invicem fiendis, et ideo Holtzatis nec ipsi nec ceteri principes auxilio esse poterant. Propter quod quidem discidium tollendum in favorem Holtzatorum civitates destinaverunt quosdam de consularibus suis ad dictos principes. De urbe enim Lubicensi missi sunt Conradus Brekewolt proconsul et Iohannes Bere consularis, de Hammeburg Henricus Hoyer proconsul et Ericus de Tzeuen consul, de Luneburg Iohannes Viscule burgimagister et Fredericus Hogeherte consularis. Hii viri spectabiles una cum Bremensibus in opido Verdensi convenerunt, ubi ad placitandum dicti duo principes erant venturi. Et hii tam fideliter tamque vigorose negocium eis commissum agitaverunt et practicaverunt, ut dictos ducem et archiepiscopum integraliter et perfecte concordarent[b] atque amiciciam perpetuam inter eos facerent. Qua discordia sopita tota illa provincia ad ferendum auxilium Holtzatorum principibus[2] se preparabat.

1451. Nobiles[3] quidam Holtzatorum assumptis ducentis vel paulo plus Vitalianis et aliis vasallis in profesto beati Mathei apostoli Ymbriam insulam navigio intraverunt sept. 20.
et prope Glambeke castrum se locaverunt ac quibusdam ex eis scalis erectis murum castri scandere incipientibus[a] in aurora, quibusdam bombardis[c] crepantibus, quibusdam vero arcubus et balistis tela mittentibus, infatigabiliter ipsum impugnare studuerunt. Quorum insultum pariter et tumultum audientes castellani, timore magno exterriti sunt. Considerantes autem regem in actuali obsidione urbis Sleswicensis cum suis fore occupatum et ad presidium eis ferendum prepeditum, perpendentes insuper numerositatem hostium et paucitatem suorum mortisque periculum iminens formidantes, tucius esse in animo statuerunt se committere gracie Holtzatorum, quam se discriminibus exponere et inutiliter certare. De communi ergo decreto[d] et consensu sociorum dextras inimicis dederunt et castrum ad manus Holtzatorum resignaverunt, cum rebus suis salvi recedentes.

1452. Expulsi cives Groningenses terre Frisie[4], auxilium Fokkonis tutoris terre eiusdem implorantes, circa LXXX viros meliores dominii sui in suum subsidium ab eo receperunt. Quos armigeros secum ducentes circa festum beati Martini dictam urbem nov. 11.
ingressi sunt sine formidine et timore et procedentes usque ad forum civitatis banerium suum erexerunt. Attoniti autem pociores cives urbis de adventu tam inopinato hostium, quidam ex eis latibula quesierunt, quidam vero magis cordati per urbem cursitantes cives ad pugnam animaverunt. Quibus adunatis et ad dimicandum contra hostes congregatis, illi, qui ad capiendam urbem intraverant, in foro stabant

a) *auf rasur D.* b) *rest atque auf rasur D.* c) bumbardis *D.* d) decreto *D.*

1) *H fügt hinzu:* de do ute der venknisse gekomen was. 2) *Adolf VIII. und Gerhard VII.* 3) *Vgl. auch die fassung von H im anhang I.* 4) also Keppin unde ein partye *fügt H hinzu.*

et pacem civibus verbis lenibus promittebant asserentes [1], se venisse non ad perdendum eos, sed ad salutem et profectum eorum et ad manendum cum eis pacifice, ad cuius probacionem et argumentum veritatis arma sua deponere parati essent. Cumque hec agerentur, Bruno Klinghe et Henricus de Ponte proconsules cum fere ducentis civibus, quos collegerant ex diversis angulis civitatis, ad forum, in quo hostes reliquerant, accelerantes nec de promissione pacis eorum aliquid audire curantes, impetum in eos fecerunt et gladiis ac fustibus omnes illos prostraverunt, circa LX de ipsis captivantes et eodem die eos decollantes. Elapsi tamen sunt quidam capitanei eorum, puta Iohannes Hugink, Rodolfus de Umme et Wilhelmus Wiebering, Rodolfo Horniken occiso, qui [a] bacalarius utriusque iuris extiterat. Cadavera vero omnium trucidatorum humata sunt in campo tamquam ecclesiastica sepultura indigna. Fokko autem, cuius nobiliores Frisones interfecti erant, valde indignatus in vindictam suorum castrum Okkonis Brûke [2] dictum expugnavit et solo ipsum equavit cum duabus aliis municionibus fortibus.

Juli 2. 1453. Soldanus Sarracenorum circa festum visitacionis virginis gloriose, collecto exercitu centenorum milium, venit navigio in Ciprum et subiugato sibi toto regno illo, dempta Famagusta urbe principali regni munitissima, sub dicione Ianuensium degente, captivavit Iohannem regem Cipri, Philippo filio eius interempto cum comite de Heynberg et altero milite famoso, peregrinis Terre Sancte, ac innumero fidelium populo. Ad cuius regis redempcionem Martinus papa quosdam misit nuncios per universam cristianismum cum indulgenciis remissionis plenarie omnium peccatorum, ut pecuniam colligerent, per quam idem rex redimi valeret. Cum autem predictus Sarracenorum princeps, regno Cipri capto et vastato, classem suam barbaricam versus Sanctam direxisset Terram, obviam habuit navem peregrinorum cristianorum copia onustam de Alemannie partibus numero fere CCCLX. Quam ut vidit, mox exercitum destinavit, ut ipsam caperet et presencie sue sisteret. Crudelissimi ergo homines illi canina rabie insanientes navem illam comprehenderunt et totam illam multitudinem Mahumeto deo Sarracenorum sacrilego ymmolare nolentem, sed Cristum dei filium crucifixum clara voce confitentem, crudeliter interfecerunt, demptis LX mulieribus, quas incestuosa cupiditate ducti suis libidinosis voluntatibus reservaverunt. Inter quas XXIIII erant vetule, quas abire fecerunt illesas, ceteras vero illecebrosis turpitudinibus exponentes secum duxerunt. Duo autem viri, quorum unus sacerdos erat dictus Henricus Wydoghe de urbe Lubicensi, alter vero laycus adolescens [4], timore humano victi inter mulierculas prefatas se miscuerant, eo quod inberbes essent, et peplis se detexerant, ut sic cum eis manus sacrilegas tyranni evadere potuissent. Sed cum actus fornicarios cum eisdem forte exercere temptassent et se delusos per hos duos vidissent, impii illi ipsos vestibus suis spoliantes, nudos ad arbores ligaverunt et tam diu eos lapidaverunt, quousque ex toto conquassati deo animas suas redderent. Quo facto corpora illorum simul cum corporibus in navi interfectorum, inter quos alius erat sacerdos de urbe Lubicensi dictus Iohannes Bustroye [b], igni iniecerunt et concremaverunt. Naucleros vero XVI, qui nomen Domini blasphemare recusabant, eisdem flammis vivos exustos ad celum transmiserunt, ceteris libertati restitutis, qui a fide apostatare non formidarunt.

1454. Civitatum maritimarum nunciis post initam et confirmatam confederacionem cum principibus Holtzatorum in urbe Lubicensi factam reversis [3], quelibet civitas se disponere cepit in preparacione navium, in congregacione armatorum, in reparacione instrumentorum

a) *fehlt D.*

1) *Rufus gibt direkte rede; auch H gibt weiter vorn die indirekte rede der vertriebenen bürger genauer.* 2) *Der name fehlt bei Rufus 548.* 3) *Vgl. § 1104 und die anmerkung.* 4) two clerike, de ene was en prester und de andere en schriver, unde weren beyde van Lubeke *Rufus 548.* b) *Die erwähnung dieses zweiten priesters fehlt bei Rufus 548 und auch in H.*

bellicorum et in procuracione victualium. Quibus ad nutum ordinatis et convencione facta de die exitus et de loco, quem primo invadere vellent, miserunt nuncios, qui uno determinato die simul de omnibus civitatibus presenciam Erici regis accederent et litteras earum persone sue et non altori cuicumque offerrent. Qui nuncii simul in die beati Luce ewangeliste ad presenciam regis venerunt et rumores sibi, ut credo, non oct. 18. iocundos litteratorie intimaverunt. Litteris autem civitatum coram rege lectis de pace interdicta et hostilitate inita, mox nuncii regales destinati sunt ad civitates et castra regnorum ad preavisandum capitaneos eorum, ut vigilanter ea custodirent, que eis tradita essent per regem. Illi vero, qui in obsidione urbis Sleswicensis constituti erant et vallum inhabitabant, mandato regio iussi sunt locum linquere et ad propria redire, qui statim precepto regis parentes obsidionem solverunt et accenso *vallo cunctisque *f. 111. cremabilibus inflammatis Daniam repecierunt. Quorum recessum Holtzati de castro Gottorpe et de Sleswic percipientes eos insecuti sunt, quosdam de posterioribus apprehendentes et captivantes et quosdam gladiis suis trucidantes. Ceteri vero inhabitatores urbis Sleswicensis vallum desolatum intraverunt et plura victualia relicta reperientes secum detulerunt, petrariam quoque magnam rapientes de manibus vehencium eam, introduxerunt in castrum Gottorpe. Ingresse sunt ergo mare omnes simul predicte sex civitates cum centum et amplius grandibus navibus et parvis profesto omnium sanctorum, habentes armatos viros circiter sexies mille. Cum autem apud oct. 31. Wismariensium portum, qui Litus album dicitur[1], omnes dicte naves aggregate fuissent et ibidem percepissent, Gherardum ducem Holtzatorum cum pulcro exercitu esse in mari et eorum adventum prestolari cum gaudio, toto nisu conati sunt viam maris arripere ad apropinquandum amicis. Sed cum iam per XV dies in exspectacione venti prosperi iacuissent et plura incommoda turbinis impetuosi, ymbrium inundancie et intensissimi frigoris ibidem pertulissent, tandem classem illam merore non modico solverunt et velis subductis ad proprios portus compulsi necessitate redierunt.

1455. Henricus dux de Sleswic non dormitans pro illo tempore, quo exercitus civitatum in mari consisteret, sed vigilanter et viriliter agens, equestrium et pedestrium copiosum assumpsit exercitum, secum ducens bellica instrumenta expugnacioni castrorum necessaria et obsidens molendinum quoddam situm inter Sleswic et Vlenseburg opida, quod Ericus rex in transitu suo, quo ad vallandum castrum Gottorp venerat, expugnaverat et incastellaverat ac fortiter munierat. Hoc quidem molendinum sic incastellatum Holtzatos non mediocriter impediebat, ne dictum opidum Vlenseburg via recta, ut soliti erant, adirent. Inpugnans ergo viriliter ipsum castellum dux cum suis instrumentis, ipsum tandem cepit et in eo LX viros et XL equos reperiens omnes abduxit. Invenit eciam in dicto molendino varia instrumenta bellica et magnam copiam victualium, que omnia colligens abduxit et molendinum destruxit.

1456. Guntherus archiepiscopus Magdeburgensis graves discordias cum civibus urbis Hallensis gerens propter salinarum censum, quem sibi dare negabant, diversa eis intulit dampna per depredaciones villarum, captivaciones civium et spoliaciones curruum bona burgensium hinc inde deferencium. Cives vero vice versa archiepiscopo suo incommoda plurima inferentes quedam castella expugnaverunt nobilium dyocesis et plures viros de diversis urbibus, opidis et castris captivaverunt et exaccionaverunt. Ob has autem controversias removendas utraque pars grandibus expensis mutuo se fatigantes coram Romanorum regis iudicio vicibus variis certabant, sed in nullo proficiebant. Sed attendentes civitates vicine displicenciam hanc vergere in exterminium nedum civitatis Hallensis et archiepiscopi prefati, sed eciam tocius dyocesis et civitatum adiacencium, que occasione huius discidii detrimenta varia sustinebant, unde dies placitorum

1) by deme witten ovare *Rafna*.

statuentes convenerunt in Magdeburg Brunswicenses, Hallenses, Helmstadenses, Aquenses[1] et Calvenses. Guntherus vero archiepiscopus huic congregacioni urbium intuxit et suos, puta Ernestum comitem de Berneburg et pociores de capitulo maioris ecclesie Magdeburgensis. Qui simul placitantes magnis laboribus et fatigacionibus multis tandem bono fine concluserunt, submotis omnibus discordiis et displicenciis. Hallenses tamen archiepiscopo Gunthero in sublevamen expensarum XIXM sexagenarum grossorum antiquorum erogaverunt et dictus archiepiscopus eosdem cives suos de banno regali, in quod ceciderant, libertavit.

1427.

1437. Quartodecimo anno Sigismundi qui est domini MCCCCXXVII. heretici Pragensium sevientes in oves Cristi innumera mala hoc anno ipsis intulerunt. Nam versus Austriam primo tyrannizantes opida diversa destruxerunt, non procul a Vienna urbe retrocedentes et nulli etati vel sexui parcentes. Insuper et versus Moraviam tendentes et Slesiam, demoliti sunt urbes et opida et omnes in eis habitantes trucidabant. Ad partes vero Misne et Lusacie declinantes, primo Bruxensem urbem vallaverunt et in quodam monticulo castriolum erexerunt, ut ex eo urbem debellarent. Sed cives animosi cum quibusdam satellitibus marchionis exeuntes post recessum Husitarum, predictum castellum vi expugnaverunt et funditus perverterunt, circa XXIIII hereticos in eo captos trucidantes. Dehinc pergentes inimici Cristi ad Lusaciam devenerunt et vallantes opidum Lubanense[2] ipsum oppugnare ceperunt. Cives vero hostium potenciam formidantes inprimis, sed mox confortati a domino audaciam capientes in magno numero urbem exierunt, ut impetum facerent in eos; sed nimiam multitudinem cernentes inimicorum dorsa dederunt et ad intrandum opidum suum acceleraverunt, quod videntes heretici mox fugientes[a] insecuti sunt et cum ipsis urbem ingressi. At ubi cum pervenissent, per urbem furiosi discurrerunt et omne masculinum genus interfecerunt. Plebanus autem dicte civitatis populum alloquens exhortabatur ipsum ad fidei constanciam et ad paciencie perseveranciam. Quod audientes impii dictum plebanum rapuerunt et cuilibet manui et pedi alligantes equum unum, quemlibet equum ad plagam terre alteri oppositam agitaverunt et sic in quatuor partes violenter sacerdotem illum diruptum diviserunt. Cumque lugubris hec strages in urbe predicta fieret, clerus totus ad ecclesiam, ut ibidem salvaretur, confugit et antiphonam devotam intonans 'Salve regina misericordie', auxilium virginis inplorare cepit. Quorum cantum furiosi viri
*f. 107. audientes ad ecclesiam concurrerunt et eam cum cruentis gladiis intrantes iuvenes scolares per crines receperunt ac per medium secuerunt, presbiteros vero omnes gladiis perforantes, illam ecclesiam cruore rubeo martirum Cristi consecraverunt. Qua lamentabili cede peracta urbem spoliantes incenderunt. Mulierculas autem iuvenes secum rapientes, vetulas abiecerunt vivas. Consumpta autem dicta civitate ad aliam se diverterunt Goldberg dictam, quam similiter destruentes omnem populum perdiderunt. Plura quoque monasteria virorum et mulierum destruentes, monachos interfecerunt, virgines vero libidinosis suis actibus reservaverunt. In Moravia autem subsequencia opida per hereticos hoc anno incinerata sunt, puta Loern[3], Nykkelburg[4] castrum, Snaym, Koerunenburg[5], Nuenburg, Volkensteen[6], Klosternuenburg, Valkenberg, Sterneberg et Zittaue.

1438. Adolfus[b] dux Brabancie obiit. In[7] cuius ducatum successit frater suus comes Sancti Pauli, eo quod prolem non haberet. De cuius obitu gavisa est domina Iacoba heres Hollandie, quam contra legem canonicam duxerat in uxorem.

a) fugetes *D.* b) *auf rasur D; Alef Rufus 551.*

1) *Aken an der Elbe.* 2) *Lauban. Merkwürdigerweise haben Rufus 550 und H beide* Lebus. 3) *Unbekannt.* 4) *Nikolsburg.* 5) *Korn-Neuburg.* 6) *Falkenstein.* 7) *Johann IV. gest. 1427 april 17. Sein bruder Philipp.*

1459. Per regnum Arrogonie horribilis et inconsuetus terremotus factus est, durans fere ad tres ebdomadas, qui plures subvertit urbes, deiecit turres et castra ac populum innumerum obruit.

1460. Philippus Burgundie dux exercitu fere XVIM pugnatorum Senenburg castrum vallavit comitatus Hollandie et satis diu ipsum oppugnans, tandem magnis laboribus et dampnis ipsum expugnavit et cepit in eo dominum de Senenburg baronem[1] cum multis aliis nobilibus. Quod audiens domina Iacoba consternata est valde, eo quod ipsum solum de cunctis terre patrie sui nobilibus fauctorem et defensorem habuisset.

1461. Otto iunior dux de Brunswic, Magnus episcopus Hildensbemensis et Iohannes episcopus Halberstadensis adunantes exercitum cum adiutorio civitatum Magdeburgensis, Brunswicensis, Hildensbemensis, Halberstadensis et Goslariensis, Helmstadensis ac Osterwicensis circumdederunt castrum Wydela[2], quod inhabitabant illi de Swichelde Conradus et Brandanus, qui de ipso stratam spoliabant. Quod mox ceperunt absque resistencia, quia dicti nobiles fugam cum suis ceperant, adventu principum et civitatum percepto[3]. Quo habito declinabant ad aliud eorundem, quod Biscoppesluttler[4] nuncupatum[a]. Quod similiter sine defensoribus reperientes ipsum ceperunt et utrumque munientes in quolibet unum capitaneum ex parte principum et alterum ex parte civitatum statuerunt. Suprascriptos autem nobiles raptores cum tota eorum progenie dicti principes et civitates proscripserunt et de Saxonia exterminaverunt neque ad condignam emendam.

1462. Ploscowe[5] civitas Ruthenorum obsessa per Vitoldum ducem Lithuanorum et per episcopum Darbatensem[6], capta est et subacta terre Lyvonie cum regulo[7] [suo et omnibus satrapis ac optimatibus regni | illius, qui intra urbem suas mansiones habuerunt cum rege] suo et spoliata [est][b] innumeris bonis.

1463. Civitates stagnales exercitum magnum colligentes et cum eo magnas naves onustantes Balticum intraverunt mare post medium XL. et applicantes insulis Danicis, [illegible]
depredati sunt plures ex eis, auxiliante eis Gerardo duce iuniore de Sleswic — nomina autem insularum spoliatarum per eos sunt Leze[8], Erre[9] cum suo castro, Laland, Möne, Borneholm et Geyzor[10] — copiosam predam in eis colligentes et abducentes. Quibus ad voluntatem expeditis tota illa classica multitudo ad instanciam et inductionem Gerardi ducis versus Vlenzeborg castrum et opidum tendens obsidione forti ea cinxit in parte marina. Henricus vero dux Sleswicensis cum exercitu Holtsatorum copioso equestrium et pedestrium a parte terrestri ea vallavit in diebus rogacionum. Quibus[11] [illegible]
sic undique constrictis hostium agminibus et nullum diffugium videntibus aut subsidium a quoquam sperantibus, verbis tamen procacibus et inportunis se nullum timorem habere ostenderant et letis suis apparicionibus omnem formidinem abdicaverunt. In

a) so D. b) über der zeile D.

1) Gerhard von Stryen, erbherr von Sevenbergen. 2) Wiedelah im bistum Hildesheim. 3) H fügt hier ein: Dat slot Wydela bemanneden do de vorsten unde de stede unde eyn yslik deel sette dar up sinen voged. 4) Lutter am Barenberge. 5) Pskow in Russland. 6) Dietrich III. Resler. 7) Hier und ebenso in § 1463 (siehe s. 478 anm. 4) sind in der hs. D je zwei zeilen suo — cum rege und de strata — passaverat am ende der spalten mit hellerer tinte und andrem ductus nachgetragen, inhaltlose worte nur bestimmt den raum auszufüllen, da die den spalten übliche zeilenzahl von 48 durch ein versehen auf dem ersten blatte des mit f. 181' beginnenden neuen quinionen nicht erreicht war. Im zusammenhang damit ist das hier folgende est über der zeile nachgetragen. Man vergleiche auch die kürze bei Rufus 553: unde wart to dem lesten ghewunnen van den sulven vorsten unde geschynnet van vele gudes. 8) Läsö. 9) Arö. 10) Gjedser-Odde. 11) Die stelle Quibus — abdicaverunt fehlt bei Rufus und in H. Vgl. jedoch für H seite 478 anm. 2.

castro autem predicto capitanei erant Gerardus episcopus[1] Arhusensis et Petrus Ilus miles, secum habentes castri defensores viros utique fortes in bono numero et animosos[2]. Sed nondum impugnabantur ab obsessoribus, eo quod tam principes quam civitatenses in hoc concordassent, quod expugnacioni nemo insistere deberet ante crastinum diem
mai 29. ascensionis dominice, sperantes bellica instrumenta expugnacioni dicte necessaria de proximo adventura. Qua concordancia principum et civium non obstante, quidam consularis Iohannes[3] Kletzeke dictus urbis Hammeburgensis, nescio quo motus instinctu,
mai 28. Vitalianis et stipendiariis dicte sue civitatis, quorum capitaneus erat, in vigilia sancte ascensionis tunnam cervisie[a] propinavit, ut ea exhausta in castra inimicorum tela iacerent ignita et sic bellum suscitarent, attediatus forte, quod tanta multitudo armatorum in expedicione, propter quam venerant, non occupabatur et tempus illud tam inutiliter, ut estimavit, expendebatur. Evacuata ergo lagena a satellitibus prefatis, crepusculum noctis affuit et totus fere exercitus, demptis excubias observantibus, in profunda quiete accubuit. Qui ebrietatis furore estuantes mox surrexerunt et castrum accedentes tela ignita ab eodem Iohanne consule eis tradita in obsessos miserunt. Quidam vero de illis, suffusis tyronibus, suis clamoribus horribilibus principem in papilione dormitantem et nobiles Holtzatos excitaverunt vociferantes, iam cives urbium maritimarum castrum ascendisse et ipsum quasi victis hostibus expugnasse. Quorum terribiles clamores expergefactus Henricus dux de Slezwic audiens obstupuit et confestim [surgens[4] de strato suo, in quo modice quieti se dederat] et ad breve spacium post labores nimios
c. mai 28. pausaverat] lorica se induit acceleransque ad castrum non advertit, si quis se sequeretur. Estimabat enim invincibile dedecus sibi fore, quod castrum sine eo a civibus caperetur, non attendens condictum, quod fecerat cum civitatibus de non impugnando quodcumque
mai 29. ante crastinum ascensionis dominice[5]. Unde animositate naturalis ingenuitatis stimulatus et generosi sanguinis fervore accensus, scalam ad sepem erexit castro circumductam, quam mox ascendens anteriores castri municiones proripere festinavit. Cernens autem hanc indiscretam principis audaciam Henricus de Ånevelt miles fidelissimus et domini sui periculum formidans clamavit: 'Quid facitis, mi domine? Nolite accedere tam prope. Faciliter ledi possetis et sic luctum et merorem omnibus nobis faceretis'. Cuius redarguentis vocem audiens quidam Dacus intra septa latitans, ad sepem mox accessit et personam ducis attente considerans cuspide sua ipsum transfodit. Quo vulnere letali accepto pius dominus astantibus fertur dixisse: 'Tollite me hinc festinanter et intra tentoria me deferte, quia fessus effectus hic diucius manere non possum'. Cognoscentes autem nobiles letaliter ipsum sauciatum, super dictam scalam, quam ascenderat, eum locaverunt et ad locum quietis deferre festinaverunt. Sed proch dolor

---

a) e *auf rasur D;* Hamborgers bere *H.*

1) episcopus Arhusensis *auf rasur D;* bischop Gherd van Wensselen *Rufus. H wie D. Bischof von Aarhus ist damals Ulrich Stygge. Ein bischof namens Gerhard ist erst 1438 in Aalborg nachzuweisen. Irgend eine verwechslung muss vorliegen. Korner war offenbar schlecht unterrichtet, denn schon in § 1529 spricht er nur von* quidam episcopus. 2) *H berichtet genauer:* Wol dat nu desse slotlude unde ok de borghere sere starke unde [illegible] al mamme belecht weren, doch so stelleden se sik [illegible] in erer beere mit eren schimpreden unde honliken sprekende, recht oft en nicht lede en were, wente se uppe deme slote hadden bi soe hundert starker man. 3) Iohannes — dictus *auf rasur D;* de borgermester van Hamborch her Johan Cletze *Rufus. H lässt an dieser stelle den namen weg.* 4) *Siehe s. 477 anm. 7. Vgl. auch die entsprechende stelle bei Rufus:* Do dat schriechte de hertoghe van Sleswik horde, he war up myt haste unde krech were an syne hand; em duchte dat unvorwynlik schande syn, dat he so langhe hadde slapen. 5) *Den rest der erzählung gibt Rufus wesentlich kürzer.*

baiulancium incuria neglectus de scala ad terram collapsus est et gravi lesione quassatus, unde vix in papilionem devectus spiritum altis suspiriis efflavit[1]. Quantus autem meror et lamentum, quanti vero dolores et flebiles gemitus in populo nedum Holtzatorum et civitatum maritimarum, verum eciam in universis partibus, ad quas rumores illi lugubres pervenerant et quibus previe huius pii principis probitas et commendabile nomen sermonibus referencium nota[a] erant, exorti sunt de subita et insperata nece ipsius, lingua humana non sufficit enarrare. Prelibato igitur domino Henrico duce tam doloroso casu de medio sublato et eius corpore in Ythsebo delato ac honorifice sepulto, Adolfus frater suus post ipsum senior onus belli mox assumpsit et tam suos quam cives urbium ibidem constitutos constanter exhortabatur, ut viriliter opus, quod pro communi bono terre Holtzacie et civitatum suarum inceperant, ad finem salutarem perducerent, in obsidione ipsa incessanter perseverando et indefesse certando. Sed heu principis illius desiderium non est sortitum optatum effectum. Nam Iohannes Bere consularis et capitaneus urbis Lubicensis in hac expedicione cum suo collega Bertoldo Rolant consule et Iohannes Kletzeke capitaneus urbis Hammeburgensis cum Symone de Traiecto suo socio, ambo consulares, audientes prefatum ducem Henricum tam miserabiliter interfectum, absque ulteriori mora, spretis obsecracionibus et precibus lacrimosis desolatorum principum Adolfi et Gerardi ducum de Sleswic et Holtzacie, vela sua elevaverunt et ad propria festinaverunt. Quorum recessum cetere civitates videntes, erectis consimiliter suis velis, partes suas repecierunt, Holtzatorum exercitum in maximis tribulacionibus constitutum et auxilio destitutum relinquentes.

1464. Rodolfus electus ecclesie Traiectensis[2] Swedero episcopo confirmato eiusdem ecclesie viriliter resistens, tamquam in possessione plena habens urbem predictam Traiectensem ceterasque civitates prope flumen Ysle sitas ac castra forciora dyocesis, plura dampna sibi suisque fautoribus intulit, villas depredando, sata conculcando, villanos captivando et opidanos ac viros bellatores multos occidendo. Cuius confirmati episcopi infortuniis compaciens Arnoldus dux Gelrie exercitum pulcrum adunavit et sibi auxilio esse cupiens territorium vulgariter dictum Betowe[3] accessit, quod iam Traiectenses in manu valida intraverant et eam spoliantes demoliti fuerant, villas[4] incinerando, multos viros captivando et bona eorum diripiendo. Ubi dum constituti essent ambo exercitus, Petrus Lauriz capitaneus vir bellicosus valde et audax, assumptis trecentis vel paulo plus armatis, obviam hostibus processit. Rodolfus vero electus cum duobus fere milibus, audiens Gelrensium adventum, cumulum conpressum et artum de suis faciens, ne hostes multitudinem fugerent, aciem suam disposuit et dimicandum cum adversariis statuit. Quod cernens animosus athleta Petrus Gelrensium signifer, non exspectans domini sui exercitum sequentem eo quatuor milium pugnatorum, cum suis trecentis vel parum amplius viris super hostes ruit et duris ictibus aciem dividens per medium ipsorum vancius tamen transivit, omnibus fere suis aut captis vel interfectis. Ipse[b] quoque letali vulnere accepto parum[c] processit, sed mox de equo cadens spiritum emisit. Quidam tamen dicunt, quendam carnificem ipsum interfecisse, eo quod capi ab eo non vellet ipsum parvipendendo[5]. Cuius casum percipiens Arnoldus dux metu gravi repercussus retrocessit.

1465. Ericus dux de Esbeke de progenie ducum de Brunswic obiit[6]. Hic com-

a) *auf rasur D.* b) *Ipse quoque auf rasur D.* c) *st auf rasur D.*

1) *H berichtet etwas abweichend:* Dar leydem se one up de ledderen unde drogen one in dat getelte; alse he do van der ledderen genomen wart unde dale gelecht, do starff he en under den handen. 2) *den se den postulaten noemeden H.* 3) *Betuwe.* 4) villas — diripiendo *auf rasur D; fehlt bei Rufus 552.* 5) *Diese nachricht fehlt bei Rufus 552 und in H.* 6) *Erich I. gest. 1427 iuni 28. Rufus 553 nennt ihn van der heide (d. i. heide).*

munis strate et mercatorum inimicus existens valde a probitate patrui sui Henrici ducis de Luneburg degeneravit.

1466. Archiepiscopus Moguntinus Conradus exercitum pulcrum misit in Hassiam
aug. 10. circa festum sancti Laurencii ad depredandam terram illam, constituens ducem exercitus filium sororis sue cum provisore Erphordensi[1]. Quem exercitum advenisse intelligens Lodowicus lantgravius collegit multitudinem armatorum copiosam[2]. Et convenientes ambo exercitus inopinate prope villam quandam in invicem irruerunt et commisso prelio durissimo cessit victoria Lodowico et cepit pene totum exercitum archiepiscopi cum suis capitaneis. Numerus autem captivorum fuit CCC et XL vel citra, pluribus interemptis. Provisor[3] autem ille Erphordensis maximus fuit tyrannus et de illegitimo natus thoro comitum de Nassowe ac persecutor religiosorum sevissimus[4].

* f. 192'. 1467. *Cives[5] Hammeburgenses unum de suis consularibus[6] captivaverunt et in domo bedelli civitatis ipsum cippo et vinculis iniecerunt, pro eo quod in expedicione contra opidum Vlenzeburg et eius castrum facta capitaneus dicte urbis existens contra laudatum et arbitratum ab omnibus tam principibus quam civitatibus fecisset, et quod occasione sui facti Henricus dux de Sleswic miserabiliter interfectus fuisset. In hoc quidem carcere quamquam predictus consul crudelissime, ut famabatur, tormentatus fuisset pro fassione facienda de culpa sibi imposita et de prodicione illorum, qui de consularibus sibi hoc crimen faciendum iussissent, neminem tamen nominare voluit conscium facti, quod gesserat[7].

1468. Duces Bawarie Iohannes et Henricus, Fredericus dux Saxonie simul et marchio Misnensis, Fredericus marchio de Brandenburg[8], Treverensis et Salizburgensis archiepiscopi[9] ac alii plures comites barones et nobiles, collecto exercitu maximo, puta CCM armatorum secundum estimacionem peritorum, de diversis mundi partibus, suffragantibus ad hanc populosam collectionem indulgenciis remissionum omnium peccaminum per Martinum V. papam elargitis, intraverunt fines Bohemorum ad delendum pestiferum illud genus hereticorum in eis subortum. Quo exercitu in dicto regno constituto, hostis ille fraudulentus, qui indefesse mundum circuire satagit querens, quem devoret[10], principibus predictis, peccatis forte nostris exigentibus, satellites suos sociavit et cordibus eorum suggerendo inmisit, puta arrogantiam et fastum dominandi, cupiditatem dominium suum ampliandi, lucrum temporale zelo fidei preponendi et propter talia consequenda rixas et lites suscitandi, ut sic honor dei et defensio fidei inpedirentur ac populus in nomine domini adunatus ab invicem separaretur. Unde quid actum est? Principes enim prelibati regnum inimicorum Cristi invadentes, opida quedam parva expugnaverunt

1) *Rufus 553 lässt den letzteren unerwähnt.* 2) mit hulpe hertigen Wilhelmes, de dar mit em was *fügt H hinzu.* 3) Provisor — sevissimus *auf rasur D; fehlt bei Rufus, sowie in H.* 4) *Bei Rufus 553—556 folgt hiernach ein umfangreicher bericht über die seeschlacht mit den Dänen, über die Korner im § 1475 kurz berichtet. Eng hinzu gehört auch der abschnitt Rufus 556. 557.* 5) *Hier beginnt blatt 192', dessen ursprünglicher wortlaut offenbar wieder verworfen und durch ein anderes an stelle des herausgeschnittenen nunmehr eingenähtes blatt ersetzt wurde; ob im zusammenhang mit der rasur der anm. 3 dieser seite oder mit dem auffälligen springen der blattzählung und etwa einer kürzung der bei Rufus (siehe die anm. 4 und 9 dieser seite) längeren berichte, bleibt unentschieden. Da der wechsel des ductus beim beginn des eingenähten blattes und ebenso beim beginn des folgenden blattes 191' (!) ein sehr auffälliger ist, während das neue blatt gleichmässig den flüchtigen ductus der letzten blätter der hs. (am nächsten kommt f. 219') aufweist, ist es klar, dass das ursprüngliche blatt zunächst voll beschrieben war und die umänderung erst später vor sich ging.* 6) Iohann Cletzen (bzw. Kletzeke) *fügen Rufus und H zu.* 7) *H fügt zu:* Den togen se do na uppe den berg bi Sancto Petre unde slogen eme dar sin hovet aff. 8) de ok was borchhere to Nornberg *Rufus 557.* 9) *Otto von Ziegenhain und Eberhard IV. von Starhemberg. Rufus 557—559 berichtet wesentlich breiter.* 10) *1. Petr. 5, 8.*

et incolas infideles trucidantes ea inceuderunt; quosdam eciam captos hereticos converti recusantes in ignem proiectos concremaverunt. Magnas vero civitates aut expugnare formidantes propter earum resistenciam aut impugnare nolentes, antequam determinatum esset, quis eorum eas possessurus esset, si caperentur, parum contra eas attemptaverunt. Et quia de possessione castri vel civitatis nondum expugnate concordare non poterant, ideo nichil memoria dignum agentes quasi frustrati in proposito recedebant. Post quorum recessum heretici Toconiam[1] urbem circumdantes expugnare ceperunt. Que quia in pabulando fidelium exercitum et necessaria eis ministrando se exhauserat, non habens arma defensiva aut invasiva nec eciam habens victualia, capta est ab infidelibus et ex toto destructa. Interfectique sunt in ea omnes incole eius ab homine usque ad pecus. Hoc autem malum ortum habuit ex cupiditate principum supradicta, quorum si dei honor et fidei zelus pugne causa extitisset, procul dubio in prosecucione expedicionis tam salubris animosius perseverassent.

1469. Rodolfus electus Traiectensis cum civibus urbis sue exiens, adiunctis sibi dominis de Bureu et preposito Aquensi fratre suo baronibus, quasi totam terram ducatus Gelrie pertransivit gladiis et spoliis devastando eam et ignibus conflagrando. Arnoldus vero dux Gelrie cum magno exercitu interim castrum Oye, quod erat predicti prepositi Aquensis, obsedit et ipsum tandem expugnans cepit ac ipsum domino Iohanni de Erkel patri matris sue custodiendum tradidit ad manum fidelem.

1470. Dominus Otto Rur episcopus Havelbergensis obiit[2]. In cuius sedem electus est magister Fredericus[3] doctor decretorum eiusdem ordinis. Nuncio vero pro confirmacione obtinenda ad curiam misso et eo in reversione constituto, dictus electus et iam confirmatus decessit. Post cuius obitum mox fratres dicti monasterii ad eleccionem novi antistitis processerunt et, deo concordiam in eleccione fratribus inspirante, unanimiter plebanum de Parleberg cognomento Butzee[4] in presulem sibi elegerunt. Pro cuius confirmacione cum iterum ad dominum apostolicum mitteretur et iam confirmacio in foribus esset, solvebat et ille electus debitum condicionis humane. Et sic frustra duplex pecunie summa satis pinguis curie Romane est allata et soluta. Vice insuper tercia ad novi episcopi eleccionem convocati fratres, discordes facti sunt in votis, nec quis faciliter inter eos inveniri poterat, qui eleccioni sue consentire volebat, timentes omnes subitaneum duorum electorum decessum. Sed tandem in quendam satis iuvenem fratrem[5] electores concordantes ipsum sibi capud et patronum constituerunt et ipsius confirmacionem tercio a curia afferri ordinaverunt, periculo consueto amplius minime subsecuto.

1471. Marchio Ferrariensis Iohannes[6] captus est a Philippo duce Mediolanensi cum multis aliis nobilibus in prelio commisso cum Venetis et Florentinis. Hic marchio paucis annis previe decursis decapitari fecerat uxorem suam, sororem domini de Malatesta, et cum ea proprium filium suum, cuius noverca dicta uxor fuerat. Causa autem interfeccionis eorum extitit incestuosus amor utriusque nedum suspectus, sed a principe deprehensus post frequentem amborum ammonicionem caritativam.

1472. Sigismundus Romanorum rex exercitum colligens magnum ipsum misit contra Turcos iuxta relatores veridicos. Cui exercitui prefecit quendam civem Florentinum Pypowe cognominatum[7], ipsum de 'ymis erigens et primo militem faciens, postea in ducem ipsum promovit. Qui ereccione inconsueta subito sublimatus, viribus et animo

1) *Tachau.* 2) *Gest. 1427 jan. 18.* 3) *Friedrich Krüger gest. april 3.* 4) *Johannes von Butzow gest. sept. 17.* 5) *Conrad von Lintorf.* 6) *Nicolaus III. markgraf von Este und Ferrara hatte zur zweiten gemahlin seit 1418 Parisina Malatesta.* 7) *Rufus 560 schildert näher:* [illegible] wol [illegible] stridigheyden [illegible] unde uppe dat de borger sik dreste ernstliker bewysede in vechtende jeghen de vieude, so makede de sulve konynk Seghemund ene ersten ridder u. s. w.

promereri principatum sibi inmerito datum satagens, contra hostes domini sui venire in prelium festinavit. Et sic bellum durum cum eis dimicans, tandem victor fortuna sibi favente effectus est, ultra XLM armatorum prosternens. Exercitus tamen Ungarorum multos amisit gladiis inimicorum interemptos.

1473. Philippo duce Burgundie cum domina Iacoba filia Wilhelmi comitis Hollandie placitante et pro pace et concordia terrarum laborante, Wilhelmus de Brero baro et capitaneus dicte domine Iacobe, assumptis profugis et exilio dampnatis terre Hollandie, Ballinger vulgariter nominatis, numero fere quadringentis et ceteris de favore dicte domino existentibus, intravit navigio mare occeanum. Et applicans opidis Enkhusen et Memerik[1] nuncupatis, primum expugnavit et spoliavit; sed secundum capere satagens expugnacioni illius operam dedit. Quod percipiens Rolandus Utstede miles et capitaneus ducis Burgundie Philippi, mox multitudinem armatorum adunavit de civibus Harlemensium, Dordracencium, Leydensium, Delfensium, Hagensium, Amsterdamensium ceterarumque urbium comitatus Hollandie et pergens obsessis in auxilium, primo navali pugna hostes invasit et cum eis viriliter decertans tres naves armatis plenas barsen nuncupatas mari, ut famabatur, immersit. Deinde in aridam descendens cum suis, bellum durum cum adversariis suis est aggressus et tandem triumpho de celo adepto, totum fere domine Iacobe exercitum capitaneus ille ducis[a] vicit et prostravit, plures captivans et multo plures interficiens. Inter ceteros autem captivos vinctus est Wilhelmus de Brero dux exercitus domine Iacobe et custodie mancipatus in urbe Harlemensi. In Enkhusen vero decapitati sunt plures de profugis terre, Ballinger dicti. Numerus autem captivorum et interfectorum exercitus domine Iacobe fertur fuisse circiter DC viri. De parte vero altera circa ducentos gladius vulgatur absumpsisse. Predicta inquam domina Iacoba primo nupserat secundogenito regis Francorum; quo toxico interfecto, accepit matrimonio Adolfum ducem Brabancie suum consanguineum. Cui cum per biennium condormivisset, separata est ab eo iussu Romani pontificis propter propinquitatem nimiam attinencie carnalis et tradita est Umfredo duci Glocestrie. Quorum tamen matrimonium iterum casu racionabili interveniente solutum est, ea in statu viduali permanente, quousque tercio matrimonialiter iungeretur, ut infra patebit.

1474. Nicolaus archiepiscopus Bremensis redemptus est de captivitate Frisonica, in qua ipsum Fokko hac ultra annum tenuerat, pro summa satis pingui per practicacionem Hisconis prepositi. Durante autem predicta dissensione, Fokko prefatus, ut dicebatur, timens sibi et ecclesiis patrie sue, tulit scrinia aurea, cruces et alia clenodia preciosa et transmisit omnia illa pro secura custodia domino Ottoni episcopo Monasteriensi, qui fautor suus erat et vir boni nominis et in suis expedicionibus ipsum frequenter iuvare solitus erat. Hic Fokko fraudulenter egerat erga Okkonem a longis temporibus et ipsum patrimonio suo libenter privasset, si facultatem habere potuisset. Pater enim Okkonis ipsum suum filium dicto Fokkoni ut tutori fideli commiserat in sua iuventute, ut sibi suisque bonis paternis fideliter preesset et ipsum, quantum valeret, in omnibus tueretur. Sed ipse Fokko, defuncto patre dicti iuvenis Okkonis, omnia bona ipsius sibi usurpavit et dictum iuvenem quasi exulem de herede paterna repulit et Frisonibus, attracta sibi familiaritate quorundam extraneorum et amicicia, principari studuit et preesse viribus totis. Sed postea deo ordinante, qui nullum malum inpunitum vult transire, suam infidelitatem ad plenum luit, exilium passus et ad ultimum crudeliter interfectus[2].

a) decet D.

1) Enkhuizen und Medemblick (Memelik). 2) Völlig abweichend bei Rynesberch und Schene, Bremische chronik 1426. 27 (Lappenberg, Geschichtsquellen des Erzstifts und der Stadt Bremen 152 f.); vgl. T. D. Wiarda, Ostfriesische geschichte I 431. OESTERLEY.

1475. Civitates[1] sex maritime, puta Lubicensis, Hammeburgensis, Rostoccensis, Sundensis, Luneburgensis et Wismariensis, expedicionem grandem ordinantes contra Ericum Danorum regem, cum multo populo mare intraverunt et vento prospero comitante circa festum beate Marie Magdalene locum Norsunt apprehenderunt, cum Danis Juli 22. pugnare cupientes. Hamburgenses autem cum suis navibus ab aliis aliquantulum disgregati, ad certandum cum hostibus se paraverunt. Quos Dani mox invadentes cum ipsis acriter pugnaverunt. Sed multitudine Danorum tandem victi Hamburgenses[a] succubuerunt, multis de eis occisis et pluribus[b] captivatis. Lubicenses vero eodem tempore cum Swels congressi ipsos vicerunt et captivos eos secum in urbem suam deduxerunt. Bello vero illo peracto et civitatibus ad propria revertentibus, venerunt naves Bayeales preciosis onuste mercibus et in manus Danorum inciderunt numero ferme XXXVI. Quarum mercatores capti sunt et omnibus bonis spoliati et in vincula coniecti.

1476. Philippus dux Burgundie cum exercitu valido intravit dyocesim Traiectensem in parte illa, que ducatui adiacet Gelrensi, et fovens partem Arnoldi ducis Gelrie et Sweder episcopi Traiectensis, obsedit manu forti opidum Amersfoird. Rodolfus vero electus eiusdem ecclesie, stipatus milicia Westphalorum de dyocesibus Monasteriensi[2] et Osnaburgensi ac comitatibus Tekenenborg, Dephol et Benthem necnon multorum aliorum de dyocesi Traiectensi, intraverat dictum opidum Amersfoird ante ducis prefati adventum cum DC armatis, ut presidio esset eidem. Factum est autem in profesto apostolorum Symonis et Jude, ut dux Burgundie expugnacioni opidi insisteret, quod Okt. 27. vallaverat, et plures de suis iam murum scandere attemptarent, aurora consurgere incipiente[3]. Quod cum cernerent viri filii unionis, qui in opido[4] erant, sinebant scan- Okt. 28. dentes ingredi opidum ad numerum quingentorum virorum vel citra, simulantes se ingressum eorum non attendere. Quibus intromissis mox de domibus erumpentes armigeri Rodulfi electi una cum civibus in eos viriliter irruerunt et omnes illos, qui per murum intraverant, ceperunt; capi vero nolentes plures interfecerunt. Occubuit autem inter ceteros dominus de Lilydam baro et Rolandus de Uutcele miles etiam interfectus est. Quorum tumultum Philippus dux ab extra existens audiens et suos captivatos intelligens, obsidionem solvit et comitatum Hollandie intravit, partem[a] exercitus Arnoldo duci Gelrie relinquens, ut eo uteretur contra hostes, prout posset.

1477. Okko de Palude et Fokko Uke domicelli Frisonum gravem inter se gerentes discordiam, se invicem valde leserunt depredacionibus et spoliis variis, ministrante eisdem causa[c] dissidii pestifera illa parcialitate vulgariter dicta Hök et Cablav, que occasio est et a diu fuit devastacionis terrarum illarum bassarum[5]. Prope festum ergo omnium sanctorum dictus Fokko collecta Frisonum multitudine fines Okkonis ingressus Nov. 1. est, ubi devastacioni et direpcioni bonorum pagi illius insistens dampna gravia hominibus illis intulit. Cuius seviciam senciens Okko exercitum armatorum citius quo potuit adunavit de sibi faventibus Frisonibus et Vitalianis, ex diversis nacionibus ad se con-

a) eius auf rasur D. b) ibus auf rasur D. c) causas D.

1) Den § 1475 gibt H sehr viel ausführlicher, vgl. anhang I. Rufus 553—556 hat einen noch breiteren bericht, siehe schon oben s. 480 anm. 4. Vgl. auch Dahlmann, Geschichte von Dänemark III 130 anm. 1. 2) Rufus 561 nennt noch Mynden. 3) H berichtet hiernach: Des hadden de borgere, alse men sprak, veler leden wellinge gemaket unde begoten de viende dar mede, dat se alle van den leddern vilen; doch quemen ever vele in de stad unde de worden alle gevangen u. s. w. 4) Das vorige blatt ist später eingeheftet, daher dieser sprung in der blattzählung. Siehe oben s. 480 anm. 5. 5) Das folgende fehlt bei Rufus 561 und in H. 6) Der einleitende satz fehlt bei Rufus 561 und in H.

flaxis, et in occursum Fokkonis pergens ad ipsum tandem pervenit. Commisso ergo bello duro ex utraque parte, victoria Fokkoni tandem collata est. Captus autem est Okko in illa pugna cum toto fere exercitu suo et mox ipsum Okkonem occidissent, nisi[1] eum Fokko violenter raptum de manibus eorum liberasset et abduxisset. Quo ablato furiosus ille populus in Vitalianos irruit et cunctos trucidavit. Occubuit sciam in dicto prelio vitricus Okkonis et frater illegitimus Okkonis captus est, fratre illegitimo uxoris eius interempto.

1478. Anglorum gens cum C et XL navibus regnum suum exiens armatorum copia refertis, versus Britanniam iter suum direxit et veniens prope portum Rotsil[2] obvios habuit Britones pariter et Hispanos in multitudine grandi. Qui pugna dira congressi tam acriter die illa preliati sunt, ut utriusque exercitus sanguine mare occeanum rubricatum sit. Britones tamen bravium victorie obtinentes de Anglicis ultra VIIIM straverunt, eorum navibus in Britaniam[a] deductis.

1479. Ericus rex Danorum, cupiens forte discordiam inter communitates et consulatus civitatum maritimarum suscitare, destinavit litteras quasdam ad quamlibet urbem communitatibus presentandas, continentes confederaciones speciales contractas inter civitates predictas et Ericum regem sine consensu et requisicione communitatum suarum. Hiis[b] litteris et alias innexit, in quibus supplicavit humiliter et obnixe vulgari populo, quatinus consulatum suum inducere et exhortari studerent, ut de iniusto[c] bello, quod secum agerent contra firmata pacta iuramentis et sigillis suis, desisterent et de dampno gravi contra deum et iusticiam sibi ab eis illato satisfaccionem debitam exsolverent. Per hec autem scripta intendebat rex irritare et commovere ipsas communitates adversus suos superiores et consulares, prout et factum est in quibusdam civitatibus. Nam predictis litteris a vulgaribus receptis et perlectis, factus est tumultus ingens in populo[3]. Wismarienses enim cum regias epistolas perpexissent et articulos in eis contentos cum maturitate masticassent, electis satellitibus urbis auctoritate sexaginta virorum, quos antecedenter inter se elegerant et super consulatum suum sic statuerant, ut ipsi et facta consularium decernerent et emendanda corrigerent nec amplius consulatus eorum quidquam ardui sine eorum requisicione attemptare presumeret, capi fecerunt consularem unum, Henricum videlicet de Haren, quem in dicto regis negocio suspectum habebant, et ipsum turris custodie commendaverunt. Post hunc et alium burgimagistrum Iohannem Bauscowe iam fuga elapsum comprehendi fecerunt et in eadem turri ipsum vinculis constrinxerunt. Transactis vero aliquot diebus tandem ad domum lictoris ducti sunt ad maiorem eorum confusionem et postea in foro publice condempnati coram iudicio et confestim capitibus truncati in adventu domini. Rostoccenses
nov. m.
quoque consimiles litteras recipientes ab eodem rege, commoti sunt valde contra consulatum suum et ad instar Wismariensium mox sexaginta viros eligentes ipsis commiserunt, ut bonum sue civitatis attenderent et de urbis regimine solliciti essent. Hii viri sic electi a communitate statim iura antiqua civitatis, libertates civium et indulta graciosa mechanicis et mercatoribus olim concessa a predecessoribus consulatus sui recensentes, composuerunt ex eis quosdam articulos, unitatem et concordiam civium conservaturos et regimini communis boni proficuos. Quibus ad unam cedulam collectis

a) m aus n radirt D. b) Hiis — populo auf rasur D. c) iusto auf rasur, zum teil am rand, wol aus iuste D.

1) Diese begründung fehlt bei Rufus 561, steht jedoch in H. 2) La Rochelle. 3) H berichtet hier genauer über die wirkung des schreibens in Lübeck, ohne die absicht des königs anzugeben: Do desse breve to Lubeke quemen in de meenheit, do stunden do wol mit erem rade unde de antworden den breff gesloten erem rade, dar umme wart dar neyn vordreet van twischen deme rade unde der meenheit. Vgl. Rufus am schluss dieses §.

presenciam sui consulatus adierunt et lectis articulis pecierunt humiliter voce concordi, ut illos suis civibus ratificarent et munimine maioris urbis sigilli roborarent. Videntes autem consulares tumultum factum in populo consternati sunt valde et periculum vite formidantes mox promiserunt, se facturos libenter, quod postularent, dummodo pacifice crastinum diem exspectare vellent. Quod cum se facere velle respondissent, separati sunt ab invicem. Die vero crastina illucescente Henricus Katsowe proconsul equum suum ascendit et negocium fugens ardunm civitati imminere, extra urbem perrexit nec [illegible]
illo die propter ipsius absenciam civibus illis promissum signature est servatum. Altera vero die duo alii, puta Henricus Buek et Fredericus de Tzene burgimagistri, valvam aliam civitatis exeuntes in opida proxima accesserunt. Consequenter et quartus proconsul Iohannes Othberg die tercia urbem exivit et opidum Ribbenitz est ingressus. Quorum recessum cives percipientes convenerunt[a] et factum inceptum absque prudentum forte requisicione et consilio prosequi satagentes, burgimagistros illos absentes citaverunt citatosque peremptorie evocaverunt et tandem non comparentes proscripserunt perpetuo.

Hammeburgensium insuper[b] cives contra suum consulatum quodammodo eciam exacerbati et ipsi tot eligentes viros consularibus suis eos iunxerunt. Qui negocia civitatis sue tractare et emendanda emendare nitentes iudicaverunt, expedire pro bono communitatis dicte urbis, ut vinctus eorum Iohannes Kletzeke[c] ob culpam suam captivatus iudicaretur et puniretur. Quod et sic factum est. Nec tamen ob illam culpam, propter quam captus extiterat, interfectus fuisset, si ori suo custodiam posuisset. Dixerat enim publica voce, consulatum suum non veracem, sed mendacem esse et falsum dixisse. Propter quod et quedam alia dictus Iohannes productus est in profesto conversionis sancti Pauli et Jan. 24.
iudicio presentatus et tandem morti condempnatus ac in foro publice plexus[1].

1428.

1480. Quintodecimo anno Sigismundi qui est domini MCCCCXXVIII. quidam cives urbis Sundensis de officio braxature[d] existentes machinati sunt in mortem sui consulatus. Quorum malum propositum intelligentes consulares, eos capi fecerunt numero sex et ab ipsis torturis consuetis veritatem facti extorquentes, in publico foro eos capitali sentencia puniverunt, misericorditer eis parcentes de rotacione, cuius genus mortis merito perpessi fuissent.

1481. Henricus de Marwe miles et prepositus Aquensis natus dominus de Buren cum multis aliis militaribus, vasallis et civibus civitatum Traiectensis, Davantrie, Campensis[2] et Swullensis opidum Kulenburg impugnare et capere temptantes valvam, qua itur in Traiectum, apprehenderunt. Quam plures viri dicti exercitus ingressi de opidanis circa XX occiderunt. Ceteri vero in ponte erant[3], quem nobiles supradicti arti-

---

a) convenerunt — inceptum *auf rasur D.* b) *auf rasur D.* c) l *über der zeile D.* d) ra *auf rasur D.*

1) *Rufus ist im ganzen weniger ausführlich, setzt aber am schluss noch zu:* Dit vele arich ovakeden des konynghes breve an den steden. De Lubschen borghere overt vorhalceden sik nicht in ereme rade umme der breve willen, wol dat se bitter weren unde en to undancke was, dat also danich wunzo ghescheen was under ere vulbord. 2) *Kampen, Zwolle und Kulenburg.* 3) erant — pondere *auf rasur D. Bei Rufus 562 ist die ganze stelle abweichend:* Also se quemen vor de porten, also men varet na Utrecht, do bestalleden se unde ghinghen darin ever en dels unde slughen in deme stedeken by twintich mannen unde worden wedder gheslaghen. De manne in deme stedeken quemen to harnasche unde hinderden de anderen viende dar butene, dat se in de stad nicht en konden komen; men se weren vorgaderet uppe der brugghen vor der stad unde wolden dat dor uphowen. Also de sware last der wepenere uppe der brugghen stunden unde arbeydeden in de stad to brekende, do beghand de brugghe to knakende, wente se lichte olt was unde de pale

ficiose fecerant super fluvium Yslo, quem si stabili gressu exercitus ille transisset, procul dubio opidum ipsum obtinuisset. Sed quia pali pontis in limo fixi fuerant, idcirco pons ipse firmitatem non habens depressus pondere corruit et fere omnes in eo stantes precipites aquis immersit. Quo diffortunio opidani animati ceteros superstites de exercitu Traiectensium aut captivaverunt aut interfecerunt, paucis evadentibus.

Jan. 5. 1482. Fredericus marchio Misnensis et dux Saxonie obiit in vigilia trium sanctorum magorum[1], relinquens post se tres[2] filios, puta Fredericum, Sigismundum et Henricum[3]. Fredericus autem primogenitus regimen principatuum paternorum patre defuncto assumpsit. Huius autem principis obitus ecclesie dei valde nocivus extitit, eo quod virilis fidei propugnator fuerit et Bohemorum Cristi hostium animosus debellator. Qui non mediocriter gavisi fuerunt, mortem principis inmaturam percipientes[3]. Quo humato in castro Mysne, mox Fredericus primogenitus eius ducatum Saxonie intravit et fidelitatis iuramentum a proceribus et castrensibus ac civitatibus dicti ducatus expostulans in dedicionem omnes accepit iuxta privilegii formam a Sigismundo Romanorum rege patri suo indulti super ducatu prelibato.

1483. Rostoccenses videntes se burgimagistrorum solacio destitutos ex recessu illo spontaneo, inito consilio communi, totum suum consulatum, quem vehementer suspectum habebant de confederacione cum rege Danorum facta, prout in litteris regiis communitati eorum missis evidenter continebatur, de consilio et assensu tocius communitatis deposuerunt et quemlibet in domum suam ire mandaverunt nec reverti ad sedem consularem, nisi vocatum. Quo peracto sexaginta illi viri, qui alias electi fuerant a dicta communitate, ut factis consulatus superintenderent et defectuosa emendarent, freti potestate domine ducisse[4] et tutorum terre ob suorum principum puerilem etatem regenciam in omnibus factis bonum communitatis sue civitatis concernentibus specialiter eis commissa et concessa, Iohannem de A consulem iam destitutum accersiri fecerunt et ipsum in sedem consulatus honorifice reposuerunt, consignantes ei locum superioris proconsulis et auctoritatem conferentes. Quo in sede burgimagistri locato auctoritate pretacta, de decreto illorum LX virorum idem Iohannes proconsul factus, alios V, qui in consulatu priori fuerant, ad se vocavit et partem sollicitudinis sue eis communicavit, ad sedem honoris eos reponendo. Hii sex sic restituti alios XVIII viros ad regimen tante urbis aptos et ydoneos de mercatoribus et ceteris civibus pocioribus evocaverunt et eos iuxta se collocaverunt et sic numerum consuetum consulatus urbis illius compleverunt. De prelibatis antea consularibus duos insuper pro primo honorantes Iohanni de A proconsuli iunxerunt in subsidium laborum et eos in burgimagistros sublimaverunt, quorum unus Gerardus Wyman et alter Iohannes Bernhardi nuncupati sunt. Consulatu ergo tali modo et ordine, ut premissum est, constituto, proconsules illi et consules inter se officia sua distribuentes iuxta morem negocia communitatis agere ceperunt, iudicia exercendo, administrando dispensando, defectus corrigendo et omnia tractando secundum consuetudinem antiquam et retentus[a] tentam formam consulatus.

1484. Similiter Wismarienses propter consimiles Danorum regis litteras suum habentes consulatum de confederacione periculosa suspectum, ipsum totaliter deposuerunt

a) attentus D.

weren edder vorraiet in deme watere edder gerughet myt vorraie, dat se vallen scholden. Men er sik de viende konden ummekeren van der brugghe to lopende, do vil de brugghe dale u. s. w.
1) *Gest. 1428 jan. 4.* 2) *Von andrer (Korners?) hand ist* quatuor *über* tres *korrigirt und* et Wilhelmum *über der zeile zugefügt D. Schon der deutsche Korner, wie auch die 1459 beendete Lübecker hs. haben die änderung aufgenommen.* 3) *Die beiden vorhergehenden sätze fehlen bei Rufus 562, der letzte allein in H.* 4) van vrowen Katheryuen *fügt Rufus 563 zu; vgl. die nächste anmerkung.*

auctoritate eadem fungentes, qua Rostoccenses in simili facto usi fuerant, et de sexaginta viris suis ac de quibusdam mechanicis, quod tamen inconsuetum erat civitatibus illis maritimis et quasi preiudiciale ceteris urbibus, novum consulatum instauraverunt. Cuius quidem numero ad perfectum[a] deducto, ex sic novis et noviter creatis consularibus quatuor proconsules statuerunt, quorum nomina sunt hec: Everhardus Groteck, Nycolaus Iesop, Petrus Loste et Iohannes Sasso. Quibus institutis senior dux[1] terre illius vix octennis, presente ducissa matre illorum ducum Magnopolensium et Mathia Axcowe tutore terre illius, prelibatum consulatum novellum iuxta ordinem sue evocacionis[b] in consistorium introduxit et installavit et auctoritatem regendi urbem illam, iudicandi, corrigendi et dispensandi omnia et singula commune bonum ipsius concernencia, iuxta morem legalem et continenciam privilegiorum a principibus progenitoribus dicti iuvenis ducis civitati eidem indultorum, efficaciter eis concessit et commisit.

1435. Falsarius[2] quidam nomine Marcellus pertransiens civitates maritimas venit tandem in urbem Lubicensem cum socio quodam crucesignato de ordine Sancti Iohannis. Marcellus autem iste ordinis erat fratrum Minorum, licet habitu debito non uteretur, sed barbatus incedens cum talari tunica, cinctus subtus corda minoristica, pro magistro in theologia se gerebat. Hii duo fingentes se missos auctoritate apostolica ad colligendum pecunias per certas provincias pro redempcione Iohannis regis Cipri, nuper a Sarracenis captivati, quandam bullam papalem apud se gestiebant, cuius auctoritate ab omnibus peccatis et casibus indifferenter homines, cuiuscumque condicionis et status essent, absolvi faciebant, indulgencias pene et culpe conferentes omnibus, qui iuxta suam facultatem ad liberacionem dicti regis captivi manus suas porrigerent adiutrices. Insuper et litteras dederunt confessionales, quarum vigore absolvi possent in ultimis ab omni sentencia et casu reservato et plenariam consequi valerent pene et culpe remissionem. Cum hac quidem bulla falsa et deceptoria diversas iam mundi partes transierant et multorum fidelium animas in baratrum dampnacionis secum traxerant. Sed cum urbem Lubicensem dicti deceptores ingressi essent pro fundacione dicte sue auctoritatis pestifere, presulem urbis accesserunt et negocium suum eidem patefecerant. Dominus vero Iohannes episcopus Lubicensis personas, ut vir astutus, diligenter considerans et bullam ei exhibitam maturo examine perlustrans, reperit tandem ipsam falsam. Quod attendens socius Marcelli Iohannita, terrore nimio perculsus, gravem incidit infirmitatem, in qua in paucis diebus laborans tandem decessit. Quo defuncto Marcellus ab antistite predicto mox arrestatur. Qui cautulose agens, ut dicebatur, tradidit eidem episcopo pecunie bonam summam, ut sic evaderet manus suas, ad manum fidelem, promittens et iurans se locum illum non velle mutare, nisi prius ad omnia sibi obicienda sufficienter respondisset. Qua fide prestita sub fideiussorum dignorum consignacione, puta Gerardi de Florencia civis dicte urbis et filii Lodowici de Bononia inibi eciam commorantis, predictus frater Marcellus clamdestine et furtive abcessit. Cuius fugam percipiens Iohannes episcopus festinanter post ipsum destinavit nuncios ad capiendum ipsum, si inveniri potuisset. Sed ipse falsarius sagax et dolis plenus cautulose alvei fluenta transiit et insidias sibi paratas evasit, ad Reni partes viam suam dirigens. Videns autem presul Lubicensis se delusum, mox ad curiam Romanam nuncium direxit, domino pape fideliter insinuans rem gestam. Qui confestim rescribens mandavit, ut quam cito copia ipsius haberi posset, caperetur et tamquam falsarius litterarum apostolicarum dampnaretur. Scripsit idem dominus papa cardinali Anglie,

a) per auf rasur D. b) wechsel der feder in D.

1) Heinrich IV, geb. um 1417; seine mutter Katharina, tochter Erichs IV. herzogs von Sachsen-Lauenburg, war regentin von 1423 dez. 6 bis 1436 sept. 26. 2) Der bericht der §§ 1435 und 1436 fehlt bei Rufus.

quem ad partes Alemannie ad exstirpandam heresim Bohemicam et ad alia ecclesie negocia agenda legatum suum direxerat, ut eundem falsarium inquiri faceret et penis debitis comprehensum puniret. Cuius mandatum predictus cardinalis cum[a] recepisset in Treveri urbe tunc constitutus, mox nuncios expeditos versus Coloniam, ubi ipsum adventasse iam veridicis rumoribus perceperat, destinavit et se ad eum venire quantocius precepit. Qui littera cardinalis recepta et perlecta, sperans promocionem aliquam ab eo percepturum, conspectui suo se presentare festinavit. Ad cuius presenciam cum falsarius ille pervenisset, statim ipsum comprehendi iussit et vinculis ferreis constringi. Expedito autem negocio, propter quod dominus cardinalis illuc venerat, descendit per Renum et pervenit in Coloniam Agrippinam, secum deferens fratrem Marcellum compedibus et vinculis irretitum. At ubi dum esset constitutus, nescio cuius auxilio aut qua arte a vinculis se excussit et de manibus custodum mirabiliter elapsus est. Audiens autem dominus Henricus cardinalis fugam falsarii, commotus valde contra custodes eius de ambonibus ecclesiarum publice pronunciari fecit, ut si quis ipsum comprehenderet et eum sibi presentaret, CCC florenos ipse recepturus esset; quod quidem promissum multos fecit sollicitos ad querendum ipsum. Quesitus ergo per omnes vicos, domos et maneria dicte urbis, tandem in quodam monasterio monialium comprehensus est a quodam satellite archiepiscopi Coloniensis et cardinali presentatus. Cui cum dominus ille cum gratitudine solvere voluisset promissam pecunie summam, clientulus ille solum XL florenos recipiens, contentus domino retulit grates. Falsarium ergo predictum car-
*f. 198. dinalis iuxta demerita punire volens, primo ipsum publice inscalavit; 'deinde in tribus processionibus denudatus incedens tandem incarceratus est in castro archiepiscopi Brûle dicto, vitam suam ibidem in penitencia dura terminaturus. Ubi in miseriis et erumpnis gravibus constitutus epistolam dictavit lugubrem, calamitatis sue seriem per ordinem enarrantem. Quam predicto cardinali destinavit, ut ea perlecta ad faciendam misericordiam cum eo viscera sue pietatis moverentur. Epistole autem illius tenor[b] sequitur et est talis:

1486. 'Reverentissimo[1] in Cristo patri inclitoque principi et[c] domino domino Henrico miseracione divina tituli Sancti Eusebii presbitero cardinali, apostolice sedis legato, Marcellus captivus se recommendatum optans dicit. Tandem, princeps illustrissime, tandem quid meroris amplius effar? Quid, pater excelse, vociferans clamabo? Quid ulterius quam in virga tue indignacionis tabesco? Cui amplius voces querulas explanabo, si tu dominus meus, si tu refugium spei mee, in quem misera anima mea confidebat, servi tui recordatus non fueris? Cur, mitis domine, elongasti a me amicum et proximum? Obtexisti me caligine in furore tuo et lucernam splendoris mei obumbrasti. Sunt enim omnia speciosa mea in squalorem eversa. Serena commutasti in nubilum ac faciem meam confusione attritam verecundia impegisti. Confregisti cornu glorie mee a facie tribulantis[2], dexteram tue miseracionis avertisti retrorsum et grandi exterminio michi diem omnis leticie subvertisti. In tenebris demum collocasti me quasi mortuum sempiternum, in crepidinem calamitatis mee erumpna invalescente gravasti. Cur te patrem, patrum optime, humiliati oracio flectere non potuit? Cur non dixisti cum domino: "Mortem peccatoris nolo, civilem dico, sed ut magis convertatur et vivat[3]. Et cum iratus fuero[d], misericordie recordabor". Quis hoc de te alias audivit, quod tua pietas corde contritos deseruit et in se sperantes despexit? Quis reorum te invocavit et derelictus est? Quis in te speravit et desertus est? Exaudiebas enim et corripiebas, erudiebas et confovebas. O heu heu, dignissime patrum, cur ipse pecii fugam? Non fueram fugiens,

a) am rand D. b) tenor D. c) über der zeile D. d) ro inde auf rasur D.

1) Siehe vorige seite anm. 2. 2) Vgl. Isai. 29, 20. 3) Vgl. Ezech. 33, 11.

ut fugerem, sed ut starem[a], fugerim. Quomodo hoc? An nescit tua preclaritas, quantis votis ac suspiriis exposcebam, ut tuis non solum, sed cunctorum vernaculorum heriliumque ac clientum tuorum servunculus micis de tua mensa cadentibus saturandus potuissem cum gracia tua sub aura accubare? Hec quantis lacrimis quantisque singultibus a proceribus tuis primumque a clemencia tua impetravi, testis es, testes sunt et illi, qui exuberancia pietatis sepe mecum compassionis lacrimas effuderunt. Tu autem grandi fremitu, quando ultimo tue maiestati astiti, demum torturam et tandem me Coloniensis antistitis custodie relicturum comminatus es. Ut ergo ibi non essem, fugii et ne tecum venirem, evasi. Potuisti ea fuga irritari ut homo, sed ut sapiens debuit tanta sublimitas micantibus virtutum preinsignita monilibus, sicud aruspices et Thimones, de quibus Homerus et Varro auctumant, primos repente contundere motus, crispantes carinas in tranquillum convertere et virus Flegetontis in nectare Tantali commutare, iuri nature compati, quod dedit, quod quisque contraria fugiat et se tueatur ubique. Ergo, princeps inclite, hec precordia tue miseracionis relaxa. Satis sic cesset iam mucro, vibrans tandem capulus conquiescat. Audi, ecce iam quibuslibet penis mulctatus sum, prius quidem Treveris custodie actus, privatus bonis, longo itinere ludibrio ad Coloniam deportatus, attritus vinculis. Et postquam femina, a qua semper egressa est iniquitas, latitantem invenit, statim tumultuosus confluxus hominum accurrebat utriusque sexus, rabido adventantes sacerdotes cachinnabant in miserum, didasculi[b] conspuebant, obstupebant docti, subsannabant indocti. Vulgus hereticum conclamabat, parvulorum magna congeries et infantum extorquebat clamoribus vinctum. Tradebar illico universo[c] civium cohorti et stipatus lictoribus layciaque manibus compressus tractibus violentibus educebar. Tantoque agitabar fremitu et pressura, ut supra omnem impietatem verenda paterent. Tali ergo tensione adductus publica custodia servatus sum. Demum tribus processionibus, populo inspectante, detectus in publicum intrususque iterum asperrimo carceri, in antrum deterrimum et foveam feralissimam submissus per funem, plures dies ibidem incibatus remansi, cathenis immanissimis utraque manu astrictus. Ultimo heu heu, domine mi, ex ore tuo sentencia sicud sagitta vibratus sum et obprobrioso cunctis spectaculo inscalatus; artubusque nimia lassitudine pregravatis, statim curru iniectum vinctumque ad hunc locum duxerunt et troicientes[b] in lacum deteriorem liquerunt, ubi est fletus et stridor, ubi umbra mortis et stupor, ubi in sterquilinio sedeo, ubi febre et egritudine incalente membra debilia mortem exoptant, ubi fame nuditateque pereo. Ubi est ergo nunc tua mansuetudo, ubi gracia, non quam promerui, sed quam pollicientem principem decet? Ubi compassio viscerosa? Heu cesset iam manus tua et iube me ad tuam misericordiam pervenire. Salvum me fac et exaudi me. Eripe me de lacu et a timore tuo erue animam meam. Iube queso Coloniensi antistiti, ut tua me educat miseracione de carcere et in statum libertatis reducat. Magnificenciam tuam in me servo tuo ostende et saltim libros et vestes, quorum questu possim remeare ad propria, si tua presencia dignus non sum, restituere non dedigneris. Vale trino evo, excelse princeps et reverende pater, sintque apud tuam clemenciam Amulius et Richardus viri preclari vere tibi fidi oratores pro misero me peccatore'.

1487. Civitates maritime superius sepius memorate in gwerra veteri et discordia iam dudum versata inter se et Ericum regem Danorum perseverantes, ad expedicionem navalem ordinandam contra eundem regem se iterum disposuerunt. Reparatis ergo navibus et victualibus necessariis refertis ordinatisque stipendiariis et tyronibus in multitudine copiosa cum armaturis ac instrumentis bellicis bene provisis, dominica palmarum mare März 28.
intraverunt et in portu Wismariensi se sociaverunt, pro capitaneo principali et precipuo habentes Gerardum ducem de Sleswic iuniorem in propria navi cum centum armatis

a) von andrer (Korners) hand am rand D. b) so D. c) o korrigirt aus i D.

nobilium Holtzatorum. Quelibet vero civitas quosdam de suis consularibus pro capitaneis particularibus in suis habebat navibus, qui populum subiectum regerent et ad pugnandum contra hostes animarent. Quibus in loco determinato collectis et adunatis invente sunt CC et LX naves, inter quas plures erant grandes et ad pugnandum formate alte et prominentes. Numerus vero armatorum in classe hac magnifica fertur fuisse XIIM, demptis Vitalianis proprias suas naves ferentibus et super propria sorte militantibus,
apr. 5. quorum numerus ad DCCC personas et amplius se extendebat. Feria ergo secunda
apr. 6. pasche vela sua levantes cum vento prospero die sequenti Danicas insulas attigerunt, et locum maris castrum Copenhaven preterfluentis Norsund dictum apprehendentes, non procul a portu regio Revasbol[1] nuncupato simul se locarunt anchoras figendo. Ericus autem rex Danorum precognoscens civitates venturas, naves suas in antro prefato Revasbol recondens, introitum portus illius hostibus preclusit municionibus fortibus in ore antri predicti constructis, munitis bombardis et balistariis multis. Naves eciam suas, quas grandes habebat et multas, sed inclusas in antro sepedicto, armatis viris repleverat ad hoc, ut si forte civitatenses tamquam viri animosi violenta manu deiectis municionibus dictum locum intrare contenderent, naves suas defendere et hostibus resistere valerent. Cumque exercitus ducis et civitatum cernerent, sine intollerabili dampno et nimio periculo suorum non posse artitudinem loci in quo regis naves locate erant, se intrare, ut pugna manuali ad invicem dimicarent, instrumentum quoddam ex multis malis navium illarum, quas ad dictum antrum Revasbol mari inmergere proponebant, compactum construxerunt, quod vulgariter vlôt nominabant, et in eo bombardas et petrarias suas maiores collocantes lapides ex eis sine intermissione iecerunt in Danicam classem, et plures naves inimicorum vel perforantes vel violento saxorum impetu confringentes, innumeros in eis Danos nobiles et ignobiles necaverunt. Danica vero gens vice versa innumeris suis bombardis viriliter utentes castra Teuthonicorum indefesse exterruerunt tam de opido Copenhaven et castro eius, quam de navibus antro reclusis saxa proicientes et tela innumera mittentes. Paucos tamen Dei speciali gracia et omnino incomputabiles ictibus suis vel iactibus Dani de Teuthonicis ferientes vulneraverunt et perpaucos occiderunt in dicto conflictu, quamvis simul quandoque ducente vel amplius bombarde referantur a veridicis concrepasse. Cum autem hec agerentur, illi, qui ad hoc ordinati erant, ut naves dispositas ad obstruccionem dicti Revasbol mari inmergerent, ne amplius naves regis exeundi facultatem haberent aut aliis intrandi, officium suum omnes debite exequi sunt et portum illum grandium navium submersione repleverunt, preter Wismarienses, qui segniter et minus provide agentes navem suam, quam ex transverso ad locum suum concludendum inmergere debuissent, in oblongum inmerserunt et sic viam exeundi patentem Danicis navibus licet artam satis reliquerunt. Cuius facti ignaviam Dani considerantes, mox classe sua integra portum illum preripuerunt et instrumentis suis viriliter utentes prohibuerunt cives, ne dicto loco sic indebite obstructo amplius appropinquare valerent. Unde quasi confusus et frustratus civitatum exercitus in suo proposito sumptuoso valde retrocessit.

1428. Bartholomeus Voet capitaneus Vitalianorum Rostocensium et Wismariensium in classe civitatum transiens cum DC viris animosis usque Nôrsunt cum eisdem aliquamdiu pausavit. Sed tandem a duce Gerardo de Sleswic capitaneo licenciam postulans impugnandi et spoliandi ulteriores Danorum partes super sua sorte propria, iter suum direxit versus Norwegiam. At ubi veniens cum suo exercitu, applicare mox nisus est opido Bergensi. Quorum adventum percipientes Anglici, qui ibidem Normannorum strumulos et ceteros pisces aridos et alia mercimonia apportancium prestolabantur forum et timentes, universum Holtzatorum et civitatum maritimarum exercitum

1) Einfahrt in den hafen von Kopenhagen, jetzt Refshalen.

adventasse, mox naves suas intraverunt et velis erectis fugam cursu veloci ceperunt. Episcopus eciam Bergensis[1] consimili formidine percussus omnia sua in manibus hostium relinquens, in unam Anglorum scapham prosiliit et cum ipsis protinus aufugit. De quorum recessu gavisi Vitaliani pariter et animati, opidum dictum Bergense manu armata intraverunt et omnes opidanos captivantes spoliaverunt. Curiam quoque episcopi irrupcione hostili intrantes, inibi reperta rapuerunt. Liberariam insuper suam ostiis ferreis clausam violenter frangentes, libros omnes inventos abduxerunt et cistas magnas ferreis ligaturis munitas instrumentis suis reserantes, clenodia pastoralia et alia multa preciosa vasa argentea ibidem reperta sustulerunt et secum deportaverunt. Et quod super omnia eorum augebat fortunam, Normanni, qui mercatoribus pisces, pelles ferinas et cetera varia apportare soliti sunt, 'iam cum navibus onustis aderant et forum suum 'f. 159. iuxta morem eorum antiquum facere proponebant. Sed Vitaliani absque solucione omnia eorum rapientes et ad naves suas ferentes ac velis levatis cum toto spolio portum Wismariensem apprehenderunt. Ubi bona eorum dividentes et vendentes emere volentibus, ad expedicionem aliam faciendam se preparaverunt.

1489. Adolfus dux de Sleswic, cum adiutorio Ottonis[a] iunioris ducis de Brunswic et comitum de Scowenburg[2] et Hoya[3] ac trium civitatum Lubicensis, Hammeburgensis et Luneburgensis intravit Iuciam terram opulentam nimis. Quam pertransiens absque resistencia quacumque, adunavit iumentorum et pecorum ac supellectilium maximam predam et eam abduxit. Fertur autem a veridicis, qui interfuerant expedicioni, dictam predam comprehendisse de solis pecudibus, pecoribus et iumentis circiter XXXM, demptis clenodiis argenteis, vestimentis variis utriusque sexus et utensilibus domorum. Quibus ad castrum Gottorp deductis et iuxta militarem decenciam partitis, ad propria sunt reversi principes et vasalli.

1490. Henricus archiepiscopus Rigensis una cum suis comprovincialibus episcopis, puta Tiderico Darbatensi, Henrico Revaliensi et Cristiano Osiliensi, concilium provinciale celebravit profesto sancti Michaelis. In quo quidem concilio plura negocia dictam pro- sept. 29. vinciam concernencia tractaverunt, prout fieri consuevit in talibus synodis per metropolitanum congregandis, inter que precipuum erat de apostolico presidio implorando contra eorum molestatores et iniuriatores. Ad cuius negocii expedicionem perficiendam destinati sunt duo de qualibet diocesi dicte provincie, quorum principalis legatus erat decanus Revaliensis. Quibus duo proconsules urbium Rigensis et Darbatensis filios suos adolescentes speciosos et ingeniosos sociarunt pro studentibus alicui universitati Ytalie[4] assignandis. Hii ergo nuncii cum sua familia XVI in numero existentes in principio quadragesime partes illas exierunt equestres, onusti pecuniarum magna summa 1490 febr. 5. et clenodiis preciosis, et venientes prope flumen Düne dictum a quodam Goswino Ascheberg ordinis domus Teuthonice fratre et advocato castri Grebin[5] arrestati sunt et detenti. Clerici autem egre ferentes violentam detencionem, allegaverunt privilegia clericalia et penas ac censuras graves, quas incidunt manus violentas in clericos extendentes. Sed ille timore dei postposito et proprie salutis immemor illos clericos, ablatis previe litteris eorum et perlectis, tamquam traditores terre primo peccuniis spoliavit et rebus et demum exutis vestibus omnes in flumen ligatos proiecit et submersit. Quibus tam crudeliter expeditis, mox dictus Goswinus advocatus quatuor presulibus antedictis litteram scripsit formam talem continentem: 'Noveritis, domine antistes Rigensis ceterique suffraganei ecclesie eiusdem, quod clericum vestrum Wilchavere cognominatum decanum Revaliensem cum suis collegis et sociis detinui, spoliavi et

a) *auf rasur D.*

1) *Aslacus Bolt.* 2) *Otto II.* 3) *Otto III.* 4) *Bononia [illegible] 554.* 5) *Grobin.*

tandem submersi tamquam traditores nostre terre auctoritate propria, nullo instigante homine aut iubente de meis superioribus vel confratribus. Et utinam vos omnes in eadem mea potestate habuissem, eundem finem vite vestre imposuissem. Si quid ergo pro facto illo attemptare decreveritis, persone mee et nulli alteri impendere poteritis. Valete'.

1491. Philippus dux Burgundie et Iacoba heres Hollandie, dudum litigantes pro dicto comitatu Hollandie, prelia multa et terrarum devastaciones graves commiserunt populumque innumerum ex utraque parte amiserunt. Sed tandem videntes discordiam eorum ad nichil aliud quam ad destruccionem prefati comitatus et perdicionem populi juni 24. vergere, placita inierunt amicabilia circa festum Iohannis baptiste. Et auxilio divino operante se invicem sibi favorabiliter reconciliaverunt et federa perpetua percusserunt, tali condicione adiecta, ut parthia illa inveterata in perpetuum sit anathematizata et sopita sit omnis controversia omnium hominum terre illius nobilium et non nobilium, et quod licitum sit cunctis terra pulsis et exulantibus ad sedes suas reverti cum reacquisicione amissorum bonorum suorum. Insuper domina Iacoba dici et esse debet domina terre Hollandie nec umquam nubere debet cuiquam sine scitu et consensu dicti domini Philippi ducis. Ipse vero tutor esse debet et domine Iacobe prefate et tocius comitatus Hollandie, quousque exurgat quis, qui iure hereditario dictum comitatum regere debeat et valeat.

1492. Supra Renum quedam villa erat, cuius nomen narrator ignorabat, in qua latrocinia a multis annis fuerant in peregrinis et mercatoribus per hospitalarios dicte ville perpetrata. Sed tandem deo maliciam eorum ultra ferre nolente, dolositas et decepcio eorum tam perniciosa detecta est et intimata domino dicte ville in castro proximo commoranti. Qui diligenti inquisicione facta in veritate sic esse inveniens iuxta narratum, villam dictam funditus destruxit, hospitalarios vero omnes utriusque sexus manibus sub genibus ligatis in Renum proici iussit, fiscosue omnia eorum bona reservans.

1493. Pestifera Bohemorum gens enormiter in Cristi fideles desseviens cum maxima multitudine armatorum Slesiam denuo intravit. Ubi pene V civitates pulcras et populosas funditus destruens, cunctos homines in eis inventos occidit, ecclesias eciam et monasteria vastans, religiosos et presbiteros variis mortibus peremit. Suppriorem quoque fratrum Predicatorum de conventu Frankensteen, virum valde devotum, igne facto de sanctorum ymaginibus incineravit.

1494. Hiberniensis insule inhabitatores regno Anglorum rebellare nitentes dampna plura eisdem Anglicis intulerunt. Quod attendentes proceres regni miserunt contra eos comitem Marchie[1], ex eo quod rex Anglorum adhuc puer existeret ad debellandum eos. Oderunt enim principes Anglie dictum comitem ob hoc, quod de prosapia et sanguine regis Richardi dudum interfecti esset, et timebant ipsum ad regnum anhelare. Propter quod miserunt ipsum adversus homines illos rebelles, sperantes ipsum interfici debere ab eisdem. Qui veniens in Hiberniam cum exercitu magno, stragem ingentem fecit in populo, sed et ipse tandem, ut speratum erat, ibidem occubuit[2].

1429.

1495. Sextodecimo anno Sigismundi qui est domini MCCCCXXIX. Sigismundus rex triumphavit contra Turcos prelio maximo, castrum, quod dividit Turcos ipsos ab Ungaris, expugnans et capiens ac multitudinem barbarorum illorum innumeram perimens.

1496. Anglici exeuntes regnum suum et se iungentes eis, qui in regno Francie hostiliter seviebant, urbem Aurelianensem vallaverunt exercitu magno tripartito. Erat autem dux exercitus eorum dux Sarum[3] vel Sariberiensis, vir strenuus et victoriosus.

---

1) *Edmund graf von March.* 2) *1425 jan. 19.* 3) *Sarum hat Rufus 566 und ebenso H.*

Cuius urbis obsidionem egre ferens dominus de Armiag[1], in dicta civitate cum multis viris fortibus existens, una cum civibus principalem partem exercitus tripartiti aggressus est et viriliter cum eo dimicans tandem victoria potitus est. Stravitque totam illam multitudinem numero VIIM armatorum, ubi et dux exercituum Sariberiensis pariter occisus fuit. Quorum stragem ceteri duo exercitus ad aliam urbis plagam constituti percipientes, in fugam celerem mox versi sunt.

1497. Bartholomeus Voet cum sua societate numero fere CCCC portum Wismariensem relinquens circa dominicam in passione Norwegiam repeciit. Cuius portum feria März 13
sexta pasche apprehendens, opido propinquare festinavit et ipsum inpugnare cepit. Apr. 1
Bergenses autem curias regis et episcopi fortibus viris munierant et de illis opidum defendere satagebant. Cumque dicti Vitaliani iam plures iaculis arcuum et balistarum suarum transfixissent de castellanis et expugnacioni opidi viriliter insisterent, venit quidam iuvenis famulus cuiusdam mercatoris Teuthonici et vocans ad partem dictum Bartholomeum capitaneum, dixit ei: 'Sunt' inquid 'eciam plures de vestris in mari, qui vobis auxilio esse poterint, si oportunum fuerit?' Qui respondit: 'Nescio plures de proximo'. At ille: 'Valde ergo necessarium est pro salute vestra quantocius fugam capere. Presciebatur namque adventus vester ad quatuor dies, et missi sunt nuncii ad convocandam totam patriam, que vos navali bello in proximo excipiet. Capitaneus quoque huius opidi cum tota communitate terrestri aggressu die hodierno similiter vos invadet, et sic inter duo agmina citissime eritis conclusi. Fugite ergo, consulo, in altitudinem maris sine mora, ut sic securi de terrestri exercitu classem venturam solam eo expedicius viribus vestris valeatis evincere'. Bartholomeus autem consilium iuvenis non parvipendens, mox cum suis naves ingreditur et via, qua venerat, reversus ad pelagus aspicit multitudinem navium recto tramite[a] faciem suam petencium, de quorum adventu tam repentino non parum consternatus est. Sed mox animum capiens ad viriliter pugnandum socios exhortatur. Norwegi namque illi ultra centum naves armatis viris refertas habentes appropinquare ceperunt. Et Vitaliani ultra VII non ferentes multitudinem hostium minime exhorruerunt, sed confestim in medium eorum irruentes dimicare cum ipsis fortissime statuerunt. Dani ergo in primo congressu se viriles ostendentes unam de septem navibus Teuthonicorum conprehenderunt, quam abducentes in ea XIX viros fortes armatos captivaverunt, et sic solum sex naves Vitalianis remanserunt. Alii tamen ex hoc infortunio in nullo fracti, sed forcius irritati viribus suis usi sunt et primo de maioribus navibus duas expugnantes cunctos in eis repertos interfecerunt. Easdem vero naves suis replentes sociis, iterum alias duas de pocioribus potenti manu obtinuerunt et similiter inventos in eis obtruncantes neminem captivum receperunt. Quibus iterum ad suum usum aptatis, in plures parvas carinas Normannis plenas impingentes in earum cursu in maris profundum cum omnibus contentis dimerserunt. Quatuor autem predicte naves maiores plene fuerant nobilibus et pocioribus terre, qui omnes interfecti sunt gladiis Teuthonicorum numero fere CCC. De submersis vero in parvis naviculis certus non est numerus. Videntes autem ceteri in aliis navibus constituti tantam cedem factam in forcioribus suis, timore maximo percussi, fugam celerem, ut se salvarent, inierunt. Quibus in mari ad nutum expeditis et suis, quas amiserant, recuperatis ceterisque hostibus per mare dispersis et ad propria festinantibus, Vitaliani iterato certamine opidanos impugnare meditati sunt. Ad quod reverti cum se disponerent, viderunt socios suos, quos in portu Wismariensi reliquerant, cum X fere velis eis apropinquare, quos secum sumentes reversi sunt ad expugnandum opidum. Sed illuc venientes neminem repererunt resistere eis audentem, omnes fuga elapsi.

a) tra auf rasur D.

1) Johann IV. graf von Armagnac.

Intrantes ergo opidum curiam regiam succenderunt pariter et episcopi domum ac quasi villam totam et domos spoliantes ac naves Normannorum, inmensa bona de eis sustulerunt in strumulis, carnibus, butiro, clenodiis argenteis, pannis et pecuniis. Ac cum omnibus hiis Bartholomeus cum suis sociis versus Albiam se transferens urbi Hammeburgensi applicuit, alia societate per aliam viam hostium fines pro lucro meliori invadere nitente.

*f. [illegible] 1498. *Circa festum ascensionis domini pociores de curia regine Danorum Philippe naves previe dispositas et cunctis ad pugnam necessariis onustas intraverunt cum grandi exercitu de forcioribus Danis collecto, numero fere mille CCCC, et iter suum versus urbem Sundensem dirigentes in porta eius naves incendere, villas spoliare et cives captivare proposuerunt. Cum autem dicti Dani circa noctis medium cum LXXV et amplius navibus urbi predicte applicuissent, mox, ut conceperant, naves omnes inventas concremabant, quas asportare nequibant, quas vero abducere poterant, secum ferebant. Coram civitate vero die illucescente moram trahentes aliqualem, cum bumbardis suis lapides intra urbem iecerunt et populum inprovisum valde exterruerunt. In pontibus quoque civitatis prope muros chorizantes inperterritos et cum civibus pugnare se promptos ostenderunt. Cives autem intra urbem suam se continentes ad ipsos exire et cum ipsis dimicare ausi non fuerunt. Cumque iuxta voluntatem suam omnia egissent, ad naves regressi sunt et vento contrario eos compellente urbem Sundensem linquere et aquas ascendere versus Wolgast coacti sunt. Ubi cum moram aliqualem facerent, casu venerant naves de urbibus Lubicensi et Wismariensi cum mercibus suis. Quas cives videntes Sundenses et ad vindicandum se de hostibus inardescentes, mox naves ipsas exoneraverunt et armatis viris eas repleverunt ac alias proprias naves, quas inconbustas mare conservaverat, aptantes consimiliter fortibus et audacibus viris onustaverunt. Horum autem virorum pro honore civitatis preliari volencium capitaneus erat magister Paulus gubernator cuiusdam navis, vir utique animosus et ad bella navalia inbutus. Iohannes eciam de Lippia burgimagister quosdam notabiles cives colligens, barcam intravit et ad pugnandum contra hostes eos exhortans virilem animum se habere ostendit, fama publica hoc attestante. Redeuntibus igitur inimicis et urbem pertransire conantibus, magister Paulus cum suis viris cordatis impetuoso cursu navium suarum in Danos illos irruit et viriliter cum ipsis pugnans maiores eorum naves vicit ac gladiis et lanceis ceterisque instrumentis bellicis in ipsis repertos prosternens suis sociis eas replevit. Quibus navibus rursum forti impulsu in minores scaphas impingens, cunctos contentos in eisdem pelago absortos extinxit. Sicque manu valida quibus potuit navibus hostium se applicans, multos peremit pluresque captivavit. Consimiliter vero alii cives animosi in ceteris navibus constituti, virilitate et audacia dicti magistri Pauli confortati, inimicorum agmini se iungentes percusserunt Danos illos in furore suo et plures ex eis in fugam verterunt. Cumque unam de pocioribus navibus plenam nobilibus Danorum, quorum Conradus de Indagine capitaneus erat, expugnassent et omnes in ea constitutos captivassent, decem cives, qui dictos captivos tuerentur, ne a ceteris civibus iterum invaderentur, ad eos imposuerant. Illi vero perfidi effecti et non formidantes, votum capture publice emissum violare, cum ventum cernerent sibi proficuum, velum suum levaverunt et cum civibus impositis partes Danicas veloci cursu pecierunt, suam inprobitatem per hoc excusare nitentes, quod manu ad manum recepta capti non fuissent. Sundenses igitur modica classe sua, septem videlicet navium, de LXXV navibus Danorum armatis viris repletis victoriam obtinentes non sine divino speciali auxilio, captivos suos numero circiter CCC ad urbem suam secum duxerunt[1]

1) *Statt des folgenden berichtet H:* Unde erer vele worden geslagen unde noch meer worden erer gedrenket, ok worden erer vele truwelos, de nicht in en quemen.

et custodie satis miti commendantes tandem eos graciose exaccionaverunt et ad propria redire permiserunt.

1429. Regnum Francorum per multos annos ab Anglicis graviter attritum hoc anno misericors Deus[a] ex alto respexit et redempcionem insperatam et insolitam, ymmo vix previe auditam ei misit. Sane iuxta vulgare et famosum verbum in Lotharingie ducatu quedam extitit puella Iohanna nuncupata, XIV fere annorum, que rurali de domo nata pecora patris sui in campis pascere solita fuit. Hec virgo spiritu angelico affata iussa est pergere in Franciam et dicere Karolo delfino: 'Hec dicit Dominus et ego eius ex parte: Nisi vitam tuam emendaveris et de peccatis tuis penitenciam condignam egeris, in gladio hostium tuorum consumeris. Sed si ad Dei natum te rexeris, vitam tuam mutando et eius mandata servando, regnum tuum ex integro reformabit, cunctos tuos coram te prosternet inimicos et te potentem Francorum regem constituet'. Cumque puella prefata ad domini mandatum, paterna domo relicta, Franciam adiret et in eam veniens magnis laboribus dictum dominum Delfinum inquirendo tandem invenisset, conspectui suo se presentari a familia instanter postulavit. Que quamquam pro primo ob puerilem etatem, incompiam rusticanamque personam a vasallis principis displiceretur, propter verborum tamen prudentum affluenciam et gratam eloquenciam desuper sibi datam ac negocii proponendi salutaris exigenciam tandem ad domini presenciam est introducta. Stans igitur Iohanna dei nuncia coram Karolo Francorum delfino, verba, que dei ex parte peroratura venerat, absque omni formidine constanter expressit et virtute eius, qui ipsis cooperabatur, principis animum in tantum mutavit, ut omni mox semota vanitate virum alterum se faceret et cunctis dyaboli actibus ac oblectamentis totis nisibus renuncians iuxta puelle consilia a deo sibi misse ex toto se regere promitteret. Manens igitur dicta Iohanna apud Karolum delfinum, iuxta inspiramenta divina negocia regni cum eo prosequens omnibus bellis inantea gerendis personaliter interesse voluit et propriis manibus iuxta prophecias venerabilis Bede in metris repertam banerium regni ferre studuit. Quorum metrorum tenor est talis:

Vis[1] con vi culli bis septem e sociabunt,
Gallorum pulli tauro nova bella parabunt.
Ecce boant bella, portat vexilla puella.

Dicitur eciam de hac virgine, quod cum Anglici Aurelianensem urbem obsidione vallassent, ipsa ad exercitum eorum veniens hortabatur eosdem[2], ut ab urbe recederent, quia Deus civitatis illius defensor esse vellet et omnes casuri coram ea forent, nisi ab obsidione et a pugna desisterent. Quod ita factum fuit, sicud virgo predixit. Narratur insuper a veridicis de eadem puella, quod finem vite sue predixerit et ipsius morte regni calamitatem fore terminandam pronunciaverit. Cuius quidem virginis condiciones, vite terminum et verborum pronosticaciones universitas Parisiensis quibusdam metris complectitur dicens:

Virgo[3] puellaris[b] artus induta virili
Veste, Dei natu properat relevare iacentem
Liliferum[c] regemque suos delere nephandos

a) *über der zeile D.* b) puellares *Thomassin.* c) liliferum *Thomassin.*

1) *Diese verse zusammen mit den folgenden auch im 'Scotichronicon' des Walter Bower bei J. Quicherat, Procès de Jeanne d'Arc IV 481.* OESTERLEY. *Nur lautet die erste zeile:* Vis cum vi, culli bis septem se sociabunt. *Vgl. Quicherat a. a. o. III 333 und die note.* 2) *H:* sprak to deme hertigen van Baren. 3) *Die verse auch im 'Registre delphinal' des Mathieu Thomassin bei Quicherat a. a. o. IV 306, jedoch mit allerhand abweichungen, von denen einige in den varianten gegeben sind.*

Hostes, precipue qui nunc sunt Aurelianis
Urbe sub; at[a] illam deterrent obsidione.
Et si tanta viris mens est, se iungere bello
Arma sequique[b] sua, que nunc parat alma puella,
Credite[c] fallaces Anglos succumbere morti,
Morte[d] puellari Gallis sternentibus illos.
Et tunc finis erit pugne, tunc federa prisca,
Tunc amor et pietas et cetera iura redibunt,
Certabunt de pace viri cunctique favebunt
Sponte suo regi, qui[e] rex liberabit et ipsos.
Ammodo nullus erit Anglorum perfidus[f] hostis,
Qui se Francorum presumat dicere regem.

Commissa autem feruntur hoc anno tria prelia ingencia, quibus interfuisse personaliter famatur, et ipsius virtute vel pocius Dei in ea operantis de quolibet victoria per Francigenas est reportata. Adepto igitur triumpho de Anglicis coram urbe Aurelianensi, Karolus delfinus de consilio Iohanne virginis perrexit ad urbem Remensem, postulaturus unccionem heredibus regni debitam et in tali civitate ab eius archiepiscopo iuxta statuta regni percipiendam. Cuius presenciam Remenses cum debita reverencia recipientes et consilio accersiti archiepiscopi sui et omnium ad hoc negocium requirendorum usi, ipsum cum omni gratitudine in regem suum acceptaverunt et officium coronacionis regie, mediante eorum antistite, sibi impendi procuraverunt, ut communis de partibus illis veniencium affirmat sentencia.

1500. Wismarienses cum suis Vitalianis et quibusdam Rostoccensibus mare in-
sept. 8. trantes circa festum nativitatis Marie, quasdam comprehenderunt naves de Swecia censum annuum regi Danorum ex parte regni illius debitum deferentes. Viri autem in navibus illis constituti numero fere CCC certamine duro contra Wismarienses preliati sunt, de ipsis multos vulnerantes et quosdam interficientes. Sed Vitaliani civitatum prefatarum triumpho obtento ultra ducentos Sweos captivaverunt et naves eorum magnis bonis onustas ad portum Wismariensem cum captivis deduxerunt, omnia inter se dividentes rapta[1].

1501. Civitates sex maritime, puta Lubicensis, Hammeburgensis, Rostoccensis, Sundensis, Luneburgensis et Wismariensis, Wilhelmum ducem de Brunswic[g] conduxerunt magna pecunie summa, ut earum capitaneus et dux exercitus existens cum CCCC lanceis Iuciam intraret et ad mensem ad minus inibi perdurans contra regem Danorum cum principibus Holtzatorum preliaturus subsisteret. Ingressus igitur dictus dux cum taxato
sept. 14. numero armatorum circa festum exaltacionis sancte crucis Iuciam, adiuncto ei Holtzatorum exercitu copioso, et moram trahens plene per mensem in eadem terra, opidum Oppenra

a) ac *Thom.* b) sequique *Thom.* c) credit et *Thom.* d) Marte *Thom.* e) qui rex liberabit et ipsis Cunctis leticiam, quos pulchra pace fovebit. *Thom.* f) pariliger *Thom.* g) *auf rasur? D.*

1) *Hiernach folgt bei Rufus 569 eine selbständige nachricht:* In dessen tiid deleden de vorsten, also hertich Bernd unde hertich Wilhelm, ere vorstendome unde herschop, up dat en islik by sik were, wente se in sammelden gude sik nicht vordreghen konden. Des worden se to rade, dat hertich Wilhelm, de dar was de jungheste, de hersschoppe delen scholde unde hertich Bernd scholde kesen. Dar delede hertich Wilhelm klokliken de herschop beyde, also dat en islik herschop slot behelt in des anderen heren lande, uppe dat se nicht listliken scholden underlangh viende werden. Also koes hertich Bernd Luneborch unde hertich Wilhelm behelt Brunswik. *Steht jedoch unten im § 1513 s. 499 anm. 6.*

cum suo castro[1] obsidione vallavit et ad ultimum cum maximis laboribus expugnavit, captivans in dicto castro circa LX viros. Quibus expugnatis et viris ac instrumentis fortibus et necessariis munitis, obsidio illa soluta est, eo quod dies contractus iam exspiraverant, et principes omnes ac vasalli ad propria sunt reversi.

1502. Ratisponenses[2] cives cum suo episcopo[3] graviter discordantes prelium durum cum ipso dimicaverunt. Sed episcopus victor eorum effectus plures de civibus captivavit et vinculis constrinxit. Villas eciam et opida vinetaque et predia civitatis vastavit et dampna varia intulit. Cuius iugum moleste ferentes cives, exercitum fortem de prope iacentibus civitatibus et opidis ac castris colligentes, iterum cum eo bellum aggressi sunt et pugnantes utrobique viriliter, tandem victoria civitatensibus arrisit. Ceperunt igitur Ratisponenses in illa pugna plures nobiles et vasallos dyocesis, et ceciderunt multi gladiis eorum interfecti.

1503. Otto filius ducis Bernhardi de Luneburg discordans cum Wilhelmo duce de Brunswic patruo suo ducatum suum in sua absencia, cum occupatus esset in negocio civitatum maritimarum, depredatus est. Quod intelligens Wilhelmus dux constitutus in urbe Lubicensi, festinus redilt ad partes suas et colligens in parvo tempore exercitum grandem de nobilibus dyocesum Coloniensis, Hildenshemensis, Padelburnensis, Halberstadensis et Monasteriensis, de Hassia, Lippia et Thuringia venit ad castra dicti Ottonis ducis et obsedit opidum Pattensen, cuius expugnacioni dans operam efficacem ipsum tandem cepit. Ulterius vero procedens ad Hallerburg castrum obsidione forti ipsum occupavit. Videntes autem Brunswicenses et Luneburgenses ceterèque civitates principum illorum, hanc dissensionem in destruccionem vergere terrarum, treugas inter ipsos fieri ordinaverunt. Interim dicti principes causam sui dissidii ad tres principaliores civitates ducatuum suorum transtulerunt, pro arbitris illas statuentes, puta Brunswic, Luneburg et Honnover, ad discuciendum discordie sue negocium. Que causam ad se devolutam mature masticantes, tandem principes prelibatos amicabiliter concordaverunt.

1504. Casimarus dux Stetinensis et Otto frater suus anno precedenti a civibus urbis Stetinensis subsidium postulaverant suarum expensarum fiendarum in reysa contra hereticos Husitas, quam facere proposuerant. Sed illa peticio occasio fuit mali subsequentis. Nam cum cives anno presenti peticionem principum admisissent et consulares erarium civitatis inane et vacuum fore assererent nec summam postulatam a ducibus se dare posse protestarentur, burgenses colloquia super huiusmodi civitatis inopia habentes racionem sibi fieri a consulatu unanimiter postulaverunt. Quam principaliores proconsules duo, puta Iohannes Grabowe et Gerardus Rode, qui pre aliis bona civitatis plenius tractaverant, vel facere formidantes aut facere renuentes, ne posteris suis gravamen relinquerent insolitum, urbem exierunt et curiam ducum Stetinensium petentes iniurias et violencias eis irrogatas eisdem querulose exposuerunt. Principes autem auditis querelis burgimagistrorum confestim equos ascenderunt et urbem prefatam accedentes secum duos illos proconsules introduxerunt. Quos urbem ingressi loco suo dignitatis pristino restituerunt et duos communitatis capitaneos et prolocutores apprehendentes ipsos rotari fecerunt. Burgimagistri vero illi a principibus adiuti gratitudinem debitam dominis suis ostendere cupientes, de consensu consodalium suorum ipsis XIIM marcarum Lubicensis monete donaverunt in prompta pecunia, ut sui pii domini et defensores essent et manerent ac civitatis sue. Et sic sopita est illa discordia. *f. 198.

1505. Herbordus Dukkel proconsul urbis Bremensis ante triennium cum quibusdam suis collegis, furia communitatis dicte urbis cogente, fuga elapsus et post divagacionem

1) *Brunkard bei Apenrade.* 2) de van Stratenborch *Rufus 559.* 3) *Konrad VII.*

per loca varia pro sue iniurie suorumque sociorum querulosa denunciacione principibus et civitatum rectoribus necessario facienda tandem in opido Stadensi ad tempus hospitatus est. Cives vero Bremenses post ipsius et quorundam aliorum consularium egressum ceteros remanentes in civitate consulares quasi abicientes, novos viros iuxta videre suum communi bono urbis sue magis proficuos in consulatum erexerunt, qui negocia civitatis agerent, ut sui precessores, iudicio intenderent et neglecta ac per incuriam collapsa antiquorum novi emendarent. Sed hec novi consulatus creacio in maximum cessit dicte civitati detrimentum, ut inferius clare patebit.

1506. Osnaburgenses collecto exercitu pulcro ex civibus propriis et vasallis dyocesis sue ac Monasteriensis ecclesie, iter suum direxerunt versus Hervordiam civitatem, apprehensuri vaccas urbis eiusdem et depredaturi villas de prope iacentes. Sed Hervordenses cives hostium adventum non ignorantes, freti auxilio domini de Lippia[1] et quorundam aliorum amicorum suorum, urbem suam in manu valida exierunt et hostes suos bello duro aggredientes cum ipsis viriliter dimicaverunt. Quos tandem deo propicio devincentes plures de ipsis prostraverunt et plus quam LX armatos de pocioribus dictarum dyocesum et civium urbis Osnaburgensis captivaverunt et in urbem suam secum perduxerunt.

1507. Urbs imperialis Aquisgranum turpiter tradita est per quosdam burgimagistros eiusdem civitatis in manus trium principum, puta ducis de Monte[2], comitis de Hinsberg[3]
nov. 1. et comitis de Derneburg[a]. Qui urbem predictam intrantes in manu forti circa festum omnium sanctorum, plures cives resistere eis volentes occiderunt et tandem civitatem illam sibi subiecerunt, salvis tamen iuribus imperialibus et domino Romanorum rege omagium principale in ea retinente.

1508. Heretici Husite circa festum sancti Martini Bohemiam exeuntes intraverunt
nov. 14. Lusaciam et expugnantes Gobin[4] urbem parvam, sed populosam[b], cunctum populum in ea repertum interfecerunt. Monasterium quoque Celle[5] dictum multum solempne destruentes, omnes monachos in eo deprehensos truncatis prius manibus et pedibus tandem trucidaverunt. Coram urbe eciam Vratislaviensi eodem tempore sevientes villas undique destruxerunt et plures homines utriusque sexus peremerunt[6].

1430.

1509. Decimo septimo anno Sigismundi qui est domini MCCCCXXX. Philippa regina
jan. 5. Dacie, Swecie et Norwegie[7] obiit in Swecia in vigilia regum et sepulta est in Wasteen monasterio principali ordinis sancte Brigitte. Pro cuius anime salute Ericus rex Danorum dictum monasterium solempni elemosina dotavit, summam trium milium nobilium eidem largiendo.

1510. Archiepiscopus Treverensis dominus et comes natus de Tsegenhagen[8] obiit intoxico, ut publice famabatur, extinctus a proprio vasallo. Hic[9] vir devotus erat et iusticiarius[c] magnus, diligens clericos et presertim religiosos. Cum autem morti propinquum se cerneret et a nobilibus et vasallis circumstantibus multum deplangeretur, fertur dixisse clericis et laycis in magnis et altis suspiriis: 'Utinam dyocesim hanc iuste et bene rexissem'. Tunc respondentibus astantibus, quod valde bene, iuste et pacifice cunctis prefuisset, ait: 'Inter vos proch dolor michi in presenciarum astat, qui mortis mee causa est efficiens'. Tunc unus de astantibus zelo iusticie accensus dixit: 'O dulcis domine et pater, prodite illum nobis et sic tractabimus eum, quod in posterum nemini principum nocebit'. Ad quod verbum presul piissimus respondit:

a) d korrigirt aus b D. b) et a. m. D. c) iusticiarius D.

1) Simon IV. 2) Adolf. 3) Johann I. 4) Guben. 5) Neu-Zelle. 6) H fügt zu: Der stad overst konden se nicht schaden. 7) Tochter Heinrichs IV. von England. 8) Otto von Ziegenhain gest. 1430 febr. 13. 9) Die folgende erzählung fehlt bei Rufus 572.

[a]Et quid michi prodesset mors ipsius, cum ego supervivere non valeam? Dominus enim noster Cristus dixit: "Nolo mortem peccatoris, sed ut magis convertatur et vivat"[1]. Quod et sibi opto ob salutem anime mee[a]. Et hec cum dixisset, mox efflavit spiritum[a].

1511. Dominus Iohannes Wangelin episcopus obiit Swerinensis[2]. In cuius sedem electus est dominus Hermannus Koppen canonicus eiusdem ecclesie.

1512. Heretici Husite de secta Orphanorum intrantes Misnam cum grandi exercitu expugnaverunt urbes diversas et opida ac populum innumerum trucidaverunt[3]. Contra quos principes Alemannie basse[4] se armantes exierunt, puta[5] Wilhelmus dux de Brunswic, qui[6] hoc anno cum patruo Bernhardo ducatus Luneburgensem et Brunswicensem dividens ipse Brunswicensem obtinuerat, Bernhardo in Luneburgensi manente, Guntherus archiepiscopus Magdeburgensis, Iohannes marchio de Brandeburg, Magnus episcopus Hildenshemensis, Iohannes episcopus Halberstadensis, Fredericus lantgravius Thuringie et plures comites, barones, nobiles et militer[7] cum centum ferme milibus armatorum. Sed quia Fredericus marchio Misnensis nec quicumque alius princeps aut civitas dicte terre poterat aut volebat ipsis respondere de dampno, si quid passuri forent, idcirco dicti principes ad propria sunt reversi[8]. Quorum principum torporem erga fidei negocium cernens Wilhelmus dux Brunswicensis nec sustinere valens postulacionem eorum minus deificam, peregrinacionem Terre Sancte assumpsit et dei gracia comite iter suum perfecit et sospes rediit ad partes Teuthonicas, manens tandem multis diebus apud Sigismundum regem Romanorum. Satellites vero diaboli in dampnifero eorum proposito procedentes populum dei in regione illa in tantum angariaverunt, ut plures fugam capientes urbes proprias et opida aut incenderent aut vacuas relinquerent. Post plurima tandem flagicia in terra illa perpetrata ad urbem Plawensem se diverterunt, quam cum suis duobus castris funditus evertentes innumerum populum ibidem mactaverunt. Conventum quoque fratrum Predicatorum destruentes plures de fratribus interfecerunt. Qua plaga ad libitum pervagata et demolita versus Franconiam se diverterunt. Erphordenses[9] autem et Ienenses ceterque civitates Thuringie, transitum eorum formidantes, valde munierunt se fossatis latis et profundis ac vallis fortissimis, et hoc idem fecerunt civitates pociores Saxonie et Marchie. Venientes autem in Franconiam primum Babenbergensem[10] urbem aggressi sunt, cuius cives magna pecunie summa se redimentes ab eorum infestacione ad tempus sunt exempti. Dehinc autem transeuntes civitati Norenbergensi se applicuerunt, quorum gravamen cives metuentes maluerunt moneta ab impiis se eximere, quam terre sue et opidorum ac castrorum

a) *wechsel der feder in D.*

1) *Ezech. 33, 11.* 2) *Heinrich III. von Wangelin gest. 1429 juni 19. Rufus 572 hat richtig* Hinrik Wangelin. 3) *Rufus 572 schildert weiter:* De groten steden overt, de sik weren wolden, den konden se nicht don. Erer was dar by XXX dusent vorsammelt to perden unde to vote boven hundert dusent. De vothude hadden ene wagenborg wunderliken gemaket, dar se uth vechteden, se konden velen luden dar uth schaden don, men me konde en nicht lichtliken schaden; worden de to perde weren van lemende gnedighet, so vleghen se to der wagenborch, dar worden se uth beschermet. 4) *af* deme *steden* des Mysen *Rufus 573.* 5) *Rufus 573 nennt an erster stelle noch* hertich Fredarik van Sassen, de ok was markgreve to Mysen. 6) *Der zwischensatz* qui — manente *fehlt bei Rufus 573. Siehe statt dessen aber noch § 1500, s. 496 anm. 1.* 7) mit den steden van Sassen, Mksen unde Doringen *fügt Rufus 573 zu.* 8) *H fügt ein:* O leve Cristi, o vlammende ernstaftigheit der menliken herten eens guden cristenen mynschen, de nummer tostoren schal to stervende vor den cristenen loven, dar vorboret de krone der martelere, dessen neyn was in den herten der vorsten, sunder de duvel der girichkeit hadde ere herte besetten, dat se tidlik gut annameden vor de kronen der ewigen ere. 9) *Der satz* Erphordenses — Marchie *fehlt bei Rufus 573 und in H.* 10) Bovenburg *Rufus a. a. o.*

periculo incurrere. Unde summam XIIIM florenorum, ut dicebatur, eis donantes eos a se recedere fecerunt. Nec sic saciati canes illi infernales in tres turmas se dividentes[a] unam versus Poloniam, alteram ad Austriam et terciam in Ungariam destinaverunt atque inibi plura prelia cum fidelibus certantes postea ad propria redierunt.

1513. Iohannes Bantzkowe, filius Iohannis Bantzkowe proconsulis quondam Wismariensis alias ibidem decollati, ad curiam Sigismundi regis Romanorum se transferens[1] de iniusta patris sui interfeccione querimonias graves coram prefato rege deposuit contra dictam civitatem Wismariensem. Ubi adiutus promocionibus diversorum principum et civitatum tandem practicavit apud eundem regem in tantum, quod gravem senteneiam contra dictam civitatem fulminaret. Qua obtenta ad partes rediit et cum adiutorio civitatum aliquarum et presertim Lubicensis, cuius consulatus executor regie sentencie datus erat, ad talem finem perduxit, ut emendam publicam et satisfactoriam pro iniuria et dampno[a] sibi illatis reciperet. Civitatibus ergo illis de execucione predicta plene expeditis, abiectos dicte urbis Wismariensis consulares cum adiutorio Katherine ducisse Magnopolensis et filiorum[2] eius principum terre sedibus suis restituerunt, semotis illis, qui loca illa iniuste et violenter sibi vendicaverant.

1514. Karolus rex Francorum novellus plura gessit bella victoriosa virtute et meritis Iohanne puelle, regno illi a deo concesse, contra Anglorum principes et Philippum ducem Burgundie eorum auxiliatorem, innumerum populum de eorum exercitibus prosternendo et urbes plures ac castra expugnando.

1515. Dux Brabancie Anthonius[b, 4] viam universe carnis ingrediens prolem masculinam post se non reliquid. Cuius principatum Philippus dux Burgundie obtinens ut verus heres, factus est potencior et dicior princeps cristianismi tocius, paucis regibus exceptis.

1516. Civitates sex maritime superius sepius expresse pro die placitorum ami-
aug. 24. cabilium tenenda cum Erico rege Danorum naves intraverunt circa festum beati Bartholomei apostoli[5] et mari transito opido Nygekopinge applicuerunt, loco ad hoc eis deputato. Ubi cum rege et suis consiliariis diu placitantes pro pace communi obtinenda bono fine negocium totum, ut fama publica sonuit, terminassent, nisi Rostoccenses minus[c] provide, ut multis videbatur, ymmo satis indecenter agentes eos impedivissent. Ipsi namque per quindenam et amplius in consiliis et tractatibus civitatum existentes audiverunt singula secreta et conceptus varios tam pro se quam contra suos inimicos masticatos, et tandem sine quacumque premonicione facta ab eis se divertentes ad partem adversam se contulerunt, pacem a rege Erico cum condicionibus honori eorum minime congruentibus oblatam amplectendo. Rex enim pro pace perpetua obtinenda tres articulos a civitatibus supradictis exigerat, supra quibus cum civitates alie quinque se deliberare vellent cum civibus suis respondissent, ipsi Rostoccenses dictis articulis sine deliberacione prehabita se subdiderunt et pacem illam pro sua urbe acceptaverunt. Quarum civitatum divisionem rex audiens non mediocriter[d] gavisus est et mox ipsis Rostoccensibus pacem acceptatam indulsit et eam pro eis publice preconizari coram suis mandavit ac ipsos cum CCC armatis de suis ad urbem eorum destinavit. Articuli

a) dampo D. b) [illegible]? mit hellerer tinte und anderm ductus D. c) wechsel der tinte in D. d) modiocriter D.

1) *Rufus 874 ist hier weniger genau.* 2) des sulven somers by sunte Jacobus dage *bei Rufus 874 genauer.* 3) *Heinrich IV. und Johann V.* 4) *Herzog Anton von Burgund, Philipps des kühnen zweiter sohn, hatte 1406 von seiner grosstante Johanna Brabant und Limburg ererbt. Er fiel bei Azincourt und hinterliess zwei söhne Johann und Philipp. Erst als diese brüder 1427 bzw. 1430 gestorben waren, kamen die länder an Philipp den guten.* 5) by sunte Jacobes daghe *bei Rufus 875.*

autem, per quos dicte civitates pacem perpetuam cum Erico rege consequi potuissent, sunt hii: 'Primus. Dampna in invicem illata et recepta vel sopita esse debent ex utraque parte vel taxari a viris sagacibus, et quo pars maiora sustinuit, altera eidem ea refundere debet. Secundus[a]. Ex quo civitates sex supradicte regi Erico iniuste interdixerunt pacem, ut firmiter supponitur, et hostes eius contra deum et iusticiam facte sunt et sic corone eius regie iniuriam gravem irrogarunt, idcirco talem emendam ei facere debent, qualem in consimili casu ab eo postulare vellent. Tercius. Confederaciones et pacta cum eo inita et ex utraque parte sigillata et iurata manere debent firma in perpetuum et nullo eventu irritari debent'. Cum hiis articulis civitatum nuncii ad propria revertentes, eos suis consularibus primo et postea suis communitatibus proposuerunt. Quos mature considerantes et studiose masticantes, perpenderunt ex eisdem cum honore pacem oblatam non posse eos amplecti. Espropter iterato destinaverunt ad dictum regem Ericum in Daciam nuncium Conradum Episcopi proconsulem Sundensem, ut ipse tamquam singulariter notus et familiaris regi ipsum ad ulteriorem commoveret clemenciam erga salutem populi communis tam proprie terre quam circumiacencium nacionum ostendendam[1]. Qui tandem parum utilitatis apud ipsum efficiens viam indirectam et valde impertinentem suis concivibus, prout postea effectus ostendit, transivit, Rostoccensibus se conformans previe errantibus et pacem oblatam eisdem a rege Erico acceptans pro sua civitate ac prevaricans amicabilem confederacionem alias initam cum ceteris civitatibus maritimis et iuratam, ut supra suo patuit loco. [1] s. am.

1517. Cum vero prefate sex civitates nuncios suos apud regem Ericum haberent in placitis, prout inmediate supra dictum est, Katherina ducissa Magnopolensis per practicacionem Henrici Bûk et suorum sociorum proconsulum urbis Rostoccensis exulancium, ut dicebatur, collecto interim exercitu magno[2] ipsum destinavit ad obsidendam dictam urbem Rostoccensem, habens in proposito eam capiendi, spoliandi, plures in ea interficiendi et ad ultimum humiliandi eam non sine consensu et auxilio quorundam in ipsa urbe commorancium. Sed res ipsa humana astucia preconcepta divina disposicione aliter ordinata est. Nam cives et consulatus civitatis illius, moniti per Wilhelmum dominum Slavorum eorum concivem[3], valvas urbis sue clauserunt et turres eius fortibus viris[4] et instrumentis necessariis munierunt. Quod percipientes qui ad capiendam urbem venerant, confusi inde recesserunt et ad villam Warnemunde se transferentes eam incenderunt cum ecclesia ipsius, portum eciam eius aliquibus navibus inmersis obstruere nitentes ad propria sunt reversi. Altera vero die cives dicte urbis conglobati bona nobilium terre illius, qui exercitui interfuerant, invaserunt et omnia spoliantes curias, castriola et villas eorum igne conbusserunt[5]. Portum quoque navium in Warnemunde obstructum protinus reseraverunt et multa alia dampna tam nobilibus terre quam proconsulibus exiliatis intulerunt, qui huius mali causa erant originalis. In exercitu autem supradicto principes et terrarum domini, qui coram urbe Rostoccensi banoria sua laxaverant, fuerunt

a) Secunda *D.*

1) *Rufus 576 ist wesentlich kürzer, nennt jedoch als termin der antwort den Michaelistag.* 2) unde hadde to hope gebracht by sebtein hundert perden edder mer *berichtet Rufus 576 genauer.* 3) *Rufus 576 gibt die warnung in directer rede.* 4) *H genauer:* bi twe dusent mannen wolgewapent unde bi dusent schutten. 5) *Rufus 577 gibt statt des folgenden:* unde vordingheden vort alle stedeken, wigbelde unde dorpe des landes, also dat de vrowe Katherina unde al ere rad gode danckeden, dat se myt den van Rostoke mochten to daghedinge komen. Dar behelden de van Rostoke al eren willen in den degedinghen unde besloten dat myt deme gantsen lande, dat de olde rad van Rostoke vorvestet scholde blyven to ewighen tiden in deme lande unde borghere darynne blyven.

Otto dux Luneburgensis, Ericus dux[1] de Louenburg, parvuli duces de Mekelenburg[2], Hermannus episcopus Zwerinensis, Iohannes comes de Hoya et plures alii nobiles et milites ac cives Wismarienses[3]. Sed longe melius fuisset pro dicto ducatu Magnopolensi et exulantibus illis consularibus Rostoccensibus, quod exercitus ille collectus non fuisset, eo quod plura dampna ex eo secuta sunt et pericula maiora, ut timetur, futura.

sept. 8. 1518. Iohannes comes de Hoya circa festum nativitatis Marie virginis intrans dyocesim Bremensem conflictum habuit cum nobilibus et civibus quarundam civitatum dyocesis. Et victoriam de illis obtinens captivavit ultra ducentos et prostravit plures. Opidani autem de Wildeshusen multi abducti sunt captivi.

1519. Bremenses quendam Iohannem Vasmer[a] dictum burgimagistrum eorum, sed profugum, captivaverunt et ipsum secum in urbem ducentes capite privaverunt[4], bona eius confiscantes.

nov. 10. 1520. Profesto sancti Martini iterum Lubicenses cum Wismariensibus et Luneburgensibus Daciam intrantes ad habenda placita cum Erico rege Danorum de pace et concordia, quarum carencia utriusque partis homines detrimenta passi sunt irrecuperabilia, Sundenses autem et Rostoccenses a dictis tribus civitatibus iam recesserant et pacis federa eis parum proficua cum prefato rege percusserant contra eorum iuramenta et sigilla, per que se colligaverant, ne ab invicem recederent in hac lite in quocumque casu. Cum autem placita predicta fieri deberent inter regem et civitates, Dani cum numero navium copioso mare Balticum intrabant ad depredandam Alzen insulam et ad expugnanda castra eiusdem. Sed Holtzatorum principes propositum Danorum intelligentes, Sunderburg castrum fortiter munierunt armatis et instrumentis bellicis, ipsam quoque insulam vasallis suis et Vitalianis multis repleverunt. In quorum auxilium Lubicenses ultra DC balistarios destinaverunt. Hammeburgenses vero et Luneburgenses similiter suos miserunt in bono numero pro defensione dicte insule. Quorum omnium presidio fulti castrenses utriusque castri tam insulam quam castra ipsa contra Danos defensarunt, prohibentes eosdem, ne terram ipsam contingerent. Illis vero sic in mari natantibus, dominus de celo Holtzatis auxilium ferens tempestate valida mare concussit et procellarum impetuositate Danorum naves sic conquassavit, ut nulla apud aliam manere valens, pene decem ex eis cum omnibus contentis undis immergeret. Cuius infortunii iactura territus Ericus Krummedik miles et capitaneus classis regie vela sua levari iussit et Danicum portum, quem exierat, repetiit inglorius. Cum autem dictus Ericus miles curiam regis sui intrasset et placita inter dictum regem et civitates cum magnis laboribus quasi iam ad conclusionem pacificam deducta percepisset, mox subdolis sermonibus suis omnia actitata[b] interrupit et utriusque partis pacis tractatores, amicabili confederacione fere iunctos, pessimo susurrio ab invicem removit.

nov. 11. 1521. Pro eodem festo beati Martini Tidemannus Steen proconsul Lubicensis, ultra tres annos in vinculis dicte urbis tentus, a turris custodia liberatur et in domum suam locatur, inde non exiturus sub iuramento sine consensu et licencia consulatus Lubicensis. Et ad hanc fidem faciendam non suffecit simplex iuramentum ab eo prestitum, sed

---

a) e aus a korrigiert D. b) acticata D.

1) H z. zu: unde hertich Bernard. 2) Siehe seite 500 anm. 3. 3) van Zwerin, van Butzowe unde van anderen cleynen steden fügt Rufus 570 hinzu. 4) Hier endet die sog. Rufus-chronik und somit wahrscheinlich auch die verlorne fassung C. Vgl. die einleitung. — H fügt der letzten nachricht hinzu: Darumme toch ein rume vor den Romeschen koningk Segemunde unde brachte de van Bremen in de achte unde vink ere borgere, war he se vant in anderen steden, unde dede en grot vordreet unde schaden, so langhe wente dat de stad sinen willen makede vor sinen vader.

oportuit ipsum superaddere fideiussores viros probos et probatos, qui pro se fidem facerent creditivam[1].

1522. Circa festum beate Elizabeth Sigismundus rex Romanorum in sua legacione nov. 19.
destinavit quemdam archiepiscopum regni Ungarie[2] ad Alexandrum ducem Lithuanorum, alio nomine Vitoldum nuncupatum; cui in eadem legacione sociavit Guntherum archiepiscopum Magdeburgensem, imponens eisdem archiepiscopis, ut dictum ducem sua ex auctoritate in regem Lithuanorum ungerent et coronarent. Promiserat enim previe dux Alexander prelibatus regi Romanorum antedicto, se missurum contra Cristi inimicos hereticos centum milia lancearum in propriis expensis et eadem se tenturum per annum integrum in regno Bohemie, si ipsum regem facere vellet. Sed antequam dicti archiepiscopi ad ducem predictum pervenirent, impensuri eidem regale fastigium, ipse dux ab hac luce decessit[3]. Propter quod dicti legati in suo frustrati proposito ad propria sunt reversi. Principatum autem pretacti Alexandri defuncti sibi usurpavit Swythergeyl frater Bolezlai regis Polonie, quem ipse rex Bolezlaus exosum habens exercitum contra eum eduxit, volens eum ducatu illo privare. Sed Swytergeyl dux contra fratrem suum regem multum populum congregans in occursum eius perrexit et prelium committens cum eo valde durum, ipsum in campo obtinuit et secum in captivitatem duxit ac vinculis mancipavit, prout sibi alias fecerat, ipsum ad septennium captivum tenens et post regno privans.

1523. Anglici cum eorum rege Henrico vix octenne vel citra, mare transfretantes, ipsum in Caliz castrum deduxerunt. Ubi multis diebus cum eo persistentes, ob metum Karoli regis Francorum novelli ipsum ad interiora regni Francorum conducere formidabant, audientes dictum Karolum regem cum puella a deo sibi data in omnibus prospere agere, diversis preliis hostem suum Philippum ducem Burgundie debellando et plura castra et urbes expugnando.

1524. Dominus Cristianus Cobaut episcopus Osiliensis[4] cum fratribus de domo Teuthonica terre Lyvonie discordans[5] ad Ericum regem Danorum se transtulit, cupiens ipsum contra suos iniuriatores in defensorem invocare et suam dyocesim in sua absencia ad manum fidelem commendare, ut dicebatur. Post cuius recessum magister Lyvonie[6] timens forte, dyocesim illam ad manus exterorum principum devenire, exercitum fortem adunavit et intrans Osiliensem pagum, civitates et castra vallavit et tandem singula expugnans sue dicioni omnia subiecit et dictum episcopum in curia Romana residentem ecclesia sua privavit.

1525. Philippus dux Burgundie accepit in uxorem filiam regis Portugalie[7]. Quorum nupcie celebrate sunt circa carnisprivium in urbe Brugensi in Flandria cum magna febr.
solempnitate, presentibus multis principibus et nobilibus utriusque sexus. Hic dux Philippus, decedente duce Brabancie[8] hoc anno, factus est princeps ducatus eiusdem et per consequens potencior dominus tocius Alemannie. Nam in sua potestate habet plures ducatus, comitatus et terrarum dominia, puta Burgundiam, Brabanciam, Flandriam, Hollandiam, Selandiam, Picardiam, Amyensem comitatum[9] et plura alia dominia.

1526. Civitates Alemannie basse, puta Erpbordensis et Yenensis terre Thuringorum, Magdeburgensis, Brunswicensis et Luneburgensis terre Saxonie, Frankenvordensis et Berlynensis terre marchie de Brandeburg ac plures alie civitates et opida, timentes incursionem hereticorum de Bohemia super se venturam, que iam plures principum terras

1) *Eingehend untersucht von Wilhelm Mantels, Hans. Geschichtsblätter 1871, 107 ff. und 1873, 145 f.* *OESTERLEY.* 2) *Johannes IV. de Buondelmontibus erzbischof von Colocza.* 3) *Gest. 1430 oct. 27.* 4) *Oesel.* 5) *H:* wente he syn kyverende man was. 6) *Cisse von Rutenberg.* 7) *Seine dritte gemahlin war Isabella tochter könig Johanns I. von Portugal.* 8) *Philipp gest. 1430 aug. 4.* *Siehe unten 800 anm. 4.* 9) *Seit 1435.*

vastavarat, quelibet earum in circuitu suo fieri fecit fossatum ingens, vallis et aliis fortibus municionibus circumceptum et roboratum pro defensione sua, ne hostibus facilis ad eas pateretur aggressus. Et hec quidem fortificacio dictarum civitatum nedum utilis existit ad prohibendam vesaniam impiam Husitarum in Cristi oves sevienclum, sed eciam ad obviandum tyrannice machinacioni quorumcumque urbibus antedictis iniuriari conancium. Nec civitates prelibate in fodiendo et firmando fossata illa pepercerunt quibuscumque monasteriorum aut ecclesiarum locis, prediis, ortis vel mansionibus, sed quecumque loca videbantur eis apta ad fossata talia perficienda, per illa fodiebant non curantes displicencias quorumcumque, eo quod forte dampna taliter illata eisdem refundere ecclesiis vel monasteriis proponerent ad dictamen hominis racionabiliter iudicantis.

1431.

1527. Decimo octavo anno Sigismundi qui est domini MCCCCXXXI. ipse[1] Sigismundus rex convocacionem principum grandem fieri constituit in urbe Norenbergensi dyocesis Bambergensis[2] ad tractandum cum eis de statu utriusque gladii, spiritualis scilicet et temporalis. Ubi tandem convenerunt plures archiepiscopi et episcopi, duces, comites, barones et milites, principum ambaxiatores et civitatum diversarum nuncii. Dominus eciam papa Martinus ad dictam principum congregacionem destinavit dominum Iulianum cardinalem dyaconum Sancti Angeli, quem postea Eugenius successor suus misit legatum ad partes easdem, ut de extirpacione hereticorum cum principibus seriose tractaret. Hii ergo principes gloriosi spirituales et seculares ecclesie et regni Romani necnon ceterorum regnorum et provinciarum pericula iminencia provida sinceritate masticantes et matura deliberacione perpendentes in invicem conclusive indicaverunt, expedire pro bono statu utriusque principatus fieri passagium generale et expedicionem
juni 24. universalem in proximo festo beati Iohannis baptiste contra dictos hereticos. Ad quam expedicionem prosequendam eo fervencius et promptius per Cristi fideles dominus papa
*s. m. Martinus omnibus et singulis 'expedicioni predicte interesse volentibus aut pro se alium vel alios mittere satagentibus aut iuxta eorum facultatem expensas relevare curantibus dicte expedicioni necessarias plenam remissionem omnium peccaminum suorum misericorditer indulsit. Concessit insuper auctoritatem prelatis quibusdam instituendi confessores speciales, qui cruce signare et absolvere poterant penitentes et dispensare cum eisdem in omni casu et voto eciam sedi apostolice reservatis. Pretactas eciam gracias et indulgencias omnes Eugenius papa successor dicti Martini pape ratificavit et confirmavit in conventu principum in Norenberga celebrato[a] per manus domini Iuliani cardinalis sui legati ad hoc specialiter destinati.

febr. 20. 1528. Martinus papa diem suum clausit extremum Rome die ultima mensis Februarii[3]. Hic valde prudenter rexit ecclesiam dei, summopere cavens largicionem graciarum et indulgenciarum indiscretam.

DE EUGENIO IIII.[b] PAPA ROMANORUM CCXVII.

1529. Eugenius papa nacione Venetus, qui et[c] ante Gabriel dictus, sedit annis [d] [4]. Hic prius fuit cardinalis Senensis et consanguineus domini Gregorii XII. pape, qui ipsum ad cardinalatum assumpserat sui papatus tempore, et concorditer electus est in
märz 4. papam[5] IIII. die mensis Marcii.

a) celebrata D. b) über der zeile D. c) et ante auf rasur D. d) lücke in D wie auch in der Lübecker hs.

1) Vgl. auch die fassung von H im anhang I. 2) Eröffnet febr. 1431. 3) Gest. 1431 febr. 20. 4) Erwählt 1431 märz 3, gest. 1447. 5) H fügt zu: unde hadde wesen in deme orden der Celestinen.

1630. Dithmarci[a] circa dominicam in passione exeuntes cum aliquibus navibus märz 18
Novo operi in fluvio Albie locato applicuerunt. Quod expugnare nitentes suburbium ipsius incenderunt et pecora ac iumenta plura rapientes ea secum duxerunt, cum ad propria reverterentur. Castrenses vero oppugnatoribus viriliter resistentes aliquos de Dithmarcis suis bumbardis straverunt. Quod factum Hammeburgenses cum percepissent, egre valde tulerunt et timentes, eosdem Dithmarcos graviora dampna facturos in depredacione navium suarum de Flandria venturarum, destinaverunt eisdem navibus in subsidium DC armigeros et balistarios, ut eis salvum pararent conductum. Quibus dederunt in capitaneum Martinum Swartecop consularem dicte civitatis, virum utique probum et industrium, committentes eidem, ne quidquam attemptaret contra quoscumque, sed solum prestolarentur adventum amicorum suorum de Flandria venturorum. Cum autem predicti stipendiarii civitatis antedicte terre Dithmarcie apropinquassent, dixit quidam, sibi consultum videri, ut pro victualibus augmentandis vaccas et pecora aliqua de terra tam habundanti auferre non tardarent, eo quod hoc sine periculo fieri posset. Quod verbum cum Martinus capitaneus eorum audisset, reprehendit illum, verbis tamen levibus, qui spolium hoc faciendum suaserat, dicens se esse prohibitum quamcumque terram invadere aut spolium quodcumque facere, sed solum in strata regia consistere et naves amicorum de Flandria exspectare. Quod audientes ceteri leves et inprovidi, facta honesta minus ponderantes, verba probrosa et contumeliosa in dictum consularem depromentes ipsum traditorem sue civitatis fore clamabant. Quod ut audivit, mox fertur dixisse: 'Hoc malum de me in veritate nunquam comperi debet. Ego paratus ero ad omnia communitati proficua corpus et animam exponere'. Et mox de scapha exiliens cum bannerio civitatis sue aridam peciit et ipsum in terram fixit et sub eo cum ducentis vel citra permanere statuens, ceteros misit ad perficiendum opus, quod facere intenderent. Tunc illi discurrentes per villas, eas incendere et predam rapere temptaverunt. Quorum adventum percipientes Dithmarci mox adunati de vicinis locis in hostes impetum fecerunt. Sed illi protinus fugam capientes ad naves suas iter suum direxerunt. Dithmarci vero quantocius hostes insequentes super exercitum Martini consulis casu inopinato irruerunt et ipsum cum suis prosternentes interfecerunt, paucis elapsis.

1631. Alexander dux Lithuanorum aliter dictus Wytold, vir magne potencie et princeps multarum terrarum, viam universe carnis transiit[1], nullum post se relinquens sui seminis heredem. Hic[b] in ultimis constitutus nobiles sui principatus, quos habere potuit, coram se convocari iussit et in presencia eorum iuramento suo protestatus est, nullum esse veriorem sui dominii heredem, quam Swytergail frater Bolezlai regis Polonorum. Insuper coram eis confessus est, se dicto principatu ipsum annis multis privasse violenter et iniuriose et de hoc valde dolere. Huic autem Swytergail dictus Wytold quoddam territorium exile concesserat in suo ducatu, de quo se medio tempore nutrierat, violenter tenens pro se predictum principatum ad tempora vite sue. Rex autem Polonie Boleslaus alias antedictum Swytergail fratrem suum captivaverat[c], ipsum vi tenens citra septennium. Qui tandem adiutorio dominorum de domo Teuthonica terre Prutenorum ereptus se ipsis pacto perpetuo confederavit. Hic principatum sepedictum Lithuanorum adeptus, fratrem suum regem Polonie prefatum cum populo maximo terram suam ingressum et ipsum dominio cupientem privare expulit et retrocedere compulit virtute magna, de suo exercitu circiter VM prosternendo.

1632. Husite[a] cum maxima multitudine Bohemorum regnum suum exeuntes exercitum suum in duas diviserunt partes, quarum una versus Austriam se transferens prope urbem

a) wechsel der tinte in D. b) wechsel des ductus in D. c) hiernach ia getilgt D.

1) Gest. 1430 oct. 27.

Viennensem se locavit, vastans et igne gladioque demoliens plures villas et opida. Quam partem tandem dux Austrie[1] cum adiutorio Ungarorum bello aggrediens, ipsam fere totam delevit divino fultus auxilio. Ceciderunt enim ex eisdem in duplici conflictu fere XIIIIM hominum, partim gladiis interempta, partim aquis absorta. Altera vero pars dyabolici exercitus ad Luzaciam et inde ad marchiam de Brandeburg declinans, plures civitates parvas et opida est demolita, inter quas pocior est Gobin[2] urbs satis pulcra, cuius inhabitatores in ore gladii consumens, civitatem illam munivit suis armatis satellitibus et inde circumiacencia loca diutinis insultacionibus terribiliter turbavit pariter et vastavit.

1533. Principes Holtzatorum Adolfus et Gerardus fratres variis vicibus previe castrum Vlenzeburg cum suo opido capere temptantes nec prosperitatem quoquomodo in annis precedentibus, prout supra patuit, obtinere valentes, domino hoc anno favente
märz 17. post medium quadragesime exercitum adunaverunt ducentorum armatorum vel paulo minus, suffragantibus eis Lubicensibus et fideliter assistentibus[3], et venientes prope
märz 22. castellum predictum Vlenseburg ipsa[a] die dominica palmarum, disposicione astuta previe ordinata per quosdam opidanos, qui principibus prefatis favebant, ipsum populo in ecclesia existente pro divinis audiendis animo virili intraverunt, metum omnem, qui plerumque in viros constantes cadere consuevit, retro se proicientes. Cumque iam in opidum se omnes recepissent, mox forum opidi petentes bannerium suum in ipso firmaverunt, et principes, incontinenti a quodam milite milites effecti, alios X nobiles militaribus insigniis dotaverunt. Quo[4] facto opidanos exercisiis bellicis aggressi sunt et variis periculis se et suos exponentes viriliterque gladiis et arcubus utentes, tandem deo miraculose et misericorditer eis cooperante opidum ipsum ceperunt, pociores in magno numero sibi subiugando. Quod videntes plures de Danis opidum inhabitantibus mox ad castrum concurrerunt, hostium adventum lugubri voce nunciantes. Principes autem cum suo bannerio in medio opidi subsistentes, ceteri vasallorum cum Lubicensibus ad monasterium fratrum Minorum se conferentes, effractis ianuis ipsum intraverunt et iuramentum a fratribus extorquentes inibi cum eis ad manendum loca disposuerunt. Capto igitur opido predicto statim principes Lubicensi pariter et Hammeburgensi urbibus scripserunt, ut eis auxilio forent et opem ferrent. Quorum litteris a civitatibus perlectis, sine mora utraque civitas populum copiosum eis in subsidium destinavit, adiunctis suis exercitibus consularibus duobus de qualibet urbe, qui dictum populum regerent et ad fideliter assistendum predictis ducibus ipsum animarent. Misit eciam cum dicto exercitu qualibet civitas instrumenta sua bellica ad castri expugnacionem necessaria cum victualibus copiosis. Frisones eciam Egdorenses gavisi valde de captura opidi et de principum prosperitate letati, continuo se ipsis subdiderunt et in magna multitudine virorum forcium in auxilium eorum venientes, instrumentis suis ruralibus secum allatis circa castrum fodere ceperunt et fossata lata et profunda facientes fere totum castrum eisdem a parte terrestri circumdederunt brevi in tempore. Quibus quidem fossatis quasdam municiones apposuerunt, de quibus aggeres et dicta fossata tuentes, castrenses ipsos ita angariaverunt, ut nec ipsi de castro nec forinsecus quisquam exitum habere valerent vel aditum. Intra[4] opidum vero quedam domus lapidea grandis et fortis constructa fuerat prope castrum sita, cuiusdam militis habitacio existens, de qua Dani intra latitantes multa incommoda Holtsatis et suis adiutoribus intulerunt. In quam

a) *a aus o korrigirt D.*

1) *Albrecht V.* 2) *Guben.* 3) *H:* Dar to sunden en de Lubischen xx glevyen. 4) *Die stelle* Quo facto — opem ferrent *gibt H abweichend, vgl. den anhang I. Dafür fehlt in H die folgende stelle* Intra opidum — latibulum suum lacaret.

domum bumbardarum magistri suis petrariis fortiter et pluribus vicibus impingentes, eam tandem sic perforaverunt, ut nullum Danorum in ea amplius latibulum suum faceret. Similiter et ipsi castrenses suis bumbardis Holtzatos molestantes quasdam domus opidi graviter leserunt cum suis inhabitatoribus. Cumque sic intra opidum per civitatenses et Holtzatos illi, qui castrum tuebantur, artarentur et extra per Frisones et villanos suis fossatis et municionibus ab eisdem factis de die in diem magis angariarentur, ceperunt tandem in victualibus ultra modum deficere[1] et ideo missis nunciis per viam maris, quam adhuc apertam et minus occupatam habebant, Danorum capitaneis suam intimaverunt penuriam, protestantes quod si infra duas septimanas cum victualibus eis non subveniretur, oporteret eos necessario castrum linquere et fugam capiendo saluti sue providere. Quod audiens Ericus Krummedik miles timuit, Holtzatos prosperari in captura castri, et ideo exercitum colligens intravit naves circiter XVI onustas vite necessariis et vento sibi cooperante applicuit castro Vlenzeburg et ipsum cibavit et libere inde recessit circa dies rogacionum, Holtzatis impedire non valentibus, sed Mai 7–9.
cum cordis amaritudine hoc cernentibus. Quod[2] quidem factum insperatum cum civitatibus illis quatuor, que adhuc cum Holtzatis vinculum confederacionis insolubiliter tenebant, aliis duabus perperam agentibus, [3]innotuisset, valde consternate mox naves [illegible]
magnas numero XVIII disponentes et victualibus ac instrumentis bellicis fortibusque armatis in grandi copia onustantes, eas per viam maris versus Vlenzeburg castrum destinaverunt, ut Danis transitum maris omnino precluderent, ne amplius castro illi auxilio essent quovis modo. Que venientes in portum prope castrum se locaverunt ad talem tamen distanciam, ut a castrensibus de facili molestari non possent. Locum autem maris, quem Dani consueverant ad subveniendum castro, ita stipitibus et palis grandibusque trabibus per aquas terre infixis occupaverunt, quod a nullo homine forinsecus adveniente subsidium quodcumque sibi afferre poterat. Naves eciam suas armigeri civitatum arte mirabili valde ita munierunt, quod ab omni periculo ab extra eis adventuro securi consisterent. Huic[4] autem exercitui tanta copia et habundancia vini, frumenti, cervisie, pullorum, ovium et boum ceterorumque victualium, nedum necessitati humane serviencium sed et voluptati, affluebant et apportabantur, ut omnia in optimo foro per totum obsidionis tempus, quod a dominica palmarum usque ad nativitatis März 25. –
gloriose virginis festum duravit, haberentur. Cumque Dani castrum inhabitantes, quo- Sept. 8.
rum capitanei erant electus quidam episcopus et Petrus Iohannis miles, viri strenui

---

1) *H fügt ein:* wente erer wol bi sos hunderden uppe deme slote was unde mosten alle dage eten, scholden se arbeyden, unde van buten konde en to lande wart nicht to komen, wente en dat de Vresen werden mit den graven unde berghvreden. Des ereven do de hovetlude der stede, de dar vor legen, eyn yslik in sine stad unde beden, dat se volk to schepe uth makeden, de sik to watere vor de stad leggen mochten unde weren, dat dat slot to watere wart nicht gespiset worde, so wolden se mit godes hulpe in korter tiid dat slot wol krigen sunder schaden. 2) *Statt des folgenden berichtet H:* Do de meenheide in den steden vornemen, dat de Denen den berg gespiset hadden unde ere upperesten dat vorsumet hadden, wente se wol wusten, dat de ere van Vlensborg dar aname ereven hadden, do worden se stermaten bose uppe eren raet. Do musten se do in snellid mit heste uthmaken to water wart schepe unde bemannen de mechtichliken unde senden de vor den bergh Vlensborg. Dar makeden de stede do uth XIIII grote hovetschepe mit anderen snikken unde barsen unde bemanneden de u. s. w. 3) *Von hier ab wird in D die schrift allmählich flüchtiger.* 4) *Die mitteilung dieses satzes fasst H wie folgt:* Also de vlote do komen was, dat was den Dudeschen eyn grot trost unde vroude unde den Denen eyn sware cruce unde bedrofnisse. Doch so stelleden sik de Denen eft, en dar neyn macht ane were, unde howspraketen mit schimpe de gennen, de in den schepen quemen unde repen: 'To spade kes, to spade kes, de hen is ghegheten', wente se weren to lange west to hinderende ere spisinge.

et multum famosi, numero fere DCC, tam diutina obsidionis vallacione artati, sua cottidie victualia consumerent nec quodcumque augmentum necessariorum undecumque sperare possent, compellebantur cottidie parcius et magis parce laborantibus indefesse in defensione castri cibum ministrare. Victualibus ergo fere consumptis, tota multitudo, paucis exceptis, aquam necessitabatur bibere et panem grossissimum paleis plenum, eo quod molendino carerent nec molere valerent grana, nisi instrumento quodam querne dicto, quo tandem ordeum conterebant, edere, quodam pulmentario gracioso eis superaddito per vices. Cui eciam multitudini ad ultimum pro vite sustentacione usui humano inconsuetum cessit in cibum cottidianum caro equina et pariter canina, que tandem ut carnes pullorum dulces et delectabiles eis fuissent, fame coco existente optimo, dummodo earum copiam habere potuissent. Interim autem cum hec agerentur in castro, principes Holtzatorum cum suis amicis, nobilibus, militibus et militaribus et[a] ceteris civitatum civibus diversa preliorum exercicia cum Danis in opido Haderslove degentibus frequenter habuerunt, nunc quosdam capiendo, nunc prosternendo, nunc villas spoliando et iumenta abducendo et alia varia exercitibus consueta faciendo. Bina vero vice ambo exercitus inopinate sibi occurrentes acriter pugnaverunt et pro qualibet vice victoria Holtzatis arridente interfecti sunt de Danis et captivati circa C et XL viri. Quorum difforturnium existentes in castro in gravi angaria percipientes, sue saluti providere deliberaverunt, estimantes pro eis melius fore, ut castrum, quod nullo modo diucius propter victualium carenciam et succurrendorum impossibilitatem tenere poterant, Holtzatis resignarent, quam quod inevitabili[b] periculo vite infructuose se ipsos longius affligerent et propter insperabilem consolacionem amplius se conturbarent. De unanimi ergo consensu et beneplacito omnium suorum consociorum colloquium principum postulantes pariter et obtinentes, cum ipsis tandem concluserant, ut omnes liberi salvis personarum suarum rebus castrum exirent et predictos Holtzatorum principes cum civitatum capitaneis libere ingredi[c] permitterent. Quod quidem sic factum est feria VI.
Sept. 1. ante supradictum festum natale virginis gloriose. Quo capto mox ipsum ad nutum reformare et emendare studuerunt cum effectu ex lapidibus domus illius magne coram dicto castro situate, quam funditus everterunt. Post hoc vero paucis elapsis diebus cum exercitu forti castrum Nyehus obsidentes, ipsum tandem sine magnis laboribus et expensis obtinuerunt. Quod mox quidem destruentes solo equaverunt. Deinde et aliam municionem fortem nomine Runthof ad Ericum Krummedik pertinentem solotenus destruxerunt, abducentes bona in ea reperta.

1534. Bremensis civitas per practicacionem quorundam de antiquo consulatu dicte urbis banno imperiali est subacta. Quod audientes cives statim ceperunt omnes de predicto veteri consilio in urbe sua commorantes numero XVIII, turribus iniecerunt et vinculis constrinxerunt ferreis, inponentes eis, quod innodacionis illius banni causa effectiva essent.

1535. Magdeburgenses cives incursionem inimicorum fidei formidantes, suam urbem fossatis amplis et profundis cum diversis propugnaculis fortibus munitis roboraverunt et se ad defendendum locum suum cum universis instrumentis bellicis necessariis municiones predictas disposuerant. Et consideracione diligenti omnia loca sue urbis perscrutantes invenerunt tandem, circa curiam archiepiscopi civitatem fore satis infirmam et minus bene munitam. Quem locum magis securum facere proponentes, archiepiscopum suum dominum Guntherum adierunt et periculum civitatis sue ex illius loci infirmitate contingi posse, modo honesto et amicabili eidem insinuaverunt, supplicantes humiliter et constanter, ut de tali periculo ipsos assecurare non tardaret. A quo cum responsum consolatorium minime habere possent, exasperati valde locum illum manu violenta

a) *fehlt D.* b) inevitabili *D.* c) *in aus e korrigiert D.*

invaserunt et deponentes minus proficua magnam turrim in eo erexerunt ac muros urbis ibidem emendaverunt ac locum illum iuxta utilitatem communis boni firmaverunt. Quod factum percipiens Guntherus archiepiscopus contra cives multum provocatus est et preavisans suos canonicos, ut sibi mansiones alias quererent et clenodia ecclesie sue asportarent, tandem civitati pacem interdixit, vocans in suum adiutorium circumiacentes principes, puta Iohannem marchionem de Brandenburg, Magnum Hildensemensem episcopum, Iohannem Halberstadensem antistitem, fratrem suum comitem de Swartzeburg[1], ceterosque comites de Anahalt[2], de Berneburg[3], de Regensten[4] atque alios Hartonis comites et nobiles. Cives vero pro sua parte non dormitantes in suum auxilium traxerunt cives de Brunswic et Helmestede, de Halberstad, Ascherslove et Quedelingburg, et si ampliori subsidio opus habuissent, civitates Thuringie eos secute fuissent. Lubicenses eciam cives circa LXXX viros expeditos pro iuvamine eis transmiserunt, qui mox ut archiepiscopatum intrassent, incendere ceperunt et spoliare villas et cuncta devastare. Ipsis eciam domicellus de Plesse[5] cum centum armatis opem ferebat. Hii viri bellatores cottidie civitatem exeuntes, diversa dampna in depredacionibus villarum, in interfeccionibus hominum et rapinis pecorum et iumentorum innumerabilium archiepiscopo et suis adherentibus intulerunt. Vice versa et dominus Guntherus archipresul stratam communem vastans omnes vias fere preclusit, prohibens ne dicte civitati Magdeburgensi quidquam adveheretur curribus quibuscunque. Cumque hec controversia de die in diem magis ingrassaretur nec quisquam de principibus indifferentibus[a] aut civitatibus inter dictas partes aliquid boni efficere potuisset, tandem Hallenses cives se interponentes tantum egerunt, ut pars quelibet suos eligeret arbitros duos, quibus totalem discidii causam committentes, omne eorum ius discuciendi, partes componendi et discordiam finaliter pacificandi facultatem dederunt. Qui quidem arbitri electi, ut premittitur, parcium causam usque ad sequens beati Martini festum suspendentes, pacem nov. 11.
interim firmam teneri utrobique auctoritate arbitratoria statuerunt.

1536. Iohannes de Krempe episcopus Razeburgensis obiit[6], vir pacificus et simplex. Cuius decessum dominus papa Eugenius percipiens, eidem ecclesie providit[b] et in episcopum ei dedit dominum Cristianum Kubant, dicti ordinis et capituli fratrem, et quondam episcopum Ozilienssem[7]. Sed capitulum predicte ecclesie dacionem antedictam ignorare simulans, in presulem sibi elegerunt quendam confratrem ordinis sui Pardem[c] de Knesbeke nuncupatum. Qui ad curiam Romanam se transferens post diutinos labores et graves expensas tandem suam a domino apostolico confirmacionem et investituram obtinebat. Reversus ergo de curia ad sedem suam post fere medium annum a die exitus sui circa festum Iohannis baptiste primam suam pontificalem missam celebravit in loco 1432 juni 24.
cathedrali.

1537. Philippus dux Burgundie Iohannam virginem a deo datam in salutem regno Francorum post diversos conflictus victoriales et solempnes tandem cepit, non casu, sed proprio vaticinio hoc predicente, et Anglicis eam tradidit, pecunia forte, ut vulgabatur, suffragante. Qui ardenti desiderio eam apprehendentes in Angliam deduxerunt et eam variis previe iniuriis quassatam et contumeliis affectam ad ultimum igne combusserunt[8]. Cuius innocentie et deo dilecte puelle interfeccionem tam crudelem ipse dominus copiose vindicans, diversa illi regno mala supervenire iuste permisit. Nam primum epydimia terribilis seviens quasi terciam populi partem de medio sustulit. Deinde bellum

---

a) indrütibus *D.* b) p̄vidit *D.* c) *auf rasur D.*

1) *Heinrich XXIX.* 2) *Wol Adolf von Anhalt-Zerbst.* 3) *Bernhard VI.* 4) *Ulrich VI. und Bernhard III.* 5) *Wol Gottschalck VIII.* 6) *Johann von Trempe gest. 1431 oct. 18.* 7) *Siehe oben § 1524.* 8) *Gest. 1431 mai 30.*

intestinum, ortum causa nove heresis pullulantis in dicto regno, antiquus hostis suscitavit. Demum vero grandia prelia populus regni prelibati forinsecus decertans succubuit, multos principes et nobiles sedule amittens, necdum finis tamen incepti mali.

1538. Sigismundus rex Romanorum in Ytaliam pro corona imperiali gloriose adipiscenda se transferens, inimicos fidei in Cristi fideles crudeliter desevire permisit. At ubi cum venisset, non omnia ad nutum sibi succedere expertus est perduransque inibi per tempus satis prolixum multas sustinuit adversitates.

1539. Vitaliani Wismariensium, quorum capitanei Heyno de Scowen et Iohannes Klokener dicti sunt, quasi infinita spolia et dampna tribus regnis illis, puta Danorum, Swecorum et Norwecorum, hoc anno intulerunt. Plures namque grandes naves variis bonis refertas eisdem abstulerunt, plures viros in eisdem repertos aut trucidaverunt gladiis et arcubus aut captivaverunt aut mari immerserunt. Mercatores quoque diversarum regionum in predictis regnis negociari volentes ab eisdem comprehensi sunt et spoliati rebus suis.

1540. Universitas Parisiensis intelligens, ex ordinacione felicis recordacionis domini Martini V. pape in concilio Constanciensi facta fore congregandum generale concilium in urbe Basiliensi celebrandum, decrevit illuc destinare suos ambasiatores, qui negocia universitatis ibidem peragere valerent et pro fidei orthodoxe defensione ac ecclesie dei reformacione constanter cum aliis ecclesie eiusdem prelatis fideliter laborarent. Missi ergo sunt a predicta universitate doctores solempnes in sacra theologia et iure canonico cum comitiva decenti. Qui venientes in Basileam invenerunt nondum prelatos quoscumque advenisse ad negocium ecclesie supradictum expediendum. Unde ab instanti suas miserunt litteras domino Iuliano Sancti Angeli dyacono cardinali, qui ex ordinacione predicti domini Martini pape defuncti pariter et ex confirmacione domini Eugenii IIII. pape moderni legatus in Alemanniam extiterat et presidens in dicto instanti concilio usque ad personalem presenciam domini apostolici moderni eius auctoritate esse debebat, et sibi suum adventum et causam adventus nunciaverunt, rogantes instanter, quatinus eos sua presencia visitare et consolari dignaretur ac generalem synodum, prout pro ecclesia dei et omnium Cristi fidelium a prefactis summis pontificibus ordinatum esset, studiose satageret inchoare. Scirent enim pro certo, locum illum esse deputatum a prenominatis ecclesie summis rectoribus pro dicto sacro concilio celebrando, et ipsum verum esse caput et promotorem sepedicti instantis concilii, eorundem summorum pontificum auctoritate institutum, prout bulla domini Eugenii pape moderni clare edoceret. Cuius tenor sequitur in forma et est talis[1]: 'Eugenius episcopus servus servorum Dei dilecto filio Iuliano Sancti Angeli dyacono cardinali, apostolice sedis legato salutem et apostolicam benediccionem. Certificati iam per litteras tuas — confidimus. Datum Rome apud Sanctum Petrum anno incarnacionis dominice MCCCCXXXI, pontificatus nostri anno primo'.

1541. Ipse autem dominus Iulianus legatus mandatum apostolicum exequi cupiens, cum hoc tempore, quo iam instabat celebracionem sacri concilii inchoari, circa expedicionem adversus pestiferam heresim Husitarum esset pro causa fidei admodum occupatus, ad rogatum predictorum ambasiatorum universitatis Parisiensis et aliorum proborum virorum ecclesie universalis bonum sicienciam, suas ad hanc civitatem vices gerentes destinare curavit ac postmodum, quantocius fuit possibile, personaliter ad dictam urbem accessit, ut iniunctum sibi presidencie officium posset in celebracione dicti sacri concilii generalis prestante divini muneris gracia adimplere. Paucis ergo diebus elapsis expeditus de negocio, cui aliquamdiu insudaverat, prout poterat, venit ad urbem Basiliensem, acturus ecclesie causam iuxta posse. Ubi paucos videns adesse prelatos, mox

1) *Die bulle (Eccard 1306) steht bei Johannes de Ragusio, Monumenta conciliorum generalium saec. XV. I 106.* OESTERLEY.

scribere curavit circumquaque ecclesiarum rectoribus et religiosorum presidentibus mandans, ut personaliter locum sacri concilii inchoandi visitare non tardarent et secum doctores in theologia et iure canonico pariter et civili adducerent; vel qui legitime impediti essent, ad minus suos nuncios et oratores ydoneos pro tractando ecclesie negocio destinarent. Cuius quidem domini Iuliani mandato prompte plures parentes tam clericorum secularium quam religiosorum prelati, prefato loco protinus se presentarunt; plures eciam nedum clericorum, sed eciam diversarum regionum et provinciarum principes in aliis negociis arduis legitime occupati, suos cum quarundam civitatum nunciis oratores miserunt pro negocio universalis ecclesie tam salubri inchoando. Cumque iam per tres menses et ultra cum prelatis et ceteris, qui ad locum illum causa celebracionis dicti concilii generalis convenerant, stetisset et plures tractatus cum eisdem habuisset super ipsius inchoacione, stabilitate et celebracione concilii, tandem decretum fuit ab omnibus fieri debere primam sessionem. Que dum celebraretur in modo et forma, ut immediate subiungetur, decretum fuit in ea, quod cum, ut ex premissa bulla domini Eugenii pape moderni clare patet, hec civitas sit verus locus congregacionis generalis concilii deputatus et essit a iam diu tempus ipsius concilii celebrandi sacrosancteque sedis apostolice non desit auctoritas, quod tunc in hac civitate et loco sit generale concilium legitime stabilitum, canonizatum et fundatum. Et quod ad eius celebracionem accedere teneantur omnes tam prelati quam ceteri, qui de iure et consuetudine ad concilia generalia sunt merito astricti.

1542. Modus autem et forma inchoacionis huius sacri concilii et sessionis prime sequitur et fuit talis¹: 'In loco, puta in maiori ecclesia Basiliensi, ubi tenta fuit prima sessio, celebrabatur solempnis missa — 'respondebat: 'placet' coram notariis publicis con- + t. m.
cilii, qui ad hoc specialiter fuerunt requisiti, ut talia in publica instrumenta redigerent ad perpetuam facti memoriam'.

1543. Wilhelmus dux Brunswicensis visitare cupiens neptem suam², quam Fredericus dux Austrie dudum duxerat in uxorem, commisit fratri suo Henrico duci et Brunswicensibus ducatum suum, ut ipsi fideliter preessent et ipsum tuerentur in sua absencia. Tradidit eciam in familiarem custodiam Annam uxorem suam eisdem, filiam Frederici marchionis de Brandenburg cum liberis suis, que castrum Wulfesbotel inhabitabat, et profectus est cum comitiva decenti nobilium et militarium. Qui veniens in Austriam a suo swagero Frederico honorifice et decenter receptus est et tractatus. Cum vero dictus Wilhelmus dux in Austria moram aliquantam faceret, eo quod suos cum exercitu ducis Austrie in auxilium Karoli Francorum regis contra Philippum ducem Burgundie misisset, interim Henricus dux frater dicti Wilhelmi, cui ut fratri fideli omnia sua commiserat, nescio quorum instinctu quosdam vasallos secum sumens, predictum castrum Wulfesbotel intravit ac ipsum violenter sibi usurpavit, castri dominam indignanter abiciendo et excludendo. Quod factum flebile cum Wilhelmo duci in partibus remotis constituto intimaretur, consternatus confestim ad propria remeavit. Veniens ergo cum amicis suis prope castrum sepedictum, ingredi a fratre suo est prohibitus. Cuius rei novitatem ammirans et fratris infidelitatem multum egre ferens, Magnum Hildensemensem episcopum adiit et iniuriam a fratre suo sibi factam lacrimabiliter conquestus est. Qui tanto principi in bona fide tam detestabile malum factum exhorrens, iuri suo favorabiliter adherere decrevit et una cum eo tam duci Henrico quam civitati Brunswicensi, cuius suggestione, ut dicebatur, ductus tantam perfidiam commiserat, pacem interdixit. Quod percipientes Brunswicenses, cives Magdeburgenses in suum auxilium invitaverunt, qui ipsis mox adherentes stipendiarios multos eis destinaverunt.

---

1) *Der ritus (Excurs 1807) mit kleinen abweichungen bei Mansi, Conc. coll. XXX 41.* OESTERLEY.

2) *Anna tochter Friedrichs von Braunschweig, mit Friedrich IV. von Tirol vermählt. Siehe oben s. 453.*

Ex utraque ergo parte dissidencium multa gravia exercicia bellica acta sunt et dampna illata in conbustione villarum, captivacione hominum, abduccione iumentorum, depredacione stratarum communium et destruccione terrarum, ita quod tandem nulli mercatorum peregrinorum aut negociatorum patuit securitas transeundi per Saxonicas regiones. Demolitis autem per girum villis et prediis et exhaustis civium et opidanorum marsubiis, tandem Lodowicus lantgravius Hassie et Iohannes marchio Brandeburgensis una cum Ottone duce de Luneburg mediatores pacificos se exhibentes, dissidium hoc pestiferum sedaverunt sub tali pacto, ut videlicet Henricus frater Wilhelmi ducis ducatum Brunswicensem sibi retineret et Wilhelmo duci suo fratri solveret XIIIIM sexagenarum grossorum, et ipse Wilhelmus in suam sortem reciperet dominium de Homborg et civitatem Honoverensem cum suis attinenciis, castris scilicet et villis, et sic amici essent. Quod sic est factum.

1544. Concilium Basiliense iam noviter inceptum suos misit ambasiatores et oratores solempnes, prelatos scilicet et sancte theologie ac iuris canonici doctores, cum littera sua exhortatoria, ut iuxta posse pestiferos illos hereticos ad gremium ecclesie reducerent et errores suos racionibus, auctoritatibus et persuasionibus, in quantum valerent, refellerent.

1545. Tenor autem littere sacri concilii, quam secum deferebant, sequitur et est talis[1]: 'Sacrosancta Basiliensis synodus in spiritu sancto legitime congregata, universalem ecclesiam representans, universis viris ecclesiasticis, nobilibus et toti populo regni Bohemie unitatem et pacem in Cristo Ihesu domino nostro. Conpulit nos caritas —
[illegible] valeatis. Datum Basilee die XXVI. mensis Novembris anno domini MCCCCXXXI, indictione IX, pontificatus sanctissimi in Cristo patris ac domini nostri, domini Eugenii IIII. pape anno primo'.

1546. Qui venientes cum comitiva decenti et in salvo conductu principum Frederici marchionis de Brandenburg et Wilhelmi marchionis Badensis in urbem Egrensem, recepti sunt honorifice a civibus civitatis predicte. In ea autem urbe manentes miserunt nuncios honorabiles ad prefatos Hussitas hereticos cum littera suprascripta generalis concilii, supplicitar exorantes, ut propter salutem eorum propriam et fidei unitatem pociores eorum doctores et maiores ad eos mittere dignarentur, ut cum eis tractatus et colloquia amicabilia habere possent et conferre cum eisdem de quibusdam articulis, in quibus a Romana ecclesia dissentire viderentur. Esset enim immane sacrilegium et peccatum horribile, scindere tam crudeliter tunicam Cristi inconsutilem, precioso sanguine suo tam laboriose conglutinatam, et diucius fovere scisma hoc mortiferum in regno eorum exortum. Quos protinus exaudientes Bohemi, destinarunt ad locum prefatum Procopium eorum capitaneum cum aliis pluribus litteratis arcium magistris et presbiteris, committentes eidem[a], ut adversariorum audirent intencionem et causam adventus. Qui veniens cum sua societate in Egram, tam ab incolis quam forinsecis benigne est receptus. Convenientes ergo simul ad locum deputatum pro colloquio seu disputacione fienda super certis articulis, Bohemi suos in scripto porrexerunt et presertim quatuor illos principales, in quibus tota eorum controversia et perfidia fundari videbatur. Quorum primus fuit: communio sub utraque specie ad salutem necessaria; secundus: multiplicacio beneficiorum clericis mortifera; tercius: correccio prelatorum subditis licita; quartus: seminacio verborum dei cunctis libera. Quibus masticatis et cum deliberacione matura pensatis, responsum est eis in scripto de singulis diserte satis et sufficienter. In hac quidem disputacione, que fere per mensem duravit, cottidie fiebant replicaciones et altricaciones varie iuxta cuiuslibet instare volentis conceptum. Que tamen omnes solute sunt sufficienter a doctoribus per concilium missis, prout actitata[b] clare testantur a

a) eo D. b) acticata D.

1) Der brief (Ersterd. 1309) steht Monumenta conciliorum saec. XV. I 139. OESTERLEY.

notariis conscripta. Cumque in dicta civitate Egrensi heretici predicti nec disputacionibus nec salubribus persuasionibus a suis erroribus possent avelli seu averti, convenerunt tandem concorditer in conclusionem illam, quod si sub salvo conductu illorum principum et aliorum, quibus credere vellent, possent ad locum sacri concilii transire et ibidem ad tempus pacifice stare ac inde libere recedere, vellent libenter cum ipsis concilii nunciis locum predictum visitare et ibidem consilia sana prelatorum audire et audita, si qua digna relacione acciperent, suis conplicibus et fratribus fideliter referre. Hac sponsione ab omnibus approbata, elegerunt principes Fredericum et Wilhelmum supradictos presentes ambos et civitates Nurenbergensem ac Egrensem, ut hii ipsis Husitis pacem et conductum promitterent sub fide bona talibus penis vallata, ut si in assumpta via vel exeundo vel in loco concilii stando aut inde redeundo a quocumque lederentur, aut verbis contumeliosis vel factis offenderentur, aut captivarentur vel quovismodo in eorum transitu impedirentur, extunc dicti principes esse deberent Bohemorum legitimi captivi, ac si in iusto bello essent capti. Civitates vero prefate in casu predicto cedere deberent in ius et dominium dictorum Bohemorum, ac si consimiliter in iusto bello eas expugnassent et cepissent. Que omnia sigillis principum prelibatorum et civitatum sunt roborata et confirmata. Hiis, ut premittitur, sic conclusis, ambe partes orthodoxorum et hereticorum uno comitatu iter suum ad locum sacri concilii direxerunt, requisito tamen previe consensu et beneplacito Bohemorum, quorum nuncii erant. At ubi cum venissent, locati sunt Husite predicti ad hospicia solempnia et pro suis pecuniis caritative et honeste sunt tractati. In hoc inquam concilii loco facte sunt solempnes disputaciones et altricaciones scolastice cum hereticis predictis per diversos sacre theologie doctores et presertim religiosos, quorum unus magister Iohannes de Ragusio et alter magister Iohannes Caltysuren dicti, ambo de ordine Predicatorum, qui eos graviter suis racionibus artabant et omnes eorum motas raciones et auctoritates solvebant ac argumentis fortissimis sic ora hereticorum obserabant, quod amplius nil ad suorum articulorum defensionem proponere auderent. Et quia semper vel arguendo vel respondendo succumbere se cernebant, ubicumque vel quandocumque fiebant disputaciones publice et disceptaciones, ideo victi frequenti confusione et rubore absque capito fine, insalutato hospite recesserunt.

1547. Philippus Mediolanensis dux hostiles gwerras gessit cum Florentinis et Venetis. Que inquam civitates cum ceteris urbibus, opidis et castris suis dicionibus subiectis contra dictum ducem stipendiariorum multitudinem maximam conduxerant et iam multa prelia cum eodem certaverant in non parvam vastacionem terrarum utriusque partis. Duci autem Philippo favebat Sigismundus Romanorum rex, dictis duabus civitatibus nimis infestus propter urbes diversas ad imperium pertinentes ex iure antiquo, quas violenter ipse civitates due, ut rex asseruit, occupabant. Papa vero Eugenius, quia Venetus natus, civitates illas duas fovebat et quantum poterat ipsas vasallorum suorum armis defendebat. In partibus autem Ytalie Sigismundus rex per tempus satis prolixum manens securum transitum ad urbem Romanam habere non valebat, papa cum sibi adherentibus ipsum impediente.

1432.

1548. Decimo[a] nono anno[b] Sigismundi qui est domini MCCCCXXXII. Henricus Hogeri proconsul civitatis Hammeburgensis redemit se et plures alios secum captos de diutina et dura Danorum regis captivitate, solvens eidem regi XM marcarum Lubicensis monete. Solucione autem facta et litteris sibi datis super libertate plenaria sui et suorum, Dani nova et minus honesta usi astucia eundem proconsulem angariaverant ad hoc promissum, quod nisi Swecos Lubicensium captivos libertaret, denuo ut eorum verus captivus claustra et vincula eorum redeundo intrare deberet. Ipse vero proconsul

a) nono — MCCCC auf rasur D. b) fehlt D.

65

paccione tam inita nondum plene firmata cautulose manus eorum evasit et confestim schafam intrans cum vento prospero portum Lubicensium apprehendit.

1549. Pro eodem tempore Hammeburgenses cives duos habebant milites captivos et tercium militarem. Hii duo milites, quorum unus Luderus Kabel dictus et alter Hennyngus Pudbusch, pro sua redempcione solverunt VIM marcarum Lubicensis monete, hac condicione adiecta, ut perfectam et finalem libertatem absque omni impeticione dicto Henrico proconsuli procurarent a rege eorum. Quod si facere non possent, ad pristinam captivitatem redire tenerentur. In cuius sponsionis testimonium tercius[a] captivus militaris remansit obses in dicta civitate Hammeburgensi, qui frater extitit domini Gherardi episcopi, qui alias in castro Vlenzeburg fuerat obsessus.

1550. Eugenius[1] papa propter varias causas se moventes concilium generale ab urbe Basiliensi penitus removit[2] et civitati Bononiensi ipsum assignavit celebrandum ibidem, precipiens presidenti et omnibus prelatis in Basilea congregatis, ut quantocius locum illum desererent et ad urbem Bononiensem se transferrent. Cui precepto non parentes prelati solempnes nuncios ad dominum apostolicum miserunt et racionibus diversis se legitime excusantes ac motiva papalis nulla esse clare ostendentes, ecclesie universali translacionem illam omnino non expedire rescripserunt. Papa vero raciones concilii et prelatorum parvipendens et suas valere auctumans, archiepiscopum Colocensem[3] cum aliis duobus episcopis destinavit, committens eis, ut dominum Iulianum presidentem concilii et ceteros prelatos informarent et seriosis monitis exhortarentur ad obediendum mandatis apostolicis; quod si non facerent, tunc acrioribus stimulis eos agitare proponeret. Audiens autem concilium domini pape serium et constanciam solucionis concilii facte, seriosius se opponere importunitati sue decrevit. Unde ad memoriam revocans determinacionem doctorum et prelatorum in Constanciensi concilio factam cum sincera et matura deliberacione, quod in certis casibus concilium generale legitime congregatum auctoritatem super papam haberet et presertim in reformacione universalis ecclesie, de maturo consilio et assensu omnium prelatorum hoc legitimum generale concilium representancium, auctoritate Ihesu Cristi, qua in hac parte fungebatur, dominum ipsum Eugenium citavit, precipiens ei, ut dictam concilii solucionem et translacionem retractaret et annullaret et loco deputato concilii per se et suum predecessorem se presentaret aut loco sui alium cum plena auctoritate sua transmitteret; quod si non faceret, ipsum concilium prout de iure posset et deberet, contra ipsum procedere intenderet.

1551. Swytergail dux Lituanorum post obitum Wytoldi diversa prelia cum Boleslao Polonorum rege gessit. Hic rex alias dictum Swytergayl fratrem suum captivum tenuerat ad septennium et gravia incommoda ei intulerat. Sed ille amicorum auxilio liberatus eundem regem ex odio inveterato persequi iam animatus est. Boleslaus autem rex preferre satagens Sigismundum filium Wytoldi, quem pater ineptum ad regimen iudicans
*r. m. et[b] Switergayl ducatui *preficiens adoptaverat, ipsum contra patruum suum animavit et instigavit, conferens ei exercitum fortem ad fugandum ipsum de patria. Qui audaciam capiens ex regis instigacione et confidens in fortitudine exercitus sui, castrorum possessores ad amiciciam et familiaritatem suam traxit et omagium fidelitatis ab eis suscepit. Quod percipiens Swytergail, ad fratres de domo Teuthonica terre Prutzie confugit et se ipsis vinculo confederacionis perpetuo obligavit. Fratres vero gavisi de amicicia tanti principis, multitudinem armatorum ei accomodaverunt. Quam cum

---

a) *auf rasur D.* b) *über der zeile D.*

1) *Vgl. die fassung von H im anhang I.* 2) *Auflösungsdecret vom 1431 dec. 18.* 3) *Siehe schon oben s. 503 anm. 2.*

gratitudine dux acceptans, illi exercitui Ruthenos, Lithuanos et paganos innumeros ducatui suo vicinos adiunxit et contra Sigismundum suum adversarium castrametatus est. Quorum uterque exercitus sibi occurrentes preliati sunt viriliter et ex utroque exercitu multi ceciderunt. Sed tandem Swytergail victoria potitus hostem suum in fugam vertit. Boleslaus autem rex Polonorum audiens Pruthenos confederatos esse duci Lithuanorum, treugas cum ipsis factas revocavit et cassavit et ad pugnandum contra eos se disposuit.

1552. Magdeburgenses quia alias incursum Hussitarum et Orphanorum hereticorum verisimiliter formidantes, urbem suam in ea parte, ubi periculum imminere timebatur, emendaverant, eo quod nec ab archiepiscopo eorum nec a canonicis, quorum locus erat, postquam sepius amoniti fuerant per cives, emendam recepissent, indignacionem antistitis sui gravem incurrerunt. Que inquam indignacio ex levi causa exorta in periculosum crevit dissidium, prout[a] in anno precedenti tactum est. Canonicis igitur cum ecclesie maioris reliquiis et clenodiis in locis sibi congruis exulantibus, ecclesiarum rectores suis maioribus se confirmantes et quasi tribulacionis eorum participes esse volentes, parrochias suis capellanis commiserunt et urbem exeuntes mansiones ubi poterant receperunt. Divina ergo in maiori ecclesia Magdeburgensi penitus cessaverunt celebrari et similiter in aliis ecclesiis collegiatis, sed[1] in monasteriis religiosorum celebrabantur et in parrochialibus ecclesiis. Deducta est tandem huius dissensionis causa ad concilium Basileense per archiepiscopi et canonicorum procuratores et citati sunt cives ad comparandum. Ad quod quidem concilium cives duos miserunt, puta Iohannem Lindowen proconsulem et Wenemarum[2] scabinum dicte civitatis, ut causam suam defenderent et ad obiecta et obicienda ex parte eorum responderent[3]. Commissariis ergo utriusque partis in loco concilii constanter laborantibus in causarum defensione, promulgata est quedam sentencia excommunicacionis contra cives Magdeburgenses et positum est interdictum ecclesiasticum in urbe eadem per quendam iudicem Erphordis residentem. Cuius interdicti occasione cives amaricati et irritati vehementer exercitum collegerunt cum adiutorio Brunswicensium et Hallensium, vocantes in subsidium Henricum ducem de Brunswik, et exeuntes urbem in manu valida cum bumbardis et aliis instrumentis bellicis primum aggressi sunt opidum Calve. Cuius castrum obsidentes et impugnare disponentes ipsum sine magno labore in dedicionem suam acceperunt[b] cum opido suo, cuius turrim post paucos dies deicientes solo equabant. Dehinc vero procedentes Aquensem urbem[4] valleverunt, que territa ex captura castri et opidi Calvis, portas Magdeburgensibus reseraverunt et se eis subiecerunt. Capto autem castro Aquensi et opido, versus Stadford[c][5] castrum forte iter suum direxerant, quod similiter sine magno tumultu capientes, eo quod in eo canonici essent maioris ecclesie nec tante multitudini resistere didicissent. Similiter et Wansleve[6] castrum sine contradiccione magna eis se subdidit, furorem civium formidans. Solum autem castrum Egele[7] dictum suo domino remansit inexpugnatum de omnibus ecclesie municionibus circa urbem Magdeburgensem locatis. Guntherus autem archiepiscopus de uno castro

a) ut in auf rasur D. b) acce auf rasur D. c) mit anderm ductus eingetragen D.

1) H berichtet genauer: Bunder do Berveten brodere leyden goden vrendiscop toregge unde ere ere hengeden se uppe den tun unde sungen wedder boreme der hilgen kerken. Des weren de borgere sere bose uppe den biscop unde uppe de papheit unde jageden ute der stad al de nicht singen wolden. Dar worden do singende etlike capellane unde prestere ene wile, men dat en warede nicht lange unde do swech men over al de stad. 2) Wol Hans Wenemar, der auch Schöppenchronik 361 vorkommt. 3) H fügt zu: Des worden se dar do sere vorunrechtet, wente se nicht mochten to andworde komen, also se spreken. 4) Aken an der Elbe. 5) Staszfurt. 6) Wanzleben. 7) Egeln.

ad aliud fugatus pre tristicia et merore patriam reliquid et ad fratrem suum in Thuringiam se transferens in castro Sundershusen ad tempus pausavit. Transactis[a] vero diebus aliquot cum familia decenti locum concilii adiit, ubi aliquamdiu moram cum prelatis ecclesiarum traxit[1].

1558. Tempore estivo quidam miles dictus Broderus[2] pyratarum capitaneus natus Swens, homo dissolutus et levis cordis[b], mare intravit cum multis Danis, naves mercatorum de Lyvonia et Prutzia venientes aut illuc transeuntes spoliare affectans[3]. Rex autem Danorum eidem militi omnia necessaria dari ordinavit et naves suas victualibus et instrumentis bellicis onustari. Cui eciam Ericus Krummedik miles se associavit cum magnis cogonibus plenis armatis viris, particeps sortis illius esse cupiens. Quibus in pelago natantibus venerunt Rigensium mercatores, IIII naves ferentes cum mercibus multis et preciosis. Quas naves Broderus invadens manu hostili, tres de ipsis[c] expugnavit et cepit et mercatores cum mercibus captivos secum duxit in Daciam. Quarta vero navis hostium manus evadens adiutorio Heynonis de Schowen et suorum sociorum[4] Trabenam apprehendit cum mercibus suis. Partitis autem spoliis inter consocios Broderus mare reintravit cum maiori populo, audacior factus de preda capta et lucro acquisito. Cuius presenciam in mari existentem percipientes Lubicensium mercatores portum Revaliensem cum mercimoniis visitare solentes, onustaverunt suas naves. Quibus in auxilium dedit civitas IIII naves magnas ad prelia maritima constructas et aptatas, plenas viris armatis et instrumentis bellicis, quibus duos[5] consulares viros animosos in capitaneos assignaverunt. Hee naves mare intrantes vela sua confestim levaverunt et cursu lento, quia ventum lateralem habebant, procedentes Danicis tandem ripis, ubi hostes latitabant, applicuerunt. Videns autem eos Ericus Krummedik miles et considerans, naves eorum grandes esse et multas, tremulus factus cum suis mox retrocessit. Broderus vero Sweyn miles animosus et levis cordis existens remque parum ponderans, aviditate lucri previe recepti motus, suos socios sic allocutus est: 'Viri fratres et fortissimi adlete, virilem iam assumite animum et constanter pugnate, quia omnium harum navium nobis occurrencium hodie domini erimus'. Erat enim tam fervide accensus ad bona mercatorum rapienda, quod non attenderat alias recessisse naves in classe sua sibi iunctas. Cumque iam priores naves grandes ipsum pertransissent, Broderus cum cogone suo armatis viris referto duas barcas posteriores observans ipsis applicuit, non videns in eis armatos quoscumque, sed solos nautas et naucleros in loco eminenciori stantes ad regendum naves, ceteris omnibus ex industria in caribdi latitantibus. Impingens autem miles in schafam primam, mox omnes armigeri quasi de sompno excitati de cavernis proruperunt et bumbardis suis crepantibus, balistis et arcubus tela admodum grandinis iacientibus, in Danos illos fortiter insilierunt. Desuper vero magnis lapidibus de vertice mali cadentibus hos prostraverunt et illos conquassaverunt. Alia vero mercatorum barca incontinenti ab altera parte adveniens et navi Danorum hostiliter impingens violencia vehementi, quasi dirupta media ipsa cessit impingenti. Cuius armati fortiter insurgentes hostes percusserunt in ore gladii cum furore nimio et plures vulneraverunt. Prosilientes ad ultimum ex utraque navi mercatorum armati in Danicam barcam, ipsum Broderum militem cum omnibus in ea existentibus captivaverunt et vinculis, cippis et compedibus eos mancipaverunt, multis in mare saltantibus et submersis. Numerus autem captivorum erat fere ducenti LX; spoliatis autem ipsis Danis suis

a) Transactis D. b) cor | cordis D. c) s von anderer hand über der zeile D.

1) Völlig abweichend zu 1431 in den Gesta archiep. Magdeburg. SS. XIV 442. OESTERLEY. 2) H: genomet broder Swen. 3) H a. m.: mit den hovetschepen. 4) H: enen koggen mit twen kreyeren. 5) H nennt: Johan Klokkener.

armis, reperti sunt apud Broderum floreni CCCC. Potiti[1] ergo victoria Lubicenses naves suas verterunt et prospero vento flante Trabene portum cum ingenti gaudio intraverunt. Rumor autem adepti triumphi incontinenti ad urbem perveniens Lubicensem leticiam fecit magnam in populo. Sed non tale gaudium cor regis Danorum exhileravit, ymmo timor et tremor super ipsum et omnes suos consiliarios venerunt et pre dolore quasi contabuerunt[a], qui antecedenter letati fuerant, cum spolia mercatorum diviserant. Cives ergo et civisse Lubicenses cum perciperent adventum Broderi Sweyn et sociorum eius, urbem in magno numero exiverunt, cupientes ipsos videre. Introducti ergo in civitatem turrium custodie omnes traditi sunt, ubi tamen non diu tenti cum pietate et misericordia magna exaccionati sunt et tandem licenciati. Broderus tamen ex certis causis aliquamdiu captivus tenebatur, liberum habens transitum intra civitatem.

1554. Veneti et Florentini hoc anno in graciam Sigismundi regis Romanorum recepti sunt, qui multis annis discordiam cum eo habentes varia sibi invicem incommoda intulerunt. Harum eciam civitatum practicacione facta est amicicia inter Sigismundum regem et dominum papam Eugenium[2]. Papa enim dissencione inter se et regem Romanorum Sigismundum durante decreverat, ipsum corona imperiali ad tempora vite sue debere caruisse. Sed facta amicicia confestim sibi mandavit, ut ad coronam recipiendam quantocius festinaret.

1555. Revaliensis civitas ex proprio igne conbusta est quasi ex integro cum ecclesiis suis et pulcro conventu fratrum ordinis Predicatorum.

1556. Eugenius papa loci concilii generalis translacionem et mutacionem innovans, districte mandavit Iuliano cardinali Sancti Angeli ac prelatis omnibus in Basilea congregatis, ut quantocius locum illum relinquerent et in Bononiam se transferrent ad celebrandum inibi sacrum generale concilium. Locus etenim ille apcior et competencior foret pro dicto concilio celebrando quam urbs Basiliensis, tum quia Greci, qui reverti ad gremium matris ecclesie cuperent, commodius ibi venire possent, qui in *Basileam *f. 227.
transire abhorrerent; tum quia ad illum locum ipse absque periculo et timore venire posset, sine quibus Basileam attingere nullo modo valeret; tum eciam quia in hoc loco papalis auctoritas et concilii magis vigorosa esset quam in Basilea, ubi Alemannorum prelati quasi in propriis finibus existentes et castra et civitates suas munitissimas penes se habentes animosiores existunt et minus corrigibiles. Hiis motivis alia plura adiungens papa indicavit, Bononiensem urbem convenienciorem esse locum pro concilio generali celebrando, quam Basileam, et ideo merito sibi in translacione predicta fore consenciendum. Iulianus autem presidens concilii constitutus auctoritate tam apostolica quam precedentis concilii Constanciensis, Cristi capitis ecclesie universalis fungens potestate, precepit Eugenio et omnibus sibi adherentibus sub anathematis maledicto, quatinus translacionem loci concilii factam revocaret et cum suis vel in propria persona[b], si quo modo valeret, vel in aliena cum plena auctoritate Basileam peteret, cassans et annullans eadem auctoritate concilii Basiliensis solucionem, ammocionem vel translacionem per Eugenium temptatam. Que omnia sic facta concilium precepit redigi in publica instrumenta.

DE SIGISMUNDO PRIMO IMPERATORE ROMANORUM.

1557. Sigismundus, filius Karoli quarti imperatoris, rex Romanorum cepit anno mundi VMCCCXCIIII, olympiadis DXXXV. anno IIII, domini vero MCCCCXXXIII. et 1433.
imperavit annis [c]. Hic veniens Romam circa festum ascensionis domini cum mai 21.

a) a von späterer hand korrigirt aus u D. b) von D am ende einer zeile. c) lücke in D.

1) Den schluss der erzählung gibt H kürzer: De vorsden se do to Lubeke mit vrouden unde de andere kopschope sageiden vort an Revele al vellich. 2) Friede am Ferrara 1433 april 7.

principum et nobilium comitiva et apparatu decenti, receptus est cum gloria et honore a domino papa et senatu Romano ac tota communitate et corona imperiali a domino Eugenio papa gloriose et cum magna solempnitate est decoratus et insignitus[1].

1433.

1558. Primo anno Sigismundi, domini vero MCCCCXXXIII. in Bohemia catharacte celi aperte sunt et cathaclismus factus est maximus. Et descendit aquarum vehemencia per Albeam et ceteros rivos et fluenta et submersit primo in Bohemorum regno opida et villas quam plures[2] propter perfidiam, ut creditur, habitancium in eo. Deinde transfluxit per[a] Misnam regionem et destruxit in ea villas plures et pontem urbis Dresden subvertit et removit. Per fluvium eciam Salam impetuose transiens muros urbis Hallensis prope salinam transcendit et salsuginem in dulcedinem vertit[3]. Ceteri eciam rivuli mixti aque cataclismi, adiunctis eisdem aquis civium et pluviarum, in tantum crescebant, quod suis impetuosis cursibus in regione Thuringorum ultra XL villas cum pecudibus et iumentis et pecoribus absumpserunt, multis eciam hominibus suffocatis. In pluribus eciam aliis territoriis hoc anno inundancia aquarum ex cataclismis causata dampna incredibilia hominibus intulit.

1559. Pruthenorum domini de domo Theuthonica per omnes regiones et provincias suos miserunt nuncios, colligentes stipendiarios ad resistendum Boleslao regi Polonie, qui bellum eis indixerat, et nedum Polonos ceterosque cristianos sibi subiectos, sed et paganos crucis Cristi inimicos et Husitas hereticos turmatim per mundum discurrentes et fidelium receptacula toto conatu devastantes, contra eosdem congregare satagebat. Quorum angustiis condolens pius dominus Plawensis[4] cum XL equestribus se illuc transtulit et locans se in urbem Coningesberg insultum hereticorum, qui regi Polonie contra Pruthenos auxilio esse intendebant, viriliter repressit et plures de eis occidit, prelia diversa cum eis habendo. Protunc enim dicti heretici exercitum habentes fere sex milium armatorum in Marchia ultra Oderam flumen sevientes plures civitates, opida et villas vastaverant. Inter quas una dicta est Soldin, ubi pulcrum conventum fratrum Predicatorum destruxerant ipsum incinerando.

1560. Cardinalis Sancti Angeli Iulianus presidens sacri concilii Basiliensis de tempore in tempus cum prelatis ibidem congregatis rite et canonice sessiones diversas celebravit, citans semper et evocans secundum iuris formam dominum Eugenium papam, ut se loco concilii legitime deputato personaliter, si posset, vel mediante persona legitima cum auctoritate plena presentaret, et ut temptatam dissipacionem ac solucionem concilii et eius translacionem revocaret, monuit et exhortatus est. Sed videns in omnibus hiis seriosis factis se nichil proficere, undecim iam sessionibus celebratis, decrevit de consilio et assensu omnium prelatorum, statuto ad hoc certo die, duodecimam cum solempnitate se fore celebraturum et in ea contra dominum Eugenium papam iuridice
Juli 13. processurum, que dies XIII. fuit mensis Iulii.

1561. Qua die adveniente incepit dictus dominus Iulianus XII. celebrare sessionem in forma et modo inferius notatis et sub tali tenore[5]: 'Sancta ecclesia catholica in sacro Constanciensi concilio conveniens, cum adverteret neglectum sacrorum conciliorum —
[illegible] 'nec propterea supersedere aliqualiter in processu'.

---

a) wechsel der feder in D.

1) Einzug 1433 mai 21, krönung mai 31. 2) bevor vertich H. 3) H fügt hinzu: unde verdrenkede dar bi nicht veere eyn stedeken Rode genomet. 4) H fügt zu: des sine vorvaren dikke de Marienborg gereddet hebben. Wol Heinrich Reuss, der 1429 grosskomthur und dann oberster spittler war. 5) Den bericht ([illegible]) siehe bei Johannes de Segovia, Monumenta conciliorum generalium saec. XV. II 380 ff. OESTERLEY.

1562. Cives[1] Bremenses XVI pociores de antiquo eorum consulatu capientes carcerali custodie et duris vinculis tradiderunt, valde inhumaniter eos tractantes et fame ac inedia gravi eos affligentes. Ubi dum per plures dies miserabiliter cruciati fuissent mirabili et inhumano modo per quedam instrumenta in turri illa confecta, uno viro super alio ascendente, quousque superior foramen ferramentis fortibus cancellatum attingeret, divino auxilio, quod devote invocabant, superiori vires concedente, testudinem lapideam foramini contiguam manibus suis ipso confregit et mox per rupturam ascendens in noctis medio liber in cacumine testudinis stetit, deum de miraculosa redempcione glorificans. Tunc apprehendens instrumentum, quod fecerant in turri de straminibus et fragmentis tunnarum simul compactis ad modum scale, ipsum tenuit tam diu, quousque unus post alium non sine speciali dei iuvamine omnes foramen hoc exivissent, preter unum, qui invalidus erat et infirmus, qui solus in turri remansit. Disposuerant autem previe litteris suis circa fratrem unius conceptivi, ut illa nocte cum navi iuxta turrim predictam adesset et eorum observaret evasionem. Quo in deputato loco exspectante eorum adventum, unus mox post alium per dictum instrumentum de turri per fenestram descendit et navem paratam intravit. Ultimus vero cum et ipse descendere vellet, vix ad medium spacium perveniens, fracto instrumento cecidit et graviter se lesit. Sed alii accurrentes ipsum levaverunt et secum ad navem deportaverunt. Tunc leti omnes remigare ceperunt et salvo transitu, non tamen absque timore magno navigantes tandem portum opidi Aldenburgensis apprehenderunt. Quos adesse percipiens Tidericus comes de Aldenborg, confestim eos ad suum castrum recepit et omnem humanitatem eis exhibuit. Mane autem facto custodes carceris cum captivos visitare vellent, eos evasisse intellexerunt, unico captivo, qui remanserat, hoc eis indicante. Unde confusi quod factum est consulatui civitatis intimaverunt.

1563. Sigismundus imperator astucia et sagacitate, quibus pre cunctis pollebat principibus sui temporis vir industrias valde existens, usus Ytaliam exivit circa festum sancti Andree et pertransiens partes intermedias navigio venit in urbem Basiliensem, Nov. 30.
paucis scientibus. Quod percipientes prelati concilii, inestimabili gaudio referti ipsum cum reverencia multa receperunt. Attulit eciam secum maioris leticie fomentum, puta bullam sub brevi stilo[a], adhesionem et approbacionem concilii domini Eugenii ac revocacionem dissolucionis eius, facte alias per eundem.

1564. Cuius bulle tenor sequitur et fuit talis[2]: 'Eugenius episcopus servus servorum Dei venerabilibus fratribus cardinalibus, patriarchis, archiepiscopis, episcopis ceterisque prelatis universis in urbe Basiliensi constitutis salutem et apostolicam benediccionem. Dudum sacrum generale Basiliense concilium per generalia Senensis et Constanciensis conciliorum statuta ordinacionemque felicis recordacionis Martini pape V. ac nostram inchoatum, ex certis causis in aliis nostris litteris expressis ad civitatem Bononiensem de fratrum nostrorum sancte Romane ecclesie cardinalium consilio commutavimus. Verum cum nonnullas ex dictis causis, quibus ad huiusmodi commutacionem seu dissolucionem faciendam principaliter moti fuimus, aliter se habuisse et habere, quam nobis fuerat suggestum, revera iam cognoscamus nichilque aliud optemus, quam quod hereses, bella et morum difformitates de populo cristiano extirpentur, more predecessorum nostrorum, qui comperta veritate omnia in pristinum statum reintegrare consueverunt, decernimus et declaramus generale concilium Basiliense a tempore predicte inchoacionis suo continuatum fuisse et esse prosecucionemque semper habuisse continuarique ac prosecucionem habere debere, proinde ac si nulla commutacio, translacio

a) stilo auf rasur D.

1) Vgl. auch die fassung von H im anhang I. 2) Nicht bei Mansi.

seu dissolucio facta fuisset. Quin ymmo prefatam commutacionem, translacionem seu dissolucionem irritam decernentes, ipsum Basiliense concilium pure simpliciter cum effectu in omni caritate amplectimur pro viribusque promovemus et omni favore prosequi intendimus. Datum Rome die XIII. mensis Novembris, pontificatus nostri anno III.'

Nov. 13. 1565. Qua visa bulla et in publico lecta, gavisum est supra modum totum concilium, deum devote glorificans, qui ecclesie sue pacem et concordiam largiri clementer dignatus fuit. Transactis autem postea aliquot diebus iterum et aliam litteram bullatam solempniori stilo comptam super predicta dissolucionis revocacione et concilii pura adhesione ad sacrum Basiliense concilium cum solempni ambasiata[1] misit. Que desideranda et gratulabunda beneficia apostolica imperator Sigismundus intelligens advenire, cum glorioso apparatu ipse et principes qui obviam eis processerant et dominus augustus bullam ipsam ad sceptrum imperiale pendens, corona decoratus regia versus civitatem in magno honore devexit. Sacrum vero generale concilium processionem solempnem faciens cum vexillis et reliquiis in occursum principum apostolicam graciam vehencium venit et magna cum devocione et gaudio urbem ingressi tam principes quam prelati, dictam bullam ad maiorem ecclesiam introduxerunt et mox cum organis et humanis vocibus iubilantes 'Te deum laudamus' devote prompserunt.

1566. Bremensium[2] cives ex practicacione studiosa[a] civitatum Lubicensis, Hammeburgensis et Luneburgensis, adherentibus eis mercatoribus dicte Bremensis urbis, antiqui consulares exilium passi cum novis protunc regentibus civitatem sunt concordati et pacati ac cum tota communitate; et sunt consequenter reintroducti in consistorium et locati ad stalla consueta cum quibusdam de novis. Et facte sunt ordinaciones et statuta maximis penis vallata, ne quisquam eorum de antiquo vel novo consulatu quempiam livoris causa vel invidie, animo se vindicandi de veteri displicencia iam sopita et terminata, offendat verbo vel facto. Ad predictum vero reconciliacionis opus eciam dominus Otto tutor Bremensis ecclesie fortiter et efficaciter cooperatus est, bonum communitatis urbis illius ex corde affectans.

1567. Rodolfus Traiectensis electus[3], defuncto Swedero episcopo[4], confirmatus est in episcopum Traiectensem per sedem apostolicam. Recepta autem confirmacione statim post suam celebravit missam episcopalem previe consecratus et ordinatus. Quidam tamen canonici exulantes, percepta morte Swederi domini de Kulenborg, dominum Walravum[b] de Morse, fratrem Theoderici Coloniensis archiepiscopi, in episcopum Traiectensem in quantum potuerunt elegerunt, non obstante apostolica confirmacione Rodolfi episcopi. Eleccione autem celebrata, concilium Basiliense adierunt predicti canonici[c] Traiectenses profugi et electum sibi confirmari pecierunt. Quem synodus Basiliensis per dictum dominum Theodericum archiepiscopum Coloniensem confirmari mandavit et confirmacionem domini Rodolfi episcopi cassavit et annullavit, licet ipse Rodolfus episcopus in Traiectensi ecclesia iam plures sacros ordines celebrasset et virgines sacras velasset.

1568. Papa autem percipiens archiepiscopum Coloniensem confirmasse Walravum supradictum in despectum sue confirmacionis, scripsit predicto archiepiscopo litteram talis tenoris[5]: 'Eugenius episcopus servus servorum Dei venerabili fratri Theoderico

a) studiosam D. b) um auf rasur D. c) ci auf rasur D.

1) *H:* bi twen groten bischoppen. 2) *Vgl. auch hierzu die fassung von H im anhang I.* 3) *Wal 1432 oct. 7.* 4) *Gest. 1433 sept. 21.* 5) *H gibt den inhalt des briefes wie folgt:* Dar screff do de pawes deme biscoppe enen harden breff und straffede one sere umme synes vormetenheit, dat he sik underwunde sines ammetes unde siner walt biscoppe to bestedigende, der ovenende to horede eft horede, wen deme pawese allene, unde he de dorheit wedder repe; were dat he den nicht en dede, so wolde he seen, wat he mit eme to donde hadde.

archiepiscopo Coloniensi salutem et apostolicam benediccionem. Intelleximus, quod nonnulli asserti canonici et clerici ecclesie Traiectensis ab eius unione et reintegracione ac pace patrie separati, sumpta occasione per obitum bone memorie Swederi tunc archiepiscopi Cesariensis, olim vero episcopi Traiectensis, ac si tunc prefate preesset ecclesie, sicud ante prefuerat, non valentes dicte ecclesie non vacanti de pastore ydoneo providere, sed eciam pocius et statum eius pacificum perturbare, postularunt ad eandem tamquam vacantem dilectum filium nobilem virum Walravum de Morse fratrem tuum, non in sacris ordinibus constitutum seque in actibus bellicis et aliis laycalibus officiis exercentem, et recursum ad te metropolitanum pro admissione postulacionis huiusmodi habuerunt. Qua parte recepta pariter et admissa, quantum in te fuit, ad prosecucionem eius citacionibus et mandatis penalibus contra venerabilem fratrem nostrum Rodolfum episcopum Traiectensem ac clerum et populum diceris processisse[a]. De quo miramur plurimum, quod et vix eciam credere possumus, et dolemus de te presertim tali et tanto prelato, beneficio sedis apostolice in tanta eminencia dignitatis ecclesiastice constituto, quod velis contra ius et auctoritatem sedis eiusdem tale negocium attemptare et postulacionem, que nulla est, admittere. Que etsi esset aliqua et nunc vacaret Traiectensis ecclesia, ad te deferenda non esset ecclesia nostre disposicioni reservata. Nam licet ab olim elecciones huiusmodi ecclesiarum ad ordinarium, Romano pontifice permittente, quandoque autem ad nostram nostrorumque predecessorum de eisdem reservacionem delate fuerint, postulaciones tamen ab omni potestate ordinaria sunt remote, cum in eis necessario sint translaciones et absoluciones a vinculo vel aliarum dispensacionum adminicula, que non possunt nisi a prefata sede concedi. Accedit preterea efficacissima racio caritatis humane, que debet te ab hoc proposito removere. Nam preterquam ad hoc negocium prosequendo nos et Romanam offendis ecclesiam, huiusmodi novitatem attemptando, suscitas eciam magnam materiam scandalorum et ipsam ecclesiam Traiectensem et patriam ponis in periculum desolacionis extreme, quam nos omni studio et diligencia removere curavimus. Cum enim in principio nostri pontificatus invenissemus ecclesiam et patriam antedictas intestinis sedicionibus laborantes et bellicis cladibus pene confectas, volentes easdem reducere ad statum pacis et quietis ac cleri et populi saluti consulere, sicud nostro pastorali spectabat officio, consideratis et mature discussis omnibus remediis, que ad tam pium opus necessaria videbantur, expediens esse cognovimus transferre prefatum Swederum et ad ipsam Traiectensem ecclesiam presentem episcopum Traiectensem, sicud fecimus, promovere. Et si forsan huiusmodi nostra provisio paucis aliquibus grata non fuerit propter eorum particulares affecciones, tamen ut credimus, grata fuit Deo, grata eciam fuit et probata bonis hominibus, qui magis bonum diligunt commune et recte iudicant multorum salutem paucorum commodis preferendam. Quare fraternitatem tuam hortamur, tibi nichilominus per apostolica scripta mandantes, quatenus a prefata postulacionis inanis prosecucione desistas et quidquid per te in hac materia factum est, revoces ac discordias iam sopitas ad paucorum instanciam suscitare et fovere non velis. De quo nobis plurimum complacebis'.

1569. Poloni terram Pruthenorum intraverunt cum magno populo, secum ducentes hereticorum exercitum de Bohemia, et peragrantes terram demoliti sunt eam igne et ferro absque resistencia quacumque. Fratres autem de domo Teuthonica, qui Pruthenorum domini esse volunt, in castris suis residebant et armis suis ea defendere intendebant. Civitates vero, qui eciam plures armatos et balistarios habebant tam de propriis stipendiariis et civibus, quam de alienis eis in adiutorium missis, libenter exercicia bellica cum hostibus habuissent, sed non audebant, eo quod dominos videbant segniter agere. Qui si, ut famabatur, audacter hostes persecuti fuissent, gloriam triumphalem

a) processe D.

bonumque finem tocius gwerre obtinuissent. Nobiles tamen terre et civitates placitantes cum Polonis, ad ultimum treugas ad X annos duraturas constituerant. Turma autem hereticorum suum iter dirigens versus Cassubiam, villas et opida incendit plurima ac plures fideles hostili gladio peremit.

1670. Adolfus dux Sleswicensis et comes Holtzacie, defuncto fratre suo Gherardo duce[1], uxorem duxit sororem comitis de Honsten[2]. Gherardus autem dux frater eius defunctus in uxorem acceperat Annam[3] sororem Wilhelmi marchionis Badensis, de qua genuerat duos gemellos multum graciles et teneros, vix palme longitudinem habentes, eo quod de gradibus cadens abortum passa fuisset tempus[a] debitum parturicionis preveniens. Hec[4] autem partus acceleracio in cordibus improborum utriusque sexus materiam scandali et turpissime detraccionis occasionem ministravit. Quo tamen omnia, veritate clarissime comperta, falso imposicionis domina illa generosa inventa est sustinuisse innocenter simul et pacienter. Infantes namque ex utero materno prodeuntes perfecti in omnibus corporum lineamentis inveniebantur; idcirco maliloqui quidam obloquentes virile consorcium alienum in genitrice matrimonii thorum legitimum mentiti sunt prevenisse. Prout postea sufficienter probavit phisicorum peritorum et matronarum honestarum requisitum testimonium.

1671. Syboldus Friso[b] in castro suo iuxta Albiam situato, dicto Syboldesborg, pyratas et raptores fovens, mare depredacionibus et rapinis infestabat, nullis mercatoribus parcens. Similiter et Ymilo Friso in castro suo Emeden dicto, sito prope flumen Amesa[5], consimiles predones detinebat. Mercatoribus de Albia in Flandriam et Hollandiam navigantibus aut econtra plura dampna intulerunt, spoliando eos et captivando. Quorum depredaciones Hamburgenses et Bremenses prohibere et impedire cupientes, exercitum navalem eduxerunt et raptores predictos persequentes eos tandem in mari comprehenderunt. Quos bello navali impetentes peremerunt plures gladiis suis, ceteros vero vincientes numero circa XL secum in Hammeburg deduxerunt et eos ibidem decollaverunt. Transactis postea aliquot diebus Frisones predictis capitaneis, puta Syboldo, Ymiloni Provest et Udoni filio Fokkonis, invidentes, eo quod ceterorum potencium Frisonum municionibus[c] eversis, ipsi adhuc castra sua possiderent illesa, invitaverunt predictas civitates duas obsecrantes, ut in eorum auxilium venirent et se de hostibus suis vindicarent, eos penitus delendo, quia et ipsi eis[d] fideliter auxilio esse[e] vellent. Quod promissum civitates cum gratitudine accipientes, venerunt in fortitudine navigio ad castrum Syboldi et ipsum obsiderunt et instrumentis suis bellicis ipsum impugnare temptaverunt. Frisones vero equestres pariter et pedestres ex altera parte advenientes castrum fortiter angustaverunt. Expugnacioni itaque ex utraque parte viriliter insistentes et in opere infatigabiliter perseverantes, ipsum castrum tandem ceperunt. Cum autem in obsidione castri ante ipsius expugnacionem occuparentur, Syboldus et Udo capitanei terre exercitum fortem collegerant ad succurendum obsessis et ad debellandum Frisones terra castrum vallantes. Quorum adventum cum Frisones in obsidione positi adverterent, de exercitu civitatum CCC balistarios secum sumentes, perrexerunt obviam Syboldo et Udoni, et occurrentibus sibi invicem exercitibus prope Nordam opidum, congressum fecerunt et pugnantes viriliter tandem Syboldus cum suis succubuit. Interfectus est autem ibidem Syboldus et similiter Udo cum multis aliis

a) *tempus debitum auf rasur? D.* b) *Friso — Syboldes.., auf rasur?, mit dunklerer tinte und anderem ductus D.* c) *Sibi auf rasur D.* d) *auf rasur D.*

1) *Gest. 1433 juli 24.* 2) *Margaretha gräfin von Mansfeld 1435.* 3) *Agnes tochter Bernhards markgrafen von Baden 1432.* 4) *Das folgende gibt H ausführlicher; vgl. den anhang I.* 5) *Ems.*

et plures captivati sunt, paucis fuga elapsis. Habito vero triumpho de capitaneis,
expugnacioni castri insteterunt et ipsum, ut dictum est, capientes solotenus destruxerunt.
Quo penitus everso, mox ad expugnandum Emeden castrum animum et operam dederunt.
Audiens autem[a] Ymilo, Syboldum et Udonem interfectos esse et castrum eorum eversum,
consternatus est valde. Consulens ergo saluti suo in graciam Hammeburgensium se
tradidit et castrum eis resignavit. Qui mox castrum cum suis munientes Ymilonem
captivum in Hammeburg secum duxerunt. Et quia Hammeburgenses castrum Emeden
non destruxerant iuxta condicionem Frisonum et promissum, sed munierant ad possi-
dendum[b], idcirco quadragesimali tempore advenientes Frisones insurrexionem et tumul- 1434 febr.
tum suscitantes contra castrenses, ipsum castrum capere et destruere proposuerunt in-
sidiis paratis. Quod mox percipientes in castro existentes, subito se armaverunt et in
hostes improvisos prosilientes centum de eis occiderunt, castri insidias repellentes.

1572. Caristia gravis Mysnam, Thuringiam ceterasque terras circumiacentes angustavit, ita quod maldrum, quod antecedenter pro duobus emebatur florenis Renensibus, hoc anno XI et XII constabat, et quilibet sanus homo vix pro grosso panem emere poterat ad saturitatem[1].

1573. Lodowicus lantgravius Hassie accepit in uxorem sororem[2] Frederici[3] ducis Saxonie et marchionis Mysne. In cuius nupciis plures fuerunt principes[c] et nobiles hastiludia et torneamenta exercentes.

1574. Bernhardus dux de Louenborg exercitum collegit, depredaturus terram Prignitz et Marchiam. Cum autem terras prefatas invaderet et iam predam copiosam apprehendisset, secuti sunt ipsum nobiles de Prignitz cum multitudine equestrium et pedestrium et irruentes in ducis exercitum straverunt plures de eo et multo plures captivaverunt, predam captam recuperantes. Bernhardus vero dux fuge presidio adiutus vix evasit cum paucis.

1575. Casymarus dux Stetinensis[4] viam transiit universe carnis, post se relinquens duos filios[5]. Hic dux Stetinensibus civibus valde durus et gravis extiterat, castrum intra civitatem instituens et eos omnibus libertatibus antiquis et privilegiis spolians et privans. Cum autem in lecto egritudinis constitutus esset et se moriturum videret, vocari fecit coram se burgimagistros civitatis, committens eis curam ducatus et suorum filiorum. Ad quod proconsules verbum ducis respondentes dixerunt: 'Cur tantam sollicitudinem erga vestros assumere deberemus, cum vos nostram destruxionem et nostre civitatis semper sitistis[d], privando nos omnibus graciis a progenitoribus vestris nobis graciose collatis. Nunquam ergo hoc vestrum desiderium adinplebimus, nisi prius gracias ablatas nobis restitueritis'. Quod cum dux audisset, incontinenti omnia privilegia et libertates pristinas eis indulsit et sic ab hac luce subtractus decessit. Cives vero castrum de novo constructum destruentes iugo illi duro dorsum subtraxerunt.

1434.

1576. Secundo anno Sigismundi imperatoris qui est domini MCCCCXXXIIII. rex Porthugalie[6] prelia capitalia duo cum rege Granati pagano victoriose cum certasset, disposuit se cum magna sollicitudine et conatu ad tercium conflictum peragendum. Unde colligens exercitum validissimum de provinciis et regnis vicinis, intravit dictum regnum animo illo pio, ut si a deo sibi facultas concederetur, ipsum fidei subdere vallet. Cooperante ergo sibi domino, bellum cum dicto rege statuto die aggressus est,

---

a) aut *D.* b) dū *auf rasur D.* c) *fehlt D.* d) si *auf rasur D.*

1) *Vgl. im anhang I die fassung von H mit wichtigen zusätzen.* 2) *Anna tochter Friedrichs des streitbaren, nach andern erst 1436.* 3) *Friedrich der sanftmütige.* 4) *Kasimir VI. gest. 1434 apr. 13.* 5) *Der eine Joachim gest. 1451.* 6) *Eduard (Duarte).*

stipatus milicia regali ad pugnandum satis docta. Quibus ex utraque parte viriliter certantibus, victoria tandem de celo regi fideli collata est. Cuius virtute prostratus est fidei inimicus rex Granati et captivatus, innumeris interfectis paganorum. Reliqui vero nobiles, vasalli et milites, rege suo capto, arma proiecerunt dextras extendentes et regi Porthugalie cum suo principe et toto regno se subicientes lavacro sacro renovari humiliter et instanter pecierunt. Rex autem pius hoc audiens, gavisus valde regem cum mille et quingentis militibus baptisari fecit, adiunctis omnibus eisdem subiectis viris et mulieribus, adultis et parvulis.

1577. Rostoccensis civitatis antiqui burgimagistri proscripti causam suarum iniuriarum contra dictam civitatem et cives studioso fervore prosequentes, coram domino Baldewino abbate Sancti Michaelis in Luneburg, decretorum doctore ordinis sancti Benedicti, iudice eis dato a concilio Basiliensi, ipse idem dominus abbas, citata altera parte et auditis obiectis et responsis utriusque partis, procedendo[a] ordine iuris debito, tandem senteneiam protulit diffinitivam contra dictam Rostoccensem civitatem et eius rectores, iustificando alteram partem. Quam tamen sentenciam prefate urbis cives calumpniantes et sibi preiudicialem reputantes, ab ipsa et eius pronunciacione ad sedem apostolicam appellaverunt. Sed iudex supradictus dictam appellacionem frivolam et nullam asserens, eo quod iuxta decretum Constanciensis concilii generalis synodus in certis casibus super papam esset et ex hoc a superiori ad inferiorem appellatum esset, contumaciam ipsorum debita animadversione punire volens, rectores prelibate civitatis et quosdam alios in causa predicta manus habentes excommunicavit et totam communitatem ecclesiastico supposuit interdicto.

1578. Quo edicto percepto ecclesiarum rectores censuram ecclesiasticam, ut de iure tenebantur, formidantes, edictum servari a suis capellanis mandaverunt, per se urbem exeuntes et in locis sibi congruis[b] se reponentes. Quod percipientes cives a ceteris sacerdotibus pariter et religiosis adhesionem appellacionis sue requisierunt, et eciam minando adherere recusantibus cum perpetuo exilio, eam quadam violenta postulacione quasi extorserunt. Cui tandem quidam presbiteri et religiosi monasterii sui perdicionem timentes adherentes, divina in suis parrochiis et ecclesiis celebrare conati sunt, multos in illa exorbitacione non parum scandalizantes. Cui malo et aliud formidabile satis additum est. Nam Sigismundus imperator in dicto concilio Basiliensi constitutus, auditis querelis eorundem exulancium proconsulum et eis mature examinatis, dictam urbem Rostoccensem et suos inhabitatores banno imperiali subiecit, liberam dans cuilibet facultatem eos et eorum quemlibet capiendi et bona eorum diripiendi ac vinculis mancipandi. Cuius banni vigore freti antiqui illi proconsules de urbe Wismariensi plures cives Rostoccenses spoliari fecerunt et captivari.

1579. Eugenius papa indulgencias festivitatis corporis Cristi, quas prime dominus
a. 1264. Urbanus IIII ad excitandam fidelis[c] devocionem ad dictum festum habendam contulerat et postmodum dominus papa Martinus V. eadem causa eas duplicaverat atque aliis graciis salutaribus ampliaverat, ulteriori cariamatum munere extollens clementer multiplicavit sua bulla papali. Cuius tenor de verbo ad verbum sequitur et est talis[1]: 'Eugenius episcopus servus servorum Dei. Ad perpetuam rei memoriam. Excellentissimum corporis et sanguinis domini nostri Ihesu Cristi sacramentum — exhibite et ostense. Datum Rome apud Sanctum Petrum anno incarnacionis dominice MCCCCXXXIIII
mai 26. septimo Kal. Iunii, pontificatus nostri anno IIII'.

---

a) de aus s korrigirt D. b) am rand nachgetragen D. c) so D.

1) Die bulle (Exord 1330) siehe Magnum bullarium Romanum (Lugd. 1692) I 342, jedoch mit der jahrzal 1433. OESTERLEY.

1580. Conradus natus comes palatinus de Reno archiepiscopus Moguntinus obiit circa festum Viti[1]. In cuius sedem electus est concorditer dominus Schenko[2] de Erbach, sed datus fuit a papa dominus de Tzyrik[3], et sic inter dictos dominos fuit dissencio gravis. juni 11.

1581. Domina Iacoba filia Wilhelmi comitis Hollandie defuncti[4] de consensu et beneplacito Philippi ducis Burgundie tutoris ipsius nupsit cuidam honesto militi prepotenti et diviti, cui nomen Franco de Borstel extitit[5]. Huic autem militi dictus Philippus dux contulit comitatum de Ostervant, non tamen sine reciproco munere notabilis pecuniarum summe[6].

1582. Bernhardus dux de Luneborg obiit[7] in castro Wynsen sito super Lv fluvio. In cuius ducatum successit filius suus Otto, vir audacie magne et bellicosus.

1583. Civitas Lubicensis, cui emergentibus causis necessariis mercanciam generalem concernentibus incumbit alias civitates de Hansa convocare ad colloquium, circa festum apostolorum Philippi et Iacobi suos destinavit nuncios ad singulas dicte Hanse urbes, mai 1. eisdem demandans, ut pro festivitate proxima penthecostes in predicta Lubicensi civitate convenire minime negligerent ad tractandum de variis negociis bonum commune mai 16. tocius universalis mercancie tangentibus et ad occurrendum diversis periculis iminentibus singularum nacionum mercatoribus, necnon ad conciliandum super refusione et recuperacione innumerorum dampnorum dictis civitatibus et negociatoribus earundem illatorum per varios terrarum principes et civitatum rectores, et presertim reges Dacie et Anglie ac principem Flandrie et Hollandie necnon dominum de Veren[8]. Cui evocacioni parentes nonnulle de prepedictis civitatibus, puta Coloniensis, Magdeburgensis, Bremensis, Dancensis[9], Brunswicensis, Tremoniensis, Hammeburgensis, Rigensis, Sozaciensis, Darbatensis, Stetinensis, Sundensis, Revaliensis, Monasteriensis, Rostoccensis, Osnaburgensis, Gripeswaldensis, Luneburgensis, Wesaliensis, Berlinensis, Frankenvordensis, Stadensis, Soltwedelensis, Wismariensis, Dusenburgensis et Kilensis, cetere vero civitates, que dicte congregacioni de iure interesse debuissent et tamen legitima impedimenta veniendi ac excusaciones racionabiles allegabant, vicinis urbibus vota sua et consensus in ordinandis disponendisque plenarie commiserant, ac si personaliter presentes extitissent. Hiis omnibus in prelibata Lubicensi civitate congregatis, tractare ceperunt de singulis negociis, causis et materiis sibi et suis congruentibus et necessariis. Et ut eo forcius et animosius suis resistere valerent iniuriatoribus et adversariis, solempnem miserunt ambasiatam ad generalem magistrum ordinis de domo Teuthonica[10] in Prutziam, puta proconsules et consules[a] Coloniensis, Lubicensis, Dancensis[9] et Hammeburgensis civitatum, ut secum practicarent de confederacionis firma colligacione fienda et necessaria inter ipsum et civitates omnes de Hansa inviolabiliter in perpetuum observanda. Qui venientes in Prutziam a dicto magistro honorifice et multum gratanter sunt recepti et solempniter tractati. Explicata autem sue legacionis causa coram magistro et commendatoribus terre, masticatum est negocium valde mature et tandem ab eisdem conclusum est, necessarium fore et multum expedire pro utraque parte tam dominorum de

---

a) *auf rasur D.*

1) *Gest. 1434 juni 11.* 2) *Dietrich I. 1434 juli 6.* 3) *Verwechslung mit Trier. Hier war nach dem tode des Otto von Ziegenhain (1430 febr. 13) neben zwei anderen auch ein Jacob von Sirk febr. 27 erwählt worden, der aber sofort resignierte.* 4) *Gest. 1417 mai 31.* 5) *Franz von Borselen, burgundischer statthalter von Holland und Seeland, im geheimen 1432 juli 1, öffentlich 1434 mit Jakobaea vermählt, bei der vermählung zum grafen von Ostervant ernannt.* 6) *H genauer:* unde he schenkede deme hertigen wedder boven druttich dusent kronen. 7) *Gest. 1434 juni 11.* 8) *Veere in Seeland; es ist Floris von Borselen.* 9) *Danzig.* 10) *Paul Bellitzer von Russdorf.*

Prutsia quam civitatum, ligam et confederacionem firmari perpetuam contra omnes molestatores et iniuriatores utriusque partis. Quod quidem conclusum et sic laudatum tandem in scripto est redactum et sigillo munitum maiori dicti magistri. Tradidit eciam dictus magister generalis speciales litteras ipsis civitatum nunciis, regibus, principibus et terrarum dominis ac civitatum rectoribus deferendas, continentes initam confederacionem contra eorum molestatores perpetuo duraturam. Quibus litteris receptis et negocio sue legacionis ad unum expedito, dicti ambasiatores civitatum licenciam receperunt et ad propria in periculo tamen gravi remeaverunt. Interim autem cum hec sic agerentur in Prutsia per sepedictos nuncios, alii solempnes viri civitatum quatuor maritimarum, puta Lubicensis, Hammeburgensis, Luneburgensis et Wismariensis,
Juni 23. iverunt in Daciam ad placitandum cum Erico rege Danorum profesto beati Johannis baptiste in opido Werdingburg[1] dicti regni et ad tractandum de pace et concordia ac sedandam litem dampniferam et periculosam parti utrique. Duxerant autem civitates predicte secum pro suis consiliatoribus et complacitatoribus spirituales principes duos, puta Verdensem[2] et Razeburgensem[3] episcopos. Rex vero Erikus pro suis consiliariis collegerat plures principes seculares et spirituales, puta episcopos Hildensomensem[4], Lundensem[5], Roschildensem[6], Rypensem[7], Abowensem[8] et alios plures[9]; duces vero,
*[illegible] puta Bavariensem[10], Pomeraniensem[11], Sundensem[12], Louenburgensem[13], *et ducissam Magnopolensem[14] ac ceteros comites et milites. Cum quibus placitantes per mensem civitates prelibate, parum vel nichil ad pacem et amiciciam ac dampnorum recuperacionem tempore treugarum eis per Danos illatorum deserviens actum aut conclusum ibidem extitit. Unde quasi vacui revertentes, quod conclusum videbatur inter partes, civitatibus congregatis retulerunt. Quod cum audissent viri illi sagaces, non multum exhilerati, sed magis exacerbati contra Danos et eciam eos, qui nuncii eorum fuerant, quod iuxta eis commissa factum non practicaverant, contra invicem murmurare ceperunt. Sedata tamen displicencia, tractare inceperunt negocia[a] communi utilitati proficua, condentes leges et statuta ab omnibus civitatibus Hanse et earum mercatoribus inviolabiliter observanda; et ut eadem statuta aliis clarius innotescerent regionibus et provinciis, destinare quosdam de suis collegis cum eisdem in Angliam, Daciam, Flandriam, Lyvoniam, Nougardiam[15] et Hollandiam ac Prutziam et Rutziam decreverunt, tradentes eisdem nunciis suis litteras confederacionis facte[b] inter magistrum Prutzie et civitates in terrorem adversariorum. Quibus legacionis iter arripientibus et ceteris negociis necessariis pro conservacione communis mercancie ad unum expeditis et ordinatis, alii
1435 Juni 5. civitatum nuncii ad propria sunt reversi, in proximo futuro penthecostes vel citra ad eandem urbem Lubicensem denuo reversuri ad concludendum bono et salubri fine opus inceptum[16].

1584. Eugenius papa propter varia incommoda vexacionesque et pericula verisimiliter sibi iminencia tam ex Romanorum machinacione, quam eciam ducis Mediolanensis[17] et Fortebracii principis practicacione, clam de urbe Romana recessit et navigio mare transiens primo portum Pysanum et demum Florentinum cum prosperitate apprehendit, ubi receptus cum solempnitate a civibus et clero ad tempus ibidem pausavit.

---

a) negocia — proficua *auf rasur? D.* b) facte — magistrum *auf rasur? D.*

1) *Warberg in Halland.* 2) *Johann III. von Asel.* 3) *Pardam von dem Knesebeck.* 4) *Magnus herzog von Sachsen-Lauenburg.* 5) *Petrus Lykke.* 6) *Johann V. Peterson.* 7) *Christian Hemmingsen.* 8) *Magnus Olavson.* 9) *H nennt statt der* alii plures *noch den von Odensee; dies war Nafus Krigsbæk.* 10) *Christoph III. von der Pfalz, später könig von Dänemark.* 11) *Bogislaw IX.* 12) *Barnim VIII. von Barth.* 13) *Bernhard IV.* 14) *Katharina.* 15) *Nowgorod.* 16) *Vgl. Hanserecesse 1431—1476. I 340.* 17) *Philipp Maria.*

Curtisani autem et ceteri curiales ministri percipientes pape recessum, ad[a] sequendum ipsum continuo se paraverunt et intrantes galeas paratas cum rebus suis quidam eorum, ceteris per terras iter suum facere sonantibus. Sed utraque societas diffortunium passa in latrones incidit pessimos. Nam navigio gradientes obvios habuerunt Cathalonienses pyratas, qui ipsos bonis suis omnibus spoliaverunt et defendere se nitentes quosdam in mare proiecerunt et quosdam gladiis suis mactaverunt; ceteros vero ad insulam parvam ducentes, ad aridam vilibus tegumentis opertos deposuerunt, ut se salvarent, si possent; ipsi tamen in magnis laboribus solidam apprehendentes terram, paternas sedes revisere studuerunt. Alii vero terras peragrantes non minori malo[b] attriti sunt. Nam latrones de latibulis erumpentes diversis alternis vicibus spolio triplici ipsos invaserunt, crudeliter eos cedendo et fere usque ad bracas eos denudando. Cardinalis autem de Ursinis, cui infesti valde erant Romani, post recessum pape angariatus ad castrum Angeli confugit et ipsum cum sibi adherentibus fortiter munitum ab ipso de hostibus suis viriliter se defendit. Alii cardinales cum domino recesserant papa et manus Romanorum evaserant in galeis, rebus eorum bene salvis[1].

1585. Predicte autem fuge calamitatem dominus Eugenius querulose deplangens scripsit concilio Basiliensi in hac verborum forma[2]: 'Eugenius episcopus servus servorum Dei venerabilibus fratribus in sacro generali concilio Basiliensi congregatis salutem et apostolicam benediccionem. Existimaret forsitan aliquis — operibus sanctis vendicemus. Datum Florencie anno incarnacionis dominice MCCCCXXXIIII. IX. Kal. Iulii, pontificatus nostri anno IIII, etc.' Juni 23.

1586. Grecorum imperator Iohannes solempnes misit suos ambasiatores ad generale concilium Basiliense cum litteris suis, affectans ex toto corde pacem et unionem fieri inter Romanam ecclesiam et Grecam.

1587. Quem quidem affectum suum litteratorie expressit sub talibus verbis[3]: 'Iohannes in Cristo fidelis imperator et moderator semper augustus sacrosancte generali synodo Basiliensi salutem in eo, qui est omnium salus. Litteras reverencie vestre recepimus per reverendos Anthonium episcopum Sudensem[4] et fratrem Albertum de Crispis sacre theologie magistrum, oratores vestros. Ex quibus eciam relacionibus prefatorum bene notavimus optimam disposicionem atque intencionem vestram deo amabilem, quam vestra reverencia pro tota cristianitate gerit et specialiter pro nobis et unitate nostre ecclesie sancte. Et super hoc letati sumus, maxime quoniam hortamini nos pro illis, pro quibus et nos iam diu hortati sumus instanter ecclesiam Romanam. Multociens enim scripsimus et misimus pro unitate predicta, ut omnibus notum est. Sed legacionibus ex parte nostra factis et tanta sollicitudine ostensa non obstantibus, circumstancie rerum non permiserunt, ut finem acciperet voluntas nostra. Ad presens igitur de istis et eisdem dispositis vestre reverencie scribimus, querentes fieri concilium ycomenicum[c] sub presencia omnium personarum necessario debencium adesse, ut secundum antiquum ordinem et consuetudinem ycomenicorum conciliorum, et id omne, quod deo dante in tali concilio unanimiter et concorditer conclusum fuerit, hoc firmum haberi indubitanter et sine contradiccione[d] ac lite quacumque. Sed quoniam vestra reverencia in tempore presenti tantam promptitudinem super istis ostendit, quod legacionem specialem pro istis fecit et hortata nos fuit litteris et relacionibus suorum oratorum, propter hoc et nos mittimus ambasiatores nostros, puta familiarem imperii

---

a) d aus e korrigirt D. b) mali D. c) ycomūāiū D. d) contraccione D.

1) Die schrift in D wird allmählich immer flüchtiger; auch mehren sich auf den letzten seiten die schreibfehler. 2) Der brief (Eccard 1335) bei Mansi, Conc. coll. XXIX 579. 3) Vgl. Mansi, XXIX 627 und den brief des patriarchen XXIX 97, beide von 1433 oct. 15. 4) Nicht im Gams.

nostri prothonoestratam[a] Demetrium Paleologum Methotitem[b] et honoratum in sacris monachis abbatem sacri monasterii Demetrii Ysidorum et familiarem nostrum Dissipatum[c], per quos petimus et rogamus vestram reverenciam, ut ad hoc deo amabile opus unionis conferatis omnem curam et sollicitudinem, ut fiat et concludatur dictum laudabile opus vestris studio et diligencia nostris correspondentibus. Cum vero sint aliqua necessaria ad hoc et eius operis extrema, commisimus istis predictis nostris ambasiatoribus, qui vestram reverenciam lacius et clarius informabunt et referent eidem omnia, placeatque vestre reverencie eisdem plenam fidem adhibere. Datum in nostra
oct. 3. urbe Constantinopolitana anno dominice incarnacionis MCCCCXXXIIII die III mensis Octobris'.

1588. Nobiles[d] regni Bohemie, barones et milites ceterique vasalli exercitum fortem adunantes versus urbem Pragensem iter suum direxerunt. Et venientes prope civitatem
mai 5. in vigilia ascensionis dominice, intromissi sunt a civibus antique civitatis, quam pro maiori parte Teuthonici regere consueverunt. Cives autem dicte antique urbis una cum civibus medie civitatis arma capientes et instrumenta sua bellica adaptantes, mane orto sole cum forensibus nobilibus civitatem novam eiusdem urbis Pragensis viriliter impugnare ceperunt. Quorum seriem sencientes heretici illius inhabitatores, ad arma mox cucurrerunt et hostibus constanter resistentes ingressum eorum ad se pro posse prohibuerunt. Sed catholici viribus suis pariter et instrumentis adductis utentes et obpugnacioni indefesse insistentes, tandem urbis valvam confringentes violenti manu
mai 6. sunt ingressi in die sancto ascensionis dominice et acies perfidorum dirumpentes percusserunt eos in furore suo a maximo usque ad minimum. Et nec pepercit gladius fidelium mulieribus aut parvulis, nec etati aut sexui, sed omnes inventos in ea vita privavit. In hoc autem loco maximus inventus fuit thesaurus, quem Taboritarum et Orphanorum viri de diversis mundi partibus adduxerant. Qua civitate nova capta, vastacioni ampliori inimicorum Cristi intendentes barones et nobiles populum[e] ad arma dispositum congregaverunt.

1589. Eodem autem tempore deo ordinante illi, qui urbem Pilzenam obsederant,
c. mai ab obsidione recesserunt, 'ut scribit Kunzo castellanus castri Karelsteyn domino imperatori Sigismundo, qui totam belli seriem et processum insinuans dicit[1]: 'Cum enim barones post habitam victoriam de nova civitate Pragensi in ipsa Praga urbe adhuc populum cunctum ad arma validum congregaverunt, recesserant enim pro eodem tempore hostes de obsidione Pilzenacensi et iam versus Pragam iter suum direxerant et venientes prope Castrum Novum castrametati sunt ulterius versus Coloniam[2]. Quo percepto domini barones mox omnibus nobilibus miserunt, ut in subsidium eorum contra hostes venirent sine mora. Tunc statim dominus de Rosemberg gentem multam et fortem ad campum produxit, domini vero barones una cum civitate Pragensi eciam validam potenciam adduxerunt, quibus civitas Pilsnensis in bono numero armatorum venit, gavisa multum de solucione obsidionis facta. Cum autem progrederentur contra inimicos et venirent ad castrum Karelsteyn, ego cum exercitu meo veni, habens quingentos equestres et pedites mille ac currus XXX. Et cum omnes supradicti convenissent iuxta dictum castrum Karelsteyn et aliquamdiu ibidem moram traxissent, populus communis clamare cepit contra barones murmurans et dicens: "Ut quid ita inaniter perdimus tempus et non progredimur contra hostes? Melius est enim pugnando[f] mori pro fide, quam tam

a) protonotarium Mansi 87. b) Mesotidem Mansi 87. c) disipatti D; Joannem Dishypatum Mansi 618. d) wechsel der farbe in D. e) populum ad arma auf rasur D. f) pugnādi D.

1) Ein zum teil wörtlich gleicher von kärnerer brief bei Mansi, Conc. coll. XXIX 647 vom 1434 mai 31. OESTERLEY. 2) Kolin.

turpiter tempus consumere". Tunc barones excitati clamoribus populi processerunt et valida manu hostes persecuti sunt. Exercitus autem Husitarum et Orphanorum ac Taboritarum multum cum bumbardis maioribus et minoribus castra nostrorum vexabant et perturbabant. Quod videntes barones et capitanei exercituum, acies suas ordinare ceperunt. Quo facto acies utrobique contra se invicem processerunt; eis vero procedentibus et congredientibus, nos ordinati eramus retro in parte posteriori. Sed mox, ut ordinatum erat, acies nostra terga vertit, fugam simulans et tunc nos, qui prius fueramus in cauda posteriori, facti fuimus in parte anteriori. Hostes autem hec videntes et nos fugere credentes buccinis clangere ceperunt et vocibus horribilibus clamaverunt dicentes: "Consurgite, consurgite, insequamur eos, quia ecce fugiunt". Et sic omnes adversarii nostri accelerantes, de castris et curribus suis sunt egressi tam pedestres quam equestres et nostros insecuti. Nos autem, qui alias eramus in parte posteriori et modo in fuga nostrorum facti in parte anteriori, videntes, quod hostes se a suis castris et curribus elongassent, festinavimus in nomine domini, cuius negocium agebatur, et eos a tergo aggressi sumus et sic intercepimus eorum regressum ad castra et currus. Barones vero nostri et alii nobiles cum omni multitudine regredientes ab anteriori parte eos invaserunt et sic ante et retro quasi conclusi ipsos ut manipulum excussimus et deiciebamus cedentes et interficientes impios. Multi autem ex ipsis libenter se captivos reddidissent, sed non erat tempus captivandi, sed tantum occidendi. Interfecti eciam sunt Procopius et ceteri capitanei eorum cum toto exercitu eorum, paucis elapsis, domino Deo nos precedente et pro nobis pugnante. Cepimus autem omnes currus eorum, bumbardas et cetera bellica instrumenta cum armis eorum. De nostris autem Deo nos protegente nisi CC prostrati sunt, sed de ipsis circiter XVIM ceciderunt[1]. Commissum est autem hoc prelium[2] salubre in planicie inter civitatem Cusyn et monasterium Schalitz, et capti sunt ibidem ultra occisos septingenti et carceribus mancipati. Pro quo glorioso triumpho domino Deo sit laus et gloria in seculorum secula amen'.

1590. Dithmarci homines rurales et in moribus incompti, extraneos eis dominari non sustinentes, in invicem partiti sunt scisma foventes. Harum parcium capitanei sunt Radolfus Kersteus et Kruse Iohannes, quorum quilibet suos habuit fautores et sibi adherentes de maioribus terre. Hic autem Radolfus, homo ambiciosus multum, parti adverse graves frequenter intulit iniurias, exaccionando indebite nunc sibi et aliis terre capitaneis subditos, nunc vero interficiendo innoxios et domus multorum incinerando. Que mala et illis similia cum tandem nimis multiplicaret, alterius partis capitaneus Kruse Iohan dictus, vir pacificus et quietus, videns supra partem suam inquietudinem et dampna ac gravamina ingravescere, arma cum suis assumpsit et adversarium persequi incipiens loca sua et suorum valida manu invasit, villas vastavit et spoliavit, iumenta rapuit, homines captivavit, plures gladiis peremit et domicilia eorum ignibus consumpsit. Cui eciam faventes Hammeburgenses, in eius auxilium circa sexcentos balistarios in Dithmarciam destinaverunt. Qui hostium terram perlustrantes strages et incendia tam crebra ipsis intulerunt, ut tandem ipsum fugam capere Radolfum et terram suam deserere[a] compellerent. Unde inter Holtzatos aliquamdiu latitans ad ultimum placita cum suo adversario inire coactus est. Facte sunt ergo treuge ad breve tempus et sic dissensio illa aliquantulum quievit.

1591. Consulatus civitatis Moguntine artatus ad inconsueta a civibus suis urbem egressus est, querens manendi locum ad tempus ubi poterat. Quorum absenciam cives

---

a) *deserer'* D.

1) *H fügt genauer zu:* behalven de, de in der nyen stad geslagen worden, der boven XX dusent was sunder de wiff unde de kindere. 2) *Schlacht bei Lipan.*

egre ferentes nec consulatu carere volentes, novos consulares statuerunt usurpata auctoritate. Qui consulares novelli considerantes suam civitatem maximis debitis fore gravatam, exaccionare nedum cives suos, sed eciam clerum totum ceperunt per taxacionem quandam, que tzise vulgariter dicta est. Clerus autem dicte exaccioni se subdere recusans nec de ea supportari valens, coactus est tandem urbem exire et se locare in castris, opidis et civitatibus sibi congruentibus.

1592. Simile eleccionis malum ab urbe accidit episcopo Babenbergensi pariter et clero suo ac eciam archiepiscopo Magdeburgensi et suo clero, prout supra lacius tactum fuit[1]. Treverensis eciam archiepiscopatus per electum de Manheym et datum Spirensem episcopum divisus est[2], gravi iactura quassatus. Celebrat enim divina ipsa civitas Treverensis legitime una cum aliquibus aliis urbibus adherens Spirensi dato a domino apostolico, sed prophanant cetere civitates et ecclesie dyocesis tenentes cum electo. Cuius tamen melior videtur esse condicio, eo quod castrorum terre possessor existat.

1593. Boleslaus rex Polonie plus quam octogenarius carnis debitum solvit[3]. Hic rex in uxorem duxerat relictam[4] cuiusdam simplicis militis, a qua duos susceperat filios, quorum senior[5] duodennis vix ei in regno successit.

1594. Saxonie principes, puta Otto dux de Luneborg, Otto dux de Leyna, Henricus dux de Brunswic, Wilhelmus frater suus et Fredericus lantgravius Hassie, una cum suis civitatibus obsiderunt castrum Hachemole, quod erat comitis[6] de Spegelberg communium stratarum spoliatoris, et ipsum tandem expugnantes solo equaverunt. Huius autem comitis fautores et auxiliatores erant Theodoricus archiepiscopus Coloniensis, Iohannes comes de Hoya et dominus de Lippia, quorum presidio et subsidio fultus cum quingentis et amplius equis predictorum principum terras spoliavit, incendit villas et vastavit.

1595. Destructo autem predicto castro Hachemolen, exercitus principum ad aliud castrum Hallermunt dictum se convertit, sed ipsum expugnare non valens in brevi tempore, coram eo castriola et municiones erexit, armatis ea muniens sufficientibus. Tunc Wilhelmus dux partem exercitus capiens versus Barenborg castrum, quod erat comitis Iohannis de Hoya, ire festinavit. Quod mox non bene munitum inveniens, ipsum sine resistencia magna cepit et suis munivit. Alia vero pars exercitus castrum Eversten impetens et ipsum cepit, domicellis Ruscheplaten[7] dictis exclusis. Post paucos vero dies et aliud castrum eorundem domicellorum Woldensten nuncupatum obsidentes obtinuerunt viri ducis Ottonis cautulose.

1596. Comes vero de Spegelberg cum suo exercitu vaccas circa idem tempus coram opido Rintelen apprehendens abduxit et opidum incendit[8].

1597. Magdeburgenses cum exercitu multo exeuntes castrum Plöte[9] dictum obsiderunt et expugnantes ceperunt ipsum[10].

1598. Generosus[11] quidam vir Engelbertus nomine, Swenus natus, homo magne astucie et industrius, exacciones intollerabiles et gravamina nimia, quibus ipse ceterique nobiles regni ac alii burgenses, opidani villanique necnon populus universus eiusdem regni Swecie opprimebantur et vexabantur a Danis castrorum regni advocatis et capitaneis, per Ericum regem positis et constitutis, diucius pati nec volens nec valens,

1) *In § 1552.* 2) *Ulrich von Manderscheid erwählt 1430 febr. 27, gest. 1436. Raban von Helmstädt ernannt 1430 mai 22, gest. 1439 nov. 14.* 3) *Wladislaw II. Jagello, könig seit 1386, gest. 1434 mai 31.* 4) *Zweite gemahlin Sophia fürstin von Kiew.* 5) *Wladislaw III. 1434—1444.* 6) *Philipp von Spiegelberg.* 7) *Herren von Rauschenplatt.* 8) *H fügt zu:* Dar wart he ok do vor geschoten unde starff vil kort darna. 9) *Plathe.* 10) *1434 sept. 18. Vgl. Schöppenchronik 380 und dazu Gesta archiep. Magdeburg. SS. XIV 463 anm. 13.* 11) *§ 1598 ist in H wesentlich ausführlicher dargestellt, vgl. den anhang I.*

contra dictum regem Ericum se extulit et erexit cum suis, electus forte ad hoc a Domino ut alter Saul et roboratus ad protegendum populum suum et ad debellandum iusticie adversarium. Colligens igitur multitudinem populi grandem de terre nobilibus et urbanis opidanisve et villanis, indigenis et advenis, regi Erico predicto pacem interdicere minime formidavit. Et fultus dicti exercitus collecti presidio stipatusque milicia tam forti, regnum in manu valida peragravit, urbes expugnando, castra noviter fundata deiciendo et solo equando, antiqua vero vi capiendo et dicioni sue in bonum et profectum regni omnia subiciendo. Capitaneos autem dictorum castrorum ac urbium nacione Dacos removit et Sweos eisdem preficiens, iuramento fidelitatis previo accepto, ea custodienda et regenda ipsis commisit. Sicque in omnibus iuste procedens prospereque agens atque sagaciter et bene cuncta disponens regni negocia, omnium prelatorum et satraparum voluntates et consensus sua probitate et industria ad se inclinavit. Hanc autem bellicose exercitacionis miliciam prefatus Engelbertus superba quadam extollencia animi aut cupiditate arroganti dominandi nequaquam assumpsisse creditur, sed quia innate miseracionis pietate afflictis compaciens multos perpendit enormes committi excessus per Danos castrorum regni rectores, ac Ericum regem dictos excessus multis vicibus querulose ad se delatos non corrigere, sed surdis auribus semper transire et dissimulare: idcirco universitatis bonum proprio preponens commodo, iusticie execucionem et inordinati regiminis emendacionem, quas precibus frequentibus et monicionibus oportunis et inportunis multiplicatis obtinere minime potuit, armorum virtute et forcium Sweorum ad hoc pium milicie exercicium a se inductorum animositate in regni profectum ad salutarem effectum deducere temptavit. Erat enim non aliud sue intencionis propositum, quam ut per inceptum negocium regnum Sweorum in suis antiquis libertatibus et privilegiis conservare posset et mercatoribus cum suis mercibus solitum et securum transitum in regnum predictum et exitum faceret. Ad quod intentum pium et bonum perficiendum fortuna sibi mirabiliter arrisit, et omnium bonorum virorum favor prosperitatem merito sibi suisque auxiliatoribus exoptavit. Rex *c. 84.
autem Ericus audiens prelibati Engelberti actus et processus et eos sibi preiudiciales nimium reputans ac vergens in regie maiestatis sue dedecus, litteris suis seriosis et minis formidabilibus ab incepta presumpcione ipsum revocare quantum[a] potuit laboravit, sed parum valde, ymmo nichil scribendo vel minas eidem demandando profecit. Cogitans autem rex virum illum personali sua presencia exterrere, ut vel sic a proposito illicito resiliret et in graciam regiam redire laboraret, parari iussit naves, quibus mare quantocius transire valeret et Sweorum regnum apprehendere. Quibus mox ad nutum preparatis, ipse cum quibusdam nobilibus suis navem Sertum roseum nominatam intravit, ceteri vero vasalli et stipendiarii aliam navem grandem kraham dictam ascendentes cum rege suo mare intraverunt et navigantes pariter, sed non pari enfortunio, ad portum optatum omnes pervenerunt. Nam exorta tempestate mare exagitatum navem illam magnam periclitari coegit et procellarum impetuositate furibunda conquassata, homines circiter CLX fluctibus pelagi immersi sunt, paucis in vita cum maximis laboribus et angustiis in fragmentis[b] navis salvatis. Sertum vero roseum vix dominum suum regem salvum ad illum locum deferre valuit pre fluctuum immanibus impulsibus, ut parva schapha aridam anxius apprehenderet, sed eo exuto mox a procellosis gurgitibus exagitatum crepuit et in partes varias concussum periit cum quibusdam suis inhabitatoribus. Veniens autem rex in Sweciam, modicam ibibi repperit consolacionem suorum, sed quasi omnes pociores regni sepedicto Engelberto adherentes adventum regis sui minime curaverunt. Qui videns se a subditis suis spretum et perpendens in manibus hostium se constitutum, in habitu peregrino clam, ut fertur, in[c] Daciam reversus est.

a) *auf rasur D.* b) gestis *auf rasur D.* c) in Daci *auf rasur D.*

1435.

1599. Tercio anno Sigismundi imperatoris qui est domini MCCCCXXXV. dominus Baldewinus decretorum doctor et abbas monasterii Sancti Michaelis in Luneburg ordinis sancti Benedicti electus est et consecratus in archiepiscopum Bremensem, retentis sibi proventibus abbacie predicte ad sex annos auctoritate et gracia apostolica[1].

1600. Sigismundus imperator solempnem tenuit curiam in urbe Frankenfordensi
1434 dec. 5. profesto sancti Nicolai precedentis anni. Ad quam venerunt principes electores sacri imperii seculares et ceteri principes Alemannie ac marchiones, comites et nobiles plurimi. Cum hiis autem principibus imperator tractabat de reformacione status secularis, incipiens a capite huius status, puta a se ipso imperatore, et ab hiis, que officium, dignitatem, decenciam et excellenciam eius concernunt, et presertim[a], in quibus hec[a] collapsa essent et reformacione indigerent; insuper que castra, que civitates, que predia et feodalia ipsius de iure essent et a quibus iniuste occuparentur. A dicto autem capite descendens ad membra principaliora, tractabat cum eisdem de statu regum imperio subiectorum et consequenter principum electorum sacri imperii, si qua in illis emendanda forent et an omnes iusto titulo peterentur et an[b] eorum principatum absque fraude aut violencia ingressi essent vel iuste possiderent, ac quale regimen quo ad se et quo ad subditos eorum esset. Consimiliter de statu inferiorum principum ducum, comitum et nobilium ibidem sufficienter et studiose tractatum est, si qua talium correccione digna inveniri possent. Rursus descendendo ad infima, puta ad castrenses, civitatenses, opidanos et villanos et ad singulorum illorum statuum condiciones, consuetudines, leges ad arbitria, ponderata sunt ibidem singula. Ex quorum omnium tandem matura masticacione et attenta consideracione occurrebant dictis principibus XVI articuli, in quibus universalis status laycalis reformacione summe indigeret, si irreprehensibilis esse deberet, et qui si emendarentur, infinita mala e mundo tollerentur. Hos tamen XVI articulos principes sepedicti indeterminatos reliquerunt, sed fore[c] deter-
apr. 23. minandos in proximo festo sancti Georgii in eadem civitate Frankfordensi, ad quam protunc iidem et plures alii principes conventuri essent, infallibiliter statuerunt. Intencio[2] autem imperatoris et ceterorum principum, ob quam reformacionem predictam[d] reformacioni clericalis status anteferre proposuerunt[e], talis erat iuxta multorum peritorum estimacionem, ut sic laycali statu emendato efficacius et seriosius cooperari valerent ad procurandam reformacionem status ecclesiastici, vi eciam, si opus esset, compellendo[f] involuntarios et rebelles resistentesque huic saluberrime et necessarie reformacioni ad obediendum sanctis statutis et ordinacionibus concilii Basiliensis[3].

---

a) presertim — quibus *auf rasur*, hec *am rand D.* b) n *auf rasur D.* c) *am rand nachgetragen D.* d) predictam — clericalis *auf rasur D.* e) pro'nt *auf rasur D.* f) cōpulendo *D.*

1) *H fügt hinzu:* unde wart dar na to Bremen ingevoret mit groter werdicheit van vorsten, heren unde steden. *Baldwin II. von Wenden 1436 apr. 6.* 2) *Statt des schlusses berichtet H:* Men leyder van deme hove en wart nicht unde dat summe, vruchte ik, blift de werlike stat brekaftich unde unredelik, also he vor was. *Hiernach folgen in H unmittelbar die im anhang von s. 553 an als § 1601 ff. abgedruckten nachrichten.* 3) *Hier endet der text der Lüneburger hs. mitten in der spalte, sieben zeilen über dem untern rand. Die folgende seite ist noch liniirt und trägt rubren über beiden spalten.*

ANHANG I.

DEUTSCHE BEARBEITUNG

BIS 1438

HANNOVERSCHE HANDSCHRIFT.

VORREDE[1].

DAT ANBEGHYN VAN KAROLUS[a] TIIDEN.

Wol dat vele meestere unde lerede lude an vortiiden hebben ghescreven croniken unde andere denkeboke von den werken der forsten, beyde geistlik und werlik, und ok veler[b] anderer lude, beyde[c] der guden and der quaden, umme ewigher decknisse willen, doch by mynen dagben weren klene mynschen dar sorchvoldich vor[d], dat se der vorscrevenen croneken and denkeboke makeden vort[e] na en vorvolgheden na eren tiiden and jaren. Uppe dat nu de vorsumenisse unser vorvaren ichtes wat vorbetert werde, and so hebbe ick my[f] underwunden to der ere Goddes und ok syner leven moder Marien and ok sunte Dominici, mynes ordenvaders, to scrivende ene cronecken in deme Dudesschen den[g] leyen to tiidvordrive and kortewyle, also ik ok den lerden vorghegban hebbe in deme Latine. Desse croneken hebbe ick anghehaven van konnynck Karolus tiiden van Vrankrykeu[h] und hebbe se ok van der Goddes hulpe ghesndiget in unsen daghen, also do men scref na goddes bort MCCCC und XXX[I jar edder dar by][2]. Were nu in desser croneken ichtes watte ghesettet efte ghescreven, dar iemende ane misduchte efte mishaghede, de legghe dat myner vormetenheyt efte unwettenheyt nicht tho, men der genen, uthe der boke ick deme screft ghetoghen hebbe. Desser kroncken anbeghynne und ende bevele ick to straffende und to beterende[i] allen lerden mynschen, den sodane straffinghe bevalen is und van rechte to kumpt.

AUSZÜGE[3] *VOR 1200.*

1104.[2]

In[4] desseme jare ward gestichtet unde gebuwet de eddele stad Lubeke uppe der stede, dar se nu jegenwardichlyken licht twysschen den twen vleten Travens unde Wakenisse. De wart dar ghebuwet van deme Wendesschen vorsten Truto genomet c. 77.

a) Korolus W. b) vele anderen W. c) bey W. d) über der zeile W. e) ane wort W. f) hiernach ick my getilgt W. g) über getilgtem d W. h) das erste k über der zeile W. i) 5 über der zeile W.

1) *Nur diese vorrede, die in der Hannoverschen hs. (H) fehlt, ist der Wiener hs. (W) entnommen. Vgl. die einleitung. Sie ist von später hand und voller schreibfehler; siehe auch die folgende anmerkung. Alles übrige ist aus der Hannoverschen hs.* 2) *Die stelle ist von einem späten abschreiber interpoliert. Der text ging, wie das register deutlich beweist, ebenso weit wie in der Hannoverschen hs., d. h. bis 1438. Erst später, als die Wiener hs. überhaupt und namentlich am schluss schon verstümmelt war, hat ein abschreiber diese änderung in die wiederabschrift der einleitung eigenmächtig eingeführt. Da die hs. jetzt mitten im jahr 1438 abbricht und er seiner sache nicht sicher war, fügte er das* 'edder dar by' *zu. Einen bis 1431 reichenden deutschen Korner hat es also nie gegeben. Vgl. die einleitung.* 3) *Andere stücke in Pfeiffers Germania IX 261 ff., jedoch aus der Wiener hs.* 4) *Vgl. anhang II zum selben jahre.*

ander werve, also de croniken der Wenden spreken, wente he se ersten gebuwet hadde uppe de stede, dar nu licht dat dorp Swartouw, und dar vorstoreden se de Wenden, de do syne vyende weren. By desse stad Lubeke buwede de sulve Wendessche here en vast slot unde plach dar sulven uppe to wonende, wente dat he dot ghealagen wart, also na screven steyt. Desse stad is dicke vorstoret beyde van vyende unde ok van ereme egenen vure, men umme ere godelyke lage so is se jo wedder gebuwet. Ok is se vaken bestallet unde ghewunnen van den keyseren unde van vorsten, men god heft er jo gehulpen ute eren noden unde heft se dar to vorseen, dat se worden is en crone unde en hovet aller Hensestede.

1151.

c. 94. In[1] desser tyd also markgreve Albert was wedder to lande komen, do leth he ok in syn lant ropen Hollandere, Vlemynghe, Selandere, Brabandere unde Westvelinghe unde ghaff ene de Marke to besittende. Do wart ghebuwet de stad Stendale unde dar qwemen to sittende de Vlemynghe. To Soltwedel qwemen Brabander unde Selandere. To Schusen qwemen to sittende de Hollander, de der mersch bewonet weren unde konden dyken vor der Elve vor upvlote. De Westvelinghe mengheden syk al umme, wente dat en art is der mynschen, dat syk kan berghen uppe enen harden stene unde mach wol nôt lyden.

1159.

c. 95. To[2] der sulven tiid quam bisschop Geroldus van Rome gheconsecreret unde[a] ghewyget van deme pawese unde toch to Aldenborgh in syn stichte. Do he in de kerken quam, do vant he dar ynne man en altar unde vand dar to nicht wan[b] XIIII mark renthe; wat greve Alf deme synen vorvaren hadde ghegheven, dat was vorwustet. Man do hertich Hinrick to hus quam van Ytalyen, de okede em do de rente unde buwede de kerken groter. De kerke ok to Lubeke de was vil kleyne, wente de borghere noch nene groter kerken ghebuwet [hadden][c], wan de Hinrick dar Wende unde der Ohtryten vorste[a] ghebuwet hadde, de noch steyt by deme dome, unde de de bisschop Vicelinus ghebuwet hadde in de ere sunte Johannes Baptisten unde is ghenomet Sunte Johannes uppe deme sande, wente de hovel, dar se uppe licht, de is sandich.

1162.

c. 107. Do[3] ghaf hertich Hinrick van Sassen unde Beyeren der stad Lubeke to ewighen tiiden to besittende alle de dorpe, de umme se her ligghen up ene myle weghes al umme, unde orlevede der stad, dat se alle de dorpe myt erer lantwere unde graven besluten mochten, unde alle dat akker unde de huven, de dar umme her ligghen, se sind gheploghet efte nicht, de ghaf he er altomale. Unde settede in de stad tollen, ok sette he II daghe in der weken to eneme menen markede to holdende alle mandaghe unde donnerdaghe, unde dar mede scholden af ghan alle jarmarkede, de men holt in den klenen steden. Vortmer ghaf he den borgeren de macht to kesende uthe den erlykesten borgheren XXIIII, der vere wesen scholden borghermestere unde twintich de ratmanne, de de stad scholen unde moghen regheren. Aldus lange hadde de stad man enen schulten ghehad, de se regherede, also de wikbelde pleghen to hebbende. Ok so gaf he ene de macht, dat se drye in deme jare scholden unde mochten hebben enen apenbare sittend uppe deme markede, dar des richters scriver de stede holden

---

a) *hiernach toch H.* b) *man und danach durchstrichen en altar H.* c) *fehlt H.*

1) *Vgl. Korner 697.* 2) *Vgl. anhang II zu 1154.* 3) *Vgl. anhang II zum selben jahre.*

schal des vorsten, der stad unde den borghermesteren denne dar vorlenen in der persone des vorsten walt unde macht to richtend in hals [unde] hand, in lyf unde in gud. Unde dat openbare sette unde de otbmodichlyke[a] entfanghinghe der walt is ghenomet dat voghedingh unde wert noch gheholden alle jar.

ZUSÄTZE[1] UND ABWEICHUNGEN 1200 BIS 1435.

1209.

42[2]. Uppe dat sulve jar do vorbrande de stad Lubeke almestich uppe vif hus c. [illegible] na, de dar bleven stande in deme myddele der stad, unde de strate, dar de hus stande bleven, de is nu ghenomet umme der hus willen to den vif husen.

1218.

75. Do buweden de van Lubeke umme ere stad torne unde leden dar ene muren c. [illegible] umme unde vesteden se jeghen de Denen, de uppe deme slote waneden, de en grot vordret deden in eren vrouwen, dochteren unde ok meghedeu, dar se sere bitter umme weren. Dus dachten se na der tiid, wo se ere juk mochten vorwerpen unde erer quid werden.

1227.

120. Uppe de sulven tiid do sanden de borghere der stad Lubeke to keyser c. [illegible] Frederke erlyken baden unde boden em ere stad, dat he se under de crone des rykes neme unde se vor ene stad des rykes beschermede, also syn older vader de erste keyser Frederik se to deme ryke myt deme swerde erlyken ghewunnen hadde, wente se wolden eme lever tynsaftich unde denstaftich wesen, wan den Denen. Desse willichlyke bedinghe erer stad nam de keyser to gudeme dancke unde entfink de stad myt eren inwoneres in de beschermynghe unde underwalt des keyserrykes[b] unde ere huldinghe entfink he unde losede se van lovede, ede unde truwe, de se koninghe [Woldemere][c] dan hadden, slicht unde ghanslyken. Vortmer vornygede he unde bestedighede al ere vryheit unde privilegyen unde vormerede de myt groter gnade.

121. Also koningh Woldemer do dat vornam, he was des untovrede unde nam dat sere to hone, dat se ene vorsmaden unde sunder syne witschop sik under keyser Fredericke gheven. Darumme entsede he der stad unde eren inwaneren unde bot en to, dat se sik uppe den sekeren dach redden to strydende, wente he se wislyken soken wolde uppe der stede to Bornehovede. Des vorsamelde he en stark her van alle den synen unde scref ok umme to synen vrunden unde brochte grot volk to hope. Ok so bedwank he de Ditmerschen myt drowinghe, dat se eme helpen scholden jeghen de van Lubeke, de eme truwelos worden weren, also he sede; dat mosten se eme do laven weder eren willen. De van Lubeke vorsmeden sik ok under des nicht, se screven vil drade to deme keysere ere nod. De sande ene vil balde II[c] wepenere unde scref ok den vorsten unde heren, do bii Lubeke beleghen weren, dat se ene helpen scholden. Also quam der stad to hulpe bisschop Gherd van Bremen, hertich Albrecht van Sassen,

---

a) gahmdichlyke *H.* b) keyserrykes *H.* c) *fehlt H.*

1) *Einzelne hiervon zusätze und abweichungen hat 1851 auch schon Georg Waitz in seiner abhandlung 'Ueber Hermann Korner und die Lübecker Chroniken' herausgegeben.* 2) *Die §§ entsprechen durchgängig denen der vierten lateinischen fassung D.*

greve Allef van Holsten, greve Hinrik van Sweryn unde Borwin de here der Wende. Desse vorsten unde heren quemen den van Lubeke mit grotem volke. Des worden se to rede myt den borgheren, der hovetman do was Allexander van Soltwedel, en helt vul modes, unde myt des keysers soldeneren, unde toghen ute der stad in sunte Marien Magdalenen daghe myt eme stolten here wol gheschicket unde gheordenet[a] na state unde werdicheyt der vorsten. Des keysers banner vorde vor en ridder, de en hovet was des keyseres wepeneren. Dar na toch her des ertzebisschoppes banner van Bremen, deme do volghede des hertoghen banner van Sassen. Na der schar toch des greven volk van Holsten unde na eme greven Hinriches volk van Sweryn, deme to hand volghede des Wendesschen heren banner. To deme lesten volghede rod unde wyt[1], dat vor sik led voren de gude strydghyryghe helt Allexander der Lubesschen borghermester, unde toch her myt stolten wepeneren. De ghantse rad van Lubeke quam to hope des morghens, also dat her wolde utthen, unde laveden gode unde der werden vrouwen sunte Marien Magdalenen, dat ville id so van godes gnaden unde der hilghen vrouwe vordenste, dat de stad den seghe wunne, so wolden se in de ere godes unde[b]
*f. 16a. der hilghen vrouwen sunte Maria Magdalena laten en kloster buwen uppe de stede, dar dat slot stude, unde des klosters scholde sunte Maria Magdalena en patrone wesen unde en hovetvrouwe, unde wolden jarlyken uppe den dach de armen spysen myt eren almyssen in ere ere to ewigen tiiden. Also dat erbare heer do quam uppe de heyde to Bornehovede, do vunden se den koningh aldar myt den synen. Do de Ditmerschen seghen der Lubesschen her so mechtighen ghesterket myt velen vorsten unde heren, banneren unde trachten, ok dat avere, dat de stad alle tiid ene wol denen konde unde langhe denet hadde unde se en ok nicht entsecht hadden, sunder dat se jeghen eren willen darto ghebrocht weren, dar umme treden se alle endrachtlyken aver unde setten sik under der Lubesschen banner. Also dat de koningh sach unde markede ok der Lubesschen hulpere in den banneren, do wart he sere untsed. Doch so grep he enen mod, unde schickeden ere spyssen to beyden siiden unde toghen to hope myt vryeme mode. Dar mochte men do seen en grod wunderwerke van gode. Der Lubesschen her hadde do de sunnen under oghen unde dat was ene vil groth hinder. Tho hand sach men och sunliken kamen ener vrouwen personen in der lucht unde sik setten twisschen de sunne unde dat Lubessche her, unde der sunnen stralen kereden sik jeghen der Denen oghen. Des ghesichtes wurden de Dudesschen alle ghevrouwet unde ghesterket unde villen do an de Denen in groter drysticheyt. Dar wart do ghevochten menlyken to beyden siiden unde storten vele heldes beyde hiir unde dar. To deme lesten ghaf god den seghe den borgheren van Lubeke unde se vorwunnen de Denen in deme daghe unde slughen er untellyken vele dot unde vinghen er ok vele. De krone rumede dar dat velt unde quam kume van dar myt kleynen luden. Dar wart do ghevanghen de here Otte van Lunenborch unde twe bisschoppe van Dennemarken myt velen ridderen unde knapen; hertich Abel van Sleswigh des koninghes sone hadde de vlucht ghenamen myt deme vadere. Also toghen do de Lubesschen myt erem vorsten van dar unde quemen to Lubeke in myt groten vrouden. Do gheven se Otten van Luneborgh hertoghen Albrechte van Sassen unde de bisschoppe greven Alve van Holsten, unde deme bisschoppe van Bremen wurden ver ryke riddere; unde den anderen heren na erer begher deleden se de vanghenen eme iswelkem na syner mate. Do se do in de stad weren ghekamen, do toghen se myt deme here vor dat slot unde wunnen dat sunder grot arbeyt unde worpen id to grunde dale. Dar buweden se do uppe de stede en monnicke kloster, also se gode unde sunte Marien Magdalenen ghelavet hadden, unde

a) gheordenet *H.* b) in *H.*

1) *Die farben des Lübischen banners.*

leten de Predikerbrodere halen van Meydeborgh unde van Bremen unde gheven den dat kloster in de ere sunte Marien Magdalenen. Ok so gheven de borghere in ene ewighe danknamicheyt des seghes unde dechtnysse alle jar uppe sunte Marien Magdalenen dach ene mene spende, allen armen luden enen penningh, unde de brodere in ereme klostere gheven des sulven dages[a] alle jar allen armen luden ene kanne beres, Gode unde sunte Marien Magdalenen to eren. Also quam de erbare stad Lubeke ute den henden der Denen unde blef keyserfry na also vor.

122. In desseme sulven jare vor deme stryde wart den Mynneren broderen ok ene stede ghegheven to Lubeke, in der stad to Lubeke to buwende en kloster van ereme orden, unde dat deden se. Se buweden to deme ersten ene kleyne kerke, men na hebbet se de groter ghemaket unde vele herlyker.

1236.

175. Bii desser sulven tiid wart de erbare hilghe vader sunte Dominicus, de c. 144.
stichter des Prediker orden, ghehilghet unde in der selighen tal ghesettet der hilligher in der stad Racea[b] van pawese Gregorio unde wart do sulves vorheven ute der erden baven dat altare in deme XX. jare na der bestedinghe synes orden, averst van syme dode in deme twelften jare. Unde do syn sark wart gheopend, to hand drank dar ut en roke, efte id were en appeteke der alder durbaresten wolrukeden krude. Er dat de brodere ene dorsten upgraven, do was en broder mank en allen, de was ute(r)maten sorchvoldich vor de ere sunte Dominicus unde eme was dar vul lede vor, dat God nene wunderwerke bewysen wolde in syner vorhevinghe. Also he do lach in der bekummernysse, do sprak ene stempne to em unde sede de word des salteres David[1]: 'Desse schal entfanghen de benedygynghe van Gode deme heren'. Van den worden wart de broder so sere ghetrostet, dat he des morghens sede to synen broderen: 'Latet uns nu vryelyken unsen broder upgraven, wente God wil syne gnade hii eme bewysen'.

1251.

238. In deme sulven jare vorbrande almestich echt de stad van Lubeke in sunte c. 156.
Barnabes dage des apostels, unde dat was de drudde brant der stad van des dat se erst ghestichtet was. Do boet de raed van Lubeke den borgheren, de wedder buwen wolden, dat se nicht mer van lemen sunder van teyghele ere hus buwen scholden unde also wart Lubeke van schonen steenhusen ghemuret unde mit brantmuren twischen den husen besorghet, dat selden oft nummer twe huse konen to like bernen in den straten.

1255.

257. By dessen tiden worden de Predekerbrodere unde de Mynnerbrodere sere c. 157.
vorvolghet van der papheit umme des willen, dat de pawese en gutlik weren unde gheven en de macht, dat se bicht horen mochten also wol alse de kerkheren sulven, wan se van eren oversten gheantwordet weren des stichtes bisschoppe, dar se ynne weren, also id openbare gescreven is in deme gheistliken rechte, dat ghenomet is de Clementinen. Boven dat gheistlike recht spreken de papen do unde spreken noch huten daghes, dat de brodere wol hebben macht, bicht to horende van des gheistliken rechtes weghen, dat en de macht ghift, sunder der kerkheren underrate moghen en nicht bichten, se en sin er gheorlovet van eren kerkheren, des orleff moten se jo ersten hebben. Jeghen dat seggen de papen, dar se valsch ane seggen, so heft desse pawes Alexander den gheistliken orden vrigheit ghegheven unde privilegien, dar he ynne

a) dages H. b) Rance D für Racea.

1) Psalm 23, 5.

utdrucket de andacht des gheistliken rechtes, wat de gnade unde de macht sy der orden, de se hebben van des rechtes weghene. Dar umme so bnth he allen prelaten, ertzebisscoppen unde bisschoppen in deme privilegio, dat se dat privilegium vorkundighen schullen laten in eren stichten, wan se van den broderen der orden dar to gheesschet werden, unde dat se schullen dar to helpen mit al erer macht, scholden se ok dar to esschen de hulpe der werliken walt, dat de papen wedder ropen van eren predikstolen also ene valsche lere. Hebben se ghesecht hemeliken edder openbare, dat den Prediker broderen oft den Mynnerbroderen nement bichten moge, de gheantwordet sin den bisschoppen, he en hebbe synes kerkheren orloff, unde alle de gennen, de de papen in deme erredome beschermen oft vordeghedinghen, de schal men holden also unhorsame unde jeghenvechten der Romesschen kerken, unde isset dat se de unwarheit unde dwelinge nicht wedder ropen openbarliken, so schal de bisschop des stichtes de papen in den ban kundighen laten. Wil dat den nicht helpen, so schal de bisschop den papen ere lene nemen unde vordriven se uthe sinem stichte.

1276.

c. 144. Juni 15. 856. Uppe dat jar wart Lubeke to deme dradden male vorbrant in sunte Vites daghe, wol dat se vele hus hadde van stenen ghemuret. Desse twe lesten vorberninghe sint al beyde ghescheen uppe sunte Vites dach, also de metristen scriven in eren versen. Van der ersten berninghe steit so ghescreven to Latine:

Anno millesimo duceno quoque nono
In Viti festo Lubek perit igne molesto.
Quinque tantum edes remanserunt ibi stantes.

Sunder van desser lesten berninghe secht de meister so:

M duceno sexto quoque septuageno
In Viti festo Lubek perit igne molesto.

Men wo dat de stad vordenet heft, dat se in sunte Vites daghe twie vorbrant is, dat moet wesen de sake, wente sunte Vitus is en patrone der Rugianere unde de Lubesschen hebben de Rugianere twie gheslagen unde ghevanghen, darumme heft sik ere patrone in de stad twie wedder ghewroken.

857. Do sulves starff ok de bisschop Johannes van Lubeke unde in synen stul wart ghekoren bisschop Borchart. Also desse bisschop Johan storven was, do en konden de domheren nicht sik voreninghen in deme kore, unde went desse her Borchart eyn olt man was boven sine seventich jare, do koren se ene to bisschoppe unde meneden dat he eyn jar ofte twe mochte leven, under des mochten se des kores endrechtich werden. Men Got de dachte anders unde schickede id also, dat he dat gantze capittel vorlevede unde was by vertich jaren bisschop.

1312.

c. 529. 529. To dessem erbaren feste hadde koningh Erik maken laten also vele mantele van scharlaken under ghevodert mit kostliken voderen na deme state enes ytliken, also der vorsten unde heren riddere scholden werden. Also se do alle rede weren, do stotten an de basunen unde de trumpeten unde darmede hoff sik an de herlicheit des hoves. Also quam do koningh Erik to den vorsten tredende unde slach ersten to riddere markgreven Woldemer unde mit eme twintich landesheren unde de achtentich edele knapen unde sande enen ytliken enen mantel gevodert mit enen vorghulden halsbande. De andere vorsten, de riddere weren, de slughen ok van erem eddelen knapen vele to riddere. Also de werdicheit ghescheen was, do setten sik de heren unde vorsten up ere rosse unde renden mit den speren den ersten dach, unde dar weren jeghenwardich vele vorstynnen unde edele vrouwen, ridders- unde knapen vrowen unde vele ute den steden borgherschen unde iuncvrouwen, de dat spil aneeghen. Des anderen daghes steken de riddere olt unde nige, unde des drudden daghes steken de knapen van knapen unde de iuncheren der stede, des veerden daghes was de torney der vorsten unde heren, des viften dages was de torney der riddere, unde des sosten der knapen mit den iuncheren der stede. Unde alle avende weren drierleye danse: in deme ersten weren vorsten unde vorstynnen mit den vrien heren unde eren vrouwen, in deme anderen riddere unde ridders vrouwen, in deme drudden de knapen unde iuncheren mit eren vrouwen unde iuncvrouwen. So was dar over eyn ghemene dans, dar ynne was rap unde rap. Na dessen dren graden vorvolgheden sik alle werk desses hoves; de dische unde tafelen weren gemaket in eren graden hoger unde sider na der werdicheit der personen. Dar was overvlodichliken allent, des men bedrofte to etende unde to drinkende, unde ordeliken ghink id to allent, dat men dar handelde, also dat koninghes Asswerus werschop by dessen erbaren feste nicht likes en hadde.

1317.

554—562. Van desses keysers dode spreken etlike bose mynschen, dat eme vor- r. 166.
gheven worde in deme sacramente van sinem bichtvadere, dat eyn gheistlik man was, unde witen dat sich, oft id so ghescheen were, synen orden. Desse bosprekers doet also bose vorghiftige unkluke lude, alse ik dat na bewisen wille in korten worden. Sunder to[a] deme ersten so schut deme brodere to kort unde grot unrecht, dat me ene valschliken unde logenaftigen betyet mit der vorghiftnisse, der he unschuldich was unde is, also de breve der unschuldinghe der vorsten, prelaten, heren unde stede utwiset, de dar up ghegheven sint, alse van koningk Johanne van Bohemen synem sone, van greven Frederike van Feltri, van her Wilhelme cardinal Sante Cecilien, van bisscoppe Clawese van Feltri, van bisschoppe Gwido van Arecii, van deme potestaten unde deme rade der stad Arecii, van bisschop Petre van Meylan unde van her Clawese cardinal van Ostyen, der ik ere breve der unschuldinge alle gelesen[b] unde gescreven hebbe, dat me de undaet deme broder Bernharde valschliken unde bosliken tolecht. Dar umme schone eyn yslik mynsche syner eghenen sele unde segge de schedelike loghene nicht na, oft he se lese oft hore van bosen schenderen des unschuldigen presters. To deme anderen male schut deme orden grot unrecht in deme, dat me eme dat wiid oft dar umme cne vorachtet unde bevlecket, dat eyn broder van sinen broderen bosliken deit efte dan heft, wente likerwiis also dat eyn bose unde viletrafik mynsche were, de dar spreke, dat Cristus unde sine iunghere unerlike bose mynschen weren umme des willen, dat Judas eyn van erer selschop bosliken dan heft; edder dat eyn ghans capittel unerlik were umme des willen, dat eyn canonik ovele dede. Dat sulve mochte ok oner seggen der gantzen papheit ofte ener gantzen menheit, wan er eyn pape ofte eyn borgher ovel dede, also dat wol in der warheit dikke gescheen is. Ok willen etlike bose wichte spreken, dat den broderen des orden al to penitencien unde to bote settet vor de undaet, dat se mit der luchteren hant den hilghen licham untfan in eren missen. Also war is dat vorneste also dit achterste: wath eme hogheren orden erlik unde bequemelik is, dat en kan deme mynren orden nicht unerlik unde pinlik wesen. Sunder dat sacrament to entfanghende in der missen mit der luchteren hant, is den monniken van Cistercien erlik unde bequemelik, also dat openbar is unde se ok sulven spreken; dar umme en kan id senen mynren orden unerlik wesen oft pynlik, wente wat vor bote settet wert, dat schal pynlik wesen unde nicht bequemelik, anders en neme id nene sunde aff. Hir umme so seggen se valsch unde leghet swarliken al umme, de de undoghet deme broder Bernharde to leggen unde sinen orden willen mede bevlecken.

a) se H. b) gelesen H.

1324.

f. 166. 616. Uppe de tiid van sunte Andreas dage wente to midvasten vros id so sere, dat de koplude mit waghenen vореden ere gut ute Norweghen wente in dat Swen unde wedder umme, unde uppe der see weren tavernen unde kroghe buwet, dar se ere beer selleden unde ere spise. Ok voren de koplude do sulven van der see steden in Prutzen unde in Liflande unde dar weren ok tavernen uppe maket.

1326.

f. 167. 629. Do vorvolgede pawes Johannes koningk Lodewige unde screff jegen em sware sake, dar umme he ene in sinen ban dede. Sunder koningh Lodewich stellede sik to der were unde berep sik to deme tokomende rechten pawese van deme ordele desses unrechten unde unrechtverdigen pawese, unde in der beropinghe, dat heth eyn appellacio to Latine unde heth uppe werlik richte en ordel scheldent, do sette he vele sware article de jeghen den cristenen loven gan, der he ene ane schuldigede. In dessеme kyve unde twidracht sochte eyn den anderen uppe dat storste, unde en dochte nicht den leyen to lesende, dat eyn deme anderen over sede. Dar umme hebbe ik de sulliken article nicht gescreven, wente de simplen lude en konden se nicht lesen oft horen lesen sunder erghinge.

1331.

f. 168. 658. Bi desser sulven tiid do loveden de Denen den Holsten also de deeff deit deme, de ene van der galghen loset. In deme neghesten jare hulpen deme valschen koninghe Cristofere do Holsten weren in sin rike wedder, dar ene sine Denen uth gedreven hadden, unde beschermeden ene, do se ene bestallet hadden und ene slan wolden. Na toch de lovelose koningk mit sinen brodere Johanne mit groter macht in dat Holsten lant en to lonende vor er woldact. Des koninges broder Johan toch mit sinen here to Todeslo deme wikbelde unde koningk Christoforus toch dor Sleswic mit sinen volke. Do greve Gerd vornam, dat de koningk toch dor Sleswic, do toch he em under oghen mit den sinen unde des en wuste des koninges broder Johan nicht, men he menede, dat he to eme komende were to Todeslo. Greve Gherdes heer was nicht halff so stark, also des koninghes was, unde hadde mit sik de greven van Harlem und Wilhelme, greven Borcharde van Swalenborg, greven Hinrike van Brunkhorst unde greven Clawese unde Guntzelin van Wittenborg. Des treden de beyden heere to hope unde stridden menliken to beyden siden: greve Gherd hadde veerhundert wepener, dat duchtige unde driste heldes weren; overst de koningk hadde achtehundert wepener, ghewapent na der Denen wise. Doch gaff God deme truwen Holsten blude den seghen unde de greve sluch unde vink al dat uppe deme velde was, overst de koningk mit sinen sone Woldemere vloch van deme velde unde quam to deme Kile in de stad in groter bitterheit sines herten. Do dat gheschefte wart sinen brodere Johanne ghesecht, de snellede sik so he wakkerst konde und quam to deme brodere in den Kil. Do reden se beyde ute der stad vul drofnisse unde toghen wedder do to lande.

1334.

f. 169. 670a. Do[1] sulves ghink de Travene to Lubeke wol twe elen hoch over de Holsten brugge unde dede groten schaden in den husen unde kelleren bi der Travene.

1351.

f. 177. 769. 770. Do was mechtig swar pestilencia in alle Dudesche lant, also dat [na] der utwisinghe der croniken kume de veerde mynsche levendich bleff in ene yaliker stad, wikbelde unde dorpe. Des to ener enkeden tuchnisse der warheit so vant ik

1) *Diese nachricht bringt H selbständig nach § 670 der fassung D.*

dat in den croniken unde horde ok dat van lofwerdigen luden, de des groten dodes enkede dachten, dat to der tiid to Lubeke storven uthgenomen kindere neghentich dusent mynschen. To der stad in den jaren weren so vele lude vorsammelt umme luklike kopenschop unde gude neringe uth allen landen, dat de borghere wolden de stad hebben lengher ghemaket en gut deel, also de cronike der stede utwiset. Men do God er so vele volkes nam *u. s. w. wie D in § 770.*

1370.

874. Do sulves was grot stervent bi der see unde bisundergen to Lubeke, dar c. im
vele volkes sik vorsammelt hadde wedder na der groten pestilencien unde dar starff bi druttich dusent volkes in dessem stervende.

1371.

881. Do de richte voghet der stad Hartwich Apenborch genomet vragede den c. im
namen enes ysliken, uppe dat he verneme, we up oren breve stunde unde we nicht, do drop he enen de rotisch wesen wolde unde deme vragede he, wo sin name were. De menede do, he wolde jo enen seltzenen namen vinden, de in deme boke nicht en were, unde sprak: 'Here, ik hete Dunneschoten Erwete'. Do sede de richter: 'Brink den boven ute den luden mit deme vulen namen unde lath den nicht lengher leven, wente he heft my eyn richte gheledet, dat ik plach gerne to etende'. Unde also wart he mit den anderen koppet, wente de olde bisproke wart dar ware, dat men sik so drade vorsprekt also vorwerkt. Van desser tiid sprekt so en versch-maker: *u. s. w. wie D.*

1382.

942. Do sulves weren in deme winthere etlike stede der Hense ghebaden to c. iw.
Lubeke unde dar quemen de van Brunswic vor de stede unde otmodigen sik dar vor en unde beden der stede gunst unde gnade, wente se gherne beteren wolden den unvoch unde mort, den se an eren rade ghedan efte begun hadden. Wente to der otmodicheit worden se ghedwungen van not weghen, wente der borghere wol achte jar her dorste neyn wanken efte vorkeren in den Hensesteden bi vorlesinge lyves unde gudes eres sulves unde der ok de mit en koften unde vorkoften. Des worden se do dar wedder to gnaden nomen unde en wart eyn penitencie unde bote ghesetth.

1383.

951. Do sulves wart eyn junch knape ghegrepen to Lubeke, deme wart ghetyet c. iw.
dat he scholde hebben en anker gestolen. Do desse knape vorrichtet was unde men ene treckede ute der stad to deme ghalgen, do stunt en stenen pyler ghemuret buten der stad, dar nu de capelle des cruces steit, unde dar hangede ynne dat sulve cruce, also id noch hanghet in deme sulven pylere. Dar knelede sik de vorrichtede knecht vor unde bat dat cruce, dat id om sine sunde so waraftigen vorghevo, also he des dodes unschuldich were. Also de knape do wech ghink, do richtede dat cruce sin hovet up, wente id vor up siner schulderen lach, also men menliken sede, unde sach deme vordeleden mynschen na. Umme des tekene rachte willen so wart umme den piler eyne capelle buwet. To der stede wart na eyn grot to sukent unde umme des volkes ynnicheit unde gudes loven willen so dede got dar schone unde mennichvolde tekene.

1384.

964. Uppe desse tiid was eyn schemelos tuscher, den de nature vorscheppet c. im
hadde, unde hadde beyde lithmate der telinge der vrowen unde des mannes, overst des mannes lithmate was he unmechtich. Desse tuscher was eyn schone persone unde helt sik vor enen prester, des he nicht en was, unde las des dagbes missen; overst des

nachtes brukede he des vrowoliken lithmates unde slep bi den knechten. Desser twier bosheit brukede he ene langhe tiid unde dede vele arges. To deme lesten van godes wrake worden de untemelike werke openbar, de so lange vorborghen wesen hadden, in desser wise. Dar was eyn smede knecht in der stad, de mennichwerve mit em ghesundiget hadde in unkuschen werken, desse knecht quam in de kerken gande, dar sin bisleperscho missen las. Do he den mynschen stan sach over deme altare, do wart he sere untsect unde vorveert. De knape trat deme papen neger unde sach ene enkede an, do sach he an sinem antlate enkede wartekene, de em witlik weren dat id sin bisleperscho was. Des ghink de sulve smede knecht to synem ghesellen, de erer twier handelinge wol mede wuste, unde leet em dit seltzene dingh vorstan. Desse two nemen do siner war, do he uthe der kerken ghink, unde volgeden eme, went se seghen wur he in ghink; do segen se beide dat he in de boden ghink, dar se beide dikke ynne bi eme ghesiapen hadden. Do se dat enkede seghen, do quemen se beyde des avendes vor de boden; sunder de erste knape, de den anderen hir to bracht hadde, de ghink in de boden unde de ander bleff vor der doren. Do de ghesello dar ynne sik stellede to werke, also he ghewonet was, do tastede he enkede ok jeghen des anderen willen na deme anderen tauwe unde vant in der warheit enes mannes lithmate vil grot unde vorhanden. Do he dat vant, do rop he sinen kumpane dar buten, de schoff de dore up, wente se uppe der klinken stunt. Deme wisede he ok ane des papen dank dat towe des menliken kunnes, up dat se beyde tuchnisse dar van geven mochten. Des bleven se beide do de nacht over bi deme valschen papen went in den morghen. Do ghink de knape, de lest in ghekomen was, to deme richte scrivere und leet eme dat schefte vorstan. De nam do two vrouwen mit sik unde quemen in de boden unde de richte scriver leet den tuuscher vanghen unde binden unde leet en bringen in der stad slote, dar wart he do beyde heseen unde vorhoret unde bekande he openbar, dat he nicht ghewiget were unde doch vele missen ghelesen hadde unde dat he in wifliker wise vele unkuscher werk mit mannen bedreven hadde. Umme der gresliken bosheit willen wart he vorordelt to deme vure unde wart gebrant an den sulven vrowoliken kloderen unde ghewate, de he plach ane to hebbende des avendes, wan de knapen quemen schande mit em to drivende. De rok was swart unde enghe an deme live, dat do ghenomet was eyn schuveler; ene koghele hadde he uppe, de was rot besettet mit ghuldenen knopen, dar uth hangheden twe lange vlechten, de em sloghen went up sin gordel. Also ghink he ghekledet dorch de stad wente up den radeberg, dar stunt do eyn dikke grun eken pael in de erden graven unde was boven der erden anderhalves vademes lank. Bi den pael leden de vrowen ene ter tunnen, de stuk vul strocs, dar up leten se treden den argen tuuscher. Do hadden se ene lange yseren keden, de neghelden se nedden in den pael unde wunden se eme erst umme de bene unde vort umme den bom unde do noch enes over dat liff unde echt umme den bom, unde neghelden den anderen ende de boven sin hovet an den pael. Do setten se do al umme en heer holt, dat eme rekede beth to deme halse, unde des holtes was vele umme em heer. Also stikkeden se under de teer tunnen an unde dat holt was droghe, dat wart do eyn greselik vur. Dar scriede de mynsche jamerliken, overt anders nicht wan 'Maria Maria', unde levede an deme vure boven eyn quarter van ener stunde, wente de wint wegede up sin anghesichte unde dreff rok unde lochene van eme, dat he nicht sticken konde. Also leet he in den sundigen lithmaten sware pyne, er he starff.

1386.

c. nw. 943. Uppe dit sulve jar schynneden de straten Detlevas Godendorpes ghenyade des Holsten, de der Lubeschen hetlike vient was. Dat wart to hant vormeldet deme vogede van Lubeke unde de sath up mit der stad soldeneren unde afreet de rovers unde grep se. De worden do gerichtet to deme ghalgen, went se den lantvrede ghebroken hadden. Do dat Dethleff Godendorp vornam, do nam he to sik andere stratenrovere van den Holsten, dat erer worden bi XXXIIII werafflich, unde vorleden deme vogede unde sinen gesellen. Des sande Dethleff Godendorp eesteyn ruthere van sik vor dat dorp Kurowe unde leet dar de koye beroven. To hant quam dat ruchte in de stad, unde de voghed Heyne Scharpenberg wart rede mit den deneren unde en quam to hulpe Wendelbern Bunstorp, de voghed was to Molne, mit sinen knapen, dat se ok wol bi druttich wepener hadden sunder de schiltvetele. Also do desse vogede to velde quemen, do delede de voget van Lubeke Heyne sine kumpane unde sande achte up enen wech unde echt achte up enen anderen wech unde he sulven helt den middel wech, unde ener yaliken partye beschedede he de stede, wor se ene scholden vinden unde to eme tiden, oft se viende vornemen. De middel wech, den de voghet helt, ghink na deme Kile der stad unde in deme wege quemen de vogede up de slage der viende. Also do de Lubeschen nicht vere van deme Kile quemen, do brak Godendorp up mit sinen holde, dar he de Lubeschen voerlecht hadde, der do nicht mer was to hope dar den veerteyn wepeners, unde hen to en. Do de vogede segen, dat der viende so vele was, do tiden se to der stad umme reddinge to hebbende. Do de van deme Kyle de jacht seghen komen, se vruchteden lichte den schaden erer stad unde slugen de singhelen eres dores to unde wolden der Lubeschen nicht in de stad laten. Do dat de vogede segen, do wenden se sik towelike umme unde setteden sik to der were unde vechteden menliken mit den Holsten unde slugen erer vele dot; men to deme lesten worden se vormannet unde worden al gheslagen. Der Lubeschen perde nemen do de Holsten unde reden ere strate.

989. Dar na do bi twen standen quam ene partye van den deneren, de de voget Heyne van sik ghesant hadde, der hovetman heth Hermen Korner, unde seghen ere kumpane dar liggen vormordet. Do moyeden se sik vil sere, dat se nicht bi en ghewesen hadden, wente hadden se alle to hope bleven, so hadden se den vienden starke noch ghewesen. Des ghink do de sulve Hermen Korner vor den raet der stad unde scholt se, dat se laten hadden de singelen toslan vor den Lubeschen, wente dat vor se nicht wesen wolde, unde bath se do, dat se eme waghene schickeden, dat se de doden mochten to hus voren. Dar deden se eme enen wagene ver de vogede to vorende; overst de anderen worden gegraven to deme Kyle. Also do Korner de vogherde to Lubeke brachte, do moyede sik de raet vil sere umme eren dot unde leten se herliken graven in de parren to Sunte Jacobe.

1389.

1025. Do wart Dethleff Godendorp de stratenrover unde morder der vogede unde denere van Lubeke tohowen wedder van den Lubeschen deneren in allen stucken.

1399.

1131. In desseme jare breken de Predikerbrodere to Lubeke van der borg ere olde chor dale unde haweden vil kostliken eyn nye kor, dar en to hulpe to gaff eyn borgher verteynhundert mark in ener summen.

1400.

1133. Do toch hertich Vrederik van Brunswick to deme nyen Romeschen koninge unde vandede ene in siner nyen herschop. Also he do wedder van dar toch to lande, do ward he jamerliken gemordet bi Vrisler van deme hoesen wichte Frederike Hertigeshusen, de uth gemaket was van deme biscoppe van Mentze[1], unde vorraden van deme

1) *Hier aus B wiederkehrend, siehe oben s. 359 anm.* (1).

greven van Woldegge[1] vil bealiken umme des willen, dat he der stad van Erforde hulpen hadde jegen den sulven biscop, unde do mort schude in pinxtes avende. Desse juni 5. bertige Frederik was eyn gute vorste, vredesam, warafticb, rechtverdich unde eyn leffhebber aller geistliken personen.

1134. Umme des vorsten dodes willen wart grot orlich in den landen der vorbenomeden vorreders unde storte mennich mynsche umme, sunder leyder nicht de schuldigen. Do men dessen vorsten dot to Brunswich in vorede, do scryede dat volk menliken, rechte ofte ere vader storven were.

1135. To desser tiid quam Balthasar de here van Weenden vor de stad Lubeke unde hadde kume sostich wepenere mit sik unde nam dar vor de ku unde dreff se al bequemeliken sunder hinder in sin lant. Ute der erbaren stad jagede nement den vienden na, sunder eyn man mit ener glevyen reet buten dat dor bi dat hilge cruce. Dat hadde ener vil kleinen stad eyn hon gheweseen, ik swige alsodaner stad, dar de mennich stolt man ynne was, also vele wapens unde alse vele guder peerde, de do so vulikon lokke, heil unde ere der stad vorslepen, dat al en vor ere dore gebracht was.

1401.

[illegible] 1144. To der sulven tiid wart grot twidracht twisschen den borgheren van Halverstad unde der papheit, unde de papen togen ute der stad unde legerden[a] dar den sank. De biscop helt id mit sinen papen unde vorbot allen papen bynnen der stad godes denst to donde. Dar swegen se do alle, sunder de perner van Sunte Pawele wart eyn prophane mit etliken papen unde de sungen weddar dat bot eres biscoppes. De gheistliken heren, alse de Predekere unde de Mynnerbrodere, togen ok ute eren closteren unde leten etlike dar ynne, de de clostere bewareden unde de doch nicht en sungen, unde de bemareden de borgere in den closteren unde wolden se dar ynne vorsmachtet hebben. Men etliken guden luden vorbarmede dat unde de worpen en des nachtes over de muren vleesch unde visch unde brot. Dar mochten se water to drinken ute eren soden.

1402.

[illegible] 1153. In desser tiid leet Margareta de koningynne van Dennemarken bernen enen man to Valsterbode in Schonen siden, de sik helt vor eren sone Olave. Desse mynsche hadde an sik vele openbare tekene unde underschedinge des rechten sones Olaves unde sede vele hemelike dingk der koningynnen, de nemant en wuste wan se unde ere sone. Dit was eme overst al geleret, alse men sprak, van ener vrouwen, de den jungheu koningk gheroghet hadde. Overst na der tiid vorghink de Schoneryse merkliken unde de heringh sochte andere weghe.

1154. To desser tiid quam to Lubeke eyn Baggerd, ghenomet broder Wilhelm, in langen witten cloderen unde helt sik vor enen van den nyen apostolen Cristi. Desse mynsche was eyn stolt man mit enen langhen brunen barde unde helt sik gheistliken utwendigen unde van strengen levende mit kledinghe, legere unde vastende unde dar mede makede he sik vele gunnere unde vrunde beyde van mannen unde vrouwen, de des nicht liden mochten, dat jemant wat arges van em sede, wol dat na tiden vele arges unde unordelike dat van eme vorvaren worden. To den lesten konde he sine bosheit nicht lenger vorbergen, men he begunde se uth to ghetende mennigerleye wiis, an dessen mannen unde vrouwen to predikende unde ketterie to lerende, an desse

a) legarden *D*.

1) *Heinrich VI. von Waldeck. Der name muss in der verlorenen fassung C gestanden haben, da auch der sog. Rufus ihn gibt (s. oben s. 329 anm. 6). Er würde somit aus C hier wiederkehren, obwol er in D fehlt.*

megede unde vrouwen dorch den bart to knssende unde vele andere tekene den vrouwen to wisende der unkuscheit unde se to lerende, wo dat al mit eme to donde nene sunde were[a]. Desser stucke unde veler anderer worden inspechlich gude erlike vrowen unde de vorclageden ene vor deme kettermeystere meyster Eylardo Predikers orden. De leet do ene angripen mit der stad knechte unde sette ene in der stad venknisse; dar na vorhorede he ene mennichworve in der jegenwardicheit des rades, der domheren unde der prelaten unde leet to hope scriven van twen notarien alle artikele, der he bekande under synen ede, unde vant to den lesten bi achtentich artikele, de dwelaftich weren, en deel[b] pur ketterye unde eyn deel honlik gode unde siner moder. Dar umme do he beteringe lovede, do sette he eme to penitencien den ewigen kerkener unde hengede eme dat gele cruce an sinen hals; men dat droch he nicht lange, sunder he trat id under de vote unde honsprakede Cristo unde siner moder. Do dat to wetende wart deme kettermeystere, de quam wedder to Lubeke unde leet ene do bernen van deme werliken richtere.

1404.

1164. Do toghen in dat lant to Ditmerschen hertich Erik van Sleswick, de graven c. 88.
Albrecht unde Klawes van Holsten in sunte Dominicus dage unde branden dar ynne Aug. 4.
unde vorwusteden eyn part des landes. Also de heren do wedder wolden ute deme lande teen dorch den engen wech, de genomet is de Hamme, dar wareden erer de Ditmerschen in den bruke to beyden siden des weges unde steken ere perde mit eren langhen gleyen unde schoten se, dat se storten under[c] den wepeneren. Also slagen dar do kleze lude bi vifhundert wepenere, de alle dar dot bleven mit den heren; vele weren dar ok gewundet unde legen mank den doden, de worden alle vort dot ghesiagen van den mannen, wan se sik rogeden; de overst legen oft se dot weren, de bleven levendich. Also bleff levendich Klawes Lembeke unde quam des nachtes enwech. Alle de doden lichamen der guden lude bleven liggende up den velde und nemant moste se graven, sunder de deerte vorteredem se. Men vor Hennikes Lembeken wart so sere gebeden umme syner duchticheit willen, dat he begraven wart to Meldorpe in der Prediker closter. De heren worden ok gevoret ute deme lande unde worden ghegraven bi ere olderen. Den dach sunte Dominicus viren de Ditmerschen over dat lant alle jar umme des segen willen, den se do hadden.

1409.

1195. Uppe de sulven tiid bestallede biscopp Otto van Munster, eyn greve boren c. 89.
van der Hoye, dat starke slot Ottensteen, dat to horede den greven van Solmisse, unde lach dar bi twen jaren vor unde dat sulve slot wart eyns ghespyset van deme greven van der Marke wedder des biscoppes willen. Sunder dar na bewarede de biscop dat beth, dat dat nicht meer scheen konde. In deme lesten des anderen jares do leden se grote not uppe deme slote van hungere, dar umme konde de greve van Solmys dat nicht lenger holden unde gaff id in de hende des bisschoppes in sunte Jacobes dage. Jul. 25.

1417.

1270. To desser tiid quemen vele vorsten unde greven to Constancien bi koningh c. 91.
Segemunde unde bisundergen quam dar markgreve Frederik van Misne in groter kostlicheit mit vifhundert perden, unde al sine guden lude weren al lik gekledet in varwen. Ok quemen dar de borggreve Frederik van Nurenberge unde greve Alff van Kleve, de twee erede do de koningh unde makede van deme borghgreven Frederike enen markgreven van Brandenborgh unde van greven Alve van Kleve makede he enen hertigen.

a) weren H. b) en deel revimal H. c) unde H.

c. mr. 1285. In dessem jare quam bi de see eyn hupe jamerlikes volkes, eyslik unde swart beyde wiff unde man in deme talle bi veer hunderden sunder de kindere. Desser mynschen reden de upperaten, wiff unde man, unde de anderen gingen to vote, unde de ridende bleve al bi den votghengheren. De vrouwen weren almestich jamerliken ghekledet unde hadden arge dokene umme unde alle ere list unde vlit was uppe stelent unde bedrechnisse, wor se to anderen vrouwen in de stede quemen, overst de [mannen][a] weren ernst meenliken mit langen swarten barden. Se hadden ok vorsten mank sik unde heren, de vil kostliken gingen alse hertigen unde greven, unde de richten de undersaten, wor se ovele deden, sunder stelent was en georlovet, alse se spreken van eren prelaten umme erer not willen. Aldus togen se alle lant dor unde hadden bi sik des paweses unde des keysers Segemundes breve, dat se geleydet weren. Dit wallent unde wanderent was en gesettet van eren biscopen umme des willen, dat se van deme loven treden weren wedder to der heydenschop, unde dat moste de partye seven jar herden. Wan se ute weren geholden, so togen se to lande, dat dat klene India genomet is, alse se spreken, unde so moste eyn ander partye uth theen in der sulven wise echt so lange ute deme lande doen, went dat dat gantse lant de penitencien vulbracht hadde[b].

1425.

c. mn. 1424. To desser tiid vornam koningk Segemund, dat de pawes vornichtiget hadde sin ordel, dat van sinen boverichtere ghegeven was vor koningk Erike van Dennemarken und jegen hertigen Hinrike van Sleswic, unde dat vorsmade em sere. Dar umme screff he den[c] pawese also: 'Wetet hilge vader, dat na deme male gi juwe sekele steket in myn korne unde begynnet dat to megende jegen dat hilge ewangelium unde richtet werliker vorsten sake, dat unser walt to boret, so wil wi wedder unse sekele steken an juwe korne unde underwynden uns wedder der[c] biscopdome, der[c] abbetien, der provestie unde dekenye unde aller domproven in unsem rike unde vorleuen de'. Do den breff de pawes las, do wart em nicht wol to mode, sunder he screff to hant wedder an den koningk unde vorleet des koninges sake van Denemarken unde wisede se wedder in des Romeschen koninges hoff, dat se dar vort endiget worde, alse dar angehaven was.

1426.

f. mr. myt. fl. om. 10. 1451. In dessome jare bi sunte Matheus dage, alse dar na to sunte Lucas dage de stede deme koninge untseden, vorsammelden etlike gude lude van den Holsten bi twen hundert doserre to sik unde voren over to Vemeren mit bussen unde ledderen unde anderen tuge, dat sutte is slote to wynnende, unde quemen in der nacht vor dat slot Glambeke. Des morgens, do de dach up brak, do begunden se dat slot to stormende unde mit bussen to schetende unde armborsten unde leyden de ledderen to den muren unde makeden enen groten screy unde repen: 'Gi van Lubeke blivet uppe der siden unde gi van Hammeburg komet her'. Mit alsodaner bere vorvereden se dat volk uppe deme slote, dat se underlank spreken: 'Sint de stede hir voer, de en schedet nicht van hir, se en hebbet dat slot, unde unse here kan uns nicht untsetten. Worumme wille wi uns denne vorgeves morden laten?' Des worden se do to rade mit erer aller vulbort, dat se den steden dat slot geven wolden, mochten se velich afgan unde in ere lant varen mit erer have. Des escheden se do van Lubeke, unde dar quemen to hant twe, de dar spreken dat se de Lubeschen weren, den geven se dat slot unde se veligeden se af mit al erer have. Alse se do des slotes quyd weren, do segen se ersten, dat se bedrogen waren.

a) fehlt H. b) hadden H. c) de H.

1427.

1475. In dessem jare bi sunte Marien Magdalenen dage do makeden de see-stede ene grote starke vlote ut uppe de see unde hadden to hope bi ses dusent wepener, al verdich mit al deme reschoppe, dat to water stride not is unde notte. Des gaff der vlote de hemmel guden wynt unde schone wedder, dat se mit leve in den Zunt quemen. Dar quemen se mit den vienden to werke, overst se en weren nicht allike willich to stridende. De wepenere van Hammeborg weren erst an die viende komen unde slugen sik mit en kreftliken sere, unde hadden se jenige hulpe kregen van den anderen steden, so hadden se de viende wol al beholden. Men, also men sprok, se en konden de anderen stede nicht bi se komen, oft se dat gerne wolden gedan hebben, umme der bosen grunde willen des Sundes, de twisschen ene beiden weren. Doch weredden sik de Hammeborgere also kone degen unde vingen der Denen vele. Men to deme lesten worden ere viende se sere starket unde de Hammeborger vormodet, dat de Denen worden erer mechtich unde vingen de Hammeborgere alle unde voreden se mit sik to Kopenhaven unde worpen se in de torne; der vorwundeden borgere bleven ok vele dot, unde de groven de Denen uppe dat velt. Der anderen seestede quam nement to vechtende, men de van Lubeke unde van der Wismer. Der Lubeschen en deel quemen an de viende unde de vechteden menliken unde worven vromen unde ere der stad; se worden vil sere geslagen, men vele truweliker slugen se unde worden erer viende mechtich unde vingen der Sweden bi achteintigen edder meer unde voreden se mit sik to Lubeke unde helden se vil gnedichliken. De anderen overst, de dar nicht to stridende quemen, de en vordeneden noch dank noch ere. Also de strid do was gedan, do voren de stede wedder to Dudeschen landen unde vorbeydeden nicht de Bayschen vlote, de se scholden hebben dorch den Sunt geveliget unde beschermet vor den Denen, also en doch sundergen bevolen was unde alse der vlote gescreven was. Men do de stede gesegelt weren ute deme Zunde, do quam de sulve Baysche vlote in den Zunt segelende, unde to hant villen de Denen stark an se unde stridden mit en. Dar worden do vele Denen geslagen unde ok der Dudeschen, men der Denen wart so vele, dat se de vlote beheldden, unde dat was des kopmannes vil grote schade. Also der Lubeschen wepenere do to hus gekomen weren, se en hadden alliken groten dank nicht vordenet, wente eyn van den hovetluden[1] wart dar in den torn gesect unde bleff dar ynne bi veerde half jar. Dar wart hee do uth ghenomen unde wart in sin egen hus gelecht ene lange tiid unde to dem lesten wart he vrig ghegeven[2].

1431.

1527. Do stichten echt pawes Martin unde koningk Segemunt de drudden reyse c. [illegible]
jegen de Bohemeschen kettere unde de pawes gaff echtes sin aflat mit vorlatinge aller sunde enen yaliken, de in Bohemen toge ofte de dar wene sende edder sin gelt dar sende to hulpe. Dar wart do echt eyn grot heervart unde de cardinal Julianus wart des heeres hovetman. Men de hilge geist wolde noch nicht werken umme unser sunde willen enen guden ende to krigende unde dar umme beschickede dar dat grote heer vil kleyne.

1533. *Statt* Quo facto — opem ferrent *gibt II abweichend:* Do begunden se an to c. [illegible]
tastende de borghere unde slugen unde vingen wat se krigen konden unde god halp en sunderliken in eren noden. Des wunnen se de stad unde en huldigeden to hant de oppersten van der stad, dat mestich Dudesche weren. Do de Denen dat vornemen, de dar ok ynne woneden, de lepen uppe dat slot unde en wolden nicht huldigen den Holsten. Der vorsten banner bleff vaste uppe den markede stande, unde weren sulven

1) *Tideman Steen, vgl. Rufus bei Grautoff II 555. S. auch oben D § 1521.* 2) *1434 dec. 1.*

dar bi. Men eyn deel der wepenere lepen in der Mynnerbroder closter, dat up enem ende der stad licht, dat al Denen weren, unde stotten dat up mit walt unde wunnen dat, wente dar vele Denen in gelopen weren. En ander deel der wepenere lepen up den anderen ort der stad, dar de bergh was, unde dar was eyn stark steenhus unde dar weren vele Denen ynne unde schoten dar uth. Dat stormeden do de Lubeschen wepenere unde toschoten dat mit bussen so deger, dat de Denen to deme lesten dat mosten vorlaten unde lopen up den berg. Also se do de stad hadden ganseliken bekreftiget, do legerden sik de Lubeschen in dat kloster unde de anderen in de stad mit den borgeren. Unde de vorsten screven to den van Lubeke unde to den van Hammeborg, Luneborg unde Wismar unde beden umme meer hulpe.

1432.

s. w. 1550. To desser tiid sande pawes Eugenius sinen erboren boden mit sinen breven unde weddorrep dat concilium to holdende in der stad to Basile unde boet id to holdende in der stad to Bononien in Lumbardien, unde dar hadde he to sine rede unde sake, de ene dar to wogen, dat id redeliker unde bequemeliker to Bononie geholden worde, wan to Basile. Men de prelaten des concilii wolden deme pawese dar ane nicht volgaftich wesen, sunder se losceden redeliken unde nogaftigen sine rede unde sake unde bewiseden dat ok mit markliken reden unde saken, dat Basile eyn bequemer stede were mit allen dingen de deme concilio not weren unde ok den de dar komen scholden, wan de stad Bononia. Dar umme sanden se wedder to deme pawese erbare boden unde des concilies breve unde leten ene dar umme bidden umme der hilgen kerken beste willen unde umme menniges groten arigen willen, dat van sodaner twidracht komen mochte, dat he dat bot unde de wandelinge der stede wedder repe, wente se slichtes dar ane eme nenes horsames plichtich weren noch wesen wolden[a], also se wol dat nogaftigen bewisen wolden. Do de pawes des concilii boden horede unde ere breve las, he wart boven mate tornich unde bleff hart bi sinem synne unde bi sinen willen unde drouwede[b] den prelaten des concilii mit sinen banne unde mit der berovinge erer lene unde eres states unde werdicheit. Men dat concilium was eme wedder hart enjegen unde drouweden eme, dat se ene wolden af werpen van sinen pawesdome also enen vorderver der kerken unde breker des menen vredes unde wolden enen anderen pawes kezen. Unde dit orlige warede lange twisschen en beiden, men to den lesten, do de pawes des concilii ernst markede, do bestedigede he dat concilium to Basile unde sande dar hen ettlike cardinale, de en helpen scholden in des concilii werken, dat id wol geendiget worde.

1433.

s. w. 1562. In desser tiid do halp God den olden radesmannen, de de borgere van Bremen in den torn geworpen hadden unde se dar jamerliken quelden unde pinigeden, dat se up ene nacht uth quemen vil wunderliken; unde uppe der Wesere bi deme torne, dar se sik ut leten mit enen repe, den se van stro in deme torne gemaket hadden, weren ere vrunde mit enen schepe, de erer war nemen. De nemen se in dat schip unde vorden se de nacht over to Oldenborg, unde dar untfink se de greve erliken unde dede en kledere an, wente id en al uppe deme lyve vorrotet was, wat se in den torn mede nomen hadden, van watere unde vulnisse, unde vorquikkede se dar vil wol.

s. w. 1566. Bi desser tiid togen de stede Lubeke, Hammeborg unde Luneborg to Bremen unde degedingeden mit deme sittenden rade umme eren olden raet, dat se de scholden wedder in nemen uppe, dat de stad nicht en queme in groter schaden unde last. Men

a) wolde *H.* b) drouwede *H.*

dar en wolde de sittende raet nicht to, wol dat etlike in deme nyen rade dat wol gegunt hadden unde vele borgere dat gerne seen hadden. Also de stede eren willen do nicht werven konden, do seten se uppe ere perde unde reden ute der stad. Do de gemene kopman dat vornam, de worpen sik ringe to hope unde treden vor eren raet unde vrageden, wat de stede vor en geworven hadden, dat wolden se van en weten. Do spreken se, dat se geworven hadden umme eren olden raet in to nemende, unde des were noch de raet unberaden. Do sprak eyn van der koplude wegene: 'Gi heren, wi r. m.
radet juw bi jueme levende, sendet wedder na den steden unde doet na ereme rade, wente wi willet nicht lenger in der stede veyde stan, wente wi unse gut buten soken moten unde sint in allen steden in unser vare unde unses gudes'. Dar moste de raet to hant den steden boden na senden, dat se wedder quemen; dar quemen do de stede wedder unde brachten den olden raet mit sik. Dar was mede de greve Otto, de des stichtes vorstender was, unde dar setten se den olden raet wedder in ere stede unde worden do alsodane sette gesettet, dat uppe vrede unde eendracht to male gink unde dat nement bynnen rades eft buten rades sik immer wreken scholde in deme anderen mit worden eft mit werken bi vorleringe lives unde gudes.

1570. ... Dar weren do etlike bose lude, beide vrouwen unde man, de lichten deme r. m.
heren gram weren eft der vrouwen, de spreken schentliken uppe de vrouwen, recht eft se de kindere in dat lant in ereme lichamen mede gebrocht hadde, dat men openbar dar ynne logene sach, dat de wichtiken so klene weren. Ok betugeden dat dre wisse tekene, de nene wis en dreget, der een segen erlike vrouwen, de mit der juncvrouwen badeden in deme stovene, er se byslep. Des anderen tekens gaff de vorste sulven tuchnisse, dat he se en ware juncvrowe vant. Dat drudde wisse teken erer juncvrowe-schop bekande de erbare vrouwe, de dat brutbedde makede[a], do de vorste unde vorstynne des morgens to der kerken gingen. Unde neyn gud mynsche vorkere my dat, dat ik de betuchnisse so enkede uthdrucke, dat hebbe ik gedan to beschermende de unschult der erbaren vorstynnen unde de ere des erbaren hochgeboren vorsten eres heren to beschoninge der erliken vrucht eres lives, dar nenen vromen mynschen horet eft temet unerlikes wat up to seggende. Ok so wurden umme der bosen lude untruchtinge dar to vorbodet vele erliker lude, leret unde ungeleret, geistlik unde werlik, vrouwen unde man, de[b] anders nicht dar ynne kennen konden, wen dat to der ere horet. Dar umme si de munt vorvloket, de dat unternelike ruchte erste heft uthgesproken.

1572. Do sulves was sere dure tiid in den guden kornlanden, alse in Bohemen, c. m.
Myssne unde Doringen, wente en molder kornes, dat men menliken plech to kopende umme twe guldene, dat galt do XII unde XIII. Darumme starff dar vele volkes hunger. En sunt mynsche at do lichtliken brot to ener maletyd, dat groff was, vor IIII Lubesche penninghe, men semelbrot vor[c] ses penninge, wente dat dede ik sulven dikke to Erforde. Ok weren do sulves dre so harde wyntere na den anderen, also bi mynschen denkende wesen hadden, wente de borne unde sode vroren to grunde, dat voer ny gehoret was.

1434.

1598. In dessen tiden deden de Denen, de vogede weren up den sloten in deme c. m.
rike to Sweden, eren undersaten grot overlast unde vordreet in swarer beschattinge unde unredelikem denste. Over desse overdadige Denen clageden dikke de Sweden koningk Erike unde beden ene dat [he][d] den sturede; men dar en volgede nene straffinge na noch beteringe. Unde boven alle overdat, de den armen Sweden geschen weren und schoden alle dage van den Denen, so schude[e] een jarling en unmynschlik overlast, de got wolde nicht ungewroken [laten][d]: men sprak, also dat mene ruchte ludde, dat

a) makeden *H.* b) das *H.* c) van *H.* d) *fehlt H.* e) schuden *H.*

nicht allenen de buer mosten swaren denst den vogeden don in Sweden, men se dwungen ok de vrouwen to eren denste. Des was dar eyn voget enes slotes, dat eyn grot tyranne und eyn unredelik Dene was, deme nement eere dankede. Desse voget hadde de buer enes dorpes alrede in synen denste bekummert mit eren perden unde wolde do eyn voder howes to slote gevoret hebben. Dar dwank he do de husvrouwen des dorpes to, dat se sik vor den wagen spannen mosten unde teen dat voder howes to slote; dar weren do kranke vrouwen mede unde ok de swanger weren. Dar leet de bose bove de vrouwen driven mit swopen to trekkende den wagen, dat to deme lesten etlike vrouwen van krankheit dale storteden. unde de swanger weren, uppe deme velde teleden unde dot bleven, alse dat openbare ruchte sprak. Desse unmynschlike undaet unde bosheit wart koningk Erike claget, men dar volgede men schymp unde lachent na. Umme desser unde veler anderen overdat willen so horede got dat scrient unde wenent sines armen volkes van Sweden unde vorwekkede en enen beschermer und enen wreker der[a] undogetliken overwalt, den erbaren wolgeborenen man Engelbrechte, likerwis alse he Saul vorwekkede unde uptoch den kinderen van Israel jegen de Philisters, dat he de Sweden beschermen scholde jegen koningk Erike unde al sine overdadigen unde untruwen Denen. Desseme turen helde hadde got dat herte unde den mut gegeven, dat he sik uprichten dorste stiff jegen den lowen koningk Erike und jegen al sine beytzehunde de Denen, den na deme blode der Sweden unde der Dudeschen dorstet, alse deme hertse in der jacht na deme watere. Ok hadde he eme geven annamicheit unde gunst des volkes, dat se eme horsam weren unde volgaftich in der vorvolginge unde underdrukkinge der Denen in der geyselinge godes, dar ene got to utvorkoren hadde in der wiis, alse he Attilam den koningk der Hunen utvorkos to ener geyselen over de bosen cristenen. Van desseme eddelen Sweden sprekt dat gemene ruchte, dat he mit grotem volke reet unde toch, wur he wesen wolde unde wat he anslach, dar volgede eme dat lukke mede. Men sprekt van eme, dat he vele slote gebroken heft, de deme rike to vorvange unde to lastich weren, unde vordreff al de Denen van den sloten, de noch stan, unde heft dar Sweden wedder to hovetluden upgesettet. He en was nicht allenen des koninges vient geworden, sunder alle des rikes rat geistlik unde werlik hadden eme mit Engelbrechte untsecht unde stunden eme vaste bi in alle sinen werken. Desse vientschop jegen den koningk nam he nicht uppe sik umme begeringe jenigerleye herschop to hebbende oft tidlik gut to sammelende, sunder van angeborener gutlicheit unde medelidinge des armen volkes, dat so grofliken geplaget wart unde vorwaldet, nam[b] he her Gedeones swert to sinen handen to beschermende dat volk godes. Ok toch desse sulve Engelbrecht vor de stede des rikes unde bedwank se, dat se deden al sinen willen; sunder de hovetstad van Sweden, Stokholm genomet, was eme vrevelliken enjegen, darumme berovede he se erer havene unde hinderde dat lange tiid, dat iement er wat af oft tovoren kondo. Unde dit orlige vorede he lange mit deme koninge, wente dat he al sinen willen behelt vor dat rike, alse dat wol enkot is. Do de koningk vornam desses mannes walt unde dristicheit, he menede ene to vorverende mit siner jegenwardicheit, uppe dat he so afstele van sinen upgenomen vrevele unde geve sik so an sine gnade, unde leet schepe bereden, dar he mede in Sweden segelen wolde. Alse de do bereet weren, do sat he mit sinen goden luden in eyn schyp, dat de Rosenkrans genomet was, unde leet dat andere volk in ene grote lange kraken gan, de dar sundergen to ghebuwet wart, unde segelden to hope in dat meer. Men se en quemen nicht to like in de havene, dar se wesen wolden, wente do se in der see weren, do stunt up en vil grot storm unde unwedder, de dat meer brusende makeden unde de bulgen worden greseliken gande unde slugen de groten kraken in allen stucken. Dat

a) de *H.* b) na *H.*

moste bi not also komen, wente dat Beltesche meer heft korte wage. der en lank schip nicht lange sunt liden kan. Dar vordrunken do alle de Denen in deme talle bi sostich unde hundert, unde de koningk quam mit grotem arbeide unde vordrete to lande in enen klenen schepe, unde de Rosenkrans wart ok in allen stucken toslagen, also dat he nichte sede. Do de koningk in Sweden quam, do en vant he sodanen gunst nicht unde unthalinge. also he sik vormodet hadde, wente de uppersten des rikes weren alles dinges wol ens unde rukeden des koninges jegenwardicheit vil kleyne. Do he do vornam des rikes schikkinge unde eomende sach, de sik an ene kerede, men dat he in siner viende hande gekomen was, do kos he vor sin beste, dat he wedder uto deme lande were. Also toch he vromede kledere an unde makede sik bemelken van dar unde quam wedder in Denemarken.

DEUTSCHE BEARBEITUNG 1435 BIS 1438[1].

1435.

1601[2]. Bi desser tiid was eyn vil mechtich storm bi deme Rine unde de strekkede c. nov.
sik al dat Borgesche lant dor unde vort dorch eyn part van Westphalen unde Hessen lant. Ok was de sulve storm in Doringer lant unde endigede sik up deme Harte, dar he untelliken vele bome umme warp unde groten schaden dede. Dat Bergesche lant vorwustede de storm vil sere van deme ovete unde den vruchten der garden, wente he mestich de bome umme warp, unde dede unvorwyntliken[a] schaden in kerken, husen unde tornen. Bynnen Kolne der stad villen ok jamerlike geschichte in vormordinge veles volkes van deme sulven storme, wente he vele huse nedder warp in der nacht, dar de mynschen ynne bevillen. Ok warp dat unwedder etlike torne van den kerken, unde doden mynschliken schaden. Bi deme kore des domes to Kolne sint schone pilere up gemuret also symborie, unde gat hoge up al umme dat dak des kores; der piler eyn warp de sulve storm dale boven der stede, dar de hilgen dre koninge liggen an enen scryne. Des vil do eyn grot steen des pilers dorch dat blydak des kores unde vil vort dorch dat welfte des kores like boven der hilgen koninge capelle. Also do de grote steen vil in vuller wicht unde quam boven de tumben des gebeentes der hilgen koninge, do dede got eyn vil grot wunder: de gantze tumbe mit deme gebeente schikkede sik bi de muren, unde do vil de steen dat klene welfte der capellen entwey unde vil in de sulven stede, dar dat scryn gestan hadde, unde vil in de erden twe vote deep ofte meer, also men sprak. De sulve steyn steit hutes dages bi der koninge capelle in ene dechtnisse des mirakels Cristi[3].

1602. In dessen sulven jaren bi sunte Mathias dage schude eyn unwonlik greselik febr. 24.
dink bi der stad Tzurk[4] in Osterrike. Bi der jegene licht eyn stediken Tzueb genomet, dar ynne begunden to vorsinkende etlike hus in dat afgrunde, dat men in der stede nicht merken konde. dat dar eyn hus gestan hadde, also sloet sik de erde boven wedder to hope. Desse vorsinkinge en schude nicht mit haste, sunder lankseme unde allentliken

---

a) unvorwjlliken H.

1) *Den bericht der jahre 1435—1438 hat aus derselben hs. schon 1711 G. W. Leibniz 'Scriptores rerum Brunsvicensium' III 203 f. abgedruckt.* 2) *Diese nummern der §§ führen die zählung der vierten lateinischen fassung D weiter.* 3) *Der sturm und das niederfallen eines steines auf das grabmal der h. drei könige wird auch im 'Chronicon Brunsvicensium picturatum' des Conrad Bote zum jahre 1434 Leibniz, Scriptores III 402 kurz erwähnt.* OESTERLEY. 4) *Zürich und Zug.*

dat sik de lude wol redden mochten. Also der stad lude desses jamers enwaer worden, do togen se alle ute der stad mit erem gude, unde leyden sik in de negesten dorpe unde stede, unde reddeden sik unde ere gut. Dar vorsank do de halve stad bynnen korter tiid in de grunt, unde half steit se noch, overst dar en doer nement ynne wonen.

[illegible] 1603. Bi sunte Margareten dage do leyden sik in de Westersee etlike seerovers van Britannien mit klenen jageschepen, der in deme talle was bi vifhundert wepenere unde schutten, unde wolde[n] vorbeyden der Engelschen koplude, de to Antworpe in deme jarmarkede weren. Also do desse rovers legen in der vorbeydinge in deme meere, so worden se enes koggen enwar, de ute Prutzen quam mit kostlikem gude unde wolde in Vlanderen segelen. Do se des schepes enwaer worden, so schickeden sik to hant to vechtende unde leyden den koggen an mit eren schepen unde strildden mit deme kopmanne vil menliken. Men de kopman was vormannet, unde de Britannier villen to em in unde[a] vingen allent unde slugen we dar ynne was. Den koggen bemanneden do de rovers unde leyden den vangenen kopman in erer schepe eyn unde deleden ok dat gut in ere klenen schepe. Also desse Britannier over desser delinge bekammert weren, so worden ere wardeslude der Engelschen schepe enwaer unde dat vorkundigeden se to hant eren kumpanen. De stelleden do sik vil drade to der were unde leyden den kopman an myt deme koggen unde dar bi de klenen schepe, unde vechteden mit den Engelschen unde worden to lesten erer mechtich. Des slugen se der Engelschen vele dot unde wundeden ok erer vele unde wunnen do veer schepe der koplude mit eren gude. Do desse strid gedan was unde se de vangene bewaret hadden, do wanden se up ere segele unde leten stan an Britannien wart. De grote kogge was wol bemannet van den appersten hovetluden, unde dar nemen se in de Engelschen vangenen [illegible] mit erem gude, dat vil kostlik was. Also do de Britannier do sik vil seker duchten wesen unde sere wol gevrouwet umme des kostliken roves willen, den se voreden, so seen se van verniges komen ene vil grote Engelsche barsen en under ogen. In deme schepe was eyn Engels ridder mit twen hundert wepeneren unde schutten, de varen wolde in Vrankriken to sterkende de Engelschen in deme lande. Do desse ridder der vlote sik nalede, do merkede he wol, dat id Britannier weren unde dat se Engelsche schepe genomen hadden. Des sprak he to hant den synen to, dat se sik redden to stride, wente id der Engelschen viende weren. De grepen do to der were mit der hast unde bemanneden vil drade des schepes bort. Also leyde de ridder de koggen an unde vechtede mit den Britannieren enen harden strid, unde god gaff em to hant den segen, dat he dot sluch unde vink al do in deme koggen weren. To hant dar na vil he an de Engelschen schepe unde wart erer mechtich unde sluch ok wat dar ynne was, unde losede de vangene in den schepen. Also dat de anderen seghen, de in den kleynen schepen weren, de geven sik in de vlucht mit al erer macht, also se konden. Also worden de Engelschen vryet mit ereme gude, unde den koggen gaff de ridder wedder deme kopmanne, de ute Prutzen gekomen was, unde wat he der Britannier gevangen hadde, de leet he setten in den grashoff, dat se de vissche schatteden.

1604. To[1] den sulven tiden hadden de borgere van Meydeborg almestich des stichtes stede unde slote sik mit macht underwunden sunder dat hoveslot Gevekensteen. Des vruchtede do dat capittel, dat se ok dat slot krigen mochten mit walt oft vorretnisse; darumme worden de domheren des to rade unde vorsetteden dat slot

a) unde unde *H.*

1) *Vgl. zum ganzen die theidigungsurkunde von 1435 mai 6 bei J. Ch. von Dreyhaupt, Beschreibung des Saalkreyses I 118.*

markgreven Frederike van Mysen vor XXX dusent, also men sprak, schok older grossen mit sodanen vorworden, dat he van deme slote hulpe dat stichte beschermen. Etlike weren ok, de dar spreken, dat de capittels beren deme vorsten Frederike alsodan summen geldes loveden to gevende, uppe dat he van deme slote dat stichte beschermede, sunder vorsettent des slotes. Wat nu dar wares ynne was, men de markgreve nam dat slot vil gerne an syne beschermynghe unde bemannede id vil starke. Dar na nicht lange vorsammelde de sulve vorste Frederik eyn grot heer unde bestallede dar mede Halle de stad; in deme sulven heere weren de lantgreven van Doringen unde van Hessen mit den Hartes greven unde de slugen up ere telte in dat velt twisschen der stad unde deme vorbenomeden slote unde begunden de stad an to vechtende mit bussen unde anderen schote. Also do der ersten bussen steen in de stad quam, do voer he dorch en hus unde vormordede twe lude to like. Do dat de borgere segen, se worden sere vorvert unde tzagaftich. Men der stad bussenmeyster trostede se unde sprak: 'Vruchtet nicht, vromen borgere, enes oft twier lude dot in alsodaner bestallinge, sunder eyn yslik si berede to vechtende vor desse erliken stad unde vor juwe vrowen unde juwe kindere. Gripet to herten unde weset unvorveert, ik wil der twier mynschen dot erliken wreken in desser stunt'. Also vurede he to hant vele bussen tolike, unde drop in dat telte der markgreven unde mordede tolike boven XXX wepenere. Under den doden wart gevunden eyn wolgeborn jungelink, dar sik de vorsten sere umme moyeden. De unvorsichtege hastlike mort vorverede der vorsten heer so sere, dat se nicht en dorsten dar lenger liggen. Also do markgreve Frederik vornam den vruchten des volkes, do leet he to sik vorboden de borgermeistere van Brunswick, de der stad van Halle to hulpe komen weren mit twen hundert wepeneren, unde bat se, dat se enen dach begripen mit den van Meydeborg unde den van Halle, wente he sine vrunde nicht dar lenger in alsodaner vare laten wolde liggen umme der papen willen. Do de van Brunswick horeden, dat van vruchten de vorste begerede vruntliker dage, do makeden se sik dar swar to unde spreken: 'Uns en is, leve here, nene dach oft lange togeringe nutte, wente wi in groter teringe liggen mit unseme volke unde unsen vrunden, der wi alle tiid nicht konen na unsem willen to hope bringen. Dar umme sint wi des also wol enes, dat wi dat nu menen to donde, dat wi doch over enem jare edder over enen halven don mosten'. Do de vorste dat antwarde horede, do wart he noch tzagaftiger van vruchten unde sprak: 'Hir blive beliggende we dar wille; wi en willen unse vrunde unde unse volk den vogelen nicht to asende geven umme des capittels willen van Meydeborg'. Dar mede brak he up mit den sinen unde reet up dat slot Gevekensten, unde de anderen vorsten togen wedder to lande. Overst de greven van Swartzeborg unde van Honsten reden mit erem volke uppe dat slot Egelen unde deden darvan sere we den van Meydeborg. Ok toch de biscop van Halberstad[1] uppe sin slot Gronyngen unde warede de straten mit vlite jegen de stede leyde. Also de van Meydeborg do segen, dat se nergen ut mochten unde dageliken schaden nemen van den twen sloten, do sanden se to den Ekevelderen unde loveden den riken tzolt to gevende, uppe dat se en to hulpe quemen. Des vorsammelden sik de rutere vil balde unde quemen mit dren hundert wepeneren bi Halberstad hen under ereme egenen leyde unde dar meneden se to vindende de van Meydeborg, de se vort leyden scholden dorch dat lant, unde des doch do nicht en schach. Desser tokumpst wart vormeldet deme biscope van Halberstad unde den greven, de up Egele legen, unde de vorgaderden sik sere drade unde helden uppe se mit soshundert perden. Also do de Ekeveldere sik eren vienden naleden unde vornemen, dat se ene vele to stark weren, do nemen se de vlucht unde wolden en untriden. Men de biscop mit den greven spareden der

1) *Johann von Hoya.*

speren nicht unde quemen en mit haste uppe den rugge unde steken erer vele van den perden. Des wenden sik de Ekavelders to hant unde stridden mit en, wente se en nicht untkomen konden, unde wundeden erer vele unde slugen ok etlike dot. Men des biscopes lude beheilden dat velt unde vingen den gantzen hupen unde geven en dach uppe deme velde. Also do de heren unde de stede ummelanges markeden, dat dat orlige eyn vorderff wart der lant unde der lude, do begunden se to arbeydende umme ene voreninge der twidracht, unde vogeden dar to hovetlude, de de vruntschop maken mochten twisschen deme bisschoppe van Meydeborg unde den steden, alse biscoppe Johannes van[a] Merzeborg unde greve Gerde van Anehalt unde twe borgemeistere van Brunswick. Desse heren nemen dat arbeid to sik unde trachteden over schaden unde vromen der beyde[n] partye, de in der tiid des orliges gevallen weren, unde wogen ok over erer beider recht unde unrecht unde besloten etlike artikle, de se to beyden siden vulborden unde holden scholden, unde brachten de an ene scrift. Desser artikle weren vive, dar de macht ane lach, unde weren desse: To deme ersten, dat wat gebuwet were eft gebroken in sloten efte steden, dat scholde gebuwet unde gebroken bliven; to deme anderen, wat van penningen upgeboret unde utghegeven were van schattinge edder van rente, dat scholde ghescheen bliven sunder jenigerleye namaninge; to deme druddeu, wat stede, slote efte hove af gewunnen weren deme biscope efte sinen domheren, de scholde me en wedder geven also drade, alse de borgere ute des paweses banne geloset weren witliken; to deme veerden, so scholde de borggreve van Nurenberg Frederik de afloisinge des bannes vorwerven vor sunte Jacobi dage to komende [illegible] negest, unde dar to scholden eme de van Brunswick to hulpe geven veerdusent schok older grossen; to deme viften, so scholde de biscop van Meydeborg laten wedder wyen de kerken unde kerkhove, de under der tiid untwedemet weren. Also desse vif artikle gelesen weren vor beyden partyen, do vulborden se beide dar an unde loveden se to holdende bi macht mit gantzen truwen. Do[b] de breve der voreninge besegelt weren, do reet biscop Gunther to Meydeborg in mit sinen domheren unde de borgere untfingen se mit groten vrouden.

1065. Bi desser tiid quemen to hope in de stad Atrecht[1] van schickinge wegene des keysers Segemundes unde des concilii van Basile vele vorsten unde heren, de dar ene voreninge unde vruntschop scholden maken twisschen koningk Karole van Frankriken unde hertigen Philippo van Burgundien, der twidracht sere schedelik was, beyde den landen unde den luden. Ok weren dar sulves vorsammelt vele prelaten, alse cardinale, ertzebiscope unde ebbete, de gesant weren van vorsten unde heren. Desse vorsten unde prelaten begunden dar ernstliken to arbeydende umme des menen gudes willen, to makende de vorspraken voreninge unde vorsonynge der twier vorsten. Des gaf en yn to lesten de hilge geist ene wise, dar se mede dempen mochten den olden hat der twier heren unde de splitteringe eweliken bi siden leggen unde enen guden vrede unde vruntschop mede maken twisschen en, unde de begripinge der wise brochten se in ene scrift unde leten de lezen vor beyden heren. Do se to beyden siden de wise der vorsoninge hadden gehoret, do beleveden se de sone unde vulborden se mit guden willen. Desses begripes wise scholde stan uppe alsodanen artiklen: dat to deme ersten male koningk Karolus scholde buwen laten to troste der selen hertigen Philippi vaders van Burgundien en kloster van sunte Benedictus orden unde besorgen dat mit nugaftigen renthen to ewigen tiden; to deme anderen male scholde he stichten eyn collegium van XII domheren unde maken den XII provene to erer nugaftigen berginge; to dem

a) hiernach gestrichen: Meydeborg H. b) De H.

1) Attrebatum, Arras.

dredden male scholde he laten setten eyn cruce van alabastre uppe de brugge des slotes, dar he uppe gemordet wart, to ene ewigen dechtnisse. Dar boven scholde koningk Karolus hertigen Philippo dre grevescbop [geven][a] to brukende to synem unde siner kindere levende, men na der aller dode scholden de grevescbop wedder komen to des koninges erven. Ok so scholde van stunt an de koningk geven deme hertigen to hulpe siner teringe CC[M] dusent Frankesche schilde. Vortmer helt ok de sône an sik, dat de koningk van Engelant scholde to ewigen tiden besitten dat Normandier lant, over de leenwar scholde wesen des koninges van Frankriken. Desse sone behagede wol den twen vorsten, alse deme koninge Karolo unde hertigen Philippo. Men hertige Philippus stunt in alsodaneu vorbunde mit dem vorsten van Engelant, dat nement van en scholde sik vorsonen mit den Fransoyseren sunder des anderen willen unde vulbord. Unde darumme worden de Engelschen tornich uppe den hertigen unde en wolden nicht vulborden in dat leste artikel der sône, alse van deme lande Normandien. Men wol dat de Engelschen dat wedder spreken, doch wart de sône allike wol vultogen unde bezegelt sunder der Engelschen willen. Also do koningk Hinrik van Engelant vornam, dat hertige Philippus vorsonet was mit koningk Karolo van Frankriken sunder syne unde syner vorsten vulbort, do wart he sere tornich unde screff vele clagebreve to den werliken vorsten unde geistliken buten Engelant unde nomede in den breven den hertigen enen vorreder synes rikes unde enen meeneder unde lovenbreker, unde bat de vorsten dar ynne, dat se eme behulpelik weren jegen synen vient. Do desse breve den vorsten quemen unde vor en gelesen worden, do en wolden se alsodane breve nicht bi sik holden, men se senden se deme hertigen van Burgundien, dat he sege, wo he syne ere vorantworden wolde unde beschermen. Do de hertige Philippus de breve las, do wart he sere grymmich van gemute unde leet vorboden to hant synen raet unde leet vor en lesen de breve unde bath se mit vletenden tranen, dat se eme behulpelik weren, to wrekende den hoen unde de untruchtinge syner ere. Ok reet he an syne stede unde clagede den syne not unde bat se umme hulpe. Van den allen wart de hertige wol getrostet, went se beredo weren, sin unrecht to wrekende mit erem lyve unde gude. Dar na nicht lange vorsammelde de hertige ute alle sinen steden unde sinen landen eyn mechtich grot heer van hundertdusent wepeneren unde meer, unde toch vor de stad Calis unde bestallede de to watere unde to lande unde begruff sik dar vor mit depen graven unde bogen wallen unde begunde de stad to stormende. De Engelschen overst, de in der stad unde uppe deme slote weren, en slepen nicht, *men se woreden de stad menliken unde schoten mit bussen unde bogen *l. me.*
mank de viende unde deden en groten schaden. Dat sulve deden wedder de Vlemynge unde worpen unde schoten mit bliden unde bussen in de stad unde vorderveden vele huse unde volkes. Under desser bestallinge toch de hertige dikke mit synem volke vor de Engelschen stede unde wikbelde unde want erer vele unde ving dar ynne vele eddeler lude unde hengede der vele. Des gelik deden ok de Engelschen, wente weme se gripen konden van den, de ute dem heere vor de stad reden, de hengeden se in de galgen. Also do de hertige dar lange gelegen hadde in groter teringe unde en sach nene mogelicheit, de stad to wynnende, do brak he to lesten hemeliken up mit den sinen unde reet van dar. Do dat de Engelschen vornemen, se worden vil sere gevrouwet unde sloten up der stad dôr unde volgeden na mit gantzer macht unde slugen unde branden vorvotes hen al, dat den Vlemyngen to horede van wikhelden unde dorpen, unde vorden vele vangenen mit sik in de stad Calis. Also do de borgere van Gent horeden van den, de van erer wegene in deme heere hadden gewesen, dat de hertige so dufliken unde mit haste was mit den sinen up gebroken unde wech gevlogen, do

a) *fehlt H.*

dachten se, dat id mit vorretnisse unde bosen upsate van eme gescheen were, ere borgere den Engelschen in de hant to ghevende unde dar mede ere stad to krenkende unde to vordervende. Dar umme worden se des to rade unde vorbodeden den hertigen to sik in ere stad, to vorvarende de grunt der hastigen upbrekinge unde der hemeliken vlucht. De hertige overst, wol dat he mechtich was van lande unde luden, doch so vruchtede he den torn der van Gent unde en dorste nicht ere vorbodinge vorsitten, men he reet to en in ere stad unde antworde to erer losinge unde tichte unde unschuldigede sik, also he hogest konde. De borgere overst en wolden mit eme nicht tovreden wesen, id en were, dat he sine untschuldinge seker makede mit der vornyginge erer privilegien unde olden vryheit, de van sinen olderen bezegelt weren. Also do de vorste de breve vornyet hadde mit sinem groten segele, do leten se one mit vrede van en riden.

Juni 24. 1600. In der sulven tiid na sunte Johannis baptisten dage togen de seestede, alse de Lubeschen, de Hamborger, de Luneborgere unde de Wismerschen mit hertigen Alves boden van Sleswik in Denemarken, to degedingende in deme wikbelde Werdingborg mit des koninges rade van Denemarken umme etlike artikle willen, dar de koningk mit deme hertigen unde mit den steden schelaftich ane was, beyde van des landes wegene van Holsten unde ok des kopmannes van den steden. Alse se do lange gedegedinget hadden unde en konden doch de[a] Denen to nener redelicheit bringen, do worden de stede unde des hertigen boden sere grymmich unde leten vorluden, wo se van dar segelen wolden unde dar nummer wedder komen mit den Denen to degedingende, men se wolden seen unde denken to beyden siden, wo se den Denen recht unde eren schaden afmanen mochten. Do der stede ernst unde grymmicheit de Denen segen, do worden se vil sere vorvert unde vruchteden, dat se sik to den Sweden geven, dar se to sere ovele mede stunden. Dar umme vorbodeden se wedder de stede unde de boden des hertigen unde begunden do uppe dat nye mit en vruntliken to sprekende unde to degedingende, unde de artikle, de de Denen voer weygert hadden unde nicht tolaten wolden, de vulbordeden se do mit willen unde besloten ere degedinge mit enem guden vruntliken ende. De artikle der vruntliken besluttinge weren desse: Dat erste was, dat den tollen, den de kopman over hundert jaren plach to gevende, scholde he noch geven in den dren riken, unde den en scholde nement vorhogen mogen; dat andere, dat de kopman in nener anderen stede scolde tollen, men dar he over hundert jaren plach to tollende in den dren riken; dat drudde, dat de Dudesche kopman scholde brukende wesen aller vriheit unde privilegien, de em gegeven hebben de koninge der drier rike over hundert jaren; dat veerde, dat allen schaden, den de Denen, Sweden unde Normanne gedan hebben deme Dudeschen kopmanne, scholde de koningk uprichten unde wederleggen under der tiid, [de][b] van den degedinges luden gesettet were; dat vifte, dat al dat recht, dat koningk Erik gewunnen hadde in des keysers hove jegen hertigen Alve van Sleswick, dat scholde dot wesen unde nene macht hebben; dat seste, dat alle Denen, Sweden unde Normanne scholden to nenen anderen tollen vorbunden wesen to gevende in den seesteden oft in deme lande to Holsten unde Sleswic, men dar se to vorplichtet weren unde to gevende plegen over hundert jaren. Desse sees artikle, de in den degedingen begrepen worden van des koninges rade unde des hertigen unde der stede boden unde de van en allen belovet weren, worden deme koninge vorgelesen, unde vulbordede se unde besegelde se stede to holdende mit sinen unde sines rades ingezegele, dar ok der vorscrevenen stede segele worden bi gehenget mit des hertigen segele. Also do dat gescheen was, do wart dar to Werdingborg de nye vrede geropen unde vorkundiget openbar van

a) der *H.* b) *fehlt H.*

des koninges wegene unde der Holsten unde der seestede. Dat sulve schach na ok im Holsten lande unde in den steden.

1607. To dessen tiden vorsammelde de koningk van Arragonia[1] en sere grot heer, dar eme to hulpen de koninge van Castelle[2] unde van Navarre[2] unde van Porthugal[3] unde ok de hertigen van Berry unde van Saphoyen[4] unde vele andere vorsten unde heren, unde reysede in dat rike van Apulien unde wolde sik dat underdanich maken. Also he dar in quam, do bestallede he dat starke slot Gayeth[5] beyde to lande unde to watere unde begunde dat to stormende myt bliden unde mit bussen, der se vele hadden mede bracht. To lande hadde he de stad belecht mit XXX dusent unde to watere dat slot mit wol XL dusent wepener. Also do de borgere van Janua vornemen de bestallinge der stad unde des slotes, do sanden se eendliken ere boden to den negesten steden, de ummelanges legen, unde beden ere hulpe. Des vorsammelden sik vil drade de stede unde brachten sere schone volk to gadere unde quemen balde to den Janueren, unde de redden do ut mit haste XIIII galeyden mit wepeneren unde leyden dar mede in de see. Des gaff en do got enen guden starken wint, de se bi de viende sere drade brachte. De koningk van Arrogon de hadde ok bi XVI galeyden wol bemannet, de leyde mit vrien mode an de Janner, unde dar wart menliken gestreden unde vochten van beyden siden, unde mennich man wart dar liflos unde ok mennich gevangen to beydent halven. To deme lesten gaff got den segen den van Janua, unde de vingen den koningk van Arrogon mit sinen tween broderen[6], der de ene was de meyster van Compostelle. Dar worden ok de, also warafftige lude spreke[n], gevangen bi XXX vorsten unde veer koninge mit wol XVI dusent ridderen, knapen unde anderes volkes, den allen dach gegeven wart uppe der stede, sunder de vorsten worden gebracht to Janua in de slote unde venknisse. Also de hertich Philippus horede van Moylan, dat de van Janua alsulken vromen hadden genomen, do screff he en to hant, dat se eme scholden al de vangenen overgeven siner teringe to hulpe, wente he ere here were unde eme de vangene horeden van rechte, overst se mochten beholden, wat se bi en gevunden hadden van have unde perden. Des sande de stad to deme hertigen sos senaten, de ene underwisen scholden, wo dat de stad groten schaden genomen hadde in eren borgeren unde in groten solte, dat se den geven mosten, de en hadden behulplik gewesen in deme stride, dar se der schattinge en deels to behoveden, dat al to betalende unde wedder to leggende. Mit den senaten senden se eme al de vorsten, de se hadden gevangen, siner kost unde teringe to hulpe, also ereme heren. Also de sos senaten deme hertigen brochten de vorsten unde eme helen van erer stad wegene, dat eme de gave annamo were unde lete der stad de anderen vangenen, eren schaden mede to beterende, do wart de tyranne sere tornich umme des willen, dat se eme de anderen vangenen vor untholden, unde leet de senaten an de venknisse werpen. Des anderen dages sath de hertige en richte unde vorordelde de senaten to dem dode, wente se eme unhorsam weren unde dat sine em vor untholden myt walt unde mit unrechte. Also leet he en de hovede afslan unde leet se doch erliken graven. Do de groten bosheit des hertigen vornemen de borgere van Janua, to hant bestalleden se des hertigen slot, in erer stad belegen, unde wunnen dat mit storme; dar vingen se de uppe des slotes hovetman, de eyn ridder was, unde slugen eme sin hoved aff unde slugen vort dot, wat se dar uppe vunden, unde bemanneden dat slot al vaste. Dar na leten se wedder halen eren vordrevenen hertigen unde nemen ene to gnaden unde bevolen eme dat slot unde huldigeden eme uppe dat nye also ereme heren unde untsegeden mit breven deme hertigen Philippo also ereme viende to ewigen tiden.

---

1) *Alfons V. 1416—1458.* 2) *Johann II. 1406—1454.* 3) *Eduard 1433—1438.* 4) *Amadeus VIII. herzog seit 1417.* 5) *Gaeta.* 6) *Johann II. und Heinrich.*

1608. In desseme sulven jare reysede de meyster van Liflande, to genamet Kerskorff[1], in Lettower lant jegen den hertigen Segemunt, de sik des landes hadde underwunden unde mit walt vordreven hadde hertigen Switergeil, de des landes rechte erfname was. Desseme meistere was behulplik de sulve hertige Switergeil mit den sinen, unde de meyster van Prutzen[2] sande eme ok vele volkes to hulpe. Ok quemen do sulves ute Sassen unde Westphalen vele guder lude unde ute Gelren umme ridderwerk to ovende, de mit sik brachten wol XL junge heren, de des orden kleet to sik genomen hadden. De stede ok des landes, also Rige unde Darbete, de doch sine undersaten nicht en weren, de sanden eme ere volk to hulpe to enen tekene ener vruntschop unde des landes beste. Desses meysters heer, also men sprak, hadde an sik bi XII dusent wepener, unde dar mede toch he na der stede, dar eme hertige Switergeil wolde enjegen komen. Do he uppe de stede quam unde den hertigen dar vant, do sprak de meyster to eme: 'Ute desser stede ride ik nicht mit juw, to vechtende mit juwen vienden, gi en untsetten erst en der stad von Rige, de my to wedder is unde to vordrete'. Do dat de hertige hadde gedan, do sande de meyster wedder torugge den cumpter van Vellyn mit XXX perden, dat he des orden slote bemannede, de wile he ute deme lande were. Also toch do de meyster myt deme hertigen in der viende lant unde begunde to schynnende unde to bernende, unde hadden de bruggen laten to werpen, dar he over togen was mit sinem heere, uppe dat nement eme untvleen konde. Do hertige Segemunt vornam, dat sine viende in sinen lande weren, do toch he en under ogen mit einem volke, darynne vorsammelt weren Polen, Sameter unde Lethowen, unde de beyden heere quemen vil kort to samende unde begunden to stridende. Dar wart do menliken gevochten van beydent halven des gantzen dach uth went in den avent, dar stortede mennich stolt helt to beyden siden des dages. Men to dem lesten gaff de hemmel den segen Zegemunde, unde de slach dot men wat uppe deme velde was, sunder Switergeil untvlogh unde quam sere nouwe van dar mit kleynem volke. Ok bleff dar dot mit deme meystere van Liflande unde des orden riddere hertige Georgien van Nengarden mit vele Russen, de hertigen Switergeil gevolget was. Van hertigen Segemundes heere bleven dot de hertige van Nasowe unde de oppersten guden lude der Polen unde der Lethowen mit etliken Prutzen. Men sede do vor war, dat hertige Segemunt beheelde uppe den dach van sinen vienden bi XX dusent perden unde also menniges mannes have unde harnisch. Do de jamerliken mere vornemen de heren van Liflande, do koren se wedder to ereme meystere den lantmarschalk, de dat lant was bleven to warende, des sin toname was Schungel geheten[3]. Desse sulve nedderlage was sere vor de stad van Rige unde ok vor de anderen stede, de lichte vordreet mosten hebben geleden, dar se got vor bewarede.

1436.

1609. In deme XXIII. jare Sigismundi, do men screff na godes bort MCCCC unde XXXVI jar, do quam der Turken keyser[4] in dat uterste Poler lant, dat sik streckot an Ungeren, unde dachte dat to vorwustende unde to vorderende. Men do dat keyser Segemunt vornam, do sande he to hant wedder de Turken hertigen Albrechte van Osterrike, synen swager, mit enem starken heere, vorsammelt uth Bohemen, Ungeren, Merreren, jan. 17. Beyeren unde Osterriken. Desse kone vorste quam in sunte Anthonius daghe to den vienden, dar se branden unde slugen dot wat se afriden konden, unde stridde mit en in godes namen, den he menliken anrep, unde sluch vorvotes dot, wat dar was van deme votvolke. Dar na quam he mit swaren arbeyde to dem ridende volke unde was

1) *Frank von Kersdorf.* 2) *Paul Bellizer von Russdorf.* 3) *Heinrich von Buckenvorde genannt Schungel.* 4) *Murad II.*

do vil sere vormodet, dar umme wart ein volk do sere vorslagen unde sin banner wart getreddet under der perde vote. Also dat do sach eyn borger, dat en sere stark man was, de grep enen mut van groter grymmicheit sines herten, do he de sinen sach also storten, unde brukede do siner starke unde slach mit siner pollexen so greselike slege, dat wat he rorede to beiden siden, dat moste storten. Der slege makede he so vele des dages, dat he in ener stunde vellede boven CCCC man mit sinen henden, unde dar mede [quam[a] he] bi sines heren banner unde vriede dat unde richtede dat wedder up. Also dat de Ungeren segen, do grepen se wedder enen mut unde brukeden do erer swerde unde vechteden do menliken wedder ere viende. Do gaff en got den segen unde de Turken nemen de vlucht, unde der worden do geslagen boven XVIII dusent beydene, ok vordrunken erer boven VIII dusent in der vlucht. Also do dat rochte der menlicheit des borgers quam vor keyser Segemunde, do leet he ene to sik vorboden unde sluch ene to riddere unde gaff eme eyn euverlik lant mit steden unde sloten to besittende to erve mit sinen kinderen.

1610. Bi desser tiid hadde de kerke van Utrecht twe biscoppe, de umme se to hope kiveden, de ene was genomet Rodolfus unde was en greve van Defholt geboren, unde de was gekoren van deme upperstem dele des capittels unde wart bestediget van deme pawese unde hadde stede unde slote des stichtes in besittinge. De andere was genomet Walramus unde was eyn greve van Morse geboren unde gekoren van etliken vordrevenen domheren des capittels, unde wart bestediget van deme concilio to Basele, dat do sere twidrachtich was mit deme pawese. Dessem Walrame villen de bi etlike eddele lude van Hollant, also de van Egmund[1], de van Kuleborg[2] unde de van Hokeren[3], unde wolden mit walt ene bi deme stichte beholden unde mit vorretnisse den biscop Rodolfum dar aff werpen unde de stad van Utrecht to grunde vorderven umme sinen willen. Desser vorretnisse stemper unde werker was de vorbenomede banres van Hokeren, wente he besundergen wol belovet was unde lef gehat van den borgeren van Utrecht, unde mochte in de stad unde uth riden dag unde nacht, wan he wolde. Desse bose vorreder mit den anderen vorbenomeden makeden en upsate in desser wise: se sanden to dem ersten XXX wepener vor de stad, de dar yn riden scholden to vorbeydende des van Hokeren, unde dar na des negesten nachtes scholde de here van Hokeren in de stad riden mit CCCC wepeneren unde spreken, dat he derch riden wolde hemeliken up sine viende. Waner de denne dar ynne weren, so scholden de XXX man de stad anstikken an veer enden; wann denne de borgere lepen to deme vure to lesschende, so scholde de van Hokeren mit sinen CCCC mannen dat doer der stad up houwen mit walt, dar dat gantze heer vor were, unde also denne mochte dat volk in riden unde wynnen de stad unde slan dot al dat mannes namen hadde, beyde geistlik unde werlik, junck unde olt. Uppe dat nu en yslik kennen mochte sine partye, so scholde ere losinge wesen alsodanich: 'Lat allen, lat allen, Utrecht also Ysselsteen', unde welk man dee nicht spreken konde, den scholden se dot slan. Also do de XXX wepener vor de stad quemen, do spreken se, se weren des van Hokeren[b] gesynde, se scholden dar synes vorbeyden, wente he wolde na komen unde riden dor de stad uppe sine viende. De borgere overst, de in der porten seten to vorwarende de stad, do de segen de wapenden lude, se sloten to dat dör unde en wolden se nicht in de stad laten, men se sanden na den borgermesteren. Dee weren de do tovoren gewarnet van guden vrunden unde dar umme quemen se vor dat doer mit velen wapenden borgeren

a) quam he fehlt H. b) se H.

1) Johann II. von Egmond. 2) Johann IV. von Culemborg, bruder des bischofs Sweder. 3) Hokeren.

unde grepen van den XXX XXIIII unde worpen de in de torne unde pynigeden se so sere, dat se de warheit seden. Den worden do ere hovede afgehowen, unde de vorreder van Hokeren wart borger to Dordrecht umme vruchten willen der van Utrecht, de he in guden loven wolde hosliken vorraden.

1611. Umme de sulven tiid deden groten homut unde overlast de Vlemynge deme kopmanne van der Ostersee mit unredeliker schattinge unde brekinge erer vryheit unde privilegien. Desser vorweldinge unde beswaringe en wolde de kopman nicht lenger liden unde klagede dar over eren heren unde steden unde beden van en beschermynge unde hulpe. Des worden de orden van Prutzen unde van Liflande unde ok de stede der lant mit den seesteden sere van der koplude clage beweget unde sanden ere boden ute eren raden in Vlanderen, to deghedingende mit den Vlemingen unde ok mit den Engelschen, de ok dem kopmanne jo so hart weren unde so unredelik alse de Vlemynge, umme den vrede unde vruntschop mit deme kopmanne to holdende. Do de erbaren boden in Vlanderen quemen, do helden se vele dage mit den uppersten van deme lande unde ok mit den Engelschen to Calis, dar se to en togen unde gutliken mit en degedingeden dikke unde mennichwerve. Men io se lenger degedingeden, io se wider untwey quemen. Also do der stede sendeboden bekummert weren over den vrede unde vruntschop to makende, do vil en bose twedrachte dar in, alse dat [t]wo in der stad Slus kyvende worden mit worden ersten unde na mit slegen, unde de ene was enes Vlemynges schipheren knecht unde de andere enes Osterlinges knecht unde de ene sluch den anderen dot. Des worden de Vlemynge to hant scryende unde eyn rumor to makende in der stad, unde dar van lep dat volk in der stad to harnische unde quemen dovendiger wise lopende in de taverne unde slugen uppe den kopman unde up de schiplude van der Ostersee, dat dar van en bi hundert manne dot bleven, unde de anderen lepen to eren schepen. Do dat vornemen de Osterlinge to Brugge, se treden vor den raet unde clageden over de van der Slus, do den jamerliken mort gedan hadden in deme kopmanne. Des screven to hant de van Brugge in hertigen Philippum van Burgundien, eren heren, unde beden rechtes over de mordere van der Slus; de hertige overst kerede sik nicht in de scrift der van Bruggen unde wisede unwerdigen de boden van sik sunder antworde. Do de vorsmaynge des hertigen de van Brugge segen, do untsegeden se der stad Slus unde vorordelden de morders to deme dode unde wurden des ens under sik, dat se de stad vorstoren wolden. Dar togen der stede sendeboden wedder to lande sunder ende.

1612. To den tiden, alse de gude Engelbrecht der Sweden hovetman vorretliken vormordet was van Magnus Bens des ridders sone, do setten de Sweden wedder to eren hovetluden alse Eriken Pook mit sinen kumpane unde bestalleden de stad Holme unde ok de stad Wisbu mit eren sloten und stormede[n] se sere menliken lange tiid. To deme lesten wart dat orlige in vruntlike dage gesettet unde do helden se up to ener tiid van deme stormende. Under deme dage sande koningk Erik van Denemarken erlike boden to Lubeke, alse greven Hanse van Neugarden unde Erike Krummedike den ridder, unde leet otmodeliken bidden de veer seestede, alse Lubeke, Hammeborg, Luneborg unde Wismer, dat se gude middelers wolden wesen twisschen den Sweden unde eme unde wolden vorsonen dat orlige[1]. Des untwideden de stede des koninges begeringe unde sanden ere boden ute eren raden in Sweden to Wisbu, dar koningk Erik do lach. Der sendeboden hovetman do was Hinrik Rapesulver borgermeister van Lubeke, de en sere gud degedinges man was, unde de weren do bi tween manten in Sweden unde degedingeden ernstafliken twisschen den Sweden unde deme koninge unde vorworven to deme lesten enen guden redeliken ende unde enen vrede. Desse vrede

1) *Vgl. Hanserecesse 1431—1476. I 534 ff.*

overst wart besloten unde gesect uppe veer artikle: Dat erste was, dat de koningk scolde koningh bliven over de dre rike, de wile he levede; dat andere was, dat de koningk nenen Denen scholde setten uppe des rikes slote van Sweden; dat drudde was, dat waner koningk Erik in Sweden lege, so scholde he vullen tins upboren unde scholde den dar ynne verteren, wan he overst buten Sweden lege, so scholde ome men de halve tins volgen; dat veerde was, dat des kopmans vrigheit unde privilegien scholden in aller wise bliven unvorbroken, alse over hundert jaren weren. Do desse söne unde vrede mit sinen veer artiklen besworen unde bezegelt was van deme koninge unde van den Sweden, do togen der stede sendeboden wedder to hus.

1613. Uppe de sulven tiid legerden sik de Engelschen stark an de see mit velen schepen unde wareden uppe de Vlemynge, de ere viende weren. Also se do in dat Swen soken wolden, do quemen en under ogen XII grote schepe wol geladen mit gude, der twe horede(n) den Osterlingen. Des leyden de Engelschen de X schepe an unde wunnen se, overst der Osterlinge schepe leten se varen mit vrede. Dat gut mit al deme volke vereden se mit sik in Engelant unde de lude worpen se in de venknisse.

1614. Bi den sulven tiden grep Mathias Axkowe, de ridder ute deme lande Mekelingborg, twe buer wonaftich in deme Wentorpe, belegen bi der Wismer, unde schattede de to unrechte. Do dat vornemen de domheren to Lubeke, den dat dorp to horede unde dar de buer under beseten weren, de nemen dat sere to undanke unde vorclageden den ridder Mathiam vor der lantvrouwen Katherinen, der ere kindere noch unmundich weren. Men dar en konde en neyn recht aff weddervaren, wol dat se id dikke vor er sochten. Des vil id na uppe dit sulve jar, dat de sulve ridder Mathias wanderde pelegrimatze to Sunte Enwolde[1], unde do horede sin wech to Basele to, dar do dat concilium geholden wart. Dar sulves lach do biscop Johan van Lubeke unde de canonik Nicolaus Sachowe, den de sake des capittels van Lubeke mede angink van des ridders Mathias wegene unde ok wol witlik was. Do den twen capittelsheren vormeldet wart de jegenwardicheit des ridders, do bestellede de sulve domhere Nicolaus Sachowe mit vulbort des biscopes, dat de ridder Mathias gevangen wart to Rinvelde van deme hovetmanne des slotes unde in den torn gelecht wart. Desser venknisse orsake was, dat de ridder geistlik gut beschodiget hadde, so was he in des paweses banne unde en scholde dar umme pelegrimen rechtes unde vryheit nicht neten. In desser venknisse sat he so lange, wente dat he swor unde lovede vul to donde deme capittele van Lubeke vor eren hon unde schaden. Were overst, dat he des capittels willen nicht en makede, so swor he ok dar unde lovede, dat he wolde in de stad Luneborg riden unde dar nicht uth scheden sunder des capittels willen van Lubeke. Dus wart he do los ute der venknisse to Rynvelde unde wanderde wedder to hus unde quam to Lubeke in unde degedingede vruntliken mit den capittels heren. Men do he nenen vruntliken ende mit en drapen konde, do reet he to Luneborg yn unde helt dar sine venknisse, alse he sworen unde lovet hadde. Under desser tiid der venknisse so schickede Mathias de ridder dat also bi sinen vrunden, also men sprak und na ok de warheit utwisede, dat se den provest van Lubeke oft den deken edder enen anderen vetten domheren gripen scholden, unde den in de venknisse voren so lange, went dat he geloset worde. Des vil id dar na, dat in sunte Marien Magdalenen dage de domprovest van Lubeke Jul. 22.
degedingen scholde mit den Holsten. Also de provest Bertoldus ghenomet in dat Holsten lant reet, do hadde Mathias sustersone dat vorhodet unde helt em voer mit siner selschop unde grepen ene mit enen anderen prestere, Matheus genomet, unde vorede se over de Travene dorch dat lant to Lunenborg unde brachte se to Swan

1) *Die Detmarfortsetzung bei Grautoff II 72 berichtet:* to unser leven vrouwen to deme *Ensedelinge*; *also wol Kloster Einsiedeln.*

uppe dat slot, dar helt he den provest so bequemeliken unde spisede ene so lekkerliken, dat he starff bynnen viff weken. Van desser venknisse wolden noch de heren des landes weten, noch Mathias de ridder, unde boden sik mit rechte dar van to untledigende. Do dit ruchte quam vor biscope Johanne van Lubeke to Basile, do leet he den ban unde dat swigent leggen over dat gantze Mekelenburger lant ene lange tiid, went dat dem capittele vul schude.

oct. 4. 1615. Bi sunte Franciscus dage des sulven jares wart eyn sere grot storm by nachtiden und durede went in den drudden dach. De storm dede unvorwinliken groten schaden in den merschlanden unde bi der see unde bi den anderen groten wateren den luden. Ok vorgingen do sulves sere vele schepe in der see mit grotem gude unde volke.

1616. Uppe de sulven tiid wolde koningk Erik van Dennemarken segelen van Calmeren to Godlande mit XXIIII schepen vul volkes. Den bestikkede do de sulve storm unde drenkede almestich al dat volk unde toslueh de schepe, unde deme koninge gaff got dat lukke, dat he mit groter not in enen bote to lande quam. Dar bleven do dot, alse men sede, boven vifhundert man, dar mank weren vele siner guden lude.

nov. 1. 1617. Dar do to hant na vor aller hilgen dage stunt up eyn vil swarer storm, de warp torne umme unde vele hus nedder unde dede greseliken groten schaden in den waterlanden. Dat water stegh so hoge, dat id over gink alle dike unde vordrenkede untellik quik unde lude unde vordrenkede al de saeth in den merschlanden.
*f. nov. Do sprecken sere olde lude, dat se des waters vloet gelik nicht en dachten, noch *van
dec. 8. eren olderen des gelik gehoret hadden. Dar na des andern dages na unser vrowen untfanginge vil so grot snee unde durede dre dage lank unde dre nacht, dat de lude in steden unde dorpen ute eren husen kume komen konden, noch neyn wagen gan konde in velde oft in straten. Na deme snee quam do so grot eyn vrost, dat vele volkes in
dec. 6. wegen, in holten unde in wateren dot bleven. De vrost began sik in sunte Nicolaus
märz 18. dage unde warede wente to mydvasten.

1618. Do sulves starff Wilhelmus de here van Wenden unde leeth na allenen ene dochter[1]. Do starff dat lant los unde vil an de hertigen van Stargarde unde van Mykelenborg[2], unde den huldigeden do de manschop unde do stede, wente de dre lande sik to hope voresegelt hadden unde vorbunden.

1619. Do sulves schede ok van desser werlt vrouwe Jacoba van Hollant[3], hertigen Wilhelmus dochter van Beyeren unde greve van Hollant.

1620. Dar na des sulven jares starff ok hertich Erik van Louenborg unde leet na sinen broder hertigen Bernde.

1621. Uppe dit jar worden mundich de jungen hertigen van Mekelingborg unde begunden to regerende ere lant, dat also lange regeret hadde ere moder vor Katherina[4]. Do nam de oldeste here to der ee markgreven Johannis dochter van Brandenborg[5] unde de jungeste nam des hertigen dochter van Stetin[6]. De olde was genomet Hinrik unde de junge Johan.

aug. 15. 1622. Bi unser vrouwen hemmelvart dage reet keyser Segemunt in[a] Bohemen unde legerde sik in de stad to Prage, uppe dat he de kettere unlovischen Bemen mochte to deme cristenenloven wedder bringen. Also he do dar lange tiid gelegen hadde unde mit den uppersten des rikes vele dage unde degedinge geholden hadde unde to den lesten in den horsam der hilgen kerken gebrocht hadde, do weren etlike

---

a) unde *H.*

1) *Gest. 1436 sept. 7; seine tochter Katharina gest. 1475.* 2) *Heinrich IV, Johann III und Heinrich d. ä.* 3) *1436 oct. 9.* 4) *Bis 1436 sept. 26.* 5) *Dorothea tochter Friedrichs I, 1437.* 6) *Anna tochter Kasimirs VI, 1436 sept. 27.*

bose ketters mank der meenheit to Prage, de dat simpel volk vorleydet hadden unde dar to gesproken, dat se den keyser slan scholden. Dar voer wart do de keyser gewarnet unde he leet de anleggers der vorretnisse alle vangen und leet erer XXIIII ere hovede afhowen.

1623. To dessen sulven tiden orligede hertige Wilhelm mit den van Brunswick unde quam mit enen starken heere in der stad gut unde schynnede veer dorpe unde dreff van dar vele quekes unde vink ok vele buer unde vorede de mit sik. Do de borgere dat vornemen, ere schade dede en we unde hoen. Des togen se ute der stad des anderen dages to perde unde to vote unde quemen by de nyen stad unde vorhereden de dorpe ummelanges unde vingen ok vele buer unde dreven mit sik vele vees unde quekes.

1624. Ok orligeden to der sulven tiid to hope hertige Aleph van Kleve unde biscop Johan van Munster unde deden sik underlank groten schaden mit vorwustinge erer lant unde mit rovende unde mordende ere undersaten to beyden siden.

1437.

1625. In deme XXIIII. jare Sigismundi, do men screff na godes bort MCCCC unde XXXVII jar, do was in Schotlande en greve geboren van des koninges blude, de ok gerne regneret hadde, er id eme boren konde van rechte. Dessen greven vorschundede de duvel to krigende, des he begerede, unde duchte, wo he sinen oem koningk Roberte vormorden mochte unde sinen sone, uppe dat he bi dat rike komen mochte. Des vorsammelde he eyn heer van dren hundert wepeneren, den he allen lovede grot gut to gevende, were dat eme de reyse lukkede, unde toch mit den vor des koninges borg unde bestallede de unde wolde de wynnen unde morden dar uppe beyde den vader unde den sone[1]. Sunder got van sinen gnaden hadde dat also geschicket, dat des vordages, er de vorreder quam, do was de koningynne af gevaren mit ereme sone umme en werff to bestellende. Also do de greve dat slot begunde to stormende, also wart eme de borg mit vorretnisse geopent, unde do reet he dar up unde slach dot, wat he wolde. Do de mort geschen was, do wart eme to wetende, wo des koninges sone mit der moder af getogen was des vordages unde dat de olde koningk allene gheslagen were. Do de greve dat horede, do wart he sere bedrovet, wente he wol twehundert gemordet hadde unde doch sin vorsaet nicht vulbringen konde. Des nam he to hant de vlucht, wente he wol wuste, dat de sone sinen vader wreken wolde mit deme hardesten, unde toch in Engelant to deme jungen koninge Hinrike, wente de des koninges van Schotten vient was, unde bat van eme leyde in sinen rike. Do de koningk horede, dat de greve sinen koningk geslagen hadde mit vorretnisse, do[a] sede he to eme: 'Ga sitten unde eet unde drink unde dar na to hant make dy ute mynen rike, wultu din liff beholden, wente deystu dat bi dinem heren unde hinde, wat wordestu denne bi my donde'. Also de greve dat horede, do makede he sik ute des koninges ogen mit den sinen. Do de greve van Duglis vornam, dat koningk Robert mit so velen guden luden geslagen was, do rep he des rikes raet tosamende unde leth vorvaren klinkliken, we der vorretnisse were schuldich, unde kreeh boven twehundert, de schuldich weren der undaet, unde de leet he alle raderen. Dar na leth he des koninges sone cronen to koninge, de kume XII jar olt was.

---

a) de *H.*

1) *Jakob I. wird ermordet 1437 febr. 20. Einer der mörder Walther Stuart graf von Athole, ein oheim des königs, wird im gleichen jahre selbst ermordet. Die königin war Johanna Beaufort geb. gräfin von Sommerset. Der erwähnte sohn ist Jakob II.*

1026. Bi der sulven tiid sanden overst de seestede ere erlike boden ute eren raden in Engelant mit des meysters boden van Prutzen unde der stede umme des gemenen kopmannes willen, de in deme rike sere vorunrechtet worden unde beschediget[1]. Also do desse boden in Engelant quemen, do togen se in de stad to Londen, dar se den koningh vornemen. Des quemen to hant de mere vor den koningh, wo der Osterstede sendeboden dar gekomen weren, overst de koningk, also eyn unvorvaren junck here, de en sluch nene grote achte uppe se unde leet se dar wol beiden. Men doch to dem lesten wart he also underwiset, dat he sinem rade bevoel, dat se mit den steden scholden degedingen unde sines rikes beste proven unde des landes kopmannes nicht vorgeten. Also quemen de heren unde prelaten des rikes unde begunden to degedingende mit den steden, unde wolden vele nyes rechtes unde beswaringe uppe den Dudeschen kopman bringen unde vele nyer vrigheit ereme kopmanne bedegedingen, des neyn wonheyt gewesen hadde unde des de stede nicht tolaten mochten noch en wolden. Dar umme worden de degedinge sere lank unde en konden mit den Engleschen nenen ende drapen to langen tiden, wol dat se dat dikke mit en vorsochten. To deme lesten vordrot des deme cardinale van Engelant Hinrico, wente he horede, dat de sinen un-gelik vornemen unde de stedeboden nicht en begereden, dat den Engelschen mochte to vorvank wesen. Dar umme sprak he to den sinen unde sede: 'Wur umme bringe gi desse erbaren lude uppe sware unde unnutte koste mit juwer vortogeringe unde eschinge unwonliker dingk, de den steden to vorvange sint, unde se nicht en begeren meer, den dat gi en ere privilegien unde vrigheit eres kopmannes vornyen, de en de koninge van Engelant vor gegeven unde besegelt hebben? Wo mogen se unwonlike dink overgeven, de en nicht bevolen sint to vulbardende van den, de se utgesant hebben? We van jow dorste sik underwinden in vromeden landen, dat juw nicht bevolen were? Dar umme vorlatet de unwonliken dink to handelende unde en maket neyn nye orlige unseme lande unde nye veyde unseme kopmanne, de der lant nicht unberen mach'. Do den heren wort de degedinges lude horeden, do worden se wat smydiger unde begunden do vruntliken to sprekende mit der stede sendeboden unde besloten do ere degedinge mit enem guden ende. Also worden do den steden vornyet des kopmannes vrigheit unde ere privilegia, unde de sendeboden scheden van dar unde segelden wedder to lande. Sunder de borgermeister van Danczke[2] hadde na wat to wervende unde de bleff allenen achter; men do he wedder to lande wolde riden, do wart he gevangen van deme biscope van Munstere[3] unde wart geworpen in de slote.

1027. Uppe desse sulve tiid stunt up grot twidracht twisschen der stad rade van Brugge in Vlanderen unde der meenheit, wente de meenheit eschede van deme rade ungewonte rekenschop, unde der en wolde oft en konde de raet to der noge der meenheit nicht don, unde dar umme wart dat gemente bose uppe den raet, unde in der raserye slogen se deme baliv unde sinem sone de hovede af unde etlike andere dreven se ute der stad. Desse overdaet der meenheit do Philippus de hertige van Burgundien horede[4], he wart sere tornich, over doch en dede he to hant nene wrake, sunder he vorbeydede der bequemen tiid, bet he sik dar up saten konde. Also id do quam

Mai 9. bi de hemmelvart Cristi, do vorsammelde he vele volkes unde reet vor de stad Bruggen mit vifhundert perden ofte sossen. Do de borgere vornemen eres heren tokumpst unde vormodeden sik in eme nicht men vruntschop unde leve, dar umme gingen se yegen em ut mit crucen unde vanen unde wolden one erliken untfangen also eren heren. Also de hertige do sik nalede deme cruce Cristi, do kussede he dat cruce na der vorsten

---

1) *Vgl. Hanserecesse 1431—1476. II 13 ff.* 2) *Heinrich Vorrath.* 3) *Heinrich II. graf von Mörs.* 4) *Vgl. den bericht des herzogs über den 'wrendyghen woensdach' in Hanserecesse 1431—1476. II 106.*

wonheit, wol dat sin andacht bose was, also he dat na bewisede. Des reet he vort in de stad mit sinem volke, de he dar hadde, unde hadde den rechten hupen achter gelaten to vorbeydende de tiid, alse he en bescheden hadde. Also de hertige do uppe den market quam, do sede he to dem greven Lylidam[1]: 'Wi willen unse andacht, dar wi umme heer gekomen sint, vullenbringen sunder allen vruchten'. Des leet de hertige to hant vallen enen hansken van siner hant, uppe dat also we van den borgeren to eme lepe, de hansken em wedder to langende, unde dat he dar mede mochte des speles begynnen. Do lep to hant eyn borger to eme unde wolde de hansken upheren unde don se deme vorsten wedder. Also he do dar na bukkede, do wan de hertige sin swert unde stak den borger dorch sin liff, dat he to hant dot bleff. To hant rukkede en yslik sin swert unde brukede des to mordende de borgere. Do dat de borgere segen, se yleden vil sere to hus unde eyn yslik wapende sik, so he erst konde, unde de klokke gink to storme. Do quam dat mevnte to hope unde se treden alle yn grymmigen mode jegen de viende mit swerden, kulen, stridhameren, bogen unde speten, unde dar wart eyn grot strid gevochten van beyden siden. Dar stortede in dat erste de greve van Lylidam, des hertigen hogeste raet, mit velen eddelen luden unde anderen wepeneren in deme talle bi viftehalff hunderden edder meer. Also do de hertige sach, dat de sine alle vellen, do ylede he hastliken to deme dore, dar he in ghekomen was. Do he dat gesloten vant, to hant lep he mit etliken den sinen, de bi eme weren, in des smedes hus, de vor deme dore wonede, unde grep hamere unde ander reschop, dat eme recht was, unde sloch de slote aff unde upende dat dor mit walt unde rande van stelen mit den sinen. Under der tiid weren de borgere al bekummert uppe deme markede mit den vienden unde slugen unde vingen al de se konden unde de vangeden voreden se in de stole, der in deme talle was bi anderhalf hundert. Des anderen dages sere vro tymmerden se uppe deme markede van delen ene hoge lovene unde brachten dar vangene bi XXX unde slugen en dar uppe ere hovede aff. Do den greseliken mort segen etlike prelaten unde meystere van der stad, de gingen to deme nyen rade, den de meenheit gesettet hadde na der uthdrivinge des olden rades, unde sprekeo to en also: 'Leven vrundes, vorhastet juw nicht in dessen geschichte, men dut juwe dink mit klukheit unde wolberadenen mode, uppe dat gi in juwen grymmigen mude nicht en don, dat jw na ruwe unde dar de stad in groten schaden moge affkomen. Wente dessen vangenen is mennich unschuldich mynsche, de vil kleyne wuste, wur de hertige mit en henn wolde oft wat he bedriven wolde, de eme volgen mosten bi eremе live unde der vorretnisse unschuldich sint. Morde gi den den unschuldigen mit dem schuldigen, dat leet God unde ere vrunt nicht ungewroken. Dar umme vorvaret wisliken, we dar schuldich ane is, unde latet deme untgelden. Wene gi overst unschuldich vinden, deme latet des geneten'. De rede der meystere nam de raet to herten unde en dodeden des dages nemende meer, sunder se leten de anderen swarliken vorhoren. Unde de der vorretnisse bekande, den leten se doden, de overst uppe siner unschult vaste stunt, den leten se orveyde don unde leten den riden. Dar na vil kort toch de meenheit uth vil stark mit bussen, bliden unde mit andereme stridetowe unde leyden sik vor de Slus unde stormeden de stad sere menliken unde deden groten schaden in eren tornen, husen unde in der stad muren. Do de borgere van Genth 'vornemen, dat de van Brugge *2 ms.
vor der Slus legen unde der so grot vordreet deden, se quemen vil balde to en ridende unde begunden to degedingende mit den van Brugge unde spraken se dar to mit guden reden, dat se up breken unde togen wedder to hus. Also se do wege weren, to hant vesteden de van der Slus ere stad so sere mit tornen, bolwerken, muren unde graven, dat se der van Brugge nicht meer en achten.

---

1) *Johannes de l'Isle-Adam.*

1628. Bi den sulven tiden levede dat Dithmersche volk in groter partye unde unvrede van enbynnen unde deden sik underlank groten schaden mit bernende, rovende unde mordende[1]. Der ener partye hovetman was genomet Radeleff Kerstens, der[a] anderen hovetman hete Cruse Johan, unde weren beyde driste vorwegene lude; overst Radelves partye behelt den meysten deel de oversten hant unde deden den anderen groten schaden. To deme lesten[b] wart Cruse Johanne vormeldet, wo dat sin vient Radeleff scholde mit sinen sone eten mit deme kerkheren sines dorpes up eynen avent. Do sprak Cruse Johan sinen vrunden to, de vorleden eme den wech sulff vifte, unde do he na maletiid wolde mit sinen sone wedder to hus gan, do underlepen se eme den wech unde slugen ene dot; men de sone quam gewundet ute eren handen. Den dot des Radeloves wolden do sine vrunde wreken unde slugen mennigen man wedder dot van Crusen Johannes partye unde helden de dotvelde lange wile. To den lesten quemen beyde partye to hope unde stridden underlank unde dar bleven dot to beyden siden boven XL lude. Desser lude vorderfinge wolden de stede Lubeke und Hammeborg nicht longer steden unde senden ere boden ute ereme rade in dat lant, dat se twisschen den parthyen degedingen scholden unde maken enen steden vrede. Do de sendeboden dar quemen, do wart dat lant to hope vorbodet unde dar erbeydeden der stede boden in vruntliken deghedingen so vlitliken, dat se to deme lesten de partye vorsoneden in alsodaner wise, dat eyn yslik partye scholde sine doden betalen den vrunden, den se afgeslagen weren, enen ysliken doden vor hundert mark, unde dat gelt scholden de vrunt under sik delen; we overst na der tiid wene dot slage in deme lande, de scholde boven de hundert to ewigen tiden des landes untberen unde scholde dar mede erelos wesen. Desset gesette vorwilkoreden alle de meenheit des landes unde vulborden dar an unde besegelden dat mit des landes segele, unde de stede hengeden ok ere ingesegele vor den breff umme merer sekerheit.

1629. To der sulven tiid starff bischop Johan van Halverstad to genomet van Hoyme[2], unde in sine stede wart wedder gekoren de domprovest van Meydeborg genomet Johannes van Werberg[3], en sere gut man.

1630. Uppe de sulven tiid worden der drier rike rede van Sweden, Dennemarken unde Norwegen koningh Eriko sere wedder unde unhorsam unde setten hovetlude in de rike wedder sinen willen unde worpen aff sine vogede van den sloten, de he en hadde bevolen, unde dwungen ene, men wo se wolden. Do dat koningk Erik sach, he en wuste nicht, weme he loven scholde oft wat se van eme maken wolden. Dar umme koes he ein sunneste unde nam so vele goldes van sinen schatte, also he to ener tiid vorteren mochte na synem state. Ok nam he mit sik van sinem gesynde, den he sines lyves belovede, unde sette sik mit en in eyn schip, dat he bestellet hadde rede to wesende, wan he wolde, unde segelde in Prutzen. Dar wart he do sere erliken entfanghen van deme meystere van Prutzen[4] unde van der stad van Danzeke, dar he sik do to ener tiid legerde. Also do de Sweden vornemen, dat de koningk was ute den riken togen, do markeden se wol, dat sin afwesent vor ere rike nicht wesen wolde. Do screven se eme breve unde beden ene dar ynne, dat he wedder queme in sine rike, wente se nenen vorsten begereden oft hebben wolden to ereme koninge, de wile he levede, wan ene; ok wolden se eme gerne in allen redeliken dingen horsam wesen unde alle tiid unde ere beden, de se eme plichtich weren[5]; se wolden ok alle artikle eme stede unde vaste holden, de van den steden bedegedinget unde besloten weren mit

a) den *H.* b) lestet *H.*

1) *Vgl. Dahlmann, Gesch. Dithmarschens, herausg. v. Kolster 1873, Excurs XVI.* OESTERLEY. 2) *Gest. 1436 apr.* 3) *Burchard III. von Warberg.* 4) *Siehe oben s. 560 anm. 2.* 5) *Lücke.*

siner vulbort unde bezegelt. Also de koningk desse breve gelesen hadde, do en ylode he nicht sere, sik na den breven to richtende, men he bleff noch ene lange tiid in den landen unde mank sinen vrunden in Pomeren unde wolde seen, wo id de hovetlude der rike ansetten wolden, de se dar to gekoren hadden wedder sinen willen. Under der sulven korten tiid makeden de sulven hovetlude van Sweden unde Norwegen vele vordretes unde splitteringe in deme rike van Sweden unde leyden sik underlank vorretnisse to des koninges unde der stede unde bewisenden se ok jegen etliko in der warheit. Dar umme wart ue Magnus Bena, des ridders Bena Stenes sone, dot geslagen, de voer gemordet hadde vorretliken den guden Engelbrechte. Ok wart vor der stad Stokholm Erik Puk [gedodet][a], de he wolde vorraden hebben, also se eme to leyden. Dorch de sulven undaet wart ok Brodero Swens do [dat][a] hovet afgehowen, deme doch koningk Erik vele gudes gedan hadde. Also do dat ruchte der swaren twistinge vor den koningk quam, do vruchtede he, dat van der twidracht den riken vele origes mochte upstan; dar umme schickede he sin dink in Prutzen na synen willen unde sette sik in eyn schip mit den sinen unde segelde na Godlande unde legerde sik do dar to ener tiid. Dar na bi sunte Marien Magdalenen dage quemen dar to eme, also he dat juli 22.
bestellet hadde, de hertige van Pomeren[1] unde de hertige van Wolgast[2] mit twen dusent weponeren, unde den hertigen van Pomeren wolde he to koninge maken over de rike in syne stede mit walt, ane der Sweden unde Denen dank. Mit desseme heere lede he sik do wedder in de see unde segelde do wente der Rugianer lant unde dar velledo he do sine segele unde sine ankere unde bleff dar liggende to ener tiid. Do dat des rikes raet vornam van Denemarken, do sanden se to eme erlike boden unde leten eme seggen van der upperaten wegene des rikes, beide der geistliken prelaten unde der ridderschop, dat se alle berede weren, mit godem willen ene to untfangende in aller ere unde werdicheit also eren koningk, unde wolden eme gerne underdanich unde horsam wesen in allen redeliken saken, wo he in vrede queme unde in vruntschop. Overst se en wolden nene wys, dat he en scholde jenigen vorsten to koninge maken, de wile dat he levede, wente he eyn gekoren koningk were unde nicht geboren to deme rike, unde dar umme wolden se vry in ereme kore wesen unde bliven, enen koningk to kesende wene se wolden, wan he ere koningk nicht lenger wesen wolde. Do de koningk de rede horede, do wart he sere tornich, unde de sendeboden voren wedder in Denemarken sunder en gut antworde. Do gaff de koningk deme heere orloff, wedder to lande to varende, unde he segelde sulven mit den hertigen beyde in Denemarken unde legerde sik sulven to Werdinkborg; unde den hertigen van Pomeren satte he uppe Kopenhaven, den hertigen van Wolgast uppe Alsholme unde greven Johanne van Nougarden uppe Nygkopinge.

1631. To desson sulven tiden lach keyser Segemund in Bohomen to Prage unde arbeydede sere vlitliken to vordrivende de kettere ute dem rike unde dat lant to vorenygende mit der hilgen kerken. Uppe dat he do dat gude vorsaet to enen guden ende mochte bringen, so leet he to sik laden alle des rikes vorsten unde edelinge, unde we van den unwillen unde veyde mit deme anderen hadden, de vorsoende he unde makede guden vrede in deme rike. Also do de keyser alle de herschop des rikes hadde na synen willen sik horsam unde underdanich gemaket, do was van der hovetlingen een, de Jacubike[3] genomet was, de en kerede sik nicht in des keysers bot, wente he eyn rover was unde eyn ketter unde en dorste nicht komen vor sine jegenwardicheit. Ok makede id de starke unde vasticheit synes slotes, dat he den keyser

a) *fehlt H.*

1) *Wol Barnim VIII. von Barth.* 2) *Wartislaw IX.* 3) *Jakoubek von Wřesowic.*

nicht en vruchtede; overst dat bedroch eme unde al de sinen, de mit eme dar uppe weren. Dat slot hadde he sere wol bemannet unde gespiset unde en lovede des nicht, dat de keyser mit al siner macht eme konde id bynnen enen jare af wynnen. Dusses ketters unhorsam unde vormetenheit dede deme keysere wee, dar umme vorsammelde he eyn stark heer unde bestallede dat slot al umme unde richtede dar vor up viff galgen. Dar na begunde he dat menliken to stormende mit groten bussen unde bliden unde towchont unde towarp dat so sere. Do dat de eddelsten segen, de mit Jacubike uppe deme slote weren bestallet, unde segen den smeliken dot vor eren ogen, do worden se sere vorvert; doch koren se ere sunenste unde wolden lever sik geven in de gnade des milden vorsten, wan de vaer stan sines tornes. Des treden se alle van dem slote in deme talle bi twen hunderden unde villen deme keysere to vote unde begereden siner gnade. Do nam he alle in sine hulpe unde stormede vort an dat slot unde wan id to deme lesten mit groten arbeyde unde hengede den hovetman des slotes Jacubikum mit alle den, de he dar uppe vant, bi druddehalff hundert. Do stikede he an dat slot unde brande id in de grunt unde brak de muren unde torne dale. Do anderen twehundert, do he to gnaden genomen hadde, de sande he in Ungeren mit alle den, de he menede noch nene gude cristene to wesende, dat se mit den vechten scholden jegen de Turken, de den Ungeren groten schaden deden, unde hopede, dat he erer so quid worde ute deme rike van Bohemen. Also de do in Ungeren quemen, do sammelden se dar ut eyn stark heer unde togen in Turkyen, unde wunnen den af vele stede unde slugen dot untellik volk unde vorwusteden dat lant vil sere.

sept. 29. 1032. In dessem sulven jare bi sunte Michaelis dage vorgaderden sik rutere ute Gelren, Westphalen unde Hessen bi achte hundert perden unde togen in de herschop van Hinsberg, de sere vast is belegen unde bewaret al umme mit braketen und moren, dat men nicht lichtliken dar yn broken kan sunder grote vaer unde arbeit. Do de buer uppe deme slote der viende uswar wart, do bles he, unde de van deme slote worden rede unde de klokken gingen to storme unde de buer quemen to hope ute deme lande, beide to vote unde to perden. Also lepen do bi LX buer mit gletzen unde armborsten uppe de dwenge des holes, dar de viende in gekomen weren unde ok wedder ut mosten, unde vorlegen en den wech to beyden siden. De anderen overst leyden de viende an mit den riders van deme slote unde vechteden mit en unde slugen der rutere wol bi LX dot unde vingen ok erer vele. Do de hovetlude van buten segen, dat de buer so vele to hope quam, dat se en to mechtich worden, do tideden se wedder to der stede, dar se in dat lant gekomen weren, unde wolden dar dorch mit haste rennen. Alle de do dar de vornesten weren, de worden geslagen in der dwenge van den buren, de to beyden siden den wech hadden vorlecht. Do dat de achtersten rutere vornemen, de sochten do eyn ander hol unde breken mit groten arbeyde dorch dat brokete. Dar wart do echt erer vele over geslagen van den slotluden unde buren, de en volgeden. De overst dor dat brokete enwech quemen, den volgeden de buer beyde to vote unde to perden mit des heren volke van Hinsberg und jageden se to Aken in de stad. De vingen do de borgere altomale unde geven en dach uppe ere truwe, up ene sekere tiid wedder in to komende.

1633. Do sulves sende dat concilium van Basile ere boden in de stede al umme unde in alle lant mit des concilii breven[1], dar se ynne vorkundigeden grote gnade unde aflat to gevende allen mynschen, de dar ere gelt to geven wolden, dat se de Greken mede holden mochten, de in dat concilium komen scholden to vorenigende sik mit der hilgen Romeschen kerken. Men na deme male dat oldinges vele concilia geholden weren, de sik des ny underwunden hadden, dat se alsodane aflat geven mochten unde

1) *Das schreiben vom 1436 apr. 14 bei Mansi, Conc. coll. XXIX 131.* OESTERLEY.

ok des pawesses vulbort nich en was, so hebben kleyne lude wat van deme aflate unde rekeden dat vor ene vormetenheit der prelaten, de dar vor reden unde sik der walt underwynden.

1634. By der sulven tiid was eyn eddel man Bernt Ruer genomet, beseten under deme markgreven van Brandenborg up ener vesten, dat Nyehus geheten, wonaftich, dar he groten scaden af dede den landen to Mykelenborg, to Lonenborg unde van Wenden. Desse undaet wolden do sturen de heren van Mekelenborg unde van Stargarde unde vorsammelden to hope bi achte hundert man to perde unde to vote ofte dusent unde togen [a]dar medo vor de[a] vesten unde branden dat unde worpen den torne *f. 311. dale unde makeden id der erden lik. Do dat deme Bernde Rure to wetende wart, wente he do nicht to hus en was, do eme de schade schude, he wart sere tornich dar umme unde dachte, wo he den hon wreken konde. Dar na vil id in dat ambegin[b] der vasten, do alle man dachte, wo he sine sunde beteren mochte, do vorgaderde de sulve febr. 12. Bernt sine vrunt unde bestellede dat mit etliken vorrederen des slotes Stawenowe, dat eme vor dage dat geopent wart unde dat he mit den sinen dar up quam. Den hovetman des slotes grep he uppe synem bedde unde bemannede dat slot, dar deel ane hadden de Plessen, de Quidsowen unde de Lutsowen, de sine borg hadden hulpen breken.

1635. Uppe de sulven tiid des jares toch de markgreve Frederik van Brandenborch in dat lant to Louenborg jegen hertigen Bernarde, de der Marke vele schaden gedan hadde mit rove unde brande. Also he do dar yn quam wol mit VIII hundert perden unde twedusent vootluden, dar medo weren de stede van Stendele, van Soltwedele, van Sehusen unde van Perleberge, do schynnede he de dorpe, de belegen sint twisschen der Elve unde Netze unde vorbranden de al deger mit Ertneborge, der XII was tosamende. Ok nam he mit sik untellike hovede queckes van perden, koyen, schapen unde swynen sunder hinder unde wedderstal.

1636. Desses sulven jares bi sunte Nicolai dage do schedede van desser werlt de dec. 9. eddele vorste keyser Segemunt[1], de koningk ok was to Ungeren unde to Behemen, unde leet na ene dochter, de hertigen Albertus vrouwe was van Osterrike. Den sulven hertigen Albrechte reet he ok in sinen dotbedde to kesende[2] to synen navolgere, wente, also he dat sprak under sinen ede, so en wuste he ene nicht beter vor dat mene gut to regerende mank al den Dudeschen vorsten.

1438.

1637. In deme jare Cristi, also men screff MCCCC unde XXXVIII jar, do vorsammelde bisscop Johan[3] van Halverstad eyn stark heer ute deme hertichdome van Brunswick unde ute deme stichte van Meydeborg unde ute sinen stichte mit hulpe der stede al ummelanges unde brachte to hope bi dusent perden unde twedusent voetlude. Mit dessem volke dachte he to reysende over den Hart in dat lant to Doringen jegen greven Hinrike van Honsten, de eme dat quik hadde genomen vor Quedelingborch. Des screff he tovoren an de greven van Swertzeborg[4] unde van Stalberg[5] unde leet se bidden, dat id nicht jegen se were, sine viende to sokende dorch ere lant. Des screven se eme wedder, dat he erer velich wesen scholde unde der erer; doch so leten se hemeliken wernen greven Hinrike van Honsten, dat syne viende ene soken wolden. Do dat de greve vornam, do reet he to den sulven greven, de ene wernen leten, unde bedegedingede so vele, dat se eme helpen wolden jegen ere breve unde leyde. Also

a) den H. b) so H.

1) Gest. 1437 dec. 9. Seine tochter Elisabeth geb. 1409. 2) Erwählt 1438 märz 18. 3) Gemeint ist bischof Burchard III, vgl. oben § 1629. 4) Heinrich der streitbare. 5) Botho der ältere.

do de biscop quam in des greven lant van Honsten unde begunde to bernende, do quam em under ogen de greve van Honsten mit den greven van Swartzeborg unde van Staelberg, unde dar untseden do de greven deme biscoppe uppe deme velde, dat vil sere was wedder ere ere. Do sulves hadde de biscop alrede vele quakes genomen unde ok huslude gevangen unde mit deme samen sande he torugge den borgermeister van Quedelingborg mit wol XL perden unde twe hundert voetlude, de dat vee beschermen scholden. Also stridden se do to hope unde de biscop reet de viende wol twie dorch unde wedder dorch unde da wart he over gewundet unde storte do mit velen van den sinen in enen graven, unde doch halp eme got, dat he van dar quam ungevangen. Overst sin broder bleff dar dot mit velen anderen, unde den segen behelt de greve van Honsten, de vink wol CCC wepenere mit al erer have unde vorede se mit sik an de slote. Also do de stede mit eme degedingeden umme de losinge der vangenen, do eschede de greve XXX dusent olde schok grossen unde ene orveyde van deme biscope unde sinen steden. Dar mede leet he sik dunken, dat he sere guedeliken bi en dede, wente se eme wol hundert dusent geven scholden, wan he id nowe soken wolde. Men den steden duchte de schattinge nicht redelik na deme male, dat de greven twe van Swartzeborg unde van Stalberge den biscop geleydet hadden unde doch wedder em villen in ereme leyde. Also ward id do besloten mit vulbort der greven, dat de vangene scholden geven deme greven XVI dusent schok older grossen unde scholde twisschen en stan in vrede dre jar; wan de umme gekomen weren, so scholde syn ylik sin anneste proven.

febr. 24. 1638. Bi sunte Matthias dage was Bernard Rner, des voer sin slot Nyehus gebroken was, dat slot Stavenowe mit gunste unde hulpe siner vrunde, dat anders nicht mogelich em gewesen hadde. An dessem slote hadden deel de Plessen, de Quidzowen unde de Lutzowen, der he erera en deels vient was unde de medehulpers hadden wesen, sine vestere to vorstorende. Alle de he do uppe deme slote vant, de warp he an de venknisse, unde bemannede dat mit sinen vrunden[1].

---

1) *Hier schliesst die Hannoversche hs. Etwa 12 zeilen fehlen noch an der seite.*

ANHANG II.

AUSZÜGE AUS DEN
LATEINISCHEN FASSUNGEN
VOR 1200.

AUSZÜGE[1] AUS DEN LATEINISCHEN FASSUNGEN VOR 1200.

Statua[2] itaque hec designabat quatuor regna, aurum regnum Caldeorum, argentum regnum Persarum, es regnum Grecorum, ferrum vero regnum Romanorum. Sed ferrum luto mixtum indicat debilitatem Romani imperii circa finem sui, sicud iam temporibus nostris considerantibus manifestum est. Qualiter ergo Romanum imperium surrexerit et usque in presenciarum processerit commemorabimus. Si quis vero amplius scire voluerit, cronicas Orosii, Lucani, Vincencii vel Henrici etates perlegat.

Hucusque[3] de quadam cronica omnia predicta excerpsi, cuius auctor michi ignotus extitit. Ulterius vero presens opus prosequendo singulos imperatorum et paparum annos signabo et actitata[a] in eisdem per quemcumque suis temporibus studiose applicabo, singulis articulis suos auctores in cronicis quibusvis repertos annotando. Cuius quidem operis prosecucionem perficiat ipse, qui omnium principium, medium est et finis, Ihesus Cristus dominus noster.

Construxit[4] eciam diversa castra in Alemannia, puta Dus ex opposito urbis Coloniensis, Keyserswerde, Novimagium, Kufhusen, Demyn et secundum quosdam Swerin.

Quarto[5] anno Octaviani ... Oracius Flaccus poeta florere cepit. ... Unde Lucidarius in prologo[b] de eo dicit: Oracius ingenio perspicacissimus in tantum profecisse dinoscitur, ut non solum multos sui tempore poetas poematum nobilitate, sed eciam scriptis et scribendi preceptis plurimos ad rectam scribendi regulam informaret u. s. w.

Sexto[5] anno Octaviani ... Oracius et Ovidius invectivos contra se invicem fecerunt versus tales propter amicam utriusque:

Rufe doles, quia flere soles, quod pulcra Corinna
Me siciat, me respiciat, cum sit Iove digna.
Me sequitur, mecum loquitur, me curat habere;
Despicitur nec te patitur tua forma placere.

Respondit alius: Cur doleam flens propter eam, vir Livie casse,
Qua melior, qua candidior venumdatur asse.
Quod potuit[c], tibi iuncta fuit, nec deteriori
Te potuit nec digna fuit iungi meliori.

---

a) actitata *D.* b) dyalogo *B.* c) potuit *B.*

1) *Die wenigen stücke aus der zeit vor Karl dem Grossen berücksichtigen im wesentlichen die fassung D, eine einzige mitteilung ist A entnommen; α blieb unberücksichtigt.* 2) *Aus D band I, f. 6. Traum des Nebukadnezar, vgl. Dan. 2, 32 f.* 3) *Aus D f. 11'. Am schlusse der biblischen und alten geschichte, vor dem beginn der erzählung von Julius Caesar.* 4) *Aus D f. 12. Julius Caesar.* 5) *Aus D f. 14.*

Helm. I, 67. Tricesimo[1] VII. anno Octaviani ... Marcomanni autem sicut secundum cronicam Slavorum usitato nomine vocantur gentes undecumque collecte, que marchiam incolunt. Quarum marchiarum in terra Slavorum plures sunt, licet iam unum nomen non omnes sortiantur. Hic Tiberius illo in tempore fertur fundasse castrum illud regale Angheremunde situm in Marchia antiqua, que nunc Brandeburgensis appellatur.

345.

.... secundum[2] Bedam in minori, secundum quem eciam Marcus papa suam sedem asseritur incepisse. Sed ego in presentibus dicta Martini et cronice summorum pontificum Romane prosequens pono[a] Marcum cepisse anno Constantini XXVII. et dictarum cronicarum ordinem et numerum observabo usque in finem operis deo favente.

363.

Liberius[3] nacione Romanus fit papa secundum Hugonem. Sed sequendo gestorum Romanorum pontificum conscriptorem, puta fratrem Martinum, qui cronicam scripsit verbalicam, ponendus est Liberius ad annum Constancii XIIII. Et in hoc concordant diversorum cronographorum scripta.

368.

Notandum[b, 4] autem, quod sunt nonnulli qui senciunt, hoc, quod dictum est de originacione Francorum a Troyanis, per Gallos gentem utique ventosam, vanam laudisque cupidam esse confictum. Siquidem a capcione[c] Troye inclusive usque ad annum Valentiniani primum fluxerunt anni MDXLIIII, mirabile ergo valde est, quod decursus successionum istorum Francorum, qui tempore tanto et per tot secula latuerat, Valentiniani temporibus primo in publicum emerserit; nisi dicatur, quod forte[d] per prophecIam de preterito vel per sompnium innotuerit.

Dictum[e, 5] autem fuit inmediate supra de tempore capcionis et destruxionis Troyane urbis. Cuius quidem capcionis historiam, quia loco debito non inserui, eo quod pretunc ad manus non erat, presentibus inserere decrevi[6]....

Pellis[7] autem inaurate acquisicionem in principio historie ponere cum proposito obmisi, quia eam deliramentis et figmentis frivolis plenam repperi, nolens talibus presens meum opus apocraphis narracionibus viciare.

375.

v. Widuk. I, 12. Sacra[8] eciam illorum[9] sive ydolum, quod vulgariter dicebatur Hermynsul, fuit statua vastissima, in qua sculpte erant ymagines Martis, Herculis et Solis, id est Apollinis. Hermyn enim vel Hermis Grece Mars dicitur et ideo vocabulo illo insigniti usque hodie famantur[10] filii caso Martis, id est bellicosi, licet de pluribus minime verificetur vulgare illud.

---

a) *aus pone D.* b) *deutlicher wechsel der feder in D; offenbar ist das stück frisch dictirt.* c) *auf einer breiten radirten stelle D.* d) forte per *auf rasur D.* e) Dictum autem *auf rasur D.*

1) *Aus D f. 18'.* 2) *Aus D f. 103'.* 3) *Aus D f. 106.* 4) *Aus D f. 115. Bei gelegenheit der langen aufzählung der fränkischen könige.* 5) *Aus D f. 115'.* 6) *Es folgt bis f. 120 die erzählung nach dem 'Viaticum narracionum', wo sie in der Kopenhagener hs. fol. 25' steht unter der überschrift:* Laudes belli apparet gloriosum in capcione Troyane civitatis. 7) *Aus D f. 120.* 8) *Aus D f. 124'. Zum teil wörtlich zurückgehend auf Widukind I 12; doch ist er kaum direct benutzt.* 9) *Der Saxonum.* 10) *Angeregt ist diese bemerkung durch die worte Widukinds:* quo vocabulo ad laudem vel ad vituperationem usque hodie etiam ignorantes utuntur.

383.

Socrates[1] et Theodericus referunt, quod ab anno primo Graciani Sigibertus incepit regnorum contemporalitatem describere, ut patere potest legenti Hinricum de Hervordia etate VI. cap. XLI. in principio secunde partis. Ego autem similiter sub anno presenti describere satagens regnorum quorundam originem, sequar stilum fratris Conradi de Halberstad ordinis mei, qui pulcre et compendiose in quodam tractatu, quem 'de origine regnorum' intitulavit[2], regnorum originem prosequitur. Tractando ergo aliqua de dicto regnorum origine incipere decrevi a regno Romanorum, eo quod inter cetera regna primos genuerit imperatores et eos tenuerit usque ad moderna tempora et forte tenebit usque ad mundi finem[3].

De[4] origine autem regnorum Hispanie, Arrogonie et Castelle auctentica non repperi scribenda, sed illa regna credo originata esse ex divisione tripartita vel quadripartita regni Francorum propter multitudinem filiorum regis Francorum. Nam constat ex cronicis, antiquitus omnia illa prelibata regna unum fuisse et unum regem habuisse. De regnis vero Suecie et Norwegie, ex quo nostris temporibus in unum Danorum regnum redacta sunt, mencionem in presentibus non feci.

419.

Burgundiones[5] secundum Hugonem gens ferox ab Ytalia exeuntes super ripam Reni fluminis tunc resederunt et ibidem crebra habitacula, que vulgo vocantur burgi, id est borghe Teuthonice, condentes ab illis burgis sive castris Burgundiones dicti sunt.

469.

Quidam[6] auctumant, hoc tempore Saxones post multa bella dura totam insulam Britannie sibi acquisivisse et possidere incepisse ac ipsam Angliam nominasse a quadam villa Saxonie, in qua dux eorum natus fuit, que usque hodie Engbele appellatur.

Fassung A.

475.

De[7] isto Theoderico multa figmenta dicta sunt et scripta nullam veritatem habencia, sicud illud de certamine Laurini nani de monte exeuntis et in eum redeuntis, qui fortitudinem 40 hominum virtute balthei sui fingitur habuisse; similiter illud quod fertur pugnasse cum gyganteis hominibus, scilicet Hildebrando, cornuto Seghefrido et monacho Ylsingo ac Wigando, que pocius conficta sunt ad delectandum auditum, quam ad veritatis narracionem[8].

Fassung D.

493.

De[9] isto Theoderico fabule plurime solum ad delectandum sunt conficte auditum simplicium et multum[a] vulgate, ut est Ortus rosarum, in quo fertur conflictum habuisse cum Laurino nano et cum gygantibus, puta Hildebrando, Wedekino et Syfrido, de quibus plura narrantur frivola. Qualis tamen fuerit in veritate dictus Theodericus, ostendit Sydonius libro primo epistolarum suarum, dicens *u. s. w.*

a) *t auf rasur D.*

1) *Aus D f. 126.* 2) *Einen tractat 'De origine regnorum et de regno Romanorum' führen Quétif-Echard, SS. ordinis Praedicatorum I 610 an.* 3) *Es werden bis f. 138 die sämtlichen regna durchgesprochen. Ferner ordnet regnum* Romanorum, Francorum, Anglorum, Scotorum, Lombardorum, Amazonum, Hunorum *u. s. w.* 4) *Aus D f. 128.* 5) *Aus D f. 153.* 6) *Aus D f. 162.* 7) *Aus A f. 64. Die fassung B liegt mir nicht vor.* 8) *Aus D f. 170'.* 9) *Man vergleiche dazu die kurz vor Korners zeit abgefasste bemerkung bei Theodericus de Nyem, De scismate libri tres (rec. G. Erler, Lips. 1890) s. 220:* Hunc etiam regem Theodericum Alemanni diligere videntur, quem

796.

Leo[1] papa .... Ipse eciam rogatu Karoli ecclesiam beate Marie in Colonia
ju. 2. que dicitur in capitolio 6. Nonas Iulii cum trecentis et 72 episcopis consecravit. Post dies vero 14 ecclesiam beate Marie Aquisgrani similiter cum eisdem episcopis consecravit et tot annos indulgenciarum dedit eidem ecclesie.

803.

Ordo(1) [2] Wilhelmitarum cepit in heremo per Wilhelmum ducem Aquitanie secundum regulam sancti Benedicti.

807.

Saxones[3] secundum Egghardum in Synndfelt, que sunt latissima campestria inter Myndam et Padelbrunne usque ad Werram et Emesam fluvios, conglobati ad bellum a Karolo subacti sunt et tercius homo ibidem de Saxonibus vix remansit vivus. Interea Willan princeps Obotritorum, cum ad Karolum regem transire vellet, apud Lunaburg interfectus est.

912.

Sem. 72. Conradus[4] primus .... Hic rex virtuosus fuit — Wydekindi regis Angarorum. (Cuius[5] gracia notandum secundum Eggharduin, quod postquam Wydekindus rex factus fuit cristianus, genuit Wikbertum ducem cristianum. Wikbertus vero genuit Walbertum, qui ecclesiam fundavit in Wildeshusen. Walbertus autem genuit Ludolfum nobilissimum et cristianissimum, qui monasterium in Ganderseheym fundavit. Dux vero Ludolfus genuit hunc Oddonem sive Ottonem invictissimum, qui in regem Romanorum electus fuisset, si acceptare voluisset, ut premissum est. Similiter Ludolfus predictus pater Oddonis genuit Brunonem et Tanquardum fratres Oddonis. Qui Bruno dux fundavit urbem Brunswicensem, qui postea cum fratre suo Tanquardo, devictis Danis, in Teuthoniam cum multo populo rediens, inundacione quadam gravi ymbrium pariter perierunt).

920.

Sem. 73. Henricus[6] primus Saxo, filius Ottonis ducis Saxonie cognomento vogheler de Luthgarda filia Arnulphi imperatoris, imperat 17 annis per Alemanniam. Huic cum nescio — frequentabatur. Regnavitque solum per Alemanniam et ideo nomen regis Romanorum sibi non
Sem. 74. congruit. Hic erat prudens et deum timens et[7] tocius religionis amator. Ipse Brandenburgh — et venam argenti invenit. Hic tres filios — ducem Bawarie et Swevie. Iste[8] Hinricus in monte circa opidum Quedelingborgh — et undecies mille marcas. (Ad[9] hoc monasterium pertinebant comitatus de Glicra, de Wyda, de Plawis et de Rutsen, qui nunc comites, pro tunc puellarum advocati nominabantur, et ex hoc tota illa provincia adhuc sortitur nomine, ut Terra advocatorum dicatur.) Hoc eciam monasterium maximis libertatibus

(1) *β lautet in a f. 89 zum jahre 808:* Wylhelmus dux post dura bella barbarorum heremum intravit et ordinem Wylhelmitarum condidit.

adhuc Theodoricum de Berne Germanicus vulgus appellat, necnon quasdam de ipso cantilenas in vulgari Theutonico ad ipsius regis laudem dictaverunt, quae adhuc plerumque per rusticos et mechanicos decantantur. *Vgl. auch Ekkehard, M. G. SS. VI 130.* 1) *Aus A f. 86; in D verderbt.* 2) *Aus A f. 88; vgl. D bei Korner 437. Siehe auch Chronicon Sampetrinum 9.* 3) *Aus D f. 225. Nur hierin, vermutlich aus der erst für D benutzten Mecklenburgischen quelle. Vgl. die einleitung.* 4) *Aus D f. 247.* 5) *D gibt diesen stammbaum vermischt mit angaben aus Heinrich von Herford schon einmal zum jahre 786.* 6) *Aus A f. 106'. In B und D nach Heinrich von Herford.* 7) *A f. 107.* 8) *Siehe hierzu D bei Korner 530.* 9) *Dieser satz fehlt in a.*

et privilegiis tam papalibus quam imperialibus est decoratum. Exemptum etenim est et immediate subiectum sedi apostolice et dominus papa abbatissam confirmat et non Halberstadensis episcopus, in cuius dyocesi monasterium situm est. Iste eciam Henricus fundavit monasterium Wenethehusen ordinis sancti Benedicti et uxor sua domina Mechtildis collegium Sancti Eustachii in Northusen instituit, quod nunc ad Sanctam Crucem dicitur.

938.

Otto[1] Magnus Hinrici primi et Mechtildis filius imperat annis 37. Hec Mechtildis filia fuit Rec. II regis Angarorum(1). Hic fuit primus imperator Teuthonicorum(2), fuit enim II. imperator Theutonicorum a Karolo, sed nullus post Karolum Magnum imperavit universaliter, nisi(3) iste. Et quia est primus de lingua Teuthonica, qui universaliter imperavit, ideo primus Theutonicorum dicitur imperator. Fuit autem hic Otto — illustrem. Hic Otto fundavit — maioris ecclesie.

961.

Otto[a.2] itaque imperator prius existens dux Saxonie et Westphalie, videns fratres suos Hinricum et Brunonem[b] cum duce Ludolfo filio eius proprio sibi rebelles fore, ducatum Saxonie et Westphalie, qui iure hereditario Ludolfo filio eius et Hinrico fratri suo[c] debuerat, abstulit et cuidam Hermanno filio Wilingi de curia Stubbekeshorn, iam per sex miliaria distans a Luneburg, protunc Saxonie et Westphalie prefecto concessit et donavit (et ita ducatus Saxonie et Westphalie de stirpe Widekindi est ablatus). Iste autem Hermannus Willingi rustici filius de curia Stubbekeshorne ab Ottone Magno susceptus fuit primo in numerum ministrorum, deinde ipsum nutricium fecit filiorum suorum. Mox vero succrescentibus ipsis commisit ei vices prefecture, eo quod acris esset ingenii, decoris forme et magne humilitatis et virtutis. In quo officio prefecture strennuus extitit et in iudiciis faciendis iustus et rectus. (Nam litones suos pro furto in iudicium delatos data sentencia omnes ad mortem dampnavit). Cuius novitate facti carus populo et clarissimus factus est in palacio. Otto vero adhuc existens cesar Ytaliam intraturus de consilio suorum fidelium eidem Hermanno tutele vicem in Saxonia et Westphalia commisit. Postquam vero imperator rediit et famam Hermanni simul et strenuitatem ac probitatem perciperet, ipsum ducem fecit anno ab incarnacione domini 964. et ducatum Saxonie et Westphalie sibi suisque heredibus perpetuo legavit. 964. Quem deo auxiliante iusticia et iudicio gubernavit et in defensione ecclesiarum dei studiosus usque in finem permansit. Nam Hammenburgensi et Bremensi ecclesie fidelis extitit et devotus. Ipse[3] monasterium Luneburgense de monte castri intra civitatem, ubi nunc est, transtulit et clericos in monachos transmutavit ordinis sancti Benedicti, post dedicatum in honorem sancti Michaelis scilicet anno domini 1055, quod postea 1055.

(1) Efficitur vero imperator anno a regimine Theutonicorum 138. a. m. a. Rec. II.

(2) exempto enim imperio ab Ytalicis sibi Theutonici imperaverunt usque ad presens tempus. a. m. g.

(3) st. nisi — dicitur imperator a: et ideo dicitur primus perfectus imperator Theutonicorum.

a) Nota hic ortum genealogie ducum de Brunswik et Luneborg. am Rand A. b) archiepiscopum Coloniensem a. m. a. c) aus A.

1) Aus A f. 108'. Siehe D bei Eccard 836. 2) Aus A f. 110. Siehe die verarbeitete Form von D bei Eccard 839 f. Vgl. auch Adam II 8, der jedoch Korner nicht selbst vorgelegen hat. 3) Vgl. Chronicon S. Michaelis Luneburgensis, M. G. SS. XXIII 394 und den Titulus SS. XXIII 397.

filius suus Benno devote complevit, quendam virum religiosum nomine Ludericum de monasterio Sancti Panthaleonis Colonie ei[a] monasterio preficiens in abbatem. Hic Hermannus dux Saxonie et Westphalie genuit — *u. s. w. wie D bei Eccard 539. 540* — tediosum esset scribere.

974.

Herr. 98. Otto[1] rufus filius Ottonis primi imperat 10 annis. Hic vivente patre — sede locatur. Hart. 466. Hic filio suo Ottone adhuc parvulo in Saxonia relicto sub[2] tutela Hermanni ducis Saxonie et Westphalie, quem idem Otto magno favore prosecutus est, sicud Lam. a Vang. pater eius fecerat, cum regina et exercitu — et imperatorem. Huic dum Ytalici — letanter exhortabatur. Ipse[3] eciam Longobardiam, Bohemiam, Poloniam aliasque multas gentes Romane subdidit imperio, Lotharingiam vero et Franciam suo subiecit dominio. Ipse eciam theloneum, quod est in salina in Luneburg, per privilegium monasterio Sancti Michaelis confirmavit et donavit.

975.

Dux[4] Hermannus obiit in Cristo, filius Wilingi rustici, et sepultus est in monasterio Sancti Michaelis in Luneburg.

976.

De[5] imperio Constantinopolitano amplius non fiet mencio notabilis vel tantam, quantam hucusque fecimus, non faciemus.

983.

Slavi[6] contra Saxones arma moverunt et Brandenborg ac Havelberg episcopatus destruxerunt.

989.

Otto[4] cesar cum in sua eleccione multos haberet principes contradictores, nobilis dux Benno sive Bernhardus et frater suus Luderus, filii Hermanni, fideliter ei astiterunt, et eorum auxilio Romam perductus augustalem suscepit coronam a papa (Gregorio, quem reposuit in sedem suam, alio depulso).

992.

Basilica[7] Sancti Stephani in Halberstad combaritur et a Hyldemaro episcopo Oct. 16. reedificatur et consecratur in die sancti Galli, auxilio fere 20 episcoporum. Ad cuius ecclesie dedicacionem Otto imperator cum Adelheyda imperatrice et tocius Saxonie optimatibus presens aderat.

1011.

Benno[8] qui et Bernhardus dux Saxonie et Westphalie obiit, qui iuxta fratrem suum Luderum comitem in cripta monasterii Sancti Michaelis in Luneborgh est sepultus. Qui fratres ambo post destruccionem eiusdem monasterii, quam cives Luneburgenses

a) eius *A*.

1) *Aus A f. 111'. Siehe D bei Eccard 541.* 2) *Vgl. Chron. S. Michaelis, SS. XXIII 394.* 3) *Aus A f. 111'; fehlt a. Vgl. Chron. S. Michaelis, SS. XXIII 394.* 4) *Nur in A f. 111'.* 5) *Aus A f. 112. Siehe D bei Eccard 115.* 6) *Aus A f. 112. Vgl. Chron. S. Michaelis, SS. XXIII 394.* 7) *Aus A f. 115'. Siehe D bei Eccard 551. Vgl. Annalista Saxo zu 992, M. G. SS. VI 636. Gesta ep. Halberstad. SS. XXIII 86. Thietmar IV 18.* 8) *Aus A f. 116'. Vgl. D bei Eccard 563. Vgl. sonst genauer Chron. S. Michaelis, SS. XXIII 394.*

fuerant(2), sunt in civitatem translati(3). Huic Bennoni successit Bernhardus filius eius, qui malicia patrem transcendens factus est vir tocius discordie et turbator patrie, ut infra patebit.

1042.

Erat in[1] Oxonie terre Anglie sanctimonialis deo valde devota Frediswida, cuius corpus requiescit in ecclesia monachorum dicti opidi. Hanc virginem adamavit rex Anglorum, eo quod speciosa valde esset. Quadam igitur die cum sanctimoniales in prato prope monasterium suum consito iuxta consuetudinem earum in solaciis exercitarentur, contigit regem predictum pertransire opidum sepedictum. Qui cum intueretur virginem, quam diligebat, mox ad ipsam rapiendam festinavit, equum calcaribus agitando. Ipsa vero regis mentem intelligens, subito taurum quendam ascendit et fluvium, qui de prope erat, in eo transiens ad monasterium suum pervenit. Propter cuius quidem virginis transvadacionem dictum opidum Oxenford, id est vadum tauri, appellatur. Rex igitur propter virginis fugam in furiam[a] versus minatus est monasterium illud funditus se velle destruere, nisi Frediswida statim sibi presentaretur. Virgo autem sancta timens periculum monasterio suo imminere, misit nuncium ad regem querens, quid in suo corpore haberet, in quo ipse rex magis delectaretur? Respondit rex, quod propter oculos suos eam tam vehementer diligeret. Quod ipsa audiens mox oculos sibi ipsi eruit et in disco operto regi destinavit. Quos videns rex confusus recessit et post illum diem nec ipse nec quicumque alius de regibus Anglie opidum illud ingredi potuit sine vite vel sanitatis privacione usque in hodiernum diem. Sanctus vero Edwardus rex cupiens hanc divinam ulcionem iuxta posse removere, ieiunio et abstinencie sese dedit. Quibus peractis cum suis optimatibus[b] processionaliter incedens nudis pedibus venit ad ecclesiam sancte Frediswide virginis et offerens ei munera sua suppliciter rogavit virginem sanctam, ut apud deum obtinere dignaretur regum ingressum in dictam civitatem Oxoniensem, prout alias ante suam offensam absque lesione et periculo ingredi consueverant. Cumque oracionem suam complesset et surgens ecclesiam egredi vellet, bracce sue solute ad pedes suos labebantur. Quod vir dei sensiens subridendo dixit: 'Facete, dulcis virgo, facete, noli confundere servum domini tui'. Quo facto divulgato, nullus regum amplius intromittere se ausus est de ingressu dicte civitatis.

1062.

Alexander[2] papa .... Iste citavit per bullas peremptorie Hinricum regem Romanorum ex instinctu principum, qui sibi invidebant, per episcopos[c] Coloniensem et Baben-

(2) anno 1371. s. m. c.
(3) et sepulti in monasterio Sancti Michaelis denuo reedificato s. m. c.

a) furam B. b) opertimatibus? B. c) Annen s. m. c.

1) *Aus B f. 179 am unteren rand. Die fassung D siehe bei Eccard 580. S. Frideswida. AA. SS. Boll. 19. Oct. VIII 534 f. Eine spur dieser erzählung unter der überschrift* De aspectu oculi *in der 'Scala celi' (Ulm 1480. Göttingen, Univ.-Bibliothek, Patr. lat. 1136 d) f. 16:* Cum rex Anglie monasterium quoddam sanctimonialium intrasset et ibi vidisset pulcherrimam sanctimonialem, dedit optionem abbatisse, vel quod monasterium combureret aut illam quam appetebat obtineret. Quod cum audisset monialis, rogavit ut diceret, quid in ea plus placuisset, et audiens quod oculi sui eum illaqueaverant, sibi ipsi eos eruens in vase regi misit dicens: Mitto tibi balistarios corruptionis, duces sceleratos, qui longius ferientes et pluribus animis nocent. Quod rex attendens continuo penitenciam egit. 2) *Aus A f. 125'. In B und D weggefallen.*

bergensem, quem idem rex direxerat Rome pro thezauro suo congregando, obiciens sibi symoniacam vendicionem episcopatuum et malum statum vite sue.

1077.

Secunda[1] pugna Hinrici regis Romanorum contra Saxones et regem Rodolfum in orientali Francia facta est, ubi ex utraque parte multi ceciderunt prope Medilrichstad
Juli 26. 7. Kal. Augusti. Nam Rodolfus dux Swevorum electus in Forchem in regem Romanorum a principibus (prout supra dictum est) et a Sifrido archiepiscopo Moguntino consecratus Herbipolim obsedit, sed non apprehendit(1).

1080.

Expedicio[2] regis Hinrici contra Saxones fuit[a] et pugna tercia prope fluvium Unstrud
Jan. 26. 7.[b] Kal. Februarii cum magno utriusque partis casu (commissa est).

1084.

Clemens[3] papa, qui et Wigbertus Ravennensis episcopus, electus a rege Hinrico
März 24. consencientibus Romanis super Gregorium in die palmarum coronatur ab episcopis Bononiensi, Muttinensi et Tervinensi.

1086.

Pugna[4] Hinrici imperatoris quinta facta est in suburbio Herbipolensi (cum Saxonibus et Swevis) et[c] perierunt multi utrobique[d].

1087.

Wormacia[5] (civitas) incendio consumitur.

Fassung a.	*Fassung A.*
Pugna[6] Hinrici imperatoris contra Saxones in Thuringia, ubi multi interierunt duo- Febr. 20. decimo Kalendas Marcii.	Hinricus[7] imperator sexta pugna Saxones aggreditur in Thuringia et eos devincens multus populus ex utraque parte interiit[8].

1089.

Imperator[9] obsedit castrum Lichen in Thuringia landgravii Egberti de Brunswick.
Dec. 24. Qui Egbertus pugnavit cum imperatore in vigilia natalis domini et ipsum fugere compulit.

---

(1) Nam Hinricus rex de Longobardia veniens trina digressione facta contra Rudolphum vicit
[illegible] ipsum manu in prelio amputata. De isto dicit Gregorius — in regem. Hic post amputacionem manus Merseborg veniens, culpam suam confessus est coram episcopis, manum amputatam, quam contra dominum suum erexerat, ostendendo, ibidem defunctus et sepultus est. c zu a.

---

a) et fuit *A.* b) 6. *a.* c) ubi *a.* d) 6. Idus Iulii *a. zu a.*

1) *Aus A f. 125'; in D bei Eccard 619 als* Tercia. 2) *Aus A f. 126; fehlt in D. Die* quarta expedicio *in a und A zu 1081 nach Heinrich von Herford 129. Siehe D bei Eccard 620.* 3) *Aus A f. 126; siehe D bei Eccard 622. Vgl. Martin von Troppau, SS XXII 434 und Sächs. Weltchronik 176.* 4) *Aus A f. 126; siehe D bei Eccard 624.* 5) *Aus A f. 125'; fehlt in B und D.* 6) *Aus a f. 127'.* 7) *Aus A f. 126.* 8) *Die nachricht fehlt in B und D.* 9) *Aus A f. 127. In D bei Eccard 626 mit dem folgenden stück zusammen. Beide wol aus dem vollständigeren Albert von Stade. Vgl. die ausgabe von Reineccius (Helmst. 1587) f. 140'. 141 zu diesen jahren.*

1090.

Egbertus lantgravius[(1)] Thuringorum interficitur in quodam molendino[a] fugiens ymbrem, cum quiete[(2)] sedisset et soporari cepisset, ab amicis imperatoris. Iste Egbertus fundator fuit Sancti Cyriaci martiris extra muros Brunswik.

1095.

Petrus[1] Hispanus (non ille qui logicales fecit tractatus, quia ille frater erat ordinis Predicatorum, sed alius) per totum imperium — ut asseruit. Sen. 1, 82.

1098.

Yvo[2] Belvacensis prepositus a papa Urbano consecratur episcopus Carnotensis. Hic librum decretorum composuit (non tamen illum, quem ecclesia communiter legit, quem composuit Raymundus magister ordinis Predicatorum, sed alium quia plures libri[b] decretorum sunt compositi, prout dicit Hostiensis in principio Summe sue, sed nisi Raymundi liber communiter legitur). Scripsit eciam hic Yvo plures epistolas ad diversos principes et prelatos ecclesie. Sen. 133.

Ordo[3] Templariorum per Godefridum regem Iherosolimorum institutus est secundum Vincencium de militibus et militaribus sui exercitus. Hic ordo Templariorum est constitutus, quia iuxta templum domini est institutus et pro custodia et tuicione eiusdem templi est instauratus. Dum. 684.

1099.

Conradus[4] Ultraiectensis episcopus feria 4. pasche post missam ab eo celebratam in domo propria a quodam suorum famulorum occiditur[5]. apr. 14.

1104.

Civitas[(3)][6] Lubicensis terre Wagirorum construitur et fundatur per Trutonem principem Slavorum secundum cronicam Lubicensem prope villam, que Swartowe nuncupatur.

(1) st. lantgravius Thuringorum a: marhgravius.

(2) st. quiete — cepisset a: quieti se dedisset.

(3) § lautet in B f. 193 unten am rand: Secundum cronicas Lubicensium hoc anno urbs Lubicensis instaurata est a[c] Trucone in loco iuxta villam Swartow, qui in provinciarum antiqua Lubik nuncupatur, et bene edificata est ibidem et repleta mercatoribus, sed non diu ibidem perseveravit, quia destructa est a Slavis non longe post, et est[d] posita in loco, ubi prius posita[e] fuerat, scilicet inter Trabenam et Wokenis. Post hec iterum destructa est per ignem. Ante cuius incineracionem alia civitas instaurata erat per Henricum Leonem super Wokenitz nomine Lowenstad. Sed cum Lubeke combusta esset, civitas illa Lowenstad periit et nova Lubek reedificata est in loco ubi iam est, prout patebit locis suis debitis infra[7].

a) molino A. b) so A. c) a Trucone über der zeile B. d) auf rasur B. e) ubi prius posita non auf rasur, non getilgt B.

1) Aus A f. 127; fehlt D. 2) Aus A f. 127'; fehlt D. Vgl. Martin 439. 3) Aus D band II, f. 12; fehlt in B. Ist der erste aus Detmar genommene §. 4) Aus A f. 128; fehlt in a. In D bei Eccard 636. Vielleicht aus dem vollständigeren Albert von Stade? 5) Getötet 1099 apr. 14. 6) Aus D f. 12. Vgl. Helmold I 57. 7) Vgl. Helmold I 57 und Detmar 206. Hierin die erste erwähnung der cronica Lubicensium von B. Siehe auch oben s. 423 den vermerk von H zum selben jahre.

Sed in hoc loco non diu perseveravit, quia secundum Helmoldum in cronica Slavorum destructa fuit a Slavis non diu post ipsius instauracionem et secundum eum fundata fuit ibidem a predicto Trutone eo anno, quo contra Buthne filium Godeschalci triumphaverat, qui fuit annus domini MLXXIII. Hoc autem presenti anno fundata fertur in loco, ubi in presenciarum sita est, per eundem[a] Trutonem principem Slavorum et mercatoribus repleta. Castrum vero eidem urbi iunxit solempne, in quo ipse cum suis se locavit et ab eo inimicis suis restitit.

1105.

Secundum[1] cronicas Lubicenses hoc anno civitas Lubeke constructa est in loco iuxta Swartowe villam, qui hodierna die antiqua Lubeke dicitur, que quidem civitas perantea sita fuerat inter Trabenam et Wokenitz, ubi iam iacet.

1106.

Slavi[2] de Stormaria ante Hammenburg spolia abstulerunt, quos mox Godefridus dux Saxonie, qui Magno successerat, insecutus ab ipsis interfectus est. Cuius ducatum imperator Hinricus primo Ludero et postea contulit nobili comiti[b] Adolfo de Schowenborg. Qui optime concordavit cum Hinrico rege Slavorum et optimus cristianus erat in edificandis ecclesiis et in aliis operibus piis; habitacionemque suam habuit cum suis in castro Lubicensi. Ubi civitatem condidit idem Adolfus anno ab incarnacione domini 1100, iuxta locum, qui nunc Swartowe[c] appellatur.

1108.

Helm. 1,34. Factusque[3] est Henricus dominus tocius Sclavorum provincie et servierunt ei sub tributo. Porro in universa Sclavia nondum erat ecclesia vel sacerdos secundum Helmoldum in cronica Sclavorum, nisi[d] in urbe tantum, que nunc vetus Lubika dicitur, eo quod Henricus cum familia sua sepius illic moraretur. Que urbe primo constructa est a Trucone principe Sclavorum eo anno, quo de Buthue triumphaverat, prout supra dictum est anno 17. Henrici 4, domini vero 1073. Quidam volunt civitatem hanc primo fundatam esse in loco, ubi nunc villa Swartow iacet, et postea translatam fuisse ad situm hunc inter Trabenam et Wokeniz, ubi modo condita est, sed de eo auctenticum non inveni, nisi solum vulgare dictum. Cronica vero Slavorum, que inter scripta moderna satis habetur auctentica, dicit Truconem predictum fundasse eam prima sua fundacione prope castrum, quod in eodem loco, ubi nunc sita est, fundaverat, sed funditus destructam per Sclavos, priusquam edificaretur ab Adolfo comite Holtsacie tempore Henrici Leonis magni, prout patebit suo loco.

1109.

Helm. 1,36. Cum[4] autem Henricus Slavorum princeps sederet in urbe Lubicana quiete secundum Helmoldum, cum — in manu cristianorum in ipso die. (Locus vero prefatus Raniberg est prope urbem ad parvum spacium, ubi in presenciarum est situata. Ex quo manifeste

a) eundem Trutonem *auf rasur D.* b) comite *A.* c) Schartow *a.* d) nec *B.*

1) *Aus A f. 128', wo die nachricht am rand eingetragen ist; fehlt in a. Vgl. hierzu D und B zu 1104.* 2) *Aus A; fehlt in D und B. Ihr anfang vielleicht auf Helmold I 35. 36 zurückgehend; zum übrigen vgl. Detmar 206.* 3) *Aus B f. 297; D kürzer, siehe bei Eccard 649. Vgl. A oben zu 1105. Der deutsche Korner fügt dem bericht aus D noch zu:* Men do de vorste Hinrick de herschop kreeh, do buwede one kleine kerken vere van deme slote, de butre dages genomet is Sente Johannes kerke uppe deme sande; dar held he enen prester to, de dar ynne missen las, wente he mesteliken uppe deme slote to wesende plach. *Vgl. auch die nachrichten von H zu 1114 und 1159, oben anhang I s. 535. 536.* 4) *Aus D f. 15; der name fehlt in B.*

apparet, primam fundacionem suam esse factam a Trutone in loco, ubi iam situata existit, cum ante hec tempora non legatur sub aliquo autentico cronographo fuisse destructa, sed porius post.)

1119.

Gelasius[1] vero papa concilium Vienne celebravit, cui prefuit Cuno cardinalis legatus pape, in quo concilio imperatorem excommunicavit. Unde idem papa ob timorem imperatoris cum cardinalibus Iagetam[a] accessit, ut inde per mare pergeret in Franciam, ut concilium celebraret Remis. Et veniens ibidem in monasterium Cluniacum defunctus est.

Kalixtus[2] papa nacione Burgundus archiepiscopus Viennensis sedit annis sex, tribus mensibus et diebus 21. Hic a cardinalibus in Cluniaco concorditer est electus. Hinricus vero imperator — suam confirmacionem. Romani quoque ducti penitencia, quod Burdinum elegissent, papam Callixtum Rome vocaverunt, qui cum per Provinciam, Longobardiam et Thusciam Romam pervenisset, solempniter et cum gaudio a Romanis est receptus. Burdinum quoque ceperunt in Sutrio, ubi se absconderat, et retrogradum asino imposuerunt, et ita a pueris et vulgo illusus in abbacia Cavae[b] incarceratur. [illegible]

1121.

Conventus[3] canonicarum fundatur in Luttere prope Brunswik per Bernhardum comitem de Haldesleve secundum cronicam Saxonum.

1122.

Cenobium[4] Falderense terre Wagirorum secundum Helmoldum in cronica Slavorum fundatur ab Adulfo comite de Schowenburg, nuper a Ludero duce Saxonum comite facto.... Hoc quidem cenobium in presenciarum Bardesholm nuncupatur, translatum de Novo Monasterio in locum presentem. [illegible]

1124.

Fames[5] permaxima orbem profligavit et maxime Galliam, in qua Karoli marchionis Flandrie enituit industria. Qui ut annona et lac ad victum hominum plus habundaret, serviciam in terra sua fieri prohibuit et in diversis locis pauperibus cottidiana ministrabat victus stipendia.

Demyn[6] civitas cum castro suo fortissimo fidem Cristi ab eodem Ottone episcopo[7] suscepit pro eodem tempore. Et dicta est urbs Demyn veteri interpretacione quasi domina mundi ob fortitudinem et solempnitatem castri adiacentis, a Iulio Cesare fundati secundum cronicam Slavorum. Cuius insignis fortitudinis excellenciam ruine patentes ostendere videntur. Extunc namque non cessavit antistes ille invictissimus ab incepto opere, donec integram Pomeranorum provinciam[c] cum omnibus suis primoribus et nobilibus Cristo domino lucratus fuisset.

1125.

Lotharius[8]... Sub isto cristianissimo imperatore imperium pace affluebat, copia

a) Galetam c. b) so A. c) [illegible] D.

1) *Aus A f. 121. Siehe D bei Eccard 661. Vgl. Martin von Troppau, SS. XXII 435.* 2) *Aus A f. 32. Siehe D bei Eccard 662. Vgl. Martin a. a. o. und Sächs. Weltchronik 203.* 3) *Aus B f. 200, wo die nachricht unten am rand steht. Siehe D bei Eccard 663. Vgl. Cronica ducum de Brunswick, M. G. Deutsche Chroniken II 581.* 4) *Nur in D f. 18'.* 5) *Aus A f. 131'; fehlt in B und D. Sigeberti Contin. Praemonstr. M. G. SS. VI 449 gibt zu 1125 eine ähnliche nachricht, nur wesentlich kürzer.* 6) *Aus D f. 19; fehlt in B. Vgl. Eccard 666.* 7) *Von Bamberg.* 8) *Aus A f. 132'. In D nicht vorhanden. Vgl. Eccard 669.*

rerum exuberabat, religio monasteriorum florebat, iniquitas conticescebat[a] et maxima concordia inter sacerdocium et regnum vigebat. Fuit namque honestus vita et graciosus omnibus et illustris.

1126.

Lotharius[1] rex Romanorum tradidit filiam suam Ghertrudem Hinrico Leoni cognomento Katulus, id est wolpe, duci Bawarie cum ducatu Saxonie et Westphalie, cuius pater erat Hinricus niger dux Bawarie, qui ex matre traxit originem de Saxonibus, quia Vulpildis erat filia ducis Magni Saxonie. Hic rediit ducatus Saxonie ad semen (Hermanni) Wilingi.

(1127.)

Cometa[2] parva apparuit super Flandriam multo tempore.

1128.

Beer. 148. Magister[3] Hugo nacione Saxo ex dyocesi Halberstadensi de Sancto Victore canonicus Parisiensis[b] floruit. Qui cum in infirmitate (ultima) laboraret et nullum cibum retinere posset, corpus dominicum sibi dari cum multa instancia postulavit[c]. Tunc fratres eius turbacionem sedare volentes non consecratam hostiam instar[d] dominici corporis ei detulerunt. Quod ille cognoscens in[e] spiritu ait: 'Misereatur vestri deus, fratres, cur me deludere voluistis? Ille enim non est dominus meus, quem portastis'. Mox illi stupefacti cucurrerunt et corpus dominicum sibi portaverunt. Sed ille videns, quod recipere non posset, elevatis in celum manibus sic oravit: 'Ascendat filius ad patrem et spiritus ad eum, qui fecit illum'. Et inter hec verba exspiravit et corpus domini ibidem disparuit.

1131.

Innocencius[4] papa nacione Romanus ex patre Iohanne sedit annis 13, mensibus 7 et diebus 8. Iste totam ecclesiam simul et claustrum Sancti Salvatoris a fundamentis renovavit et condempnavit totam partem Petri Leonis(1). . . . Post hoc Innocencius celebravit concilium Leodii, presente rege Lothario cum regina domina Rixa et presentibus 30 episcopis, ubi Otto Halberstadensis episcopus restituitur in sedem.

Sanctus(2) Godhardus Hildensemensis episcopus de tumba levatur, concomitantibus multis prodigiis(3).

1133.

Northertus[5] archiepiscopus Magdeburgensis mutavit canonicatum ecclesie beate Marie in Magdeburgh in ordinem Premonstratensium, quem ipse incepit. Similiter episcopatus Brandenburgensem et Havelbergensem in eundem ordinem mutavit.

(1) cum ordinacione ipsius s. m. a.
(2) [b] sanctus o.
(3) cuius monasterium constructum fuit ibidem a Bernhardo episcopo eiusdem civitatis a. m. a.

a) so A und e. b) Parisius a. c) postulabat a. d) ad instar a. e) per spiritum a.

1) *Aus A f. 133. Siehe D bei Eccard 671. Vgl. Sächs. Weltchronik 203.* 2) *Nur in a f. 125', etwa zu 1127.* 3) *Aus A f. 133; siehe D bei Eccard 672. Grosse Ähnlichkeit zeigt der Bericht des Gobelinus Persona bei Meibom, Rer. germanicar. 269.* OESTERLEY. 4) *Aus A f. 133'; siehe D bei Eccard 673 und 674. Wol aus dem vollständigeren Albert von Stade; vgl. Detmar 227. 229.* 5) *Aus A f. 134'; siehe D bei Eccard 679. Vgl. Detmar 229.*

1134.

In[1] Anglia puella in tantum elevata est in altum, quod videri non posset. Ibique diu morata tandem nuda cecidit et mortua repente fuit.

(1136.)

Havelberg[2] capitur et destruitur cum ecclesia.

1137.

Florencius[3] frater Thiderici — secundum Wilhelmum — iuxta eorum demerita reliquerunt[a]. Bem. 152
(Huius patrie gens Frisonica, quamvis hiis temporibus ruralis valde sit et inculta, antiquitus tamen militaribus exerciciis multum erat dedita, ut puta populus, qui multas terras et provincias exterruit et vastavit gladiis suis. Nam Karolus Magnus cum isto populo multas sibi gentes rebelles perdomuit et plures urbes sibi subiugavit. Quapropter ipsos Frisones valde extollens ultra ceteros Saxoumm populos nobilitavit, prout clarius patet legenti bullam eius super hac extollencia eis data ab ipso, quam prime parti cronice huius inserui, cum de temporibus dicti imperatoris Karoli scriberem).

1138.

(Race[4] de progenie Grerorum veniens destruxit Aldenburgh civitatem.)

Race[5] de progenie Grecorum cum Rugianis castrum et civitatem Lubyk destruxerunt.

1144.

Lucius[6] papa pre nimio dolore mortuus est, eo quod Terra Sancta ab inimicis Cristi capta fuerat et cristianis ablata.

1145.

Eugenius[7] papa .... Huius auctoritate confirmati sunt canonici regulares in ecclesia sancti Wigberti in Quedelingborg. Ipse eciam canonizavit sanctum Hinricum imperatorem sepultum in Babenberg.

1149.

Albertus[8] marchio (de Soltwedele, qui nunc est) Brandeburgensis (cum de transmarina reversus esset expedicione) vocatis hominibus de Hollandia, (Selandia)[b] et Flandria ab urbe Soltwedele usque ad saltum Bohemicum terram suam tradidit eis inhabitandam. Has inquam terras olim Saxones dicuntur inhabitasse, sed Slavi Saxones occiderunt, unde eo tempore Stendal condita est et terra vicina a Flamingis est inhabitata. Sebusen vero et terminos pratenses Hollandi incoluerunt et vagos cursus Albio fluvii aggeribus (prout in suis consueti erant terris) artaverunt.

1150.

In[9] territorio Taruanensi in vico qui dicitur Sempis puella quedam[c] 14 annorum

a) rūa auf rasur D. b) am rand A; fehlt a. c) circiter a. zu a.

1) Aus A f. 134'; fehlt in D und B. 2) Nur in a f. 128, etwa zu 1136. 3) Aus D f. 21'; der zusatz fehlt in B. Die stelle aus dem ersten teil der chronik steht bei Eccard 434 f. 4) Aus A f. 135; fehlt in a. In D bei Eccard 692 aus Helmold I 55. 5) Aus a f. 128; fehlt so in A. Vgl. Detmar 231 nach Helmold. 6) Aus A f. 135'; fehlt in D und B. Vgl. Detmar 234. 7) Aus A f. 136; siehe D bei Eccard 689. Vgl. Chronica minor, M. G. SS. XXIV 192. 8) Aus A f. 136'; siehe D bei Eccard 697. Vermutlich nicht aus Helmold I 88. Vgl. abweichend auch die interessante fassung der deutschen Korner zu 1151, oben im anhang I s. 5.. 9) Aus A f. 137; siehe D bei Eccard 700.

morbo correpta est, in quo per 45 septimanas laborans nichil omnino commedit, sed in die pasche percepta eucharistia convaluit et appetitum commedendi recuperavit.

1151.

märz 15. juni 15. A[1] medio Marcii usque ad medium Iunium ventus frigidus et siccus efflavit et abhinc usque ad sequentem annum frequentes inundaciones pluviarum fuerunt, ex qua aeris intemperie subsecuta est magna karistia.

(1152.)

juli 31. Pridie[2] Kalendas Augusti in crepusculo noctis globus igneus guttas flammeas inferius distillans ab oriente in occidentem visus est transvolare.

jan. 1. In[3] Kalendis Ianuarii prima vigilia noctis ignea de celo lancea ad terram visa est dependere. Fames valida fuit.

1154.

Wicelinus[4] episcopus Aldenburgensis obiit. Post quem electus fuit Geroldus capellanus ducis Hinrici Leonis, cuius(1) confirmacionem idem dux a sede apostolica obtinuit[5]. Qui[6] anno sequenti veniens in Aldenborg et inveniens modicam ecclesiam cum uno altari et populum adorare ydola, nichil invenit de redditibus ecclesie sue nisi 14 marcas[7]; sed dux Hinricus de Ytalia rediens redditus sibi augmentavit et locum in(2) edificiis melioravit. Ecclesia vero Lubicensis non erat nisi quedam capella cum uno altari, quam Vicelinus episcopus Aldeburgensis consecraverat (in honorem sancti Iohannis baptiste, que adhuc est apud sanctimonium et vocatur ad Sanctum Iohannem in arena. Ubi adhuc fiunt plures staciones propter ecclesie antiquitatem et prioritatem).

1157.

Marchio[8] Adelbertus cepit Brandenborg opidum de Slavis et se imposterum scripsit marchionem Brandenburgensem. Iste marchio divisit marchiam a ducatu Bayoarie et fecit ex Bayoaria unum liberum ducatum propter patruum suum ducem Austrie.

1159.

Alexander[9] papa nacione Tuscus ex patre Ranucio sedit annis 22, mensibus 5 et diebus 9. Iste primum papatum renuit et consuluit eligi Octavianum, qui et Victor, hominem senem et reverendum cognatum imperatoris, qui ambo consecrati sunt. Qui Alexander instigatus per amicos egre ferentes eleccionem Victoris, sibi institerunt, ut consensum preberet. Qui preventus astucia dixit: 'Swadeamus Victori, ut imperatorem excommunicet, pro eo quod uxorem suam reliquerit. Quod si fecerit, ab imperatore propter invidiam deponetur. Sin autem, habebimus occasionem contra ipsum deponendi

(1) st. cuius — dux a: nacione Swevus, quem Hartwicus archiepiscopus Hammenburgensis confirmare noluit, sed ipse confirmacionem.
(2) st. in — melioravit a: Utin sibi dedit, ubi edificavit sibi habitacionem wie Detmar 243.

1) *Nur in a f. 130 vorhanden.* 2) *Nur in a f. 130' vorhanden, aber zu 1152.* 3) *Aus a f. 130'; fehlt in D und B. In A sind die nachrichten zusammengetragen:* dependere, cuius violentam fames valida secuta est. 4) *Aus A f. 138; in D bei Eccard 713. Vgl. auch die fassung des deutschen Korner zu 1139, oben im anhang I s. 536.* 5) *Ein umfangreicher zusatz aus Helmold ist in A am untern rand ist übergangen, ebenso eine entsprechende abweichung von a.* 6) *Vgl. Detmar 243.* 7) *Dieselbe angabe ausser im deutschen Korner auch in der sog. Rufus-chronik bei Grautoff I 45.* 8) *Aus B f. 207'; siehe D bei Eccard 706.* 9) *Aus A f. 140'. In D bei Eccard 716. Das stück ist wol nur eine kürzere bearbeitung von Sächs. Weltchronik 323.*

eum¹. Quod et factum est. Cumque Victor nollet consiliis eorum acquiescere, tunc Alexander fuit de novo super eum electus. Unde imperator statuit curiam suam in Papia pro concordando ipsos, ubi congregati episcopi et abbates cognita causa Alexandrum condempnaverunt et Victorem confirmaverunt. Inde scisma et scandalum in ecclesia quasi 20 annis pullulavit. Alexander in Gallia recipitur, Victor vero in Alemannia et Longobardia vagabatur.

1161.

Imperator(1) ² Fredericus pessime stetit cum Alexandro, quia indignabatur contra ipsum, eo quod ipsum excommunicaverit, et scripsit in omnem provinciam et regna prohibens, ne aliquis regum vel principum ipsum reciperet. Misit enim primum Reynaldum archiepiscopum Coloniensem et Cristianum archiepiscopum Moguntinum cum magno exercitu ad fugandum papam. Romani vero, comperto introitu dictorum archiepiscoporum, exierunt(2) pugnaturi pro Alexandro, sed episcopi cum suo exercitu victoriam obtinentes percusserunt ex Romanis circa 12 milia. Quod audiens papa clanculo de Roma recedens Spoletum intravit. Ipsi vero archiepiscopi, ut papam intelligerent fugisse, eodem itinere ipsum sequentes(3) Spoletum obsiderunt et expugnacioni operam dederunt. Papa vero non confidens de viribus urbis assumpsit habitum incognitum et clam ad regem Francie viam suam direxit. Imperator(4) autem audiens regem Francorum non curare litteras suas, sed recepisse Alexandrum, congregata maxima multitudine armorum, fultus precipue auxilio regis Dacie et ducis Bohemie, venit in Burgundiam. Sed rege Anglorum et comite Flandrie auxilium ferentibus regi Francorum, imperator nichil profecit.

1163.

Henricus³ Leo dux Saxonie et Westphalie pro peccatis suis vadit visitaturus sepulcrum domini secundum cronicas Saxonum(5).

Fassung a.	*Fassung B.*
Monasterium ⁴ sancti Iohannis in Lubeke construitur et monachis sancti Bernhardi ordinis datur ad inhabitandum.	Monasterium⁴ sancti Iohannis ewangeliste in urbe Lubeke fundatum est hoc anno et fratribus ordinis sancti Benedicti est datum secundum cronicas Lubicensium.

Henricus⁵ Leo dux Saxonie et Bavarie secundum cronicam Saxonum dedit urbi

(1) st. Imperator — primum a: Imperator indignatus contra Alexandrum, quia eum excommunicaverat, statuit, quod ipsum nulla terra vel princeps susciperet, et misit.

(2) cum immenso exercitu z. zu a.

(3) quo dilapsus manus eorum evaserat z. zu a.

(4) st. Imperator — profecit vom vorigen durch einen anderen § getrennt a: Imperator vero pessime stetit cum Alexandro et in preiudicium ipsius 4 scismaticis adhesit successive, quia ipsum papa pro dimissione uxoris sue excommunicaverat. Unde regem Francorum, ad quem Alexander papa confugerat, congregata maxima multitudine, precipue ducis Bohemie et regis Dacie fultus auxilio, nitebatur in Burgundiam veniens exstirpare. Sed rege Anglorum regi Francie auxilium ferente, nichil profecit.

(5) hierzu am rand B: Hec peregrinacio secundum cronicas Lubicensium dicitur facta anno domini 1171.

1) *Aus A f. 110'. In D bei Korner 728. Wol aus dem vollständigeren Albert von Stade, vgl. M. G. SS. XVI 344.* 2) *Aus B f. 211; fehlt in D.* 3) *Aus a f. 133' zu 1161 oder 1162; fehlt in A. Vgl. Detmar 853 zu 1172 und die fassung A zu 1177 s. 584.* 4) *Aus B f. 211' zu 1162 unten am rand radirt.* 5) *Aus D f. 33'; fehlt in B. Vgl. den deutschen Korner zum selben jahre oben anhang I s. 538.*

Lubeke perpetuo omnes villas circumiacentes eam et omnes mansos cultos et incultos et posuit theloneum et monetam in ea. Statuit eciam duobus diebus in ebdomada fieri forum generale, puta secunda et quinta ferie, et per hoc statutum nundine annuales sunt sopite, que annuatim consueverant ibi esse prout sunt adhuc in viciniis civitatibus. Insuper dedit eisdem civibus auctoritatem[b] eligendi viros prudentes et honestos in consules et proconsules, qui civitatem regerent. Hactenus enim habuerant solos burgimagistros et scabinos, prout in opidis consueverunt esse. Ordinavit eciam Hinricus dux, ut quolibet anno fiat[c] tribus vicibus publica in foro convencio et sedes iudiciaria advocatorum urbis, in qua sessione notario[b] locum principis tenenti burgimagistri in signum subieccionis se humiliter presentare teneantur et ab eo recipere iudiciarie potestatis auctoritatem. Et illa sessio seu convencio vulgariter vogheding nominatur et observatur in presenti tempore.

1163.

Sept. 10. Mediolano[1] igitur sic humiliato et eius muro funditus destructo, corpora trium magorum adhuc cum vestibus incorrupta — Coloniam transferuntur. (Nulla tamen compago iam in dictis corporibus apparet, sed nuda ossa in tumba iacent compacta, ut propriis oculis vidi).

Imperator[3] Victorem et Alexandrum Birunde[4] vocat ad iudicium et reges et principes ac episcopos diversos. Ubi veniens rex Danorum Woldemarus ab imperatore duo regna, Dacie scilicet et Swecie, suscepit. Alexandro autem non veniente, Victor in papam[d] est confirmatus (et) valuit quantum potuit confirmacio. Qui Treverim veniens Alexandrum excommunicavit et Alexander vice versa Victorem.

Fassung A.

1164.

Ex peticione[4] domini Geroldi episcopi Lubicensis et ducis Hinrici Hartwicus archiepiscopus[(1)] Hammenburgensis et Bremensis ecclesie, que una erat, consecravit novum sanctimonium in Lubeke in presencia Hinrici ducis et comitis de Holtsacia.

Fassung B.

1163.

Hartwicus[5] archiepiscopus Hammeburgensis et Bremensis consecravit novam ecclesiam cathedralem Lubeke ad rogatum Henrici Leonis ducis et Henrici episcopi Lubicensis secundum Helynandum. Cronica[6] tamen Slavorum dicit, hoc factum fuisse tempore Geroldi primi episcopi Lubicensis.

1168.

Principes[7] tocius Alemannie in civitatem imperatoris Merseborg propter nimiam superbiam ducis (Hinrici) Leonis comprimendam convenerant et contra ipsum conspiracionem iuramentis firmatam fecerunt. Hic Hinricus Leo repudiavit uxorem suam, sororem Bertoldi ducis Zaringie, propter consanguinitatem, ut dicitur, et duxit filiam regis Anglie (Mechtildem[e] devotam valde et pauperum amatricem) et nupcias in Brunswik magnifice celebravit.

(1) al. archiepiscopus — erat a; episcopus Bremensis.

a) auf rasur D. b) in auf rasur D. c) so A und a. d) papatum a. e) Mechtildem — amatricem am rand A; fehlt a.

1) D f. 34. 2) Aus A f. 141. Nulla — vidi f. a. Der § steht auch in B, jedoch ohne die persönliche bemerkung. D bei Eccard 747 gibt dafür ein stück aus Heinrich von Herford. 3) Aus A f. 141; siehe D bei Eccard 737. Wol aus dem vollständigeren Albert von Stade, vgl. M. G. SS. XVI 344. 4) Aus A f. 141' zu 1164. 5) Aus B f. 211' zu 1163. 6) Helmold I 93. 7) Aus A f. 142. Wol aus dem vollständigeren Albert von Stade, vgl. M. G. SS. XVI 346. In D ausführlicher bei Eccard 742.

1169—1171.

Fassung a.

Eodem[1] anno Dobberan monasterium fundatum est et constructum per dominos de Mekelingborch.

Fassung H.

Monasterium[4] Doberan prope Rostok ordinis Cysterciensis fundatur per Henricum Leonem ducem secundum quosdam.

Fassung A.

Monasterium[2] Dobberan prope Rostok ordinis Cisterciensis construitur per dominos de Mikelingborg.

Fassung B.

Dobberan[3] monasterium creditur hoc anno esse fundatum per Pribislaum principem Obotritorum secundum cronicas.

Fassung D.

Monasterium[5] Dobberanense prope Rostok ordinis Cisterciensis secundum cronicas Lubicensium fundatur per Guntzelinum comitem Zwerinensem, vel secundum quosdam per Pribislaum Obotritorum.

1170.

Germarus[6] princeps Ranorum sive Rugianorum secundum cronicam Lubicensem baptismi fidem suscepit cum omnibus Ranis sibi subiectis. Fuit autem ista tercia conversio istius patrie a temporibus Karoli Magni et Lodowici filii sui imperatorum. Detm. 254.

1171.

Dominus(5)[7] autem Conradus episcopus obiit[8] in hac peregrinacione et sepultus est in Tyro. Et Bertoldus abbas Sancti Michaelis obiit et sepultus est in Akaron.

1172.

Imperatore[9] Erphordie existente, 8 principes et multi nobiles cum centum militibus submersi sunt in latrina, imperatore vix se salvante in quadam fenestra, nullo tamen episcopo vel clerico ibi (pereunte aut) periclitante. Comes Hinricus de Swartzeborg ibi profundius corruit, qui assidue sic iuravit: 'Si hoc fecero vel dixero, submergar in latrina'. Imperator autem Erphordiam ea de causa iverat, ut confirmaret archiepiscopum Moguntinum et lantgravium Erphordensem.

Pribislaus[10] regulus et princeps Obotritorum secundum cronicam Lubicensium urbem Rostok de parvo opido fundavit et ampliavit, trahens ipsam ad flumen Warnowe. Civibus autem dedit auctoritatem constituendi consulatum[11] iuxta formam et modum civitatis Lubicane.

---

(5) *die nachricht lautet in a f. 130:* Kal. Augusti obiit[8] Conradus episcopus Lubicensis sepultusque est in Suero, id est in Tyro. Item abbas Bertoldus obiit tercia die post et sepultus est in Accaron. aug. 1.

---

1) *Aus a f. 130 etwa zu 1169.* 2) *Aus A f. 142 zu 1170. Vgl. Detmar 254.* 3) *Aus B f. 213' zu 1169.* 4) *Ebenfalls aus B f. 213' zu 1171.* 5) *Aus D f. 39' zu 1169.* 6) *Aus D; fehlt in B.* 7) *Aus A f. 142. Vgl. Detmar 255.* 8) *Conrad gest. 1172 juli 17.* 9) *Aus A f. 143. Siehe D bei Eccard 743. Wol aus dem vollständigeren Albert von Stade. Vgl. M. G. SS. XVI 350. Detmar 261. Annales Hamburgenses a. a. o. 417.* 10) *Aus D f. 40; fehlt in B. Wol aus der Mecklenburgischen quelle. Anders Detmar 253.* 11) *B fügt zu:* unde to richtende in hand unde in hals.

Sanctus[1] Thomas Cantuariensis archiepiscopus patitur mortem pro iusticia ecclesie
Iac. a Vorag. sue. (Ille[2] vir dei secundum Iacobum de Voragine, dum in curia regis Anglie Henrici esset — [illegible] dirigi et [illegible]. Thomas vero semper deum pro rege exorabat).

(Cum[3] autem in curia regis Lodowici esset in Francia et ab eo bene tractaretur, contigit regem semel solempnes hospites [habere]. Quibus cum prandium pararetur, accidit filium regis parvulum coquinam ingredi et casu in vas quoddam iure carnium lixarum plenum prolabi et subito soffocari. Quod familia videns lugubres illos rumores ad reginam detulit. Mater vero multum turbata factum hoc lamentabile occultavit, ne convive solempnes turbarentur et hospitum regalium adventus luctu et merore dissolveretur. Qui quidem casus mesticia et dolore plenus virum sanctum non latuit, sed in spiritu ipsum intelligens mox oraciones suas devotas silenter ad dominum deum fudit, pro suscitacione illius pueri obnixe deprecans. Qua oracione facta, cum principes omnes invitati leti consedissent, facto manu silencio archiepiscopus dixit regine: 'Iubeat magnificencia vestra ferculum, quod in cubiculum regium collocastis, inter convivas hos afferri, ut deus omnipotens pro suis beneficiis glorificetur et gaudium hoc carnale spirituali iocunditate geminetur. Novi enim ego, quid actum sit de filio regis unico'. Consternantur hoc verbo archiepiscopi animi convivancium, stupet rex et regina quasi viribus destituta inter manus nobilium labitur. Tunc rex prosiliens de mensa ad cubiculum festinavit et ostio reserato invenit iuvenem in lecto regio ludentem. Quod cum matri intimaretur, resumpto spiritu de terra surrexit et omnibus seriem facti recitans eos valde letificavit. Gloria ergo deo immensa canitur et meritis sancti antistitis, qui suis oracionibus puerum vite restituit pristine et incolomitati. Legitur eciam de eo, quod cum una dierum sederet in mensa regis et commederet, et regina videret extremitates manicarum presulis esse ligamento quodam constrictas, quasi aliquid in eis haberet, quod elabi non deberet, dixit ad ipsum: 'Pater sancte, quid cari habetis in manicis vestris sic constrictis et ligatis?' Fecerat enim hoc archiepiscopus, ne forte vermes in cilicio geniti ex humorum corrupcione foras caderent et pudorem sibi facerent. Respondit autem vir sanctus, nesciens pre pudore quid diceret: 'Domina regina, habeo in eis reconditas margaritas'. At illa: 'Quesumus ostendatis eas nobis'. Cumque episcopus se excusaret, quod protunc hoc facere non posset, quia eas perdere formidaret, illa more femineo negatum postulans fortiter institit, ut saltem aliquas[4] ex eis videre mereretur. Audiens autem sanctus presul instanciam mulieris importunam, confisus in deo intra se parum oravit et sumpta fiducia in virtute dei manicas reseravit et nobilissimas margaritas, prout dixit, inde excussit. Quas cum regina vidisset et eas sibi retinere posse obnixe rogaret, vir dei eis nullo modo carere posse pro presenti affirmavit et eas recolligens in manicas reposuit, et sic in pristinam materiam sunt redacte. Legitur insuper unum aliud notabile de eodem sancto viro. Cum itaque sanctus Thomas scolaris iuvenis adhuc existens scolas cum pueris aliis frequentaret, habuit devocionem magnam ad beatam virginem. Unde cottidie spirituales oraciones ad ipsam fecit et castitatem deo et sibi conservare perpetuam devovit ac ipsam in suam dilectam et amicam spiritualem preelegit, frequenter suis patrociniis se recommendans.
Jan. 1. Cum autem festum circumcisionis domini adesset, in quo novus incipere consuevit annus, et sodales sui quasi omnes gloriarentur de iocalibus pro novo anno a suis dilectis eis oblatis, ipse apud se cogitans turbatus est in corde suo, quod nichil talium de sua amica recepisset, de quo eciam apparere posset, quod et ipse predilectam haberet. Mane ergo facto sanctus puer coram ymagine beate virginis positus in lacrimas resolutus est et orans

1) *Aus D f. 40.* 2) *Das eingeklammerte erst in D, fehlt in B.* 3) *Diese wunder, sonst nicht überliefert, sind auch aufgenommen in J. C. Robertson, Materials for the History of Thomas Becket II 296 f.* 4) *D f. 40'.*

dilectam suam ait: 'Carissima virgo Maria, celorum regina, ego te preelegi in sponsam et amicam meam ultra omnes mortales virgines et pro omnibus solam; ego tibi virginitatem meam obtuli, quam propter te nunquam violabo. Rogo ergo te, digneris et michi servo tuo aliquid elargiri, quod ob tui amorem custodire valeam et meis sociis ostendere queam, ut et ipsi videant, quod eciam et ego ab amica mea sim exeniatus novo anno'. Mirum in modum, oracione iuvenis vix completa, ymago beatissime virginis in altari manum suam extendit et scolari illi parvam pixidem porrexit dicens: 'Hoc clenodium in pixide hac reclusum pro amore meo conserva et eo utere, cum sacerdos fueris effectus'. Quod iuvenis accipiens cum graciarum accione devota et veniens domi, pixidem aperuit et invenit preparamentum operosissime et subtilissime elaboratum, in nullo deficiens. Quo reperto gavisus est valde et clenodium ipsum ad firmam posuit custodiam.⟩ ....Huius[1] sancti martiris tumba preciosa nimis extitit de puro auro fabricata et diversis lapidibus preciosis ornata, inter quos lapis unus insignis habetur, qui miraculose de anulo Lodowici regis Francorum, cum ipsum causa devocionis visitaret, prosiliit et tumbe se infixit. Quem vir aureus in dextra parte thece virgula aurea ostendit. Lapis(1) iste saphirus est.

1173.

Fassung a.

Hoc[2] anno fundata est ecclesia sancti Blasii in Brunswyk.

Fassung A.

Ecclesia[3] sancti Blasii in Brunswik a Leone duce construitur.

1174.

Papa[4] Alexander intelligens, imperatorem Fredericum sevire contra ipsum, diversa prelia movendo et ecclesias Gallicanas persequendo, noluit causa[5] esse cedis tot milium cristianorum. Unde in forma unius sacerdotis incogniti aufug(i)ens se ad liberam Veneciarum urbem transtulit et declinans ad canonicos Sancti Salvatoris ductus est per eosdem ad monasterium beate Marie de caritate, ubi in habitu incognito humiliter eisdem serviebat fratribus.

1175.

Veneti[6] cum imperatore discordare[a] ceperunt. Est autem Venecia insula non natura, sed arte facta. Rex namque ⟨Gothorum⟩ Attila Aquileyam obsidens habitatores eius fugavit. Qui ad locum illum venientes[b] ibidem insulam congesserunt et eam a venalitate Veneciam appellaverunt. Habitaverant[c] enim ibidem duo cives a principio ⟨faccionis insule⟩, unus dives et alter pauper. Dives ⟨autem⟩ ibat mercatum querens a paupere, si quid vellet secum mittere ad negociandum. Qui dixit: 'Non habeo nisi duos cattos'. Hos dives secum attulit et casu in quendam locum venit, ubi mures fere totum locum vastaverant. Ibi cattos pro magna[d] pecunia vendidit, cum qua negociatus[e] multa bona socio suo lucratus est.

---

(1) *der satz lautet in B:* Lapis autem saphirus est, licet a nescientibus carbunculus esse referatur. *und fehlt in A und a ganz.*

---

a) st. discordare ceperunt a: discordant. b) devenientes a. c) st. Habitaverant enim a: Habitabant autem. d) multa a. e) mercatus a.

1) *Aus D f. 40'; auch in B. Vorhergehende stellen aus Jacobus a Voragine XI 1—3 und Heinrich von Herford 164.* 2) *Aus a f. 136; vgl. Detmar 255.* 3) *Aus A f. 142.* 4) *Aus A f. 142; siehe D bei Eccard 744.* 5) *A f. 142'.* 6) *Aus A f. 142'; siehe D bei Eccard 748. Vgl. Albert von Stade, SS. XVI 347. Siehe auch den text des deutschen Korner in Pfeiffers Germania IX 278.*

Quidam[(1)] [1] peregrinus ex dei ordinacione votivus venit Venecias, qui dum visitaret ecclesias, venit ad monasterium beate Marie de caritate et videns — *u. s. w. wie D* — estis boni animi et nolite timere. Inclito igitur duce se[(2)] disponente ad preliandum parate sunt 30 galee sive galeyde cum fortissimo exercitu et ventis prospere flantibus — *u. s. w. wie D* — cum[2] litteris imperatoris bono fine omnia conclusit. Alexander[(3)] [3] vero papa concilium generale VenecIis convocans et ad ipsum imperator una cum 86 episcopis veniens, antiquum scisma, quod iam circa 18 annos duraverat, depulit et unitatem ecclesie quoad omnia reformavit. Imperator vero pro emenda, assumpto crucis karactere, per terram et non per mare Terram Sanctam se visitaturum promisit. Quod et fecit.

1177.

Fassung A.

v. Detm. 854. Hinricus[4] tercius episcopus Lubicensis construxit monasterium ordinis sancti Benedicti in Lubeke in honorem beate Marie et Iohannis ewangeliste[(4)]. In quo modo sunt sanctimoniales (eiusdem ordinis).

Fassung B.

Henricus[5] tercius episcopus Lubicensis, successor Conradi, secundum Helmoldum, qui[a] in via peregrinacionis Ierosolimitane obierat, construxit monasterium ordinis sancti Benedicti in Lubeke in honorem beatissime virginis Marie et sancti Iohannis ewangeliste et posuit in eo monachos dicti ordinis. Quidam tamen dicunt, hoc monasterium fuisse constructum anno domini 1172.

1178.

Fredericus[6] imperator, offensus iterum a Mediolanensibus, principes tocius Alemannie in auxilium suum vocavit et precipue ducem Hinricum Leonem magnum. Qui cum difficilis esset, eo quod idem dux principatum haberet in ea et pro ea imperatorem interpellasset, imperator ad pedes ducis cecidit (et ipsum instantissime pro auxilio invocavit). Quem cum superbus dux Hinricus exaudire nollet nec eciam levare temptasset, imperatrix ipsum levans dicebat: 'Surge, mi domine dilecte, et memor esto huius casus et memor sit deus (qui[7] superbis resistit et humilibus dat graciam suam)'. Ab illo igitur tempore fortuna potentissimi ducis labefactari incepit, et extunc imperator cum omnibus principibus ipsum humiliare proposuit. Mediolanum igitur obsedit et post[(5)] non multum tempus ipsum cepit et se de civibus hostiliter vindicavit.

(1) *a in engerem anschluss an den vorhergehenden § gibt st.* Quidam — caritate: Postea autem ampliata civitate seu insula constructum erat ibidem magnum et honorabile monasterium, ad quod ex dei ordinacione quidam peregrinus votivus venit, qui cum visitaret dictum monasterium devocionis causa. *Im folgenden gibt a durchgehends statt* Sebastianus: Sebastianus *und statt* Henricus filius imperatoris: Otto filius imperatoris.

(2) *st.* se — flantibus *a:* et ventis paratis cum 30 galeis.

(3) *st.* Alexander — reformavit *gibt a einen abschnitt aus Herm. 164:* Imperator post multas persecuciones — unitas ecclesie reformata.

(4) ac sanctorum Auctoris et Egidii *a. zu a.*

(5) *st.* post — vindicavit *a:* post quinquennium cepit.

a) qui — obierat *durchstrichen B.*

1) *Aus A f. 142'; siehe D bei Eccard 748. 749.* 2) *A f. 143.* 3) *Siehe D bei Eccard 750, erweitert durch ein stück aus Martin 437 und durch übertragung einer bekannten scene des jahres 1230. Vgl. oben s. 245 fassung D § 657.* 4) *Aus A f. 143. Siehe D bei Eccard 751. Vgl. Detmar 855.* 5) *Aus B f. 214'.* 6) *Aus A f. 143. Vgl. Albert von Stade 348. Es weitläufige verarbeitung D bei Eccard 729.* 7) *Jac. 4, 6.*

1179.

Ecclesia[1] sancti Stephani in Halberstad plena clericis et secularibus a duce Hinrico Leoni incenditur cum civitate.

1180.

Hinricus[2] dux Bawarie, Saxonie et Westphalie nec non Romani imperii marscalkus, quia princeps elector, cum alias legitime citatus esset(1) et iam tercia vice citatus ab imperatore et a tocius Romani imperii principibus in civitate Herbipoli non compareret, ab omni ducatu[a], dignitate, gloria et honore, quos idem dux in feodum a Romano imperio ab archiepiscopis et episcopis tenuerat, de consilio, voluntate et assensu eorum principum auctoritate imperiali privatur dominica Iudica in Gheylehusen. Ducatum igitur vgl. a.
Bawarie patruis et consanguineis Hinrici Leonis[b] divisit, ducatum vero Saxonie cuidam Bernhardo de Anahalt comiti dedit, ducatum autem Westphalie Philippo archiepiscopo Coloniensi concessit et donavit et ei suisque successoribus perpetuo incorporavit. Deditque Philippus ob maiorem firmitatem imperatori de prompta pecunia pro dicto ducatu quinque milia marcarum. Ab isto comite Bernhardo, pro nunc duce Saxonie (facto, omnes Saxonie) duces moderni processerunt. Sequenti[c, 3] anno tempore auctumpnali Wichmannus archiepiscopus Mag[d]eburgensis reduxit Hinricum Leonem magnum in graciam imperatoris[d] cum filiis suis, scilicet Ottone, qui postea factus fuit imperator, Hinrico et Wilhelmo, abdicantem tamen et renunciantem omni iuri suo, quod habuerat in predictis ducatibus, exceptis iuribus, que habuit in civitatibus et dominiis Brunswik et Luneborg cum civitatibus et castris, villis et opidis ad illa pertinentibus. Et cum hoc fines imperii per tres annos abiuravit continuos et ita ipse et filii sui 56 annis nullum alium titulum habuerunt preter dominos de Brunswik et Luneborg usque ad Ottonem (filium Wilhelmi), quem Fredericus secundus imperator fecit ducem et dominium commutavit in ducatum, ut infra patebit numero 1235.

1181.

Imperator[4] Lubeke veniens civitatem in dedicionem accepit, auferens(2) eam Hinrico Leoni, nec eam Hinricus eripere poterat, cum eam imperator obsedisset cum regibus, Alemannie puta, Ungarie, Bohemie et Dacie(3). Unde civitas coacta se tradidit imperio sub illa condicione, ut iura civitatis, que Hinricus Leo civitati dederat, non (minueret aut) infringeret, sed ampliaret. Quod imperator fecit(4) et sub bulla imperiali gracias illas ratificavit, et sic civitas Lubicensis devoluta est ad imperium.

---

(1) st. esset — ab imperatore a: ab imperatore ex tercia vice.
(2) st. auferens — Leoni a: contra Henricum Leonem.
(3) Woldemaro rege Dacie, qui ibidem imperatori homagium fecerat a.
(4) st. fecit — ratificavit a: per bullas ipsi tradidit.

---

a) ut s. zu c. b) imperator a. zu a. c) Eodem a. d) consanguinei sui a. zu a.

1) *Aus A f. 142. Vgl. Arnold II 14.* 2) *Aus A f. 143. Vgl. Albert von Stade 349. In D bei Eccard 752 zum teil ersetzt durch stücke aus Arnold von Lübeck.* 3) *Vgl. Detmar 260. In D bei Eccard 757.* 4) *Aus A f. 145'. Vgl. Albert von Stade 349 und Detmar 258. In D bei Eccard 762 f. ersetzt durch stücke aus Arnold von Lübeck; nur f. 45 (Eccard 763):* Concessitque eisdem civibus graciam, ut amplius capud essent omnium civitatum maritimarum et quod consulatus eorum aurum deferre possent et eo uti, ut milites. Et insuper omnes in proconsularum de consulatu existentes et in perpetuum futuros assumpsit de speciali gracia in consiliatores imperii, ut signa.

1182.

Hinricus[1] Leo[(1)] Angliam intravit sicud iuraverat ibi manens per tres annos (sub exilio).

1183.

Hinricus[2] filius Frederici imperatoris duxit in uxorem Constanciam filiam regis Sicilie, Apulie et Ierusalem cum regnis predictis et omni sua hereditate in Moguncia. Ille enim erant de maioribus nupciis, que umquam celebrate sunt in Theutonia. Numerus militum in eisdem nupciis fuerunt 40 milia sine alio vulgo[(2)].

1186—1188.

Fassung a.

Monasterium[3] in Reynevelde hoc anno fuit fundatum et in 5. anno perfectum et fratribus repletum.

Fassung B.

Monasterium[5] in Reynevelde terre Holtsacie ordinis sancti Bernhardi fundatur a comitibus terre illius et perficitur in quinto anno post incepcionem.

Fassung A.

Monasterium[4] in Reynevelde fundatur a comite Holtsacie et perficitur in quinto anno.

1187.

Crux[6] domini capitur a paganis et Soldano (vel Saladino) et asportatur Damascum et civitas capitur et fixerunt tentoria sua inimici[(3)].

1188.

Hinricus[7] marchio Brandeburgensis filius Ottonis fundavit ecclesiam sancti Nicolai in Stendal et a iurisdiccione Halberstadensis episcopi eam eximi procuravit.

1189.

Imperator[8] cum Philippo rege Francie, Richardo rege Anglie et magna multitudine principum[(4)] et nobilium ad liberandam Terram Sanctam procedens, in Armenia Thesalo in parvo flumine submergebatur. Et dicitur vocem istam emisisse: 'Benedictus crucifixus dei filius, quod aqua me suscipit, que me regeneravit et me fecit martirem, que me fecit cristianum'. Cuius corpus filius eius Fredericus dux Bawarie, qui tunc secum erat, detulit usque Tyrum. Ibi quedam pars, alia Antiochie honorifice sepelitur. Qui filius eciam, cum Ptholomaydem obsideret, mortuus est. Obieruntque pene omnes

---

(1) quondam dux Bawarie s. m. a.

(2) Ille Hinricus coronatus fuit in regem Aquisgrani a Philippo archiepiscopo Coloniensi. a. m. a.

(3) in monte Olyveti a. m. a.

(4) st. principum et nobilium a sech procedens: habens multos alios nobiles cruce signatos.

---

1) *Aus A f. 143'. Vgl. Detmar 260.* 2) *Aus A. f. 145'. Siehe D bei Eccard 775. Wol aus dem vollständigeren Albert von Stade; vgl. M. G. SS. XVI 350 und Sächs. Weltchr. 232.* 3) *Aus a f. 137' etwa zu 1186. Vgl. Albert von Stade 351.* 4) *Aus A f. 145 zu 1188.* 5) *Aus B f. 216 zu 1186; siehe D bei Eccard 774.* 6) *Aus A f. 144'. Vgl. Albert von Stade 351.* 7) *Aus A f. 145. Vgl. D bei Eccard 777.* 8) *Aus A f. 145. Siehe D bei Eccard 794. Wol aus dem vollständigeren Albert von Stade, vgl. M. G. SS. XVI 351. Nur ein stück in Sächs. Weltchronik 233 und Martin 470.*

nobiles, qui eodem tempore cum regibus Francie et Anglie in magna multitudine transfretaverant (pro Terre Sancte liberacione).

1190.

Heinricus[1] sextus filius Frederici rex Sicilie, Calabrie, Apulie et Ierusalem nec non Swevie dux imperat annis 9[(1)]. Iste tradidit regnum Tusculanum Romanis propter suam coronacionem[2]. Iste fuit strenuus — conservari ordinavit. (Numquam enim ab inicio mundi tam multorum regnorum rex factus est imperator sicud iste, quia quinque regna ante suam coronacionem imperialem occupaverat iusto titulo, puta Romanorum, Sicilie, Calabrie, Apulie et Ierusalem). Bern. 178.

Cives[3] quidam de civitatibus Bremensi et Lubicensi erant in exercitu cristianorum, qui venerant cum Henrico[a] Leone duce Saxonie in subsidium Terre Sancte. Hii cives videntes, plures Teuthonicos peregrinos infirmos iacere in diversis locis campi et viarum absque curis et sollicitudinibus quorumcumque et pati miserias et inedias magnas, misericordia moti acceperunt velum latum de quodam cogone sive magna nave et inde facientes tentorium collegerunt omnes illos infirmos Teuthonicos et locaverunt eos sub illo tentorio et curam eorum egerunt per totum illud tempus, quod exercitus cristianorum erat in expugnacione Akaron et Terre Sancte occupatus. Cum autem post obitum Frederici imperatoris Henricus Leo dux Saxonie recedere disponeret, predicti cives tentorium illud cum infirmis Teuthonicis commiserunt capellano et camerario Frederici ducis Swevie, filii Frederici imperatoris mortui, qui duo de beneplacito dicti ducis Frederici dictum locum custodiendum acceptaverunt propter deum et salutem animarum suarum, et edificantes ibidem domunculam instauraverunt ibidem capellam in honorem sanctissime virginis Marie et nominaverunt conventiculum illud Hospitale beate virginis domus Theutonice. Qua domo sic fundata, plures venerunt honorabiles viri de Teuthonicis peregrinis et se illis iunxerunt in predicto servicio infirmorum. Fredericus eciam dux Swevorum postea scripsit Celestino pape[b] pro confirmacione incepte religionis nove et eam obtinuit per promocionem Henrici 6. imperatoris[c], fratris predicti Frederici ducis; unde nominata est religio illa fratres de Hospitali domus Teuthonice Ierusalimorum[d]. Capta vero civitate Akron[d] a cristianis, fratres illi locum emerunt intra muros urbis illius et ibi templum construentes sive capellam et habitacionem, domino servire ceperunt. Ibidem dux Fredericus sepultus est apud dictos fratres. Tandem convenientes principes et prelati cristianorum, qui protunc in acquisicione Terre Sancte et sancte civitatis Ierusalem illuc advenerant, in curia dictorum fratrum de domo Theutonicorum consilium habuerunt de incepti ordinis prosecucione, et placuit eis, ut quidam de fratribus occuparentur in infirmorum peregrinorum administracione in Hospitali et quidam in defensionem fidei armis uterentur, et quod universi fratres isti magistrum haberent semper militem, qui eis preesset et necessaria utrisque partibus fratrum administraret. Prin-

---

(1) imperii vero Theutonicorum anno 38. s. zu c. Bern. 178.

---

a) Adolfo comite Holtsatorum immer D. b) qui tunc electus erat s. zu D. c) qui tunc regnare cepit s. zu D. d) so B.

1) Aus A f. 183; siehe D bei Eccard 794. 2) Vgl. Sächs. Weltchronik 234 und Martin 470. 3) Aus B f. 216' am untern rand zu 1190. Der text von B wird der vorlage näher stehen, als der mehrfach veränderte von D. Siehe diesen bei Eccard 792 f. — Vgl. dagegen die aufstellung bei Rynesberch und Schene, Bremische chronik 1189 (Lappenberg, Geschichtsquellen des Erzstiftes und der Stadt Bremen 62). OESTERLEY.

cipes et prelati in hoc consilio presentes sunt hii[1]: patriarcha Ierusalimitanus, Henricus[a] rex Ierusalem, archiepiscopus Nazarensis, episcopi Tyrensis, Cesariensis et Bethleemensis, magister Templi, magister Hospitalis sancti Iohannis, Conradus archiepiscopus Moguntinus, episcopi Wirtzeburgensis, Padowensis, Halberstadensis et Cziczensis, Henricus comes palatinus Reni, Fredericus dux Austrie, Henricus dux Brabancie, Henricus comes palatinus Saxonie, marchiones Misne, Thuringie et Brandenburgensis pluresque alii nobiles[2].

Fassung A.

1190.

Hinricus[3] Leo quondam dux Bawarie, Saxonie et Westphalie, Frederico imperatori defuncto adhuc offensus propter privacionem dictorum ducatuum et per consequens imperii inimicus, auxilio regum Anglie, Swecie, Dacie et Norweye, ducis Sleswicensis et Slavorum
oct. 28. principis in die apostolorum Symonis et Iude sole oriente cepit civitatem imperialem Bardewik, iam altero dimidio anno obsessam. Cuius obsidionis principalis causa fuit, quod eo (iam privato ducatibus et) intrare volenti civitatem (predictam, ut consueverat, cives) introitum negaverunt et in signum verecundie et contumelie sibi posteriora nuda de muro civitatis(1) ostenderunt. Propter quod civitatem capiens ipsam funditus destruxit, ecclesias (plures) evertit et(2) spoliavit, pociores cives civitatis suspendit et omnia clenodia ecclesiarum, puta libros, paramenta, calices ac eciam fenestras vitreas ad Ratzeburgensem ecclesiam secum detulit. (De lapidibus verum subversarum domorum et ecclesiarum Luneburgensem civitatem edificare incepit, cuius adhuc dominus erat et titulum dominacionis de ea habebat).

Fassung B.

1194.

Henricus[4] Leo recuperato opido Staden ab archiepiscopo Bremensi, quod sibi in reditu suo de Anglia benivole restituerat, collegit exercitum fortem de Saxonibus et Nordalbingis et pariter fretus auxilio regis Swecie et Danorum obsedit Bardewik urbem et ipso die beatorum apostolorum Symonis et Iude eam cepit iam altero dimidio anno obsessam. Huius obsidionis pocior causa fuit secundum Helynandum, quia eo iam privato ducatibus et intrare ipsam volenti, ut consueverat, cives introitum negaverunt et obsedenti eam posteriora probrose nudata ostenderunt. Propter quod vi capiens urbem eam funditus destruxit et plures ecclesias evertit et spoliavit, pocioresque cives patibulis affixit et omnia clenodia in salinam Luneborg transtulit ac de lapidibus et lateribus domorum civitatem Luneborgh edificare cepit. Ratzeburgensem quoque ecclesiam cum libris, calicibus, fenestris vitreis copiose dotavit. Rex autem Swecie in urbis destruccione corpus sancti Egistii, unius de 72 discipulis domini ibidem sepulti, secum abduxit. Quod audientes Lubicenses civitatem suam ei pacifice tradiderunt. Henricus autem rex, filius Frederici imperatoris, intelligens Henricum Leonem impugnare urbes imperii, cum exercitu

(1) cives quamplures *s. m.* a.
(2) st. et — suspendit a: pociores et spoliavit.

---

a) Gwido *D.*

1) *Die fassung D (Eccard 783) macht bei diesem namen offenbar willkürliche zusätze und änderungen.* 2) *D fügt zu:* Hic autem ordo modicus et pauper crevit in ordi[nem di]tissimum et potentissimum, ut patet de fratribus Prucie, Lyvonie et Reni; et qui primitus statuti sunt servire infirmis, in processu temporis dominari ceperunt eciam summis. 3) *Aus A f. 145.* 4) *Aus B f. 217'. In D bei Eccard 790 f. zum teil ersetzt durch stücke aus Arnold von Lübeck.*

collecto Brunswik obedit, sed tamen nichil coram ea egit. Dux vero, cum iam senex esset, regi Henrico reconciliatur cum tali pacto, ut muros Brunswik interrumperet, castrum Luneburg destrueret et Lubeke regi restitueret; quo facto totum iurgium sopitum esset. Quod et factum est.

1192.

Woldemarus[1] rex Danorum cepit Woldemarum episcopum Sleswicensem et captivum eum tenuit circa 14 annis.

1196.

Wichmannus[2] archiepiscopus Magdeburgensis secundum cronicas Saxonum excogitavit bis in anno novam fieri monetam in eadem civitate[3], quod in magnum cessit dampnum communitati et in magnum lucrum illicitum sibi.

Imperator[4] quendam Iordanum Syculum in sedem candentem ferream posuit et coronam ignitam clavis ferreis capiti eius incussit, pro eo quod miserat imperatrici clenodia clara et receperat clariora. Gloriabatur enim, se futurum regem et Constanciam ducturum[a]. Quendam eciam Richardum per plateas tractum suspendi fecit, quia eum, ut dicebatur, consilio Constancie intoxicare proposuit.

a) acturum a; ducturum *Albert von Stade.*

1) *Aus A f. 145'. Vgl. Detmar 271.* 2) *Nur in B f. 218.* 3) *Vgl. Sächs. Weltchronik 234.* 4) *Aus A f. 146. Vgl. Albert von Stade 352. Von der fassung B an zu Friedrich II. gestellt, siehe oben s. 147 fassung D § 72.*

NACHTRÄGE UND BERICHTIGUNGEN.

S. 34 in § 304 ist vor destructa *einzufügen:* preciosa fracta fuit et.

S. 39 § 357 lautet in a nach § 509 der fassung A: Apud Marsiliam tempore Clementis 6. fuerunt combusti tamquam heretici 4 Minores pertinaces. Quos quidem frater Petrus Iohannis eiusdem ordinis heresiarcha pessimus reputabat sanctos martires, et eorum dies interfectionis secundum ipsum est celebrandus et venerandus sub sollempnitate sanctorum martirum. *(Vgl. Nic. Eymericus, Directorium inquisitorum (Romae 1578) 230.)*

S. 48 § 433 entspricht § 633 der fassung D.

S. 89 § 524 beginnt in a: Eodem anno circa festum sancti Iacobi Woldemarus *u. s. w. wie A.* [illegible]

S. 93 z. 17 in § 723 hat A: Qui respondente quod sic. *Es muss heissen:* Quo respondente quod sic, *wie a und B haben.*

S. 95 § 738 ist die verweisungszahl für D 1130 *zu streichen.*

S. 100 in anm. 1 ist c o m e s zu sperren. a hat hier das richtigere; vgl. s. 109 anm. 2.

S. 101 z. 20 in § 777 ist insultantibus als der hs. (anm. i) in rücksicht auf s. 368 D § 1169 wiederherzustellen.

S. 105 ist zu § 800 als verweisungszahl auch noch 1189 zuzufügen.

Zu s. 146 § 63 machte professor Kr. Erslev in Kopenhagen aufmerksam auf Detmar s. 67 § 168: de so rechte schone was. Vgl. die dortige anmerkung. Siehe nunmehr auch Erslevs untersuchung: 'Hvad vides der om Dronning Berengarias Karakter?' in Aarbøger for Nordisk Oldkyndighed og Historie 1893 s. 353.

Zu s. 237 anm. 4 wies professor Weiland darauf hin, dass sich dieselbe verwechselung der beiden Freisinger auch bei Matthias von Neuenburg c. 129 (ed. Studer s. 178) findet.

Zu s. 285 § 864 ist aus dem deutschen Korner nachzufügen: De van Lubeke allenen brachten dar veerteyn hundert wepener, twe bliden unde XVI dunnerbussen unde eyn stark drivende werk. Vgl. s. 302 D § 917 und G. Waitz, 'Ueber Hermann Korner' 17.

S. 348 anm. (1) ist das datum S. Thomas doctor richtig märz 7, nicht dec. 21.

S. 364 bezieht sich der zweite satz der anm. 2, die zweimal steht, nur auf die zweite stelle, den § 1154.

S. 383 in anm. 2 ist mit der Kopenhagener Hs. ghevryet zu lesen statt gotaget bei Grautoff 482.

S. 478 in anm. 1 muss die verweisung auf D § 1533 gehen; gemeint ist die stelle s. 507 unten: electus quidam episcopus.

Zu s. 553 anm. 4 machte professor Weiland aufmerksam, dass in Zug eine inschrift über das ereignis noch vorhanden ist.

Freundlicher mitteilung des professors Holder-Egger danke ich den nachweis, dass Korner ganz unzweifelhaft die chronographie des Konrad von Halberstadt benutzt hat. Die ungedruckten partien des Konrad bieten weitere beispiele zu den parallelstellen hinzu, die ich in den anmerkungen schon gegeben habe. So stammen die §§ 440, 442, 443, 447a, 454, 456, 484 der ersten fassungen mehr oder weniger wörtlich aus Konrad, nicht aus Heinrich von Herford. Auch zu A § 525 findet sich eine parallelstelle bei Konrad. Die nachrichten aus dem Chronicon Sampetrinum, der Cronica minor, dem Bernardus Guidonis (A § 289 b. Nonas Marcii, D § 480 gehen zuletzt auf ihn zurück) vermittelte also jedenfalls auch Konrad. Hiernach ist dann s. XXII anm. 3 zu ändern.

Professor Holder-Egger macht mich noch aufmerksam, dass D § 61 Hic Fredericus — fuit unus, D § 205 Gregorio enim — impleverunt und s. 588 zu 1138 Qui cum — disparuit der Legenda aurea des Jacobus a Voragine, ed. Grässe s. 844, 590, 843 entnommen sind. Auch zu D § 173 gibt die Legenda aurea s. 763 eine parallelstelle.

Professor Holder-Egger weist auch darauf hin, dass die in § 815 (493) von Benedict XI. erzählte geschichte bei Riccobald von Ferrara im Pomerium Ravennatis ecclesiae (Muratori, Scriptores rerum Italicarum IX, 124) von Petrus Lombardus berichtet wird.

REGISTER

A.

de A.: Iohannes.

Abel dux Slesvicensis, rex Danorum 17. 18. 19. 20. 171. 538. uxor: Mechtildis; fratres: Erikus, Woldemarus; filius: Woldemarus dux Slesvicensis.

Aboensis, Abovensis episcopus 319. 436. episcopus: Magnus.

Adalbertus s. Albertus.

Adam inquisitor ord. Praed. 91. s. auch Alexander.

Adelheyda s. Alheydis.

de Adolevessen *Adelebsen bei Göttingen* nobiles 451.

Adolfus I. archiep. Coloniensis 5. 6. 144.

Adolfus de Nassowe archiep. Moguntinus 70. 75. 300. 312.

Adolfus rex Romanorum, comes de Nassowe 80. 198.

Adolfus dux Brabanciae s. Iohannes IV.

Adolfus comes, dux de Clivis, Clevensis, van Kleve 97. 124. 361. 408. 429. 430. 434. 463. 547. 565. fratres: Gerardus comes de Marka, Tidericus comes de Marka; filia: Margareta ducissa Hollandiae.

Adolfus dux Lotharingiae 259.

Adolfus dux de Monte 443. 444. 445. 498.

Adolfus VIII. dux Slesvicensis, comes, princeps Holtzaciae, frater Henrici IV. ducis 438. 479. 491. 505. 508. 522. 542. 550. 558. uxor: Margaretha.

Adolfus I. de Schowenborg comes Holtzaciae 584. 585.

Adolfus II. comes de Holtzacia 536. 520.

Adolfus III. comes Holtzaciae 5. 6. 140. 151. 596; dux Slesvicensis 528.

Adolfus IV. de Schowenborg comes Holtzaciae, fr. ord. Min. 12. 14. 16. 154. 156. 158. 162. 166. 167. 538.

Adolfus fil. Iohannis II. comitis Holtzatorum 45. 229. uxor: Liutgardis.

Adolfus VII. comes de Schowenborg († 1353) 58. 230. 267.

Adolfus IX. comes Holtzaciae de Schowenborg († 1390) 82. 84. 86. 253. 277. 321. 326. 329. 330. 331. 333. uxor: Anna.

Adolfus XI. comes Holtzaciae de Schowenborg 110. 129. 350. 378. 415. 430. 436. 441. 452. 453.

Adolf I. greve van der Marke 547.

Adrianus IV. papa 536.

Adrianus V. papa 27.

Adriensis *Adria* episcopus 392.

S. Aegidii monachi Brunswicenses 110. 380.

S. Aegidii *St. Gilles* comes 310.

Aegipeli 199.

Agapitus de Colempnis 204.

Agnes monialis 28. 192. 193.

Agnes uxor Erici VII. regis Danorum 180.

Agnes uxor Henrici II. domini de Mykelenburg, filia Guntheri comitis de Rupin 243.

Agnes uxor Wartislai VIII. ducis de Wolgast 437.

Agnes filia Magni II. ducis de Brunswik, uxor Bosonis V. comitis de Mansveld, postea Alberti regis Sweciae 331. 347.

Abalon s. Alahon.

Ayto rex Armeniae 24. 184.

Aimo archiep. Tharentiensis *d. i.* Tarentasiensis 5.

Akaron, Akron, Ptholomayda, Acconitas *Akkon* 23. 30. 198. 199. 200. 201. 202. 213. 591. 598. 597. ecclesia: S. Crucis.

Aken, Aquensis urbs, Aquenses *Aken an der Elbe* 64. 113. 184. 476. 515.

Aken s. Aquisgranum.

Alahon, Abalon, Chaam imperator Tartharorum 24. 184.

Albanensis card. episcopus: Iordanus.

Albertus II. archiep. Bremensis, dux Brunswicensis 64. 65. 69. 70. 92. 283. 296. 342.

Albertus II. archiep. Magdeburgensis 281.

Albertus III. de Querenford archiep. Magdeburgensis 82. 84. 89. 92. 313. 323. 330. 346. 366.

Albertus II. archiep. Rigensis, scolasticus Bremensis 18. 21. 159. 174; tutor eccl. Lubicensis 167.

Albertus ep. Brixensis, Brixensis 10. 150.

Albertus Hekct ep. Darbatensis 74. 302.

Albertus ep. Favensis 10.

Albertus I. ep. Halberstadensis 47. 212. 237.
Albertus II. ep. Halberstadensis, fil. Alberti ducis de Brunswik 237.
Albertus III. ep. Halberstadensis 65. 283. 318.
Albertus IV. ep. Halberstadensis 113. 384. 423.
Albertus ep. Herbipolensis 287.
Albertus I. ep. Lyvoniensis 5. 13. 141. 152.
Albertus Magnus ep. Ratisponensis, fr. ord. Pred. 23. 27. 170. 180. 181. 191. 272. 337.
Albertus ep. Slewicensis s. Helimbertus.
Albertus de Crispin frater 527.
Albertus I. rex Romanorum, dux Austriae 26. 30. 33. 37. 206. 216.
Albertus rex Sweorum s. Albertus III. dux Magnopolensis.
Albertus III. dux Austriae 73. 288. 289. 302.
Albertus IV. dux Austriae 98.
Albertus V. dux Austriae 422. 444. 506. 560. 571. uxor: Elisabeth.
Albertus I. dux Bawariae, comes Hollandiae 349. 354; comes Hollandiae, Hanoniae et Zelandiae 107. filius: Johannes VI. ep. Leodiensis.
Albertus I. (Magnus) dux de Brunswik, filius Ottonis 20. 23. 24. 27. 62. 68. 173. 175. 179. 181. 185. 191. 202. 203. filii: Henricus, Albertus II.
Albertus II. (Pinguis) dux Brunswicensis 27. 33. 191. 206. filius: Albertus II. ep. Halberstadensis.
Albertus dux de Salina 313.
Albertus II. dominus, dux de Mykelenborg, Magnopolensis, fil. Henrici II. 51. 54. 55. 59. 67. 70. 245. 249. 250. 251. 253. 255. 258. 261. 262. 263. 264. 268. 277. 278. 279. 291. 292. 298. 299; soror 251. uxor: Eufemia; filii: Henricus III, Albertus III, Magnus; filiae: Ingeburg, Anna.
Albertus III. dux Magnopolensis, rex Sweorum, fil. Alberti II. 62. 82. 84. 86. 87. 89. 90. 93. 104. 108. 253. 274. 278. 279. 292. 322. 324. 326. 330. 332. 334. 335. 336. 337. 341. 344. 345. 347. 350. 353. 354. 355. 356. 357. 362. 363. 365. 370. 390. uxor: Rixa, Agnes; filii: Ericus, Albertus.
Albertus IV. dux Magnopolensis 85. 253. 328.
Albertus V. dux de Mekelingborg, fil. Alberti III. regis Sweorum 114. 120. 124. 125. 126. 132. 370. 376. 390. 398. 405. 406. 407. 408. 419. 423. 432. 434. 451. 453. 454. 455. 459; uxor 459.
Albertus I. dux Saxoniae 12. 13. 154. 165. 157. 537. 538.
Albertus III. dux Saxoniae de Louenburg 214. 257.
Albertus IV. dux Saxoniae de Louenborg 52.
Albertus dux Saxoniae iuvenis, frater Rodolfi II. 230.
Albertus dux Saxoniae de Wittenberg, dux Luneburgensis (†1385) 68. 70. 71. 80. 300. 302. 332. frater: Wenzlaus.
Albertus fil. Rodolfi II. ducis Saxoniae 288. 289. 292. 293.
Albertus III. dux Saxoniae de Wittenberg 435. 436. 451; consors 435. 436.
Albertus, Adelbertus de Soltwedele marchio Brandeburgensis 536. 537. 538.
Albertus marchio Brandeburgensis s. Conradus.
Albertus I. comes de Anehalt 268. 269.
Albertus II. comes de Anhalt 100. 103. 365. 369.
Adalberti comitis de Haverstorp filius: Rodolfus rex Romanorum.
Albertus I. comes Holtzatorum 8. 148. 151. 152.
Albertus II. comes Holtzaciae 86. 100. 350. 356. 366. 547.
Albertus comes de Neugarden 436.
Alberti III. comitis Rupinensis uxor 132. 419.
Albertus Erp consul Lubicensis 327.
Albertus de Ponte consul Lubicensis 373. 396.
Albewoam rex Tartarorum 46.
Albia, Albea, Elve fl. Elbe 53. 55. 64. 89. 92. 113. 172. 262. 292. 335. 346. 364. 384. 407. 429. 432. 446. 449. 455. 494. 505. 516. 522. 536. 571. 587; Albiae os 448.
Albigenses 157.
Albanus: Lions.
de Alexnio Alençon: Philippus.
Aldenburgh terrae Misnae Altenburg 350.
Aldenburg, Aldenborg Oldenburg in Holstein 172. 430. 438. 587. 588. episcopi: Wicelinus, Geroldus.
Aldenburg, Oldenborg Oldenburg 69. 296. 471. 519. 550; de Oldenborg domini 6. 31; comites 68. 89. 202. 337. comites: Conradus, Cristianus VI, Cristianus VII, Henricus, Mauricius I, Mauricius II, Mauricius III, Tidericus, de Oldenborg: Bernhardus.
Alemannia, Alemanni 4. 9. 62. 73. 85. 137. 165. 175. 285. 307. 340. 345. 349. 409. 435. 454. 503. 510. 575. 578. 589; Alemannia bassa 499. 503; civitates superiores 85; imperatores 146; mercatores 62. 134. 272. 425. 426. 431; partes 122. 235. 474. 488; praelati 517; principes 15. 164. 582. 590. 594. rex: Henricus fil. Friderici II. imp.
Dudesche, Dudesche land, lande 538. 542. 549. 552; vorsten 571; kopman: 558. 566.
Germania 349; Germanica nacio 128. 392. 412. 413.
Teuthonia, Teuthonici 3. 4. 9. 21. 28. 36. 52. 66. 194. 255. 261. 285. 307. 311. 447. 490. 493. 528. 578. 596. 597; inferior 251; Teuthonicus nacione Westphalus 345; Teuthonica lingua 579; mercatores 127. 222. 305; negociatores 426; Theutonicae partes 122. 379. 499; praelati 147; principes 50; termini 345.
de Alre: Conradus, Hermannus.
Alexander II. papa 581.
Alexander III. papa 588. 589. 590. 583. 591.

Alexander IV. papa 10. 21. 173. 174. 175. 176. 177. 539.

Alexander V. papa 107. 374. 375. 377.

Alexander inquisitor ord. Pred. 345. s. auch Adam.

Alexander de Villa dei 182.

Alexander dux Lithuanorum s. Wytold.

Alexander de Soltwedele consul, capitaneus Lubicensis 18. 154. 171. 338.

Alexander Hune prothonotarius Lubicensis 208.

Alexandria 65; Alexandrinus patriarcha 355. 375.

Alf, Aleph s. Adolfus.

Alveldia civitas Saxoniae Alfeld 66. 284.

Alferde falsch Lafferde hannov. amt Calenberg 111. 380.

Alfonsus rex Romanorum 175.

Alfonsus V. rex Arragoniae 459. 559; brodere 559.

Algarbium Algarve 44.

Algardi fratris Kinstut regis Lithuanorum filius: Yagall.

Adelheyda imperatrix 580.

Alheydis uxor Johannis Schelp 365.

Alheydis filia Petri militis 178.

de Alkona: Florencius.

Allugericus, Allegertus rex Lithuanorum 71. 301. s. Algardus.

Almanus Pyzanus card. presb. 128. 411. 412.

Alpes 7; Alpii montes 264.

Alria, Alra fl. 68. 84. 294. 325. 332.

Alsholm castrum Alsholm auf Langland 562.

Alta Hassia: monasterium ord. Cistercienzium.

de Altona comes: Bernhardus; de A. et Ysenburch comes: Fredericus.

de Altona Alençon comes: Carolus. s. auch de Alconio.

Alsen insula Alsen 502.

Amadeus VIII. comes Sabaudiae 128. 413. 559.

Ambianus, Ambianis Amiens 55. 259; Amyensis comitatus 503.

S. Ambrosius 182.

Amersfort, Amersvordensis civitas 434. 463.

Amera Ems 522.

Amyensis comitatus s. Ambianus.

Amadeus Saluciarum card. diac. 128. 412.

de S. Amore: Wilhelmus.

Amsterdam, Amsterdamenses 416. 463. 482.

Amelius frater 482.

Anagnia, Anagnina 34. 73. 211. 505.

de Anhalt, Anehalt comes, comitatus 121. 262. 502. comites: Albertus I, Albertus II, Bernhardus, Bernhardus V, Bernhardus VI. comes de Berneburg, Gerd, Otto, Sigismundus; Henricus II. archiep. Magdeburgensis, Rodolfus II. ep. Halberstadensis.

Anastasia filia Nicloti ducis Saxoniae, relicta Woldemari ducis Slesewicensis, uxor Gherardi IV. comitis Holzatorum 32. 229.

Andegavensis civitas Angers 48; universitatis ambasiatores 108. 375.

Andreae: Johannes.

S. Andreas parrochia Brunswicensis 111. 380.

S. Andreae valva in Brunswik 206.

Andreas II. rex Ungariae 10. 149. filia: S. Elizabeth.

de Anrvelt: Henricus.

Angariae ducatus 164.

S. Angeli card. diaconus: Iulianus.

S. Angeli castrum Romae 86. 111. 330. 382. 527.

Angelus card. ep. Penestrinus 411.

Angelus Veronensis card. presb. 411.

Angelus de Corario s. Gregorius XII. papa.

Angelus de Pergamo capitaneus 447.

Angermunde, Tangermunde 132. 419. 423. 455; castrum regale 576; Ketterangermunde 423.

Anglia, Angli, Anglici, Engelant, Engelsche 22. 53. 55. 61. 63. 118. 126. 130. 184. 215. 260. 272. 276. 313. 326. 342. 351. 355. 392. 394. 407. 409. 414. 417. 421. 433. 435. 440. 448. 453. 455. 458. 459. 462. 464. 469. 484. 490. 491. 492. 495. 496. 505. 509. 526. 553. 557. 558. 562. 563. 565. 566. 577. 581. 587. 596. 598; Anglicus cardinalis 26. 188. 189; hoppede 554; nacio 128. 392. 412. 418; principes 331. 454. 500; regnum, reges 86. 93. 320. 357. 560. 581; regis ambasiatores 107. 375; Engelsche stede (in Frankreich) 557. cardinalis: Henricus card. presb. S. Eusebii; primas: Richardus ep. Armicanus; reges: S. Edwardus, Richardus I, Henricus II, Edwardus I, Edwardus II, Edwardus III, Richardus II, Henricus IV, Henricus V, Henricus VI, Iohannes (falsch); regina: Isabella.

Anklem, Tanklem, Anklemenses 71. 81. 129. 300. 321. 418. 456. 472. 473. conventus: Augustinensium.

Anna uxor Richardi II. regis Angliae, soror Wenzlai regis 351.

Anna uxor Frederici ducis Austriae 511.

Anna uxor Frederici ducis de Brunswik filia Wenceslai ducis Saxoniae 97. 362.

Anna uxor Wilhelmi I. ducis Brunswicensis 511.

Anna uxor Lodowici II. lantgravii Hassiae, soror Frederici ducis Saxoniae 523.

Anna filia Ottonis ducis de Leyne 97. 362.

Anna uxor Henrici II. ducis de Mekelingburch, soror Rudolfi I. ducis de Saxonia 38. 212.

Anna uxor Adolfi IX. de Holtzacia, filia Alberti II. de Mykelenborg 253.

Anna uxor Gherardi VII. ducis Slesewicensis, soror Wilhelmi marchionis Badensis 522.

Anno archiep. Coloniensis 581.

Ansa, Ansa s. Hansa.

Anthonius Bononiensis card. ep. 128. 411. 412.

Anthonius de Salanco, Tsalanco card. presb. 128. 413.

Antonius III. patriarcha Aquilegiensis 375.

Antonius ep. Babenberg. 580.
Anthonius ep. Sudensis 527.
Anthonius dux Brabanciae 374. 500.
Anthonius dux Venetiarum 342.
Antiochia 396; princeps 199.
Antiqua: Marchia.
Antiquum: Lubeke.
Antworpe *Antwerpen* 554.
Apenborch: Hartwich.
SS. Apostolorum eccl. Rom. cardinalis: Robertus Gebennensis.
Apostolorum ordo 176. 177.
Apulia 53. 203. 459. 559; regnum 318. 597; reges, reginae s. Neapolis.
Aquensis? episcopus 128. 412. 413.
Aquila civitas 81.
Aquileya 55. 593. patriarchae: Antonius III, Marquardus.
Aquilocensis (Aquileiensis): Iohannes card. presb.
de Aquino, Aquinensis comes: S. Thomas.
Aquisgranum, Aquesgrue, Aken, *Aachen* 9. 18. 27. 30. 33. 37. 57. 70. 92. 112. 122. 127. 148. 191. 266. 300. 383. 428. 570. 593; praepositus 439. ecclesiae S. Mariae; praepositi: dominus de Buren, Rodolfi ep. Traiectensis frater.
de Aquisperis: Matheus.
Aquitania provincia 61. dux: Wilhelmus.
Arecium, Areticium *Arezzo* 26. 41. 42. 188. 225. 227; Aretina dyocesis 42; potestas unde rad 541. episcopi: Iohannes, Gwido; potestas: Fredericus de Monte-Farano.
de Arensteen, Arnsteen *Arnstein bei Aschersleben* comes 191.
Argentina 132. 133. 225. 227. 424. 435; Argentinensis episcopus 40; forum 424. episcopi: Iohannes I, Wilhelmus II.
Arhusensis episcopus: Gerardus.
Aristotiles 180. 182.
Armanus hereticus 34. 208.
Armenia, Armenii 343; Armenia Thomaie 596. rex: Ayco.
de Armiaco, Arming *Armagnac* comes, dominus 448. 493. comes: Bernhardus. Arminiaci pars s. Delfini.
Armicanus *Armagh* episcopus: Richardus.
Arundel *Arundel* comes 351.
Arneburg *bei Stendal* 268.
Arnesbêke, Arnsboke *Ahrensbök* 124. 332. 406.
Arnsehope castrum *Ahrensberg in Pommern* 343.
Arnoldus de Pelagius, Pelagrua card. dyac. 216.
Arnoldus ep. Caminensis ord. Praed. 237.
Arnoldus fr. ord. Min. 62. 273. 274.
Arnoldus de Egmond dux Gelriae 408. 467. 473. 481. 483.
Arnoldus consul Bremensis 131. 412.
Arnoldus de Soltwedele consul Lubicensis 18. 171.
Arnoldus Sparenberg consularis Lubicensis 373. 396.
Arnoldus Symminghe varifex Lubicensis 79. 80. 317. 319.
Arnsborg castrum *auf Oesel* 313.
Arnsvelde *Ahrensburg in Holstein?* 238.
Arragonia, Arrogonia 56. 265. 477; regnum, rex 305. 340. 577. reges: Petrus III, Petrus IV, Martinus, Alfonsus V. de Arrogonia: Vincencius.
de Arsaph dominus 199.
de Artus *Artevelde*: Philippus.
Aschalon *Askalon* 201.
Ascheberg: Goswinus.
Ascheraleve *Aschersleben* 438. 509.
Asleaus ep. Bergensis 491.
Assisium *Assisi* 12. 13. 420.
Atrecht *Arras* 536.
de Attendorn: Everhardus, Gherardus, Goscalcus.
Attila rex Gothorum 552. 593.
Augusta *Augsburg* 7. 145.
Augustinensium, Heremitarum ordo 9; ordinis magister generalis 108. 375. fratres: Iohannes de Lippia, Iohannes.
Augustinensium conventus in Tanklem 436.
Augustinense urbis Metensis 439.
Augustinensium monasterium in Porta Celi *Himmelpforten* 96. 282.
S. Augustinus 9. 182. 428; regula 8. 147.
Auka de Putlist s. Gans.
Aureliacensis *Aurillac* conventus 61.
Aureliani, Aurelianensis urbs *Orleans* 492. 495. 496. duces: Lodowicus, Karolus.
Aurikeshove castrum *Aurich* 552.
Austria, Osterrike 17. 168. 392. 476. 500. 503. 511. 553. 560; ducatus 68. 190. 447; ducis ambasiatores 108. 375. duces: Lippoldus III, Henricus II. Jasomirgott, Lippoldus VI, Fredericus I, Fridericus II, Albertus I. rex Romanorum, Albertus III, Albertus IV, Albertus V, Fridericus IV. de Tirol.
Averpil castrum *Norwegiae* 75.
Averroys 182.
Avinio *Avignon* 39. 43. 44. 61. 64. 66. 71. 72. 73. 88. 92. 100. 103. 217. 221. 222. 235. 243. 250. 270. 274. 279. 283. 287. 300. 302. 305. 307. 566; ecclesia maior 46. 233. Avinionensis: Robertus.
Axcowe: Mathias.
Axewalde castrum *Axwall in Schweden* 330.

B.

Babenberg, Bambergensis 74. 429. 587; dyocesis 504. episcopi: Guntherus, Otto I, Lodowicus, Antonius.
Babilonia 202; soldanus 88. 207. soldanus: Sepherach.
Badensis marchio: Wilhelmus.
Bahusen *Bohus in Schweden* 330.
Bayesche nevte, Bayesche vlote 483. 512.
Baldach civitas *Bagdad* 24.
Baldewinus II. archiep. Bremensis, abbas S. Michaelis in Luneburg 524. 532.
Baldewinus archiep. Treverensis 40. 54. 227.
Baldewinus de Taberna 446.
Ballinger Hollandrini 469. 482.
Balthazar de Cossa card. diac. S. Eustachii s. Iohannes XXIII.

Balthasar lantgravius Thuringiae 97. 362. 382. filius: Fredericus.

Balthasar dominus de Slavia, fil. Laurencii 26. 88. 102. 114. 121. 182. 362. 363. 367. 390. 400. 404. 432. 438. 546.

Balticum seu orientale mare 194. 387. 454. 477. 502. 658; hopmanne 562.

Barnabam s. Barnam.

Barnowe: Iohannes.

de Barbi comes: Wipertus.

Bardesholm 585. s. auch Novum Monasterium.

Bardewik civitas imperialis 11. 158. 528.

Barenborg castrum Behrenburg in Hoya 580.

Barensis cardinalis 443. 444. archiepiscopus: Bartholomeus.

Barkentin Berkenthin 88.

Barnabo, Barnybo, Barrebo dominus Mediolanensis 63. 66. 60. 274. 285. 320. 382.

Barnam dux de Wolgast (1430) 438.

Barnbem, Bugeham VI. dux de Wolgast 98. 354. 362. 363.

Barnim III. dux Stetinensis 52. 231.

Barnim VIII. dux Sundensis 526.

Baronces Philippi de Pistorio scriptor litt. apostol. 108. 369.

Bartholomeus archiep. Barensis s. Urbanus VI. papa.

Bartholomeus archiep. Mediolan. 128. 412.

Bartholomeus generalis ord. Praed. 471.

Bartholomeus Voet capitaneus Vitalienorum 490. 493. 494.

Barth 201; dominus 199.

Basilea, Basele 414. 485. 445. 510. 512. 513. 517. 519. 550. 568. 564; concilium 512. 515. 518. 519. 520. 524. 527. 532. 536. 561. 570; ecclesia maior 511. canonicus: Iodocus.

Basilius 428.

Bathoniensis (Guthaniensis) episcopus 128. 392. 412. 418.

Bawaria, Bayvaria 67. 85. 234. 282. 292. 443. 560; ducatus, duces 68. 164. 445. 568. 593; s. auch Tafael; ducis ambasiatores 106. 375. duces: Albertus I, Henricus niger, Henricus Leo Ketelan, Henricus Leo, Henricus IV, Iohannes III. Ohnegnade, Lodowicus I, Lodowicus II, Lodowicus III, Lodowicus IV. rex Roman., Lodowicus V, Lodowicus VI. Romulus, Lodowicus VII, Otto III, Rubertus I, Stephanus, Cristoforus (1434), Iohannes (1427); comes palatinus: Otto de Wettelingsbach. de Bawaria: Clemens.

de Beamond comes: Iohannes.

Beatrix uxor Friderici I. imp. 594.

Beggardi, Beghardi 66. 285. 423.

Beginae, Begwinae 66. 285. s. auch Swestriones.

Beyerum Brieme 90. 339.

Bela III. rex Ungariae 596.

Bela IV. rex Ungariae 16. 17. 22. 168. 167.

Bellifort s. Gregorius XI. papa.

Bellin Fehrbellin 132. 415.

Belvacensis canonicus: Wilhelmus de S. Amore. Belvacensis: Yvo ep. Carnotensis.

S. Benedicti ordo 17. 83. 556; monachi 171. 594; regula 578. fratres: Clemens VI. papa, Urbanus V. papa, Baldewinus abbas S. Michaelis in Luneburg; monasterium: S. Iohannis evangelistae Lubicense.

S. Benedicti monasterium in Cysmer 17. 171.

S. Benedicti ord. monachi Luneburgenses 579.

S. Benedicti ord. monasterium in Setichenleke 283.

S. Benedicti ord. monasterium in Wenethehusen 578.

Benedictus XI. papa, Nicolaus ep. Ostiensis ord. Praed. 34. 211.

Benedictus XII. papa, Iacobus de Far, abbas Cysterciensis, presb. card. S. Prisce 42. 51. 248. 250. 236.

Benedictus XIII. antipapa, Petrus de Luna 78. 81. 92. 100. 103. 105. 107. 127. 303. 340. 341. 342. 355. 366. 369. 372. 373. 388. 392. 411. 419.

Benedictus Gaytanus presb. card. S. Martini in montibus s. Bonifacius VIII. papa.

Benedictus orator universitatis Parisiensis 392.

Benthem Bentheim comitatus 488.

Bens: Magnus.

Bens Stenes sone: Magnus Bens.

Bere: Iohannes.

Berengarius ep. Urgilensis 62.

Berengarius ep. Vercellensis 273.

Berengarius rex Swevorum 232; uxor 232.

Berga, Bergensa, Berghen oppidum Bergen in Norwegen 91. 344. 345. 354. 420. 490. 491. 498. episcopus: Aslacus.

Bergensis urbs, Bergensem Mons in Hennegau 462. 464.

Bergerebe lant Berg 553.

Berghedorp 360. 361. 431. 432. advocatus Lubicensis: Otto de Ritzerowe.

Berlin, Berlynensis civitas 59. 63. 74. 268. 285. 308. 416. 503. 525; valva de qua itur versus Odersberg 74. 308.

Bernburg castrum 470; comes 509. comites: Bernhardus VI, Ernestus.

Bernhardi: Iohannes.

S. Bernhardi ord. monachi, fratres 589; monasteria s. Cisterciensis ordo.

Bernhardus I. ep. Hildesemensis 586.

Bernhardus IV. ep. Padelburnensis 18. 172.

Bernhardus II. de Lippia ep. Mindensis, abbas Corbeyensis 18. 172.

Bernhardus de Monte-Policiano ord. Praed., confessor Henrici VII. imp. 40. 42. 223. 224. 225. 226. 227. 541.

Bernhardus beggardus in Wismaria 100. 360.

Bernhardus I. dux Brunswicensis et Luneb., fil. Magni II. 67. 68. 83. 84. 89. 94. 110. 111. 113. 126. 292. 293. 332. 333. 336. 340. 352. 365. 378. 380. 384. 407. 409. 434. 436. 440. 445. 499. 523. frater: Otto archiep. Bremensis; filius: Otto.

Bernhardus, Benno I. dux Saxoniae, fil. Hermanni 580. 581. frater: Lodewicus comes; filius: Bernhardus II.

Bernhardus II. dux Saxoniae, fil. Bernhardi I. 581.
Bernhardus IV. dux Saxoniae de Lovenborg 121. 523. 526. 564. 571.
Bernhardus comes de Altona 252.
Bernhardus dux Saxoniae, comes de Anhalt 525.
Bernhardus V. comes de Anhalt 100. 366.
Bernhardus VI. comes de Berneburg et Anhalt 470.
Bernhardus comes de Armiaco 414.
Bernhardus comes de Haldesleve 585.
Bernhardus comes de Welpe 10. 160.
Bernhardus iunior dominus de Lippia 101. 102. 367. 368.
Bernhardus frater Nicolai III. domini de Slavia 51.
Bernardus de Plesse miles 443.
Bernard, Bernt Ruter eddelmann 571.
Bernardus Oldenburg proconsul Lubicensis 62. 273.
Bernhardus Plescowe consul Lubicensis 112. 326.
Bernhardus de Puteo 540.
Bernstorpe castrum 57. 266.
van Berry hertige 559.
Berwicensis episcopus: Hermannus.
Berwerd: Iohannes.
Bertoldus II. ep. Caicoonsis 598.
Bertoldus ep. Lubicensis 14. 159.
Bertoldus abbas S. Michaelis Luneburgensis 591.
Bertoldus domprovest van Lubeke 563. 564.
Bertoldi ducis Zaringiae soror: Clementia.
Bertoldus VII. comes de Hennenberghe 50. 238. 251. 252. filius: Henricus.
Bertoldus Holant consul Lubicensis 478.
Bertrammus ep. Lubicensis 294.
Bertrammus Wulflam burgimagister Sundensis 342. 354. 355. filius: Wulfardus.
Bertram Murkerke Lubicensis 288.
Bertrandus Vasco s. Clemens V. papa.
Bethlemenensis episcopus 598.
Bethowe castrum bei Ratzeburg 256.
Betowe Betowe 472.
Bettelar castrum Bettlern 72.
Bevere 2.
de Bichling comes 445.
Bipenal castrum 233.
Birger, Burgerus I. dux Sweorum 24. 184.
Birgerus, Burgarius II. rex Sweorum 35. 36. 37. 48. 212. 214. 216; uxor 85. 212. fratres: Erikus dux, Woldemarus.
Birancia s. Bisuncia.
Biscop: Conradus.
Biscoppensluter Lutter am Barenberge 477.
Bisuncia Besançon 590; Bisuntinensis archiepiscopus 392; archiepiscopi ambasiatores 107. 375.
Bituricensis Bourges dyocesis 57. 226. 266; archiepiscopus 128. 412. 413.
Bithuricensis Berri dux 353.
Blancius rex Malloricarum 53. 252.
Blanka regina Sweciae 277.
de Blanquarda dominus 199.
S. Blasii ecclesia, canonici Brunswicenses 110. 111. 162. 380. 598.
Blekede castrum 94. 352.
Blexen opidum 65. 283.
Bloc castrum 101. 367.
Bloyelmus: Henricus, Iohannes.
Blomenberg Blomberg 420.
Blowasser, Blowasser 74. 309.
de Bluchere: Ulricus ep. Razeburg.
Bodenborg castrum 83. 325. 332.
Boecius Jönsson dapifer 278.
Bohemia, Bohemi, Bohemen 6. 54. 98. 107. 123. 196. 301. 307. 338. 340. 354. 363. 375. 402. 403. 421. 422. 431. 433. 434. 442. 443. 444. 455. 468. 469. 480. 481. 486. 492. 498. 503. 505. 512. 513. 518. 521. 549. 551. 560. 564. 569. 570. 580; barones, nobiles, proceres 60. 91. 269. 340. 528; ducatus 5; Bohemicales floreni 289; Bohemicalium grossorum sexagenae, Bohemicales grossi, sexagenae, Bohemicales 93. 103. 321. 333. 343. 358. 363. 406; Bohemorum haeretici, heresis 440. 488. 519; monasteria 440; regnum 331. 340. 387; regis ambasiatores 107. 375; Bohemicus saltus 470. 387; Bohemica silva 441; s. auch Praed. ord. provincia. duces: S. Wenceslaus, Wladislaus II; reges: Odoaker I, Odoaker II, Wenceslaus II, Iohannes, Karolus IV. imperator (Wenzlaus), Wenzeslaus rex Romanorum. Bohemus: Henigravus.
Boberienses: monachi ord. Cisterciensis.
Bokele villa 2. 142.
Boleslaus II. rex Poloniae, Vergel, Pergel, Yagail dux, rex Lithwanorum, fil. Algardi fratris Kinstut regis 76. 82. 109. 131. 312. 318. 322. 332. 355. 377. 412. 434. 444. 450. 451. 503. 505. 514. 515. 518. 530; rex Kracoviensis 82; uxor 530. frater: Swytergail.
Boleslaus III. rex Poloniae 530.
Bonagracia 41. 45.
Bonaventura cardinalis ord. Min. 21. 175.
Bonehorst: Marquardus.
Bonifacius VIII. papa, Benedictus Gaytanus presb. card. S. Martini in montibus 31. 32. 34. 35. 65. 203. 204. 205. 206. 208. 210. 211. 283.
Bonifacius IX. papa, Petrus Neapolitanus cardinalis 73. 86. 87. 88. 90. 91. 92. 96. 177. 307. 329. 332. 334. 335. 338. 339. 340. 341. 342. 345. 347. 348. 350. 358.
Bononia, Bononienses 10. 108. 111. 161. 171. 284. 282. 353. 377. 381. 434. 471. 514. 517. 519. 550; Bononiensis episcopus 582; universitatis ambasiatores 108. 375. archidiaconus: Pandolfus de Malatestis; ecclesia: Praedicatorum. Bononiensis: Anthonius card. ep., Lodewicus.
Bonowe: Conradus.
Borchardus II. archiep. Bremensis 51.
Borchardus III. archiep. Magdeburgensis 219. 289.
Borchard III. van Werberg, bischop van Halverstad, domprovest van

Meydeborg 568. 571. 572; broder 572.

Borchardus ep. Lubicensis 27. 28. 32. 33. 36. 52. 43. 190. 191. 208. 204. 215. 219. 221. 228. 540.

Borchardus comes de Swalenberghe 49. 246. 542.

Borchardus de Godenstede miles 532.

Borchardus de Lutsowe 318.

Borchardus Voet miles 177.

Borgardestorpe castrum *Borstorf in Lauenburg* 57. 266.

Borgtorp castrum *Burgdorf* 440.

Borneholm insula 330. 477.

Borneloveda, Bornehovede 12. 140. 154. 537. 538.

de Borstel *Borsteles*: Franco.

Borwinus dominus Slavorum 151. 538.

de Bosnen *Bosnien* regis soror: Elizabeth uxor Lodowici regis Ungariae.

Bosonis V. comitis de Mansveld uxor: Agnes.

Boso, Buaso comes de Reghensten 82. 313. 323.

Boso Vlerdum miles 470.

Botho grevo van Stolberg 571. 572.

de Bosch s. Büh.

Brabancia, Brabantiae 131. 132. 328. 342. 417. 420. 438. 503. 536; dux 328; ducis ambasiatores 107. 575. duces: Henricus I, Henricus II, Wenceslaus, Philippus, Iohannes IV, Anthonius.

Bracius nobilis miles 458.

Bramericus: Ievanellus.

Bramhorst castrum 43. 220.

Brancacius: Renoldus card. diac.

Brandanus, Branda Placentinus card. presb. s. Clementis 128. 412. 451.

Brandanus de Swicheide 111. 113. 382. 384. 477.

Brandeburgh, Brandenborg 5. 60. 113. 141. 384. 588; episcopatus 351. 360. 586. episcopi: Fridericus, Tidericus, Iohannes II.

Brandeburgensis marchia 61. 93. 99. 124. 281. 332. 338. 310. 346. 347. 358. 364. 423. 446. 461. 464. 503. 506; marchiones, marchionissae 33. 34. 44. 251. 313 571; marchionis ambasiatores 108. 575; moneta 238; s. auch Marchia antiqua. Marchia nova. marchiones: Albertus I. de Soltwedele, Otto I, Hinricus, Otto II, Otto IV, Conradus, Woldemarus, Lodowicus V, Lodowicus VI, Otto V, Iodocus, Fredericus I, Otto (VI.), Iohannes VI, Iohannes (1426 ff.), Woldemarus fictus.

Brant: Heyno.

Breyde: Hartwicus.

Brekewold: Conradus.

Brema, Bremensis 6. 63. 65. 94. 105. 125. 129. 131. 132. 141. 162. 195. 276. 288. 296. 327. 312. 372. 416. 419. 422. 413. 473. 498. 502. 508. 519. 520. 522. 525. 530. 597; archiepiscopus 17. 36. 251; consules 69; decanus 69. 296; dyocesis 422. 427. 502; ecclesia 13. 159. 438; ecclesiae vasalli 9. 149; provincia 32. 273. archiepiscopi: Hartwicus I, Hartwicus II, Woldemarus, Gherardus I, Gherardus II, Hildeboldus, Ghiselbertus (Gilbertus), Iohannes I, Borchardus II, Albertus II, Otto II, Iohannes II, Nicolaus de Delmenhorst, Baldewinus II; lutor: Otto; decanus maior: Mauricius comes de Oldenborg; decanus: Iohannes Tunnefled; scolasticus: Albertus I, archiep. Rigensis; fratres: Praedicatores; burgimagistri: Iohannes Vasmer, Herbordus Dukkel; consul: Arnoldus.

Bremer s. Kremer.

de Brero dominus fr. ord. Carthus. 88. 335; domina ord. Praed. 88. 335. barones: Walraven, Wilhelmus.

Breslowe, Wratislavia, Vratislaviensis civitas 131. 131. 418. 418. 426. 498; clerus 75. 312.

S. Brigitta 83. 88. 334; ordo 130. 417. S. Brigittae ordinis: Iohannes Haquini archiep. Upsalensis.

S. Brigittae ord. fratres de Swecia 112. 382.

S. Brigittae ord. fratres iuxta Molne 418.

Brilo opidum 130. 417.

Britannia, Britones *Bretagne* 461. 481. 534; serevere 534.

Britannicae insula 577.

Brixensis urbs, Brixenses *Brixen* 38. 469. episcopus: Albertus.

Broderus Sweyn, Swens, Swens miles 516. 517. 569.

Brugenses, Brugae *Brügge* 46. 62. 74. 81. 85. 104. 123. 134. 234. 273. 324. 327. 338. 370. 426. 503. 566. 567; s. auch Ostervlinge.

Brüke castrum *Brake* 352. 474.

de Brukhusen: Hildeboldus praepositus, archiep. Bremensis.

Bruktorpe: Hinricus.

Brûle *Brühl* 183.

de Brunkhorst comites: Ghiselbertus archiep. Bremensis, Henricus.

Bruno I. archiep. Coloniensis, frater Ottonis I. imp. 579.

Bruno IV. archiep. Coloniensis, praepositus Bunnensis 6. 144. 148.

Bruno de Warendorp ord. Praed. conventus Lubicensis 47. 240.

Bruno dux fil. Lodolfi Saxoni 573.

Bruno Klinghe proconsul Groningensis 474.

Bruno Warendorp consul Lubicensis 112. 373. 336.

Brunswyk, Brunswicenses 5. 6. 9. 19. 75. 86. 98. 110. 111. 113. 121. 125. 129. 148. 169. 206. 293. 296. 310. 311. 332. 352. 368. 380. 384. 400. 419. 435. 446. 457. 476. 477. 497. 505. 509. 511. 515. 525. 543. 546. 556. 565. 578. 583. 590. 595. 599; aye stad 565; palacium 169; borgermeistere 555. 550; clerus 425; maioris ecclesiae clerus 380; consules 98; duces, ducatus, principes 84. 113. 172. 185. 251. 292. 495. 395. 381. 411. 571; ducis ambasiatores 108. 375; ducatus milites et clientes 111. 382; de Brunswik et Luneborg duces, ducatus 19. 185. ecclesiae: S. Blasii, S. Cyriaci extra muros, S. Odelrici; valva: S. Andreae; canonici: S. Blasii, S. Cyriaci; fratres: Minores, Praedicatores; parrochiae, presbiteri: S. Andreae, S. Katherinae,

S. Magni, S. Martini, S. Michaelis, S. Petri; monachi, monasteria: S. Aegidii, Mendicantium; de Brunswik: Egbertus landgravius; domini: Otto IV. imperator, Hinricus comes palatinus Reni, Wilhelmus, Otto I. infans; Brunswicenses et Luneburgenses duces: Iohannes, Otto II, Otto III, Wilhelmus, Albertus I, Henricus fil. Alberti I, Albertus II. (de Saltze), Erikus I. (de Saltze), Otto rex Neapolitanus, Albertus II. (Pinguis), Otto II. de Leyne, Otto III, Albertus II. archiep. Bremensis, Lodowicus (de Sangerhusen), Magnus II. (de Sangerhusen), Fredericus I, Bernhardus I, Hinricus I, Otto archiep. Bremensis, Otto III. iunior fil. Bernhardi, Wilhelmus I, Henricus II. Wenzelaus dux Saxoniae, Otto (1367); proconsul: Tylemannus de Damme.

Brutzele Brüssel 438. 439.

Brux, Bruxensis civitas Brüx 441. 476.

Budae civitatis castrum Buda 77. 317.

Buggenhagen: Degheneus, Wedekinus.

Bukslaus VIII. dux Pomeraniae 381.

Bugslaus IX. dux Pomeranensis 526.

Bugslai IV. ducis de Wolgast filia 209.

Bugslaus V. dux de Wolgast 67. 253. 291. 292.

Bugslaus VI. dux de Wolgast 81. 82. 321. 821. 831. 843. filia: Margareta uxor Erici.

de Bûk, Bouch: Henningus.

Bûk: Henricus.

de Bûkwolde, Bûkwoldere nobiles Holtzaciae 64. 283.

Bulco dux Swidnicensis 52. 262.

Buren 54. 259. 266. 340. praepositi: Bruno IV. archiep. Coloniensis, Tidericus II. archiep. Coloniensis.

Bunstorp: Wendelbernus.

Burdeus Bordeaux 61. 272. 326.

Burdinus antipapa 585.

de Buren domini 481; dominus, praepositus Aquensis 485. de Buren: Hermannus, Wernerus.

Burghels castrum in Ungarn 77. 317.

Burgarius, Burgerus s. Birger.

Burgundia 69. 274. 349. 503. 589; Burgundiones 577; ducis ambasiatores 375. duces: Philippus (der kühne), Iohannes (Ohnefurcht), Philippus (der gute). de Burgundia: Petrus

Burowe: Iohannes.

Buscisducis s'Hertogen-Bosch 420.

Bussroye: Iohannes.

Buthae fil. Godeschalci 584.

Butzze: Iohannes.

Butzowe opidum, castrum Bützow 75. 251. 312. 350. 464.

Buxtehude 129. 416.

Bygorgius dominus Perusinorum 315.

de Bylaulo: Hugo.

C. K.

Kabel: Ladera.

Cabiav s. Hâk.

Kabun: Iohannes.

S. Caeciliae Rom. eccl. card. presbiteri: Wilhelmus.

Caesar: Iulius.

Caesariensis episcopus 378; dux 129. archiepiscopus: Swederus.

Calabriae regnum 597.

Caldea 24; Caldeorum regnum 375.

Calevelt: Iohannes.

Kalingborg castrum Kallundborg auf Seeland 32. 234.

Calipha 24.

Kalixtus II. papa, archiep. Viennensis 585.

Kalis, Calis, Callatum castrum Calais 55. 260. 262. 341. 503. 557. 562.

Calmeren, Calmaria, Calmaria Kalmar 250. 277. 278. 332. 334. 564.

Calsyneren: Iohannes.

Kalvis, Calve, Calvensis Calbe 76. 113. 289. 312. 334. 476. 515; de Calviz: Reynerus.

Camenacensis: Petrus card. presb.

Caminenses episcopi: Henricus, Conradus IV, Otto, Iohannes, Arnoldus, Iohannes II, Magnus, Sifridus II.

Campensis, de Campis civitas Kampen 129. 416. 434. 485.

de Campo: Iacobus ep. Pennensis.

Campowe: Iohannes.

de Candia: Petrus.

Canthabrigiae universitatis ambasiatores 108. 375.

Canthuariensis archiepiscopi ambasiatores 375. archiepiscopi: Robertus Anglicus, Simon, S. Thomas, Thomas.

Kanutus VI. rex Daciae 5. 140.

Kanutus rex Sweciae 598.

Kanutus Porse dux Hallandiae 230. 243. uxor: Ingeburgis.

Capha 353.

Karinthia 51; ducatus 190; dominus 15.

Karlowe castrum in Lauenburg 198.

Karlsteyn, Karlstein castrum Karlstein in Böhmen 32. 453. castellanus: Kuno.

Carmelitarum ordinis magister generalis 108. 375.

Carmelitae urbis Metensis 432.

Carnotensis episcopus: Yvo.

Karolus Magnus 4. 21. 187. 578. 579. 587. 591; konynk van Vrankryken 595; gladius nomine Gaudiosa 12. 262.

Karolus IV. imperator, rex Romanorum, rex Bohemiae, Wenzelaus fil. Iohannis regis 51. 54. 55. 57. 59. 60. 61. 63. 64. 65. 66. 67. 68. 69. 70. 71. 72. 250. 251. 265. 266. 269. 270. 273. 279. 282. 283. 284. 285. 288. 289. 292. 293. 300. 306. 333. 436; Wenzelaus marchio Moraviae 259; uxor 57. 69. 70. frater: Wenzelaus dux Brabanciae; filii: Wenzelaus, Sigismundus, Iohannes.

Karolus rex Castellae 216.

Karolus IV. rex Franciae 48. 221. 222. 242; uxor 221. 222.

Karolus V. rex Franciae 73. 305.

Karolus VI. rex Franciae 81. 105. 117. 118. 122. 123. 240. 241. 351. 355. 372. 390. 394. 401. 407. 410. 421. 483. 434. 453.

451; *falsch* Fredericus 85. 326. 328. filii: Ludowicus, Iohannes; filiae: Isabella, Katherina.
Karolus VII. rex Franciae, Delfinus 125. 401. 407. 414. 421. 422. 433. 434. 440. 448. 453. 460. 495. 496. s. auch Delfinus; rex 500. 503. 511. 536. 557.
Karolus V. rex Navarrae 355.
Karolus III. rex Neapolitanus 26. uxor: Clementia.
Karolus de Pace, Pacis rex Neapolitanus et Apuliae 73. 75. 77. 308. 310. 315. 316. 317.
Karolus rex Siciliae 24. 25. 181; consanguinei 25. uxor: Maria; filius: Lodowicus Tholosanus.
Karolus dux Aurelianensis 123. 125. 401. 404.
Karolus I. dux Lotharingiae 445.
Karolus marchio Flandriae 385.
Karolus comes de Alcon s. d'Alençon, frater regis Franciae 53.
Karolus de Malatesta 392.
Karolus de Tüftea marescalcus 278.
Karles: Ericus.
Carpentoratum Carpentras 41. 226.
Carthago, Carthaginensis 56. 199. 265.
Carthusienses 91. 342; Carthusiensis ordinis priores 352. frater: dominus de Berra.
Carthusienses ord. monasterium in Mariencroe 853.
Carthusiensium conventus Pragensis 420.
Casant, Cassand *Kasand* in Flandern 71. 300.
Kasimarus V. dux Pomeraniae 381.
Casimarus VI. dux Stetinensis 432. 436. 461. 465. 470. 471. 497. 523; filii 523; dochter 564.
Carpil montes 345.
Casembia 522.
Castellae regnum, rex 310. 577. reges: Henricus III, Iohannes I, Iohann II, Karolus.
Castrum Novum *Böhmen* 528.
Kathalonia, Cathalani 56. 263. 460; Cathalanicenses pyratae 527.
S. Katharinae Brunswicensis parrochiales presbiteri 380.
Katherina uxor Henrici V. regis Angliae, fil. Karoli VI. 433.
Katharina uxor Ottonis III. ducis Bawariae, filia Rudolfi regis 26.
Katharina uxor Magni II. ducis de Zangerhusen 328. 333. filii: Fredericus, Bernhardus, Henricus.
Katharina filia Magni II. ducis Brunswicensis 333.
Katharina filia Hinrici ducis de Lunenborg 97. 362.
Katherina ducissa Magnopolensis, soror Erici ducis de Lovenborg 122. 401. 487. 500. 501. 526. 563. 564; filii 500. 502.
Catharina ducissa Sleswicensis 109; filii 102.
Katherina uxor Symonis militis 207.
Katherina Rupinen 280.
Catho 182.
Katzowe: Henricus.
Katulus s. Hinricus Leo.
de Cathurco: Iacobus archidyaconus.
Cavea abbacia 583.
Keyserswerde castrum Werd 430. 575.
Celestinus III. papa 397.
Celestinus IV. papa, Gaufridus Mediolanensis 16. 165. 166.
Celestinus V. papa, Petrus de Marone 91. 203. 204. 205; S. Petrus confessor 221.
Cella Radolfzell 393.
Celle, Tzelle castrum Celle 67. 280. 331. 332. 400.
Celle monasterium Neu-Zelle 428.
Kemmyn castrum Cammin 58. 265.
Cenae s. Senae.
Keno, Keen domicellus Frisiae 113. 125. 385. 407. filius: Okko.
Cepe s. Sepe.
Ceriacum villa Strigaum 57. 266.
Cervival castrum imperii Serravalle 132.
Kerlinger: Walterus.
Kerckhoff s. Frank von Kerckdorf.
Kerssen: Radolfus.
Kerstofers broghe s. Lubeke.
Cesterfeld s. Tusterfeld.
Ketelhoden: Nicolaus.
Ketterungerwunde s. Anghterwunde.
Chaam s. Alabon.
Kyle, Kil castrum, Kilenses 43. 44. 81. 122. 172. 229. 248. 323. 332. 416. 525. 542. 545; Kylensis portus 448. conventus: Minorum.
Kinstut, Kinstot rex Lithuanorum 76. 313. frater: Algardus; filius: Wichardus.
Circipanorum terra 141.
Cirnach Tyrnau 76. 312.
Cysmer antiquitus Wagira Cismar 17. 171; s. auch Wagiri. monasterium: ord. S. Benedicti.
Cisterciensis ordo 44. 307. 366; ordinis monachi 223. 511. abbas: Iacobus de Far.
Cisterciensis ord. monasterium in Alta Hassia 231.
Cisterciensis ord. monachi Doberanenses 110.
Cisterciensis ord. monasterium, monachi, conventus de Dobberan, Dobberanensis 46. 235. 365. 452. 591.
Cisterciensis ord. monachi, monasterium in Reynevelde 46. 238. 478. 596; abbas 32; ecclesia 159.
Cisterciensis ord. monasterium in Revalia 19.
S. Clara ord. S. Damiani 8. 148. 149. 152. 203.
S. Clarae, Clarissarum ordo 8. 148. 149. 152. 228.
Clarissarum monasterium in Ribbenitz 72. 313.
Clawre s. Nicolaus.
Clem: Ropertus rex Romanorum.
S. Clementis eccl. Rom. card. presbiteri: Geroldus, Brandanus.
Clemens III. papa, Wigbertus archiep. Ravennensis 562.
Clemens IV. papa, Gwido Provincialis 24. 183. 184. 186.
Clemens V. papa, Bertrandus Vasco 35. 36. 213. 216.
Clemens VI. papa, Petrus Rogerii ord. S. Benedicti, ep. Rothomagensis 52. 54. 256. 266. 599.
Clemens VII. antipapa, Robertus Gebennensis 73. 74. 81. 88. 92. 305. 307. 309. 320. 310.
Clemens de Bawaria 103. 362.
Clementia uxor Karoli III. regis Neapolitani, filia Rudolfi regis Romanorum 26.

Clementia uxor Hinrici Leonis, soror Bertoldi ducis Zaringiae 520.
Klempowe: Marquardus.
Klendenst: Iohannes.
Clettenberch s. Lare.
Kletzeke: Iohannes.
Klinghe: Bruno.
Klinghenberg: Gerwinus.
Clingenberg s. Lubeke.
Clinghesor, Klinghesor astronomus et dictator 6. 143.
Clivensis ducatus 463; comitis ambasiatores 108. 375. comites: Willehmus, Adolfus.
Klokener: Iohannes.
Klukestorpe castrum in Lauenburg 198.
Klosternenburg Kloster-Neuburg 476.
Clotze castrum Klotze bei Gardelegen 89. 336.
Klotzeke castrum Klötzke in der Mark 332.
Cluniacum monasterium Cluny 585; Cluniacensis abbas 128. 412. 413.
de Knesbeke castrenses 333; de Knesbeke: Pardem.
Knese Iancko s. Iohannes I. dom. Slavorum.
Knud s. Kanutus.
Knut Porse miles 232.
Cobant, Kobant: Cristianus ep. Osiliensis.
Koerneneburg Korn-Neuburg 476.
Koggidal: Iohannes.
Colbergensis civitas 129. 416.
Coldehof curia episcopi Lubicensis 33. 294.
Coldinghe castrum 25. 158. 185.
Kolle: Tidericus.
Colne: Iohannes.
Colocensis archiepiscopus: Iohannes.
Colomanensis urbs Culm 450; Colmensium terra 450.
Colonia, Coloniensis civitas, Colonienses 6. 12. 19. 28. 47. 92. 122. 129. 144. 155. 172. 194. 225. 227. 284. 285. 339. 345. 346. 358. 416. 435. 525. 568. 575; Colonia Agrippina 91. 345. 488; archiepiscopi ambasiatores 107. 375; vasalli 19. 172; dyocesis nobiles 497; ecclesia 191; kore des domes 553; pagus 339; tumbe der hilgen koninge 553; universitatis ambasiatores 108. 375. archiepiscopi: Bruno I, Anno, Reynaldus, Philippus I, Adolfus I, Bruno IV, Enghelbertus I, Conradus, Sifridus, Walramus, Fredericus III, Tidericus II; praepositus et archidiaconus: Ghernardus dux de Monte; clericus: Gherlacus Herebertl de Esch; conventus, fratres Praedicatores; ecclesia: S. Mariae in capitolio; monasterium: S. Panthaleonis; universitatis cancellarius: Ghernardus dux de Monte; civis: Iohannes Berswerd.
Colonia Kolin 528.
Columpnienses, Columpnenses Colonna 31. 102. 204; de Columpnis: Agapitus, Iacobus, Petrus, Iohannes, Stephanus, Iacobus card. S. Mariae, Oddo card. diac.
de Comitibus: Lucidus card. diac.
van Compostelle meyster 559.
Concordiensis episcopus 392.
Koningesberge Konigsberg 66. 287. 518.
Koningesborg castrum Konigsberg a. d. Schlei 126. 407.
Koninghesmarke: Henningus.
Conquensis? episcopus 128. 412. 413.
Conradinus dux Suevorum 24. 23. 184.
Conradus archiep. Coloniensis 17. 22. 168.
Conradus I. archiep. Moguntinus 598.
Conradus III. archiep. Moguntinus, comes Reni 422. 480. 525.
Conradus IV. ep. Caminensis 47.
Conradus ep. Havelbergensis 481.
Conradus I. ep. Lubicensis 591. 594.
Conradus III. de Gyrenberg ep. Lubicensis 72. 84. 525.
Conradus ep. Lubicensis s. Burchardus.
Conradus VII. ep. Ratisponensis 497.
Conradus I. ep. Verdensis 393.
Conradus III. Soltowe ep. Verdensis 104. 370.
Conradus ep. Ultraiectensis 583.
Conradus decanus Lubicensis 21. 184.
Conradus Bossowe plebanus in Vaghedeshaghen, archidiaconus Swerinensis, summus plebanus ecclesiarum paroch. Sundensium 105. 123. 371. 405.
Conradus de Halberstad ord. Praed. 577.
Conradus Martburgensis ord. Praed. 14.
Conradus de Soesto 128. 412. 413.
Conradus I. magister fratrum de domo Teuthonica terrae Pruthenorum 80. 81. 320.
Conradus I. rex Romanorum 578.
Conradus IV. rex Romanorum, fil. Frederici II. imperatoris 15. 19. 165. 172.
Conradus marchio Brandeburgensis 33. 208. 209; filius 209.
Conradus comes de Aldenborg, Oldenborg 65. 69. 283. 284. 296.
Conradus comes de Defbold 471.
Conradus comes de Wernigrode 313.
Conradus de Indagine capitaneus Danorum 494.
Conradus de Swicheide 111. 113. 382. 384. 477.
Conradus de Werningherode armiger 82. 823.
Conradus Brekewold proconsul Lubicensis 375. 336. 475.
Conradus Biscop, Episcopi burgimagister Sundensis 172. 501.
Conradus de Alen consul Lubicensis 118. 373. 384.
Conradus Faber 115. 391.
Conradus Zenelowe Lubicensis 373. 376.
Conradus molendinarius Brunswicensis 206.
Conradus (Hinricus) scriptor Coloniensis 92. 98. 359. 360.
Constancia imperatrix uxor Hinrici VI. 19. 147. 596. 599.
Constancia 108. 112. 114. 115. 118. 120. 123. 124. 172. 385. 387. 394. 399. 402. 406. 413. 547; concilium 113. 115. 116. 119. 120. 127. 385. 387. 388.

321. 362. 363. 395. 397. 401. 406. 411. 412. 413. 414. 425. 437. 510. 514. 517. 518. 519. 524; dyocesis 393; ecclesia maior 328.

Constantinopolis, Constantinopolitani 17. 171. 199. 358. 578; imperium 580; patriarcha 128. 375. 412. 413. imperator: Iohannes; patriarcha: Angelus de Corario; rex: Murad II.

Constantinus Magnus 4. 137.

Kopenhaven, Copenhaven 18. 168. 285. 286. 549. 569; castrum 66. 450.

Coppin burgimagister Groningensis 383. 458.

Coradinus soldanus Turcorum, fil. Sepiadini 10. 150.

de Corario: Angelus.

de Corbario: Petrus, Matheus.

Corbeyensis abbas: Bernhardus.

Cordelita: Iohannes.

S. Cornelius S. Corneille bei Pierrefonds? 157.

Koruer: Hermannus.

Cornubiae comes: Richardus rex Romanorum.

Kortrike Courtrai 34.

Koslinensis praepositus: Iohannes II. ep. Caminensis.

Cossarcus cardinalis s. Innocentius VII. papa.

de Kōten comes s. Dessowe.

Krakoviense castrum 76. 312. 322; ecclesia kathedralis 82; Kracoviae rex 48. 247; regina 356, s. auch Boleslaus II. rex Poloniae.

Kran: Hermannus.

Kregen regio s. Herbipolis.

de Crema domini ambasiatores 108. 373.

Kremer: Iacobus Eylardi.

Cremonensis civitas 38.

de Krempe: Iohannes ep. Bambergensis.

Krempze bei Wittenberg 538.

de Crispis: Albertus.

Cristianus I. archiep. Moguntinus 589.

Cristianus Cobant, Kobant ep. Osiliensis 491. 503; ep. Bambergensis 509.

Cristianus ep. Ripensis 436. 526.

Cristianus VI. comes de Oldenborg, Aldenburg 65. 283. 284.

Cristianus VII. comes de Aldenborg 105. 372.

Cristianus Miles proconsul Hamburgensis 109. 377.

S. Christoferi taberna s. Lubeke.

Cristoforus I. rex Danorum, frater Abelis 20. 173. 179. 180. 184. uxor: Margareta; filius: Ericus VII.

Cristoforus II. rex Daciae, fil. Erici VII. regis Danorum 46. 47. 48. 196. 230. 231. 235. 238. 239. 243. 245. 246. 248. 542; filia 238. frater: Iohannes comes; filii: Ericus IX. Woldemarus II, Otto.

Cristoforus fil. Woldemari II. regis Danorum 277.

Cristoforus dux Bavariensis 526.

Cristoforus comes Holtzaciae, fil. Iohannis II. 44. 229.

Cristoforus dominus de Werle 464. 465.

de Cristi milicia ordo 231.

Crone monasterium Kronau 450.

Crucebrodere (crucesignati) 37. 56.

S. Crucis ecclesia in Aharon 290.

Kral: Lodowicus.

Krummedik: Ericus.

Crummewe castrum 396.

Kruse Iohannes, Iohan, hovetman der Ditmerschen 529. 588.

Kubant s. Cobant.

Kuborg Koburg 98. 383.

Kudworde Kiddéreörds 432.

Kufhusen castrum Kiffhäuser 19. 172. 573.

Kulenburg, Kuleborg Kulenburg 485, de Kulenburg: Iohann IV, Suederus.

Kulpin castrum in Lauenburg 57. 268.

Cumana civitas Como 20. 170. prior ord. Praed.: S. Petrus Mediolanensis.

Kummerlose castrum Kemberg bei Wittenberge 357.

Cuno ep. card. Praenestinus 585.

Kunze castellanus castri Karelsteyn 528.

Kürowe bei Lübeck 328. 545.

Cutnis mons, montes Kuttenberg 123. 403. 431. 440.

Kuzelin castrum vel Cotzin bei Camin 58. 265.

Cuayn Kaurim in Böhmen 529.

Cyprus, Ciprus Cypern 30. 36. 149. 201. 215. 474; regis ambasiatores 107. 375. reges: Hinricus I, Iohannes.

S. Cyriaci ecclesia extra muros Brunswik 583; de S. Cyriaci monte canonici, collegium Brunswicense 110. 380.

Cz s. Tz.

D.

Dacia, Dani, Danicus, Denemark, Denen 10. 12. 13. 22. 24. 48. 50. 51. 55. 65. 78. 88. 89. 99. 108. 110. 126. 140. 142. 143. 148. 151. 155. 171. 178. 184. 186. 206. 222. 235. 238. 239. 244. 245. 246. 247. 249. 253. 254. 255. 277. 282. 285. 288. 299. 322. 328. 329. 336. 337. 340. 341. 354. 356. 357. 378. 395. 399. 401. 404. 406. 407. 430. 431. 434. 435. 448. 449. 451. 452. 453. 454. 471. 472. 483. 490. 494. 502. 506. 507. 508. 510. 518. 516. 526. 530. 531. 537. 538. 539. 542. 549. 550. 551. 552. 553. 558. 563. 568. 569. 578; Danis 475; Dacus quidam 478; twe bischoppe 538; corona 5; Denen gut 338; insulae 477. 490; mare 246; pelagus 467; portus 90. 341. 448. 449. 502; regnum 18. 80. 329. 467. 577. 590; regis ambasiatores 107. 375; des rikes raet 569; silva 245. 255. gens Iüthen; reges: Woldemarus I, Kanutus VI, Woldemarus II. (Seier), Erikus VI, Abel, Cristoforus I, Erikus VII, Erikus VIII, Cristoforus II, Ericus IX, Woldemarus II, Woldemarus III. (Atterdag), Margareta, Ericus X; capitaneus: Conradus de Indagine; Danus: Petrus.

Dalmacia 312.

Damascus, Damasceni 199. 596 soldanus 400.

Damekowe s. Damekowe.

de Damen: Marquardus.

de Damerowe: Tidericus.
Damgarde, Dampgarden *Damgarten* 67. 201.
S. Damianus ordo 8. 228; ord. S. Damiani: S. Clara, Celestinus V. papa.
Damiata civitas *Damiette* 10. 10. 119. 150. 172.
de Damme: Tylemannus.
Dancensis civitas s. Dantzke.
Danekowe: Iohannes.
Danenberg castrum *bei Hitzacker* 10. 71. 161.
Dantzke, Danczke, Danczensis civitas *Danzig* 81. 93. 121. 125. 129. 327. 338. 341. 400. 410. 526. 546. 568. conventus: Praedicatorum.
Darbatum, Darbatensis civitas, Darbete *Dorpat* 73. 74. 84. 125. 129. 308. 327. 340. 347. 418. 435. 525. 560; proconsul 491. ecclesia: Praedicatorum; episcopi: Engelbertus, Albertus Hekel, Tidericus II, Tidericus III, Tidericus IV.
de Dargun, Dargûn monachi 48. 235.
Darowe castrum *Dassow* 22. 23. 177. 184; domicelli Lubicenses 298. Darsowe: Iohannes.
Dathagium civitas Persarum 50. 215.
Davantria *Deventer* 120. 416. 431. 485.
David turris prope Ierusalem 10. 150.
David rex Scotiae 53.
Dedeel: Iohannes II. ep. Lubicensis.
de Defholt, Defhold comes, comites 69. 284. 292. 296. 337; Defhol comitatus 483. comites: Conradus, Iohannes III. ep. Osnaburgensis, Rodolfus ep. Traiectensis.
Degheneres, Degenardus Bugghenhagen armiger nobilis 405. 433. 437.
Delbrugge terminus artus in *Dithmarschen* 100.
Delfenses *Delft* 465. 482.
Delfini (*Karl VII.*) vel Armeniaci pars 433.
de Delmenhorst comicia, comites 284. 438. comites: Otto IV, Otto V, Nicolaus archiep. Bremensis.
Delmenzeel *Dolcenum* 89. 335. 348.
S. Demetrii abbas: Ysidorus.
Demetrius Paleologus Methoites 628.
Demyn castrum *Demmin* 575. 586.
Derbi dux 355.
de Dereburg comes 498.
Dersing, Dorsink insula, terra 53. 64. 257.
Dessowe *Dassow* 56. 263. 260; de D. et Kiisen domini, comites 103. 369.
Detlevus, Dithlevus Parkentin ep. Raceburgensis 112. 273. 343. 382. 421.
Dethlevus, Ditlevus Godendorp 79. 81. 318. 322. 323. 332. 544. 545.
Dinckelspol, Dinkelspoel: Nicolaus.
S. Dyonisius *St. Denis* 180.
Dyonisius ep. Alexandrinus 182.
Dirsmerchus castrum 75.
Dioslpatus Graecus 628.
Ditedriak: Henricus.
Ditlevus s. Detlevus.
Dithmarcia, Dithmarsi, Dithmarsii, Ditmerschen 12. 17. 30. 46. 100. 126. 127. 134. 197. 214. 232. 233. 350. 360. 367. 401. 409. 505. 520. 537. 538. 547. 568; comicia 438. capitanens: Radolfus Kerstens.
Ditmarus de Tûnen consul Lubicensis 337.
Doberan monasterium, conventus s. Cisterciensis ordo.
Dobben *Doblen* 447. 448.
Domnowe *Dirmitz* 434. 454.
Dominici: Iohannes card.
S. Dominicus ord. Praed. canonicus et supprior eccl. Oxomensis 7. 10. 21. 149. 161. 161. 535. 539; ordo s. Praedicatorum.
Donatus 182.
Donya *Dohna* 96. 363.
Dordracum, Dordracenses, Dordrecht 62. 125. 130. 131. 275. 327. 408. 416. 417. 444. 482. 542.
Dorningham castrum *Turning* 418.
de Dorstad *Durstadt* baronis uxor 112. 382.
Drakken, Tracken castrum *Traki* 76.
Draunsburg castrum *Dramburg* 450.
Dresden *Dresden* 98. 363. 618.
Drieghenberg castrum in *Westfalen* 91. 315.
Dudermud 99. 365. 456.
Dudesche, Dudesche lant s. Alemannia.
van Duglis *Douglas* greve 565.
Dukkel: Herbordus.
Dûlman: Iohannes ep. Lubicensis.
Dûne fl. 491.
Dunnerschelen Erwete 290. 543.
Duseborgh, Duseuburg *Duisburg* 416. 523.
Dusowe castrum *Dassow in Lauenburg* 108.
Duxe *Dux in Böhmen* 468.
Dux castrum *Dreis* 575; monasterium 639.

E.

Eb. episcopus 392.
Eboracensis, Ebracensis archiepiscopi embasiatores 107. 375. archiepiscopus: Richardus; Ebracensis abbas s. S. Mariae.
Edera s. Egdora.
S. Edwardus rex Angliae 581.
Edwardus I. rex Angliae 206.
Edwardus II. rex Angliae 216. uxor: Isabella.
Edwardus III. rex Angliae 50. 51. 53. 55. 62. 63. 250. 259. 280. 262. 272. 273. 274. 276. 392.
Eduardus rex Portugaliae 523. 524. 559.
Edwardus princeps Walliae 61. 272. 273.
Edwardus dux Gelriae 67. 282.
Egbertus de Brunswick, landgravius Thuringorum 582. 583.
Egdora, Edera fl. *Eider* 128. 356. 409.
Egdorensis: Frisia; Egdorenses: Frisones.
Egele castrum *Egeln* 515. 555.
de Eglefstein: Iohannes I. ep. Herbipolensis.
de Egmund: Arnoldus, Iohann II, Wilhelmus.
Egra, Egrensis civitas *Eger* 110. 190. 378. 512. 513.

Eylardi: Iacobus Kremer.

Eylardus Schoenvelt provincialis Saxoniae, ord. Praed. inquisitor 99. 100. 177. 301. 305. 547.

Eylerus, Eylardus Stangbo proconsul Lubicensis 106. 115. 373. 374. 379. 385. 399.

Ekesveldis Eichsfeld 451; de Eksveldere 555. 556.

Elbinghen, Elbingiensis Malmö 92. 340.

Eleonora uxor Lodowici VII. regis Franciae 592.

S. Elizabeth uxor Lodowici IV. langravii Thuringiae, filia Andreae regis Ungariae 6. 10. 14. 15. 143. 151. 158. 159. 160. 161. 184; mater regina Ungariae 9. 148. maritus: Lodowicus IV; filius: Hermannus II.

Elizabeth uxor Frederici II. imperatoris, soror Henrici III. regis Angliae 15.

Elizabeth uxor Lodowici regis Ungariae, soror regis de Bossen 76. 77. 312. 319.

Elizabeth uxor Haquini regis Norwegiae, soror Henrici comitis Holtzaciae 270. 277.

Elisabeth tochter Sigmunds gemalin Alberts V. v. Oesterreich 571.

Elizabeth uxor Magni I. ducis de Mykelenburg 353.

Elizabeth soror Iodoci marchionis Moraviae 97. 362.

Elrik Elbrich 116. 389.

Elve s. Albia.

Elvinge, Elvingensis, Elbiensis, Melvingensis civitas Elbing 84. 93. 129. 327. 344. 416.

Emeden castrum Emden 522. 523.

Emerici: Nicolaus.

Emesa fl. Ems 578.

de Enbeke, Enbekensis dux: Erikus I.

Engelant s. Anglia.

Enghelberti: Hinricus.

Enghelbertus I. archiep. Coloniensis 8. 11. 12. 152. 155.

Engelbertus ep. Darbatensis 350.

Enghelbertus III. comes de Marka 63. 68. 276. 326. 331. 332. 339.

Engelbertus Swene, Engelbrechte de gude, hovetman der Sweden 530. 531. 552. 562. 569.

Enghele villa Saxoniae 577.

Enkhusen Enkhuizen 455. 482.

Sancte Enwolde vermutlich Kloster Einsiedeln 563.

de Erlach dominus: Schroke.

Erdfordensis Hereford episcopus: S. Thomas.

Erikus VI. rex Danorum, fil. Woldemari II. (Seier), frater Abel regis 16. 17. 18. 20. 167. 168. 171.

Erikus VII. rex Daciae 23. 24. 25. 28. 29. 180. 184. 185. 186. 194. 196. mater: Margareta; uxor: Agnes; filii: Ericus, Cristoferus, Woldemarus.

Erikus VIII. rex Daciae, fil. Erici VII. 29. 31. 33. 36. 37. 38. 39. 43. 44. 196. 202. 205. 206. 209. 214. 215. 216. 217. 218. 219. 220. 228. 231. 540. cancellarius: Martinus.

Ericus IX. rex Danorum 244.

Erikus X. rex Daciae, dux Pomeranorum 109. 110. 116. 117. 119. 121. 122. 123. 124. 125. 126. 127. 129. 130. 131. 378. 381. 389. 390. 395. 396. 399. 401. 406. 407. 408. 409. 410. 415. 416. 417. 418. 420. 434. 436. 444. 448. 449. 452. 453. 456. 458. 460. 462. 466. 471. 472. 473. 475. 482. 484. 486. 489. 490. 491. 499. 500. 501. 502. 503. 513. 516. 517. 525. 526. 530. 531. 548. 551. 552. 553. 558. 559. 562. 598. 584. 568. 609; fili sororis 579. uxor: Philippa.

Erikus III. rex Norweyae falsch Olavus 29. 105. 186.

Ericus dux, frater Birgeri II. regis Sweorum 35. 30. 212. 214. 232. frater: Woldemarus; filius: Magnus III; filia: Euphemia.

Ericus fil. Alberti regis Sweciae 87. 93. 330. 344. 347. 350. uxor: Margareta.

Erikus I. dux Brunswicensis, de Saline, Enbekensis 111. 116. 126. 388. 389. 408. 479.

Erikus I. dux Saxoniae de Lovenborg 44. 52. 58. 54. 55. 228. 230. 231. 248. 261. 262.

Erikus II. dux Saxoniae de Lovenborg 57. 58. 257. 266. 367. advocati: Hartwicus de Ritzerowe, Hinricus Lukowe.

Ericus III. dux Saxoniae Mölln u. Bergedorf? 360. 361.

Ericus IV. dux Saxoniae de Lovenborg 98. 106. 108. 112. 324. 328. 338. 350. 360. 363. 375. 376. 382. filii: Erikus V, Magnus, Otto, Gherardus, Iohannes.

Erikus V. dux Saxoniae de Lovenborg, fil. Erici IV. 121. 360. 361. 400. 423. 432. 434. 436. 440. 502. 564; de Wittenberg 451. fratres: Bernhardus, Magnus ep. Caminensis; soror: Katharina.

Erikus I. dux Sleswicensis, filius Abelis regis Danorum 21. 23. 25. 175. 179. 185. 186; uxor 21. filii: Woldemarus, Erikus.

Erikus fil. Erici I. ducis Slewicensis 25. 188.

Erici II. ducis Slewicensis filius: Woldemarus.

Erikus dux Slewicensis (1404) 100. 396. 547.

Ericus comes de Hoya 429. 436. 441.

Ericus Krummedik miles 415. 444. 502. 507. 508. 518. 582.

Erik Puk, Puck hovetman der Sweden 562. 569.

Ericus Karlus magister camerae 278.

Ericus de Tzeven consul Hamburgensis 478.

Erikus Valke 74. 308.

de Erkel Arkel domini: Iohannes, Wilhelmus.

Ernestus comes de Revenberg 476.

Erp: Albertus.

Erphordia, Erphordensis urbs, Erforde 9. 66. 70. 85. 120. 122. 131. 284. 285. 300. 343. 349. 350. 398. 418. 419. 503. 515. 546. 551. 591; Erphordensis lantgravius 591; studium, studii universitas 90. 538; studentes 131; universitatis ambasiatores 108. 375. provisor: Iohannes de Nassow; conventus: Praedicatorum.

Erre insula Arö 477.

Errorius s. Gregorius XII.

Ertenborgh castrum *Artlenburg* 6. 148. 571; comitis ambasiatores 108. 375.

Estlandia, Estlande, Esten 10. 43. 150. 258; Estlen grens Lyvo-niae 52.

de Esch: Gherlacus Herrlant.

Euclides 182.

Eufemia uxor Alberti II. ducis de Mykelenburg, filia Erici ducis Swecie 54. 245. 249. 253. 261. 278.

Eugenius III. papa 587.

Eugenius IV. papa, Gabriel Cerandis card. presb. 411. 504. 509. 510. 511. 513. 514. 517. 518. 519. 520. 521. 524. 526. 527. 550. 571.

Eura & *Eure* 225.

Europa 581. 589; Europa nostra 418.

S. Eusebii card. presbiter: Henricus.

S. Eustachii card. diaconi: Balthasar, Petrus.

S. Eustachii collegium in Nortusen, quod nunc ad Sanctam Crucem dicitur 579.

Everhardus IV. archiep. Salzburgensis 480.

Everhardus Attendorn ep. Lubicensis 95. 320. 530.

Everhardus Groterh proconsul Wismariensis 487.

Everhardus Wistrate proconsul Tremoniensis 74.

Everhardus Mûrman consularis, capitaneus Lubicensis 66. 288.

Eversten castrum *Everstein b. Holzminden* 630.

F. V. germanicum.

Faber: Conradus.

Fabri: Henricus.

Valko: Erikus.

Valkenberg *in Mähren?* 476.

Valkenburg *Falkenburg bei Dramburg* 85. 328.

Valsterbode *Falsterbo auf Schonen* 69. 222. 239. 546.

Famagusta *auf Cypern* 474.

de Far: Iacobus.

Vasener: Iohannes.

Favencia *Faenza* episcopi: Albericus.

Vechte *Vechta in Oldenburg* 340.

de S. Felice dyaconus: Wilhelmus de Voragrio.

Vellin castrum 435; cumpter 560.

Feltrensis *Feltre* episcopus 128. 412.

Vemeren, Ymbria insula *Fehmarn* 72. 119. 122. 239. 280. 395. 399. 401. 430. 436. 473. 548.

Verden, Verdensis opidum 120. 473; capitulum 104; ecclesia 237; episcopus, episcopatus 120. 251. episcopi: Nicolaus Ketelhodes, Otto dux Brunswicensis, Conradus III. Soltowe, Hinricus II. de Hoya, Iohannes III, Iohannes de Gotingen.

de Veere *Veere* dominus 525.

Fernandus rex Scotorum 200.

Fernandus comes Flandriae 259.

Ferraria, Ferrariensis civitas 216. 343. 363; ecclesia 208; marchionis ambasiatores 108. 375. marchio: Nicolaus.

Vyane *Vianen* 465.

Vierdum: Busso.

Viffhusen s. Lubeke.

Fynlandia 279.

de Firme: Thomas.

Vlerale: Iohannes.

de Vitam: Hermannus, Nicolaus.

Flagellatores (geyselbrodere) 56. 74. 608. s. auch Crucebrodere.

Flandria, Flandrenses, Flamingi, Vlanderen, Vlemynge 34. 48. 51. 55. 62. 71. 74. 130. 131. 210. 250. 273. 300. 303. 327. 328. 349. 417. 448. 465. 499. 503. 505. 522. 526. 586. 554. 557. 502. 603. 506. 586. 587; Flamigenus 467; comes, comitatus 53. 84. 206. 234. 327. 370; comitis ambasiatores 108. 375. comites: Fernandus, Henricus, Iohannes, Lodowicus II, Tidericus II; marchio: Karolus.

de Vlert: Iohannes.

Vlensborg, Vlensborgh, Vlenseborg *Flensburg* 125. 407. 436. 444. 448. 452. 472. 475. 477. 480. 500. 507. 514; der bergh 507. monasterium: fratrum Minorum.

de Flisco: Lodowicus card. diac.

Vlogheling civis Hamburgensis 126.

Florencia, Florenciani, Florentini, 70. 117. 199. 282. 333. 353. 359. 410. 422. 423. 425. 433. 453. 460. 462. 460. 481. 513. 517. 527; capitanei imperii extra Florenciam 225. 227; Florentinus cardinalis 388; domini ambasiatores 108. 375; portus 526; tyrannus 353. conventus: Predicatorum; civis: Pypowe. de Florencia: Leonardus Starik. s. auch Montflascon capitaneus.

Florencius dux Lotharingiae 303.

Florencius comes Hollandiae 163.

Florencius de Alkona capitaneus 445.

Vost: Bartholomeus, Borchardus.

in Vegheduslinghen *Voigdehagen* plebanus: Conradus Ikowe.

Fokko Uke Friso 471. 473. 474. 482. 483. 484. filius: Udo.

Volkensteyn *Falkenstein bei Nikolsburg* 476.

Volradus ep. Ratzeburgensis 49. 51. 249. 250.

Forchem *Forchheim* 582.

Vörda, Vörden, Verdae, Vordensis opidum, castrum *Bremervörde* 9. 142. 427. 438.

Forliviensis *Forli* 137.

Fortebracius princeps 620.

Fossa Nova monasterium 233.

Francia, Francigenae, Franci, Vrankrike 4. 34. 55. 56. 39. 50. 51. 53. 55. 60. 62. 63. 65. 88. 117. 118. 120. 127. 132. 140. 186. 210. 215. 259. 260. 264. 274. 278. 320. 340. 346. 351. 380. 384. 408. 434. 436. 440. 444. 447. 458. 459. 482. 495. 490. 564. 576. 580. 585. 592; Fransoysere 557; principes 326; regnum 125. 300. 355. 405. 414. 433. 471. 503. 500. 577; koningk 557; regis ambasiatores 107. 375; regis capitaneus 199; regis bilt 577; Frankesche schilde 557. reges: Lodowicus VII, Philippus II, S. Lodowicus IX, Philippus IV, Lodowicus X, Philippus V, Karolus IV, Philippus VI, Iohannes II, Karolus V, Karolus VI, Karolus VII.

Gallia, Galli, Gallicanum, Gallicus 485. 496. 576. 585. 589; ecclesiae 593; saeclo 128. 598.

412. 413; partes 122; praelati 117.
Francia orientalis s. Franconia.
S. Franciscus 8. 10. 12. 13. 45. 62. 128. 149. 152. 155. 157; ordo s. Minores.
Franciscus card. presbiter Venerianus 128. 411. 412.
Franciscus archiep. Narbonensis, camerarius apostolicus 107. 375.
Franciscus archiep. Mediolanensis 375.
Franciscus Hoelegis Leodiensis dyocesis 103. 369.
Franciscus dominus de Padua 74. 308. 318.
Franco de Rostel miles, comes de Ostervant 525.
Franconia, Francia orientalis Franken 73. 238. 308. 499. 582.
Frank von Kerndorf meyster van Liflande 580.
Frankenvord, Frankvordia, Frankenvordensis Frankfurt am Main 37. 55. 96. 112. 259. 358. 383; curia 81. 173. 293. 532.
Vrankenvorde, Frankenvorde marchiae Brandenburgensis Frankfurt an der Oder 103. 380. 416. 503. 524.
Frankensteen conventus: Predicatorum.
Fratricellorum secta 203.
Vredeberg, Vredeburg Friedeberg in der Mark 58. 99. 288. 304. 419.
Vredeborg, Vredeborch castrum Bremense in Frisia 105. 131.
Vredeberg municio prope Lubeke 382.
Fredericus III. archiep. Coloniensis 69. 86. 114. 300. 326. 331. 333. 339. 368. 385.
Fredericus ep. Brandeburgensis 219.
Fredericus de Werberg ep. Halberstadensis s. Henricus.
Fredericus ep. Havelbergensis 481.
Fredericus II. ep. Merseburgensis 71.
Fredericus ep. Ratzeburgensis 21. 177.
Fredericus III. ep. Traiectensis 346. 461.
Fredericus Hake canonicus ecclesiae Halberstadensis 113.
Fredericus I. imperator 11. 68. 153. 588. 589. 590. 591. 593. 594. 596. 597. 598. uxor: Beatrix; filii: Fredericus dux Sweviae, Henricus VI, Otto comes Burgundiae.
Fredericus II. imperator 9. 11. 12. 14. 15. 19. 23. 20. 61. 64. 115. 116. 117. 118. 119. 133. 151. 159. 164. 172. 195. 279. 537. 595; dez keysers banner 538; consanguinei 25. uxor: Elisabeth; filii: Henricus (VII.), rex Alemanniae, Conradus.
Fredericus rex Romanorum, dux Austriae 47.
Fredericus rex Francorum s. Karolus VI.
Fredericus I. dux Austriae 508.
Fridericus II. dux Austriae et Carinthiae 16. 17. 160. 167.
Fredericus IV. dux Austriae (Tirol) 115. 307. 398. 459. 611. uxor: Anna.
Fredericus dux Bavariae s. Lodowicus VII.
Fredericus dux Brunswicensis, fil. Magni II. 67. 68. 74. 84. 90. 96. 232. 233. 310. 311. 313. 325. 333. 330. 343. 359. 305. 545. 518; filia 453. uxor: Anna; fratres: Bernhardus de Zangerhusen, Otto archiep. Bremensis.
Fredericus I. dux Saxoniae, marchio Misnae, fil. Frederici III. 97. 362. 375. 382. 398. 411. 441. 453. 462. 468. 480. 486. 547; uxor 362. filii: Fredericus II, Sigismundus, Henricus.
Fredericus II. dux Saxoniae, marchio Misnae 486. 499. 555.
Fredericus V. dux Sweviae (Bawariae), fil. Friderici I. imp. 596. 597; capellanus et camerarius 597.
Fredericus burgravius Nerenbergensis, tutor Marchiae, marchio de Brandeburg 113. 114. 120. 124. 132. 384. 390. 406. 423. 426. 432. 431. 436. 441. 443. 444. 453. 454. 461. 465. 466. 470. 480. 512. 515. 547. 556. 571; filius 444; filiae 434. 455. 564. frater: Iohannes; filius: Iohannes.
Fredericus II. (Severus) marchio Misnensis 52. uxor: Mechildis; filius: Wilhelmus I.
Fredericus III. marchio Misnensis, frater Wilhelmi I. monoculi 282. 285. filii: Fredericus, Wilhelmus, Georgius.
Fredericus IV. marchio Misnae, fil. Balthasari 97. 362. 462. 470. 499. 555; uxor 469. 470.
Fredericus marchio (1308) 36.
Fredericus lantgravius Hassiae 530.
Fredericus comes de Altena et Yssenborch 11. 12. 153. 155.
Fredericus comes de Monte-Feltri 225. 227. 541.
Fredericus IV. comes de Mörse 439.
Fredericus de Monte-Farnae potestas Arecii 42.
Fredericus de Lokken vicemarescalcus Lodowici imperatoris 255.
Fredericus fil. Frederici de Hertigheshusen, Hertigeshusen 96. 350. 545.
Fredericus de Tuyme proconsul Rostoccensis 472. 485.
Fredericus Hegeberte consularis Lunebergensis 473.
Fredericus Hultscluch 28, Holtschuth 194, Holtsluch 195.
Frederikestorpe Friedrichsdorf in Meklenburg 47. 237.
S. Frediswida 381.
Vrese: Iohannes.
Frisia, Frisones 19. 21. 69. 89. 105. 113. 125. 126. 127. 131. 182. 226. 337. 343. 354. 356. 384. 404. 407. 409. 419. 486. 471. 522. 523. 587; Frisonica terra 409; Frisia Eydorensis, Eyderensis 409. 455. 506. 507; Frisia occidentalis 315. 431. 434. 445. 447. 448. 473. 482; Frisia orientalis 65. 283. 284; Frisones qui vulgariter Strandvresen nuncupantur 171; Strandfrisiae rustici 70; Frisonicum genus 587; generositas 337; nobilitas 89. 337. Frisonum domicelli, Frisones: Okko, Fokke. Frisiae domini s. Hollandiae comites.
Fritzlaria, Vrisler Fritzlar 96. 359. 545.
Vrose, Vrôse castrum Frose bei Magdeburg 27. 191.

Fundorum civitas *Fondi* 234. episcopus: Leonardus; conventus: ord. Praedicatorum; comes: Honoratus Gaytanus; comitissa: Iacoba.
Fune insula, Fünensere *Fünen* 17. 239. 247. 253. 254. 255. 404.
Furnaria castrum 204.
de Fuxo: Petrus card. presb.

G.

Gabriel card. Cenensis s. Eugenius IV. papa.
Gayeth *Gaëta* 539; *falsch* Iagete 585. Gaytanus: Honoratus.
Galileus princeps 199.
Gallia, Galli, Gallicanus s. Francia.
Gallina municia *Gallin bei Boitzenburg* 58. 206.
Gamfredus s. Gaufredus.
Gandavum, Gandavenses *Gent* 84. 85. 244. 304. 317. 465. 557. 558. 567.
Ganderskem, Ganderskeym 433; monasterium 578.
Ganfredus s. Gaufredus.
Gans, Anke de Pütlist, Pütlitzer baro 113. 121. 884. 400. 432. 463.
Gans de Putlist baro iunior 461.
Garcias: Gundisalvus.
Gartowe castrum *Gartow* 833.
Gartze opidum *Gartz bei Eichmann* 340.
Gathaniensis s. Rathaniensis.
Gaufredus (Gamfredus, Ganfredus) cancellarius Iohannis regis Angliae 6. 143.
Ghebellini 23. 122. 247.
Gebenna *Genf* 419; Gebennensis episcopus 198. 392. 412. 413. Gebennensis: Robertus.
Gebrshusen s. Iebelhusen.
Gheylehusen *Geluhausen* 593.
Gheyselbrodere s. Flagellatores.
Geyzer insula *Gjedser-Odde* 477.
Gelasius II. papa 585.
Gelphi, Gelphini, Ghelfini 85. 199. 247.
Gelria, Gelrenses, Gelrea *Geldern* 128. 413. 438. 479. 560. 570; dux, ducatus 85. 88. 328. 385. 481. 485. duces: Arnoldus de Egmond, Edwardus, Reinaldus II, Reinaldus IV, Wilhelmus; signifer: Petrus.
Genuensis *Genua* archiepiscopus: Nicolaus II.
S. Georgius s. Lubeke.
Georgius I. ep. Tridentinus 392.
Georgius hertich van Nowgarden 560.
Georgius marchio Misnensis, fil. Frederici 97. 98. 362. 363.
de Ghera comitatus 578.
Gherardus I. archiep. Bremensis 10. 150.
Gherardus II. archiep. Bremensis, praepositus Padelbornensis 10. 12. 14. 22. 150. 154. 162. 165. 173. 176. 537. 538.
Gerhardus I. archiep. Moguntinus 21. 174. 478; frater 514.
Gherardus de Swartzeborgh ep. Herbipolensis 96. 359.
Gherardus ep. Hildensemensis 65. 283.
Gerardus ep. Martipolensis 239.
Gerardus ep. Razeburgensis 843.
Gherardus penitentiarius papae ord. Pred. 372.
Gherardus praepositus et archidiaconus Coloniensis, dux de Monte 225. 226.
Gherardus subdyaconus et praepositus Lubicensis, comes Holtzaciae 32. uxor: Anastasia.
Gherardus Sagarelli, Satarelli de Parma (Parma) haereticus 22. 176.
Gerardus VI. dux Slesvicensis 86. 329. 331. 333.
Gherardus VII. dux Slesvicensis et princeps Holtzaciae 455. 475. 477. 479. 480. 490. 506. 508. 522. 542. 549. 550. uxor: Anna.
Gherardus fil. Erici IV. ducis de Louenborg 360. 361.
Gerd greve van Anehalt 356.
Gherardus comes de Hennenberghe 47.
Gherardus I. comes Holtzatorum, fil. Adolfi IV. 16. 17. 166. 168. 183.
Gerardus II. comes Holtzaciae 89. 214. 215. 220. filii: Gherardus IV, Iohannes.
Gerardus III. comes Holtzaciae 49. 50. 51. 228. 229. 230. 232. 233. 244. 245. 246. 247. 249. 252. 253; filius 249; capellanus 252.
Gherardus IV. comes Holtzaciae 39. 220.
Gherardus V. comes Holtzaciae 47. 48. 57. 266.
Gerardus comes de Mansveld 283.
Gerardus comes de Marka, frater Adolfi ducis Clivensis 429. 430. 434. 463.
Gerardus Snakenburg miles 830.
Gherardus de Attendorn capitaneus Lubicensis 71. 302.
Gerardus Rode proconsul Stetinensis 427.
Gerardus Wynman proconsul Rostocensis 486.
Gerardus Hoyeman consul Lubicensis 378. 396.
Gherardus Quigborn consul Hamburgensis 109. 377.
Gerardus de Florencia Lubicensis 437.
Gervarode, Gerenrôde monasterium monialium 27. 192.
Gergenowe: Hilarius.
Gerlacus archiep. Moguntinus, comes de Nassowe 54.
Gherlacus Herebrecti de Esch clericus Colonien. dyocesis 103. 369.
Germania s. Alemannia.
Germarus, Iermarus II. dominus, princeps Ruyanorum, Ranorum 22. 144. 176. 591; filio 21. 175.
Gero: Stephanus.
Geroldus card. presbiter S. Clementis 73. 303.
Geroldus ep. Aldenburgensis, Lubicensis, capellanus Hinrici Leonis 336. 588. 590.
S. Gertrudis capella extra Lubek 212.
Gerthrudis monialis 27. 38.
Ghertrudis uxor Petri militis 22. 178. filius: Tidericus; filia: Alheydis.
Gherwer: Iohannes.
Ghevekenstene, Gevekensteen castrum *Giebichenstein* 81. 321. 554. 555.

Ghevelsberg *Geraldsberg* 11. 153.
Gheseke *Geseke in Westfalen* 485.
Ghysebertus, Gilbertus de Brunkhorst archiep. Bremensis 26. 32. 187. 206.
Gisbertus ep. Halberstadensis, frater Iohannis comitis Holzatorum 237.
de Gyselhem: Conradus ep. Lubicensis.
Glse magister ord. Teuthon. Lyvoniae 503.
Glambeke castrum *auf Fehmarn* 122. 305. 399. 401. 431. 473. 518.
Glindesmor, Gryndesmŏr castrum *Glindesmoor?* 24. 333.
Glocestriae, Glovernlae *Gloucester* duces: Thomas, Humfredus.
Gobelinus de Stella Wismariensis 398.
Gold: Iohannes.
Gobin *Guben* 428. 506.
Godebuz opidum *Gadebusch* 46; molendinum 235.
Godfridus I. ep. Zwerinensis 219.
Godfridus ep. Wirtzeburgensis 598.
Godefridus rex Ierosolimorum 583.
Godefridus dux Saxoniae 584.
Godefridus Traveman proconsul Lubicensis 340.
Godfridus Michaelis capitaneus Vitalianorum 22. 315. 361.
S. Godhardus ep. Hildensemensis 586; monasterium 586.
Godendorper bovaire 79. Godendorp: Bethlevus.
de Godenstede: Borchardus.
Godescalcus de Attendorn consularis, capitaneus Lubicensis 66. 286.
Godeschalci filius: Bathue.
Godlandia, Godlandensis, Gotland *Gothland* 129. 158. 336. 350. 353. 357. 416. 561. 569.
Goer: Iohannes.
Golde, Goldetowe *Gouda in Holland* 128. 413. 465. 469.
Goldberg *in der Lausitz* 476.
Gorkum *Gorkum in Holland* 413.
de Gorlitz dux: Iohannes.
Gorione castrum *Gorlosen* 271. 426. 454.
Goslaria 6. 28. 65. 65. 90. 111. 118. 129. 143. 192. 272. 339. 382. 381. 416. 457. 477; s. auch Iudaei.
Goswinus Ascheberg frater ord. Teuthon. 491.
Goswinus Klingenberg proconsul Lubicensis 119. 373. 396.
Gothorum rex: Attila.
Gotinghen, Gotingensis civitas 84. 89. 97. 111. 284. 325. 336. 337. 416. 435; claustrum 337. de Gotingen: Iohannes el. Cambrensis.
Gotlandia s. Godlandia.
Gottorpe castrum 28. 29. 48. 244. 245. 407. 471. 472. 475. 491.
Grabowe: Iohannes.
Graecia, Graeci, Greken 4. 25. 137. 197. 517. 570; ecclesia 527; regnum 575; imperator s. Constantinopolis. legatus: Ierosolimus ord. Min. de Graecorum progenie: Race.
Granati *Granada* rex 523. 521.
Grandimontensium ordo 128.
Gransoye *Gransee in der Mark* 231.
Grebin castrum *Grobin in Kurland* 491.
S. Gregorius 211. 428; forma 34.
Gregorius V. papa 580.
Gregorius VII. papa 582.
Gregorius IX. papa 12. 13. 14. 15. 16. 153. 157. 159. 161. 162. 163. 166. 532.
Gregorius X. papa 25. 188.
Gregorius XI. papa, Belliforti 66. 71. 72. 287. 300. 302. 307. 418.
Gregorius XII. papa, Angelus de Corario 103. 104. 105. 107. 108. 127. 369. 370. 372. 375. 377. 388. 392. 398. 411. 412. 501; Errorius 105. 372.
Gregorius Swerting proconsul Sundensis 341.
Greve: Henricus.
Grifenstein *Greifenstein bei Heiligenstadt* 340.
Grymme *Grimma* 103. 256. 369. proconsul: Iohannes Rike.
Grymlesmŏr s. Glindesmor.
Gripeswaldensis civitas *Greifswald* 93. 123. 124. 125. 129. 228. 327. 343. 344. 404. 409. 416. 430. 437. 442. 472. 473. 525.
Grubenitz castrum *in Holstein* 43.
Gróne castrum *Groharie* 445. 446.
Groningenses, Groningen 118. 125. 384. 385. 432. 438. 447. 473; slot 555. burgimagistri: Benno Klinghe, Coppin, Henricus de Ponte.
Groteek: Everhardus.
Grove: Iohannes.
Gudowe castrum *in Lauenburg* 57. 260.
Gui-, Gwi- s. Wi-.
Guliacensis, Iuliacensis ducatus 328. comites: Wilhelmus I, Wilhelmus II, Wilhelmus IV, Wilhelmus V.
Gumfridus Mediolanensis s. Celestinus IV. papa.
Gundisalvus Garcias de S. Maria 128. 412. 413.
Guntsalvus frater regis Cipri 288.
Guntherus II. de Swartzeburg archiep. Magdeburgensis 100. 103. 111. 113. 121. 366. 362. 384. 427. 434. 475. 476. 499. 503. 508. 509. 515. 530. 540.
Guntherus ep. Babenbergensis 581.
Guntherus lantgravius Hassiae 259.
Guntherus comes de Rupin (1391) 231.
Guntherus II. comes de Rupin 82. 87. 278. 298. 321. 330. filia: Agnes.
Guntherus comes de Stalberg 313.
Guntherus comes de Swartzeborg, Thuringus, rex Romanorum 51. 54. 55. 57. 255. 265. 266.
Guntherus comes de Swartzborg (1404) 100. 366.
Guntherus comes de Swartzeburg, iudex curiae regiae 379. 386.
Guntsalvus s. Gundisalvus.
Guntzelinus comes Zwerinensis 521.
Guntzelinus comes de Swerin, fil. Henrici I. 13. 157. 162.
Guntzelinus comes de Wittenburg, fil. Nicolai 47. 230. 237. 246. 542.
Gustrowe *Güstrow in Mecklenburg* 102. 339. 367.
Gutzkowe castrum *Gützkow bei Greifswald* 343.

H.

Habela s. Havele.
Habundi: Iohannes archiep. Rigensis.

Hackemole castrum *Hackenstedt* 446. 530.

Hadeleonis praepositus: Iohannes de Hameln, de Hadelen: Henningus.

Hadmersleve *Hadmersleben* 472, comes: Otto.

Haderslebe castrum *Hadersleben* 435. 453. 508.

Hadewigis regina Poloniae 555.

Hadewigis, Hedewigis uxor Wilhelmi ducis Austriae, filia Lodowici regis Ungariae 76. 82. 312. 322.

Hedwigis uxor Ottonis VI. marchionis Brandenburgensis, filia Rudolfi regis 26.

Haga, Hagenses, Haghen *Haag* 33. 126. 207. 408. 482. conventus: Praedicatorum.

Hake: Fredericus.

Hake s. Haquinus.

Halberstad, Halberstadenses, Halverstad 97. 98. 106. 113. 192. 362. 363. 372. 384. 416. 450. 457. 477. 509. 546. 555. 595; clerus 106; dyocesis 411. 586; dyocesis nobiles 497; episcopus 578; episcopi iurisdictio 596; synagoga 192. 193. ecclesia: S. Stephani; episcopi: Hyldemarus, Otto, Tidericus, Albertus I, Albertus II, Gisbertus, Albertus III, Otto (falsch), Rudolfus II, Henricus, Albertus IV, Iohannes de Hoyme, Burchard III; canonici: Fredericus Hake, Tydericus Robil; cellerarius: Nicolaus de Walhusen; perner: van Sunte Pawele; fratres: Praedicatores, Minores; civis: Mathias Longus; de Halberstad: Conradus.

de Haldesleve comes: Bernhardus.

Halle, Hallensis civitas *Halle* 81. 90. 92. 232. 321. 330. 312. 457. 470. 475. 476. 502. 515. 518. 555.

Hallen Swevian *Schwäbisch-Hall* 18. 172.

Hallandia, Holland *Halland* 330; ducatus 230. dux: Kanutus.

Hallerburg castrum 497.

Hallermund castrum 530.

de Hamelen: Iohannes.

Hammen, Hamme *Hamm in Westfalen* 331. 429.

Hammo noratus strictus in Dithmarcia, de Hamme 282. 283. 308. 517.

Hammenborg, Hamborgh, Hamborgenses, Hammeborger 5. 8. 11. 16. 24. 29. 41. 56. 57. 58. 61. 66. 67. 68. 94. 98. 99. 103. 106. 109. 122. 123. 124. 125. 126. 128. 140. 148. 151. 152. 154. 179. 194. 254. 255. 257. 263. 266. 267. 272. 278. 290. 301. 327. 331. 333. 338. 348. 352. 363. 364. 369. 373. 377. 401. 404. 407. 408; 409. 416. 420. 431. 432. 434. 436. 443. 441. 446. 447. 448. 449. 462. 471. 472. 473. 480. 483. 485. 491. 494. 496. 505. 508. 513. 520. 522. 523. 525. 526. 529. 548. 549. 550. 558. 562. 568. 584; Hamm, et Bremensis ecclesia 579; Angliprius 363. 364; archiepiscopi s. Brema. conventus: Minorum, Praedicatorum; proconsules: Cristianus, Henricus Hoyer (Hugreve), Iohannes Hoyer; consules: Ericus de Tzeven, Iohannes Kletzeke, Symon de Trajecto, Martinus Swartecop; hovetlude: Symon van Utrecht, Iohan Wulff; cives: Vlughelbug, Heyno Brant, Gherardus Quikborn.

Hannonia *Hennegau* 117. 390. 462. 484. comes s. Hollandia.

Hanse, Hansa, Anse 124. 125. 129. 130. 131. 281. 285. 304. 309. 333. 354. 388. 407. 416. 427. 449. 468. 525. 526; de Hanse civitates, Hensestede 18. 66. 326. 328. 340. 536. 543. 548. 586. s. auch Ostersteede.

Hansteen *Hanstein* 284; nobiles 441. 451.

de Hanse dominus, praepositus Hildensemensis 445. de Hanse: Iohannes (Gerardus).

Haquinus, Hake rex Norwegiae 277. 278. 299. uxor: Margareta.

Harderwik 129. 416.

de Haren: Henricus.

Harlem terre 309.

Harlem, Harlemenses 126. 408. 416. 465. 482.

Harlemmunt *Haarlem?* 465.

de Harlemmund comes: Wilhelmus.

Hartesborgh, Hartisburg, Hartonis castrum *Harzburg* 9. 20. 113. 148. 173. 384.

Hartz, Hartho, Hart *Harz* 63. 65. 90. 113. 110. 282. 384. 389. 457. 509. 553. 571; Hartonis silva 82; Hartesgreven 555.

Hartwicus I. archiep. Hammaburgensis 588. 530.

Hartwicus II. archiep. Bremensis 508.

Hartwich Aprenborch richtevoghet to Lubeke 543.

Hartwicus de Ritzerowe advocatus Erici ducis de Lovenborg 57. 58. 265. 260.

Hartwicus Breyde capitaneus 426.

de Hasridorp: Tydericus.

Hassia 435. 480. 497; Hessenlant 553. 570. lantgravii: Otto archiep. Magdeburg., Henricus II, Guntherus, Hermannus, Lodowicus II, Fredericus.

Hassia: Alta.

Hastum *Asti?* 38.

Havela, Habela, Obela fl. *Havel* 98. 345. 346.

Havelsberch, Havelberg 121. 587; dyocesis 815; episcopatus, episcopus 219. 251. 580. 586. episcopi: Thidericus II, Iohannes III. Wôpe, Fredericus, Iohannes Rotsre, Conradus; plebanus: Iohannes Kabuz.

de Hevensprung *Halsberg* comites: Adalbertus, Rodolfus.

Hedwigis s. Hadewigis.

Heydelsberg 110. 112. 379. 382.

Heydenricus archiep. Magdeburgensis 239.

de Heynberg comes 474; s. auch Hinsberg.

Heynsholt s. Sundensis urbs.

Heyno Scharpenberg advocatus Lubicensis 84. 523. 545.

Heyno de Schowen capitaneus Vitalianorum 510. 518.

Heyno Sobbe consul Lubicensis 373. 384.

Heyno Brant Hamburgensis 109. 377.

Heysenberg monasterium ord. Cisterciensium 4, Hemberch ord. Praedicatorum s 22.
Heket: Albertus.
de Heldrungehen, Heldungheo domini, comes 348. 353. 384.
Helena uxor Wilhelmi regis Romanorum 169.
Helena uxor Hermanni II. lantgravii Thuringiae, filia Ottonis ducis de Brunswik 15. 19.
Helyas magister ord. Praed. 234.
Helimbertus ep. Sleswicensis 52. 257.
Helmoldus de Plesse advocatus Lubicensis 443. 484.
Helmstadenses, Helmestad 118. 381. 476. 477. 508.
Helricus Wesenberg vasallus Lemburgensis 290.
Helsingburg, Helschinburg, Helschinkborg castrum 247. 341. 344.
de Hemmegow comites s. Hollandia.
Hennekе, Hennekinus Lembeke Holtsatus 291. 306. 517.
de Hennenberghe comites: Bertoldus VII, Gherardus, Henricus, Iohannes.
Henningesterpe, Henningesterpe castrum *Hemmelsdorf bei Schwartau* 64. 284.
Henningus Bobernus doctor iuris 73.
Henningus de Hadeleu nobilis Holsatus 295.
Henningus Hak, de Bosch miles 266.
Henningus Keningheremarke miles 83. 324.
Hennyngus Pudbusch miles 614.
Henricus card. presb. S. Eusebii, cardinalis Angliae 488. 600.
Hinricus II. de Anhalt archiep. Magdeburgensis 86.
Henricus archiep. Mediolanensis 10. 180.
Henricus III. archiep. Moguntinus 54. 259.
Henricus archiep. Rigensis 491.
Henricus ep. Caminensis 219.
Henricus de Werberg ep. Halberstadensis, prepos. maior Magdeburgensis 106. 111. 372. 380.
Henricus ep. Halberstadensis s. Albertus IV.
Henricus II. ep. Hildensheimensis 219.
Henricus I. ep. Lubicensis 590. 594.
Hinricus II. ep. Lubicensis 61. 228. 244.
Henricus I. ep. Monasteriensis 333.
Henricus II. ep. Monasteriensis, comes de Morsee 461. 566. *falsch* Iohan 565.
Henricus II. ep. Osnaburgensis 487.
Henricus III. ep. Oziliensis 70. 76. 288.
Henricus ep. Revaliensis 491.
Henricus I. ep. Slesvicensis 257.
Henricus III. Fabri ep. Slesvicensis 441.
Henricus I. ep. Swerinensis 51.
Hinricus II. de Own, Nowen ep. Zwerinensis 110. 133. 307. 425.
Henricus III. Wangelin ep. Swerinensis 404. *falsch* Iohannes 133. 425. 408.
Henricus II. ep. Verdensis, comes de Hoya 104. 120. 370.
Hinricus Gergenowe plebanus S. Iacobi Sundensis 105. 371.
Hinricus Rindorp plebanus S. Pauli Halberstadensis 97. 362. 546.
Hinricus Paal sacerdos Lubicensis 100. 374.
Henricus Wydeghe sacerdos Lubicensis 474.
Hinricus Herbordi clericus Brunswicensis 110. 111. 380.
Henricus Walheri magister 356.
Henricus Schonenberg ord. Min. Lubicensis 124.
Hinricus Schonevelt inquisitor ord. Praed. 115. 891.
Hinricus Engelberti ord. Praed. de conventu Sebunensi 118. 384.
Hinricus de Harverdia ord. Praed. 38. 42. 55. 58. 271.
Heinrich v. Duckenworde, Schungel lantmarschalk, meyster van Liflande 580.
Henricus I. de Plawe mag. ord. Teuthonicorum 378.
Hinricus I. rex Romanorum 4. 157. 579; Sase cognomento vogheler 578. uxor: Mechthildis.
S. Hinricus II. imperator 587.
Hinricus IV. imperator, rex Romanorum 581. 582. 583. 584.
Henricus V. imperator 585.
Hinricus VI. imperator, rex Romanorum, Alemanniae 9. 10. 172. 594. 595. 596. 597. 598. 599. uxor: Constancia.
Hinricus (VII.) rex Romanorum, Alemanniae 9. 11.
Hinricus Raspo rex Romanorum, lantgravius Thuringiae 17. 168.
Hinricus VII. imperator, comes de Lutzellingborg 37. 38. 39. 40. 41. 42. 153. 217. 223. 541. filius: Iohannes rex Bohemorum.
Henricus II. rex Angliae 600. filia: Mechtildis.
Henricus III. rex Angliae 25. soror: Elisabeth; frater: Richardus rex Romanorum.
Henricus IV. rex Angliae, dux Lancastriae 95. 351. 357. 381. 414. 415. filius: Henricus dux Walliae; filia: Philippa.
Henricus V. rex Angliae, dux Walliae 117. 118. 122. 127. 390. 394. 410. 414. 415. 433. 434. 444. 447. 448. 454. fratres: Humfredus, Thomas dux; uxor: Katherina.
Henricus VI. rex Angliae 448. 492. 503. 525. 557. 563. 566.
Henricus III. rex Castellae 355.
Hinricus I. rex Cypri 10.
Henricus I. rex Ierusalem 528.
Henricus II. rex Ierusalem 199. 201.
Hinricus rex Slavorum 584.
Henricus II. Iasomirgott dux Austriae 586.
Hinricus dux Bawariae, frater Ottonis I. imp. 579.
Hinricus niger dux Bawariae 586.
Hinricus Leo cognomento Katulus id est welpe, dux Bawariae, Saxoniae et Westphaliae (der stolze) 586.
Hinricus Leo dux Bawariae, Saxoniae et Westphaliae, Romani imperii camerarius 68. 164. 169. 170. 261. 536. 583. 588. 589. 590. 591. 593. 594. 595. 596. 597. 598. 599. uxores: Clementia, Mechtildis; filii: Hinricus, Otto IV, Wilhelmus; capellanus: Geroldus ep. Aldenburgensis.
Henricus IV. dux Bawariae 480.

Henricus I. dux Brabantiae 7. 598.
Henricus II. dux Brabantiae 163.
Henricus fil. Alberti I. ducis de Brunswik 191.
Henricus I. dux Brunswicensis et Luneb., fil. Magni II. 67. 68. 84. 89. 94. 99. 101. 102. 104. 109. 110. 111. 113. 121. 202. 298. 330. 332. 338. 336. 347. 348. 350. 352. 363. 367. 368. 370. 378. 380. 381. 398. 400. 480. frater: Otto archiep. Bremensis; filius: Wilhelmus I; filia: Katharina.
Henricus II. dux Brunswicensis, frater Wilhelmi I. 511. 512. 515. 530.
Henricus dux Lankastriae s. Henricus IV. rex Angliae.
Hinrick vorste der Wende unde der Obotryten (1159) 556.
Henricus Borwin I. princeps Slavorum 598.
Henricus I. dominus de Mikelingborg, fil. Kruse Ianeko domini Slavorum 23. 33.
Henricus II. dominus, dux de Mekelingborch 38. 46. 47. 48. 207. 208. 211. 212. 228. 230. 231. 232. 234. 235. 237. 238. 243. 245. uxores: Anna, Agnes; filii: Albertus, Henricus.
Henricus fil. Henrici II. domini de Mykelenburg (1330) 245.
Henricus III. dux Magnopolensis 77. 253. 278. 299. 310. 316. frater: Magnus; uxor: Ingeborg; filius: Albertus IV.
Henricus IV. dux Magnopolensis 487. 564.
Henricus frater Iohannis II. ducis de Stargardia 347.
Henricus IV. dux Sleswicensis 121. 125. 126. 127. 129. 131. 399. 401. 404. 407. 410. 415. 416. 418. 422. 429. 430. 435. 436. 441. 444. 446. 452. 453. 455. 459. 463. 471. 472. 473. 475. 477. 478. 479. 480. 548; fratres 471. 473. 474. frater: Adolfus VIII.
Henricus dux Walliae s. Henricus V. rex Angliae.
Henricus fil. Frederici I. ducis Saxoniae 446.
Henricus dux Saxoniae s. Albertus I.
Henricus marchio Brandeburgensis, fil. Ottonis 526.
Henricus I. marchio de Missna 21.
Henricus dominus de Brunswic, comes palatinus Rheni 6. 13. 142. 156. 595. 598.
Henricus comes palatinus Saxoniae 594.
Henricus II. lantgravius Hassiae 52.
Henricus comes de Aldenburg 163.
Henricus comes de Brunkhorst 246. 542.
Henrici comitis Flandriae frater: Iohannes.
Henricus comes de Hennenberg 251.
Henricus I. comes Holtzaciae 107.
Henricus II. comes Holtzaciae 53. 54. 55. 57. 58. 232. 253. 254. 255. 257. 259. 261. 263. 266. 267. 277. 278. 298.
Henricus III. comes Holtzaciae 121. 126. 127. 129. 399. 401. 404. 415. 436. 438.
Henricus VI. comes de Holsten 244.
Henricus VIII. comes de Holstern 82. 99. 313. 323. 349. 365.
Henricus IX. comes de Holsten 116. 383. 384. 389; pater 383; frater 383.
Hinrik XI. greve van Holsten 555. 571. 572.
Henricus comes de Swartzeberg (1172) 591.
Henricus comes de Swartzborg (1403) 100. 366.
Hinrik greve van Swartzeborg (1438) 571. 579.
Henricus I. comes de Swerin 10. 11. 12. 13. 151. 152. 153. 154. 156. 157. 598. filius: Guntzelinus.
Henricus III. comes de Swerin 228. 230. 235. 236.
Henricus baro de Parwis 107. 374. filius: Tidericus ep. Leodiensis.
Henricus dominus de Plawe 102.
Henricus Moltzan nobilis 465.
Henricus de Anevelt miles 478.
Henricus de Marwe miles 485.
Henricus de Moltike miles 114. 390.
Henricus Parowe miles 330.
Henricus de Sternberghe miles 90. 332.
Henricus de Wittinkhove 239.
Henricus Lohowe, Lutowe advocatus ducis Saxoniae 58. 265.
Henricus Ilsik burgimagister Rostocensis 485. 501.
Henricus Katzowe proconsul Rostocensis 485.
Heinrich Vorrath bürgermeister von Danzig 606.
Henricus Hoyer, Hogerd proconsul Hammeburgensis 439. 475. 513. 514.
Henricus Pollag burgimagister Lubicensis 394.
Henricus de Ponte proconsul Groningensis 474.
Henricus Rapesulver proconsul Lubicensis 131. 373. 357. 472. 562.
Henricus Schonenberg proconsul Lubicensis 115. 385. 398.
Henricus Stoneke proconsul Lubicensis 105.
Henricus Westhof proconsul Lubicensis 119. 292. 311. 373. 396.
Henricus Grenze consularis Rostocensis 472.
Henricus de Haren consularis Wismariensis 398. 481.
Henricus Meteler consul Lubicensis 373. 397.
Henricus Bloyebrun Lubicensis 373.
Henricus Brakterpe 56. 263.
Henricus Distelvink 98. 862.
Henricus Renghe Lubicensis 373. 379.
Henricus paternosterfex Lubicensis 79. 80. 317. 319.
Henricus villanus 87. 88. 833. 834.
Hensberch s. Heynsberg.
Hensestede s. Hansa.
Hensel Hetor 73. 307.
Herbipolis Würzburg 144. 190. 287. 435. 582. 595; regio Krogen 190; studium 96. 360; suburbium 582. episcopi: Godefridus, Albertus, Gherardus, Iohannes I.
Herlardus Dukkel proconsul Bremensis 497. 498.
Herbordi: Henricus.
Hereberti: Gherlacus.
Heremitae s. Augustinenses.
Heringvlet *Harfleur* 117. 126. 390. 409.

Herlingwik 230.
Herlinberch castrum *Herlingsberg* 30. 131.
Hermannus ep. Bernabrensis ord. Praed. 427. 429.
Hermannus ep. Monasteriensis s. Otto II.
Hermannus III. Koppen ep. Swerinensis 429. 502.
Hermannus plebanus in Sancto Portu, Hilgbenhavene 17. 168.
Hermannus de Buren sacerdos 406.
Hermannus Korner 323. 541.
Hermannus fil. Willegi praefectus, dux Saxoniae et Westphaliae 579. 580; senex 586. filii: Benno I, Luderus.
Hermannus lantgravius Hassiae 99. 365. 382.
Hermanni I. lantgravii Thuringorum filius: Lodowicus IV.
Hermannus II. lantgravius Thuringiae, fil. S. Elizabeth 13. uxor: Helena.
Hermannus de Vitzen 277. 332.
Hermannus famulus Henrici de Mykelenburg 207.
Hermannus de Alen proconsul Lubicensis, praebendarius Praedicatorum in Lubeke 106. 370. 374.
Hermannus Yborg consul Lubicensis 119. 373. 396.
Hermannus Westphal consul Lubicensis 373. 397.
Hermannus de Mynda pistor Lubicensis 79. 80. 317. 319.
Hermannus Rubowe pistor Lubicensis 391.
Hermannus Kran 323.
Hermynsul 576.
Herspränk *Herbruck* 65. 284.
de Hertegheshusen, Hertigehusen: Fredericus
Hervaeus ep. Trecensis 10. 150.
Hervordia 428. de Hervordia: Hinricus, Iohannes.
Hessen s. Hassia.
Hesteberg mons prope Slewic 471.
Hibernia insula 492; dux 351.
Hildeboldus archiep. Bremensis, praepositus in Bruckhusen 22. 26. 176. 182.
Hildebrandus gygas 577.
Hyldemarus ep. Halberstad. 580.
Hildensheym, Hildensemensis civitas 111. 376. 416. 435. 446. 457. 477; cancelei 446; dyocesis 69. 411. 445. 464; nobiles 441. 497; militares 298; episcopatus, episcopus 64. 284; episcopatus milites et militares, cives 111. 382. episcopi: S. Godhardus, Bernhardus I, Sifridus I, Sifridus II, Henricus II, Gherardus, Iohannes III, Magnus; praepositus maior: Iohannes (Gerardus) de Hamme; canonicus: Otto dux de Lauenburg.
Hilgheland, Terra Sancta *Helgoland* 22. 363.
Hilghendal antiquum monasterium: ord. Praemonstr.
Hilghehavene, Hilgenhavene, S. Portus 335. 427. 430. plebanus: Hermannus.
Hindenberg castrum 349.
Hinricus s. Henricus.
Hinsberg herrschaft 570. comites: Iohannes I, Iohannes VIII. ep. Leodiensis.
Hisco praepositus 482.
Hispania, Hispani 134. 436. 435. 484; de H. cardinalis 124. 412; mare 345; nacio 128. 412. 413; portus 134. 428; regnum, rex 310. 577. reges: Iohannes I, Richardus dux Lancastriae, Iohannes II. Hispanus: Petrus.
Hitseko praepositus Frisus 332.
Hogeherte: Fredericus.
Hogerl s. Hoyer.
Hoya comitatus, comites 332. 441. 445. comites: Ericus, Hinricus II. ep. Verdensis, Iohannes, Iohannes III. ep. Hildensemensis, Otto ep. Monasteriensis, Otto
Hoyeman: Gerardus.
Hoyer, Hogerl: Henricus, Iohannes.
de Hoyme: Iohannes.
van Holsten *Holstein* baron 561.
Holk: Iakobus.
Holkot: Robertus.
Hollandia, Hollandrini 21. 53. 88. 118. 125. 126. 129. 130. 131. 132. 207. 335. 352. 408. 413. 417. 438. 444. 445. 449. 455. 462. 463. 465. 469. 503. 522. 528. 536. 561. 587; Hollandi 587; comes 88; comitatus, comicia 130. 132. 417. 453. 462. 465. 477. 482. 485. 492; ducis ambasiatores 107. 375; portus 448. comites: Florencius, Wilhelmus rex Rom., Iohannes I, Wilhelmus III, Wilhelmus IV, Margareta imperatrix, Albertus dux Bawariae, Wilhelmus VI, Margareta; tutor: Iohannes VI. ep. Leod. Hollandrinus: Tydericus.
Holm s. Stokholm.
Holtebruch, Holtstech: Fredericus.
Holtzacia, Holtzati, Holsten 12. 17. 22. 30. 37. 44. 52. 54. 55. 64. 78. 79. 80. 86. 119. 121. 123. 124. 125. 126. 154. 177. 179. 194. 197. 212. 214. 215. 216. 230. 231. 233. 235. 239. 244. 246. 247. 249. 253. 254. 255. 261. 277. 285. 314. 320. 322. 323. 329. 331. 332. 335. 350. 352. 366. 395. 404. 406. 407. 408. 409. 422. 425. 430. 431. 444. 448. 449. 452. 472. 473. 475. 477. 478. 479. 480. 496. 502. 506. 507. 508. 529. 542. 545. 548. 549. 558. 559. 563. 596; Holtzaciae comites de Schowenborg 22. 23. 24. 25. 30. 52. 53. 84. 86. 131. 171. 177. 184. 186. 214. 215. 251. 253. 267. 294. 295. 327. 329. 332. 349. 350. 404; domini 23. 124; nobiles 197. 263. 330. 378. 490; nobiles et militares 407; pyratae 427; principes 130. 406. 417. 434. 444. 452. 474. 496. 502. comites: Adolfus I, Adolfus II, Adolfus III, Adolfus IV, Adolfus, Adolfus VII, Adolfus VIII. dux, Adolfus IX, Adolfus XI, Albertus I, Albertus II, Gherardus I, Gerardus II, Gerardus III, Gherardus IV, Gherardus V, Henricus I, Hinricus II, Hinricus III, Iohannes I, Iohannes II, Iohannes III, Luderus, Nicolaus, Otto II. s. auch Vitaliani.
Holtensterum pons, valva s. Lubeke.
de Homborgh dominium, nobiles 83. 385. 512. de Homborg: Iohannes.
Honower, Honoverenses 69. 129. 205. 296. 352. 416. 457. 497. 512. fratres: Minores.

Honoratus Gaytanus comes Fundorum 234. 305; terra 73.
Honorius III. papa 8. 9. 10. 147. 148. 149.
Honorius IV. papa, Iacobus Sabellensis 29. 196.
Honstere, Honsteyn castrum Hohnstein 383. 384; comes 445. comites: Henricus VI, Henricus VIII, Henricus IX, Hinrik XI, Tidericus.
Horborg castrum Herborg 71. 300. 333. 348. 352.
Horne Horn in Lippe 102. 368.
Horulk: Rodolfus.
Hoslogis: Franciscus.
Hospitalarii 36. 213; Hospitalis magister et fratres, milites 10. 149. 199; Hospitale S. Mariae domus Theutonicae 597; Hospitalis S. Iohannis magister 598; Hospitaliorum S. Iohannis ordinis magister 373.
Hugbelinus s. Gregorius IX. papa.
Hugink: Iohannes.
Hugo card. S. Sabinae 179.
Hugo de Bylonio card. presb. ord. Praed. 197.
Hugo de S. Victore 586.
Hugo magister generalis, provincialis Franciae ord. Praed. 17.
Hugo (Abraham) miles capud Vitalianorum 20. 241.
Hük et Caldar partialitas 483.
Huck: Petrus.
Humbertus magister generalis ord. Praed. 23. 28. 180. 181.
Hume: Alexander.
Humfredus, Umfredus dux Glocestriae, frater Henrici V. regis Angliae 446. 453. 462. 464. 482.
Hüsels S. 31. 202.
Hupertus ep. titularis, vicarius episcopi Traiectensis ord. Praed. 88. 94. 333.
Hüs, Hüs: Iohannes.
Husitae, Husitae 403. 420. 431. 436. 447. 455. 476. 497. 498. 504. 505. 510. 512. 513. 515. 518. 529.

I. Y.

Iacoba comitissa Fundorum 234.
Iacoba filia Wilhelmi comitis Hollandiae 125. 130. 131. 401. 405. 408. 417. 450. 452. 464. 465. 469. 476. 477. 482. 492. 525. 564; filia Hollandiae 125. 408. tutor et capitaneus: Walraven de Brero; maritus: Franco de Borstel.
S. Iacobi parrochia, ecclesia Lubicensis 28. 32. 70. 221. 545.
S. Iacobi Sundensis plebanus: Hinricus Gergrowe.
S. Iacobus Forliviensis ord. Praed. 197.
Iacobus de Columpnis card. S. Mariae 28. 35. 194. 204. 211.
Iacobus de Voragine archiep. Ianuensis 26.
Iacobus archiep. Lundensis 24.
Iacobus de Campo ep. Pennensis 128. 412.
Iacobus de Caltureo archidyaconus s. Iohannes XII. papa.
Iacobus Sabellensis s. Honorius IV. papa.
Iacobus Eylardi Kremer diaconus haereticus 427. 428. 429.
Iacobus minister provincialis Saxoniae ord. Minor. 103. 862.
Iacobus ord. Minor. 93. 846.
Jakob I. könig von Schottland falsch Robert 565. gemalin: Iohanne; sohn: Jakob II.
Jakob II. könig von Schottland 565.
Iacobus Piccrowe proconsul Lublicensis 74. 294. 295. 298.
Iacobus Holk consularis Lubicensis 373.
Iacobus (Yaschar) Iudaeus 402. 403.
Jacubike häuptling der Husiten 562. 570.
Yagall dux, rex Lithuanorum s. Boleslaus II. rex Poloniae.
Iogeta s. Gayeth.
Ianeke: Kusse.
Ianua, Ianuenses 66. 74. 80. 199. 309. 316. 444. 474. 559; archiepiscopus 40. 227; domini ambasiatores 108. 375. archiepiscopus: Pilleus; lectores: Iohannes, Vincencius.
Iapha 201; comes 199.
Yaspar dom. Slavorum 261.
de Ylda dominus 199.
Yburg: Hermannus.
Yderstad 20.
Iobelhusen, Gebelhusen Giebolde-hausen 98. 363.
Iaurnece Jena 499. 503.
S. Ieronimus 182.
Ieronimus cardinalis, legatus Graecorum ord. Min. 25. 190.
Ieronimus fr. ord. Min. s. Nicolaus IV. papa.
Ieronimus Pragensis 116. 120. 395. 420.
Ierusalem, Ierosolimae 10. 18. 24. 81. 150. 201. 460. 597; patriarcha 375. 598; peregrinacio 151. 156. 594; plagi 381; regnum 597; sepulcrum domini 55. 262; templum domini 10. turris David; patriarchae: Lodowicus, Urbanus IV. papa, Galsberus; reges: Godefridus, Henricus I, Henricus II, Iohannes, Guido.
Iemp: Nicolaus.
Ylsingus monachus 577.
Ymbria s. Vemeren.
Ymilo Provest Friso 522. 523.
Ymolensis domini ambasiatores 108. 375.
de Indagine: Conradus.
India, dat kleine 548.
Ingeburgis mater Magni III. regis Sweorum 243.
Ingeburg uxor Henrici III. de Mykelenburg 253.
Ingeborg uxor Lodowici VI. marchionis Brandenburgensis, filia Alberti II. de Mykelenburg 253. 268. 277.
Innocencius II. papa 586.
Innocencius III. papa 143. 144. 147.
Innocencius IV. papa 16. 20. 146. 166. 167. 168.
Innocencius V. papa, Petrus de Tharentasia card. Ostiensis, ord. Praed. 26. 27. 188. 189.
Innocentius VI. papa 60. 62. 63. 269. 274. 275.
Innocencius VII. papa, Cosmarus cardinalis 100. 102. 103. 366. 368. 369.
Iodocus canonicus Basiliensis 118. 334. 398.
Iodocus marchio Moraviae et de Brandeburg 76. 81. 298. 312.

335. 338. 339. 543. frater: Procopius; soror: Elizabeth.

Iohanna I. regina Neapolitana 78. 305. 308.

Iohanna II. regina Neapolitana, Apuliae 198. 418. 454. 459.

Johanna königin von Schottland, gemahlin Jakobs I. 565.

Iohanna relicta Mathei de Corbario 242.

Iohanna puella, virgo 495. 496. 500. 502.

de S. Iohannis ordine cruccsignatus, Iohannita 487; S. Iohannis Ierosolimitani magister et fratres 199; s. auch Hospitale.

S. Iohannis baptistae ecclesia Lubicensis que vocatur in arena 536. 584. 588.

S. Iohannis baptistae ecclesia Lusburgensis 102. 368.

S. Iohannis ecclesia in Magdeburg 21.

S. Iohannis ecclesia in Laterano Romae s. Lateranensis.

S. Iohannis ewangelistae ecclesia, monasterium Lubicense 17. 171. 569. 584.

Iohannes XXI. papa, Petrus Hispanus 27. 190.

Iohannes XXII. papa, Iacobus de Cathurco archidyaconus 39. 43. 44. 45. 46. 47. 52. 62. 222. 226. 231. 235. 237. 243. 244. 245. 246. 248. 266. 273. 542.

Iohannes XXIII. papa, Balthasar de Cossa card. S. Eustachii 108. 111. 112. 114. 115. 127. 133. 377. 381. 385. 387. 388. 391. 392. 396. 397. 411. 419. 422. 423. 425.

Iohannes card. ep. Ostiensis 128. 411. 412.

Iohannes Aquilienensis, Aquileiensis card. presb. 128. 411. 412.

Iohannes Dominici Ragusinus card. presb., ord. Praed. 128. 411. 412. 421.

Iohannes I. archiep. Bremensis, antea archiep. Lundensis 206. 211. 212.

Iohannes II. de Ramesle archiep. Bremensis, praepositus Hadelensis 102. 110. 120. 278. 369. 397. 434. 438.

Iohannes archiep. Coloniensis 503. 511.

Iohannes II. de Nassowe archiep. Mogunt. 96. 359. 422. 453. 545.

Iohannes archiep. Lundensis s. I. Bremensis.

Iohannes IV. de Sinthen archiep. Rigensis 74. 309. 313; patriarcha et primas Lyvonie et Lithwanorum 338. 350.

Iohannes V. archiep. Rigensis ord. dom. Teuthon. 128. 338. 347. 382. 412. 413.

Iohannes VI. Habundi archiep. Rigensis 133. 418. 460.

Iohannes VII. Walrode archiep. Rigensis, ep. Leodiensis 131. 132. 418.

Iohannes Haquini archiep. Upsalensis, ord. S. Brigittae 456.

Iohannes Ierichini archiep. Upsalensis 436. 458.

Iohannes ep. Aretinus 242.

Iohannes I. ep. Argentinensis 225. 226. 227.

Iohannes II. ep. Brandenburgensis 113. 119. 384.

Iohannes de Gotingen al. Cambrensis, ep. Verdensis 237.

Iohannes II. ep. Caminensis, praepositus Kolbergensis 82. 324.

Iohannes I. de Eglofstein ep. Herbipolensis 96. 359.

Iohannes de Hoyme ep. Halberstatensis 423. 434. 440. 456. 457. 477. 499. 509. 555. 568. frater: comes de Swartzeburg.

Johannes bischop van Halverstad s. Burchard III.

Iohannes III. Wöpe ep. Havelbergensis 77.

Iohannes Batzoe al. Havelbergensis, plebanus de Parleberg 461.

Iohannes III. ep. Hildesemensis, comes de Hoya 103. 104. 111. 370. 376. 380. 434. 440. 441. 445. 455. 456. 490. frater: Otto IV. ep. Monasteriensis.

Iohannes (Ohnegnade) VI. ep. Leodiensis, III. dux Bawariae, tutor, comes Hollandiae 58. 107. 125. 126. 150. 181. 182. 374. 405. 408. 409. 417. 418. 445. 458; frater: Adolfus 462. 464. frater: Wilhelmus VI. comes Hollandiae.

Iohannes VIII. de Heinsberg ep. Leodiensis 416. pater: Iohannes I. dominus de Hynsberg.

Iohannes I. ep. Lubicensis 14. 16. 17. 159. 162. 167.

Iohannes II. Dolest ep. Lubicensis ord. Min. 21. 167. 174.

Iohannes III. ep. Lubicensis 27. 184. 190. 640.

Iohannes IV. ep. Lubicensis 51. 254.

Iohannes V. Klenedenst ep. Lubicensis 71. 84. 301. 325. 326.

Iohannes VI. Dulmen ep. Lubicensis, auditor curiae Romanae 95. 106. 134. 273. 356. 373. 374. 426.

Iohannes VII. Schele ep. Lubicensis 426. 436. 459. 487. 563. 564.

Johann II. bisscop van Merseborg 656.

Johan bisscop van Munster s. Henricus II.

Iohannes III. ep. Osnabrugensis, comes de Diepholt 467.

Iohannes I. de Krempa ep. Ratzeburgensis 418. 421. 509.

Iohannes IV. ep. Roskildensis 438.

Iohannes V. ep. Roschildensis 526.

Iohannes II. ep. Slesvicensis 219.

Iohannes III. ep. Slesvicensis ord. Min. 436. 441.

Iohannes II. Poto ep. Swerinensis 76. 313.

Iohannes III. Iunghe ep. Swerinensis 75. 76. 312. 330.

Iohannes Wanghelin ep. Zweriniensis s. Henricus III.

Iohannes ep. Verdensis s. Cambrensis.

Iohannes II. de Castersfeld, Tunteffed ep. Verdensis, decanus Bremensis 206. 342.

Iohannes III. ep. Verdensis 526.

Iohannes bastardus de Nassowe, provisor archiepiscopi Moguntini in Erphordia 112. 181. 385. 418. 480.

Iohannes Gaietanus s. Nicolaus III. papa.

Iohannes Theutonicus praepositus S. Stephani in Halberstad 76. 105.

Iohannes (Gerardus) de Homme praepositus maior Hildesemensis 103. 370.

Iohannes de Hoyme prepositus maior Magdeburgensis 427.
Iohannes Bedekin maior decanus Magdeburgensis 427.
Iohannes Bercbirkeyle canonicus Swerinensis 350.
Iohannes Kabus plebanus Havelbergensis 77.
Iohannes Colwe officialis archidiaconatus Tribuses, plebanus S. Mariae Sundensis 103. 371.
Iohannes Bestroye sacerdos Lubicensis 474.
Iohannes lector Iamensis 26.
Iohannes Netling Halberstadensis 118.
Iohannes de Lippia ord. Augustinensium 427. 428.
Iohannes fr. ord. Augustin. 447.
Iohannes Campowe ord. Min. Lubicensis 124.
Iohannes de Rupetissa, Rupecissa ord. Min. 60. 61. 270.
Iohannes de Vercellis magister generalis ord. Praed. 24.
Iohannis Gald prior Praed. Veronae 236.
Iohannes Andreae ord. Praed. 47. 234.
Iohannes Caltyseven ord. Praed. 513.
Iohannes Dasnchowe, Dasnkowe 65. 262.
Iohannes Parisiensis ord. Praed. 26.
Iohannes de Ragusio ord. Praed. 513.
Iohannes Westphal ord. Praed. conventus Lubicensis 264.
Iohannes ord. Praed. 22.
Iohannes Hûs, Hûs, Hûs magister universitatis Pragensis, Bohemus 118. 120. 387. 393. 395. 402. 420. 487. s. auch Husitae.
Iohannes Wiklef Anglicus 392. 393. 426. 437. s. auch Wiklevistae.
Iohannes imperator Graecorum 397.
Iohannis falsch regis Angliorum cancellarius: Gaufredus.
Iohannis regis Bohemorum (1208) filia: Margareta.
Iohannes rex Bohemorum 40. 50. 53. 224. 226. 237. 259. 541. filii: Karolus IV, Iohannes Henricus.
Iohannes I. rex Castellae 73.
Johann II. koning van Castellen ende van Navarre 559.
Iohannes rex Cipri 65. 283.
Iohannes rex Cipri 474. 487. filius: Philippus.
Iohannes II. rex Franciae 61. 62. 63. 272. 273. 274. filius: Philippus.
Iohannes fil. Karoli VI. regis Franciae 123. 126. 401. 405. 482. uxor: Iacoba.
Iohannes I. rex Hispaniae 81. 320.
Iohannes II. rex Hyspaniae 184. 425. 426. 434. 444.
Iohannes rex Ierusalem 10. 149.
Iohannes I. rex Portugaliae 81. 117. 118. 320. 355. 393. 394.
Iohannes Henricus fil. Iohannis regis Bohemiae 52. uxor: Margaretha.
Iohannes comes, frater Cristofori II. regis Danorum 48. 246. 247. 253. 542.
Iohannes (Ohnegnade) III. dux Bawariae, tutor Hollandiae s. Iohannes VI. ep. Leodiensis.
Iohannes dux Bawariae (1427) 480.
Iohannes IV. dux Brabantiae 130. 131. 403. 417. 434. 438. 439. 453. 462. 465; falsch Adolfus 476. 482. frater: Philippus comes S. Pauli; uxor: Iacoba.
Iohannes dux de Brunswik fil. Ottonis 20. 24. 27. 67. 68. 184. 185. 190. 202. 203. filius: Otto.
Iohannes (Ohnefurcht) dux Burgundiae 104. 107. 370. 374. 556. falsch Philippus 421. 433; relicta 458. filius: Philippus (d. gute).
Iohannes III. dux Hollandiae 434.
Iohannes dux de Gorlitz, fil. Karoli IV. imp. 54. 91. 340.
Iohannes comes Virtutum, tyrannus, dux Mediolanensis 80. 87. 98. 320. 381. 353. 863.
Iohannes I. dux de Mekelingborg, Kuter Iancke dominus Slavorum 23. 55. 184. 261. filius: Hinricus.
Iohannes I. dux Stargardiae 334. 356. filii: Ulricus, Iohannes II.
Iohannes II. dux Magnopolensis, de Stargardia 108. 114. 120. 122. 124. 132. 336. 350. 353. 370. 376. 380. 398. 401. 405. 419. frater: Henricus; uxor: Katharina.
Iohannes III. dux Magnopolensis de Stargardia 428. 432. 434. 436. 454. 564.
Iohannes IV. dux Magnopolensis, 423. 434. 451. 453.
Iohannes II. dominus de Slavia 230. 237.
Iohannes dux de Monte 326. filius: Robertus ep. Padelburnensis.
Iohannes III. dux Saxoniae de Louenborgh 381.
Iohannes fil. Erici IV. ducis de Louenborg 380. 361.
Iohannes VI. marchio Brandeburgensis 37. 216. 217.
Iohannes marchio Brandeburgensis (1426 ff.) 464. 465. 470. 471. 498. 509. 512.
Iohannes borgravius Norembergensis, frater Frederici marchionis Brandenburgensis 454.
Iohannes de Beaumond comes 50.
Iohannes frater Henrici comitis Flandriae 46. 234.
Iohannes comes de Henneberg 49. 249.
Iohannes I. dominus, comes de Hinsberg 439. 498.
Iohannes comes de Hoya 471. 502. 530.
Iohannes comes Hollandiae 207. uxor: Margareta.
Iohannes I. de Schowenborg, comes Holtzaciae 16. 17. 19. 22. 25. 165. 168. 172. 177. 179.
Iohannes II. comes Holtzaciae 43. 185. 197. 229. filii: Adolfus, Cristoforus; falsus: Marquardus.
Iohannes III. comes de Holtzacia 43. 46. 47. 48. 49. 51. 54. 56. 57. 58. 220. 226. 229. 230. 232. 238. 239. 244. 245. 252. 261. 263. 266. 267; filiae 51. frater: Gisbertus ep. Halberstadensis.
Johann, Hans greve van Nougarden 562. 569.
Johann IV. van Kulsburg 661.

Johann II. van Egmond 561.
Iohannes dominus de Erkel 125. 467. 481.
Iohannes Poleza nobilis, capitaneus regis Bohemorum 431. 453.
Iohannes de Columpnis 82. filius: Agapitus.
Iohannes de Vlest miles 462.
Iohannes Gore miles 100. 865.
Iohannes de Homborg miles 67. 220. 291.
Iohannes Quitzowe frater Tiderici 118. 384. 446.
Iohannes de Swichelde miles 90. 339.
Iohannes Klokener capitaneus Vitalianorum 510.
Iohan Wulf capitaneus Hamburgensis 364.
Iohannes de A proconsul Rostoccensis 90. 336. 465. 486.
Iohannes Bassowe proconsul Wismariensis 472. 484. filius: Iohannes.
Iohannes Bernhardi proconsul Rostoccensis 486.
Iohannes Cerdelita proconsul Thorunensis 62. 74. 273.
Iohannes Vasmer burgimagister Bremensis 502.
Iohannes Viscule burgimagister Luneburgensis 473.
Iohannes Grabowe proconsul Stetinensis 497.
Iohannes Grove proconsul Lubicensis 115. 373. 379. 385. 399.
Iohannes Hoyer proconsul Hamburgensis 348.
Iohannes Langhe proconsul Lubicensis 106. 373. 374.
Iohannes Lindowe proconsul Magdeburgensis 515.
Iohannes de Lippia burgimagister Sundensis 494.
Iohannes Meller proconsul in Molne 106. 376.
Iohannes Nygebur proconsul Lubicensis 340. 344.
Iohannes Odberg proconsul Rostoccensis 485.
Iohannes Perevale proconsul Lubicensis 79. 318. 319.
Iohannes Bilr proconsul Gripeswaldensis 356.
Iohannes Sasse proconsul Wismariensis 487.
Iohannes (Hermannus) Swarte proconsul Mindensis 101. 368.
Iohannes Tukheswert proconsul Wismariensis 90. 336.
Iohannes Wittenborg proconsul Lubicensis 66. 273. 281.
Iohannes Heye consul Lubicensis 397. 437. 438. 478. 479.
Iohannes Barowe consul Sundensis 472.
Iohannes Darsowe consul Lubicensis 397.
Iohannes Gherwer consul Lubicensis 397.
Iohannes de Hameln consul Lubicensis 397.
Iohannes de Hervordia consul Lubicensis 397.
Iohannes Kletzeke consularis Hamburgensis 478. 479. 485.
Iohannes Schotte consularis Lubicensis 373.
Iohannes fil. Iohannis Bantzkowe 500.
Iohannes Berswerd Coloniensis 92. 93. 359. 360.
Iohannes Bloyeben Lubicensis 376. 379.
Iohannes Calevelt pistor Lubicensis 79. 80. 317. 319.
Iohannes Kegeldel Lubicensis 373. 379.
Iohannes Vrese Wismariensis 328.
Iohannes Hoyinck Friso 474.
Iohannes fil. Iohannis Perevale 79. 80. 318. 319.
Iohannes Plote Lubicensis 373. 376. 379.
Iohannes Schelp Wismariensis 100. 365. uxor: Alheydis.
Iohannes Tramme Lubicensis 294.
Iohannes puer Goslariensis 65. 282.
Iohannes, Johan: Kran.
Iohannis, Jöns: Petrus.
Jönsson: Roccius.
Iordanus card. ep. Albanensis 411.
Iordanus Sycules 147. 399.
Iordanus Pleskowe proconsul Lubicensis 98. 102. 110. 119. 124. 362. 367. 373. 379. 385. 395. 396. 397. 432. 468.
Iovanellus Brasperious camerae basilicae papalis de Urbe 103. 369.
Ypirensis, Yprensis civitas 84. 387.
Isabella uxor Edwardi II. regis Angliae 39. 221.
Isabella regina Franciae 125.
Isabella uxor Philippi ducis Burgundiae, filia regis Portugalliae 503.
Isabella uxor Richardi II. regis Angliae, filia Karoli VI. regis Francorum 351.
Ysachar Iudaeus Spirensis 130.
Ysarius cardinalis, legatus Bonifacii VIII. 200. 211.
Ysebsteyn, Ysenbstein castrum 125. 408. 561.
de Ysenborch et de Altena: Fredericus.
Ysidorus abbas S. Demetrii 528.
Ysle S. Yssel 408. 479. 486.
Ystove Eidstrom 283.
Ytalia, Ytalici, Ytali 4. 9. 38. 55. 71. 77. 150. 245. 247. 264. 282. 287. 317. 321. 326. 333. 357. 420. 434. 460. 466. 491. 510. 513. 519. 538. 577. 579. 588; episcopi 217; maiores 46; Ytallcorum modus 377; mos 26; nacio 128. 392. 412; partes 369; praelati 147; principes 853; tyranni 362.
Ytzeho, Ytzeeho 255. 479.
Iuela s. Iutlandia.
Iudaei 47. 58. 59. 81. 82. 130. 243. 280. 321. 403. 419; Iudaei rafi 343; Iudaicum genus 402; Iudaismus 47; iudaizandi ritus 64. 280.
Iudaei ducatus Bavariae 433.
Iudaeus in Erphordia 131. 416.
Iudaei Franciae 36. 39. 213.
Iudaei Goslarienses 65. 282.
Iudaeorum villa in Magdeburg 64.
Iudaei in Misna 382.
Iudaei in Praga 29. 87. 196. 331. 332; vicus 331.
Iuel s. Swecia.
Iuliacensis s. Guliacensis.
Iulianus card. diac. S. Angeli 504. 510. 511. 514. 517. 518. 549.
Iulius Caesar 4. 137. 138. 575. 585.
Iuncheplaghe Jönköping 278.

Iunghe: Iohannes, Tidemannus.
S. Iusti ecclesia Lugduni 85. 218.
Iutlandia, Iucia, Iuthi 55. 245. 249. 258. 255. 404. 407. 472. 491. 496; Iüthen gens Danica 51; Iuciae ducatus 239.
Iutta uxor Wenceslai II. regis Bohemorum, filia Rudolfi regis 26.
Yvo Helvacensis ep. Carnotensis 583.

L.

Laboris: Terra.
Ladislaus rex Neapolitanus 111. 381.
de Laer et Clettenberch dominus 99.
Lafferde s. Alferde.
Laheburg castrum *Laburg im Westerwald* 56. 263.
Lalandia, Lalande, Langelande 54. 202. 239. 261. 477.
Lalanderellenbogen 480.
Lambertus de Stipite 126. 412. 418.
Lancastriae ducis ambaxiatores 375. dux: Henricus, Richardus.
Langhe: Iohannes.
Lankou castrum *in Lauenburg* 57. 266.
Lateranensis, S. Iohannis in Laterano ecclesia Romae, Lateranus 86. 216; concilium 147.
Laudensis civitas *Lodi* 38; card. episcopus 126. 411. 412.
Lauffe civitas *Lauf* 63. 284.
S. Laurentii ecclesia Romae 458.
S. Laurentii in Lucina eccl. Rom. card. presbiter: Petrus.
Laurentius dominus Slaviae, de Werle 62. 278. 324. 356. 359. filii: Balthasar, Wilhelmus.
Lauriacus mansus, guasus 577.
Lauris: Petrus.
S. Lazari magister et fratres 199.
Lebucensis *Lebus* episcopus 422.
Leydensis civitas 434. 465. 482.
de Leyna, Lena flumine duces: Otto II, Otto III.
Lembeke: Hennekinus, Nicolaus.
Lemovicensis terra *Limoges* 287.
Lenyn monasterium 60. 269. 276.
Lentze castrum *in Meklenburg* 266. 356. 357.
Leo III. papa 578.
Leodium, Leodienses 7. 107. 374. 418; clerus 107; concilium 586. episcopi: Tidericus, Iohannes VI, Iohannes VII. Walrode, Iohannes VIII. de Hinsberg; electus: Franciscus Hoslegin.
Leonardus ep. Fundensis 234.
Leonardus Stacii de Florencia magister generalis ord. Praed. 117. 128. 389. 412. 413. 462.
Lesa insula *Läsö* 477.
Liberius papa 576.
Liburnii, Liburnum castrum *Livorno* 105. 172. 375.
Licostorensis episcopus 128. 413.
Lichen castrum 582; nobiles 441. 451.
Liflande s. Lyvonia.
de Lilydam *de l'Isle-Adam* baro 483. 567.
Lyncopensis *Linköping* episcopus: Nycolaus.
de Lindowe: Wichmannus comes de Rupin. Lindowe: Iohannes, Nicolaus.
Lynowe castrum *Linau in Lauenburg* 53. 54. 56. 58. 198. 288. 263. 267.
Linstowe, Lintstowe capitaneus Sundensis 129. 416.
Lyndholm castrum *Lindholm bei Malmö* 344.
Lippia 102. 366. 497; dominus 530. domini: Bernhardus II, Symon I, Otto II. episcopi, Bernhardus iunior, Simon IV, Otto. de Lippia: Iohannes.
Lippoldus III. dux Austriae 74. 82. 308. filius: Wilhelmus.
Lippoldus VI. dux Austriae 10. 149.
Lipczke, Lipcensis urbs 107. 375. 411. prior ord. Praed.: Nycolaus.
Litfeldensis episcopus 392. 412.
Littuani, Lethowen 16. 73. 74. 75. 76. 81. 82. 85. 103. 257. 301. 302. 312. 320. 321. 322. 324. 347. 353. 355. 356. 377. 513. 660; terra 71. 560. patriarcha: Iohannes IV. archiep. Rigensis; reges: Allegarictus, Kinstut; duces: Wltoldus, Vorgel, Swytergail, Sigismundus.
Litus album portus Wismariensis 475.
Lintgardis uxor Adolfi com. Holtzaciae, filia Iohannis III de Mekelenborg 48. 219.
Lyvonia, *Liflande* 5. 15. 43. 47. 72. 141. 150. 165. 285. 258. 340. 347. 435. 477. 516. 526. episcopi: Albertus I, Nycolaus; Lyvoniae et Lithuanorum primas: Iohannes de Sinten; gens: Estonum. s. etiam de Teutonica domo domini.
Liwardia *Leeuwarden* 432.
Lobowe castrum *Löbau in Westpreussen* 450.
S. Lodowicus IX. rex Francorum 17. 19. 32. 171. 172. 205. 207; frater 19. 172.
S. Lodowicus Tholosanus, fil. Karoli regis Siciliae ord. Min. 48. 228.
Lodowicus de Flisco card. diac. 128. 412.
Lodowicus ep. Babenbergensis, patriarcha Ierosolimitanus, archiep. Magdeburgensis, marchio Misnae, frater Wilhelmi I. 70. 75. 76. 300. 312. 313.
Lodowicus ep. Mindensis, dux Luneburgensis 68. 298.
Lodowicus Pius 591.
Lodowicus imp. Romanorum, dux Bawariae, Bawarus 39. 43. 44. 45. 47. 49. 50. 51. 52. 54. 56. 87. 227. 239. 245. 247. 250. 251. 253. 254. 256. 259. 293. 542; ambaxiatores 249. uxor: Margareta; filii: Stephanus, Lodowicus, Lodowicus Romanus; filia: Mechtildis; vicemarescalcus: Fredericus de Lokhen.
Lodowicus VII. rex Franciae 589. 592. 593. uxor: Elenora.
Lodowicus X. rex Franciae 221. 222; uxor 221. 222.
Lodowicus fil. Karoli VI. regis Franciae 128. 123. 401.
Lodowicus III. rex Neapolitanus 454. 459.
Lodowicus rex Siciliae (1323) 234.
Lodowicus I. rex Ungariae, Poloniae et Dalmaciae 53. 74. 76. 257. 263. 302. 308. 312. 382. uxor: Elizabeth; filiae: Maria, Hedowigis.
Lodowicus dux Aurelianensis 127. 402. 410. 422.

Lodowicus dux Austriae s. Albertus V.

Lodowicus I. dux Bawariae 10. 142.

Lodowicus II. dux Bawariae 21. 96. 174. 190. uxores: Maria, Mechtildis; filia: Mechtildis.

Lodowicus III. dux Bawariae 115. 387. 388.

Lodowicus VII. dux Bawariae (falsch Fredericus) 433. 443. 450. 453.

Lodowicus de Sangerhusen dux de Brunswik, fil. Magni I. 64. 68. 281. 293.

Lodowicus fil. Ottonis II. ducis Luneburgensis 190.

Lodowicus V. dux Bawariae, marchio Brandenburg., fil. Lodowici imp. 50. 51. 52. 54. 55. 57. 59. 231. 232. 239. 252. 259. 261. 262. 266. 277; filius 238; frater: Lodowicus Romulus; uxor: Margareta.

Lodowicus VI. Romulus dux Bawariae, marchio Brandenburg. 52. 53. 55. 59. 61. 233. 255. 259. 262. 268. 269. 284. uxor: Ingeburg.

Lodowicus II. lantgravius Hassiae 512. 555. uxor: Anna.

Lodowicus III. marchio Thuringiae 598.

Lodowicus IV. lantgravius Thuringorum, fil. Hermanni 6. 10. 13. 142. 143. 151. 156. 160. mater: Sophia; uxor: S. Elisabeth.

Lodowicus II. lantgravius Thuringiae 451. 480.

Lodowicus II. comes Flandriae 74.

Lodowici de Bononia filii 487.

Lodowicus de Nendorp 101. 367.

Lodowicus Krul consul Lubicensis 397.

Loem unbekannt in Mähren 476.

Loheyde merica 93. 179.

de Lokken: Fredericus.

Londoniae, Lundener opidum Lund 247; archiepiscopus 219. archiepiscopi: Iacobus, Petrus IV, Petrus Lykke, Iohannes.

Londoniae, Londen London 351. 392. 566; episcopus 128. 417. 418. archiepiscopus: Thomas; conventus: Praedicatorum.

Longobardia, Lombardia, Lombardi 7. 15. 35. 38. 46. 98. 165. 171. 235. 236. 264. 282. 363. 434. 435. 580. 582. 585. 589; Lombardici montes 264; partibus 199; principes 353.

Longus: Mathias.

Losto: Petrus.

Lotharingia 580; ducatus, dux 53. 495; ducis ambasiatores 108. 375. duces: Adolfus, Florencius, Karolus I.

Lotharius III., Luderus imp. Romanorum, dux Saxoniae 584. 585. 586. uxor: Rixa; filia: Gertrudis.

Louenborg, Lovenborch castrum, castrenses 12. 122. 143. 446. 455. 571. 599; ducatus, terra 19. 257. 333. 342. 418; duces s. Saxoniae de Louenborg.

Loufenberg castrum Laufenberg 388.

Lowenstad bei Lübeck 583.

Lu s. Lahe 525.

Lubanense opidum Lauban 476.

Lubbertus Thanin consul Sundensis 103. 871.

Lubeke, Lubik, Lubike, Lubicensis civitas, Lubicensis urbs, Lubicenses 86; Lubeke antiquum 32; antiqua Lubik s. auch Swartowe; nova Lubek 583.

agger altus 16; castrum 8. 584. 587; dyoresis 216. 359; ecclesia cathedralis, maior 111. 197. 254. 381. 590; forum 163; gheighus 543; marstallus 352; molae, molendinum 80. 197; portus 162. 215. 514; radeberg 544; urbs 66. 94. 284. 342. — capelle des cruces 311. 543; domus allecum 69; furum Clingenberg 317. 319; platea vischergroven dicta, vallis piscatorum 22. 177; platea lata 177; platea Marlevegroven 317; platea molendinaria 64. 281; pons Holtzatorum, quo itur versus Holtzaciam 229. 249; valva urbis sic dicta, valva castri, urbana Burgthor 77. 92. 165. 311; valva qua itur versus Holtzaciam 46. 177; Kerstoffers kneghe, S. Christofori taberna 98. 562; quinque domus, to den vif husen 144. 537; S. Georgius St. Jürgen 98. 362. 396; domus tabernaria nomine heyde, ad mericam dicta 118. 394; domus Kiesbusch dicta 318; silva Swerin in vulgari dicta 301. 359. s. auch Lowenstad.

advocatus 58; canonici 167. 217. 563; capitulum 71. 563; episcopus 37. 251; domicelli 79. 83. 524; presbiteri parrochiales 237; albi 381; demarius 13; praelughe 551; marcae 110. 378. 455; moneta 11. 46. 94. 96. 119. 120. 127. 155. 235. 239. 245. 356. 395. 398. 409. 432. 435. 497. 513. 514; liber civitatis 106. 306. 373; banner 558.

capella: S. Gertrudis; cimiterium: S. Mariae, S. Spiritus; conventus, fratres: Praedicatorum, Minorum; ecclesiae, parrochiae: S. Iacobi, S. Iohannis baptistae in arena, S. Nicolai; monasterium: S. Iohannis ewangelistae.

episcopi: Geroldus, Conradus I, Henricus I, Bertoldus, Iohannes I, Iohannes II. Iohannes III. Borchardus, Henricus II, Iohannes IV, Bertrammus, Nycolaus I, Conradus III, Iohannes V, Everhardus, Iohannes VI, Iohannes VII; domprovest: Bertoldus; praepositi: Gherardus comes Holtzaciae, Nicolaus Sachowe; decanus: Conradus; sacerdotes: Marcus Puso, Henricus Wydughe, Iohannes Bustroye. — advocati: Heyno Schartenberg, Helmoldus de Plesse, Marquardus Lasowe; richtevoghet: Hartwich Apenborch; burgimagistri, proconsules: Alexander de Soltwedele, Bernardus de Oldenborg, Conradus Brekewold, Eylerus Stanghe, Godefridus Traveman, Goswinus Klingenberg, Henricus Poling, Henricus Rapesulver, Henricus Schonenberg, Henricus Sowerke, Henricus Westhof, Hermannus de Alen, Iacobus Pleskowe, Iohannes Grove, Iohannes Langhe, Iohannes Nygebur, Iohannes Persevale, Iohannes Wittenburg, Iordanus Pleskowe, Marquardus de Dame, Marquardus Schutte, Symon Odeslo, Tydericus Stoen; capitanei: Gherardus de

Altendorn, Nicolaus Lindowe, Symon Swertingh; consules: Albertus Erp, Albertus de Ponte, Arnoldus de Solswedele, Arnoldus Sparenberg, Bernhardus Plescowe, Bertoldus Bulant, Bruno Werendorp, Conradus de Alen, Ditmarus de Tânen, Everhardus Mùrman, Gerardus Hoyeman, Godscalcus de Altendorn, Heyno Sobbe, Henricus Meteler, Hermannus Ybarg, Hermannus Westphal, Iacobus Holk, Iohannes Bere, Iohannes Darsowe, Iohannes Glesewer, Iohannes de Hamelen, Iohannes de Herverdia, Iohannes Schotte, Lodowicus Krul, Marquardus Bonehorst, Nicolaus de Stiten, Reynerus de Calvis, Tidemannus Iunghe, Tydemannus Morkerke, Tidemannus Tecrolyn; domicelli: Darsowen; prothonotarius: Alexander Hune; cives: Arnoldus Hyeningho varifex, Conradus Zusselowe, Gerardus de Florencia, Henricus Sloyebom, Henricus Rangke, Henricus paternosterifex, Hermannus de Mynda pistor, Hermannus Rebowe, Iohannes Sloyebom, Iohannes Calvoit pistor, Iohannes Kogeldal, Iohannes Plote, Iohannes Trasune, Marquardus Klempowe, Petrus Hook.

Lukine castrum *Lake* 216.

Lucanus episcopus *Lucas* 40. 227.

Lucerien, Luceriense castrum *Lucerie* 77. 80. 315. 316.

Luchowe castrum *Lüchow* 71.

Lucidus de Comitibus card. diac. 128. 412.

Lucius II. papa 687.

Ludeborstu *Lüdow* 420.

Ludevicus religiosus de monasterio S. Panthaleonis Coloniae, abbas S. Michaelis Luneburgensis 580.

Ludershusen castrum *Lüdershausen bei Lüne* 24. 332.

Luderus mag. fratrum de domo Teuthon. Prutziae 53. 257. 263.

Luderus dux Saxoniae s. Lotharius III. imp.

Luderus comes, fil. Hermanni Wilingi 580.

Luderus fil. Adolfi comitis Holtzatorum 16. 166.

Luderus Kabel miles 313.

Ludolfus I. ep. Razeburgensis 162.

Ludolfus magister de domo Teuthonica 53.

Ludolfus dux Saxonum, fil. Ottonis I. imp. 578. 579. filii: Oddo, Bruno, Tanquardus.

Ludolfus Goldenstad proconsul Hamburgensis 74.

Ludolfus Scharpenberg 56. 263.

Lugdunum 16. 166. 213; capitulum 168; concilium 233. ecclesia: S. Iusti; archiepiscopus: Wilhelmus; conventus: Praedicatorum.

Lukowe, Lutowe: Hinricus

de Luna: Petrus.

Lunden, Lundensis opidum s. Londoniae.

Luneborg, Luneburgensis urbs 24. 57. 65. 66. 67. 68. 77. 84. 94. 106. 122. 123. 124. 125. 129. 181. 257. 263. 266. 282. 288. 289. 290. 291. 293. 315. 325. 327. 332. 336. 348. 352. 370. 373. 398. 400. 401. 404. 409. 416. 432. 443. 457. 472. 483. 491. 496. 497. 502. 505. 520. 525. 526. 550. 558. 562. 563. 578. 580. 595. 598; liber civitatis 67. 291; Luneburgensis et Brunswicensis ducatus, duces 67. 68. 70. 84. 113. 185. 231. 290. 292. 293. 331. 332. 348. 404. 422; turres nobiles 67; Luneburgense sal 94; strata 52; theloneum in salina 380. ecclesia: S. Iohannis baptistae; monachi: ord. S. Benedicti; monasterium: S. Michaelis; burgimagister: Iohannes Viscule; consularis: Fredericus Hogeherte; vasallus: Heinricus Wesenberg. duces s. Brunswyk.

Luneburgensis mirica 68. 296. 302. mirica rex: Hinricus dux Luneburgensis.

Lusacia, Lusacie marchia 54. 145. 431. 476. 494. 506. marchio: Otto Brandeburgensis.

Lutowe s. Lukowe.

de Lutzeweep 371. 572. de Lutzowe: Borchardus.

Luttere conventus canonicorum *Königslutter* 585.

de Lutzelingborg comes: Hinricus VII. imp.

Lunsborgh castrum bei *Gottorp* 29.

de Lyra: Nicolaus.

M.

Machumeti successor 24; Mahumetus deus Sarracenorum 474.

Magdeborg, Magdeburgenses 27. 85. 93. 99. 103. 111. 113. 121. 125. 129. 148. 181. 239. 285. 346. 364. 365. 368. 384. 416. 427. 457. 470. 476. 477. 503. 504. 509. 511. 515. 525. 530. 554. 555; archiepiscopi ambasiatores 107. 375; dyocesis 342. 384. 571; ecclesia, cancellarii 239; ecclesia maior 63. 276; capitulum 476. 554. 555; novum forum 92. 564. canonicatus: S. Mariae; conventus: Minorum, Praedicatorum; ecclesiae: S. Iohannis, S. Mariae; villa: Iudaeorum; archiepiscopi: Northertus, Wichmannus, Hinricus II. de Anehalt, Heydenricus, Otto, Tydericus Koghelwid, Lodowicus, Albertus III, Guntherus II; maiores praepositi: Fredericus de Werberg, Borchard van Werberg, Iohannes de Hoyme; maior decanus: Iohannes Redekin; proconsul: Iohannes Lindowe; scabinus: Wenemerus.

Magdunum castrum *Mehun* 225.

Magnopolensis ducatus s. Mekelenborg.

S. Magni Brunswicensis parrochiales presbiteri 380.

Magnus ep. Abowensis 526.

Magnus ep. Caminensis, Hildensemensis, fil. Erici IV. de Lowenborg 361. 427. 455. 456. 457. 460. 461. 477. 499. 509. 511. 526.

Magnus rex Apuliae s. Robertus.

Magnus II. rex Sweciae, fil. Birgeri 232.

Magnus III. rex Norweyae et Sweciae 48. 49. 54. 56. 59. 187. 196. 232. 219. 250. 255. 261. 265. 268. 277. 278. 279; uxor 49. 250. mater: Ingeburgis; soror: Eufemia; filius: Haquinus.

Magni Hake regis Sweciae *falsch* filia: Margareta regina Daciae.

Magni I. ducis Brunswicensis filius: Lodowicus.

Magnus II. dux Brunswicensis, de Sangirhusen 66. 68. 70. 71. 288. 289. 292. 293. 300. 312. frater: Albertus II. archiep. Bremensis; uxor: Katharina; filii: Fredericus, Bernhardus, Hinricus, Otto; filia: Agnes.

Magnus dux Magnopolensis, fil. Alberti II. 81. 253. 278. 310. uxor: Elizabeth.

Magnus dux Saxoniae 581. filia: Valhildis.

Magnus Rens, Rens Strens sone 562. 569.

Maioricarum rex: Blanchus.

de Malatesta dominus 345; domina 481; domini ambasiatores 108. 375. de Malatesta, Malatestis: Karolus, Pandolfus.

Malchin in Mekelenburg 330.

Malliu: Nicolaus.

Manheym castrum 587. 588. 530.

Mankemûs castrum 357.

de Manslo nobilis 84. nobiles: Stacius, Tidericus.

de Manrvelt comites 100. 332. 366. 445. comes: Gerardus.

Mantua 353. 419; tyrannus 353.

Marcellus fr. ord. Min. 487. 488.

Marchiae March comes 497; ambasiatores 108. 375.

Marchia Mark Brandenburg 5. 47. 55. 59. 63. 65. 67. 76. 130. 141. 236. 262. 268. 269. 270. 276. 282. 292. 404. 464. 465. 518. 523. 571; civitates 65.

Antiqua Marchia 60. 132. 419. 536; antiqua, que nunc Brandeburgensis appellatur 576; Vetus Marchia 121.

Marchia Brandenburgensis 308. 312.

Nova Marchia 60. 74. 92. 113. 116. 182. 384. 388.

Marchia Meissen? 499.

Marchomanni 292.

S. Marci card. presbiteri: Angelus de Corario, Gwilhelmus.

Marcus papa 576.

Margareta uxor Ludowici imp., filia Wilhelmi III. com. Hollandiae 42. 54.

Margareta uxor Iohannis Henrici, postea Ludowici march. Brandenburgensis 51.

Margareta uxor Woldemari II. regis Daciae, filia Iohannis regis Bohemorum 6. 143. 146.

Margareta uxor Cristofori I. regis Danorum 24. 179. 180. filius: Ericus VII.

Margareta regina Daciae et Norwegiae, filia Woldemari II. 82. 84. 86. 90. 93. 99. 104. 110. 277. 289. 322. 326. 328. 329. 330. 332. 334. 340. 341. 344. 350. 354. 355. 357. 378. 380. 381. 546; uxor Woldemari II. filia Magni Hake regis Sweciae (Schweden) 70. 109. filius: Olavus; filius filiae sororis: Ericus X. dux Pomeranorum; capitaneus: Swarte Schoning.

Margareta uxor Erici ducis Magnopolensis, filia Bugslai VI. ducis de Wolgast 547.

Margareta uxor Philippi ducis Mediolanensis 419.

Margareta comitissa Hollandiae 207.

Margareta comitissa Hollandiae, filia Adolfi comitis de Clivis 88. 355.

Margareta uxor Adolfi VIII. ducis Slezwicensis, soror comitis de Hoveren 522.

S. Mariae ecclesia Aquisgrani 186. 578.

S. Mariae ecclesia in Colonia quae dicitur in capitolio 578.

S. Mariae Eboracensis abbas 128. 392. 412. 413.

S. Mariae cimiterium Lubicense 177.

S. Mariae ecclesiae in Magdeburgh canonicatus ord. Praemonstr. 586. praepositus: Wichmannus.

S. Mariae eccl. Romanae cardinalis: Iacobus de Columpna.

S. Mariae ecclesia rotunda Romae 433.

S. Mariae ecclesia Sundensis 79. 317. plebanus: Iohannes Colne.

S. Mariae de caritate monasterium Vesperiarum 593. 594.

S. Mariae: Hospitale.

de S. Maria: Gundisalvus Garciae.

Maria (Slawerte) uxor Ludowici II. ducis Bawariae 21.

Maria uxor Karoli regis Siciliae, filia regis Ungariae 228.

Maria II. uxor Sigismundi imp., filia Ludowici I. regis Ungariae 54. 76. 78. 312. 316. 327. 356.

Maria Magdalena 538. 539.

Marienburg castrum regale 63. 109. 279. 378. 518.

Marienee Marienee monasterium: ord. Carthus.

Marienhove castrum Marienhofe 352.

de Marka comicia, comites 331. 333. comites: Adolf I. Engelbertus III, Gerardus, Tidericus.

Marienesgroven s. Lubeke.

de Marone: Petrus.

Marquardus patriarcha Aquilegiensis 520.

Marquardus ep. Ratzeburgensis 49. 219. 242.

Marquardus ep. Zwerinensis 70. 296.

Marquardus famus Iohannis II. comitis Holtzatorum 44. 229.

Marquardus de Damme burgimagister Lubicensis 373. 396. 397.

Marquardus Schutte proconsul Lubicensis 115. 372. 385. 392.

Marquardus Bouthorst consul Lubicensis 373. 326.

Marquardus Klempowe Lubicensis 457. 458.

Marquardus Westensee 55. 56. 263.

Marsilia, Marsiliensis civitas 39. 55. 62. 63. 221. 522. abbas: Wilhelmus.

Marthorg, Marthburg 14. 159. 161. 164. Marthurgensis: Conradus.

S. Martini Brunswicensis parrochiales presbiteri 380.

S. Martini in montibus presb. card.: Benedictus Gaytanus.

Martinus IV. papa, Symon presb. card. S. Caeciliae 28. 193.

Martinus V. papa, Oddo de Columpnis card. diac. 127. 128. 130. 132. 183. 413. 415. 417. 419. 421. 423. 434. 435. 442. 454. 456. 458. 459. 460. 463. 471. 474. 480. 482. 504. 510. 519. 524. 549.

Martinus cancellarius Erici VIII. regis Danorum 206.

Martinus baccalarius 21. 345.

Martinus rex Arragoniae 553.

Martinus Swartecop consularis Hamburgensis 503.

Martipolensis s. Merseburg.

de Marwe: Henricus.

Maswic, van Nasowe hertich 560; ducis ambasiatores 108. 375.

Mastrecht s. Traiectum superius.

Matheus de Aquisparta minist. generalis ord. Min., ep. Portuensis 197.

Matheus prestere van Luboke 568.

Mathei de Corbario relicta: Iohanna.

Mathias Ascowe miles 464. 487. 563. 564; sustrmone 565.

Mathias Longus Halberstadensis 456. 457; frater 457.

Mathias ord. Praed. Hamburgensis 97. 361.

S. Mauricii militis Magdeburgensis 27. 191.

Mauricius II. decanus maior Bremensis, comes de Oldenborg 65. 283. 284.

Mauricius I. comes de Oldenborg 6.

Mauricius III. comes de Aldenborg 103. 142. 372; fratres 142.

S. Maximini civitatis prior: ord. Praed.

Mechtildis uxor Hinrici I. regis 579.

Mechtildis uxor Hinrici Leonis, filia Henrici II. regis Angliae 590.

Mechtildis uxor Abelis regis Daciae 18.

Mechtildis uxor Ludowici II. ducis Bawariae, filia Rodolfi regis 26.

Mechtildis uxor Frederici II. march. Misn., filia Ludowici IV. imp. 52.

Mechtildis filia Wilhelmi ducis de Luneborg 68. 293.

Mechtildis uxor Ottonis II. de Brunswic., filia Ludowici II. 67. 190. 293.

de Medalle: Philippus.

Medewich, Memerik *Medemblik* 21. 482.

Medilrichstad *Mellrichstadt* 582.

Mediolanum, Mediolanenses 38. 47. 50. 80. 242. 320. 333. 594; archiepiscopus 38. 40. 41. 297. archiepiscopi: Bartholomeus, Franciscus, Henricus, Petrus de Candia, Petrus; domini: Barnabo, Iohannes, Philippus; fratres: Minores. Mediolanensis: S. Petrus ord. Praed.

Meynardus ep. Rigensis 141.

Mekelingborg, Mykelenburg, Magnopolensis terra 162. 318. 464. 563. 564. 571; principatus, ducatus 232. 292. 353. 365. 426. 446. 464. 502; domini 23. 37. 44. 215. 238. 371. 591; comes 216; duces 122. 434. 564. domini, duces: Albertus I, Albertus II, Albertus III. rex Sweciae, Albertus IV, Albertus V, Hinricus I, Henricus II, Henricus (1330), Henricus III. Henricus IV, Iohannes I, Iohannes II, Iohannes III, Iohannes IV, Magnus I. Rodolfus III. ep. Swerinensis, Ulricus I.

Melchior ep. Swerinensis, frater Ottonis ducis Brunswic. 75. 312.

Meldorp conventus: Praedicatorum.

Melfiensis episcopus 128. 412.

Melvinge s. Elvinge.

Memerik s. Medewiek.

Mendicantes, Mendicancium ordines 31. 45. 61. 190. 217. 244. 272.

Mendicancium monasteria Brunswicensia 111. 380.

Meran 393.

Morgan s. Nergan.

Merrern s. Moravia.

Merseborg civitas imperatoris, Merseburgenses, Martipolenses 411. 582. 590. episcopi: Gerardus, Fredericus II, Nicolaus, Iohann II.

Metzler: Henricus.

Metensis urbs 274. 439. 440. fratres: Augustinenses, Carmelitae, Minores.

Mewye *Meaux* 447.

Mewkowe castrum 557.

S. Michaelis Brunswicensis parrochiales presbiteri 380.

S. Michaelis monasterium in Luneborg 7. 60. 66. 67. 146. 269. 290. 579. 580; cripta 580. abbates: Baldewinus, Bertoldus, Ludericus.

Michael de Cesena generalis minister ord. Min. 44. 45. 244.

Michael clericus 222.

Michaelis: Godfridus.

Myhelenburg s. Mekelingborg.

Milda S. *Mulde* 55.

Miles: Cristianus.

Myndensis civitas 100. 101. 128. 129. 366. 368. 416. 578. episcopi: Wilhelmus I, Ledowicus, Tydericus Kogelwid, Otto III, Bernhardus; proconsul: Iohannes (Hermannus) Swarte; cives: Strussee. de Mynda: Hermannus.

Mincrbis 118.

S. Minervae portae Romae 453.

Minores fratres, ordinis S. Francisci fratres 8. 10. 11. 12. 21. 31. 45. 62. 63. 84. 95. 107. 112. 148. 149. 152. 173. 174. 203. 228. 242. 244. 246. 272. 273. 287. 307. 320. 342. 440. 539. 540. 592; ordinis magister generalis 108. 575; ministri provinciales 44; Minoritica corda 487. ministri generales: Nicolaus IV. papa, Matheus de Aquisparta, Michael.

Minorum ordinis fratres: S. Franciscus, Adolfus comes Holtzaciae, Alexander V. papa, Arnoldus, Bonaventura cardinalis, Iacobus, Ieronimus cardinalis, Ieronimus, Iohannes II. Dalem ep. Lubicensis, Iohannes III. ep. Swerinensis, Iohannes de Rupecissa, Marcelinus, Petrus rex Arragoniae, Petrus de Corbario, Petrus Iohannis.

Minores in Anglia 95. 357.

Minores Brunswicenses 111. 380.

Minores in Halberstad 97. 98. 362. 546.

Minorum conventus Hamburgensis 103. 167. 369.

Minores fratres in Honnover 59.

Minorum fratrum in partibus Ytaliae scelesia 362.

Minorum conventus in Kil 168.

Minores in Lubeke 29. 82. 83. 89. 155. 134. 206. 215. 217. 257; chorus 52; custos 82. fratres: Henricus Schonenberg, Iohannes Campowe.

Minorum conventus in Magdeburg 174; lector 84. 280.

Minores Marsilienses 221.

Minores Mediolanenses 80. 320.

Minores urbis Metensis 439.

Minorum convent. Molburnensis 451.

Minorum conventus Padelburnensis 95. 352. frater: Tidericus.
Minores Parisienses 20. 173.
Minorum fratrum in partibus Reni ecclesia 128.
Minorum Romae gardianus 83.
Minorum minister provincialis Saxoniae: Iacobus.
Minores fratres Stadenses 110. frater: Suydewint.
Minores in Valencia 117. 390.
Minorum monasterium in Vlensburg 506. 530.
Misna, Missna, Misnensis 6. 18. 81. 91. 114. 142. 172. 321. 345. 350. 391. 409. 441. 468. 470. 476. 523. 551; castrum 436; domini 81. 82. 321; ecclesia 71; marchiones 70. 184; marchionis ambasiatores 108. 373; moneta, grossi 103. 369; regio 318. episcopus: Nycolaus I; marchiones: Baltasar, Fredericus II, Fredericus III, Fredericus IV, Georgius, Henricus I, Otto, Otto iunior, Wilhelmus (1269), Wilhelmus I monoculus, Wilhelmus II, Fredericus I. dux Saxoniae, Fredericus II. dux Saxoniae.
Mocdecla Mosca 38.
Mogana aqua Main 35.
Moguncia, Magnucia, Moguntinensis 5. 15. 90. 164. 435. 493. 520. 596; archiepiscopi ambasiatores 107. 375; dyocesis 112. 539. 583. archiepiscopi: Sifridus I, Cristianus I, Conradus I, Sifridus III, Gerhardus I, Henricus III, Gerlacus de Nassowe, Adolfus de Nassowe, Iohannes II, Conradus III, Tidericus I; archiepiscopi provisor in Erphordia: Iohannes de Nassowe.
Molhusensis civitas, Mulhusensis 281. 319. 431. conventus: Minorum.
Moller: Iohannes.
Molne opidum 11. 89. 106. 108. 112. 123. 159. 355. 375. 376. 382. 405. 418. 446; ecclesia parrochialis 107. advocatus: Wendelbernus Dansdorp; fratres: S. Brigittae; proconsul: Iohannes Moller.
de Moltcke, Moltike nobiles 437. de Moltcke: Henricus, Otto.
Moltzan: Henricus.
Monasterium Münster 122. 333. 416. 443. 525; dyocesis 445. 483. 498; nobiles 497. episcopi: Otto II. de Lippia, Henricus I, Otto IV. de Hoya, Henricus II.
Monasterium: Novum.
Möne insula 472.
Mons Olyveti 596.
Mons Pessulanus Montpellier 69; universitatis ambasiatores 108. 375.
de Monte Berg duces 116. duces: Adolfus, Gherardus praepositus et archidiac. Coloniens., Iohannes, Robertus ep. Padelburn., Wilhelmus ep. Padelburn., Wilhelmus, Wilhelmus iunior.
de Monte-Farnes: Fredericus.
de Monte-Feltri comes: Fredericus.
de Monte Policiano: Bernhardus.
Montisflasconis castellum Montefiascone 406; Montisflasconis capitaneus Florentinus 460.
Moravia, Merrerum 421. 476. 560; marchionis ambasiatores 108. 373. marchiones: Iodocus, Procopius.
de Mörse comites: Fredericus IV, Henricus II. ep. Monasteriensis, Thidericus II. archiep. Coloniensis, Walravus ep. Traiectensis.
Mosathan imperator Tartharorum 353.
Mosella 5. 142. 439.
Möstin castrum Mustin in Lauenburg 198.
Multavia fl. Moldau 73.
Murad II. rex Constantinopolitanus 460. 560; filius 460.
Mürkerke: Bertram, Tydemannus.
Mörman: Everhardus.
Mutinensis episcopus 569.

N.

Nanenudorpe castrum in Lauenburg 57. 198. 260.
Narbonensis provincia 57. 366. archiepiscopus: Franciscus.
Nassowe s. Masowia.
de Nassowe comites: Adolfus rex Romanorum, Adolfus archiep. Moguntin., Gerlacus, archiep. Moguntin., Iohannes II. archiep. Moguntin. bastardus: Iohannes.
Navarrae rex 53. reges: Petrus, Iohann II, Karolus V.
Nazarenum Nazians 182.
Nazarenensis archiepiscopus 598.
Neapolis 24. 31. 32. 77. 184. 203. 204. 315. 459; Neapolitanum, Apuliae regnum 73. 108. 377; regis filia 454. reges: Iohanna I, Iohanna II, Karolus III, Karolus de Pace, Ladislaus, Lodewicus III, Otto, Robertus.
de Nendorpe dominus, electus Halberstad. 237. de Nendorp: Lodewicus.
Nergan, Mergan fl. in Lithauen 81. 320.
Nesse castrum Nassau? 430.
Nescrowe castrum 437.
Nestwedo Nestved 22. 176.
Netling: Iohannes.
Netze fl. 571.
Neugardia, Nougardia, Neugarden Nowgorod 328. 420. 467. 526. comites: Albertus, Iohannes; hertich: Georgius.
Nicholi ducis Saxoniae filia: Anastasia.
S. Nicolai ecclesia Lubicensis 177.
S. Nicolai ecclesia in Stendal 596.
S. Nicolai Sundensis capellanus: Wilhelmus.
Nicolaus III. papa, Iohannes Gaietanus 27. 28. 30. 190. 193.
Nicolaus IV. papa, Ieronimus frater ord. Min. 29. 31. 177. 203; minister generalis ord. Min. 197.
Nicolaus V. antipapa, Petrus de Corbario ord. Min. 48. 242. 245. 246. uxor: Iohanna.
Nicolaus card. ep. Ostiensis 211. 225. 227. 541.
Nicolaus archiep. Bremensis, comes de Delmenhorst 438. 465. 467. 471. 479. 482.
Nicolaus II. archiep. Gnesnensis 128. 412. 413.
Nicolaus archiep. Reginensis 10. 130.
Nicolaus archiep. Rigensis 139.
Clawes biscop van Feltri 541.

Nycolaus ep. Lyncopensis 278.
Nycolaus ep. Lyvaniensis 16.
Nicolaus I. ep. Lubicensis, ep. Mynensis, prior Lipsiensis ord. Praed. 71. 72. 84. 301. 325.
Nicolaus ep. Merseburgensis 411.
Nicolaus Ketelhoden ep. Verdensis 47. 237.
Nicolaus Sachowe praepositus Sleswicensis, canonicus Lubicensis 460. 563.
Nicolaus de Lyra ord. Min. 47. 242.
Nicolaus provincialis Romanus ord. Praed. s. Benedictus XI. papa.
Nicolaus Emerici inquisitor ord. Praed. 62. 273.
Nicolaus de Walbeeck cellerarius Halberstadensis ecclesiae 113.
Nicolaus Dinkelspol, Dinkelspuel 128. 412. 413.
Nicolaus scolaris Lubicensis 281.
Nicolaus de Ville haereticus 100. 865.
Nicolaus marchio Ferrariensis 481.
Nicolaus comes Holtzaciae 57. 58. 71. 82. 86. 254. 255. 266. 298. 324. 326. 329. 331. 353. 348; 100. 366. 547.
Nicolaus I. comes de Wittenburg 47. 237. filii: Gunzelinus, Nicolaus II.
Nicolaus II. comes de Wittenburg 47. 237. 246. 542.
Nicolaus dominus de Rostok 84. 202.
Nicolaus III. dominus de Slavia 51. 251. frater: Bernhardus.
Nicolaus dominus de Werle 256.
Nicolaus Sturmann dapifer 278.
Nicolaus de Vitzen miles 332.
Nicolaus Lindowe capitaneus Lubicensis 32. 205.
Nicolaus Starkowe capitaneus 437.
Nicolaus Stortebeker capitaneus Vitaliensium 98. 345. 368.
Nicolaus Iesop proconsul Wismariensis 487.
Nicolaus de Selten (Serten) consul Lubicensis 373. 397.
Nicolaus Lembeke Holsatus 368. 444. 547.
Nicolaus Mallin 343.
Nicolaus Bûer 446.
Nycopinghe, Nygekopinge, Nygkopinge castrum Nyköping 237. 442. 500. 569.
Nycosiensis archiepiscopus Nicosia auf Cypern 10. 149.
Nyebus castrum in der Mark 306. 571.
Nyenborgh Nienburg 445.
Nyendorp Niendorf bei Hamburg 87.
Nyendorpe castrum Niendorf bei Wittenburg 57. 266. 338.
Nyenkerke castrum Neuenkirchen bei Wittenburg 58. 266.
Nygebur: Iohannes.
Nykkelburg Nikolsburg 476.
Nilus fl. 10. 12. 150. 172.
Norde, Norden opidum 284. 522.
Nordalbingi, Nordalbingorum terra 12. 13. 140. 598.
Norfolc dux 355.
Normannia, Nordmanni Normandie 63. 276. 464. 490. 491. 493. 494. 557. 558.
Nôrsent 354. 483. 490.
Nortbertus archiep. Magdeburgensis 586.
Northem Northeim bei Göttingen 349.
Northusen Nordhausen 19. 140. 173. 284. 285. 296. 349; civitas imperialis 3; consules 69. collegium: S. Eustachii (ad Sanctam Crucem).
Norwegia, Norwei 55. 89. 91. 232. 235. 322. 337. 315. 354. 357. 420. 471. 490. 498. 510. 542; bovetlude 369; partes 544; rex, regnum 326. 577. 598; rikesrede 566. reges: Erikus III, Magnus III, Margareta.
Norwicensis episcopus 126. 412. 413.
Nongardia s. Neugardia.
Nova civitas Neustadt in Holstein 425.
Nova: Fossa.
Nova: Marchia.
Novimagium castrum Nimwegen 129. 416. 575.
Novum Brandeburg Neubrandenburg 230.
Novum Monasterium Neumünster 583.
Novum opus castrum Neuwerk 304. 448. 503.
Nowen, Owe Nouen 116. 388. de Nowen: Henricus ep. Zwerinensis.
Nûborg, Nuborg Nyborg auf Fünen 86. 289. 254. 329.
Nuemborgh, Nuwenborg Naumburg 98. 363.
Nuemburg Klosterneuburg? 386.
Nuemburg unbekannt in Mähren 476.
Nurenberga, Norenberga 60. 73. 74. 284. 336. 440. 465. 470. 499. 504. 518; castrum 448; burgravius 282. 444. burgravius: Fredericus marchio Brandeburgensis.
Nussia, Nussen Neuss 18. 28. 169. 194.

O.

Obala s. Havela.
Obotriti 162. 198. 230. 330. 340. 557. principes: Pribislaus, Wilian s. auch Slavi.
Ocham: Wylhelmus.
Octavianus s. Victor IV. papa.
Odakerus s. Odoakar.
Odensensis episcopus 219.
Odbertus rusticus 142.
Oddo de Columpnis card. diac. 128. 412.
Oddo de Columpnis s. Martinus V.
Oddo, Otto dux Saxoniae, fil. Ludolfi 578. filius: Henricus I. rex.
Odela concubina 457. 458.
Odensee civitas auf Fünen 17; episcopus 526.
Odera fl. 59. 306. 518.
Odersbergh 59. 268; valva versus Odersberg s. Berlin.
Odeslo, Todeslo, Todislo 121. 246. 351. 319. 400; wikbelde 542; Wunnekenbruk silva prope Todeslo 192. Odeslo, Todeslo: Symon.
Odoakar I. rex Bohemiae 6.
Odoakar II. rex Bohemiae 22. 190. 191. filius: Wenzeslaus II.
S. Odelrici ecclesia Brunswicensis 110. 380.
Oye castrum 481.
Oytin s. Utin.
Okko I. Friso fil. Kenonis 89. 337; uxor 89. 337.

Okko II. de Palude domicellus Frisiae occidentalis 471. 474. 482. 483. 484; pater 482; vitricus, fratres 484.

Olavus rex Danorum, fil. Margaretae 86. 326. 334. 346.

Olavus rex Norweyae s. Erikus III.

Oldenborg s. Aldenborg.

Oldewater 469.

Olyvell: Moss.

Oppmora Apmerode 498.

Orientale mare s. Balticum mare.

Origenes 182.

Orphani secta Hussitarum 499. 515. 528. 529.

Ortus Rosarum, Rosengarde bei Rostock 102. 218. 367.

Osburg Oostberg 71. 800.

Osen castrum 446.

Osnaburgenses 129. 333. 416. 443. 498. 525; dyocesis 340. 445. 467. 485. 498, episcopi: Henricus II, Iohannes III.

Osterlinge 327. 562. 563.

Osterode 142.

Ostersee s. Balticum mare.

Osterstade 566.

Ostervant comes: Franco de Borstel.

Osterwik 112. 384. 477.

Ostienses card. episcopi: Iohannes, Nicolaus, Petrus, Philippus de Alencio.

Osmut Oschatz 830.

Othberg: Iohannes.

Ottensteyn, Ottensteen castrum 107. 376. 547.

Ottersberg castrum 10. 150.

Otto II. archiep. Bremensis, ep. Verdensis, dux Brunswicensis, fil. Magni II. 61. 67. 68. 98. 102. 292. 293. 342. 368.

Otto tutor eccl. Bremensis 520. 551.

Otto archiep. Magdeburgensis, lantgravius Hassiae 53. 239. 262. 288.

Otto archiep. Rigensis, dux Stetinensis 847.

Otto de Zegenhaghen archiep. Treverensis 419. 480. 498.

Otto I. ep. Bambergensis 585.

Otto ep. Caminensis 237.

Otto ep. Halberstadensis 586.

Otto ep. Halberstadensis (falsch) 101. 367.

Otto Rur ep. Havelbergensis 481.

Otto ep. Hildensheymensis, dux Brunswicensis 223.

Otto III. ep. Myndensis 332.

Otto II. de Lippia ep. Monasteriensis 18. 172.

Otto IV. de Hoya ep. Monasteriensis 107. 376. 429. 436. 441. 445. 461. 467. 482. 547.

Otto canonicus Hildensheymensis, dux de Louenburg 445.

Otto I. imperator Theutonicorum, dux Saxoniae et Westphaliae 579. 580. fratres: Hinricus, Bruno; filius: Ludolfus, Otto II.

Otto II. imperator 580.

Otto III. imperator 580.

Otto IV. de Poytere imperator 5. 6. 7. 8. 9. 140. 142. 143. 144. 145. 147. 148. 595. frater: Hinricus comes palat. Rheni.

Otto comes Burgundiae, fil. Friderici I. imp. 594.

Otto fil. Cristofori II. regis Daciae 40. 248. 249.

Otto III. dux Bawariae 26. uxor: Catharina.

Otto I. infans dominus, dux Brunswicensis, fil. Wilhelmi 7. 11. 13. 15. 19. 20. 67. 146. 152. 153. 154. 155. 157. 164. 169. 173. 292. 388. 595. filii: Albertus I, Iohannes, Conradus ep. Verdensis, Otto ep. Hildensheymensis; filia: Helena.

Otto II. dux Luneburgensis, fil. Iohannis 32. 33. 34. 48. 67. 68. 190. 205. 208. 210. 245. 298. uxor: Mechtildis; filii: Lodowicus ep. Mindensis, Otto III, Wilhelmus.

Otto III. dux Luneburgensis, fil. Ottonis II. 60. 63. 190. 262. 293.

Otto III. dux Brunswicensis, fil. Bernhardi 126. 443. 446. 463. 465. 477. 491. 497. 502. 512. 525. 580.

Otto rex Neapolitanus, dux Brunswicensis 75. frater: Melchior ep. Swerin.

Otto II. dux de Leyna, circa aquam Lean 66. 74. 75. 82. 84. 89. 99. 284. 310. 311. 313. 323. 325. 336. 342. 349. 365. 380; dictus trans silvam 312. filius: Otto III; filia: Anna.

Otto III. dux Brunswicensis 542.

Otto dux de Brunswic (1367) 288.

Otto de Sangerhusen, dux de Brunswik s. Lodowicus.

Otto fil. Rudolfi I. ducis Saxoniae 256. 261.

Otto fil. Erici IV. ducis de Louenborg 360. 361.

Otto I. dux de Stetin 228. 231. frater: Wartislaus dux de Wolgast.

Otto II. dux Stetinensis 423. 427. 434. 436. 461. 462. 470. 471. 497.

Ottonis I. marchionis Brandeburgensis filius: Hinricus.

Otto II. marchio Brandenburgensis 593.

Otto IV. marchio de Brandenburg 24. 181. 185. 216. 217. filia: Agnes.

Otto V. marchio Brandeburgensis et Lusaciae 65. 67. 70. 284. 292. 293. 298. frater: Otto (VI.)

Otto (VI.) marchio Brandenburgensis 28. uxor: Hedwigis.

Otto marchio Misnae 598.

Otto iunior marchio de Missna 191.

Otto de Wittelingesbach comes palatinus Bawariae 6.

Otto comes de Anehald 191.

Otto IV. comes de Delmenhorst 65. 263.

Otto V. comes de Delmenhorst 89. 105. 337. 372.

Otto comes de Hadamersleve 191.

Otto comes de Hoya 82. 84. 105. 126. 324. 340. 372. 407. 491.

Otto II. comes de Scowenburg 491.

Otto comes de Solms, Solmis 107. 376.

Otto comes de Swerin 253. 261.

Otto dominus de Lippia 49.

Otto Moltske 343.

Otto de Ritzerowe advocatus Lubicensis in Bergherdorp 361.

Ofen urbs regia Ofen 459. s. auch Buda.

Owe s. Newa.

Oxonias, Oxoniensis civitas, Oxenford, id est vadum tauri 581;

monasterium 561; universitas 437; universitatis ambasiatores 108. 375. canonicus et supprior: S. Donatus.
Oesele oppidum, Osiliensis Oesel 258; pagus 508. episcopi: Cristianus, Henricus III.

P.

de Pace, Pacis: Karolus.
Paceneis episcopus 128. 412. 413.
Padberg, Paperg castrum in Westfalen 91. 343.
Padelburna 420. 435. 578; dyocesis nobilles 497; ecclesia cathedralis 91. 345. episcopi: Bernardus IV, Symon I. de Lippia, Robertus, Wilhelmus; conventus: Minorum; praepositus: Gherardus II. archiep. Bremensis.
Padua, Paduensis 15. 87. 331. 333. 353; dominus 469; tyrannus 353; domini ambasiatores 375; episcopus 598. dominus: Franciscus.
Paleologus: Demetrius.
Palestina 130, s. auch Terra Sancta.
de Palude: Okko II.
Pandolfus de Malatestis archidiaconus Bononiensis 128. 412.
Panormitana ecclesia 12.
de S. Panthaleonis monasterio Coloniae religiosus: Ludericus.
Paperg s. Padberg.
Papia 165. 412. 413. 450; concilium 415. 136; curia 589.
Parcham oppidum 102. 367.
Pardam de Knesbeke ep. Raceburgensis 509. 526.
Parisius, Parisiensis 17. 20. 29. 53. 63. 125. 127. 129. 171. 173. 124. 109. 221. 222. 252. 276. 401. 407. 410. 414. 440. 448; civis 121; episcopus 174; studium, universitas 17. 19. 102. 129. 168. 172. 248. 335. 368. 391. 414. 437. 495. 510; ambasiatores 108. 375; cancellarius 887. universitatis orator: Benedictus; fratres: Minores, Praedicatores. Parisiensis: Iohannes ord. Praed.
Parleberg, Perleberge 260. 347. 356. 432. 453. 571. plebanus: Iohannes Betten.
Parmensis civitas 38, s. auch Parma.
Parowe: Henricus.
de Parwis baro: Henricus.
Pastores haeretici 173.
Patterson 497.
S. Pauli Halberstadensis plebanus: Hinricus Hiltdorp.
S. Pauli comes 310; comes: Philippus.
Paulus de Ursinis 354.
Paulus Bellizer magister ord. Teuthon. 525. 526. 560. 568.
Paulus capitaneus Sandensis 494.
Pekesar castrum 56. 263.
de Pelagius, Pelagrua: Arnoldus.
Pols capitaneus 214.
Penestrinus s. Praenestinus.
Pennensis episcopus: Iacobus de Campo.
de Pergamo: Angelus.
Pergel s. Boleslaus II. rex Poloniae.
de Perma: Gherardus Sagarelli.
Perevale: Iohannes.
Pereya, Pernas 56. 263; regnum 575. civitas: Dalagium.
Perusium Perugia 20. 31. 35. 45. 117. 203; episcopus 40. 227. dominus: Bygorgius.
S. Petri Brunswicensis parrochialis presbiteri 380.
S. Petri ecclesia Romae 8. 32. 34. 147. 510. 524; patrimonium 345; castra et civitates 458.
S. Petrus Mediolanensis prior Comanus ord. Praed. 19. 20.
S. Petrus Veronensis martir ord. Praed. 50. 170. 173.
S. Petrus confessor s. Celestinus V. papa.
Petrus card. ep. Ostiensis 65. 263.
Petrus Hispanus ep. Sabiensis 211.
Petrus card. ep. Salviensis 411.
Petrus card. presb. S. Laurencii in Lucina 73. 305.
Petrus Cusmonensis card. presb. 128. 412.
Petrus de Fuxo, Fuxis card. presb. 128. 412.
Petrus card. diac. S. Eustachii 73. 305.
Petrus de Colempnis cardinalis 204. 211.
Petrus cardinalis 35.
Petrus archiep. Mediolanensis 226. 227. 541.
Petrus de Candia archiep. Mediolanensis s. Alexander V. papa.
Petrus IV. archiep. Lundoniae, Lundensis 381. 410.
Petrus Lykke archiep. Lundensis, ep. Ripensis 392. 436. 576.
Petrus ep. Roschildensis 192. 401. 410.
Petrus Rogerii ord. S. Benedicti, ep. Rothomagensis s. Clemens VI.
Petrus de Corbario s. Nicolaus V. papa.
Petrus Hispanus s. Iohannes XXI. papa.
Petrus de Luna s. Benedictus XIII. antipapa.
Petrus de Murone s. Celestinus V. papa.
Petrus Neapolitanus s. Bonifacius IX. papa.
Petrus de Tharentasia s. Innocentius V. papa.
Petrus de Burgundia 236 Anm. 1.
Petrus Iohannis frater ord. Min. 57. 221. 266. 482.
Petrus Hispanus ord. Praed. 583.
Petrus Hamapiant ord. Praed. 427. 428. 429.
Petrus III. rex Arrogoniae 61.
Petrus IV. rex Arrogoniae ord. Min. 62. 272.
Petrus rex Navarrae 252.
Petri Leonis para 386.
Petrus Dacus magister miliciae 72. 280. 281.
Petrus Iönss, Iohannis Dacus miles 478. 507.
Petrus Lauris miles 472.
Petrus signifer Gelrensium 479.
Petri militis uxor s. Oberwedis.
Petrus Loste proconsul Wismariensis 487.
Petrus Wilde consul Wismariensis 398. 472.
Petrus Hoek, Huk civis Lubicensis 93. 96. 358.
Petri: Vallascus.
Philippa uxor Erici X. regis Danorum, filia Henrici IV. regis Angliae 381. 467. 494. 496.
Philippi: Berovnus.

Philippus de Alconio card. ep. Ostiensis 85.
Philippus I. archiep. Coloniensis 595. 596.
Philippus de Medalia 128. 412. 413.
Philippus rex, dux Sweviae 5. 6. 140. 142. 143. 144.
Philippus II. rex Franciae 596. 597.
Philippus IV. rex Franciae 33. 34. 35. 206. 210. 213. 215. 216. 221. 222.
Philippus V. rex Franciae 221. 222. 242; uxor 221. 222.
Philippus VI. rex Franciae 48. 50. 51. 53. 244. 248. 259. frater: Karolus comes de Alcona.
Philippus fil. Iohannis regis Cipri 474.
Philippus dux Brabanciae 503.
Philippus (der kühne) dux Burgundiae, fil. Iohannis II. regis Franciae 84. 94. 273. 326. 327. 349; falsch Wilhelmus 349 note a.
Philippus (der gute) dux Burgundiae 123. 125. 127. 129. 401. 402. 405. 407. 410. 414. 431. 454. 460. 465. 467. 469. 477. 482. 483. 492. 500. 503. 509. 511. 525. 556. 557. 558. 562. 566. 567. pater: Iohannes; uxor: Isabella; frater illegitimus: Wilhelmus.
Philippus dux Mediolanensis 419. 444. 447. 454. 458. 460. 462. 481. 513. 526. 559. uxor: Margareta.
Philippus comes S. Pauli 438. 439. 462. 476.
Philippus de Artus 85.
Pykardia 50. 460. 503.
Pictaviensis curia Poitiers 210.
Piligrim II. archiep. Salczburgensis 300.
Pileus card. presb. S. Praxedis 73. 307. 308.
Pileus archiep. Ianuensis 392. 393.
Pilsena, Pilsenensis Pilsen 528.
Pypowe civis Florentinus 481.
Pisa, Pisae, Pysani 70. 105. 107. 119. 333. 353. 372. 375; concilium 107. 391; dominus 199; episcopus 40. 227; portus 526. Pysanus: Almanus card. presb.
de Pistorio: Baroncus Philippi.
Placentini 15. 164. Placentinus: Brandanus.
Plawe castrum Plaue a. d. Havel 113. 384.
Plawensis urbs Plauen 499; de Plawis comitatus 578; Plawensis dominus 518; de Plawe dominus, frater Henrici magistri ord. Teuth. 378. conventus: Praedicatorum; domini: Henricus, Ratbernus, Henricus I. magister ord. Teuthon.
Plescowe: Bernhardus, Iacobus, Iordanus.
de Plesse, Plesses domicelli 509. 571. 572. de Plesse: Bernardus, Helmoldus, Reymarus.
Ploscowe, Plotzkowe Plotzk 477. s. auch Raibeni.
Plöse castrum 530.
Plote: Iohannes.
Plüne castrum Plön 179. 235. 243. 277.
de Poyters: Otto IV. imperator.
Pol castrum 102. 368.
Polaborum terra 198.
Pöle insula 261. 262.
Polena: Iohannes.
Policarpus mag. Templariorum 200.
Poling: Henricus.
Polonia, Poloni 39. 76. 109. 134. 269. 312. 418. 426. 450. 465. 500. 518. 521. 522. 560. 580; regis ambasiatores 107. 375. reges: Boleslaus II, Boleslaus III.
Pomerania, Pomerani 85. 214. 459. 465. 569. 585; ducatus, duces 141. 378. 565. s. auch Stetinenses; ducis filia 452. duces: Wartislaw VII, Kasimarus V, Bukslaus VIII, Bugslaus IX, Ericus rex Danorum.
Pons longus 109.
de Ponte: Albertus, Henricus.
Poppenborgh bei Gronau 111. 380.
Porse: Kudat.
Porta monasterium Pforta 98. 363.
Porta Celi monasterium: Augustinensium.
Portuenses card. episcopi: Matheus de Aquasparta, Robertus Anglicus.
Porthugallia 44. 231; regis ambasiatores 107. 375. reges: Iohannes I, Eduardus.
S. Portus s. Hilgherhaven.
Posnaniensis Posen electus 392.
Praedicatorum ordo, Praedicatores fratres 7. 10. 21. 26. 31. 40. 41. 42. 84. 108. 117. 147. 154. 174. 175. 223. 224. 233. 307. 342. 349. 432. 440. 471. 539. 540; ordinis breviarium 357; inquisitores 45. 208; liber inquisicionis 45. 57. 266. inquisitores: Adam, Alexander, Henricus Schoneveit, Nicolaus Emerici, Walterus; magistri generales: Hugo, Humbertus, Iohannes de Vercellis, Raymundus, Thomas de Firmo, Leonardus, Bartholomeus.
Praedicatores fratres: S. Dominicus, Albertus Magnus, Arnoldus ep. Cameracensis, Benedictus XI. papa, Bernhardus confessor Henrici VII, dominus de Iwero, Conradus de Halberstad, Conradus Marthurgensis, Gherardus penitenciarius papae, Helyas, Hermannus ep. Ierusalensis, Henricus de Hervordia, Hugo de Rylonio, Hupertus ep. titularis, S. Iacobus Forliviensis, Iohannes Andreae, Iohannes Caltyeren, Iohannes Dominici cardinalis Ragusinus, Iohannes Parisiensis, Iohannes de Ragusio, Iohannes, Nicolaus I. ep. Lubicensis, Petrus Hispanus, Petrus Rameiant, Petrus de Tarenthasia, Raymundus, S. Thomas de Aquino, Vincencius de Arrogonia, Wernerus de Buren, Wilhelmus card. presb. S. Caeciliae.
Praedicatores in Anglia 95. 357.
Praedicatorum conventus Avinionensis frater: Robertus.
Praedicatorum ordinis provincia Bohemiae 410.
Praedicatorum ecclesia Rosciae 234.
Praedicatores de Brema 155. 539.
Praedicatorum conventus in Brunswik 99. 111. 339. 340.
Praedicatorum conventus Coloniae 27. 93. 191. 352.
Praedicatorum ordinis prior Cumanus: S. Petrus Mediolanensis.

Praedicatorum conventus in Dansike 456.
Praedicatorum ecclesia in Darbato 840.
Praedicatorum conventus Erphordensis 112. 113. 343. 383; prior 113.
Praedicatorum conventus in Florencia 412. 435.
Praedicatorum provincialatus Franciae 17. provincialis: Hugo doctor.
Praedicatorum conventus in Frankenstein supprior 492.
Praedicatorum conventus Fundensis 234.
Praedicatorum conventus in Hagis 88. 335.
Praedicatores in Halberstad 97. 98. 111. 862. 545.
Praedicatorum conventus Hammeburgensis 97. 203. 361. fratres: Mathias, Tydericus Hollandrinus.
Praedicatorum ordinis lector Ianuensis: Vincencius.
Praedicatorum conventus Lipczensis lector: Nicolaus L ep. Lubic.
Praedicatorum conventus in Londonis 392.
Praedicatorum fratres, conventus in Lubeke 13. 32. 33. 47. 66. 98. 155. 208. 215. 217. 225. 240. 264. 278. 342. 348. 352. 358. 443. 545; ecclesia 276; chorus 47; prior 32. praebendarius: Hermannus de Alen proconsul; fratres: Bruno de Waresdorp, Iohannes Westphal.
Praedicatorum conventus Lugduni 32. 292.
Praedicatores de Magdeburg 155. 174. 280. 532.
Praedicatorum ordinis prior S. Maximini 210.
Praedicatorum conventus in Meldorp 366. 547.
Praedicatores Parisienses 20. 173.
Praedicatorum conventus Plawensis 492.
Praedicatorum conventus Prinslaviae 461.
Praedicatorum conventus Reatensis 208.
Praedicatorum conventus Romae 453.
Praedicatores in Rothomago 421.
Praedicatorum monasterium in Ruppin 185.
Praedicatorum provincia Saxoniae 276; capitulum provinciale 376. Inquisitor: Eylardus Schoneveld; prior: Robertus; magister: Tidericus Kolle.
de Praedicatorum conventu Schwerensi: Hinricus Engelberti.
Praedicatorum conventus in Soldin 518.
Praedicatorum conventus Terviali 35.
Praedicatorum conventus in Tyle 88. 335.
Praedicatorum conventus Veronae 236. prior: Iohannis Gobl.
Praedicatorum conventus sororum in Westroye 88.
Praedicatorum monasterium sororum in Wyda 110. 379.
Praedicatorum conventus sororum in Wyk 88. 335.
Praemonstratensis ordinis monasterium in Antiquo Hilghendal 77. 313.
Praemonstratensis ordinis canonicatus: S. Mariae in Magdeburgh.
Praenestini card. episcopi: Angelus, Cosmo.
Praga, Pragenses 54. 55. 60. 71. 73. 90. 97. 116. 123. 261. 262. 301. 339. 340. 387. 388. 402. 420. 427. 429. 436. 447. 453. 476. 528. 564. 565. 589; castrum 72. 340. 431; civitas 60; pons 75; studium 73. 107. 170. 306. 375. 397; universitatis ambasiatores 108. 375. conventus: Carthusiensium; monachi: Slavonici; s. etiam Iudaei; universitatis magister: Hus.
de Prato: Nicolaus, Stephanus Gera.
S. Praxedis eccl. Rom. card. presbiter: Pilleus.
Prempalowe s. Prinslavia.
Preodius Cevitanus, Preodium d. h. Podius Cervianus Puigcerda 62. 273.
Pretzyre bei Wittenberg 338.
Pribizlaus dominus Slavorum, princeps Obotritorum 261. 591.
Prignitz, Prignis 128. 315. 331. 347. 405. 446. 452. 455. 464. 523.
Prinslavia, Primislavia, Prempalowe Prenslow 65. 95. 252. 350. 425. 461. 462. 470. conventus: Praedicatorum.
Priscianus 182.
Pritzwalk, Priwalk, Prival [illegible] 215. 464.
Procopius marchio Moraviae, frater Iodoci 91. 333. 338. 339.
Procopius miles 118. 394. 396.
Procopius capitaneus Hussitarum 522.
Proverti: Ymilo.
Provincia Provence 471. 583.
Prucia, Prutzia, Prutzen 48. 50. 53. 55. 63. 66. 73. 78. 85. 109. 121. 186. 236. 247. 257. 262. 263. 279. 287. 302. 332. 353. 376. 400. 409. 444. 450. 451. 454. 455. 456. 458. 465. 516. 521. 525. 526. 542. 554. 560. 568. 569; s. etiam de Teuthonica domo ordo, domini.
Ptholomeyda, Ptholomays s. Akaron.
Pudbusch: Henyngus.
Punt: Hinricus.
de Puteo: Bernhardus.
de Püchler, Püller baro: Guns.

Q.

Quatuor rotarum castrum Vorraden 405.
Quedelenburg, Quedelingburg, Quelingborg 6. 24. 143. 184. 186. 456. 509. 571. 572. ecclesia: S. Wigberti.
Querneford 114. 381; de Querenford: Albertus III. archiep. Magdeb.
Quernehamsleve opidum 49.
de Quervorden comes 445.
Quigborn: Gherardus.
de Quidzowe, Quidzowen nobiles 383. 571. 572. Quitzowe: Iohannes, Tydericus.

R.

Rabanus ep. Spirensis, Traiectensis, archiep. Treverensis 461. 580.

Race de progenie Graecorum 587.
Raren s. Reuta.
Radolfus s. Rodolfus.
Ragusinus: Iohannes Dominici card. presbiter.
de Ragusio: Iohannes.
Raymundus magister generalis ord. Praed. 15. 163. 328. 583.
de Ramsolo: Iohannes II. archiep. Bremensis.
Rani s. Rugiani.
Ranlberg bei Lübeck 584.
Rapesulver: Hinricus.
Raspenbergh castrum 17. 168.
Raspo, Raspe: Hinricus rex Romanorum.
Rathenowe 82. 346.
Ratisponensis Regensburg 497. episcopi: Albertus Magnus, Conradus VII.
Ratzeburg 5. 12. 109. 140. 256. 257. 376. 377. 418; castrum 109. 108; ecclesia 598; episcopus 251. episcopi: Marquardus, Volradus, Gerardus, Detlevus, Iohannes I. de Krempe, Pardam de Knesebeke, Fredericus, Ulricus de Blucher.
Ravennensis archiepiscopus: Wigbertus.
de Ravensberg comes: Wilhelmus dux de Monte.
Reuta, Raren 101. 208. 539. conventus: Praedicatorum.
Rebberstorpe, Robberstorpe castrum Roggendorf bei Schwerin 64. 284.
Reborg, Reborst Rehberg in Lauenburg 57. 266.
Redeklin: Iohannes.
de Regenstein comites 84. 232. 332. 410. 415. 509. comites: Ulricus, Boso.
Reginensis Reggio archiepiscopus: Nicolaus.
de Regno: Thomas.
Reymarus de Pisces 440.
Reynaldus archiep. Coloniensis 588.
Reinaldus II. dux Gelriae 50.
Reinaldus IV. dux Gelriae 128. 413. 431.
Reynerus de Calvis consul Lubicensis 373. 379. 385. 397.
Reynevelde monasterium: ord. Cisterciensis.
Remeis 353; Remeius tyrannus 353.
Remis, Remenses Reims 62. 274. 498. 585; archiepiscopus 355; archiepiscopi ambasiatores 375. Remensis: Symon card. presb.
Renoldus Brancacius, de Brancaciis card. diac. 128. 412.
Rendesborg, Reynesborg castrum Rendsburg 55. 203. 472.
Renus fl., Rin Rhein 29. 52. 55. 183. 258. 285. 339. 354. 425. 435. 487. 488. 492. 553. 577; civitates 54; partes 128; Renenses floreni 101. 102. 331. 367. 370. 523; palatini comitis ambasiatores 375. palatini comites: Hinricus, Rupertus rex Romanorum. s. auch de ordine Teutonica fratres.
Reni Duna comes: Conradus III. archiep. Magunt.
Renus fl. Rhein 132. 415.
Resenberg castrum Riesenberg bei Ravensberg 480.
Revalia 10. 83. 123. 129. 150. 344. 410. 486. 517. 525; Revalienses mercatores 163; portus 518. episcopus: Henricus; decanus: Wilehavere; monasterium: ord. Cisterciensis.
Reveshol portus regiae Refshaleö 490.
Ribenburg castrum Rigenberg auf Bellwerder 282. 432.
Ribnitz, Ribbenitz 37. 79. 217. 313. 459. 485. monasterium: Clarissarum.
Richardus archiep. Armicanus, primas Angliae 81. 272.
Richardus archiep. Eboracensis 414. 415.
Richardus frater 489.
Richardus rex Romanorum, comes Cornubiae, frater Henrici III. regis Angliae 21. 22. 174; uxor 22.
Richardus I. rex Angliae 143. 586. 587. 598.
Richardus II. rex Angliae 95. 313. 351. 355. 357. 392. 492. uxores: Anna, Isabella.
Richardus dux Lancastriae, rex Hispaniae 86. 329.
Richardus Scalus 147. 602.
de Ridberg baro 471.
Rigbert, Rikborgh mulier Lubicensis 28. 194.
Rigensis civitas 5. 84. 126. 129. 141. 327. 416. 435. 457. 516. 525. 590; archiepiscopatus 31. 80. 142. 338; ecclesia 13. 159. 174. 550; canonici 13. 159; procuratori 491. archiepiscopi: Meynardus, Albertus II, Iohannes IV. de Sinten, Otto dux Stetinensis, Iohannes V. Walrode, Iohannes VI. Habundi, Henricus. s. auch Lyvonienses episcopi.
Riglick castrum 68. 80. 294. 316.
Rike: Iohannes.
Rimdorp: Hinricus.
Rintelen 530.
Rinvelde slot Rheinfelden 663.
Ripensis urbs 436. 448; saltus 449. episcopi: Cristiernus, Petrus Lykke.
Rischusch s. Lubeke.
Ritinensis custodia 61.
Ritzerowe castrum 361. 377. de Ritzerowe: Hartwicus, Otto.
Riza uxor Lotharii III. regis 586.
Riza uxor Alberti de Mykelenburg 253.
Robele, Robelrus opidum Röbel 132. 415.
Robertus Anglicus archiep. Cantuariensis, card. Portuensis 26.
Robertus Gebennensis card. 88. Apostolorum s. Clemens VII. antipapa.
Robertus ep. Padelburnensis, fil. Iohannis ducis de Monte 91. 345.
Robertus prior provincialis Saxoniae ord. Praed. 112. 283.
Robertus ord. Praed. conventus Avinionensis 58.
Robertus Holkoti 2.
Rupertus, Rupertus Clem rex Romanorum, palat. comes Reni 96. 97. 98. 99. 101. 110. 112. 358. 359. 361. 363. 365. 368. 379. 382. 545. index curiae: Guntherus comes de Swarzburg.
Rupertus rex Apuliae 47.
Robert s. Iacob I. könig von Schottland.

Rubertus I. dux Bawariae 54.
Rupertus dux Bayoariae (1346) 259.
Roberstorpe s. Rebarstorpe.
Rohil: Tydericus.
de Rochowe: Wipertus.
Rode *Kloster Rode* 518.
Rode: Gerardus.
Rodenborgh castrum *Rotenburg bei Verden* 104. 120. 370.
Rodis insula 215; Rodi prior 128. 412. 413.
Rodolfus II. de Anahalt ep. Halberstadensis 97. 100. 362. 366. 367.
Rodolfus III. ep. Swerinensis, dux Magnopolensis de Stargardia 105. 273. 360. 371. 397.
Rodolfus ep. Traiectensis, comes de Diefholt 401. 479. 481. 483. 520. 521. 561; frater praepositus Aquensis 481.
Rodolfus rex Romanorum, dux Swevorum 582.
Rodolfus rex Romanorum, comes de Havesburg Suevus, fil. Adalberti comitis 25. 26. 27. 28. 29. 186. 190. 191. 195. 197. filius: Albertus rex; filiae: Mechtildis, Katherina, Hedwigis, Clementia, Agnes, Jutta.
Rodolfus I. dux Saxoniae (Wittenberg) 52. 53. 54. 55. 259. 262. 268. uxor: Anna; filii Otto, Rodolfus II.
Rodolfus II. fil. Rodolfi I. ducis Saxoniae 54. 249. frater Albertus; filius: Albertus.
Rodolfus III. dux Saxoniae 84. 98. 100. 359. 398. 422.
Rodolfus de Usmo Friso 474.
Rodolfus Hornike Friso 474.
Rodolfus Kerstens capitaneus Dithmarsorum 529. 508.
Rogerii I. regis Siciliae, Apuliae et Ierusalem filia: Constancia.
Rolandus Ustedo miles 482. 483.
Rolant: Bertoldus.
Roma, Urbs, Romani 8. 9. 28. 32. 33. 34. 37. 38. 55. 58. 66. 70. 72. 76. 77. 81. 82. 86. 87. 88. 98. 99. 100. 101. 102. 108. 111. 138. 146. 147. 166. 183. 187. 193. 199. 203. 204. 207. 210. 211. 217. 234. 242. 262. 266. 283. 300. 302. 305. 307. 315. 324. 329. 354. 363. 366. 368. 369. 381. 435. 458. 458. 459. 504. 513. 517. 520. 526. 527. 536. 580. 583. 585. 589; capitolium 86; feminae 212; populus 283; senatus 518; urbis dominium 102. 368. castellum: S. Angeli; ecclesiae: S. Iohannis in Lateranum, S. Laurentii, S. Mariae rotunda, S. Petri, S. Salvatoris; porta: S. Minervae. de Urbe: Iovannilus Brasseriens.
Romana cathedra 204; cardinales 518; concilium 437; curia 28. 31. 33. 83. 113. 167. 194. 206. 239. 256. 301. 340. 383. 425. 462. 466. 481. 487. 503. 509; ecclesia, sedes 35. 57. 81. 81. 103. 105. 132. 174. 197. 215. 216. 329. 341. 345. 370. 376. 512. 521. 527. 540. 570. s. auch S. Petrus; papa 31; pontifices 3. card. presbiteri: SS. Apostolorum, S. Caeciliae, S. Clementis, S. Eusebii, S. Laurencii in Locina, S. Marci, S. Martini in montibus, S. Praxedis; card. diaconi: S. Eustachii, S. Priscae; cardinalis: S. Mariae; vicecancellarius: Iohannes card. ep. Ostiensis; cardinalis: Wilhelmus; curiae auditor: Iohannes VI. Dülmen ep. Lubicensis; conventus: Praedicatorum.
Romanum imperium, regnum 4. 5. 18. 21. 42. 68. 70. 204. 418. 444. 504. 575. 577. 580. 585. 587; imperatores, reges 17. 146. 168. 279; principes 595; regnum et corona 47. imperii marscallus: Hinricus Leo.
Romipetae 406.
Romulus s. Lodowicus VI. dux Bawariae.
Ronnowe: Tuma.
Ropetinus s. Rupecinus.
Rorbeke panta 334.
Roschilde, Roschildensis 277. 381; ecclesia maior 380; episcopus 219. episcopi: Petrus, Iohannes IV, Iohannes V.
de Rosenborg in Böhmen dominus 528.
Rosenburg villa *bei Kolbe* 561.
Rosenkrans s. Sertum rosarum.
Rostok, Rostoccenses 36. 43. 46. 76. 89. 90. 100. 108. 114. 122. 123. 124. 125. 129. 217. 218. 219. 220. 228. 231. 239. 245. 249. 312. 327. 336. 337. 339. 343. 345. 353. 354. 357. 363. 365. 370. 376. 377. 390. 399. 401. 404. 409. 416. 423. 432. 436. 449. 459. 472. 473. 483. 484. 485. 486. 487. 496. 500. 501. 524. 528. 581; consulares 502; marcae 122; mello 75; pyratae 98; universitas 425. s. auch Vitaliani. domini: Nicolaus; proconsules: Fredericus de Tsuyen, Gerardus Wyman, Henricus Back, Henricus Katzowe, Iohannes de A, Iohannes Bernhardi, Iohannes Oldberg; consul: Henricus Grenze.
Rothomagus *Rouen* 421. 448; archiepiscopus 855; archiepiscopi ambasiatores 107. 375. fratres: Praedicatores.
Rotterdam 182. 488.
Rotsil *La Rochelle* 484.
Rubowe: Hermannus.
Rudowe castrum 66. 287.
Rüher: Bernt, Nicolaus.
Rugenwolde 128. 416.
Rugia, Rugiani, Runi 144. 540. 569. 587. 591. domini: Germarus II, Wirtislaus IV.
Rumelant: Petrus.
Rummelburg castrum *Ronneburg in Schweden* 330.
Rumpoldus dux Slesiae 452. 453.
Runghe: Henricus.
Ruthof municio 508.
Rupecinus, Ropetinus: Iohannes.
Rupin 132. de Rupin comes 485. comites: Albertus III, Guntherus, Guntherus II, Wichmannus praepositus; monasterium: Praedicatorum.
Rupinre: Katherina.
Ruschepluten *Rauschenplatt* domicelli 530.
Rutheni domus de Plawis 223.
de Rutzen *Reuss* comitatus 578.
Ruzia, Rutheni 56. 72. 74. 265. 301. 302. 309. 326. 340. 345.

www.ingramcontent.com/pod-product-compliance
Lightning Source LLC
Chambersburg PA
CBHW021219300426
44111CB00007B/361
* 9 7 8 3 7 4 1 1 9 2 6 6 1 *